Jahrbuch der Bayerischen Denkmalpflege
Band 43

Jahrbuch der Bayerischen Denkmalpflege

Forschungen und Berichte

Band 43
für das Jahr 1989

1994

DEUTSCHER KUNSTVERLAG MÜNCHEN

HERAUSGEGEBEN VOM BAYER. LANDESAMT FÜR DENKMALPFLEGE

80539 München, Hofgraben 4
Generalkonservator Prof. Dr. Michael Petzet

Bis Band 26 erschienen unter dem Titel
Berichte des Bayerischen Landesamtes für Denkmalpflege

Schriftleitung Prof. Dr. Michael Petzet
Dr. Karlheinz Hemmeter

© 1994 Bayerisches Landesamt für Denkmalpflege, München
ISBN 3 422 060847 · ISSN 0341-9150
Satz: Digital GmbH, Schrobenhausen – Reproduktionen: Repro-Center Färber, München –
Druck: Hofmann, Augsburg
Erschienen im Deutschen Kunstverlag GmbH München Berlin 1994

Inhalt

Vorwort 7

Michael Petzet, Grundsätze der archäologischen Denkmalpflege 9

Erwin Keller, «Archäologische Reservate» in den Landwirtschaftsflächen 13

Heike Fastje, Die Ausgrabungen auf dem Gelände des Marienhofs in München, mit einem Beitrag von *Herbert Hagn*, Die Funde vom Marienhof 20

Michael Petzet, Denkmalpflege und Kirche 41

Rupert Karbacher, Verkündigung und Christi Geburt aus der Kath. Wallfahrtskirche St. Coloman im Freien Feld bei Schwangau, zur Restaurierung zweier spätgotischer Reliefs 49

Regina Becker, Hans Portsteffen, Die Kreuzabnahmegruppe von Christoph Rodt aus Neuburg a.d. Kammel in Schwaben 56

Rupert Karbacher, Christiane Keller, Die Restaurierung des «Häringer-Altars» aus Windkreut in den Werkstätten des Landesamtes für Denkmalpflege . 72

Peter Volk, Der Altar aus der Michaelskapelle in Windkreut 80

Angela Hückel, Irmgard Schnell-Stöger, Filippo Agrippis «Kunstleib» in der Pfarrkirche zu Gerzen, zur Restaurierung einer bekleideten Wachsfigur aus dem späten 19. Jahrhundert 85

Annette Faber, Eine barocke Kirche in neubarockem Gewand 89

Ursula Schädler-Saub, Emanuel Braun, Die Restaurierung der Kath. Pfarrkirche Mariä Himmelfahrt in Pappenheim und ihrer Wandmalereien 97

Heinz Strehler, Die frühere Loretokapelle in Bad Reichenhall 106

Doris Kutschbach, Schloß Schwindegg (Lkr. Mühldorf am Inn), ein bayerisches Landadelsschloß des 16. Jahrhunderts 110

Klaus Kratzsch, Die Instandsetzung von Schloß Schwindegg im Landkreis Mühldorf am Inn . . . 117

Horst Karl Marschall, Die Instandsetzung der Häuser Marktplatz 9 und Brodhausgasse 1 in Eichstätt 122

Bernd Vollmar, Spurensicherung: die älteren Bauernhäuser des Landkreises Aichach-Friedberg 126

Gottfried Kerscher, «100 000 weiss schäumende Isarhengste» – die Frühgeschichte der Gewinnung von Energie aus Wasserkraft am Beispiel der Werke an der Isar 134

Egon Johannes Greipl, Die Zukunft der regionalen Museen 163

Viktor Pröstler, EDV-gestützte Inventarisation in Bayern 165

Walter Fuger, Acht Jahrzehnte staatliche und kommunale Zusammenarbeit: das Beispiel Stadtmuseum Amberg 170

Jahresbericht vom 1. Januar bis 31. Dezember 1989

Abteilung Bau- und Kunstdenkmalpflege 175
  Oberbayern 175 – Niederbayern 228 – Oberpfalz 241 – Oberfranken 258 – Mittelfranken 281 – Unterfranken 303 – Schwaben 328 – Orgeldenkmalpflege 339

Abteilung Bauforschung, Bautechnik und städtebauliche Fragen 343

Abteilung Bodendenkmalpflege 379

Abteilung Inventarisation 407

Restaurierungswerkstätten 417

Landesstelle für die nichtstaatlichen Museen beim Bayerischen Landesamt für Denkmalpflege . . . 447

Persönliches 451

Veröffentlichungen, Lehrveranstaltungen, Vorträge . 457

Steuerbescheinigungen 462

Publikationen des Bayerischen Landesamtes für Denkmalpflege 463

Autoren 466

Abbildungsnachweis 467

Vorwort

Im Rückblick auf das Berichtsjahr 1989 ist als ein besonderes Ereignis die Jahrestagung der Vereinigung der Landesdenkmalpfleger in München (12.–16. Juni) zum Thema «Denkmalpflege und Kirche» hervorzuheben, bei der u.a. Bischof Dr. Dr. Karl Lehmann, der Vorsitzende der Katholischen Bischofskonferenz, und Bischof Dr. Hans-Gernot Jung, stellvertretender Vorsitzender des Rates der Evangelischen Kirche Deutschlands, in ihren Vorträgen zu grundlegenden Fragen der Denkmalpflege Stellung genommen haben. Die Jahrestagung der Vereinigung bot auch Gelegenheit, den Kollegen aus der ganzen Bundesrepublik Schwerpunkte der denkmalpflegerischen Arbeit unseres Amtes in Referaten und Exkursionen vorzustellen, darunter die Restaurierungen der Wieskirche und der Wallfahrtskirche Vierzehnheiligen sowie die Restaurierung des Regensburger Doms. Die Beiträge zu dieser Tagung wurden in dem 1991 erschienenen Arbeitsheft Nr. 46 veröffentlicht. Außerdem fand im Berichtsjahr in Verbindung mit dem traditionellen Vorgeschichtskurs des Landesamtes die 5. Jahrestagung der Bayerischen Denkmalpflege in Amberg/Opf. statt (20.–22. Oktober), und das Zentrallabor veranstaltete im Deutschen Museum eine internationale Konferenz über das Expositionsprogramm zur Messung der Umweltschäden an Metall (ECE-Konferenz 7.–8. Juni).

Neben den Berichten der Abteilungen Bau- und Kunstdenkmalpflege, Bodendenkmalpflege, Bauforschung und städtebauliche Denkmalpflege sowie der Restaurierungswerkstätten zu den zum Teil nur stichwortartig erwähnten zahllosen denkmalpflegerischen Maßnahmen enthält das Jahrbuch 1989 erstmals auch einen Bericht der unter ihrem neu ernannten Leiter Dr. Johannes Greipl wieder mit dem Landesamt verbundenen Landesstelle für die Betreuung der nichtstaatlichen Museen in Bayern. Die neuen Rahmenbedingungen erlauben hier eine inzwischen doch wesentlich verbesserte Koordination der denkmalpflegerischen Interessenten mit den Interessen der nichtstaatlichen Museen und Sammlungen.

Die im Jahrbuch 1989 zusammengefaßte Tätigkeit der einzelnen Abteilungen konnte nur in wenigen Fällen durch besondere Presseveranstaltungen der Öffentlichkeit vermittelt werden, so das Erscheinen des Arbeitsheftes über die Geschichte des Münchner Hofgartens (Pressekonferenz am 9. Januar) und das Erscheinen der Bände Landkreis Starnberg, Stadt Eichstätt und Stadt Forchheim in der Reihe «Denkmäler in Bayern» (Pressekonferenz am 19. Juli, 18. Dezember und 20. Dezember), die denkmalpflegerische Arbeit in den Landkreisen Weißenburg-Gunzenhausen (Pressefahrt am 28. Juni) und Regensburg (Pressefahrt am 11. Juli), die Restaurierung der Wieskirche (Pressefahrt am 8. Juni), die Ausgrabungen in Benediktbeuern (Pressekonferenz am 27. April). Der Öffentlichkeitsarbeit dienten auch wieder verschiedene Ausstellungen, darunter vor allem die vom Landesamt mitveranstaltete Kilian-Ausstellung («689–1989 Kilian, Mönch aus Irland – aller Franken Patron») im Mainfränkischen Museum Würzburg mit ihrem von Hauptkonservator Dr. Ludwig Wamser betreuten archäologischen Teil (Eröffnung am 30. Juni), außerdem zwei Photoausstellungen im Haupttreppenhaus der Alten Münze: die zusammen mit dem Deutschen Nationalkomitee von ICOMOS veranstaltete Ausstellung «Pro Romania» über die systematische Vernichtung historischer Dorf- und Stadtanlagen in Rumänien (Eröffnung am 15. November) und die von der Deutschen UNESCO-Kommission zusammengestellte Ausstellung «Jugendstil in der DDR» (Eröffnung am 13. Dezember).

Die Restaurierungswerkstätten des Landesamtes hatten in Zusammenarbeit mit der Abteilung Bau- und Kunstdenkmalpflege wieder zahlreiche Restaurierungen zu betreuen. Dabei führte natürlich der durch die plötzliche Kündigung der Räume im Antic-Haus 1988 erzwungene Umzug in die Räume einer Volksschule in Gauting zu Problemen für einzelne Fachbereiche, die sich erst mit Abschluß des Umbaus der Alten Münze für die Zwecke des Landesamtes werden lösen lassen – im Berichtsjahr kam der erste Bauabschnitt mit den geplanten Anlagen für das Zentrallabor und dem Großraumatelier leider noch nicht zum Abschluß. Dagegen sind die Maßnahmen im Hauptbau von Schloß Seehof abgesehen von den zukünftigen Schauräumen weitgehend abgeschlossen, und das östliche Gartenquartier konnte wieder in die Gesamtanlage einbezogen werden (Grundsteinlegung zur neuen Umfassungsmauer am 21. April). Das für die archäologische Außenstelle Nürnberg instandgesetzte Burgamtmannsgebäude der Kaiserburg wurde dem Landesamt am 9. Oktober 1989 von Staatssekretär Albert Meyer übergeben.

Von den Mitteln des Landesamtes für die Baudenkmalpflege (Haushaltsansatz 1985 41 Millionen DM) wurden zu fast 5000 Einzelmaßnahmen Zuschüsse bewilligt, was in Verbindung mit dem Einsatz der Mittel aus dem vom Bayerischen Staatsministerium für Unterricht, Kultus, Wissenschaft und Kunst verwalteten Entschädigungsfonds in Höhe von jährlich ca. 40 Millionen DM und auch im Hinblick auf die Steuerbescheinigungen für private Denkmaleigentümer gemäß §§ 82 i und k in einer Höhe von 248.955.877 DM auf die nicht zu unterschätzende wirtschaftliche Bedeutung der vom Landesamt für Denkmalpflege betreuten Maßnahmen in den bayerischen Städten und Landkreisen hinweist. Die Abteilung Bodendenkmalpflege hatte im Berichtsjahr mit ihren Außenstellen 203 Ausgrabungen und Fundbergungen zu bewältigen (die wichtigsten Grabungen im Band «Das archäologische Jahr in Bayern 1989», München 1990), wieder vor allem in eigener Regie durchgeführte Rettungsgrabungen mit einem eigenen Grabungsetat von 8 Millionen DM, dazu neben Zuschüssen von kommunaler Seite die im Vergleich zu den 7 Millionen DM des Vorjahrs auf 3,5 Millionen DM zurückgegangene Förderung von Arbeitsbeschaffungsmaßnahmen durch die Bundesanstalt für Arbeit. Vor allem dank der Unterstützung dieses Anliegens durch den Bayerischen Landesdenkmalrat stimmte der Landtag Ende des Berichtsjahres im Rahmen der Verhandlungen zum Nachtragshaushalt 1990 einem Personalausbau der Abteilung Bodendenkmalpflege zu Lasten des Grabungsetats zu, insgesamt 41 Stellen, die unabhängig von den unsicheren Möglichkeiten im Rahmen von Zeitverträgen und Arbeitsbeschaffungsmaßnahmen eine angesichts der erdrückenden Fülle der Aufgaben notwendige Kontinuität staatlicher Bodendenkmalpflege sichern könnten. Sehr hilfreich war auch eine Sitzung des Bayerischen Senats am 18. Januar 1989, die sich mit dem für die Zukunft der archäologischen Denkmalpflege ganz entscheidenden Thema Reservate beschäftigte.

Hauptkonservator Dr. Michael Kühlenthal hat in der Nachfolge des zum Professor für den Studiengang Restaurierung an der Fachhochschule Köln berufenen Hauptkonservators Dr. Karl-Ludwig Dasser die Leitung der Restaurierungswerkstätten des Landesamtes übernommen, Hauptkonservator Dipl.-Ing. Giulio Marano die Leitung der Abteilung Bau- und Kunstdenkmalpflege. Oberkonservator Dr. Wolf Koenigs, bisher Gebietsreferent des Landesamtes in Regensburg und der Oberpfalz, wurde ab 1. März zum Direktor des Deutschen Archäologischen Instituts in Istanbul ernannt.

MICHAEL PETZET

Michael Petzet

Grundsätze der archäologischen Denkmalpflege

Vortrag am 20. Oktober 1989 anläßlich der 5. Jahrestagung der Bayerischen Denkmalpflege und des Vorgeschichtskurses in Amberg/Oberpfalz

Während die 4. Jahrestagung der Bayerischen Denkmalpflege in München 1987 ganz dem Thema Inventarisation gewidmet war, befaßt sich die 5. Jahrestagung in Verbindung mit dem vom Bayerischen Landesamt für Denkmalpflege ja schon seit Jahrzehnten organisierten Vorgeschichtskurs fast ausschließlich mit dem Thema archäologische Denkmalpflege.

Schon im umfangreichen Programm der Referate werden Probleme und Möglichkeiten der archäologischen Denkmalpflege in Bayern sichtbar. Von mir ist in diesem Zusammenhang nicht etwa eine Erfolgsbilanz zu erwarten, sondern der Versuch, unabhängig von der Situation in Bayern, über grundsätzliche Positionen im Bereich der archäologischen Denkmalpflege nachzudenken. Dabei setze ich die bereits in einem Vortrag von 1987 formulierten allgemeinen denkmalpflegerischen Grundsätze voraus und möchte nur auf spezielle Aspekte der archäologischen Denkmalpflege hinweisen.[1] Denn natürlich gelten die internationalen denkmalpflegerischen Grundsätze für alle Bereiche der Denkmalpflege: auch archäologische Denkmäler müssen instandgehalten und instandgesetzt, konserviert und restauriert werden, auch archäologische Denkmäler können unter bestimmten Voraussetzungen ergänzt oder rekonstruiert werden.

Archäologische Denkmäler sind ein mit den Methoden der Archäologie zu erforschender, zumeist unter dem Boden verborgener Teil unseres «historischen Erbes» – eine durch nichts zu ersetzende Quelle für Jahrtausende menschlicher Geschichte. Gefordert ist hier also Denkmalpflege als «Spurensicherung», nicht etwa eine zum Teil in früheren Zeiten praktizierte Archäologie als «Schatzgräberei». Dabei erscheint die strenge Unterscheidung zwischen «Bodendenkmal» und «Baudenkmal» nicht immer sinnvoll. Denn Bodendenkmäler bestehen vielfach aus unter der Erde verborgenen Spuren von Baudenkmälern aus Stein oder Holz, aus Mauerresten, Bodenverfärbungen usw. samt Resten der ehemaligen Ausstattung. Ja, die archäologische Ausgrabung kann gewissermaßen ein Bodendenkmal wieder zum Baudenkmal machen, wenn etwa die in einem Burgstall verborgenen Reste einer Burgruine freigelegt werden und deshalb konserviert werden müssen. Andererseits sind viele Baudenkmäler bis hin zu den großen Stadtensembles gleichzeitig Bodendenkmäler, weil sie mit den unterirdischen Resten ihrer Vorgängerbauten alle ihre archäologischen Zonen besitzen.

Da die Bodendenkmäler unterschiedlicher Epochen unter der Erde verborgen sind, wurden zu ihrer Erfassung und Erforschung spezielle Methoden der Prospektion, der Ausgrabung und Dokumentation entwickelt. Zu den Prospektionsmethoden gehören Begehungen und die Sammlung von Material, das die Bestimmung archäologischer Zonen erlaubt (archäologische Landesaufnahme), die Luftbildarchäologie oder die erst neuerdings entwickelte Magnetometerprospektion – Methoden, die auch in verschiedenen Beispielen auf unserer Tagung vorgestellt werden. Bereits mit diesen, hier nicht näher dargestellten Prospektionsmethoden aber wäre eine erste Grundsatzforderung für den Bereich der archäologischen Denkmalpflege zu verbinden: Eine durch diese Methoden erleichterte Erfassung des Bestandes der archäologischen Denkmäler eines Landes ist unabhängig von der Frage geplanter oder durch die Umstände erzwungener Ausgrabungen so genau und so umfassend wie nur möglich zu betreiben. Denn wie überall in der Denkmalpflege ist die Erfassung des vorhandenen Bestandes erst die Voraussetzung für seinen Schutz.

Doch ehe wir nach weiteren Grundsätzen fragen, noch der Hinweis auf eine heute wohl selbstverständliche Rahmenbedingung der archäologischen Denkmalpflege. Wie sich die Denkmalpflege auch in anderen Bereichen der verschiedensten Spezialisten und damit sehr unterschiedlicher Wissenschaften bedient, wird man archäologische Untersuchungen einschließlich der Prospektion, der begleitenden Dokumentation und abschließenden Publikationen heute, im Gegensatz zu den Anfängen der archäologischen Denkmalpflege im 19. Jahrhundert, nicht mehr – auch noch so begeisterten – Laien überlassen, wobei wir natürlich dankbar anerkennen wollen, daß in besonderen Fällen aus begeisterten Laien hervorragende Spezialisten geworden sind. Sie verlangen vielmehr ein speziell geschultes Personal, von erfahrenen Grabungsarbeitern und -technikern bis zum wissenschaftlichen Grabungsleiter, der eigentlich ständig selbst mitarbeiten und die Grabungen nicht allein Hilfskräften überlassen sollte. Je nachdem, um welche Materie es sich handelt und welche Probleme anzugehen sind, wird darüber hinaus ein ganzes Team von Wissenschaftlern an einer Ausgrabung zu beteiligen sein, naturwissenschaftliche Prospektoren, ein Geodät, wo es um ein größeres Areal geht, ein Bauforscher bei der Ergrabung von Architektur, seien es einzelne Monumente oder Siedlungszusammenhänge, Keramikspezialisten, Numismatiker, Epigraphiker, historische Geographen, Chemiker, Anthropologen, Zoologen, Botaniker, Geologen und manche andere Sparten.

Wenn wir nun auf internationaler Ebene nach grundsätzlichen Stellungnahmen zur archäologischen Denkmalpflege suchen, können wir nicht auf die von ICOMOS, dem internationalen Rat für Denkmalpflege, voraussichtlich im kommenden Jahr in Lausanne zu verabschiedende Charta über das archäologische Erbe warten, sondern müssen uns zunächst an die Charta von Venedig (1964) halten. Hier heißt es in Art. 15: «Ausgrabungen müssen dem wissenschaftlichen Standard entsprechen und gemäß der UNESCO-Empfehlung von 1956 durchgeführt werden, welche internationale Grundsätze für archäologische Ausgrabungen formuliert. Erhaltung und Erschließung der Ausgrabungsstätten sowie die notwendigen Maßnahmen zum dauernden Schutz der Architekturelemente und Fundstücke sind zu gewährleisten. Außerdem muß alles getan werden, um das Verständnis für das ausgegrabene Denkmal zu erleichtern, ohne dessen Aussagewert zu verfälschen.»

Die hier erwähnte, durch die Generalkonferenz der UNESCO in Neu-Delhi vom 5. Dezember 1956 angenommene «Empfehlung für die Festlegung internationaler Prinzipien bei archäologischen Ausgrabungen» sieht die besten Rahmenbedingungen für den Schutz des archäologischen Erbes in der Koordination und zentralen Dokumentation von Ausgrabungen durch die zuständigen nationalen Behörden und in der möglichst großzügigen Förderung der internationalen Zusammenarbeit bei Ausgrabungen, während unerlaubte Grabungen und die ungesetzliche Ausfuhr von aus Grabungen stammenden Gegenständen unterbunden werden sollen. Besonderer Wert wird dabei gelegt auf die Erhaltung der Grabungsfunde und ihren Verbleib in zentralen und regionalen Sammlungen und Museen des jeweiligen Territoriums der Ausgrabung, auch Sammlungen in unmittelbarer Verbindung mit wichtigen Grabungsstätten.

Daß die Grabungsfunde ebenso wie zufällige Lesefunde immer nur Teil eines vielfältige historische Zusammenhänge verkörpernden Denkmals sind, das eine als umfassende «Spurensicherung» verstandene moderne Denkmalpflege möglichst als Ganzes zu bewahren hätte, wird in den Empfehlungen von Neu-Delhi allerdings noch nicht deutlich genug herausgestellt. Und selbst hinter den betreffenden Paragraphen einiger unserer modernen Denkmalschutzgesetze scheint manchmal die eigentlich längst überwundene Idee von Archäologie als bloßer «Schatzgräberei» zu stehen. Ohne hier näher auf die Fragen einer entsprechenden Gesetzgebung oder das in seinen Paragraphen über die Bodendenkmäler zweifellos verbesserungsfähige Bayerische Denkmalschutzgesetz einzugehen, bleibt ganz allgemein festzuhalten, daß die jeweiligen Länder schon auf Grund der moralischen Verpflichtung zur Erhaltung ihres «historischen Erbes» durch gesetzliche Bestimmungen dafür zu sorgen hätten, daß bei allen mit Eingriffen in den Boden verbundenen Maßnahmen, bei Straßenbauten, Planung neuer Siedlungen, Flurbereinigung u.s.w. auf die betroffenen archäologischen Bereiche Rücksicht genommen wird oder zumindest eine Abwägung der verschiedenen Interessen gesichert ist.

Noch ein für die Praxis der modernen archäologischen Denkmalpflege in vieler Hinsicht sehr wesentliches Kriterium fehlt in der UNESCO-Empfehlung von 1956: die Unterscheidung zwischen Ausgrabungen aus rein wissenschaftlichen Interessen und den aus verschiedenen Gründen unvermeidlichen Not- und Rettungsgrabungen, wie sie nicht nur bei uns angesichts einer in früheren Jahrzehnten noch kaum vorstellbaren Bedrohung der archäologischen Denkmäler die Regel geworden sind. Es sind ja nicht nur private Baumaßnahmen, bei denen immer wieder Bodendenkmäler unerkannt zugrunde gehen, sondern ebenso eine allgemeine «Bodenumwälzung» im Zuge öffentlicher Maßnahmen, gigantische Hoch- und Tiefbauten, neue Verkehrsanlagen, vor allem auch die im Rahmen der Flurbereinigung geförderte intensive landwirtschaftliche Nutzung und die damit zum Teil verbundene Bodenerosion. Das riesige Archiv menschlicher Geschichte in unserem Boden droht ungelesen vernichtet zu werden – ich brauche gerade diese Problematik hier nicht weiter auszumalen.

Angesichts der Verzweiflung, mit der man der nach den strengen wissenschaftlichen Maßstäben einer modernen archäologischen Denkmalpflege eigentlich kaum noch zu verantwortenden Fülle der unumgänglichen Notmaßnahmen im eigenen Land gegenübersteht wie angesichts des rein wissenschaftlich oder auch touristisch motivierten Eifers, mit dem auf internationaler Ebene archäologische Stätten aufgedeckt, damit aber vielleicht gerade den verheerenden Auswirkungen des Tourismus fast schutzlos preisgegeben werden, droht leider manchmal in Vergessenheit zu geraten, daß das konservatorische Prinzip, der oberste denkmalpflegerische Grundsatz – Denkmäler sind zu erhalten –, natürlich auch in der archäologischen Denkmalpflege gilt. Der Sicherung und Pflege möglichst unberührt zu erhaltender archäologischer Zonen muß jedenfalls gerade in der heutigen Situation höchste Priorität zukommen. Mag die Erhaltung von Bodendenkmälern ohne Ausgrabung angesichts der allgegenwärtigen Bedrohung durch Eingriffe verschiedenster Art auch nur bei einem Teil der Fälle realisierbar sein – sie muß doch immer wieder angestrebt werden. Wir müssen also versuchen, Grabungen zu verhindern, auch wenn es deswegen einmal Ärger geben sollte.

So kann man in Verbindung mit Maßnahmen der Baudenkmalpflege versuchen, Eingriffe in den Boden abzuwenden, also z. B. die vor allem durch moderne Heizungseinbauten bedrohte, archäologisch fast immer interessante «terra sancta» unter dem Fußboden unserer Kirchen möglichst unberührt zu lassen. Am günstigsten sind die Voraussetzungen für die unversehrte Erhaltung archäologischer Stätten noch in Waldgebieten, soweit es gelingt, unerlaubte «Schatzgräberei» zu verhindern, aber auch in Acker- oder Wiesengelände lassen sich archäologische Reservate schaffen, die in Zusammenarbeit mit der Flurbereinigung aus der intensiven landwirtschaftlichen Nutzung ausgeklammert werden können. Hier gibt es in Bayern erste Erfolge, nachdem auch der Bayerische Senat erfreulicherweise Initiativen in dieser Richtung aufgegriffen hat. Aber trotz des bei vielen Vorgesprächen bekundeten Wohlwollens aller Beteiligten stehen wir in der Frage der archäologischen Reservate erst am Anfang.

Wesentlich beschränken ließen sich die Eingriffe manchmal auch bei rein wissenschaftlich motivierten Ausgrabungen, die bei bestimmten Zielsetzungen unter Verzicht auf die übliche horizontalstratigraphische Methode auch mit einem Teilbereich auskommen könnten, mit einem schmalen Sektor, der etwa bei einem Ringwall alle notwendigen Aufschlüsse gibt. Auf diese Weise bleibt das Bodendenkmal unversehrt und «in situ» erhalten und steht auch für spätere «Nachuntersuchungen» mit verbesserten wissenschaftlichen Methoden zur Verfügung. In diesem Sinn heißt es bereits in der UNESCO-Empfehlung von 1956: «Jeder Mitgliedstaat sollte erwägen, eine Reihe von archäologischen Fundplätzen, die verschiedenen

Epochen angehören, ganz oder teilweise unberührt zu lassen, um für ihre Erforschung verbesserte Technik und fortgeschrittene archäologische Erkenntnisse nutzbar zu machen. Auf jeder größeren Grabungsstelle sollten, so weit das Gelände es zuläßt, an verschiedenen Stellen bestimmte Kontrollflächen (Zeugenblöcke), das heißt Terrain-Inseln, stehengelassen werden, um eine spätere Überprüfung der Stratigraphie zu gestatten.» In geeigneten Fällen müßte man sogar versuchen, derartige Stratigraphien, also Grabungsschnitte, zu konservieren und damit das abschließende Stadium einer ganzen Ausgrabung «für immer» museal zu präsentieren, was – abgesehen von der notwendigen Überdachung – noch nicht vollkommen gelöste konservatorische wie didaktische Probleme mit sich bringt – ein Beispiel dafür die Grabung unter der Niedermünsterkirche in Regensburg.

Alle derartigen Überlegungen können sich auf das für sämtliche Denkmäler geltende Prinzip einer möglichst an Ort und Stelle – in situ – zu garantierenden Erhaltung, also wieder auf das konservatorische Prinzip berufen. Da aber jede archäologische Ausgrabung mit Verlusten, oft sogar, von geborgenen und konservierten Teilen einmal abgesehen, mit der totalen Zerstörung des Denkmals verbunden ist, bedarf es eben schon in der Frage Ausgrabung ja oder nein jeweils eingehender Überlegungen. Archäologische Ausgrabungen müssen natürlich so gründlich und so umfassend wie eben möglich durchgeführt werden, wenn das Denkmal aus zum Teil bereits genannten Gründen dem Untergang geweiht ist, nachdem mögliche Schutzmaßnahmen versagt haben oder nicht durchzusetzen waren. Eingriffe in nicht bedrohte oder trotz Bedrohung mit den zur Verfügung stehenden rechtlichen Mitteln zu schützende archäologische Stätten dagegen sind nach Möglichkeit zu vermeiden, von Ausnahmefällen abgesehen, in denen durch archäologische Ausgrabungen spezielle wissenschaftliche Probleme geklärt oder auch ein archäologischer Bereich für die Besucher durch eine nicht nur wissenschaftlich, sondern didaktisch motivierte Präsentation bestimmter archäologischer Zeugnisse «erschlossen» werden soll. Dies setzt allerdings voraus, daß der freigelegte Bestand auch tatsächlich konserviert und auf Dauer unterhalten werden kann. Wenn die Voraussetzung für den weiteren Unterhalt einer archäologischen Stätte nicht gegeben ist, ist eine solche «Freilegung» grundsätzlich nicht zu verantworten.

Im übrigen gelten, wie bereits eingangs erwähnt, bei der Erhaltung archäologischer Stätten und der anfallenden Fundstücke die auch sonst üblichen denkmalpflegerischen Grundsätze, nur daß man sich angesichts des im allgemeinen sehr fragmentarischen Zustands der Objekte mehr auf eine bloße Konservierung beschränken kann, also eben nicht restauriert oder gar renoviert, nicht oder nur sparsam ergänzt, während andere, in der Baudenkmalpflege vor allem in Verbindung mit einer modernen Nutzung zum Problem werdende Fragen der Instandsetzung und Sanierung hier weitgehend zurücktreten. Allerdings werden archäologische Denkmäler nicht selten durch teilweise oder vollständige Rekonstruktion dem Besucher als «anschauliche Geschichte» nahegebracht, ein legitimer Versuch, soweit damit die Geschichte nicht verfälscht oder gar die originalen Reste, das eigentliche Denkmal, beseitigt werden. Rekonstruktionen, die immer als solche erkennbar bleiben sollten, können ja unter Umständen auch an anderer Stelle errichtet werden, damit sie den noch vorhandenen historischen Bestand nicht gefährden. Auch jede Ergänzung eines authentischen Fragments sollte nachvollziehbar bleiben, etwa durch eine Trennfuge oder eine trennende Schicht oder ein anderes Ziegelformat. Eine zusätzliche Aufmauerung, die z. B. den Grundriß einer frühmittelalterlichen Kirche wieder sichtbar macht, kann als Schutz der bei der Grabung entdeckten originalen Fundamente dienen, darf diese jedoch nicht etwa ersetzen. Im übrigen wäre manche Grabungsstätte mit ihren verwahrlosten, sich allmählich auflösenden Mauerresten überhaupt besser wieder unter einer schützenden Erdschicht geborgen worden.

Zu weiteren Fragen der Rekonstruktion kann ich auf einen Vortrag von 1988 verweisen,[2] möchte aber doch kurz auf die Anastylose als eine Sonderform der Rekonstruktion eingehen. Bei der sogenannten Anastylose handelt es sich um eine im Bereich der klassischen Archäologie entwickelte, aber auch für teilzerstörte Denkmäler späterer Jahrhunderte anwendbare Methode. Dazu noch einmal Art. 15 der Charta von Venedig: «Jede Rekonstruktionsarbeit soll von vornherein ausgeschlossen sein; nur die Anastylose kann in Betracht gezogen werden, das heißt das Wiederzusammensetzen vorhandener, jedoch aus dem Zusammenhang gelöster Bestandteile. Neue Integrationselemente müssen immer erkennbar sein und sollen sich auf das Minimum beschränken, das zur Erhaltung des Bestandes und zur Wiederherstellung des Formzusammenhangs notwendig ist.»

Nach dieser Methode werden also die am Boden verstreut liegenden oder im Boden entdeckten Trümmer einer Hausteinarchitektur, etwa eines griechischen Tempels, wieder aufgerichtet, wobei man die ursprünglichen Zusammenhänge sowohl aus der Lage wie aus den Spuren der Bearbeitung, den Dübellöchern usw. erschließt und, soweit vorhanden, die in situ verbleibenden Fundamente benutzt. Eine solche Wiederaufrichtung setzt also wissenschaftliche Vorarbeit der Bauforschung voraus, eine Inventur aller Bauteile, die genau untersucht und vermessen werden müssen, als Ergebnis eine möglichst lückenlose zeichnerische Rekonstruktion, die Irrtümer bei der Anastylose vermeiden hilft. Außerdem muß ein technisches Konzept erarbeitet werden, das Beschädigungen bei der Wiederaufrichtung ausschließt und alle konservatorischen Aspekte bis hin zu Witterungseinflüssen berücksichtigt. Schließlich wäre, auch unter dem Gesichtspunkt einer zukünftigen touristischen «Nutzung», das jeweilige didaktische Konzept einer Anastylose zu diskutieren.

Um im Rahmen der Anastylose die originalen Fragmente, ein Kapitell, Teile eines Gebälks oder eines Giebels wieder an ihrer alten Stelle und im ursprünglichen Zusammenhang zeigen zu können, bedarf es natürlich mehr oder weniger umfangreicher Hilfskonstruktionen. Denn die Fragmente sollen ja bei der Anastylose nur konserviert und als Originale präsentiert, nicht im Sinn einer Restaurierung ergänzt oder in eine Teil- oder Vollrekonstruktion eingebettet werden. Die Grenzen der Anastylose sind da gegeben, wo die originalen Fragmente zu spärlich sind und gerade noch als eine Art «Dekoration» zur Hilfskonstruktion erscheinen würden. Auch die Anastylose, die unter Umständen durchaus dem Schutz des originalen Bestandes dient, zeigt im übrigen die besondere Rolle des Fragments in der archäologischen Denkmalpflege und in diesem Zusammenhang die besondere Bedeutung konservierender Maßnahmen.

Abschließend muß noch einmal auf die auch in der UNESCO-Empfehlung von 1956 besonders hervorgehobene Bedeutung einer umfassenden Dokumentation und wissenschaftlichen Veröffentlichung aller Maßnahmen der archäologischen Denkmalpflege hingewiesen werden. Diese sind schon deshalb unverzichtbar, weil, wie bereits dargelegt, jede Ausgrabung als ein irreversibler Eingriff das Bodendenkmal ganz oder teilweise zerstört, also nach Abschluß der Grabung das Denkmal in den meisten Fällen, von den Fundstücken einmal abgesehen, nicht mehr als unversehrte «historische Substanz», sondern nur noch in Form der wissenschaftlichen Beschreibung und Analyse existiert. Daher der Grundsatz: Keine Ausgrabung ohne wissenschaftliche Dokumentation. Denn die wissenschaftliche Veröffentlichung, mit der dann alle Arbeitsschritte nachvollziehbar, das Bodendenkmal im Zusammenhang mit den geborgenen Funden gleichsam rekonstruierbar bleibt, muß ja in gewissem Sinn das originale Denkmal ersetzen. Dies gilt im übrigen genauso für das Baudenkmal, wenn es etwa – entgegen denkmalpflegerischen Grundsätzen – unter Beseitigung späterer Überformungen auf einen sogenannten Urzustand zurückrestauriert oder gar gänzlich beseitigt wird. Dann ist nämlich das Baudenkmal vor und während des Abbruchs wenigstens für die Wissenschaft eingehend zu dokumentieren, und auch hier müßten nach Möglichkeit Teile der Ausstattung geborgen werden.

Bei der Dokumentation von Ausgrabungen ist außerdem darauf zu achten, daß tatsächlich alle sich überlagernden Schichten aus verschiedenen Epochen oder auch unterschiedlichen Bauphasen dokumentiert und damit alle Spuren der Geschichte wirklich ernstgenommen werden, daß also nicht nur eine bestimmte historische Schicht unter Vernachlässigung nicht dokumentierter anderer Schichten ergraben wird, wenn etwa der klassische Archäologe die byzantinischen Reste ebenso unbekümmert beseitigt wie der Prähistoriker die nur für den Mittelalterarchäologen «interessanten» Reste aus mittelalterlicher Zeit.

In diesem Zusammenhang ist auch die eigentlich selbstverständliche denkmalpflegerische Fürsorge für die Grabungsfunde aus allen geschichtlichen Epochen zu sehen. Die Konservierung und, soweit notwendig, Restaurierung der archäologischen Funde, das Zusammensetzen von Keramikscherben, die Erhaltung von in feuchtem Boden entdecktem Holzmaterial oder eines von Rost fast unkenntlichen Metallfundes, die ohne konservierende Maßnahmen rasch gänzlich verfallen würden, ist ja zunächst einmal Voraussetzung für eine ordnungsgemäße Publikation der Grabung. Später, nach der wissenschaftlichen Bearbeitung, sollte es vielleicht auch ein denkmalpflegerischer Grundsatz sein, zusammengehörige Fundkomplexe durch die Verteilung auf verschiedene Sammlungen nicht unnötig zu zerreißen, vielleicht sogar die in der Denkmalpflege so entscheidende Beziehung zum ursprünglichen Denkmalort wenigstens dadurch zu bewahren, daß die Fundstücke in einem nahegelegenen Museum der Region untergebracht werden. In diesem Zusammenhang wäre an die besondere Rolle der Denkmalpflege als «Zulieferer» unserer Museen zu erinnern. Und auch aus diesem Grund freue ich mich, daß seit 1. Juli dieses Jahres die im Denkmalschutzgesetz definierte Aufgabe der «Fürsorge für die Heimatmuseen und ähnliche Sammlungen» mit der neuen Landesstelle für die Betreuung der Nichtstaatlichen Museen in Bayern wieder auf das Bayerische Landesamt für Denkmalpflege übertragen worden ist.

ANMERKUNGEN

[1] MICHAEL PETZET, «Grundsätze der Denkmalpflege», in: *Denkmalpflege Informationen,* Ausgabe A Nr. 62, 28. September 1987, in: *Jahrbuch der Bayerischen Denkmalpflege, Forschungen und Berichte,* Bd. 41 (1987), München 1991, S. 227–239 sowie in: MICHAEL PETZET, *Denkmalpflege heute,* Arbeitshefte des Bayerischen Landesamtes für Denkmalpflege, Bd. 60, München 1993, S. 103–114.

[2] MICHAEL PETZET, «Rekonstruktion und Kopie», in: *Denkmalpflege Informationen,* Ausgabe A Nr. 64, 30. Mai 1988, in: *Jahrbuch der Bayerischen Denkmalpflege, Forschungen und Berichte,* Bd. 42 (1988), München 1993, S. 175–179.

Erwin Keller

«Archäologische Reservate» in den Landwirtschaftsflächen

Über das Thema «Archäologische Reservate» in den Landwirtschaftsflächen[1] hat das Bayerische Landesamt für Denkmalpflege bereits mehrfach berichtet und im Zusammenhang damit auf die Notwendigkeit hingewiesen, den Schutz der Bodendenkmäler in den agrarischen Produktionsgebieten zu verbessern.[2] Mittlerweile sind nicht nur am Verhandlungstisch, sondern auch im Gelände grundlegende Fortschritte erzielt worden, die es rechtfertigen, den Sachstand zu referieren.

Projekterläuterung

In den Landwirtschaftsflächen gingen zwar schon immer Bodendenkmäler verloren, nie jedoch in dem Umfang wie in den Jahrzehnten nach dem Zweiten Weltkrieg. Im Zusammenhang mit der Mechanisierung der Graswirtschaft behindern die archäologischen Geländedenkmäler die maschinelle Bearbeitung der Wiesen und geraten damit in Gefahr. Außerdem ist der Landwirt durch die Technik stark genug geworden, selbst große Objekte, wie Ringwallanlagen, Grabhügelfelder oder keltische Viereckschanzen, zu beseitigen. Die Denkmälerverluste haben im Grünland jedoch zu keiner Zeit ein so großes Ausmaß wie in den Anbauflächen erreicht, wo das archäologische Kulturerbe weiträumig zerstört wird. Verantwortlich hierfür ist eine unter Wettbewerbsdruck geratene Landwirtschaft, die aus Gründen der Existenzsicherung gezwungen war, von naturnahen Anbauweisen und einer umweltverträglichen Tierhaltung zu industriell geprägten Erzeugermethoden überzugehen. Dies hat zur Ausweitung des Ackerbaus auch in stärker hängige Lagen geführt und darüber hinaus die Entstehung großflächiger Wirtschaftseinheiten mit erhöhter Anfälligkeit der Böden für Wind- und Wassererosion gefördert. Durch die Ausdehnung der Anbaugebiete sind einerseits also zahlreiche ober- wie untertägige Bodendenkmäler unter den Pflug gekommen, die vordem in schützendem Grünland lagen, andererseits tragen Regen und Ausblasung mehr denn je die Humusdecken von ungenügend gesicherten Äckern ab. Die Folge davon ist, daß obertägige Befunde rasch eingeebnet und untertägige freigelegt sowie durch erneutes Überpflügen und erneute Abspülung bis in die tiefsten Schichten zerstört werden.

Wenn man bedenkt, daß in einigen Landkreisen 30 bis 40 Prozent der vor zehn Jahren in offenem Gelände noch obertägig erhaltenen Bodendenkmäler bereits abgegangen sind, so vermitteln diese Zahlen Vorstellungen von den bereits eingetretenen, aber auch von den in nächster Zeit bevorstehenden Verlusten.

Da es der Archäologischen Denkmalpflege aus finanziellen und personellen Gründen nicht möglich ist, alle in den Landwirtschaftsflächen von der Zerstörung bedrohten Geschichtszeugnisse zu untersuchen, müssen in verstärktem Maße Anstrengungen zur Sicherung und langfristigen Stabilisierung von Flächen mit geschichtlich bedeutsamen Fundplätzen unternommen werden. Hierfür bietet sich die Ausweisung von «Archäologischen Reservaten» an, weil der Objektschutz vor Ort zur Eindämmung des «Denkmälersterbens» in den Ackerfluren beitragen kann.

Archäologische Befundbilder in den Landwirtschaftsflächen

Luftaufnahmen beweisen, daß Pflug und Erosion überall in den Anbaugebieten bereits flächenhaft in die Substanz archäologischer Fundplätze eingegriffen haben und diese in absehbarer Zeit zerstören werden, wenn es nicht gelingt, die gefährdeten Objekte rasch auszugraben oder den Fundplatz rasch aus der agrarischen Produktionsfläche zu nehmen. Obwohl es vor Abschluß der Mitte 1987 in Gang gekommenen Gesamtinventarisation der Bodendenkmäler Bayerns nicht möglich ist, verläßliche Zahlen zu nennen, so dürften nach vorsichtigen Schätzungen doch mehrere Tausend Objekte akut bedroht sein. Einige Zustandsaufnahmen von vorgeschichtlichen Grabhügeln, spätkeltischen Viereckschanzen und Untertagefundstellen zeigen beispielhaft das Ausmaß der bereits eingetretenen Schäden und darüber hinaus, daß es in vielen Fällen für Rettungsmaßnahmen bereits zu spät ist.

Vor allem Grabhügelfelder haben in Äckern keine Chance zu überdauern. Sie werden in Unkenntnis ihrer kulturgeschichtlichen Bedeutung planiert oder durch stetiges Überpflügen allmählich dem Erdboden gleichgemacht, wobei Wind- und Wassererosion den Verebnungsprozeß beschleunigen (Abb. 1). An längerfristig beobachteten Plätzen zeigte sich, daß Grabhügelschüttungen in nur drei Jahren 1 m Höhe verlieren können.

Ein Schicksal wie den Grabhügeln droht den spätkeltischen Viereckschanzen, wenn sie in Äckern liegen. Die Wälle werden durch den Pflug nach und nach abgeschürft und die Gräben mit dem gelockerten Erdreich aufgefüllt. Aber selbst in verebnetem Zustand bilden die Viereckschanzen noch Geschichtsdenkmäler, weil sich in den Innenräumen Gruben und Schächte sowie Standspuren hölzerner Tempelbauten erhalten haben können. Doch auch diese Befunde werden durch erneutes Überpflügen angegriffen, wobei in geneigtem Gelände vor allem das «Bodenfließen» Ursache weiterer Zerstörungen ist (Abb. 2).

Entsprechend vollzieht sich die Zerstörung von Untertagefundstellen. Greift man die Kultrondelle des Neolithikums heraus, so zeigen diese in regelhaft wiederkehrenden Schadensbildern Grabenzüge, die durch Pflug und Erosion abgeschürft oder stellenweise bereits ganz abgetragen wurden (Abb. 3). Auch bei den Grabenwerken der Hallstattzeit, die man als Herrensitze deutet, sind in vielen

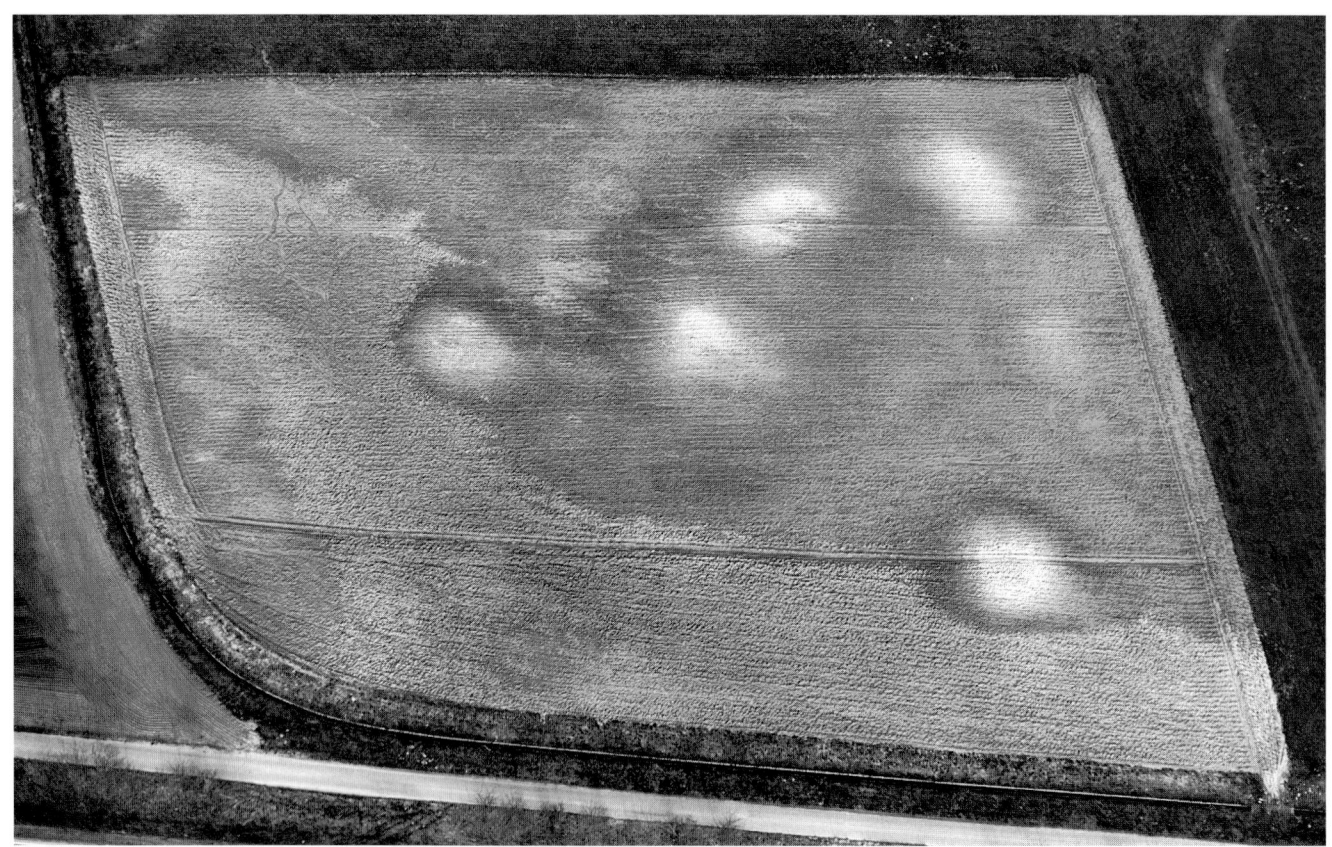

1. Arnhofen, Gde. Abensberg, Lkr. Kelheim; durch Überpflügen bis auf das Bestattungsniveau verebnete Grabhügel

2. Unterisling, Stadt Regensburg; durch Pflug und Wassererosion eingeebnete spätkeltische Viereckschanze, die in zum oberen Bildrand hin geneigtem Gelände liegt

Fällen die den Innenraum umlaufenden Wehrelemente schon unterbrochen oder gekappt (Abb. 4). Siedlungsreste anderer Art sowie flach angelegte Brand- oder Körpergräber gehen auf die gleiche Weise zugrunde.

Der Begriff «Archäologisches Reservat»

Es hat sich in Fachkreisen eingebürgert, Schutzareale für Bodendenkmäler «Archäologische Reservate» zu nennen, um Verwechslungen mit den in den Denkmalschutzgesetzen der Bundesländer verankerten Grabungsschutzgebieten auszuschließen. Dem Wort «Reservat» liegt das mit «bewahren» zu übersetzende lateinische «reservare» zugrunde, so daß man in «Archäologischen Reservaten» Flächen sehen darf, in denen Bodendenkmäler befristet oder auf Dauer Schutz vor Veränderungen finden. Dabei versteht sich von selbst, daß diese Flächen im Flursystem eindeutig festlegbar sein müssen. Aus verfahrenstechnischer Sicht gibt es Gründe, mit zwei unterschiedlichen Schutzgebietstypen zu arbeiten. Der eine wäre Bodendenkmälern vorbehalten, die wegen ihrer besonderen geschichtlichen oder wissenschaftlichen Bedeutung durch Ankauf aus der landwirtschaftlichen Nutzung genommen werden sollten. Im anderen fänden Bodendenkmäler Platz, die man auf Grund ihres bereits beeinträchtigten Erhaltungszustands früher oder später ausgraben muß.

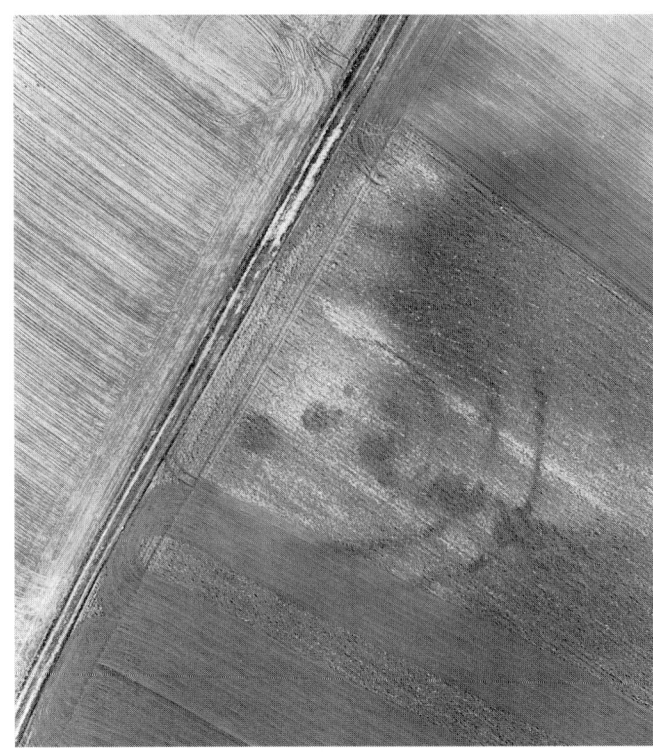

3. Viecht, Gde. Eching, Lkr. Landshut; mittelneolitisches Grabenrondell, dessen Beringe Unterbrechungen aufweisen, die auf die Einwirkung von Pflug und Erosion zurückgehen

4. Altheim „Holzen", Gde. Essenbach, Lkr. Landshut; Magnetogramm eines hallstattzeitlichen Herrensitzes mit teilweise unterbrochenen Grabenzügen

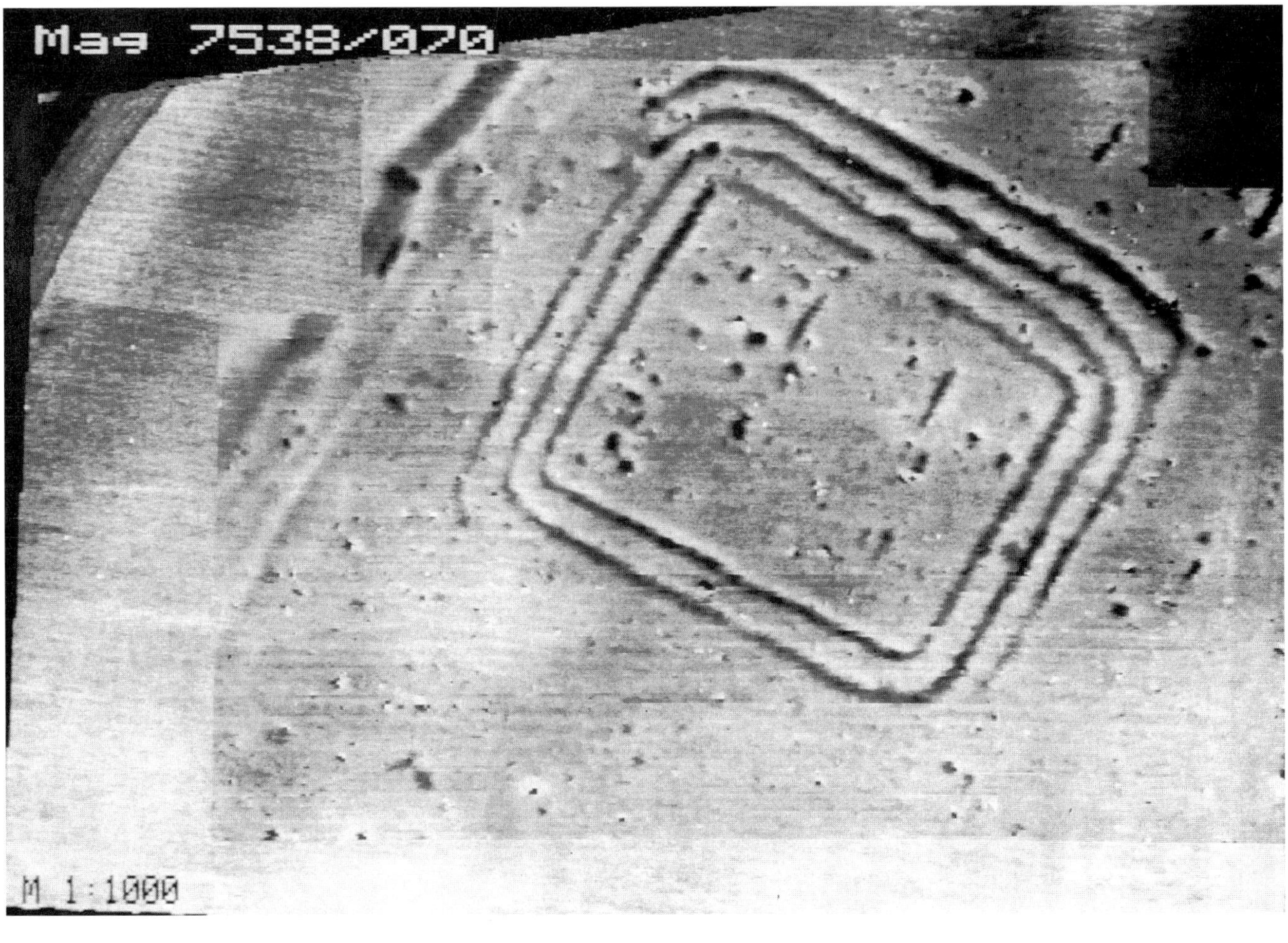

Der zweite Schutzgebietstyp würde also bestimmte Fundplätze so lange vor weiterer Beeinträchtigung bewahren, bis die Voraussetzungen für Untersuchungen geschaffen sind. Bewerkstelligen ließe sich dies im Rahmen von Flächenstillegungsprogrammen mit einer Laufzeit von fünf Jahren.

Das «Archäologische Reservat» ist ein Fachbegriff, der nach dem Verständnis der Landesarchäologen in der Bundesrepublik Deutschland beibehalten und nicht durch den juristischen Terminus «Archäologische Schutzzone» ersetzt werden sollte. Dahinter steht die Vorstellung, daß sich «Archäologische Reservate» auch ohne ergänzende gesetzliche Regelungen wie Rechtsverordnungen in ausreichender Zahl ausweisen lassen durch frei geschlossene Vereinbarungen und Verträge mit den Eigentümern von Bodendenkmälern.

Fachliche Voraussetzungen für die Ausweisung «Archäologischer Reservate»

Inventarisation der Bodendenkmäler

Obwohl das Bayerische Denkmalschutzgesetz von 1973 nicht nach wichtigen oder weniger wichtigen Bodendenkmälern unterscheidet, sind bei der Ausweisung «Archäologischer Reservate» der gegenwärtige Erhaltungszustand, die wissenschaftliche oder landesgeschichtliche Bedeutung sowie die Gefährdung der Objekte maßgebliche Kriterien. Eine sorgfältige fachliche Beurteilung der Befunde sowie ihre Dokumentation in Plänen sind deshalb unerläßlich. Aus diesem Grund hat das Bayerische Landesamt für Denkmalpflege Mitte 1987 mit befristet beschäftigtem Personal begonnen, ein Denkmälerverzeichnis anzulegen, das die bereits vorhandene, seit 1977 aber nicht mehr fortgeführte Liste der archäologischen Geländedenkmäler aktualisiert sowie die Untertagefundstellen mit Hilfe von Ortsakten, Luftbildarchiv, Literatur und bekannten Privatsammlungen erfaßt. Die Charakterisierung der Objekte beschränkt sich auf stichwortartige Angaben zu Art, Alter und Ausdehnung, ferner zum Erhaltungszustand und zur Lage im Gelände.

Denkmälerpläne

Obwohl es wünschenswert wäre, alle unter den Pflug geratenen oder durch Erosion gefährdeten Bodendenkmäler sofort aus der landwirtschaftlichen Produktionsfläche zu nehmen, so läßt sich das doch nicht realisieren, weil das Bayerische Landesamt für Denkmalpflege die Ausweisung von mehreren Tausend «Archäologischen Reservaten» nicht gleichzeitig in die Wege leiten kann. Insbesondere bereitet es noch Schwierigkeiten, die für das Ausweisungsverfahren erforderlichen Denkmälerpläne in größerer Zahl herzustellen. Maßstäbliche Denkmälerpläne, die man in Flurkarten oder vergrößerte Ausschnitte derselben projizieren kann, bilden aber die Grundlage für die Festlegung und Abgrenzung von «Archäologischen Reservaten», weil die Fundstellen ja nicht wie die Baudenkmäler in Flurkarten ausgewiesen sind, sondern in diese erst eingemessen werden müssen, wenn man die Flurstücksnummern und damit die Eigentümer der Objekte ermitteln will.

Von über Tage sichtbaren Bodendenkmälern stellt man archäologisch-topographische Pläne in den Maßstäben 1:500 bis 1:2500 her, bei denen es sich um lagerichtige und detailgetreue kartographische Darstellungen von Objekten in ihrem jeweiligen Erhaltungszustand handelt. Durch die Aufnahme und Wiedergabe des näheren Umfeldes und des Geländereliefs werden die Denkmäler darüber hinaus in eine Beziehung zu ihrer Umgebung gebracht. Zum Aufspüren und Erfassen von Untertagefundstellen stehen dem Bayerischen Landesamt für Denkmalpflege seit 1980 die Luftbildarchäologie und seit 1982 die Bodenmagnetik zur Verfügung. Dabei leistet die Luftbildarchäologie die großflächige Prospektionsarbeit, während sich der Einsatz der Bodenmagnetik auf ausgewählte Plätze beschränkt. Die beiden sich ergänzenden Verfahren werden gemeinsam in der Technik der digitalen Bildverarbeitung ausgewertet, mit deren Hilfe es z. B. möglich ist, die aus unterschiedlichen Höhen und Richtungen aufgenommenen Luftbildbefunde in maßgerechte Senkrechtdarstellungen und damit in Planvorlagen umzuwandeln. Geben sich aus der Luft nur Teile von Untertagedenkmälern zu erkennen, so führt man zur Ermittlung der fehlenden Partien am Boden magnetische Prospektionsmessungen durch, deren Ergebnisse digital in Bilder umgesetzt und in die Luftbildpläne eingearbeitet werden. Durch die kombinierte Prospektion aus der Luft und am Boden erhält man genaue Wiedergaben von untertägigen Denkmälern, ohne Ausgrabungen durchführen zu müssen.

Das «Archäologische Reservat» in der fachlichen, denkmalschutzrechtlichen und politischen Diskussion

In einem vom Bayerischen Staatsministerium für Unterricht und Kultus bestellten «Gutachten zur Weiterentwicklung der Archäologie im Freistaat Bayern» hat Joachim Werner, emeritierter Professor für Vor- und Frühgeschichte der Universität München, schon im Januar 1986 auf die besorgniserregenden Verluste an Bodendenkmälern durch die modernen Produktionsmethoden der Landwirtschaft hingewiesen und sich dafür ausgesprochen, daß bestimmte Bodendenkmäler in «Archäologische Reservate» aufgenommen und in diesen wie Naturdenkmäler geschützt werden sollten.

Um die Möglichkeit zu erörtern, die es zur Rettung von Bodendenkmälern in den Anbaugebieten gibt, fanden 1987 Gespräche mit Vertretern der Bayerischen Staatsministerien für Wissenschaft und Kunst sowie für Ernährung, Landwirtschaft und Forsten statt, ferner wurden das Bayerische Landesamt für Umweltschutz und die Bayerische Landesanstalt für Bodenkultur und Pflanzenbau in die Verhandlung einbezogen. 1988 nahm sich der Bayerische Senat des Problems an, und 1989 setzten sich der Bayerische Bauernverband, der Bayerische Landesdenkmalrat sowie die SPD-Fraktion im Bayerischen Landtag mit der Ausweisung «Archäologischer Reservate» in den Landwirtschaftsflächen auseinander.

In den Erörterungen zeigte sich, daß alle Gremien, die mit der Reservatsfrage befaßt waren, das Vorhaben des Bayerischen Landesamtes für Denkmalpflege positiv beurteilten. Es zeigte sich aber auch, daß die Bestimmungen des Bayerischen Denkmalschutzgesetzes nur unzureichend greifen, wenn es um die Bewahrung und Sicherung des archäologischen Kulturguts in den Ackerfluren geht: denn gesetzlichen Schutz genießen die Bodendenkmäler nur vor Beeinträchtigung oder Zerstörung durch unerlaubte Ausgrabungen,[3] nicht jedoch vor Schädigungen durch die Bodenbewirtschaftung, auch nicht in sog. Grabungsschutzgebieten, in denen alle Arbeiten, die Bodendenkmäler gefährden können, der Erlaubnis bedürfen.[4] Da jedoch die land- und forstwirtschaftliche sowie die gärtnerische Bodennutzung bis zu einer Tiefe, die der Stärke der Humusdecke entspricht, keinen Einschränkungen unterliegt,[5] hat die Ausweisung von Grabungsschutzgebieten in Äckern wenig Sinn, weil das nicht erlaubnispflichtige Pflügen in Verbindung mit der Wind- und Wassererosion langsam aber sicher zur Zerstörung der sichtbaren Bodendenkmäler sowie der Untertagefundstellen führt.

Schließlich räumt das Bayerische Denkmalschutzgesetz gleichsam als «ultima ratio» die entschädigungspflichtige Enteignung von Grundstücken zugunsten des Staates oder einer anderen juristischen Person des öffentlichen Rechts ein,[6] wenn es nicht gelingt, Bodendenkmäler auf andere Weise wie etwa Tausch, freihändigen Ankauf oder Umnutzung von Flächen zu sichern. Gerade in diesen Möglichkeiten sollte man aber den Schlüssel zur Ausweisung von «Archäologischen Reservaten» sehen, denn in Fachkreisen besteht einhellig die Meinung, daß Enteignungen oder neue gesetzliche Regelungen der Sache nur schaden und politisch auch gar nicht durchsetzbar sind. Bauernschaft und Archäologen müssen also Hand in Hand arbeiten, wenn das Reservatsprogramm eine Verwirklichungschance haben will.

In diese Richtung weist auch ein am 19. Juni 1989 vom Bayerischen Landesdenkmalrat gefaßter Beschluß, der darauf abzielt, landesgeschichtlich bedeutende Bodendenkmäler durch den Ankauf von Grundstücken oder durch die Einbindung in Flächenstillegungsprogramme vor weiterer Beeinträchtigung zu bewahren, und zwar im Rahmen privater und öffentlich-rechtlicher Kooperationsmodelle.

Eine weitere Initiative ging vom Bayerischen Senat aus. Er faßte am 13. April 1989 in öffentlicher Sitzung einen vier Punkte umfassenden Beschluß, der ein durch Rechtsverordnung bewirktes Veränderungsverbot für Bodendenkmäler vorsieht, wie es im Naturschutzrecht für Naturdenkmale gilt. Ferner tritt der Bayerische Senat dafür ein, bei Flächenstillegungen Areale mit Bodendenkmälern zu bevorzugen und Landwirten angemessene Ausgleichszahlungen zu leisten, wenn sie die Böden so bewirtschaften, daß eine Schädigung archäologischer Fundstellen ausgeschlossen ist. Schließlich wird vorgeschlagen, einen «Bayerischen Fonds für Archäologische Reservate» zu gründen, der dem «Bayerischen Naturschutzfonds» entspricht.

Am 16. Juni 1989 hat die SPD-Fraktion im Bayerischen Landtag einen Gesetzesentwurf zur Änderung des Bayerischen Denkmalschutzgesetzes vorgelegt, der im Grundanliegen mit dem Senatsbeschluß vom 13. April 1989 insofern übereinstimmt, als er die Einführung gesetzlicher Regelungen aufnimmt, die es erlauben, «Archäologische Reservate» durch Rechtsverordnung auszuweisen, Auflagen für die Bodenbewirtschaftung zu machen und für Einkommenseinbußen Ausgleichszahlungen zu leisten.

Bewertung der Initiativen zur Ausweisung «Archäologischer Reservate»

Im vorangehenden sind die wichtigsten Schritte zur Sprache gekommen, die seit Anfang 1986 zur Verbesserung des Schutzes archäologischer Fundplätze in den Landwirtschaftsflächen unternommen wurden. Noch scheiden sich die Geister an der Frage, ob man zu diesem Zweck das Bayerische Denkmalschutzgesetz verschärfen oder Sicherungsmöglichkeiten unterhalb der Gesetzesschwelle bevorzugen soll. Höchstwahrscheinlich wird sich jedoch die Linie durchsetzen, die das Bayerische Staatsministerium für Wissenschaft und Kunst als Oberste Denkmalschutzbehörde vertritt. Es rät von einer Änderung des Denkmalschutzgesetzes zum gegenwärtigen Zeitpunkt ab und empfiehlt statt dessen, bei der Schaffung «Archäologischer Schutzzonen» die Mittel des Bürgerlichen Rechts voll auszuschöpfen, d. h. den Ankauf von Grundstücken durch die öffentliche Hand sowie die Stillegung oder extensive Bewirtschaftung von Flächen zu betreiben. Im Zusammenhang damit macht das Ministerium nachdrücklich darauf aufmerksam, daß die Ausweisung von «Archäologischen Schutzzonen» im Rahmen einer Rechtsverordnung auf der Grundlage einer im Bayerischen Denkmalschutzgesetz zu verankernden Ermächtigungsnorm wegen der großen Zahl betroffener Flächen sowie des hohen finanziellen Aufwands noch nicht absehbare Folgewirkungen haben würde. Aus diesem Grund sollte man nach Meinung des Ministeriums eine Änderung des Bayerischen Denkmalschutzgesetzes erst ins Auge fassen, wenn privatrechtliche Initiativen und öffentlich-rechtliche Kooperationsmodelle nicht zum Ziel führen.

Ausblick

Entsprechend dem vom Bayerischen Staatsministerium für Wissenschaft und Kunst vertretenen Standpunkt wird das Bayerische Landesamt für Denkmalpflege versuchen, «Archäologische Reservate» mit den vom Bürgerlichen Recht gebotenen Möglichkeiten zu schaffen. Die Weichen hierfür müssen allerdings noch gestellt werden, durch eine gemeinsame Bekanntmachung oder Vereinbarung der Bayerischen Staatsministerien für Ernährung, Landwirtschaft und Forsten sowie für Wissenschaft und Kunst. Sobald diese Voraussetzung gegeben ist, kann das Bayerische Landesamt für Denkmalpflege die bisher vorbereiteten Denkmälerpläne an die Bayerische Landesanstalt für Bodenkultur und Pflanzenanbau übermitteln. Von dort werden sie an die zuständigen Landwirtschaftsämter weitergeleitet, um festzustellen, ob die vorgesehenen «Archäologischen Reservate» in die Gebietskulissen bestimmter Flächenstillegungsprogramme passen.

5. Pfünz, Gde. Walting, Lkr. Eichstätt; rekonstruiertes Nordtor des römischen Castells Vetonianis, dahinter das im Lagergelände geschaffene „Archäologische Reservat"

Die gleichen Pläne gehen ferner an die betroffenen Unteren Denkmalschutzbehörden, die prüfen sollen, inwieweit sich nicht das eine oder andere Bodendenkmal durch Tausch oder Ankauf von Flächen aus dem Bereich der agrarischen Produktion nehmen läßt. Den vorbereiteten Plansatz erhält schließlich das Bayerische Landesamt für Umweltschutz, dem es im einen oder anderen Fall möglich sein dürfte, archäologische Denkmäler in Naturschutzgebiete oder Biotopverbundsysteme einzugliedern. Dieses dreigleisige Vorgehen gewährleistet, daß die Möglichkeiten zur Unterschutzstellung von Fundplätzen in den Landwirtschaftsflächen optimal genutzt werden.

Im übrigen ist es einigen Gemeinden und Landkreisen bereits gelungen, «Archäologische Reservate» auszuweisen. Das erste entstand in Pfünz, Lkr. Eichstätt, und umfaßt das Areal des römischen Kastells Vetonianis, wobei sich das Bayerische Landesamt für Denkmalpflege bereit erklärte, den Wiederaufbau des nördlichen Lagertors im Maßstab 1 : 1 fachlich zu betreuen und den Ankauf von Kastellgrundstücken mitzufinanzieren, wenn der Landkreis Eichstätt hierfür ebenfalls Mittel aufbringt und die Flächenpflege als Folgelast übernimmt (Abb. 5). Am 30. Juni 1989 ist das «Archäologische Reservat» Pfünz der Öffentlichkeit übergeben worden.

Einen Monat später hat die Gemeinde Gilching, Lkr. Starnberg, den verflachten Teil eines vorgeschichtlichen Grabhügelfeldes durch Ankauf von zwei Grundstücken auf Dauer gesichert und um Übernahme eines Teils der Kosten gebeten.

Das dritte «Archäologische Reservat» entsteht beim Markt Waging a. See, Lkr. Traunstein, und zwar im Bereich einer bereits beeinträchtigten spätkeltischen Viereckschanze (Abb. 6). Gebietskörperschaft und Staat haben sich darauf geeinigt, jeweils die Hälfte der für den Grundstückserwerb erforderlichen Mittel bereitzustellen.

Die Praxis zeigt also, daß es durchaus möglich ist, ohne Änderung des Denkmalschutzgesetzes «Archäologische Reservate» zu schaffen, wenn der Staat mitfinanziert. Mit

6. Otting, Gde. Waging a. See, Lkr. Traunstein; im Bildzentrum die als „Archäologisches Reservat" ausgewiesene spätkeltische Viereckschanze

zwei bis drei Ausweisungen pro Jahr kann man sich angesichts der rasch fortschreitenden Zerstörung von Bodendenkmälern in den Landwirtschaftsflächen allerdings nicht zufriedengeben. Die Zahl muß steigen, und sie wird steigen, wenn für das Reservatsprogramm geschickt geworben wird.

Die Sicherung und Erhaltung der Bodendenkmäler in den Anbaugebieten ist längerfristig die größte Herausforderung für die Archäologische Denkmalpflege in Bayern und zugleich ihr Hauptproblem. Durch den nach dem 2. Weltkrieg sprunghaft angestiegenen Landverbrauch sowie die beispiellose Technisierung und Industrialisierung der Landwirtschaft sind in vielen Gegenden Bayerns tiefgreifende Umweltveränderungen bewirkt worden, die nun großflächig zur Zerstörung archäologischer Geschichtszeugnisse führen. Die Voraussetzungen dafür zu schaffen, daß wenigstens Teile dieses Vermächtnisses in «Archäologischen Reservaten» eine Zukunft haben werden, gehört zu den wichtigsten kulturellen Aufgaben des Freistaats Bayern.

ANMERKUNGEN

[1] Den anschließenden Ausführungen liegt ein Referat zugrunde, das der Verfasser am 20. Oktober 1989 auf dem Bayerischen Vorgeschichtskurs in Amberg gehalten und in überarbeiteter Fassung im *Kölner Jahrbuch für Vor- u. Frühgeschichte, Bd. 23*, 1990, S. 655 ff. veröffentlicht hat.

[2] *Das Archäologische Jahr in Bayern 1986*, Stuttgart 1987, S. 12 f.; 1987, Stuttgart 1988, S. 11 f.

[3] WOLFGANG EBERL, DIETER MARTIN u. MICHAEL PETZET, Bayerisches Denkmalschutzgesetz. Kommentar unter besonderer Berücksichtigung finanz- und steuerrechtlicher Aspekte, 3. Aufl. Köln 1985, S. 130 ff. (Art. 7 und 8).

[4] Ebd. S. 130 (Art. 7, 2).

[5] Ebd. S. 264 (Anhang 13 D, § 3).

[6] Ebd. S. 180 (Art. 18, 1).

Heike Fastje
Die Ausgrabungen auf dem Gelände des Marienhofs in München

Mit einem Beitrag von Herbert Hagn zu den Funden der Grabungskampagne

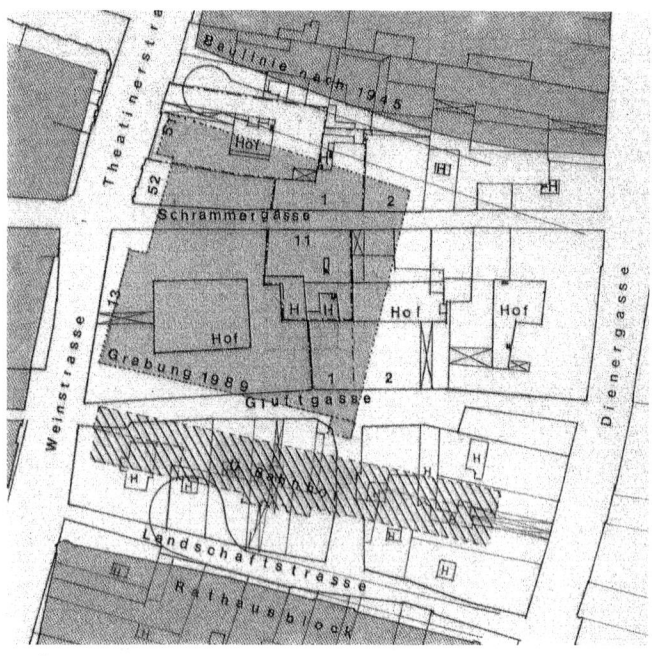

1. Übersichtsplan mit den Baulinien vor und nach 1950, dem Ausgrabungsbereich von 1989 und dem gestörten Flächenbereich durch den Bau der U-Bahn

2. Stadtmodell von 1572 (Sandtner). Ausschnitt mit:
1) Schrammergasse, 2) Gruftgasse (ehem. Judengasse), 3) Dienerstraße, 4) Weinstraße, 5) Herzogl. Anwesen mit Stadtmauerverlauf. (Bayer. Nat. Mus. München)

Das Gelände des heutigen sogenannten Marienhofs ist eine nach dem Zweiten Weltkrieg durch Abbruch mehrerer Wohnquartiere entstandene Freifläche nördlich des Neuen Rathauses. Die Fläche ist begrenzt von Schrammer-, Diener-, Landschaft- und Wein/Theatinerstraße, ihre Größe von 95 auf 110 Metern gleicht in etwa der Grundfläche des Rathauskomplexes (Abb. 1). Eine mit dem großflächig angelegten Abbruch erfolgte Verlegung der Schrammergasse um 30 bzw. 40 m nach Norden machte diesen neuen Straßenzug zur Verbindung nun zwischen dem Hofgraben und dem zur Maffeistraße verbreiterten ehemaligen Fingergäßchen; dabei entstand die annähernd rechteckige Form der heutigen Freifläche. Die 1989 im Vorfeld einer beabsichtigten Tiefgaragenplanung durch die Abteilung Bodendenkmalpflege des Bayerischen Landesamtes für Denkmalpflege von Grabungstechniker Willy Charlier unter Leitung von Dr. Stefan Winghart durchgeführte Grabung wurde auf einer Freifläche von 60 auf 60 Metern in der Nordwestecke des Gesamtareals angelegt, nachdem Punktsondagen im Ostteil, im Bereich des jetzigen Parkplatzes, unergiebig geblieben waren und bekanntlich der gesamte südliche Bereich über eine Breite von ungefähr 35 Metern, das heißt bis etwa zur südlichen Baulinie der früheren Gruftgasse, durch den Einbau des U-Bahnhofs mit den Abgangstreppen als weitgehend zerstört angesehen werden mußte. Das Meßnetz der Grabung verlegte die Firma W. Eder, Gilching, die zeichnerische Dokumentation im Maßstab 1:25 auf Karton besorgte Dipl.-Ing. Azer Arasli mit Architektenkollegen (Abb. 3, Pläne 1-5), unter der Leitung von Dipl.-Ing. Gert Th. Mader. Eine erste bauhistorische Auswertung der Grabungsergebnisse wurde im Sommer 1990 von der Unterzeichneten unter Mithilfe von Dipl.-Ing. Karl Schnieringer, Regensburg, durchgeführt, die Aufbereitung und erste Durchsicht der archäologischen Funde übernahm dankenswerterweise Professor Dr. Herbert Hagn vom Institut für Mikropaläontologie und historische Geologie der Ludwig-Maximilians-Universität München.[1]

An Hand von Vergleichen zwischen dem Sandtnerschen Stadtmodell von 1572 im Bayerischen Nationalmuseum, München (Abb. 2) und den ersten Katasterplänen der Stadt aus dem Beginn des 19. Jahrhunderts sowie der Ausgabe von 1885 (Abb. 4 u. 5) wie auch Bauplänen der Folgezeit für einzelne Gebäude bis in die zwanziger Jahre unseres Jahrhunderts hinein war schon zu vermuten, daß in dem Quartier zwischen ehemaliger Schrammergasse und der Gruftgasse nur in Teilbereichen Reste der mittelalterlichen Bebauung zu erwarten waren: zum Zeitpunkt des Abbruchs nahm den westlichen Bereich ein bis zum Jahr 1904 auf etwa Dreiviertel der Quartierfläche ausgedehnter, vollunterkellerter Verwaltungsbau (Polizeidirektion Weingasse 13, Gerichtsgebäude Gruftstraße 1 und 2 und Schrammergasse 8–11) ein. Im östlich anschließenden kleineren Bereich war in der ersten Hälfte des 19. Jahrhunderts durch Zukauf der Häuser Schrammergasse 5–7 aus dem kleinen Gasthof zur Blauen Traube (Dienerstraße 11) ein ansehnliches Hotel, der Englische Hof – später auch ein Verwaltungsbau –, geworden. Damit waren die für das mittelalterliche München aussagekräftigen Bereiche vorrangig in den Kellern der Häuserzeile zu suchen, die nördlich der alten Schrammergasse durch die oben erwähnte Baulinienveränderung niedergelegt wurden. Auf Grund von Planvergleichen waren hier größere Umbauten der Zeit um 1900 zu verzeichnen, jedoch grundstücksbezogen und nicht großflächig übergreifend. Trotz dieser starken baulichen Veränderungen waren dennoch von dieser ersten systematisch angelegten archäologischen Flächengrabung in der Münchner Altstadt wichtige Hinweise zur Kultur- und Baugeschichte, vom Mittelalter bis zur Neuzeit reichend, zu erwarten.

Im wesentlichen hatte die Grabung drei Fragen zu klären:
1. Verlauf und Erhaltungszustand des frühestens Berings, der Stadtmauer Heinrichs des Löwen aus dem mittleren 12. Jahrhundert einschließlich des nördlich vorgelagerten Wassergrabens;
2. Verbleib des kleinen Judenviertels, das nach bisherigem Stand der Forschung im Zeitraum von etwa 1210 bis zur Vertreibung der letzten Familien 1442 entlang der Judengasse (spätere Gruftgasse) gewesen sein soll;
3. Keller- und Hausforschung in der Häuserzeile nördlich der alten Schrammergasse, Baugeschichte und archäologische Funde.

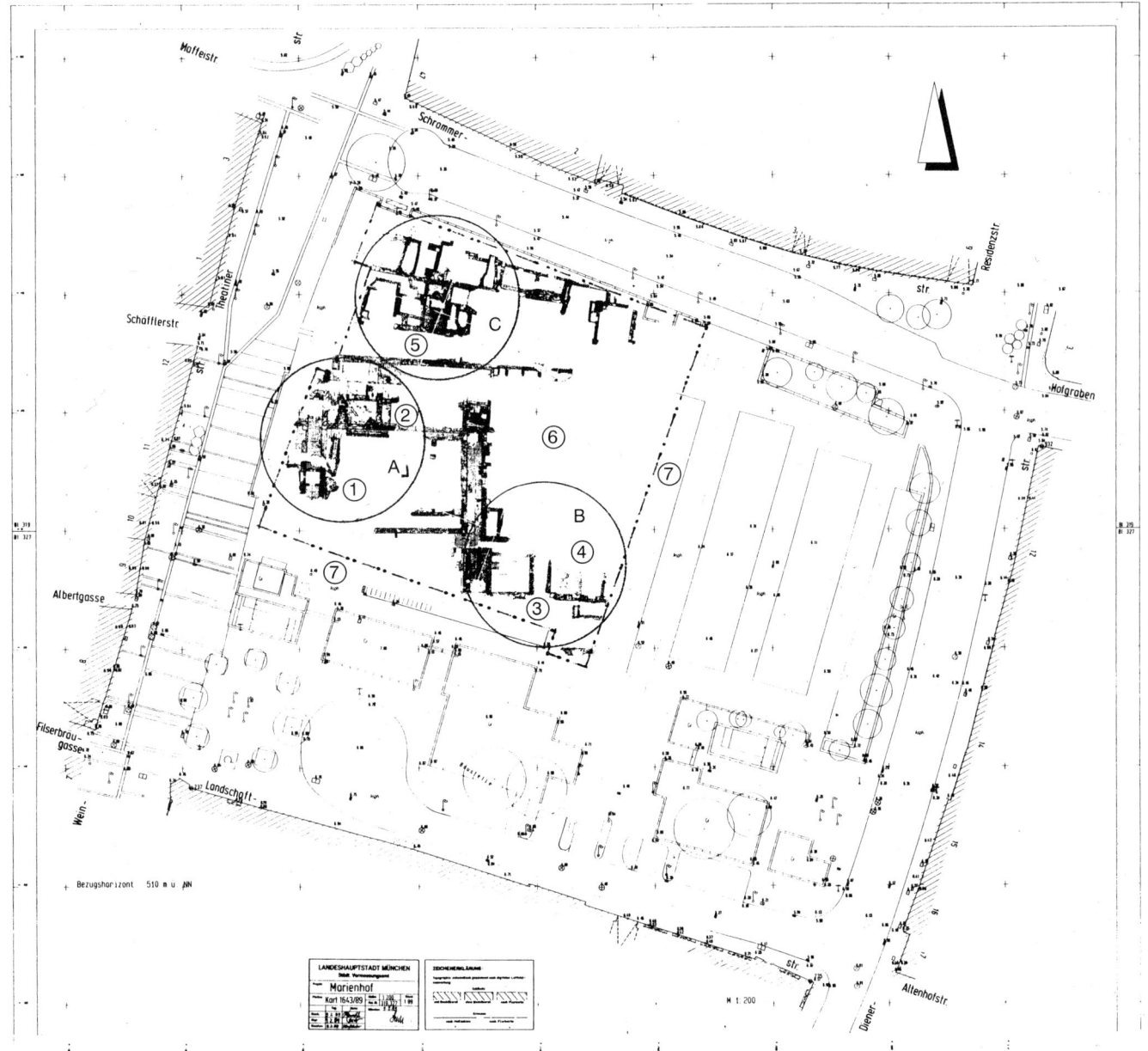

3. Übersichtsplan des Grabungsbereichs von 1989 mit der Kartierung der Baubefunde:
A Stadtmauer-Verlauf (1) und Stadtbach-Kanal (2)
B „Judenviertel" in der Gruftstraße (3) mit ehem. Synagoge (4), später Gruftkirche
C Keller nördlich der Schrammerstraße (5)
(6) Nicht gegrabene Bereiche
(7) Grabungsgrenze

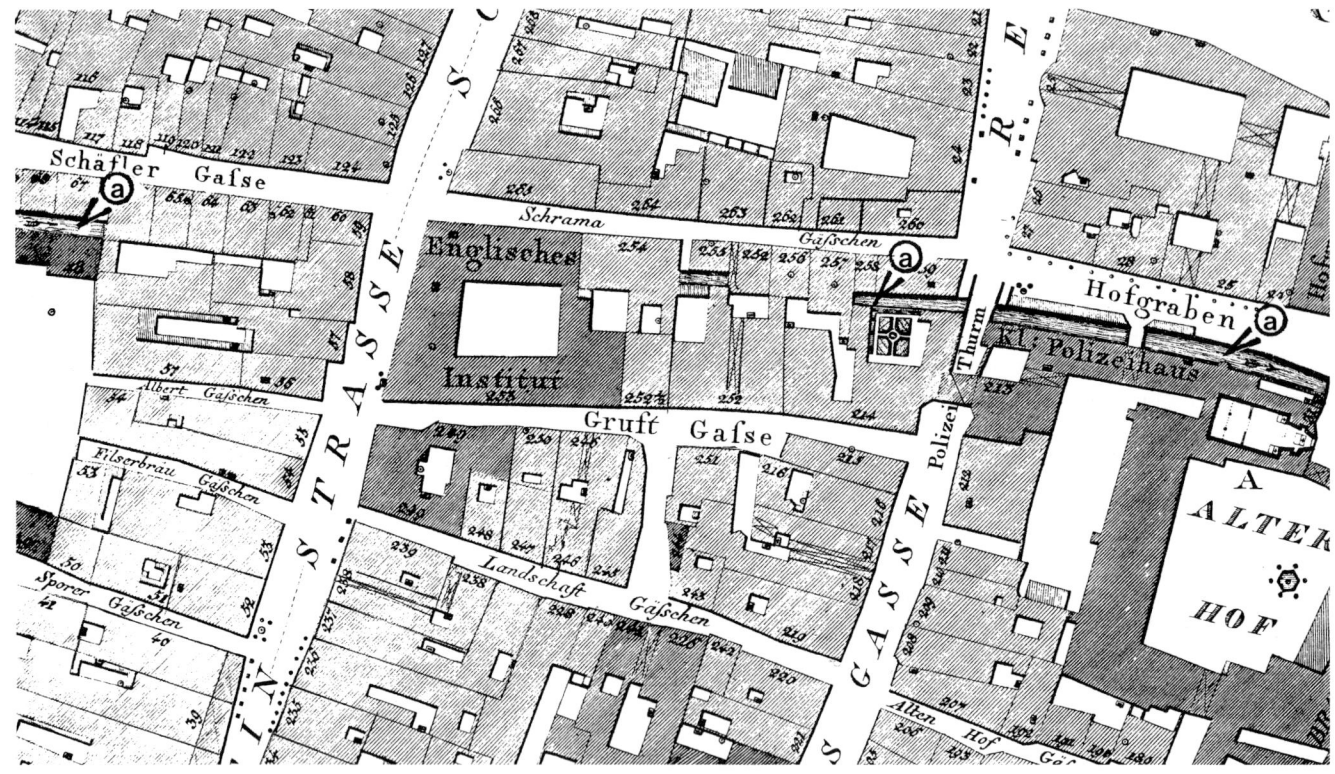

4. Stadtplan von München, Ausschnitt aus dem Urkataster von 1806; a = noch offen verlaufende Abschnitte des Stadtbachs

5. Stadtplan von München, Ausschnitt aus dem Kataster von 1885 (bis zur Baulinienveränderung nach 1945 gültig)
a) Weinstraße 13, Kgl. Polizei-Direktion
b) Gruftstraße 1 (ehem. Nr. 1 und Nr. 2) und Schrammerstraße 11 (ehem. Nr. 8-11), Kgl. Gerichtsgebäude
c) Dienerstraße 11 mit Schrammerstraße 5-7, Hotel zum Englischen Hof
d) Stadtmauer des 13. Jahrhunderts, nachgewiesener Verlauf; B = Brunnen

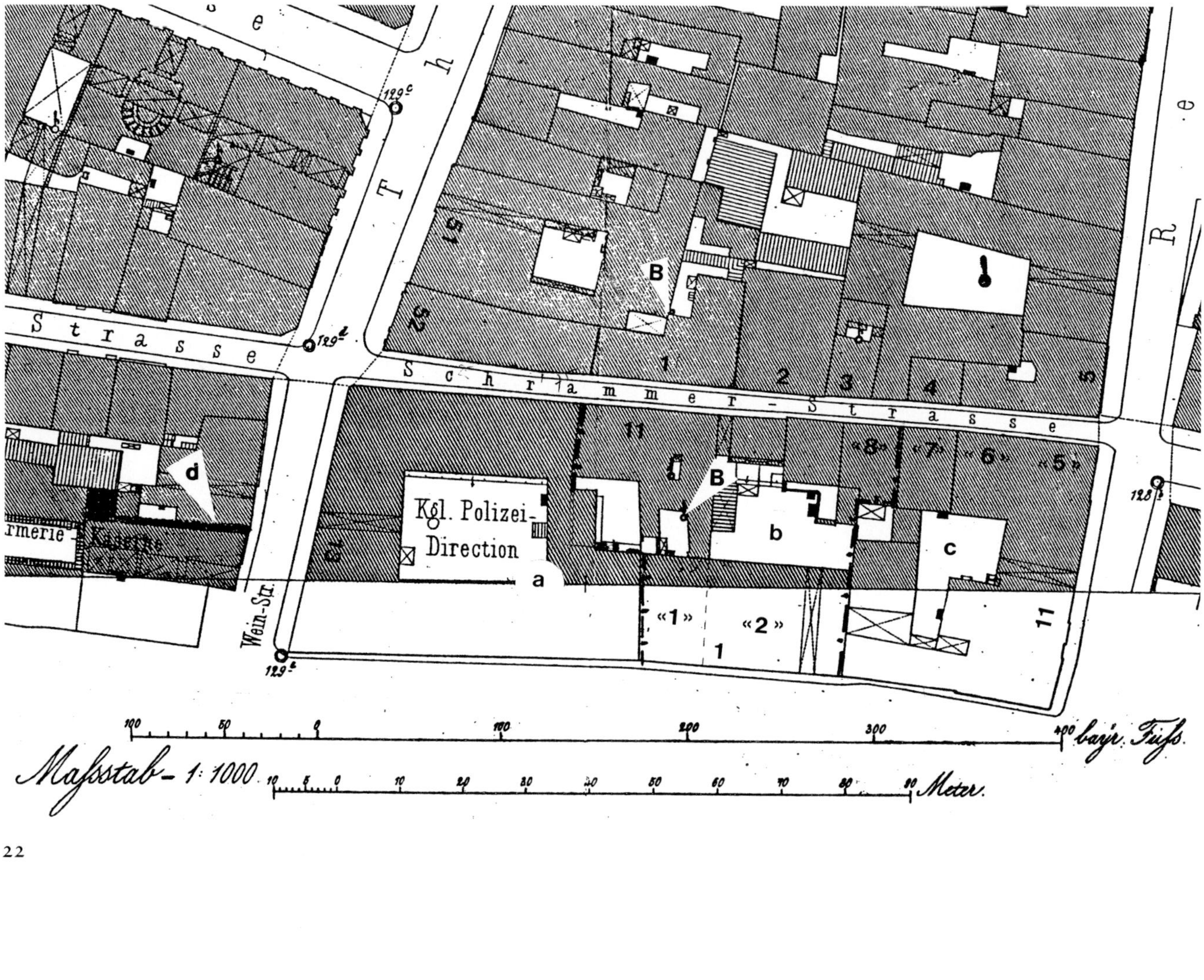

Stadtmauer und Stadtgraben

Erstmals war 1944 Gustav Schneider[2] der Nachweis des Verlaufs der frühesten Stadtmauer auch im Gebäude der Polizeidirektion, Weinstraße 13, gelungen, nachdem eine ungewöhnlich starke Kellerwand von 1,65 m Breite im Westtrakt nach ihrer Kartierung mit einem im Anwesen Weinstraße 10 bereits als Stadtmauer identifizierten Mauerzug korrespondierte (Abb. 5, d). In den jetzt während der Grabung freigelegten Flächen konnte der Verlauf der Stadtmauer innerhalb der Keller bislang jedoch nicht bestätigt werden; nicht auszuschließen ist, daß Reste des Mauerzugs unter der hohen Bauschuttauffüllung der westlichen Randzone des Grabungsfelds und unter dem anschließenden Bereich der breiten Fußgängerzone noch vorhanden sind.

Im Hof des Gebäudes Weinstraße 13, östlich vor dem Westtrakt, wurde der Rest einer Kiesel-Mörtelgußfläche von etwa 2,20 auf 3,90 m mit relativ horizontaler Oberfläche und einer maximalen Höhe von 26 cm freigelegt (Abb. 6, Plan 1,1). Nach ersten Vergleichen mit der Lage des Mauerverlaufs in Weinstraße 10 kann es sich hier, wie im archäologischen Grabungsbericht vermerkt, sehr wohl um den Rest der untersten Fundamentbettung der ältesten Stadtmauer handeln; vom Fundament selbst und vom aufgehenden Mauerwerk ist hier nichts erhalten; auch im weiteren bislang freigelegten Grabungsgelände konnten keine Hinweise auf die Stadtmauer gewonnen werden. Die Mauer wurde spätestens für den Umbau zur Polizeiverwaltung, höchst wahrscheinlich sogar schon 1690 für den an dieser Stelle errichteten mehrgeschossigen, vierflügeligen Bau des Klosters der Englischen Fräulein abgerissen – auf dem Sandtnerschen Modell von 1572 ist die Mauer auf dem stattlichen Eckgrundstück Schrammer-, Wein-, Gruftgasse noch in voller Höhe vorhanden (Abb. 3, 5) und eine lockere Bebauung mit Hof und Garten schließt beiderseits der Mauer an. Archivalisch ist für diese Zeit das Anwesen als herzoglicher Besitz belegt.[3] Leider ließ sich nicht feststellen, wohin das Abbruchmaterial transportiert wurde. Das in großen Mengen in einigen Kellermauern wiederverwendete Ziegelmaterial stammt eindeutig aus

7. Stadtgraben, Westprofil (Foto: A. Arasli)

dem Abbruch der herzoglichen Gebäude des 16. Jahrhunderts: Der häufig an den Ziegelbruchstücken haftende Versatzmörtel ist identisch mit der Übertunnelung des Stadtbachs für die Gartenanlage der alten Herzogin (s. Abb. 3, 5) und ist ferner identisch mit dem Versatzmörtel der Gartenarchitektur Albrechts V. am Unteren Hofgarten aus der gleichen Zeit.[4]

Die beachtliche Flächenausdehnung dieses Grundstücks von 37 m entlang der Schrammer-, 44 m entlang der Wein- und 54,5 m entlang der Gruftgasse nimmt denn auch den allergrößten Teil der ausgegrabenen Fläche ein. Aus dem Modell geht ferner hervor, daß der Stadtgraben (Abb. 7 und Plan 4,5) nicht mehr existierte und der im Grabenverlauf angelegte Stadtbach hier, wie auch an anderer Stelle, großenteils schon überbaut war.

Dieser Stadtbach (Abb. 8 und Plan 4,3 und 4) ist ein etwa 3,60 m breites, mit mehreren Tuffschichten gefaßtes, zunächst sicher offen verlaufendes Gerinne, verlegt im Abstand von ungefähr neun Metern zur Stadtmauer in der Sohle des alten Stadtgrabens. Eine etwa 1,40 m hohe Tonnenüberwölbung aus Ziegel überdeckt auf diesem Grundstück seit der 2. Hälfte des 16. Jahrhunderts das Gerinne, offensichtlich eingebracht für die Gartenanlage der alten Herzogin. Dieser tonnenüberwölbte Kanal verläuft heute unter den südlichen Kellerräumen des Nord-

6. Stadtmauer, Fundamentbettung, von Süden (Foto: A. Arasli)

8. Stadtbach im Bereich des gegrabenen Geländes:
(a) seitliche Tuffwandung, (b) Ziegeltonnen-Überwölbung, 16. Jahrhundert, (c) Kanalisierte Stadtbachführung, 19./20. Jahrhundert (Foto: K. Schnieringer)

9. Baureste im Bereich der Stadtbach-Überwölbung: (1) Schrammerstraße, (2) Stadtbach-Überwölbung, (3) Mauerreste, 16. Jahrhundert, (4) Reste eines Entwässerungskanals, 16. Jahrhundert (Foto: K. Schnieringer)

flügels der Polizeidirektion und dem Gerichtsgebäude und ist über eine Länge von etwa 30 Metern im freigelegten Gelände nachgewiesen (Abb. 2,2). Im weiteren Verlauf nach Nordosten ist er auf Grund historischer Pläne gesichert. Der Straßenname «Am Hofgraben» ist noch heute ein Hinweis auf diesen Stadtbach nördlich des Alten Hofes.

Oben auf dem Tonnengewölbe waren Reste von Maueranschlüssen aus der Bauzeit festzustellen (Abb. 9, 3, Plan 1, 3), ferner in der Sondage nördlich des Kanals ein im Mauerverband mit dem Kanal stehender Mauerzug von beachtlichen 90 Zentimetern Breite; diese Baubefunde sind sicherlich Bestandteil der Bebauung des herzoglichen Anwesens, eine exakte Zuordnung war jedoch bislang nicht möglich. Mehrere archäologische Schnitte, südlich des Kanals angelegt, können vielleicht Aufschluß über den Geländebereich zwischen Stadtmauer und Graben geben, eine letztgültige Interpretation der Archäologen steht jedoch noch aus.

Das «Judenviertel»

Die in der Grabungsfläche angetroffene Gruftstraße liegt noch innerhalb der ersten mittelalterlichen Stadtummauerung. Zu dieser Zeit war sie die äußerste nördliche Gasse unmittelbar hinter der Mauer. Sie führte bis um die Mitte des 15. Jahrhunderts den Namen Judengasse. Deshalb war bislang angenommen worden, daß hier eine gemeinschaftliche Ansiedlung jüdischer Familien bestanden hatte. In einer kürzlich erschienen Publikation zur jüdischen Kulturgeschichte Münchens[5] wird jedoch von einem der Autoren, Helmuth Stahleder[6], dargelegt, daß es in München zu keiner Zeit eine rein jüdisch bewohnte Gasse oder gar ein Ghetto gegeben hat, wie es in anderen Städten, z. B. Regensburg[7], der Fall war. Nach Stahleder waren die einzigen in jüdischem Besitz befindlichen Häuser in der ehemaligen Judengasse lediglich die späteren Anwesen Gruftstraße 1 und 2: Das erstere war im Zeitraum von 1380 bis 1442 Betschule oder Synagoge,[8] das Haus Nr. 2 hatte von 1371 bis 1381 „Meister Jakob der Jude von Landshut, Leibarzt von Herzog Stephan III" in Besitz.[9]

Die Grundstücke der südlichen Gassenseite gehörten nach Stahleder in der Zeit vor der Judenvertreibung 1442 wohl durchwegs als Hinterhäuser zu den Anwesen an der Landschaftstraße und wurden erst in späterer Zeit eigenständig.[10] Von der nördlichen Bebauung der ehemaligen Judengasse lagen nur die Parzellen Weinstraße 13 und Gruftstraße 1 im Bereich der Ausgrabung (Gruftstraße 2 nur im äußersten westlichen Anschnitt). Beide Anwesen hatten jedoch seit dem Mittelalter mehrere tiefgreifende bauliche Veränderungen erfahren: das große Eckgrundstück Weinstraße 13, in der 2. Hälfte des 16. Jahrhunderts in herzoglichem Besitz[11] und entsprechend großzügig gebaut (s. Abb. 12, 3), wurde am Ende des 17. Jahrhunderts mit einer vierflügligen Anlage völlig neu bebaut, dem Kloster der Englischen Fräulein, das später, im 19. Jahrhundert, durch den Bau der Polizeidirektion gründlichst überformt wurde. Auf dem östlich anschließenden Grundstück Gruftstraße 1 stand, wie schon erwähnt, von 1380 bis 1442 eine kleine Synagoge, die nach Ausweisung der letzten jüdischen Familien vom Herzog verschenkt wurde. Der neue Besitzer, „der herzogliche Leibarzt Dr. Hans Hartlieb" baute diese Synagoge" in den vierziger Jahren des 15. Jahrhunderts"[12] zu einer Kirche — der Gruftkirche, später Neustiftkirche — um. Diese Kirche wiederum wurde im Jahr 1867 zusammen mit dem Nachbarhaus Gruftstraße 2 und den Häusern Schrammerstraße 8-11 für den Neubau des kgl. Stadtgerichts abgerissen. Diese archivalisch nachweisbar rege Bautätigkeit über den langen Zeitraum von gut vier Jahrhunderten hinweg hatte dann auch, wie erwartet und oben bereits erwähnt, die frühere Bebauung zwischen den beiden Straßenzügen Gruft- und Schrammerstraße sehr stark reduziert. Dazu kommt ein vergleichsweise tief angelegter Abbruchhorizont nach dem Zweiten Weltkrieg, mit dem die gesamte Architektur der südlichen Hälfte der Grabungsfläche bis auf etwa 1.20 Meter unter das heutige Straßenniveau abgetragen wurde. Damit waren nur die untersten Mauerpartien der Keller des 19. Jahrhunderts im Anwesen Weingasse 13 und wenige Fundamentreste im Haus Gruftstraße 1 erhalten. Da auch beide Straßenräume von dieser Schleifung betroffen sind, läßt sich weder zu ihrer Baukonstruktion noch zu ihrer archäologischen Schichtabfolge eine Aussage machen. Von der Gruftstraße, der ehemaligen Judengasse, wurde innerhalb des Grabungsfeldes nur ein kurzes Stück des mittleren Bereichs freigelegt und zwar vor dem ehemaligen Haus Nr. 1 bis zur östlichen Hausgrenze zum Nachbarhaus Nr. 2 und über etwa 5 Meter vor dem westlich anschließenden großflächigen Anwesen Weingasse 13. Der weiteren Verlauf der Straße nach Westen und die nördlich angrenzenden Kellerräume liegen unter dem heutigen Gelände.

Im Süd- und Westflügel der Weingasse 13 war mit den gewaltigen, wesentlich tiefer gegründeten Kelleranlagen des späten 17. und des 19. Jahrhunderts der gesamte mittelalterliche Baubestand ausgeräumt worden; lediglich einige kleine Mauerreste sowie das Fragment eines aus Ziegeln gebauten Abwasserkanals des 16. Jahrhunderts (s. Plan 1,4) überdauerten hier die Umbauten folgender Jahrhunderte. Im Haus Gruftgasse 1 lagen die Keller offensichtlich auf einem höheren Niveau; hier war in der von der Grabung freigelegten Fläche nur noch ein Mauerrest der südwestlichen Gebäudeecke vorhanden, der nach einem Vergleich des Versatzmörtels in die Zeit vor dem 16. Jahrhundert zu datieren ist. Es ist das Fundament der westlichen Kommunwand zwischen beiden Anwesen und ein kurzes, etwa zwei Meter langes Fundamentstück der südlichen Außenwand von Gruftgasse 1 (Abb. 11, Plan 1, 7). Eine Definition dieses Mauerwinkels als Fundamentrest der Südwestecke der Gruftkirche erscheint zulässig – eine Eckverstärkung dieses südlichen Fundamentrestes könnte ein Hinweis auf den im Sandtnermodell dargestellten kleinen Turm am Westende des Kirchleins sein (Abb. 11,5) –, eine Zuweisung als Mauerrest der kleinen mittelalterlichen Synagoge erscheint allerdings angesichts der mangelhaften Befundlage in diesem ausgegrabenen Bereich gewagt.

Zur Kirche und Synagoge an dieser Stelle läßt sich auf Grund der bislang durchgeführten Untersuchungen im Grabungsgelände noch nicht viel sagen, da die Fläche des Grundstücks während der Ausgrabung nur auf etwa sieben Meter der Haustiefe freigelegt wurde. Aus Vergleichen zwischen dem Sandtnermodell (1572) und einem Plan von 1696[13] (Abb. 12,5 u. 13) mit den Katasterplänen des 19. und 20. Jahrhunderts (Abb. 4 u. 5) geht hervor, daß das Grundstück schon 1696 über eine Tiefe von 16 Metern überbaut war und im rückwärtigen Hof einen Brunnen besaß: Dieser Hof mit einem Brunnen ist noch auf dem jüngsten Katasterplan der Vorkriegszeit vorhanden (Abb. 5, B). Aus dem Modell von 1572 sowie dem Plan von 1696 ist weiterhin abzulesen, daß in diesen Zeiten ein Verbindungsgang zwischen Schrammergasse und Gruft-

11. Gruftstraße 1, Südostecke der Fundamentierung, von Süden (Foto: A. Arasli)

gasse entlang der östlichen Kommunmauer der Anwesen Gruftgasse 1 bzw. Schrammergasse 11 bestand.

Aus dem Vergleich des Plans von 1696 mit einem Aufmaß des Anwesens Gruftgasse 1 aus dem Jahre 1847[14] geht ferner eine Überlagerung von Räumlichkeiten innerhalb der zwei Parzellen Weinstraße 13 und Gruftgasse 1 hervor, die im Modell von 1572 nicht abzulesen ist (Abb. 13 und 14): Im Plan von 1696 liegt im nördlichen Teil des Hauses Gruftgasse 1 ein langgestreckter Raum von 17 Metern Länge mit 9,5 Metern in der westlichen und 6,5

10. Sandtnermodell der Stadt München von 1572, Ausschnitt von Süden: (1) Schrammergasse, (2) Gruftgasse, (3) Stadtmauer im Anwesen Weinstraße 13, (4) Eckhaus Schrammergasse / Hintere Schwabinger Gasse (heute Theatinerstraße), (5) Gruftgasse 1, Turm der Gruftkirche am Westende des Grundstücks, (6) Höfe der Nordrandbebauung an der Schrammergasse, (7) Laufbrunnen an der Einkreuzung der Schrammergasse in die Weinstraße / Hintere Schwabinger Gasse

12. Sandtnermodell der Stadt München von 1572, Ausschnitt von Norden: (1) Schrammergasse, (2) Gruftgasse, (3) Weinstraße 13, herzogl. Anwesen, (4) Durchgang von der Schrammergasse zur Gruftgasse, (5) Gruftkirche, spätere Neustiftkirche (ehemalige Synagoge)

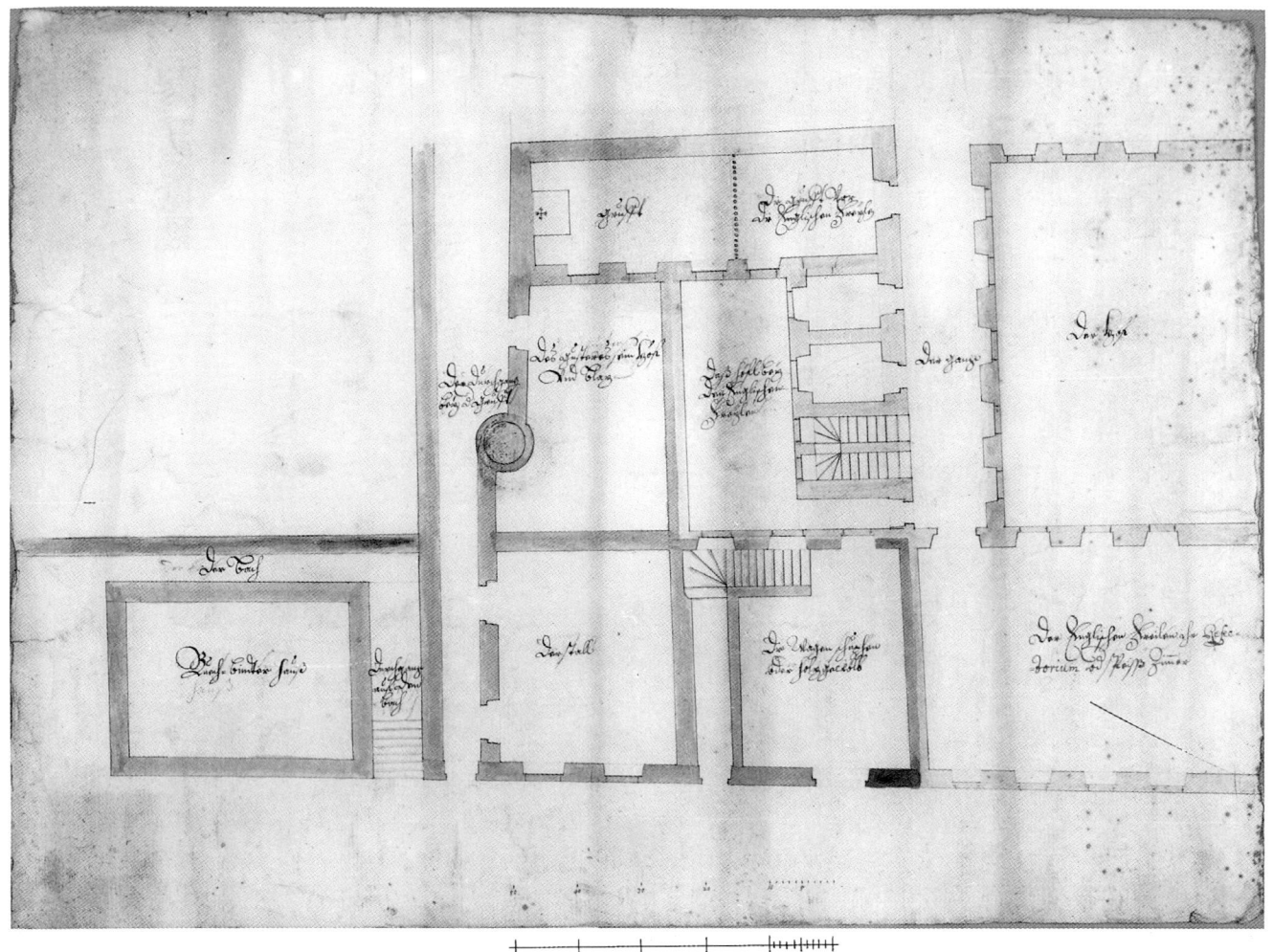

13. Plan von 1696 mit nordöstlichem Bereich des Instituts der Englischen Fräulein (rechts) und den östlich anschließenden Parzellen beiderseits des Durchgangs zwischen Schrammergasse (unten) und Gruftgasse; im Plan oben „Die Grufft Vor Die Englischen Freylen" (HSTA München Abt. I, Plansmlg. Nr. 8542)

Metern in der östlichen Parzelle (Abb. 13).[15] Dieser Raum ist auf Grund eines eingezeichneten Altars mit Kreuzsymbol eindeutig als christliche Kapelle definiert. Ob es sich bei diesen teilweise überlagerten Räumen um die bei Stahleder als „untere und obere Gruftkapelle" an der Stelle der ehemaligen Synagoge handelt[16] und inwieweit mittelalterliche Baubefunde nördlich dieses Kapellenraums in dem nachweislich seit 1572 nicht überbauten Hofbereich und unter den Ruinen des Gerichtsgebäudes von 1867 noch vorhanden sind, läßt sich nach dem jetzigen Stand der Forschung nicht sagen. Von einer umfassenden wissenschaftlichen Auswertung des vorhandenen Befundmaterials einschließlich der Archivalien sind jedoch weitere Erkenntnisse zu erwarten, die an anderer Stelle vorgelegt werden sollen.

DIE KELLER NÖRDLICH DER ALTEN SCHRAMMERSTRASSE

Mit der bauhistorischen Auswertung der Kellerfreilegungen wurde ein aufschlußreiches Stück Münchner Hausgeschichte gewonnen, die in das 14./15. Jahrhundert zurückreicht. An Hand der Keller, die häufig von großen oberirdischen baulichen Veränderungen ausgenommen sind, lassen sich aussagekräftige Hinweise auf Grundrißzuordnung, Erschließung und Nutzung eines darüberstehenden Hauses gewinnen, auch wenn es, wie in unserem Fall, schon gar nicht mehr existiert. Während der Grabung von 1989 wurden die Keller folgender Anwesen freigelegt: der südliche Bereich der heutigen Theatinerstraße 51 (ehem. Hintere Schwabinger Gasse Plan 1, Ke 4 und Ke 5), das Eckgrundstück Theatinerstraße 52 (Plan 1, Ke 1 bis Ke 3) fast vollständig und die Schrammerstraße 1 (Plan 1, Ke 6) mit dem Anschluß an Haus Nr. 2. Aus der Befundlage ging hervor, daß alle drei Häuser nicht vollflächig unterkellert waren (Plan 1, 12) und die Keller in Größe und Form sehr unterschiedlich sind. Eine zeitliche Zuordnung dieser Keller war jedoch auf Grund des fehlenden aufgehenden Mauerwerks und des inzwischen größtenteils abgegrabenen ehemals außen anschließenden Geländes äußerst schwierig. Da die Grabungsunterlagen aus zeitlichen Gründen noch nicht vollständig bearbeitet werden konnten, soll hier zunächst nur eine kurze Zusammenfassung der bislang erarbeiteten Untersuchungsergebnisse vorgelegt werden und etwas ausführlicher eine der Kelleranlagen vorgestellt werden.

Eindeutig zu klären waren die Hausgrenzen an Hand des Verlaufs der Kommunwände (Plan 1, K)[17] und des Maß-

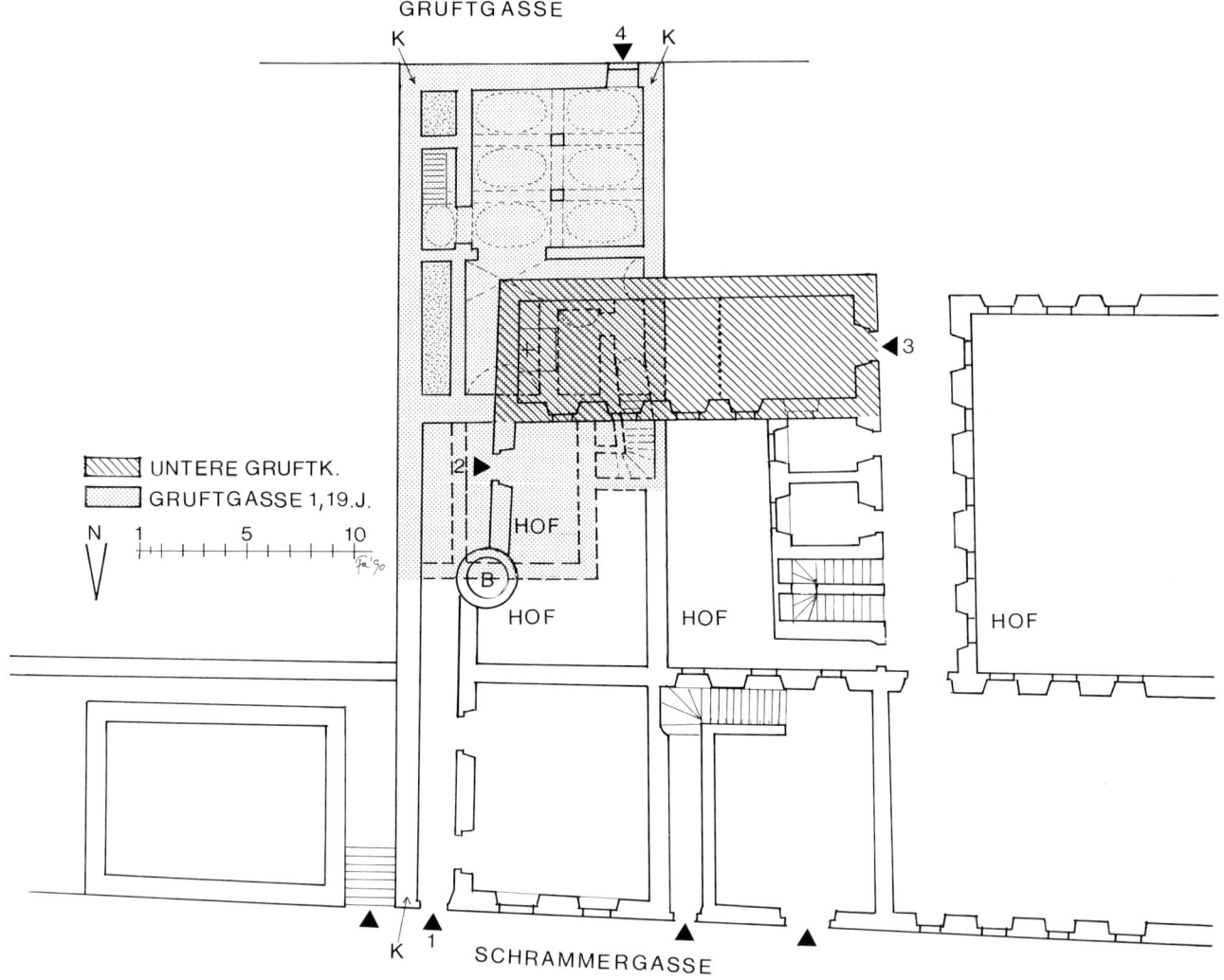

14. Zeichnerische Überlagerung des in Abb. 13 dargestellten Plans von 1696 mit einem Aufmaßplan des Kellergeschosses vom Anwesen Gruftgasse 1 aus dem Jahre 1847 (Stadtarchiv München, unpubl.)
1 Durchgang zwischen Schrammer- und Gruftgasse
2 Zugang zum Hof des Andechser Klosterhauses
3 Zugang zur Gruftkirche der Englischen Fräulein
4 Zugang zum Anwesen Gruftgasse 1 im darüberliegenden Geschoß

K Kommunwände, d. h. Hausgrenzen
B Brunnen

vergleichs zwischen alten und neueren Katasterplänen. Damit war eine weitgehend gesicherte Zuweisung der einzelnen durch die Grabung zum Teil nur angeschnittenen Kelleranlagen zu den Hausparzellen entlang der Theatiner- bzw. Schrammerstraße möglich und zwar einschließlich ihrer späteren Veränderungen, die auch Rückschlüsse auf Umbauten in dem ehemaligen Haus darüber zulassen.

Die jüngsten Keller sind die des 18./19. Jahrhunderts im südlichen Hausbereich der späteren Theatinerstraße 51 (Plan 1, Ke 4 und Ke 5): großräumige, mit Pfeilern und böhmischen Kappengewölben gebaute Keller in einem seit 1787 aus zwei Parzellen zusammengelegten, jedoch schon seit 1553 (das nördliche Haus) bis zum Abbruch im 20. Jahrhundert in der Tradition der Bierbrauerei stehenden Hauses. Diese Kellerräume sind durchwegs Umbauten älterer Keller, wie z. B. die innen vorgesetzte Mauer im Keller östlich des Hofes (Plan 1, Ke 5) oder die Kommunischen (Kn), auch Material- oder Lichtnischen genannt, in der Südwand der großen westlichen Kellerräume (Ke 4, Abb. 15) zeigen. Die Überbauung bestand hier aus Vorder- und Rückgebäude beiderseits eines nicht unterkellerten Hofs mit Brunnen (Plan 1, B 2) und Versitzgrube (Plan 1, «B$_3$»/V)

Der Brunnen B 2 ist ein ohne Mörtel aus trapezförmigen Ziegeln gesetzter Sickerbrunnen vielleicht des 18./19. Jahrhunderts (Plan 1, B 2 und Plan 3 und 5, Abb. 16). Seine Verfüllung, nur vier Meter tief ausgehoben, bestand laut Grabungsbericht im unteren Bereich über 50 cm aus grobem Bauschutt mit dunklem humosen Material darüber, dessen Fundinhalt von Professor Hagn in die Zeit des 16. und 17. Jahrhunderts datiert wurde.[18]

Der als Brunnen B 3 bislang bezeichnete gemauerte Bereich im gleichen Haus mit der eigentümlichen schlüssellochähnlichen Grundrißform war mit Sicherheit kein Brunnen, sondern eine Versitzgrube, zumindest in dem oberen gemauerten Bereich, der, dreimal umgebaut, zuletzt diese Grundrißform bekam. Die von Fäkalien verursachten typischen dunkelbraunen Verätzungsspuren waren allerorts bis tief in die Setzfugen hinein zu beobachten.

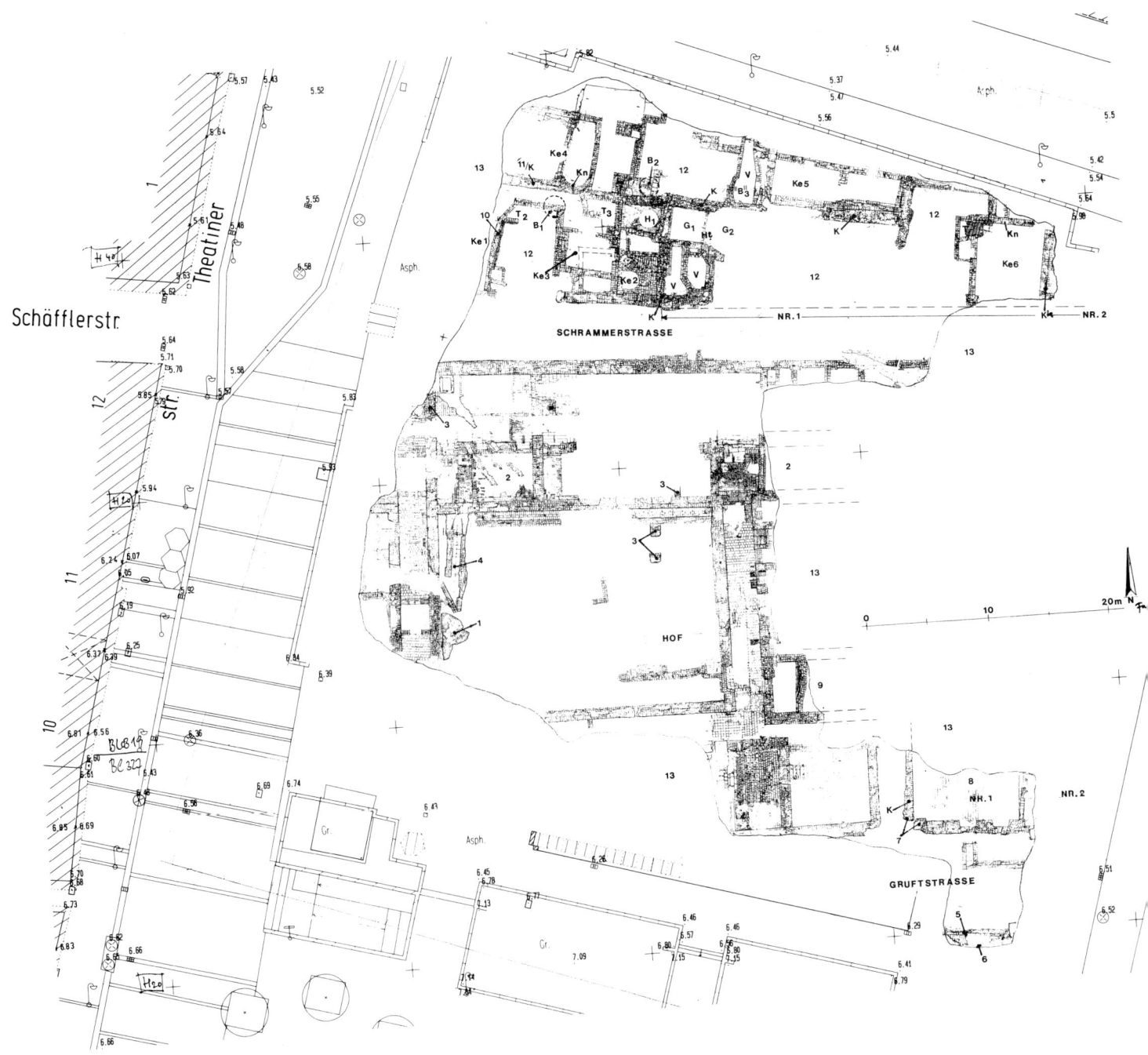

Plan 1: Bauhistorische Befundsituation

A Stadtmauer und Stadtgraben

1) Stadtmauer Heinrichs I (1158-1255), Fundamentbettung
2) Stadtbach-Kanaltunnel, 2. Hälfte 16. Jahrhundert
3) Mauerreste der Bebauung der 2. Hälfte des 16. Jahrhunderts
4) Abwasserkanal, 2. Hälfte 16. Jahrhundert

B Das „Judenviertel"

5) Südliche Baulinie der Gruftstraße (ehem. Judengasse)
6) Baukante der U-Bahn – Baugrube um 1970
7) Südostecke des Hauses Gruftstraße 1
8) Parzelle Gruftgasse 1, ehem. Synagoge, spätere Neustift- bzw. Gruftkirche
9) Bereich ehem. Gruftkirche im Anwesen Weinstraße 13 (17. Jh.)

C Keller nördlich der Schrammerstraße

10) Kellermauer der Zeit um 1400
11) Kellermauer im obersten Bereich um 1400, Kommunwand (K)
12) nicht unterkellerte Bereiche
13) nicht freigelegte Grabungsflächen

Ke Keller
K   Kommunwände
Kn Kommunnischen
B   Brunnen
G   Gruben
H   Höfe
T   Treppen
V   Versitzgruben

15. Kelleranlagen nördlich der Schrammerstraße, Übersicht von Norden: Keller Ke 4 (Theatinerstraße 51), (11 / K) Südl. Kommunwand, im obersten Bereich Reste mittelalterlichen Mauerwerks, (Kn) Kommunnischen. (Foto: H. Fastje)

Ob die darunterliegende, fast quadratische Eintiefung in den lehmigen Untergrund zunächst als Brunnen diente, läßt sich heute mit Gewißheit nicht mehr sagen; die Grube wurde nur bis etwa 2,20 m unter dem Ziegelboden der gemauerten Versitzgrube ausgehoben (Plan 3 und 5 B 3; Abb. 17). Das Aushubmaterial hatte jedoch, laut Aussage von Professor Hagn, die typische Konsistenz und teilweise sogar noch den typischen Geruch eines Versitzgrubeninhalts. Der reiche Fundkomplex setzt sich aus sehr qualitätvollen seltenen Kachelofenstücken mit figuralen und floralen Darstellungen (Bericht H. Hagn im Anhang mit Abb.) sowie glasierter Gebrauchskeramik in Grün, Gelb und Braun zusammen; datiert wurden die Funde ins das 17. Jahrhundert.

16. Brunnen B_2 (in Theatinerstr. 51): Sickerbrunnen aus Formziegeln, trocken gesetzt, 17. / 18. Jahrhundert (Foto: A. Arasli)

17. Brunnen „B_3" (in Theatinerstraße 51): in Ziegeln gesetzte Versitzgrube über Resten einer Brunnenkonstruktion, von Süden (Foto: A. Arasli)

Die zwei ältesten der ausgegrabenen Keller liegen im Eckhaus Theatinerstraße 52 beiderseits eines nicht unterkellerten Hausbereichs: Der ältere, von der Grabung knapp angeschnitten, liegt in der Südwestecke des Hauses (Plan 1, Ke 1) und war nur nachweisbar an Hand der Ostwand, das übrige lag unter der westlichen Böschung des Grabungsgeländes. Diese Wand war nach Osten gegen Erdreich, also einen nicht unterkellerten Bereich, gesetzt und in gewissen Abschnitten mehrfach stark verändert. Sie ist jedoch über eine Strecke von 3,5 m in mittelalterlicher Mauertechnik erhalten, d. h. Ziegellagen im Wechsel mit Bachkieselschichten in Gußmörtel (Abb. 18), was eine Datierung dieses Kellers in das 14./15. Jahrhundert zuläßt. Der andere, ein Halbkeller (Plan 1, Ke 2), liegt am Ostende des Grundstücks an der Schrammerstraße, östlich des nicht unterkellerten Hausbereichs. Er ist zur Hälfte durch einen tiefgreifenden Umbau des gesamten Hauses zerstört, durch den im Keller ein neuer, nun tiefergelegener und tonnenüberwölbter Raum mit einem nördlich vorgelagerten Raum entsteht (Plan 1, Ke 3)[19], verbunden mit dem Halbkeller durch eine Differenztreppe und mit dem Keller an der Südwestecke des Hauses durch einen Gang, der entlang der nördlichen Kommunwand durch den nicht unterkellerten Hausbereich geführt wird. Südlich des Gangs liegt der zugehörige neue Kellerabgang (T 2), der erst in jüngerer Zeit in die Nordostecke der Räume verlegt

18. Älteste Kellermauer in mittelalterlicher Versatztechnik (in Theatinerstraße 52): Kiesellagen im Wechsel mit Ziegelschichten, hier einschalig erhalten, d. h. ehem. gegen Erdreich gesetzt. Innenansicht der Mauerschale von Osten (Foto: H. Fastje)

wurde (T3), wo er bis zum Abbruch des Gebäudes bestand. Hinweise auf die Zugänge zu den ältesten Kellern waren jedoch nicht zu gewinnen.

Mit dem Anlegen des Verbindungsgangs läßt sich dann auch das Vorhandensein von zwei Schichten mittelalterlicher Mauertechnik oberhalb der ansonsten durchwegs in Ziegeln gesetzten, zweifellos jüngeren Nordwand (Plan 1, 11 / K; Abb. 19) erklären: Es ist der Rest der mittelalterlichen nördlichen Kommunwand, die zunächst als Begrenzung des nicht unterkellerten Hausbereichs (Fletz?) nur wenige Schichten tiefer als das Erdgeschoß-Laufniveau gegründet war und für den Verbindungsgang entsprechend tief unterfangen werden mußte. Von dem mittelalterlichen Überbau ist natürlich spätestens seit dem Abbruch nach 1945 bis zur Kelleroberkante nichts mehr erhalten. Im Sandtnermodell ist jedoch das Eckhaus an der Gasseneinmündung mit einem Treppengiebel nach Westen und einem Doppelarkadenfenster nach Süden dargestellt und damit ziemlich eindeutig als mittelalterliches Gebäude definiert (Abb. 11,4). Bestätigt wird diese Zuweisung durch den reichen Fundkomplex aus dem Hausbrunnen, angelegt in dem nicht unterkellerten Bereich zwischen den zwei alten Kellern. Dieser Schöpfbrunnen (Plan 1, B1 und Plan 3 und 4; Abb. 19 und 20) an der nördlichen Kommunwand wurde für den Verbindungsgang zerstört und bis hinunter in den Keller abgetragen. Er ist der älteste der drei im Grabungsgelände angetroffenen Brunnen. Zunächst sicherlich als solcher angelegt, wurde er später als Versitzgrube genutzt, möglicherweise seit der Einrichtung eines Laufbrunnens an der Ecke Schrammer-/Hintere Schwabinger Gasse (Abb. 11,7). Er hatte einen

19. Brunnen B_1 (in Theatinerstraße 51): Übersicht von Westen (Foto: A. Arasli)

20. Brunnen B_1: Schöpfbrunnen mit Brunnenkranz aus Tuffblöcken, im unteren Bereich über 5,30 m in den voreiszeitlichen Schluff eingetieft (Foto: A. Arasli)

inneren Durchmesser von etwa 1,80 m und einen mit kleinen sauber bearbeiteten Tuffblöcken gesetzten und oben leicht aufgeweiteten Brunnenkranz, erhalten auf einer Höhe von 115 cm. Dieser gesetzte Brunnenrand reichte seinerzeit sicherlich bis hinauf in das Erdgeschoß, vermutlich in einen Hof oder eine Treppendiele. Heute sind von diesem Brunnenrand nur noch vier Schichten vorhanden, die nach Abbruch und Aushub für den Kellergang bis zur Höhe des neuen Kellerbodens stehen blieben. Im weiteren nach unten ist der runde Brunnenschacht mit 1,25 m lichter Weite in den anstehenden Lehm eingetieft; die Gesamttiefe war zunächst nicht bekannt, ausgehoben wurde während der Grabung nur bis zu einer Tiefe von vier Metern ab der Oberkante des erhaltenen Brunnenkranzes.[20] Die Auffüllung bestand nach dem archäologischen Grabungsbericht über eine Höhe von 2,8 m aus humosem Füllmaterial mit darüberliegender loser Bauschutteinfüllung bis zur Unterkante des Kellerbodens. Aus diesem Brunnen stammen nach Angabe von Professor Hagn die wichtigsten und ältesten Keramikfunde: «henkellose Töpfe mit schmalem Karniesrand, Reste von Schüsseln sowie von Topfkacheln, im oberen Teil viereckig gedrückt», zu datieren in die Zeit um 1400 und in das frühe 15. Jahrhundert.[21]

Jedes der bislang ausgegrabenen Häuser hatte zumindest einen kleinen Hof (Plan 1, H), wenn nicht mehrere, hatte einen Schöpfbrunnen (Plan 1, B) und — räumlich möglichst weit davon entfernt – eine Abfall- (Plan 1, G) oder Versitzgrube (Plan 1, V). In allen drei Häusern sind diese Einrichtungen nachzuweisen.[22] Zu unterschiedlichen Zeiten angelegt und zum Teil wieder aufgegeben, bargen Brunnen, Gruben und Höfe, wie auch die Versitzgruben in ihren Auffüllungen reiches Fundmaterial aus Haus und Küche.

Auch aus dem schmalen nördlichen Grundstücksbereich (im Grabungsbericht mit Grube 1 und 2 bezeichnet), östlich im Anschluß an den kleinen kieselgepflasterten Hof (Plan 1, H 1; Abb. 21), wurde reiches Fundmaterial geborgen, das nach Professor Hagn in das 16. und 17. Jahrhundert zu datieren ist. Aus dem Sandtnermodell von 1572 geht hervor, daß das Eckgrundstück noch zu dieser Zeit mit Einzelhäusern besetzt war, die nicht bis zur nördlichen Grundstücksgrenze reichten: Nördlich der Bebauung ist eine Reihe kleiner Höfe mit Nebengebäuden zugeordnet (Abb. 11,6). Es ist bekannt, daß im Mittelalter und noch weit in die Neuzeit hinein Höfe und Rückgebäude unter anderem auch zur Kleinviehhaltung sowie als Abtritt und Hausmülldeponie benutzt wurden; so ist

21. Gruben und Höfe: Der kieselgepflasterte Hof (H$_1$) gehört zum Anwesen Theatinerstraße 52, die Grube (G$_1$) zu Schrammerstraße 1, Ansicht von Osten (Foto: A. Arasli)

nicht verwunderlich, daß hier die reichsten Fundkomplexe gerade aus diesen Hausbereichen kommen. Die Funde reichen vom groben Küchengeschirr bis zum feinsten Trinkglas, große Mengen von Kleinfunden wie «Rosenkranzperlen, Madonnenfigürchen, Schusser, Spielwürfel, Tonpfeifen, Rechenpfennige, Metallösen für die Kleidung und Messergriffe aus Knochen»; selbst Küchenabfälle von Kernobst, Geflügel und Getreide wurden bei dem sorgfältigen Sieb- und Ausschwemmverfahren sichergestellt, das in dem Institut für Mikropaläontologie der LMU München von Herrn Präparator Georg Fuchs unter der Leitung von Herrn Professor Dr. Herbert Hagn auf das geborgene Schichtmaterial angewendet wurde.

ANMERKUNGEN

[1] Der hier vorgelegte Beitrag ist mit geringfügiger Überarbeitung und einigen Ergänzungen der im Herbst 1989 an die Stadt München abgegebene Arbeitsbericht des Referats Bauforschung. Er umfaßt die vorläufigen Ergebnisse einer bauhistorischen Auswertung des während der Grabung angefertigten Planmaterials und der nach Grabungsende verbliebenen Baubefunde vor Ort. An dieser Stelle möchte ich meinem jungen Baufoscherkollegen Karl Schnieringer für sein großes Engagement bei der Bewältigung dieser äußerst schwierigen Aufgabe herzlich danken. Eine Einarbeitung der archäologischen Befundsituation ist bislang nicht möglich, da seitens der Archäologie eine Auswertung der Stratigraphie einschließlich der Fundkomplexe noch nicht vorliegt. Die bislang publizierten kurzen archäologischen Berichte beschränken sich auf eine Vorstellung der Fundkomplexe aus Brunnen und Gruben: HERBERT HAGN und STEFAN WINGHART, „Stadtarchäologie in München: Der Marienhof", in: *Das Archäologische Jahr in Bayern*, 1989, S. 195-197 und HERBERT HAGN, „Kachelofenfunde aus dem frühen 17. Jahrhundert in ,Brunnen 3' am Marienhof in München", in: *Das Archäologische Jahr in Bayern*, 1990, S. 178-180. Ein weiterer kurzer Befundbericht von ERWIN KELLER und STEFAN WINGHART in: *Ausgrabungen und Funde aus Altbayern 1989-1991*, Katalog des Gäubodenmuseums Straubing, Nr. 18, Straubing 1990, S. 112 f. stützt sich auf den Bericht der Bauforschung sowie auf die o. g. archäologischen Vorberichte. Eine kurze Zusammenfassung einiger bislang erarbeiteter Fundkomplexe wird dankenswerterweise im Anschluß an diesen Bericht von HERBERT HAGN vorgestellt.

[2] Handskizze, Stadtarchiv München, unpubliziert.

[3] Um 1750: „Unser gnädigen frauen der alten Herzogin Haus, Hof und Stallung" aus: *Häuserbuch der Stadt München*, hrsg. vom Stadtarchiv München, Bd. 1, München, 1958, S. 444.

[4] HEIKE FASTJE, „Bauforschung im Unteren Hofgarten", in: *Denkmäler am Münchner Hofgarten*, Arbeitshefte des Bayerischen Landesamtes für Denkmalpflege, Nr. 41, S. 193 ff.

[5] *Synagogen und jüdische Friedhöfe in München*, hrsg. von WOLFRAM SELIG, mit Beiträgen von GABRIELE DISCHINGER, K. E. O. FRITSCH, KARL W. SCHUBSKY, WOLFRAM SELIG und HELLMUTH STAHLEDER, München 1988, S. 17, Abb. 1. — Für den Hinweis und die Überlassung dieses Buches sowie die Aushändigung historischer Dokumente habe ich Herrn Dr. Richard Bauer, Stadtarchiv München, sehr zu danken.

[6] HELLMUTH STAHLEDER, „Die Münchner Juden und ihre Kultstätten", in: *Synagogen* (wie Anm. 5) S. 11 ff.

[7] Ebenda, S. 25, Anm. 49.

[8] Ebenda, S. 17 f. — Wie groß die jüdische Gemeinde bei der Gründung der Synagoge 1380/81 war, läßt sich den Ausführungen Stahleders (S. 12 ff.) trotz einer Anzahl von Einzelnennungen für die letzten Jahrzehnte des 14. Jahrhunderts nicht eindeutig entnehmen; gesichert scheint die Anzahl von 67 Juden zur Zeit des ersten Pogroms 1285 und die Zahl von 44 Juden für das Jahr 1425, also etwa zwanzig Jahre vor der endgültigen Vertreibung.

[9] Ebenda, S. 28

[10] Eine bauhistorische Untersuchung an dieser Stelle erübrigt sich inzwischen, da mit dem Bau des Bahnhofs der U-Bahn nahezu die gesamte Häuserzeile südlich der Gruftstraße verloren ging (STAHLEDER, wie Anm. 6, Plan 1,5). Lediglich in der nördlichen Randzone an der Ecke zur Dienerstraße könnten sich Baureste erhalten haben; diese liegen jedoch außerhalb der Grabungszone.

[11] Häuserbuch (wie Anm. 3).

[12] STAHLEDER (wie Anm. 6), S. 21.

[13] Ebenda, S. 17, Abb. 1 und Anm. 39 bzw. S. 20, Abb. 4.

[14] Es ist ein Baueingabeplan zur Genehmigung des Einbaus eines Backofens aus dem Jahre 1847 (Münchner Stadtarchiv, unpubl.). Auf dem Plan sind die Grundrisse von Keller, Erdgeschoß und 1. Obergeschoß sowie ein Querschnitt und ein Fassadenausschnitt dargestellt mit der Einskizzierung des beabsichtigten Backofeneinbaus im Keller. Dazu liegt eine auf dem Kellergrundriß basierende Handskizze mit Zahlenkolonnen zur Maßstabumrechnung vor (Transparentpapier, unsign., unpubl., vermutl. von Gustav Schneider, Münchner Stadtarchiv).

[15] Nach einer Angleichung der in unterschiedlichem Maßstab dargestellten Zeichnungen läßt sich in der Überlagerung der Grundrisse feststellen, daß die Räumlichkeiten nicht, wie bei STAHLEDER (wie Anm. 6), S. 20, Abb. 4 dargestellt, nebeneinander, sondern mit größter Wahrscheinlichkeit übereinandergreifend zu rekonstruieren sind.

[16] STAHLEDER (wie Anm. 6), S. 18 f. — Neuere Forschungsergebnisse sind von der bei Stahleder (S. 18, Anm. 39) angekündigten Publikation: GABRIELE DISCHINGER, *Zeichnungen zu kirchlichen Bauten bis 1803 im Bayer. Hauptstaatsarchiv*, Wiesbaden 1988 (Nr. 450) zu erwarten.

[17] Auffällig ist der annähernd geradlinige, die Jahrhunderte hindurch offensichtlich gleichgebliebene Verlauf der nördlichen Parzellengrenzen aller Anwesen entlang der Schrammerstraße, der nur von einem einzigen Grundstücksübergriff im Haus Nr. 2 unterbrochen ist.

[18] Das Fundmaterial scheint umgelagertes Material von einer anderen Stelle des Hauses zu sein (weitere Unterkellerung?), mit dem der nicht mehr benutzte Brunnen verfüllt wurde. Die von Prof. Dr. Hagn (hier im Anhang S. 40) als zusammengehörig definierten Kachelofenfragmente aus dem Fundgut der Brunnen B_2 und «B_3» bestätigen dann unsere Vermutung, daß beide Brunnen, d. h. B_2 und die Versitzgrube V über B_3 jünger sind als ihre Verfüllungen.

[19] Diesem Umbau war ein erster großer Umbau vorausgegangen, mit dem im Bereich nördlich dieses Halbkellers ein kieselgepflasterter Hof eingerichtet wurde. Er ist jedoch durch diesen zweiten Umbau auf etwa die Hälfte reduziert.

[20] Der endgültige Aushub bis zur Brunnensohle erfolgte erst im Winter 1990. Die Funde ergänzen das bereits vorliegende Material und bestätigen die Datierung in die Zeit um 1400 (s. Bericht H. Hagn im Anhang).

[21] Zur Geschichte der Besitzer der Häuser auf der Nordseite der Schrammergasse gibt es neben der Auflistung im Häuserbuch der Stadt München (wie Anm. 3), S. 325 ff. bei STAHLEDER (wie Anm. 5), S. 15 ff. folgenden aufschlußreichen Hinweis: "In der Zeit der Bürgerunruhen von 1397/1403 bewohnt Lew der Jude das Haus des Spiegel, der aus der Stadt geflohen war. Das Haus lag etwa an der Ecke Theatinerstraße/Schrammerstraße (Nordseite). Etwa an dieser Stelle lag auch das ‚domus' (Haus) ‚Seligmann', das 1423 und 1431 in den Steuerbüchern steht."

[22] Der Brunnen in Schrammerstraße 1 ist noch im Katasterblatt von 1947 in der Südwestecke des Hofes nördlich des mittleren Hausbereichs verzeichnet (Abb. 5, B).

Plan 2: Kellerumrisse nördlich der Schrammerstraße

Planverf.: A. Arasli, B. Brantl, B. Grentzenberg, S. Hoff, U. Krommer, J. Reimann, K. Schmidbaur, G. Schonlau, 1989

1) Schrammerstraße, 2) Nördl. Außenwand des ehem. Institus der Englischen Fräulein 3) Stadtbach Kanaltunnel 4) ältester Mauerzug um 1400 5) nicht unterkellerte Bereiche

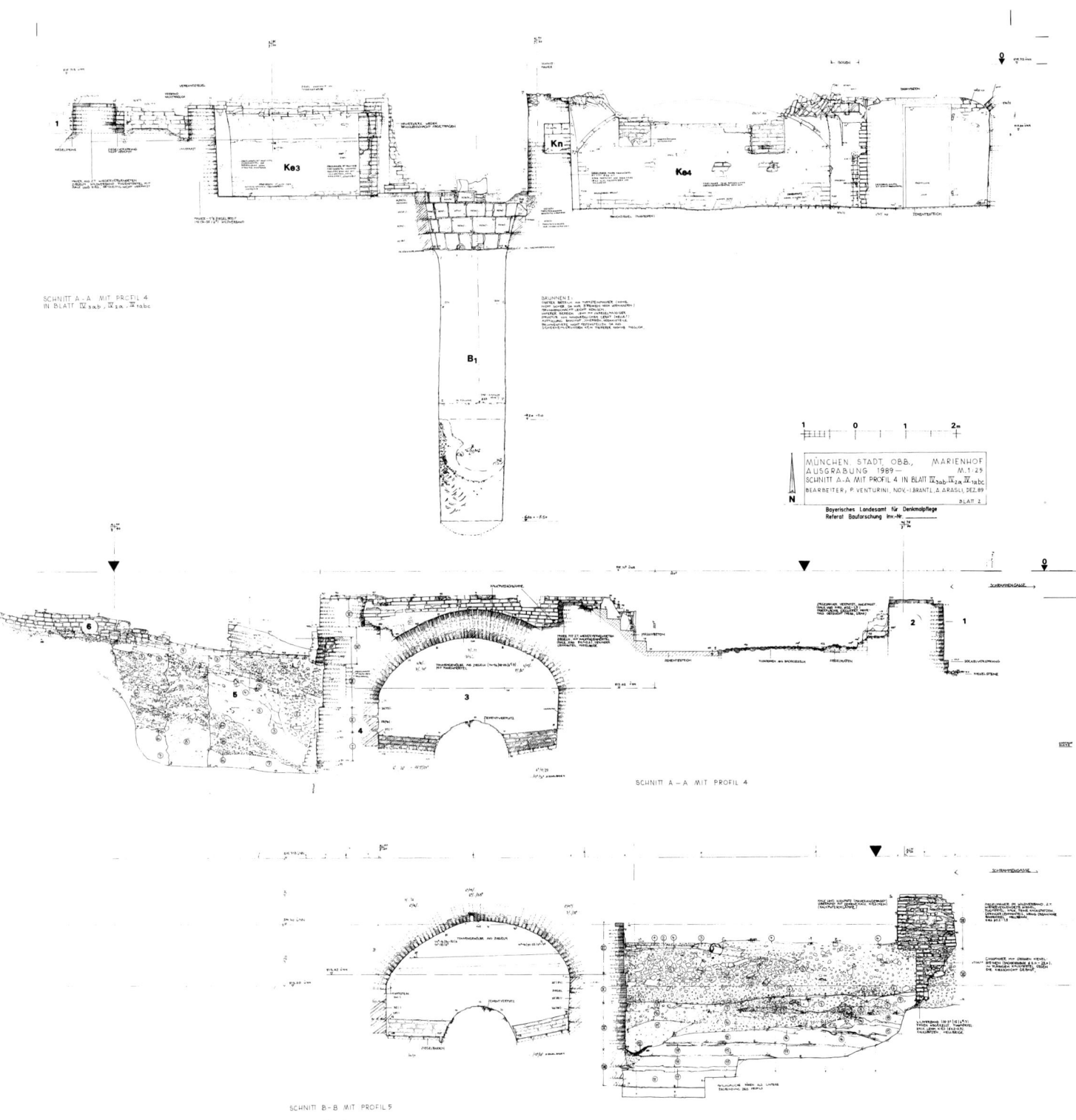

Plan 4: München, Marienhof; Grabungsschnitt A-A
a) nördlicher Bereich (nördlich der Schrammerstraße), Ke 3 und Ke 4, Brunnen B₁
b) südlicher Bereich
1 Schrammerstraße (Straßenniveau vor Grabungsbeginn bereits verloren)
2 nördliche Außenwand des ehem. Instituts der Englischen Fräulein
3 Stadtbachüberwölbung
4 Tuffblocksetzung des wohl ehem. offen verlaufenen Bachs
5 stratigraphische Schichten des mittelalterlichen Stadtgrabens
6 Entwässerungskanal des herzoglichen Anwesens (16. Jahrhundert)
(Planverfasser: A. Arasli, I. Brantl, G. Schonlau, E. Venturini, 1989; H. Fastje, M. Lohr, 1990)

◁ Plan 3: München, Marienhof; Grundriß der Baubefunde in der Nordwestecke der Grabungsfläche, Planausschnitt: Brunnen-Gruben-Höfe; Lage der Schnitte A, B, C
(Planverfasser: A. Arasli, I. Brantl, D. Grentzenberg, S. Hoff, W. Krommer, J. Reimann, K. Schmidbaur, G. Schonlau, 1989)

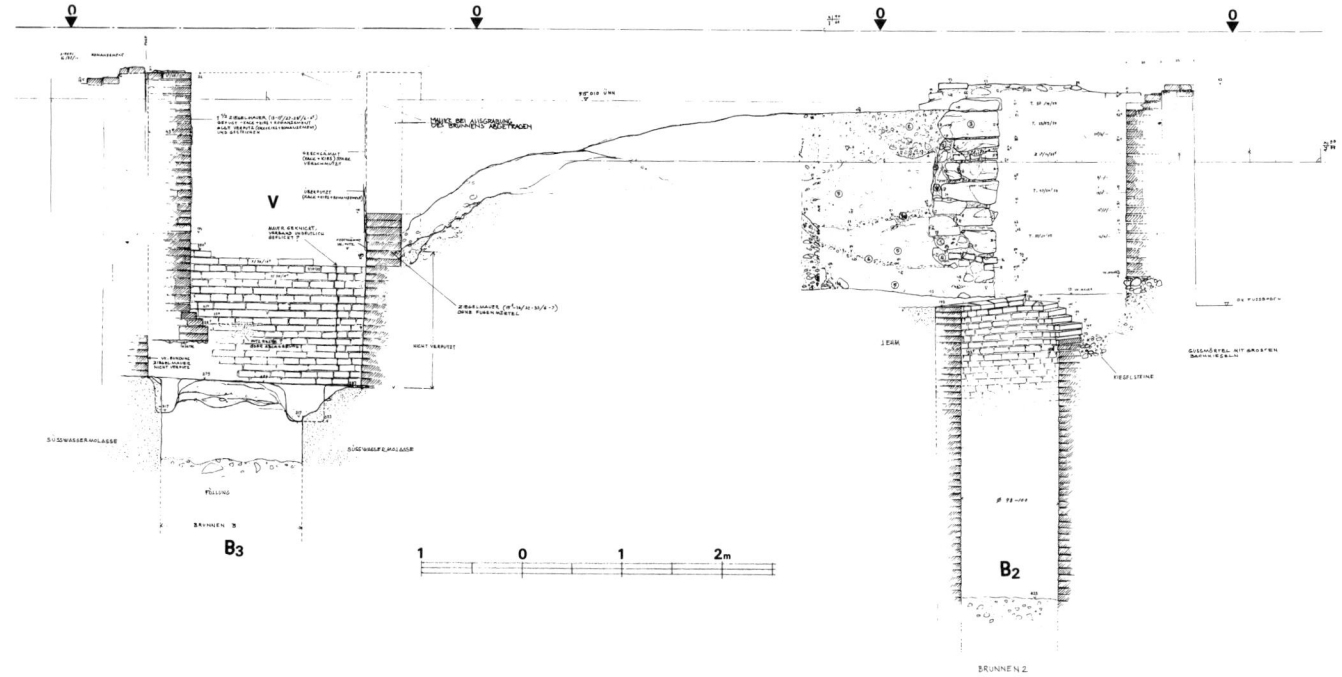

Plan 5: München, Marienhof; Grabungsschnitt C Schnitt durch die Brunnen B2 und „B3", Blick nach Süden (Planverfasser: A. Arasli, 1989/90)

ANHANG

Herbert Hagn

Die Funde vom Marienhof

Im Bereich der Grabungen kamen Siedlungsabfälle an fünf verschiedenen Stellen zutage. Es handelt sich um die Gruben 1 und 2 sowie um die Brunnen 1, 2 und 3. Die größeren Funde wurden durch das Grabungsteam des Bayerischen Landesamtes für Denkmalpflege geborgen. Der gesamte Aushub wurde hingegen im Institut für Paläontologie und historische Geologie der Universität München über einem Sieb gewaschen, wobei kleinere keramische Bruchstücke sowie zahlreiche Klein- und Kleinstfunde ans Tageslicht kamen.

Grube 1 lieferte eine große Menge von Geschirrkeramik. Neben Kochtöpfen samt Deckeln wurden auch Fragmente von Dreibeintöpfen und Nachtgeschirren angetroffen. Auch Krüge und Kannen fehlen nicht. Ferner stellten sich Schüsselreste reichlich ein. Besonders hervorzuheben ist eine mit dem Malhorn verzierte Schüssel, die als Dekor u. a. den «laufenden Hund» erkennen läßt. Daneben wurden Salbentöpfchen, ein Miniaturgefäß, eine Spardose sowie ein Spinnwirtel geborgen. Die Ofenkeramik wird durch auf der Innenseite grün glasierte Schüsselkacheln vertreten.

Im Hausmüll der Grube 1 wurden auch Importe aus entfernteren Hafnerlandschaften entdeckt. So stammen z. B. Fragmente von Steinzeugbechern mit Wellenfuß von Siegburg (Rheinland). Auch die keramische Warengattung Fayence ist mehrfach vertreten. Als Herkunftsort kann zumindest teilweise Dießen am Ammersee angenommen werden. Die Herkunft einer durch Sandanwurf verzierten Krause, eines kleinen kugeligen Gefäßes, konnte indes noch nicht mit Sicherheit geklärt werden.

Reste von Nuppenbechern („Krautstrünken") fanden sich in Grube 1 erstaunlich häufig. Erwähnenswert ist vor allem ein weitgehend erhaltenes, gleichfalls mit Nuppen verziertes Stangenglas. Hinzu kommen noch viele Kleinfunde wie Rosenkranzperlen, Madonnenfigürchen, Schusser, Spielwürfel, Tonpfeifen, Rechenpfennige, Metallösen für die Kleidung und Messerbeschläge aus Knochen.

Die Funde aus Grube 1 gehören dem 17. Jahrhundert an. Ein Teil von ihnen wurde zeitweilig in zwei Vitrinen am Rand des ehemaligen Grabungsgeländes am Marienhof ausgestellt.

Grube 2 enthielt gleichfalls zahlreiche keramische Bruchstücke. Neben reduzierend gebrannter Ware wurden auch grün glasierte Bruchstücke, vor allem von Schüsseln, angetroffen. Da sich das keramische Material gewöhnlich mit kalkigen Ablagerungen überkrustet zeigt, muß es vor der Restaurierung in einem Säurebad gereinigt werden. Da diese Arbeiten noch nicht abgeschlossen sind, können vorerst noch keine näheren Angaben zur Keramik gemacht werden. Ihre Datierung in das 16. Jahrhundert steht allerdings außer Zweifel.

Im *Brunnen 1* kamen unter einer vorwiegend aus Mörtelbrocken bestehenden Auffüllschicht schwarze, humose, mit spanartigen Holzresten durchsetzte Ablagerungen ans Tageslicht. Außerdem konnte man bereits mit bloßem Auge unzählige Obstkerne erkennen. Insgesamt wurden rund 100 große Säcke der Brunnenfüllung im Institut für Paläontologie und historische Geologie über einem Sieb gewaschen.

Ein besonderes Augenmerk galt zunächst den pflanzlichen Überresten. Auffallend war die riesige Menge an Resten von Süß- und Sauerkirschen, Pflaumen der verschiedensten Art, Pfirsichen, Trauben, Feigen, Äpfeln und Birnen. Unter den kleinsten Resten verbargen sich Erdbeeren, Himbeeren und Brombeeren. Auch Hasel- und Walnüsse waren im Fundgut angezeigt. Die Bestimmung der Obstreste ist Herrn Dr. H.-J. Gregor, Gröbenzell, zu verdanken.

Die reichlich angetroffenen Holzreste liegen überwiegend in guter Erhaltung vor. Die breiten, spanartigen Abschnitte aus Weichholz dürften auf Spankörbe zu beziehen sein, in denen Obst feilgeboten wurde. Daneben wurden noch Reste einer gedrechselten Schale sowie von Daubenschalen geborgen.

Beim Waschen des Fundguts fiel immer wieder ein schwarzer Film auf, der das Wasser bedeckte. Er wurde von den chitigen Puppen (Larven) einer Kompostfliege aus der Familie der Sphaeroceridae gebildet. Diese Fliegen waren am Abbau der faulenden organischen Substanzen beteiligt.

Die Kombination von Obstresten, Spankörben und Kompostfliegen läßt die Deutung zu, daß der Brunnen 1 als Depot für verdorbenes Obst diente. Da sich der Schrannenplatz in unmittelbarer Nähe befand, mag hier ein Obsthändler seinen Abfall beseitigt haben. Der aus dem Brunnen aufsteigende Geruch lockte zahlreiche Mäuse und Ratten an. Von Zeit zu Zeit wurde in den Brunnen offenbar Schutt eingebracht, um die Geruchsbelästigung und die Fliegenplage zu mindern. Darauf weisen Gerölle aus Schottern, Mörtelbrocken sowie Reste von Dachziegeln hin.

Küchenabfälle spielten in Brunnen 1 (im Gegensatz zu „Brunnen" 3) nur eine untergeordnete Rolle. Es konnten vereinzelt Zähne und Knochen von Rind und Kalb (sehr kleine Form) sowie Skelettreste von Hasen und Geflügel nachgewiesen werden. Auch Fische (Karpfen und Weißfische) wurden offensichtlich verzehrt.

Zusammen mit dem Hausmüll gelangte auch zerbrochene Keramik in den Brunnen 1. Zur Ofenkeramik gehören zwei größere Fragmente von weitmundigen Becherkacheln. Sie lassen ebenso wie hohe, schlanke, im oberen Teil vierseitig gedrückte Becherkacheln eine Datierung in die Zeit um 1400 zu (Abb. 1).

Die Gefäßkeramik besteht überwiegend aus henkellosen Töpfen, die in den meisten Fällen durch sekundäre Koh-

1. Vierseitig gedrückte Becherkachel aus Brunnen I, um 1400, Höhe 14 cm

lenstoffanreicherungen (Ruß) als Kochtöpfe ausgewiesen sind (Abb. 2). Gehenkelte Gefäße sind hingegen sehr selten. Gefäßformen und Randausbildungen deuten auf das frühe 15. Jahrhundert hin. Bruchstücke einzelner Gefäße könnten sogar noch aus dem späten 14. Jahrhundert stammen. Schüsseln, Öllampen, eine Spardose, ein Spinnwirtel und Bruchstücke von Deckeln ergänzen das keramische Bild.

Von Bedeutung sind ferner zahlreiche Glasreste, darunter teilweise größere Fragmente von mindestens acht Gefä-

2. Kleiner henkelloser Topf aus Brunnen 1, 15. Jh., Höhe 13,7 cm

3. Weiße Spielpuppen aus dem Bereich des ehem. Stadtgrabens, um 1400, Höhe 10 cm und 7,5 cm

ßen. Es liegen Nuppenbecher mit breit ausladender Lippe vor, die man als Schaffhauser Becher bezeichnet. In Anbetracht ihrer kleinen, mit je einem Dorn versehenen Nuppen könnte man sie auch als «Perlgläser» anführen. Sie bestehen teils aus grünlich getöntem, teils aus farblosem Glas. Außerdem wurden noch kleinere Reste von doppelkonischen, «gestauchten» Flaschen geborgen.
Für die Datierung des Fundkomplexes aus Brunnen 1 sind ferner zwei aus weißem Ton hergestellte Figürchen von Bedeutung, die zusammen mit Fragmenten von Becherkacheln im Bereich des ehemaligen Stadtgrabens gefunden wurden. Sie wurden wohl in Nürnberg hergestellt und können in die Zeit um 1400 datiert werden (Abb. 3).
Die Funde aus Brunnen 1 geben willkommenen Aufschluß über Marktgewohnheiten in München an der Wende vom 14. zum 15. Jahrhundert. Darüber hinaus erlauben sie einen Einblick in die Ausstattung eines Haushalts in dieser Zeit, gewähren also eine Vorstellung von einer längst vergangenen Alltagskultur.

«Brunnen» 3 lieferte zahlreiche grün glasierte Kacheln, die von mehreren Öfen stammen. Die Blatt-, Gesims- und Bekrönungskacheln sind mit einem reichen Dekor versehen. Sie zeugen zweifellos von einem gewissen Wohlstand ihrer Besitzer.
Zu den Blattkacheln gehören zunächst Medaillonkacheln, wie sie im späten 16. und im 17. Jahrhundert weit verbreitet waren. Ferner fanden sich unverzierte Blattkacheln, deren Oberfläche grün und weiß geflammt erscheint. Auch Tapetenkacheln mit Blattrosetten und Kassettendeckendekor treten im Fundgut auf. Als Besonderheit kann hingegen die allegorische Darstellung der vier Jahreszeiten gelten (Abb. 5). Der Frühling («Ver») wird von einer jungen Frau versinnbildlicht, die ein Füllhorn mit Blüten trägt. Den Sommer («Aestas») charakterisiert ein jugendlicher Ritter in voller Ausrüstung. Als Sinnbild für den Herbst («Audumnus» statt «Autumnus») steht eine weibliche Figur mit einem früchtegefüllten Füllhorn. Der Winter hingegen («Winter» statt «Hiems») erscheint in der Gestalt eines alten, halbnackten Mannes, der Bedürftigkeit signalisiert.
Weitere Blatt- bzw. Reliefkacheln weisen teilweise von Voluten eingerahmte Löwenköpfe auf (Abb. 4). Schmale Leistenkacheln zeigen die Göttin Venus mit einem wehenden Schleier, die auf einem Delphin reitet (Abb. 6). Diese Darstellung ist auch aus der Strobl-Werkstätte in Salzburg bekannt, wo sie in das frühe 17. Jahrhundert datiert wird. Ein weiteres Schmuckstück ist eine Eckkachel, die das Bild eines unter einem rocailleartigen Baldachin sitzenden Engels zeigt.
Gesimskacheln sind gleichfalls sehr häufig. Vorherrschend ist das Akanthus-Motiv, das teilweise durch geometrische Dekore, z. B. Beschlag- und Rollwerk, ergänzt wird. Auch floraler Dekor (Ranken, Rosetten, aufgesprungene Granatäpfel als Symbol der Fruchtbarkeit) findet sich sehr häufig. Daneben kommen figürliche Verzierungen wie Engelköpfchen, Grotesken, Delphine und Rocaillen vor.
Besonders hervorzuheben sind vor allem durchbrochen gearbeitete Ofenbekrönungen. Sie zeigen im zentralen Medaillon eine Sonne mit Gesicht oder einen Stern (Abb. 7). Die Darstellung des Mondes, die aus der Literatur bekannt ist, konnte leider nicht nachgewiesen werden. Auf beiden Seiten des Medaillons tummelt sich je ein Delphin, dessen Schwanz in ein florales Dekorelement (Ranken und Blütenrispe) übergeht. Über dem Zentrum thront ein geflügelter Cherub. Vermutlich stammen alle Kacheln, auf denen ein Delphin abgebildet ist, von einem Ofen. Eine weitere Bekrönungskachel läßt in der Mitte eine Schale mit Blumen, darunter auch eine Tulpe, erkennen (Abb. 7). Die äußeren Randbereiche sind mit Nelken,

4. Querkachel mit von Voluten eingefaßtem Löwenkopf aus „Brunnen" 3, 17. Jh., Höhe 16,5 cm

5. Blatt- bzw. Reliefkacheln mit Darstellung der vier Jahreszeiten aus „Brunnen" 3, 16./17. Jh., Höhe ca. 26 cm

Pinienzapfen und Blättern verziert. Die Kachel erinnert in vielen Merkmalen an die im 17. Jahrhundert weitverbreitete «Lebensbaumkachel». Eine andere, fragmentarisch erhaltene Bekrönungskachel läßt im zentralen Medaillon eine beidseitig von sitzenden Putti eingerahmte weibliche Figur erkennen. Zur Ofenkeramik sind ferner auf der Innenseite grünglasierte, vierzipfelige Schüsselkacheln zu rechnen.
Die Geschirrkeramik zeigt sich teils reduzierend, teils oxidierend gebrannt. Die letztgenannte Warengattung erscheint teils grün, teils braun bzw. gelb glasiert. Henkeltöpfe sind sehr häufig. Daneben wurden Dreibeintöpfe, Kannen und Schüsseln angetroffen. Ware aus dem Kröning östlich Landshut nimmt im Fundgut einen besonderen Rang ein. Besonders hervorzuheben ist eine grünglasierte Schüssel mit dem Segenszeichen IHS und umlaufendem Rollstempeldekor. Auch blauglasierte Ware aus dem genannten keramischen Ballungszentrum fehlt nicht. Zu den einheimischen Produkten gehören ein Tintenzeug, eine Spardose sowie eine Vogeltränke. Als Importe sind ferner in der Masse graphitierte Gefäße aus Obernzell östlich Passau, Westerwälder Steinzeug sowie Fayencen aus dem Dießener Raum zu werten. Die Geschirrkeramik ist offenbar etwas jünger als die Ofenkeramik. Sie kann in die zweite Hälfte des 17. Jahrhunderts gestellt werden.
Zusammen mit dem Hausmüll gelangten zahlreiche Kleinobjekte in den «Brunnen» 3. Es liegen Schusser, Steinzeugpfeifen, Zierringe, Spielwürfel, Spielsteine und Rosenkranzperlen vor. Zu den tierischen Nahrungsabfällen zählen vor allem Zähne und Knochen von Rindern, Kälbern und Schweinen. Weitere Reste stammen von Geflügel und von Fischen. Als Rarissimum ist sogar eine Austernschale belegt, die von der Adria importiert wurde. Die pflanzlichen Nahrungsabfälle werden durch Kerne

6. Schmalkachel mit Darstellung der Venus, die auf einem Delphin reitet, aus „Brunnen" 3, 17. Jh., Höhe 25,8 cm

von Kirschen, Pflaumen, Trauben, Holunder und Feigen vertreten.
«Brunnen» 3 wurde zumindest im 17. Jahrhundert als Latrine benützt, in die hinein alles mögliche entsorgt wurde. Auf Desinfektionsmaßnahmen weisen in jedem Fall zahlreiche Löschkalkbröckchen hin, die in Brunnen 1 nicht beobachtet wurden.

7. Bekrönungsteile eines Kachelofens aus „Brunnen" 3; grünglasierte Keramik, 17. Jh.

Brunnen 2 lieferte vergleichsweise wenig Material. Da einige Kachelbruchstücke zu Kacheln aus «Brunnen» 3 paßten, kann sein Inhalt gleichfalls in das 17. Jahrhundert gestellt werden.
Zusammenfassend kann daher gesagt werden, daß alle fünf Fundstellen des Marienhofes Auskunft über die Alltagskultur der Stadt München vom Spätmittelalter bis in die frühere Neuzeit (15.–17. Jahrhundert) gaben.

Literatur

Herbert Hagn, „Stadtkernforschung in München: Brunnen 1 am Marienhof", in: *Amperland*, Bd. 27 (1991), S. 176–184.
Herbert Hagn, „Kachelfunde aus dem frühen 17. Jahrhundert in „Brunnen" 3 am Marienhof in München", in: *Das archäologische Jahr in Bayern*, Bd. 1990, Stuttgart 1991, S. 178–180.
Herbert Hagn, Peter Veit, „Brunnen 1 am Marienhof – ein Beitrag zur spätmittelalterlichen Marktgeschichte Münchens", in: *Das archäologische Jahr in Bayern*, Bd. 1990, Stuttgart 1991, S. 163–166.
Herbert Hagn, Stefan Winghart, „Stadtarchäologie in München: Der Marienhof", in: *Das archäologische Jahr in Bayern*, Bd. 1989, Stuttgart 1990, S. 195–197.

Michael Petzet

Denkmalpflege und Kirche

*Vortrag zur Eröffnung der
Jahrestagung der Vereinigung der Landesdenkmalpfleger in der Bundesrepublik Deutschland
(München 12. – 15. Juni 1989)*

«Denkmalpflege und Kirche» umschreibt eine derart zentrale Aufgabe der hier versammelten Denkmalpfleger der Bundesrepublik Deutschland, ein vielleicht auch derart selbstverständliches Miteinander der Katholischen und Evangelischen Kirche und der mit den Fragen von Denkmalschutz und Denkmalpflege befaßten staatlichen Fachbehörden der einzelnen Bundesländer, daß von dem uns hier ausschließlich beschäftigenden Thema in früheren Jahrestagungen der Vereinigung der Landesdenkmalpfleger eher am Rande die Rede war. Sind doch Themen wie «Originalität» (Lüneburg 1987) oder gar «Identität» (Fulda 1988) wesentlich besser geeignet, das ohnehin von Zweifeln nie ganz freie Selbstverständnis unserer denkmalpflegerischen Zunft wieder einmal gründlich in Frage zu stellen – also wieder einmal die, selbstverständlich auf streng wissenschaftlicher Basis dargebotenen, Klagelieder des offenbar auch um seine eigene Identität besorgten Chors der Konservatoren, etwa nach dem Motto «Denkmalpflege als Plage und Frage». Vor diesem Hintergrund bietet das handfeste Thema «Denkmalpflege und Kirche» (in München hat zuletzt 1974 im Zentralinstitut für Kunstgeschichte ein Kolloquium «Kirche und Denkmalpflege in Bayern» stattgefunden) jedenfalls eine gewisse Chance der Besinnung, eine Chance, unsere im letzten Jahrzehnt zum Teil gewandelten Maßstäbe, unsere – natürlich absolut «unwandelbaren» – Prinzipien und unsere Methoden samt dem daraus entwickelten Standard unserer praktischen denkmalpflegerischen Arbeit am Umgang mit den wichtigsten Kunstdenkmälern, den Kirchen, zu messen, ohne uns in manches inzwischen eroberte denkmalpflegerische «Neuland» verlieren zu müssen, von den Denkmallandschaften unserer Städte und Dörfer (ganz Bayern ein Ensemble?) bis zu den Denkmälern der Industriegeschichte oder der viel diskutierten «Denkmalwürdigkeit» der Architektur der fünfziger Jahre.

Beim Thema «Denkmalpflege und Kirche» wird der Denkmalpfleger zunächst die Fülle der Sakralbauten vor Augen haben, große Klosteranlagen, Wallfahrtskirchen als Mitte und Ziel einer ganzen Sakrallandschaft mit den zugehörigen Kapellen und Stationen, die Pfarrkirche mit ihrem Turm, vielleicht letzter historischer Orientierungspunkt im Dorf, unzählige Zeugnisse der Frömmigkeit in unseren Fluren, schließlich mit der «Ausstattung» der Sakralbauten ein Besitz an Kunstwerken, der selbst in dem an Museen so reichen Freistaat Bayern den – zum Teil ebenfalls aus kirchlichem Bereich stammenden – Museumsbesitz an Fülle und Bedeutung um ein Vielfaches übersteigt.

Hinter der Fülle der sakralen Denkmäler steht christlicher Glaube als wahrhaft unerschöpfliche Inspirationsquelle für Architekten, Bildhauer und Maler, die über viele Jahrhunderte zentrale Rolle der Kirche als «Mutter der Künste». Vor diesem Hintergrund können wir als Vertreter der staatlichen Denkmalpflege in der Bundesrepublik angesichts der ungeheuren Leistungen der Katholischen wie der Evangelischen Kirche für die in ihrem Besitz befindlichen Denkmäler nur dankbar sein, dankbar auch für die in den Etats der Diözesen und der Landeskirchen mit enormen Summen zu Buch schlagenden jährlichen Aufwendungen für Kirchenbaulasten, die nur zum kleineren Teil durch Staatsbaulasten für bestimmte kirchliche Objekte und Zuschüsse aus Denkmalpflegemitteln ergänzt werden – verglichen mit anderen Ländern, wo die Denkmalpflege ohne entsprechende Kirchensteuerregelungen und ohne ausreichende Zuschußmittel den Verfall unersetzlichen Kulturgutes hinnehmen muß, ein geradezu idealer Zustand: 50 bis 60 Millionen DM gibt alleine die Erzdiözese München-Freising jährlich für Unterhalt und Instandsetzung der historischen Substanz kirchlicher Bauwerke aus.

Noch wichtiger als die im großen und ganzen, jedenfalls aus der Sicht der bayerischen Denkmalpflege, doch in zufriedenstellender Weise zu lösenden Finanzierungsfragen bei denkmalpflegerischen Maßnahmen an Sakralbauten ist ein ganz entscheidender Punkt: Unsere Kirchen sind im allgemeinen Denkmäler, die «entsprechend ihrer ursprünglichen Zweckbestimmung genutzt werden», wie es im Bayerischen Denkmalschutzgesetz heißt, also das Baudenkmal Kirche als Kirche. Natürlich gibt es auch in diesem Zusammenhang bestimmte Nutzungsprobleme, etwa das in unserer Tagung nicht behandelte Problem der zum Teil leerstehenden historischen Pfarrhöfe von unbesetzten Pfarreien. Aber es gibt doch nicht jene grundsätzliche Nutzungsproblematik wie in anderen denkmalpflegerischen Bereichen, wo manchmal verzweifelt nach neuen aber verträglichen Nutzungen gesucht wird. Die Kirche hat ja als Gotteshaus eine höhere, mit der ästhetischen Aussage des Kunstdenkmals und der historischen Aussage des Geschichtsdenkmals untrennbar verbundene Funktion, die sich einem rein utilitaristischen Standpunkt entzieht. Die Kirche ist auch einfach nicht der richtige Platz für die Auswüchse jenes in der Bundesrepublik weit verbreiteten «Nutzungsfetischismus», der uns im Zusammenhang mit den Sakralbauten in gewissem Sinn wieder in die Zeiten der Säkularisation zurückführen würde.

Das Stichwort Säkularisation weist auf die Anfänge der dann im Lauf des 19. Jahrhunderts entwickelten Organisation der staatlichen Denkmalpflege, die als eine Art Gegenbewegung angesichts des barbarischen Umgangs mit den kirchlichen Denkmälern entstand – noch heute hat der

Denkmalpfleger nicht selten mit Sünden der Säkularisation zu tun, etwa in Gestalt eines für die Zwecke einer Brauerei genutzten klösterlichen Kapitelsaals. Den Vätern unserer denkmalpflegerischen Zunft ging es damals in erster Linie um die Rettung sakraler Kunstwerke vor einem wahren Vernichtungsfeldzug, als da «keine Stimme war, die durch das Gefühl für das Ehrwürdige dieser Gegenstände geleistet wurde und sich hinreichend ausgerüstet fühlte, die Verteidigung desselben gegen die Stürmenden zu übernehmen, welche so nur durch einen eingebildeten augenblicklichen Vorteil auf den Untergang manches herrlichen Werkes hinarbeiteten ...», ein bekanntes Zitat nach Karl Friedrich Schinkel, einem der bedeutendsten Denkmalpfleger des vergangenen Jahrhunderts, wie Georg Moller, der damals gegen den Abbruch der Lorscher Torhalle, oder Friedrich Weinbrenner, der gegen den Abbruch der Klosterkirche St. Blasien kämpfte. Und wenn heute im Rahmen der modernen Denkmalschutzgesetze in der Auseinandersetzung um die sachgerechte Restaurierung eines sakralen Baudenkmals ein Konflikt zwischen kirchlichen und denkmalpflegerischen Intentionen auftreten sollte, mögen wir uns vielleicht daran erinnern, daß die ersten Erlasse zum Denkmalschutz vielfach der Rettung kirchlichen Kulturguts galten, daß im übrigen die erste Denkmalschutzgesetzgebung der Neuzeit im römischen Kirchenstaat bestand, der Erlaß Papst Leos X. von 1516 zum Schutz der antiken Monumente und die verschiedenen päpstlichen Erlasse gegen die Veräußerung kirchlicher Kunstschätze.

Eine Rückbesinnung auf die Anfänge der Denkmalpflege zu Zeiten der Säkularisation ist gerade unter dem Aspekt Denkmalpflege und Kirche auch heute durchaus aktuell. Denn in welch glücklicher Lage wir uns – noch? – befinden, zeigt etwa ein Blick in die Niederlande, wo nicht weniger als die Hälfte der derzeit bestehenden Kirchenbauten in den beiden kommenden Jahrzehnten voraussichtlich nicht mehr «gebraucht» werden, abgerissen oder zweckentfremdet werden sollen. Was hier geschieht, obwohl die Denkmalbehörden wenigstens den historisch wichtigen Teil dieses bedeutenden kulturellen Erbes in bessere Zeiten hinüber retten wollen, konnte man kürzlich einem Artikel «Altäre unter dem Hammer» in der Süddeutschen Zeitung über die Versteigerung des Inventars der zum Abbruch bestimmten St.-Vincentiuskirche in Amsterdam entnehmen: «Schlag auf Schlag wird vom Baldachin (‹gut fürs Ehebett›) über die Orgel bis zum Taufbecken (‹eine schöne große Vase›) das gesamte Inventar verhökert ... Der Auktionator feuert die Schaulustigen an, gibt Tips und sagt, daß man den Altar auch zerlegen könne, um ihn dann Stück für Stück als Souvenir zu verkaufen. ‹Sie werden sich wundern, was für ein Geschäft das ist, wenn die Kirche erst einmal nicht mehr steht.›» usw.[1] – Beschreibung eines «Entkirchlichungsprozesses», wie er leider nicht nur in Amsterdam stattfindet.

«Den Christen schmerzt es aber zu sehen, daß mehr als in früheren Zeiten der Kunstbesitz der Kirche unzulässigerweise entfremdet, gestohlen, geraubt und zerstört wird», heißt es dagegen in dem auch für unsere denkmalpflegerische Arbeit sehr wichtigen und daher im folgenden noch mehrmals zitierten Rundschreiben der Heiligen Kongregation für den Klerus vom 11. April 1971 an die Vorsitzenden der Bischofskonferenzen über die Sorge für den geschichtlich-künstlerischen Besitz der Kirche.[2] Schmerz empfindet auch der Denkmalpfleger angesichts ausgeraubter Kirchen, angesichts verschleuderter oder auch oft auf zweifelhaften Wegen erworbener Ausstattungsstücke aus Kirchen, wie sie als begehrte Kunsthandelsobjekte in eine neue profane Umgebung gelangt sind – entsprechende Freude aber auch, wenn es einmal gelingt, Stücke wie den «Häringer-Altar» aus einer Privatkapelle[3] oder vor einigen Jahren das Buxheimer Chorgestühl vor dem Hammer des Auktionators zu retten und möglichst wieder am ursprünglichen Ort ihrer ursprünglichen Bestimmung zuzuführen. Dabei ist die vom Denkmalpfleger als Teil des Baudenkmals betrachtete historische Ausstattung in unseren Kirchen sicher weit weniger gefährdet als die durch das Denkmalschutzgesetz ebenfalls geschützte Ausstattung von profanen Baudenkmälern in Privatbesitz. «Wertvolle Gegenstände, insbesondere Votivgaben ... dürfen auf keinen Fall veräußert werden», heißt es auch in dem oben zitierten Rundschreiben, und: «Die alten kirchlichen Kunstwerke müssen immer und überall bewahrt werden, damit sie dem Gottesdienst in höherer Weise dienen und zur aktiven Teilnahme der Gläubigen bei der heiligen Liturgie mithelfen.» Samt diesen kirchlichen Kunstwerken das Gotteshaus zu erhalten, ist ebenfalls eine Selbstverständlichkeit: «Künstlerisch wertvolle Kirchengebäude sind nicht zu vernachlässigen, selbst wenn sie ihrem ursprünglichen Zweck nicht mehr dienen. Falls sie verkauft werden müssen, sind solche Käufer zu bevorzugen, die ihre Pflege übernehmen können.» In Bayern sind heute Verkauf, Abbruch oder rakikale Umnutzung eines kirchlichen Gebäudes seltene Ausnahmefälle. Auch für einst säkularisierte kirchliche Gebäude wird nicht eine beliebige, sondern eine angemessene Nutzung angestrebt, zum Beispiel das kürzlich eröffnete ökologische Informationszentrum in der ehemaligen Klosterkirche Notre-Dame in Eichstätt oder das die Bildungstradition der Klöster weiterführende Bildungszentrum des Bezirks Schwaben im ehemaligen Kloster Irsee. Wenn wir uns nicht an die besonders einfallsreichen niederländischen Beispiele (die Amsterdamer Luther-Kirche als Hotel oder die katholische Bonifatiuskirche in Dordrecht als Diskothek) erinnern wollen, wäre auf die in letzter Zeit heftig umstrittenen Umgestaltungswünsche für einige späthistoristische Großbauten der evangelischen Kirche in West-Berlin hinzuweisen. Diese Kirchen sollen im Sinn eines «Bürgerhauses» für unterschiedliche «Gruppenarbeit», auch für Wohnungen, Büros usw. aufgeteilt werden. Dabei verweisen die mit ihren riesigen Gotteshäusern offenbar wenig glücklichen Pastoren auf die schrumpfenden Gemeinden sowie die rückläufigen Kirchensteuereinnahmen, während bezeichnenderweise gerade der Denkmalpfleger vom «Bekenntnis zum Glauben und zum besonderen Ort, den er braucht», redet, eine hier nicht weiter verfolgte, aber wichtige Diskussion, nachzulesen kürzlich in der «Welt» unter dem Titel «Disko-Töne von der Kanzel oder der Walfisch im Kirchenschiff».[4]

Die mit derartigen Schlagzeilen zu exemplifizierenden neuerlichen Diskussionen um Nutzungsfragen erschrecken gerade deshalb, weil kirchliche Gebäude, wie bereits dargelegt, unter denkmalpflegerischen Gesichtspunkten immer noch den Idealfall der ursprünglichen Nutzung ohne die mit sonstigen Nutzungszwängen für den Denkmälerbestand verbundenen Gefahren darstellen, damit auch den Idealfall einer zum Gottesdienst genutzten und sorgfältig bewahrten historischen Ausstattung, von den Altären bis zum Inhalt der Sakristeischränke. Die Fülle dieser Gegenstände ist in den auch dem Schutz gegen Diebstähle dienenden kirchlichen Besitzstandsverzeichnissen inventarisiert, eine Form der Inventarisation, um die sich in anderer Weise seit Jahrzehnten auch die staatliche Denkmalpflege mit ihren nach topographischen Zusammenhängen gegliederten, allgemeinen Denkmälerinventaren bemüht, Beispiel bei unserer Tagung die Arbeit der kirchlichen Inventarisation in der Erzdiözese München-Freising und das Inventar «Dom Augsburg» als neuer Band der Reihe «Die Kunstdenkmäler von Bayern». Zu bedauern ist nur, daß im Vergleich zu den großen Leistungen vor allem in den Jahren vor und nach dem Ersten Weltkrieg die «klassische» Denkmälerinventarisation überall in der Bundesrepublik wegen der mit den neuen Denkmalschutzgesetzen verbundenen Arbeit an den Denkmallisten in den vergangenen Jahren und Jahrzehnten leider stark vernachlässigt wurde.

Bei der praktischen Arbeit an den durch Inventare erfaßten oder doch wenigstens in den Denkmallisten verzeichneten kirchlichen Gebäuden wird die staatliche Denkmalpflege immer bestrebt sein, die für die verschiedenen Maßnahmen zuständigen kirchlichen Bauämter, bei Staatsbaulast auch die staatlichen Bauämter, sowie die ausführenden Handwerkerfirmen und Restauratoren so zu beraten, daß die Grundsätze moderner Denkmalpflege respektiert werden. Ohne hier auf die bekannten Grundsätze bei Instandsetzung durch Reparatur sowie Ergänzung in den traditionellen handwerklichen Techniken und Materialien, bei Sicherungs- und Sanierungsmaßnahmen mit modernen Techniken näher einzugehen und eine im Rahmen unserer Tagung in zahlreichen Beispielen veranschaulichte konservierende, restaurierende oder renovierende Tätigkeit im einzelnen zu definieren,[5] wäre hier zunächst einmal an die, auf lange Sicht durchgreifende Maßnahmen ersparende, laufende Instandhaltung als eine ebenso selbstverständliche wie notwendige Aufgabe zu erinnern oder an die laufende Betreuung bedeutender Kunstwerke im Rahmen von Wartungsverträgen mit Restauratoren, wie sie in vorbildlicher Weise in Mittelfranken für einige evangelische Kirchen mit besonders reicher Ausstattung, zum Beispiel St. Sebald und St. Lorenz in Nürnberg, verwirklicht ist.

Ob darüber hinaus zusätzliche Einrichtungen auch für die laufende «Wartung» von Baudenkmälern, etwa nach dem Vorbild der anscheinend sehr effektiven und im Endeffekt erhebliche Gelder für größere Eingriffe einsparenden niederländischen «Monumentenwacht», denkbar sind, wäre noch zu prüfen. Im übrigen kommt natürlich in allen Fragen eines zu mehr oder weniger starken Eingriffen gezwungenen Umgangs mit Denkmälern die denkmalpflegerische Grundhaltung im Bewahren am reinsten zum Ausdruck: Konservieren ist oberster denkmalpflegerischer Grundsatz. Und wo wird sich der Denkmalpfleger mehr Verständnis für diese Grundhaltung erhoffen können als bei der Kirche, die den christlichen Glauben und damit auch die Zeugnisse des Glaubens über Jahrhunderte bewahrt hat?

Wenn hier dem Denkmalpfleger wegen seiner ständigen Sorge um die Erhaltung des Materiellen – der in so vielen denkmalpflegerischen Gutachten beschworenen «historischen Substanz» – gelegentlich ein «moderner Reliquienkult» vorgeworfen wird, so mögen wir uns daran erinnern, daß eben nur das trotz aller möglichen Veränderungen und Beschädigungen, trotz aller «Narben der Zeit» in originaler Substanz erhaltene Denkmal «Dokument der Geschichte» ist und damit dem durch nichts zu ersetzenden authentischen Material einer Reliquie in gewisser Hinsicht vergleichbar. Dies hat nichts zu tun mit einer sozusagen rein materialistischen Einstellung gegenüber dem Kunstwerk, jenem gelegentlich auch von kunsthistorischer Seite vertretenen «Materialfetischismus», ideologisch untermauert durch falsch verstandene Schlagworte wie Dehios «konservieren, nicht restaurieren» oder Riegls «Alterswert», die jeweils einer die Denkmalpflegediskussion der Jahrhundertwende berücksichtigenden Interpretation bedürfen.

Der Denkmalpfleger hat es jedenfalls auch angesichts eines in mehr oder weniger fragmentarischem Zustand überlieferten Denkmals nicht nur mit – zu konservierender – Materie, sondern mit einem aus dieser Materie für einen bestimmten Ort und eine bestimmte Funktion in einer bestimmten Form geschaffenen Gegenstand zu tun: das für den Gottesdienst geschaffene Kunstwerk weist «als Träger des Abbildes eines unsichtbaren heiligen Urbildes, als Vermittler heilsgeschichtlich bedeutender Inhalte»[6] über sich selbst hinaus, und der Denkmalort kann heiliger Ort sein, locus sacer. Als eine Vorform von Denkmalpflege gibt es aus früheren Jahrhunderten gerade im kirchlichen Bereich manche Beispiele von Bewahrung älterer Bausubstanz im Sinn der Legitimation einer heiligen Stätte, zu der natürlich auch das im Boden Verborgene gehört. Der Boden unter unseren Kirchen mit den Grabstätten und den Spuren der Vorgängerbauten (Beispiel dafür auf unserer Tagung die Grabung im Regensburger Dom) ist also terra sancta, heiliger Boden. In diesem Sinn wird der Denkmalpfleger immer wieder – leider allzu oft vergeblich – um Verständnis dafür bitten müssen, daß man diesen heutzutage fast immer von neuen Heizungsanlagen bedrohten Boden, soweit er noch unberührt ist, möglichst unberührt lassen sollte, nicht nur angesichts der totalen Überlastung der ständig zu Notgrabungen gezwungenen archäologischen Denkmalpflege, sondern vor allem aus den hier angedeuteten grundsätzlichen Überlegungen heraus. Im übrigen sind es gerade die oberflächlich oft gar nicht sichtbaren historischen Qualitäten eines Denkmals, sei es die unter dem Fußboden verborgene terra sancta oder die Reste eines mittelalterlichen Freskos, das aus konservatorischen Gründen am besten unter den schützenden späteren Anstrichen verborgen bleiben sollte, für die sich der Denkmalpfleger im Glauben an die über sich selbst hinausweisende Bedeutung dieser historischen Zeugnisse Verständnis erhofft. In diesen Zusammenhang gehören aber auch die sichtbaren Spuren des Gebrauchs, die gleichsam «durchgebeteten» Steinplatten eines Kreuzgangs oder die Zeichen früherer Generationen von Betern in den alten Bänken, auch dies Spuren, die über sich selbst hinausweisen, weil sie uns in die Reihe früherer (und der kommenden) Generationen von Gläubigen stellen – Spuren, die dann in der täglichen Praxis der Denkmalpflege leider oft nur als Ärgernis verstanden werden, weil man sich statt dessen einen pflegeleichten Fußboden und eine moderne Bestuhlung wünscht.

Grundsätzlich ist der Respekt vor dem überkommenen Bestand im historischen Kirchenraum für den Denkmalpfleger heute erstes Gebot, auch dann, wenn das sich ihm bietende Bild heterogen wirken mag infolge von Überformungen, die die meisten Kirchen erlebt haben. Eventuelle Korrekturen unter rein stilistischen oder ästhetischen Prämissen, um als «störend» beurteilte Zustände zu verbessern, wollen hier genau überlegt sein. Wie groß die Gefahr von Eingriffen unter geschmacklichen Gesichtspunkten ist, lehren gerade die zahlreichen Kirchenrenovierungen der Nachkriegszeit, bei denen überkommene Ausstattungen – vor allem des 19. Jahrhunderts – oft mit erschreckender Radikalität beseitigt wurden. Gerade die aus der kirchlichen Erneuerung nach der Säkularisation erwachsene nazarenische Kunst erlebte einen Bildersturm größten Ausmaßes, um Neugestaltungen zu weichen, die von den Zeitgenossen als «schlicht» und «würdig» empfunden wurden. Die damaligen Umgestaltungen erfolgten zudem noch nach eigentlich seit der Jahrhundertwende überwundenen Zielvorstellungen von Stileinheit und Stilreinheit im Sinn «echter» statt «falscher» (historistischer) Romanik oder Gotik, verbunden auch mit modernistischen Idealen von «Materialgerechtigkeit» oder einer von ihrer Ausstattung zu befreienden «reinen» Architektur. Nachdem diese für unseren Denkmälerbestand nicht ungefährliche Phase längst überwunden ist, kann es heute nicht darum gehen, nach den Schuldigen für eine solche Entwicklung zu suchen; sie finden sich ebenso unter den Denkmalpflegern, die Zuschüsse für Kirchenrenovierungen nur bewilligten, wenn dafür die aus ihrer Sicht verunstaltend wirkenden neugotischen oder neuromanischen Ausstattungen entfernt wurden, wie unter Geistlichen, die glaubten, daß solcher – damals als aufdringlich und schwülstig empfundener – Zierat echte Andacht und innere Einkehr nicht zulasse. Wie zeitgebunden solche Gestaltungsentscheidungen waren, zeigen die in jenen Jahren purifizierten Kirchenräume, die jetzt wieder zur Restaurierung anstehen. Oft ist der nun von den Gemeinden erwünschte Weg zurück verbaut, wenn sich nicht glücklicherweise Reste der Vorgängerausstattung auf dem Dachboden finden und Befunde übertünchte Dekorationen nachzuweisen vermögen. Doch auch dann sollte grundsätzlich zunächst einmal der überkommene Bestand respektiert werden, um nicht nun durch eine voreilige Rückführung erneut erhaltungswürdige, schöpferische Leistungen der vorausgehenden Generation zu beseitigen, die vielleicht heute schwer vermittelbar sind, aber von einer nächsten Generation aus größerer Distanz wieder geschätzt werden könnten.

Was für das Baudenkmal Kirche als Ganzes gilt, gilt auch für die Restaurierung einzelner Ausstattungsstücke, die nicht etwa unbedingt in Hinblick auf einen «ursprünglichen Zustand» zu behandeln sind. Ein spätgotischer Heiliger, dessen – vielleicht nur in geringen Fragmenten erhaltene – spätgotische Fassung im Museum vielleicht mit guten Gründen freigelegt, dessen offenbar später ergänztes «falsches» Attribut im Museum als «Verfälschung» entfernt würde, darf in der Kirche als Andachtsbild eben nicht auf ein mehr oder weniger fragmentarisches «Original» reduziert werden, sondern bleibt zum Beispiel samt seiner neugotischen Fassung Teil eines neugotischen Altars. Aber auch die «Freilegung» eines Altars auf eine frühere Fassung könnte unter dem Gesichtspunkt der Geschichte eines Kirchenraumes ein «Auseinanderrestaurieren» bedeuten. Restaurieren für die Kirche ist also etwas anderes als Restaurieren für das Museum. Restaurieren für die Kirche heißt, einen gewachsenen Zusammenhang aller Teile des Baudenkmals und gleichzeitig die liturgische Bedeutung jedes einzelnen Stücks zu berücksichtigen. Daß eine altehrwürdige Figur, Mittelpunkt und Ursprung einer Wallfahrt, unberührt bleibt und auf keinen Fall Objekt etwa durch kunsthistorische Neugier angestachelten restauratorischen Ehrgeizes werden darf, ist wohl selbstverständlich. Weniger selbstverständlich ist, daß auch eine scheinbar höchst einfache restauratorische Maßnahme wie die Abnahme und Erneuerung einer vergilbten Firnisschicht, die einem Altargemälde oder einer Marmorierung ihre «ursprüngliche» ästhetische Wirkung zurückgeben würde, mit Rücksicht auf den «Alterswert» der übrigen Ausstattung wohlüberlegt sein muß.

Die hier nur angedeuteten Gefahren des Restaurierens wären natürlich durch die mit renovierenden Maßnahmen verbundenen Gefahren zu ergänzen, wobei man sich an Hand von entsprechenden Beispielen wohl rasch einig sein wird, daß es nicht wenige Werke gibt, die eben nur konserviert, nicht restauriert oder gar renoviert werden dürfen. Doch trotz der bekannten Gefahren der häufig mit einer gründlichen «Bereinigung» aller Oberflächen verbundenen Renovierungsmaßnahmen – auch der Gefahren wiederholter Renovierungsmaßnahmen wie bei manchen Pfarrkirchen, die nach dem letzten Weltkrieg bereits nicht weniger als dreimal renoviert wurden – wird eine Renovierung unter bestimmten Voraussetzungen natürlich als denkmalpflegerische Maßnahme zu gelten haben, ist vielleicht sogar die einzige Möglichkeit, eine Vorstellung des historischen und künstlerischen Erscheinungsbildes zu überliefern und gleichzeitig die originalen, darunter liegenden Schichten, etwa einen beschädigten und durch Umwelteinflüsse gefährdeten Außenputz, zu konservieren. Eine Renovierungsmaßnahme ist also aus denkmalpflegerischer Sicht gerade dann zu vertreten oder zu fordern, wenn sie selbst für den historischen Bestand konservierend wirkt oder wenn sich Konservierungsmaßnahmen als undurchführbar erweisen. Sie soll aber, wie Konservierung und Restaurierung, immer als Dienst am originalen historischen Bestand verstanden werden, der in seiner Wirkung nicht beeinträchtigt und vor Gefährdung geschützt werden muß.

Im übrigen werden konservierende, restaurierende und renovierende Maßnahmen häufig sinnvoll ineinandergreifen, etwa bei der Konservierung alter Vergoldungen, die an bestimmten Fehlstellen im Sinn einer Restaurierung ergänzt oder retuschiert, bei gänzlicher Zerstörung in Hinblick auf das Gesamtbild auch erneuert, also renoviert werden. Damit lassen sich selbst so spektakuläre Streitfälle wie der vor einiger Zeit tobende «Goldkrieg» von Vierzehnheiligen in bestem Einvernehmen mit der Kirche nicht etwa durch zweifelhafte Kompromisse, sondern unter Wahrung konservatorischer Grundsätze lösen. In diesem Sinn sollen bei unserer Tagung auch die Konzepte des Bayerischen Landesamtes für Denkmalpflege für die Innenrestaurierung des Regensburger Doms, die Restaurierung der Wieskirche, von Vierzehnheiligen und von Maria Steinbach vorgestellt werden, in mancher Hinsicht Sonderfälle, bei denen eine weitgehend unberührte Raumschale, wie in der Wies, oder eine zum Teil sehr leidvolle Restaurierungsgeschichte, wie in Vierzehnheiligen, kaum eine andere Wahl als das vorgeschlagene Konzept lassen. Dagegen kann es in der täglichen denkmalpflegerischen Praxis durchaus unterschiedliche Möglichkeiten geben, die sich auf die jeweiligen Wünsche der Kirchengemeinde abstimmen lassen. Dazu gehört als Basis der Entscheidungsfindung eine gründliche, die historischen Quellen einbeziehende Voruntersuchung, wobei die Befunduntersuchung des Restaurators auch hilft, vermeidbare Eingriffe, zum Beispiel den Leitungsschlitz durch das unter einer Tünchschicht verborgene barocke Deckenfresko, auszuschließen. Dann aber mag der Wunsch, eine historische Situation etwa durch Renovierung im Sinn der Rekonstruktion einer früheren «Fassung» wiederzugewinnen, ebenso realisierbar sein wie ein bescheidener, aber nichts zerstörender weißer Anstrich – der Denkmalpfleger bevorzugt hier im allgemeinen eher wohl die sparsame Lösung.

Da er sich zugleich eine Bewahrung des mehr oder weniger umfangreichen Bestands an historischer Ausstattung erhofft, wird der Denkmalpfleger zumindest fordern, daß die vielleicht nicht mehr «gebrauchten» oder aus liturgischen Gründen durch Neues ersetzten Gegenstände gut und sicher aufbewahrt werden, schon weil sie vielleicht bei einer künftigen Restaurierung wiederverwendet werden könnten – erinnern wir uns nur an manche Entdeckungen auf Kirchendachböden oder im Pfarrhof. Verhältnismäßig sichere Zufluchtsstätten sind die von den Kirchen angelegten Depots und die kirchlichen Museen, wobei es auch hier aus denkmalpflegerischer Sicht wichtig erscheint, daß der Zusammenhang mit dem eigentlichen «Denkmalort» nicht abreißt, die mögliche Rückkehr offengehalten wird. Nun gibt es auch wertvolle historische Stücke, die aus rein konservatorischen Gründen ihre liturgische Funktion nicht mehr erfüllen können, wenn sie nicht unwiederbringliche Schäden erleiden sollen, etwa eine kostbare mittelalterliche Textilie oder ein fragiles Werk der Goldschmiedekunst. Ihre vergleichsweise «museale» Präsentation sollte dann aber aus denkmalpflegerischer Sicht auch in diesem Fall möglichst in enger Verbindung mit dem «Denkmalort» erfolgen, in der Domschatzkammer zum Beispiel. Und wenn sich dies irgendwie verantworten läßt, ist eine ausnahmsweise gottesdienstliche Nutzung, etwa an besonderen Feiertagen, auch aus denkmalpflegerischer Sicht zu begrüßen – die liturgische Funktion ist ja gerade ein wesentlicher Teil der Denkmaleigenschaft. Der aus konservatorischen Rücksichten erforderliche gänzliche oder teilweise Verzicht auf liturgische Nutzung bleibt natürlich Ausnahmefall, wenn wir an die Fülle der im Rahmen unserer Tagung in eigenen Beiträgen behandelten Textilien und Vasa sacra in den Sakristeien denken, deren Restaurierung selbstverständlich auch die liturgischen Erfordernisse zu berücksichtigen hat.

Konfliktfälle zwischen liturgischen Gesichtspunkten und konservatorischen Zielsetzungen kann es natürlich auch in Verbindung mit Anbauten, Umbauten oder Erweiterungen des ganzen Kirchengebäudes geben. Eine Abwägung der konservatorischen «Belange» mit den funktionalen Notwendigkeiten wird aber auch hier den Gesichtspunkt nicht außer acht lassen, daß ja mit der Nutzung der Kirche als Kirche die das Baudenkmal auch in Zukunft erhaltende ideale Nutzung weitergeführt wird. Das aus denkmalpflegerischer Sicht zum Teil leidvolle Kapitel der in ihrer Auswirkung auf die historische Substanz sehr unterschiedlichen Kirchenerweiterungen oder auch, wie die bereits erwähnten Berliner Beispiele, Kirchenverkleinerungen hat mit dem Pfarrermangel, Rückgang des Kirchenbesuchs, aber auch mit neuen liturgischen Vorstellungen zu tun und wird bei unserer Tagung in eigenen Referaten behandelt. Die dabei meist im Vordergrund stehende Diskussion um das, was neu hinzukommt, um «Anpassung» oder «Kontrast» in der Sprache der neuen Architektur, erscheint dagegen im Vergleich zur Sorge um den historischen Bestand für den Denkmalpfleger – natürlich nicht für den kirchlichen Auftraggeber – zweitrangig und sollte jedenfalls ohne Vorurteile gegen eine wie immer geartete moderne Gestaltung geführt werden.

Auch die Gestaltung von neuen Ausstattungsstücken wird natürlich kein zentrales Anliegen der Denkmalpflege sein. Daß auch in einer über Jahrhunderte gewachsenen historischen Ausstattung immer wieder «Modernes» hinzukommt, ist eigentlich eine Selbstverständlichkeit, auch wenn es einzelne Gesamtkunstwerke gibt, zu denen zum Beispiel die Wieskirche zu rechnen wäre, in denen irgendwelche modernen «Akzente» nur störend wirken können. Im übrigen können wir uns auch heute noch an die 1905 auf dem Bamberger «Tag für Denkmalpflege» von einem meiner Vorgänger, Georg Hager, in seiner programmatischen Rede über «Denkmalpflege und moderne Kunst» aufgestellte Forderung halten, der Denkmalpfleger müsse «mithelfen, der modernen Kunst die Bahn zu ebnen überall da, wo es ohne Beeinträchtigung des guten Alten möglich ist». Vielleicht ließe sich sogar darüber diskutieren, ob im Zeitalter des sogenannten «Postmodernismus» gerade die Denkmalpflege nicht nur zugegebenermaßen ungewöhnlich «modern», sondern ebenso ein – geradezu «schöpferischer» ? – Teil moderner Kunstbestrebungen sei. Zu bedauern ist jedenfalls, wenn die Chancen einer christlichen Themen nicht zu fern stehenden Moderne zu wenig genutzt werden. Dabei «können christliche Bildinhalte heute unbefangener, direkter objektiviert werden – sie bedürfen nicht mehr wie im 19. Jahrhundert der subjektiven Umsetzung in andächtiges Gefühl oder soziales Mitleid wie bei den Nazarenern, bei Uhde oder noch bei Georges Rouault»[7], ein Zitat nach Hans Maier, das mit der Bemerkung zu ergänzen wäre, daß die in der «modernen» Ausstattung vieler Kirchen häufig dominierenden Erzeugnisse eines Expressionismus aus zweiter oder dritter Hand künstlerisch wohl kaum höher zu bewerten sind, als seinerzeit die über Jahrzehnte wiederholte Nazarenerkunst.

Eine Fülle moderner Kunst und zugleich erhebliche Verluste an historischer Ausstattung hat die oft zu eng verstandene Liturgiereform der sechziger Jahre nach sich gezogen. Die Liturgiereform brach sich damals zum Teil mit großem Nachdruck Bahn, wobei die theologische Erneuerung auch in einer umfassenden liturgischen Neuordnung ihren Ausdruck finden sollte, die im Einzelfall – etwa bei der Anlage großer Volksaltarinseln in historischen Räumen – beträchtliche Umbauten und sonstige Eingriffe erforderte. Auch hier hat inzwischen der größere zeitliche Abstand die Sensibilität für die Auswirkungen derartiger Maßnahmen erhöht, ja bereits Korrekturen und Rückbauten veranlaßt. Streitfälle zwischen Denkmalpflege und Kirche in diesem Zusammenhang sind selten geworden, nachdem sich die Einsicht, daß sich in historischen Räumen neue liturgische Vorstellungen nur in angemessener Rücksicht auf den überkommenen Bestand verwirklichen lassen, weithin durchgesetzt hat. In diesem Zusammenhang darf ich noch einmal auf das bereits mehrfach zitierte Rundschreiben von 1971 hinweisen, in dem unter anderem festgestellt wird, daß «viele ungeachtet der Ermahnungen und Regelungen des Heiligen Stuhles die Ausführung der Liturgiereform zum Vorwand genommen» hätten, «unpassende Änderungen an heiligen Stätten vorzunehmen und Werke von unschätzbarem Wert zu verderben und zu zerstreuen». Außerdem sollten die Bischöfe eingedenk der Bestimmungen des II. Vatikanischen Konzils «unablässig darüber wachen, daß die auf Grund der Liturgiereform notwendigen Veränderungen in den Gotteshäusern mit aller Behutsamkeit und immer gemäß den Regeln der erneuerten Liturgie vorgenommen werden... Ferner sind auch die Gesetze zu berücksichtigen, die in den verschiedenen Ländern von den staatlichen Behörden zum Schutze bedeutender Kunstdenkmäler erlassen wurden». Wenn es aber notwendig sei, «die durch Jahrhunderte überlieferten Schätze den neuen liturgischen Gesetzen anzupassen, sollen die Bischöfe besorgt sein, daß dies nicht ohne wirkliche Notwendigkeit und nicht zum Nachteil der Kunstwerke geschieht» – mehr kann der Denkmalpfleger wirklich nicht verlangen.

Im übrigen hat die Kirche nach dem Bayerischen Denkmalschutzgesetz, Artikel 26, zu dem es auch vergleichbare Regelungen in anderen deutschen Denkmalschutzgesetzen gibt, mit guten Gründen das letzte Wort, wenn es um liturgische Fragen geht. Daß es in Bayern in mehr als eineinhalb Jahrzehnten Denkmalschutz kaum zu einem Streitfall mit der Katholischen oder Evangelischen Kirche gekommen ist, der nach diesem Artikel entschieden worden wäre, liegt vielleicht an der schon in den Jahrzehnten vor dem Denkmalschutzgesetz geübten, traditionell guten Zusammenarbeit mit den Bauämtern der Diözesen und dem Baureferat der Evangelischen Landeskirche. Der im Verhältnis Denkmalpflege und Kirchen zu beachtende rechtliche Hintergrund, zu dem außer den Verträgen zwischen Staat und Kirchen auch Baurecht und Denkmalschutzrecht in ihren Auswirkungen auf die Zusammenarbeit zu berücksichtigen wären, hat, jedenfalls aus bayerischer Sicht, bisher so wenig Probleme aufgeworfen, daß er in unserer Tagung nicht in eigenen Referaten untersucht wird.

Kritische Diskussionen mit unseren kirchlichen Partnern hat es dagegen in einigen mehr technischen Bereichen gegeben, die wir ebenfalls ausgeklammert haben, da sie eher Themen für eigene Spezialtagungen wären und im übrigen bereits vielfach erörtert wurden. Es geht um so mühselige Themen wie Kirchenheizung, Entfeuchtung und statische Sicherung, die hier wenigstens im Gesamtzusammenhang genannt werden sollen. In Zusammenhang mit Heizungsproblemen, die im übrigen durchaus ein eigenes, auf langfristige Beobachtungen und Untersuchungen einschlägiger Fälle gegründetes Forschungsprogramm rechtfertigen würden, stehen die Probleme der «Trockenlegung» von Kirchenmauern oder besser Fragen der Entfeuchtung; denn es wäre sicher falsch, das Mauerwerk und den Kirchenraum insgesamt austrocknen zu wollen.

Zu den nicht nur im kirchlichen Bereich die denkmalpflegerischen Bemühungen um den – früher üblichen – «normalen» Bauunterhalt eines historischen Baubestands erschwerenden, am Perfektionsdenken unserer Zeit orientierten Normen des modernen Bauwesens kommt hier nicht selten ein – natürlich verständliches – Bestreben der kirchlichen Baureferate und der um die Möglichkeiten eines zukünftigen Unterhalts des kirchlichen Baubestands besorgten Finanzkammern, die Kirchen sozusagen für die nächsten hundert Jahre «endgültig» zu sanieren. Doch sieht man einmal davon ab, daß dies auch früher nicht möglich war, und man sich durch die Behebung eines Schadensbildes nicht selten auf lange Sicht einen anderen Schaden einhandelt, ist die billigste Maßnahme oft die «kleine Lösung», die als einfache Reparatur dann in gewissen Zeitabständen wiederholt werden kann.

Historische Kirchen sind ja nicht nur künstlerisch, sondern auch bautechnisch und bauphysikalisch ein komplexer Organismus, dessen Funktionen durch Reparatur erhalten, jedenfalls nicht gestört, sondern – wenn nötig – nur korrigiert werden sollten. Dies gilt auch für die noch als ein weiterer Problempunkt bekannten statischen Fragen, über die man ebenfalls in einer eigenen Tagung an Hand hervorragender Beispiele aus der Bundesrepublik diskutieren könnte. Dabei sollte für alle im Bereich der Kirchen auftretenden unterschiedlichen technischen Fragen gelten, daß der Denkmalpfleger nicht unbedingt in die Kompetenzen der kirchlichen Baureferate eingreifen möchte. Es muß aber möglich sein, konservatorische, selbst den technischen Erfordernissen scheinbar widersprechende Gesichtspunkte einzubringen, Gesichtspunkte, die nicht im technischen Bereich liegen, deren Berücksichtigung aber die technischen Überlegungen, die meist mögliche Auswahl aus unterschiedlichen Möglichkeiten, mitbestimmt. Die Hoffnung auf die bestmögliche Lösung im Sinn des Baudenkmals beruht hier auf dem kollegialen Dialog.

In dem hier nur angedeuteten Bereich technischer Probleme bedarf es ebenso weiterer Forschungen wie in den im Mittelpunkt unserer Tagung stehenden Fragen der Konservierung und Restaurierung von Kirchen und ihrer Ausstattung. Hier haben gerade die Restaurierungswerkstätten des Bayerischen Landesamtes für Denkmalpflege immer wieder versucht, gewisse Maßstäbe zu setzen, denken wir an die derzeit laufende und im Mittelpunkt unserer Exkursion stehende Restaurierung eines so einzigartigen Raumkunstwerks wie der Wieskirche oder die in enger Zusammenarbeit mit der Erzdiözese Bamberg durchgeführten und im Rahmen unserer Arbeitshefte veröffentlichten Restaurierungen von Tintorettos «Mariae Himmelfahrt» oder der im Bamberger Domkreuzgang geborgenen Textilien. So waren fast alle «Musterrestaurierungen» der Amtswerkstätten in den vergangenen Jahren Werken aus dem kirchlichen Bereich gewidmet, vom «Englischen Gruß» in St. Lorenz in Nürnberg bis zum Ingolstädter Hochaltar oder dem Altöttinger Panorama der Kreuzigung Christi.

Ein entscheidender Beitrag der staatlichen Denkmalpflege sollte darüber hinaus in der jeweiligen wissenschaftlichen Vorbereitung, Begleitung und abschließenden Dokumentation jeder denkmalpflegerischen Maßnahme im Sinn des Artikels 16 der Charta von Venedig geleistet werden: «Alle Arbeiten der Konservierung, Restaurierung und archäologischen Ausgrabungen müssen immer von der Erstellung einer genauen Dokumentation in Form analytischer und kritischer Berichte, Zeichnungen und Photographien begleitet sein. Alle Arbeitsphasen sind hier zu verzeichnen: Freilegung, Bestandssicherung, Wiederherstellung und Integration sowie alle im Zuge der Arbeiten festgestellten technischen und formalen Elemente. Diese Dokumentation ist im Archiv einer öffentlichen Institution zu hinterlegen und der Wissenschaft zugänglich zu machen. Eine Veröffentlichung wird empfohlen.»[8] Die Anwendung dieses Artikels bei entsprechenden Voruntersuchungen und Dokumentationen ist kein «musealer» Selbstzweck – es geht hier um ein für die moderne Denkmalpflege notwendiges Instrument, das uns auf der Grundlage einer Zusammenschau aller gesammelten Informationen hilft, Kirchengebäude ohne unnötige Verluste an historischer Substanz zu erhalten.

Die hier versammelten Mitarbeiter der Landesämter für Denkmalpflege, die den staatlichen Auftrag haben, dieses historische Erbe für die Allgemeinheit zu bewahren, müssen also um die wissenschaftliche Vorbereitung ebenso besorgt sein wie um die fachgerechte Durchführung aller denkmalpflegerischen Maßnahmen. Unabhängig davon, wie im Einzelfall konserviert, restauriert oder auch renoviert wird, aber könnte man hier abschließend das konservatorische Grundanliegen noch einmal in zwei einfachen Bitten zusammenfassen, nämlich erstens: bitte nichts unwiederbringlich zerstören, es sei denn, dies wäre um schwerwiegender und wohlbegründeter Interessen willen unumgänglich, und zweitens: bitte an all das, was in der Vergangenheit mit handwerklichem Geschick und Kunstfertigkeit zur Ehre Gottes geschaffen wurde, mit der gebotenen Vorsicht, Fachkenntnis und mit Respekt, ja mit Ehrfurcht und Liebe herantreten.

Die Erfüllung solcher Wünsche, die sich der Denkmalpfleger im täglichen Kampf um die Erhaltung der Denkmäler oft mühsam erstreiten muß, ist im kirchlichen Bereich eigentlich eine Selbstverständlichkeit, nachdem die Kirchen ja ihrerseits in einer weit über den konservatorischen Blickwinkel hinausgreifenden großen Tradition des Bewahrens stehen. Dabei wird man sich angesichts der überall gegenwärtigen Kräfte der Zerstörung und der wahrhaft unbegrenzten Möglichkeiten eines falsch verstandenen Fortschrittsdenkens auch einig sein in der Trauer um das Verlorene und um das, was verlorenzugehen droht – richtige Trauerarbeit kann eine sehr wichtige Aufgabe der Denkmalpflege sein.

Dabei sieht sich die Denkmalpflege heute, ob sie dies wahrhaben will oder nicht, in den großen Rahmen des Umweltschutzes gestellt: Umweltschäden sind unter Stichworten wie «Glaskonservierung» oder «Steinkonservierung» auch ein Thema unserer Tagung. Im Zusammenhang mit den heute alles überschattenden Fragen des Umweltschutzes könnte sich eine auf die aus christlicher Sicht zu fordernde Ehrfurcht vor der göttlichen Schöpfung begründete Umweltethik[9] nicht nur auf die Bewahrung der natürlichen Lebensgrundlagen als ein moralisches Prinzip beziehen, sondern auch auf die Bewahrung des im Lauf der Geschichte vom Menschen Geschaffenen, also die Bewahrung «unseres historischen Erbes», wie es in so vielen Resolutionen heißt. Es fehlt mir die Zeit, hier wie in einem früheren Vortrag zum Thema «Denkmalschutz und Umweltschutz»[10], den Schutz der Denkmäler als eine moralische Frage zu definieren. Durch Bewahrung der Zeugnisse unserer Geschichte historische Kontinuität wahren, heißt jedenfalls auch Pietät üben, wie sie nicht nur in dem vom Denkmalpfleger so oft vergeblich geforderten Verständnis, in Rücksicht und Vorsicht im Umgang mit den historischen Zeugnissen zum Ausdruck kommt, sondern insgesamt in einer positiven Grundhaltung zu den manchmal doch recht verzweifelten Bemühungen um die Rettung unserer Umwelt. In diesem Sinn darf ich vielleicht die gemeinsamen Bemühungen von Denkmalpflege und Kirche um die Bewahrung der Denkmäler in die – kürzlich auch bei der Einweihung der ehemaligen Klosterkirche Notre-Dame in Eichstätt zitierte – Botschaft der Landessynode der Evangelisch-Lutherischen Kirche in Bayern zur Bewahrung für die Schöpfung miteinbeziehen: «Zum Christsein gehört die Verantwortung für die Schöpfung ... Gott hat uns die Erde anvertraut, damit wir sie für künftige Generationen von Menschen, Tieren und Pflanzen ‹bebauen und bewahren› (1. Mose 2, 15) ... Wir rufen uns selbst und alle Christen auf, Unbequemes zu wagen und Einschränkungen nicht zu scheuen. Bewahrung der Schöpfung ist zum Nulltarif nicht zu haben. Sie muß uns einen hohen Preis wert sein.»[11,12]

ANMERKUNGEN

[1] *Süddeutsche Zeitung* vom 13. April 1989.

[2] Rundschreiben an die Vorsitzenden der Bischofskonferenz vom 11. April 1971, auch im folgenden zitiert nach WOLFGANG EBERL, DIETER MARTIN, MICHAEL PETZET, *Bayerisches Denkmalschutzgesetz*, 3. Auflage, München 1985, Anhang S. 261–263.

[3] «Der ‹Häringer-Altar› aus Windkreuth, Geschichte und Restaurierung eines Rokoko-Hausaltars aus dem Pfaffenwinkel», in: *Denkmalpflege Informationen*, Ausgabe D Nr. 5, 14. April 1989 sowie Beitrag hier S. 72 ff.

[4] DANKWART GURATZSCH, «Disko-Töne von der Kanzel oder der Walfisch im Kirchenschiff / Die ‹Umnutzung› alter Gotteshäuser treibt schillernde Blüten», in: *Die Welt*, 3. Dezember 1988.
[5] MICHAEL PETZET, «Grundsätze der Denkmalpflege», in: *Denkmalpflege Informationen*, Ausgabe A Nr. 62, 28. September 1987.
[6] HANS RAMISCH, «Das Kunstwerk in der Kirche und seine Restaurierung», in: *Mitteilungen* 1983/84, Deutscher Restauratorenverband, 5, S. 53.
[7] HANS MAIER, «Christen – Kirche – Kultur in Deutschland», in: *zur debatte,* Themen der Katholischen Akademie in Bayern, 19. Jg., Nr. 1, Januar/Februar 1989, S. 12.
[8] «Internationale Charta über die Konservierung und Restaurierung von Denkmälern und Ensembles (Ensemblebereiche), Charta von Venedig 1964», in: *Informationen des Deutschen Nationalkomitees von ICOMOS*, 1989, 1, 2. Mai 1989.
[9] Vgl. ALFONS AUER, *Umweltethik, ein theologischer Beitrag zur ökologischen Diskussion*, Düsseldorf 1984.
[10] MICHAEL PETZET, «Denkmalschutz und Umweltschutz», in: *Jahrbuch der bayerischen Denkmalpflege*, Bd. 39, 1985, München 1988, S. 15–22.
[11] *Botschaft der Landessynode der Evang.-Luth. Kirche in Bayern zur Bewahrung der Schöpfung,* Gunzenhausen, April 1989.
[12] Anlaßlich der Jahrestagung der Vereinigung der Landesdenkmalpfleger in der Bundesrepublik Deutschland in München vom 12.–15. Juni 1989 erschien ein Arbeitsheft, in dem die in diesem Vortrag angesprochenen Tagungsbeiträge veröffentlicht sind: *Denkmalpflege und Kirche*, Arbeitshefte des Bayerischen Landesamtes für Denkmalpflege, Bd. 46, München 1991.

Rupert Karbacher

Verkündigung und Christi Geburt aus der Kath. Wallfahrtskirche St. Coloman im Freien Feld bei Schwangau

Zur Restaurierung zweier spätgotischer Reliefs

Im November 1985 wurden auf Veranlassung von Herrn Hermann Leeb, Hohenschwangau, zwei spätgotische Reliefs aus der Kath. Wallfahrtskirche St. Coloman im Freien Feld bei Schwangau (Lkr. Ostallgäu) in die Restaurierungswerkstätten des Bayerischen Landesamtes für Denkmalpflege übernommen. Die beiden Reliefs, Christi Geburt und Mariae Verkündigung (Abb. 1, 2 u. Tafel I. 1, 2), gehörten zur spätgotischen Ausstattung des mittelalterlichen Vorgängerbaus. Nach Michael Petzet[1] stammen die beiden Schnitzereien von einem Hans Kels d. Ä. zugeschriebenen Flügelaltar, von dem, heute an der Südwand des Langhauses aufbewahrt, noch drei weitere Figuren erhalten geblieben sind, eine Muttergottes und die hll. Coloman und Apollonia (Abb. 3). Auf dem Dorsale des nördlichen Chorgestühls steht ein weiteres, Hans Kels d. Ä. zugeschriebenes Relief, ein Hirt auf dem Felde (Abb. 4).

Die Sakristei des 1673 bis 1678 von Johann Schmuzer errichteten Baus befindet sich genau an der Stelle, an der früher die gotische Feldkapelle stand. Die Gestaltung der Sakristei wurde auch von den überkommenen Bildwerken bestimmt: In ungewöhnlicher Art und Weise wurden die

1. Schwangau, Lkr. Ostallgäu; Kath. Wallfahrtskirche St. Coloman; Geburtsrelief, Hans Kels d. Ä. zugeschrieben, um 1520; Aufnahme nach der Restaurierung 1990

2. St. Coloman; Verkündigungsrelief; Aufnahme nach der Restaurierung 1990

3. St. Coloman; drei Skulpturen vom ehem. spätgotischen Hochaltar der Wallfahrtskirche, seit den fünfziger Jahren auf modernen Konsolen an der südlichen Außenwand des Kirchenschiffs

4. St. Coloman; Relief Hirt auf dem Feld, heute auf dem Dorsale des nördlichen Chorgestühls

5. St. Coloman, Sakristei; stuckierte Nischen zur Aufnahme der drei spätgotischen Figuren vom ehem. Hochaltar, davor der 1691 datierte Sakristeischrank

spätgotischen Schnitzereien in die barocke Gestaltung integriert bzw. ist diese für den überkommenen Skulpturenbestand konzipiert. An der Trennwand zwischen Kirchenraum und Sakristei war übermannshoch in eine rundbogige Nische die Muttergottes eingestellt; rechts und links davon standen auf Konsolen die Skulpturen von Coloman und Apollonia (Abb. 5). Umrahmt wird diese Aufstellung von einfachem Rollwerkstuck. Die drei Rundbögen sind mit Blattwerkstäben eingefaßt. Seitlich dieser Gruppierung wurden an den Wänden für die beiden Reliefs paßgenaue Stuckrahmen angefertigt, eingefaßt mit stuckierten Blumensträußen (Abb. 6, 7).

Die beiden Reliefs stehen bis heute in den Schmuzerschen Stuckrahmen; die drei Figuren waren von 1861 bis 1952 in erneuerter Fassung vor dem Hochaltarbild aufgestellt (Abb. 8). Ein Grund für eine möglicherweise schon frühere Aufgabe der bemerkenswerten Aufstellung des 17. Jahrhunderts könnte darin gelegen haben, daß die schon 1691 von dem Tischlermeister Georg Fischer aus Brunnen (Lkr. Ostallgäu) neu gefertigten Sakristei- bzw. Paramentenschränke den Blick auf die drei Skulpturen verstellten.

Das Verkündigungsrelief (Abb. 2 u. Tf. I, 1) zeigt Maria in einem profanen Raum mit gotischem Kreuzrippengewölbe. Sie kniet vor einem Betpult und hält in beiden Händen ein Buch; bekleidet ist sie mit einem langärmeligen Kleid und einem Umhang, der in weitem Schwung von ihrer Schulter zu Boden fällt. Der kniende Verkündigungsengel hält in seiner rechten Hand den Stab mit dem darum gewundenen Schriftband. Sein linker Flügel und die Haare sind schräg nach oben gerichtet, als ob er gerade hereingeschwebt wäre. Bekleidet ist er mit einem langärmeligen Untergewand und einem Chormantel, der vor der Brust von einer breiten Schließe gehalten wird. Das Verkündigungsrelief hat die Maße von 91,6 cm × 52,8 cm und mißt in der Tiefe 4,2 cm.

Auf dem die «Geburt Christi» darstellenden Relief (Abb. 1, 9) befinden sich Maria und Joseph in einem offenen Stall, der vor einer hügeligen Landschaft steht. Zu ihren Füßen liegt das nackte Jesuskind auf einer umgeschlagenen Falte vom Mantel Mariens. Maria trägt Untergewand, einen weiten Mantel und ein locker um den Kopf geschwungenes Tuch. Die Hände sind vor der Brust gefaltet. Joseph bietet Maria in seinem Hut Äpfel an; er trägt ein knielanges Gewand und Strümpfe. Über den drei Hauptfiguren schweben drei Engel, in ihren Händen ein Schriftband mit der Aufschrift «Gloria». Aus dem Fenster des hinter der Gruppe stehenden Hauses beugt sich ein bärtiger Mann mit Hut. Ochs und Esel strecken ihren Kopf hinter Maria in den Stall. Zwischen den Hügeln rechts im Hintergrund ist ein Hirt mit Schafen zu erkennen. Das Geburtsrelief hat fast identische Maße mit dem Verkündigungsrelief und ist wie dieses aus Lindenholz geschnitzt.[2]

Zur Holzauswahl ist zu sagen, daß auffällig minderwertiges Holz mit vielen Astverwachsungen verwendet worden ist. Auf der Vorderseite sind diese Astverwachsungen mit Werg und Leim abgeklebt. Auf der Rückseite sind die quer verlaufenden Schropphobelspuren und diagonal dazu verlaufende Putzhobelspuren deutlich abzulesen (Abb. 10).

An den Haaren Mariens, des Engels und an dessen Flügeln, an den Preßbrokatpartien vom Kleid der Maria und

6. St. Coloman, Sakristei; Stuckrahmen von 1673 ff. für die Reliefs

7. St. Coloman, Sakristei; Stuckrahmen von 1673 ff. zur Aufnahme des Verkündigungsreliefs; Aufnahme 1990

8. St. Coloman; Blick auf den Hochaltar mit der Aufstellung der Figuren im späten 19. Jh.; Aufnahme Anfang 20. Jh.

9. St. Coloman; Geburtsrelief; Figur des hl. Joseph; Aufnahme nach der Restaurierung 1990

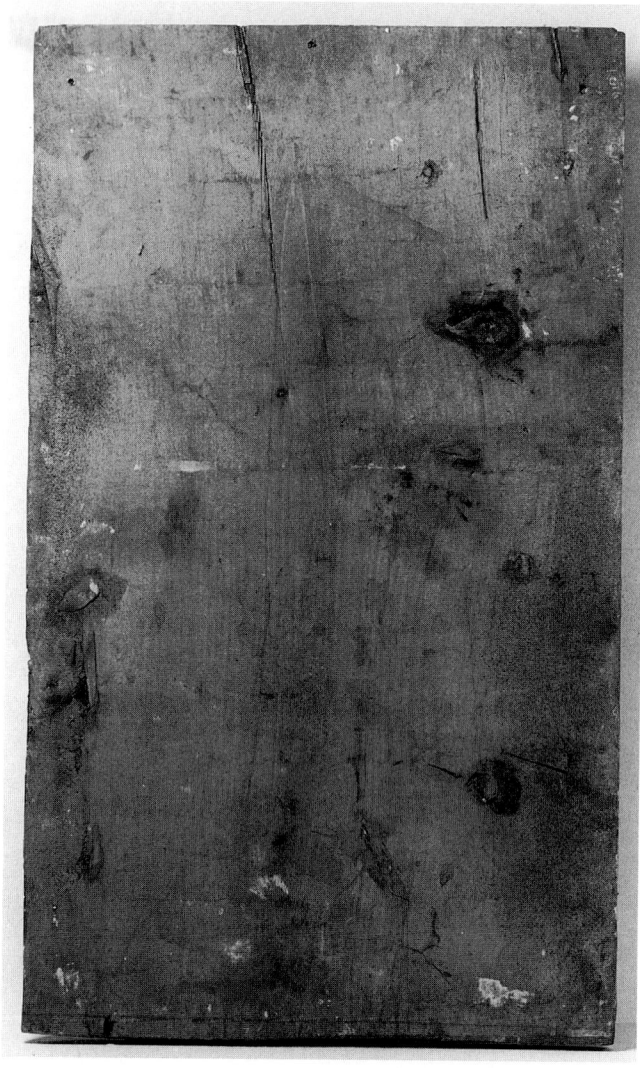

10. St. Coloman; Rückseite des Verkündigungsreliefs

partiell in den Faltentiefen der vergoldeten Gewänder wurde schon ursprünglich Zwischgold angeschossen. Preßbrokate kommen zweimal auf dem Kleid Mariens vor sowie auf der Decke, die über dem Betpult liegt. Der Aufbau der Preßbrokate weist auf einer körnigen, weißen Grundierung eine rötliche Klebemittelschicht auf. Darüber liegt eine körnige, weiße Füllmasse, darauf eine Zinnfolie, über die mit Hilfe eines ockerfarbenen Klebemittels Zwischgold angeschossen wurde, welches rot gelüstert und mit einem gelblichen Überzug versehen ist. An einer sich überlappenden Stelle der ausgeformten Preßbrokatblätter war deutlich zu erkennen, daß der Preßbrokat schon vergoldet und lüstriert war, als er aufgeklebt wurde. In den Fällen, wo die einzelnen Plättchen nicht absolut paßgenau zusammengelegt werden konnten, wurden sie zusätzlich nachgelüstert.[3] Die Blattgröße der Modelabdrücke war leider nicht mehr zu rekonstruieren. Die Riefung der Blätter betrug zehn Riefen je Zentimeter, eine durchaus übliche Anzahl (zum Vergleich: beim Englischen Gruß von Veit Stoß in der Sebalduskirche in Nürnberg sind zwölf Riefen pro Zentimeter nachgewiesen).

Bei dem Muster auf Mariens Kleid handelt es sich wohl um ein Granatapfelmuster. Die Decke über dem Betpult zeigt ein einfaches Rautenmuster mit kleinen Blüten. Wohl aus Ersparnisgründen wurde an Marias rechter Hüfte ein schmaler Preßbrokatstreifen mit dem Muster der Decke angeklebt.

Das Blattmetall des Preßbrokats am Betpult ist nur noch als dunkelgraue Fläche wahrnehmbar; der schützende gelbliche Überzug ging bis auf winzige Partikel verloren. Trotz der zahlreichen Abplatzungen ist die Azuritfassung der Gewölbe noch relativ gut erhalten und die glatte, graue Untermalung und der matte, körnige Auftrag des Blaupigments sind noch gut ablesbar.

Auffallend am Zustand beider Reliefs war ein weißlicher Schleier, der über der Fassung lag. Diese war ausgemagert und hatte in weiten Bereichen eine äußerst schlechte Haftung zum Untergrund. Sie war meist einschließlich der obersten Grundierungslage abgeplatzt. Besonders störend fielen die Farbausbrüche in den blau gefaßten Gewölbezwickeln im Verkündigungsrelief auf (Tf. I, 1, 3); am Geburtsrelief waren es vor allem Vergrünungen von oxidierten Schlagmetallausbesserungen auf der Vergoldung, die störend auffielen. Bis auf diese Schlagmetallausbesserungen konnte an den beiden Reliefs nur eine Überarbeitungsphase (Restaurierung) festgestellt werden. Die Fassung dieser Überarbeitung war zum Teil recht grob ausgeführt. So waren zum Beispiel auf das ursprüngliche Preßbrokatmuster vom Kleid Mariens rosa Lichthöhungen mit pastoser Farbe aufgesetzt worden. Im Gegensatz zur feinen, geglätteten Oberfläche der gotischen Fassung hat diese Überarbeitung eine körnige Substanz. Die Art der Ausführung, die kaum auf den Charakter der spätmittelalterlichen Bemalung eingeht, läßt weniger an einen Faßmaler als an eine Person denken, die neben der Stuckfassung auch noch die beiden Reliefs überarbeitet oder teilweise neu gefaßt hat.

Das kleine Relief mit dem Hirten (Abb. 4) weist ebenfalls eine wohl noch barockzeitliche Überfassung auf, während die drei Figuren (Abb. 3) heute eine Fassung tragen, die zwischen 1930 und 1960 entstanden sein muß. Die naturwissenschaftliche Bestimmung des Blaupigments[4] der überfaßten Blaupartien an den beiden Reliefs ergab Smalte, die Originalfassung verwendete Azurit. Da nicht ausgeschlossen werden kann, daß die Überfassung gleichzeitig mit der Übernahme der Reliefs in den Schmuzer-Bau erfolgte, war die Erhaltung der barockzeitlichen Überarbeitung sinnvoll.

Neben Stabilisierungsmaßnahmen (Verklebung eines Risses im Verkündigungsrelief) wurde die Fassung umfassend mit Hausenblase gefestigt und mit Testbenzin bzw. Speichel oder warmem Wasser gereinigt. Die ausgemagerte Malschicht wurde mit dünnem Warmleim eingelassen, anschließend ein schwacher Zwischenfirnis aus Dammarharz aufgebracht, Fehlstellen wurden mit Leim-Kreide-Kitt geschlossen und mit Aquarellfarbe einretuschiert (Tf. I, 2, 4). In den empfindlichen Azuritpartien wurde auf eine perfekte Kittung verzichtet. Die unruhige Oberfläche der Fehlstellen wurde mit Leim-Kreide-Grundierung «geglättet» und die Ränder angeböscht bzw. vorsichtig beigrundiert. Die vergrünten Schlagmetallausbesserungen auf der ursprünglichen Vergoldung wurden abgenommen. Eine jüngere Bohrung für eine zusätzliche Befestigung des Geburtsreliefs zwischen den Köpfen von Joseph und Maria, welche störend auffiel, wurde ausgespänt, gekittet und einretuschiert. Zwei fehlende Dachsparren am Stall von Bethlehem beim gleichen Relief wurden mit Lindenholz ergänzt, grundiert und einretuschiert. Zuletzt wurde die rosa Übermalung auf dem Kleid Mariens durch Aquarellretuschen gemildert. Zum Schutz der Malschicht wurde abschließend ein Dammarfirnis aufgebracht (die Blaupartien wurden dabei ausgespart).

In die Außenmauern der Wallfahrtskirche wurde von 1976 bis 1979 eine Horizontalisolierung eingebaut. Problematisch bleibt allerdings die Nordwand der Sakristei mit dem Verkündigungsrelief, die nicht isoliert werden konnte, da sie unmittelbar an den Turm anschließt.

Vor der Rückführung der Reliefs drängte sich der Gedanke einer Aufstellung in der Schmuzerschen Konzeption auf. Wegen des Sakristeischranks von 1691, der den Blick auf die drei Skulpturen verstellt, wurden jedoch nur wieder die beiden Reliefs in die vorhandenen Stuckrahmen eingestellt. Die drei Skulpturen behielten ihren Platz an der Südwand des Kirchenschiffs.

Die farbig gefaßten Reliefs heben sich vor der heute weißen Wandfassung auffällig deutlich ab. Es kann jedoch nicht ausgeschlossen werden, daß der Stuck ursprünglich farbig gefaßt war, zumindest sind noch rosa Farbspuren zu erkennen.

Die beiden Reliefs wurden 1985 in den Restaurierungswerkstätten des Bayerischen Landesamts für Denkmalpflege von Thomas Seidenath und Rupert Karbacher untersucht und erste Festigungsmaßnahmen durchgeführt; die Restaurierungsarbeiten wurden 1988 vom Verfasser wieder aufgenommen und 1990 abgeschlossen.

Anmerkungen

[1] Michael Petzet, *Stadt und Landkreis Füssen*, Bayerische Kunstdenkmale, Bd. VIII, München, 1960, S. 160. – Ausführlich bearbeitet die Reliefs Albrecht Miller, *Allgäuer Bildschnitzer der Spätgotik*, Kempten 1969.
– Einen Rekonstruktionsvorschlag publizierten Aegidius Kolb und Ewald Kohler, *Ostallgäu einst und jetzt*, Kempten 1984. – Eine Auswertung der Archivalien und Baugeschichte verfaßte Hermann Leeb, *300 Jahre Wallfahrtskirche St. Coloman im Freien Feld bei Schwangau (Pfarrei Waltenhofen)*, anläßlich einer Gedächtnisausstellung 1985. Herrn Leeb soll an dieser Stelle auch für die engagierte Mithilfe bei der Restaurierung und seine stete Sorge um die Kirche herzlich gedankt werden.

[2] Die Holzbestimmung führte am Institut für Holzforschung der Universität München Dr. Dietger Grosser durch; Bericht vom 28. Mai 1990. Folgende mikroanatomischen Merkmale wurden festgestellt: Gefäße in zerstreuporiger Anordnung, dabei teils in nestartiger Anordnung; mit auffälligen, enggestellten Spiralverdikkungen. Parenchym häufig, einzeln und in kurzen Tangentialbändchen zwischen den Fasern des Grundgewebes. Holzstrahlen schmal und relativ hoch, des öfteren unregelmäßig geformt. – Die festgestellten Mikromerkmale entsprechen dem Holz der Linde (Tilia spec., Familie Tiliaceae).

[3] Vgl. Probe 5 des Untersuchungsberichtes von Dipl.-Chem. Elisabeth Kühn im Anhang.

[4] Ebenda.

ANHANG

Untersuchungsbericht von Dipl.-Chem. Elisabeth Kühn vom 15. März 1990:
Untersuchung der Schichtenabfolge unter dem Stereomikroskop sowie an Hand von Querschnitten (Mikroaufnahmen). Studium der charakteristischen Merkmale der einzelnen Schichten und der darin enthaltenen Bestandteile im Querschnitt. Bestimmung der Pigmente, Füllstoffe und Bindemittel in den einzelnen Schichten mit physikalischen, mikrochemischen und mikroskopischen Verfahren.

Probe 1 – «Verkündigungsrelief»: Blau aus dem Gewölbe, mittleres Gewölbefeld, rechts neben großem Riß
Schichtenfolge im Querschnitt von unten nach oben:

a) dicke, bräunlichweiße Grundierung, mehrere Lagen	Calciumcarbonat (Kreide) geringe Mengen Silicate, Quarz und Eisenoxidverbindungen (wahrscheinlich natürliche Beimengungen) Proteine (Leim)
b) sehr dünne graue Schicht mit einzelnen größeren schwarzen Körnern	Schwarzpigment (wahrscheinlich Pflanzenschwarz mit heterogenem Korn) Proteine
c) dicke blaue Schicht mit grobkörnigem Blaupigment und vereinzelten rotbraunen und schwärzlichen Körnern	Azurit geringe Mengen Eisenoxide, Quarz und Silicate (wahrscheinlich natürliche Beimengungen) Proteine

Probe 2 – «Geburtsrelief»: Blau aus der Innenseite des Mantels der Maria, Faltenüberschlag am unteren Rand
An dem Probenteilchen ist nicht zu erkennen, welches die untere Seite ist.

Der Querschnitt zeigt eine dicke Schicht mit überwiegend tiefblauem, grobkörnigem, glasartig splittrigem Pigment. Stellenweise kommt darin ein anderes blaues Pigment mit anderer Kornform vor. Darüber oder darunter ist eine dünne grauweiße Schicht und schließlich eine blaugraue Schicht mit glasartigem, blasserem Blaupigment; UV-Fluoreszenz des Bindemittels	dicke dunkle Schicht: Azurit Smalte (mittlere Korngröße 40–70 µ, maximale 150 µ) farblose Silicate (Glas)
	helle blaugraue und grauweiße Schicht: Smalte farblose Silicate (Glas) und Aluminiumsilicat (Ton) geringe Mengen Proteine

Probe 3 – «Verkündigungsrelief»: Preßbrokat aus Tuch über Betpult. Probenentnahme an schräg verlaufendem Riß
Schichtenfolge im Querschnitt von unten nach oben:

a) 2–3 bräunlichweiße Schichten mit einer Isolierschicht dazwischen (im oberen Bereich). UV-Fluoreszenz der Schichten, noch stärkere Fluoreszenz der Isolierschicht. In der unteren dicken Schicht Querschnitt einer dicken Pflanzenfaser (oder eines dünnen Stengels)

Calciumcarbonat (Kreide)
Quarz, Silicate
Eisenoxidverbindungen (teils natürliche Beimengungen, möglicherweise auch Zusatz von Ton)
Proteine (Leim), geringe Mengen Öl (vermutlich aus den darüberliegenden Schichten)

b) stellenweise bräunliche halbtransparente bis transparente Schicht mit einzelnen roten Körnern; UV-Fluoreszenz

vorwiegend Proteine, geringe Mengen Öl
einzelne Körner roter Farblack

c) bräunlichweiße Schicht, UV-Fluoreszenz

ähnlich a)

d) weiße Schicht

vorwiegend Aluminiumsilicat
(Ton oder Kaolin)
Proteine, Öl

e) stellenweise dickere graue Schicht mit einer dünnen, metallisch glänzenden Lage an der Oberfläche. Darüber zum Teil Schwarz. Stellenweise unmittelbar auf Schicht d) schwarze Masse, in die graue Bestandteile eingebettet sind

Zinn
Zinnoxid (Korrosionsprodukt)
Schwarzpigment
einzelne Azuritkörner
geringe Mengen Silber

Bemerkung

Bei Schicht e) handelt es sich in der Hauptsache um eine Blattzinn-Auflage. Die Analyse ergab zwar geringe Mengen Silber, doch konnte an den Proben weder metallisches Silber noch Silbersulfid (Umwandlungsprodukt) nachgewiesen werden. Das Schwarzpigment, das neben den dunkel gefärbten Korrosionsprodukten des Zinns vorhanden ist, und die Azuritkörner konnten im Querschnitt keiner bestimmten Lage innerhalb e) zugeordnet werden.

Probe 4 – «Verkündigungsrelief»: Glanzvergoldung Vorhang und Mantel Engel, linke Vorhanghälfte hinter Umschlag und am Rücken des Engels, Hüfthöhe
Schichtenfolge im Querschnitt von unten nach oben:

a) dicke hell-bräunlichgelbe bis bräunlichweiße Grundierung

Calciumcarbonat (Kreide)
geringe Mengen Quarz, Silicate und Eisenoxidverbindungen (wahrscheinlich natürliche Beimengungen), Proteine (Leim)

b) rote Schicht

rotes Eisenoxidpigment
(Poliment oder feinteiliger roter Ocker)

Proteine
geringe Mengen Öl oder/und Harz

c) Metallauflage

Blattgold, verhältnismäßig dick; geringe Mengen Silbersulfid
geringe Mengen Öl oder/und Harz
einzelne Pilzfäden

Bemerkung

Die Schwärzung beruht auf einer sehr dünnen Schicht Silbersulfid an der Goldoberfläche. Das Gold weist, verglichen mit den üblichen Blattgoldsorten, keinen wesentlich höheren Silbergehalt auf, doch ist Silber offensichtlich zur Oberfläche diffundiert und hat auf diese Weise die Schwärzung verursacht; eine Auflage von Blattmetall (Kupferlegierung) kommt in der Probe nicht vor. Geringe Mengen Öl oder/und Harz auf der Oberfläche könnten auf einen Überzug hinweisen, der vermutlich nur noch in Resten vorhanden und im Querschnitt nicht zu erkennen ist.

Probe 5 – «Verkündigungsrelief»: Preßbrokat aus Marias Kleid, Gürtel. Überlagerung zweier Model
Da sich die Probenteilchen als unterschiedlich erwiesen, wurden Untersuchungen an zwei Proben durchgeführt
Schichtenfolge im Querschnitt von unten nach oben:

a) bräunlichweißer bis weißer Grund
 UV-Fluoreszenz

vorwiegend Calciumcarbonat

b) weiße Schicht mit grauen und metallischen Bestandteilen
 UV-Fluoreszenz

Calciumcarbonat
Bleiweiß
Reste von Zinn und Zinnoxid

Proteine, Öl, Harz

c) Metallauflage

Zwischgold

d) dicke rote transparente Schicht.
 UV-Fluoreszenz

roter Farblack
Proteine, Harz, Öl

e) bräunliche bis rötliche transparente
 Schicht (Klebemittel)
 UV-Fluoreszenz

vorwiegend Proteine
geringe Mengen Öl (könnte von woanders herrühren)
geringe Mengen roter Farblack und Calciumcarbonat

f) bräunlichweiße Schicht UV-Fluoreszenz	Calciumcarbonat Aluminiumsilicate (Ton oder Kaolin) Proteine geringe Mengen Öl und Harz
g) graue Schicht, stellenweise dunkelbraun	Zinn Zinnoxid
h) gelblichweiße bis gelbe Schicht	Calciumcarbonat Bleiweiß Öl, Harz
i) dunkel erscheinende, halbtransparente Schicht mit Resten von Metall	vorwiegend Proteine; Calciumcarbonat geringe Mengen Gold

Probe 5 – anders aussehendes Probenteilchen
Schichtenfolge im Querschnitt von unten nach oben:

a) bräunlichweißer Grund UV-Fluoreszenz	wie 5 a)
b) stellenweise dünne weiße Schicht. Schwache UV-Fluoreszenz	Bleiweiß Calciumcarbonat Proteine, Öl, Harz
c) graue Schicht mit metallisch aussehenden Teilchen	Zinn, Zinnoxid
d) weiße Schicht	Bleiweiß Calciumcarbonat Proteine, Öl, Harz
e) Metallauflage	Zwischgold
f) bräunlich bis rötlich transparente Schicht; auf Grund der Transparenz im Querschnitt dunkel erscheinend UV-Fluoreszenz	vorwiegend Proteine geringe Mengen Öl und Harz
g) bräunlichweiße Schicht UV-Fluoreszenz	Calciumcarbonat Aluminiumsilicate (Ton) geringe Mengen Eisenoxidverbindungen Proteine, Öl, Harz
h) stellenweise bräunlichweiße Schicht. UV-Fluoreszenz	Bleiweiß Calciumcarbonat Öl, Harz
i) stellenweise graue Schicht mit metallischen Teilchen	Zinn Zinnoxid
j) gelbe Schicht UV-Fluoreszenz	Calciumcarbonat Bleiweiß gelbes Eisenoxidpigment Öl, Harz
k) Metallauflage	Gold
l) Überzug, auf Grund der Transparenz dunkel erscheinend UV-Fluoreszenz	vorwiegend Proteine
m) dunkle Ablagerungen (Schmutz?)	

Bemerkung

Klebestellen sind vermutlich die Schichten 5 e) und 5 f); das Klebemittel ist auf der Basis von Proteinen; geringe Mengen Öl und Harz können Zusatz sein, jedoch auch von anderen Schichten herrühren. Neben Gold und Zwischgold kommt auch Blattzinn vor.

Regina Becker, Hans Portsteffen

Die Kreuzabnahmegruppe
von Christoph Rodt aus Neuburg an der Kammel in Schwaben

Der Anlaß zur Restaurierung von Christoph Rodts Kreuzabnahmegruppe – ursprünglich wohl die zentrale Schreingruppe des um 1628 geschaffenen und 1753 abgebrochenen Kreuzaltars des ehemaligen Prämonstratenser-Reichsstiftes Roggenburg – war außergewöhnlich. Solch bedeutendes Kunstwerk aus der Hand eines vom Fideikommißsenat am Oberlandesgericht München bestimmten Sequesters zu übernehmen, bleibt hoffentlich einmalige Ausnahme.

Es ist vor allem und in erster Linie dem Landkreis Günzburg, namentlich Herrn Landrat Dr. Georg Simnacher, zu verdanken, daß Christoph Rodts Meisterwerk für die Region erhalten blieb. Die Mitglieder der Erwerbergemeinschaft, der heutige Eigentümer der Gruppe, bestehend aus dem Bezirk Schwaben, dem Landkreis Günzburg, der Marktgemeinde Neuburg a.d. Kammel und der Katholischen Pfarrkirchenstiftung Mariä Himmelfahrt in Neuburg, haben schließlich zusammen die Voraussetzungen geschaffen, daß Christoph Rodts Gruppe nunmehr – seit Dezember 1989 – in der Katholischen Pfarrkirche Mariä Himmelfahrt einen neuen, angemessenen und würdigen Aufenthaltsort gefunden hat.

Für besonderes Engagement und ständige intensive Förderung der Restaurierung ist Herrn Pfarrer Karl Fritz und den Vertretern der Kirchenstiftung ebenso zu danken wie dem 1. Bürgermeister der Marktgemeinde Neuburg, Herrn Martin Fischer, und den Mitgliedern des Gemeinderates.

Zur Bedeutung der Gruppe und zu den durchgeführten Restaurierungsarbeiten wird in dem vorliegenden Beitrag berichtet.[1] Seit der Übernahme der Gruppe in die Restaurierungswerkstätten des Bayerischen Landesamtes für Denkmalpflege am 13. März 1986 sind mehr als drei Jahre vergangen, in denen mit erheblichem Aufwand die umfassende Konservierung und Restaurierung der Kreuzabnahmegruppe durchgeführt wurde. Anfangs vom damaligen Leiter unserer Restaurierungswerkstätten, Dr. Karl-Ludwig Dasser, und später durch den Ltd. Diplom-Restaurator Erwin Emmerling betreut, wurde ein Großteil der Arbeiten durch Frau Restauratorin Regina Becker und Herrn Diplom-Restaurator Hans Portsteffen geleistet, zusammen mit den Amtsrestauratoren Edmund Melzl und Erwin Mayer.

Michael Petzet

Die Skulpturengruppe in Neuburg an der Kammel ist eine der seltenen vollplastischen Darstellungen der Kreuzabnahme (Tafel II). Die Gruppe besteht aus sieben Einzelfiguren, die zu einer szenischen Einheit zusammengeschlossen sind. Im Zentrum der Darstellung wird der vom Kreuz gelöste Körper Christi von drei auf Leitern stehenden Männern herabgenommen, lediglich Joseph von Arimathia und Nikodemus lassen sich nach dem Bericht des Neuen Testaments (Joh. 19. 38–40) benennen. Unter dem Kreuzesstamm ist Maria, gestützt von Maria Magdalena, zusammengesunken. Ihnen gegenüber steht, den Blick nach oben gewandt, Johannes.

Noch in der modernen Aufstellung der Gruppe in der Katholischen Pfarrkirche Mariä Himmelfahrt in Neuburg a.d. Kammel (Abb. 1) wird die vollkommen bildmäßige, auf eine frontale Ansicht hin konzipierte Wirkung deutlich; zugleich entfalten jedoch die einzelnen Figuren ein starkes Eigenleben. Die Gruppe ist einansichtig; betrachtet man jedoch die Figuren einzeln und aus unterschiedlichen Blickwinkeln, können sich höchst überraschende Ansichten ergeben. Dies spricht, ebenso wie die leichte Untersichtigkeit der Figuren, für eine ursprüngliche Aufstellung in einem Altar.

Der ikonographische Typus dieser Darstellung fand in der europäischen Kunst insbesondere seit der italienischen Hochrenaissance, vermittelt durch Handzeichnungen und Graphik, Verbreitung und läßt sich auch in der zeitgenössischen Kunst Bayerns und Schwabens, also um 1600, nachweisen. Die Gruppe wird dem schwäbischen Bildhauer Christoph Rodt (um 1575–1634) zugeschrieben.

Zum Leben und Werk des Künstlers

Christoph Rodt zählt zu den bedeutendsten Bildhauern Schwabens. Wer über die Entwicklung barocker Skulptur in Süddeutschland spricht, muß ihn neben seine Zeitgenossen Hans Degler, die Brüder Zürn und Bartholomäus Steinle stellen. Wohl um 1575 in Neuburg a.d. Kammel geboren, lebte und arbeitete er überwiegend in seinem schwäbischen Heimatkreis. Seine bekannten und erhaltenen Hauptwerke zentrieren sich in der Gegend zwischen Ulm, Augsburg und Krumbach.[2] Von den Lebensumständen Rodts ist nur wenig bekannt. Im Jahre 1604 tritt er erstmals als Bildhauer mit einem seiner wichtigsten Werke in Erscheinung: der Hochaltar in der Stadtpfarrkirche St.

1. Neuburg a. d. Kammel, Lkr. Günzburg; Kreuzabnahme von Christoph Rodt; nach der Restaurierung und Neuaufstellung in der Pfarrkirche Mariä Himmelfahrt

Martin in Illertissen ist durch einen 1830 entdeckten Zettel von der Hand Rodts und durch eine Inschrift datiert.[3] Wahrscheinlich in den zwanziger Jahren des 17. Jahrhunderts verlegte Christoph Rodt seine Werkstatt nach Großkötz, einem kleinen Ort unweit von Neuburg an der Kammel. Auf dem Höhepunkt seines Schaffens entstand zwischen 1626 und 1628 das Chorgestühl und der Kreuzaltar für das Kloster Roggenburg. Für diesen Altar ist eine Darstellung der Kreuzabnahme archivalisch belegt.[4] Albrecht Miller vertritt die Hypothese, daß es sich bei Rodts Kreuzabnahmegruppe wohl um die zentrale Schreingruppe dieses 1628 geschaffenen und 1753 abgebrochenen Kreuzaltares der ehemaligen Prämonstratenser-Stiftskirche zu Roggenburg handeln könnte. Spätere Arbeiten des Bildhauers sind nicht überliefert. Er verstarb 1634 in Großkötz.[5]

In den zwanziger Jahren unseres Jahrhunderts hat Pfarrer Joseph Christa aus Illertissen grundlegende Forschungen über Christoph Rodt betrieben. Er erkannte die Neuburger Gruppe als ein Werk Rodts. 1929 berichtet er in einem umfassenden Aufsatz: «Auf dem Speicher des Schlosses Neuburg, das jetzt im Besitz des Freiherrn von Aretin ist, hatten sich in Kisten verpackt, Figuren mit dickem Farbanstrich befunden, die auf die Entdeckung des großen Neuburger Künstlers hin restauriert und in der Kapelle aufgestellt wurden.»[6]

Die Umstände der Restaurierung

1983 stand das in privater Hand befindliche Schloß in Neuburg a.d. Kammel zum Verkauf. Ausstattungsstücke wie die Kreuzabnahmegruppe aus der Schloßkapelle hatte man zum Teil schon verlagert und dem Kunstmarkt angeboten. Dank einer gerichtlichen Verfügung wurden die Veräußerung verhindert und die Figuren zunächst in das Bayerische Nationalmuseum (BNM) nach München überführt.

In zähen Verhandlungen und Auseinandersetzungen mit dem Besitzer gelang es schließlich, dieses bedeutende Kunstwerk des schwäbischen Frühbarock für Neuburg an der Kammel, den Geburtsort Christoph Rodts, zu retten. Dabei ist es vor allem dem Landkreis Günzburg zu verdanken, daß Rodts Kreuzabnahmegruppe für die Region und somit für die schwäbische Kunstlandschaft erhalten blieb.

Der Bezirk Schwaben, der Landkreis Günzburg, die Marktgemeinde Neuburg an der Kammel und die Katholische Pfarrkirchenstiftung «Mariae Himmelfahrt» sorgten als Erwerbergemeinschaft dafür, daß die Gruppe im Dezember 1989 wieder nach Neuburg an der Kammel zurückkam. Schloß und Schloßkapelle sind für die Öffentlichkeit nicht mehr zugänglich. Daher bot sich die Pfarrkirche «Mariae Himmelfahrt» als neuer und angemessener Platz für das Kunstwerk an (Abb. 1).

Im Zuge des Ankaufs der Gruppe war für die Neuaufstellung eine umfassende Restaurierung vertraglich geregelt worden. Nach der etwa einjährigen Deponierung im Bayerischen Nationalmuseum übernahmen 1986 die Restaurierungswerkstätten des Bayerischen Landesamtes für Denkmalpflege die Skulpturen, und Ende 1987 konnten die Verfasser unter ständiger Betreuung der Amtswerkstätten und im Werkvertrag mit der Erwerbergemeinschaft mit den anstehenden Arbeiten beginnen. Die Finanzierung des Projektes war zu unterschiedlichen Anteilen durch die Eigentümergemeinschaft und durch staatliche Zuschüsse gesichert.

Zur bildhauerischen und fasstechnischen Arbeitsweise

Vor Beginn der Konservierung und während der Niederlegung der Fassung erfolgte eine ausführliche technologische Untersuchung der Skulpturen. Die große Zahl der Fehlstellen ermöglichte einen sehr guten Einblick in den Schichtaufbau. Auf Eingriffe ließ sich so weitgehend verzichten. Nur die Klärung einzelner Fragestellungen erforderten das Anlegen kleinster Fenster. Alle Untersuchungen erfolgten mit dem Mikroskop.[7]

Aus dem in den Restaurierungswerkstätten des Bayerischen Landesamtes für Denkmalpflege archivierten Untersuchungs- und Restaurierungsbericht der Verfasser sollen im folgenden die wichtigsten und weiterführenden Aspekte der technologischen Untersuchung dargestellt werden. Diese Untersuchung trug dazu bei, daß neben den Fragen, die zur Restaurierung der Figuren erarbeitet werden mußten, auch die wesentlichen Arbeitsschritte des Bildhauers und Faßmalers geklärt wurden. Zahlreiche interessante Ergebnisse der technologischen Untersuchung vermitteln ein anschauliches Bild von den Werkstattgebräuchen der damaligen Zeit und fügen sich in die bisherige Kenntnis über Fassung und Bildhauertechnik des siebzehnten Jahrhunderts ein. Einige weitere Funde sind ungewöhnlich und bedürfen der ausführlichen Darstellung. Gleichzeitig erschließt sich der Dokumentwert der weitgehend originalen, wenn auch reduzierten und überarbeiteten Fassung der Skulpturen.

Alle Figuren sind aus Lindenholz gearbeitet. Für die Skulpturen von Johannes, Magdalena und Maria verwendete der Künstler je ein relativ großes Stammstück. Die Gesamtanlage dieser längs ausgerichteten Figuren entspricht dem Holzwuchs. Nur kleinere exponierte Teile sind angestückt. Die weiter ausladenden und stärker reliefhaft ausgeführten oberen Skulpturen sind dagegen aus mehreren Holzstücken gefertigt (Abb. 2 u. 3). An Stammseitenstücke für die eigentlichen Körper dieser Figuren wurden Brettstücke und Bohlen für Gewand- und Körperteile angeleimt und verdübelt. Bei allen Figuren ist erkennbar, daß das Hauptwerkstück gezielt für die jeweilige Figur ausgewählt wurde, somit die Figur im Werkstück schon «vorgedacht» war. Besonders deutlich zeigt sich das bei Maria und Christus: so nutzte der Bildhauer für die Maria beispielsweise einen fehlerhaften Block mit starkem Holzschädlingsbefall und silbergrau verwitterten Partien. Trotz dieser durch ungünstige Lagerung oder durch Fehlwuchs des Stammes entstandenen Mängel wußte der Bildhauer den Block für seine Formgebung geschickt zu nutzen. Er arbeitete nach der Fertigstellung diese Fehler weder ab, noch kaschierte er sie.

Tiefe Hinterschneidungen und damit stärkere plastische Wirkung ließen sich durch gezieltes Ansetzen von Stücken

⬉ Aushöhlung

▨ Originale Anstückungen

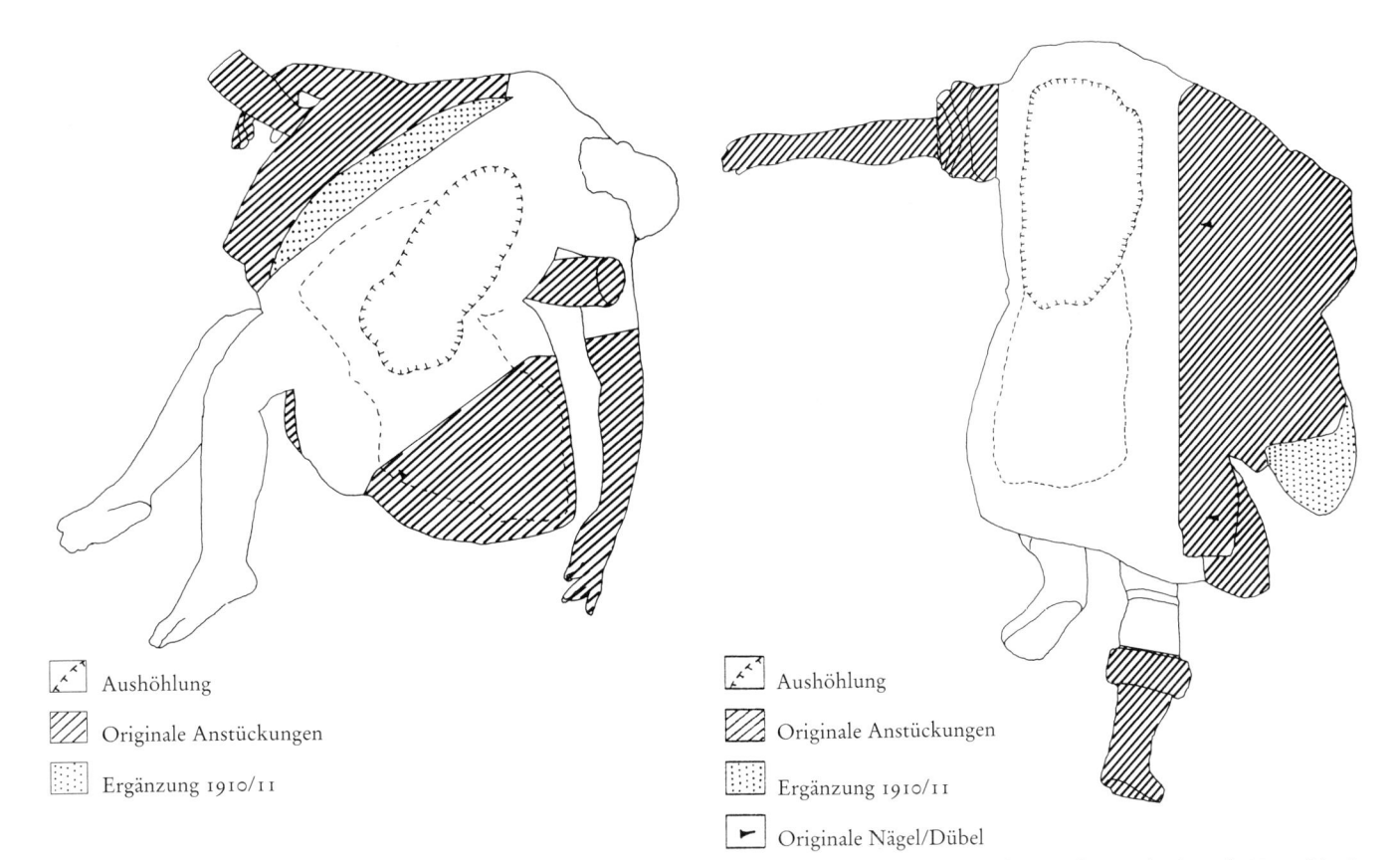

⋮ Ergänzung 1910/11

2. Christus; Schemazeichnung der Rückseite mit Hauptblock und Anstückungen (Portsteffen/Becker)

⬉ Aushöhlung

▨ Originale Anstückungen

⋮ Ergänzung 1910/11

► Originale Nägel/Dübel

3. Linker Helfer; Schemazeichnung der Rückseite mit Hauptblock und Anstückungen (Portsteffen/Becker)

gewinnen. In dieser Weise arbeitete man beim Arm der Maria und beim Lendentuch Christi (Tafel IV.5). Soweit erkennbar, legte man die Figuren zunächst in frischem Holz grob an und überließ sie erst dann der Trocknung. Für die flacheren Figuren aus Stammseitenstücken reichten kleine muldenförmige Aushöhlungen im Bereich der größten Holzstärke zur weitgehenden Verhinderung von Trocknungsrissen aus. Größere Blöcke, wie für die dreiviertelrund ausgearbeiteten Figuren der Magdalena und des Johannes, mußten tiefer gehöhlt werden. Diese längsovalen Aushöhlungen zeigen die in verschiedenen Richtungen ausgeführten Werkzeughiebe. Offensichtlich waren die Figuren für diese Arbeit eingespannt und von allen Seiten zugänglich.

Spuren der Werkbankbefestigung sind nur bei der Figur der Maria zweifelsfrei zu erkennen. Hier sind runde Löcher (16–23 mm Durchmesser) von Einspannhilfen in der Mitte der Figurenrückseite und am Fußende vorhanden. Beide Öffnungen sind mit kleinen Holzpflöcken verschlossen, auf denen sich noch Fassungsreste befinden. Am Kopf des Johannes ist ein runder Dübel mit der Fassung abgeschnitten. Möglicherweise handelt es sich um den Rest eines Zapfens, der zur leichten Handhabung bei den Faßmalerarbeiten in das obere Befestigungsloch geschlagen wurde und den man erst nach der Fertigstellung der Fassung abschnitt.

Beim mittleren Helfer ist ein ähnliches Loch am oberen Mantelrand erkennbar. Hier läuft die Fassung in das Loch hinein.

Alle Figuren sind deutlich für eine frontale Ansicht gearbeitet: Seiten und Rückseiten der unteren drei Figuren sind sehr summarisch ausgeführt, da ihre ausgehöhlten Rückseiten dem Betrachter anscheinend verborgen bleiben sollten. Bei den oberen Figuren wird die ausschließliche Vorderansichtigkeit besonders deutlich: hier sind Mäntel und Tücher als Reliefs ausgearbeitet. Der rechte Helfer ist zwar deutlicher vollplastisch gearbeitet, aber auch bei ihm ist die Hauptansicht detaillierter ausgeführt. So ist die dem Betrachter abgewandte Seite des Bartes weniger durchgestaltet – worauf eine gewisse Asymmetrie des Gesichtes zurückzuführen ist (Abb. 4).

Die oberen Figuren greifen dicht ineinander und wurden mit großem bildhauerischen Geschick in Beziehung zueinander gearbeitet. So findet sich jeweils ein zugreifender Unterarm der seitlichen Helfer am Werkblock des Christus. An den Oberarmen bilden Hartholzdübel die Verbindung (Abb. 5).

Hände, Gesichter und Haare sind besonders detailreich geschnitzt (Tafel III). An den Armen treten Adern und Muskelstränge hervor, fein gearbeitete Knöchel, Falten und Fingernägel akzentuieren den Charakter der Hände (Tafel V.1). Eine plastische Differenzierung der Gewänder erfolgte nicht, lediglich die Miederschnürung der Magdalena und der Pelzbesatz an den Hüten des linken und des mittleren Helfers sind detailliert ausgeführt. Im Gegensatz zu der eher naturalistischen Wiedergabe dieses Fellbesatzes ist bei der hutartigen Kopfbedeckung des rechten Helfers eine abstrakte Strukturierung durch Wuggelung (Tremolierung) der Fläche mit einem zehn Millimeter breiten Schnitzeisen gegeben. Diese Struktur verschwimmt durch die anschließend aufgetragene Kreidegrundierung.

Als weitere verzierende Details sind beim Gewandverschluß der Johannesfigur kleine gedrechselte Kugelknöpfe

4. Rechter Helfer; der auf Seitenansicht gearbeitete Kopf zeigt durch die deutlichere Ausarbeitung der Hauptansicht eine Asymmetrie

eingesetzt. Ein solcher Knopf war wohl auch am gerafften unteren Saum von Maria Magdalenas Oberkleid vorgesehen. Der geschnitzte Verlauf des Saumes und ein dort befindliches Loch deuten darauf hin. Doch unterblieb das Einsetzen des Knopfes vor dem Auftrag der Grundierung. Nach der Trocknung entstandene vorderseitige Risse wurden ausgespänt. Solche Ausspänungen waren bei Magdalena und Christus in Fehlstellen erkennbar. Zur besseren Haftung der folgenden Grundierung rauhte der Bildhauer die Holzflächen mit einer Raspel auf (Tafel V.6). Offensichtlich blieben die Inkarnatflächen dabei ausgespart. Einige in Fehlstellen offenliegende Holzflächen zeigten eine glänzende Oberfläche, die auf eine Vorleimung hindeutet.

Nach Abschluß der bildhauerischen Ausarbeitung wurden die Münder und eventuell auch die Augen farbig angelegt. Bei Johannes und dem linken Helfer war dies an Fassungsausbrüchen an den Lippen deutlich erkennbar (Tafel V.7).[8] Unter der Grundierung der originalen Fassung ist in beiden Fällen direkt auf dem Holz eine rote Farbschicht erkennbar. Wahrscheinlich handelt es sich hier um eine Kennzeichnung der Inkarnate für eine Probeaufstellung vor der Fassung oder während der bildhauerischen Fertigstellung, wie sie nicht nur bei barocken Skulpturen häufiger nachgewiesen werden kann. Zwei Büsten von Christoph Rodt im Heimatmuseum Illertissen weisen eine ebensolche Behandlung auf (Tafel IV.1–3). Hier sind in Fehlstellen der Fassung auf dem Holz die fein gestrichelten Augenbrauen, die Pupillen und die rot angelegten Lippen zu sehen (vergleiche hierzu die Ausführungen im Schlußkapitel).

Die Grundierung erfolgte nach der Vorleimung offensichtlich mehrschichtig. Ausbruchkanten an Fehlstellen und verschiedentlich auftretende Schichtentrennung in der Grundierung belegen einen solchen mehrfachen Auftrag. Im Querschnitt sind die einzelnen Grundierungsschichten nicht deutlich zu unterscheiden, wahrscheinlich erfolgten die Aufstriche rasch aufeinander und konnten sich in der Regel gut verbinden.

Die Oberfläche der mit Metallauflagen gefaßten Flächen ist nicht glatt, sondern lebhaft. Die Grundierung wurde nach dem letzten Auftrag nicht besonders geschliffen oder geglättet. Krater, Blasen und kleine Löcher sind auf allen Flächen vorhanden (Tafel V.4). Es ist möglich, daß die Grundierung z.B. lediglich mit einen feuchten Lappen oberflächlich naß geschliffen wurde. Durch diese lebendige Oberfläche ist der Gesamtcharakter der Fassung deutlich geprägt. Man könnte an eine hastige oder flüchtige Ausführung unter Zeitdruck oder an eine bewußt lockere, spontane Durchführung der Fassung denken, wie sie uns heute nicht mehr geläufig ist. Nur die Inkarnatflächen sind feiner bearbeitet. Eine plastische Überarbeitung der Grundierung erfolgte generell nicht; sämtliche Details sind vom Bildhauer im Holz angelegt worden.

5. Linker Helfer; Steckdübel zur Verbindung der Figur mit dem zugehörigen Unterarm am Block des Christus (vgl. 2.)

Zur Metallauflage wurden die entsprechenden Flächen in zwei Lagen polimentiert. Auf einen ersten, relativ dünnen dunkelroten Auftrag folge eine dicke, hellere bräunliche Schicht. Bei Johannes und dem linken Helfer liegt nur diese bräunliche zweite Polimentlage vor. Bemerkenswert ist die zur an sich gängigen Vergolderpraxis umgekehrt ausgeführte Reihenfolge.

Bei den Gewandflächen wurden zunächst Blattsilber und dann Blattgold angelegt. Einige kleinere, beim linken Helfer irrtümlich mit Blattsilber belegte Flächen korrigierte man beim nachfolgenden Vergolden (Tafel V.5). Sichere Angaben über die Blattmetallgröße sind nicht möglich. Die Metallflächen wurden nur in flächigen Bereichen sorgfältig auspoliert. In Falten und Rücklagen finden sich zahlreiche Stellen, wo nur einzelne Polierstriche liegen und das Gold zudem nur ungenügende Haftung erhielt (Tafel V.3). Überzüge kommen auf den Metallflächen nicht vor.

Für kleinteilige Partien innerhalb von Goldflächen, wie gedrehte Gürtel und Bänder, wählte der Faßmaler auf den durchgehenden Bolusschichten Muschelsilber (Tafel V.2). Diese Partien weichen in der Alterung von den mit blattsilber belegten Flächen ab. Eindeutig sind hier Spuren eines Auftrags mit dem Pinsel erkennbar. Auch originale Nachbesserungen innerhalb der Versilberung wurden in dieser Weise ausgeführt. Heute wirken diese Partien schwarz. Insgesamt sind sie wesentlich kompakter erhalten als die ebenfalls geschwärzten Blattsilberflächen, die aber auch einer Freilegung standhalten mußten.

Die Verwendung von Pulversilber neben Blattsilber innerhalb der Fassung ist ein interessanter Beleg für die Vielfältigkeit der Materialverwendung dieser Zeit. Diese ursprünglichen Ausbesserungen mit Pulversilber in den blattversilberten Bereichen bezeugen, daß ursprünglich eine sehr ähnliche Wirkung vorgelegen haben muß.[9]

Interessant ist auch die unterschiedliche Fassungsausführung an den Beinen des rechten Helfers. Das linke angewinkelte Bein wurde auf der Außenseite auf einschichtigem bräunlichen Bolus mit Pulversilber angelegt. Dieser Auftrag läuft zur Beininnenseite gegen die Untermalungsschicht für Inkarnatpartien aus, die an Übergängen zu angrenzenden Goldflächen wie den gedrehten Strumpfbändern und Stiefelumschlägen auf dem breiter ausgestrichenen Bolus der betreffenden Partien liegt. Möglicherweise handelt es sich hier um einen Fehler oder eine Änderung des Fassungskonzeptes, bei dem zunächst für die Beine eine Inkarnatfassung geplant war. Ähnlich inkonsequent ist die Behandlung des gestreckten rechten Beines, bei dem keine Bolusschichten vorhanden sind, jedoch eindeutig eine Blattversilberung ausgeführt wurde. Auffällig im Gesamtbild ist die Fassung der Schuhe des mittleren Helfers. Hier handelt es sich um eine weitere Metallpulverfassung direkt auf der weißen Grundierung. Die Schuhe wurden beim Bolusauftrag bewußt ausgespart (Fassungskanten). Lediglich zwei rote Pinselwischer sind heute durch die gealterte und stark abgearbeitete Fassungsschicht zu erkennen. An der Sohlenkante findet sich goldfarbenes Metallpulver noch in kompakter Schichtstärke. Der grünbraune Gesamteindruck dieser Partie rührt von der Alterung des verwendeten unedlen Metalls, wohl Messingpulver, her.

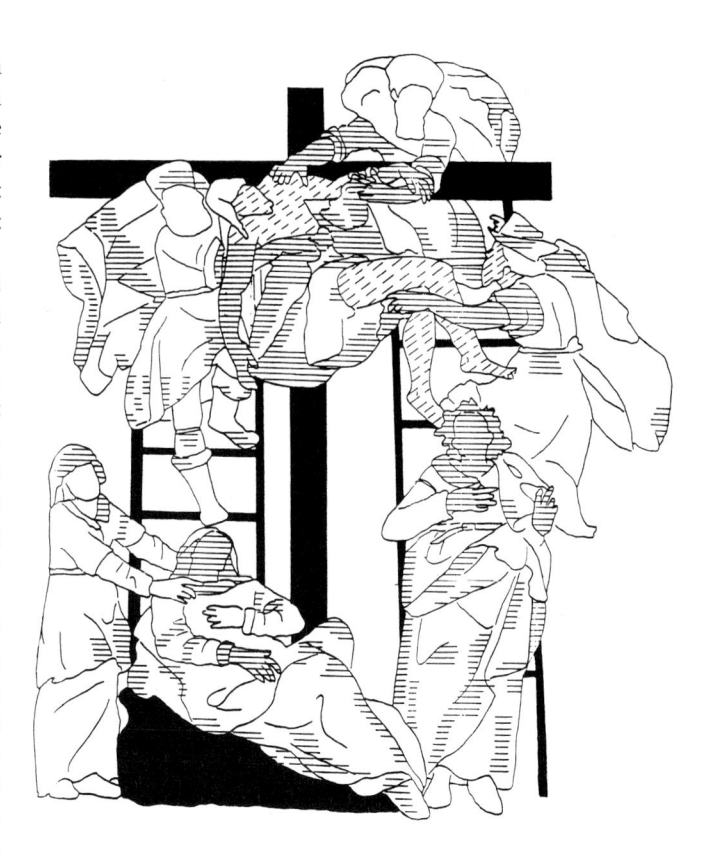

▤ Deckende Überarbeitung mit Grundierung   ■ Ergänzung 1910/11
▨ Dünne lasierende Überarbeitung

6. Übersicht zum Umfang der Eingriffe, Überarbeitungen und Ergänzungen von 1910/1911 (Portsteffen/Becker)

Die Blattmetallflächen insgesamt sind durch konsequentes Gegeneinandersetzen von versilberten und vergoldeten Partien gegliedert. Inwieweit die oben besprochenen Abweichungen als bewußte Differenzierung der Fassung gedeutet werden dürfen, läßt sich bei dem vorliegenden gealterten Zustand nicht eindeutig beurteilen. Alle mit Blattmetall belegten Flächen und auch die Pulversilberpartien sind einheitlich poliert. Eine zusätzliche Behandlung der Oberflächen durch Überzüge oder Lüster fehlt. Die Inkarnatpartien erhielten auf der Grundierung zunächst eine flächig rosafarbene Untermalung. Diese untere Schicht zeigt in Fehlstellen eine geglättete und dichte Oberfläche. Die übliche Isolierung oder Leimung ist anzunehmen. Die Glätte und Dichte dieser Schicht hat wesentlich zur hier verstärkt auftretenden Schichtentrennung beigetragen.

Die eigentliche Inkarnatschicht ist dünn und streifig aufgetragen. Detaillierungen des Gesichtes, Rötungen, Brauen, Augen und Lippen sind in dieser Schicht naß in naß gearbeitet und zeigen den deutlichen Pinselduktus des spontanen Modellierens. Feine Schichtungen mit Lasuren fehlen vollständig. Weitgehend original erhaltene Partien vermitteln den Charakter der Inkarnatfassung noch sehr schön (Tafel III.1–3).

Aus dem Voranstehenden dürfen abschließend einige Besonderheiten herausgehoben werden. Die spielende und lebhafte Oberfläche der Metallpartien entsteht durch Verzicht auf eine Oberflächenbearbeitung der Grundierung und durch das flüchtige Auspolieren der Metallaufla-

61

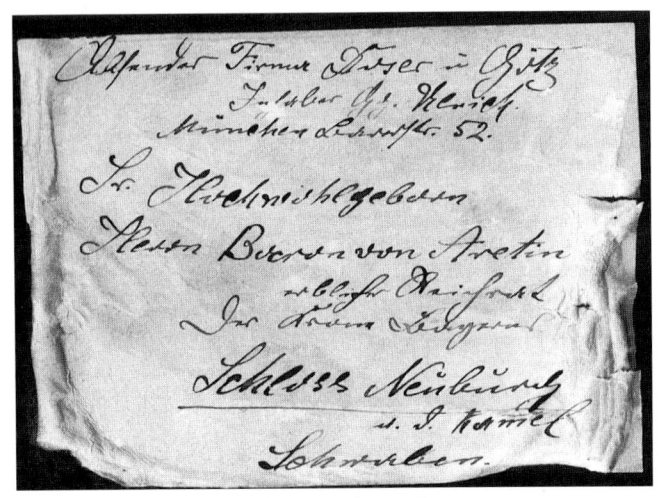

7. Aufkleber von 1911 auf der Rückseite des Kreuzstammes: „Absender Firma Doser u. Götz / Inhaber Gg. Ulrich / München Barerstr. 52 / Sr. Hochwohlgeborn / Herrn Baron von Aretin / erblicher Reichsrath / der Krone Bayerns / Schloss Neuburg a. d. Kammel / Schwaben"

8. Der 1910 / 1911 neu geschaffene Aufbau; Zustand nach der Restaurierung 1989

gen. Bei zwei Figuren ist nur eine Bolusschicht aufgetragen, beim linken Helfer besserte man irrtümlich versilberte Partien sogleich mit Blattgold nach. An feinteiligen Bereichen fand an Stelle des Blattsilbers, das hier sehr sorgfältig geschnitten und gestückelt hätte werden müssen, Muschelsilber Verwendung. Dies findet sich auch als Nachbesserung auf den Silberflächen. Die Beine des rechten Helfers wurden vollständig unterschiedlich gefaßt.

Diese Ausführung des Schnitzwerks und der Fassungen mit den beschriebenen Abweichungen und Unregelmäßigkeiten bestimmen die charakteristische Erscheinung der Skulpturen. Diese Unregelmäßigkeiten können verschieden gedeutet werden. Mehrere Beteiligte bei der Herstellung der Figuren und eine damit verbundene Arbeitsteilung und die nötige Absprache mögen zu «Fehlern» geführt haben. Aber auch Termindruck läßt sich zur Erklärung dieser Flüchtigkeiten heranziehen. Möglicherweise handelt es sich hierbei aber auch um Beobachtungen, die sich üblicherweise an barocken Fassungen machen lassen. Insgesamt entsteht durch sie ein sehr lebendiger Eindruck, der zurückführt auf die Menschen, die am Werk waren.

Zustand

Der Zustand der Figuren resultiert aus der Restaurierung von 1910/11. Umfang und Ausführung der nach der Auffindung durchgeführten Maßnahmen konnten durch die Untersuchung weitgehend nachvollzogen werden. So wurde deutlich, daß während der damaligen Behandlung eine partielle Überfassung entfernt wurde. Auf allen versilberten Flächen zeigen sich auch in entlegenen Bereichen auffällige Schabspuren, auch finden sich zahlreiche Reste einer weißen, bröseligen (Farb-)Masse. Vorstellbar ist eine Weißfassung des 18. Jahrhunderts, welche die schwarz gewordenen versilberten Gewandteile abdeckte, und mit den belassenen vergoldeten Partien korrespondierte. Auch eine Überfassung am Inkarnat des Johannes ist dieser Phase zuzurechnen.

Die Restaurierung 1910/11 umfaßte also zumindest eine partielle Freilegung, die Ausbesserung vorliegender Fassungsschäden und wiederum Neufassung und Überfassung in einigen Inkarnat- und Gewandbereichen (Abb. 6). Dabei wurden stärker beschädigte Partien abgeschabt, eine Steinkreidelage und mehrere weiße Grundierungslagen neu aufgetragen und sodann auf einer gelbbraunen Bolusschicht vergoldet bzw. farbig gefaßt. Innerhalb weitgehend geschlossen erhaltener Partien füllte man Fehlstellen nur mit weißer Grundierung. Fehlstellen in Vergoldungen wurden mit Bolus und Blattgold ausgebessert und im Farbton sorgfältig der Umgebung angepaßt. Lediglich bei einigen größeren, flächig angelegten Bereichen gelang die Einstimmung weniger; diese Stellen wirken etwas kompakter als das gealterte Original. Innerhalb der Silberflächen besserte man nur mit Bolus und Farben aus, den gealterten Eindruck dieser Flächen erreichte man mit einem graphitähnlichen Farbmaterial.

Die Inkarnate erfuhren eine besonders starke Überarbeitung und entsprechende Veränderung. Alle Arme und Hände wurden komplett überfaßt. Teilweise liegt eine

9. Blick in die Schloßkapelle in Neuburg a. d. Kammel; Standort der Kreuzabnahmegruppe von 1911 bis 1984 (Zustand 1970/1971)

Zwischengrundierung vor, in einigen Fällen legte man die neue, flächig rosafarbene Inkarnaturuntermalung direkt auf die originalen Fassungsreste. Die Gesichter von Johannes und Maria wurden vollständig überfaßt, die Inkarnatflächen Christi und das Gesicht des rechten Helfers partiell lasiert. Besonders umfangreich sind diese Überarbeitungen am Inkarnat Christi.

Auf allen erneuerten Inkarnatflächen findet sich eine abschließende patinierende Lasur, die die erneuerten Bereiche den gealterten und belassenen Originalflächen angleicht.

Insgesamt handelt es sich bei den 1910/1911 vorgenommenen Maßnahmen trotz der partiellen Erneuerung um sehr sensible, einfühlsame Eingriffe.

Zusammen mit der Restaurierung der Figuren wurden damals das Kreuz, die Leitern und der gesamte Unterbau neu erstellt (Abb. 8). Bei dieser Rekonstruktion konnte man von der zusammengefügten oberen Vierergruppe ausgehen, deren Glieder durch Dübelkontakte fest einander zugeordnet sind. Das Kreuz und zwei Leitern wurden dabei so ergänzt, daß eine möglichst stabile und eine ihrer Haltung entsprechende Position der Figuren gegeben war. Wie verschiedene nachträgliche Abarbeitungen an Leitern und Kreuz und auch der angeglichene Sprossenabstand zeigen, war es nicht einfach, die zahlreichen Passungen aufeinander abzustimmen. Bei dieser Aufgabe gelang es nicht, dem mittleren Helfer in seiner festgelegten Position auf dem Kreuzbalken gleichzeitig einen Stand auf der Leiter zu geben; die Füße hängen in der Luft. Dies bemängelte man schon bald nach der damaligen Restaurierung, wenngleich diese Partie durch die anderen Figuren verdeckt wird.[10] Ob bei der ursprünglichen Aufstellung eine weitere Leiter oder überhaupt eine andere Anordnung der Leitern gegeben war, läßt sich heute nicht mehr nachweisen. Die Skulpturen der Maria und Magdalena wurden durch einen neugeschaffenen Fels einander angenähert und wie Johannes frei auf der Sockelfläche angeordnet.

Durch einen Aufkleber auf der Rückseite des seinerzeit zusammen mit den Leitern und dem Unterbau neugeschaffenen Kreuzes sind die Ausführenden der Maßnahmen bekannt. Der damalige Inhaber der bekannten Münchner Kirchenmalerfirma Doser & Götz namens Ulrich hat 1911 den Aufbau erstellt. Die Fa. Doser & Götz sowie deren Nachfolger Ulrich sind für qualitätvolle Fassungsarbeiten dieser Zeit bekannt. Der neugeschaffene Aufbau wurde in der Aretinschen Schloßkapelle in Neuburg 1911 aufgestellt und befand sich dort bis auf zwei kurze Unterbrechungen bis 1983 (Abb. 7, 9).

10. Schulterbereich des Johannes; Zustand der Fassung vor der Restaurierung

1929 wurde die Gruppe wegen eines Dachstuhlbrandes im Schloß geborgen. 1950/51 waren die Figuren im Germanischen Nationalmuseum in Nürnberg ausgestellt. Nagellöcher und Schraubenlöcher belegen die damals vorgenommene Auf- und Abbauten.

11. Hutoberseite des linken Helfers; Zustand der Fassung vor der Restaurierung

Noch vor dem Ankauf der Gruppe durch die Erwerbergemeinschaft wurden die Figuren für den Transport in das Bayerische Nationalmuseum mit Sicherungspapieren beklebt. Nach der etwa einjährigen Deponierung im BNM konnten dann die Figuren 1986 zur Bearbeitung in die Restaurierungswerkstätten des Bayerischen Landesamtes für Denkmalpflege überführt werden, wo mit einer ersten Bestandsaufnahme die Bearbeitung vorbereitet wurde. Das Erscheinungsbild der Fassung war von zahllosen Fassungsabhebungen, Blasen und Fassungsausbrüchen auf verschiedene Schichtebenen und bis auf den Holzkern geprägt (Abb. 10,11,14). Dieses Schadensbild, besonders die Ausrichtung der Schäden entlang der Holzrichtung war durch die klimatische Situation in der Schloßkapelle und dadurch bedingte Volumenveränderungen des Holzkerns entstanden. Zahlreiche Risse des Holzkerns durchzogen die Fassung, die an den Rißkanten flächig erweiterte Fehlstellen aufwies. Viele Bereiche der Fassung waren abgerieben und bestoßen, stellenweise fehlte schon die patinierende Lasur auf den 1911 erneuerten Inkarnaten. Hier zeigte sich das rosafarbene Inkarnat der erneuerten Fassung, das damals zu einer Einstimmung geführt hatte. Bestimmte Schäden ergaben sich auch aus der Restaurierung der Jahre 1910/11. Neben der Reduzierung der Silberflächen infolge der damaligen Freilegung erwiesen sich manche Ausbesserungen mit Kreidegrund als zu hart. Hier zeigten sich an den Grenzflächen zur erhaltenen Originalfassung Schichtabhebungen, die auf Spannungen zwischen den Materialien zurückzuführen waren. Auch schien es, daß die originale Fassung während der Restaurierung überpoliert worden war und ein Teil der Schäden daher rührte. Einige Brüche und Verluste an Fingern sind Folge der letzten Ab- und Aufbauten und Transporte. Der Arm der Magdalena war vollständig gelöst.

Außer diesen Schäden finden sich einige jüngere Ausbesserungen mit Metallpulver («Goldbronze»), unsachgemäße Klebungen älterer Brüche und grobe Retuschen.

Ein ausgeprägter Holzschädlingsbefall war bereits 1910 behandelt worden, wobei man auch einige stark zerfressene Holzpartien ersetzt hatte. Ein nachfolgender Wiederbefall war zwar festzustellen, bedeutete jedoch noch keine gravierende statische Schwächung der Figuren. Umfangreiche Schäden waren auch an den 1910 neu geschaffenen Teilen vorhanden. An den Kanten und Ecken der Podestteile fehlte die Fassung in größeren Flächen. Krepierungen an der Oberfläche und bis auf die Grundierung durchgeriebene, ursprünglich vergoldete Profilstäbe ließen sich auf intensives Putzen zurückzuführen.

Zum Restaurierungskonzept

Die für die Zeit sehr einfühlsame und qualitätvolle Restaurierung der Gruppe und die Neuaufstellung 1910/11, für die der gesamte Aufbau neu geschaffen wurde, stellte den Rahmen der von 1987 bis 1989 durchgeführten Konservierungs- und Restaurierungsmaßnahmen dar. Es galt daher, den gewachsenen Zustand aus gealtertem Original und bereits historischen Überarbeitungen und Ergänzungen zu sichern und die Konservierungsarbeiten auf die zwischenzeitlich aufgetretenen Schäden zu begrenzen.

12. Rechter Helfer; nach Abschluß der Kittung

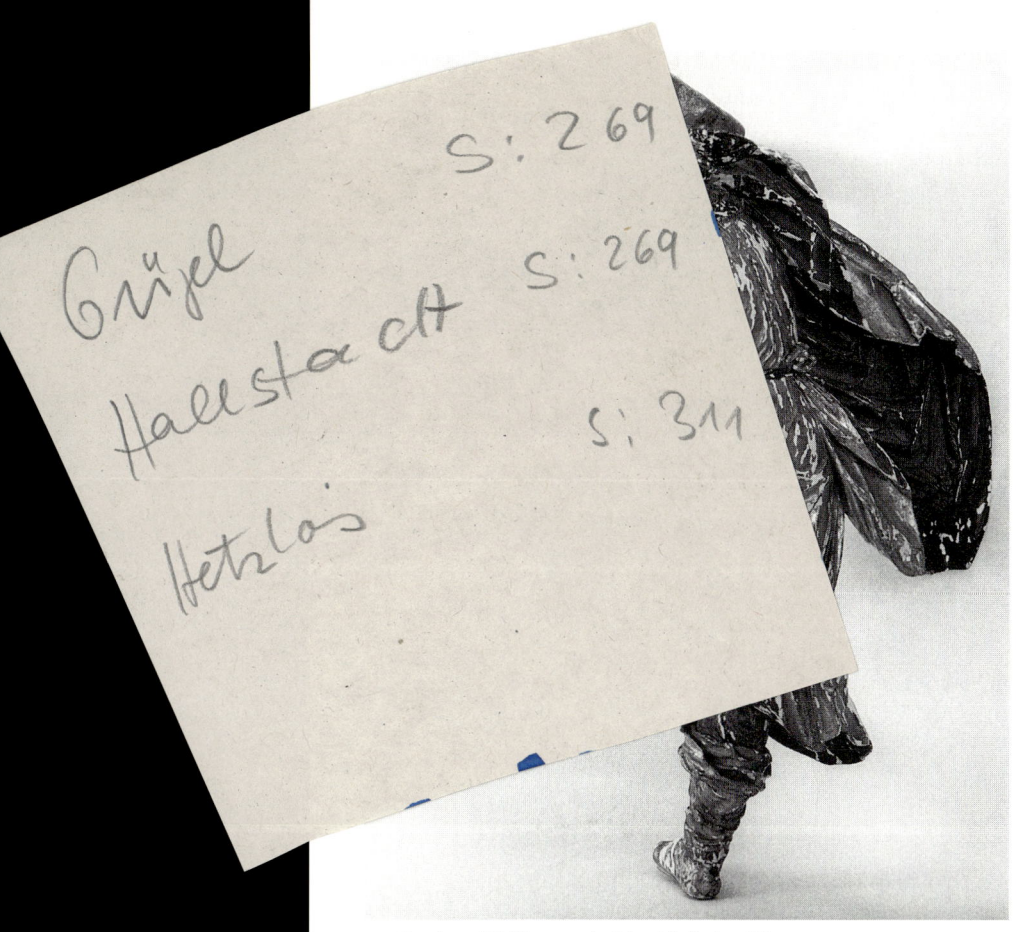

13. Rechter Helfer; nach der Restaurierung

MASSNAHMEN

Die Niederlegung und Festigung der losen Farb- und Fassungsschichten erfolgte mit Gelatinelösung in mehreren Arbeitsgängen. An den Skulpturen des Johannes und des rechten Helfers waren mehr als siebzig Prozent der Fassung lose. Gleichzeitig wurden lockere Schmutzpartikel auf der Fassung entfernt und festgebackene Schmutzansammlungen in Faltentiefen abgenommen. Gelöste oder fehlende Verleimungen wurden neu fixiert und gegebenenfalls in ihrem Ansatz korrigiert. Verluste an Leimflächen ließen sich mit angepaßten Spänen neu aufbauen.
Die umfangreichen Fassungsausbrüche machten Kittungen notwendig. Die Verwendung von sehr schwach gebundenem Leim-Kreidekitt dient der Vermeidung von Spannungen innerhalb der Fassung. Damit konnten auch Fraßgänge und Wurmlöcher im Bereich von Fassungsfehlstellen ausgefüllt werden. An tieferen Fehlstellen im Holz verhinderte die Zugabe von Korkmehl als Füllstoff stärkeren Schwund. Nach dem Schleifen und anschließender Strukturierung erfolgte an größeren Kittstellen eine Isolierung mit Gelatine.
Die Kittstellen innerhalb der Metallpartien beruhigte eine Vorretusche mit Aquarellfarben. Für das Vorlegen der Inkarnate kamen Gouache und Aquarellfarben zur Verwendung. Mit den Fachkollegen des Bayerischen Landesamtes für Denkmalpflege konnten anläßlich einer Probeaufstellung der Gruppe das Ausmaß der Schlußretusche sowie Möglichkeiten einer Verbesserung der Montage erarbeitet werden.
Diese Probeaufstellung verdeutlichte, daß schon mit der Vorretusche ein weitgehend geschlossener Eindruck der Fassung entstanden war. Nur die Retuschen innerhalb der Inkarnate bedurften noch einer Weiterführung. Die farbliche Einstimmung der Fehlstellen konnte dabei auf die Hauptansichten beschränkt werden.

14. Rechter Fuß des linken Helfers; Zustand der Fassung vor der Restaurierung

Mit dieser Probeaufstellung zeichneten sich aber auch die anstehenden Schwierigkeiten der endgültigen Befestigung ab. Bei dem Versuch die vorgefundenen Befestigungslöcher an den Figuren mit denen in den Leitern in Übereinstimmung zu bringen, stellte sich heraus, daß die oberen Figuren und der Aufbau nur mit mangelhaftem Kontakt zueinander montiert werden konnten. Man entschloß sich daher, die feste Montage der Leitern aufzugeben und diese zugunsten einer sowohl statisch als auch ästhetisch besseren Position der Figuren zu verschieben. Erst dadurch erhielten auch die beiden äußeren Figuren auf den Leitern einen sicheren Stand.

Durch eine Verlängerung an den Unterseiten der linken Leiter um sechs Zentimeter und eine Verschiebung von fünf Zentimetern in Richtung des Kreuzbalkens konnten ein besserer Kontakt der Skulpturengruppe untereinander sowie stabilere Befestigungsmöglichkeiten für die Skulpturen der Magdalena und Maria geschaffen werden. Trotz dieser Änderungen konnte die Position der oberen Skulptur nicht völlig überzeugen. Nach wie vor berühren seine Füße nicht die Leiter, da sie jedoch verdeckt sind, wurde auf tiefergehende Eingriffe in das Gefüge verzichtet.

Bei der Endretusche der blattversilberten Partien reichten zurückhaltende Lasuren mit Aquarellfarben und Silberglimmer aus. Dieser Zusatz beschränkte sich auf größere Fehlstellen, kleinere, gekittete Fehlstellen sind im lokalen Boluston retuschiert. In ähnlicher Weise ließen sich Schadstellen in der Vergoldung mit Perlglanzpigmenten schließen. Kleinere Stellen verblieben auch hier im Boluston (Abb. 12,13,15,16). Bereits vorgelegte Retuschen in den Inkarnaten wurden mit Aquarell- und Gouachefarben vollständig retuschiert; dabei ließen sich die störenden Flecken und Durchreibung der bräunlichen Patinierung mit Aquarellasuren beruhigen.

15. Hl. Johannes; Zustand nach der Kittung, das Ausmaß der Fehlstellen wird deutlich

16. Hl. Johannes; nach Abschluß der Retusche

Von den zahlreichen Maßnahmen an den hinzugefügten Teilen von 1911 seien hier nur die wichtigsten zusammenfassend erwähnt.

Alle Teile der Fassung sind mit Gelatinelösung gefestigt, mit Alkohol, Testbenzin und Feuchtigkeit gereinigt und die Fehlstellen mit Leim-Kreidekitt, an der Bodenplatte (Antritt) mit Leim-Öl-Kreidekitt, ausgefüllt. Innerhalb des Antependiums ist der obere Profilstab neu vergoldet und die farbige Einstimmung mit Acryllasuren ausgeführt. Für die umfangreichen Retuschen innerhalb der Marmorierung wurden Acrylfarben verwendet und ein Dammarfirnis mit Wachszusatz als Schlußüberzug aufgetragen.

Klimamessungen erfolgten während des über dreijährigen Verbleibs der Gruppe in Räumen der Amtswerkstätten und in der Pfarrkirche von Neuburg. Die Auswertung der Thermohygrographenblätter erbrachte starke Schwankungen der Temperatur und der relativen Luftfeuchtigkeit im Kirchenraum. Inzwischen trat durch die Neuregulierung der Heizungssteuerungsanlage in «Mariae Himmelfahrt» eine wesentliche Verbesserung der klimatischen Situation ein. Vor der Auslieferung der Kreuzabnahme im November 1989 wurde das Raumklima in der Werkstatt an die abweichenden Werte in der Kirche angeglichen. Der Transport der Figuren nach Neuburg erfolgte in Klimakisten.

Der bereits mit Kunstgegenständen reich ausgestattete Kirchenraum ließ als Standort für die Kreuzabnahmegruppe lediglich die nördliche Chorseitenwand zu. So ist die auf eine strenge Vorderansicht hin ausgerichtete Gruppe vom Kirchenschiff aus nur noch von der Seite zu sehen, was zu Einschränkungen hinsichtlich der Wahrnehmung der Qualität und Gesamtkomposition führt.

Um die seitliche Einsicht zu begrenzen, wurde daran gedacht, die Gruppe durch einen Schrein zusammenzufassen. Nach Entwürfen von Bildhauer Friedrich Brenner kam es dann zur Aufstellung in einem seitlich durchbrochenen Baldachinschrein mit geschlossener Rückwand.

Der Aufbau der Gruppe begann mit der Montage der oberen vier Figuren. Ihre durch Steckdübel ineinandergreifende Verbindung erforderte es, die Finger der rechten Hand des mittleren Helfers erst vor Ort zu befestigen. Diese ergreifen die linke Schulter der Christussskulptur, welche bei der vorausgegangenen Probeaufstellung in den Werkstätten nicht unter den provisorisch eingesteckten Fingern hindurchzuführen waren. Nach der Montage der oberen Skulpturengruppe und der Befestigung des Kreuzbalkens an der farbig gestalteten Schreinrückwand erfolgte die Aufstellung der unteren Skulpturen. Für die Figurenbefestigung dienten ausschließlich bereits vorhandene Bohrlöcher. Mit verschiedenen Bandeisen, speziell gefertigten Ständern und Laschen ließ sich ein guter Stand der Skulpturen gewährleisten.

Auf Wunsch des Pfarrers erhielt jedes Bildwerk eine Alarmsicherung mit Magnetkontakten gegen Diebstahl. Der Raum wird während der Nacht zusätzlich gegen Einbruch gesichert.

In mancherlei Hinsicht mag der neue Aufstellungsort der «Kreuzabnahme» von Christoph Rodt ein Kompromiß sein. Jedoch war die Freude der Neuburger über das zurückgekommene Kunstwerk unübersehbar. Unter großer Anteilnahme der Gemeinde erhielt die «Kreuzabnahme» mit einem Festgottesdienst am 17.12.1989 die kirchliche Weihe.

17. Büste der hl. Kunigunde im Heimatmuseum Illertissen, H. 45,5 cm, Zustand nach der Restaurierung 1990

Technologische Befunde an weiteren Werken Christoph Rodts

Während das erhaltene Werk des Christoph Rodt recht gut bekannt ist, fehlten bislang kunsttechnologische Beobachtungen.

Im Rahmen der Restaurierung und Untersuchung der Neuburger Gruppe konnten mit dem Roggenburger Chorgestühl und dem Illertissener Hochaltar erstmals zwei Hauptwerke Christoph Rodts untersucht werden.[11] Inzwischen kamen durch Restaurierungen weiterer Werke zusätzliche Erkenntnisse hinzu.[11a]

Durch den Verlust der ursprünglichen Zusammenhänge und im Wandel des Zeitgeschmacks wurden zahlreiche Skulpturen Rodts neu gefaßt, renoviert oder gar mehrfach überarbeitet. Einige Werke gelangten in Museen. Auch bei diesen Stücken sind die unterschiedlichsten Zustände zu beobachten. So hat man die Assistenzfiguren einer Kreuzigung (Maria und Johannes) im Maximilianmuseum in Augsburg abgebeizt, sie zeigen heute das blanke Holz.[12]

Neben einer Vielzahl von verstreuten Einzelfiguren ist der Hochaltar der Katholischen Stadtpfarrkirche St. Martin in Illertissen als einziges erhaltenes Altarwerk zu nennen. Eine datierte Inschrift belegt dieses Retabel als frühestes und vollständig erhaltenes Werk aus der Anfangszeit seines Schaffens (1604). Weitere Altarwerke sind lediglich

18. Illertissen, Lkr. Neu-Ulm, Kath. Stadtpfarrkirche St. Martin; Hochaltar von Christoph Rodt, 1604

19. Hl. Michael, Heimatmuseum Günzburg, H. 74 cm

als Fragmente überliefert oder verschollen und lassen sich nur durch historische Quellen belegen. So sind in der katholischen Frauenkapelle in Schwabmünchen Figuren eines Altarwerkes von Rodt in die jüngere Altarschöpfung Lorenz Luidls übernommen worden. Einige Figuren des 1626 in der Katholischen Stadtpfarrkirche St. Martin zu Gundelfingen errichteten Hochaltars fanden in einer Altargestaltung des zwanzigsten Jahrhunderts Platz.

Auch die Neuburger Kreuzabnahmegruppe steht für einen verlorenen Altar, spricht doch einiges dafür, daß die Gruppe mit weiteren, noch im Kloster Roggenburg erhaltenen Figuren zum Komplex des verlorenen Roggenburger Kreuzaltars gehört hat.[13]

Der überkommene Werkbestand mit den unterschiedlichsten Neufassungen, Faßtechniken und Zuständen bietet ein äußerst heterogenes Bild und erschwert den Zugang zum ursprünglichen Charakter des Gesamtwerkes. Dies wurde besonders einprägsam an der im Winter 1989 im Günzburger Heimatmuseum durchgeführten Ausstellung einiger Werke Rodts deutlich.

Vor diesem Hintergrund wird die Bedeutung des Zustandes der Kreuzabnahmegruppe klar. Sie zeigt zu etwa drei Vierteln noch die originale, gealterte und nur partiell überarbeitete Fassung und vermittelt nach der abgeschlossenen Restaurierung annähernd Qualität und Handschrift der künstlerisch gestalteten Idee und Durchführung.

Soweit heute bekannt, sind außer unserer Gruppe nur zwei kleine Büsten erhalten, an denen noch Originalfassung sichtbar ist. Diese Büsten der hl. Kunigunde und des hl. Heinrich im Illertissener Heimatmuseum sind äußerst qualitätvolle Figuren, die mit ihrer, wenn auch nur fragmentarisch erhaltenen, sehr aufwendigen Fassung einen guten Eindruck von plastischer Qualität und farbiger Durchgestaltung der Skulpturen vermitteln können (Abb. 17, Tafel IV.1–3).[14]

Bedingt durch den großflächigen Verlust der Fassung ist hier die feine, detailreiche bildhauerische Durcharbeitung und Oberflächenbehandlung sehr gut zu erkennen. Gedrechselte Kugelknöpfe bereichern das Gewand des hl. Heinrich. Mund, Augen und Brauen wurden direkt nach dem Schnitzen mit Farben angegeben und belegen die häufig zu beobachtende Praxis der Bildhauer, den Figuren schon vor der Fassung Lebendigkeit zu vermitteln (Tafel IV.3 und V.7). So ließ sich die Wirkung und Vollendung der Figuren leichter überprüfen. Gleiches konnte für die Neuburger Gruppe am Mund des Johannes und des linken Helfers nachgewiesen werden. An der Büste der Kunigunde ist die reiche Fassung noch durch geschnitzte Steine und Perlen ergänzt, die in den frischen Kreidegrund appliziert und mit in die farbige Ausgestaltung einbezogen wurden (Tafel IV.2). Besonders eindrucksvoll ist die Ausführung der Fassung. Vergoldete Gewandteile wechseln mit farbig angelegten Partien in unterschiedlicher Glanz- und Oberflächenwirkung ab. Auf Blattsilber findet sich roter Lüster, feine braune Lüsterstriche akzentuieren und umsäumen Schmucksteine, Goldsäume und Besätze. Matte, einschichtige blaue Partien korrespondieren mit zweischichtigen, dichten grünen Flächen, sogar changierende Stoffe wurden gemalt. Die Prachtentfaltung der Fassung unterstreicht den Rang des Kaiserpaares.

Wie bei den Figuren der Neuburger Gruppe wurde die

Holzoberfläche vor dem Aufbringen der Grundierung aufgerauht; die Inkarnatflächen blieben davon ausgespart. Risse im Holz spante man aus. Die Grundierung wurde nach dem Auftrag nicht repariert, sie verteigt so teilweise die feinen geschnitzten Details und zeigt Unregelmäßigkeiten.

Im Werk Rodts ist eine gewisse Vorliebe für plastische Applikationen auffällig. Ein besonders reiches Beispiel dafür ist der Erzengel Michael aus dem Heimatmuseum Günzburg, dessen Rüstung geradezu mit aufgesetzten Verzierungen übersät ist: Perlen, Doppelperlen, pyramidenförmige und rautenförmige Steine sind zu finden (Abb. 19).

Der Illertissener Hochaltar wurde im Lauf seiner Geschichte viermal neu gefaßt und dabei zweimal vollständig abgelaugt oder abgewaschen. Durch diese massiven Eingriffe fehlen ältere Fassungen auf den Figuren vollständig (Abb. 18).

Heute bestimmt eine Fassung von 1941 den Eindruck des Altares: die Altararchitektur ist schwarz, die Figuren sind bunt gefaßt. Einzig für die Altararchitektur ist die originale schwarze Fassung in der Art einer körperhaften Beize direkt auf dem geglätteten Holz zu finden. Auf der Altarrückseite ist diese Schwarzfassung direkt unter dem sichtbaren jüngeren Anstrich erhalten. Unter dieser Überfassung erkennt man im unteren Bereich der Rückseite noch heute im Streiflicht die ursprüngliche Bildhauerinschrift:

«[Anno 1604] 7 Augustii dißer
Althar durch mich Christoff Rodt Bildhawer
zu Newburg An der Kamla Vöhlischer
Underthon uffgericht worden.» (Abb. 21)

Bei der Untersuchung wurde die Inschrift in Originalgröße durchgezeichnet und ein Buchstabe freigelegt. Über der schwarzen Fassung legte der Maler die Buchstaben in einer hellgelben Öl-Mordantmasse vor, die dann mit Blattmetall belegt wurde. So blieb mit diesem Rest der historischen Fassung gleichzeitig die einzige Bildhauerinschrift erhalten.

Auch die Illertissener Altarfiguren wurden in zeittypischer Weise mit einer Raspel aufgerauht. Ganz unterschiedliche Befunde liegen zur Befestigung der Figuren in der Werkbank des Bildhauers vor. Die Funde an den Kreuzabnahmefiguren hierzu zeigen jeweils runde Zapfenlöcher. Bei der Johannesfigur ist in das Loch in der Schädelkalotte ein Dübel eingeschlagen und erst nach der Fassung abgearbeitet worden. Andere Bohrungen fanden sich offen oder mit Holzzapfen verschlossen. An den Standflächen der zugänglichen Figuren des Illertissener Hochaltares finden sich Abdrücke von sternförmigen Bankeisen (Abb. 20). Mehrfache Abdrücke belegen ein häufiges Umsetzen der Figuren in der Bank. Bei dem abgebildeten Beispiel sind insgesamt fünf Dorneinstiche vorhanden. Inwieweit diese Dorne paarweise eingesetzt wurden, ließ sich nicht mehr klären.

Das aus Eiche gefertigte Roggenburger Chorgestühl war ursprünglich holzsichtig mit einem transparenten Überzug gefaßt (Abb. 22). In Teilbereichen wurde die Holzoberfläche mit Nagelpunzen strukturiert. Dieser Punzendekor und die plastische Qualität wird durch die nachfol-

20. Illertissen, Kath. Stadtpfarrkirche St. Martin, Hochaltar; Evangelist Markus, Standfläche mit Bankeisenspuren

21. Illertissen, Kath. Stadtpfarrkirche St. Martin; am Hochaltar verkleinerte Durchzeichnung der im Streiflicht erkennbaren Bildhauerinschrift, Fehlstelle im oberen linken Bereich (S. Schmitt)

genden sechs Überfassungen mit ihren Grundierungen vollständig abgedeckt. Über das originale Aussehen der fein ausgearbeiteten Halbfiguren am Dorsal konnte die Untersuchung keine Klarheit verschaffen.[15]

22. Klosterkirche Roggenburg, Lkr. Neu-Ulm; Chorgestühl von Christoph Rodt, Evangelienseite

Die vier Apostel- oder Prophetenfiguren im Günzburger Heimatmuseum, die unlängst restauriert wurden, tragen als Originalfassung auf einer mehrschichtigen, lebhaften und weitgehend ungeglätteten Grundierung eine Weißfassung. Die zugehörigen Gewandsäume wurden direkt auf dieser Fassung in zwei Aufstrichen mit Poliment vorbereitet. Der erste Anstrich ist ockerfarben, der zweite Anstrich mit einem dunklen braunroten Bolus ausgeführt. Das polierte Blattgold ist mit einer dunkelbraunen, akzentuierenden Linie zur Fläche hin abgesetzt. Dadurch konnten leichte Unregelmäßigkeiten, «Fransen» der Goldkante ausgeglichen werden. Gleichzeitig sparte man einen weiteren flächenhaften Auftrag der Weißfassung zur Beschneidung der Vergoldungen, der sonst bei Weißfassungen üblich ist.

Die Figuren zeigen als eine weitere Variante der Bankbefestigung rechteckige Eindrücke mit spornartigen Ausprägungen der Kanten. An zwei Köpfen (Inv. Nr. P 1 u. P 2) finden sich grob abgearbeitete Dübel. Die Figuren wurden später dreimal überfaßt und überarbeitet, wobei im wesentlichen die Weißfassung beibehalten wurde. Der durch die Geschichte der Figuren letztlich resultierende ungepflegte und sehr schadhafte Zustand wurde durch die jüngste Restaurierung behoben.[16]

Hinweise aus den Quellen

Auf der Suche nach weiteren Hinweisen zur Faßtechnik und Ausführung der Werke geben auch die erhaltenen historischen Quellen nur wenig Information. Josef Christa hat eine große Zahl von Eintragungen aus Rechnungsbüchern und Pfarrarchiven publiziert, die Aufschluß über das Leben des Bildhauers geben. Über die Werke selbst ist wenig erhalten. Die wichtigste Quelle kam 1803 beim Zerscheiten einer an arme Leute zum Heizen abgegebenen Figur aus dem Hochaltar zu Illertissen zum Vorschein. In Übereinstimmung mit der oben angeführten Inschrift auf der Rückseite des Altares heißt es da:

«A° 1604
hab ich Christoff Roth Bildhawer Burger zue Newburg an der Camel dißen Altar gemacht und uffgericht.
Mein hausfraw Anna Maria Hofferin genant,
Anna Maria Röthen mein dochter 2 Jar Alt.
Sebastian Guggenbihl von Weyssingen Bildhauer mein gesel, Johannes Schreiner Maller von Schwebischen gemind mein gsel, hatt mir den Altar gefast...»[17]

Weiter werden die Herrschaft, die Korn- und Weinpreise sowie die mindere Qualität des Bieres aufgeführt. Für unseren Zusammenhang wichtig ist die Nennung des Faßmalers Johannes Schreiner aus Schwäbisch Gmünd, der der Werkstatt angehörte. Die Fassung des Altares konnte so direkt in der eigenen Werkstatt und vor Ort ausgeführt werden, ohne hier eine fremde Werkstatt beteiligen zu müssen. Eine Absprache und direkte Planung der Fassung kann daher angenommen werden. Dies steht eigentlich im Gegensatz zu den Beobachtungen an den Illertissener Büsten, wo durch die dicke unbearbeitete Grundierung die sorgfältige und detailreiche Schnitzarbeit zum großen Teil verdeckt wird, was nicht unbedingt im Interesse des Bildhauers gewesen sein kann.

Bei der 1986 durchgeführten Renovierung des monumentalen Kruzifixes an der Außenwand der Illertissener Stadtkirche wurde ein weiteres schriftliches Zeugnis Rodts entdeckt. Während der Arbeiten fand man im Hinterkopf der Figur zwei Urkunden. Auf einem «Bedenky-Zöttell» zählt Rodt die Schaffung des Werkes im Jahr 1627, die Herrschaftsverhältnisse und seine Familienmitglieder auf. In einem beigefügten Zettel des damaligen Pfarrherrn heißt es: «Diser Bildhauerarbeit war der Ernösst und [?] fürgeacht und/Kunstreich M: Christoph Rodt...»[18]

Über die Abrechnung des Gundelfinger Hochaltares, von dem heute nur noch einige Skulpturen vorhanden sind, geben einige Dokumente Auskunft. In unserem Zusammenhang ist eine Eintragung wichtig, die in der «Castenambts Gundelfingen Geistliche Jahresrechnung von Reminiscere A° 1625 biß wider Reminiscere A° 1626» von Castner Michael Leonhartt Röschengeder notiert ist. Auf Seite 187 heißt es, daß «14 Pfund Lein-Öl, so zue anstreichung des Althares» abgerechnet wurden. Weiter wird ausgeführt, wieviel Schober Roggenstroh zur Verpackung der Altarteile und Figuren geliefert wurden, um den Altar mit Gespannen aus Neuburg, über die Donau nach Gundelfingen zu transportieren. Die Erwähnung einer derartigen Menge Leinöl für den Altar läßt auf eine Ölfarbfassung der Altararchitektur schließen.[19]

Die Ergebnisse der technologischen Untersuchungen bleiben Bruchstücke, es gelingt durch diese Funde kaum, eine Vorstellung von der Qualität der ursprünglichen Fassungen und des Gesamtwerkes zu gewinnen. Es wird deutlich, daß die Bewertung und Einordnung der Werke durch die veränderten, neu gefaßten und somit verfälschten Oberflächen und durch die sehr unterschiedlichen Erhaltungszustände erschwert wird. Die sehr unterschiedlichen ursprünglichen Fassungen der untersuchten Objekte können nicht generell in die typische Fassungskategorie «frühes 17. Jahrhundert» eingeordnet werden, unter der in der Regel Fassungen mit Gold, Silber, Lüster, Brokatimitationen etc. verstanden werden. Vielmehr wird deutlich, wie sehr bei der Fassung der Werke ihre geplante Verwendung maßgeblich war.[20]

Bei der Beurteilung der Fassung wird neben den unterschiedlichen Wünschen der Auftraggeber auch zu berücksichtigen sein, ob Rodt selbst die Fassung veranlaßte und auftragsgemäß in seiner Werkstatt durchführen konnte oder ob er nur für bildhauerische Arbeiten den Auftrag hatte, deren Fassung dann vom Auftraggeber anderweitig verdingt wurde.

ANMERKUNGEN

1 Dieser Beitrag ist in veränderter Form erschienen unter dem Titel «Die Kreuzabnahmegruppe von Christoph Rodt aus Neuburg a.d. Kammel» in den *Denkmalpflege Informationen*, Ausgabe D, Nr. 6/17. Dezember 1989, hrsg. vom Bayerischen Landesamt für Denkmalpflege sowie unter dem Titel «Die Kreuzabnahmegruppe von Christoph Rodt aus Neuburg an der Kammel in Schwaben» in: *Zeitschrift für Kunsttechnologie und Konservierung*, Jg. 5 (1991), H. 2, S. 246–261.

2 ALBRECHT MILLER, *Christoph Rodt ... ein schwäbischer Bildhauer des Frühbarocks*, Ausstellungskatalog, Heimatkundliche Schriftenreihe für den Landkreis Günzburg, Günzburg 1989, Band 9, S. 3 ff.

3 *Festschrift 1000 Jahre Illertissen*, Illertissen 1954, S. 292.

4 ALBRECHT MILLER (wie Anm. 2), S. 10.

5 ALBRECHT MILLER (wie Anm. 2), S. 7.

6 JOSEF CHRISTA, «Christoph Rodt», in: *Jahrbuch des Historischen Vereins Dillingen an d. Donau*, 1928/1929, S. 45.

7 Bei einigen Fragestellungen war die Entnahme von Querschnitten notwendig, die unter dem Auflichtmikroskop mit bis zu 200facher Vergrößerung untersucht wurden.
Die Analysen zur Muschelsilberschicht wurden von Prof. Dr. Ernst Ludwig Richter am Institut für Technologie der Malerei in Stuttgart durchgeführt, wofür an dieser Stelle gedankt sei. Ergänzende Untersuchungen an einer Probe waren am Labor des Metropolitan Museum of Art in New York möglich. Für diese Hilfestellung sei hier gedankt.
Die mikroskopische holzanatomische Bestimmung erfolgte an einem Span von der Rückseite der Figur des Johannes.
Die Ergebnisse der Untersuchungen wurden figurenweise schriftlich festgehalten, Informationen zur Ausführung der Figuren, zu den Überarbeitungen und Eingriffen in graphischen Übersichtsblättern erfaßt. Den Vorzustand, Bearbeitungszustände und technologische Details dokumentieren Schwarzweißphotos und Farbdiaaufnahmen.

8 Während der «Helfer» den ursprünglichen Fassungsaufbau zeigt, liegt bei Johannes durch die Überfassungen ein mehrschichtiger Befund vor.

9 Zur Analyse des Materials wurde ein Querschliff angefertigt. Die Schichtenabfolge zeigt deutlich den identischen Grundierungsaufbau und die beiden Polimentlagen, die auch sonst auf den metallbelegten Flächen vorhanden sind. Die Silberpulverschicht ist recht dick und unterscheidet sich schon allein durch die Schichtstärke von einer Blattversilberung. Die Reflexaufnahme im Mikroskop zeigt eine starke Reflektion, die auf eine metallische Schicht schließen läßt. Die Anwesenheit von Silber ließ sich durch die Lasermikroemissions-Spektralanalyse bestätigen. Das Material wurde dann durch die Energiedispersive Röntgenreflektionsanalyse im Rasterelektronenmikroskop als Silbersulfid analysiert. Offensichtlich ist die Umwandlung des Silbers schon weit fortgeschritten.

10 KARL FEUCHTMAYR, «Christoph Rodt», in: *Das Schwäbische Museum. Zeitschrift für Bayerisch Schwaben sowie Kultur, Kunst und Geschichte*, 1925, S. 2–20; vgl. hierin Anmerkung 17: «Die Restaurierung erscheint nicht ganz einwandfrei: Der sich über den Querbalken beugende Mann müßte auf einer eigenen Leiter stehen ...»

11 RUPERT KARBACHER, Hans Portsteffen, *Dokumentation der Untersuchung des Roggenburger Chorgestühls*, Typoskript, München 1988. – SIBYLLE SCHMITT, HANS PORTSTEFFEN, *Dokumentation der Untersuchung des Illertissener Hochaltares*, Typoskript, München 1989. – Diese Dokumentationen sind in der Restaurierungsabteilung des Bayerischen Landesamtes für Denkmalpflege, München, archiviert.

11a Heimatmuseum Illertissen, Lkr. Neu-Ulm: Büsten der hll. Heinrich und Kunigunde, Restaurierung 1989 durch Hans Portsteffen und Sibylle Schmitt;
Heimatmuseum Günzburg: 4 Apostel- oder Prophetenfiguren, Restaurierung 1989–91 durch M. Endhardt-Kungl, Restaurierungsberichte beim Bayerischen Landesamt für Denkmalpflege.

12 HANNELORE MÜLLER, *Das Maximilianmuseum*, Katalog, München/Zürich 1982, Katalognummer 18, S. 50 mit Abbildungen S. 22 u. 23 (Inv. Nr.: 12157 u. 12158).

13 ALBRECHT MILLER (wie Anm. 2), S. 11 und 19.

14 Josef Christa fand beide Büsten 1928 noch in ihrem älteren Zusammenhang auf schon leeren Reliquienschreinen vor, die heute nicht mehr vorhanden sind. Nach seiner Beschreibung war die Fassung weitaus besser erhalten; er nennt die eingelassenen geschnitzten Steine und Perlen, von denen heute nur noch Abdrücke in der Fassung vorhanden sind; JOSEF CHRISTA (wie Anm. 6), S. 55.

15 Das Gestühl wurde mit der ersten Barockisierung der mittelalterlichen Klosterkirche gebaut und schon bei der bald darauf erfolgenden zweiten Modernisierung zum ersten Mal in der Fassung verändert. Nach dem Neubau der Klosterkirche im 18. Jahrhundert wurde das Gestühl in den Neubau übernommen, jedoch durch Erweiterungen und Umgestaltungen den Maßen und der Formensprache des barocken Kirchenraumes und seiner Ausstattung angepaßt. Die vorderen Pulte wurden um ein eingeschobenes kassetiertes Brett erhöht, in die vorderen Sitzreihen fügte man Durchgänge mit neuen Wangen ein. Formale Anpassungen erfolgten durch seitliche und obere Ornamentbretter, in die zusätzlich Gemälde eingelassen sind. Gleichzeitig reduzierte man die ursprüngliche Ausgestaltung des Dorsalabschlusses und entfernte hier einen Zahnschnittfries und hängende Zierknöpfe.

16 FRANÇOISE PERRET, *Untersuchungsbericht*, Typoskript, Günzburg 1988. – Restaurierung von Margret Endhardt-Kungl 1989/90. Dokumentationen im Bayerischen Landesamt für Denkmalpflege. An dieser Stelle möchte ich für die Einführung in die Untersuchungsergebnisse an diesen Figuren und die Überlassung einer Dokumentation herzlich danken.

17 ALBRECHT MILLER (wie Anm. 2), S. 4.

18 EGON EBERLE, *Vervielfältigtes Faltblatt*, Heimatverein Illertissen o.J. Die dort gegebene Transkription ist ungenau. – Vgl. JUTTA MANNES, *Der Hochaltar Christoph Roths in der Pfarrkirche St. Martin zu Illertissen*, Magisterarbeit (Ms.), Würzburg 1992. In dieser Arbeit sind die erhaltenen Quellen zum Altar vollständig transkribiert.

19 GEORG RÜCKERT, «Aufstellung eines neuen Hochaltares in der Pfarrkirche zu Gundelfingen», in: *Jahrbuch des Historischen Vereins Dillingen*, Bd. 21, Dillingen 1908, S. 184 ff.

20 Chorgestühl – Kirchenmöbel – Holzsichtig/Überzug
Günzburger Apostel – Wandpfeilerfiguren – Weißfassung
Büsten–kleinräumliche Verhältnisse (Andachtsbilder) – «Edelsteinfassung»
Kreuzabnahmegruppe – relativ hoch aufgestellte Gruppe in einem Altar; wenig differenzierte Metallfassung.

Rupert Karbacher, Christiane Keller

Die Restaurierung des
«Häringer-Altars» aus Windkreut in den Werkstätten
des Landesamtes für Denkmalpflege

*Mit einleitenden Worten von Generalkonservator Michael Petzet
und Notizen zu Geschichte und Erwerb des Altars
von Ludwig Gabriel*

Rechtzeitig zur Eröffnung des Stadtmuseums in Schongau im April 1989 konnte der sog. Häringer-Altar – ein Rokoko-Hausaltar von herausragender Qualität aus der Gegend des Peißenberges – durch die Restaurierungswerkstätten des Bayerischen Landesamtes für Denkmalpflege in monatelanger Arbeit konserviert und restauriert werden. Unter der Betreuung des Referatsleiters, des Ltd. Restaurators Erwin Emmerling, wurde die Restaurierung durch die Praktikanten Rupert Karbacher, Thomas Seidenath, Karl Vollger und die Praktikantin Christiane Keller durchgeführt; bildhauerische Ergänzungen stammen von dem Amtsrestaurator Josef Lackermeier.[1]

Bei diesem Hausaltärchen, das traditionell mit der Familie von Joseph Häringer, dem Schwiegersohn Ignaz Günthers, in Verbindung gebracht wird, ist – abgesehen von der virtuosen Schnitzarbeit – vor allem auch die ungewöhnlich gut erhaltene Originalfassung der Altararchitektur sowie der Figur Gottvaters im Altarauszug von Bedeutung; die übrigen Figuren wurden im 19. Jahrhundert überfaßt, wobei die Erstfassung unter dieser ebenfalls sehr reizvollen Neufassung bewahrt blieb.

In der in das Schongauer Stadtmuseum einbezogenen ehemaligen Spitalkirche St. Erasmus wird der «Häringer-Altar» als eines der Hauptausstellungsstücke an zentralem Ort im Chor aufgestellt. Für den Ankauf dieses für die örtliche Kunst- und Frömmigkeitsgeschichte so bezeichnenden Werkes haben sich zahlreiche Institutionen und Personen mit großem Engagement eingesetzt. Dabei ist insbesondere Herr Ludwig Gabriel, Sachgebietsleiter für Denkmalschutz des Landkreises Weilheim-Schongau, zu nennen, von dem die Initiative ausging, den Altar in das Schongauer Museum zu übernehmen. Zu danken ist auch Herrn Landrat Manfred Blaschke, weiterhin den zahlreichen Spendern, die die Mittel für den Erwerb bereitstellten, vor allem Herrn Dr. Hermann Vogler, der Kreissparkasse Schongau sowie dem Bayerischen Staatsministerium für Unterricht und Kultus.

Die Einrichtung und Gestaltung des neuen Stadtmuseums in Schongau erfolgte unter der fachlichen Beratung durch die Abteilung Nichtstaatliche Museen des Bayerischen Nationalmuseums, die Bauleitung und Planung lag beim Architekturbüro Weinberger, Schongau. Zu danken ist auch der Leiterin des Schongauer Museums, Frau Roswitha Ebersberger, die die Konzeption für eine sinnvolle und angemessene Nutzung der lange Zeit verwahrlosten Spitalkirche entwickelt hat. Dabei ist die ausgesprochen erfreuliche und gute Zusammenarbeit zwischen Frau Ebersberger und den Werkstätten des Landesamtes bei der Restaurierung des «Häringer-Altares» hervorzuheben.

Wie eng oft Fragen der Denkmalpflege und der musealen Betreuung zusammengehören, wird angesichts der Bemühungen um die Rettung des «Häringer-Altares» und den Verbleib in seiner angestammten Kulturlandschaft ebenso deutlich wie bei der baulichen Realisierung des Schongauer Museumsprojektes in der profanierten Spitalkirche.

Michael Petzet

Notizen zur Geschichte und zum Erwerb des
«Häringer-Altars» für das Stadtmuseum Schongau

Die Kapelle, aus der der sog. Häringer-Altar stammt, liegt etwa 30 Meter südlich eines landwirtschaftlichen Anwesens im Ortsteil Windkreut, Gemarkung Ammerhöfe, heute Marktgemeinde Peißenberg (Abb. 1). Aus dieser Kapelle – einem kleinen barocken Bau mit nur einer Fensterachse und abgesetztem Chor – wurde der Altar wegen erheblicher baulicher Schäden von den Eigentümern herausgenommen und im Obergeschoß des Anwesens eingelagert, zumal in der Kapelle auch notwendige Sicherungsvorkehrungen gegen Entwendung fehlten. Wie viele Weilernamen in Ammerhöfe, die auf -kreut enden, bezeichnet auch Windkreut eine durch Rodung entstandene Siedlung. Kreut ist eine Abwandlung von «Gereute», mhd. «gerinnte Rodung», Wind in diesem Namen kommt möglicherweise von der Lage des Weilers her, da er auf einer windigen Bergkuppe liegt.

Früh belegt findet sich der Name Windkreut in der «Gränz-Güter- und Volksbeschreibung» des Churpfalzbaierischen Landgerichts Landsberg 1464–1598 (GL LL 1) als ein «Ried zu Windkreut». Das Anwesen Windkreut Haus Nr. 6 (früher: Windkreut 14) mit 88 Tagwerk im Jahre 1813 war ein sogenannter 1/8-Hof, zur Grundherrschaft des Klosters Wessobrunn gehörig. Der Hausname war nach dem Kataster von 1813 «Bauer», da dieser Hof der größte im Weiler war. Später, als der Hof kleiner wurde, entstand offensichtlich aus «Bauer» die Verkleine-

rungsform «Bäuerle» (erstmals so im Kataster 1867 erwähnt), der heutige Hausname.
Bevor 1889 auf der Südseite des Hohenpeißenberges die Straße neu gebaut wurde, führte die Hauptverbindung von Weilheim nach Schongau über den steilen Strallenberg. Des Bauern Aufgabe war es, Salzfuhrwerke vorzuspannen oder auch König Ludwig II. auf dem Weg nach Füssen zu helfen. Deshalb hieß diese Straße im Volksmund auch König-Ludwig-Straße.
Zur Besitzerfolge des Hofes ist folgendes bekannt:
Einem Valentin Keller wird 1677 ein Georg Keller geboren. Dessen Tochter Maria heiratet 1721 Andreas Häringer (geb. 1687, von Aschenwald). An weiteren Namen und Daten sind bekannt: Martin Häringer, geb. 1723, Josef Häringer, geb. 1767, Johann Häringer, geb. 1801, Kaspar Häringer, geb. 1842; dessen Schwester Magdalena heiratet 1856 Georg Staltmayr von Magnetsried; dieser verkauft 1907 an Johann Weißenbach von Bernbeuren; dieser wiederum verkauft 1908 an Bonifaz Haseidl von Peißenberg, geb. 1871; Emil Haseidl, geb. 1907. Nunmehrige Besitzer sind Heinrich und Maria Schuster, letztere Tochter von Emil Haseidl.
Ein Joseph Häringer, 1738 in Windkreut geboren und wohl ein Sohn des Andreas Häringer, heiratete am 23. April 1780 Maria Anna, eine Tochter des Bildhauers Franz Ignaz Günther, der mit Maria Magdalena Hollmayr, Tochter des Silberhändlers aus Huglfing, verheiratet war. Joseph Häringer war langjähriger erster Gehilfe und Mitarbeiter seines Schwiegervaters und setzte die Tradition der Günther-Werkstatt fort.
Diese Verbindungen legen es nahe, bei der Entstehung des Altares an Zusammenhänge mit der Werkstatt Franz Ignaz Günthers zu denken; möglicherweise hat sein Schwiegersohn mitgewirkt, zumal der Altaraufbau die Figuren des hl. Andreas und hl. Johannes zu seiten einer (älteren) Muttergottesfigur zeigt.
Der Altar diente vielleicht als Modell, wie es Bildhauer früher als Vorlage beim Auftraggeber anzufertigen hatten. Es ist bis heute allerdings nicht bekannt, ob und wo ein solcher Altar eventuell aufgestellt wurde. Tatsache dürfte allerdings sein, daß unser Altar Anlaß war, die Kapelle an der Hofstelle in Windkreut zu errichten. Dafür sprechen die baugeschichtlichen Daten, die Bauweise und das Baumaterial der Kapelle – um so mehr, als der Altar in einer kleinen bescheidenen Hofkapelle und in einer Gegend aufgestellt wurde, in der ein solches Werk nicht zu vermuten ist.
In diesem Zusammenhang wäre es interessant zu prüfen, ob die unmittelbare Nähe der Geburtsstätte von Matthäus Günther in Tritschenkreut beeinflussend für unseren Altar und für den Bau der Kapelle gewesen sein könnte, zumal ein Bruder von Matthäus Günther um 1785 in

1. Michaelskapelle in Windkreut, Markt Peißenberg, Lkr. Weilheim-Schongau

Tritschenkreut an der Hofstelle eine Kapelle erbauen ließ und dort zur Verehrung ein Muttergottesbild des Rokokomalers ausstellte.
Das Vorhandensein eines besonders wertvollen Altares in Windkreut wurde in der Folge bekannt, so daß den Eigentümern Angebote zum Erwerb gemacht wurden – auch deshalb, weil den Besitzern eine erforderliche umfassende Restaurierung des Altaraufbaues mit figürlicher Ausstattung nicht möglich war und auch nicht zugemutet werden konnte.
Das Landratsamt Weilheim-Schongau als Untere Denkmalschutzbehörde war sich mit den Eheleuten Schuster darüber einig, daß der Altar im Landkreis und damit im Bereich des Pfaffenwinkels verbleiben und einer breiten Öffentlichkeit zugänglich gemacht werden sollte.
Als geeigneter Standort bot sich die profanierte Kapelle St. Erasmus in Schongau mit reich stuckiertem Chor an, die – zum städtischen Museum gehörig – einen hervorragenden Aufstellungsort darstellt.
Im Einvernehmen mit den Eheleuten Schuster, denen für das besondere Verständnis nochmals zu danken ist, übernahm die Stadt Schongau im Dezember 1987 das Eigentum am Altar.
Durch die Bereitschaft der Stadt Schongau wird das hervorragende Werk dem Pfaffenwinkel und späteren Generationen erhalten.
Es wird dem Ergebnis eingehender Untersuchungen im Zuge der Restaurierung und weiteren Forschungen überlassen bleiben, eine genauere Zuordnung des Altares mit seiner Ausstattung aufzuhellen.

Ludwig Gabriel

Die Restaurierung des «Häringer-Altars»

Im April 1988 wurde der kleine Rokoko-Altar (Tafel VI) – der Überlieferung nach von Joseph Häringer – in die Restaurierungswerkstätten des Bayerischen Landesamtes für Denkmalpflege verbracht. Bis etwa 1945 stand das Altärchen in der zum Geburtshaus Joseph Häringers gehörenden Hauskapelle St. Michael in Windkreut, Landkreis Weilheim-Schongau. In den letzten Jahrzehnten wurde der Altar im Geburtshaus Häringers aufbewahrt. Trotz häufigerer Standortwechsel, späterer Überarbeitung und mehrerer Restaurierungen ist der Altar insgesamt gut

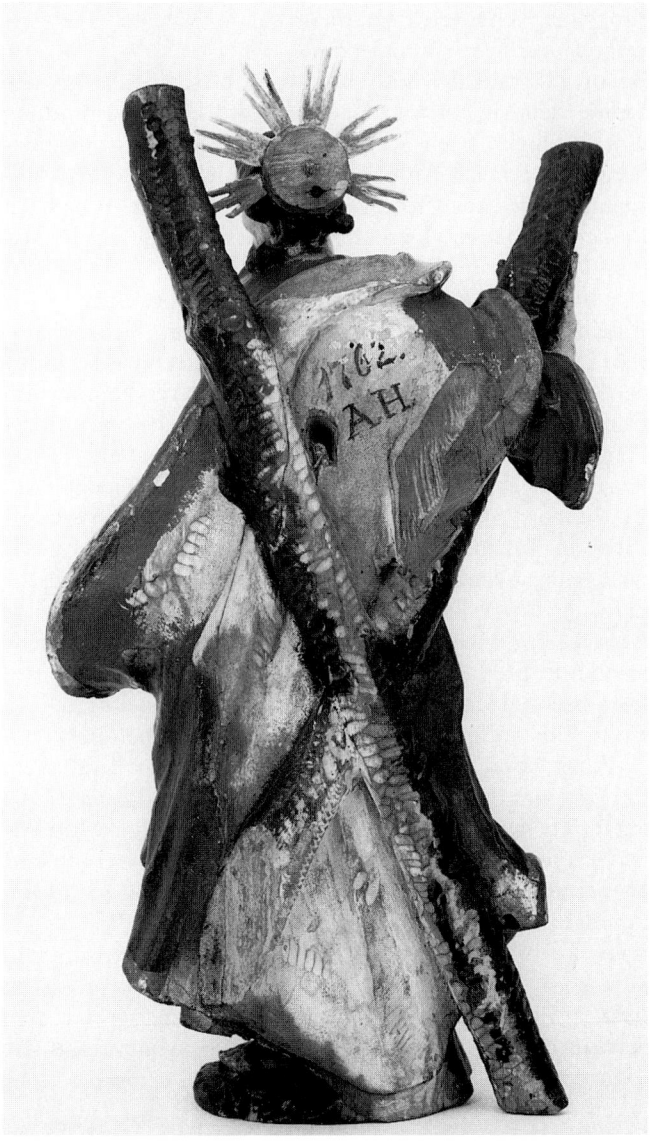

2, 3. Altarfigur des hl. Andreas; die Rückseite z. T. abgearbeitet und signiert

erhalten und mit seiner noch weitgehend vorhandenen Originalfassung ein hervorragendes Werk des süddeutschen Rokoko.

Am Altar sind drei Jahreszahlen vermerkt: 1762, 1881 und 1926. «1762 A.H.» ist die Figur des hl. Andreas rückseitig auf der originalen Grundierung signiert (Abb. 2, 3 und Tafel VII.2). Die beiden anderen Daten belegen zwei Restaurierungen. 1881 wurden die zwei seitlichen Figuren und die zentrale Marienfigur überfaßt sowie letzterer ein neuer Sternennimbus und ein großer Strahlenkranz hinzugefügt. Die Arbeiten von 1881 sind ausgesprochen qualitätvoll, insbesondere die Fassung der Inkarnate. (Am Rand der Bibel des hl. Andreas ist folgende Signatur nachzuweisen: I. M. REN. 1881.)

1926 wurde auf dem gesamten Altar ein dicker, unregelmäßiger, zwischenzeitlich stark verbräunter Überzug aufgetragen, unter dem die differenzierte Farbgebung der Originalfassung völlig verschwand. Die ursprünglich mit Blattmetall gefaßten Teile wurden bei dieser Maßnahme mit einem Metallpulver, das inzwischen stark geschwärzt ist, überarbeitet. Lose oder abgefallene Teile wurden neu verleimt und teilweise zusätzlich verdübelt, fehlende Teile wurden neu hinzugeschnitzt, Schadstellen in der Fassung zum Teil ohne Kittung überretuschiert. Zu dieser Zeit wurden auch die Heiliggeisttaube umgesetzt und die seitlichen Altarfiguren möglicherweise vertauscht. Die Maßnahmen von 1926 veränderten sowohl durch Umfang als auch Qualität der Ausführung das Erscheinungsbild des Altars nachhaltig.

1762 war die Altararchitektur verschiedenfarbig marmoriert, die Zierteile waren mit hellem Blattmetall belegt und mit einem dicken gelben Überzug versehen worden. Die seitlichen Assistenzfiguren waren vergoldet bzw. über Silber gelüstert. Die übrigen Figuren hatten eine künstlerisch hochwertige Farbfassung. Bei der Marienfigur wurden 1762 zu einem älteren Korpus der Kopf und das Jesuskind neu hinzugeschnitzt und gefaßt (vgl. Abb. 2, 3 im Beitrag Volk).

Im wesentlichen wurden bei der kürzlich abgeschlossenen Restaurierung entstellende Überarbeitungen von 1926 abgenommen, insbesondere wurde der stark nachgedunkelte Überzug dieser Zeit entfernt. Belassen wurden dagegen Überfassungen und Teilüberfassungen von 1881 und in begrenztem Umfang von 1926 auf den Figuren sowie

den Ornamenten, so daß sich heute im wesentlichen der gealterte Zustand der Originalfassung mit partiellen Überfassungen präsentiert.
Konstruktion und Aufbau des Altars machen die Zeichnungen 1a, b und 2 deutlich. Die gesamte Altarkonstruktion war bei Einlieferung instabil, die Einschubleisten, bedingt durch Materialschwund, verschoben und zusätzlich bei einer späteren Maßnahme irrtümlich fixiert. Der Ornamentaufsatz am Altarauszug war gebrochen, Leimfugen am gesamten Altar aufgegangen und eine Vielzahl von Ornament- und Profilteilen verlorengegangen. Zahllose kleine und kleinste Farbausbrüche sowie Fassungslockerungen waren vorhanden.
Die Altarrückwand besteht aus vier stumpf miteinander verleimten Nadelholzbrettern mit zwei quer zur Faserrichtung verlaufenden Einschubleisten, deren untere auf der linken Seite noch original verkeilt ist. Anstückungen und kleinere Architekturteile sind mit den Brettern der Rückwand stumpf verleimt und zusätzlich mit Holznägeln fixiert. Die vier aus einzelnen Nadelholzbrettchen hohl zusammengesetzten und aufgebauten Postamente sind ebenfalls stumpf verleimt und zusätzlich mit Holznägeln fixiert. Der Baldachin ist aus mindestens fünf Einzelteilen zusammengesetzt, gesondert geschnitzt und mit Holznägeln an der Rückwand befestigt.
Die originale Marmorierung auf dem Altarauszug zeigt ein feines, deutlich ausgeprägtes Alterskrakelee, die Holzstruktur ist durch die Fassung gut erkennbar. Die von Gottvater, Wolken, Strahlen oder Figuren verdeckten Flächen blieben ungefaßt. An der Altarrückwand sind am oberen Gesims Ruß- bzw. Brandspuren teilweise überretuschiert gewesen, graue, harte Kittmassen überdeckten Holzrisse und Ausbrüche. Zahlreiche kleinere Fassungsausbrüche im Zusammenhang mit aufgegangenen Leimfugen waren nachzuweisen.
Die Rückseiten der eingestellten Säulen sind ungefaßt, zahlreiche, senkrecht übereinanderliegende Nagellöcher an der marmorierten Vorderseite der Säulen sind hinsichtlich ihrer Funktion unklar, eventuell sind es die Spuren von kleinen Nägelchen, mit denen weitere Applikationen – z.B. Girlanden oder kleine Puttenköpfe – befestigt waren. Alle glatten Teile der Altarkonstruktion sind aus Nadelholz gefertigt, Ornamente, Profile und Postamente aus hellem Laubholz geschnitzt, die Säulenschäfte aus Nadelholz, die gedrechselten Basen aus Hartholz.
Die Grundierung der Originalfassung ist meist zweischichtig aufgebaut: zuunterst eine dickere, gräuliche Schicht, darüber eine dünne weiße Grundierungsschicht. Die Marmorierung zeigt im Grundton ein gelbliches Weiß mit rotbrauner bzw. ockerfarbener Aderung, die Rücklagen sind dunkelgraublau marmoriert, der Schrein kräftig blau, die Säulen zeigen eine mit dem Schrein identische Farbgebung.
Bei den Metallfassungen ist die Grundierung lediglich einschichtig, direkt darüber liegt eine gelbe Klebemittelschicht für die Blattmetallauflagen, die wiederum mit einem goldfarbenen, dicken, alkohollöslichen Überzug abgedeckt sind.
Am Altaraufbau wurden im Unterschied zu den Figuren lediglich die metallgefaßten Teile überfaßt, ansonsten nur kleine partielle Überarbeitungen vorgenommen; die Mar-

4. Auszugsfigur Gottvater mit Erdkugel und Heilig-Geist-Taube

morierung entstammt zum größten Teil der Zeit von 1762. Bei der dreiviertelrund ausgearbeiteten und rückseitig nicht ausgehöhlten Figur Gottvaters (Abb. 4) sind rechter und linker Daumen sowie rechter Zeigefinger und der Schnabel der Heiliggeisttaube verlorengegangen. Die Fassung der Figur ist ausgezeichnet erhalten, kaum überarbeitet und zeigt lediglich geringfügige Abplatzungen bei den obersten Fassungsschichten. Die gut erhaltenen originalen Blattmetallpartien sind jedoch 1926 überarbeitet worden; dabei wurden auch die Hände überfaßt.
Die Fassung der übrigen Figuren ist folgendermaßen aufgebaut: hellgraue, durchgehende Grundierung; lediglich bei den farbig gefaßten Partien liegt eine weitere dünne weiße Schicht über dieser grauen Grundierungsschicht, bei den vergoldeten Partien wurde direkt auf die erste Grundierungsschicht gearbeitet. Die Haare von Gottvater sind dunkelgrau, eventuell zweischichtig gefaßt, das Inkarnat hellrosa mit dunklen Modellierungen, naß in naß gearbeitet; die Augenbrauen sind braun aufgesetzt, Iris und Pupille schwarz abgefaßt, die Lippen kräftig rot konturiert. Innenseite und Außenseite des Untergewandes sind kräftig hellblau gefaßt; die hellblaue Farbe ist hier dünn und streifig aufgetragen, im Unterschied zur ebenfalls kräftig hellblau gefaßten Weltkugel, die einen pastosen, satten Farbauftrag zeigt. Von allen Figuren ist die Darstellung von Gottvater insgesamt am besten erhalten.
Bei der zentralen Mariendarstellung wurde eine ältere Marien(?)figur wiederverwendet. 1762 wurden der Kopf von Maria, das Jesuskind, Kronen und Szepter neu geschnitzt und gefaßt. Der Rumpf aus dem 16. Jahrhundert weist dagegen keine Fassung aus der Entstehungszeit des Altares auf, sondern lediglich Reste von Fassungen aus der Zeit vor 1762. Man darf vermuten, daß die Figur bis in das 19. Jahrhundert bekleidet war und sich damit eine Farbfassung erübrigte. 1881 wurde die Figur komplett überfaßt,

die Strahlengloriole und ein neuer Sternennimbus hinzugefügt.

Bei der Figur des hl. Andreas (Tafel VII.1,2) wurden 1926 das rechte Bein mit größeren Teilen der Plinthe sowie die Zehen des linken Fußes und Teile des Untergewandes neu geschnitzt und neu gefaßt. Die übrige Figur zeigt die Farbfassung von 1881. Darunter ist die zum Teil stark beschädigte originale Farbfassung mit aufwendigen Lüsterfassungen über Silber erhalten. Eine eindeutige Identifizierung des zweiten männlichen Heiligen ist wegen fehlender Attribute nicht möglich (Tafel VII.3,4). Der Darstellungstypus läßt vermuten, daß es sich um den hl. Johannes Evangelist handelt. Abdrücke und Veränderungen an der Plinthe lassen erkennen, daß hier ursprünglich ein Attribut montiert war. Man darf mit einigem Recht an den dem Evangelisten Johannes zugeordneten Adler denken. Die linke Hand und Zehenspitzen des linken Fußes wurden 1926 ergänzt.

ANMERKUNG

Der Beitrag ist erstmals erschienen in *Denkmalpflege Informationen*, Ausgabe D 5, 14. April 1989, hrsg. vom Bayerischen Landesamt für Denkmalpflege.

ANHANG

Maße

Altaraufbau (Zeichnungen 1a–c, 2)
Gesamthöhe: 166 cm

Auszug (ohne Ornamentaufsatz)
Höhe: 60,7 cm
Breite: 85,5 cm
Tiefe: 20,3 cm

Altarrückwand
Höhe: 97,7 cm
Breite: 162,5 cm
Tiefe: 27,5 cm

Säulen
Höhe: S 1 59,1 cm, S 2 59,8 cm, S 3 60,5 cm, S 4 60,5 cm, S 5 59,7 cm, S 6 59,2 cm
Der maximale Durchmesser der Säulenschäfte beträgt bei allen Säulen ca. 6,2 cm. Durchmesser der Basen: ca. 8,3 cm.

Zeichnung 1a: Verwendete Holzarten

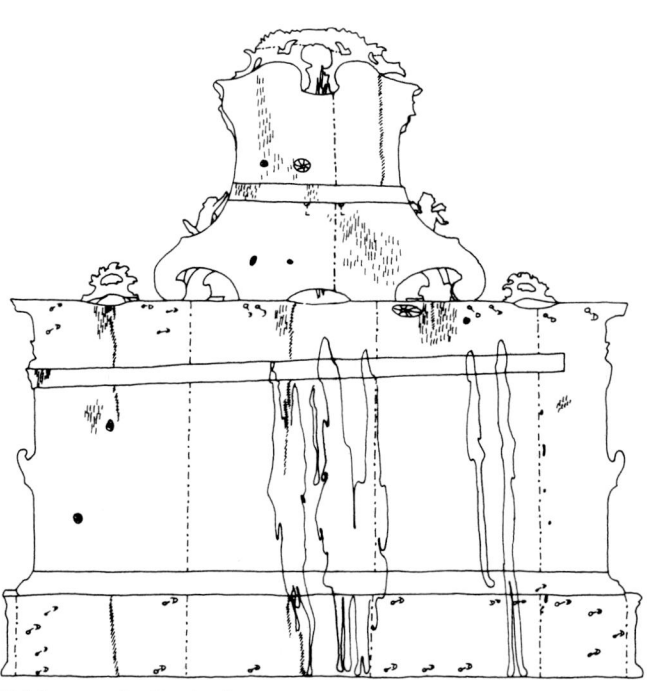

Zeichnung 1b: Rückseite

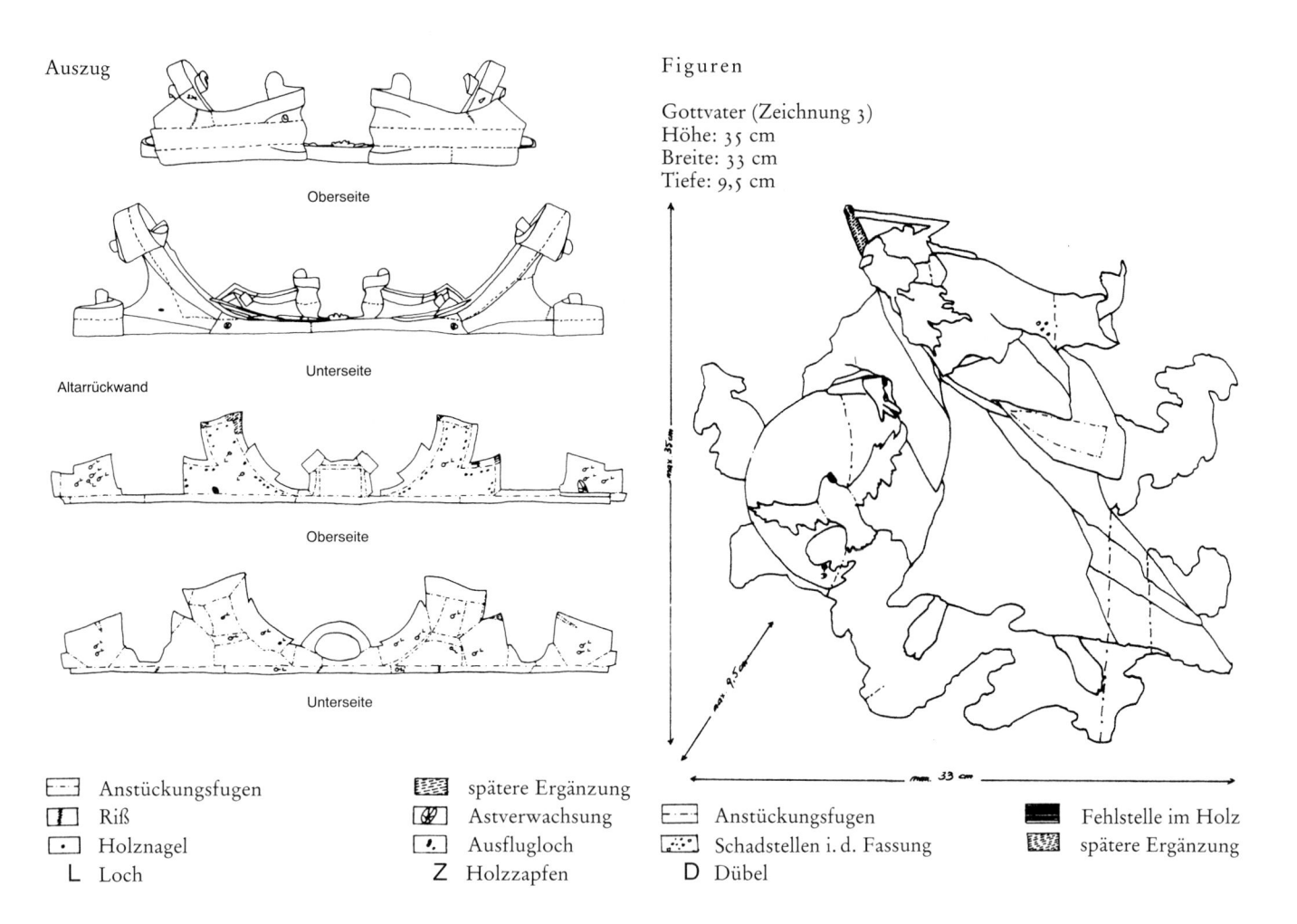

Auszug

Oberseite

Unterseite

Altarrückwand

Oberseite

Unterseite

Figuren

Gottvater (Zeichnung 3)
Höhe: 35 cm
Breite: 33 cm
Tiefe: 9,5 cm

	Anstückungsfugen		spätere Ergänzung
	Riß		Astverwachsung
	Holznagel		Ausflugloch
L	Loch	Z	Holzzapfen

	Anstückungsfugen		Fehlstelle im Holz
	Schadstellen i. d. Fassung		spätere Ergänzung
D	Dübel		

Zeichnung 2: Grundrisse

| | Originalfassung | | Fassung 1881 | | Überarbeitungen 1926 |

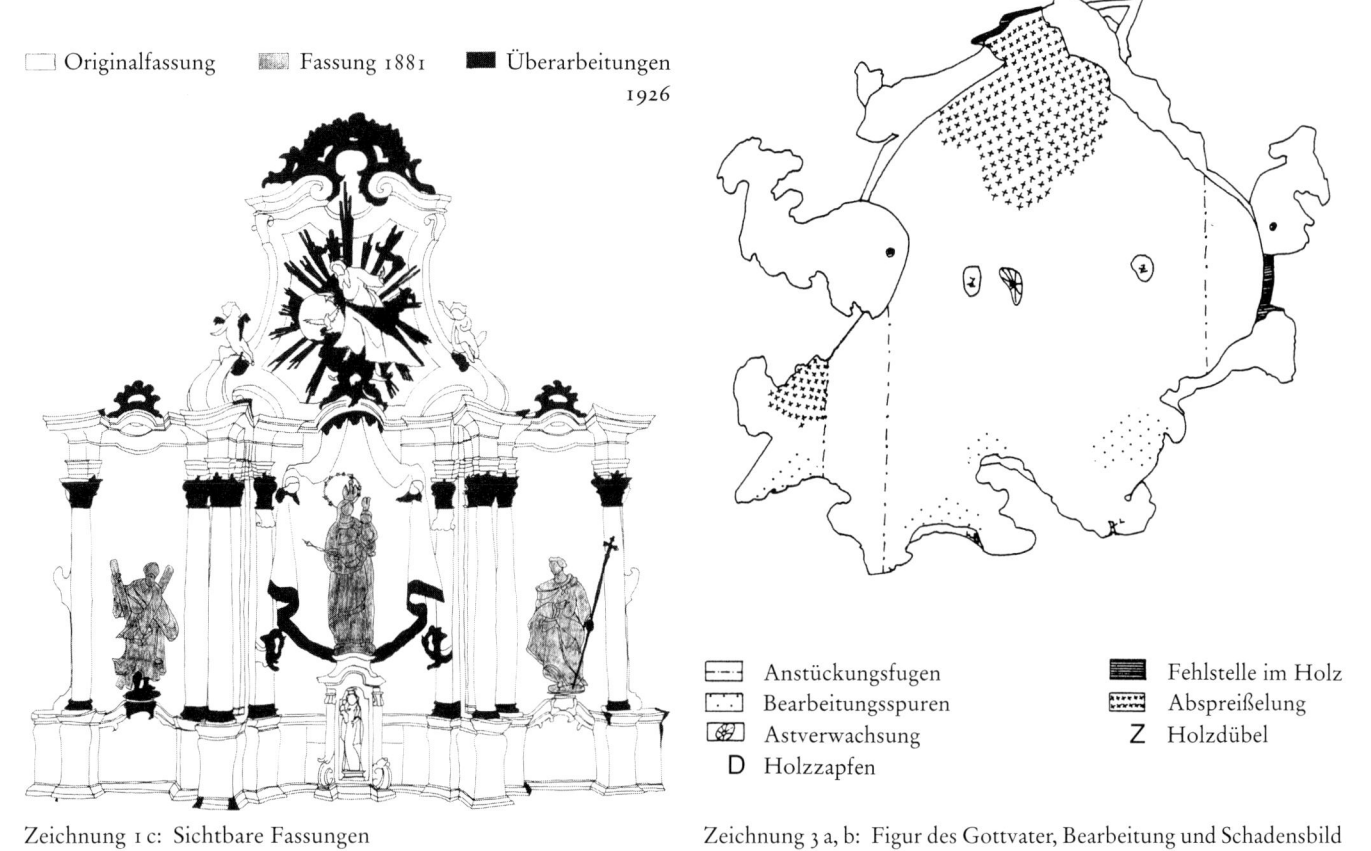

Zeichnung 1 c: Sichtbare Fassungen

	Anstückungsfugen		Fehlstelle im Holz
	Bearbeitungsspuren		Abspreißelung
	Astverwachsung	Z	Holzdübel
D	Holzzapfen		

Zeichnung 3 a, b: Figur des Gottvater, Bearbeitung und Schadensbild

77

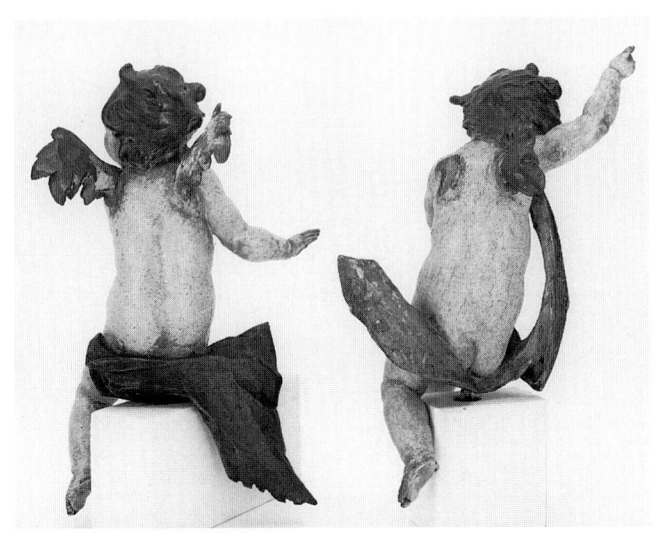

Putten am Auszug (Abb. 4)

Rechter Putto:	Linker Putto:
Höhe: 17,5 cm	Höhe: 19 cm
Breite: 13,5 cm	Breite: 10 cm
Tiefe: 7,1 cm	Tiefe: 10,6 cm

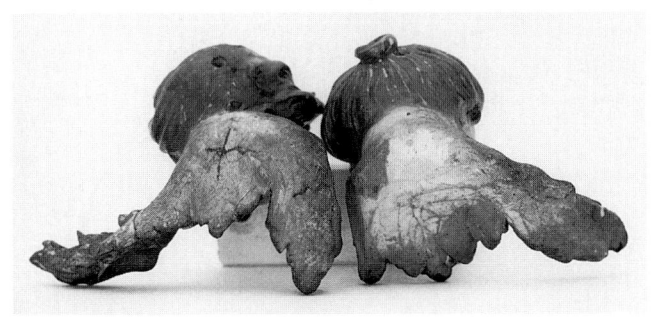

4: Engelfiguren im Auszug

Puttenköpfe im Baldachin (Abb. 5, 6)

Rechter Kopf:	Linker Kopf:
Höhe: 6,6 cm	Höhe: 8,8 cm
Breite: 8 cm (Flügel abgebrochen)	Breite: 9,7 cm
Tiefe: 4,7 cm	Tiefe: 4,7 cm

5, 6: Puttenköpfchen im Baldachin

Maria mit Kind:
Höhe: 43,5 cm
Breite: 14,7 cm
Tiefe: 13 cm

Kopie der Altöttinger Madonna:
Höhe: 21,1 cm
Breite: 7,3 cm
Tiefe: 4,1 cm

Hl. Johannes Ev. (?; Zeichnung 7): ▷
Höhe: 33,6 cm
Breite: 17 cm
Tiefe: 14 cm

Hl. Andreas (Zeichnung 7) ▷
Höhe: 34 cm
Breite: 17,5 cm
Tiefe: 12,5 cm

Hl. Johannes

Hl. Andreas

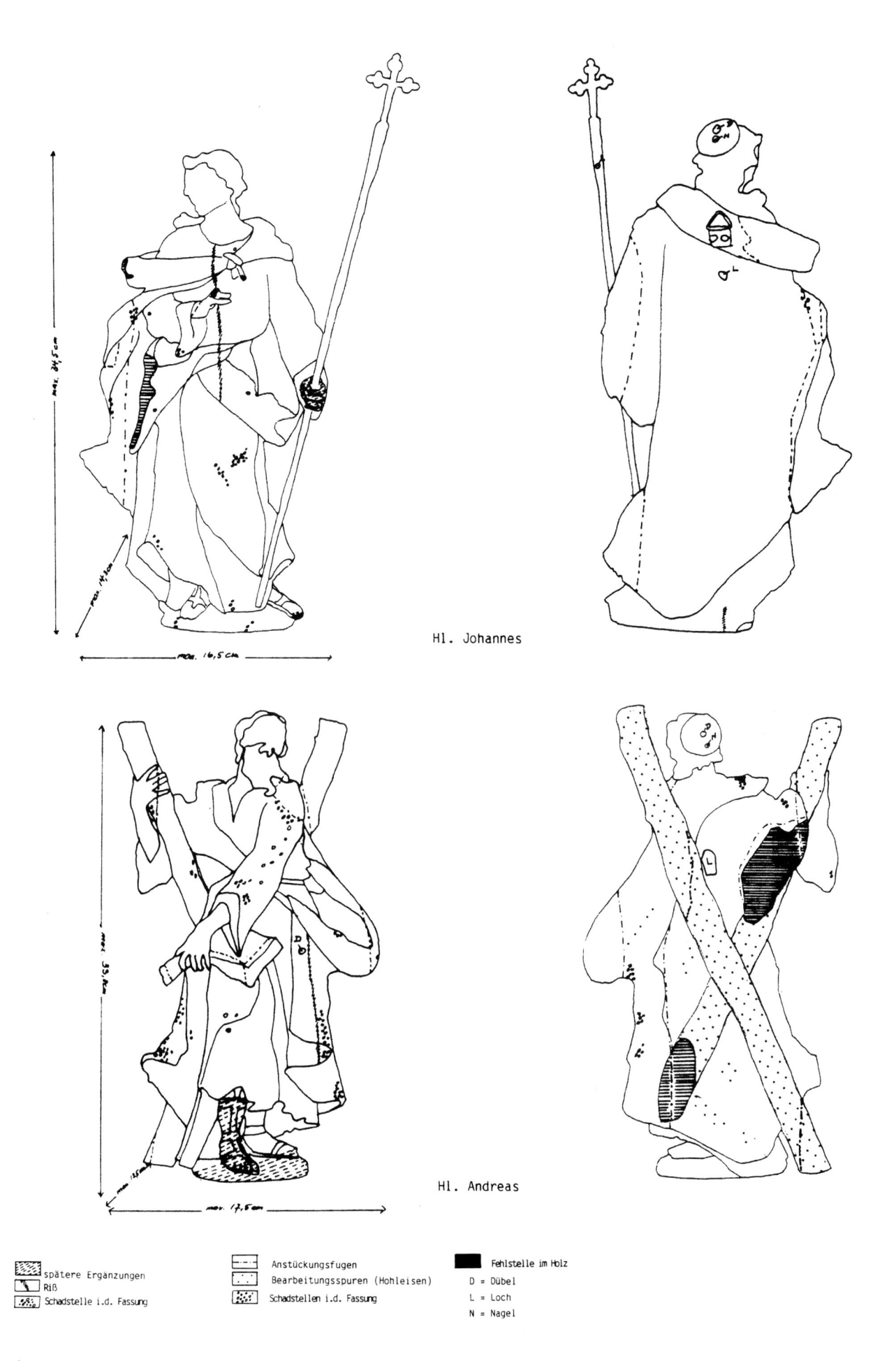

	spätere Ergänzungen		Anstückungsfugen		Fehlstelle im Holz
	Riß		Bearbeitungsspuren (Hohleisen)	D =	Dübel
	Schadstelle i.d. Fassung		Schadstellen i.d. Fassung	L =	Loch
				N =	Nagel

Zeichnung 7: Figuren der hll. Johannes und Andreas

Peter Volk

Der Altar aus der Michaelskapelle in Windkreut

Einen zentralen Platz im neu eröffneten Schongauer Stadtmuseum nimmt ein etwa 1,5 Meter hoher Altar ein, der aus der St.-Michaelskapelle des Hofes Nr. 6 in Windkreut, Markt Peißenberg, stammt und unter ungewöhnlichen Anstrengungen im Jahre 1987 erworben werden konnte (Abb. 1 und Tafel VI). Er wurde inzwischen in den Werkstätten des Bayerischen Landesamtes für Denkmalpflege sorgfältig untersucht, konserviert, partiell auch restauriert und ist nun zum ersten Mal öffentlich zu sehen, wirkungsvoll in der Apsis der ehemaligen Spitalkirche St. Erasmus präsentiert.[1]

Es handelt sich um einen Altaraufsatz auf eine Mensa. Das Retabel ist in klar voneinander geschiedene Partien unterteilt, die sich über einer unverzierten Sockelzone erheben, deren bewegter Grundriß die reiche räumliche Differenzierung des Aufbaus spiegelt. Unterbrochen wird dieser Sockel in der Mitte von einem kleinen verglasten Schaugehäuse, das die Stelle eines Tabernakels einnimmt und in die Hauptzone hineinragt. Bei dieser zeigt sich zwischen zwei schmaleren Traveen, die von Säulen gerahmt sind, in der Mitte eine flache Nische, die durch ein weiteres Säulenpaar und zusätzlich noch durch Pilaster betont ist. Bekrönung des Ganzen ist ein geschwungener Aufsatz über der mittleren Partie. Die vorspringenden Säulen stehen schräg, ihre Sockel- und Kämpferplatten sind geschwungen und bewirken eine Auflockerung des architektonischen Gefüges. Der Umriß wird überdies durch die aufgebrochenen und mit Rocaillen verzierten oberen Abschlüsse belebt.

Zentrum der Anlage ist eine Marienfigur (Abb. 2, 3), der

1. Altärchen aus der Michaelskapelle in Windkreut, Markt Peißenberg, Lkr. Weilheim-Schongau

das erwähnte tabernakelartige Gehäuse als Postament dient. Hinter der Muttergottes ist der Vorhang eines großen Baldachins ausgebreitet, bei dem an den Stellen, wo er hochgerafft ist, zwischen den aufgebauschten Falten Engelsköpfe zu sehen sind. Darüber ist in der Bekrönung Gottvater mit der Weltkugel und der Taube des Heiligen Geistes wiedergegeben, seitlich auf den Schrägen der Voluten sitzen munter gestikulierende Puttenengel (Abb. 4 und Abb. 4–7 im Beitrag Karbacher/Keller). Die dritte Person der Dreifaltigkeit ist in dem Jesusknaben auf dem Arm der Madonna gegenwärtig.

Die seitlichen Kompartimente des Retabels sind Statuetten des hl. Andreas (links) und des hl. Johannes Evangelist (?) (rechts) vorbehalten, die auf geschweiften Rocaillebrücken postiert sind (Farbtafel VII 1–4 und Abb. 5, 6). Über ihren Köpfen sind in der freien Fläche des Hintergrunds Nagellöcher zu erkennen, die vermuten lassen, daß hier ursprünglich ornamentale Appliken oder Wolken mit Engelsköpfen angebracht waren. Weitere Nagelspuren auf den äußeren Säulen könnten von hier befestigten Blütengehängen herrühren, einer zusätzlichen Bereicherung des Gesamteindrucks.

Fremdartig innerhalb dieses Rokoko-Ensembles wirkt die säulenhaft strenge Muttergottesfigur. Die kannelurartigen Röhrenfalten ihres Rocks, die pralle stereometrische Form des Oberkörpers und auch die Anlage des Mantels, dessen Vorderkante an der linken Körperseite unten allerdings beschnitten ist, lassen ebenso wie die in einzelnen Korkenzieherlocken am Rücken herabfallenden Haare in ihr eine Arbeit aus der Zeit um 1520/30 erkennen; Füße und Terrainsockel sind später angefügt. Anläßlich der Herstellung des Altärchens hat man allerdings den Kopf im Geschmack des Rokoko erneuert, und das Kind ist gleichfalls eine Zutat des 18. Jahrhunderts.

Der Kopf der Muttergottes stimmt stilistisch völlig mit den Putten des Baldachins und des Aufsatzes überein, stammt also ganz offensichtlich von dem Künstler, der den Schmuck der gesamten mittleren Partie geschnitzt hat und dem wohl die Gesamtanlage zuzuschreiben ist. Der Stil der Apostelfigürchen außen und der des Jesuskinds weichen hingegen davon ab. Wir werden darauf zurückkommen. Die moderne Gnadenbildkopie der Altöttinger Muttergottes im Glasschrein der Sockelzone kann als eine neuere Hinzufügung hier außer acht bleiben.

Die Form des Altaraufsatzes ist nicht ungewöhnlich. Entsprechende, auf die Mensa gestellte Retabel im kleinen Format begegnen, um etwa gleichzeitig entstandene Stücke unterschiedlicher Provenienz zu nennen, beispielsweise bei Mathias Obermayrs Altar in der Kapelle des Oberschwesternhauses in Straubing (um 1765?)[2] oder Joseph Götschs Altar der Hauskapelle der Herrenmühle bei Thalham (1769; Abb. 7)[3]. Sehr ähnlich im Aufbau sind auch mitunter Altäre, die den Chor wie eine Wand abschließen und neben der Altarmensa Durchgänge aufweisen. Zum Vergleich seien hier ein 1758 datierter und

2, 3. Muttergottesfigur des Altars, Fassung von 1881

«F.I.D.» monogrammierter Altarriß in Privatbesitz[4] und der Altar der Jakobskapelle in Weyarn (um 1763)[5] genannt (Abb. 8).
Bei unserem Altaraufsatz ist praktisch die Zone mit der Mensa und der unteren Partie der Durchgänge abgeschnitten, die dekorativen Brücken unter den beiden Apostelstatuetten verraten noch deutlich ihre motivische Herkunft von den Bögen der seitlichen Durchgänge bei derartigen Anlagen.
Der Hof in Windkreut, aus dem das Altärchen stammt, gehörte seit 1721 der Familie Häringer. Andreas Häringer, der erste Träger dieses Namens auf dem Hof, wird 1736 anläßlich der Geburt seines Sohnes Joseph «civis» und «statuarius», also Bürger und Bildhauer, genannt.[6] Dieser Sohn ist besser bekannt als sein Vater. Er arbeitete in München in der Werkstatt des Ignaz Günther und übernahm diese nach dem Tode seines Meisters im Jahr 1775. Fünf Jahre später heiratete er Günthers damals 19jährige Tochter Maria Anna. Die Lebensdaten von Andreas Häringer sind bisher ebensowenig bekannt wie Bildhauerarbeiten von seiner Hand. Doch ist es natürlich verlockend, das Monogramm «A.H.» auf der Andreas-Statuette als «Andreas Häringer» zu deuten. Auch Joseph Häringer kommt von den äußeren Umständen her als Autor in Frage. Während jedoch alle seine Arbeiten, sowohl die gesicherten, wie der Altarentwurf von 1767 in Chicago,[7] als auch die ihm sonst noch zugeschriebenen,[8] eindeutig unter dem unmittelbaren Einfluß Ignaz Günthers stehen, ist dies bei dem Altärchen nicht der Fall, so daß Joseph Häringer nicht der ausführende Bildhauer gewesen sein dürfte. Darüber hinaus ist es sehr zweifelhaft, daß die beiden Apostelfigürchen überhaupt von Anfang an zu

dem Ensemble gehört haben. Sie wurden wohl erst im 19. Jahrhundert hinzugefügt, spätestens 1881, denn auf dem Buch des Andreas steht dieses Datum bei der Signatur des Restaurators. Damals erhielten die beiden Apostelstatuetten auch die Überfassung, mit der sie sich heute noch präsentieren, unter der aber eine prächtige Lüsterfassung liegt, die sie vor allen anderen Skulpturen des Ensembles auszeichnet. Das muß verwundern, denn gerade bei den zentralen Figuren, vor allem bei Gottvater, hätte man eigentlich die kostbarste Farbigkeit erwartet und nicht bei den Assistenzfiguren. Außerdem sind die Apostel deutlich kleiner und zierlicher als die Muttergottes und sie füllen den Raum zwischen den Säulen, in den sie eingefügt wurden, nicht überzeugend aus. Das gilt selbst noch, wenn man annimmt, daß in der leeren Zone über ihren Köpfen Schmuckteile oder auch Wolken mit Puttenköpfchen angebracht gewesen sein könnten.

Etwas größere, schlanker aufragende Figuren mit weniger ausladenden Bewegungen wären dem Standort angemessener. Während sich der jugendliche Apostel in Breite und Tiefe noch problemlos einfügt, verlangt der Andreas ganz offensichtlich mehr Raum, als ihm hier zur Verfügung steht. Er stößt mit seinem Kreuz störend an der Rückwand an und ragt mit der Standplatte über seinen Sockel hinaus, obwohl man ihm, damit er überhaupt hinpaßt, ein Stück vom Rücken und den unteren Teil eines der Kreuzbalken

4. Engelfiguren im Auszug

5, 6. Altarfigur des hl. Johannes Evangelist (?)

7. Altar in der Hauskapelle der ehem. Weyarner Klostermühle in Thalham von Joseph Götsch, 1769

8. Altar der Jakobskapelle in Weyarn, Lkr. Miesbach, um 1763

nachträglich, als er schon gefaßt war, abgeschnitten hat. Daraus läßt sich wohl schließen, daß diese beiden Figürchen aus anderem Zusammenhang stammen müssen.
In ihrem Stil sind sie frühen Arbeiten von Christian Jorhan verwandt, Skulpturen aus der Zeit um 1760, die noch ganz deutlich den Einfluß von Johann Baptist Straub spüren lassen, in dessen Werkstatt Jorhan als Geselle gearbeitet hatte. Besonders gilt das für den jugendlichen Apostel, der sich mit seinem gefühlvollen Gesichtsausdruck (Abb. 5), aber auch seiner Gewandung und Haltung eng mit Werken des Landshuter Meisters verbindet. Die Haartracht mit der hochstehenden Stirnlocke und der über eine Schulter fließenden Strähne begegnet uns unmittelbar verwandt bei mehreren Johannesfiguren Jorhans,[9] und wenn man berücksichtigt, daß die linke Hand bei dem Heiligen des Altärchens in Schongau ergänzt ist und ein ehemals am Sockel angebrachtes Attribut fehlt, wird die Identifizierung als Lieblingsjünger Jesu noch wahrscheinlicher. Die Signatur «A.H.» spricht nur scheinbar gegen eine Zuschreibung an Jorhan, denn sie wurde vom Faßmaler mit dem Pinsel auf die Grundierung aufgetragen und dürfte somit eher dessen Namen als den des Schnitzers überliefern.
Ein niederbayerischer Maler, auf den die Buchstaben passen, ist allerdings nicht bekannt, doch müssen Skulpturen Jorhans nicht unbedingt in Landshut oder Umgebung gefaßt worden sein. Mit der inschriftlichen Datierung 1762 besitzen wir aber wenigstens eine verbindliche Angabe für den Zeitpunkt der Entstehung der Apostel.

Das übrige Ensemble paßt stilistisch so gut mit ihnen zusammen, daß es ebenfalls in den 1760er Jahren entstanden sein könnte.
Vergleicht man die Apostel mit der Gestalt Gottvaters (vgl. Abb. 4 im Beitrag Karbacher/Keller) im Auszug, so sind die Unterschiede nicht zu übersehen. Der Bildhauer des Gottvater arbeitet alle Einzelheiten ganz präzise heraus, Haarlocken, spitz zulaufende, scharfgratige Gewandfalten und auch die eigentümlich ausgefransten Wolken sind von minuziöser Perfektion. Demgegenüber ist den Statuetten eine weichere und mehr summarische Formgebung eigen. In ihrer Körperlichkeit wirken sie selbstverständlicher und überzeugender als der Gottvater, dessen Leib hinter dem abstrakteren Faltenlineament zurücktritt. Eine Eigenheit, die bei dem Bildhauer des Altärchens besonders ins Auge fällt, sind die runden Köpfe der Putten, aber auch der Muttergottes, innerhalb von deren kugeliger Grundform Nase, Mund und Augen sehr klein wirken. Man möchte unseren Künstler geradezu den «Meister der Kugelköpfe» nennen. Die Gestaltung seiner Putten ist offensichtlich dem Vorbild Straubs verpflichtet, und bei den scharfen Faltenbrüchen am Knie Gottvaters fühlt man sich an Günther erinnert.
Die Einflußsphäre der Münchner Bildnerei, die wir hier spüren, erstreckt sich über weite Teile Altbayerns, zu ihr gehören – bei durchaus unterschiedlicher Individualität – sowohl der Apostelmeister, den wir hier versuchsweise mit Christian Jorhan identifizieren, als auch der Schöpfer des Windkreuter Altärchens, also der «Meister der Kugel-

köpfe». Er entstammt der gleichen Kunstlandschaft und wird wohl im näheren Umkreis des Herkunftsortes tätig gewesen sein, wie etwa auch der Vergleich mit Ignaz Günthers Entwurf von 1758 für den Hochaltar der Schongauer Pfarrkirche[10] nahelegt, bei dem die Muttergottes unter einem ganz ähnlichen Baldachin zu sehen ist, oder auch der Hinweis auf den im Typus verwandten Altar der Jakobskapelle in Weyarn.

Die hier vorgetragenen Bemerkungen werfen Fragen auf, die zum Teil nicht beantwortet werden können. Die Diskussion und Forschung muß fortgesetzt und intensiviert werden. Vielleicht findet man beispielsweise Skulpturen von Andreas Häringer, der ja als am Ort ansässiger Bildhauer – falls er so lange gelebt hat –, durchaus der ausführende Künstler gewesen sein könnte, selbst wenn sich das AH-Monogramm nicht auf ihn bezieht. Die sehr individuelle Handschrift des Meisters des Windkreuter Altärchens müßte sich schließlich, so meint man, mit einem Künstlernamen verbinden lassen. Auch die hier vorgeschlagene Zuschreibung der seitlichen Statuetten an Christian Jorhan gilt es noch zu untermauern.

Wenn auch die Erforschung dieses Altars als einer schönen und charakteristischen Schöpfung des bayerischen Rokoko noch keineswegs abgeschlossen ist, sollte man über die kunsthistorischen Fragen nach Stil und Künstler den inhaltlichen Aspekt nicht aus dem Auge verlieren. Das Altärchen ist nämlich zunächst und vor allem ein aussagekräftiges Zeugnis für die Frömmigkeit jener Zeit, hier ganz konkret des Hofbesitzers von Windkreut, der seine Kapelle mit einem so ungewöhnlich prächtigen Werk ausstatten ließ. Ausgangspunkt für diese Schöpfung war offensichtlich die kleine spätgotische Muttergottes, die man vielleicht in der Familie schon seit langem verehrt hatte. Sie wurde dem Zeitgeschmack angepaßt, wahrscheinlich mit einem reichen Kleid versehen[11] und zum Zentrum des Altars gemacht.

Daß dieser jetzt in Schongau ausgestellt werden kann und somit in unmittelbarer Nähe seines Herkunftsortes geblieben ist, muß als besonderer Glücksfall hervorgehoben werden.

ANMERKUNGEN

[1] Der Beitrag ist geringfügig verändert erschienen in *Denkmalpflege Informationen*, Ausgabe D 5, 14. April 1989, hrsg. vom Bayerischen Landesamt für Denkmalpflege, München, S. 4–10. Der Bericht der Restauratoren Rupert Karbacher und Christiane Keller in diesem Band gibt genaue Auskunft über Größe, Material und Fassung des Altärchens und seiner Skulpturen und ebenso über die Konservierungs- und Restaurierungsmaßnahmen, die unlängst und früher vorgenommen worden sind, so daß wir darauf nicht einzugehen brauchen.

[2] FELIX MADER, *Stadt Straubing*, Die Kunstdenkmäler von Niederbayern, 6, München 1921, S. 305 f., Abb. 257. – ADOLF FEULNER, *Bayerisches Rokoko*, München 1923, Abb. 218. – ERNST KÖNIGER, *Der Stukkator und Bildhauer Mathias Obermayr*, phil. Diss. (Ms.), Erlangen 1955, S. 49 («nach 1780»). – EVA UND KARL TYROLLER, *Mathias Obermayr*, Straubinger Hefte, 26, Straubing 1976, S. 39 f., 76.

[3] Entstehung der Kapellenausstattung im Jahre 1769 ist durch Chronogramm über dem Kapelleneingang und die Datierung des Altarbildes belegt. GERHARD WOECKEL, «Die Rokoko-Hauskapelle der Herrenmühle im Mangfalltal», in: *Schönere Heimat*, 40, 1951, S. 81–83, Abb. S. 92 f. – ADELHEID UNGER, *Joseph Götsch*, Weißenhorn 1972, S. 54 ff., 103 f. (Kat. Nr. 32), Abb. 87.

[4] *Bayerische Rokokoplastik. Vom Entwurf zur Ausführung*, Ausstellungskatalog, Bayerisches Nationalmuseum, München 1985, Nr. 251 mit Abb. (PETER VOLK).

[5] ARNO SCHOENBERGER, *Ignaz Günther*, München 1954, S. 51 f., Abb. 74.

[6] GERHARD WOECKEL, *Ignaz Günther, Die Handzeichnungen*, Weißenhorn 1975, S. 28. – Folgende Nachrichten aus den Katasterunterlagen werden Herrn Gabriel, Landratsamt Weilheim-Schongau, verdankt: Der Hof Nr. 6 in Windkreut gehörte im 17. Jh. Valentin Keller, danach Georg Keller, geb. 1677. Dessen Tochter Maria heiratete 1721 Andreas Häringer aus Aschenwald; Kinder: Martin, geb. 1723, Joseph, geb. 1738 (sic!, bisher bekanntes Datum 1736 bleibt zu überprüfen). Nach Martin Häringer ging der Hof an Joseph, geb. 1767, Johann, geb. 1801, und Kaspar, geb. 1842, über. Dieser war der letzte Besitzer mit dem Namen Häringer.

[7] GERHARD WOECKEL, «Ignaz Günthers Vorarbeiten für den Hochaltar von Rott am Inn», in: *Pantheon*, 23, 1965, S. 393, Abb. 17. – WOECKEL (wie Anm. 6), S. 283, Abb. 218. – THOMAS DACOSTA KAUFMANN, *Central European Drawings*, Ausstellungskatalog, Princeton 1989, Nr. 53 mit Abb.

Die Bezeichnung «Häringer del(in)e(a)vit» trägt auch eine Zeichnung «Fall Christi unter dem Kreuz», der Slg. Dr. Renz, Wiesbaden, die eine Radierung von Franz Xaver Anton Günther variiert, WOECKEL (wie Anm. 6), S. 525 f., Abb. 438.

[8] Die Zuschreibungen an Häringer erschließen sich am leichtesten über das Register von WOECKEL (wie Anm. 6).

[9] Vgl. besonders die Statue des hl. Johannes Ev. am zweiten linken Seitenaltar von Maria Thalheim, um 1764–1770; OTTO SCHMIDT, *Christian Jorhan 1727–1804*, Riemerling 1986, Farbabb. S. 101. – Außerdem die 47 cm hohe Figur des hl. Johannes Ev., wohl von einer Kreuzigungsgruppe im Museum of Art, Baltimore, Inv. Nr. 59.43, Lindenholz, neuere Fassung. *The Age of Elegance. The Rococo and its Effect*, Ausstellungskatalog, Baltimore Museum of Art 1959, Nr. 230; *The Art Quarterly*, 22, 1959, S. 278, Abb. S. 280. Zuschreibung an Jorhan durch ARNO SCHÖNBERGER. – Im Kopftypus nahestehend ist eine Johannesbüste im Liebighaus, Frankfurt am Main, Inv. Nr. 378; vgl. UWE GEESE, *Liebighaus, Museum Alter Plastik*, Wissenschaftliche Kataloge, hrsg. von HERBERT BECK, *Nachantike großplastische Bildwerke*, Bd. 4: Italien, Niederlande, Deutschland, Österreich, Schweiz, Frankreich 1540/50–1780, Melsungen 1984, S. 196–200 mit Abb. und weiterer Lit. Geese referiert die Ansicht von Otto Schmidt, Landshut, daß der Büstenzyklus, zu dem der Johannes gehört, aus Maria Thalheim stammt. Stilistisch vergleichbar sind auch die trauernde Maria in Gars am Inn, um 1760 (?); SCHMIDT 1986 (wie Anm. 9), Farbabb. S. 83; die hl. Katharina in Ergolding, 1764; VOLKER LIEDKE, «Die Landshuter Maler- und Bildhauerwerkstätten von der Mitte des 16. bis zum Ende des 18. Jh.», Sonderdruck aus: *Ars Bavarica*, 27/28, 1982, Abb. S. 51; der hl. Johannes oder Paulus (Wetterheilige) in Reichenkirchen, 1756; PETER VOLK, *Rokokoplastik in Altbayern, Bayrisch-Schwaben und im Allgäu*, München 1981, Taf. 128 (irrtümlich als hl. Wendelin bezeichnet).

[10] München, Staatliche Graphische Sammlung, Inv. Nr. 30694, aus Slg. Halm-Maffei. WOECKEL (wie Anm. 6), S. 264–268, Abb. 37, 202 f. – Bayerische Rokokoplastik 1985 (wie Anm. 4), Nr. 88 mit Abb. (A. DOBRZECKI). – Zu ähnlichen geschnitzten Baldachinen aus der Günther-Werkstatt vgl. PETER VOLK, «Skulpturen von Ignaz Günther», in: *Kunst – und Antiquitäten*, 12, 1987 Heft 2, S. 64–67, Abb. 8 f.

[11] Bei der Marienfigur läßt sich nur bei Kopf, Krone und Szepter die Fassung des 18. Jahrhunderts feststellen, was darauf schließen läßt, daß man sie bekleidete.

Angela Hückel/Irmgard Schnell-Stöger

Filippo Agrippis «Kunstleib» in der Pfarrkirche zu Gerzen

Zur Restaurierung einer bekleideten Wachsfigur aus dem späten 19. Jahrhundert

Die katholische Pfarrkirche St. Georg in Gerzen (Landkreis Landshut) bewahrte bis Anfang der achtziger Jahre unter der Hochaltarmensa in einem reich verzierten Metallschrein die Reliquien und die kunstvoll bekleidete Wachsfigur des hl. Urban (Abb. 1, Tafel XII). Während der Umbau- und Renovierungsarbeiten in der Kirche lagerte man die Figur einige Jahre in Regensburg, bis sie 1988 in den Werkstätten des Münchner Stadtmuseums in Amtshilfe für das Bayerische Landesamt für Denkmalpflege restauriert werden konnte.

Den Metallschrein bearbeitete während dieser Zeit die Firma Habner & Brandner, Regensburg. Seit 1989 ist die Heiligenfigur mit ihren Reliquien wieder in ihrem Schrein aufgebahrt und in dem zwischenzeitlich errichteten Volksaltar der Pfarrkirche in Gerzen untergebracht.

Im Zusammenhang mit Untersuchung und Restaurierung der Wachsfigur wurde auch nach Hinweisen über deren Erwerb und Herkunft gesucht. Im Stadtarchiv Regensburg ließ sich der 1891 gedruckte Text einer Predigt finden, die am 15. Juli 1891 anläßlich der Überführung der Reliquien des hl. Urban nach Gerzen gehalten wurde. Hier heißt es nach einer ausführlichen Beschreibung des kirchlichen Festes:

«Herrn Pfarrer Buchner gelang es ... in Rom, von dort her die Reliquien eines jugendlichen Märtyrers zu erlangen, nämlich die Reliquien des hl. Märtyrers Urbanus ... Nach der Begrüßung wurde der ... hl. Leib ... aus dem versiegelten Reliquienkasten entnommen, in die bereitgehaltene Metallkassette gebracht und mit dem bischöflichen Siegel belegt, und das Blutgefäß in einem goldenen Kelche verschlossen und ebenfalls versiegelt ... In der Gottesackerkirche befand sich ein Kunstleib in einem vergoldeten Sarkophag. Die Reliquienkassette wurde unter das Haupt des Kunstleibes gelegt, ist aber nicht sichtbar, das Blutgefäß ist jedoch sichtbar und bei den Füßen des Kunstleibes befestigt. Der Kunstleib stellt ganz naturgetreu einen Jüngling von 16 Jahren vor und ist kostbar gekleidet. Er wurde in Rom von dem Künstler Filippo Agrippi gefertigt. Der Sarkophag oder Reliquienschrein ... ist hervorgegangen aus der Werkstätte des ... Gürtlermeisters Herrn Schweitzer in Landshut. Es soll dies bereits der 18. derartige Kunstschrein sein, welcher aus dieser Werkstatt hervorging.»[1]

Dieser Text gibt Auskunft über den Hersteller und den Entstehungsort der Figur sowie über den Inhalt der versiegelten Behältnisse. Die Überlieferung, der wächserne Heilige sei der hl. Urban, wird, auch wenn sie zunächst bei dem Anblick eines «Jünglings von 16 Jahren» überraschen mag, bestätigt. Lebensgroße Reliquien- oder Votivfiguren aus Wachs sind heute nur selten erhalten. Die bekleideten Kindervotive, die in der Mirakelkammer der Wallfahrt Gößweinstein in Oberfranken aufbewahrt sind, zeigen jedoch als anschauliches Beispiel, in welcher Menge Wachsvotive bis zum Anfang des 20. Jahrhunderts hergestellt und gestiftet wurden.[2] Daß sogar die kleine Pfarrei Gerzen eine Wachsfigur aus Rom importiert und aufgestellt hat, mag zunächst überraschen, ist aber sicher auch ein Hinweis auf die Beliebtheit und Häufigkeit der Verwendung von Wachsfiguren bis zum Ende des 19. Jahrhunderts, zumal auch der Schrein laut Predigt «bereits der 18. derartige Kunstschrein» war, den der Landshuter Gürtler für Reliquienfiguren angefertigt hat.

Die Figur des hl. Urban aus Gerzen ist aus den verschiedensten Materialien hergestellt: die sichtbaren Körpertei-

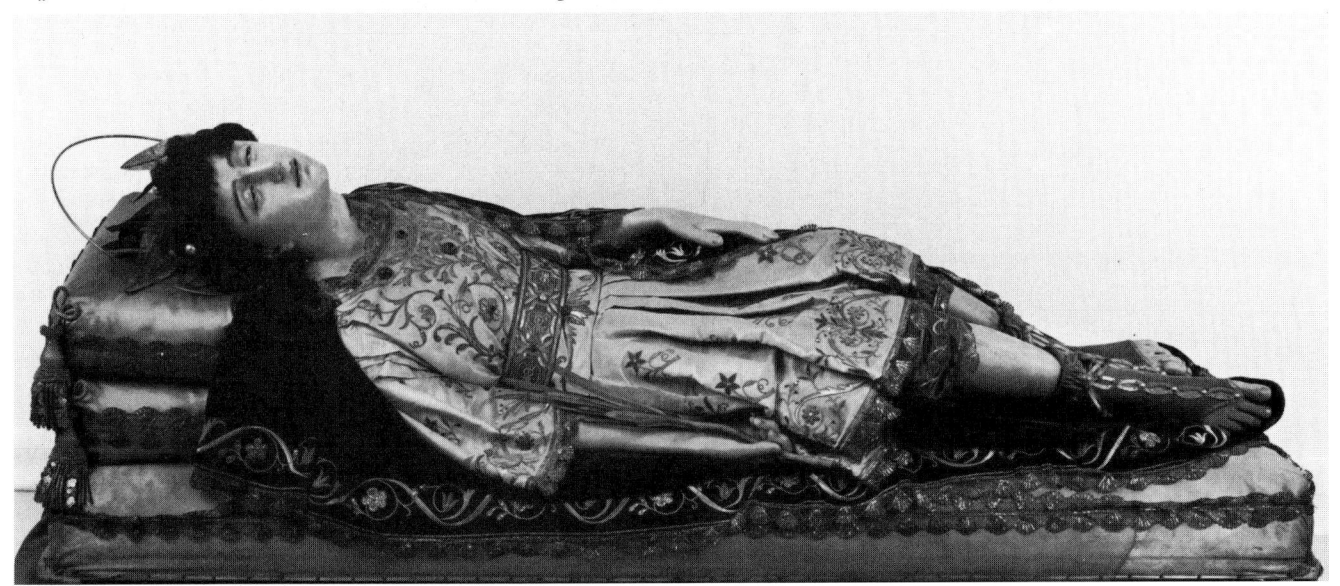

1. „Kunstleib" des hl. Urban in der Pfarrkirche St. Georg in Gerzen, Lkr. Landshut; nach der Restaurierung

2. Oberkörper der Figur; im Augen- und Nasenwurzelbereich durch Schichtentrennung geschädigte Partien; nach der Restaurierung

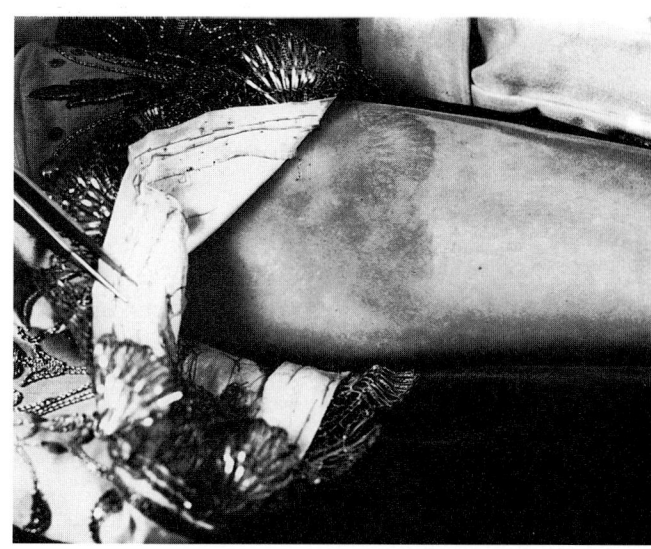

4. Rechter Arm der Figur vor der Restaurierung mit Verschmutzung der Wachsoberfläche (Negativabdruck der Metallborte)

le, Kopf, Arme und Beine aus Wachs, der Korpus aus Stoff und Polstermaterialien, die Kleidung aus mit Goldfäden reich bestickten Seiden- und Samtstoffen. Der Heilige liegt auf einer gepolsterten und mit Stoff bezogenen Liegestatt. Sie besteht aus den gleichen Stoffen und Stickmaterialien wie die Kleidung und ist daher wohl auch in Rom zusammen mit der Figur des Heiligen entstanden. Unter dem Kopfende der Liege verbirgt sich in einer Art Schublade die in der Predigt erwähnte versiegelte Kassette (Abb. 3), der vergoldete Kelch (Abb. 5) steht am Fußende.

Die wächsernen Körperteile sind innen hohl und zeigen Gußnähte. Dies weist darauf hin, daß Kopf und Gliedmaßen nicht einzeln modelliert sondern in Formen gegossen und für eine größere Produktion von Wachsskulpturen in Serie hergestellt wurden. Als Material für die Gußformen war im 19. Jahrhundert Gips üblich, es wurden aber auch Holz-, Ton- oder Eisenformen verwendet. Dem Wachs sind zur besseren Verarbeitbarkeit oft Zusätze von Harz und anderen Stoffen beigemengt.[3] Die Formen wurden in mehreren Arbeitsgängen ausgegossen, so daß das Wachs in dünnen Schichten erhärtete und alle Feinheiten der Oberfläche klar abformte. Auf diese Weise konnten die

3. Versiegelte Reliquienkassette

Wachsteile in Serie und auf Vorrat gegossen und entsprechend den Wünschen des Auftraggebers zu Figuren arrangiert, farbig gefaßt und bekleidet werden. Noch «1930 berichtete Rudolf Kriss von einem Wachszieher aus Palermo, der auf übliche Weise in Gipsformen gegossene Wachsvotive aller Art vorrätig hatte. Sie wurden bei ihm erst dann mit roter Farbe bemalt, wenn ein Käufer genaue Angaben über Krankheit oder Verletzung gemacht hatte.»[4]

Ob der als Hersteller des hl. Urban genannte Filippo Agrippi die Wachsteile vorgefertigt aus einer Wachszieherei übernahm oder selbst anfertigte, bliebe nachzuweisen. Daß er jedoch in Serie vorgefertigte Wachsteile verwendete, die er erst durch Fassung und Attribute den Wünschen der Auftraggeber anpaßte, beweist die Halswunde der Figur. Sie wurde erst nachträglich in das bereits gegossene Stück geschnitten, die Blutstropfen mit Wachs aufmodelliert und zusammen mit der Farbfassung gefaßt (Tafel XII.2). Auf eine Serienproduktion weist neben der Herstellungsart der Figur auch eine fast identische Reliquienfigur, die in einem Sarkophag unter dem rechten Seitenaltar in St. Maria della Victoria in Rom aufbewahrt ist. Sie unterscheidet sich nur durch Details der Kleidung und Haartracht und stellt eine weibliche Heilige dar.[5]

Augen, Haare, Schuhe und die farbige Fassung der Wachsteile sind bei dem hl. Urban aus traditionellen Materialien hergestellt und in Techniken ausgeführt, die bereits aus den Anweisungen zur Wachsverarbeitung des 18. und 19. Jahrhunderts bekannt sind.[6] So bestehen die Augen, wie schon bei Zedler beschrieben, aus gefärbtem Glas, sind von der Innenseite des Kopfes eingesetzt und sorgfältig durch Verkittungen mit Wachs der Gesichtsform angepaßt (Abb. 2 und Tafel XII.2). Die Haare, wohl Pferdehaar, und ihre Befestigung am Kopf entsprechen ebenfalls einer Anweisung bei Zedler: «... hat man Haare genung sowohl lange als kurtze auf vorige Manier gekrauset, so binde man so viel als zu einer Paruqve genug ist, in ein Büschlein zusammen ... ferner schneide man ein Loch in den Kopf des Wachsbildes, nach der Dicke der zusammengebundenen Haare, und löthe solche mit Wachs fein in das eingeschnittene Loch feste ...»[7] (Tafel XII.3) Auch an den Augenlidern sind noch Reste von in dieser Art als Wimpern eingesetzten Haaren zu erkennen. Bei den Schuhen ist ein gegossener Wachskern mit andersfarbigem Wachs überfangen (Tafel XII.4): eine bei Kerzenmachern und Wachsziehern häufig angewandte Technik. Als Verzierung der Schuhe dienen textile Goldborten, die mit Wachspunkten befestigt sind. Diese Befestigungspunkte schmücken vergoldete Messingschalen.

Die übrigen Wachsteile der Figur sind partiell farbig gefaßt und gefirnißt. Farben und Firnis sind jedoch nicht mehr in der ursprünglichen Intensität vorhanden, sondern durch frühere Reinigungen stark reduziert. Gut erhalten ist die Fassung noch auf den Lippen, der Halswunde und den Schuhen. In diesen Bereichen sind auch Reste der ursprünglichen Firnisschicht zu erkennen. An den Finger- und Fußnägeln wurde ein gelb getönter Firnis aufgetragen. Bereits diese erhaltenen Reste der Fassung geben eine Vorstellung davon, wie sehr der realistische Eindruck des wächsernen Leichnams durch Bemalung und Firnis noch gesteigert wurde.

Der Korpus, über den die Kleider drapiert sind, besteht aus gestopften Stoffbälgen.[8] Sie sind an einigen Stellen mit weißer Watte aufgepolstert. Ob in die Stoffbälge ein Stützgerüst eingearbeitet ist und wie diese mit den Wachsteilen verbunden sind, ließ sich ohne aufwendige Untersuchungen nicht feststellen (z. B. Röntgenphotographien).

Um den Kunstleib auf der Liegestatt in der gewünschten Stellung «drapieren» zu können, mußten die wächsernen Teile leicht erwärmt werden, vermutlich in warmem Wasser, da eine Manipulation des kalten und harten Wachses sicher Brüche verursacht hätte. An der Liegestatt angenähte Bändchen befestigen den Kunstleib mit in den Wachsteilen angebrachten Metallösen.

Abschließend wurden die Kleider[9] aus Samt, Seidenatlas und Taft mit aufwendiger Stickerei aus Goldfäden, Pailletten, bunten Steinen und Goldborten um den Kunstleib gelegt und an einigen Stellen an der Polsterung mit einfachen Stecknadeln bzw. Nadeln mit roten Glasköpfen befestigt. Die beigegebenen Attribute machen die Skulptur als hl. Urban kenntlich. Bei der Gestaltung des Palmwedels und des Lorbeerkranzes sind Techniken aus der Dekorationsmalerei verwendet: Die Blätter sind aus grober Leinwand geschnitten, doppelt über einen festen Metalldraht geklebt und mit grüner, wasserlöslicher Farbe bemalt. Die sichtbaren Drahtteile umwickelte man mit grünem Papier. Kleine, silberfarbene Glaskugeln zieren den Lorbeerkranz. Der Palmwedel ist mit Nadeln an der Hand befestigt.

Die Liegestatt ist über zwei grob gehobelten, durch Querleisten verbundenen Brettern aufgepolstert, mit blauem Taft und Seidenatlas bezogen und ebenfalls mit Goldborten und Quasten reich verziert. Am Fußende der Liege steht der erwähnte, mit einem bischöflichen Siegel verschlossene Metallkelch. Die Reliquie ist durch eine Glasscheibe sichtbar. Auch die unter dem Kopfpolster in einer Art Schublade verborgene Metallkassette ist mit bischöflichem Siegel verschlossen.

Die Voruntersuchung zeigte folgenden Erhaltungszustand: Das gesamte Bildwerk war stark verschmutzt. Besonders an den wächsernen Teilen hatte sich der Schmutz fest mit der Oberfläche verbunden (Abb. 4); durch frühere Reinigungen war die ursprüngliche Bemalung verrieben. Der noch erhaltene Firnis war stellenweise «krepiert». Das Wachs hat sich durch den Druck und die Wärme bei der Drapierung in dünne Schichten getrennt (Tafel XII.1 und 2). Diese Partien erschienen durch die dazwischen eingelagerte Luft weißlich; in einigen Bereichen waren dadurch bereits Abplatzungen entstanden. Kleinere Wachsteile lagen abgebrochen im Metallschrein. Der Stoffbalg war, soweit sichtbar, gut erhalten.

Auch die Kleider der Skulptur waren stark verschmutzt; an den Falten begann der Stoff brüchig zu werden, ebenso wie der Stoffbezug der Liege, der bereits Risse und Ablösungen zeigte. Das Konzept der Restaurierung war, die gesamte Drapierung von Skulptur und Kleidung zu erhalten und die unterschiedlichen Materialien so zu bearbeiten, daß ein einheitlicher Gesamteindruck gewahrt wird.

Bei der Restaurierung wurden folgende Maßnahmen und Materialien angewandt:
Reinigung der Wachsteile mit Wasser und Wattestäbchen, Abnahme störender, vergilbter Firnisreste mit Alkohol. Festigung der durch die Schichtentrennung gefährdeten Wachsschichten mit Wachs-Testbenzinpaste. Befestigung abgebrochener Teile mit Wachs-Harzmischung, Retusche

5. Versiegelter Kelch

von nicht zu behebenden Krepierungen mit Aquarellfarbe. Oberflächenreinigung der Textilien mit Pinsel, Sicherung der losen Teile mit Spannstichen und passend eingefärbter Crepeline.

Anmerkungen

[1] *Übertragung der Reliquien des hl. Märtyrers Urban in die Pfarrkirche zu Gerzen am 15. Juli 1891,* Landshut 1891, Bischöfliches Zentralarchiv Regensburg, Pfarrakten Gerzen Nr. 33, S. 5 (Freundlicher Hinweis von Dr. H. Reidel, Kunstsammlungen des Bistums Regensburg).
[2] Gislind Ritz, *Die lebensgroßen angekleideten Kinder-Wachsvotive in Franken,* Volksglaube Europas, Bd. III, Volkach 1981.
[3] Vgl. u. a. J. Meisl, *Die Kunst der Wachsarbeit,* Linz 1837. – Weitere Literatur bei U. Pfistermeister, *Wachs, Volkskunst und Brauch,* 2 Bde, Nürnberg 1983 und J.-R. Gaberit et J. Ligot, *Sculptures du cire de l'ancienne Egypte à l'art abstrait,* Notes et documents des Musées de France, 18, Paris 1987.
[4] Vgl. Pfistermeister (wie Anm. 3), S. 158 ff.
[5] 1989 von A. Hückel dort «entdeckt».
[6] Vgl. dazu J. M. Cröker, *Der wohlanführende Mahler,* Nachdruck der Ausgabe Jena 1763, Mittenwald 1882, S. 318; J. H. Zedler, *Universallexikon aller Wissenschaften und Künste,* XVII. Bd., Leipzig und Halle 1738, Sp. 250; Meisl (wie Anm. 3), S. 92.
[7] Zedler (wie Anm. 6), Sp. 250.
[8] Eine genaue Untersuchung der Stoffbälge hätte zu große Eingriffe an der Skulptur erfordert. Laut Untersuchungen an Wachsvotiven in Franken wurden die nicht sichtbaren Körperteile entweder mittels textiler Umwicklungen eines Holzgerüstes oder mit Holzwolle gestopften Baumwollbälgen gepolstert; vgl. hierzu Ritz (wie Anm. 2), S. 13.
[9] Vgl. Dokumentation von Dorothee Seufert im Akt des Bayerischen Landesamt für Denkmalpflege, Werkstätten.

Annette Faber

Eine barocke Kirche in neubarockem Gewand

*Zur Restaurierung der Katholischen Kirche Heilig Kreuz
in Neuses bei Bundorf*

Als im Sommer 1987 die schon lange hinausgeschobene Innenrenovierung der Kirche in Neuses beginnen sollte, ahnte niemand, welche Farbenpracht vor dem inzwischen gräulich gewordenen und phantasielosen Anstrich der Nachkriegszeit die Kirche einst ausgezeichnet hatte. Damals kalkte man das barocke Gotteshaus und seine Stuckdekoration in einem vorsichtigen, leicht abgetönten Weiß, und auch die Ausstattung wurde zurückhaltend hell gefaßt, sofern sie in der Kirche verblieb.

Die mittlerweile zur denkmalpflegerischen Routine gewordene Befunduntersuchung sollte zunächst über die historische Erstfassung Auskunft geben und als Orientierung für die anstehende Neutünchung des Kirchenraums dienen. Soweit – so gut. Das unerwartete Ergebnis konfrontierte den Architekten Dag Schröder, Schweinfurt, die ausführende Kirchenmalerfirma Wald, Fladungen,[1] und nicht zuletzt die Gebietsreferentin mit einem bisher kaum beachteten Gebiet der Kunstgeschichte, das jedoch dem Denkmalpfleger immer wieder begegnet und diesen Bericht wert schien: die Auseinandersetzung des späten 19. Jahrhunderts mit barocker Raumkunst.

1743 hatte Maurermeister Johann Georg Danzer[2] die stattliche neue Kirche für die Filiale Neuses errichtet. Das für den kleinen Ort überraschend große Gotteshaus liegt erhöht inmitten des Dorfes, ist nach Westen gerichtet und über eine repräsentative Treppe zugänglich. An die östliche Eingangsfassade hat Danzer – wohl nach dem Vorbild Balthasar Neumanns – einen mächtigen, dreigeschossigen Turm mit Eckpilastern und Gurtgesimsen gestellt. Der Innenraum mit stuckverzierter Flachdecke und eingezogenem Chor erhält Licht über drei Fensterachsen im Langhaus und vier Fenster im polygonalen Chor. Die Ausstattung ist im Gegensatz zu vielen anderen Kirchen mit Hoch- und Seitenaltären, Kirchenbänken, Prozessionsschrank und Orgel noch recht einheitlich erhalten – Kanzel, Beichtstuhl und Kommunionbank fehlen seit der letzten Renovierung.[3] Die Kunstdenkmäler von Bayern widmen dem ansehnlichen Gotteshaus nur eine halbe Seite Text und berichten lapidar von einer Restaurierung im Jahr 1898, die einigen Gegenständen die abwertende Bemerkung «neu» eingetragen hat.[4]

Die sorgfältige Befunduntersuchung ergab alsbald, daß diese «Restaurierung» nicht einfach eine Neutünchung von vielen war, daß vielmehr der vorgefundene barocke Raum und seine Ausstattung grundlegend verändert wurden.

Der Kirchenraum (Tafel VIII. 1–3) war nach seiner Erbauung zunächst recht schlicht – sicher nicht aus ästhetischen Gründen, sondern weil der Neubau die Finanzkraft der kleinen Gemeinde auf lange Zeit erschöpfte. Stuck, Wände und Decke waren weiß gekalkt. Die dichte Versporung unter den späteren Tünchen legt den Schluß nahe, daß es lange gedauert hatte, bis der Raum zum zweiten Mal gestrichen wurde. Im Deckenspiegel des Langhauses ergänzten zwei stuckierte Vorhänge mit den Darstellungen der Eucharistie und dem Lamm Gottes den einfachen Zugstuck. Die Eckkartuschen und die Chorbogenlaibung gliederte Bandelwerkstuck. Das Chorgewölbe blieb zunächst ohne Dekor.

In den abgerundeten Ecken der Chorbogenwand stehen zwei Retabelaltäre, deren Altarsteine erst 1754 gesetzt wurden.[5] Die Fassung des linken Marienaltars ermöglichte eine Stiftung im Jahr 1760.[6] Wann der dem hl. Joseph geweihte rechte Seitenaltar aufgestellt und gefaßt wurde, geht aus den Kirchenrechnungen nicht hervor. Der ungewöhnliche Aufbau der Altäre, für den es in Unterfranken keine vergleichbaren Beispiele gibt, endet neben der zentralen Figurennische in weit ausladenden Rocaillen. Aus der Entfernung wirken die beiden Retabel selbst wie amorphe Muscheln. Die seitlichen Verzierungen der Schleierbretter haben sich zur beherrschenden Architekturform des Altars verselbständigt. Der Altarauszug besteht aus einer gewaltigen Glorie mit vergoldetem Wolkenband und Strahlenkranz, der den schwierigen Übergang zum bekrönenden Baldachin formell und ikonographisch löst. Auch die Predellenzone der Seitenaltäre, die noch ihre ursprünglichen Tabernakel besitzen, ist von Rocaillen und einem verspielten Grundriß gekennzeichnet. – Klassisch dagegen präsentiert sich der viersäulige Hochaltar, dessen hintereinander gestaffelte Sprenggiebel sich baldachinartig zu einer Glorie aufbauen. Das zentrale Thema der Kreuzigung, hier als überlebensgroße Skulptur dargestellt, begleiten die zwischen den Säulen stehenden Figuren Maria und Johannes; über dem Gekreuzigten thront Gottvater als Weltenrichter mit der Heilig-Geist-Taube. Zwei große schleierbrettartige Verzierungen an den Seiten des Hochaltars sind in einem Kostenvoranschlag von 1859 noch erwähnt, aber im Lauf der Zeit verloren gegangen.[7] Möglicherweise hatten sie ursprünglich zwischen der strengen Formensprache des Hochaltars und den ornamenthaften Seitenaltären vermittelt. Auch für diesen Altar fehlen alle nachrichtlichen Hinweise auf Bildhauer, Schreiner und Faßmaler.

Erst 1767 leistete sich die Kirchenstiftung die Orgel mit reich geschnitztem Ornamentwerk. Dies gab wohl Anlaß zum Bau oder Umbau der doppelten Empore, deren erstes Geschoß sich weit in den Raum hinausbaucht (Tafel VIII.3 und Abb. 1).[8] Möglicherweise könnte das mit Schuppenleisten verzierte Gestühl aus dieser Zeit stammen, in der vielleicht die erste Renovierung der Kirche stattfand. Die Raumfarbigkeit blieb dabei jedoch nahezu unverändert.

1835 verzeichnet das Protokollbuch der Kirchenverwaltung die «... Beschaffung eines neuen Schrankes

89

mit einer Glastür über das Marienbild, um dasselbe so rein und schön wie es die Familie Joseph Schweinfest aus eigenen Mitteln vergolden ließ auch für die Zukunft zu erhalten...»[9] 1859 schließlich macht der Haßfurter Vergolder Georg Reuther einen Kostenvoranschlag für die Neufassung der drei Altäre.[10] Es scheint sich im wesentlichen um eine Auffrischung der barocken Fassung zu handeln, für die 209 Gulden gezahlt werden. Die Skulpturen werden wie vorher «weiß allabastriert», die Säume erhalten eine Vergoldung. Die Säulen werden von Reuther «hell marmorirt und lackirt», die Altararchitektur selbst «in Ölfarbe marmorirt und lackirt und zwar die Gesimße dunkel grau ins bräunlich falent, die glatten Flächen aber hellgrau marmorirt.» Eine farbliche Differenzierung zwischen den Altären ist nicht beabsichtigt, das Farbschema einheitlich. Ob die Renovierung der Altäre im Zusammenhang mit einer Neutünchung steht, kann aus den Quellen nicht geschlossen werden. Jedenfalls erhielt der Kirchenraum im Lauf des 19.Jahrhunderts eine dritte Fassung, die erstmals farbig ist. Gleichzeitig leistete sich die Gemeinde eine Ausmalung (!) der Deckenfläche im Chor mit weißem Bandelwerk auf ockerfarbenem Grund. Ein Schablonenfries verläuft unter der Hohlkehle; die Farbigkeit wird etwas dichter und schwerer.

Erst mit der 1898 erfolgten Restaurierung erreicht die dekorative Ausstattung der Kirche ihre Vollendung: Sie erhält nun ein Deckengemälde, außerdem wird der Stuck der Langhausdecke an Fenstern, Chorbogen und im Chor plastisch ergänzt.

Im Januar 1898 hatte Pfarrer Weber im Namen der katholischen Kirchenstiftung Farbskizzen und Kostenvoranschläge zur Begutachtung und Genehmigung an das Bezirksamt Königshofen gesandt. Aus dem beiliegenden Protokoll geht außerdem hervor, daß «der Kirchenrestaurierungsverein die Mittel zur würdigen Restauration der Kirche zum größten Teile aufgebracht... und auch schon Pläne und Kostenvoranschläge ... von der Fa. Jakob Hofmann und Söhne in München hat anfertigen lassen.» Die Kosten für ihre Arbeiten sind mit 4421 Mark angegeben. Ein am 1. April 1898 erstelltes obertechnisches Gutachten der Regierung von Unterfranken gibt uns Auskunft über den Vorzustand der «einheitlichen Rokoko-Kirche», die Entwürfe der Firma Hofmann und die Verbesserungsvorschläge der zuständigen Beamten, die dafür anscheinend eigens eine Dienstreise von Würzburg nach Neuses antraten. An ihrer ausführlichen Stellungnahme überrascht den heutigen Kunsthistoriker die Kenntnis und Bezugnahme zur Kunst des Rokoko. «Das vorliegende Projekt für die Innenrestauration ist stilentsprechend und verräth die Hand eines verständigen Kirchenmalers...», stellen sie in ihrer Vorbemerkung erleichtert fest. Dann aber vergleichen sie den inzwischen nicht mehr auffindbaren Entwurf mit ihrem Idealbild und unterbreiten eine Reihe von Gegenvorschlägen: «Es würde vielleicht dem Stile der Kirche noch mehr entsprechen, wenn die Stukkaturen weiß auf hellfarbigem Grunde gehalten wären, statt goldfarbig und abgetönt auf weißem Grunde, wie das mehr dem entwickelten Rokoko eigen war ... Das projektierte Mittelbild ist schön in der Conzeption, entbehrt aber der für den Rokokostil typischen, perspektivischen Bravour.» Die vorgesehenen Neustuckierungen halten einer stilkritischen Überprüfung stand, denn sie sind «... sehr schön und genau dem Stile der Stuckdecke entsprechend ... componiert.» Der allgemeinen Zustimmung folgen – wie sollte es bei einem staatlichen Gutachten anders sein – geschmäcklerische Farbvorschläge und eine Photographie von Skulpturen aus der Kirche in Unterdürrbach[11] als Vorlage für die neu zu schnitzenden Altarfiguren Maria und Johannes, die 1898 wohl nicht mehr vorhanden waren.[12]

Kirchenstiftung und Kirchenmaler akzeptieren zwar diese schriftlich vorgetragenen Änderungswünsche am Gesamtkonzept, betrachten sie jedoch eher als Empfehlung denn als Korrektur und verwirklichen im Lauf des Sommers 1898 ihre Version einer perfekten Rokokoausmalung.

Die Befunduntersuchung der Fa. Wald bestätigte die künstlerische Eigenständigkeit dieser Raumfarbigkeit gegenüber der barocken Erstfassung. Jede weitere Befundstelle und das gedankliche Zusammenfügen aller Details kristallisierten als denkmalpflegerisches Konzept für die anstehende Restaurierung die Rekonstruktion der Ausmalung von 1898 heraus.

Mit der szenischen Ausmalung des mittleren Deckenspiegels im Langhaus findet der Kirchenraum seine Vollendung (Tafel IX.1). Aus dem Kostenvoranschlag der Fa. Hofmann, Anstalt für kirchliche Kunst, München, geht hervor, «daß die Gemälde von tüchtigen Münchner Kunstmalern, den Herrn Lessig und Ranzinger[13] ausgeführt werden.» Ursprünglich wollte man neben dem Mittelfeld auch die sechs runden Medaillons im Deckenspiegel mit figürlichen Szenen bemalen. Der Anregung des obertechnischen Gutachtens folgend, verzichtete man wohl wegen der geringen Größe auf diese Bilder. Dem Patronat «Hl. Kreuz» entsprechend, stellen die Künstler «die Rückführung des von den Persern geraubten wahren Kreuzes Christi durch Heraklius nach Jerusalem» dar. Es vergegenwärtigt den Moment, als ein Engel den römischen Kaiser daran hindert, im Triumphzug einzuziehen und ihn an die Demut Christi erinnert. Der mächtige Herrscher trägt nun das Kreuz barfuß wie ein Büßer und Pilger nach

1. Neuses, Gde. Bunddorf, Lkr. Haßberge; Kath. Kuratiekirche Heilig Kreuz, Blick zur Orgelempore mit erhaltener gemalter Sockelpartie von 1898 an der Westwand

2. Heilig Kreuz; Blick zum Chor; Aufnahme vor der Renovierung um 1960 mit der Fassung und Ausstattung der Kirche aus der Zeit um 1898

Jerusalem zurück (Tafel IX.4).[14] Die beiden Maler bemühen sich zwar um eine perspektivische Verkürzung des antiken Triumphtors, vor dem sich die Szene abspielt; allein die «Bravour» der illusionistischen Deckenmalerei des 18. Jahrhunderts erreichen sie nicht. Die Architektur im Bild setzt weder die des Kirchenraums fort, noch findet der Betrachter jenen wichtigen Standpunkt, von dem aus das Geschehen glaubhaft räumlich wirkt. Darüber hinaus ist die «Leserichtung auf den Haupteingang hin bezogen und nicht, wie im Barock meist üblich, auf den Chor. Ohne die verzerrte Architekturstaffage am rechten Rand könnte das Bild auch als Wandgemälde gelten.

Zur Realisierung des «barocken» Deckenbilds verwenden die Maler eine Mischtechnik aus Öl- und Kaseinfarben, die natürlich die duftige Transparenz barocker Deckenfresken nicht erreichen kann. Die in Untersicht verkürzte Architektur ist wahrscheinlich mit Kartons auf die Deckenfläche übertragen. Bleistiftvorzeichnungen und quadrierte Einteilungen des Deckenspiegels zur Orientierung für den ausführenden Maler ließen sich in den Gesichtern und einigen Gewandpartien feststellen. Es scheint unwahrscheinlich, daß direkt auf die Decke gemalt wurde. Die gesamte Raumschale, d. h. Architektur und Inventar, ist in Anlehnung an die dunkle Deckenmalerei ebenfalls stark farbig. Nachdem über Decke, Hohlkehle und Wand ein Befundstreifen gelegt war, zeichneten sich warme Rot- und Grüntöne als vorherrschende Farben ab. Der 1898 gutachterlich empfohlene «lichtgelbe Grundton» fand genauso wenig Anklang wie der Vorschlag, den Stuck weiß zu fassen statt ocker. Seine Farbigkeit betont darüber hinaus die Ölvergoldung der Profile. Auch die Reliefs der Heiligen Eucharistie werden farbig angelegt, obgleich sie sich nach Meinung der Regierung «... in weiß mit reicher Vergoldung entschieden würdiger ausnehmen.» Die Fenster erhalten einen Rahmen und Laibungsflächen, ganz im Sinn der Langhausdecke mit Bandwerkstuck und Füllungsornamenten (Abb. 3). Der bisher nur gemalte Stuck der Chordecke wird plastisch umgesetzt, so daß – endlich! – der Eindruck eines spätbarocken Kirchenraums mit reicher Stuckverzierung entsteht (Abb. 2 und 4). Auch die Hohlkehle, die Untersichten der Emporen, die Gewölbe der Eingangshalle und die Pfeiler des Chorbogens ziert – allerdings nur gemalter – Stuck: ein eklektisch-naives, aber harmonisches Nebeneinander von Bandelwerk, Rocaillen und Palmetten.

Die rosafarbene Wand hat im Langhaus einen hohen, gelblich marmorierten Sockel, der als Architektur aufgefaßt ist (Abb. 1 und Tafel IX.2). Das heißt, in eine Rahmen-Füllungskonstruktion mit gemalten Pilastern und profiliertem Gesims in rötlichem Marmor sind gelbe, grobblasige Flächen gesetzt. Im Gegensatz zur Wand, die mit Leimfarbe gestrichen war, mischte man der Farbe im Sockelbereich einen Leinölzusatz bei, um eine größere Wischfestigkeit zu erhalten. – Im Chor fand sich nur noch ein winziger Rest des Sockels, mit Hilfe einer Photographie als Schablonenmalerei erkennbar. Der Rosaton der Wand trifft hier unbekümmert auf einen in Öltechnik ausgeführten, schweren Wandteppich, der auf rotem

91

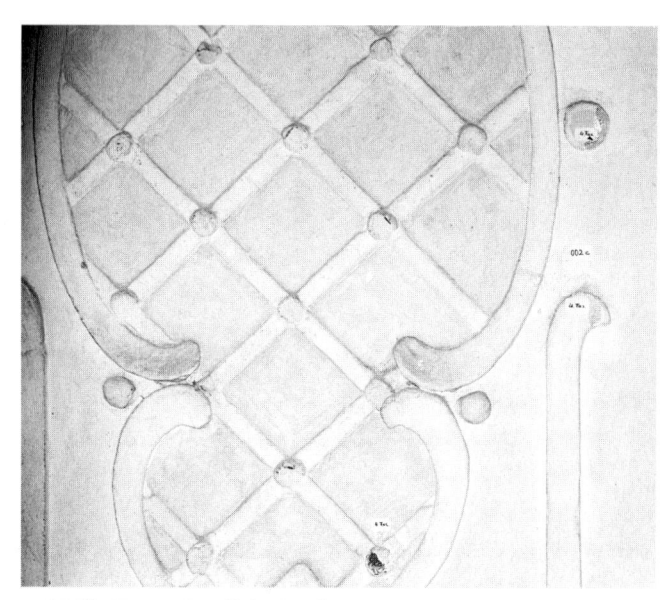

3. Heilig Kreuz; Detail der Stuckornamente von 1898 in der Fensterlaibung

4. Heilig Kreuz; rekonstruierte Fassung von 1898 im Chorgewölbe

Grund ein üppiges, dunkelgrünes Granatapfelmuster hat, wie wir es eigentlich nur von neugotischen Kirchenausmalungen kennen.
Zur Raumschale gehört auch der Fußboden. Nachdem die Bodenbeläge heute meist ausgetauscht sind, ist auch das Wissen um den Zusammenhang von Decke, Wand und Boden weitgehend verloren gegangen. Selten findet sich abseits der berühmten Kirchen und ihrer Schmuckfußböden eine Bodengestaltung, die so deutlich wie in Neuses zu einem einheitlichen Raumkonzept gehört. Der durch anthrazitfarbene Bänder in Quadrate gegliederte Terrazzo macht durch die Wiederholung der Komplementärfarben Rot und Grün in den Schmuckmotiven kenntlich, daß alle farbigen Flächen des Raumes in Bezug zueinander stehen (Farbtafel IX.3). Bei genauerem Hinschauen fanden sich die Farben Rot und Grün auch auf den recht abgetretenen Altarpodesten in Form eines Rautenmusters.
Die dichte Farbigkeit in Öl- und Leimtechnik und die wiederkehrenden Farbtöne Rot und Grün lassen Deckenbild, plastischen und gemalten Stuck, die Wandflächen und den Fußboden in einer kostbaren, teppichhaften Raumwirkung erscheinen.
Ein so dominantes Farbspiel konnte natürlich auch an der Ausstattung nicht spurlos vorübergehen. Bewußte Bezüge zwischen Kunstobjekt und Umraum scheinen vielmehr die Kirchenmalerarbeiten des späten 19. Jahrhunderts besonders auszuzeichnen.[15] Unter einer Überfassung der Altäre aus den sechziger Jahren in Grau, Ocker und Weiß, die wohl eine Rückführung auf den barocken Zustand bringen sollte, ließ sich mit vielen einzelnen Befundstellen das Farbspiel von Rot, Grün und Ocker belegen. Auch hier war die Aufforderung «... wäre sich bei der Neumarmorierung und Fassung, bzw. Vergoldung genau nach dem damaligen Muster zu halten ...» nicht befolgt worden.
Die beiden Seitenaltäre (Abb. 5, 6 und Tafel VIII.2) über schwarz marmoriertem Sockelprofil zeigen sich im Wechsel zwischen ockerfarbener und grüner Marmorierung, von der sich die weiß und gold gefaßten Rocaillen vor den rosa Wandflächen noch plastischer abheben als in der Bauzeit. Die Anbindung an den rot-grünen Kanon bewerkstelligen die Rücklagen der Bandelwerkgitter in der Predella – und auffälliger noch – das hell auf rotem Grund schablonierte Brokatmuster der Figurennischen. Die helle Marmorierung des Altars ergänzt sich mit der des Sockels zu einer ästhetischen Einheit. Auch die 1898 oder kurz danach angeschafften, farbig gefaßten Figuren – am nördlichen Seitenaltar eine Jungfrau Maria, am südlichen eine Schutzengelgruppe (Abb. 2) – paßten sich dieser Farbigkeit an, wie die probeweise Aufstellung der Engelgruppe in der freigelegten Figurennische zeigt. Die Marienfigur ist heute nicht mehr vorhanden. Mit Rücksicht auf die Wünsche der Kirchengemeinde mußten wir diesen Widerspruch im denkmalpflegerischen Konzept hinnehmen: es blieb bei der Aufstellung der ursprünglichen Barockskulpturen.
Am Heilig-Kreuz-Altar im Chor (Tafel VIII.1) fand sich unter einer schwarzgeäderten Überfassung erwartungsgemäß eine ähnlich abgestimmte Farbverteilung. Wegen der radikalen «Restaurierungs»-Maßnahmen unserer Vorgänger mußte die Fassung von 1898 an Hand winziger Befundstellen, der vorhandenen Photographie und den inzwischen erkannten Zusammenhängen nach Gefühl rekonstruiert werden. Auf Anregung der Regierung hatte man 1898 die wohl stark beschädigten barocken Skulpturen von Maria und Johannes durch zwei nachgeschnitzte ersetzt, für die Vorbilder in der katholischen Kirche von Unterdürrbach gefunden wurden. Die Fa. Hofmann hat in ihrem Kostenangebot die Anschaffung für «... 2 neue Figuren Johannes u. Maria am Hochaltar, 1,20 mtr. hoch, Faßung Glanzweiß u. Gold a M. 275 ...» angegeben. Auch der Korpus Christi und die Putten im Altarauszug wurden 1898 weiß gefaßt, die Säume vergoldet. Leider ist im Lauf unseres Jahrhunderts ein wichtiger Teil des Hochaltars verloren gegangen: das die Kreuzigungsszene hinterfangende Panorama der Stadt Jerusalem. Obwohl im Kostenangebot der Fa. Hofmann nicht eigens aufgeführt, muß es zur neubarocken Ausstattung gezählt werden und stammt

wohl entweder von Ranzinger oder Lessig. Es reichte bis unter das Chorgewölbe und verstellte das mittlere Chorfenster, das deswegen auch bei der nachträglichen Stuckierung ausgespart blieb. Das seitlich einfallende Licht läßt das dramatische Geschehen auf der Bühne des Hochaltars intensiver zur Geltung kommen. Damit die Kirchengemeinde nicht vom Gegenlicht geblendet würde, war wenige Jahre nach Vollendung des Kirchenbaus 1756 «das Fensterloch hinder dem hohen Altar» zugemauert worden.[16] Auch ohne das für die Gesamtkonzeption wichtige Panorama ist die Abstimmung der Farbigkeiten von Wand, Sockelmalerei und Altarmensa offensichtlich: Raum und Ausstattung sind einem einheitlichen Farbkonzept unterworfen.[17]

Eine farbige Verglasung, die auf einer historischen Photographie noch erkennbar ist, vervollständigte sowohl das ikonographische Programm – dargestellt ist eine Kreuzigungsszene – als auch den Raumeindruck. Offensichtlich war mit der farbigen Verglasung des Kirchenraums schon vor der Renovierung begonnen worden, denn die beiden Beamten stellen in ihrem Gutachten etwas pikiert fest: «Sehr beeinträchtigt wird die Wirkung durch stilwidrige und unschöne Buntfenster, welche, wie es scheint, ohne Genehmigung (sic!) hergestellt worden.» Auch hier zeigt sich der Kirchenrestaurationsverein unbeirrt; im Jahr 1899 liefert die Würzburger Firma Niebeler und Burkert weitere Fenster, für die sich im Pfarrarchiv Bundorf sogar ein aquarellierter Entwurf erhalten hat. Während der Renovierungsarbeiten fand sich das Bruchstück einer lindgrünen Scheibe mit schwarzer Bemalung, die den rosafarbenen Kirchenraum und seine sorgfältig ausgewählte Farbigkeit je nach Sonnenstand in ein weich abgetöntes Licht getaucht hatte. Diese Färbung des Lichtes und der Atmosphäre läßt uns unaufdringlich, aber spürbar unterscheiden zwischen Draußen und Drinnen, zwischen Alltag und Gotteshaus. Bei der Rebarockisierung der Kirche in unserem Jahrhundert ist diese Verglasung – leider – wieder entfernt worden.

Schritt für Schritt näherten wir uns dem Ziel. Zunächst setzte der Restaurator seine Ergebnisse in Aquarellskizzen um, die letzte Zweifel am Konzept ausräumten. Auch die Kirchenverwaltung fand Gefallen daran und – was für das Gelingen der Arbeit eine bedeutende Rolle spielte – bedrängte uns nicht mit einem Fertigstellungstermin.

Alsdann wurde die ungewöhnliche Farbigkeit an der Langhausdecke mit Leimfarben rekonstruiert (Tafel IX.1, 4). Für die nur noch in Fragmenten nachweisbaren, gemalten Ornamente der Hohlkehle dienten alte Photographien als Vorbild. Die dunkelroten Medaillons der äußeren Stuckrahmung verloren ihre drückende Schwere, als die Restaurierung des Deckengemäldes begann. Die dunkle Landschaft am östlichen Bildrand und die rötlichbraunen Schatten im dramatischen Wolkenhimmel sind eingebettet in die Fassung des Deckenspiegels. Die Ausführung in Leimfarbentechnik mit dem Original entsprechenden Pigmenten – Grüne Erde, Siena, Caput Mortuum, Ocker – trägt zur Stimmigkeit dieser samtigen Farbgebung wesentlich bei.

Am Deckenbild mußten größere Wasserschäden neben der zeit- und heizungsbedingten Verschmutzung beseitigt werden. Nach einer trockenen Schmutzabnahme erfolgte eine Fixierung der pudernden Oberflächen mit 0,5- bis 1-prozentigem Paraloid in Äthylacetat. Hierbei war es besonders schwierig, einen einheitlichen Glanz der Bildoberfläche zu erzielen, da diese – bedingt durch den unterschiedlichen Bindemittelabbau – zunächst Ungleichmäßigkeiten aufwies. Mit schwach gelöstem Paraloid konnte dies ohne Veränderung des Tiefenlichts geschehen. Die großen Fehlbereiche wurden nach der Kittung malerisch als Vollretusche mit Aquarellfarben ergänzt.

Durch große Befundstellen gelang es, die Farbigkeit originalgetreu abzustimmen und schließlich eine großflächige Musterachse über Decke und Wand zu erarbeiten. An der Stuckdekoration der Fenster waren wieder detaillierte Befundabfolgen nötig, um den differenzierten Farbwechsel nachvollziehen zu können. Die Zierknöpfe erhielten wie 1898 eine Ölvergoldung. Die Rekonstruktion der 150 cm hohen Sockelzone erleichterte ein mehrere Quadratmeter großes Originalstück, das sich hinter einem modernen Beichtstuhl an der Rückwand des Langhauses erhalten hatte (Abb. 1). Die starke Durchfeuchtung des Mauerwerks hatte bereits bei früheren Restaurierungen ein Abschlagen des Sockelputzes mit sich gebracht und die originalen Putze mit ihren Fassungsschichten weitgehend vernichtet. Das «Fundstück» ist in die Neufassung integriert und mußte nur gereinigt und retuschiert werden. Im Chor wurde für die Rekonstruktion der Sockelbemalung nach Fragmenten und Photographien eine Schablone geschnitten. Um der aufsteigenden Feuchtigkeit und der starken Versalzung gerecht zu werden, sind in Langhaus und Chor die Sockelmalereien in Leimfarbentechnik mit einem Kaseinzusatz – d. h. also nicht in der ursprünglichen Technik – ausgeführt. So konnte eine annähernd ähnliche Oberflächenstruktur erreicht werden. Aus Gründen der homogeneren Fläche, der Materialbeschaffenheit und der Alterung verzichtete man auf Sanierputz.

Schwieriger gestaltete sich die Rekonstruktion der Hochaltarfassung von 1898, die bei der vorhergehenden Restaurierung chemisch und mechanisch beinahe vollständig abgenommen worden war. Die Säulen waren bis auf geringe Reste einer rotbraunen Grundierschicht abgelaugt. Im Sinn der wenigen Originalstellen und aufgefundener Marmorierungen an anderen Architekturteilen (z. B. der Sockelzone und Gebälkteilen), sowie unter Zuhilfenahme von Photographien wagten wir uns an eine Neumarmorierung in Öltechnik mit Dammarharzüberzug. Die freigelegte Marmorierung des 18. Jahrhunderts war so stabil (Kaseinfassung), daß sie durch eine reversible Abdeckung gesichert werden konnte. – Die erhaltenen Originalfiguren hatten im Barock eine Weißfassung (Leimfarbe mit polierter Oberfläche) und polimentvergoldete Säume. 1898 wurde diese Fassung in Öltechnik mit Firnisüberzug wiederholt, die Säume mit einer Ölvergoldung überarbeitet. Diese Fassungen waren bis auf geringe Reste zerstört. Sie schienen dem Wert der Figuren nicht angemessen, weshalb wir uns zu ihrer Aufgabe entschlossen. Auf dem gekitteten Grund konnte in Leimtechnik eine Weißfassung aufgebaut werden, die mit reversibler Harzlasur entsprechend dem vorgefundenen Überzug von 1898 ausgeführt ist. Dieser Lack ist nun im Hinblick auf das zu erwartende Nachgilben der Überzüge heller als der vorgefundene ausgefallen.

5. Heilig Kreuz; linker Seitenaltar, nach der Restaurierung

6. Heilig Kreuz; rechter Seitenaltar, nach der Restaurierung

Die Seitenaltäre hatten in diesem Jahrhundert eine weniger rigorose Behandlung als der Hochaltar erfahren. Unter den lieblosen Kaseinlasuren fand sich die Marmorierung von 1898, die mit Salmiak-Wasserlösung freigelegt wurde (Abb. 5, 6). An Strahlenkranz und Gloriole waren umfangreiche Neuvergoldungen in Glanzgold nötig.
An der Wandvitrine ließen sich in gleicher Technik die rötliche, am Taufstein die grüngraue Fassung von 1898 freilegen. Die doppelte Emporenanlage wies noch die freilegbare Ölfarbfassung – grün und sienafarben im Wechsel von Balustern und Pfeilern – auf. Für ein ästhetisch befriedigendes Erscheinungsbild waren hier überall nur geringe Retuschen nötig. Am barocken Orgelprospekt, der radikal abgelaugt war, fanden sich Ausspachte-

lungen, die den Schluß auf die deckende Fassung in rötlichem Holzton zuließen.
Die neubarocke Überformung der Kirche von Neuses versteht sich «barocker» als das Original, reicher und vollständiger ausgestattet, endlich mit Stuck und Deckengemälde versehen und mit üppiger Farbigkeit. Das Bild, das sich durch den Befundbericht vom Zustand des 18. Jahrhunderts ergibt, ist wahrlich schlicht und «farblos» im Vergleich mit dieser Ausmalung.
Was hat nun aber die Künstler und ihre Auftraggeber bewogen, den barocken Ursprung ihrer Kirche zu unterstreichen, noch dazu in einer Zeit, die an diesem Stil gerade erst und noch etwas vorsichtig Gefallen gefunden hatte. Mit der wissenschaftlichen Rezeption durch bedeutende

Kunsthistoriker begann gegen Ende des 19. Jahrhunderts auch eine geschmackliche Rehabilitierung der Kunst des Barock und Rokoko. Noch wenige Jahre zuvor war der Barock in den Augen der Kunstliebhaber nicht viel mehr als «eine verwilderte Fortsetzung der Spätrenaissance», die «schwülen Ausgeburten des Barocco» alles andere als ein gleichwertiger künstlerischer Stil, der im eklektischen Stilgemenge des 19. Jahrhunderts neben Neuromanik, Neugotik und Neurenaissance hätte bestehen können. Im weitgefächerten und immer wieder wild gemischten Spektrum der Stile erfährt die Kunst des 18. Jahrhunderts also erst spät eine Wiederbelebung, während die vorausgehenden Stilepochen in der bürgerlichen Kunst des Historismus bereits ihre festen Plätze eingenommen hatten.[18]

Der Kirchenrestaurierungsverein Neuses nimmt also mit seiner Entscheidung, die barocke Heimatkirche zu vollenden, eine Vorreiterrolle in Unterfranken ein. Warum und wie die Entscheidung fiel, sich an eine Kirchenmalerfirma aus München zu wenden, kann wegen der schlechten Quellenlage nicht rekonstruiert werden. Ganz offensichtlich hatte jedoch besonders im Umkreis König Ludwigs II. die neubarocke Bau- und Ausstattungskunst bereits seit den sechziger Jahren des 19. Jahrhunderts eine anschauliche Tradition. Zweifellos hätte es aber auch im Bistum Würzburg Künstler gegeben, die dieser Aufgabe gewachsen waren, z. B. Eulogius Böhler.[19]

Der verwirklichte Entwurf der Kirchenmaler offenbart – mehr noch als die Empfehlungen der offenbar kunstgeschichtlich vorgebildeten Regierungsbeamten – eine Vorstellung von der Kunst des 18. Jahrhunderts, die ohne die künstlerischen Techniken und die ästhetische Prägung durch den Historismus des 19. Jahrhunderts nicht zu denken wäre: Er verrät sich nicht nur an der Decke in einer Farbigkeit, die viel «dunkler» und «schwerer» als die lichten Räume des 18. Jahrhunderts erscheint. Besonders die Leimfarbe, die stärker mit Pigmenten angereichert ist als die in mehreren dünnen Schichten aufgetragenen Kalklasuren verdichtet die Farbstimmung im Sinn der kompakten Fassungen des 19. Jahrhunderts.[20]

Auch die farbigen Fenster gehören nicht in das Ausstattungsrepertoire barocker Kirchen und ihrer christlichen Lichtikonographie, der viele mittelalterliche Glasmalereien zum Opfer fielen.[21] Die Fenster mit figürlichen Darstellungen zwischen Ornamentstreifen, die in Neuses z. T. erst unmittelbar nach der Neugestaltung des Raumes eingebaut wurden, gehören sowohl ihrer Technik als ihres Sinngehalts wegen zum neugotischen Kirchenbau des 19. Jahrhundert.

Ein weiteres Unterscheidungskriterium erschließt sich dem kundigen Betrachter im Ornament, hier genauer gesagt im Stuck. Bandelwerk und Rocaillen treten sowohl in ihrer ursprünglichen Form aus der Mitte des 18. Jahrhunderts als auch neubarock nachempfunden auf. Das barocke Gitterwerk, das in großen Feldern die Deckenfläche gliedert, wirkt durch Über- und Unterschneidungen lebendig und plastisch. Beim gleichen Motiv in den Fensterlaibungen hat sich die Fa. Hofmann weniger Mühe gegeben: die Stege aus Stuckmasse sitzen wie ausgestanzt nebeneinander; gegossene und vergoldete Zierknöpfe verdecken die Schnittstellen.

Die belesenen Empfehlungen des staatlichen Gutachtens von 1898 mag man als eine Rebarockisierung fast schon im Sinn heutigen denkmalpflegerischen Bemühens um die Originalfassung bezeichnen. Bauherr und Künstler haben sich jedoch in ihrem Bemühen um die Vollendung der Kirche für einen eigenständigen, unbefangenen Umgang mit dem Original entschieden. Ihre naive Kreativität hat – allen kunstwissenschaftlichen Ermahnungen zum Trotz – ein ungewöhnlich schönes und eindrucksvolles Gotteshaus geschaffen, dessen Entstehung vielleicht am treffendsten und verständnisvollsten mit den Worten Walther Benjamins beschrieben ist:

«Der Raum verkleidet sich, nimmt wie ein lockendes Wesen die Kostüme der Stimmungen an.»[22]

ANMERKUNGEN

[1] Beiden sei an dieser Stelle für ihr Engagement und die gute Zusammenarbeit noch einmal besonders gedankt. Ohne die vielen Gespräche und das geduldige Korrekturlesen von Herrn Johannes Wald wäre dieser Aufsatz nicht zustande gekommen. – Befundbericht im Archiv des Bayerischen Landesamts für Denkmalpflege, Schloß Seehof.

[2] Johann Georg Danzer, Maurer- und Steinhauermeister aus Ebern, gestorben wohl 1762. Dies geht aus einem Akt «Güterteilung» hervor, der sich heute im Stadtarchiv Ebern befindet (freundlicher Hinweis von Bauoberrat Rüdiger Kutz).

[3] Dem Kunstfreund verrät allerdings ein genauer Blick auf den neuen Ambo, daß hier wieder einmal ein Kanzelkorpus in Zweitverwendung sein Gnadenbrot fristen darf.

[4] Vgl. *Die Kunstdenkmäler von Bayern, Bezirksamt Hofheim*, München 1912, S. 78f.

[5] Vgl. Kirchenrechnungen Neuses 1754, Pfarrarchiv Bundorf.

[6] Vgl. Kirchenrechnungen Neuses 1760, Pfarrarchiv Bundorf.

[7] Vgl. dazu Anm. 10.

[8] Kirchenrechnungen Neuses 1767, Pfarrarchiv Bundorf.

[9] Protokollbuch für die Kirchenverwaltung zu Neuses 1835–1855, Eintrag am 5.5.1835, Pfarrarchiv Bundorf.

[10] Kostenvoranschlag Haßfurt, den 30. Januar 1859 von Georg Reuther, jetzt in einer Mappe «Kostenvoranschläge und Baulast der Lokalkaplaneistiftung Neuses», Pfarrarchiv Bundorf.

[11] Unterdürrbach bei Würzburg, Kath. Kirche St. Rochus und St. Sebastian.

[12] Der genaue Text des Protokolls der Kirchenstiftung, des Kostenvoranschlags und des obertechnischen Gutachtens fanden sich im Staatsarchiv Würzburg, Landratsamt Hofheim 181, Betr. Reparatur der Pfarrkirche sowie Innenrestaurierung in Neuses 1900. Die Farbskizzen und Entwurfszeichnungen sowie die sonstige Korrespondenz der Pfarrei Neuses aus diesen Jahren ließen sich im Pfarrarchiv Bundorf bis jetzt nicht finden.

[13] Anton Ranzinger, geb. 1850 in Regen im Bayerischen Wald, gest. 3.1.1924. Ein vielbeschäftigter Kunstmaler und Restaurator, der von München aus in ganz Bayern Kirchen renoviert und Deckenbilder im nachbarocken Stil schafft. Er arbeitet dabei besonders mit dem kgl. Generalkonservatorium für Denkmalpflege zusammen. Ranzinger restauriert z. B. den Freisinger Dom, wobei er sich den Titel eines Professors erwarb. 1915/18 erneuert er die Appiani-Fresken in Vierzehnheiligen. – Eine Würdigung seines umfangreichen Schaffens, das besonders im Hinblick auf die Erforschung des Neubarock und die Anfänge der Denkmalpflege in Bayern wichtig wäre, steht noch aus. Ranzinger hatte bis 1910 zusammen mit dem Kunstmaler und Amateurphotographen Kaspar Lessig (geb. 1852 in Dietfurt, gest. 3.1.1916) ein Atelier für christliche Kunstmalerei.

Vgl. EWALD ONNEN, «Die Restaurierung der Deckenbilder von August Palme und Anton Ranzinger in der Wallfahrtskirche Vierzehnheiligen», in: *Die Restaurierung der Wallfahrtskirche Vierzehnheiligen*, Arbeitshefte des Bayerischen Landesamtes für Denkmalpflege, Bd. 49/1, München 1990, S. 205 ff. – Münchener Neueste Nachrichten, 7. Januar 1924. – Meldeunterlagen der Stadt München, jetzt im Stadtarchiv München.

[14] *Lexikon christlicher Kunst*, erarbeitet von JUTTA SEIBERT, Freiburg 1980, S. 198.

[15] Vgl. dazu GERDA KALTENBRUNNER, «Polychromierte Skulpturen und Altäre sakraler Ausstattungen des späten 19. und beginnenden 20. Jahrhunderts im Rheinland», in: *Raum und Ausstattung Rheinischer Kirchen 1860–1914*, Hrsg. UDO MAINZER, Düsseldorf 1981, S. 47 ff.

[16] Vgl. Kirchenrechnungen Neuses 1756, Pfarrarchiv Bundorf. Die Interpretation von Heitsch, der die verschiedenen Umbauphasen des Altars und diese Archivalie nicht bekannt waren, müssen zurückgewiesen werden.

Schon zwei Jahre nach dem Aufstellen des Hochaltars 1754 zur Einweihung der Kirche durch den würzburgischen Weihbischof hatte man das Gegenlicht des mittleren Chorfensters als störend empfunden und zugesetzt. Der «visionäre Charakter» des Hochaltars entstand aber erst im Lauf des 20. Jahrhunderts, als das Panorama entfernt und das bauzeitliche Chorfenster wieder geöffnet wurden. Vgl. dazu GABRIELE HEITSCH, *Der unterfränkische Altarbau des ausgehenden 17. bis zur Mitte des 18. Jahrhunderts*, München 1986.

[17] Um den geneigten Leser nicht im fortlaufenden Text zu langweilen, sei noch darauf verwiesen, daß sich die Wiederholung des Farbkonzepts auch an den Kirchenbänken, dem Prozessionsaltar und der Empore wiederholt.

[18] Die neueste Publikation zum Thema Neubarock faßt die allgemeine Geschichte der Wiederentdeckung der barocken Kunst zusammen und bemüht sich am Beispiel Münchner Bauten um eine detaillierte Auseinandersetzung. Vgl. HEINRICH HABEL, «Neubarock und Neurokoko in München», in: *Beiträge zur Heimatforschung*, Arbeitshefte des Bayerischen Landesamtes für Denkmalpflege, Bd. 54, München 1991, S. 53 ff.

[19] Auch das Werk von Eulogius Böhler harrt noch der kunstwissenschaftlichen Entdeckung. Durch eine Reihe vorsichtiger Restaurierungen sind in den letzten Jahren einige seiner katholischen Kirchenausstattungen, die meist mit der «Übermalung» oder Neuanfertigung großer Deckenbilder einhergingen, erhalten geblieben bzw. sogar rekonstruiert worden, z. B. Kath. Kirche in Oberstreu, Lkr. Rhön-Grabfeld. Vgl. HEINER DIKREITER, «Kunst und Künstler in Mainfranken», in: *Mainfränkische Hefte*, Heft 18, Würzburg 1924, S. 66 f.

[20] Vgl. zu diesem wenig bearbeiteten Thema auch: ERWIN MAYER, «Die Techniken der Wandgestaltung», in: *Raum und Ausstattung Rheinischer Kirchen 1860–1914*, Hrsg. UDO MAINZER, Düsseldorf 1981, S. 57 ff.

[21] Vgl. dazu HEITSCH (wie Anm. 16), 1986, S. 26 ff.

[22] WALTER BENJAMIN, *Das Passagen-Werk*, Gesammelte Schriften, Band VI, Frankfurt 1982, S. 286.

TAFEL I

1,2. Schwangau, Lkr. Ostallgäu; Kath. Wallfahrtskirche St. Coloman; Verkündigungsrelief um 1520; während der Restaurierung, mit Leim-Kreidemasse gekitteten Fehlstellen sowie im Endzustand, nach Sicherung, Reinigung und Retusche

3,4. Ausschnitt aus 1; nach Festigung und Verkittung sowie nach Retusche im Ton der grauen Azurituntermalung

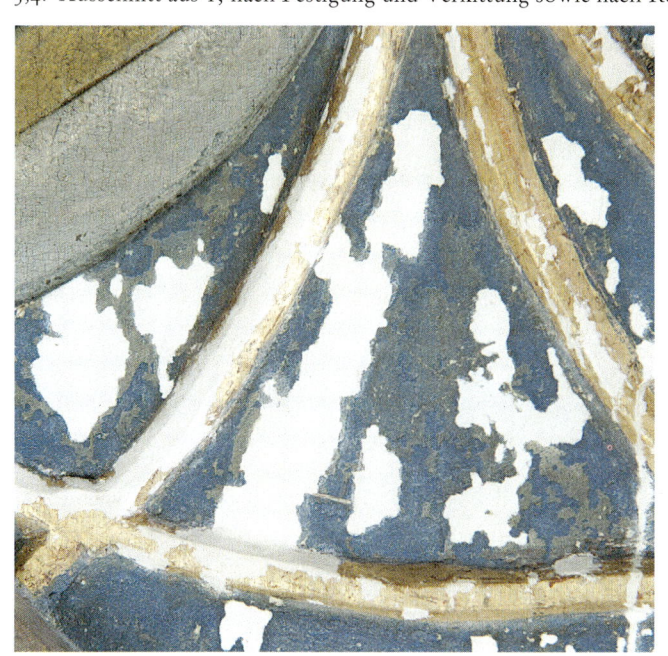

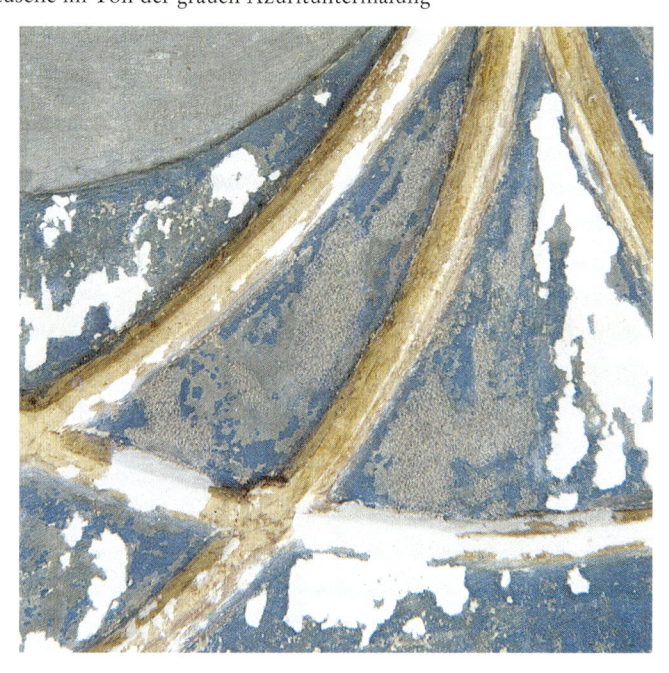

Tafel II

Kreuzabnahmegruppe von Christoph Roth aus Neuburg a. d. Kammel, Lkr. Günzburg; Probeaufstellung im Atelier, Zustand vor der Abschlußretusche

Rechts: 1,2,3. Köpfe des linken Helfers, des mittleren Helfers und der hl. Maria Magdalena aus der Kreuzabnahmegruppe; mit erhaltenen originalen Inkarnaten; Zustand vor der Restaurierung. – 4. Kopf des hl. Johannes aus der Kreuzabnahmegruppe; mit Übermalungen von 1910/1911; Zustand vor der Restaurieruing

TAFEL III

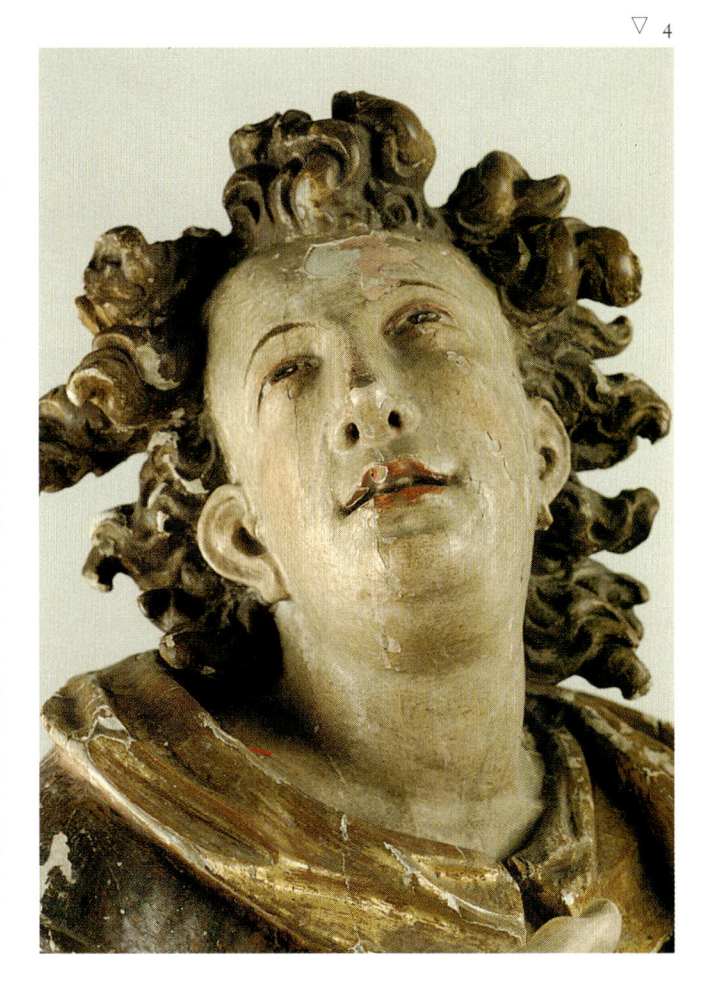

1 △   △ 2
3 ▽   ▽ 4

TAFEL IV

1

2

3

4

5

Heimatmuseum Illertissen, Lkr. Neu-Ulm; Schnitzfiguren von Christoph Rodt
1. Büste des hl. Heinrich. – 2. Büste der hl. Kunigunde, Gewandausschnitt mit aufgesetzten Schmucksteinen am Saum. – 3. Wie 2; vom Bildhauer vor der Fassung Lippen, Augen und Brauenzeichnung farbig ausgeführt. – Zustand der Büsten nach der Restaurierung 1990

4,5. Linker Helfer und Christus der Kreuzabnahmegruppe von Christoph Rodt; Zustand nach der Restaurierung

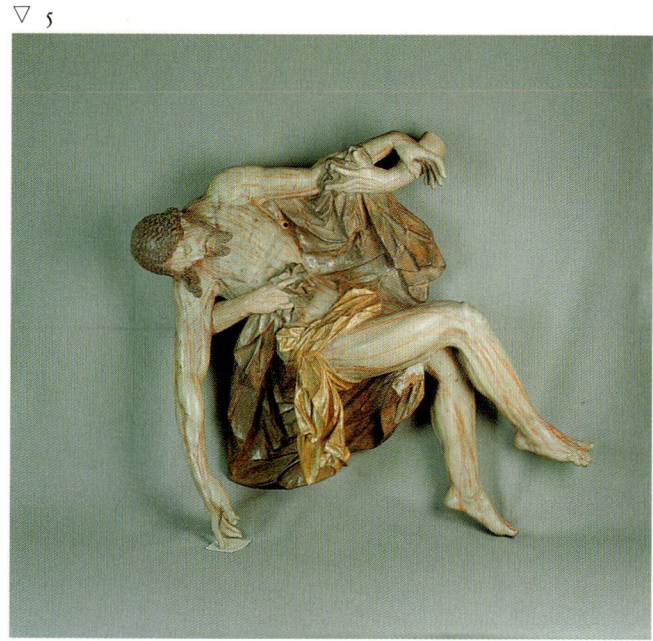

TAFEL V

Kreuzabnahmegruppe von Christoph Rodt, Neuburg a. d. Kammel (Ausschnitte)

1. Hl. Johannes; fein gearbeitete Hände, angesetzter Kugelknopf als Gewandverschluß. – 2. Mittlerer Helfer; Mantelband, mit Muschelsilber gefaßt. – 3. Hl. Magdalena; vergoldetes Gewand; unruhige Polierstriche. – 4. Hl. Magdalena; vergoldetes Gewand, Blasen und Krater in der Grundierung. – 5. Linker Helfer; irrtümlich versilberte und mit Blattgold überschossene Partie am Stiefelschaft; fleckiges Aussehen durch Oxidation des Blattsilbers. – 6. Hl. Johannes; Faltenausschnitt vor der Restaurierung; in den Fehlstellen erkennbare Raspelspuren auf dem Holz. – 7. Hl. Johannes; Lippe, Querschnitt, der Schnitt zeigt unten die rote Farbschicht der Lippenmarkierung auf dem Holz, darüber die Schichten der Originalfassung und der Überfassung mit den dazugehörigen Grundierungslagen

Tafel VI

Sog. Häringer-Altar aus der Michaelskapelle in Windkreut, Markt Peißenberg, Lkr. Weilheim-Schongau; nach Abschluß der Restaurierung

Rechts: Seitenfiguren aus dem sog. Häringer-Altar von Wildkreut. – 1,2. der Apostel Andreas. – 3,4. Hl. Johannes der Evangelist (?), jeweils Vorder- und Rückansicht

TAFEL VII

1 △   △ 2

▽ 3   4 ▽

Tafel VIII

1–3. Neuses, Lkr. Haßberge; Kath. Kuratiekirche Hl. Kreuz, nach der Restaurierung

Tafel IX: Kath. Kuratiekirche Hl. Kreuz ▷
1. Langhausdecke mit restaurierter Farbfassung von 1898
2. Rekonstruierte Sockelzone im Langhaus
3. Terrazzoboden von 1898 im Langhaus
4. Deckengemälde «Rückführung des von den Persern geraubten wahren Kreuzes Christi durch Heraklius nach Jerusalem» (Ausschnitt Heraklius) von Anton Ranzinger; Vorzustand mit erkennbarer Quadrierung

TAFEL IX

1

2

3

4

Pappenheim, Kath. Pfarrkirche Mariä Himmelfahrt; Blick in den Chor, nach der Restaurierung

TAFEL XI

Pappenheim, Pfarrkirche Mariä Himmelfahrt
1. Schablonenornamentfries in der Apsis, nach der Freilegung (1987/1988). – 2. Hl. Elisabeth am Obergaden des Langhauses, nach der Freilegung (1987/1988). – 3. Nördliches Seitenschiff, Blick gegen Osten; nach der Restaurierung der Raumfassung. – 4. Blick zur Orgelempore, nach der Restaurierung

TAFEL XII

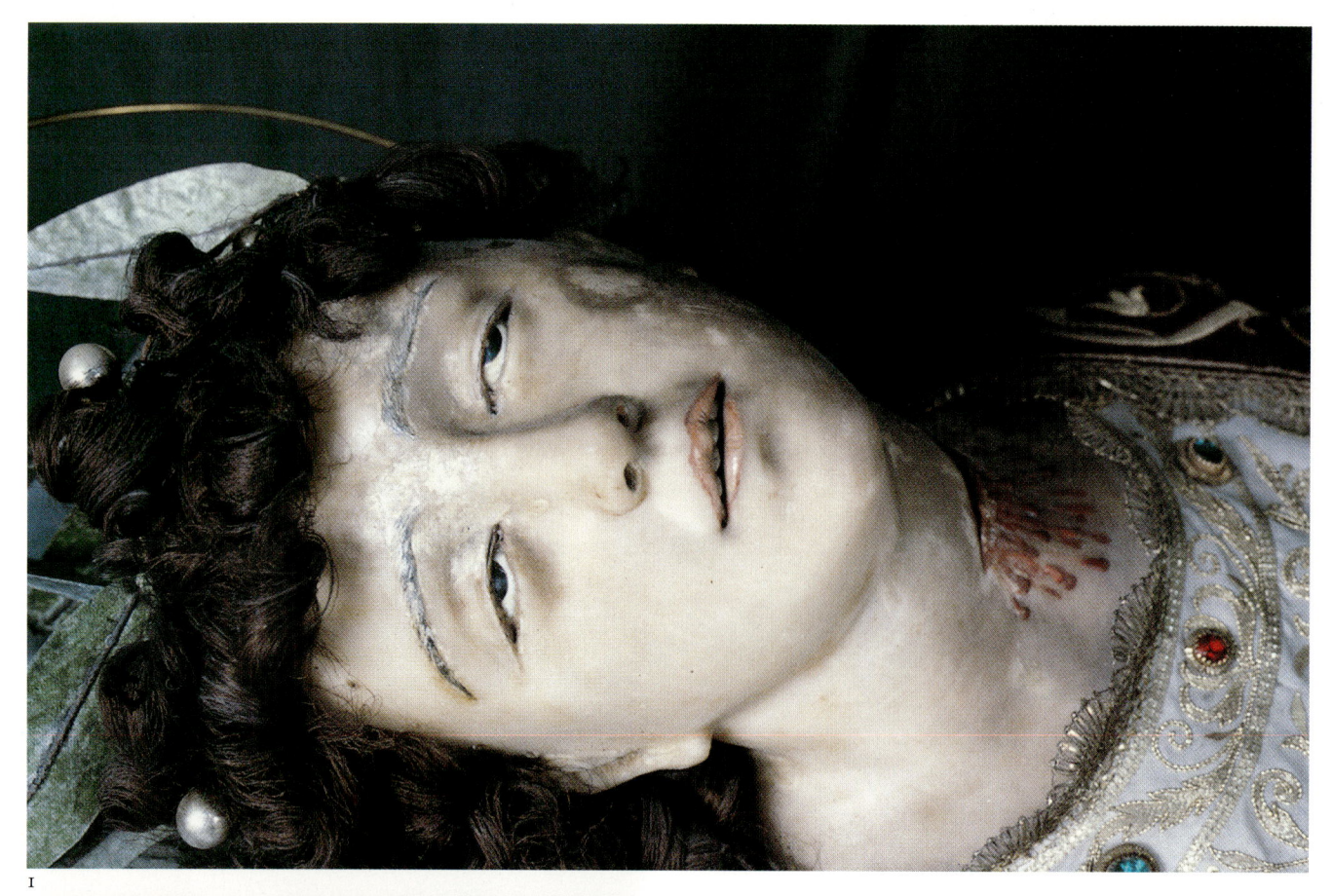

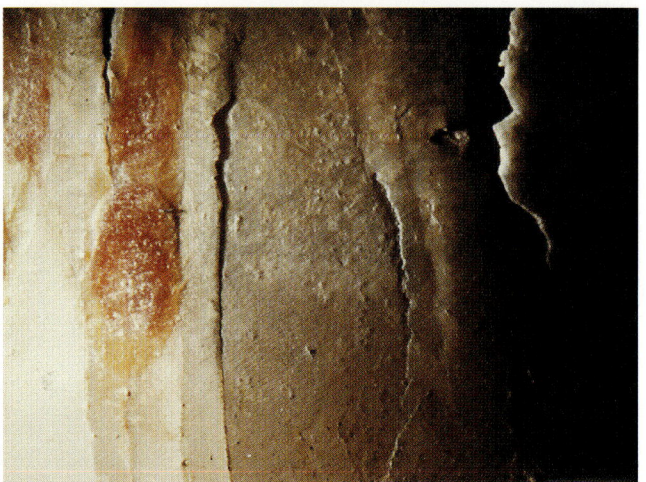

Gerzen, Lkr. Landshut, Kath. Pfarrkirche St. Georg; «Kunstleib» des hl. Urban

1. Haupt der Figur vor der Restaurierung mit Schäden durch Schichtentrennung im Stirnbereich und bei der Halswunde

2. Schichtentrennung im Bereich der Halswunde

3. Befestigung der Perücke

4. Füße der Figur; Schuhe nachträglich aufmodelliert, Schuhe und Zehennägel gefirnist

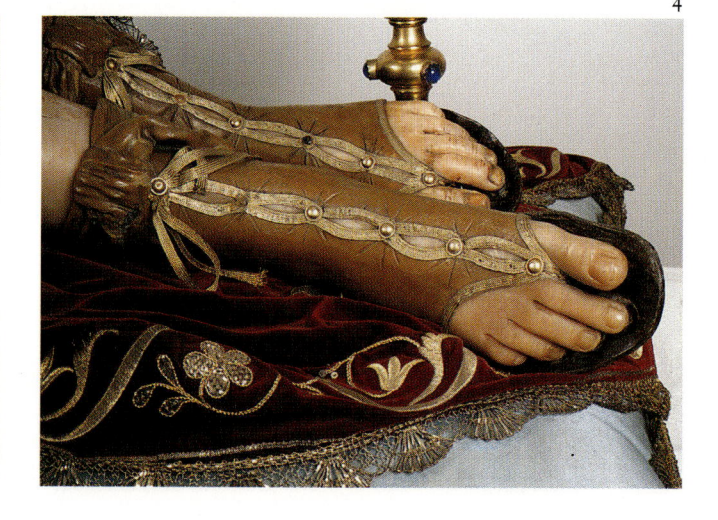

Ursula Schädler-Saub, Emanuel Braun

Die Restaurierung der Kath. Pfarrkirche Mariä Himmelfahrt in Pappenheim und ihrer Wandmalereien

Zur Wiederherstellung eines historistischen Kirchenraums

Die katholische Pfarrkirche Mariä Himmelfahrt in Pappenheim, südlich der Altstadt vor der ehemaligen Stadtmauer gelegen, ist ein repräsentatives Bauwerk im neuromanischen Stil, dessen Schicksal exemplarisch ist für viele Kirchenbauten des Historismus, im ländlichen wie im städtischen Bereich ist. Die Rezeption dieser Sakralarchitektur und der Umgang mit ihrer Ausstattung im Lauf der letzten hundert Jahre verdeutlichen auch den Wandel kunsthistorischer und denkmalpflegerischer Auffassungen in den vergangenen Jahrzehnten.

Die 1871 neu gegründete und durch den Bau der Eisenbahnlinie rasch anwachsende Expositurgemeinde Pappenheim verfügte zunächst lediglich über eine Notkapelle in einer Scheune, die den Bedürfnissen sehr bald nicht mehr genügte.[1] Der Expositus Alois Eder wollte sich mit einer Vergrößerung dieser Kapelle abfinden; das bischöfliche Ordinariat in Eichstätt drängte jedoch darauf, eine neue Kirche für den «Missionsposten» in Pappenheim errichten zu lassen. Der beauftragte Architekt Regierungsbauassessor Friedrich Niedermeyer aus Regensburg begann 1886 mit der Planung. Er entwarf eine neuromanische flachgedeckte Pfeilerbasilika mit ausgeschiedenem rechteckigen Chor und Apsis. Die örtliche Bauleitung hatte der Pappenheimer Baumeister Johann Kipfmüller.[2] Die komplette Ausmalung der Kirche besorgte der akademische Kunstmaler Josef Lang aus München. Hochaltar, Seitenaltäre, Kanzel und Taufsteindeckel lieferte die Nürnberger Kunstanstalt Stärk & Lengenfelder. Die Empore fertigte die Firma Frick in Pappenheim, die Kirchenbänke wurden von der Firma Lorenz Würf aus Amberg hergestellt. Die Fenster gestaltete die Glasmalereianstalt Schneider in Regensburg (Abb. 1).[3] Der verhältnismäßig aufwendige Kirchenbau bedeutete für die katholische Gemeinde in Pappenheim ein sehr großes Wagnis, zu dessen Finanzierung die Diözese Eichstätt und eine landesweite Kollekte beitrugen. Die Bedeutung als «Missionskirche» für die Diözese kam auch darin zum Ausdruck, daß der Bischof Franz Leopold Freiherr von Leonrod nicht nur zur Einweihung, sondern bereits zur Grundsteinlegung anwesend war. Bei der Kircheneinweihung am 29. September 1888 waren alle voll des Lobes über das gelungene Werk; so hob z. B. die Eichstätter Volkszeitung hervor, daß beim Bau und bei der Ausstattung entgegen den Erwartungen nicht Sparsamkeit geherrscht, sondern daß man «... für Gott nur das Schönste und Beste» geschaffen habe.[4]

Das spätere Schicksal der Pappenheimer Pfarrkirche verdeutlicht, wie rasch durch den Wandel der Mode und des Zeitgeschmacks der von der vorangegangenen Generation mit großer Aufopferung und Mühe gestaltete Kirchenraum nicht mehr geschätzt, ja als «Geschmacksverirrung» abgetan wurde. Bereits in den dreißiger Jahren gefielen die byzantinisch-neuromanisch inspirierten Wandmalereien nicht mehr: Die Wände im Langhaus und im Chor wurden weiß getüncht, ausgespart blieben lediglich der Obergaden des Mittelschiffs, der obere Bereich des Chorbogens und die Apsiskonche (Abb. 2). Das Hochaltarretabel im neuromanischen Stil war schon vorher durch einen neugotischen Schnitzaltar aus der Pfarrkirche St. Moritz in Ingolstadt ersetzt worden. Eine dem Zeitgeschmack entsprechende purifizierende Renovierung des Kirchenraumes folgte dann Anfang der sechziger Jahre (Abb. 3). An Stelle der üppigen Dekoration des Historismus und ihrer dunklen Farbklänge wünschte man eine schlichte und klare Gestaltung, eine zeitgemäße Interpretation der neuromanischen Architektur. Die Wandmalereien von Josef Lang wurden nun restlos übertüncht, ersetzt durch sparsame Wandgemälde mit stilisierten Figuren über dem Chorbogen und in der Apsiskonche.[5] Die neugotischen bzw. neuromanischen Schnitzaltäre und die Kanzel entfernte man zugunsten einer kühlen Altarraumgestaltung mit einer marmorverkleideten Hochaltarmensa, auf der eine Bronzeplastik aufgestellt wurde.[6] Auch für die Mensen der Seitenaltäre und den Fußboden im Chorraum verwendete man Marmorplatten. Die starkfarbigen Glasmalereien im Langhaus wurden durch pastellfarben eingetönte Rechteckscheiben ersetzt. Erhalten blieben jedoch, vielleicht aus Pietät, die Glasmalereien in der Apsis mit figürlichen Medaillons. Wohl eher aus Gründen der Sparsamkeit denn aus ästhetischer Überzeugung beließ man andere wichtige Bau- und Ausstattungsteile unverändert im Kirchenraum, darunter die hölzerne Empore, die Orgel, das Gestühl, die Kassettendecke, den Fußbodenbelag im Langhaus, den Kronleuchter und die Lampen von 1914. Obwohl der Eingriff der sechziger Jahre in der Pappenheimer Pfarrkirche dadurch weit weniger radikal geriet als bei vielen vergleichbaren Kirchenbauten des Historismus, die damals einer Purifizierung zum Opfer fielen, war die künstlerische Wirkung des Raumes doch grundlegend verändert. Statt der warmen, eher dunklen Farbigkeit der reichen Dekorationsmalereien, deren Kostbarkeit durch partielle Vergoldungen von Ornamenten und Schriftzügen hervorgehoben wurde, dominierte nun die Kühle der weiß getünchten Wände und der marmornen Altarmensen, so daß die noch erhaltenen Ausstattungsteile der Erbauungszeit kaum mehr zu Geltung kamen.

Die katholische Kirchengemeinde Pappenheim plante 1987 eine Instandsetzung des Kirchenraums in Hinblick auf das hundertjährige Jubiläum der Kirchenweihe im darauffolgenden Jahr. Vorgesehen waren zunächst ein schlichter neuer Anstrich der Wände sowie ein neuer Volksaltar. Eine vom Bayerischen Landesamt für Denkmalpflege veranlaßte Befunduntersuchung zeigte jedoch, daß unter dem dispersionshaltigen Anstrich der sechziger Jahre die Wandmalereien der Erbauungszeit in großen Teilen erhalten geblieben waren.[7] Von der Kirchengemeinde wurde daraufhin der Wunsch geäußert, die ungeliebte Kirchenraumgestaltung der sechziger Jahre zugunsten einer Wiederherstellung der ursprünglichen Ausmalung aufzugeben.

Die Wiederentdeckung der Qualitäten des historischen Kunstschaffens und der neue Stellenwert des Historismus in der Kunstgeschichtsschreibung haben bekanntlich seit einigen Jahren auch zu einem Umdenken in der denkmalpflegerischen Praxis geführt, das sich in diesem Fall trifft mit den Wünschen vieler Kirchengemeinden nach einem festlichen, reich ausgeschmückten Kirchenraum als Reaktion auf den von oben angeordneten Purismus der fünfziger und sechziger Jahre. Bei aller Euphorie für die wiederentdeckte Schönheit reicher Schablonenmalereien und üppig verzierter neuromanischer und neugotischer Ausstattungsstücke besteht bei den Denkmalpflegern jedoch auch die Befürchtung, zugunsten mehr oder weniger abgesicherter Restaurierungen und Rekonstruktionen historischer Kirchenräume die Fehler der vergangenen Jahrzehnte unter anderen Vorzeichen zu wiederholen und nun die puristischen Gestaltungen der Nachkriegszeit in ihrer Wertigkeit zu verkennen. Auch in Pappenheim stellte sich

1. Stadt Pappenheim, Lkr. Weißenburg-Gunzenhausen; Kath. Pfarrkirche Mariä Himmelfahrt; Chor mit Fassung von 1888 von Josef Lang und dem neugotischen Altar aus Ingolstadt; Aufnahme vor 1930

daher zunächst die Frage nach dem qualitativen Stellenwert der Umgestaltung der sechziger Jahre sowie nach genauen Befunden, um die Möglichkeiten und Einschränkungen einer fundierten Restaurierung der historischen Wandmalereien und einer Ergänzung fehlender Ausstattungsstücke abwägen zu können.

Die Befunduntersuchung in der Pappenheimer Pfarrkirche hatte bereits gezeigt, daß es sich um sehr aufwendig gestaltete Wandmalereien mit figürlichen Darstellungen, umrahmt von reicher Schablonenornamentik, handelte. Ein größeres Freilegungsmuster[8] ermöglichte genauere Kenntnisse, was die Maltechnik und den Erhaltungszustand betraf: Die figürlichen Szenen in den Medaillons und die Einzelfiguren im Bereich des Obergadens und der Apsis sind in Kalkfreskotechnik ausgeführt (Tafel X und XI).[9] Die Tagewerksgrenzen des hierfür jeweils frisch aufgetragenen, feinen und geglätteten Kalkputzes stimmen ungefähr mit den Umrissen der Figuren überein;[10] die Putzgrenzen dieser Tagewerke überlappen den Wandputz, der in den für die Figuren bestimmten Bereichen abgeschlagen wurde. Für alle Figuren und szenische Darstellungen wurden Vorzeichnungen mittels einer relativ detaillierten Putzritzung ausgeführt, was auf die in der Freskomalerei gebräuchliche Verwendung von Kartons schließen läßt.[11] Die Farbenpalette der Kalkfreskomalerei ist von Erdfarben – Ocker, Grüne Erde, Umbra, Eisenoxidrot u. a. – bestimmt, hinzu kommen Coelinblau und Weiß.[12] Die Malweise ist teils lasierend, teils pastos; dabei ist anzunehmen, daß die malerische Ausarbeitung mit pastosen Höhungen, Konturen und Schattierungen wohl mehr in einer «mezzofresco»-Technik erfolgte.[13] Für die Ölvergoldung der Figurennimben wurde sogenanntes Metallgold verwendet, ein Schlagmetall mit geringen Anteilen an Edelmetallen, das zum Schutz gegen Oxidation mit Schellack überzogen wurde.[14] Dadurch wird ein warmer Goldton mit hohem Glanzgrad erreicht, dessen Wirkung durch die matte Oberfläche der Malereien besonders hervorgehoben wird.

Die gesamten übrigen Wandmalereien – die einfarbigen Hintergründe der Figuren, die Schablonenfriese und -umrahmungen, die mit Teppichmustern gestalteten Rücklagen der Medaillons und die stilisierte Vorhangmalerei des Apsissockels – sind in Leimfarbentechnik ausgeführt.[15] Die Schablonen sind zumeist mehrschlägig[16] und nehmen die von Erdfarben bestimmte Palette der figürlichen Malereien wieder auf. Partielle Vergoldungen auf Ornamenten und Hintergründen heben Schriftzüge und Details der Schablonenfriese sowie den Christus Pantokrator und die Engel des Chorbogens hervor; Material und Technik entsprechen den Goldauflagen der Nimben.

Die Kombination von Kalkfresko- und Leimfarbentechnik ist eher ungewöhnlich; sie ist jedoch bezeichnend für die unterschiedlichen künstlerischen und maltechnischen Schwierigkeitsgrade, die eine freie figürliche Malerei einerseits und eine von Vorlagen und handwerklicher Ausführung geprägte Schablonenmalerei andererseits mit sich bringen. Bei der Ausführung der Wandmalereien könnte daher eine Arbeitsteilung angenommen werden, die dem Kunstmaler Josef Lang die in Kalkfreskotechnik zu malenden Figuren anvertraute, während geschickte Dekorationsmaler die Schablonenornamentik mit Leimfarben

2. Blick zum Chor; die Wandpartien mit Ausnahme von Obergaden und Kuppelausmalung weiß übertüncht; Aufnahme 1930er Jahre

3. Blick zum Chor; Aufnahme nach der Renovierung in den 1960er Jahren: weiß getüncht, wenige neue malerische Akzente, neue Altargestaltung

fertigten.[17] Es mögen sicherlich auch ästhetische Gründe für das Nebeneinander von Kalkfresko- und Leimfarbenmalerei gesprochen haben: Die stumpfe und glatte Oberfläche der Leimfarbe tritt hinter der transparenteren und farbintensiveren Kalkfreskomalerei mit ihrem teils pastosen Duktus zurück, die Wirkung der figürlichen Darstellungen wird dadurch zusätzlich hervorgehoben.
Bereits das Freilegungsmuster (Tafel XI.1) zeigte, daß der Erhaltungszustand der Wandmalereien entsprechend den angewandten Maltechniken unterschiedlich war. Die Leimfarbenmalereien waren durch das Abkratzen und Abwaschen der Wände vor den Neutünchungen der dreißiger und sechziger Jahre sehr reduziert. Nur ein kleiner, von der Orgel abgedeckter und daher den Kirchenrenovierungen entgangener Teil der Schablonenmalereien wies noch, wenn auch stark patiniert, die originale Oberfläche und Farbigkeit auf. Trotz der Abarbeitung der Oberflächen waren die Befunde jedoch ausreichend, um die eindeutige Rekonstruktion sämtlicher verwendeter Schablonenornamente zu ermöglichen.[18] Relativ gut und praktisch vollständig erhalten waren die Kalkfreskomalereien, auch wenn die Oberflächen meist etwas gedünnt und die Binnenzeichnung und malerische Ausarbeitung dadurch stellenweise reduziert waren.
Angesichts des insgesamt guten Erhaltungszustands der figürlichen Malereien und der praktisch vollständigen Befundlage bei den Schablonenornamenten wurden sowohl von der Kirchengemeinde als auch von der Diözese und den Denkmalpflegern die Restaurierung und Teilrekonstruktion der Wandmalereien in der Pappenheimer Pfarrkirche befürwortet.[19] Die damit verbundene Entscheidung einer weitestgehenden Wiederherstellung der historistischen Ausgestaltung des Kirchenraums war insofern möglich, als, abgesehen vom Verlust der Altäre und der Glasfenster im Kirchenschiff, die originalen Bau- und Ausstattungsteile der Kirche praktisch vollständig erhalten waren. Diese Tatsache war auch der Auslöser für den

Verzicht auf die Erhaltung der Umgestaltung aus den sechziger Jahren: Die Qualität und die historische Bedeutung des Kirchenraums von 1888 waren hier sicherlich höher anzusetzen als die der Veränderungen des 20. Jahrhunderts mit den Wandmalereien Mangolds, die in diesem Fall nicht als exemplarisches Beispiel der purifizierenden Tendenzen der fünfziger und sechziger Jahre bewertet werden konnten.[20]
Der unterschiedliche Erhaltungszustand der Wandmalereien beeinflußte das denkmalpflegerische und restauratorische Konzept: Während bei den figürlichen Kalkfreskomalereien eine behutsame Restaurierung mit zurückhaltender Retusche anzustreben war, konnten die Reste der in Leimfarbe ausgeführten Schablonenornamente nur als Vorlage für eine Rekonstruktion dienen (Abb. 4-9, Tafel XI.1). Die Verbindung einer Restaurierungsmethodik, die die Patina der Malereien erhalten und die Unterscheidbarkeit von Original und Retusche gewährleisten will, mit einer malerischen Rekonstruktion großflächiger Fehlstellen erschien in diesem Fall insofern legitim, als das Auftragen von Schablonenornamenten ein handwerklicher, problemlos wiederholbarer Vorgang ist, der nicht durch eine individuelle künstlerische Handschrift bestimmt wird. Ein Verzicht auf die Wiederherstellung der Schablonenmalereien zugunsten einer «archäologischen» Präsentation der erhaltenen Wandmalereireste, wie sie z. B. bei mittelalterlichen Wandgemäldezyklen üblich ist, kann zudem sicherlich nicht problemlos auf Raumgestaltungen des Historismus übertragen werden, deren ästhetische Qualitäten wesentlich durch die Vollständigkeit der Raumausschmückung bestimmt sind. Eine Schwierigkeit bei der Restaurierung und Teilrekonstruktion der Pappenheimer Wandmalereien war allerdings durch den unterschiedlichen «Alterswert» der figürlichen Darstellungen und der Schablonenornamente gegeben. An der reduzierten Farbigkeit der gealterten Kalkfreskomalereien und nicht an der Farbintensität des niemals übertünchten

4. Blick zum Chor; Aufnahme nach der Restaurierung von 1987-1989; nach der Rekonstruktion der ursprünglichen Innenraumfassung

Primärdokuments einer durch die Orgel abgedeckten Schablonenornamentik mußte sich die Rekonstruktion der Leimfarbenmalereien orientieren, um wieder einen harmonischen Zusammenklang von figürlichen Szenen und ornamentaler Umrahmung zu erlangen. Dabei wurde, was sicherlich diskutabel bleibt, ein fiktiver Alterungszustand der Schablonenmalereien angenommen, bzw. wurde deren Farbigkeit bewußt gedämpft. Um zumindest die Nachvollziehbarkeit eines derartigen Vorgehens zu gewähren, ist die Erhaltung von Primärdokumenten für jedes Schablonenmuster erforderlich, was in Pappenheim auch berücksichtigt wurde.

Die mit der Restaurierung und Teilrekonstruktion der Wandmalereien verbundene Notwendigkeit einer Wiederherstellung der ursprünglichen Ausgestaltung des Kirchenraums bereitete Schwierigkeiten. Auch wenn bei Renovierungen entfernte Ausstattungsstücke des Historismus teilweise heute noch auf Kirchendachböden gelagert sind, konnten im mittelfränkischen Raum keine geeigneten Schnitzaltäre für die Pappenheimer Pfarrkirche gefunden werden. Durch die 1988 ausgeführte Umgestaltung einer neugotisch ausgestatteten Seitenkapelle des Eichstätter Doms wurde schließlich ein für diese Kapelle geschaffenes neugotisches Schreinretabel nach Pappenheim gebracht (Tafel X).[21] Dieses vom Diözesanklerus zum 25jährigen Priesterjubiläum des Bischofs Franz Leopold von Leonrod im Jahr 1876 gestiftete Retabel[22] fügt sich in das ikonographische Programm der Pappenheimer Pfarrkirche ein, da mit der Schnitzfigur des hl. Franziskus in der Mitte des Schreins und der des hl. Leopold im Gesprenge ein Hinweis auf die Namenspatrone des Bischofs gegeben ist, die auch in den Wandmalereien der Apsis erscheinen. Der schlanken, vertikal betonten Form des Schreinretabels mit dem hoch aufragenden Gesprenge merkt man allerdings an, daß sie für einen schmalen Kapellenraum konzipiert ist und nicht für die Apsis der Pappenheimer Pfarrkirche, deren Wandmalereien durch das Gesprenge zum Teil verdeckt werden. Der ursprüngliche, wohl neuromanische Altar dürfte wesentlich breiter und niedriger gewesen sein, ähnlich dem später aufgestellten neugotischen Altar.[23]

Als Ersatz für die verlorenen, photographisch nicht dokumentierten Retabel der Seitenaltäre konnte bisher nur ein kleiner neugotischer Schrein ohne Figuren gefunden werden.[24] Ein Desiderat bleibt es, die aus den fünfziger Jahren stammende pastellfarbene Verglasung der Langhausfenster durch dunklere ornamentale Glasmalereien zu ersetzen, um die im 19. Jahrhundert beabsichtigte Lichtwirkung im Kirchenraum wiederherzustellen, was für die Wirkung der Wandmalereien von entscheidender Bedeutung wäre.

Einige kurze technische Anmerkungen zur Restaurierung und Teilrekonstruktion der Wandmalereien: Nach Abnahme der dispersionshaltigen Übertünchung und der teils darunterliegenden Leimfarbenschicht wurden die Kalkfreskomalereien trocken gereinigt; eine Festigung der Malschicht war nicht erforderlich; die auf die Fehlstellen beschränkten Retuschen wurden mit Aquarellfarben ausgeführt. Für die Rekonstruktion der Schablonenmalereien wurden nach eingehender Untersuchung der Primärdokumente die mehrschlägigen Schablonen nachgeschnitten;

5. Blick in das südliche Seitenschiff und auf den Obergaden; nach der Restaurierung von 1987 bis 1989

die Schablonenmalereien wurden dann der traditionellen Leimfarbentechnik entsprechend mit Hautleim und Pigmenten ausgeführt. Zur Ergänzung von Fehlstellen in der Vergoldung wurde nach dem historischen Vorbild wieder Schlagmetall mit Schellacküberzug verwendet. Sämtliche Arbeiten wurden von der Nürnberger Firma Wiedl ausgeführt.

Mit der Inneninstandsetzung und Restaurierung der Kirche war auch eine den heutigen liturgischen Bedürfnissen entsprechende Umgestaltung des Chorraums mit Errichtung eines Volksaltars, geschaffen vom Bildhauer Hans Kreuz, verbunden (Tafel X). Der Fußbodenbelag des Chors mit quadratischen Solnhofener Platten berücksichtigte dabei den historischen Plattenbelag im Kirchenschiff.

Die Wandmalereien der Pappenheimer Pfarrkirche orientieren sich in ihrer Formensprache und Komposition an byzantinischen und romanischen Vorbildern; die komplexe Ikonographie der Malereien deutet auf ein von einem Theologen ausgearbeitetes Programm. Die Apsis wird beherrscht von der Darstellung des Pantokrators in der Mandorla, umgeben von den knienden Figuren Marias und Johannes des Täufers. Darunter folgt ein Figurenfries mit den vier lateinischen Kirchenvätern sowie, seitlich angeordnet und vom Kirchenschiff aus durch die Pfeiler des Chorbogens verborgen, den Heiligen Franziskus und Leopold, den Namenspatronen des damaligen Bischofs.

6. Blick in die Chorkuppelkalotte; nach der Restaurierung von 1987 bis 1989

Die Sockelzone ist mit einem gemalten Vorhang mit stilisierter Draperie geschmückt. Die Wände des Mittelschiffs werden durch zwei horizontale Bildfriese gegliedert: Der Obergadenfries zeigt Heiligenfiguren in streng frontaler Reihung, jeweils von stilisierten Bäumen umrahmt, während im Fries oberhalb der Arkadenzone polygonale Medaillons mit Szenen aus dem Leben Christi und Mariä abwechseln mit kleinen Rundmedaillons mit Zitaten aus dem Magnificat. Ähnliche Rundmedaillons mit Inschriften, die Anrufungen aus der lauretanischen Litanei enthalten, sowie heute nicht mehr entzifferbare Reste marianischer Symbole, schmücken die Zwickel der Arkadenzone. Diese figürlichen Darstellungen sind mit überreichen Schablonenfriesen byzantinisch-romanischer Inspiration umrahmt. Dieselben Friese betonen die Architekturgliederung des Kirchenraums (Tafel XI.4), sie begleiten Chorbogen und Arkadenbögen sowie die Kämpferzone. In einem wahren «horror vacui» sind auch die Rücklagen der Medaillons mit aufwendigem Ranken- und Palmettendekor bzw. mit dichten Teppichmustern verziert. Florale Schablonenmuster dekorieren die Felder der Emporenbrüstung und der Kassettendecke des Mittelschiffs, schlichtere Zickzackfriese die Bretterdecken der Seitenschiffe. Die Ausschmückung der Seitenschiffe ist im Vergleich zum Hauptschiff eher sparsam, die figürlichen Malereien beschränken sich hier auf tympanonartig umrahmte Medaillons oberhalb der Seitenaltäre mit Darstellungen vom Tod Marias und Josephs (Tafel XI.3). Schablonenfriese bilden den Wandabschluß und verzieren die Fensterlaibungen; die Wände sind dazu in einem hellockrigen Ton gestrichen.

Zur Vervollständigung des ikonographischen Programms, das auf Maria, die Kirchenpatronin, und die Heiligen, die auf den alles beherrschenden Christus hinführen, ausgelegt ist, fehlen heute der ursprüngliche Hochaltar und die Seitenaltäre. Die noch erhaltenen Glasmalereien der Apsisfenster schreiben das ikonographische Programm der Wandmalereien fort mit der Darstellung der Verkündigung (Abb. 10), der Marienkrönung und Christi Geburt, eingefaßt in mandorlaförmige Medaillons, von Ranken und Palmetten umrahmt. Bei den heute verlorenen originalen Verglasungen des Langhauses ist anzunehmen, daß es sich um ornamentale Glasmalereien handelte, wie dies an einem illusionistischen Fenster des südlichen Obergadens, im Anschluß an den Chorbogen, sichtbar ist (Abb. 7). Es ist denkbar, daß das umfangreiche ikonographische Programm für den «Missionsposten» in Pappenheim unter Mitwirkung des kunstsachverständigen Bischofs Franz Leopold von Leonrod entwickelt wurde, der der Stadt und dem Expositus Eder sehr verbunden war; die Darstellung seiner Namenspatrone in der Apsis der Kirche spricht für diese Beziehung. Möglich, aber nicht zu belegen, ist auch eine Beteiligung von Pfarrer Sebastian Mützl,[25] von dem zahlreiche Entwürfe für Ausmalungen überliefert sind.
Auch der Architekt Friedrich Niedermeyer und der Kunstmaler Joseph Lang erhielten wohl durch die Vermittlung des Eichstätter Bischofs den Auftrag für die Errichtung und Ausmalung der Pappenheimer Pfarrkir-

7.-9. Details aus der restaurierten und rekonstruierten Raumfassung von 1987 bis 1989

10. Glasgemälde mit „Verkündigungsszene" in der Apsis, aus der Glasmalereianstalt Schneider in Regensburg, um 1888

che. Niedermeyer ist als Kirchenbaumeister nicht sonderlich bekannt. Für die Diözese Eichstätt war er nach der Erbauung der Pappenheimer Kirche noch des öfteren tätig, so z. B. mit dem neugotischen Umbau der katholischen Kirche in Raitenbuch 1898 und mit dem Neubau der katholischen Kirche in Solnhofen 1905. In Pappenheim verwirklichte Niedermeyer den konventionellen Typus einer dreischiffigen romanischen Basilika, deren Formen so allgemein gewählt waren, daß sich kein spezieller romanischer Bau als Vorbild bestimmen lassen kann. Das Bedeutende an der Pappenheimer Kirche ist auch weniger der architektonische Entwurf als solcher, sondern vielmehr das Zusammenwirken von Architektur und zeitgleicher Ausmalung und Ausstattung. In welcher Form der Architekt die Ausgestaltung des Kirchenraums beeinflußte, läßt sich an Hand der spärlichen Archivalien nicht mehr nachvollziehen. Ebenso wenig ist bisher über den Münchner Kunstmaler Joseph Lang bekannt, dessen künstlerische Tätigkeit erst durch die Freilegung der Pappenheimer Wandmalereien wieder faßbar wurde.[26] Lang war mehrfach für die Diözese Eichstätt tätig, zum Beispiel an der Ausmalung der 1897 erbauten Kirche in Rupertsbuch (Lkr. Eichstätt).[27] Für die Stadtpfarrkirche von Dietfurt a. d. Altmühl lieferte er ein 1860 datiertes Altarbild und für die Münsterkirche in Ingolstadt ein 1889 datiertes Altarbild. Ferner bemalte er eine Kapelle im Kloster Scheyern nach Plänen von Sebastian Mützl.[28]

Nachdem gerade die Wandmalereien des Historismus so häufig den Kirchenrenovierungen der letzten Jahrzehnte zum Opfer fielen, wäre es jedoch eher ein glücklicher Zufall, weitere Wandgemälde Langs im Eichstätter oder Münchner Raum zu entdecken und somit seine künstlerische Handschrift besser bestimmen zu können. So können die figürlichen Malereien in der Pappenheimer Kirche nur allgemein dem Stil der Nazarener zugeordnet werden, während die Vorbilder für die Schablonenornamentik sicherlich in den damals weit verbreiteten Ornamentvorlagen zu suchen sind. So sei vor allem an die von Carl von Heideloff publizierten «Ornamente des Mittelalters»[29] erinnert, deren Bildtafeln im «byzantinischen Styl» nicht nur zahlreiche romanische Ornamentfriese zeigen, sondern auch figürliche Darstellungen in ornamentaler Umrahmung, die in Komposition und Stil durchaus Analogien zu den Pappenheimer Wandgemälden aufweisen.[30] Auch französische und englische Ornamentvorlagen waren seit der Mitte des 19. Jahrhunderts in Deutschland verbreitet und dienten den Dekorationsmalern als Vorbilder für Raumgestaltungen im byzantinischen oder romanischen Stil.[31] Für die Gesamtkonzeption der Pappenheimer Wandmalereien mögen auch byzantinische Vorbilder aus dem italienischen Raum von Bedeutung gewesen sein, beispielsweise die Mosaikdekorationen Ravennas, die Lang vielleicht durch Abbildungen kannte.

Erwähnt sei zuletzt noch die 1879 in Nürnberg gegründete «Werkstätte für kirchliche Kunst Stärk und Lengenfelder», welche die heute verlorenen Altäre für die Pappenheimer Pfarrkirche schuf. Diese Werkstätte hatte bereits Anfang der achtziger Jahre des 19. Jahrhunderts einen sehr guten Ruf erworben, nachdem der Bildhauer Stärk im Auftrag August von Essenweins u. a. den neugotischen Hochaltar für die Nürnberger Frauenkirche entworfen und geschnitzt hatte.[32] Die Beteiligung der renommierten Werkstätte an der Ausstattung der Pappenheimer Kirche bestätigt die hohen qualitativen Ansprüche des Auftraggebers bei der Ausgestaltung des Kirchenraums.

Nach der Restaurierung und Teilrekonstruktion der Wandmalereien vermittelt der Kirchenraum heute wieder – trotz verschiedener Verluste – eine Vorstellung des «Gesamtkunstwerks» im byzantinisch-neuromanischen Stil, das der Architekt und die beteiligten Künstler in Pappenheim schaffen wollten.

ANMERKUNGEN

[1] Franz Xaver Buchner, *Das Bistum Eichstätt*, 2. Bd., Eichstätt 1938, S. 342.

[2] Der Kostenvoranschlag des Baumeisters Kipfmüller vom 4. 2. 1886 belief sich auf 37.000 RM für den Rohbau (Diözesanarchiv Eichstätt, Pfarrakt Pappenheim I.)

[3] Diözesanarchiv Eichstätt, Pfarrakt Pappenheim I.

[4] Eichstätter Volkszeitung vom 2. 10. 1888.

[5] Diese in Spachteltechnik von dem Weissenburger Kunstmaler Mangold ausgeführten Malereien zeigten Christus als Weltenrichter sowie zwei posauneblasende Engel.

[6] Die Bronzeplastik mit zwei kronetragenden Engeln wurde um 1935 für die Pfarrkirche Treuchtlingen gefertigt.

[7] Die Befunduntersuchung wurde von der Fa. Wiedl, Nürnberg, ausgeführt.

[8] Die Abnahme des jüngsten, dispersionshaltigen Anstriches erfolgte mit dem Lösungsmittel «Chevasol»; die teils darunterliegenden Reste von Leimfarbenanstrichen konnten zum Großteil durch Trockenreinigung entfernt werden.

[9] Der Zusatz eines protein- oder ölhaltigen Bindemittels ist u. U. zu vermuten, er müßte angesichts der matten Oberfläche der Malschicht jedoch gering sein. Chemische Analysen zur Bindemittelbestimmung wurden nicht durchgeführt, da hierfür keine konservatorische Notwendigkeit bestand.

[10] Teils sind die Tagewerke jedoch zu knapp bemessen gewesen, so daß Randbereiche der figürlichen Malereien auf dem Wandputz liegen, also keine freskale Bindung aufweisen.

[11] Tagewerksgrenzen und Putzritzungen wurden von der Fa. Wiedl durch Pausen im Maßstab 1 : 1 dokumentiert.

[12] Da keine Pigmentveränderungen o. ä. vorlagen, wurden keine Pigmentanalysen ausgeführt.

[13] Hierfür spricht das Schadensbild der Malereien mit meist recht reduzierter malerischer Ausarbeitung.

[14] Information von Herrn Wiedl jun.

[15] Als Bindemittel wurde ein Hautleim verwendet.

[16] Üblicherweise handelt es sich um drei- bis vierschlägige Schablonen.

[17] In einem Brief vom 26. 6. 1888 schreibt der Expositus Alois Eder an den Generalvikar Dr. Bernhard Schels: «Bis Ende der nächsten Woche wird das Presbyterium fertig sein. Was bisher zu sehen ist, findet das ungeteilte Lob aller. Dabei ist Herr Lang so zuvorkommend und bringt in der Apsis noch mehr Figuren an, als ursprünglich beabsichtigt war», was die eigenhändige Ausführung der Figuren durch den Kunstmaler Lang bestätigt. Diözesanarchiv Eichstätt, Pfarrakt Pappenheim I.

[18] Nicht rekonstruierbar waren die marianischen Symbole in den Medaillons der Arkadenzwickel; unvollständig waren die Befunde bei dem gemalten Vorhang des Apsissockels.

[19] Herrn Pfarrer Reichart sei hier für sein großes Engagement für die Kirchenrestaurierung gedankt, ohne das viele organisatorische und finanzielle Schwierigkeiten nicht zu bewerkstelligen gewesen wären.

[20] Die Wandmalereien Mangolds und die Kirchenraumgestaltung der sechziger Jahre wurden photographisch dokumentiert. Eine Abnahme der Wandmalereien im «Strappo»-Verfahren wurde leider erfolglos probiert. Der Künstler hatte im übrigen keine Einwände gegen die Entfernung seiner Wandgemälde erhoben.

[21] Die Einwände der Denkmalpflege gegen die Umgestaltung dieser Seitenkapelle waren erfolglos. Die Aufstellung des Altars in Pappenheim garantiert zumindest die Erhaltung des wertvollen Ausstattungsstücks.

[22] Den Entwurf für das Schreinretabel lieferte der Inspektor Beyschlag, ausgeführt wurde er von dem Bildhauer Basler und von dem Maler Gerhäußer. Eichstätter Volkszeitung vom 20. 7. 1879.

[23] Nur der neugotische Altar ist durch eine historische Photographie dokumentiert (siehe Abb. 1, 2).

[24] Dieser dank der Initiative von Pfarrer Reichart erworbene Altarschrein stammt aus dem Elsaß.

[25] Vgl. dazu Susanne Peither, «Sebastian Mützl. Ein Eichstätter Nazarener», in: *Sammelblatt des Historischen Vereins Eichstätt*, 84, 1991, S. 129–142.

[26] Lang ist in Beilngries geboren. Nach dem Studium ließ er sich in München nieder.

[27] Buchner (wie Anm. 1), S. 478.

[28] Peither (wie Anm. 25), S. 133 ff.

[29] Carl von Heideloff, *Die Ornamente des Mittelalters*, Nürnberg 1843.

[30] Siehe z. B. Heideloff (wie Anm. 29), Pl. 1, Heft IX, mit Ornamentfriesen von einem Grabmal aus dem ehem. Kreuzgang der Benediktinerabtei Reinhardsbrunn, oder Pl. 2, Heft XXI, mit der Darstellung eines thronenden Königs in Arkadenumrahmung mit reicher Ornamentik aus einem französischen Codex des 12. Jahrhunderts.

[31] Erwähnt seien hier nur einige der zahlreichen Publikationen: – J.C. Hochwind, *Mittelalterliche Verzierungen Englands und Frankreichs*, München 1842. – H. Shaw, *The encyclopedia of ornament*, London 1842. – O. Jones, *The grammar of ornament*, London 1856. – D. Guilmard, *Les maitres ornementistes*, Paris 1880–81. – F.S. Meyer, *Ornamentale Formenlehre*, Leipzig 1883–86. – C.B. Griesbach, *Muster-Ornamente aus allen Stilen in historischer Anordnung*, Gera o.J.

[32] Der 1881 gefertigte Hochaltar wurde im zweiten Weltkrieg zerstört; er ist jedoch photographisch dokumentiert. Zum Leben und Werk des schwäbischen Bildhauers Josef Stärk wurden ausführliche Unterlagen vom Stadtarchiv Nürnberg und von Herrn Willibald Stärk zusammengestellt. Herrn Architekt Stolz aus Nürnberg sei für diesen freundlichen Hinweis gedankt.

Heinz Strehler
Die frühere Loretokapelle in Bad Reichenhall

Die Entwicklung von Bad Reichenhall in Oberbayern ist eng mit dem ehemaligen Augustiner-Chorherrenstift St. Zeno verbunden, dessen Geschichte bis in das 9. Jahrhundert zurückverfolgt werden kann. Ein paar Dutzend Meter im Nordwesten der Klosterkirche von St. Zeno befand sich früher eine Marien- oder Pfarrkirche, die 1158 geweiht und 1489 nach einem Blitzschlag neu- bzw. wiederaufgebaut wurde. Um 1624 begann diese Kirche zu verfallen. Man beschloß, sie abzureißen und an ihrer Stelle eine Lauretanische Kapelle zu errichten.[1]

Durch Zufall ist das Aussehen dieser Kirche im 17. Jahrhundert erhalten geblieben. Das Necrologium (Totenbuch der Äbte und Pröbste), das unter Probst Bernhard I. Fischer (1628–1658) hergestellt wurde, zeigt in mehreren Abbildungen im Hintergrund St. Zeno (auch als Baustelle) und die alte Marienpfarrkirche (Abb. 1, 2). Aus den Darstellungen ist zu ersehen, daß die damals bereits zur

1. Bad Reichenhall; idealisierte Baustelle der Klosterkirche von St. Zeno (im Hintergrund die ehem. Pfarrkirche St. Maria), aus dem Necrologium des Klosters, 1654

2. Links die ehem. Pfarrkirche St. Maria; aus dem Necrologium des Klosters, 1654

3. „Prospekt des regulierten Chorherrn Stiftes St. Zeno gegen Süd-Ost 1782" (Ausschnitt), links die ehem. Pfarrkirche und nachmalige Loretokapelle; kolorierte Zeichnung

4. Darstellung des Klosters St. Zeno, links die ehem. Pfarrkirche und nachmalige Loretokapelle; kolorierte Zeichnung, wohl Ende 18. Jh.

5. Darstellung des Klosters St. Zeno, links die ehem. Pfarrkirche und nachmalige Loretokapelle; kolorierte Zeichnung, bez. 1803

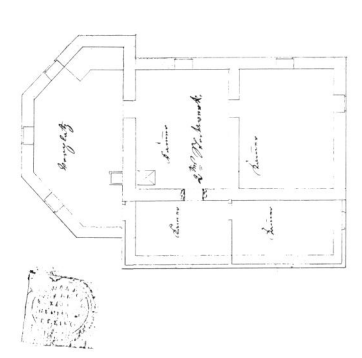

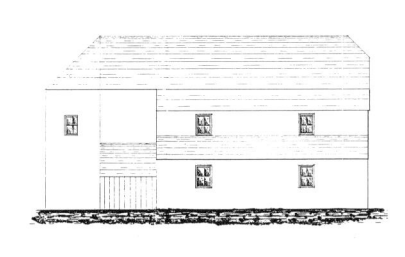

6. Bauplan von 1858 mit Grundriß, Ansicht von Nordwesten und von Südwesten der profanierten Loretokapelle

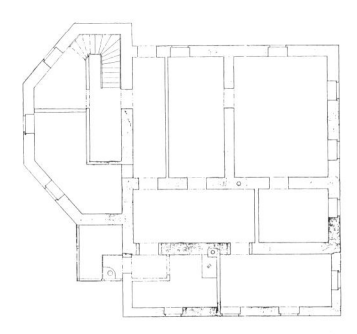

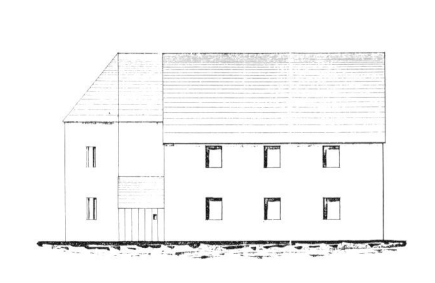

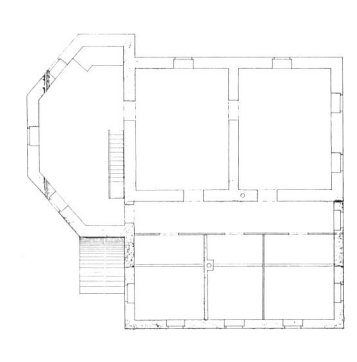

7. Bauplan von 1870 mit Grundriß, Ansicht von Nordwesten und 1. Obergeschoß der profanierten Loretokapelle

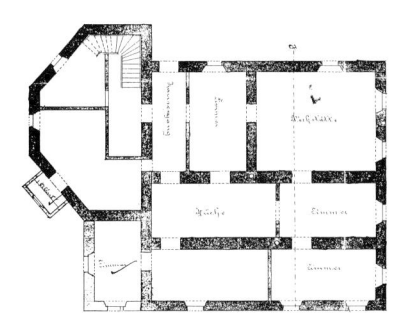

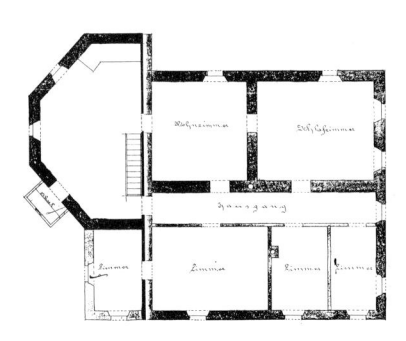

8. Bauplan von 1897 mit Grundriß, Ansicht von Südosten und 1. Obergeschoß der profanierten Loretokapelle

107

9. Bad Reichenhall, Salzburger Straße 27, Haus Dreythaller, ehem. Loretokapelle; Aufnahme um 1980

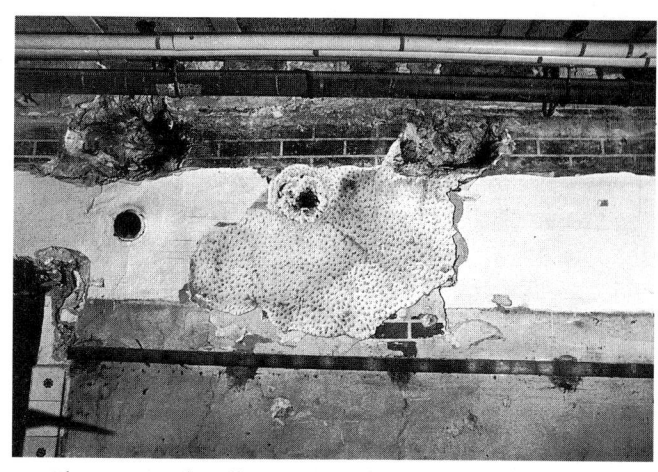

10. Ehem. Loretokapelle; Nordwand im Erdgeschoß mit Putzfragmenten: geritzter und rot gemalter „Ziegelverband", darunter helle Putzschicht mit Rest eines Apostelkreuzes

Loretokapelle umgebaute Kirche noch den alten gotischen Chor aufweist; das Kirchenschiff im Westen ist jetzt jedoch schmäler als der Chor und im Süden des Kirchenschiffs befindet sich ein auf Säulen ruhender, überdachter Umgang oder eine Vorhalle.[2] Über der Nahtstelle Chor/Schiff erhebt sich auf dem Dach ein zwiebelbekrönter Dachreiter.

Eine kolorierte Zeichnung in Privatbesitz zeigt St. Zeno von Süden, bezeichnet: «Prospekt des regulierten Chorherrn Stiftes St. Zeno gegen Süd-Ost 1782» (Abb. 3). In der linken Bildhälfte, im Hintergrund, ist hier ebenfalls wieder die alte Marienkirche dargestellt. Der Baukörper hat sich gegenüber der Abbildung von 1654 nicht verändert. Eine weitere in Privatbesitz befindliche Zeichnung wohl noch vom Ende des 18. Jahrhunderts, bezeichnet «Sankt Zeno», zeigt uns das Kloster von Südwesten, links davon die Marienpfarrkirche (Abb. 4). Diese Abbildung ist auch deswegen interessant, da hier zu sehen ist, daß sich die Vorhalle (oder der Umgang) im Süden des Kirchenschiffs auch um den Westgiebel erstreckte. Der Baukörper ist außerdem von einer Mauer umgeben.

Die Säkularisation von 1803 verschonte auch die Loretokapelle nicht: Sie wurde von einem Bauern namens Dötz ersteigert und anschließend zu einem Bauernhof umgebaut. Diesen ersten profanierten Zustand zeigt eine ebenfalls «Sankt Zeno» bezeichnete Zeichnung in Privatbesitz, auf der links unten undeutlich eine Datierung, wohl 1803, zu erkennen ist (Abb. 5). Über dem Baukörper ruht nun ein einheitliches Satteldach; der Dachreiter ist verschwunden, der Umgang im Süden und Westen ebenfalls. 1821 wurde das Gebäude an Schuhmachermeister Dreythaller verkauft, und noch heute ist das Gebäude im Besitz dieser Familie.

Über den weiteren Werdegang der ehemaligen Kirche geben nur Baupläne von 1858, 1870 und 1897 Auskunft.[3] 1858 ist der Schuhmachermeister Treuthaller «gesonnen», die alte Dachung um acht Fuß anzuheben. Im Grundriß sind noch deutlich der ehemalige Chor und das Schiff erkennbar (Abb. 6). 1870 wurde im Norden der früheren Kirche ein Wohngebäude angebaut. Da der alte First beibehalten wurde, erhielt das neue Gebäude ein asymmetrisches Äußeres (Abb. 7). 1897 wurde ein Plan zur «Erbauung eines neuen Dachstuhles und Abortes» eingereicht (Abb. 8). Das Dach erhielt nun zwei Zwerchgiebel, die mit gesägten Brettern geschmückt sind.

Ein größerer Umbau, Deckenerneuerung und Fassadenänderung am ersten Obergeschoß fand 1979 statt. Jetzt erhielt das Ganze im Westen einen querstehenden Wohntrakt mit Ferienwohnungen (Abb. 9). 1987 erreichte das Landesamt für Denkmalpflege ein erneutes Baugesuch, das den Abbruch der Wohngebäude im Westen des früheren Chors und die Errichtung von Eigentumswohnungen mit einer Tiefgarage vorsah. Dies nahmen wir zum Anlaß, jetzt noch einmal eine exakte Bestandsaufnahme durchzuführen. Im Maßstab 1:25 wurde das Erdgeschoß (ehem. Chor und Schiff), das Obergeschoß (ehem. Chor), ein Quer- und ein Längsschnitt im früheren Chor gezeichnet,[4] im früheren Schiff eine Wandansicht. Die zahlreichen Umbauten hinterließen vom Chor im wesentlichen nur noch die Umfassungswände und verputzte Tonnengewölbe mit Stichkappen. Möglicherweise befand sich hier die Sakristei der Loretokapelle. Für die Unterbringung einer neuen Heizanlage wurde ein Keller einbetoniert, das Obergeschoß war modern umgebaut. In der einspringenden Ecke des Chors zur Schiffssüdwand befand sich bis zum Abbruch in einem profilierten Natursteingewände eine zweifeldrige Holztüre mit Mittelgelenk und Spiralbeschlägen, datiert 1644, möglicherweise noch in situ.[5]

Obwohl das Erdgeschoß und das Obergeschoß des früheren Kirchenschiffs fast gänzlich modernisiert worden waren, konnte nach dem Abbruch einer jüngeren Zwischendecke im Erdgeschoß ein überraschender Befund an der Schiffswand beobachtet werden: In diesem Wandbereich war ein Putzfragment mit einer Ritzung, die einen Ziegelverband (Läuferverband) darstellt, vorhanden (Abb. 10). Die «Ziegel» besitzen ein Format von 7,5/28,5 cm.

Der Innenraum der Loretokapelle präsentierte sich also nach ihrem Vorbild in Loreto als Ziegelbau. Das Putzfragment zeigte aber auch noch einen anderen Befund. Unter den «Ziegeln» fand sich eine weitere helle Putzschicht, die an einer Stelle einen grün gemalten Blätterkranz von ca. 25 cm Durchmesser aufwies. In der Mitte dieses Blätterkranzes befand sich ein etwa quadratischer Holzdübel.

Diese Details deuten darauf hin, daß es sich hier um ein Apostelkreuz handelte. Demnach wurde die Kirche nach dem Umbau von 1624 wohl noch nicht sofort in eine Loretokapelle umgewandelt. Weitere Befunde waren nicht mehr festzustellen; die zahlreichen Umbauten hatten alle Spuren verwischt.

Ein weiteres interessantes Detail ist die Baustelle von St. Zeno auf den Darstellungen in Necrologium (Abb. 1).[6] Der Grundriß der Kirche mit den Pfeilerstellungen und einem kurzen Querhaus ist hier auf dem Boden der Baustelle markiert; der Bau wird von Westen her errichtet. Das Westportal ist bereits fertiggestellt. Der Nordturm ist eingerüstet und mit einem satteldachförmigen Notdach geschützt. Die Schiffssüdwand ist von Westen her ebenfalls im Bau; auf der gegenüberliegenden Nordseite zeichnet sich eine vorspringende Eingangshalle ab. Im Süden der Schiffssüdwestecke ist die mit einem flachen Pultdach versehene Bauhütte des Baumeisters zu erkennen. Ein Arbeiter steht etwa in der Mitte des künftigen Kirchenschiffs, und vor der Südwand des Schiffes schiebt ein weiterer Arbeiter einen Schubkarren. Das Gerüst ist ein freistehendes Stangengerüst mit diagonalen Verstrebungen, die Lauf- bzw. Arbeitsflächen bestehen offensichtlich aus Brettlagen. Diese Abbildung kann also einen Einblick in eine mittelalterliche Baustelle aus der Sicht des 17. Jahrhunderts vermitteln.

Der erneute Umbau von 1987/88 hinterließ von der Kirche nur noch die Außenwände des früheren Chors. Der westliche Bereich wurde gänzlich abgebrochen[7] und neu errichtet. Über dem Chor wurde ein neues Zeltdach mit einem äußeren Umgang errichtet. Ob die späteren Hausbewohner, wenn sie diesen Umgang umschreiten, noch spüren, daß hier ein halbes Jahrtausend gebetet wurde?

Anmerkungen

[1] Fritz Hofmann, «Die Reichenhaller Urkirchen», in: *Heimatblätter*, Beilage des Reichenhaller Tagblatt und Freilassinger Anzeiger, 32. Jg., 21. November 1964, Nr. 13.

[2] Abbildungen aus dem Necrologium mit freundlicher Genehmigung von Dr. Sigmund Benker, Diözesanarchivar des Erzbistums München-Freising.

[3] Photokopien dieser Pläne (verdanken wir dem Stadtbauamt Bad Reichenhall, Frau Hofmann).

[4] Dipl.-Ing. (FH) Josef Sattler, Evenhausen.

[5] Dies konnte damals nicht näher untersucht werden, da das Haus voll bewohnt war.

[6] Vgl. auch die (umgezeichnete) Darstellung in: *Die Kunstdenkmäler des Königreichs Bayern*, Oberbayern IX. Teil, S. 2927

[7] Zum Westbereich (Kirchenschiff) vgl. auch Grabungsbericht der Abteilung Bodendenkmalpflege des Bayerischen Landesamtes für Denkmalpflege.

Doris Kutschbach

Schloß Schwindegg (Lkr. Mühldorf am Inn), ein bayerisches Landadelsschloß des 16. Jahrhunderts

«Die große Zeit des oberbayerischen Schlösserbaus war», wie Karl Erdmannsdorffer[1] schreibt, «die Renaissance.» Im Lauf des 16. Jahrhunderts entstanden in Bayern zahlreiche Landschlösser als Neubauten, vielfach wurden auch ältere Burgen in dieser Zeit durch bauliche Veränderungen «modernisiert» und dem Zeitgeschmack angepaßt. Bei den meisten handelt es sich um relativ bescheidene Anlagen, auch sind nur wenige heute noch in ihrer ursprünglichen Form erhalten. Im Dreißigjährigen Krieg wurden zahlreiche Bauten zerstört, und viele Landschlösser wurden im Verlauf der folgenden Jahrhunderte durch Umbauten stark verändert oder abgebrochen.

Schloß Schwindegg bei Mühldorf nimmt wegen seiner herausragenden architektonischen Gestaltung und auf Grund seines relativ guten Erhaltungszustandes eine hervorragende Stellung unter den Landadelsschlössern des 16. Jahrhunderts in Bayern ein und repräsentiert hier gewissermaßen einen Idealtypus (Abb. 2, 3).[2]

Über Entstehungszeit, Erbauer und Aussehen früherer Vorgängerbauten des heutigen Schlosses Schwindegg ist wenig bekannt. Nach Stahleder[3] wird Schwindegg 1315 erstmals als Ortsangabe genannt. 1389 erscheint Schwindegg als Besitz Friedrichs von Tattenbach; bis 1384 und dann wieder ab 1424 gehörte es den Herren von Frauenhofen.[4] 1504 soll im Landshuter Erbfolgekrieg ein Bau niedergebrannt sein.[5] Durch Heirat fiel der Besitz schließlich an die Pappenheimer, die bereits 1583 einen Käufer suchten.[6]

Um 1560 beschrieb Philipp Apian Schwindegg in seiner Topographie Bayerns folgendermaßen: «Schwindegk arx perampla et vetusta, 6 m.p. ab Hagia Castro in aquilonem, loco plano et conspicuo, infra Schwindhae et rivi Rimpach confluentem».[7] Diese Beschreibung läßt auf die Existenz eines nicht unbedeutenden Burgschlosses schließen.

Auf einer Ansicht von Schwindegg im Antiquarium der Münchner Residenz (Hans Thonauer 1588–1596) sind lediglich zwei Häuser, wohl größere, einfache Herrenhäuser mit rechteckigem Grundriß, dargestellt.

Bei einem Umbau des Schlosses wurde 1913 älteres Mauerwerk mit «gotischer Quaderbemalung»[8] in der Mitte der Ostseite des heutigen Baus gefunden, bei dem es sich wohl um Reste des bei Apian beschriebenen Gebäudes handelt. Die letzte Renovierung brachte zudem die Reste dreier Schalentürme einer älteren Vorbefestigung im heutigen Vorschloß zutage. Im Bayerischen Hauptstaatsarchiv befindet sich ein «Anschlag der dreien Hofmarchen Schwindegkh, Hofgiebing unnd Innernteigernbach» von 1591/92.[9] Ab 1592 erscheint dann «Sebastian von Haunsberg und Vachenlueg zu Schwindeckg und Neufarnn» in den Schwindegger Archivalien als Besitzer der Hofmark.[10]

Die Haunsperger gehörten zu den ältesten Salzburger Geschlechtern. Nach Hall[11] erscheinen die Edlen von Haunsperg ab dem 12. Jahrhundert als Dienstmannen, Ministerialen und Landleute von Salzburg, seit dem 14. Jahrhundert gehörten sie dem Ritterstand an.

In einer alten Familienchronik finden sich auch Angaben zum Leben des Sebastian von Haunsperg[12]: Dieser war der zweite Sohn Wolfgang von Haunspergs, der seit 1560 Pfleger in Laufen an der Salzach war und das Schloß und die Herrschaft Neufahrn in Bayern besaß. Das Datum seiner Geburt ist nicht bekannt. Er studierte zusammen mit seinem Bruder Hans Christof zuerst in Ingolstadt und dann in Rom am Jesuitengymnasium. Von dort aus zog er nach Spanien zu Kaiser Maximilians Gesandtem Hans Khevenhüller und lernte dort die spanische Sprache. Anschließend trat er in die Dienste des Salzburger Erzbischofs Johann Jakob von Kuen-Belasy und wurde 1579 Hofjunker. 1584 reiste Sebastian von Haunsperg in das Heilige Land. Auf dieser Pilgerreise besuchte er das Heilige Grab, den Berg Sinai und St. Katharina und kam über Konstantinopel mit dem Heiligen Ritterorden nach Salzburg zurück. Im Auftrag von Erzbischof Georg von Kuenburg fuhr er 1586 mit dem Domherrn Ernst von Wolkenstein nochmals nach Rom, um dort das Pallium zu holen. Im selben Jahr heiratete er Magdalena, die Tochter des reichen Salzburger Bürgers Ludwig Alt d.J., die großes Vermögen in die Ehe einbrachte. 1587 wurde er als Hofuntermarschall angestellt.

Den Quellenberichten zufolge muß Sebastian von Haunsperg ein sehr begüterter, weitgereister und gebildeter Mann gewesen sein. Das heute bestehende Schloß Schwindegg wurde von ihm als Neubau errichtet, wobei mit Sicherheit anzunehmen ist, daß er als Auftraggeber für die Bauplanung eine maßgebliche Rolle spielte. Zudem besaß er sicherlich genügend Mittel, um hierbei einen Schloßbau nach seinen Vorstellungen zu realisieren.

Auf Grund der Jahreszahl 1594, die sich zusammen mit den Wappen des Erbauers Sebastian von Haunsperg und seiner Gattin Magdalena und der Inschrift «In nomine Jesu omne genu flectatur» an einer der Säulen im sogenannten Rittersaal befindet, wird der Baubeginn in diesem Jahr angenommen.[13] Allerdings werden bei Mayer-Westermayer[14] zwei heute nicht mehr vorhandene Glocken von 1592 erwähnt, deren eine die Wappen des Ritters und seiner Frau getragen habe. Vielleicht wurde der Schloßbau bereits zu diesem Datum begonnen. Der Grabstein seiner Tochter Christina von 1592, der sich im nahen Obertaufkirchen befindet,[15] läßt ebenfalls darauf schließen, daß Sebastian von Haunsperg zu dieser Zeit bereits hier ansässig war. Er starb, bevor das Schloß fertig war, bereits 1606. Seine Witwe lebte noch 1621 in Schwindegg.[16]

Die Schloßkapelle war 1619 fertiggestellt. Dies besagt eine Inschrift an der Westwand des Schiffs: «D.O.M. Herr Sebastian von Haunszperg Ritter und Magdalena uxor geborne Altin Haben dise Capellen mit bewilligung der geistlichen Hohen Obrigkhait erhebet, gebirlichen Do-

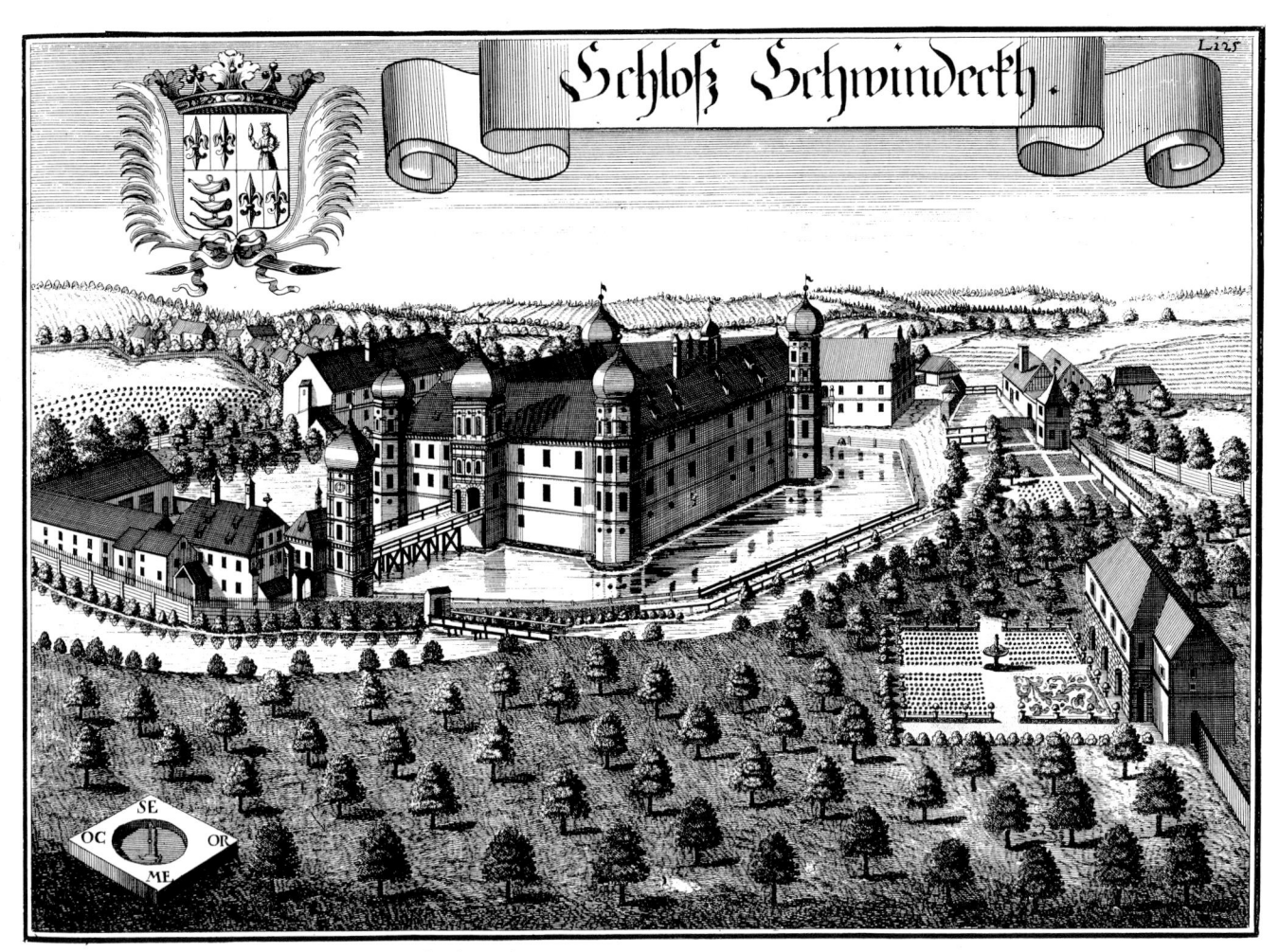

1. Schloß Schwindegg; Kupferstich von Michael Wening, 1723

tiert ... 1619.» Die Einweihungsurkunde der Schwindegger Schloßkapelle stammt aus dem Jahr 1601.[17]
Spätestens als Schwindegg um 1622 an Herzog Albrecht, den Bruder Maximilians I. von Bayern, fiel, dürfte der Bau des Schlosses vollendet gewesen sein.[18]
Hinweise auf einen ausführenden Baumeister ergeben sich aus den vorhandenen Archivalien nicht. Wahrscheinlich wurde das Schloß von einheimischen Baumeistern nach einem vermutlich vom Auftraggeber vorgelegten Plan errichtet. Die genauere Entstehungsgeschichte ist ebenso unbekannt wie bei den meisten anderen Landschlössern dieser Zeit.
Nach Michael Wening[19] ist Schloß Schwindegg «im letzten Schwedischen Feinds-Einfall 1648 ... in etwas ruiniert, jedoch nit abgebrennt worden». Es ist also anzunehmen, daß der Wening-Stich das ursprüngliche Aussehen des Schlosses relativ genau dokumentiert (Abb. 1).
Der heutige Zustand entspricht äußerlich noch im wesentlichen der Abbildung bei Wening; die dort dargestellte hölzerne Brücke wurde allerdings 1833 durch eine steinerne ersetzt, und die Holzfiguren über dem Portal stammen aus dem 18. Jahrhundert. Die Innenräume dagegen wurden durch Um- und Einbauten der verschiedenen Besitzer zum größten Teil völlig umgestaltet. Die Schloßkapelle und einige Innenräume wurden im 18. Jahrhundert stukkiert. Bei der letzten Renovierung fanden sich in verschiedenen Räumen Wandmalereien späterer Zeit, und das

Innere wurde vor allem bei der Anlage eines Bräuhauses und Malzspeichers nach 1849 umgebaut.[20] 1913 wurden bei einer umfassenden Renovierung unter anderem die Kapelle und der darüber liegende Saal vergrößert.[21] Nachdem es den verschiedensten Zwecken gedient hatte, lag das Schloß brach und drohte zu verfallen, bis 1981/82 Eigentumswohnungen in die Anlage eingebaut wurden.
Die Gesamtanlage des Schlosses besteht aus einem Vorschloß und dem von einem wassergefüllten Ringgraben umgebenen Hauptschloß (Abb. 4). Wie aus dem Wening-Stich erkennbar ist, umringte früher ein zweiter Wassergraben auch das dem Hauptschloß südlich vorgelagerte Vorwerk. Bei dem eigentlichen Hauptbau des Schlosses handelt es sich um eine im Grundriß annähernd quadratische geschlossene Vierflügelanlage mit Ecktürmen und einem längsrechteckigen Innenhof, der sich asymmetrisch an zwei benachbarten Seiten in zweigeschossigen Arkaden öffnet. Im Erdgeschoß ruhen im Norden drei und im Osten vier Bögen auf kräftigen toskanischen Rundpfeilern mit grobklötzigen Basen. Darüber verdoppelt sich die Zahl der Arkaden, sie sind steiler proportioniert, die toskanischen Säulen zierlicher. In den Zwickeln befinden sich schlichte ovale bzw. runde medaillonartige Schmuckformen.
Der Einfluß der italienischen Renaissance wird in der planvollen Symmetrie und Regelmäßigkeit der Anlage spürbar, ihren breitgelagerten Proportionen, der gleich-

2. Schloß Schwindegg; Außenansicht (1982)

3. Schloß Schwindegg; Innenhof (1982)

mäßigen Reihung hochrechteckiger Fenster sowie der horizontalen Gliederung des Baus durch schmale geschoßtrennende Gesimse und ein Konsolenkranzgesims unter dem Dach, das auch die Türme umzieht. Aus Italien stammen auch verschiedene Einzelmotive, die dort zur Strukturierung der Architektur dienen, hier jedoch als lediglich dekorative Elemente einigen Bauteilen appliziert sind. So flankieren in den oberen Geschossen der Ecktürme einfache Pilaster die kleinen Fenster. Darüber befinden sich an den südlichen Türmen ovale Maueröffnungen, während an den höheren Nordtürmen über einem schmalen Gesims je zwei Eselsrückenbögen – wohl venezianischer Provenienz – kleine Fenster überspannen. In deren Zwickeln sieht man wiederum Ovalöffnungen, ein Motiv, das auch in der Salzburger Architektur des 16. Jahrhunderts verschiedentlich zu finden ist und nach Donin[22] gleichfalls auf venezianische Vorbilder zurückgeht.

Die rein dekorative und oberflächliche Verwendung von italienischem Formengut wird besonders dort deutlich, wo sich, wie im Fall des Portalturms des Hauptschlosses, die aus Pilastern, Gesimsen, Nischen und Ovalöffnungen unter dem Dach bestehende Dekoration weitgehend auf die Schaufront beschränkt und die Seitenwände nahezu unbehandelt bleiben. Auch durch gewisse Unstimmigkeiten offenbart sich die Sinnentleerung bzw. Umdeutung der verwendeten Renaissancemotive, z. B. an der Stelle, wo am Portalturm ein Pilaster, etwas verschoben, über dem Torscheitel zu stehen kommt.

Während sich so einige repräsentative Bauteile des Schlosses im «modernen» Gewand der Renaissance präsentieren, verweist anderes noch auf seine Herkunft aus dem mittelalterlichen Burgenbau: Die eigentlichen Wohngeschosse liegen – von außen nur über Brücke und Torturm zugänglich – über einem abwehrenden Sockelgeschoß mit Rundöffnungen, die an Schießscharten erinnern. Der ehemals hier sogar zweifach vorhandene Wassergraben hatte ebenfalls ursprünglich fortifikatorische Funktionen, und den allgemein noch wehrhaften Charakter, der allen Vierflügelanlagen – im Gegensatz zu den aufs Land geöffneten Dreiflügelanlagen der Barockzeit – zu eigen ist, unterstreicht bei Schwindegg noch das schützend vor den Zugang gelegte Vorschloß, ein nach außen hin abgeschlossenes und nur durch das Torgebäude zugängliches unregelmäßiges Konglomerat verschiedener Wirtschaftsgebäude um einen Hof. Dieser zeigt an einer Seite grobschlächtige, schwere Arkaden über massiven Rundstützen, die eher an die besonders für die Innstädte charakteristischen Laubengänge spätgotischer Bürgerhäuser erinnern als an italienische Arkadenhöfe. Auch die in bayerischen Landschlössern fast immer vorhandenen Ecktürme – bei der symmetrischen Anlage von Schloß Schwindegg sind alle vier Ecken durch oktogonale Türme betont – stammen ebenso wie der in der Mitte der Südfassade quadratisch vorspringende Tor- und Brückenturm des Hauptschlosses von Schwindegg und das Torgebäude des Vorwerkes aus dem Wehrbau.[23]

In der Zeit der Feuerwaffen erfüllten diese fortifikatorischen Relikte aus dem Burgenbau zwar nicht mehr ihren ursprünglichen Zweck, doch wurden sie in umgewandelter Form und veränderter Funktion den Bedingungen der neuen Architektur angepaßt. So verbinden die Ecktürme wie Scharniere die einzelnen Baukörper, sind konstituierende Bestandteile des regelmäßigen Plans der Anlage geworden, und auch der Torturm zeugt von einer «modernen» Auffassung. Er betont bei Schloß Schwindegg die mittlere Achse des symmetrischen Baus und dient zur Bildung einer Fassade – ein Motiv, das für diese Zeit in Bayern außergewöhnlich fortschrittlich erscheint und vielleicht in Salzburg sein Vorbild hat: Der in der Mitte der Westfassade gelegene Haupteingang des unter dem Italien-orientierten Erzbischof Wolf Dietrich von Raitenau nach dem Vorbild römischer Palazzi des 16. Jahrhunderts als Vierflügelanlage in schlichter blockhafter Form begonnenen Neugebäudes ist wie bei Schwindegg durch einen Torturm hervorgehoben.[24]

Die insgesamt sechs Türme von Schwindegg – vier Eck- und zwei Tortürme von Schloß und Vorschloß – sind von dickbäuchigen geschindelten Zwiebelkuppeln bekrönt. Dieses heute für die bayerische Landschaft so charakteristische Motiv geht ebenfalls ursprünglich auf venezianische Architektur zurück. Es fand mit der Aufsetzung «welscher Hauben» auf die Münchener Frauenkirche 1525 Eingang in die altbayerische Baukunst, wobei deren originelle Form wohl als eigene Erfindung der Münchener Bauleute anzusehen ist, die vermutlich allenfalls bildliche Darstellungen von Kuppeln – in Holzschnitten der «Schedelschen Weltchronik» oder Bernhard von Breidenbachs Beschreibung seiner Reise ins Heilige Land etwa – kannten.[25] Wenig später ließ Wilhelm IV. im herzoglichen Garten seiner Münchener Residenz einen «Tempietto» errichten: Ein Holzschnitt aus dem Jahr 1530 zeigt einen polygonalen Zentralbau, der von einer geschweiften Kuppel gedeckt war – das Kuppelmotiv fand hier also bereits Verwendung in der profanen Architektur.[26] In den verschiedensten eigenwilligen Formvarianten, mit polygonalem oder rundem Grundriß und in unterschiedlicher Anzahl, je nach den Verhältnissen des Bauherrn oder den Gegebenheiten bereits vorhandener Bauten, arrivierten die «welschen Hauben» dann schnell zum fast schon obligatorischen Statussymbol und weithin sichtbaren Herrschaftszeichen des Landadels. Sie fanden im Schloßbau noch bis ins 17. Jahrhundert Verwendung, später wurden sie aus Kostengründen oft beseitigt.

Das zweite wichtige «moderne» Attribut der bayerischen Renaissanceschlösser ist der Arkadenhof. Der von italienischer Architektur angeregte «Damenhof» des Augsburger Fuggerhauses datiert von 1515,[27] und bereits 1519 ließ auch Erzbischof Philipp von der Pfalz den Hof seiner Freisinger Residenz mit Arkaden über zierlichen Rotmarmorsäulen mit ornamentalem Frührenaissanceschmuck ausstatten.[28] Trotz solcher frühen Beispiele für Höfe im Stil der Renaissance und obwohl hölzerne Laubenhöfe in spätgotischen Formen bei städtischen Bürgerhäusern spätestens zu Beginn des 16. Jahrhunderts gang und gäbe waren,[29] fand diese Hofform erst relativ spät – nach dem ab 1563 unter Albrecht V. nach italienischem Vorbild erbauten Hof der Alten Münze in München (Abb. 5)[30] – auch bei

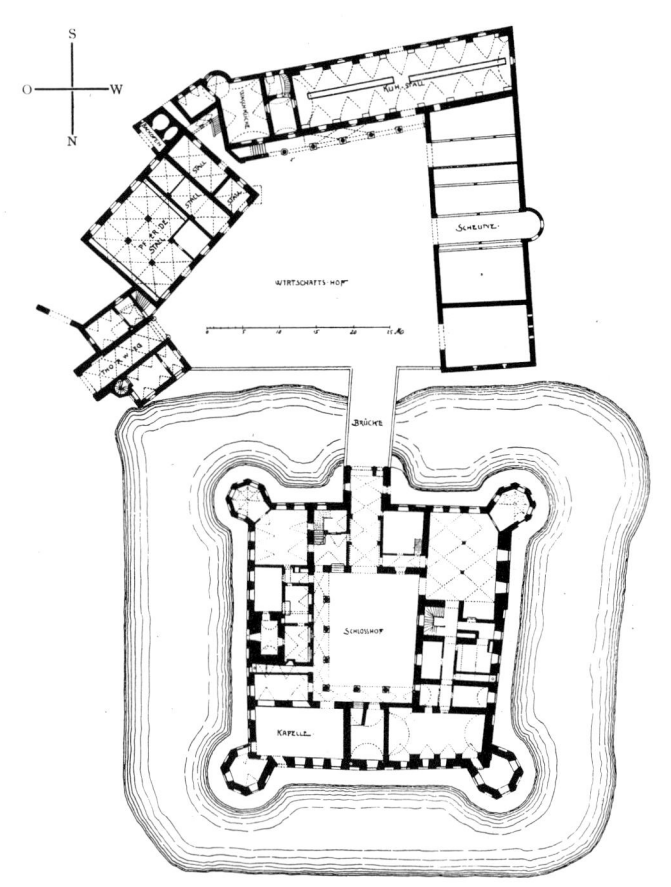

4. Schloß Schwindegg; Grundriß der gesamten Anlage (1908)

5. München; Alte Münze, Hofgraben 4, ehem. Marstall und Kunstkammer, jetzt Bayerisches Landesamt für Denkmalpflege; Arkadenhof (1987)

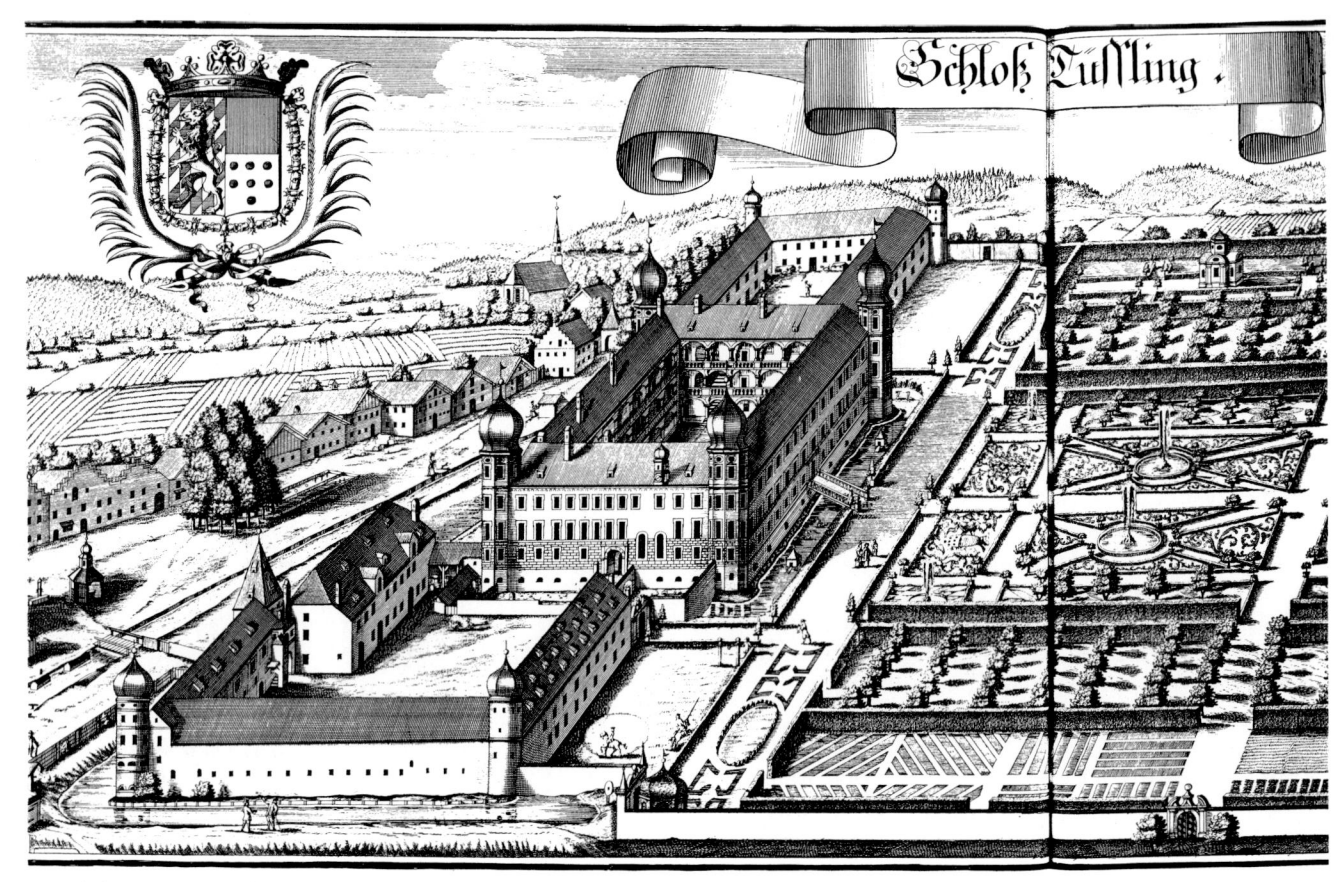

6. Schloß Tüßling; Kupferstich von Michael Wening, 1723

den Landschlössern stärkere Verbreitung: Der an allen vier Seiten dreigeschossig von Arkaden umgebene Hof des Münchener Herzogs hat offenbar mit seiner Unregelmäßigkeit, gedrungenen Schwere und groben Ausführung wie auch der eigenwilligen Anwendung der Säulenordnungen das Aussehen der Höfe der Landadelsschlösser geprägt.

Wie die «welschen Hauben» kamen dann auch die Hofarkaden in verschiedensten Abwandlungen bei fast allen neu- und umgebauten Schlössern vor: In variierenden Formen treten sie teilweise nicht an allen Hofseiten auf, dreigeschossig, zweigeschossig oder nur im Erdgeschoß, selten jedoch so elegant wie in Schwindegg. Das Motiv zweier Arkadenbögen im Obergeschoß über einem im Untergeschoß, wie bei Schwindegg, findet sich im – allerdings dreigeschossigen – Hof Fondaco dei Tedeschi in Venedig, dem für die deutsche Architektur so einflußreichen dortigen «Kaufhaus der Deutschen», ist aber etwa auch häufig in Bologna anzutreffen, z. B. am Palazzo Malvezzi Campeggi, der ebenfalls in den Arkadenzwickeln mit Medaillonformen geschmückt ist.

Bezeichnend ist jedoch bei Schwindegg, daß sich ebenso wie bei den anderen bayerischen Landschlössern dieser Zeit keine bestimmten italienischen Vorbilder benennen lassen. Eine relativ konsequente Rezeption italienischer Bauweise findet sich zwar in der Stadtresidenz des Landshuter Herzogs Ludwig X., doch blieb dieser Bau ohne unmittelbare Nachfolge. Die Übernahme der italienischen Motive in derart freier Verwendung, wie sie sich in der Regel in der bayerischen Architektur dokumentiert, resultiert sicher zu einem guten Teil aus der Art ihrer Vermittlung nach Bayern: Arkaden, Säulen, Kuppeln etc. erschienen zuerst in Malerei und Graphik in Form von isolierten, aus ihrem ursprünglichen architektonischen Bezug herausgelösten Einzelmotiven und wurden entsprechend in der Architektur übernommen, umgeformt und in neue Zusammenhänge gebracht. Symptomatisch hierfür ist auch in der zeitgenössischen Kunstliteratur die Loslösung der Säulenbücher aus dem Zusammenhang mit der Architektur und die Vermittlung lediglich von Architekturdetails in den deutschen architekturtheoretischen Werken.[31]

Die Einflüsse Italiens blieben somit im allgemeinen eher vage; bestimmte Bauprinzipien und verschiedene Motive, in der Regel Einzelformen, wurden – zunächst in den Bauten der Landesherren – übernommen und in vorhandene Traditionen eingebracht, wobei die «ins Bayerische übersetzten» italienischen Elemente mit den Überkommenschaften der spätmittelalterlich-bayerischen Architektur eine Synthese eingingen, zu einem ganz eigenständigen Typus des bayerischen Renaissance-Landschlosses verschmolzen.

Für neuerbaute Schlösser wählte man im 16. Jahrhundert meist die Form eines Baublocks mit quadratischem oder rechteckigem Grundriß oder, bei größeren Bauten ab der Jahrhundertmitte, eine Anlage von vier Flügeln um einen Hof. Eines der frühesten bekannten und für diese Zeit das konsequenteste Beispiel für den bei Schloß Schwindegg dann bereits voll entwickelten Typus der Vierflügelanlage mit vier zwiebelbekrönten Ecktürmen um einen Innenhof ist das 1546–1573 erbaute Dachauer Schloß der Münche-

7. Schloß Eurasburg; Kupferstich von Michael Wening, 1701

ner Herzöge.³² Eine frühe Darstellung des später mehrfach umgebauten Schlosses im Münchner Antiquarium zeigt, daß es jedoch noch nicht die klare Regelmäßigkeit von Schwindegg aufwies. Die deutliche Ausformulierung dieses Typus als völlig symmetrischer und durchstrukturierter Bau findet sich erst im späten 16. Jahrhundert, doch selbst dann nur bei besonders qualitätvollen Schlössern. Während die meisten Landschlösser des 16. Jahrhunderts noch stark von mittelalterlich-unregelmäßigen Bautraditionen geprägt sind, kann das 1583 von Johann Veit von Törring erbaute Schloß Tüßling (Abb. 6) als «Musterbeispiel eines alpenländischen Typs dieser Architekturgattung» gelten.³³ Die vier Flügel dieses ehemaligen Wasserschlosses sind symmetrisch um einen Arkadenhof angelegt. An den Ecken überragen achteckige Türme den Hauptbau um jeweils ein Stockwerk. Die Abbildung bei Wening zeigt – ähnlich wie bei Schloß Schwindegg – im obersten Geschoß der Türme über den Fenstern noch ovale Öffnungen unter den Kuppelansätzen, die heute nicht mehr existieren. Auch unterhalb der Fensterreihe des Erdgeschosses sieht man hier Ovalöffnungen, die denen von Schwindegg vergleichbar sind. Das unterste Stockwerk des Baus ist – allerdings nur auf der Vorderseite – durch Rustikaquaderung gegliedert. Unter dem Dach verläuft ein Konsolenkranzgesims, das auch die Türme einbezieht. Auf dem Wening-Stich sind die Fenster der Schloßkapelle durch Größe und Form besonders hervorgehoben, den Eingang bildet ein Renaissanceportal, und dem Hauptbau ist, wie bei Schwindegg, ein Vorschloß vorgelegt. Der Tüßlinger Schloßhof besaß ehemals an allen vier Seiten Renaissance-Lauben, wobei an der Eingangsseite je fünf und an den anderen Seiten je sechs Arkaden in drei Geschossen übereinanderstanden.

Bei Schloß Tüßling sind die in früheren Schloßbauten des 16. Jahrhunderts noch weitgehend planlos vorgeprägten Einzelelemente der regelmäßigen Vierflügelanlage mit Ecktürmen, symmetrischen Fassaden und Laubenhof erstmals in konsequenter Weise im Sinn einer neuen Bauauffassung verwendet. Einen wichtigen Fortschritt bezeichnet auch die systematische Gestaltung des Baukörpers nach außen hin. Bei anderen Landschlössern finden sich zwar in einigen Fällen Renaissance-Portale, einfache Fensterrahmungen und vereinzelt geschoßtrennende Gesimse zur Gliederung des Außenbaus, im allgemeinen beschränkt sich die Gestaltung des Außenkörpers dieser Bauten aber meist auf eine horizontale Reihung der Fenster und die auf Fernwirkung berechneten Kuppeln, während sich ansonsten der Einfluß der Renaissance zunächst nur in der Gestaltung der Höfe und eventuell in der Ausstattung der Innenräume bemerkbar machte.

Tüßling ist nicht nur entwicklungsgeschichtlich der Vorgänger von Schwindegg, sondern kann wohl auch für verschiedene Einzelheiten der Außengliederung als sein unmittelbares Vorbild gelten, insbesondere als sicher anzunehmen ist, daß Sebastian von Haunsperg dieses nahegelegene Schloß kannte. Mit der auf die Eingangsseite beschränkten Verwendung der Rustika deutet sich bei Tüßling eine bevorzuge Behandlung der Hauptfassade an, die bei Schwindegg schon im Sinn einer Schauseite ausgebildet ist. Der in Tüßling nicht vorhandene Portalturm trägt bei Schwindegg nicht nur zu einer axialen Betonung des Baus bei, sondern hier wird, unterstützt von der Hervorhebung dieses Bauteils durch Schmuckelemente, bewußt eine Fassadenbildung angestrebt.

Eine Weiterentwicklung dieses Motivs bedeutete später die langgestreckte, symmetrische, von zwei Zwiebeltürmen flankierte und durch einen zentralen großen Oktogonalturm betonte Fassade von Schloß Eurasburg (Abb. 7), das 1626–1630 für denselben Herzog Albrecht gebaut wurde, der um 1622 auch in den Besitz von Schwindegg gekommen war.[34]

ANMERKUNGEN

[1] KARL ERDMANNSDORFFER, «Burgen und Schlösser in Bayern», in: *Schönere Heimat*, Heft 1, 2, 3/4, 1953; Heft 1, 2/3, 4, 1954; hier: H. 1, 1953, S. 8. – Eine Vorstellung von der großen Anzahl ehemaliger Landadelssitze vermittelt neben den 1568 erschienenen *XXIIII Bairischen Landtafeln* PHILIPP APIANS vor allem das Werk von MICHAEL WENING, *Historico-Topographica-Descriptio. Das ist: Beschreibung deß Churfürsten= und Herzogthums Ober= und Nidern-Bayrn...*, Bd. I–IV, 1701–1726. Über drei Viertel von 417 Stichen stellen hier Burgen, Schlösser und Herrensitze dar. Dazu sind etwa 35 von Wening nicht abgebildete Bauten zu rechnen und etwa zehn Schlösser der in diesem Werk nicht erfaßten Fürstpropstei Berchtesgaden und des Erzbistums Salzburg. – Vgl. auch ENNO BURMEISTER, *Die Schlösser des Altbayerischen Landadels*, Phil. Diss., München 1977.

[2] Literatur zu Schwindegg: *Die Kunstdenkmäler des Königreichs Bayern, Regierungsbezirk Oberbayern*, München 1908 (Nachdruck München und Wien 1982), S. 2278f.; JULIUS M. GROESCHEL, «Schwindegg», in: *Bayerischer Heimatschutz*, XI. Jg., Nr. 9, 1913, S. 135f.; A. BLUM-ERHARD, «Schwindegg – Tüßling – Mühldorf – Altötting», in: *Das Bayerland*, 34, 1922/24, S. 43f.; HANS KARLINGER, «Der Schloßbau der Renaissance in Altbayern», in: Ders., *Im Raum der oberen Donau*, Salzburg 1947; GEORG LOHMEIER, «Schloß Schwindegg», in: *Unbekanntes Bayern*, Bd. 5, München 1960; DORIS KUTSCHBACH, *Schloß Schwindegg. Studien zum Schloßbau des Landadels in Bayern im 16. Jahrhundert*, Schriften aus dem Institut für Kunstgeschichte der Universität München, Bd. 31, München 1988.

[3] HANS STAHLEDER, *Historischer Atlas von Bayern, Mühldorf am Inn*, München 1976, S. 188.

[4] Ebenda; BLUM-ERHARD (wie Anm. 2), S. 43; LOHMEIER (wie Anm. 2), S. 31; ANTON MAYER und GEORG WESTERMAYER, *Statistische Beschreibung des Erzbisthums München-Freising*, Bd. II, Regensburg 1880, S. 159; BERNHARD ZÖPF, «Geschichte der Pfarrei Obertaufkirchen und der zu dieser Pfarrei gehörigen Filialen und ehemaligen Landsitze», in: *Oberbayerisches Archiv*, 21, München 1859, S. 287.

[5] WENING, *Rentamt Landshut*, 108; STAHLEDER (wie Anm. 3), S. 188.

[6] Bayer. Staatsarchiv München, Hfm. Schwindegg I 43/6: Korrespondenz über einen geplanten Verkauf der Hofmark Schwindegg an Wagenpauer zu Mühldorf 1583. Vgl. MAYER/WESTERMAYER (wie Anm. 4), S. 159; ZÖPF (wie Anm. 4), S. 287.

[7] PHILIPP APIAN, «Topographie von Bayern», in: *Oberbayerisches Archiv*, 39, München 1880.

[8] GROESCHEL (wie Anm. 2), S. 142.

[9] Bayer. Staatsarchiv München, Hfm. Schwindegg I 20/25.

[10] Bayer. Staatsarchiv München, Hfm. Schwindegg I 6/49: gedruckter Brief an Pappenheim zu Schwindegg von 1587; I 8/4 und I 22/24: Sebastian von Haunsperg, Archivalien von 1592.

[11] JOHAN N. HALL, *Der Haunsperg und seine Umgebung*, Salzburg 1854, S. 7.

[12] Die Familienchronik wurde 1587 von Jacob von Haunsperg an Hand von im Familienbesitz vorgefundenen Briefen und Urkunden verfaßt. Von dieser Chronik existieren noch zwei Abschriften aus den Jahren 1838 und 1841 von J. A. Seethaler, Pfleger in Laufen an der Salzach. Sie befinden sich heute in der Salzburger Universitätsbibliothek (Signatur M III 72 und M I 26). Eine Abschrift davon aus neuerer Zeit besitzt das Salzburger Landesarchiv (Geheimes Archiv XXV, H 10). Vgl. auch F. v. ZILLNER, *Geschichte der Stadt Salzburg*, Salzburg 1885–1890 (Nachdruck 1985), Bd. II, S. 736.

[13] *Kunstdenkmäler* (wie Anm. 2), S. 2278.

[14] MAYER/WESTERMAYER (wie Anm. 4), S. 153.

[15] *Kunstdenkmäler* (wie Anm. 2), S. 2237.

[16] Ebenda: Nach der Inschrift auf seinem Grabstein in Obertaufkirchen starb Sebastian von Haunsperg am 14. April 1606 «zwischen 9 und 10 Uhr». Bayer. Staatsarchiv München, Hfm. Schwindegg I 6/37: Briefe an Magdalena von Haunsperg bis 1621. Nach ZILLNER (wie Anm. 12), S. 737, starb sie 1624.

[17] Bayer. Staatsarchiv München, Hfm. Schwindegg I 6/45.

[18] *Kunstdenkmäler* (wie Anm. 2), S. 2279.

[19] WENING, *Rentamt Landshut*, 108.

[20] *Kunstdenkmäler* (wie Anm. 2), S. 2280.

[21] GROESCHEL (wie Anm. 2), S. 141f.

[22] RICHARD K. DONIN, *Vincenzo Scamozzi und der Einfluß Venedigs auf die Salzburger Architektur*, Innsbruck 1948, S. 21f.

[23] Vgl. dazu KARLINGER (wie Anm. 2), S. 242; BURMEISTER (wie Anm. 1), S. 51; WERNER MEYER, *Deutsche Schlösser und Burgen*, Frankfurt a.M. 1969, S. 19; WALTER HOTZ, *Kleine Kunstgeschichte der deutschen Schlösser*, 2. Aufl., Darmstadt 1974; ADOLF REINLE, *Zeichensprache der Architektur*, Zürich und München 1976, S. 49.

[24] Vgl. JOHANNES GRAF MOY, «Beiträge zur Geschichte des ‹Neubaues› in Salzburg», in: *Festschrift zum 70. Geburtstag von Herbert Klein*, Salzburg 1970, S. 185f.; WALTER SCHLEGEL, «Beiträge zur Baugeschichte von Residenz, Neugebäude und Kapitelhäusern», in: *Fürsterzbischof Wolf Dietrich von Raitenau*, Katalog der 4. Salzburger Landesausstellung, Salzburg 1987, S. 207ff.

[25] Vgl. NORBERT LIEB und HEINZ JÜRGEN SAUERMOST (Hrsg.), *Münchens Kirchen*, München 1973, S. 56; OTTO HARTIG, «Die Kunsttätigkeit in München unter Wilhelm IV. und Albrecht V.», in: *Münchner Jahrbuch der Bildenden Kunst*, NF 10, 1933, S. 160f.

[26] HARTIG (wie Anm. 25), S. 154f.

[27] Vgl. NORBERT LIEB, *Die Fugger und die Kunst im Zeitalter der Spätgotik und frühen Renaissance*, München 1952, S. 104f.

[28] Vgl. ERDMANNSDORFFER (wie Anm. 1), H. 3/4, 1953, S. 73; HEINRICH KREISEL, *Burgen und Schlösser in Altbayern*, München 1957, S. 22; HANS-JOACHIM KADATZ, *Deutsche Renaissancebaukunst von der frühbürgerlichen Revolution bis zum Ausgang des Dreißigjährigen Krieges*, Berlin 1983, S. 338.

[29] Vgl. z. B. MAX E. SCHUSTER, *Das Bürgerhaus im Inn- und Salzachgebiet*, Tübingen 1964, S. 43, 49; KARL ERDMANNSDORFFER, *Das Bürgerhaus in München*, Tübingen 1972, S. 110f; VOLKER LIEDKE, *Das Bürgerhaus in Altbayern*, Tübingen 1984, S. 68.

[30] Vgl. HARTIG (wie Anm. 25), S. 205; HERBERT SCHINDLER, *Große Bayerische Kunstgeschichte*, 3. Aufl., München 1978, Bd. II, S. 87.

[31] Vgl. KUTSCHBACH (wie Anm. 2), S. 32ff.

[32] HARTIG (wie Anm. 25), S. 224; E.D. SCHMID und T. BEIL, *Schloß Dachau*, Dachau 1981.

[33] MEYER (wie Anm. 23), S. 89; vgl. *Kunstdenkmäler* (wie Anm. 2), S. 2623; BLUM-ERHARD (wie Anm. 2); KARLINGER (wie Anm. 2), S. 239.

[34] ERDMANNSDORFFER (wie Anm. 1), H. 1, 1954, S. 12.

Klaus Kratzsch

Die Instandsetzung von Schloß Schwindegg im Landkreis Mühldorf am Inn

Schloß Schwindegg (Abb. 1) war in den fast vierhundert Jahren seit Errichtung der bestehenden baulichen Anlagen häufigem Besitzwechsel unterworfen. Den adligen Hofmarksherren folgten im 19. Jahrhundert bürgerliche Gutsbesitzer. 1913 wurde unter maßgeblicher Förderung durch den Prinzregenten Luitpold von Bayern ein Kriegsveteranenheim eingerichtet, erfuhr das Schloß seine letzte umfassende Instandsetzung vor 1980. Gutsbetrieb, Lazarett, Flüchtlingsherberge, Krankenhaus unter Leitung der Landshuter Dominikanerinnen, dies waren die Funktionen der historischen Gebäude bis 1969. Schloß Schwindegg stand danach zehn Jahre ungenutzt, erste Bauschäden stellten sich ein (Dächer, Fenster), und die inzwischen sensibilisierte örtliche und regionale Öffentlichkeit, die Bau- und Denkmalschutzbehörden, werteten die Übernahme des Schlosses durch die Tenuta GmbH, eine Bauträgergesellschaft, überwiegend positiv, da eine Sanierung des Schlosses in kurzer Zeit und eine Wohnnutzung, mithin die Erhaltung des Baudenkmals, angekündigt worden war. Die Gesellschaft sah vor, im Hauptschloß zehn, im Vorschloß dreizehn Eigentumswohnungen nach dem steuerbegünstigten «Bauherrenmodell» auszubauen, das hier werbewirksam eine Rangerhöhung zum «Schloßherrenmodell» erfuhr.

Bei Übernahme der Anlage durch die Tenuta 1980 war das Hauptschloß (Vierflügelanlage von ca. 1594) in relativ gutem baulichen Zustand; allerdings wurde damals den versteckten Schäden im Dachwerk (Hausschwamm, Trockenfäule) nicht genügend Aufmerksamkeit geschenkt. Im Vorschloß waren die Zwischendeckenkonstruktionen im ehemaligen Hofmarksrichterhaus (17. Jahrhundert) in schlechtem baulichen Zustand (angefaulte Balkenauflager), die beiden erdgeschossigen Stall- und Remisentrakte (17. Jahrhundert, Dachwerke 1753) naturgemäß in einer für eine Wohnnutzung zunächst völlig ungeeigneten Verfassung (salzbelastetes Mauerwerk, ungeeignete oder nicht vorhandene Bodenbeläge). Der Schloßgraben um den Hauptbau war wasserführend, die Bogenbrücke von 1833 beschädigt; der äußere Graben um das Vorschloß war verlandet. Der Park zeigte sich ohne erkennbare Gestaltung, war verwildert, wies aber alten Baumbestand auf.

Die Aufteilung des Schlosses in Eigentumswohnungen wurde örtlich teilweise kritisiert, zumal erkennbar war, daß die neuen Schloßherren zahlungskräftige Ortsfremde sein würden. Ein zweiter lokaler Protest, von dem auch die Medien berichteten, wurde 1983 laut, nachdem die Schloßkapelle endgültig profaniert worden war, und als das Projekt eines 139 m langen Garagentrakts und Vorschläge für Sportanlagen im Park vorgelegt wurden (diese Projekte wurde nicht realisiert). Das Bayerische Landesamt für Denkmalpflege war zunächst mit Vorplanungen und «Ideenskizzen» von Münchner Architekten konfrontiert, die auch an einem ähnlichen «Schloßherrenmodell» der Tenuta, Schloß Possenhofen b. Starnberg, beteiligt waren. Die fachliche Beurteilung der Vorplanungen durch das Landesamt akzeptierte im wesentlichen die vorgesehene Nutzung und Aufteilung der einzelnen Gebäude.

Im Hauptschloß war die Erschließung der Einzelwohnungen über die zwei vorhandenen Treppenhäuser und die offenen Hofarkadengänge des Nord- und Ostflügels unproblematisch, ein wesentlicher Eingriff in die Bausubstanz (Fassaden, bedeutende Zwischenwände und -decken) nicht nötig. Einer Dachspeicher-Wohnnutzung wurde nicht zugestimmt: Hier wären bei Befolgung der Brandschutzauflagen erhebliche bauliche Veränderungen notwendig gewesen. Den Einbezug des Kapellenraumes in die Wohnnutzung versuchte das Landesamt zu verhindern, die Profanierung des Sakralraums, in welchem seit ca. 1969 keine Gottesdienste mehr gefeiert worden waren, mußte jedoch schließlich hingenommen werden.

Grundsätzlich festzustellen bleibt in Zusammenhang mit der vom Landesamt hingenommenen Umnutzung des Hauptschlosses und seiner Aufteilung in zehn Wohnungen, daß es in dem seit Jahren leerstehenden Gebäude keine durch historisch einheitliche oder anderweitig anschaulich korrespondierende Ausgestaltung oder Ausstattung zusammengehörigen Räume gab. Schwindegg hatte wohl schon seit dem mittleren 19. Jahrhundert nicht mehr den Charakter eines ausgestatteten Familienschlosses besessen, und 1980 befand sich bis auf Reste der Kapellenausstattung weder ein Möbelstück noch ein Gemälde, kein Porzellan, weder eine Waffe noch eine alte Kutsche im Schloß.

1. Schloß Schwindegg; Ansicht von Osten, während der Instandsetzungsarbeiten 1982

2. Ehem. Saal im Nordflügel, 1. Obergeschoß; freigelegte Architekturmalerei an der Südwand

3. Südöstlicher Eckturm mit Putzschäden nach Verwendung von Fertigmörtel, 1988

4. Neueingesetztes Zweiflügelfenster

5. Historisches Kreuzstockfenster, vor dem Ausbau 1981

Im Vorschloß waren die Eingriffe in die historische Bausubstanz und die Veränderung des historischen Charakters, insbesondere bei den beiden Wirtschaftsgebäuden, erheblicher. Da die Dachspeicher in die Wohnnutzung einbezogen wurden, mußten zur Belichtung Reihen von Stehgauben, in formaler Anlehnung an vorhanden gewesene Aufzugserker, akzeptiert werden, welche die ehemals ruhige Dachflächenwirkung empfindlich veränderten. Auf der Rückseite des Gebäuderings wurden, nicht zuletzt wegen der günstigen Südlage, Terrassengärten, Sitzplätze u. ä. über dem verfüllten ursprünglichen äußeren Wasser- bzw. Wehrgraben angelegt, die kein Eingabeplan ausgewiesen hatte. Der Wehrcharakter des Vorschlosses ging somit südseitig völlig verloren. Andererseits wurde in diesem Bereich ein kleiner Wehrturm (Schalenturm) neu errichtet, dessen historische Existenz nicht einwandfrei nachgewiesen ist.

Das Rahmengutachten des Bayerischen Landesamts für Denkmalpflege vom 11. Februar 1980 enthielt – wie üblich – zunächst eine historische und kunsthistorische Würdigung des Baudenkmals, dann den Katalog allgemeiner fachlicher Auflagen, beginnend mit den vorbereitenden Maßnahmen. Die bei jedem Baustellentermin mit dem Landesamt getroffenen weiteren fachlichen Äußerungen wurden in Protokollen festgehalten. Zu den geforderten vorbereitenden Arbeiten gehörte die Herstellung von Bestandsplänen im Maßstab 1 : 50, die Durchführung von Befunduntersuchungen an ausgewählten Stellen der Fassaden und in Innenräumen durch den Restaurator und die Erstellung einer photographischen Dokumentation des Vorzustands. Bauträger und bauleitender Architekt erfüllten diese Auflagen nur ungern und das Landesamt sah sich bald in der Rolle des Behinderers eines zügigen Bauablaufs und raschen Verwertungsvorgangs. So mußte der Umfang der Befunduntersuchungen, die immerhin die Fassadenfarbigkeit von 1594, die Rokokofassung der Kapelle und ein großes Fragment einer Architekturmalerei des 18. Jahrhunderts im Saal über der Kapelle (Nordflügel; Abb. 2) erbrachten, eingeschränkt und die Photodokumentation durch die Photographen des Landesamts durchgeführt werden.

Keller bzw. Sockelgeschoß des Hauptbaus: Das Landesamt hatte das Ausräumen von verfüllten Kellergewölben im Südtrakt und insgesamt geeignete Trockenlegungsmaßnahmen empfohlen. Aus Einsparungsgründen wurde beides unterlassen, Putzschäden am äußeren Sockelgeschoß wurden – wie sich später erst herausstellte – mit Fertigmörtel eher kaschiert als saniert und sind seit 1984 wieder wahrnehmbar (Abb. 3).

Außen- und Innenhoffassaden Hauptbau: Ausbesserungen am historischen Verputz und Fassadentönung nach Befund (Altweiß, Gesimse und sonstige Gliederungen in Hellocker-Umbra) ohne fachliche Einwendungen. Dagegen konnte sich das Landesamt mit seinen Auflagen bei den Fenstern nicht durchsetzen. Gängiger historischer Fenstertyp war das Kreuzstockfenster gewesen, mit je zwei unterschiedlich großen Drehflügelpaaren je Fenster, das jeweils untere größere Paar mit je einer Quersprosse.

6. Ausgebaute Fenster des 18. und 19. Jahrhunderts, 1982

7. Profanierte Schloßkapelle, nach der Instandsetzung 1988

8. Restaurierter „Rittersaal"

Um 1912 waren diese meist aus dem späten 18. Jahrhundert stammenden Fenster zu Kastenfenstern erweitert worden. In der Kapelle und den Ecktürmen waren noch bleiverglaste Flügel mit Rundscheiben vorhanden gewesen. Die außenseitigen Fenster sollten nach historischem Vorbild als Kreuzstockfenster erneuert werden, da die vorhandenen Konstruktionen zumeist irreparabel waren. Historische Beschläge sollten wiederverwendet, die Kapellenfenster insgesamt restauriert und erhalten werden. Die notwendigen Dämmwerte sollten bei allen Fenstern durch Ausbildung als Verbund- oder als Kastenfenster erreicht werden.
Die von der Bauleitung ohne Absprache mit dem Landesamt in Auftrag gegebenen und eingebauten Zweiflügelfenster mit gleichmäßig dreifeldriger Teilung je Flügel und Isolierverglasung entsprechen leider in keiner Weise den fachlichen Auflagen (Abb. 4). Das fassadengliedernde Element des fest eingebauten Kreuzstocks, die belebende Wirkung der verschiedenen Durchmesser und Profile von Stock, Rahmen, Sprossen sind verloren gegangen (Abb. 5) und die mahagonifarbene Vorbehandlung des Holzes sowie der sterile Spiegeleffekt der Isolierglaselemente potenzieren diese Verluste. Nur etwa zehn historische Fenster sind heute in kleinen Nebenräumen des Schlosses und Vorschlosses noch erhalten (Abb. 6).
Dächer Hauptschloß: Die Deckung mit engobierten Rundschnittbibern, wohl um 1912, war zur Hälfte noch funktionstüchtig; das Landesamt nahm deswegen von der Forderung einheitlicher Deckung mit naturroten Bibern Abstand. Die Eternitschindeldeckung der fünfziger Jahre auf den vier großen Turmzwiebeln wurde bisher nicht erneuert; gefordert ist eine dem historischen Zustand entsprechende Deckung mit Lärchenschindeln. Schleppgauben und Kaminköpfe wurden erhalten. Die steilen Pfettendachstühle (16. Jahrhundert) wurden vom Zimmermann durchrepariert, jedoch wurde der um 1912 aus Feuerschutzgründen im ganzen Dachraum eingebrachte Estrichfußboden, der bisher nur teilweise geöffnet wurde und unter dem sich enorme Baumängel verbergen (verfaulte Dachfüße, Trockenfäule, z. T. Hausschwamm; siehe unten), nicht ausreichend untersucht.
Innenräume Hauptschloß: Einen erheblichen Verlust stellt die Profanierung der Schloßkapelle im Erdgeschoß des Nordflügels dar (Abb. 7), die 1619 vollendet und um 1735 als heller stuckierter Barocksaal ausgestaltet wurde (Erweiterung nach Westen um 1912). Ihr Rotmarmorfußboden wurde ohne Absprache mit dem Landesamt entfernt; ebenso sind die bleiverglasten Fenster verloren gegangen. Zwei größere hochbarocke Ölgemälde, den hl. Sebastian und die hl. Barbara darstellend und mit ihren retabelartigen Rahmen ehemaligen Seitenaltären der Kapelle zugehörig, sind seit dem Konkurs des Hautgesellschafters der Tenuta und ehem. Besitzers des Kapellenappartements verschollen. Die marmorne Tafel mit der Bauinschrift von 1619 befindet sich noch in situ in der Kapelle, auch das barocke Kapellenportal mit prächtigen Türflügeln konnte mit Mühen in situ erhalten werden (zur Zeit sind die Flügel hofseitig verkleidet). Der barocke Hauptaltar der Kapelle wurde in einen im äußeren Torturm neu eingerichteten Kapellenraum überführt. Dort wurden auch die Reste des Marmorbodens verlegt.
Der sogenannte Rittersaal in der Südwestecke des Erdgeschosses, ein gewölbter Raum über zwei Marmorstützen, die mit «1594» bezeichnet sind und Wappenreliefs des Bauherren Sebastian von Haunsperg aufweisen, wurde sach- und fachgerecht instandgesetzt und darf als denkmalpflegerischer Gewinn bezeichnet werden (Abb. 8). Ebenso wurden in den meist schlicht-barocken Räumen des Obergeschosses (Weißdecken über Hohlkehlen, teilweise mit Profil) die z. T. aus dem späten 18. Jahrhundert, z. T. von 1912 stammenden furnierten Doppelflügeltüren teilweise erhalten, teilweise einwandfrei nachgebaut, wie auch die meisten historischen Weißdecken erhalten wurden.
Im Obergeschoß des Nordflügels wurde während der Befunduntersuchungen ein Saalraum in seinen ursprünglichen Dimensionen wiederentdeckt, auf dessen Wandflächen sich im Rokoko gemalte Säulenarchitekturen mit Durchblicken in ideale Landschaften abwickelten. Ein Ausschnitt dieser Wandmalereien konnte freigelegt, die Wiedergewinnung des Saals als Raumeinheit leider nicht erreicht werden.
Auf die Instandsetzung und den Ausbau des Vorschlosses mit äußerem Torturm, ehem. Hofmarksrichterhaus (Abb. 9), Stall- und Scheunengebäude, die bereits gestreift wurden, soll nicht nochmals eingegangen werden. Die Bauschäden und die Aufwendungen zu ihrer Beseitigung waren hier z. T. erheblich.

9. Hofrichterhaus im Vorschloß, Westgiebel; nach der Instandsetzung

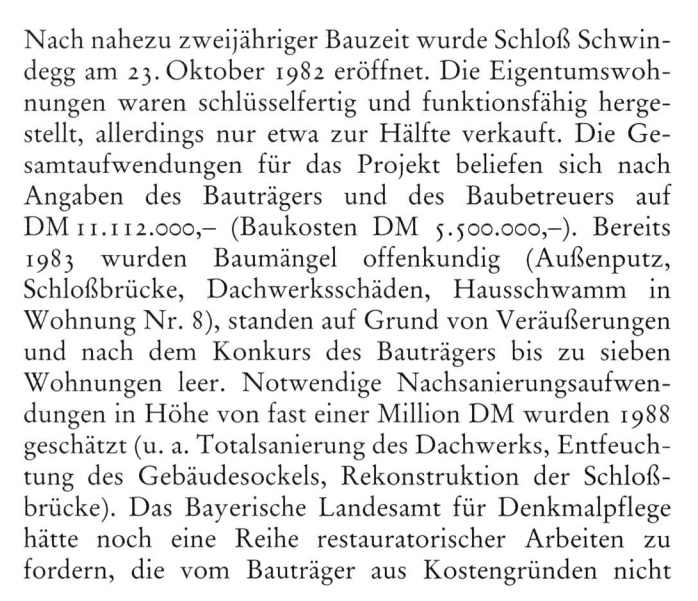

10. Innerer Torturm, Südfront; nur teilweise restauriert

Nach nahezu zweijähriger Bauzeit wurde Schloß Schwindegg am 23. Oktober 1982 eröffnet. Die Eigentumswohnungen waren schlüsselfertig und funktionsfähig hergestellt, allerdings nur etwa zur Hälfte verkauft. Die Gesamtaufwendungen für das Projekt beliefen sich nach Angaben des Bauträgers und des Baubetreuers auf DM 11.112.000,– (Baukosten DM 5.500.000,–). Bereits 1983 wurden Baumängel offenkundig (Außenputz, Schloßbrücke, Dachwerksschäden, Hausschwamm in Wohnung Nr. 8), standen auf Grund von Veräußerungen und nach dem Konkurs des Bauträgers bis zu sieben Wohnungen leer. Notwendige Nachsanierungsaufwendungen in Höhe von fast einer Million DM wurden 1988 geschätzt (u. a. Totalsanierung des Dachwerks, Entfeuchtung des Gebäudesockels, Rekonstruktion der Schloßbrücke). Das Bayerische Landesamt für Denkmalpflege hätte noch eine Reihe restauratorischer Arbeiten zu fordern, die vom Bauträger aus Kostengründen nicht vergeben worden waren (Restaurierung der Rokoko-Nischenfiguren der hll. Florian und Johann Nepomuk am inneren Torturm, der Löwenköpfe am darunterliegenden Portal, des Schloßkapellenportals, Instandsetzung der Turmuhr; Abb. 10).

Dem Problem des Umbaus oder der Adaption von Landschlössern für bzw. zu Eigentumswohnungen wurde hier nicht weiter nachgegangen. Im speziellen Fall von Schwindegg wäre ein rechtzeitiger Erwerb durch die Gemeinde zweifellos vorteilhaft für das Baudenkmal und seine Erhaltung gewesen. Rathaus, Kindergarten, Pfarrheim, Jugendräume, Werktagskapelle, sämtlich Einrichtungen, die mit großem Aufwand in den letzten 15 Jahren in Schwindegg realisiert wurden, hätten auf nobelste Art im Schloß ihren Platz finden können. Die Gemeinde bedauert das heute und versucht, die ehemalige Schloßkapelle zurückzuerwerben.

Horst Karl Marschall

Die Instandsetzung der Häuser Marktplatz 9 und Brodhausgasse 1 in Eichstätt

Der Denkmalpreis der Hypo-Kulturstiftung für das Jahr 1991 wurde zur Hälfte an die Eigentümer der Baudenkmäler Marktplatz 9 und Brodhausgasse 1 in Eichstätt verliehen. Damit wurde ein vielbeachtetes Vorhaben erfolgreich abgeschlossen und gewürdigt, dessen Planungen in das Jahr 1983 zurückreichen und dessen Ausführung sich von 1984 bis Ende 1989 hinzog.

Die beiden Bürgerhäuser Marktplatz 9 und Brodhausgasse 1 stehen an der Nordseite der ehemaligen Kollegiats-Pfarrkirche Unserer Lieben Frau, im «Paradeis», zwischen dem 1818 abgebrochenen Gotteshaus, von dem nur noch Teile im Gebäude der Volksbank erhalten sind, und dem Rathaus. Die Kirche entstand zwischen 1472 und 1546 als dreischiffige gotische Hallenkirche. Das Rathaus, das sein heutiges Erscheinungsbild einem Umbau in den Jahren 1823/24 verdankt, wurde 1444 errichtet. Der gesamte Bereich ist Teil des Ensembles Eichstätt und auch heute noch durch zahlreiche Baudenkmäler geprägt.

Die Ausführungen im 1924 erschienenen Inventarband Stadt Eichstätt[1] weisen bereits auf die große historische Bedeutung des Fachwerkhauses Brodhausgasse 1 hin: Es ist eines der wenigen mittelalterlichen Häuser, die die Zerstörung durch die Schweden und den Brand im Jahr 1632 überstanden. Der dreigeschossige Bau mit zur Gasse hin auskragendem Obergeschoß wurde, wie dendrochronologische Untersuchungen der Technischen Universität Stuttgart-Hohenheim ergaben, 1453 erbaut (Abb. 1-4). Einbezogen wurden dabei die gewölbten Keller und das Erdgeschoßmauerwerk sowie die Balkenlage oberhalb des Erdgeschosses von einem Vorgängerbau aus dem Jahr 1312. Das schöne spätgotische Fachwerk des Hauses war sowohl zur Brodhausgasse als auch zum Hof hin hinter einem häßlichen grauen Spritzputz verborgen, der wohl erst zwischen 1925 und 1935 auf Ziegelgewebe aufgebracht worden war. Im Inneren zeigte der Bau eine einfache Ausstattung des 18. mit zahlreichen Veränderungen des 19. und 20. Jahrhunderts.

Das Bürgerhaus Marktplatz 9 ist ein zweigeschossiger Bau mit steilem, ziegelgedeckten Satteldach und barockem Schweifgiebel (Abb. 5, 6). Das Fachwerk in den Außen- und Innenwänden des Hauses, die Decke über dem Erdgeschoß und nahezu der gesamte Dachstuhl sind aus Höl-

1, 2. Eichstätt; Brodhausgasse 1; vor und nach der Restaurierung mit Freilegung des Fachwerks

3, 4. Ecke Marktplatz 9 / Brodhausgasse 1; vor und nach der Restaurierung mit Freilegung des Fachwerks

5, 6. Marktplatz 9; vor und nach der Restaurierung

7, 8. Brodhausgasse 1; Innenraumansichten nach der Restaurierung

zern gefertigt, die 1313 gefällt wurden. Der Bau hat schöne, tonnengewölbte Keller und einen eigenen Brunnen, der im Zuge der Instandsetzung ausgegraben und untersucht wurde. In den Obergeschossen, die im 19. Jahrhundert und nach dem Zweiten Weltkrieg nicht so stark verändert wurden wie das Erdgeschoß, hat sich noch die qualitätvolle Ausstattung des 18. Jahrhunderts erhalten. Damals hatte das Haus auch, nach Beseitigung des mittelalterlichen Fachwerkgiebels, den noch bestehenden barocken Blendgiebel erhalten. Er ist heute noch eine Zierde der Südfront des dreieckigen Marktplatzes, der sich seit dem Mittelalter als Zentrum der Bürgerstadt entwickelt hat.

Diese kurzen Beschreibungen zeigen bereits die große historische und kunstgeschichtliche Bedeutung der beiden Bürgerhäuser Brodhausgasse 1 und Marktplatz 9. Für Konrad Bedal, dem Leiter des Fränkischen Freilandmuseums Bad Windsheim, handelt es sich bei dem Haus Marktplatz 9 um das in seiner Gesamtheit besterhaltene Fachwerkhaus aus dieser Zeit in Bayern. Beim Haus Brodhausgasse 1 stammten die Kalkplatten der Dachdeckung, wie der Münchner Architekt Heinrich Ullmann 1919 nachwies,[2] noch aus der Erbauungszeit.

Im Frühjahr 1984 wurde mit der Instandsetzung des Hauses Brodhausgasse 1 begonnen. Die Schäden am Dachstuhl wurden ausgebessert, das flachgeneigte Dach wieder mit Legschiefer eingedeckt. Die bis zu 60 cm dicke historische Deckung konnte leider nicht erhalten werden. Durch Befunduntersuchungen und behutsame Freilegungen zeigten sich die schönen Fachwerkkonstruktionen, die Holzbalkendecken und die Wandvertäfelungen des Mittelalters, die sich hinter mehreren späteren Putzen gut erhalten hatten.

Gefunden haben sich auch noch die historischen Tür- und Fensteröffnungen sowie der Standort der ursprünglichen Treppe. In Zusammenarbeit mit den Restaurierungswerkstätten des Bayerischen Landesamtes für Denkmalpflege erhielt der Bau wieder weitgehend das Erscheinungsbild der Erbauungszeit. Vor allem wurden innen und außen auch die Farbfassungen des späten Mittelalters wiederhergestellt. Gleichzeitig wurden die Schäden an den Deckenbalken und am Fachwerk in handwerksgerechter Weise ausgebessert. Türen und Fenster wurden dem spätgotischen Bau gestalterisch angepaßt, die Fußbodenbeläge unter Verwendung alter Beläge – Ziegelplatten, Solnhofer Platten und Holzdielen – wiederhergestellt. Die interessanten Malereien in den Fachwerkfeldern der Dielen im Erd- und Obergeschoß und des Treppenhauses – aufgemaltes Sichtziegelmauerwerk – wurden restauriert und ergänzt (Abb. 7, 8). Schon am 10. Juli 1985 konnte der Laden an der Brodhausgasse eingeweiht werden. Die Arbeiten in den Obergeschossen gingen nur langsam voran und zogen sich bis 1989 hin. Bei den Freilegungsarbeiten und im historischen Schutt konnten zahlreiche interessante Funde sichergestellt werden, die jetzt restauriert in Vitrinen innerhalb der beiden Baudenkmäler ausgestellt sind.

Beim Erwerb im Jahr 1983 war das Haus Marktplatz 9 in einem sehr schlechten Zustand. Ein bekannter Münchner Architekt und dessen Statiker, beide nicht ohne Erfahrung im Umgang mit Baudenkmälern, verneinten nach einer eingehenden Besichtigung die Sanierungsmöglichkeit. Nur mit Mühe konnte das Bayerische Landesamt für Denkmalpflege den schon beantragten Abbruch und einen modernen Neubau verhindern. Dem Eigentümer des Hauses Brodhausgasse 1 gelang es schließlich, die Erhaltung und Instandsetzung dieses herausragenden Baudenkmals zu erreichen. Mit den Arbeiten wurde 1985 begonnen. Die teilweise aufgefüllten Keller wurden wieder ausgegraben und statisch gesichert. Äußerst schwierig war auch die Wiederherstellung der Standfestigkeit der Außen- und Innenwände, des frei und ohne Verbindung vor die Fachwerkkonstruktion gestellten barocken Blendgiebels, der Tragfähigkeit der Decken und des Dachstuhls sowie der Gewölbe. Erst während der Bauarbeiten zeigten sich die verheerenden Auswirkungen der unsachgemäßen früheren Umbaumaßnahmen. Bevor das Dach wieder mit alten, handgeschlagenen Biberschwanzziegeln eingedeckt werden konnte, mußte in den Dachstuhl eine große, von Giebel zu Giebel durchlaufende Stützkonstruktion eingebaut werden. Die hinter einer untergehängten Decke verborgene Eichenbohlendecke über dem Erdgeschoß wurde freigelegt, ergänzt und restauriert. Die ebenfalls freigelegten Fachwerkkonstruktionen im 1. Obergeschoß und Dachgeschoß erhielten die durch Befund festgestellte barocke Farbigkeit. Sorgfältig instandgesetzt wurden auch die auf das 18. Jahrhundert zurückgehenden Fenster mit reich verzierten, handgeschmiedeten Beschlägen und die Speichertreppe mit Keilstufen. An den Fassaden wurde die barocke Farbigkeit samt der dazugehörenden Architekturmalerei wiederhergestellt, die durch Befunduntersuchungen ermittelt worden war.

Bei der Suche nach einer neuen, den beiden Baudenkmälern angepaßten Nutzung zeigte sich, daß die Wiedereinrichtung eines Cafés nur bei Zusammenfassung der beiden Gebäude möglich war. Die Planung durch Architekt Dipl.-Ing. Hans Zitzelsperger ergab, daß mit nur einem Durchbruch je Geschoß und wenigen Differenzstufen im Erdgeschoß eine günstige, einfache Lösung zu schaffen war. Diese Idee wurde dann bis 1989 in die Tat umgesetzt. Der Eingang zum Café liegt am Marktplatz, wo zwischen Rathaus und der früheren Kollegiats-Pfarrkirche auch im Sommer Tische und Stühle im Freien aufgestellt werden können. Während im Haus Marktplatz 9 die Theke, die Küche und der Bereich für Nichtraucher untergebracht werden konnten, sind im Haus Brodhausgasse 1 drei schöne Galerieräume im Erd- und Obergeschoß, großzügige Dielen, verbunden durch die Treppe, die Toiletten und ein Büroraum angeordnet. Im 1. Obergeschoß und im Dachgeschoß des Hauses Marktplatz 9 liegt die Wohnung des Eigentümers. An der Brodhausgasse, im hier freistehenden Untergeschoß, sind die seit alters her bestehenden drei kleinen Läden in beiden Häusern wieder entstanden. Ein Lebensmittelgeschäft, ein Bäcker und ein Goldschmied haben sich hier niedergelassen. Instandgesetzt wurden auch die Kellergewölbe samt der Kellertreppe, die von der Brodhausgasse aus hinabführt.

Die Instandsetzung und der Umbau der beiden Baudenkmäler Brodhausgasse 1 und Marktplatz 9 fanden in der Öffentlichkeit sehr viel Beachtung, stehen die beiden Gebäude doch im Zentrum Eichstätts und zog sich das Vorhaben schließlich über mehrere Jahre hin. Die örtliche Presse berichtete oft über den Fortgang der Arbeiten, über die aufgetretenen Schwierigkeiten, aber auch über die Entdeckungen, angefangen von den Grabungsarbeiten der Bodendenkmalpfleger bis hin zu den Ergebnissen der Restauratoren, Kirchenmaler und Bauforscher. So wurden schon während der Bauarbeiten weite Kreise, die sonst mit der Denkmalpflege kaum in Berührung kommen, mit denkmalpflegerischen Fragen bekannt gemacht. Seit Eröffnung des «Café im Paradeis» kommen täglich viele Besucher, Einheimische und Fremde, und sehen und erleben die beiden Gebäude nicht nur von außen, sondern auch im Inneren, wo eine Ausstellung über die Bauarbeiten und Forschungen sowie die ausgestellten Funde die Geschichte und Entwicklung der beiden Häuser und ihre Bedeutung herausstellen und erläutern. Wichtig ist auch, daß die Besucher erkennen, daß Baudenkmäler einer sinnvollen Nutzung nicht im Wege stehen, daß sie durchaus wirtschaftlich und bequem zu nutzen sind und darüber hinaus stimmungsvolle Räume mit hohem Alterswert bieten. Die beiden Baudenkmäler Marktplatz 9 und Brodhausgasse 1 sind damit zu einem Vorzeigeobjekt für Eichstätt und seine Umgebung geworden, ihre gelungene Instandsetzung Anstoß für zahlreiche andere Denkmalbesitzer.

Anmerkungen

[1] *Die Kunstdenkmäler von Bayern, Mittelfranken*, Bd. 1, *Stadt Eichstätt*, München 1924, S. 704–706.

[2] HEINRICH ULLMANN, «Das Kalkplattendach im Altmühlgebiete», in: *Das Altmühl-Jura-Haus*, Eichstätt o. J. (1919).

Bernd Vollmar

Spurensicherung: die älteren Bauernhäuser des Landkreises Aichach-Friedberg[1]

Die erhaltenen historischen Häuser in den Dörfern des Landkreises Aichach-Friedberg stammen vornehmlich aus dem 19. Jahrhundert. Selten sind Anwesen des 18. oder gar 17. Jahrhunderts. Die überlieferten – meist ein-, bisweilen zweigeschossigen – Häuser mit Satteldach sind in aller Regel in Ziegelbauweise mit verputzten Fassaden ausgeführt. Bauliche Spuren eines mittelalterlichen Bauernhauses konnten bislang nicht nachgewiesen werden.

I.

In den historischen Steuerbüchern sind immer wieder Hausbeschreibungen zu finden. So wird 1585 in Aindling eine «... behausung von Holzwerck, eine andere ... in die Riegl gemauert oder ... von Holzwerck, allein die Stuben gemauert ...» näher charakterisiert. Damit sind die wichtigsten historischen Wandbaukonstruktionen, der Holzbau (Holzwerk), Fachwerkbau (Riegl) und Mauerwerkbau im Landkreis bereits im späten 16. Jahrhundert gleichzeitig belegt. Die urtümlichste – mittelalterliche – Konstruktion ist der Holzbau, genauer der Ständer-Bohlen-Bau. Zu diesem und zum frühen Fachwerkbau gehört eine typische Bauform mit steilem – meist strohgedecktem – (Schopf-)Walmdach. Zu den ersten Abbildungen solcher Häuser zählen die vielzitierten Aquarelle Albrecht Dürers aus der Zeit um 1500. Für den Landkreis gibt es die – im Zusammenhang mit der ersten systematischen Landvermessung in Bayern – um 1560 entstandenen Zeichnungen des Philipp Apian. Beispielsweise auf seiner Darstellung von Schloß Obergriesbach sind bäuerliche Anwesen in der frühen Bauform und Bauweise zu erkennen (Abb. 1). Bauernhäuser in mittelalterlichem Erscheinungsbild, mit (Schopf-)Walmdächern, mit Fach- bzw. Ständerwerkkonstruktionen sind auch auf den um 1700 entstandenen Kupferstichen des Michael Wening wiedergegeben: so etwa auf der Ansicht des Meringer Schlosses (Abb. 2) oder der Dorflandschaft von Dasing (Abb. 3).

Wenings Stiche verdeutlichen gleichzeitig den Wandel der Hausformen und damit der Ortsbilder im späten 16. und 17. Jahrhundert. Der mittelalterliche Bautyp war in der Zeit um 1700 nicht mehr üblich. Das aus Ziegeln gemauerte, verputzte Satteldachhaus prägte bereits die Ortsbilder. Als Beispiel dazu Hilgertshausen (heute zum Landkreis Dachau gehörend): Auf Apians Blatt, um 1560, sind ausschließlich Fachwerk- und Ständer-Bohlen-Bauten, meist eingeschossig, wiederum mit Walm- bzw. Schopfwalmdächern verzeichnet (Abb. 4). Das gleiche Ortsbild, um 1700 von Wening gestochen, zeigt mehrheitlich bereits Ziegelhäuser mit gesimsverzierten Giebeln und Satteldächern (Abb. 5). Der Wandel vollzieht sich zunächst schrittweise. Nach dem Vorbild der – städtischen – Bürgerhäuser wurden im 16. Jahrhundert in bäuerlicher Um-

1. Schloß Obergriesbach; Federzeichnung von Philipp Apian, um 1560

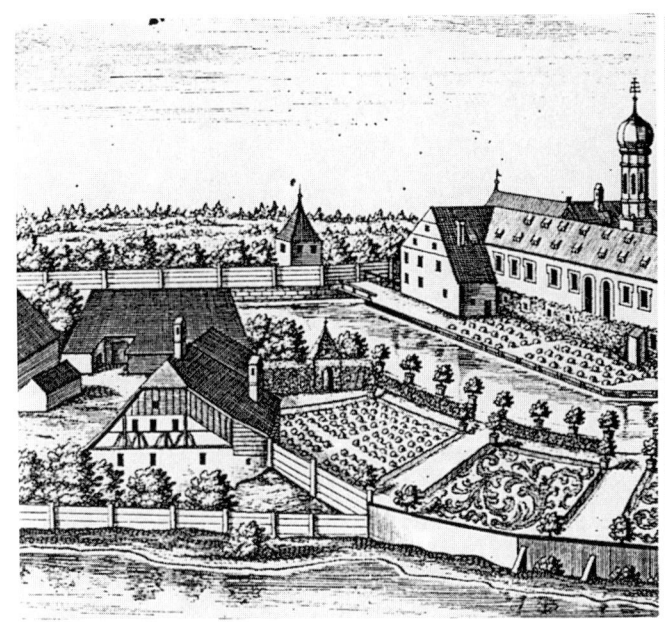

2. Mering (Ausschnitt); Kupferstich von Michael Wening, um 1701

3. Dasing (Ausschnitt); Kupferstich von Michael Wening, um 1701

gebung Bauaufgaben wie Gast- oder Amtshäuser in Ziegelbauweise errichtet. Nicht zuletzt mit den Zerstörungen des Dreißigjährigen Krieges und den damit notwendigen Wiederaufbauten geht die mittelalterliche Bautradition dann in der zweiten Hälfte des 17. Jahrhunderts auch bei bäuerlichen Anwesen zu Ende.

Auf Grund der sozialen und wirtschaftlichen Verhältnisse, der durch den Großen Krieg bedingten Armut der Landbevölkerung, muß allerdings auch zu dieser Zeit noch von der Verwendung einfacher und preisgünstiger (Holz-)Baumaterialien ausgegangen werden. So sind auf einer kolorierten Ansicht der Stadt Aichach und der umliegenden Mühlenanwesen (von 1681) – wenn auch schematisch – Fachwerkkonstruktionen bei Kleinbauernhäusern und bei Stadeln etc. zu erkennen. Auch andere mittelalterliche Baumaterialien und Handwerkstechniken werden fortgeschrieben, beispielsweise für die Dachdeckung. Bei den historischen Häusern im Landkreis sind heute allenfalls handgeschlagene Biberschwanzdeckungen des späten 18. und 19. Jahrhunderts überliefert. Bislang konnte kein Anhaltspunkt für die urtümlichste Form, die Strohdeckung, beobachtet werden. Sie war offensichtlich – wie in anderen Hauslandschaften – seit dem späteren 18. Jahrhundert auch bei Bauernhäusern eine Ausnahme. In den Städten war diese weiche Dachhaut – wegen Brandgefahr – zum Teil bereits in spätmittelalterlicher Zeit verboten und durch andere Materialien, etwa durch ein Hohlziegeldach (= Haggendach), ersetzt worden.

Allerdings waren im Landkreis im ausgehenden 19. Jahrhundert Strohdeckungen an Nebengebäuden in manchen Ortschaften noch zahlreich vorhanden. So gibt es beispielsweise auf Bauplänen aus Schmiechen immer wieder den Hinweis auf ein altes Strohdach. Vereinzelt lassen sich noch alte Baukonstruktionen, wie etwa Lehmbautechniken, beobachten. Sind – wie noch zu zeigen sein wird – Fortschreibungen des mittelalterlichen Wandbaus, etwa Ständer-Bohlen- oder Ständer-Fachwerk-Konstruktionen – wenn auch nur in spärlichen Resten – im Landkreis noch zu belegen, so ist die frühe Dachform im bäuerlichen Wohnbau verschwunden. Walmdächer – dann jedoch des späten 17. und 18. Jahrhunderts – sind nur bei anderen Bauaufgaben, etwa bei einem Gasthaus in Taiting (Haus Nr. 6) oder bei der ehemaligen Pilgerherberge in Inchenhofen (Radersdorfer Str. 11), vorhanden. In der Bauernhauslandschaft herrscht nach dem Dreißigjährigen Krieg das Satteldach als Kehlbalkenkonstruktion mit – meist – liegendem Gestühl vor.[2]

4. Hilgertshausen (jetzt Lkr. Dachau); Federzeichnung von Philipp Apian, um 1560

5. Hilgertshausen (jetzt Lkr. Dachau); Kupferstich von Michael Wening, um 1701

II.

Die mittelalterliche Bauform eines Bauernhauses der Aichach-Friedberger Landschaft ist – selten genug – in einer Zeichnung des 19. Jahrhunderts überliefert: der Augsburger Maler und Zeichner Joseph Ignaz Hörmann (1775–1820) hielt ein «Bauernhaus bey Othmaring» für darstellungswürdig (Abb. 6). Gezeichnet im Jahr 1812, wurde das Haus wahrscheinlich wenig später abgebrochen. Das Blatt ist ein überaus wichtiges Dokument für die bäuerliche Bau- und Wohnkultur.

Gezeigt ist ein kleinbäuerlicher Einfirsthof mit Walmbzw. Schopfwalmdach, strohgedeckt. Zum eingezäunten Nutzgarten hin zeigen zwei Fenster den Wohnteil an. Über den Fenstern ist ein Taubenschlag (oder Bienenkästen) zu erkennen, darunter gibt es eine langgestreckte Futterraufe (oder Tränke). Neben dem Wohnteil ist das Tennentor angeordnet, es folgt der Stall- und Scheunenbereich. Mistgrube und Reisighaufen, Kleintiere, eine Staffagenfigur, Bäume und Sträucher und der Hofbrunnen illustrieren die Szene.

Ausreichend naturgetreu und detailfreudig, lassen sich an Hand dieser Darstellung Rückschlüsse auf Grundriß und Baukonstruktion ziehen. Entstehungszeit und genauer ehemaliger Standort sind nicht mehr bestimmbar. Die Tatsache, daß der Einfirsthof gezeichnet wurde, läßt auf ein besonderes, unter Umständen einmaliges Anwesen mit hohem Alter schließen.

Die Bauform und die erkennbaren Baumaterialien weisen in die mittelalterliche Zeit. Einzig die Fenstergröße läßt eine spätere Veränderung vermuten; ursprünglich dürften nur kleinformatige Lichtöffnungen mit Schiebeläden vorhanden gewesen sein. Bemerkenswert ist der Firstschopf, der sogenannte Kamm der Strohdeckung. Eindeutig zeigt die Hörmannsche Zeichnung die im Mittelalter übliche Außenwandkonstruktion aus Holz. Offensichtlich bestand das Ottmaringer Haus aus einer Ständer-Bohlen-Konstruktion. Dies ist einmal mehr ein Beleg dafür, daß gänzlich aus Holzmaterialien errichtete Wohnbauten ursprünglich weit verbreitet waren. Erst die unterschiedlichen lokalen baulichen Entwicklungen der Neuzeit, vor allem des 19. Jahrhunderts, bedingten – in Bayern – die heutige Begrenzung des Holzbaus auf das Alpen- bzw. Voralpengebiet oder das sogenannte Frankenwald-Haus.

Für die Urtümlichkeit des Ottmaringer Hauses spricht auch der Grundriß, der aus der Fassade abzuleiten ist. Die beiden Fenster, wohl zur Straße orientiert, gehören zur Wohn- und Schlafstube; dahinter dürfte die Küche angeordnet gewesen sein. Da kein Kamin zu erkennen ist, wurde der Rauch der Kochstelle wohl über ein Rauchloch am Firstende abgeleitet. Das Tennentor zeigt eine (Hauseingangs-)Türe. Ein Merkmal dafür, daß die Tenne gleichzeitig als Flez, als Hausgang, diente. Sowohl die Wohnräume als auch Stall und Scheune waren von dort aus erschlossen. Diese Funktionseinheit ist die Vorform der später anzutreffenden räumlichen Trennung von Hausflur und Scheunenzufahrt beim sogenannten Mittertennbau.[3]

III.

Das älteste bekannte und näher untersuchte bäuerliche Anwesen im Landkreis ist das eingeschoßige Bauernhaus Nr. 10 in Gundertshausen, Gemeinde Schiltberg aus der Zeit um 1560.[4] Weitere Häuser wurden in der zweiten Hälfte des 17. Jahrhunderts errichtet. Da es sich meist um kleine unscheinbare Häuser mit niedrigen Raumhöhen und teilweise nicht unerheblichen baulichen Schäden handelt, ist der – ohnehin reduzierte Bestand – stark gefährdet. Wichtige Objekte mußten erst vor kurzem zum Abbruch freigegeben werden.

Wie bereits angemerkt, sind die (Außen-)Wände in aller Regel aus gebrannten Ziegeln errichtet. Die einzig bekannte erhaltene Ständer-Bohlen-Konstruktion gibt es noch am Stadel des Hofes Im Tal 5 in Zahling. Allerdings stammt dieses Beispiel – mittelalterlicher Bautraditionen folgend – erst aus dem 18. Jahrhundert.

Im weiteren wurden einige wenige Mischkonstruktionen beobachtet. Dazu gehörte zunächst das 1988 abgebrochene Anwesen Merching, Steindorfer Str. 17. Hier war der Rest einer mit Ziegeln ausgefachten Ständerkonstruktion überliefert. Die im Prinzip altertümliche Fachwerkkonstruktion stammte aus dem späten 18. Jahrhundert und stand unter dem Einfluß der südlich angrenzenden altbayerischen (Holz-)Hauslandschaften. Eine Mischkonstruktion von Ziegelaußen- und Holzständerinnenwänden konnte am Beispiel eines Bauernhauses in Au bei Rehling näher untersucht werden. Das um 1700 errichtete Anwesen wurde 1979 abgetragen. Diese Bauweise ist beispielsweise in den Dörfern des Rieses zu finden und auch bei Augsburger (Klein-)Bürgerhäusern üblich. Eines der seltenen bäuerlichen Wohnhäuser mit einem Zierfachwerkgiebel im Landkreis stand in Aichach, Augsburger Str. 2. Im späten 17. Jahrhundert erbaut, ist dieses Objekt bereits in den fünfziger Jahren verschwunden.[5]

Eines der ältesten Beispiele der Ziegelbauweise war das Haus Tödtenried, Nr. 27. Um 1670/1680 erbaut, mußte es – lange Zeit leer stehend – 1989 wegen Baufälligkeit abgebrochen werden. Trotz späterer Umbauten war der Grundriß (Abb. 7) dieses Objekts für die Hauslandschaft und die Bauzeit typisch. In der Mitte des Wohnteiles gab es den Hausflur. Zur Straße hin waren Wohn- und Austragstube, neben dieser die Küche angeordnet. Hofseitig erschloß der Flez den Schlafraum, führte zum Scheunen- bzw. Stalltrakt. Ursprünglich war die Tenne direkt neben dem Schlafraum zu denken. Die sich im 19. Jahrhundert endgültig durchsetzende Abkehr vom Mittertenn- zum Mitterstall-Schema war hier nachzuweisen. Die spätere Veränderung, die Tenne wurde zum hofseitigen Ende des Einhauses verschoben, ist deutlich im Längsschnitt (Abb. 8), am Konstruktionswechsel des Dachwerkes erkennbar. Der Dachraum war – wie häufig – im straßenseitigen Bereich als weitere Schlafkammer eingerichtet. Die übrige Dachfläche diente als Speicher.

Anders als beispielsweise Kirchenbauten oder Schloßanlagen können Bauernhäuser nicht an Hand von kunstgeschichtlichen, d. h. stilistischen Kriterien zeitlich eingeordnet werden. Typische Merkmale für die Entstehungszeit liefern zunächst konstruktive Eigenheiten, etwa des Dachwerkes. Das Dachwerk des Tödtenrieder Hauses zeigte eine Kehlbalkenkonstruktion mit sogenannter liegender Stuhlanlage, wie sie seit dem früheren 15. Jahrhundert bereits bekannt ist. Die Verbindungen der einzelnen Konstruktionsteile waren miteinander verblattet (Abb. 9). Verblattungen sind bereits im Mittelalter üblich und wer-

6. „Bauernhaus bey Othmaring" (Ottmaring, Stadt Friedberg); Kreidezeichnung, 14 x 18 cm, von Joseph Iganz Hörmann, datiert 1812

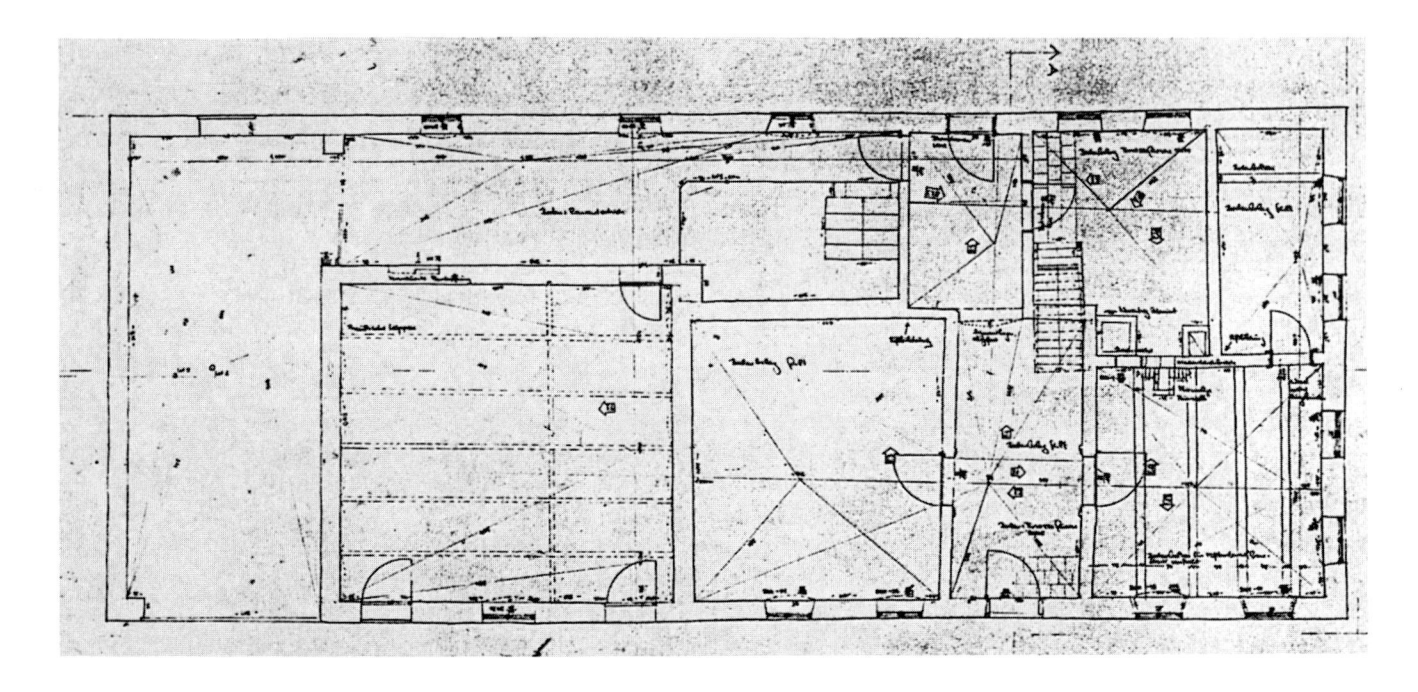

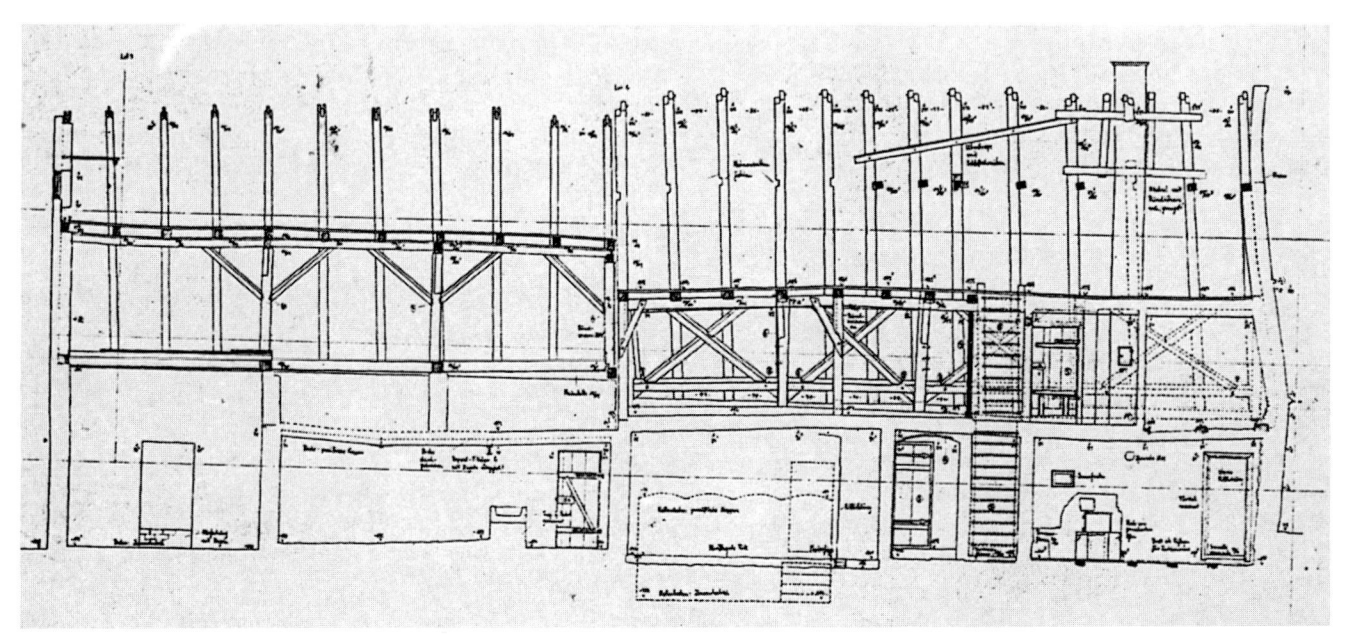

7, 8. Tödtenried, Gde. Sielenbach; Haus Nr. 27, Grundriß und Längsschnitt; Zeichnung von Ulrike Steinbock, 1986

den andernorts seit dem späteren 16. Jahrhundert durch die sogenannte Verzapfung abgelöst. Unter den verschiedenen Hauslandschaften, die hier wirken, sind im Landkreis Aichach-Friedberg Verblattungen bemerkenswerterweise bis in das 19. Jahrhundert nachzuweisen.[6] Die Bestimmung der Bauzeit des Hauses in Tödtenried ließ sich aus einem Vergleich mit den Dachwerken festdatierter Bauernhäuser ableiten. Nahezu analoge Konstruktionsmerkmale sind etwa in Oberbernbach, Donauwörther Straße 7 zu finden. An Hand einer dendrochronologischen Untersuchung konnte das Fälldatum der für das dortige Dach (Abb. 10) verwendeten Bäume mit 1671 festgestellt werden.

Das Sammeln und Ordnen solcher Einzelinformationen läßt dann – auch bei einem spärlichen Hausbestand – übergeordnete Aussagen und Rückschlüsse zu. So gibt es beispielsweise für die frühen erhaltenen Häuser im Landkreis typische Hausformen und Fassadengestaltungen, die als weitere Datierungshilfen herangezogen werden können. Wie das Oberbernbacher und Tödtenrieder Beispiel zeigte auch das 1718 erbaute Bauernhaus in Hausen bei Aindling, Schusterberg 4, ein gedrungenes Erdgeschoß und ein relativ steiles Dach (Abb. 11). Auch hier war der Hauptgiebel durch drei kantige, unprofilierte, verputzte Ziegelgesimse zur Betonung der Horizontalen und Ortgänge geziert. Die Horizontalgesimse erfahren dann im Verlauf des späteren 18. Jahrhunderts eine Abwandlung durch die sogenannten Traufknoten. Für das 19. und frühe 20. Jahrhundert sind Putzrustika zur Betonung von Hausecken, Fensterstürzen oder Erdgeschoßfassaden bezeichnend. Derartige Fassadengestaltungen sind u. a. auch an Bauernhäusern westlich des Lechs zu finden.[7]

Spuren des alten Bauernhauses lassen sich auch an jüngeren Baudenkmälern noch nachvollziehen: als Beispiel das

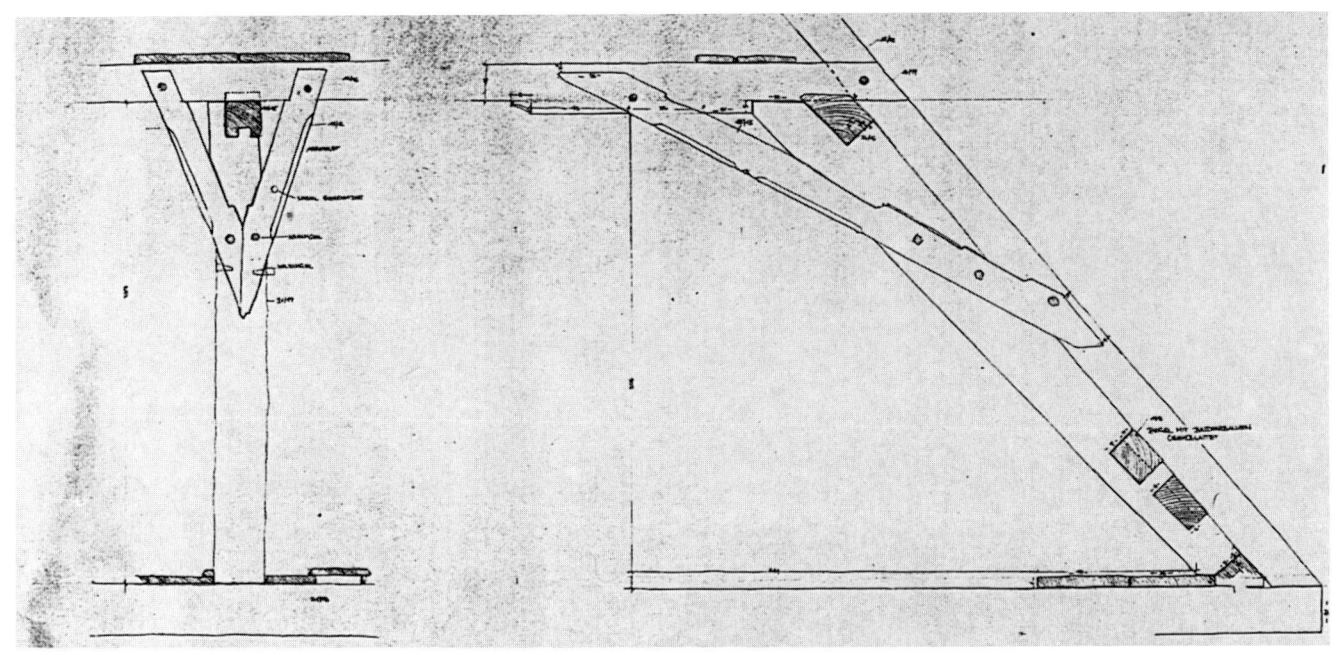

9. Tödtenried; Haus Nr. 27, Dachwerkdatail: liegender Stuhl, verblattete Konstruktionsteile

10. Oberbernbach, Stadt Aichach; Maria-Eich-Straße 7, Dachwerk

Anwesen Walchshofen, Hauptstraße 10 (Abb. 12). Errichtet um 1900 hebt sich das Erscheinungsbild deutlich von Objekten der vorangehenden beiden Jahrhunderte ab. Gemäß der Architektursprache der Zeit sind Dachüberstände an Traufe und Ortgang ausladend, ist die Dachneigung flacher angelegt; zur besseren Raumnutzung im Dachgeschoß gibt es einen hohen Kniestock, der zudem belichtet wird. Geblieben ist jedoch ein geschlossener Baukörper mit einem ausgewogenen Verhältnis von Fassadenwand und Fensteröffnungen. Betrachtet man darüber hinaus die Grundrißzeichnung (Abb. 12), zeigt sich, daß hier das traditionelle Schema fortgeschrieben wurde. Nach wie vor ist der Flez in der Hausmitte angeordnet, Stube und Küche sind zur Straße orientiert, zum Hof hin die (Schlaf-)Kammern.

IV.

Ein Anwesen wie in Heretshausen, Dorfstraße 26, erbaut 1927, markiert den Schlußpunkt der traditionellen, für den Landkreis typischen bäuerlichen Bauweise. Mit der rasanten Siedlungsentwicklung der Nachkriegszeit vollzog und vollzieht sich oft unbemerkt ein neuerlicher Wandel der Hausformen und der Dorfbilder. Ein Wandel, der charakteristische Eigenheiten aufgibt, einheitliche Landhäuser produziert, das Dorf zur Vorstadt degradiert. Der Verlust an historischen Bauernhäusern ist nach wie vor beträchtlich.[8] Die Qualität, auch die ortsbildprägende, eines auch noch so schlichten Bauernhauses wird oft verkannt. Mit dem Abbruch eines sogenannten Schandflecks im Dorf wurden – und werden immer noch – häufig unwiederbringliche Zeugnisse früherer Zeiten zerstört. Dabei gehen eben nicht nur Architektur, Konstruktionstechniken

11. Hausen, Markt Aindling; Schusterberg 4

und Baumaterialien, historische Grundrißstrukturen und Ausstattungen, sondern auch – häufig unterschätzte – Lebens- und Wohnqualitäten verloren. Historische Wohnkultur, Zeugnis des Alltagslebens ist nur mehr selten zu belegen, ist allenfalls nostalgisches Anschauungsmaterial im Freilicht- oder Heimatmuseum. Gerade die schlichten, wenig repräsentativen bäuerlichen Anwesen, wie sie im Landkreis Aichach-Friedberg die Regel sind, haben noch wenige Fürsprecher. Die Erhaltung, Pflege und moderne Nutzung kann aber nur dann möglich sein, wenn die Qualität auch solcher Häuser im Bewußtsein aller Beteiligten, der Eigentümer, Dorfbewohner, Politiker und Behörden stehen. Die vorstehenden Ausführungen sollen als ein Beitrag dazu verstanden werden.

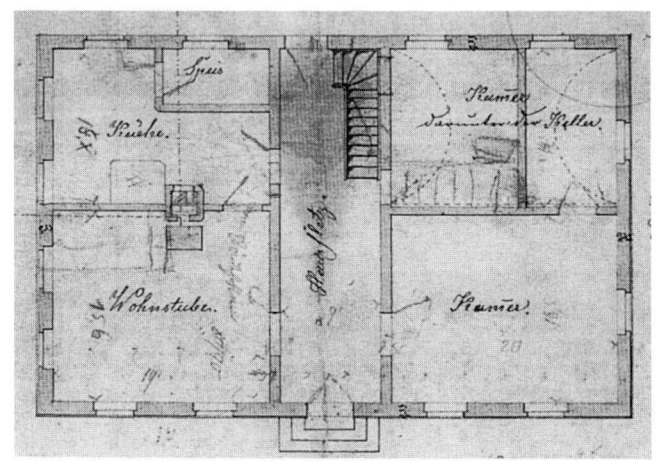

12. Walchshofen, Stadt Aichach; Haupstraße 10, Grundriß (Baugenehmigung); kolorierte Federzeichnung, um 1899

Anmerkungen

[1] Erstveröffentlichung des Beitrags in *Häuser in bäuerlicher Tradition*, hrsg. vom Landkreis Aichach-Friedberg als Sonderdruck in der Reihe *Altbayern in Schwaben*, Aichach 1990, S. 16–27. – Der Baubegriff «Bauernhaus» ist hier allgemein gebraucht, umfaßt bäuerliche Anwesen im weitesten Sinne, beinhaltet Hofstellen aller Größen, auch dörfliche Wohnstätten von Handwerkern usw.

[2] KARL SCHÄDLER, *Chronik von Aindling*, München 1958 (Typoskript, unveröffentlicht), S. 36, 39f. – Eine nähere Untersuchung eines mittelalterlichen Anwesens (von 1368) und wie ein solches «versteckt» die Zeiten überdauern kann bei KONRAD BEDAL (Hrsg.), *Ein Bauernhaus aus dem Mittelalter*, Schriften und Kataloge des fränkischen Freilandmuseums, Bd.9, Bad Windsheim 1987.

Der Wandel der Hausformen ist am Beispiel Schmiechen exemplarisch untersucht, vgl. Hubert und Gabriele Raab, *Schmiechen und Unterbergen*, Friedberg 1988, Bd. II, S. 508–558. – Ein ähnlicher Wandel im lokalen Bereich wurde beschrieben von Walter Pötzl, *Der Landkreis Augsburg*, Augsburg 1989, S. 254–262.

Die kolorierte Ansicht von Aichach (1681) ist abgebildet bei Wilhelm Liebhart, Rudolf Wagner (Hrsg.), *Aichach im Mittelalter*, Aichach 1985, Schutzumschlag.

Die bei Heinrich Götzger und Helmut Prechter, *Das Bauernhaus in Bayerisch-Schwaben*, Das Bauernhaus in Bayern, Bd. I, München 1960, S. 42–48, 56, 77–92 beschriebenen Strohdachbeispiele sind weitgehend verschwunden. Das letzte Strohdachhaus der Gegend steht heute – transferiert – im Kloster Oberschönenfeld, vgl. Walter Pötzl und Horst Gutmann, *Das Staudenhaus aus Döpshofen*, Beiträge zur Heimatkunde des Landkreises Augsburg, Bd. 9, Augsburg 1985. – Zu den Dächern in Schmiechen vgl. Raab (wie Anm. 2), S. 524, 530, 533. – Weitere Strohdächer sind zum Beispiel belegt bei Martin Schallermeir, *Mering*, 2. Aufl., Mering 1983, S. 119, 210. – Ein strohgedeckter Stadel stand bis in die fünfziger Jahre in Sielenbach, Abb. in: Fritz Mayer und Rudolf Wagner (Hrsg.), *Der Altlandkreis Aichach*, Aichach 1979, S. 413.

3 Ein Vergleichsbeispiel zur Hörmann-Zeichnung ist von Lorenzo Quaglio von 1843 erhalten, Abbildung bei Wilhelm Neu, «Das alte Bauernhaus im Landkreis Landsberg a. Lech», in: *Schönere Heimat*, 1982, Heft 2, S. 313; weitere vergleichbare Zeichnungen des frühen 19. Jahrhunderts sind zum Beispiel von F. W. Doppelmayer oder J. A. Klein bekannt.

Paul Werner, «Die Entwicklung des Fensters im bäuerlichen Hausbau», in: *Schönere Heimat*, 1984, Heft 4, S. 478–484.

Beispiele für ältere Holzhäuser außerhalb der dafür typischen alpenländischen Hauslandschaften sind das sogenannte Freilinger Häusl von 1611 im Niederbayerischen Freilandmuseum in Massing oder ein 1957 abgebrochenes Haus in Utting, vgl. Wilhelm Neu, «Ein Bauernhaus des 16. Jahrhunderts in Utting am Ammersee», in: *16. Jahresbericht des Bayerischen Landesamtes für Denkmalpflege*, S. 71–75. – Wie lang die Tradition des Holzhauses neben dem Steinhaus fortgeschrieben wurde, zeigt ein 1793 erbautes Anwesen in Gunzenhausen, vgl. Bernhard Müller-Wirtmann, *Alte Häuser und ihre Bewohner (im Landkreis Freising)*, Freising 1989, S. 17–26.

4 Vgl. Bernd Vollmar, «Ein Bauernhaus aus der Zeit um 1560 in Gundertshausen», in: *Altbayern in Schwaben*, Jg. 1988–1990, S. 9–18.

5 Zu Zahling: Ein Vergleichsbeispiel in Schmiechen wurde 1954 abgebrochen, vgl. Raab (wie Anm. 2), Abb. S. 522 oben; mehrere derartige Stadelanlagen sind noch in der Gegend zwischen Iller und Mindel erhalten, vgl. Götzger und Prechter (wie Anm. 2), S. 106f., Abb. S. 259.

Zu Merching: der bei Götzger und Prechter (wie Anm. 2), S. 63 veröffentlichte Bestand von 1904 war weitgehend zerstört.

Zu Au: Wolfgang Sellmeier, «Ein Bauernhaus in Au, 1979 abgebrochen», in: *Aichacher Heimatblatt*, 5, 1982; um eine ebensolche Konstruktion (nicht um den – archivalisch – belegten Ständerbohlenbau) handelt es sich bei der Zeichnung bei Raab (wie Anm. 2), S. 522 unten.

Zu Aichach: Abbildung bei Josef Müller, *Aichach einst und jetzt*, Aichach 1968, nach S. 304.

6 Das Tödtenrieder Haus wurde im Rahmen einer Diplomarbeit von Ulrike Steinbock, Augsburg, dokumentiert (Planarchiv des Bayerischen Landesamtes für Denkmalpflege); die Bau- und Veränderungsgeschichte ist über die verformungsgerechten Bestandszeichnungen vermittelt. – Verblattungen sind beispielsweise noch in Meringerzell, Hs.-Nr. 1, datiert 1832, nachzuweisen (vgl. S. 41) oder in Hochdorf, Hs.-Nr. 21 (Gasthaus), nach 1893.

7 Ein weiteres Beispiel ist das 1989 wegen Baufälligkeit abgebrochene Haus Ebenried/Pöttmes, Hs.-Nr. 16, Fälldatum 1665. Untersuchungen Hölzl und Tisje, 1989, Planarchiv des Bayerischen Landesamtes für Denkmalpflege. – Neben der Altersbestimmung können an Hand detaillierter Beobachtungen der Dachwerke auch Rückschlüsse auf das übrige Gefüge des Hauses ermittelt werden. So etwa über die Bundzeichen, die Markierungen des Zimmermanns, die zum Beispiel Aussagen über den Grundriß des darunterliegenden Geschosses vermitteln.

Das 1985 – widerrechtlich – beseitigte Anwesen in Hausen war im Dachwerk inschriftlich datiert. Eine Dokumentation war nicht möglich. – Zu Fassadengestaltungen vgl. zum Beispiel Walter Pötzl, «Gesimsbänder und Traufknoten», in: *Der Landkreis Augsburg*, Augsburg 1989, S. 264f.

8 Den Verlust der Bauernhäuser in den letzten Jahrzehnten veranschaulicht am besten die Veröffentlichung von Götzger und Prechter (wie Anm. 2); der dort – vor 1960 – dokumentierte Bestand ist in beträchtlichen Teilen verloren. – Vgl. auch zum Beispiel Heinz Strehler und Ulrich Hartmann, *Bauernhäuser aus Niederbayern ..., die es nicht mehr gibt*, Denkmalpflege Informationen, Bayerisches Landesamt für Denkmalpflege, Ausgabe A Nr. 61, 4. April 1987.

Gottfried Kerscher

«100000 weiss schäumende Isarhengste» – die Frühgeschichte der Gewinnung von Energie aus Wasserkraft am Beispiel der Werke an der Isar

Voraussetzungen

Die Gewinnung von Energie aus der Wasserkraft ist auf das engste verbunden mit den technischen Neuerungen des ausgehenden 19. Jahrhunderts. Sie ist auch eng verbunden mit dem seit der Jahrhundertwende ständig steigenden Energiebedarf nicht nur der Städte, sondern auch der Industrie.
Die wesentlichen Eigenschaften der Starkstromtechnik sowie ihre Nutzung für die Industrie wurden seit 1886 technisch optimiert, so daß die Voraussetzungen geschaffen waren, die Wasserkraft direkt für die industrielle Erzeugung zum Beispiel von Aluminium etwa in Rheinfelden oder in Töging zu nutzen.[1] In der Folge der diesbezüglichen Entwicklungen und Vorhaben wurden weitere technische Innovationen realisierbar, die in erster Linie durch eine zunächst theoretisch berechnete Gewinnmaximierung vorstellbar wurden. Mit anderen Worten: Aktien- und Kapitalgesellschaften zur finanziellen Unterstützung solcher innovativer Betriebe konnten erst in entsprechendem Umfang gegründet werden, als der technische Fortschritt praktisch so ausgereift war, daß große Mengen Strom wirtschaftlich genutzt und Abschlüsse langfristiger Verträge für konstante Stromlieferungen zu einem vorher festgelegten Preis vereinbart werden konnten. Man darf, wie die Geschichte und die Diskussion der Nutzung der Wasserkraft zeigen, nicht davon ausgehen, daß es schon von je her klar war, wem und zu welchem Zweck Strom geliefert werden sollte. Erst in der Fixierung diesbezüglicher Nutzungsstrategien und -mengen konnten Bedarf angemeldet und entsprechende Produktionskräfte freigesetzt bzw. zur Verfügung gestellt werden, wie etwa bei der industriellen Erzeugung wertvoller Stoffe; dann erst konnte der erstrebte Gewinn vorausberechnet und später gegebenenfalls erzielt werden. Technische Innovation, Industrie und Kapitalmarkt – häufig auch staatliche Mittel – waren auf das engste miteinander verschränkt.
Parallel zu diesen Entwicklungen, nennen wir sie vereinfacht «Industrie-Entwicklung» und «Technik-Entwicklung», veränderten sich die konkreten Bedürfnisse in den Städten; so führte beispielsweise der Bedarf bzw. Wunsch nach größerer Mobilität zu Ausbau und Elektrifizierung der Verkehrsmittel. Oder ein anderes Beispiel: Im Jahre 1891 wurde ein Wasserkraftwerk an der Westenriederstraße errichtet (nicht mehr erhalten), das die Beleuchtung der Stadt München gewährleisten und auf Dauer sicherstellen sollte; die Leistung von 70 PS (42 kW) ist damals noch ausschließlich zu Beleuchtungszwecken benutzt worden.[2]
Der stetig steigende Bedarf an Energie in vielen Bereichen mußte zu weiteren Innovationen und anderen Veränderungen führen. Neben quantitativer Verbesserung, mußte auch eine qualitative Optimierung erreicht werden, d. h., daß eine Verbesserung der Stromerzeugungstechnik schon auf Grund des steigenden Bedarfs «anwendbarer Energieformen» (Drehstrom – Wechselstrom, konstante Spannungen, regelmäßige Lieferungen, wenig Engpässe bei der Stromversorgung insbesondere der Industrie usw.) möglich werden mußte.
Andererseits war es die Faszination, die von der neuen Technik ausging, die – zu einem Gutteil parallel zu den erwähnten Bedürfnissen – zu bedeutenden technischen Leistungen führte, deren Konsequenzen und Ziele die scheinbar «unerschöpfliche Verfügbarkeit» von Energie sein sollte; eine Nutzung dieser künftig zur Verfügung stehenden Energie würde sich dann schon finden.[3]
Neue Impulse erfuhr die Entwicklung der Elektrizität durch die Persönlichkeit Oskar von Millers, der – an sich fremd im Bereich der Elektrizität – von der neuen Energie fasziniert ist und als «Komissär zur Information über die Aussichten der Ausnutzung der bayerischen Wasserkräfte zur Erzeugung von Elektrizität» 1881 zur «Elektrotechnischen Ausstellung» nach Paris fuhr, dort mit dem Franzosen Marcel Depres, dem Erfinder des Drehspulenelements, bekannt wurde und mit diesem zusammen im Jahre 1882 eine Fernübertragung von 2 PS über 57 km von Miesbach nach München mit Hilfe hochgespannten Gleichstroms von 2000 V durchführte. Als Übertragungsmittel nutzte man eine Telegrafenleitung; als Schauobjekt betrieb man einen kleinen Wasserfall im Münchner Glaspalast, der das natürliche Geschehen in Miesbach wiederholte und so die Kraftübertragung versinnbildlichte. Diese Kraftübertragung von Gleichstrom erregte beachtliches Aufsehen; man erkannte aber, daß der mit der Kollektormaschine erzeugbaren und verwertbaren Spannung recht enge Grenzen gesetzt waren und daß zur Vermeidung von Lebensgefahr dem Verbraucher der Strom mit Niederspannung zugeführt werden mußte, was wiederum nur eine sehr teure Umformeranlage leisten konnte.
Die bedeutsame Entwicklung des Asynchronmotors wurde von dem Italiener Arago eingeleitet. Dieser entdeckte, daß eine um eine Achse sich drehende Leiterschleife in einem umlaufenden Magnetfeld ein Drehmoment erfährt. Von Dobrowolsky konstruierte daraufhin im Jahr 1890 einen fast nicht mehr zu verbessernden Drehstrommotor. Die Firmen AEG und Oerlicon entwickelten jetzt auf Grund dieser Erfindungen und Entwicklungen innerhalb von zwei Jahren brauchbare Drehstrommotoren und -generatoren, sowie Transformatoren.
Somit standen um 1890 alle zu einer Kraftübertragung von Drehstrom notwendigen Elemente zur Verfügung, waren indessen noch nicht auf ihre Anwendbarkeit in der Praxis untersucht worden. Oskar von Miller hatte sich nach seiner Tätigkeit als Vorstandsmitglied der AEG als priva-

ter Ingenieur in München niedergelassen. Im Jahre 1890 wandte sich der Direktor des Württembergischen Portland-Cement-Werkes zu Lauffen am Neckar an ihn und bat ihn um die Entscheidung in einem Projekt, das die Wasserkraft des Neckars in Laufen ausnutzen wollte. Zur gleichen Zeit entschloß man sich in Frankfurt am Main zur Durchführung einer Elektrotechnischen Ausstellung. Oskar von Miller wurde mit der technischen Leitung beauftragt und plante sofort eine neue, größere und wichtigere Kraftübertragung als spektakuläres Ereignis, diesmal aber mit der neuen Stromart des Drehstroms. Ein zeitgenössischer Zeitungsbericht schildert recht treffend die «öffentliche Meinung» und die Erwartung bei Bekanntwerden des Übertragungsversuches:

«Die Frankfurter Ausstellung wird uns Mitte August eine Kraftübertragung vorführen. Vom Cementwerk Lauffen hundertfünfundsiebzig km weit zieht sich an hohen Telegrafenstangen ein dreifacher Draht von etwa 4 mm Dicke. Die rastlose Arbeit eines Stromfalles des Neckar zuckt diesen Draht entlang, sie ‹strömt› und ist doch ungreifbar und imponderabel. Das ist zugleich strömendes dunkles Licht, das an jeder beliebigen Stelle in strahlende Helle verwandelt werden kann, es ist Feuer von höchster irdischer Gluth, das nicht brennt und schweißt, als dort, wo man seiner benöthigt. Man leite es an einem isolierten Draht unter Wasser, seinem ärgsten Feind, hindurch und es wird nicht verlöschen. Die großartigen Erwartungen, die sich an diesen Versuch knüpfen, sind bekannt. Gelingt es, Arbeitskraft ohne fühlbare Verluste weit fortzuführen und zu verteilen, so können wir alle Naturkräfte, die Wasserfälle, die Gezeiten des Meeres, die Winde, die Wärme der Sonne uns dienstbar machen, in die Städte und zur Werkstatt des kleinen Mannes leiten, der bis nun von der Dampfmaschine des großen Kapitalisten abhängig war. Die Kohlenlager, deren Erschöpfung wir fürchten, können geschont werden. Neben der Fernwirkung von Schrift und Sprache im Telephon tritt die Fernwirkung der Kraft. Der Raum rückt immer mehr zusammen. Die Ausnutzung der Erde wird immer übersichtlicher, die Menschen in ihren Einzel- und nationalen Schicksalen, in ihren ethischen und kulturellen Bestrebungen immer solidarischer. Die moderne billige Phrase vom praktischen Christentum nähert sich seiner Thatsache: der Solidarität des Menschengeschlechtes. Gelingt dieser Versuch, und ich glaube an ihn, weil er allzu kühn ist – so hat die Frankfurter Ausstellung sich ein Ehrenblatt in der Geschichte der Elektrotechnik gesichert. Bis jetzt waren die höchsten Spannungen, deren man sich bediente, zwei- bis dreitausend Volt. Die letztere wurde erst im verflossenen Jahr in Amerika dazu verwendet, den Mörder Kemmler hinzurichten. Es war eine höchst ‹gefährliche› Spannung. Und doch unternimmt es Brown von Oerlikon, auf nicht weniger als 30000 Volt hinaufzugehen. Das Hinderniß, das Alle scheuten, überholte er zehnfach mit einem kühnen Gedankensprung. Denn uns Alle hindert ja bekanntlich nicht die Thatsache, sondern der Gedanke, der Schlagbaum des eigenen Vorurtheils.»

Am 25. August 1891 fand der historische Übertragungsversuch statt und wurde ein imponierender Erfolg. In Frankfurt standen drei entsprechende Transformatoren, die sich von denen in Lauffen nur durch die Übersetzung unterschieden. Als Ausstellungsobjekte in Verbindung mit der Kraftübertragung erleuchteten 1000 Glühlampen; als Hauptattraktion wurde wie schon bei der ersten Kraftübertragung ein Wasserfall durch einen 100-PS-Motor in Gang gesetzt. Der Direktor der AEG, Emil Rathenau, führte in seiner Ansprache aus:

«Bei weitem überflügelt hat aber der, wie man ihn bisher nannte, ‹elektrische Funke› den Dampf. Wir haben es heute gezeigt, daß auf eine Entfernung von über 170 km mit mathematischer Gewißheit Elektrizität die ihr von einem Wasserfall zugeführte Kraft überträgt, und was heute auf 175 km und mit 16000 Volt Spannung gelingt, wird gewiß in wenigen Jahren mit 100000 Volt auf weit riesigere Entfernungen ein Leichtes sein. Aber nicht allein dieser fast märchenhafte Erfolg der Überwindung von Zeit und Raum ist uns klargelegt... Die großartige Verteilungsfähigkeit der Elektrizität ist es, welche den Versuch der Übertragung auf große, sehr große Entfernungen erst so recht zu einem Bedeutungs und Wertvollen gemacht hat... Die neuesten Fortschritte werden uns gestatten, großartige Krafterzeugungszentren an beliebigen Stellen, im Bergwerk, an der Meeresküste, um Ebbe und Flut zu benutzen, an den großen Katarakten anzulegen, die dort vorhandenen, bisher zwecklos vergeudeten Kräfte in nutzbringende Elektrizität umzusetzen, sie in, wir können fast sagen, beliebige Entfernungen zu versenden und dort in beliebiger Art zu verteilen und zu verbrauchen. Wir können dem Handwerksmeister seine Nähmaschine elektrisch betreiben, wir heizen ihm sein Bügeleisen, wir rüsten dem Vergolder die chemischen Bäder für seine Erzeugnisse. Wir geben noch dazu einem jeden die Beleuchtung in der Stärke und an dem Ort und zu der Zeit, wo sie ihm am vorteilhaftesten ist. Und wenn wir schließlich den Elektromotor mit anderen ähnlichen Maschinen vergleichen, so finden wir, daß er den geringsten Raum einnimmt, daß seine Einrichtung die einfachste ist, daß er keine Wartung braucht und keine Gefahr des Explodierens vorhanden ist, vor allem aber, daß er ökonomisch deshalb am vorteilhaftesten arbeitet, weil sein Kraftverbrauch sich mit seiner Belastung selbsttätig regelt. Und wie wir so an der Verbrauchsstelle sehen, daß die Elektrizität sich bemüht, eine sparsame Betriebskraft zu sein, so auch an der Erzeugungsstelle. Das schlechteste Feuerungsmaterial, das bisher den Transport nicht lohnte, weil zu viele tote Last mit ihm davongeschleppt werden muß, wird am Orte, wo es gefunden wird, immer noch mit Vorteil zum Betriebe von Erregermaschinen Verwendung finden können, und so sehen wir vor uns, daß die Fortleitung und Verteilung der Kraft als Elektrizität von der schönsten ausgleichenden Wirkung ist. Wir können dadurch den Vorteil großartiger Zentralisation erreichen und ersparen daher viel nutzlose Betriebskraft und Arbeit, und wir können andererseits in vollkommenster Weise die dezentralisierte Kraft dem Einzelnen in dem kleinsten Teilchen zugängig machen und beleben dadurch das Schaffensvermögen und die Schaffensfreudigkeit der Einzelnen zum Wohle Aller und des Ganzen. Es ist auch nicht zu unterschätzen, daß die Elektrizität als Verteiler von Kraft die natürlichen Wasserkräfte wieder zu Ehren gebracht hat, welche durch den Dampf in die Ecke gedrückt, ein im Verhältnis zu ihrem hohen ökonomischen Werte zu bescheidenes Dasein fristeten...»[4]

Werner von Siemens hatte die Gleichstromtechnik favorisiert, gelangte aber gegenüber den Innovationen der Drehstromtechnik und vor allem bezüglich ihres Anwendungspotentials zusehends in den Hintergrund. Wie auch die zeitgenössischen Berichte verdeutlichen, wähnte man sich etwas Mysteriösem gegenüber; die Wortwahl macht dies nur allzu deutlich: «sie strömt und ist doch ungreifbar und imponderabel» – «Feuer von höchster irdischer Gluth» usw. Gleichzeitig wird sofort der ökonomische «Rahmen» evident: Die «Überwindung von Zeit und Raum» bringt nicht nur wirtschaftliche Vorteile, sie verändert auch die Gesellschaft.
Die «Technikentwicklung» und die «Industrieentwicklung» schaukelten sich gegenseitig hoch bis zu dem Punkt, an dem man das «Wunder» nicht nur von 1000 erleuchteten Glühbirnen, sondern in erster Linie die Ortsunabhängigkeit und die umfassende Anwendbarkeit des neuen Mediums feststellen konnte – als die vermeintlich kühnen Träume in Realität umgesetzt waren.

Die ersten Repräsentanten: Einzelkraftwerke an Flüssen und Kanälen

Mit der Fernübertragung war, wie auch die zeitgenössischen Äußerungen bezeugen, ein großer Durchbruch gelungen. Die Bindung der Kraftwerke an den Ort ihres

1. Isarkraftwerk München I, Oberstromfassade

direkten Einsatzes, sei es für die direkte Kraftübertragung für die entsprechenden Maschinen,[5] sei es für die Stromgewinnung und sofortige Umsetzung für die Produktion,[6] entfiel damit. Wenn sich vordem diese Kraftwerke in der Nachfolge der Mühlen oft in der mittel- oder unmittelbaren Umgebung örtlicher Ansiedlungen befanden, so waren sie jetzt nicht mehr an Städte oder Siedlungen gebunden und konnten an Stellen errichtet werden, an denen die Ausnutzung der Wasserkraft durch das jeweilige vor Ort vorzufindende Gefälle optimiert und ein bestimmtes Gefälle mittels eines Betriebskanals erzeugt werden konnte; so etwa das erste Uppenborn-Wasserkraftwerk, das an einem Kanal angelegt wurde, der das Gefälle entlang einer Isarschleife ausnutzte und den Wasserweg durch die direkte, gerade Verbindung (Verkürzung) über das Kammer Moos nutzte. Darüber hinaus konnten die Kraftwerke selbst aus den Siedlungen verbannt werden.

Der Durchbruch war aber nicht nur ein wissenschaftlicher oder praktischer in bezug auf das Entfallen der Ortsbindung. Vielmehr wurde besonders im letzten Jahrzehnt des 19. Jahrhunderts die praktische Anwendbarkeit evident – und evident auch insbesondere durch die Häufung und Ausstellung von 1000 Glühbirnen, die scheinbar nutzlos und auch ohne sichtbaren Energieverlust, also dem Anschein nach kostenlos, brannten –, und gleichzeitig wurden die im weitesten Sinne gesellschaftlichen Strukturen und Beziehungen verändert. Einiges darüber geht aus den obengenannten zeitgenössischen Aussagen hervor. Ein anderes konkretes Bedürfnis war die Beleuchtung und Energieversorgung der Ballungszentren – z. B. auch für Verkehrsmittel –, die auf diese Weise erneut an Attraktivität gewannen. Dort reichte die ortsgebundene Stromgewinnung schon bald nicht mehr aus und mußte durch die überregionale Versorgung ersetzt werden.

Während noch 1891 in München die Beleuchtung der Stadt über das Wasserkraftwerk an der Westenriederstraße gewährleistet werden konnte, waren schon wenig später, 1894/95, das Muffatwerk, ein kombiniertes Dampf- und Wasserkraftwerk, und das Maxwerk nötig, um den gestiegenen Stromverbrauch zu decken. 1894 wurden die «Isarwerke GmbH, München» gegründet, und bereits 1899 übernahm die Stadt München offiziell die Stromversorgung der expandierenden Stadt, die aber auch deswegen mehr Strom benötigte, weil an das neue technische Medium gestiegene Forderungen nach Nutzung gestellt wurden. 1899 wurden die «Städtischen Elektrizitätswerke München» gegründet, und, nach der Erweiterung des Muffatwerkes von 250 auf 2250 PS (1650 kW), schon 1905, 1906, 1907 und 1908 wurde beschlossen, weitere Kraftwerke zu errichten: das Mühltal, das Isarwerk I bzw. ein Wasserkraftwerk bei Moosburg und das Leitzachwerk. Entsprechend datieren in die Jahre 1905 bis 1910 die wesentlichen Pioniertaten der bayerischen Elektrizitätsversorgung mittels Wasserkraft.[7]

Das Isarwerk I mit seinen drei Francis-Doppelzwillings-Turbinen (MAN, je 1275 PS Leistung) und den Siemens-Schuckert-Schenkelpol-Synchron-Generatoren wurde 1908 in Betrieb genommen (Abb. 1). Es war im Prinzip eine Weiterführung und Weiterentwicklung des seit 1894 betriebenen Kraftwerkes in Höllriegelskreuth (bei Pullach, südlich von München) mit zwei Mal 500 PS und immerhin 1360 kW Jahresleistung 1844, zu seiner Zeit das größte Drehstrom-Elektrizitätswerk des Deutschen Reiches (Abb. 2,3,5). Auch am damals vergleichsweise modernen Höllriegelskreuth, dem die Versorgung der südlichen Vorstädte Münchens oblag, gingen die Erweite-

2. Isarkraftwerk Höllriegelskreuth, Gde. Pullach i. Isartal, Lkr. München; Unterstromfassade

3. Isarkraftwerk Höllriegelskreuth; Oberstromfassade

rungstendenzen nicht vorbei: 1899/1900 wurde es durch ein Dampfkraftwerk erweitert und erreichte eine Jahresleistung von 4,3 Millionen kWh bzw. eine Höchst- und Spitzenleistung von 1290 kW. Ihm angeschlossen war ein damals umfangreiches und 200 km langes Netz an Hochspannungs- und Niederspannungsleitungen, und es war mit damals modernster Technik ausgestattet. 1906 erhielt es eine Dampfturbinenanlage. Diese wich 1937–39 einer völligen Erneuerung des Wasserkraftwerkes mit einer Leistungssteigerung auf 2300 kW, das schließlich nochmals 1950 durch einen Annexbau vergrößert wurde (seit 1954 in Betrieb; 42 000 kW).[8]

Das Isarwerk I war im Prinzip noch eine bescheidene Unternehmung gegenüber den folgenden Werken, Mühltal, Moosburg und das Leitzachwerk.

1907 ging in Moosburg ein Wasserkraftwerk ans Netz (erstes Uppenbornwerk, siehe unten), das als damals erste Anlage im Deutschen Reich über eine Entfernung von 52 km Strom auf einer 50 000 V Doppelfreileitung transportierte.[9] Neben der Anlage in Höllriegelskreuth handelte es sich dabei um die konsequenteste Weiterentwicklung der Innovationen der Zeit und besonders des Versuches von 1891/92.

In diese Jahre datieren auch die ersten Überlegungen für das Projekt «Mittlerer Isarkanal», auf das unten noch einzugehen sein wird.[10]

1905 wurde um Betriebsgenehmigung eines Wasserkraftwerkes bei Mühltal, ebenfalls im Süden Münchens, ersucht. Erst 1913 wurde es genehmigt und – wegen der Kriegswirren – in den frühen zwanziger Jahren errichtet (Abb. 4,6–9). Franz Langlotz erbaute es für die Isarwerke AG zwischen 1920 und 1924. In Betrieb genommen wies es eine Leistung von 13 000 kW und eine Jahresarbeitsleistung von 73,6 Millionen kWh auf. Nicht nur die fünf Wehre, die überdurchschnittliche Fallhöhe für ein Kanalkraftwerk, sondern in erster Linie die architektonische Gestaltung lassen es als Kleinod erscheinen.[11] Rainer Slotta schreibt:

«Beim Kraftwerk teilt sich der Betriebskanal; ein Wehr mit drei Öffnungen liegt im Kanal und leitet das Aufschlagwasser durch ein parallel zum Betriebskanal gestelltes Wehrhaus mit neun regulierbaren Wehrschützen. Dieses Wehrhaus ist ein eigener Baukörper und vom dahinterliegenden Krafthaus durch einen Lichthof getrennt.

4. Isarkraftwerk Mühlthal, Gde. Straßlach, Lkr. München; Isarbrücke zum Kraftwerk

5. Isarkraftwerk Höllriegelskreuth; Konsolfigur an der Unterstromfassade

Das Aufschlagwasser stürzt über ein Nutzgefälle von 17,4 m auf die Turbinen; der Unterwasserkanal vereinigt sich in seinem weiteren Verlauf wieder mit dem geradeaus geführten Teil des Betriebskanals, dessen Wasserführung durch das Wehr mit den drei Schützen reguliert werden kann. Zwei der drei Öffnungen sind als Freifluter ausgeführt; dahinter der dritten, rechtsseitigen, liegt eine lange Floßgasse mit flacher Neigung: Sie soll die längste Floßgasse Deutschlands sein. Diese Wehranlage mit den drei Hubschützen ist über einen Laufgang betretbar.

Der Eingang zum Kraftwerk erfolgt über eine Holzbrücke, die die Freiflut und die Floßgasse überquert. Man betritt dann eine lanzettförmige Insel, die mit Kastanien und Laubbäumen bestanden ist. Der Zufahrtsweg biegt im weiteren Verlauf um und führt geradezu auf das Einfahrtstor zu, das zwischen dem Krafthaus und dem parallel zum Unterwasserkanal angeordneten Transformatoren- und Schalthaus angelegt wurde.

Der Eindruck dieser jetzt sichtbaren, langgestreckten und einheitlichen Fassade wird jedem Besucher unvergeßlich sein: Kaum ein anderes deutsches Kraftwerk kann eine solch geschlossene, weitläufige Front aufweisen, die mit sparsamsten architektonischen Mitteln und der Benutzung nur weniger gestalterischer Mittel einen derartigen starken Eindruck hinterlassen kann.

Zur Linken erhebt sich das Krafthaus als nahezu quadratischer, kubischer Bauklotz. Durch kräftige Horizontalgesimse ist er in drei hohe Wandzonen untergliedert worden, wobei die mittlere Zone die darüber- und darunterliegende Geschosse um die doppelte Höhe übertrifft. Jede der drei Wandzonen besitzt fünf Fensterachsen: In den niedrigeren Wandzonen sind die Fenster als quadratische, in der höheren, mittleren Zone als schmale, schlitzartige Rechteckfenster ausgebildet. Bemerkenswert ist, daß die mittlere Zone im inneren Bauorganismus zweigeschossig ist, daß diese beiden Geschosse aber

6. Isarkraftwerk Mühlthal; Oberstromfassade mit Floßgasse

am Außenbau als ein großes Geschoß zusammengefaßt worden sind. Dadurch entwickelt sich anstelle der ‹langweiligen› übereinandergelegten Reihung gleichbemessener Wandzonen ein abwechslungsreiches Erscheinungsbild.

Dieser bewußt durchgeführte Wechsel in den Geschoßhöhen hat ein gliederungsmäßiges Pendant in der Anordnung der Fenster in der weiten Fläche der Krafthausfassade: Die Fenster wurden nicht in gleichem Abstand zueinander angeordnet, sondern im Verhältnis 1:3:1, so daß die mittleren drei Schlitzfenster zu einer Gruppe zusammengeschlossen sind und sich von den seitlich liegenden Fensterdurchbrüchen gliederungsmäßig abheben. Mit dieser Anordnung der Fenster hat der gestaltende Architekt die Dreiergliederung in der horizontalen Richtung auch auf die Vertikale übertragen. Ein hohes Walmdach schließt das Krafthaus ab.

Das eigentlich ‹belebende› Element in dieser großzügigen, weiten Fassade ist die Fenstervergitterung: Diese ist als Aneinanderreihung von quadratischen Feldern mit inneren Andreaskreuzverstrebungen gestaltet worden. In der langen Reihung dieser Einzelelemente oder in der Vergitterung quadratischer Fenster entwickeln die weiß gestrichenen Fensterstreben eine lebendige Eigenwertigkeit und rufen beim Betrachter einen ‹sprühenden› funkelnden und ausstrahlenden Eindruck hervor, der mit Sicherheit vom Architekten erreicht werden wollte: Diese Vergitterungen finden sich relativ häufig bei Kraftwerken und anderen Versorgungsanlagen, sie sind somit ein bewußt angewandtes Gestaltungsmittel zum Anzeigen der Funktion eines Gebäudes.

Zur Rechten der Einfahrt liegt das Transformatoren- und Schalthaus, das – niedriger als das Krafthaus aufgeführt – mächtige Eisentore zur Aufnahme der Transformatoren und ein darüberliegendes, niedriges Geschoß für die Sammelschienen und Abgänge besitzt. Ein Walmdach schließt diesen Baukörper ab.

Um die Verbindung zwischen Kraft- und Transformatorenhaus organisch durchzuführen und um die Höhendifferenz zwischen beiden Bauteilen nicht zu auffällig wirken zu lassen, lehnt sich das Transformatorenhaus an einen Turm an, der mit seinem lang heruntergezogenen Schlitzfenster die Gliederung des Krafthauses wieder aufgreift. In einer Frontebene mit dem Kraft- und dem Turbinenhaus liegend, beherbergt der Turm im Erdgeschoß die Pförtnerstube, in seinen darüberliegenden Geschossen eine Treppe. Der Turm wird mit einem Kupferdach und einem Uhrtürmchen abgeschlossen. Die Verbindung zum Krafthaus vom Transformatorenhaus wird über einen gedeckten Gang zwischen Turm und Krafthaus möglich. So kann man ohne Schwierigkeiten vom zweiten Geschoß des Krafthauses durch den brückenähnlichen Gang und die Turmtreppe zu den Sammelschienen und ins Transformatorengebäude gelangen. Der Turm ist mit seiner Bekrönung niedriger als das Dach des Krafthauses; er vermittelt also verkehrs- und höhen- sowie gestaltungs- und gliederungsmäßig zwischen den beiden Baukörpern des Kraft- und Transformatorenhauses. Diese bedeutungsmäßige und funktionale Verbindung aller Bauteile wird durch die Verwendung der Fenstervergitterung in der oben beschriebenen Form augenfällig gemacht.

Das Krafthaus liegt quer über der Isar, das Schalt- und Transformatorenhaus im rechten Winkel zum Krafthaus und parallel zur Isar. Der zum Krafthaus führende Weg trifft genau auf die Verbindungsstelle beider Bauten, über die sich der Brückengang spannt. Den Eingang in den Kraftwerksbezirk markieren zwei vor die Fassadenflucht gestellte quadratische Pfeiler, die über Segmentbogen mit der Fassade verbunden sind. Auf diesen Pfeilern sind unseren ‹Weihnachtssternen› ähnliche, gläserne Polyeder aufgesetzt, die nachts erleuchtet werden. Diese Sterne, von denen sich ein drittes Exemplar am anderen Ende der über die Isar gelegten Brücke befindet, sind ausgesprochen eindringliche und wichtige Beispiele für das oben erwähnte Anzeigen einer Funktion derartiger Industriebauten. Dadurch, daß den Besuchern schon vor dem Betreten des Bauwerks leuchtende, strahlende Sterne begegnen, wird nicht nur die Funktion des Gebäudes erklärt, der Besucher wird auch ‹eingestimmt›. Diese ‹Einstimmung› findet eine Fortsetzung beim Betreten des Treppenhauses im Krafthaus.

Unmittelbar unter der Bogenbrücke liegt das in Beton gegossene rechteckige Portal, das einen bemerkenswerten Türsturz besitzt. Neptun blickt mit algenumwundenem Haupt auf den Eintretenden herab; Muscheln und Seepferdchen tummeln sich zu seiner Rechten, Fische und Muscheln zu seiner Linken. Mit dieser Beziehung auf das

7. Isarkraftwerk Mühlthal; Krafthaus und Schalthaus

Meer und das Element des Wassers wird die Erzeugungsweise der in den Sternen verkörperten Elektrizität verdeutlicht. Man wird sich bewußt, daß ein Laufwasserkraftwerk betreten wird.

Über ein weites, geräumiges Treppenhaus gelangt man zur zentralen Schaltwarte im zweiten Obergeschoß, von der man sowohl zur Freiflut, zur Floßgasse als auch in den Maschinenraum blicken kann. Diese Schaltwarte in ihrer Helligkeit und Weite ist leider in den letzten Jahren umgestaltet worden und hat dabei ihr Deckengemälde verloren. Auf diesem war Neptun dargestellt, wie er in seiner Quadriga über das Meer braust, den Dreizack erhoben in der Hand hält und Blitze in alle vier Himmelsrichtungen schleudert. Mit dieser Darstellung war die Verteilung der aus der Wasserkraft erzeugten Energie versinnbildlicht worden. Damit bestand neben dem Leuchtstern als Symbol der vorhandenen Energie, dem Türsturz als Hinweis auf das die Energie erzeugende Element eine Allegorie der Energieverteilung.

Im Untergeschoß des Maschinenhauses stehen drei große, jeweils 6200 PS starke Francis-Spiralturbinen mit senkrecht gestellten Wellen. Die Drehzahl dieser von der Ravensburger Maschinenfabrik Escher Wyss & Cie. hergestellten Turbinen beträgt 167 U/min., die Schluckfähigkeit 31 m³/sec., die Fallhöhe 17,4 m. Die Regler der Turbinen sind in den Jahren 1965/66 umgebaut worden.

Im Obergeschoß des Maschinenhauses stehen vertikal auf den Turbinenwellen gekuppelt die drei mächtigen, blau gestrichenen Drehstrom-Generatoren der BBC.

Oberhalb des Sternträgers sind die Erregermaschinen aufgesetzt worden: Die Gleichstrom-Generatoren werden mit 220 V, 416 A und 91 KW betrieben.

Der Maschinenraum des Krafthauses vermittelt einen imponierenden Eindruck. Die drei riesigen Maschinen-Ungetüme stehen auf einem roten Fliesenboden inmitten eines weiten, lichten und großzügigen Innenraumes. Die Wände sind bis in eine Höhe von 50 cm rot gekachelt, darüber setzt ein grauer Wandputz an. Ein fahrbarer Kran mit einer Tragfähigkeit von 32 t läuft auf Gleisen, welche auf eine Wandgliederung aufgesetzt worden sind, die aus rechteckigen Wandpfeilern mit zweifachem, horizontal geführten Verbindungsstück besteht. Während auf der Oberstromseite zwei quadratische Fenster übereinander angeordnet wurden, weist die gegenüberliegende Unterstromseite lange Rechteckfenster mit jenen charakteristischen Andreas-Kreuz-Verstrebungen auf. Die Schmalseite zum Ufer hin weist drei Rechteckfenster auf. Von der erhöht gelegenen Schaltwarte ist der Maschinenraum durch drei Fenster überschaubar, die innerhalb eines weißen Wandfeldes angeordnet wurden; oberhalb der Schaltwartenfenster befindet sich eine runde Uhr.

Die farbliche Fassung des Maschinenraumes ist ausgewogen und auf die Einrichtung abgestimmt: Die tragenden Architekturteile (Pilaster etc.) sind grau gehalten, die Wandfelder in einem helleren Grauton gefaßt. Die Generatoren wurden blau gestrichen; das Rot des Bodens und des Unterteils der Umfassungswände steht in lebhaftem Kontrast zu den Blau- und Grautönen. Die große Lichte und Helligkeit, die durch die hohen Fensteröffnungen einströmen

8. Isarkraftwerk Mühlthal; Neptun am Eingangsportal

kann, bewirken, daß der Einheitsraum weiträumig und ‹leicht› erscheint.
Die Unterstromfassade des Krafthauses muß mit der Fassade des Transformatorenhauses zusammengesehen werden. Über den drei großen Bögen der Turbinenausläufe leitet eine Fahrbrücke zum anderen Ufer, auf welchem sich heute eine Umspannfreiluftanlage befindet. Dahinter erhebt sich der hohe Baukörper des Krafthauses in seinen drei Geschossen. Im untersten Geschoß sind weite Portale eingeschnitten, die zu den Turbinenkränzen führen; im hohen Mittelgeschoß belichten die schmalen Rechteckfenster den Maschinenraum. Eine niedrige Fensterzone befindet sich oberhalb eines Gesimses, das die Höhe der Schienen für die Laufkatze im Maschinenraum anzeigt und auf den Außenbau herausprojiziert ist.
Das niedrigere Transformatorenhaus ist wie das Krafthaus durch die schmalen Fenster gegliedert. Da das Innere dieses Bauteils vollständig modernisiert worden ist, fehlen heute von den Abgängen die früher so charakteristischen Freileitungen: Die Porzellanisolatoren ragen ohne Funktion ins Freie. Trotzdem vermittelt dieses großartige Ensemble auch auf der Unterstromseite die ganze Kraft, Wucht und Monumentalität einer Kraftwerksanlage, die als Musterbeispiel für einen Industriebau der zwanziger Jahre aufgrund ihrer klaren Architektur, ihrer beispielhaften, unveränderten Maschinenanlage und der Fülle von Hinweisen und Andeutungen seiner Funktion angesehen werden muß.»[12]

Ob die Erbauer und/oder Zeitgenossen die Vergitterung der Fenster des Wasserkraftwerkes Mühltal ebenfalls als Repräsentation der Sterne bzw. der kosmischen Elemente betrachtet hatten, ist ungewiß und wohl eher unwahrscheinlich. Franz Langlotz sparte in Mühltal nicht mit Details und ließ dem Bauwerk eine für das Projekt angemessene Formensprache angedeihen; indes handelt es sich um ein Kraftwerk – und diesem Zweck mußte sich die Architektur unterordnen. Was die «Sterne» betrifft – also die Fenstervergitterung –, so dürfen wir in ihnen nichts anderes als ein Detail zeitgenössischer Architekturdekoration vermuten, denn im fast zeitgleichen Müllerschen Volksbad in München finden wir ebensolche Fenstergitter vor, ohne daß wir sie als Himmel, Sterne oder als kosmische Elemente interpretieren würden.
Sicher waren Neptun als Zeichen des Wassers (Abb. 8), die von ihm ausgehenden Blitze als Zeichen der Energie – vielleicht aus Wasserkraft – verstehbar. Eine «Allegorie der Energieverteilung» (Slotta) wird man darin aber nicht unbedingt sehen wollen. Vielmehr handelt es sich im Falle des verlorenen Deckenbildes oder des Türsturzes in Mühltal um mehr oder weniger einfache Zeichen, um

Hinweise auf die Nutzung des Gebäudes. Ja, es wäre sogar anachronistisch gewesen, wenn man angesichts der damals sich allmählich durchsetzenden «rationalen» und von kubischem Denken beherrschte, jedes Ornament verbannende Architektursprache gerade an einem Kraftwerksgebäude eine retrospektive Formensprache angewandt hätte. Wenn die Architektur des Wasserkraftwerkes Mühltal im weitesten Sinne «auffällig» ist und sich von gewöhnlichen Nutzbauten durch besondere Gestaltung abhebt, so deswegen, weil man die Kraftwerksgebäude als Vertreter des Innovativen der Zeit auch dieser gemäß gestaltet sehen wollte.
Ähnlich wie in Mühltal gibt es auch an anderen Werken Beispiele einer zurückhaltenden, lediglich das Innere der Gebäude «verdeutlichenden» Ornamentik, die zeichenhaften Charakter in ihren Einzelformen aufweist. Es handelt sich um einfachste Emblematik wie am Walchensee-Kraftwerk (Blitze über Wasser-Linien und das stilisierte Kraftwerk, darunter Text) oder am Isarwehr in Grüntal-Oberföhring bei München (geballte Faust, aus der Blitze links und rechts herauskommen, über Wasserlinien).[13] Ein späteres Beispiel stellen die Konsolen der Unterstromfassade von Höllriegelskreuth bei München dar, auf das oben bereits eingegangen wurde. Der östliche Teil des Wasserkraftwerkes ist noch in seiner Architektur der dreißiger Jahre erhalten. Die – südliche – Oberstromfassade und die Unterstromfassade weisen holz- und steinbildhauerische Architekturdetails auf, allerdings bescheiden und zeichenhaft in der Art wie oben für Mühltal festgestellt werden konnte. Es handelt sich dabei um die genannten Konsolen an Fenstergesimsen; dargestellt sind Seeweibchen bzw. Nixen und Pferde, letztere wohl, wie in Mühltal, in bezug auf Neptun.
Die figürliche Architekturdekoration, die wir weder in den folgenden Bauteilen in Höllriegelskreuth, noch an einem anderen späteren Wasserkraftwerk vorfinden, scheint weitgehend auf die Pionierzeit der Stromerzeu-

9. Isarkraftwerk Mühlthal; Eingang

gung zwischen den beiden Weltkriegen begrenzt zu sein. Der Hinweis auf prächtige Kraftwerksbauten und entsprechende Architekturdekoration führt nicht so sehr in Richtung ausgeklügelter Ikonologie, vielmehr ist er Verweis auf die Pionierzeit bzw. den endgültigen Durchbruch der Energiegewinnung in großem Stil, d. h. damals unvorstellbarer Strommengen. Wie noch genauer zu erläutern sein wird, war nach dem ersten Weltkrieg dieser Durchbruch in (Ober-)Bayern vor allem mit zwei Projekten gelungen, die jeweils Vorstufen, Vorläufer und entsprechend jahrelange theoretische Vorbereitung hatten. Jedes dieser beiden Wasserkraftwerke ist Vertreter der am meisten verbreitetsten und wichtigsten Typen ihrer Art. Zum einen handelt es sich um den Typus des Hochdruck-Wasserkraftwerkes, das bei großer Fallhöhe keine sehr großen Wassermengen benötigt. Zum gleichen Umfang an Stromgewinnung gelangt man mittels der Niederdruck- oder Flußkraftwerke, die große Wassermengen, aber vergleichsweise geringes Gefälle aufweisen. In diese beiden Kategorien sind alle Kraftwerkstypen unterteilbar; der Vollständigkeit halber sei aber hier noch die Gattung des Pumpspeicherkraftwerkes zu nennen. Dieses ist meist als Hochdruck-Kraftwerk ausgelegt, unterscheidet sich aber von den herkömmlichen Typen vor allem dadurch, daß es nicht ausschließlich natürlich vorhandene Wassermengen zur Stromgewinnung nutzt. Bei diesem wird zur Bereitstellung von Energie zur Deckung des Spitzenbedarfs in Zeiten relativ geringen Strombedarfs Wasser an höhere Stellen gepumpt, um die dabei gewonnene potentielle Energie des Wassers in entsprechenden Tageszeiten zur Stromgewinnung ausnutzen zu können.

Bei den genannten Typen und Arten handelt es sich um die grundlegenden Modelle der Wasserkraftwerke, deren Wurzeln in obengenannter technischer und historischer Entwicklung zu sehen sind. Ihre theoretische Basis wurde um die Wende zum 20. Jahrhundert gelegt. Die ersten Vertreter dieser Zeit schafften zwischen den beiden Weltkriegen endgültig den technischen und praktischen Durchbruch.

Der Durchbruch zur Massenenergiegewinnung mittels Wasserkraft und die ersten Hochdruck-Wasserkraftwerke

Das Leitzach- und das Walchensee-Kraftwerk

Das bekannteste und das wohl historisch wie technisch berühmteste bayerische Hochdruck-Wasserkraftwerk ist dasjenige am Walchensee. Seine Planung geht, sieht man von den theoretischen Vorüberlegungen ab, auf das Jahr 1904 zurück. Aber erst nach dem Ersten Weltkrieg wurde es gebaut und seit 1924 liefert es Strom. Sein Vorläufer, was die Realsierbarkeit und praxisbezogene Nutzung der Hochdruck-Energiegewinnung betrifft, war das Leitzachwerk, das der Vollständigkeit vorliegender Darstellung halber hier gewürdigt werden soll.

Das Leitzachwerk wurde 1908–1910 gebaut und nutzte das Gefälle des Seehamer Sees zum Leitzachtal aus. Es stellte mit seinen sechs Turbinen immerhin bis zu 26 500 V zur Verfügung. Es wurde in mehreren Phasen ausgebaut und immer wieder vergrößert. Zunächst, 1911–13, wurde das Speicherbecken vergrößert. Vom See als Speicherbecken führte ein 650 m langer Druckstollen in das Leitzachtal. Vom Wasserschloß mit einem weiteren, 350 m langen Druckstollen, einem Maschinenhaus und zwei Druckrohrleitungen wurde das Wasser weitergeführt in das Unterbecken sowie in den Kanal zur Mangfall. Alle Druckrohrstollen waren bei einem Gefälle von 125 m immerhin 6744 m lang.

In der ersten Ausbauphase leistete das Wasserkraftwerk 12 MW, dann wurde es 1919 um weitere 4 MW erhöht. Nach München wurde der Strom über 38 km und einem 25 kV Drehstromkabel geleitet. In einer zweiten Ausbauphase, die auf die Vorstudien von 1905 zurückging, wurden 1927–29 zwei weitere Stollen hinzugefügt, so daß sich die Gesamtlänge aller Stollen bzw. Druckrohre auf 7879 m erhöhte. Der Maschinensatz wurde entsprechend der Planung von 1911 eingerichtet[14] und lieferte 8 MW Leistung. Bestandteil der zweiten Ausbauphase war auch die Einrichtung eines Pumpspeicherwerkes mit zwei Hochdruck-Speicherpumpen von je 6 MW. In der dritten Ausbauphase – 1958–60 – wurden Leitungen und technische Ausstattung erneuert, bevor 1980 die gesamte Anlage durch eine neue ersetzt wurde.[15]

Zwischen 1905 und 1910 bzw. 1919 konnten im Leitzachwerk Erfahrungen mit einem Hochdruck-Wasserkraftwerk gesammelt werden. Aus- und Umbau sowie die technische Realisierbarkeit waren bei nicht extremer Gefälleneigung geprüft und «für gut befunden» worden.

Der berühmte Nachfahre des Leitzachwerks war das Walchensee-Kraftwerk.[16]

Die Pläne zu seiner Realisierung gehen auf die Jahre 1897 (erstes Projekt) und 1904 (zweites und drittes Projekt) zurück, als ein Kraftwerk errichtet werden sollte, das das Gefälle zwischen Walchen- und Kochelsee ausnutzte. Die Isar sollte dabei aufgestaut und in den Walchensee übergeleitet werden; später kam noch das Wasser des Rißbaches, ebenfalls in Überleitung in den See, hinzu. Die Pläne, von Oskar von Miller angeregt, sprachen von einer Größenordnung der Kraftgewinnung von etwa 25 000 PS (Zweitprojekt, Schmick und J. Jaquel) bzw. 100 000 PS (Drittprojekt, F. M. von Donat).

Donats Plan[17] sah eine Überleitung des Rißbaches in die Isar sowie das Aufstauen beider zu einem «Isarsee von 4 km² Fläche» vor. Die zu nutzende Wassermenge von 10,6 m³/s (Zweitprojekt) sollte auf 32 m³/s angehoben werden, der Nutzeffekt bzw. Wirkungsgrad der Turbinen von 75 % auf 85 % erhöht werden, so daß zusammen «100 000 weiß schäumende Isarhengste» – d. h. natürlich PS – zu gewinnen waren.[18]

1907 datieren die ersten Entwürfe der Staatsbauverwaltung, und im Jahre 1907 legte die Bayerische Staatsregierung das zweibändige Werk «Die Wasserkräfte Bayerns» vor, das als Denkschrift über die Ausnutzung der Wasserkräfte bereits vorhandene Werke erfaßte und einzelne Gefällestufen der Isar als nutzbar auswies. Schlußkapitel des Buches war das Walchensee-Projekt, soweit es bis zu diesem Zeitpunkt von der Staatsbauverwaltung geplant gewesen war.[19]

Die Herausgabe der «Wasserkräfte» heizte die Stimmung insofern an, als es die Öffentlichkeit und die Fachwelt in

10. Walchensee-Kraftwerk, Altjoch, Gde. Kochel a. See, Lkr. Bad Tölz-Wolfratshausen; Wasserschloß, Rohrbahn und Krafthaus

zwei Lager des Pro und Contra Ausnutzung der Wasserkraft spaltete. Auch die erregte Diskussion, die sich auf Grund des Zweit- und Drittprojektes entzündete, führte zu einer generellen Verunsicherung, vor der auch die Staatsbauverwaltung nicht verschont blieb. Ergebnis war die Auslobung eines diesbezüglichen Wettbewerbs durch die Staatsregierung im Jahr 1908. Die 31 bis zum Frühjahr 1909 eingereichten Entwürfe bestätigten zwar im wesentlichen die Grundlinien des staatlichen Entwurfes und erbrachten auch eine Menge Verbesserungsvorschläge, ließen jedoch einzelne Fragen unbeantwortet. Insbesondere sollte die Natur in ihrer Schönheit und in ihrer Funktion als Wasserstraße, z. B. für die Flößerei, erhalten bleiben. Das Problem war weniger die technische Realisierbarkeit des Unternehmens, als vielmehr die Konsequenzen, die sich aus ihm ergeben konnten, sowie die materielle, gestalterische und finanzielle Durchführung – Grund genug, um auf den Walchensee-Wettbewerb, seine 1416 Pläne, 116 Erläuterungsberichte und sonstige Beilagen näher einzugehen.[20]

Der auf sieben Monate festgesetzte Wettbewerb fand beim Preisgericht, dem u. a. auch Oskar von Miller angehörte, je einen ersten, zweiten, dritten, sowie drei vierte Preise. Schon ihre Namen wie «Gold der Berge», «Unsere Kohlen», «Landeskultur», «Fons roboris aqua» usw. geben für sich Hinweise auf die überregionale Bedeutung des Projektes. In welche Richtung letztlich die wesentlichen Intentionen der auslobenden Staatsregierung gingen, verdeutlicht – neben den ausdrücklich genannten Richtlinien für den Wettbewerb – die Vergabe des ersten Preises für den Entwurf der Gemeinschaft von Dykerhof und Widmann (Nürnberg), Oberbaurat Kinzer (Wien), Maschinenfabrik Augsburg-Nürnberg, Reichel (Berlin) und Siemens-Schuckert (Berlin) mit dem bezeichnenden Namen «Einfach und sicher». Gegenüber den anderen eingereichten Entwürfen kennzeichneten den ersten Preis unter anderem relativ geringe Durchflußmengen für die Druckrohre und damit geringe Absenkung des Walchensee-Spiegels bei größter Leistung und mittleren Kosten.

Dem Projekt und der Publikation der «Wasserkräfte» waren zwei wesentliche Diskussionsschwerpunkte vorangegangen, die sich inhaltlich in letzter Konsequenz in der Prämierung des Entwurfs «Einfach und sicher» niederschlugen. Der Staatsentwurf hat nach seinem Bekanntwerden einen Sturm der Entrüstung hervorgerufen. Wie auch heute noch bei Großprojekten üblich, waren es vor allem die unmittelbar Betroffenen, also die Anwohner der Isar, des Rißbaches, der Seen und der näheren Umgebung, die nicht nur heftig protestierten, sondern auch Widerspruch gegen die Verwirklichung des Projektes einlegten. Hauptargumente waren die Zerstörung der Natur und die Belastung der Umwelt, die zu einem Rückgang der Fischfangquoten hätte führen, und die Bedenken, die Flüsse und Seen nicht mehr befahren zu können. Wie ebenfalls üblich wurden zwar auf finanzielle und wirtschaftliche Belange der Anwohner in weitestem Maße Rücksicht genommen, hinsichtlich der Ängste einer Zerstörung der Landschaft aber ein Kompromiß geschlossen, dessen Bild wir ja heute noch bewundern können. Der Kompromiß bestand darin, eine zu große Absenkung des Wasserspiegels der Flüsse und Seen zu vermeiden, damit diese als Wasserstraßen und Fischreservoir weiterhin genutzt werden konnten, das Wasserkraftwerk jedoch zu bauen. Auf die Einwände gegen eine Zerstörung und Verbauung der Natur reagierte man allenfalls in der Wahl einer «einfachen» Architektur, ähnlich wie sie im preisgekrönten Entwurf vorgestellt wurde (siehe hierzu unten).

Das zweite wesentliche Argument gegen die Verwirklichung des Projekts war eine noch immer bestehende Unsicherheit hinsichtlich der Nutzung des Stroms: Wer hätte für die nach damaliger Vorstellung ungeheuren Strommengen überhaupt Verwendung? Zur Zeit der Auslobung des Wettbewerbs hatte man jedenfalls kein exakt fixiertes Nutzungskonzept. Lediglich Oskar von Miller, der wohl maßgeblichen Einfluß auf den Inhalt der «Wasserkräfte in Bayern» ausübte, schien den Bedarf vorherzusehen.

In die Jahre 1910–13 datieren die Verfahrensfragen bis die Finanzierung gesichert, die Bauleitung eingesetzt und das wasserpolizeiliche Verfahren eingeleitet war. Aber noch immer fehlte die Zustimmung der Staatsregierung, nachdem die Reichsbahn, der der Strom in erster Linie dienen sollte, zögerte, das Projekt erneut auf die lange Bank geschoben wurde und der Erste Weltkrieg dazwischen kam. Schließlich war es Oskar von Miller, der noch während des Krieges, 1915, mittels einer Denkschrift, die er der Staatsregierung vortrug, die Realisierung des Projekts einleitete, und man auch dem Bau eines Hochspannungsnetzes unter staatlicher Regie zustimmte. Dies war

11. Walchensee-Kraftwerk; Generatorenhalle

In einer letzten Ausführungsänderung beschloß man noch 1919 die Stromerzeugung für die Reichsbahn, so daß das Kraftwerk schon damals so ausgelegt werden konnte, wie es noch heute in Betrieb ist (Abb. 10–12).
1921 wurde die Walchenseewerk AG gegründet. Die bauliche Realisierung blieb aber beim Staat, während die Arbeiten für den maschinellen und elektrischen Teil die neue Aktiengesellschaft übernahm. Ebenfalls 1921 wurde die Bayernwerk AG gegründet. Als eigenständiges Unternehmen bot sie den Ausbau des Hochspannungsnetzes an. Die Walchensee AG und die Bayernwerk AG wuchsen im Laufe der Zeit immer enger zusammen, und 1924 wurde ein Betriebsverfügungsvertrag der beiden Gesellschaften abgeschlossen, 1942 fusionierten sie.
Oskar von Miller blieb Staatskommissar und nach Gründung der Walchenseewerk AG noch in deren Vorstand, zog sich aber 1921 bzw. 1923 von den verschiedenen Aufgaben zurück.

Der Walchensee-Wettbewerb: Die Darstellung der Technik

auch die praktische Geburtsstunde des sogenannten Verbundnetzes. Das Konzept ging davon aus, daß auch unabhängig von der Reichsbahn der Strom genutzt werden konnte, zumal es möglich war, ihn überall hin zu leiten. Oskar von Millers Vorschlag, ein umfangreiches Hochspannungsnetz über Bayern zu errichten, entkräftete zumindest die Stimmen, die ein Überangebot an Strom befürchteten. Seine intellektuelle Leistung bei diesem Unternehmen war der Plan einer landesweiten (staatlichen) Elektrizitätsversorgung.
1919, kurz nach Baubeginn und ungeachtet des eben verlorenen Krieges, wurde Oskar von Miller mit der Betreuung des Projekts als Staatskommissar beauftragt. Im Ausführungsentwurf war bereits die später errichtete Obernach-Stufe mit einem Isarwehr und der Überleitung des Rißbaches enthalten.[21]

Das Walchensee-Kraftwerk am Fuße des Kochelsees nutzt das etwa 200 m hohe Gefälle zwischen den beiden Gewässern aus. Um stets über ausreichende Wassermengen zu verfügen und den Seespiegel nicht zu stark absenken zu müssen, wurden verschiedene Zuleitungen des Betriebswassers notwendig, so z. B. der Isarüberleitungskanal und die Rißbachüberleitung in den Walchensee. Es war dadurch auch möglich die Argumente gegen eine wesentliche Absenkung der Wasserspiegel und Zerstörung der Natur zu entkräften und dennoch genügend Betriebswasser für das Kraftwerk zu erhalten.
Das Vorhaben «Einfach und sicher» (Abb. 13, 14) unterschritt den Umfang der Wasserzuführung zum Walchensee (45 m³/s) im Vergleich zu den anderen Projekten (65–90 m³/s). Das Projekt der Staatsregierung lag mit 70 m³/s, dasjenige der zweit- und drittplazierten mit 70–90 m³/s wesentlich darüber. Zwar lagen die Kosten von ca. 31 Millionen Mark zu ca. 20–34 Millionen Mark im oberen

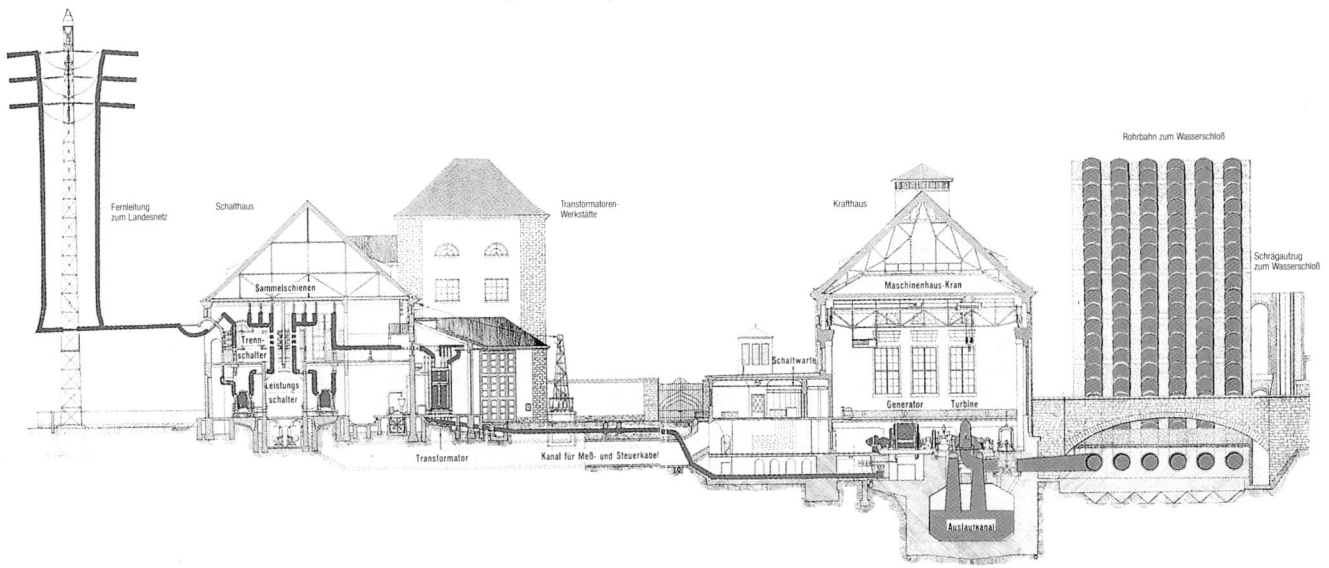

12. Walchensee-Kraftwerk; schematische Darstellung der Anlage

finanziellen Bereich, doch war man mit der veranschlagten Gesamtleistung von ca. 54000 PS im Vorteil gegenüber den ca. 51000 – 71800 PS anderer Teilnehmer, wobei die letztgenannte Zahl allerdings mit einem für damalige Verhältnisse wohl zu hoch veranschlagten Wirkungsgrad der Turbinen von 85 % rechnete. Das prämierte Vorhaben garantierte also die unter diesen Voraussetzungen größtmögliche Nutzung der potentiellen Energie des Wassers.[22]
Das später in wesentlichen Teilen realisierte Projekt schien im übrigen den Intentionen der Staatsregierung – insbesondere gegenüber deren eigener Planung – am ehesten Rechnung zu tragen: Erstens ging es von einer vergleichsweise geringen Wasserentnahme und daher größtmöglichen Schonung der Natur aus, zweitens sollte es genügend Leistung bei erträglichem finanziellen Aufwand erbringen. Es schien somit Oskar von Millers bzw. der Staatsregierung Erwartung einer zukunftsorientierten Nutzung der Wasserkraft am ehesten zu entsprechen.[23]
Im Zusammenhang mit den genannten Ängsten einerseits und mit der künftigen Entwicklung des technischen Fortschrittes andererseits ist auch die Architektur des Walchensee-Kraftwerkes zu würdigen. Dabei ist von den anderen eingereichten Projekten auszugehen. Denn allen Wettbewerbsteilnehmern war die «Gestaltung» bzw. Nicht-Veränderung oder Nicht-Zerstörung der Landschaft wichtiges Paradigma. Gleichzeitig ging es aber darum, einem der gigantischsten Projekte damaliger Zeit eine äußere Form und Hilfe zu geben.
Das Projekt mit dem Namen «Landeskultur»[24] gab dem Vorhaben im Hinblick auf dessen Innovationsgrad und Bedeutung die konsequenteste Form. Es sah zwei architektonisch bemerkenswerte Entwürfe für Krafthaus (Maschinenhaus, Turbinenhaus) und Schalthaus (Transformatoren usw.) vor, die etwa als Gegenteil dessen zu bewerten wären, was später zur Ausführung kam. Dabei sollte das Wasserschloß (Druckkammern[25]) – wie üblich in solchen Fällen – zylinderförmig gestaltet, jedoch – wie nicht immer üblich – im Inneren des Berges errichtet werden. Von diesem aus hätten zehn Druckrohre in ein im Grundriß längsrechteckiges Krafthaus geführt, dem parallel ein Schalthaus zugeordnet gewesen wäre.
Zwei gleich ehrgeizige Pläne kennzeichnen die architektonischen Lösungen: einerseits ein hohes Krafthaus mit Satteldach, querliegendem Portikus und hohem Turm (Abb. 15, 16), weit ausladend und mit einer an große Maßstäblichkeit erinnernde Formensprache (z. B. einer Art «Großer Ordnung» im Portalbereich, d. h. im Turmerdgeschoß); das Schalthaus bildete nach diesem Entwurf ein ebenso hohes, mit verschiedenen Dächern gegliedertes, dreiteiliges Gebäude, ebenfalls mit einer Art «Kolossalordnung», Giebelbekrönung und anderen, zumeist zeitgenössischen architektonischen Details.[26] – Der Alternativplan (Abb. 17, 18) sah ein gigantisches Bauwerk vor, das man getrost Monument der Technik hätte bezeichnen können: Ein halbkreisförmiges Gebäude empfinge nach dieser Planung wie die auch anderswo als Architekturmetapher bekannten geöffneten und ausgebreiteten Arme das Wasser in den Druckrohren. Seitlich abgelenkt verliefen die Rohre in die Turbinenkammern im Inneren des Gebäudes, das zur Straßenfront einen mächtigen sechsgeschossigen und rechteckigen Mittelrisalit mit Giebelfront,

13. Walchensee-Kraftwerk; eingereichter Entwurf „Einfach und sicher", Druckkammer

Walmdach und Turm erhalten hätte. Dieser mittige Baukörper wäre der höchste und monumentalste Teil des Ganzen geworden, und er hätte unter anderem die Verwaltung aufgenommen. Seitlich dieses Mittelrisalites hätten sich niedrigere Gebäude, leicht von ersterem zurückgesetzt, angeschlossen. Und hinter dieser Front wäre das eigentliche Krafthaus als zurücktretendes Segment in Erscheinung getreten.[27]
Ähnlich zu bewerten sind die Entwürfe für das Projekt «Gold der Berge» (Abb. 19, 20), das insbesondere ein überdimensional hohes Druckstollengebäude vorsah, das der üblichen Bezeichnung Wasserschloß mit seinem donjonartigen, seitlich halbrunden, in drei Teile gegliederten Hauptgebäude mit seiner an Wehrbau erinnernden For-

14. Walchensee-Kraftwerk; eingereichter Entwurf „Einfach und sicher"

143

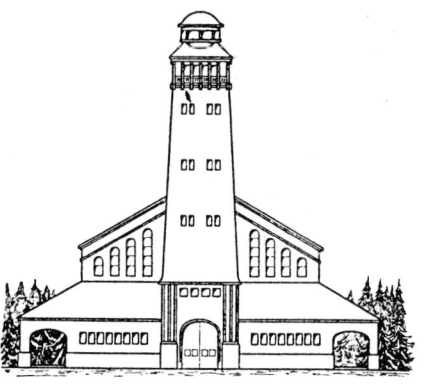

15. Walchensee-Kraftwerk; eingereichter Entwurf „Landeskultur", Maschinenhaus, Vorderansicht

16. Walchensee-Kraftwerk; eingereichter Entwurf „Landeskultur", Grundriß des Kraft- und Schalthauses

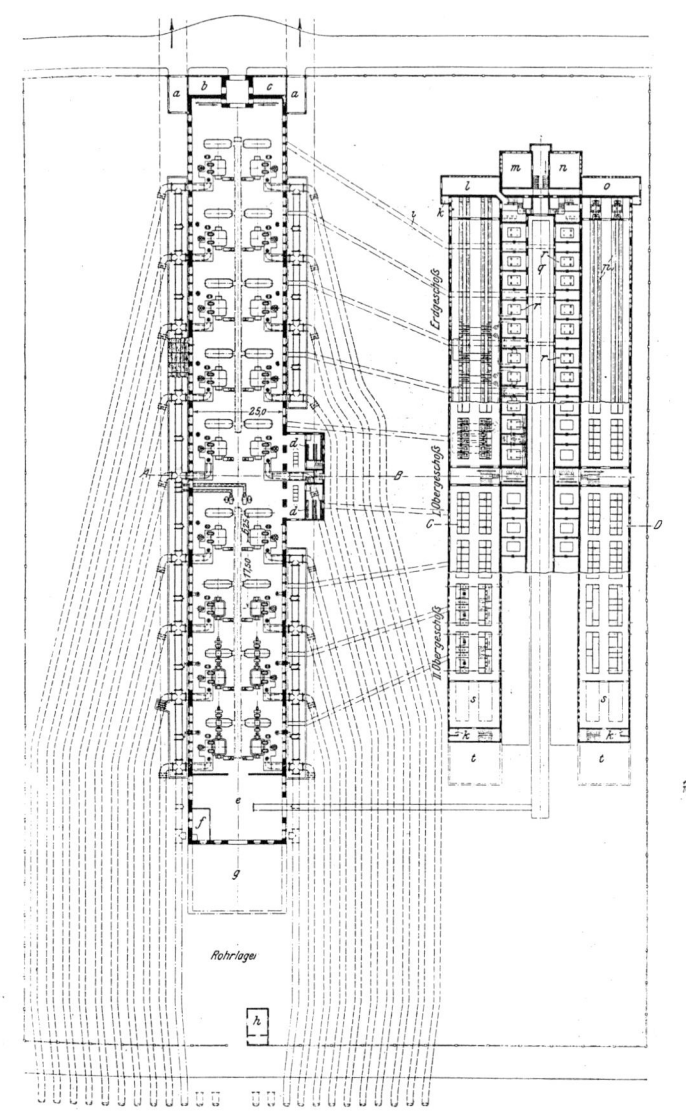

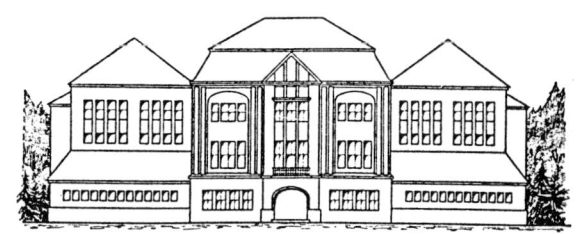

17. Walchensee-Kraftwerk; eingereichter Entwurf „Landeskultur", Alternativprojekt: Schalterhaus, Vorderansicht

mensprache und den umgebenden Gebäuden bzw. Türmen alle Ehre gemacht hätte. – Nebenbei: Ob der Terminus Wasserschloß dem Schloßbau entlehnt oder entnommen ist, läßt sich vermuten, jedoch m. W. nicht belegen. Als Argument gegen eine solche Ableitung wurde zumeist genannt, daß in solchen Gebäuden der Wasserzufluß «abgeschlossen» ([Ver-]Schluß, Schloß usw.) worden sei; tatsächlich handelt es sich jedoch um Druckausgleichskammern.[28] Mehr noch als das erstgenannte Projekt veranschaulicht das Wasserschloß des Entwurfs «Gold der Berge» das Sich-Erheben, das Erhabene oder das Dominierende des Menschen über Natur und Naturkräfte.[29]

Das Monumentale, das diese Entwürfe charakterisiert, könnte sehr gut in Verbindung gebracht werden mit der Bedeutung des Projekts einerseits und mit der Vorstellung, die man damit verband, andererseits. Nicht umsonst zeigt die Vorderansicht des erstgenannten Entwurfs ein das Wasser dominierendes gigantisches Gebäude.[30] Es veranschaulicht ein gezähmtes Element, Wasser, und die Dominanz des menschlichen Intellekts. In einem ähnlichen Zusammenhang wurde dies 1925 in folgende Worte gefaßt:

«Eine Unsumme von geistiger Kraft war aufgewendet, die Regierung, die Geldgeber zu gewinnen, die Widerstände der Bauern, deren Land man brauchte, zu überwinden und in jahrelanger rastloser Arbeit allen so klug erdachten Plänen Form zu geben. Tag

18. Walchensee-Kraftwerk; eingereichter Entwurf „Landeskultur", Alternativprojekt: Grundriß und Schnitt

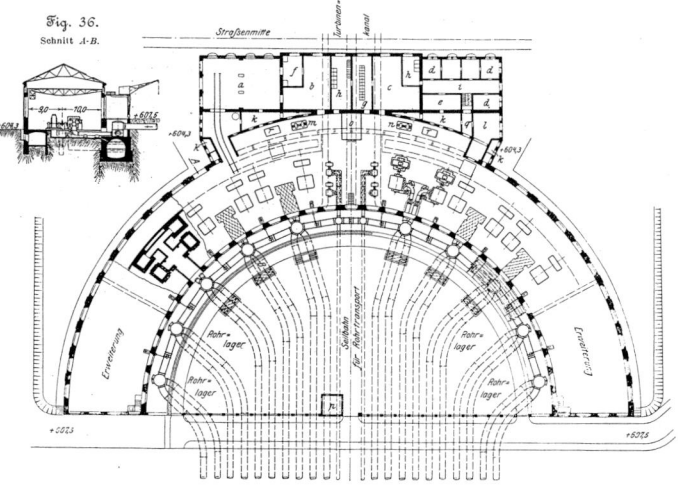

a Vorhalle	l Wasch- und Ankleideraum
b Waschraum	m Betriebureau
c Kleiderablage	n kaufmännisches Bureau
d Batterie	o Prüfraum
e Werkstatt	p Sammelschiene
f Schmiede	q Schiebebühne
g Werkstatt nach Erweiterung	r Transformatoren
h Antrieb für die Seilbahn	s Lager
i Kabelkanal	t Lager nach Erweiterung
k Aufzug	

a Werkstatt	k Kabel
b Lagerraum	l Kleiderablage
c Prüfraum	m Umformer für Licht
d Bureauräume	n Umformer für Kraft
e Geräte	o Maschinenmeister
f Schmiede	p Antrieb für Seilbahnen
g Waschraum	q Durchgang
h Abort	r Reserve
i Flur	

und Nacht arbeiteten wir trotz aller Schwierigkeiten der Nachkriegszeit ... Wie viele Köpfe, wie viele Hände in bewundernswertem Zusammenarbeiten waren dazu nötig! Oh wir waren sehr stolz auf unseren Wagemut! Jeder Spatenstich bezwang die Natur mehr; wenn wieder ein neues Bauwerk, eine Brücke, ein Pfeiler des Wehres fertig war, erschien uns das als eine neue Fessel der Natur und unser Herrengefühl wuchs. Nun endlich nach Jahren war es so weit. Alle hatten wir diesen Tag ersehnt, auch mitunter gefürchtet, denn die Aufgabe war gewaltig und ohne ihresgleichen ... Endlich also rückte der mit beispielloser Spannung erwartete Tag heran. ... Alle Ingenieure hatte man auf der ganzen Strecke verteilt ... Es war wie zum Empfang eines Fürsten: Seine Majestät das Wasser! ... Ohnmächtig stehen wir unserer eigenen Schöpfung gegenüber, die jetzt selbst eine Seele hat und deren beginnendes Leben über uns hinauszuwachsen droht. Langsam kroch es am Grund des tiefen Kanals heran. Jetzt sahen wir es vor uns und hörten ein leises Rauschen und Knirschen. Wie eine Riesenraupe sah das aus ... Wir atmeten auf und fühlten den Bann der vergangenen Stunde wieder schwinden. Die erste Probe war bestanden, wir hatten den Lohn jahrelanger Arbeit, ein Erfolg und ein unvergeßliches Erlebnis.»[31]

Eine Unsumme von geistiger Kraft hätte also das Herrengefühl der menschlichen Rasse über die Natur legitimiert. Nichts anderes kam in den eingereichten und hier diskutierten Entwürfen[32] für das Walchensee-Projekt zum Ausdruck.

Daß aber dennoch ein anderes Projekt den ersten Preis erhielt und die Dominanz des Menschen über die Naturgewalten architektonisch nicht oder nur wenig zum Ausdruck gebracht wurde, hat seinen Grundgedanken sicher in den Auseinandersetzungen und der Angst um das Ausmaß der Zerstörung der Natur durch die Kraftwerkstechnik. Die Öffentlichkeit, die auch Sinn und Nutzen solch gewaltiger Energiemengen nicht zu bewerten vermochte, sah lediglich ihre Existenzgrundlage – das Wasser und die Natur[33] – gefährdet und befürchtete eine beispiellose «Verschandelung» der Umgebung. Solchen Argumenten war einerseits ein Nutzungskonzept entgegenzusetzen, und andererseits mußte die Architektur, zumindest Schalt- und Krafthaus, zurückhaltend sein, sich so gut wie möglich der Natur und Umgebung einfügen.

Diese Vorbedingung erfüllte wiederum das Projekt «Einfach und sicher», dem die architektonische Gestaltung des Walchensee-Kraftwerkes im wesentlichen folgte. Das Wasserschloß war schon im Projekt auf die notwendigste Höhenerstreckung begrenzt. Auch heute noch reduzieren sich in den ausgeführten baulichen Anlagen die auffallenden Elemente auf die Rohrbahn selbst. Nur bei zweiten, genaueren Hinsehen entdeckt man Seilbahn und Wasserschloß. Das Wasserschloß des Walchensee-Kraftwerks besteht im wesentlichen aus zwei Baukörpern, dem oberen Teil mit halbrunden Fenstern, querliegendem Satteldach und zwei turmartigen Vorbauten; der untere Teil des Wasserschlosses ist ein Flachbau mit sparsamer Durchfensterung.

Ebenfalls zurückhaltend sind Kraft- und Schalthaus gestaltet: Unter ebener Erde verlaufen die Druckrohre und wurden Turbinenkammern angeordnet, so daß die Höhe des Krafthauses auf ein Mindestmaß reduziert werden konnte (die Krafthäuser waren mindestens so hoch, daß man die großen Turbinen und Generatoren mittels eines Krans abheben und warten bzw. aus- und einbauen konnte). Das Krafthaus mit einfachem Walmdach verläuft parallel zu den Druckrohren. Es weist eine Putzfassade und einfache, hochrechteckige Fenster auf, nur die Ecken

19. Walchensee-Kraftwerk; eingereichter Entwurf „Gold der Berge", Druckkammern am Kesselberg

des Gebäudes und die Sockel sind als einzige architektonische Elemente durch Rustizierung mit Findlingen hervorgehoben. Ebenso gestaltet und ebenfalls parallel zu Druckrohren und Krafthaus steht das Schalthaus mit einigem Abstand gegenüber. Sogar die Türme und turmartigen, meist der Belüftung dienenden Gebäude ordnen sich der Höhenerstreckung von Kraft- und Schalthaus unter. Hierin wich man sogar noch vom Projekt «Einfach und sicher» ob, das eines der beiden Gebäude mit großen halbrunden bzw. fast quadratischen Fenstern sowie mit einem Satteldach, das von vier quadratischen Türmen überragt wurde, vorsah.

Es ist davon auszugehen, daß in diesem Konzept ein «Sich-einordnen» in die Umgebung gesucht wurde, daß

20. Walchensee-Kraftwerk; eingereichter Entwurf „Gold der Berge", Entnahmebauwerk

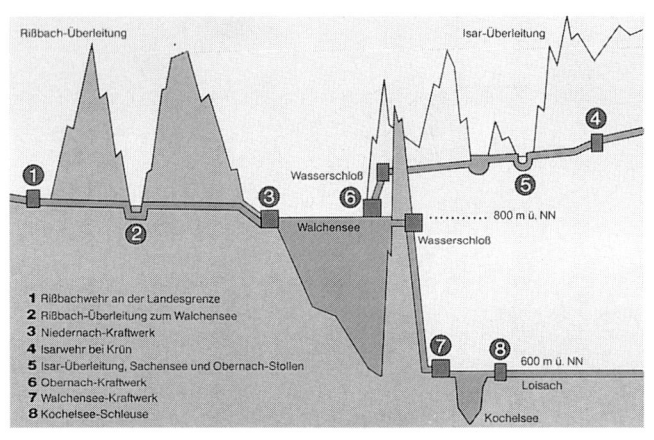

21. Walchenseee-System, Schaubild

man jedenfalls auf die Darstellung des Triumphes der Technik über die Natur verzichtete und stattdessen das Konzept einer möglichst einfachen Architektur wählte. Etwas anders verhält es sich im Innern der Gebäude, insbesondere im Krafthaus. Zwar ist die Verwaltung «dezent» im rückwärtigen Teil des Krafthauses untergebracht, doch wer zu ihr wollte, kam unmittelbar an der großen Halle vorbei, in der von einer geeigneten Empore aus und durch Glastüren vom Treppenhaus getrennt die je vier Dreh- bzw. Einphasenstrom-Generatoren der Siemens-Schuckert-Werke bzw. AEG angeordnet sind. Nicht üblich ist die oberirdische Anordnung der Turbinen, denn sie liegen meist unter der Erde, wo auch das Wasser in sie geleitet wird. Das Walchensee-Kraftwerks-Maschinenhaus zeigt nicht nur, wie üblich, die Generatoren, sondern auch die Turbinen, die an horizontaler Welle direkt mit den danebenliegenden Generatoren verbunden sind. Der Blick in die Halle des Maschinen- oder Krafthauses zeigt daher eine lange Reihe von Generatoren (vier Drehstromgeneratoren von 23 000 bis 24 000 kVA bzw. vier Einphasenstromgeneratoren von 12 500 bis 16 000 kVA sowie die vier Francisturbinen von je 24 000 PS-Leistung bzw. vier Pelton-Freistrahl-Turbinen von je 18 000 PS).

Diese noch bauzeitlichen Generatoren sind auch von einer Besuchertribühne aus, wegen des Lärms allerdings durch Scheiben getrennt, zu besichtigen. Im Inneren gab und gibt man sich also weniger zurückhaltend – man wußte, was man im Walchensee-Kraftwerk hatte und zeigte dieses Wunder des technischen Fortschritts gerne her.

Es ist also hinsichtlich der Bewertung und Würdigung der einzelnen Kraftwerksbauten und -bauteile von großer Bedeutung, den Kontext ihrer Entstehung und Gestaltung zu wissen. Und, wie am Beispiel erläutert: Es muß nicht immer «große Architektur» sein, die Großes und Großartiges repräsentiert. Auf diesen Zusammenhang wird noch an späterer Stelle zurückzukommen sein.

Das Walchensee-System (Abb. 21)

Die von Donat so bezeichneten «100 000 weiß schäumende Isarhengste» sollten durch Wassergewinnung aus Isar und Rißbach mittels Überleitungen in den Walchensee gewonnen werden. Das Projekt von 1905/07 umfaßte, wie auch die eingereichten Wettbewerbsarbeiten, je zwei oder drei Wasserkraftwerke. Von jeher war das heutige Obernachkraftwerk am «Einsiedler», d. h. am Walchensee-Südufer, ebenfalls im Gespräch und in Planung.[34]

Nur das Projekt «Landeskultur», das damit im übrigen die niedrigste Absenkung des Walchensees erreicht hätte – daher auch der Name des Entwurfs – und «Gold der Berge» sahen je zwei «Nebenwerke» des Walchensee-Kraftwerkes vor.[35]

Man ging – vor allem im Projekt «Gold der Berge» – davon aus, daß die beiden notwendigen Zuleitungen von Isar und Rißbach in den Walchensee bereits mit Druckrohren derart erfolgen könne, daß das Gefälle bis zum Walchensee-Südufer bereits genutzt und in Energie umgesetzt werden könne. Man kann hier problemlos den Begriff des Systems einführen, um den Sachverhalt zu erklären, daß alleine das Projekt des Walchensee-Kraftwerks dazu geführt hatte, unter allen genannten Bedingungen, Notwendigkeiten und Nützlichkeiten ein System von Wasser-«straßen» oder -leitungen mit zugehörigen Einzelkraftwerken zu einer Gruppe zusammenzufassen, deren gemeinsamer Ursprung eine Idee oder ein Projekt war. Gerade die zwei genannten Entwürfe gingen vom Zusammenhang der Systemelemente zu einer gemeinsamen Unternehmung aus – und dies verdichtete sich in zusammenfassender Schau der Einzelelemente in der Ganzheit der genannten Zahlen des Wettbewerbs in der Rubrik «Gesamtleistung».

Mit anderen Worten: Hätte es das Walchensee-Projekt nicht gegeben, wären vermutlich die Wasserkraftwerke Obernach und Niedernach nicht entstanden, denn die Überleitungen von Isar und Rißbach in den Walchensee, der dann ja nicht abgesenkt worden wäre, hätte es in diesem Fall nicht gegeben. Nun hat aber das Walchensee-Kraftwerk diese Überleitungen notwendig gemacht, und was lag näher, als auch die dort zur Verfügung stehende potentielle Energie zu nutzen.

Freilich sollte der Bau des Niedernach-Kraftwerkes sich bis 1947/51 hinziehen, und der Bau des Obernachwerkes dauerte gar bis 1954/56.

Das Niedernach-Wasserkraftwerk wurde von dem Architekten Prof. Franz Hart aus München konzipiert und gleicht kaum dem, was man sich gemeinhin unter Kraftwerksarchitektur vorstellt (Abb. 22, 23). Nichts erinnert an die Nutzung des Gebäudes, vielmehr hat gerade seine sich ins «Ortsbild» einfügende Architektur wohlwollende Aufmerksamkeit erregt.[36] Das in Nord-Süd-Richtung verlaufende Schalthaus stößt im rechten Winkel an das Krafthaus an. Die Gebäude kennzeichnen Walmdach und Satteldach in verschiedenen Höhen und, was besonders bemerkenswert ist, Schindeldeckung. Straßenseitig sind Gauben angebracht. Auch die extrem hohen, bis an den Dachansatz verlaufenden und schmalen Sprossenfenster vermitteln kaum den Eindruck, es handle sich um ein Kraftwerk. Ähnlichkeiten mit anderen Bautypen bis zum Wohnhausbau, besonders natürlich wegen der Dachlösung, der Gauben und der Schindeldeckung sind wohl beabsichtigt. Die Wasserausnutzung entspricht den max. 12 m³/s der Rißbachüberleitung in den See. Die Kraftwerksleistung wurde mit 2 200 kW Leistung installiert (max. 2 400 kW Turbinenleistung); erzeugt werden jährlich etwa 10 Millionen kWh. Die bauzeitlichen Kaplantur-

22. Niedernach-Kraftwerk, Gde. Jachenau, Lkr. Bad Tölz-Wolfratshausen

23. Niedernach-Kraftwerk, Gde. Jachenau, Lkr. Bad Tölz-Wolfratshausen

binen sowie die Generatoren wurden 1986/87 erneuert, wobei der Wirkungsgrad annähernd gleich geblieben ist.[37] Seit 1986 wurde mit der teilweisen Erneuerung der maschinellen Ausstattung eine elektronische Steuerung installiert.

1954 begann man mit dem Bau des Obernach-Kraftwerkes (Abb. 24), das 1956 in Betrieb ging. Es nutzt das Gefälle von 68 Höhenmetern der Überleitung der Isar in den Walchensee. Durch die Druckrohre fließen maximal 25 m³/s. Die zwei Turbinen und die Siemens-Drehstromgeneratoren stammen aus der Bauzeit, wobei die Generatoren den Eindruck eines futuristischen Apparates vermitteln oder jedenfalls das Maschinelle und Automatische darstellen. Im Falle der Innenausstattung des Obernach-Kraftwerkes wird evident, daß man sich in einer Zeit befand, in der das Monumentale, das frühere Kraftwerke und ihre Ausstattung prägte, zurückgedrängt ist; dargestellt wird nun stattdessen das Gegenteil: ein funktionierender kleiner «Apparat». Der Rest liegt, wie auch der Kraft- und Schalthausbau sowie Druckrohre, Wasserschloß, Stollen, Tunnels usw. unter Tage und tritt nicht mehr als Demonstration der Technik in Erscheinung. Das Obernach-Kraftwerk besteht konsequenterweise aus einem relativ kleinen Bauwerk, einer sogenannten Halbkaverne, die, wie der Name sagt, zur Hälfte im Altlachberg «versteckt» ist. Es weist eine obere Wasserschloßkammer auf, die dem Druckausgleich über einem Steigschacht dient. Unter diesem befinden sich Stollen, Apparatekammern und untere Wasserschloßkammer mit Hauptdrossel. Von dort verläuft nach unten das Druckrohr, das sich weiter unten abzweigt zur Speisung der beiden Turbinen. Weiterhin finden wir die Hochdruckkraftwerks-Elemente Stollen, untere Drosselklappe, Regler, Turbine, Stollen zum Einlauf in den Walchensee; oberhalb der Turbine, die direkt über eine Welle mit dem Generator verbunden ist, liegt eine 6-kV-Sammelschiene; des weiteren befinden sich in diesem Kraftwerk die Trafos, eine 20-kV-Sammelschiene und die verschiedenen Stromkreise. Das Kühlluftsystem besteht aus Ansaugschlitzen am Außenbau, die Luft wird in Hohlräumen im Dach nach unten in den Turbinenraum geleitet; dort kühlt sie und wird in einen Außenschacht abgeleitet.[38] Das Obernach-Kraftwerk erzeugt etwa 60 Millionen Kilowattstunden pro Jahr und ist mit zwei mal 8000 kW Turbinenleistung bzw. einer installierten Gesamtleistung von 12 800 kW ausgerüstet.

Zusammenfassend sei nochmals hervorgehoben und besonders hinsichtlich der Würdigung der Wasserkraftwerke des Walchensee-Systems darauf hingewiesen, daß es sich nicht um eine bestimmte Anzahl homogener Elemente handelt, sondern vielmehr um sehr verschiedene Teile und auch unterschiedliche Darstellungsweisen der Architektur (Kraft- und Schalthausbau), die den Kontext des Systems bestimmen. Zum Kontext gehören neben den sichtbaren Elementen Architektur, Bauweise, Ausstattung und (technische) Peripherie auch die historische und die konzeptionelle Bedeutung des Systems als Ganzes wie auch seiner Einzelteile. Und schließlich darf das wichtige Element der (geographischen) Situierung nicht vergessen werden, die die Erscheinungsweise des Sichtbaren wesentlich mitbestimmt: die zurückhaltende Architektur des

24. Obernach-Kraftwerk, Gde. Wallgau, Lkr. Garmisch-Partenkirchen

Walchensee-Kraftwerkes, die hausbauähnliche Bauweise des Niedernach-Kraftwerkes und schließlich die Halbkaverne, das in Stollenbauweise halb in den Berg eingelassene Obernach-Kraftwerk.
Bestandteile des Walchensee-Systems sind nicht nur die drei oben genannten Werke, sondern auch die Zuleitungen (z. B. Rißbach- oder Isar-Überleitung), Wehre (z. B. Wehr im Rißbachtal, Stauwehr bei Krün), Düker (tunnelartige Zuleitungen oder Ausläufe), Einlaufbauwerke (ob Düker, Wasserschlösser oder Rohrbahnen), Wasserschlösser, Rohrbahn, Aufzüge, periphere bauliche Anlagen (wie z. B. die Betonfundamente am Fuße der Rohrbahn, die wohl den enormen Wasserdruck, der an dieser Stelle umgeleiteten Rohrbahn auffangen helfen soll), Kraft- und Schalthaus, Schaltwarte, Maschinenhauskran, Kabelkanäle, Transformatoren, Sammelschienen, Leistungsschalter, Trennschalter und schließlich die peripheren Anlagen für den Stromtransport und die Fernleitungen. Hinzu kommt – und nicht immer in direkter Abhängigkeit von der Kraftwerksarchitektur – die jeweilige technische Ausstattung; diese kann im einen Falle historisch bedeutsam sein, im anderen Falle ist die Architektur von Kraft- und Schalthaus, auch wenn die Ausstattung neueren Datums ist – wie im Falle des Niedernach-Kraftwerks – besonders zu würdigen.

Das erste Grossprojekt einer Kanal-Kraftwerkskette: Das System der «Mittleren Isar»[39] (Abb. 25)

Unter einem System ist eine Gruppe von Kraftwerken, die in einem gemeinsamen Kontext entstanden sind, zu verstehen. Dabei kann es sich um den Bau einer Gruppe von Hochdruck-Kraftwerken handeln, wie etwa das Walchensee-System. Es kann sich aber auch um die Anlage eines Kanals oder – allgemeiner – um ein System von Wasserläufen handeln, das so reguliert ist, daß ein oder mehrere Wasserkraftwerke durch dieses gespeist werden können.

Ein solches System stellt die «Kraftwerkstreppe» der «Mittleren Isar» dar.
Die «Kraftwerkstreppe Mittlere Isar» wurde 1918/19 von der Studiengesellschaft «Mittlere Isar GmbH» geplant, nachdem Vorplanungen auf den Beginn des Jahrhunderts zurückgingen, die jedoch nicht realisiert oder durch den Ersten Weltkrieg verzögert wurden. Die Gründung einer «Mittlere Isar AG» folgte 1921; diese fusionierte 1942 mit der «Bayernwerk AG» (BAG). Der «Mittlere Isarkanal» wird durch Aufstauen der Isar, damit Erhöhung des Wasserspiegels und Ableitung der Wassermassen bei München-Oberföhring (Grünau) ermöglicht. Das Isarwehr Oberföhring ist also wichtiger Bestandteil der Kraftwerkstreppe und der Kraftwerke selbst. Eine Inschrifttafel am Wehr weist darauf auch hin:

WEHRANLAGE DER GROSSKRAFTWERKE
«MITTLERE ISAR · A · G»
Erbaut 1920–1924

Die Inschrifttafel setzt uns davon in Kenntnis, daß die «Kraftwerkstreppe Mittlere Isar» eine Gruppe von verschiedenen Elementen darstellt, die mehrere «Großkraftwerke», das Wehr und die «Mittlere Isar AG» beinhaltet. Auch der Betreiber ist ein nicht unwichtiges Element des Systems, sei es als Erfinder bzw. Projektant, als Erbauer, als Erhalter, als Nutzer oder ähnlichem. Schließlich ist die Zeitspanne 1920–1924 ein weiteres Indiz dafür, daß es sich um ein System auch von Zusammenhängen handelt, nämlich Kraftwerksbau, Bau der Wehranlagen und des Kanals, Inbetriebnahme der Anlagen, Stromerzeugung, Wasserkraftnutzung usw.
Die Konzeption sah einen mehr oder weniger parallel zur Isar verlaufenden Kanal vor, der durch Aufstau in Oberföhring auf kürzerem Weg als der Fluß selbst ein noch größeres Gefälle aufweist als die Isar selbst. Entlang des Kanals sollten im Rahmen der staatlich geförderten Notstandsarbeiten bis um 1924/25 die Kraftwerke Finsing in

25. System Mittlere Isar, Schaubild

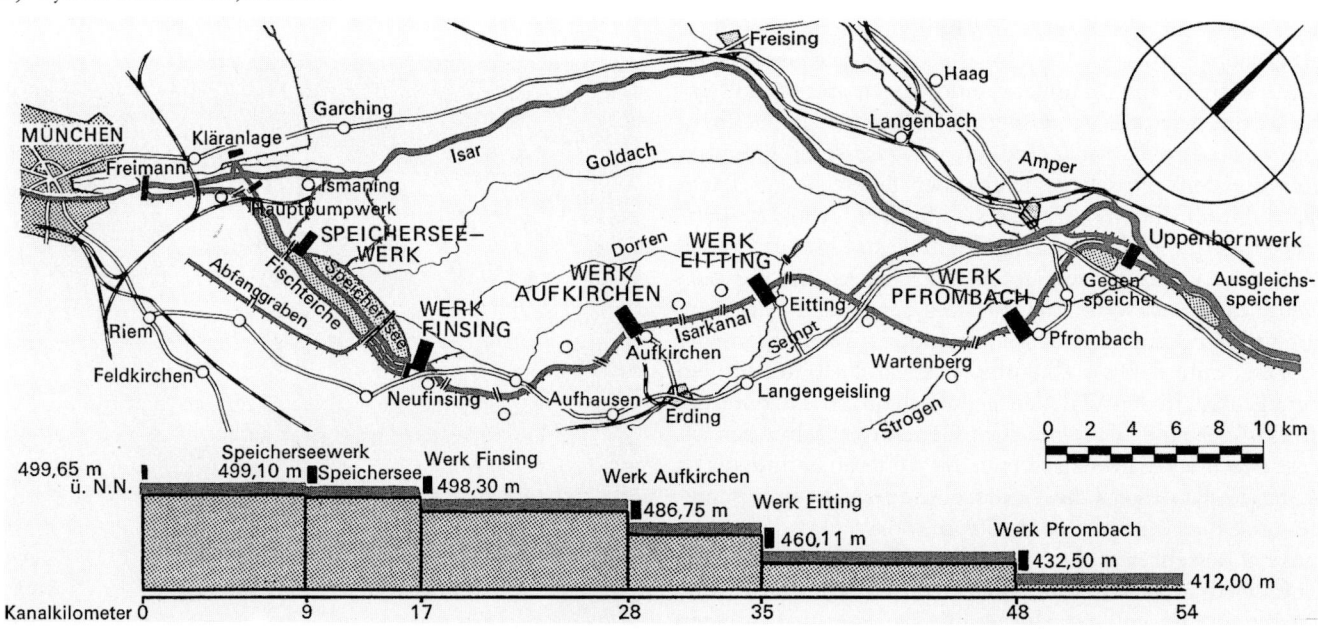

26. Isarwehr Grüntal bei Oberföhring, Stadt München

Neufinsing, sowie die Wasserkraftwerke Aufkirchen und Eitting errichtet und in Betrieb genommen werden. Es folgten 1929 die Stufe Pfrombach und 1950/51 das Speicherseewerk Finsing. Parallel dazu wurde das Gesamtsystem durch die Uppenbornwerke (siehe unten) erweitert. Das System «Mittlerer Isarkanal» war eine der ersten Kraftwerkstreppen Deutschlands. Das Schützenwehr bei Oberföhring staut den mittleren Wasserspiegel der Isar um etwa 4,5 m auf (vier Doppelschützen von je 17 m Breite und 5,65 m Höhe) und zweigt den Werkkanal von dieser ab (Abb. 26). Der dort noch breitere Kanal führt das Wasser (150 m³/s) zunächst in den Speichersee und die daneben angeordneten Fischteiche (siehe unten), wodurch ein Spitzen- oder Ausgleichsbecken (ca. 14,5 Millionen m³) für die Stromgewinnung entstand. Am Einlauf zum Speichersee befindet sich ein Hauptpumpwerk für die vorgeklärten Abwässer (siehe unten), akzentuiert nach außen nur durch einen Turm, der die Funktion eines Wasserschlosses hat.

Die erste Stufe der Kraftwerkstreppe ist das Speicherseekraftwerk Finsing (1950/51), das am Einlauf zum Speichersee das Gefälle von ca. 3 m ausnutzt. Es besitzt zwei Kaplan-Turbinen und zwei über Getriebe mit diesen gekuppelte Drehstromgeneratoren, die für eine Leistung von zusammen 2400 kVA installiert sind. Die Zuleitungen können bis zu 45 m³ verarbeiten, so daß sich die Jahreserzeugung auf immerhin 6 Millionen kWh summiert.

Das Kraftwerk Finsing (1920–24) war das zuerst errichtete Werk der Treppe, und es nahm die Verwaltung der «Mittleren Isar» auf. Das über den Kanal und die seitlichen Einläufe (Fischteiche, Speichersee, Bachsammler) gebaute Krafthaus weist heute zwei vertikale Kaplan-Turbinen (Fallhöhe 8,5 m; Wasser des Speichersees), zwei horizontale Francis-Turbinen (Wasser des Kanals), zwei Kaplan-Rohrturbinen (Fallhöhe 10,5 m bzw. 10,5 m mit Wasser aus den Fischteichen), sowie eine weitere Kaplan-Turbine für das Wasser aus dem Bachsammler für die Gewinnung des Eigenbedarfstromes auf. Die gesamte installierte Leistung beträgt 16 730 kVA Drehstrom, die durchschnittliche Jahreserzeugung 41 Millionen kWh.[40] Ursprünglich war das Kraftwerk Finsing ausschließlich mit Francis-Turbinen bestückt, 1958–63 wurden sechs der acht Francis-Turbinen durch Kaplan-Turbinen, davon zwei Rohrturbinen, ersetzt.

Das Kraftwerk in Finsing war und ist nicht nur «Kopf» der Kraftwerkstreppe, es hebt sich auch architektonisch von den anderen Werken ab (Abb. 27–31). Sein Erbauer war der bekannte Architekt Otto Orlando Kurz, der seine Arbeit in der Nähe des Eingangs mit einer «Signatur» in Kapitalis und einem an mittelalterliche Bildhauer- bzw. Steinmetzzeichen erinnernden Ornament versah.

Während das Krafthaus aus einem relativ einfachen, quer zum Kanal liegenden Baukörper mit Satteldach besteht, überragt ein «Turm» genanntes Bauwerk, das an der Querseite des Krafthauses steht, mit lisenenartiger Vertikalgliederung alle umstehenden Gebäude. Dieser «Turm» nahm auf annähernd quadratischem Grundriß entsprechend auch den «Kopf» des gesamten Systems auf: die Verwaltung, die Schaltzentrale und die Wohnungen der wichtigsten Personen des Unternehmens. Neben den genannten Charakteristika weisen die Kraftwerksgebäude eine Summe ansprechender Architekturdetails auf. So ist dem Krafthaus auf der Oberwasserseite eine Besuchertribühne vorgesetzt. Diese ist, wie auch das Innere und das Äußere des Krafthauses, im Stil der Zeit «dekoriert»; es handelt sich zum Beispiel um einen Zahnschnittfries, der das gesamte Gebäude in Traufhöhe umzieht, um weitere Architekturornamente aus klassischem Formenrepertoire, um runde Oculi (heute zugesetzt), die sich mit rechteckigen oder quadratischen Fenstern abwechseln sowie um eine harmonisch aufeinander abgestimmte Reihung von Fenster, vor allem im «Turm». Aber auch vor den scheinbar nebensächlichen baulichen Anlagen machte die gestalterische Kraft des O. O. Kurz nicht halt. So sehen wir gestaltete und geformte Betonfundamente, zum Beispiel der Schützen der Wehre, die, wie auch die sie begrenzenden umlaufenden Gitter, letztlich Ornamente darstellen. Die Kraftwerke der «Mittleren Isar» sind dominante Bauwerke; stärker als das Walchensee-Kraftwerk sind sie durchgestaltet und dem architektonischen Zeitstil zuzuordnen. Zu nennen wären die Ornamente im Inneren des Krafthauses oder der Wehre in Finsing sowie die Gestaltung des «Turmes» desselben Kraftwerkes.

Diesbezüglich ist darauf hinzuweisen, daß es keine typische Kraftwerksarchitektur in dem Sinne zu geben scheint,[41] als Krafthaus und/oder Schalthaus einem Bautypus entsprechen würde, der eindeutig seiner Funktion zuzuordnen wäre. Mit anderen Worten: Es gibt keine einheitliche Formensprache für die Einzelbauwerke und architektonischen Elemente der Wasserkraftwerke.

Das Kraftwerk Aufkirchen (1920–24) nutzt das Gefälle von ca. 26 m und leitet das Wasser durch vier Druckrohre mit je einem Durchmesser von 5 m und der Länge von 33,5 m in das Krafthaus. Das Einlaufbauwerk oder Wasserschloß ist ein schmaler Baukörper, kaum architektonisch akzentuiert, aus dem die Rohrbahn nach unten verläuft. Das Kraftwerk weist vier Francis-Turbinen mit senkrechter Welle und je einem Generator (zwei Drehstrom-Generatoren für die allgemeine Landesversorgung, zwei Einphasenstrom-Generatoren für die Deutsche Bundesbahn) auf. Die installierte Leistung beträgt 25 800 kVA (Drehstrom) bzw. 24 000 kVA (Einphasenstrom), die Jahreserzeugung 141 Millionen kWh.

Die vierte Stufe der Kraftwerkskette ist das Kraftwerk Eitting, das das Gefälle von etwa 25 m ausnutzt. Bauliche

27. Isarwehr Neufinsing, Gde. Finsing, Lkr. Erding; «Turm» und Oberstromfassade

28. Isarwehr Neufinsing; Schützen an der Unterstromfassade

Anlagen und technische Ausstattung, Leistung und Jahreserzeugung entsprechen dem vorgenannten Kraftwerk Aufkirchen. Beide Werke sind aus einem Guß, Kraft- und Schalthäuser sind einfachste Bauwerke mit Satteldach, und nur ihre Höhe und die langen Lanzettfenster lassen auf die Nutzung schließen; die einzigen Architekturelemente, die die «Sachlichkeit» der Gebäude unterbrechen, sind die Schaltzentralen am Unterlauf (ähnlich der Besuchertribühne von Finsing) sowie allenfalls noch das längs zum Kanal stehende Mittelgebäude von Eitting, das wie ein Mittelrisalit wirkt. Bemerkenswert ist für diese beiden Kraftwerke nur noch ein Detail der technischen Ausstattung: Die Turbinen und Generatoren wurden als erste Großmaschinensätze der Welt mit senkrechter Welle konzipiert und aufgestellt.

Das Kraftwerk Pfrombach schließlich verweist bereits auf eine spätere Generation der Krafthausarchitektur. Es liegt tiefer im Fluß oder hebt sich zumindest weniger von diesem in der Höhe ab. Es handelt sich um einen Flachbau mit langen, hohen Fenstern ohne jede Hervorhebung und auch ohne die genannten und für die früheren Kraftwerksbauten kennzeichnenden Details. Es nutzt 21 m Gefälle aus; acht Francis-Turbinen mit horizontaler Welle betreiben einen Drehstrom-Synchron-Generator und einen Umformersatz. Die Turbinen lassen sich nach Bedarf mit Drehstromgenerator oder mit Umformer kuppeln; die «Verbindung» besteht aus einer über achtzig Meter langen

29. Isarwehr Neufinsing; Tribüne im Krafthaus (Oberstromfassade innen)

30. Isarwehr Neufinsing; Dekorationselement im Krafthaus

Welle, die zwischen Turbine und Generator Bolzenkupplungen aufweist. Installierte Leistung und Jahreserzeugung belaufen sich auf 17 500 kVA (Drehstrom-Synchron-Generator) und je 20 000 kVA (Umformer drehstrom- bzw. wechselstromseitig), sowie 117 Millionen kWh.[42] Seit 1924 wurde Strom an das Bayernwerk (Stromempfänger und -verteiler) geliefert; seit 1925 erhielt die Reichsbahn Energie (Einphasenstrom), und auch heute noch spielt das System «Mittlere Isar» eine nicht unbedeutende Rolle in der bayerischen Stromversorgung.

Der Bau des Mittleren Isarkanals war natürlich zu seiner Zeit eine ökologische Katastrophe.[43] Der Einschnitt in das Gelände, die Baustellen, die Rodungen und Abrisse von Gebäuden, sowie nicht zuletzt die Betonierungen des Kanallaufs oder der Speicher- und Ausgleichsseen bedeuteten einen umfangreichen Eingriff in die Natur und Umgebung. Heute stellt sich dies etwas anders dar. Der Kanal ist über weite Strecken kaum noch sichtbar, seine Böschungen zumeist von Bepflanzung bewuchert, und oft befinden sich die Wasserkraftwerke und Wehre außerhalb von Siedlungen oder Städten. Ein Abfanggraben, der die Erdmassen für die Dämme des Speichersees und der Fischteiche (zu diesen später) lieferte, fängt einen Teil des aus der Kiesebene um München stammenden Grundwassers ab und trägt dadurch zum Entwässern des Erdinger Mooses bei. Der einst übersäuerte Boden wurde auch mit den vorgeklärten Abwässern der Stadt «konfrontiert»,

und beides sorgte dafür, daß aus der vorher so kargen, unfruchtbaren Ebene prosperierendes Land wurde.[44] Hintergrund war ein Abkommen, das die Mittlere Isar AG mit der Stadt München abschloß. Nach diesem übernimmt der Betreiber am Mittleren Isarkanal (heute also in der Nachfolge der Mittleren Isar AG die BAG) die vorgeklärten Abwässer der Stadt – früher direkt in die Isar geleitet – und führt sie dem Stausee und anderen Gewässern zu,[45] bevor sie schließlich – weitgehend «biologisch gereinigt»[46] – bei Moosburg in die Isar eingeleitet werden. Diese Wassermischung hatte offensichtlich einen positiven Effekt für die übersäuerte Erde im Erdinger Moos.

Eine weitere Folge des Kraftwerk- bzw. Kanalbaus ist der Finsinger Speichersee, der als Staubecken und Wasserreservoir genauso wichtig ist wie er landschaftlich in Erscheinung tritt und die Umgebung bis zu einem gewissen Grad prägt. Im Stausee werden auch Fische gezüchtet; er ist ein Reservat für Wasser- und Flugtiere.[47] Dem Bau des Kraftwerks Finsing (Neufinsing) folgte der Bau einer Siedlung, der sogenannten «Kraftwerks-Kolonie», die noch in ihrer originalen Struktur erhalten ist.[48]

Schließlich darf nicht der positive Effekt des Kanal- und Kraftwerkbaus in zweierlei Hinsicht vergessen werden. Ein erster, die Energiegewinnung, ist bereits genannt worden. Die Kraftwerke des Mittleren Isarkanals und des Walchensee-Systems liefern bei geringer Wartung seit ca. 1920 regelmäßig Strom. Zweitens ist als positiver Effekt die Flußregulierung zu erwähnen. Die gestauten Flüsse veränderten zwar zu Beginn ihre Umgebung, doch danach paßten sich die Gegebenheiten und die natürlichen «Bewohner» ihrer Umgebung wieder an. Das betrifft auch die Höhenregulierung des jeweiligen Flusses. Der Kanal reguliert bis zu einem gewissen Grad den Wasserspiegel der Isar, eines je nach Wetterlage oft sehr «schnellen Flusses». Das heißt, es können möglicherweise sehr schnell heranfließende und umfangreiche Wassermassen im wahrsten Sinne des Wortes kanalisiert werden. Die historische Folge davon war ein Rückgang der Hochwasserkatastrophen.

Es sei natürlich bei all dem nicht vergessen, daß der Kraftwerksbau auch negative Folgen haben konnte; so verhinderten manche Wasserkraftwerke die Schiffahrt, was allerdings häufig durch Floßgassen oder Staustufen umgangen werden konnte.

Im Hinblick auf die denkmalpflegerische Würdigung eines Wasserkraftwerkes insbesondere an einem Kanal darf ein weiteres Element nicht vergessen werden. Durch die Veränderung des Wasserstraßenverlaufs durch die Hinzufügung einer künstlichen zu einer natürlichen Wasserstraße (hier: Fluß und Kanal) entstand ein Areal zwischen diesen beiden Läufen, verbunden lediglich durch eine Anzahl von mehr oder weniger breiten Brücken (die Brücken am Mittleren Isarkanal weisen häufig eine Breite von vier bis fünf Metern auf, diejenigen über den Kanal in Töging am Inn sind noch schmäler). In nicht wenigen Fällen wurde in diesen Arealen der Boden weniger intensiv genutzt und äußerst spärlich, wenn überhaupt, besiedelt. Viele dieser «Zwischenräume» sind heute Landschaftsschutzgebiete.

Während die Brücken natürlich selbst Elemente des Systems sind, entstand im Areal zwischen den Wasserläufen ein neuer Typus von Landschaft, den man auch als Kultur- oder Denkmallandschaft bezeichnet hat, da es sich um eine besondere Form der Landschaft handelte, die im Vergleich mit benachbarten Gebieten völlig andere Nutzungs- und Besiedelungskriterien aufwies, und dieser Typus Landschaft steht im engen Zusammenhang mit den technischen Denkmälern. Wie die Kraftwerke nicht nur aus Kraft- und Schalthaus bestehen, sondern Zu- und Ablaufregulierung, Wehre, Brücken und vieles andere zu ihnen gehört, wie auch die Brücken über einen Kanal und der Kanal selbst Bestandteil des Gesamtsystems ist, so ist auch die durch die Errichtung des Systems konstituierte Landschaft ein Teil des Ganzen.[49]

Das Kanalprojekt hat in gewisser Weise seinen Vorläufer im ersten, 1905–1907 angelegten, Uppenborn-Kraftwerk,[50] das bei Moosburg das Gefälle einer Isarschleife ausnutzt und, den Verlauf der dort mäandrierenden Isar verkürzend, in einem Werkkanal die Vorbedingungen für ein Kanalkraftwerk an der Isar lieferte. Als 1928 der Kanalbau so weit fortgeschritten war, daß man dieses hätte in das System der Wasserkraftwerke integrieren können, war die Technik der Wasserkraftausnutzung bereits so weit fortgeschritten, daß das Werk veraltet war. Man legte es still und ersetzte es durch das wenig weiter nördlich am Mittleren Isarkanal liegende Uppenbornwerk I (1928). Dieses Wasserkraftwerk (Abb. 32–35) konnte man wegen der beiden vor und hinter dem Kanal liegenden Aus-

31. Isarwehr Neufinsing; bauzeitliche Turbinen und Generatoren

gleichsspeicher im sogenannten Schwall- oder Schwellbetrieb fahren; umfangreiche bauliche Nebenanlagen wie «Energievernichter» oder Sicherheitsleerschuß waren deshalb nicht in bekanntem Umfang notwendig. Das Uppenbornwerk I wurde für einen maximalen Durchfluß von 200 m³/s konzipiert, tatsächlich liegt der Durchfluß bei durchschnittlich 100–200³/s. Das Wasserkraftwerk besitzt vier (drei große plus eine kleine) Kaplanturbinen aus der Bauzeit (Escher Wyss) sowie vier bauzeitliche BBC Drehstrom-Synchron-Generatoren.[51] Die Stromerzeugung wird mit 27 000 kW bzw. 100.000.000 kWh/a angegeben.[52] Das Krafthaus besteht aus einem Flachbau in Sichtziegel-Mauerwerk, das durch im Grundriß halbrunde bzw. ovale Türme akzentuiert ist. Das Innere präsentiert sich ähnlich gigantisch wie das Walchensee-Kraftwerk: Die Gesamthöhe des Maschinensatzes, bestehend aus Turbine und Generator (senkrechte Welle, direkt verbunden) beträgt 21 m; ca. 7 m vom Boden entfernt enden die oben aufgesetzten Erreger der Generatoren. Der das Wasserkraftwerk Betretende mußte sich entsprechend klein vorkommen. Vom Uppenbornwerk I aus wird auch das zweite Uppenbornwerk geschalten und gesteuert.

Damals (1928) wurden im Hinblick auf den Ausbau der Wasserkraftwerke an der Isar langfristige Stromlieferungsverträge mit der BAG abgeschlossen. Das größere und leistungsstärkere Uppenborn-Kraftwerk I wurde im Kontext dieser neuen Überlegungen und Vertragsverhandlungen errichtet.

Eine Weiterentwicklung dieser energiepolitischen Überlegungen war das Kraftwerk Uppenborn II (Abb. 37, 38). Es wurde zwischen 1949 und 1951 von Baurat A. Heichlinger errichtet. Es ist Teil des nochmals erweiterten Systems «Mittlerer Isarkanal». Bis 1948 wurde der «Mittlere Isarkanal» kurz nach dem Ausgleichsbecken nach dem Kraftwerk Uppenborn I bei Hofham wieder in die Isar eingeleitet (Hofhamer Wehranlage). 1948–51 hatte man dort den Kanal verlängert und kurz vor Landshut in die Isar eingeleitet; in diesem neuen Teilstück konnte man das Wasserkraftwerk Uppenborn II errichten. Den maximalen Wasserdurchfluß von 200 m³/s übernehmen drei bauzeitliche Kaplanturbinen von Voith, drei bauzeitliche Drehstrom-Synchron-Schirmgeneratoren von Siemens wandeln die Bewegungsenergie in Strom um.[53] Turbinen und Generatoren sind, wie auch in Uppenborn I, senkrecht angeordnet, jedoch sind im zweiten Kraftwerk die

Turbinen mit Leerschützen direkt und automatisch gekoppelt. Die westlich gelegene Wehranlage ist nach neuesten Grundlagen der Wassertechnik errichtet. Im Falle der (vollautomatischen) Öffnung der drei Wehre stürzt das Wasser, seitlich leicht abgeleitet, in eine Art Becken, das von einem niedrigen Betonsockel begrenzt wird. Von dort aus würde im Falle der Wehröffnung das Wasser im hohen Bogen über die Brücke, die das Kraftwerk mit dem Gelände zwischen Isar und Kanal verbindet, schießen. Dies würde eine wesentliche Verringerung der Kraft des ausströmenden Wassers bedeuten. Das Krafthaus ist ein hoher Flachbau, quer zum Kanal gelegen; östlich schließt es sich etwa in Kanalmitte bis ca. 10 m vom Kanalrand entfernt an das ebengenannte Wehr an. In diesem Teilstück seitlich des Kanals grenzt das Schalthaus (eingerichtet im UG) mit nicht mehr genutzten Personalräumen (erdgeschossig) und einem Satteldach ausgestattet, südlich an. Das Schalthaus ist wesentlich niedriger und kleiner als das Krafthaus. Der ehemalige Haupteingang des Werkes befindet sich im südlichen Gebäudeteil des Krafthauses; über dem Portal ist ein Neptun-Relief angebracht. Nach außen tritt das Wasserkraftwerk unmaßgeblich in Erscheinung, handelt es sich doch lediglich um einen nüchternen Zweckbau. Der betont «sachliche» Baukörper ist akzentuiert durch hohe, mit Steingewänden bzw. -sprossen ausgestatteten längsrechteckigen Fenstern, die die betont einfache «Fassade» gliedern.

Wenig plausibel erscheint im Vergleich der Wasserkraftwerke untereinander die Charakterisierung von A. Seifert,[54] der das zweite Uppenbornwerk in der Tradition der Herrschaftsbauten sieht: «Am Krafthaus ist, wie am technischen Hochhaus in München, die altbairische Überlieferung wieder aufgenommen worden, Bauten der Herrschaft (Kirchen, Schlösser, Befestigungen) aus sichtbar bleibenden Hartbrandsteinen mit hellem Fugenmörtel aufzuführen.» Wie wenig dieses Urteil im Vergleich der Wasserkraftwerke untereinander Bestand haben kann, verdeutlicht nicht nur ein Blick auf das Äußere des Werks wie auch der Vergleichsbauten, sondern vielmehr der Blick in das Innere.

Ein wesentlicher Unterschied zu vergleichbaren Ausstattungen besteht in der Einrichtung des Inneren in konsequent zwei Ebenen, die durch eine einfache Treppe am Ostende des Krafthauses verbunden werden. Frühere Wasserkraftwerke wiesen meist nur eine Ebene, häufig Emporen auf. Eine erste Ebene ist im Uppenbornwerk II etwa in Höhe des Wellenausgangs der Turbinen angelegt, eine zweite am Übergang vom liegenden Generator zum Erreger. Auf der oberen Ebene stehend reduziert sich so der Eindruck des «Gewaltigen», der in älteren Wasserkraftwerken offensichtlich ist, erheblich. Die Maschinensätze sind auf der unteren Ebene stehend nach oben durch die zweite Ebene begrenzt; oben stehend sind die Generatoren kaum noch höher als 1,8 m. Die baulichen Anlagen sind im Werk Uppenborn II auf das Notwendigste reduziert, und auch das Innere veranschaulicht nicht mehr die Gigantomanie früherer Werke, in denen der Mensch sich als «Zwerg» gegenüber der Technik fühlen konnte und wohl auch sollte. Ein Vergleich mit allen anderen Werken, die bis um 1930 errichtet wurden und insbesondere mit dem Walchensee-Kraftwerk macht dies evident.

Das System der «Mittleren Isar» weist als Elemente der Kraftwerkstreppe mithin eine erste Generation, die Wasserkraftwerke Finsing, Aufkirchen und Eitting, sowie eine zweite Generation Pfrombach, Uppenborn I und II, sowie das Speicherseewerk Finsing auf. Eine Erweiterung des Systems stellen die Uppenborn-Kraftwerke dar. Und wichtige weitere Bestandteile des Systems sind der Kanal selbst, Einlauf- und Auslaufbauwerke, Speichersee und Ausgleichsbecken sowie nicht zuletzt die Peripherie, sei es eine Brücke, sei es die durch das System konstituierte Landschaft.

Insgesamt sollte an diesem Beispiel gezeigt werden, daß im System «Kraftwerkstreppe Mittlere Isar» jedes Element – somit also nicht nur die einzelnen Wasserkraftwerke – von Bedeutung sind. Es hieße den historischen und sozialen, geologischen und wirtschaftlichen Bedingungen ungenügend Rechnung zu tragen, wollte man die Wasserkraftwerke lediglich als architektonische Hüllen einer irgendwie gearteten Energiequelle (Energieerzeugungsanlage) verstehen. Vielmehr ist es gerade hier evident, daß mehr als nur die einzelnen Werke die Impulse darstellen, die zu einer umfangreichen Veränderung der Region und der Landschaft geführt haben.

Damit kommen wir zu einem letzten Element der Kraftwerke oder der Kraftwerksysteme, nämlich den Fernleitungen. Daß auch sie bestimmend oder charakteristisch für eine Landschaft sein können, wird ebenfalls bei einem Gang oder einer Fahrt durch das Erdinger Moos evident.

DIE GENERATIONEN DER WASSERKRAFTWERKE IM ISARBEREICH

Bei einer Würdigung der Wasserkraftwerke an der Isar und ihrer Kanäle als technische Denkmäler wären mehrere Faktoren zu berücksichtigen. Es muß nicht immer der Alterswert der baulichen und technischen Ausstattung, auch nicht immer eine bestimmte, historisch kongruente oder einheitliche Datierung derselben sein, die alleine zu einer Würdigung als technisches Denkmal führt. Mit einzubeziehen sind die Komplexität gesamthafter Anlagen, die zu Veränderungen ganzer Regionen oder der historischen Gegebenheiten führten.

Die vier erstgenannten Kraftwerke aus der Planungszeit 1906–1908 stellten die bedeutendsten Ingenieurleistungen des frühen 20. Jahrhunderts in Bayern dar und bildeten zugleich den Grundstock für die Ausnutzung der Wasserkraft unseres Jahrhunderts. An diesen Konzepten wurde nur noch wenig verändert, und in vielen Fällen sind die originalen Kraftwerke, Turbinen usw. noch in Benutzung. Was für das Niedernach-Kraftwerk am Walchensee berichtet wurde, gilt für viele von ihnen: Geändert und verbessert konnten lediglich die Wicklungen der Generatoren werden, der Wirkungsgrad wurde dabei meist nicht wesentlich erhöht, denn «unsere Vorfahren konnten auch schon rechnen».[55]

Eine zweite Generation stellen die Wasserkraftwerke dar, die zwischen den beiden Weltkriegen errichtet wurden. Ihre Voraussetzungen waren erstens das entsprechende «know how» der Techniker: große Strommengen, große Spannungen, Stromtransport und zweitens die Stromnut-

zung, genauer: die Nutzung großer Strommengen für die Industrie (z. B. Aluminiumindustrie in Töging/Inn), die Beleuchtung und Stromversorgung der Ballungsgebiete und Großstädte (z. B. Isarwerke, Moosburg usw.) oder etwa der Reichsbahn (z. B. Walchensee-Kraftwerk).
Diesen beiden «Generationen» folgten nur noch verhältnismäßig wenige andere Kraftwerke, zumeist als Erweiterungen bestehender Werke, oft als Ausbau einer Fluß- oder Kanalkraftwerkskette, nicht selten im Vollzug früherer Planungen. Darüber hinaus gibt es Erweiterungen einzelner Kraftwerksketten, wie z. B. der Errichtung eines Speicherseekraftwerks als Erweiterung der Kraftwerkskette (dem «System») von Neufinsing bzw. des «Mittleren Isarkanals» von 1950/51.
Die heute aktuellste Form der Wasserkraftwerke stellen die sogenannten Spitzen- oder Pumpspeicherwerke dar, bei denen die Produktion von Bedarfsspitzenenergie durch Hochpumpen des Wassers in einen Speicher zu weniger belasteten Zeiten erfolgt (z. B. nachts) und bei hohem Strombedarf die Fallhöhe oder potentielle Energie des Wassers zur Stromgewinnung ausgenutzt werden kann.[56] Insgesamt aber nimmt die Stromgewinnung mittels Ausnutzung der Wasserkraft keine bedeutende Rolle bei der Deckung des Strombedarfs ein, was sich aber gegebenenfalls in dem Maße ändern könnte, in dem die Massenenergiegewinnung mittels Atomkraft an Akzeptanz verliert.[57]
Eine Würdigung der Wasserkraftwerke wird daher von der historischen Bedeutung und von der entsprechenden architektonischen und/oder technischen Leistung der Erbauer der Kraftwerke auszugehen haben und die vielfachen Veränderungen und Folgeerscheinungen der Energiegewinnung aus Wasserkraft berücksichtigen müssen.

Gesamtheiten der Elektrizitätsversorgung und -gewinnung

Unter Gesamtheiten der Elektrizitätsversorgung und -gewinnung sind alle konstitutiven Elemente der Kraftwerke und ihrer Peripherie zu verstehen. Dies unter dem Begriff «Denkmal» zu subsumieren ist genauso möglich, doch könnte es verwirren, wenn auch Teile umfangreicher Denkmalkomplexe als Denkmal bezeichnet würden – etwa wenn man alleine das Krafthaus eines komplexen Wasserkraftwerks als Denkmal bezeichnete.
Ein ähnliches Beispiel ist vielleicht das Ensemble, das aus mehreren Einzeldenkmälern bestehen kann (aber nicht zwingend ausschließlich aus solchen bestehen muß), oder das komplexe Denkmal – etwa ein Schloß oder ein Stadtteil –, das ebenfalls aus mehreren Denkmälern oder Elementen bestehen kann, deren Einzelteile nicht zwingend Denkmal wären, deren Gesamtheit aber wiederum ein Denkmal oder eine denkmalähnliche Sache sein mag. Solche Gesamtheiten weisen einen unterschiedlichen Grad der Denkmaldichte auf; ähnlich wie in einem Ensemble können Nicht-Denkmäler und Denkmäler zusammen eine von den Einzelteilen verschiedene Einheit – oder Gesamtheit – ergeben. Und wie vielleicht denkmalfremde Elemente mit dem Denkmal zusammen eine neue Gesamtheit ergeben können, so bestehen auch die Gesamtheiten der Elektrizitätsversorgung möglicherweise partiell aus Nicht-Denkmälern oder genauer gesagt: Die Verbindung, der gemeinsame Kontext mit den Denkmälern definiert eine solche Gesamtheit genauso als Denkmal wie – man verzeihe das banale Beispiel – ein Reifen, ohne selbst Fahrrad zu sein, nicht selten konstitutiver Teil des Fahrrads ist. In diesem Sinn ist auch die Eintragung des Walchensee-Kraftwerkes zu verstehen.[58] Die dort «bauliche Anlagen» genannten Elemente umschreiben die Gesamtheit des Komplexes Wasserkraftwerk, die Elemente einer Ganzheit, ohne daß es sich ausschließlich um bauliche Anlagen handeln muß; gemeint sind hier natürlich auch die Ausstattung und die Peripherie, die Rohrbahn, das Wasserschloß und nicht zu vergessen die «bauliche» Gestaltung der Umgebung des Werks, die Stützen und Abfangungen der Rohrbahn, die Veränderungen im Gelände usw. Das kann dazu führen, daß auch Landschaft Bestandteil des Denkmals wird. Daß die Landschaft Teil eines Denkmals oder einer solchen Gesamtheit sein kann, wurde u. a. durch die Eintragung des historischen Teils des Rhein-Main-Donau-Kanals festgeschrieben.[59]
Ob man nun, um diese komplexen Sachverhalte auszudrücken, die Elektrizitätsgewinnungsanlagen als Gesamtheiten bezeichnet oder als Komplexe, Systeme (aber damit habe ich oben schon einen anderen Sachverhalt umschrieben), Ordnungen, Anordnungen, Aufbauten, Strukturen, Gefüge oder wie auch immer, ist von zweitrangiger Bedeutung. Wichtig ist, in den Gesamtheiten die Zusammengehörigkeit der Einzelteile und Elemente zu beachten. Eine mögliche Auswahl solcher Elemente, die dann eine Gesamtheit bilden, möchte ich im folgenden nennen.
Kern der Gesamtheiten Wasserkraftwerke sind die Kraft- und die Schalthäuser. Fluß- und Kanal- oder Laufkraftwerke[60] sowie Buchtenkraftwerke[61] weisen fast in allen Fällen solche Kraft- und Schalthäuser auf. Charakteristisch für diese «Häuser» sind neben den Kubaturen vor allem die beiden Fassaden, die stromaufwärts gelegene Oberwasserfassade und die Unterwasser- bzw. Unterstromfassade. Bei älteren Kraftwerken sind diese Elemente häufig besonders aufwendig und im Stil der Zeit gestaltet, bei jüngeren Wasserkraftwerken – insbesondere der Nachkriegszeit – wurde meist kein großer Wert mehr auf die Gestaltung der Fassaden gelegt.
Kraft- und Schalthaus «verschwinden» mitunter bei den Pfeilerkraftwerken[62], Unterwasserkraftwerken[63] und Kavernenkraftwerken[64].
Zumeist neben diesen Anlagen befinden sich Leerschüsse oder «Energievernichter».[65] Zur engeren Peripherie gehören die Wehre und Kanalisierungselemente[66] (Rohre, Zuleitungen, Kanäle, Düker, Einlaufbauwerke usw.)[67], gegebenenfalls – bei Schiffahrtswegen – auch die Schleusen und Floßgassen. Wichtige Elemente der weiteren Peripherie sind die Brücken und natürlich der (Werks-) Kanal mit seinen notwendigen Ein- und Auslaufbauwerken, Stauseen, Ausgleichsspeichern, Randbefestigungen usw. – bzw. die weitere Peripherie der Hochdruckkraftwerke mit Wasserschloß, Rohrbahn usw.
Die Kraft- bzw. Schalthäuser nehmen zumeist die wesentlichen Elemente technischer Einrichtung wie Transformatoren, Umformer, Erreger, Generatoren, Schaltzentrale, Turbinen usw. auf.

Bei den Turbinen[68] unterscheidet man die Radial- von den Axialturbinen entsprechend der Fließrichtung des Wassers, das diese durchströmt. Bei Radialturbinen durchströmt das Wasser die Turbine senkrecht zu deren Welle. Zu unterscheiden sind äußere (von außen nach innen), innere (Wasser strömt von innen nach außen) und partielle Beaufschlagung. Bei Axialturbinen durchströmt das Wasser die Turbine parallel zu deren Welle. Horizontale Turbinen haben eine vertikale Welle und umgekehrt.

Die häufigsten Arten der Turbinen sind:
- Francis-Turbine (1849; Weiterkonstruktion der Radialturbine; Weiterentwicklung der Turbine von S.P. Howd [1837] und Verbesserung des Wirkungsgrades auf mehr als 80%); die Francis-Turbine ist die am meisten vorkommende Turbinenart; es handelt sich um eine horizontale oder vertikale Turbine mit äußerer radialer Beaufschlagung und axialem Wasseraustritt; Schachtturbine, Kesselturbine, Spiralturbine),
- Pelton-Turbine (1877; auch Pelton-Freistrahlturbinen, seit 1936 auch als Rohrturbinen; Laufrad mit doppelnapfförmigen Schaufeln, auf deren Zwischengrat tangential ein freier Wasserstrahl auftrifft, der, in Schaufeln abgelenkt, dadurch das Rad in Drehung versetzt; «das Aufschlagwasser wird dem um eine horizontale Achse mit hoher Tourenzahl drehbaren Laufrad in einer Röhrenleitung zugeführt und wirkt aus einer oder mehreren Düsen ausströmend an der Unterseite des Rades direkt gegen die Radschaufeln»),
- Kaplan-Turbine (1919 entwickelt als Laufrad mit verstellbaren Schaufeln und Wirkungsgrad von meist mehr als 84%; horizontale Axialturbine mit wenigen propellerähnlichen, verstellbaren Laufschaufeln; «das Aufschlagwasser wird dem um eine horizontale Achse mit hoher Tourenzahl drehbaren Laufrad in einer Röhrenleitung zugeführt und wirkt aus einer oder mehreren Düsen ausströmend an der Unterseite des Rades direkt gegen die ... Radschaufeln»).

Vorgänger:[69]
1827 Fourneyron-Turbine (Überdruck; horizontale Radialturbine mit innerer Beaufschlagung von oben; «erste rationell arbeitende Turbine; das in einem Schacht zufließende Wasser tritt durch einen feststehenden Leitschaufelkranz in tangentialer Richtung in das Schaufelrad, drückt gegen die gekrümmten Schaufeln desselben und versetzt auf diese Weise das Rad und die Achse, auf der dasselbe sitzt, in Umdrehung»);
1838 Nagel-Turbine (Horizontale Radialturbine mit innerer Beaufschlagung von unten);
1840 (1837/1841[70]): Henschel-Jonval-Turbine (Überdruck; Horizontale Axialturbine mit zahlreichen Schaufeln und Saugrohr zwischen Laufrad und Abzugsgraben; «das durch ein Rohr von oben zuströmende Wasser wird durch einen Leitapparat mit nach unten zu gebogenen Schaufeln in das darunter liegende Laufrad geführt, dessen Schaufeln nach der entgegengesetzten Seite gekrümmt sind, so daß sie dem mit einer gewissen Pressung an ihnen hinfließenden Wasserstrahl ausweichen; an das Radgehäuse schließt sich ein luftdicht verschlossenes Abflußrohr an, das bis unter den Wasserspiegel reicht; infolge dieser Anordnung wirkt die unter dem Laufrad stehende Wassersäule saugend, wodurch die unter der Unterkante des Turbinenlaufrades liegende Gefällhöhe bis zum Unterwasserspiegel noch ausgenutzt wird»);
1848 Schwamkrug-Turbine (für hohe Gefälle; waagrechte Anordnung der Welle mit Leitapparat; von Pelton-Turbine abgelöst; Vertikale Radialturbine mit innerer bzw. partieller Beaufschlagung);
1851/1863 Girard-Turbine (für große Fallhöhen; entweder Zufluß von der Turbinenkammer, oder das Wasser wird durch eine Rohrleitung zugeführt; horizontale Radialturbine mit äußerer Beaufschlagung und besonderem Schützenapparat zur Aufschlagwasserregulierung);
1878 Stawitz-Turbine (Gleichdruckturbine mit Freistrahldüsen (einziges Exemplar 1879–1891 in Großhesselohe bei München)

Seit den dreißiger Jahren des 20. Jahrhunderts wird die Francis-Turbine zunehmend von der Kaplan-Turbine abgelöst. Die Kaplan-Turbine wies bei niedrigerem Anfangswiderstand meist einen höheren Wirkungsgrad auf und war auch wirtschaftlicher, da sie als erste Turbinenart verstellbare Schaufeln zur Optimierung des Wirkungsgrades aufwies. Nicht immer hatte man ja den maximal berechneten Wasserzufluß, so daß die bessere Möglichkeit zur Einstellung auf verschiedene Wassermengen auch heute noch zur Umrüstung auf diese Turbinenart führt.

Auf die Beschreibung der Generatorenarten muß an dieser Stelle verzichtet werden, da sie zu weit in technische Details führen würde. Es sei aber hier erwähnt, daß fast alle seit etwa der Jahrhundertwende aufgestellten Generatoren auch heute noch arbeiten können und häufig noch im Einsatz sind. Allenfalls die Wicklungen der Generatoren wurden häufig verbessert und/oder erneuert.

Die Gesamtheit aller Elemente, die zu einem Wasserkraftwerk gehören, besteht in einem Falle aus einem Wasserkraftwerk mit Leerschuß oder Wehr, Kraft- und Schalthaus, in anderen Fällen umfaßt die Gesamtheit den gesamten Kanal mit allen peripheren Anlagen des Systems. Aus den genannten Elementen setzen sich die verschiedenen Wasserkraftwerkstypen zusammen.

Eine Würdigung solcher Gesamtheiten kann von der Architektur der Kraft- bzw. Schalthäuser ausgehen, sie kann dabei die technische Ausstattung besonders hervorheben, jedoch sind auch überformte, d. h. in ihrer technischen Ausstattung erneuerte Kraftwerke unter Umständen technische Denkmäler. Eine Anerkennung solcher Gesamtheiten muß auch und in jedem Fall die konzeptionelle Bedeutung – der in diesem Beitrag besonderes Augenmerk gewidmet war – und den Entstehungshintergrund in die Bewertung miteinbeziehen. Und schließlich ist die Veränderung der Umgebung – gegebenenfalls die Entstehung einer Kultur- oder Denkmallandschaft – mitzuberücksichtigen.

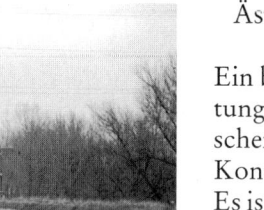

32. Uppenbornwerk I, Wang, Lkr. Freising; Gesamtansicht mit Kanal

Ästhetik der Elektrizität – Ästhetik der Werke

Ein besonderes Problem stellt im Hinblick auf die Bewertung einer solchen Gesamtheit die Würdigung der historischen Rolle oder Bedeutung von Einzelelementen im Kontext der Gesamtheit dar.

Es ist wohl kaum übertrieben, anzunehmen, daß der Turm von Neufinsing eine Dominanz gegenüber der Natur darstellt – eben das, was man beim Bau des Schalt- und Krafthauses des Walchensee-Kraftwerkes oder Niedernach vermeiden wollte. Hier wird darauf verwiesen, daß Strom produziert wird, daß man sich «der Natur bedient». Schwieriger wird das hinsichtlich der Anschaulichkeit der technischen Ausstattung selbst, die auch für den technisch nicht versierten Betrachter einen besonderen Reiz bietet. Ein Gang durch das Deutsche Museum in München und ein Blick auf die Gesichtszüge der Betrachter von Dampfmaschinen, die sich nicht als «veraltete» und «überholte» Fossilien der Technik darbieten, sondern vielmehr als Produkte einer vermeintlich besseren Vergangenheit und als ästhetische Objekte einer besonderen Art, spricht hier Bände. Ist es verlorene Geschichte, die sich hier in besonderer Dichte zeigt, oder ist es eine eigene Art von Ästhetik, die mit der Produktionsästhetik der Gegenwart zusammenhängt? Ist es das verlorene Paradies der Maschinen und Utopien einer Vergangenheit des aufgeklärten, rationalen Menschen?

Technische Denkmäler besonderer Art können die Strommasten und Umspannanlagen selbst sein. Ob man sie der Peripherie der Gesamtheiten hinzurechnet oder sie als konstitutiv in besonderem Sinne einstuft, muß dem Einzelfall überlassen bleiben und ist den bekannten Schwierigkeiten unterworfen, daß die eindeutige Zugehörigkeit zu einer Gesamtheit oft nicht einfach zu entscheiden ist. Die möglichen Differenzierungen sind so reichlich wie die Elemente und die Summe der Gesamtheiten.

33. Uppenbornwerk I; Rundturm

34. Uppenbornwerk I; Krafthaus, Oberstromseite

Es ist kaum von der Hand zu weisen – und oben zitierte Texte belegen dies ja anschaulich –, daß viele der genannten Wasserkraftwerke stellvertretend sind für die gebaute Utopie der Maschine. Sie steht in der Tradition der Vorstellung des 19. Jahrhunderts, der eigenständigen, im wesentlichen selbsttätig produzierenden Maschine, die ohne wesentliches Zutun immer weiterarbeitet, ähnlich, wie wir das aus Fritz Langs Metropolis, Charly Chaplins Moderne Zeiten oder Stanley Kubricks 2001 – Odyssee im Weltraum kennen.

Wenn die Maschinen, die Turbinen- und die Generatorenhäuser in ihrer gesamten Höhenerstreckung aufgebaut und einer Besuchertribühne gegenübergestellt werden, so ist dies Ausdruck dieser «Gigantomanie» (Abb. 32–35), denn ein Erreger, der in 10 oder 17 m Höhe angebracht ist, ist nicht nur nicht einfach, sondern auch nur unter höchsten Gefahren zu erreichen. Wie sehr solche Darstellungsweisen – also der Aufbau, das Übereinandertürmen von Technik – an Realitäts- oder Identitätsverlust litt, das mag der Hinweis auf die Anordnung der Turbinen und Generatoren im Uppenbornwerk II (1949–51; siehe oben) erhellen: Es ist das erste Mal, daß die Größe der Maschinen durch verschiedene Blickwinkel hinsichtlich der Anordnung der jeweiligen Standpunkte im Kraftwerksbau nicht in ihrer gesamten Höhenerstreckung dargestellt wird. Von der Plattform sieht man auf die Maschinen hinunter, nicht mehr hinauf (Abb. 37). Die Präsenz und die physische Stärke, die die Generatoren und (sichtbaren) Turbinen des Walchensee-Kraftwerks repräsentieren, ist weitgehend zurückgenommen. Allerdings bleibt den Generatoren späterer Zeit noch das Aussehen der Maschine, wenn man so will, sogar des «Roboters». Genannt seien hier stellvertretend die beiden Generatoren des Obernach-Kraftwerks (Abb. 38), von denen man, zugegeben übertriebenermaßen, erwarten könnte, sie würden sich jeden Moment wegbewegen. Vielleicht ist es neben der Form auch noch die Farbe, die die Objekte kennzeichnet; sie sind rot, blau oder ocker «gefaßt», praktisch nie erscheinen sie in ihrer eigenwertigen Farbe, dem Schwarz. Steht man dann einige Minuten vor der transparenten Wand, die die Generatoren in Obernach von der Realität der Walchensee-Süduferstraße trennt, und hört sich die Kommentare der Vorbeigehenden und Bewundernden an, so drängt

35. Uppenbornwerk I; Krafthaus mit Turbinen und Generatoren

sich dem Zuhörenden der Eindruck auf, als habe auch er ein Stück Utopie vor Augen.

Wie wenig rational die Technik der Energiegewinnung aus der Wasserkraft noch vor wenigen Jahrzehnten war, bezeugt nicht zuletzt die Umschreibung der Energiemengen, die im Walchensee-Kraftwerk gewonnen werden sollten: 100000 weiß schäumende Isarhengste. Nicht also Pferdestärken, sondern diejenige der Hengste; das Weiß und das Schäumend für die tosenden Wassermassen, aber auch für die Hengste. Das Ungebändigte (Wasser/Hengste) in der

36. Uppenbornwerk II, Schloßberg, Gde. Tiefenbach, Lkr. Landshut; Unterstromfassade

37. Uppenbornwerk II; Krafthaus mit Generatoren, die Turbinen abgesenkt

38. Obernach-Kraftwerk; Generator

Metapher des bezähmten, weil in menschlicher Gewalt und unter seiner Kontrolle stehenden Pferdes, das letztlich zwar nicht für die Maschine steht, wohl aber an Kraft und Ausdauer die menschliche Arbeitskraft bei weitem übersteigt und daher nahe an das Maschinelle heranreicht.
Wie sehr diese Wasserkraftwerke unseren Lebensraum beeinflußt und unsere Umgebung verändert haben, verdeutlicht nicht nur ein Blick in ein Geschichtsbuch, sondern auch ein Spaziergang entlang der Isar.

WASSERKRAFTWERKE AN DER ISAR

Obernach-Kraftwerk:
: 1955; Hochdruck-Wasserkraftwerk der Rißbach-Überleitung in den Walchensee; in Stollenbauweise (Halbkaverne als Kraft- und Schalthaus); je zwei Turbinen und Generatoren; mit Wasserschloß; Druckrohren; Stollen und weiteren peripheren Anlagen; Teil des Walchensee-Systems.

Niedernach-Kraftwerk:
: 1951, teilweise Erneuerung und Modernisierung sowie Umrüstung auf elektronische Steuerung 1986/87; Hochdruck-Wasserkraftwerk der Isar-Überleitung in den Walchensee; Wohnhausähnliches L-förmiges Gebäude (Kraft- und Schalthaus) mit schindelgedecktem Walmdach und hohen schmalen Sprossenfenstern (Franz Hart); eine Kaplan-Turbine und ein Generator, Druckrohrsystem, Wasserschloß und weiteren peripheren Anlagen; Teil des Walchensee-Systems.

Walchensee-Kraftwerk:
: 1919–24, Vorplanung seit 1897 bzw. 1904; Hochdruck-Wasserkraftwerk mit Einlaufbauwerk, Wasserschloß und Rohrbahn vom Walchensee zum Kochelsee sowie zur Rohrbahn paralleles Kraft- und Schalthaus bzw. Nebengebäude und Umspannanlage (staatliche Bauführung Oskar von Miller); 4 Francis-Turbinen, 4 Pelton-Freistrahl-Turbinen (Siemens-Schuckertwerke), 4 Drehstromgeneratoren, 4 Einphasenstromgeneratoren; Hauptwerk des Walchensee-Systems.

Sylvensteinspeicherkraftwerk:
: 1954–59; Mitteldruck-Kavernenkraftwerk, entstanden im Kontext der Errichtung des Sylvensteinspeichers und gespeist aus Grundablaß-, Triebwasser- und Hochwasserentlastungsstollen des Speichers, Kaplan-Rohrturbine.

Bad Tölz:
: 1956–58; Niederdruck-Laufkraftwerk mit quer zur Isar verlaufendem Wehr und anschließendem Kraft- bzw. Schalthaus (Reg. Bmstr. Georg Schott und Fritz Struntz), 2 Kaplan-Turbinen, 2 Schirmgeneratoren.

Mühltal:
: 1921–24; Kanal- bzw. Laufwasserkraftwerk (Niederdruck) an Werkskanal; Kraft- und Schalthaus bzw. Nebengebäude: Bautenkomplex am Werkskanal mit Walmdächern und langen Lanzettfenstern, besonders gestaltete Eingangsbereiche (Türsturz mit Poseidonrelief), Innendekoration teilweise verloren; Wehr- und Floßgasse; Brücken; 3 Francis-Turbinen, 3 BBC-Generatoren.

Höllriegelskreuth:
: 1844, 1899/1900, 1906; heutige Bauteile von 1937–39 und 1950–1954; Laufwasserkraftwerk quer zu Werkskanal mit oberstromseitiger wohnhausähnlicher Gestaltung des Gebäudes mit Walmdach und Erkern; Unterstromfassade mit Konsolen (Pferde, Sphinx, Poseidonmaske), 2 Kaplan-Turbinen.

Pullach:
: 1947/48; Laufwasserkraftwerk an Werkskanal; querliegendes Krafthaus mit Walmdach und Fensteranordnung in Dreiergruppen, dazu querliegendes Schalthaus; vier Kaplan-Turbinen.

Isarwerk I:
: 1906–08; neben Floßgasse und Wehr quer zum Werkskanal liegendes Kraft- und Schalthaus (heute neues Schalthaus daneben) mit Walmdach in wohnhausähnlichem Stil, je drei bauzeitliche Francis-Turbinen und Schenkelpol-Generatoren.

Isarwerk II:
: 1920–23; quer über Werkkanal verlaufendes Kraftwerksgebäude mit Walmdach und kleinen, rechteckigen Fenstern, der mittige Leerschuß ist oberwasserseitig durch einen vorgesetzten risalitartigen und giebelbekrönten Baukörper betont (A. Beblo), originale Ausstattung mit je zwei Doppelzwillings und Drehstrom-Synchron-Generatoren.

Isarwerk III:
: 1921; quer zum Werkkanal stehendes Laufwasserkraftwerk, Gestaltung ähnlich der umgebenden Wohnhäuser (mit Walmdach) des frühen 20. Jahrhunderts, teilweise noch originale Ausstattung (je zwei Francis-Turbinen und Schenkelpol-Synchron-Generatoren).

[Die kleineren Werke an den Stadtbächen Münchens (Muffatwerk, Maximilianswerk und Tivoliwerk) werden hier nicht behandelt.]

System «Mittlere Isar»:
: – Werkkanal (Länge 54,1 km) mit Speichersee, Ausgleichsspeicher, Brücken, Böschungen usw.,
– Isarwehr Oberföhring (1920–21) mit vier Öffnungen von je 17 m Breite und 5,65 m Höhe mit vier Doppelschützen und Gesamtbreite 78,5 m,

- Einlaufbauwerk schräg zur Flußachse: acht Öffnungen von je 5,5 m (b) und 3,65 m (h); Einlaufschwellenhöhe 2 m,
- Speichersee,
- Speicherseewerk,
- Kraftwerke Neufinsing, Aufkirchen, Pfrombach, Uppenborn I, II.

Landshut, Ludwigswehr:
1920–25; 1986 erneuert; kleiner, neu errichteter Wasserkraftwerksbau mit Walmdach in Sichtziegelmauerwerk, neben dem Wehr, das die Isar teilt, steht das Wasserkraftwerk im spitzen Winkel zum «Kanal»; je zwei Kaplan-Turbinen und Generatoren.

Landshut, Maxwehr:
1954; quer zum Fluß liegendes Wehr und Krafthaus in kubischer Form mit Flachdach sowie langen, lanzettförmigen Fenstern. Je zwei Kaplan-Turbinen und Schirmgeneratoren.

Die folgenden Flußkraftwerke wurden in der Nachkriegszeit (seit 1949) als Kette entsprechend der jeweiligen Gefällestufen der «Unteren Isar» errichtet. Ihre Anlage ist immer dieselbe: den Fluß quert ein Wehr, seitlich liegt das Krafthaus, in das Schalthaus integriert oder seitlich angeschlossen ist. Die Baukörper der Krafthäuser sind nieder und in ihrer Form dem Zweck unterworfen, es handelt sich um einfache, kubische Formen. Je nach Bauzeit verschwindet das Krafthaus als dominanter Baukörper bis er (in Gottfrieding, 1978) dieselbe Höhe wie das Wehr erreicht. Die technische Ausstattung ist einheitlich, Kaplan-Turbinen und Schirmgeneratoren jeweils gleicher Bauart von 1949–57. Seit 1978 (Gottfrieding) wurden die Wasserkraftwerke mit Rohrturbinen ausgestattet.

Im einzelnen handelt es sich um:
1949–51: Altheim, Niederaichbach
1955–57: Gummering, Dingolfing
1978: Gottfrieding
1984: Landau
1988: Ettling und
derzeit im Bau, Pielweichs

Epilog: Historische und aktuelle Utopien – von Panropa und Atlantropa bis zu den gebauten Versuchsanordnungen: Friede und nie versiegende Energiegewinnung

Utopien benötigen bisweilen eine Versuchsanordnung, die sie als eine solche nicht-realisierbare Utopie ausweisen, gewissermaßen den Beleg ihres utopischen Charakters. Daß in solchen Versuchsanordnungen dann Elemente des Utopischen aufgehoben sind oder dort in einer bestimmten formalen Struktur Realität wurden, wird niemanden wundern.
Ein Vorhaben, das 1931 auf der Berliner Bauausstellung vorgestellt wurde, konnte als der kühnste Plan seit Menschengedenken bezeichnet werden. Der Münchner Architekt und Schriftsteller Helmut Sörgel wurde über Nacht zum gefeierten Utopisten, eine Bezeichnung, die er freilich nicht auf sein Projekt angewendet wissen wollte.
Der Plan ging davon aus, daß das Mittelmeer nur deshalb nicht austrocknet, weil ständig gewaltige Wassermassen – genannt wurden 88 000 Kubikmeter/Sekunde, das zwölffache Volumen der Niagarafälle – vom Atlantik nachfließen. Eine westöstliche Strömung beruht auf einem geringen Gefälle nach Osten. «Wenn im Mittelmeer derart starke Naturkräfte wirken, so schloß Sörgel, dann war dieses Meer bereits ohne Zutun des Menschen eine Art Kraftwerk mit einem gewaltigen Energiepotential, das mit technischen Mitteln verstärkt und ausgenutzt werden könnte. Bereits 1927 entstand die Idee eines Gibraltardamms, an dessen Flanke das größte Wasserkraftwerk der Welt entstehen sollte ... Wenn es gelinge, ein ausreichend großes Gefälle herzustellen, dann sei die Meerenge von Gibraltar der ideale Platz für eine gewaltige Staustufe. Dafür müsse jedoch der Wasserspiegel des Mittelmeers um hundert Meter abgesenkt werden – ein Vorschlag von ungeheurer Tragweite, der darauf hinauslief, die Erdgeschichte umzukehren.»[71]
Sörgels Strategie ging aber noch weiter und er beharrte auf den Konsequenzen und ließ sie sich von der Fachwelt bestätigen – z. B. die Landgewinnung durch Absenkung des Wasserspiegels: Kontinente und Inselreiche würden zusammenwachsen, neue Ländereien wie große Teile der Sahara wären nicht nur zu bewirtschaften, sondern durch die riesigen Energiemengen auch zu kultivieren.
Ein weiterer Bestandteil der Planung bestand in der Erkenntnis, daß die gleichmäßige Absenkung des Wasserspiegels dazu führen könnte, alle ‹Wasserlieferanten› – also die Flüsse – in ihrer Höhendifferenz zum Mittelmeer zu nutzen, mithin mehrere Wasserkraftwerke in der Folge der Absenkung zu errichten; nicht nur am Meer, sondern auch in Afrika. Das gesamte Kongobecken sollte zum Stausee werden, verbunden mit anderen Flußläufen über Stichkanäle und zu Systemen «vernetzt». Die Absenkung des Mittelmeers führt also in letzter Konsequenz dazu, ein gigantisches System von Wasserkraftwerken zu errichten. Zufälligerweise war Herman Sörgels Vater, Hans Ritter von Sörgel, Chef der königlich-bayerischen Bauverwaltung 1924 mit der Förderung des Walchensee-Kraftwerks beschäftigt!
Der in wasserbautechnischen Fragen versierte Bauingenieur Brundo Siegwart, ehemaliger Direktor von Siemens-Halske, beriet Sörgel in allen Fragen und berechnete die Anlage in Gibraltar in allen Einzelheiten.
Sörgel und seine Berater sahen nicht nur die technische Realisierbarkeit, sondern vor allem die 750 Millionen PS (5,52 MW) Dauerleistung, die den Strombedarf für alle Zeiten decken sollte. Das war 1931. Schon damals rechnete man mit einer künftigen Erschöpfung der fossilen Energieträger. Und man hatte auch ein politisches Ziel. Für neun Milliarden Dollar sollte Europa und Nordafrika zu einem einheitlichen Wirtschaftsraum zusammenwachsen. Das Projekt versprach darüber hinaus das Ende der Arbeitslosigkeit, Wohlstand und Frieden für den gesamten Kontinent – gerade im Hinblick auf das nahe Ende der Weimarer Republik das größte soziale Unternehmen der damaligen Gegenwart.
Begleitet wurden die (technischen) Pläne von ihrer architektonischen Realisierung. Man erhoffte für manche Gebäude sogar einen sofortigen («vorzeitigen») Baubeginn. Deshalb beteiligten sich nicht nur viele namhafte Architekten wie Peter Behrens, Hans Poelzig, Erich Mendelsohn, Fritz Höger (der Architekt des Chilehauses in Hamburg, vorgesehen für die Atlantropa-Zentrale[72]) und andere, und natürlich wollte man amerikanische und europäische Architektur in ihrer Höhenerstreckung und Kubatur weit übertreffen. Aber es war nicht die Idee

Atlantropa alleine, die viele mitriß, es waren vor allem die Ängste und Nachwirkungen der letzten Krise, die für einen grenzenlosen Optimismus und kostenfreie Solidarität der Architekten sorgten, die im gesamten Projekt – auch unter vielen deutschen Architekten aufgeteilt – ein gigantisches Geschäft witterten.

Nachdem die friedfertigen Pläne Sörgels während des Dritten Reiches nicht nur nicht verwirklicht werden konnten, sondern ihm jede Agitation in Richtung Atlantropa verboten wurde, publizierte er doch gleich nach dem Krieg wieder eifrig Pläne, holte die gesamte Planung wieder heraus und begeisterte wieder die friedliebende und ‹nach Europa hungernde› Öffentlichkeit. Bis 1952, dem Tode Sörgels, hing man der Planung nach.

Als sechs Jahre nach Sörgels Tod die Utopie erneut Gegenstand einer Sitzung war, wurde Atlantropa der Todesstoß versetzt; das Projekt sei «historisch überholt». In jener Sitzung 1958 wurde der Grundstein gelegt für die Energiegewinnung aus Kernkraft.73

Die Ähnlichkeiten von Atlantropa zum Walchensee-Kraftwerk sind nicht zu übersehen: Zwar wurde dieses gebaut, jenes aber blieb Utopie, doch wurzeln beide Projekte auf ähnlichen Idealen (und sind auch aus einer ähnlichen personellen Umgebung erwachsen), nämlich der Utopie der nie endenden und immer vorrätigen Energie, ungeachtet des stetig steigenden Bedarfs. Und genau in dem Moment erhielt Atlantropa den Todesstoß, als man glaubte, in der Gewinnung der Energie aus Kernkraft alle Probleme der Zukunft lösen zu können.

*

Ebenfalls auf die zwanziger Jahre geht ein anderes Projekt zurück, das am drittgrößten Fluß der Welt, dem Jangtsekiang, ein System von Wasserkraftwerken mit Stauseen errichten wissen will. Es wäre das größte Wasserkraftwerk der Welt. Später, 1956, wurde das Projekt nochmals von Mao Tse-tung aufgegriffen. Nun, 1991, macht sich Ministerpräsident Li Peng für das Projekt stark.

Vorarbeiten sind bereits im Gang, und man rechnet noch in diesem Jahr mit der Billigung der Pläne.

Etwa eine Million Menschen müßten im Fall der Verwirklichung des Projektes umgesiedelt werden.

Auch bei diesem Projekt sind es die Zahlen, die Eindruck, Blendwerk und Inhalt des Vorhabens ausmachen: 17,5 Millionen KW Strom würde erzeugt werden, fünf Millionen KW mehr als das bisher größte Wasserkraftwerk der Welt in Itaipu, Brasilien. Hinzu kommen die Gigantomanie eines fast 200 m hohen und knapp 2 km langen Staudamms und immerhin ein Sechstel der Jahreseinnahmen des chinesischen Staates, ca. 18,7 Millionen Mark, an Baukosten, wobei Kritiker des Projekts etwa die doppelte Geldmenge veranschlagen.

Im Gegensatz zu früheren Projekten gibt es nun einen anderen Faktor, der stärkeres Gewicht hat, die Ökologie. Es wird kritisiert, daß Ackerland, Dörfer und allgemein Lebensraum in großer Menge dem Wasser bzw. der Energieerzeugung geopfert wird. Dieses Argument spielte bei Atlantropa noch keine Rolle. Nun aber fragt man nach dem, was unter den gewaltigen Wassermassen eines 595 km langen Stausees verschwinden würde, unter anderem ein Landschaftspanorama einmaliger Art, das schon seit Jahrhunderten von Dichtern besungen und von Künstlern verewigt wird.

Die Kritiker des Projekts sind wegen der gegen sie vorgebrachten Repressalien verstummt. Jetzt gibt es nur noch Befürworter.74

Wird man aus der Geschichte lernen? Wird man die Geschichte der Energiegewinnung aus Wasserkraft abschließen oder beginnt sie gerade ein neues Kapitel. Ich enthalte mich eines Kommentars über die derzeitigen Probleme der Energiegewinnung aus Kernkraft, über die ökologischen Folgen des ständig steigenden Energiebedarfs sowohl bei Energiegewinnung aus Kernkraft, als auch aus Wasserkraft. Die Zukunft liegt vielleicht in der Mitte, worauf die ständig erweiterte Wasserkraft-Nutzung deuten könnte. Verzichten brauchen wir jedenfalls auf die noch bestehenden Wasserkraftwerke keineswegs. Im Gegenteil. Es zeigt sich, daß neuerdings Kleinstkraftwerke, die nur einen kleinen Generator betreiben, wieder aktiviert werden. – Vielleicht bis man die Sonnenenergie nutzen kann.

*

Es ist unübersehbar, daß alle hier genannten Projekte utopischen Charakter aufwiesen, der aber in den hier genannten bayerischen Werken einer Historizität des Machbaren gewichen ist. Die Utopie eines unübersehbaren Systems von Kraftwerken zum Zwecke der Gewinnung unendlicher Energieressourcen ist dem Teilsystem als machbare Alternative gewichen. Erinnern wir uns an das Mittlere Isar-Projekt: Auch dieses wurde bis in die fünfziger Jahre erweitert, vielleicht würde man heute wieder eine Erweiterung des Systems in Erwägung ziehen, doch man ist nunmehr gegenüber den ökologischen Faktoren sensibler.

Und die hier genannten Projekte, die realisierten wie die utopisch gebliebenen, datieren in etwa in dieselbe Zeit; sie stehen mithin für eine historische Situation, in der technischer Aufschwung als Rettung der Plagen der Menschheit angesehen wurde, als man anhob, technischen Fortschritt für eine Segnung per se zu erachten. Diese historische Dimension weisen auch die hier genannten bayerischen Werke auf: die hunderttausend weiß schäumenden Isarhengste als Metapher für das technisch Machbare, für die Bezähmung des Wilden und die Herrschaft über die Natur, vielleicht auch die Schaffung oder Erfindung von Systemen, deren Endpunkt womöglich eine totale Entleerung der Flüsse bedeutet hätte (weil man das Wasser in Kanäle umgeleitet hätte) und eine Bestückung mit Einzelkraftwerken auf allen paar Kilometern. Überall, wo Flüsse mäandrieren, könnte man Systeme errichten, überall, wo Regen und Quellen sich zu Flüssen vereinigen – also auf der ganzen Welt – wären solche Systeme denk- und machbar. Aber auch hier ist man zunächst auf das Machbare ausgewichen und – so könnte man sagen – man hat den Weg der Utopie, der vieler Projekte Ursprung war, verlassen, um den sinnvollen Weg des Realisierbaren, des Kompromisses zu erreichen. Das darf uns aber nicht darüber hinwegtäuschen, daß der oben genannte «Roboter-Mantel» oder die «Roboter-Form» der Generatoren des Obernach-Kraftwerks ein Stück dieser ursprünglich wenig rationalen Geschichte, mithin eine solche Versuchsanordnung des Utopischen darstellt. Die Form als Gerinnung von Geschichtlichkeit zu interpretieren, ist nicht einfach, aber man muß – auch und gerade bei der Würdigung von Denkmälern – es immer wieder versuchen. Die in der Frühzeit der Energiegewinnung durch Wasserkraft hoch aufgerichteten Ungetüme von Turbinen und Generatoren (Walchensee-Kraftwerk, Maxwehr, Landshut oder Kraftwerk Mühltal usw.), die das Ungetüme, die Macht und Kraft der Natur(gewalten) und die Sichtweise der Zeitgenossen darstellte, wich in den fünfziger Jahren – als die Technik einen anderen Stellenwert einnahm – den «Robotern», den diensttuenden und «braven» Maschinen (vgl. z. B. Uppenborn II, Obernach usw.), die wir auch aus zahlreichen Fernsehsendungen oder aus dem Werbefernsehen der Zeit kennen. Wie weit in ihnen Reste vergangener Utopien stecken, kann vielleicht eine vergleichende Würdigung anderer technischer Denkmäler erbringen.

ANMERKUNGEN

[1] RAINER SLOTTA, *Technische Denkmäler in der Bundesrepublik Deutschland II*, Bochum 1977, S. 7 ff.
[2] SLOTTA (wie Anm. 1), S. 63.
[3] Siehe unten zum Walchensee-Kraftwerk. Das folgende nach SLOTTA (wie Anm. 1), S. 3 ff.
[4] Nachweise siehe SLOTTA (wie Anm. 1), S. 6.
[5] Bekannt sind etwa Übertragungsmechanismen wie Zahnräder oder Riemen bzw. Bänder als direkter Antrieb für Maschinen, etwa der Antrieb der Webstühle einer Textilfabrik in Sonthofen mittels eines kleinen Wasserkraftwerks (Wellen, Zahnräder und bauliche Veränderungen für diesen Antrieb noch in situ, Webstühle nicht mehr erhalten).
[6] D. h. Stromerzeugung nur für die dort ansässige Fabrik o. ä.
[7] Siehe etwa: *Die Wasserkräfte Bayerns*, München 1907 und unten.
[8] *Kat. Ausst. Die Isar. Ein Lebenslauf*, München, 1983, S. 217f., SLOTTA (wie Anm. 1), S. 63 ff. und S. 99 f. (es wurde allerdings nicht 1844 errichtet, wie dort angegeben, sondern 1894).
[9] Heute ersetzt durch die Uppenborn-Kraftwerke; vgl. hierzu: Isar (wie Anm. 8), S. 37. und SLOTTA (wie Anm. 1), S. 64.
[10] Siehe die Veröffentlichungen der *Mittlere Isar A.G.*, München, Heft 1-6, 1924ff. und unten.
[11] Isar (wie Anm. 8), S. 217f.; RAINER SLOTTA, *Ein Kleinod im Isartal. Das Kraftwerk Mühltal der Isar-Amperwerke*, Dokumentationen des Bergbaumuseums Bochum.
[12] SLOTTA (wie Anm. 1), S. 106 ff.
[13] Zu den beiden Kraftwerken siehe unten.
[14] Was darauf schließen läßt, daß die Technik bzw. technische Ausstattung keinen großen Umwälzungen unterworfen war.
[15] G. HEDLER, *Leitzach und Mangfall*, Hamburg 1983, S. 34 ff.
[16] Das Folgende nach: *Das Walchensee-Werk*, München 1921, 60 Jahre Walchensee-Kraftwerk (Bayernwerk AG, s. a. [1984]), frdl. Mitt. von Herrn Schömig (Walchensee-Kraftwerk), Isar (wie Anm. 8) S. 173ff. und SLOTTA (wie Anm. 1) S. 170ff. Die ausführlichste Darstellung des damals bereits fortgeschrittenen Projekts erfolgte in der Zeitschrift des Vereins deutscher Ingenieure seit 1910: T. KOEHN, «Der internationale Walchensee-Wettbewerb», in: *Zeitschrift des Vereins deutscher Ingenieure*, 54, 1910, S. 1101-1109, S. 1147-1154, S. 1194-1201.
[17] Vgl. auch FEDOR MARIA VON DONAT, *Die Kraft der Isar*, München 1906, passim.
[18] Walchensee 1921 (wie Anm. 16), S. 14 f.
[19] *Die Wasserkräfte Bayerns*, München 1907, zwei Bde. in drei Volumina (I. Text, II. 1. und II. 2. Pläne).
[20] KOEHN (wie Anm. 16), S. 1101 ff.
[21] Dies ist wichtig für die spätere Beschreibung der Kraftwerks-«Systeme».
[22] KOEHN (wie Anm. 16), S. 1102 f. mit Tabelle der wichtigsten Teilnehmer und Vergleichszahlen.
[23] Weitere Hinweise und Einzelheiten des Wettbewerbs bei KOEHN (wie Anm. 16), S. 1101 ff.
[24] Vgl. KOEHN (wie Anm. 16), S. 1194 ff. mit Zeichnungen und Plänen.
[25] KOEHN (wie Anm. 16), S. 1199, Fig. 28 f. Wasserschlösser haben die Funktion von Druckkammern und regulieren den Druck der Fallrohre bzw. verhindern Überdruck z. B. bei Abschalten der Turbinen und Generatoren.
[26] KOEHN (wie Anm. 16), S. 1198 f., Fig. 30-34.
[27] KOEHN (wie Anm. 16), S. 1200 f., Fig. 35-37.
[28] FEDOR MARIA VON DONAT, der maßgeblich an der Konzeption der ersten Wasserkraftwerke in Bayern mitgewirkt hat, verfaßte ein Buch über Festungen, bevor er sich der Energiegewinnung durch Wasserkraft widmete. Ob daraus der Name abzuleiten wäre, konnte jedoch nicht endgültig geklärt werden. Vgl. F. M. VON DONAT, *Festungen und Festungskampf*, Berlin 1890; ders., *Die Kraft der Isar*, München 1906. Von Donat stammt auch die Metapher «100000 weiß schäumende Isarhengste».
[29] KOEHN (wie Anm. 16), S. 1153, Fig. 14-16.
[30] KOEHN (wie Anm. 16), S. 1201, Fig. 37.
[31] Dresdner Anzeiger vom 22.10.1925. Der Text beschreibt die Füllung des Kanals des Wasserkraftwerkes Töging am Inn, der vorher bereits einmal geborsten war (abgedruckt in E. ENGELMANN, «Geschichte der Innwerk Aktiengesellschaft Töging», in: *Oettinger Land*, 3, 1983, S. 142-164).
[32] Mir standen nur die von Koehn publizierten Pläne und Entwürfe zur Verfügung. Die vollständige wissenschaftliche Auswertung des gesamten Walchensee-Projektes ist ein Desiderat.
[33] Für Fremdenverkehr.
[34] Vgl. z. B. KOEHN (wie Abb. 16), S. 1103: «Nebenwerke».
[35] Auch die Staatsbauverwaltung sah zwei «Nebenwerke» vor, das zweite jedoch nicht in Niedernach bzw. am Walchensee, sondern am Loisachkanal, was jedoch hier nicht weiter berücksichtigt werden kann. Vgl. KOEHN (wie Abb. 16), S. 1102 f. und Fig. 1, 13, 18 (auch auf die Differenzen aller Entwürfe kann ich hier nicht eingehen).
[36] A. SEIFERT, «Elektrische Energie», in: *Baumeister*, 49, 1952, S. 753-92, bes. S. 754, mit Plänen und Abbildungen.
[37] Frdl. Mitteilungen von Herrn Pfennig, Betriebstechniker des Niedernach-Kraftwerkes.
[38] Diese ausführliche Schilderung der einzelnen Elemente dient auch der Übersicht der Elemente eines Wasserkraftwerks. Darauf wird unten nochmals einzugehen sein.
[39] Siehe hierzu: Veröffentlichungen der Mittlere Isar A.G., München, Heft 1-6, München u. a. O. 1924-1933. Die technik- und architekturhistorisch äußerst aufschlußreichen Veröffentlichungen sind wichtig für die Beschreibung der Sachgesamtheiten und den Aufbau des Systems, sie umfassen neben zahlreichen historischen Abbildungen und Plänen unter anderem:
Heft 1 (Berlin-Charlottenburg, Rom 1923): Modellversuche über zweckmäßigste Gestaltung einzelner Bauwerke [Energievernichter am Ende von Leerschüssen (s. 11 ff.), Heber (S. 22 ff.), Geschiebebewegungen und Ausbildung der Kanaleinläufe (S. 35 ff.)] –
Heft 2 (Berlin 1926): Die maschinellen und elektrischen Einrichtungen des ersten Ausbaus der Wasserkraftanlagen der Mittlere Isar A.G. [Beschreibung der Anlagen (S. 7ff.), Einrichtungen: Turbinen, Krane, Regler und Schmierpumpen, Schützen, Rohrleitungen, Generatoren, Erregeraggregate und Spannungsregler, Generatorbelüftung und Heizung, Erzeugungs- und Übertragungsspannungen, Transformatoren, Schaltung, Schutzeinrichtungen, Betätigungs- und Meßeinrichtungen, Schaltanlagen, 60-kV-Leitungen, Baustromversorgung (Eisbachwerk), Kommando- und Fernmeldeanlagen (S. 12 ff.)] – Heft 3 (München 1926): Die Durchführung der Bauarbeiten beim ersten Ausbau der Wasserkraftanlagen der Mittlere Isar A.G. [Allgemeines zu den Anlagen (S. 11 ff.), Wehr Oberföhring (S. 14 ff.), Kraftwerke Finsing (S. 30 ff.), Aufkirchen (S. 37 ff.), Eitting (S. 46 ff.)] – Heft 4 (München/Berlin 1930): Die Durchführung der Bauarbeiten beim zweiten

Ausbau der Wasserkraftanlagen der Mittlere Isar A.G. [Speichersee (S. 11 ff.), Kraftwerk Pfrombach (S. 37 ff.), Bauwerksgruppe beim alten Uppenborn-Kraftwerk (S. 49 ff.), Ausgleichsweiher (S. 53 f.), Erweiterung des Kraftwerkes Eitting (S. 54 ff.), Hochbauten: Pfrombach (S. 58 ff.), Wohnungen für das Betriebspersonal «Wohnkolonie Pfrombach» (S. 61 ff.)] – Heft 5 (München/Berlin 1931): Die maschinellen und elektrischen Einrichtungen des zweiten Ausbaus der Wasserkraftanlagen der Mittlere Isar A.G. Das Werk Pfrombach [besonders wichtig in technikhistorischer Hinsicht] – Heft 6 (München/Berlin 1933): Kläranlage und Fischteiche für die Münchener Abwässer [u. a. Gebäude für Verwaltung und Betriebsangehörige (S. 40 ff.)].

[40] Technische Angaben der Kraftwerke Finsing, Aufkirchen, Eitting und Pfrombach nach der Broschüre *Das Kraftwerk Finsing am Isarkanal* der Bayernwerk AG (s. a.).

[41] Bezogen ist dies auf die hier behandelten Wasserkraftwerke an der Isar, die in die Zeit der Jahrhundertwende bis in die fünfziger Jahre des 20. Jahrhunderts datieren.

[42] Hier nicht mitberücksichtigt sind zumeist die jeweiligen hausinternen Turbinen und Generatoren, die den Energiebedarf zur Betreibung des Kraftwerks zu liefern hatten.

[43] A. SEIFERT, «Elektrische Energie», in: *Baumeister*, 49, 1952, S. 753–92.

[44] Frdl. Mitteilung der Bayernwerke; siehe auch Prospekt *Das Kraftwerk Finsing am Isarkanal* der Bayernwerk AG (s.a.)

[45] *Veröffentlichungen der Mittlere Isar A.G.*, München, Heft 6 (1933), passim.

[46] So die BAG, man denkt eher an eine entsprechende Verdünnung.

[47] Vgl. die Broschüre *Teichgut Birkenhof, Speichersee* und die Broschüre *Vogelschutz* der BAG.

[48] *Veröffentlichungen der Mittlere Isar A.G.*, München, Heft 1–6, S. 1924 ff., bes. H. 3 (1926), H. 4 (1930), H. 6 (1933). Dort wird ausführlich auf die «Kolonien» und die Wohnhäuser bzw. Wohnungen eingegangen.

[49] Solche Landschaften sind konstituiert durch den Mittleren Isar-Kanal oder etwa durch die Werkskanäle der Münchner Wasserkraftwerke.

[50] Auch das Kanalkraftwerk in Mühltal, sowie die sogenannten Südwerke Münchens gehören zu den Vorläufern dieses Projekts. – Zu den drei Uppenborn-Kraftwerken: *Die Wasserkräfte Bayerns*, München 1907, 20, Pl. X. 19, X. 20 (Tf. 53a–e); *Bayerische Industrie und Handelszeitung*, 1930, Nr. 1/2, S. 7 ff.; SLOTTA (wie Anm. 1), S. 64, S. 143 ff.; *Die Isar* (wie Anm. 8), 1983, S. 37; *Wasserkraft und Wasserwirtschaft*, München 1933, H. 17–19.

[51] Nennleistung 10000 kVA, cos phi 0,8, Nennspannung 5000 V.

[52] 27000 kW (SLOTTA, S. 64), 100.000.000 kWh/a von Werksseite.

[53] Wirkungsgrad 83,5–90,5 % cos phi 0,7, je 8500 kVA, Nennspannung 5000 V. – Das Uppenbornwerk II ist seit etwa 15 Jahren ferngesteuert (vom Uppenbornwerk I) und erhielt vor wenigen Jahren um die Generatoren Schallschutzmaßnahmen. Ansonsten blieb es unverändert.

[54] A. SEIFERT, «Elektrische Energie», in: *Baumeister* 49, 1952, S. 753–92, bes. S. 754, 760 ff. (Pläne und Abbildungen).

[55] Frdl. Mitteilungen von Herrn Pfennig, Betriebstechniker des Niedernach-Kraftwerks.

[56] Für alle genannten Turbinenarten und Wasserkraftwerkstypen gibt es anschauliche Beispiele und Modelle im Deutschen Museum in München.

[57] Der Verfasser bezieht sich auf entsprechende Überlegungen und Verlautbarungen der Jahre 1989/1990.

[58] Eintragung des Walchensee-Kraftwerks in der Denkmalliste.

[59] Siehe die entsprechenden Listeneinträge.

[60] Das Wasser wird im Fluß aufgestaut und dort «verarbeitet» bzw. dem Fluß entzogen und als Kanal (bei mehreren Kraftwerken spricht man von einer «Treppe») «verwertet». Diese Art dürfte in Zukunft aus ökologischen Gründen die seltenste sein, da dem Fluß zumeist alles Wasser entzogen wird. Eine Sonderform bildet das Hochdruckkraftwerk, da es zwar laufendes Wasser («Laufkraftwerke») aufnimmt, jedoch in einem Rohr bzw. einer «Rohrbahn» kanalisiert, um wenig Wasser bei hohem Druck in entsprechende Energie umzusetzen. – Vgl. zu den einzelnen Kraftwerkstypen auch Veröffentlichungen der Mittlere Isar A.G., München, Heft 1–6, 1924 ff.

[61] Buchtenkraftwerke: Das Wehr nimmt die Flußbreite ein, der Fluß wird seitlich um eine Bucht erweitert, die die Maschinenhalle (Turbinen etc.) und gegebenenfalls das Schalthaus beinhaltet.

[62] Pfeilerkraftwerke: Die Maschinen sitzen in, neben oder über den Wehrpfeilern; bisweilen können dort auch die Schalteinrichtungen untergebracht werden.

[63] Die Maschinen sind im Grundkörper des Wehrs untergebracht.

[64] Kavernen oder Halbkavernen sind Bauten, die völlig oder zum Teil «eingebaut» sind, so etwa in einen Berg oder in das Gefälle zwischen Ober- und Unterwasser.

[65] Für den Fall, daß ein Defekt oder anderer Ausfall ein Anhalten der Maschinen bewirkt bzw. eine solche Gefahr droht oder diese gewartet werden müssen, muß das Wasser außerhalb abgeleitet (die Energie «vernichtet») werden.

[66] Z. B. Dammbalken-, Schützen-, Nadel-, Klappen-, Trommel- und andere Wehre. Häufigste Arten sind Segmentwehr (Stauwand ist Kreissegment), Klappenwehr (Wehr wird «abgeklappt»). Für alle Arten der bekannten und historischen Wehre sind Modelle im Deutschen Museum in München ausgestellt.

[67] Vgl. *Veröffentlichungen der Mittlere Isar A.G.*, München, Heft 1–6, 1924 ff., die eine vollständige Übersicht der Sachgesamtheiten geben.

[68] Siehe oben und die ausführlichen Darlegungen in *Veröffentlichungen der Mittlere Isar A.G.*, München, Heft 1–6, 1924 ff., bes. H. 2, S. 12 ff. und H. 5, S. 12 ff. – Dort auch die folgenden Zitate.

[69] Deutsches Museum, München; Merkblatt *Technische Denkmale*, hrsg. Zentralvorstand der Gesellschaft für Denkmalpflege im Kulturbund der DDR (1989); *Brockhaus' Konversations-Lexikon*, 14. Aufl., Berlin/Wien 1895, Bd. 15, S. 1056 ff. (Die Texte des Brockhaus werden in Anführungszeichen gesetzt und sind hier aufgeführt, um die Wirkungsweise und Auffassung der neunziger Jahre des 19. Jahrhunderts zu dokumentieren.)

[70] Siehe Anm. 69.

[71] W. Voigt, «Weltmacht Atlantropa. Herman Sörgels geopolitische Strategie für die Einheit Europas», in: *Die Zeit*, 23. 1991, S. 33–34.

[72] Abb. Voigt (wie Anm. 71), S. 33.

[73] Alles nach Voigt (wie Anm. 71).

[74] «Peking will weltgrößtes Wasserkraftwerk bauen. Eine Million Menschen muß ehrgeizigem Projekt weichen / Kritiker zum Schweigen gebracht», in: *Frankfurter Rundschau*, 136, 15. 6. 1991, S. 22.

Egon Johannes Greipl

Die Zukunft der regionalen Museen[1]

Das alte Heimatmuseum

Wer erinnert sich nicht an das alte Heimatmuseum: geöffnet, wenn überhaupt, an einem Wochentag während der Sommermonate. Nichts fehlte in der Sammlung, weder der Mammutzahn aus der Kiesgrube, der Ammonit aus dem Steinbruch, noch irdene Töpfe, eiserne Schlösser, bemalte Möbel. Gelegentlich erschrak man vor der in verrenkter Bewegung erstarrten Schaufensterpuppe mit bäuerlicher Tracht oder Feuerwehruniform. In den Vitrinen lagen vergilbende, sich bereits einrollende Zettelchen, liebevoll, aber schwer leserlich beschriftet und gaben Auskunft über die Schätze der Sammlung. Und in den immer kalten, dämmrigen Räumen lag ein Geruch, wie wenn man auf dem Speicher einen jahrelang unberührten Schrank öffnet. Dieses Museum mit seinen sorgfältig zusammengetragenen, besten Willens, aber doch dilettantisch verwahrten und ausgestellten Gegenständen war nicht Sitz der Musen oder Ort der Belehrung, sondern Abstellkammer der Vergangenheit. Wir haben dieses Museum als sympathisch empfunden, gelegentlich als skurril, und mancher Besuch geriet zur Entdeckungsreise mit vielen Überraschungen. Das Heimatmuseum dieser Prägung aber ist selbst museal geworden. Vielen, vor allem den jungen Leuten, gilt es als verstaubt und langweilig; es interessiert sie nicht.

Die Zeiten jener Heimatmuseen sind vorbei. Wir empfinden heute Dankbarkeit für das kostbare Erbe, das uns die Geschichtsbegeisterung und die Sammelleidenschaft von Vereinen und Privatpersonen hinterlassen hat. Sie haben aufbewahrt, was sonst unbeachtet zugrundegegangen wäre. Heute geht es darum, dieses Erbe durch Konservierung und Restaurierung zu erhalten, durch Inventarisierung zu erfassen, zu werten und zu erschließen, durch fachwissenschaftlich, didaktisch und gestalterisch zeitgemäße Präsentation im Museum nutzbar zu machen. Jedoch auch das «moderne» regionale Museum – dies wird oft vergessen – spiegelt eine bestimmte Epoche: historische und kunsthistorische Aussagen, didaktische Konzepte und innenarchitektonische Gestaltungen, aber auch Restaurierungs- und Konservierungsmethoden, heute uneingeschränkt gültig bzw. attraktiv, werden irgendwann ebenfalls als veraltet und langweilig empfunden werden oder sich gar als falsch erweisen. Museumsarbeit ist wie Geschichtsschreibung: ständige Revision.

Das regionale Museum als kulturelles und gesellschaftliches Zentrum

Wie mancher Bezirk, mancher Kreis und manche Kommune schon erfaßt haben, kann das regionale Museum Aufgaben erfüllen, die in einer zunehmend von der Freizeitgestaltung geprägten Gesellschaft immer wichtiger werden. Das Museum sollte sich, vor allem wenn es in zentral gelegenen und historisch bedeutenden Gebäuden großzügig untergebracht ist, zu einem Mittelpunkt kulturellen Lebens überhaupt entwickeln. Es regt dann die kulturelle Bestätigung von Gruppen und einzelnen an, bietet ihnen Schutz und Gelegenheit, sich darzustellen. Das Museum ist so der Ort, wo Kulturschaffende und Kulturinteressierte sich begegnen. Im örtlichen Museum treten Kommune, Kreis oder Bezirk, gewissermaßen «umstellt» von den Zeugnissen ihrer Geschichte, repräsentativ auf, feiern die Vereine ihre Jubiläen, treffen sich Menschen, um Vorträge oder Musik zu hören, Wechsel- und Wanderausstellungen, immer wieder aber bei diesen Gelegenheiten «ihr» Museum zu besuchen. In das Museum führt der Einheimische den Gast, um ihn zu unterhalten und einzustimmen, im Museum sucht der zugezogene Bürger etwas über seine neue Heimat zu erfahren. Das Museum schafft und bestätigt Identität.

Bildung und bildendes Erlebnis

Das regionale Museum sollte seinen festen Platz im Unterricht aller Schulen des Einzugsbereichs haben. Ein regelmäßiger Besuch ergänzt und bereichert den Geschichts- und Sachkundeunterricht, veranschaulicht die ganz andere Lebensweise unserer Vorfahren, vermittelt ausschnitthaft, wie sich die «großen» geistigen, sozialen und politischen Strukturen und Entwicklungen in der engeren Heimat auswirkten, schafft ein Bewußtsein für die Relativität von Wertvorstellungen und Begriffen und öffnet letztlich die Augen dafür, daß die Vergangenheit in der Gegenwart aufgehoben und unsere Gegenwart nichts ist als künftige Vergangenheit.

Der Berufsschüler wird mit einer ihm auf den ersten Blick fremden Vergangenheit der Arbeitswelt und der handgreiflichen Technik vertraut, der Religionslehrer kann im Museum das Gefühl für eine inzwischen verschwundene Frömmigkeitskultur wecken und religiöses Wissen, angefangen etwa von den Heiligen, ihrer Darstellung in der bildenden Kunst und ihrer Bedeutung im Alltag bis hin zur christlichen Symbolik, vermitteln. Auf diese Weise bewahrt das Museum überkommenes Traditionswissen davor, endgültig zum bloßen Spezialistenwissen abzusinken.

Auch in der Erwachsenenbildung, wie sie Volkshochschulen, kirchliche und politische Institute betreiben, wird das regionale Museum einen heute in seiner Bedeutung noch kaum erkannten Platz einnehmen. Voraussetzung dafür ist jedoch die inhaltlich wahre und vollständige Darstellung, das didaktisch und gestalterisch zeitgemäße Vorzeigen der Objekte – die angemessene Präsentation, wie die Museumsleute sagen. Die großen staatlichen Museen beziehen ihre Attraktivität aus dem Ruhm und der Einmaligkeit der Sammlungen oder einzelner Objekte. Das regionale Museum muß hingegen durch die Art der Präsentation beeindrucken, die Objekte in ihren historischen Zusammenhang stellen, auf den Überraschungseffekt setzen und das für uns Ungewöhnliche am Alltag der Vergangenheit herausarbeiten. Idealisierende Betrachtungsweisen haben im Museum keinen Platz: in der Vergangenheit war alles anders, manches besser und manches schlechter als heute.

Das regionale, lokalgeschichtlich orientierte Museum muß schon jetzt daran denken, auch die Gegenwart, wenn sie einst Vergangenheit geworden ist, zu dokumentieren. Es wird brisante Themen geben, von veränderter Landschaft und veränderten Lebensgewohnheiten bis hin zur veränderten Zusammensetzung unserer Bevölkerung.

Freistaat und regionale Museen

Der Träger eines regionalen Museums kann nicht alle Probleme lösen, die mit dem Aufbau und dem Betrieb der Sammlung verknüpft sind. In unterschiedlichem Umfang ist er auf fachlichen Rat und finanzielle Unterstützung angewiesen. Der Freistaat Bayern hat zu diesem Zweck eine eigene Einrichtung geschaffen, die «Abteilung Nichtstaatliche Museen», zunächst dem Landesamt für Denkmalpflege (1976–1979), dann dem Bayerischen Nationalmuseum (1979–1989) angegliedert. Am 1. Juli 1989 kehrte die Abteilung, zur «Landesstelle für die Betreuung der Nichtstaatlichen Museen» aufgewertet, an das Landesamt für Denkmalpflege zurück. Unter der 1989 in den Ruhestand getretenen Leiterin, Dr. Isolde Rieger, wuchs die Abteilung von einem Ein-Mann-Betrieb zu einer Behörde mit 18 fest und 14 befristet angestellten Mitarbeitern. Volkskundler, Historiker und Kunsthistoriker, Architekten und Restauratoren bieten den Museumsträgern ihre Dienste an. Mit gegenwärtig sieben Millionen Mark fördert die Landesstelle jährlich die Arbeit der regionalen Museen.

Die Tätigkeit der Landesstelle ist ein Angebot; es geht nicht darum, letzte museologische Weisheiten missionarisch zu verkünden oder ohne Rücksicht auf lokale und regionale Erfordernis und Eigenart in der Museumsgestaltung zentrale Richtlinien durchzusetzen. Die Landesstelle versteht ihre Arbeit subsidiär: sie hilft da, wo die eigenen Kräfte trotz aller Anspannung nicht hinreichen.

Vordringliche Aufgaben der Zukunft

Neben den üblichen, in einem Gebäude oder einem Gebäudekomplex untergebrachten lokalgeschichtlichen oder thematisch spezialisierten Sammlungen gewinnen die Freilandmuseen zunehmend an Attraktivität und Bedeutung. Bauernhäuser, Fabriken, technische Anlagen werden, oft von ihren ursprünglichen Standorten versetzt, zu begehbaren Objekten. Freilandmuseen sind, und die Besucherzahlen zeigen es, höchst attraktiv, da in ihnen der Erlebnischarakter des Museumsbesuchs besonders hervortritt. Jedoch können Freilandmuseen nicht unbegrenzt neugegründet oder erweitert werden. Der finanzielle Aufwand ist außerordentlich, und es gilt zu bedenken, daß die Rettung historischer Bausubstanz über den Weg ins Museum nur die zweitbeste Lösung darstellt.

Die nächste Zukunft wird den regionalen Museen geradezu existentielle gemeinsame Aufgaben in den klassischen Bereichen Bewahren und Erforschen zuweisen. Die Inventarisation erfaßt nach wissenschaftlichen Kriterien die Bestände eines Museums. Vielerorts liegt sie noch im argen. Das Ausmaß des Problems wird in den Zahlen am deutlichsten: Gegenwärtig hüten die etwa 800 nichtstaatlichen Museen in Bayern in ihren Depots und Schausammlungen ungefähr zehn Millionen Objekte. Wollen wir die Aufgabe der Gesamtinventarisation dieser gewaltigen Bestände sinnvoll und richtungsweisend lösen, gibt es nur einen Weg: die EDV-gestützte, auf einem umfassenden und einheitlichen Katalog der Angaben zum Objekt beruhende Verzeichnung. Das «elektronische Karteiblatt» wird nicht nur Material, Technik, Künstler und Erhaltungszustand vermerken, sondern, wie etwa bei einem Bild, auch die dargestellten Personen, Orte, Gebäude, Ereignisse, Tiere und Pflanzen. Mag eine solche Inventarisation heute als fast aussichtslose Sysiphusarbeit erscheinen, wir wollen sie anpacken und setzen uns, nach dem Vorbild des Verbundkatalogs der Bayerischen Bibliotheken, das Verbundinventar der Nichtstaatlichen Museen in Bayern zum Ziel: jederzeit zugänglich und verfügbar für alle an diesen Datenverbund angeschlossenen Einrichtungen. In ungeahnter Weise wird das Verbundinventar den Wissenschaftlern, Museumsleuten und Ausstellungsmachern ihre Arbeit erleichtern, da es den schnellen und gezielten Zugriff auf Objekte bestimmter Art und Aussage oder auf Stücke vergleichbaren Charakters ermöglicht.

Dieses Verbundinventar nimmt u. a. Angaben über den Erhaltungszustand der Objekte auf und wird, soviel läßt sich gegenwärtig schon abschätzen, in diesem Bereich ein wenig erfreuliches, ja bedrohliches Gesamtbild entwerfen. Erschrecken wird möglicherweise eintreten, aber sinnvolles Erschrecken: auf fester Zahlengrundlage läßt sich endlich ermessen, wieviel Geld, wieviele Restauratoren und welche Werkstätten wir in den nächsten Jahrzehnten benötigen, um gefährdetes Erbe zu retten. Die Politik wird dann entsprechende Schwerpunkte setzen und Lösungen beschließen müssen, wenn sie nicht Verfall und Verlust als schicksalhaftes Opfer an die Vergänglichkeit hinnehmen will.

Anmerkung

[1] Der Beitrag ist erstmals erschienen in *Denkmalpflege Informationen*, Ausgabe B, Nr. 89, 14. August 1989, hrsg. vom Bayerischen Landesamt für Denkmalpflege.

Viktor Pröstler

EDV-gestützte Inventarisation in Bayern

Aufgabe der Museen ist es, die materielle Produktion vergangener Zeit wissenschaftlich zu bearbeiten, in ihrem Bestand zu sichern, für spätere Generationen zu bewahren und nach modernsten Erkenntnissen zu präsentieren. Da in den letzten Jahren das Interesse des Publikums immer größer wurde, kamen die Museen in einen Zielkonflikt. Einerseits sollten die Objekte möglichst intensiv erforscht und bearbeitet, andererseits extensiv vermittelt werden. Beide Ziele sind nicht gleichzeitig zu erreichen.

Da nun die Aufgabenverteilung in einem Museum in der Regel auch von jenen bestimmt wird, die über die Verteilung der Gelder verfügen, wird das Museum an seiner Publicity gemessen. Die Leistungsfähigkeit und Effizienz eines Museums wird deshalb aus naheliegenden Gründen nach seinen Besucherzahlen, seiner Ausstellungstätigkeit und der Präsenz in den Medien beurteilt. Wissenschaftliche Grundlagenforschung – Inventarisation kann und muß als solche bezeichnet werden – tritt häufig in den Hintergrund.

Das Museum gilt manchmal als «kultureller Verwertungsbetrieb», dessen Sammlung Rohstofflieferant für Ausstellungen ist und dessen Wert sich nach dem «Umsatz» bemißt. Wissenschaftliche Arbeit spielt hierbei keine oder nur eine geringe Rolle, denn Arrangement und Marketing einer Ausstellung beeinflussen die Berichterstattung und die Besucherzahlen in weit höherem Maß. So ist es nur folgerichtig, daß für Ausstellungsarchitektur und Werbung wesentlich höhere Geldbeträge zur Verfügung gestellt werden als für die wissenschaftliche Bearbeitung. Dies ist bei allen großen Ausstellungen die Regel.

Die Vorbereitung repräsentativer Ausstellungen und deren Durchführung binden wissenschaftliche Arbeitskraft, die Inventarisation der Museumsbestände hingegen droht allmählich zu versiegen. In den siebziger Jahren haben Politiker den Ausstellungsbetrieb als ein Mittel der Selbstdarstellung kennen und schätzen gelernt. Diese einseitige Fixierung der Museen auf ihre Ausstellungs- und Vermittlungsfunktion führte zu einer eklatanten Verschlechterung der Qualität der Inventare. Das gegenwärtige Niveau der wissenschaftlichen Bestandsbearbeitung in den Museen liegt vielfach deutlich niedriger als vor dem Zweiten Weltkrieg.

Nur durch einen grundsätzlichen Umdenkungsprozeß, der die Inventarisation kunst- und kulturgeschichtlicher Objekte als Grundlagenforschung ansieht, ohne die jede weiterführende Forschung auf Dauer verkümmern muß, kann man dieser Entwicklung entgegenwirken. Dies ist unter anderem durch die Einführung neuer Arbeitsverfahren, die den zeitlichen Aufwand der Inventarisierung und die Austauschbarkeit der Datenbestände im Sinn der Wissenschaft ermöglichen, zu erreichen.

Grundlagen der Vermittlung – die wissenschaftliche Inventarisation

Wie oben ausgeführt, liegt der Schwerpunkt eines Museums in der Vermittlungstätigkeit – das Museum als Bildungseinrichtung. Ausstellungen – Sonder- wie auch Dauerausstellungen – sind das Medium, um Informationen zu übermitteln; sie dürfen aber nicht zu rein ästhetischen und repräsentativen Vehikeln verkümmern. Aus diesem Grund ist es wichtig, etwas über die ausgestellten Objekte zu wissen. Nur durch eine intensive Beschäftigung mit den Objekten kann man gültige und den Besucher interessierende Aussagen treffen. Der Museumsmann oder Ausstellungsmacher muß sich zuerst mit den Exponaten beschäftigen. Nur wer seinen Bestand kennt, wer weiß, was in der Schausammlung und in den Depots vorhanden ist, kann ein schlüssiges Konzept für eine Dauer- oder Wechselausstellung unter modernsten didaktischen und museumpädagogischen Überlegungen erstellen. Es lassen sich darüber hinaus zielgerichtet und prioritätsbewußt die dringend erforderlichen restauratorischen und konservatorischen Maßnahmen einleiten.

Sinn und Zweck einer wissenschaftlichen Inventarisation liegt nicht allein im gesicherten Nachweis von Objekten, in deren Quantität und Qualität, sondern vor allem in der wissenschaftlich-erforschenden Bearbeitung eines Gegenstandes.

Mit der wissenschaftlichen Inventarisation werden vornehmlich folgende Aufgaben erfüllt:
– Identifizierung und Definition des Gegenstands (Inventarnummer, Objektbezeichnung, Darstellung),
– Bestimmung der Beschaffenheit des Gegenstands (Material, Technik),
– Beschreibung von Form, Inhalt und Funktion des Gegenstands,
– der historische Zusammenhang (Datierung, Herstellungs- und Verwendungsort, Vorbesitzer),
– Nachweis und Klärung der Besitzverhältnisse,
– Zustand des Gegenstands.

EDV-gestützte Inventarisation

Das Institut für Museumskunde der Staatlichen Museen Preußischer Kulturbesitz in Berlin hat in Zusammenarbeit mit dem rheinischen und dem westfälischen Museumsamt das «Projekt Kleine Museen» realisiert. Hierbei handelt es sich um eine Kurzerfassung von insgesamt 24 Museen, die mit dem Datenbanksystem GOS durchgeführt wurde; gespeichert sind ca. 70.000 Karteikarten. Aus dem vorhandenen Datenbestand wurde zum

Feld Objektbezeichnung eine hierarchisch gegliederte Grobklassifikation mit ca. 10.000 Deskriptoren erarbeitet. Das Bildarchiv Foto Marburg hat für den Bereich Kunstgeschichte eine Datenbank aufgebaut, die international anerkannt und im deutschsprachigen Raum bis dato als führend anzusehen ist. Es ist dies das Marburger Inventarisations-, Dokumentations- und Administrations-System, kurz MIDAS, das in Zusammenarbeit mit der Firma startext und dem Bildarchiv Foto Marburg zur Erfassung kulturhistorischer Daten entwickelt wurde.

VORBEREITENDE MASSNAHMEN AN DER LANDESSTELLE

Da schon einige Museen mit datenverarbeitenden Mitteln arbeiten, oder der EDV-Einsatz sich im Planungsstadium befindet, ist eine verstärkte Nachfrage nach Beratung sowohl bei Hard- und Software, als auch bei Problemen der Organisation, Planung und Systematisierung der eingegebenen Daten, festzustellen.
Aufgabe und Ziel der Landesstelle für die Betreuung der Nichtstaatlichen Museen in Bayern beim Bayerischen Landesamt für Denkmalpflege ist es, im Sinn des gesetzlichen Beratungsauftrags ausreichende und fundierte Voraussetzungen zu schaffen, um die bedeutenden kulturhistorischen Bestände in den nichtstaatlichen Museen in Bayern nach einem standardisierten System mit Hilfe der EDV wissenschaftlich zu erfassen.
Deshalb muß die EDV-gestützte Inventarisierung auf eine Basis gestellt werden, die von vergleichbaren Grundlagen ausgeht. Es muß vermieden werden, daß jeder für sich sein eigenes **Programm** und seine eigene **Terminologie** entwickelt; sonst werden Daten erzeugt, die untereinander nicht oder nur schwer austauschbar sind.
Um dies zu gewährleisten, wird an der Landesstelle seit ca. zwei Jahren für die EDV-gestützte Inventarisierung das hierarchische Datenbanksystem HIDA empfohlen. Diese Datenbank wurde getestet und folgendermaßen für die Bedürfnisse kunst- und kulturgeschichtlicher Sammlungen umgeschrieben:
- die Eingabemaske (Tabelle 1) entspricht weitgehend dem von der Landesstelle empfohlenem Inventarblatt,
- zu den einzelnen Kategorienfeldern wurden Schreibanweisungen erstellt,
- eine sich im Aufbau befindende Oberbegriffsdatei für Recherchezwecken ist obligatorisch.

Tabelle 1 Eingabemaske des Datenbanksystems HIDA

```
inv we000761
D-Befehl→ ..................................................... scroll→hal
...............(1. Ebene)                                        L. Block
INV-Doc-Nr.      3000       ..........................................

Standort         260        ..........................................
Mus.-Name        271        ..........................................
Inv.-Nr.         280        ..........................................
alte Inv-Nr.     282        ..........................................
Neg.-Nr.         819        ..........................................
Obj.-Bezeichn.   311        ..........................................
mundartlich      337        ..........................................
Darstellung      399        ..........................................
Material         353        ..........................................
Technik          360        ..........................................
Höhe             371        ..........................................
Breite           372        ..........................................
Tiefe            373        ..........................................
Länge            378        ..........................................
Durchmesser      374        ..........................................
Datierung        140        ..........................................
Hersteller       499        ..........................................
Herstell.-Ort    209        ..........................................
Funktion         338        ..........................................
Erhaltungsz.     780        ..........................................
Rest.-Maßn.      781        ..........................................
Kons-Restau.     784        ..........................................
Rest-Datum       795        ..........................................
Rest-Aktenz.     798        ..........................................
Vorbesitzer      760        ..........................................
Herk-Ort         250        ..........................................
Erwerb           317        ..........................................
Zugangs-Dat.     702        ..........................................
Leihgeber        845        ..........................................
Aufb-Ort         752        ..........................................
Aufstell-Dat.    751        ..........................................
Raum             756        ..........................................
Beschreibung     390        ..........................................
Kurztitel        861        ..........................................
Kommentar        999        ..........................................

Aktuelle Anwendung: inv                                      152 KUSED
```

Tabelle 2. Inventarblattausdruck

Name des Museums:	Heimatmuseum Schrobenhausen			Inv.Nr.:	**26**
Gegenstand:	Statue			Neg.Nr.:	
Darstellung:	weibliche Heilige (Barbara?)			Alte Inv.Nr.:	
Material/Technik:	Holz/gefaßt & gehöhlt & gelüstert & vergoldet				
Maße:	H: 85	B: 30	T: 20	Ø	
Beschreibung:	Frontal stehende Figur. Kopf etwas nach links gewendet. Ansatz für nicht erhaltene Krone. Haarlocken fallen über die Schulter herab. Beide Arme angehoben, linkes Bein vorge- setzt. Der über die Schultern gelegte Mantel fällt über linkem Arm gerade herab. Das andere Ende über rechtem Arm vor den Leib geführt, unter dem linken Arm gerafft. (Kompo- sition im Gegensinn zur Figur des hl. Wolfgang, Inv.Nr.32) Große scharfkantige Faltenzüge. Das lange Gewand unter der Brust gegürtet, gerade Faltenzüge, Saum neben linkem Fuß, dessen Spitze sichtbar ist, aufstehend und geknickt. Reste der Original Fassung: Untergewand grün gelüstert, Mantel außen vergoldet, innen rot (übermalt). Unten links, an der Schüsselfalte links, am Hals, Ausschnitt und Stirn Leinwandflicken.			Photo (Kontaktabzug)	
Datierung:	1486/1500				
Meister: Herstellungsort:					
Funktion:					
Erhaltungs- zustand:	Fassung nur noch in Resten & Ausbrüche am Kronenansatz & abgebrochenes Stück an den Haarlocken rechts & abgebro- chene Hände				
Restaurierungs- maßnahmen:					
Urspr. Standort: Vorbesitzer:	Wolfahrt, Anton, Halsbach				
Erwerb/ Leihgeber:					1907
Aufbewahrungsort:	Plastikraum				
Literatur/ Bemerkungen:	Mich. Thalhofer, Das historische Museum in Schrobenhausen und seine Stifter, Schrobenhausen o.J., S.5 & Georg August Reischl, Vom Gotteshaus Sankt Jakob seinen Pfarrherren und Tochterkirchen, Erolzheim 1956, S.49, Taf.XVIII Pendant zu 32				

Tabelle 3 Ausschnitt aus einer Zustandsliste

Objektbezeichnung	Inv.Nr.	Erhaltungszustand
Birnkanne	1712	
Birnkanne	79	Risse auf der Henkelseite & keilförmiger Bruch am Hals gekittet & Riß am Henkel & Bestoßung am Boden & Gebrauchsspuren
Birnkanne	1167	Bruchstelle am Henkel & zwei bogenförmige Risse in der Bauchung & Gebrauchsspuren
Birnkanne	55	Gebrauchsspuren & Glasurfehler in der Fußzone
Birnkanne	77	verbogener Zinndeckel
Essig- oder Ölkännchen	136b	kleine Abstöße am Rand, am Ausguß, Deckelrand und Deckelhandhabe & Glasurabrieb an der unteren Tupfenreihe
Essig- oder Ölkännchen	136a	kleiner Abstoß am Rand
Kännchen	1064	Abstöße am Rand & Zinndeckel fehlt
Kaffeekanne	643	
Kanne	627	Rand geflickt & verbeult & Gebrauchsspuren
Kanne	1333	Gebrauchsspuren & gedellt
Kanne	887	
Kanne	886	
Kanne, bauchige	78	verlorener Zinndeckel & Riß auf der Schulter & Brennschäden auf der Schulter & Gebrauchsspuren
Maßkanne	1345	
Maßkanne	1344	
Maßkanne	1343	
Maßkanne	1342	
Maßkanne	1341	
Maßkanne	1340	Wandung zerkratzt
Meßkännchen	1607	leicht verbeult & verbogenes V
Meßkännchen	1338	leicht verbogen & Grünspan
Meßkännchen	1320	leicht verbogen & Zinnpest
Meßkännchen	1319	leicht verbogen & verbogene Daumenrast & Zinnpest
Meßkännchen	1318	leicht verbogen & Zinnpest
Meßkännchen	3316	leicht verbogen & Zinnpest
Meßkännchen	1315	abgebrochener Fuß & abgebrochener unterer Teil des Henkels
Meßkännchen	1314	leicht verbogen & Zinnpest
Meßkännchen	1312	leicht verbogen
Meßkännchen	1311	leicht verbogen
Meßkännchen	1310	leicht verbogen & lockerer Deckel Zinnpest
Meßkännchen	1309	leicht verbogen & Zinnpest
Meßkännchen	1308	leicht verbogen
Milchkännchen	644	
Schraubkanne	1696	Deckel der Tülle fehlt & Schraubdeckel gerissen & Gebrauchsspuren

In HIDA wurden folgende Funktionen eingebaut und auf die Bedürfnisse der Museen abgestimmt:

1. Eine Menüsteuerung erhöht nun den Bedienungskomfort. Per Menü können die wichtigsten Funktionen – wie Erfassung von Dokumenten, Recherche sowie Ex- und Import von Daten – auf einfache Weise durchgeführt werden. Das Arbeiten mit systemimmanenten Befehlen ist natürlich weiterhin möglich.
2. Der Ausdruck der Inventarblätter kann auf zweifache Art bewerkstelligt werden: Die Inventare können entweder in der Art, wie sie auf dem Bildschirm erscheinen, ausgedruckt oder mittels eines speziellen Reportgenerators auf die von der Landesstelle empfohlenen Inventarblattvordrucke (Tabelle 2) gebracht werden.
3. Zur Erzeugung von tabellarischen Listen wurden an der Landesstelle fünf exemplarische Listengeneratoren entwickelt, die auf die jeweiligen Bedürfnisse umgestellt werden können. Es besteht die Möglichkeit zur Erstellung von Raumlisten für Inventuren, Zustandslisten zur Überprüfung des Erhaltungszustands des einzelnen Objekts (Tabelle 3), Objektlisten zur Überprüfung von Inventarnummern-Konkordanzen bzw. zur Sichtbarmachung von Hersteller und Herstellungsort.

BERATUNG UND SERVICELEISTUNGEN DER LANDESSTELLE

Bei den Beratungen zum Thema «EDV im Museum und EDV-gestützte Inventarisierung» wird auf die Problematik des EDV-Einsatzes wie Terminologie, Datenstruktur und Kompatibilität abgehoben. Daran schließt sich eine Vorführung der einzelnen HIDA-Funktionen an.

Nach diesen vorbereitenden Gesprächen geht es um die Klärung des Personal- und Geräteeinsatzes. Daran anschließend wird der einzelne Inventarisator an der Landesstelle zwei Tage in das System HIDA eingewiesen. Bei dieser Einweisung ist es nur möglich, kursorisch auf die vielfältigen Möglichkeiten einzugehen. Eine Vertiefung des Wissens kann durch weiterführende Schulungen an speziellen Problembereichen wie Erzeugung von Druckprodukten oder Erstellung spezieller Dateien erreicht werden.

Um die Möglichkeiten der EDV-gestützten Inventarisierung zu optimieren, werden zweimal jährlich in Zusammenarbeit mit dem Bildarchiv Foto Marburg einwöchige HIDA/MIDAS-Seminare veranstaltet.

Alle zwei bis drei Monate finden zweitägige Besprechungen der Oberbegriffsdatei – eine nach formalen Gesichtspunkten aufgebaute Grobsystematik zum Feld Objektbezeichnung – statt. Bei den obengenannten Besprechungen werden die einzelnen Hierarchien diskutiert und auf Stimmigkeit überprüft. Änderungen, die sich im Lauf der Arbeit ergeben, oder Inkonsistenzen in den Hierarchieebenen werden an der Landesstelle auf Grund des Besprechungsergebnisses bereinigt. Anschließend wird die bereinigte Version in digitalisierter und ausgedruckter Form an die einzelnen Anwender verschickt. In Zukunft werden für spezielle Gattungen der Oberbegriffsdatei Definitionen zu den einzelnen Oberbegriffen erarbeitet werden.

Durch diese Vorgehensweise – Diskussion im Anwenderkreis und Bereinigung der Daten an zentraler Stelle – wird zum einen die Akzeptanz der Begrifflichkeit und zum anderen Datenkonsistenz erreicht.

Mit der obg-Datei, die im pragmatischen Arbeitsprozeß wächst, wird im Lauf der Zeit eine sich am real existierenden Objektbestand aufbauende Grobklassifikation entstehen, die zum schnellen Auffinden bestimmter Daten unumgänglich ist.

Ausblick in die Zukunft – Aufbau eines bayerischen Verbundinventars

Um dem subsidiären Prinzip Rechnung zu tragen, ist eine dezentrale, d. h. am einzelnen Museum mit eigenen Geräten durchgeführte Inventarisation unabdingbar. Primäres Ziel der Landesstelle ist es, daß der Bestand des jeweiligen Museums nach wissenschaftlichen Kriterien inventarisiert wird.

Erst langfristig ist an den Aufbau eines Verbundinventars gedacht: Das ehrgeizige Ziel ist schon auf Grund der Objektmenge – man geht von ca. 10 Millionen aus – als Jahrhundertwerk anzusehen. Dies wird sofort klar, wenn man sich vor Augen hält, daß ein Inventarisator im Jahr rund 2000 Objekte nach wissenschaftlichen Kriterien erfassen kann. Geht man davon aus, daß die EDV-gestützte Inventarisierung kontinuierlich zunimmt, so kann man mit einer jährlichen Zuwachsrate von ca. 50.000 Stück rechnen.

Vorteile eines Verbundinventars

1. Das einzelne Museum behält die Verfügungsgewalt über seine Daten; es liefert nur diejenigen Daten an das Verbundinventar, die von wissenschaftlichem Interesse sind. Alle sensiblen Daten wie Versicherungswerte, personenbezogene Daten usw. werden vom einzelnen Museum nicht an das Verbundinventar weitergegeben.

2. Durch die Verfügbarkeit wissenschaftlich relevanter Daten in einem großen Datenpool wird ein schneller und umfassender Überblick über den in Museen erhaltenen Gesamtbestand ermöglicht – eine unschätzbare Hilfe bei Bearbeitung und Einordnung eigener Bestände sowie bei vielen anderen in einem Museum anfallenden Arbeiten, von der Vorbereitung größerer Ausstellungen mit Leihnahmen ganz zu schweigen. Auch zukünftige, über Bayern hinausgehende Kontakte sind in Betracht zu ziehen.

3. Das Verbundinventar kann auch externen Institutionen zugänglich gemacht werden und würde damit der Forschung völlig neue Dimensionen eröffnen.

Um eine solche Datenbank aufzubauen und zu betreiben, müssen folgende Strukturen gewährleistet werden:

– Es muß mit der gleichen Datenstruktur gearbeitet werden.
– Es ist eine dezentrale Lösung anzustreben, d.h. dezentral erhobene Daten werden in periodischen Zeitabständen an das Verbundinventar geliefert.
– Zusammenarbeit aller Beteiligten beim Aufbau einer Oberbegriffsdatei.
– Benutzung einer einheitlichen Terminologie, die unproblematischen Datenaustausch gewährleistet.
– Betreuung der einzelnen Anwender im Hard- und Softwarebereich, im Aufbau einer einheitlichen Terminologie und schließlich bei der Erstellung wissenschaftlicher Inventare durch eine zentrale Stelle.

Walter Fuger

Acht Jahrzehnte staatliche und kommunale Zusammenarbeit: das Beispiel Stadtmuseum Amberg

Wenige Tage, nachdem die ehemalige Abteilung für Nichtstaatliche Museen am Bayerischen Nationalmuseum München mit nunmehr neuem Gewicht und vor allem neuem Namen als Landesstelle für die Betreuung der Nichtstaatlichen Museen in Bayern dem Bayerischen Landesamt für Denkmalpflege wieder angegliedert wurde, konnte als erstes Museum das Stadtmuseum Amberg in der Oberpfalz in wesentlichen Teilen eröffnet werden. Dieser Teileröffnung in einem neuen, großzügigen Gebäude ging ein mehrjähriger Planungs- und intensiver Arbeitsprozeß voraus, an dem die Landesstelle mit all ihren Fachbereichen beratend beteiligt war.

Verfolgt man dieses für die Stadt und die Region bedeutende Projekt einer modernen Bildungs- und Freizeiteinrichtung – in einem städtebaulich beachtenswerten Gebäude – zurück bis in seine Anfänge, so wird zugleich ein Beispiel kontinuierlicher, konstruktiver Zusammenarbeit über Jahrzehnte zwischen kommunalen und staatlichen Institutionen deutlich.

Die Aktenlage im Archiv der Landesstelle ermöglicht für die Entwicklung des Amberger Museums ab 1911 ausreichende Informationen über die jeweiligen Schwerpunkte der Betreuung, Beratung, Begutachtung und auch über die Aufsicht, zumindest in den ersten Jahrzehnten – eine Funktion, die heute im Beratungs- und Fürsorgeauftrag der Landesstelle so nicht mehr verankert ist. Diese jetzt zeitgemäße Formulierung des gesetzlichen Auftrags betont die Handlungs- und Entscheidungsfreiheit der Kommunen bzw. der Museumsträger bei selbstgestellten Aufgaben in einem Bereich also, der nicht zu den kommunalen Pflichtaufgaben gehört. Damit steht heute bei der Zusammenarbeit mehr das gegenseitige Vertrauen im Vordergrund und bei den vom jeweiligen Museumsträger Beauftragten ein höheres Maß an Identifikation mit dem Projekt bzw. mit dem Ergebnis.

Dem Beginn intensiver Sammeltätigkeit 1901 folgte bereits ein Jahr später unter Leitung von Oberlehrer Clement Schinhammer die Eröffnung in Räumen des Rathauses. Die Sammlung wuchs so schnell – für 1903 ist die bereits beachtliche Zahl von 524 «Bildern und Gegenständen» bekannt –, daß 1905 schon der Plan zur räumlichen Erweiterung gefaßt werden mußte. Dieser anfangs so nicht erwartete Sammlungszuwachs spricht für das hohe Engagement und die Begeisterung der üblicherweise ehrenamtlich Tätigen, er spricht aber genauso, bei der meist bescheidenen Mittelausstattung der Museen in dieser Zeit, für das Engagement der Bevölkerung. Die Dokumentation des Sammlungsaufbaus der ersten Jahre ist in den Museen in der Regel äußerst unzureichend, mit allen leider negativen Auswirkungen für die Museumsarbeit bis heute unter wissenschaftlichen und didaktischen Gesichtspunkten. Soweit uns aber fragmentarische Aufzeichnungen, Vereinsberichte oder auch mündliche Überlieferungen zugänglich sind, wird als allgemeine Tendenz deutlich, daß die Sammlungen zum überwiegenden Teil durch Schenkung, aber auch durch leihweises Überlassen zustande kamen.

Zu diesem hier nur angedeuteten Engagement der Museumsbeauftragten und der Bevölkerung kommt auch die Beratung und Förderung durch staatliche Institutionen. In Amberg ging es in den ersten Jahren in Einzelfällen um die Mitwirkung des Kgl. General-Konservatoriums der Kunstdenkmale und Altertümer Bayerns bei besonderen, gelegentlich kostenintensiven Erwerbungen. Ein früher Vorgang entwickelt sich aus einem Schreiben des Bischöflichen Dekanalamtes Hirschau in Ensdorf vom 27. Oktober 1911. Dekan Schmidt berichtet dem Generalkonservatorium von einem Relief mit der Darstellung der Heiligen Sippe, das er anläßlich einer Visitation in Freudenberg in Privatbesitz entdeckt hat. Um die nähere Bestimmung und Begutachtung der Museumswürdigkeit gebeten, wird mit Brief vom 6. November 1911 vorgeschlagen, das Relief nach Amberg zu bringen, «bei dem sich für unsern Referenten leicht Gelegenheit böte, das Kunstwerk anzusehen». Mit Schreiben vom 26. April 1912 wird dem Dekanalamt mit Kurzgutachten von der Besichtigung berichtet. Dabei wird die Empfehlung ausgedrückt, daß das Bild für ein Lokalmuseum oder für das Museum in Regensburg geeignet sei. Das Königliche Bezirksamt Amberg beschließt diesen hier als Beispiel herausgegriffenen Vorgang mit der Mitteilung vom 28. Mai 1912: «Das Reliefbild wurde vom Stadtmuseum Amberg um den Betrag von 50 M erworben.»

Wenige Jahre nach der Gründung des Museums galt das besondere Interesse bereits der Vor- und Frühgeschichte. Entsprechend intensiv war der in den Unterlagen der Landesstelle anhaltend dokumentierte Kontakt mit dem Amt in München. In einem Faltblatt von 1934, dem «Führer durch die prähistorische Abteilung des Stadtmuseums Amberg», wird sogar die enge Zusammenarbeit deutlich: «Das ... Stadtmuseum umfaßt auch eine prähistorische Abteilung, die ihre Entstehung 1909 Oberregierungsrat A. Dollacker verdankt, der sich seither um die Ausgestaltung sowie Neuordnung derselben 1933, verdient gemacht hat ... Die Altersbestimmungen stammen, soweit sie ... bezeichnet sind, von Prof. Dr. Reineke vom Landesamt für Denkmalpflege, München, der Rest wurde ... von A. Dollacker bestimmt.» Der neue Leiter dieser prähistorischen Abteilung, Herr Hauptlehrer Hans Jungwirth, bedankt sich in der Schlußbemerkung dieses Faltblattes so nachdrücklich, daß tatsächlich gute Zusammenarbeit angenommen werden kann: »Auch dem Landesamt für Denkmalpflege in München sind wir für die reichen Zuwendungen von Ausgrabungsgegenständen, die unent-

geltliche Instandsetzung und Altersbestimmung von Museumsstücken sehr zu Dank verpflichtet.»
Ein Beispiel aus der Zeit des Ersten Weltkriegs mag genügen, um diese vertrauensvolle Zusammenarbeit zu dokumentieren. Mit Brief vom 27.10.1916 bedankt sich der Stadtmagistrat Amberg für eine «Spende zum historischen Museum der Stadt Amberg». Genannt wird die «gütige Überweisung des Fundes eines Hügelgrabes bei Ödgodelricht, Bezirksamt Amberg». Am 3.3.1917 bedankt sich der Museumsleiter beim Kgl. Bayer. Generalkonservatorium «für die so gelungene Wiederherstellung der Tongefäße vom Fuchsschlag in Ödgodelricht und von der Herrnstraße in Amberg». Weiter heißt es doch etwas unbefangen in diesem Schreiben, in dem auch die Rückgabe einer Kiste angekündigt wird: «Wir haben uns erlaubt der Sendung vier Stück alte Eisenwaffen (2 Jagdseitengewehre, 1 Lanzenspitze und 1 Dolch), die hier im Boden und in der Vils gefunden worden sind, beizulegen und bitten Sie dieselben zu konservieren und auch etwas zu restaurieren, sodann mit Rechnung darüber zurücksenden zu wollen.» Die Leistung des Amtes für das Amberger Museum geht aus dem rückseitigen Vermerk dieses Schreibens hervor. Am 16.6.1919 gingen die vier mittelalterlichen Waffen, mit näherer Bestimmung, konserviert zurück. Kosten für Amberg entstanden dabei nicht. Einen Monat später, am 8.7.1919 bedankt sich der Museumsleiter für die «so schön gelungene Konservierung und Restaurierung.»
Von Beginn eines Museums an bis heute gleichermaßen wichtig waren und sind die Beratung und die Beschaffung von Einrichtungsgegenständen, mehr noch die staatliche Bezuschussung solcher Maßnahmen, da nach Mitteilungen – wie zu allen Zeiten – die Haushaltslage der Stadt bzw. des Museumsträgers angespannt war. Ein erstes Beispiel einer Zuschußanfrage betrifft nun tatsächlich die schwierige Kriegs- und Nachkriegszeit. Die prähistorische Abteilung war nur notdürftig untergebracht, es fehlten vor allem Glaskästen. Nach Mitteilung der Stadt vom 5.12.1916 mußte der in Friedensjahren jährliche Zuschuß von 400 M wegen der «außerordentlich starken Belastung der städt. Finanzen durch die kriegswirtschaftlichen Verhältnisse» auf jährlich 200 M gemindert werden. Nachdem von privater Seite in der Kriegszeit nichts zu erwarten war und auch kein unterstützender lokaler historischer Verein bestand, gingen nur noch weitere 50 M von der Kgl. Kreisregierung ein. Nach Mitteilung an das zuständige Kgl. Bayer. Staatsministerium des Innern für Kirchen- und Schulangelegenheiten wurde dann mit Schreiben vom 5.4.1917 an das K. General-Konservatorium aus den Mitteln «zur Förderung der Zwecke von Lokal- und Provinzialmuseen» ein Zuschuß von 200 M für das Museum der Stadt Amberg genehmigt, mit der Weisung: «Das K. Generalkonservatorium wolle die bewilligten Zuschüsse ausbezahlen und die sachgemäße Verwendung überwachen.» Daß im folgenden Jahr, am 28.12.1918, noch bevor die genehmigten Mittel ausgegeben waren, an das inzwischen umbenannte Bayerische Landesamt für Denkmalpflege ein neues Zuschußbegehren gestellt wurde, spricht für die weiterbestehende finanzielle Notlage.
Besonders deutlich wird die Zusammenarbeit bei größeren Aktionen wie z. B. räumlicher Erweiterung oder Verlegung, Neuplanung und Neuaufstellung, bei Maßnahmen also, die mit ihrem gleichzeitigen Zusammenwirken der grundlegenden museumsspezifischen Arbeitsbereiche die Möglichkeiten der meist ehrenamtlich Tätigen überfordern. Konstruktives Verhalten aller Beteiligten, besonders eben der staatlichen Berater, war in solchen Situationen immer schon für die Qualität der Ergebnisse ausschlaggebend.

Besonders zügig ging es 1933 in Amberg voran. Am 5. Juni teilt A. Dollacker dem Landesamt mit, daß der Umzug des Stadtmuseums demnächst anstünde, d. h., daß es in neuen Räumen wiedereröffnet werden sollte. Am 14.6.1933 wird bereits dem Landesamt ein diesbezüglicher Stadtratsbeschluß mitgeteilt: «Die Neuaufstellung des Stadtmuseums durch das Bayerische Landesamt für Denkmalpflege wird genehmigt. Mit den Vorschlägen hierzu ist der Stadtrat einverstanden.» Auch wurde mitgeteilt, daß die Kosten für den Umzug und für Ausstellungsschränke bzw. Einrichtungsgegenstände in zumindest bescheidenem Ausmaße getragen werden können. Die Tatkraft wird augenscheinlich, wenn man am 10.7.1933 bereits erfährt, daß die Überführung der Museumsbestände in die neuen Räume nunmehr erfolgt ist. Diese neuen Räume befanden sich nun in dem städtischen Gebäude Hallplatz 4. Die genauere Erarbeitung der Konzeption, die Beratung der Einrichtung, Begutachtung der Pläne oder z. B. auch der Beizmuster nimmt dann aber doch mehr Zeit in Anspruch. Anfang 1934, «gerade zur unrechten Zeit», wie sich der Oberbürgermeister der Stadt Amberg ausdrückt, stirbt der verdiente Museumsleiter Oberlehrer Schinhammer. Als Nachfolger wird Staatsarchivrat Dr. Hipper vorgeschlagen, eine Lösung, der das Landesamt am 17.3.1934 zustimmt. Gleichzeitig teilt der neue Leiter des «noch ungeordneten Stadtmuseums» am 14.3.1934 mit, daß er die «Übernahme des Museums davon abhängig gemacht habe, daß die Stadt nochmals einen der Herren kommen läßt, um die Aufstellung nochmals eingehend mit ihm besprechen zu können…» Der Konservator Dr. J. Ritz wurde also nochmals zur Besprechung gebeten, da das Museum zur 900-Jahr-Feier der Stadt im Sommer dieses Jahres wieder öffentlich zugänglich sein sollte. Im Rahmen dieser Neueinrichtung ging es nun wieder mehrfach um Beratung beim Sammlungsaufbau, auch wieder um einen Zuschuß, besonders für den Erwerb eines Teils der bedeutenden Sammlung Heiland, und vor allem um die Beratung bei der geplanten systematischen Inventarisation. Dazu wurde vom Landesamt eine Karteikarte vorgeschlagen. Schließlich wurde das neueingerichtete Museum in Verbindung mit dem Nordgautag am 2.6.1934 wieder eröffnet. Wegen der «derzeit außerordentlich angespannten Arbeitslage unseres Amtes», wie es im Schreiben des Landesamtes vom 30.5.1934 heißt, konnte jedoch kein Vertreter aus München an dieser Feier teilnehmen.
1935, also nur ein Jahr später, wurde das Museum bereits wieder erweitert. 1936 jedoch, mit dem Brief der Stadt Amberg vom 5.6., beginnt im Einvernehmen mit dem Landesamt ein neuer Abschnitt, der für etwa vier Jahrzehnte bestehen blieb. Die Verwaltungsarbeit nahm zu; die günstig gelegenen Museumsräume sollten der Verlagerung von Büros dienen: «Leider stehen geeignete Räume für diesen Zweck nicht zur Verfügung und müssen hierzu

171

die derzeitigen Museumsräume verwendet werden. Zu gleicher Zeit wurde die bisherige Maximilians-Rettungsanstalt der sog. Eichenforst, das älteste Pfalzgrafenschloß, als Anstalt aufgelassen. Das Erdgeschoß soll ... bis zur Erstellung eines Neubaues für Schulzwecke verwendet werden; der 1. Stock ... stünde für das Museum zur Verfügung, evtl. auch das Dachgeschoß ...» Das Landesamt wurde also nach so kurzer Zeit wieder um «Begutachtung und Umlegung des Museums» gebeten. Gutachten zu Gebäude und Konzept wurden erstellt, die Mitwirkung bei der Einrichtung zugesagt. Jedoch wurde auf Grund der schwierigen finanziellen Ausstattung des Landesamtes die Stadt Amberg dringend gebeten, die Reisekosten für den Sachbearbeiter wieder zu übernehmen. Das Museum wurde dann unter Leitung des Sachbearbeiters, Dr. Ritz, vom 16.–18.9.1936 aufgestellt, soweit es zunächst möglich war.

Nach Verbrauch der vom Stadtrat bewilligten 11.000 RM wurde wieder aus den dem Landesamt zur Verfügung stehenden Landesmitteln ein Zuschuß erbeten, allerdings in wohl nicht realisierbarer Höhe. Schließlich konnte die Stadt aber doch noch im Nachtrag die Mittel bereitstellen. Zu dieser Zeit, mitgeteilt am 16.11.1936, übernahm Herr Dr. Puchner vom Kreisarchiv die Museumsleitung.

An einem Beispiel von 1937 werden aber auch die Grenzen der Einflußnahme selbst im engeren fachlichen Bereich erkennbar. Anläßlich eines Museumskurses – ein Vorläufer unseres heutigen Bayerischen Museumstages – wurde dem «Museumspfleger des Landes Bayern» mitgeteilt, daß an Stelle des bedeutenden Liedertisches (Abb. 1) «ein Modell irgendwelcher Amberger Neubauten» aufgestellt worden sei. Alle diplomatischen Formulierungen im Schreiben des Landesamtes vom 4.9.1937 führten jedoch zu keinem weiterführenden Ergebnis. Die Antwort des Amberger Oberbürgermeisters vom 15.9.1937 schafft Klarheit in der Sache: «Bei der heurigen Leistungsschau wurde von einigen Volksgenossen in selbstloser Weise ein Planmodell von Amberg geschaffen, auf welchem die Neubauten seit Hitlers Machtergreifung dargestellt sind. Dieses Modell hat auf der Ausstellung großen Beifall gefunden, daß der Oberbürgermeister die Aufbewahrung desselben im Museum angeordnet hat.»

Die größte Sorge aller verantwortungsbewußten staatlichen wie kommunalen Museumsbeauftragten galt in den folgenden Kriegsjahren dem Erhalt der wichtigsten Sammlungsteile. Am 12.9.1939 wird z. B. dem Landesamt noch mitgeteilt, daß «mit Rücksicht auf die verhältnismäßig geringe Luftgefahr in Amberg nur 2 besonders wertvolle Kunstwerke einen Schutz erhielten». Der Liedertisch von 1591 und das Schwaigersche Stadtrelief von 1615 wurden abgenommen und durch Sandsäcke geschützt. Der Tisch wurde später sogar im Sparkassentresor sicher aufbewahrt. Im Laufe der Kriegsjahre gab es verschiedene Anordnungen und Anregungen für die Verbesserung der

1. Amberg, Stadtmuseum; Liedertisch, Solnhofener Kalksteinplatte, signiert von Kaspar von der Sitt und Leonhard Deinfelder, 1590/1591

2. Amberg, Stadtmuseum; sog. Baustadel, vor Instandsetzung, 1983

3. Amberg, Stadtmuseum; nach der Instandsetzung 1989

Luftschutzmaßnahmen, z. B. für die Unterbringung in gewölbten Räumen oder für den Ausbau von Fenstern. Am 29. 8. 1944 teilt Museumsleiter Georg Döppl die Erfüllung des Auftrags vom 26. 7. mit. Möbel und Gemälde wurden in die Luftschutzkeller des Rathauses und der Luitpoldschule gebracht, kleinere empfindliche Gegenstände in Holzwolle verpackt und in eisernen Truhen deponiert. Trachten kamen in die gewölbte Kapelle, die aber bereits «durch die Wäsche vom städtischen Krankenhaus ... ziemlich überfüllt» war.

Ab 1946 ist Kreisschulrat Hans Jungwirth, der schon bis 1938 die vorgeschichtliche Abteilung leitete, Museumsleiter. Mit der Bitte um einen Lichtbildervortrag eines Herrn des Landesamtes teilt er als Ergebnis am 23. 3. 1946 mit, daß das Heimatmuseum die schweren Kriegsjahre verhältnismäßig gut überstanden habe. 1948 konnte das Stadtmuseum nach Neuaufstellung wieder eröffnet werden.

Ab 1958 begann, koordiniert vom Landesamt, die Untersuchung der Fresken in der Kapelle des Stadtmuseums und die Restaurierung der Museumsräume. Ab 1961 wurde wieder der Aufbau der vor- und frühgeschichtlichen Sammlung besprochen. Erprobte Vitrinenentwürfe wurden zur Verfügung gestellt.

In den nächsten Jahren gab es intensive Kontakte bei der Bewältigung umfangreicher Restaurierungen, z. B. der bedeutenden Sammlung von Riegelhauben, bei Sammlungserweiterung und der Inventarisation und Dokumentation, z. B. der Sammlung landwirtschaftlicher Geräte. Mehrfach wurde auch zur Lösung dringendster Probleme im Museum ein Zuschuß bereitgestellt.

Nachdem Hans Jungwirth, der außerordentlich engagiert und intensiv mit dem Landesamt zusammengearbeitet hatte, die Leitung des Museums niederlegte, übernahm 1974 der Leiter des Kulturamtes, Rudolf Meckl, diese Aufgabe. Zu diesem Zeitpunkt zeichnete sich auch durch die Verlegung des Jugendamtes im Erdgeschoß des sog. Klösterls die beratungsintensive Erweiterung ab. 1978 konnte dann der 1. Abschnitt des wiederum neugestalteten Museums eröffnet werden. Als eine der wichtigsten Aufgaben begann 1976 das Kulturamt mit der systematischen Erfassung des Sammlungsbestandes. Von einer wissenschaftlichen Gesamtinventarisation hat man, da keine geeigneten Bearbeiter für einen längeren Zeitraum gefunden werden konnten, weitgehend abgesehen.

In diesem Zeitraum, mit Wirkung vom 1. 1. 1979, wurde die damalige Abteilung Nichtstaatliche Museen verwaltungsmäßig dem Bayerischen Nationalmuseum in München angegliedert, eine Entscheidung, die vor drei Jahren wieder rückgängig gemacht wurde. Der gesetzliche Auftrag der Fürsorge und der Beratung blieb davon jeweils unberührt.

Die vorläufig letzte große Museumsmaßnahme der Stadt Amberg wird mit einem Schreiben der Stadt vom 28. 3. 1980 angekündigt. Das Kultusministerium plant die Errichtung eines Vorgeschichtsmuseums in Amberg, wofür der Stadtrat das Gebäude des Stadtmuseums vorsieht. Das Stadtmuseum sollte dann in den großzügigen sog. Baustadl (Abb. 2, 3) verlegt werden. Nach längeren Überlegungen zu Alternativplanungen und nach Ortsterminen wurde 1985 die Förderungswürdigkeit der geplanten Ver-

4. Amberg, Stadtmuseum; Innenaufnahme nach der Instandsetzung

5. Amberg, Stadtmuseum; Emailabteilung, Einrichtung 1989

legung und Neuaufstellung unter didaktischen Gesichtspunkten durch ein vorläufiges Gutachten der Abteilung Nichtstaatliche Museen bestätigt. Wegen der anzustrebenden Bedeutung und der Zielsetzung eines aktiv arbeitenden Museums wurde dabei schon auf künftig fachkundige, hauptamtlich zu leistende Bearbeitung dringend hingewiesen.

Unter intensiver Mitwirkung – Klima- und Restaurierungsspezialisten – wurde 1986 die gesamte Sammlung in der Sporthalle des Erasmus-Gymnasiums zwischendeponiert. Hier hat sich nun die Möglichkeit ergeben, die wissenschaftliche Konzeption in ständigem Kontakt mit der übersichtlich deponierten Sammlung zu erarbeiten. Vor allem konnten systematisch die von der Abteilung nach verschiedenen Ortsterminen und Beratungen dringend empfohlenen und finanziell gestützten Schädlingsbekämpfungen, Konservierungsaktionen und Restaurierungen eingeleitet bzw. durchgeführt werden.

Die ursprüngliche Planung der Stadt, Archiv und Museum durch einen ausgebildeten Archivar leiten zu lassen, erwies sich bereits während der Bauphase als ungünstig und schließlich wegen des Arbeitsumfanges sogar als nicht realisierbar. Nach längerer Argumentation für eine fachkundige Leitung des Museums, das schließlich zu den großen und bedeutenden Stadtmuseen unseres Landes gehört, wurde eine entsprechende Stelle eingerichtet. Mit der Einstellung von Frau Judith von Rauchbauer M. A., die vorher schon in Zusammenarbeit u. a. mit der Abteilung Nichtstaatliche Museen eine schwierige Konzeption in einem anderen Museum dieser Region erarbeitet hatte, wurde letztlich die Voraussetzung für qualifizierte Koordination und Realisation geschaffen. Alle grundlegenden Bereiche wie klimastabilisierende Maßnahmen, Beleuchtung, Vorbereitungen für eine funktionsfähige Innenarchitektur und Planungen für Sondernutzungen konnten so gerade noch rechtzeitig mit der Bauplanung abgestimmt werden.

Das Engagement der Stadt Amberg, die Geradlinigkeit über die folgenden Jahre hinweg in der Verfolgung des Ziels einer besuchergerechten Bildungs- und Freizeiteinrichtung mit hohem Qualitätsanspruch hat sich gelohnt. Nach dem neuen Nutzungskonzept konnte 1989 der erste große Abschnitt des Stadtmuseums eröffnet werden (Abb. 4, 5) – ein Konzept das künftig alle Möglichkeiten eines von der Landesstelle immer nachdrücklich empfohlenen aktiven Museums bietet.

Jahresbericht vom 1. Januar bis 31. Dezember 1989

ABTEILUNG BAU- UND KUNSTDENKMALPFLEGE

OBERBAYERN

In der *Landeshauptstadt München* wird sowohl die kirchliche wie die profane Denkmalpflege von Dr. Florian Zimmermann (Zi) betreut, mit Ausnahme der Restaurierungsarbeiten am Liebfrauendom und der Arbeiten am Hofgarten in Zusammenhang mit dem Neubau der Staatskanzlei, die von Konservator Dr. York Langenstein (YL) betreut werden. Dr. Zimmermann betreut außerdem die kirchliche und profane Denkmalpflege im Landkreis München.

Im Referat *Oberbayern-Nord* ist Hauptkonservator Dr.-Ing. Horst Marschall (Mll) für alle profanen Denkmäler in den Landkreisen Dachau, Eichstätt, Freising, Neuburg-Schrobenhausen und Pfaffenhofen a. d. Ilm, für die kreisfreie Stadt Ingolstadt und für die großen Kreisstädte Dachau, Eichstätt, Freising und Neuburg a. d. Donau zuständig; für die kirchlichen Denkmäler dieses Gebietes ist Konservator Dr. York Langenstein zuständig, der außerdem die kirchliche und die profane Denkmalpflege im Landkreis Fürstenfeldbruck betreut.

Im Bereich der Referate *Oberbayern-West* und *Oberbayern-Süd* blieb die Betreuung der Sakralbauten bei Oberkonservator Dr. Rainer Schmid (RS), nämlich in den Landkreisen Bad Tölz-Wolfratshausen, Garmisch-Partenkirchen, Landsberg, Miesbach, Starnberg und Weilheim-Schongau sowie in der Stadt Landsberg am Lech und im Markt Garmisch-Partenkirchen, außerdem die Betreuung der Profanbauten in der Stadt und im Landkreis Landsberg am Lech. In die Zuständigkeit von Baudirektor Dipl.-Ing. Friedrich Krösser (Krö) fallen die profanen Denkmäler in den Landkreisen Bad Tölz-Wolfratshausen, Ebersberg, Garmisch-Partenkirchen (samt Markt), Miesbach und Weilheim-Schongau; Hauptkonservator Dr. Manfred Mosel (Mo) betreut die Profanbauten im Landkreis Starnberg.

Im Referat *Oberbayern-Ost* mit den Städten Bad Reichenhall, Burghausen und Traunstein sowie den Landkreisen Altötting, Berchtesgadener Land, Mühldorf und Traunstein betreut Hauptkonservator Dr. Christian Baur (ChB) die kirchlichen und Baudirektor Dipl.-Ing. Paul Werner (We) die Profandenkmäler. In der Stadt und im Landkreis Rosenheim ist Dr. Baur für die profanen und Dr. Markus Weis (MW) für die kirchlichen Denkmalpflege zuständig. Dr. Weis ist auch für die kirchlichen Denkmäler im Landkreis Ebersberg zuständig.

Abwinkl, Gde. Bad Wiessee (Lkr. Miesbach), *Ringseeweg 7, «Beim Baur».* Der teilweise verbretterte, als Holzblock errichtete Wohnteil wird instandgesetzt, die Fenster und Türen teilweise erneuert. Im Norden des ehemaligen Bauernhofs werden unterirdische Kraftfahrzeugabstellplätze hingenommen, Einfahrt- und Aufzugshäuschen werden in verbretterten Stadeln untergebracht. Krö

Affalterbach (Lkr. Pfaffenhofen a.d. Ilm), *Kath. Pfarrkirche St. Michael,* Vorbereitung der Innenrestaurierung. Die ursprünglich spätgotische Chorturmkirche erhielt 1931/32 ihr jetziges Langhaus, wobei sich wesentliche Elemente der Ausstattung der dreißiger Jahre erhalten haben; leider gingen aber die Altäre bei einer purifizierenden Renovierung der sechziger Jahre verloren. Aus denkmalpflegerischer Sicht kann der Wunsch der Gemeinde, den heute sehr nüchtern wirkenden Raum wieder zu bereichern, nur unter Bezugnahme auf die prägende Ausstattungsphase der dreißiger Jahre verwirklicht werden, sei es durch Freilegung der bescheidenen Wandmalereien der dreißiger Jahre, sei es durch die Schaffung neuer liturgischer Einrichtungen, die sich in das Gesamtkonzept einfügen. Der Erwerb von Altären des 19. Jhs. aus einer anderen Kirche, die zur Zeit probeweise aufgestellt wurden, kann nicht befürwortet werden, nachdem sie sich stilistisch nicht in das Raumbild einfügen und außerdem keinerlei Zusammenhang mit der Ausstattungsgeschichte besteht. YL

Aiterbach, Gde. Rimsting (Lkr. Rosenheim), *Ateliergebäude.* Der von Richard Riemerschmid um 1900 geschaffene Atelierbau wurde leider nicht nach den Auflagen des Landesamts für Denkmalpflege instandgesetzt, die großen fein gegliederten Atelierfenster erhielten Isolierverglasung. Der Aussagewert des Gebäudes wurde dadurch empfindlich reduziert. Kra

Allhofen, Gde. Wackersberg (Lkr. Bad Tölz-Wolfratshausen), *Haus Nr. 110.* Das leerstehende Kleinbauernhaus aus der Zeit um 1820 wird instandgesetzt und saniert, das Flachsatteldach neu gedeckt, Fassaden und Traufbundwerk hergerichtet. Krö

Alling (Lkr. Fürstenfeldbruck), *Kath. Pfarrkirche St. Maria,* Vorbereitung der Innenrestaurierung des im Kern spätgotischen Baus mit einem älteren Turmuntergeschoß, dessen Inneres um 1739 barockisiert und 1865/69 neugotisch umgestaltet worden ist. Es wird angestrebt, den durch nachkriegszeitliche Renovierungen verunklärten Zustand der neugotischen Gesamtredaktion des Raumes wiederherzustellen. YL

Altenberg (Lkr. Eichstätt), *Kath. Filialkirche St. Gertrud,* Abschluß der Innenrestaurierung der bescheidenen Barockkirche, deren Deckengemälde von 1915 stammen. YL

Altendorf (Lkr. Eichstätt), *Kath. Filialkirche Mariä Himmelfahrt,* Vorbereitung der Innenrestaurierung. Der Erneuerung des Solnhofener Bodens im Langhaus, der 1939 verlegt worden ist, wurde zugestimmt. Nachdem das Langhaus seine barocke Ausstattung weitgehend unverändert bewahrt hat, wird der neue Boden wieder in der Form des hinter dem Altar noch nachweisbaren originalen barocken Bodens verlegt werden, nämlich in sechseckigen Solnhofener Platten. Die Beibehaltung der Fenster aus dem frühen 19. Jh. wurde gefordert. YL

Altenerding (Lkr. Erding), *Kath. Pfarrkirche Mariae Verkündigung,* Innenrestaurierung. Der nach Abschluß der Innenrestaurierung wieder aufgetretene Anobienbefall veranlaßte die Einleitung erneuter Holzschutzmaßnahmen. YL

Altmannstein (Lkr. Eichstätt), Instandsetzung des *Rathauses.* Die Instandsetzungen des «Ringhauses» und des ehem. Pfleggerichts werden ebenfalls mit Sanierungsmitteln unterstützt. Mll

Altötting (Lkr. Altötting), *Staudhammerkapelle in der Eschbachstraße.* Nachdem bereits zu einem früheren Zeitpunkt die Translozierung der sich ostseitig öffnenden Wegkapelle zugestanden worden war (in die Mühldorfer Straße), ging es jetzt vor allem um die Restaurierung der hochwertigen Ausstattung. Es handelt sich um die Skulpturengruppe Christus am Kreuz mit den beiden Schächern sowie um die Figuren Maria und Johannes. Während die letzteren dem 18. Jh. angehören, stammen jene aus der Mitte des 17. Jhs. und sind außerordentlich qualitätvoll. Man verständigte sich auf die Freilegung der barocken Zweitfassung bei den drei frühbarocken Hauptfiguren. Diese war relativ gut erhalten, und deshalb auch für eine Präsentation im Freien geeignet (vgl. Bericht der Amtswerkstätten). Kittungen und Retuschen mußten in einem der Qualität der

Stücke angemessenen Umfang ausgeführt werden (Fertigstellung 1990). ChB

Ambach (Lkr. Neuburg-Schrobenhausen), *Kath. Filialkirche St. Martin*, Vorbereitung der Instandsetzung der Dacheindeckung und des Dachstuhls am Turm. Der steile Satteldachturm der Chorturmkirche St. Martin besitzt noch eine echte Mönch-Nonnen-Deckung, die wegen gravierender Schäden im Firstbereich und wegen fortgeschrittener Ausblühungserscheinungen an den Ziegeln selbst vermutlich nicht mehr gehalten werden kann. Für eine Erneuerung wieder als vermörtelte Mönch-Nonnen-Deckung wurde eine Bezuschussung durch das Landesamt für Denkmalpflege in Aussicht gestellt, um diese früher verbreitete Form der Dachdeckung wenigstens an einem markanten Einzelbeispiel zu überliefern. YL

Amerang (Lkr. Rosenheim), Bahnhofstraße 7. Ausbau des ehem. Tennenteils eines großen Ökonomiegebäudes des mittleren 19. Jhs. für Wohnzwecke. Die Fassaden wurden leider nur teilweise entsprechend dem Gutachten des Landesamts für Denkmalpflege gestaltet; verformungsgerechtes Bauaufmaß. Kra

Ammerland, Gde. Münsing (Lkr. Bad Tölz-Wolfratshausen), *Nördliche Seestraße 13*. Das 1683/85 von Caspar Feichtmayr erbaute, seit Jahren leerstehende Schloß wird unter Wahrung des historischen Erscheinungsbilds saniert und instandgesetzt. Der auf die östliche Rückseite verlegte Eingang erhält eine Überdachung durch einen kleinen Vorbau. Die im Nordosten des Schlosses gelegene Tiefgarage erhält ein auf die Situation abgestimmtes, sich in das Gelände einfügendes Einfahrtsgebäude. Krö

–, *Nördliche Seestraße 19*. Die ehem. Remisen des von Emanuel von Seidl um 1907 erbauten «Kavaliershauses» werden zum Wohnen ausgebaut; das Aufstocken des Eckerkers wurde ebenso abgelehnt wie das Anbringen eines Balkons an der Seeseite. Krö

Anger, Gde. Lenggries (Lkr. Bad Tölz-Wolfratshausen), *Grasleitenweg 31*. Das leerstehende, im 18. Jh. erbaute Bauernhaus wird saniert, das Holzblockobergeschoß einschließlich der Türen und Fenster instandgesetzt. Krö

Anger (Lkr. Berchtesgadener Land), *Dorfplatz Nr. 2*, ehem. Mesnerhaus, zu Anfang des 19. Jhs. am östlichen Geländesporn des Angers errichtet, im Kern älter, im Zuge vielfacher Änderungen, Umbauten und Umgestaltungen in seiner ursprünglichen Erscheinung weitgehend reduziert. Als besonders störend erwies sich der waagrechte Reibeputz an den beiden Hauptschauseiten, die uneinheitliche Befensterung und die aus verschiedenen Zeiten stammenden Fensterläden sowie die Bedachung aus engobierten Flachdachpfannen. Die Absicht der Gemeinde, das Baudenkmal zu sanieren und zu restaurieren war eine willkommene Gelegenheit, mehrere gestalterische Mißgriffe wiedergutzumachen und dem Baudenkmal ein angemessenes Erscheinungsbild zu geben. Die Restaurierung konnte unter weitgehender Wiederherstellung des Charakters des 19. Jhs. zu Ende gebracht werden; das neue Scharschindeldach betont die Anbindung an den sakralen Bereich mit dem schindelgedeckten Kirchendach und der ebenfalls mit Scharschindeln gedeckten Friedhofmauer. We

Angerer, Gde. Warngau (Lkr. Miesbach), *Haus Nr. 24*. Das leerstehende Bauernhaus aus der Mitte des 18. Jhs. mit Holzblockobergeschoß, Laube und Giebellaube bedarf dringend der Instandsetzung; vorbereitende Untersuchungen wurden eingeleitet. Krö

Antdorf (Lkr. Weilheim-Schongau), *Lindenstraße 9*. Der aus Feldsteinen gemauerte Sockel des um 1588 in offener Holzblockbauweise errichteten ehemaligen Kleinbauernhauses wurde trockengelegt, Schiebetore im ehem. landwirtschaftlichen Betriebsteil erneuert. Krö

Arnsberg, Gde. Markt Kipfenberg (Lkr. Eichstätt). Die Stützmauer zwischen der Oberen und Unteren Marktstraße wurde erneuert und instandgesetzt. Die Maßnahme (vgl. Jahresbericht 1988) konnte noch gegen Jahresende abgeschlossen werden. Die Pflasterung der Oberen und Unteren Marktstraße, die durch Zuschüsse des Bayerischen Landesamts für Denkmalpflege unterstützt wird, kann erst nach dem Winter, also 1990, ausgeführt werden. Mll

Asch (Lkr. Landsberg am Lech), *Bahnhofstraße 5*. Das Dach des Anwesens aus dem 18. Jh. wurde neu gedeckt, der Dachstuhl zimmermannsmäßig instandgesetzt. Mit einem hohen Zuschuß des Landesamtes für Denkmalpflege konnte hier der Bestand eines Gebäudes gesichert werden, dessen Gesamtinstandsetzung in absehbarer Zeit nicht geplant ist. RS

–, *Lechsbergstraße 4*. Asch verfügt neben dem stattlichen, gut erhaltenen Schloßbauernhof (1535 dat.) noch über eine Reihe von Mittertennbauten des Nordostallgäuer Typus, meist 18. Jh. Umso bedauernswerter, wenn wie im Fall Lechsbergstraße 4 Umbauten ohne Beratung durchgeführt werden und zu Verlusten sowohl in der ursprünglichen Grundrißorganisation des Hauses als auch zahlreicher historischer Details führen. Erhalten haben sich trotzdem die wesentlichen Elemente der Grundrißstruktur des Mittertennbaues, einige Holzdecken (sandgestrahlt), das Scheunentor und einige alte Fensterstöcke. RS

Aschau i. Chiemgau (Lkr. Rosenheim), *Kirchplatz 1, Gasthaus und Hotel Post*. Der traditionsreiche Bau von 1680 ff., aufgestockt 1856, soll umfassend erneuert werden. Mehrfache Erörterung der Planungen. Kra

Aschau (Lkr. Rosenheim), *Villa Elisabeth, Zellerhornstraße 78*. Das Baudenkmal Villa Elisabeth, ein barockes v. Preysingisches Forstamtsgebäude, durch Kramer-Klett 1875 u. a. im Stil der Neurenaissance in aufwendigster Weise umgebaut, erweitert und ausgestattet, ist von außerordentlicher Bedeutung. Dies geht bereits aus einer Würdigung vom 26.11.1979 hervor. Seinerzeit war dem Abbruch des Neurenaissance-Südflügels zugestimmt worden, damit an gleicher Stelle ein Anbau – zur besseren Nutzung und Erhaltung des historischen Hauptbaues – hätte errichtet werden können. Der neue Südflügel gedieh damals nur bis zur Kellerdecke; dann wurden alle Baumaßnahmen abgebrochen. Der historische Teil der Villa verfiel zusehends, ohne daß die Denkmalpflege bzw. das Landratsamt Rosenheim eine Sicherung des Gebäudes hätten durchsetzen können. Nach wechselnden Initiativen, die den Eigentümer nicht letztlich von der Notwendigkeit von Sicherungsmaßnahmen überzeugen konnten, war das Landratsamt Rosenheim im August 1989 dazu bereit, den Kampf um die Erhaltung des Baudenkmals aufzugeben und eine Anordnung zum Abbruch das Objekts – wegen Einsturzgefahr – zu erlassen. Die Denkmalpflege wollte dies so nicht hinnehmen und bat die Regierung von Oberbayern in dieser Sache um Unterstützung und Intervention. Diese neue Initiative geschah vor dem Hintergrund engagierter Kaufinteressenten, die dazu bereit waren, das inzwischen ruinös gewordene Gebäude – Teile des Treppenhauses und des Dachs waren zerstört – fachgerecht nach den Befunden von 1875 ff wieder herzustellen. Nachdem der Eigentümer sich zu einem Verkauf nicht bereit finden konnte, wollte die

Ammerland, Gde. Münsing, Lkr. Bad Tölz-Wolfratshausen; Nördliche Seestraße 19, sog. Kavaliershaus

Denkmalpflege zunächst eine Duldungsanordnung – über Regierung und Landratsamt – erwirken, die die Sicherung des Baudenkmals in die Wege leiten sollte. In diesem Verfahren hätte man zwar in die Eigentumsrechte des Eigentümers eingegriffen, wollte allerdings die finanziellen Aufwendungen zu Lasten denkmalpflegerischer Mittel bestreiten. Letztendlich sah sich die Regierung von Oberbayern nicht dazu bereit an dieser konstruktiven Lösung zur Rettung eines überregional bedeutenden Baudenkmals mitzuwirken. Über diese Entwicklung der Dinge berichtete das Bayerische Fernsehen am 19.12.1989 in seinem Dritten Programm. ChB

–, *Zellerhornstraße 3*. Instandsetzung einer spätklassizistischen Villa von 1878. Die Maßnahme wurde durch Zuschüsse des Landesamts für Denkmalpflege gefördert. Kra

Aßling (Lkr. Ebersberg), *Grafinger Straße 3*. Die gewölbten Stallungen des Bauernhofs aus dem mittleren 19. Jh. werden saniert und instandgesetzt, die Maßnahmen vom Landesamt bezuschußt. Krö

Attenhausen, Gde. Icking (Lkr. Bad Tölz-Wolfratshausen), *Dorfstraße 14*. Das ehem. Kleinbauernhaus aus dem späten 19. Jh. hat in jüngerer Zeit durch Dachausbau und Tennenumbau in seinem Erscheinungsbild stark gelitten. Ein geländebedingter Garagenanbau verbessert die Situation nicht. Krö

Au-Burghartswiesen, Gde. Surberg (Lkr. Traunstein). Die rechteckige *Winkelmaier-Kapelle* (Flur Nr. 463) mit nichteingezogenem 3/8-Chor und Glockentürmchen ist 1901 errichtet worden. Die Restaurierung wurde unter befundgetreuer Ergänzung aller Malereien und farblichen Fassungen durchgeführt. We

Auhöfe (Lkr. Pfaffenhofen a.d. Ilm), *Kath. Nebenkirche St. Peter*, Gesamtinstandsetzung. Die Restaurierung der 1683 barockisierten Nebenkirche St. Peter, eines Saalraumes mit hölzerner Flachdecke und z.T. hochmittelalterlicher Mauersubstanz – hierauf deutet die noch romanisch wirkende Apsis hin – wurde beraten. YL

Baar, Gde. Baar Ebenhausen (Lkr. Pfaffenhofen a.d. Ilm), *Rathausplatz 3*. Das Gasthaus Zum Alten Wirt, ein zweigeschossiger Barockbau mit Bodenerker und Putzgliederungen, wurde instandgesetzt. Wiederhergestellt wurden die auf das 18. Jh. zurückgehenden Putzgliederungen samt der dazugehörenden Farbfassung. Die verbrauchten Fenster und die Dachdeckung mußten erneuert werden. Mll

Bach, Gde. Weyarn (Lkr. Miesbach), *Haus Nr. 29*, «Pointel». Die Fassaden des im 18. Jh. erbauten Kleinbauernhauses werden instandgesetzt, das in jüngerer Zeit aufgebrachte Welleternitdach durch eine Ziegeldeckung ersetzt. Die Maßnahmen werden vom Landesamt bezuschußt. Krö

Bad Endorf i. OB (Lkr. Rosenheim), *Kath. Pfarrkirche St. Jakobus*. Die spätromantische Orgel der Kirche aus dem Jahr 1915 kann leider nicht an Ort und Stelle erhalten und restauriert werden. Eine Übertragung in eine Kirche in Marktoberdorf ist vorgesehen. Kra

Bad Kohlgrub (Lkr. Garmisch-Partenkirchen), *Kath. Pfarrkirche St. Martin*. Der weiträumige Saalbau wurde 1727–29 errichtet. Zur Zeit der Erbauung wurde nur der Chor stuckiert (Joseph Schmuzer?), das Langhausgewölbe erst 1880 im Stil des Chorstucks ausgestaltet. Auch die farbige Fassung von 1880 lehnt sich an jene des Chores von 1729 an und modifiziert sie nur geringfügig: Der ursprünglich graue Stuck wurde zusätzlich vergoldet, statt der rosa Rücklagen erfolgte ein Wechsel von Rosa und Ocker. Diese Fassung wurde im Berichtsjahr als Neufassung wiederholt; sie integriert auch die Deckenmalerei von 1927. RS

–, *Hauptstraße 17*. Die Fassaden des Gasthauses Schwarzer Adler, eines traufständigen Satteldachbaues aus dem späten 19. Jh., werden nach Befund instandgesetzt und erhalten wieder ihre ursprüngliche Farbigkeit. Die Maßnahme wird vom Landesamt bezuschußt. Krö

Bad Reichenhall (Lkr. Berchtesgadener Land), *Kath. Pfarrkirche St. Nikolaus*. Beginn der Innenrestaurierung in der dreischiffigen

Bad Tölz; Fröhlichgasse 5, Kolberbräu; ornamental bemalte geschweifte Dachuntersicht

romanischen Basilika, die 1861–64 sowie 1893/94 erweitert bzw. neuromanisch ausgestattet wurde und 1968 ihre letzte, purifizierende Umgestaltung erhalten hatte. Bei allen Überlegungen zu einem neuen Restaurierungskonzept mußte davon ausgegangen werden, die Eingriffe von 1968 mit der Vernichtung der neuromanischen Ausgestaltung – von der nur partiellen Übertünchung der Moritz v. Schwindschen Apsismalerei abgesehen – als irreversibel hinzunehmen. Eine positive Bewertung der Maßnahmen von 1968 ergab sich nur sehr bedingt, denn damals sind nicht nur verspätete Gestaltungsgrundsätze der fünfziger Jahre angewandt, sondern auch massive Eingriffe in die romanischen Oberflächen (Wände, Pfeiler, Säulen, Gurtbögen u.a.) getätigt worden. Seit den 1987 durchgeführten Untersuchungen an der Apsisausmalung Moritz v. Schwinds (1860/61), deren figürlicher Teil immer sichtbar geblieben ist, hat sich der Wunsch nach Freilegung des übermalten zugehörigen Goldgrunds und der Ornamente als erster Schwerpunkt des neuen Raumkonzepts herauskristallisiert. Das eigentliche Konzept galt es dann im folgenden Jahr zu entwickeln. ChB

–, *Wittelsbacherstraße 2*. Am 18. Mai 1988 wurde die «*Schinderkapelle*» nach ihrer erfolgreichen Restaurierung eingeweiht. Sie war vom Verfall bedroht, bis sie auf Initiative des Vereins für Heimatkunde gerettet werden konnte. Die «Schinderkapelle» bewahrt die Erinnerung an den Pandureneinfall von 1742 und wurde auf dem Grund des Schinders, also vor den Toren der Stadt, im Jahr 1749 auf Grund eines Gelöbnisses errichtet. Unter den zehn Farbfassungen konnten neben Silhouetten einer Stadtansicht zwei «Pandurenköpfe» freigelegt und restauriert werden. We

Bad Tölz (Lkr. Bad Tölz-Wolfratshausen), *Bairawieser Straße 3*. Das im Kern auf das 18. Jh. zurückgehende Wohnhaus mit Flachsatteldach und Laube erhält an der Eingangsfassade ein blechgedecktes Vordach. Krö

Bad Tölz; Heißstraße 31, Landhaus des Dichters Thomas Mann

–, *Brünnlfeldstraße 1.* Die Fassaden des stattlichen Landhauses aus dem frühen 20. Jh. werden instandgesetzt, Fenster und Spalier – bis auf wenige Originale an der Ostseite – nach altem Vorbild erneuert. Krö

–, *Ellbachzeile 5.* Das Flachsatteldach des Wohnhauses mit Laden der 1. Hälfte des 19. Jhs. wird neu mit Kupferblech eingedeckt. Krö

–, *Ellbachzeile 9.* Die Fassaden des Wohnhauses mit Putzdekor des 18./19. Jhs. werden instandgesetzt, die Haustüre und einige Fenster erneuert. Krö

–, *Fritzplatz 1.* Die Fassaden mit Jugendstildekor des im 1. Viertel des 20. Jhs. errichteten Wohn- und Geschäftshauses werden nach dem Befund eines Restaurators in alter Farbigkeit wiederhergestellt. Krö

–, *Fröhlichgasse 5.* Balkone, geschweifte Dachuntersichten, Fenster und Türen des Hotel Kolbergarten aus dem späteren 19. Jh. werden instandgesetzt und nach Befund gestrichen. Krö

–, *Gaißacher Straße 9.* An das kleine Wohnhaus aus dem späten 19. Jh., einem Blankziegelbau mit Werksteingliederungen, wird eine profilgleiche Erweiterung zum Wohnen angefügt. Krö

–, *Heißstraße 31.* Die Fassaden des 1909 für Thomas Mann erbauten Landhauses werden instandgesetzt, die Fenster im Original erhalten und schreinermäßig überholt. Krö

–, *Jungmayrplatz.* Der aus dem 3. Viertel des 19. Jhs. stammende,

Bad Tölz; Klammergasse 4, Metzgerbräu; erdgeschossiger Anbau im Osten, vor der Instandsetzung

hölzerne «Nagelschmiedbrunnen» wird erneuert, die Brunnenfigur aus Eisenguß restauratorisch behandelt. Krö

–, *Klammergasse 4.* Der leerstehende kleine erdgeschossige Anbau im Osten des Metzgerbräu wird instandgesetzt und im Rahmen des bestehenden Restaurants genutzt. Krö

–, *Konradgasse 17.* Die Fassaden des Doppelhauses aus dem 18. Jh. werden nach Befund instandgesetzt; die Fenster erhalten eine Schall- und Wärmeisolierung durch zusätzliche innenliegende Flügel. Krö

–, *Krankenhausstraße.* Der bereits vor ca. 20 Jahren – bis auf die Metallteile – ersetzte Holzbrunnen wird erneuert, der aus dem Ende des 19. Jhs. stammende «Gockel» restauriert und wiederverwendet. Krö

–, *Krankenhausstraße 20/22.* Die Fassaden des Doppelhauses aus dem 18. Jh. erhalten nach dem Befund eines Restaurators ihre frühere zurückhaltende helle Farbigkeit wieder. Vordach und Fenster mit Läden werden darauf abgestimmt. Die Maßnahmen werden vom Landesamt bezuschußt. Krö

–, *Krankenhausstraße 24/26.* Die Fassade des schmalen Doppelhauses aus dem 18. Jh. wird nach Befund gestrichen, die Maßnahme vom Landesamt bezuschußt. Krö

–, *Lenggrieser Straße 6.* Die Straßenfassade des Wohnhauses aus dem 18./19. Jh. wird durch den Einbau eines Ladens im Erdgeschoß verändert; die Farbgebung erfolgt nach dem Befund. Krö

–, *Lenggrieser Straße 22.* Die westliche Giebelfassade des Eckhauses aus dem 19. Jh. erhält einen Verandenvorbau in gestrichener Holzkonstruktion. Krö

–, *Marktstraße 1.* Das Nebengebäude des im Kern aus dem 17. Jh. stammenden Wohn- und Geschäftshauses wird zu einem zweigeschossigen Gebäude aufgestockt, das sich in seinem Erscheinungsbild dem Hauptgebäude unterordnet. Krö

–, *Marktstraße 26/28.* Die Fassaden des mit der Jahreszahl 1883 bezeichneten Doppelhauses werden farblich aufeinander abgestimmt, die Maßnahme vom Landesamt bezuschußt. Krö

–, *Marktstraße 36.* Die erdgeschossige Ladenfläche des Geschäftshauses um 1870 wird durch Einbeziehung des Obergeschosses erweitert, die historische Raumaufteilung lediglich ablesbar erhalten. Krö

–, *Marktstraße 40.* Das in jüngerer Zeit nachteilig veränderte Erscheinungsbild der Fassade des im Kern auf das 16. Jh. zurückgehenden Wohn- und Geschäftshauses wird verbessert, die übergroßen Schaufensteröffnungen verkleinert. Krö

–, *Marktstraße 41.* Die Gaststube des im Kern aus dem 15./16. Jh. stammenden Weinhauses Höckh wurde zu einem Laden umgebaut, die kleinteiligen Sprossenfenster in Schaufenster umgewandelt. Der öffentliche Durchgang von der Marktstraße zur Nockhergasse bleibt erhalten, Tore werden in Holz erneuert. Krö

–, *Marktstraße.* Das Aufstellen von Straßenlaternen in der zur «Fußgängerzone» erklärten Marktstraße wurde abgelehnt, die Vergrößerung der Anzahl der vorhandenen schlichten Bogenlampen an den Fassaden begrüßt. Krö

–, *Nockhergasse 29.* Die Fassaden des Eckhauses aus der 1. Hälfte des 18. Jhs. werden nach Befund gestrichen, die putzschädigende Dispersionsfarbe aus jüngerer Zeit abgenommen. Krö

–, *Salzstraße 33.* Der zum Gasthaus Zantl-Bräu gehörige Stadel aus dem 19. Jh. im Vorfeld der Mühlfeldkirche ist dringend sanierungsbedürftig. Krö

–, *Schulgraben 2.* Der Umbau des ehemaligen Knabenschulhauses aus dem späteren 19. Jh. in ein Verlagshaus ist abgeschlossen. Die

Fenster wurden in allen Geschossen – ohne Genehmigung – als Verbundglasfenster erneuert. Die Gratgewölbe des 16./17. Jhs. im Kellergeschoß wurden instandgesetzt. Krö

Bäcker, Gde. Jachenau (Lkr. Bad Tölz-Wolfratshausen), *Haus Nr. 16*. Das stattliche Gasthaus aus der Mitte des 19. Jhs. wird instandgesetzt und saniert, Haustüre, Hochlaube, abgestrebte Pfettenköpfe und Dachuntersicht nach Befund farbig gefaßt. Der ehem. Wirtschaftsteil wird zum Wohnen ausgebaut. Krö

Baiernrain, Gde. Dietramszell (Lkr. Bad Tölz-Wolfratshausen), *Lehrer-Vogl-Weg 14 (vormals Haus Nr. 6)*. Der Wirtschaftsteil wie auch das gesamte Dach des im Kern auf das 18. Jh. zurückgehenden Bauernhauses wird im Zuge der Sanierung erneuert, die Instandsetzung des historischen Wohnteils vom Landesamt bezuschußt. Krö

Beilngries (Lkr. Eichstätt). Die 1984 begonnene und in den folgenden Jahren in kleinen Abschnitten weitergeführte Instandsetzung der mittelalterlichen *Stadtmauer* und der Türme wurde auch 1989 weiter betrieben. Mll

–, Fortschritte sind auch von der Instandsetzung der Pflasterung in den *Gassen der Altstadt* zu melden. Auch diese Sanierungsmaßnahme läuft schon seit einigen Jahren und wurde in den vorausgegangenen Jahresberichten behandelt. Mll

–, *Hauptstraße 44*. Der Umbau des ehem. Bräuhauses des Gasthofs «Goldener Hahn», über den 1987 und 1988 berichtet wurde, konnte fertiggestellt und in Betrieb genommen werden. Mll

–, *Wehranlagen*. Die Instandsetzung der Wehranlagen wurde als Sanierungen nach Städtebauförderungsgesetz weitergeführt. Mll

Benediktbeuern (Lkr. Bad Tölz-Wolfratshausen), *Kloster*. Zu den Jubiläumsfeierlichkeiten des Klosters (1250 Jahre) wurden einige Restaurierungsvorhaben abgeschlossen:
– Im Innenhof wurden unter Erhaltung der historischen Putz-Tünchschichten die Fassaden – ohne Basilika-Südseite – rekonstruiert. Die Neufassung wurde auf der Grundlage eingehender Untersuchungen und Musteranlagen in freskaler Technik auf einer Kalkschlämme, die das Original zugleich schützt, angelegt.
– Am Maierhof wurde der Einbau einer Gaststätte beraten. RS

–, *Mariabrunnweg 5*. Der Wohnteil des ehem. Kleinbauernhauses, das im Kern auf das frühe 18. Jh. zurückgeht, wird saniert. Die Mauern des Erdgeschosses werden teilweise erneuert, der Holzblock des Obergeschosses instandgesetzt. Krö

–, *Schäfflerweg 4*. Das Kleinhaus des 16./17. Jhs. mit dem teilweise noch erhaltenen Holzblockobergeschoß wird instandgesetzt und saniert, die historische Raumfolge im Grundriß ablesbar erhalten. Krö

Benning, Gde. Vogtareuth (Lkr. Rosenheim), *Hofkapelle* von 1684, Gesamtrestaurierung. Kra

Berbling (Lkr. Rosenheim), *Wilhelm-Leibl-Straße 3*. Vorbildliche Restaurierung einer geschnitzten Haustür aus dem Jahr 1807. Kra

Berchtesgaden (Lkr. Berchtesgadener Land), *Franziskanerplatz Nr. 1*. Der kleine erdgeschossige Ladenbau mit Krüppelwalmdach ist die ehemalige fürstpröbstliche Wachszieherei (heute Antiquitätenladen). Eisenbeschlagene giebelseitige Eingangstür in profiliertem Natursteingewände, im Scheitel die Datierung 1709, auf der Friedhofseite korbbogige Ladenöffnung mit eisenbeschlagenem zweiteiligen Klappladen. Bei der durchgeführten Dachhauterneuerung ist die Wiederanbringung des ursprünglich vorhandenen Scharschindeldachs durchgesetzt worden.

–, *Hanielstraße 7*. Der «Berchtesgadener Hof» mit den Nebengebäuden «Hotel Mc. Nair», «Wahlheim» und Garagenhof, ursprünglich Bauten vom Ende des 19. Jhs. und in den dreißiger Jahren völlig umgestaltet, soll in denkmalpflegerischer Hinsicht betreut werden. Zunächst wurde eine archivalische und inventarisierende Bestandsaufnahme angeregt. ChB

Bad Tölz; Marktstraße 41, Weinhaus Höckh; vor dem Umbau

–, *Maximilianstraße Nr. 13*. Der an die ehem. Wachszieherei unmittelbar angebaute, erdgeschossige Massivbau mit Mansardendach wurde um 1910 in einfachen Neubarockformen erbaut. Es war das Maleratelier von Bernhard Wenig, dem damaligen Direktor der Berchtesgadener Schnitzschule, der sich hier auf seinem eigenen Anwesen im Anschluß an sein großes Wohnhaus sein Atelier schuf. Dieses Hauptwohnhaus ist heute durch eine Reihe stilloser baulicher Veränderungen entstellt. Die auf Grund der situationsprägenden Bedeutungen geforderten Fassadekorrekturen konnten verwirklicht werden. We

Bergheim, (Lkr. Neuburg-Schrobenhausen), *Kath. Pfarrkirche St. Moritz*, Außenrestaurierung. Die durch Befunduntersuchungen nachgewiesene barocke Fassung der stattlichen Chorturmkirche mit ockerfarben abgesetzten Gliederungen wird rekonstruiert, nachdem die bei der Verlängerung der Kirche in den sechziger Jahren erfolgte rotbraune Fassung der Gliederungen viel zu massiv wirkt und außerdem aus dem Kanon der in der Gegend verbreiteten Farbigkeit herausfällt. YL

Berghofen, Gde. Moosach (Lkr. Ebersberg), *Haus Nr. 53*. Der später als Querbau angefügte landwirtschaftliche Betriebsteil wird ersatzlos abgebrochen, das Bauernhaus um 1830 instandgesetzt. Krö

Berglern (Lkr. Erding), *Kath. Pfarrkirche St. Peter und Paul*, Abschluß der Sanierung bzw. Rekonstruktion der Friedhofsmauer. YL

Bernloh, Gde. Warngau (Lkr. Miesbach), *Haus Nr. 12*. Lauben und Balkon des ehem. Bauernhauses aus der zweiten Hälfte des 18. Jhs. werden instandgesetzt, zum Teil in historischer Form erneuert. Die Maßnahme wird vom Landesamt bezuschußt. Krö

Bernried (Lkr. Weilheim-Schongau), *Karwendelstraße 3*. Das Dach des Landhauses aus dem späten 19. Jh. wird instandgesetzt, die kleinstrukturierten, für diese «Baumeistervilla» charakteristischen Falzziegel weitgehend erhalten. Krö

–, *Tutzinger Straße 12*. Das zum Hofgut gehörige Wirtschaftsgebäude, ein erdgeschossiger Satteldachbau aus dem Ende des 18. Jhs., wird saniert und zum Wohnen ausgebaut, in den Gewölbekellern ein «Kellerlokal» eingerichtet. Krö

Bertoldsheim, Markt Rennertshofen (Lkr. Neuburg-Schrobenhausen). Die mit Mitteln des Entschädigungsfonds geförderte Teilinstandsetzung von *Schloß Bertoldsheim*, (vgl. Jahresberichte 1987 und 1988) wurde im vergangenen Jahr weitergeführt. Die Instandsetzung der Außentreppen mußte wegen Einbruch des Winters auf das Jahr 1990 verschoben werden. Mll

Biberg (Lkr. Eichstätt), *Kath. Filialkirche St. Andreas*, Fortsetzung der Innenrestaurierung. Das für die Eichstätter Gegend typische schlichte Gestühl mit gedrehten Balustersäulen als Stützen wurde von einem Möbelrestaurator instandgesetzt. Die Raumschale der 1747 unter Einbeziehung eines mittelalterlichen Chorturms barockisierten Kirche mit einer zeitgenössischen Stuck- und Freskendekoration ist vorab auf ihre historische Farbigkeit zu untersuchen. YL

Bichl (Lkr. Bad Tölz-Wolfratshausen), *Bahnhofstraße 9*. Das Bauernhaus aus dem 2. Viertel des 19. Jhs. wird instandgesetzt, Sanitärräume in den historischen Bestand eingefügt. Krö

–, *Kocheler Straße 16*. Das Gasthaus Bayerischer Löwe, ein stattlicher Bau von 1829, wird instandgesetzt, die Fassaden mit Putzverzierungen nach Befund gestrichen. Krö

Bockhorn (Lkr. Erding), *Kath. Pfarrkirche Mariae Heimsuchung*. Die anstehende Gesamtrestaurierung des stattlichen, 1712 ff. nach Plänen von Anton Kogler errichteten Barockbaus mit hohem Westturm wird eingeleitet durch die Vorbereitung der Außeninstandsetzung. Aufgrund der erheblichen Durchfeuchtung des Mauerwerks bis in Höhen von über 4 m wird die Einbringung einer Horizontalisolierung hingenommen. Befunduntersuchung an den zum Teil noch historischen Putzen. YL

Böhmfeld (Lkr. Eichstätt), *Bonifatiussäule*. Die Versetzung der 1614 aufgerichteten Säule um etwa 3,50 m war aufgrund eines bereits abgeschlossenen Bebauungsplanverfahrens hinzunehmen. Die Restaurierung der partiell ausgewaschenen und flechtenbesetzten Kalksteinsäule mit einem tabernakelähnlichen Aufsatz mit Reliefs an vier Seiten durch einen qualifizierten Steinrestaurator wurde in die Wege geleitet. YL

Bernried, Lkr. Weilheim-Schongau; Karwendelstraße 3, Dach mit historischen Falzziegeln

Bolzwang, Gde. Münsing (Lkr. Bad Tölz-Wolfratshausen), *Haus Nr. 7*. Das leerstehende Bauernhaus aus dem 2. Viertel des 18. Jhs. ist weiterhin vom Verfall bedroht. Das Flachsatteldach ist teilweise eingestürzt, Laube und Brettermantel zerstört, der Holzblock des Wohnteils bislang unbeschadet erhalten. Krö

Brandstätt, Gde. Edling (Lkr. Rosenheim), *ehem. Hofmarksschlößchen*. Der nach 1666 errichtete kleine Schloßbau wurde wegen anstehender Fassadenrenovierungen eingehend begutachtet. Kra

Brandstatt, Gde. Fischbachau (Lkr. Miesbach), *Haus Nr. 1*. Das Ziegeldach des mit der Jahreszahl 1923 bezeichneten, stattlichen Bauernhofs in Hakenform wird erneuert, die Maßnahme vom Landesamt bezuschußt. Krö

Breitenbach, Markt Schliersee (Lkr. Miesbach), *Am Waxenstein 2*. Die Trockenlegung des ehem. «Sägmüller»-Wohnhauses, eines schlichten biedermeierlichen Putzbaus von 1835, wird vom Landesamt bezuschußt. Krö

Breitenloh, Gde. Saaldorf (Lkr. Berchtesgadener Land), *Anwesen 7*. Der in sichtbar belassenem Mischmauerwerk (Nagelfluhbrocken und kleine Feldsteinzwickel mit spezieller, farblich abgestimmter Vermörtelung) errichtete Salzburger Flachgauhof «beim Langei», am Portal 1877 datiert, zeigt sich in allen Einzelheiten als einheitliches bauliches Zeugnis seiner Zeit, bemerkenswert die Hochlaube mit Zierkonsolen, Schablonenmalereien auf der Unterseite der drei Laubendielen und den reich durchbrochenen Schießbrettern. Das Högler Sandsteinportal zeigt im geohrten Sturzaufsatz florale Ornamentik, im Scheitelstein Datierung und Initialen. Bei der nunmehr abgeschlossenen Restaurierung konnten auch alle entstellenden Veränderungen späterer Zeiten rückgängig gemacht werden. We

Brünning, Gde. Palling (Lkr. Traunstein), *Anwesen Nr. 3*. Im 3. Bauabschnitt wurde das 1845 errichtete Wohnhaus des Vierseithofs und der über dem westlichen Teil des Wohnhauses gelegene Bundwerkstadel saniert sowie der Innenhof des Gehöfts trockengelegt. Das gesamte Mauerwerk (vorwiegend Feldstein), wies schwere Feuchtigkeitsschäden auf. Auch die Decken, Böden und der Innenputz im Zwischen- und Dachgeschoß sind hierdurch schwer geschädigt und praktisch zerstört worden. Sie müssen, wie mit dem Dach und Teilen des Dachstuhls bereits geschehen, vollständig erneuert werden. We

Brunnen (Lkr. Neuburg-Schrobenhausen), *Kath. Pfarrkirche St. Michael*. Beratung der Emporengestaltung. Im Zuge des Einbaus einer neuen Orgel, für die der bisherige neugotische Prospekt wiederverwendet wird, soll auch die in den sechziger Jahren ummantelte Empore des 19. Jhs. restauriert werden. Einzelne konstruktive Änderungen – insbesondere die Zurücksetzung der oberen Emporenbrüstung – waren aus technischen Gründen hinzunehmen. YL

Bucheck, Gde. Siegsdorf (Lkr. Traunstein), *Anwesen Nr. 2*. Das um 1720 erbaute Gehöft verkörpert einen westlichen Ausläufertyp des Salzburger Flachgauhofes und ist noch vollständig in Holzblockbau errichtet. Die Türgewände des Ostgiebels zeigten deutliche Bemalungsreste, die restauriert werden konnten; das im übrigen stark reduzierte Gehöft wurde vor dem Abbruch bewahrt und gesichert. We

Buchleiten, Gde. Gmund (Lkr. Miesbach), *Haus Nr. 5*. Der Wirtschaftsteil des ehem. Kleinbauernhauses aus dem Jahr 1802 wurde zum Wohnen ausgebaut, das konstruktive Ständer- und Balkensystem der Tenne in die Raumaufteilung einbezogen und ablesbar erhalten. Die Dachdeckung des gesamten Anwesens wurde erneuert, die Tennenverbretterung erhielt laubenartige Öffnungen. Krö

Bürg, Gde. Wackersberg (Lkr. Bad Tölz-Wolfratshausen), *Haus Nr. 118*. Dach und Fassaden des Bauernhauswohnteils aus der Mitte des 19. Jhs. werden instandgesetzt, die Haustüre nach historischem Vorbild erneuert. Krö

Burghausen (Lkr. Altötting), *Kath. Kirche Heilig Kreuz*. Vorbereitungen zur Außeninstandsetzung der ehem. Leprosenkirche von

Bolzwang, Gde. Münsing, Lkr. Bad Tölz-Wolfratshausen; Haus Nr. 7, vor dem Abbruch

1477, eines einschiffigen Tuffquaderbaues mit westlich angefügtem Turm (Baumeister Hans Wechselberger von Burghausen). Detaillierte Untersuchung der partiellen barocken Verschlämmung sowie älterer Verfugungen durch einen Restaurator. ChB

–, *Stadtplatz Nr. 62*. Das schlichte Bürgerhaus wurde um 1930 vollständig neu verputzt. Die Untersuchungen des Kirchenmalers ergaben am oberen Gesims noch 14 Farbschichten: Dieses obere Gesims ist offensichtlich 1930 von den Putzabschlagungen verschont geblieben. Die neue Fassung mit dem stumpfen Blauton wurde einem älteren Vorzustand entsprechend gewählt. We

Burgharting (Lkr. Erding), *Kath. Pfarrkirche St. Vitus*. Die um 1724 von Anton Kogler erbaute typische Erdinger Landkirche erfuhr eine Innenrestaurierung. Die Deckengemälde von F. A. Aiglstorffer, die stark verschimmelt waren, wurden gereinigt, die Raumschale nach Befund der Bauzeit getönt. Als letzter Abschnitt der im übrigen abgeschlossenen Innenrestaurierung steht die Bearbeitung der Altargemälde an, die zum Teil erhebliche Schäden – Malschichtverluste und schollig aufstehende Partien, großflächige Firniskrepierungen – aufweisen. Beratung der Restaurierung des bedeutenden Hochaltargemäldes mit Darstellung des Martyriums des hl. Vitus von Johann Degler durch die Restaurierungswerkstätten. Kra/YL

Burgheim (Lkr. Neuburg-Schrobenhausen). Der langgestreckte Marktplatz wurde neu gestaltet. Mll

Burgkirchen a. Wald (Lkr. Altötting), *Kath. Pfarrkirche St. Rupertus*, Abschluß der Innenrestaurierung der bedeutenden spätgotischen, im Spätrokoko neu ausgestatteten Kirche: teilweise Reinigung und Konservierung, teilweise Restaurierung der drei Altäre, der Kanzel, des Orgelprospekts, Restaurierung des Kreuzwegzyklus von 1740. Kra

Burgstall (Lkr. Pfaffenhofen a.d. Ilm), *Kath. Filialkirche St. Stephanus*, Gesamtinstandsetzung. Die aus dem 15. Jh. stammende spätgotische Kirche mit Netzgewölbe, die im 18. Jh. barockisiert wurde, dann im 19. Jh. eine teilweise neugotische Ausstattung erhielt, wirkt seit der purifizierenden Renovierung der sechziger Jahre, bei der der historische Außenputz und wesentliche Teile der Ausstattung verloren gingen, außerordentlich kahl. Aufgrund der praktisch vollständigen Beseitigung des Außenputzes ließ sich die ursprüngliche Außenfarbigkeit nicht mehr zuverlässig ermitteln; als Anstrich wurde jetzt ein deutlich zum Graubeigen hin gebrochenes Weiß gewählt. Im Zuge der ohne Beteiligung des Landesamtes für Denkmalpflege begonnenen Innenrenovierung war der Boden aus Solnhofener Platten bereits beseitigt gewesen. Auch wenn die Befunduntersuchung im Inneren als Erstfassungen des Gewölbes reine Weißfassungen erbrachte, konnte dem Wunsch der Gemeinde nach einer stärkeren farblichen Differenzierung entsprochen werden; es wurde zugestanden, daß die Rippen in einem warmen Steinton abgesetzt werden. Die Restaurierung des qualitätvollen Kreuzweges, bestehend aus nazarenisch inspirierten Terrakotta-Reliefs, deren neugotische Holzrahmen auf dem Kirchenspeicher aufgefunden werden konnten, wurde gefordert. YL

Buxheim (Lkr. Eichstätt), *Schulstraße 1*. Das Pfarrzentrum, das in den ehem. Pfarrstadel und in den ehem. Pfarrstallungen eingerichtet wurde, konnte im vergangenen Jahr in Betrieb genommen werden. Über die umfangreichen Maßnahmen an dem 1687 erbauten Baudenkmal wurde schon 1987 und 1988 berichtet. Mll

Dachau, Hermann-Stockmann-Straße 10. Die ehem. Künstlervilla, ein um 1910 errichteter Bau mit maurischen Stilelementen und Quaderputz, wurde von einem neuen Eigentümer übernommen, der den mehrere Jahre vernachlässigten Bau instandsetzen und einer Wohnnutzung zuführen will. Mll

–, Für den im Zuge der Verkehrsberuhigung der Altstadt geplanten neuen *Brunnen vor dem Gasthof Kraisy*, Augsburger Straße 17, wurde in einem zweiten Bildhauerwettbewerb (vgl. auch Jahresbericht 1988) eine gute Lösung gefunden, die nun auch ausgeführt

JAHRESBERICHT 1989 · BAU- UND KUNSTDENKMALPFLEGE

Deining, Gde. Egling, Lkr. Bad Tölz-Wolfratshausen; Tölzer Straße 18, ehem. Pfarrhaus, vor der Instandsetzung

werden soll. Mit der Aufstellung des Brunnens wird die Verkehrsberuhigung in der Altstadt von Dachau abgeschlossen sein. Mll

Degerndorf a. Inn (Lkr. Rosenheim), *Kath. Filialkirche St. Margaretha auf der Biber und Kreuzwegkapellen.* Die Restaurierung der barocken Kalvarienberganlage wurde fortgesetzt. Kra

–, *Wendelsteinbahn von 1912.* Die Bemühungen des Landesamtes für Denkmalpflege um die möglichst weitgehende Erhaltung der Wendelsteinbahn trotz vorgesehener «Modernisierung» endeten vorläufig mit dem Kompromiß, daß zwei der vier historischen Zuggarnituren betriebsbereit erhalten werden müssen und nach Möglichkeit neben den neuen Triebwagen regelmäßig eingesetzt werden sollen. Kra

Deining, Gde. Egling (Lkr. Bad Tölz-Wolfratshausen), *Hornsteiner Straße 2.* Der Tennenteil des ehem. Bauernhauses wird ausgebaut, die im Heimatstil 1914/15 bemalten Fassaden des Wohnteils werden restauriert. Krö

–, *Münchner Straße 19.* Das im 17. Jh. als zweigeschossiger Holzblockbau errichtete Kleinbauernhaus wird instandgesetzt, der frühere Wirtschaftsteil erneuert. Krö

–, *Tölzer Straße 2.* Die Fenster des gegen Ende des 17. Jhs. in zweigeschossiger Holzblockbauweise errichteten Bauernhauswohnteils wurden – ohne die erforderliche Erlaubnis – modern erneuert. Krö

–, *Tölzer Straße 18.* Das ehem. Pfarrhaus aus dem frühen 19. Jh. wird instandgesetzt und saniert, die reiche – moderne – Malerei ausgebessert und ergänzt. Krö

Deining, wie oben, gemalte Fensterumrahmung

Dietenhausen, Gde. Dietramszell (Lkr. Bad Tölz-Wolfratshausen), *Haus Nr. 4.* Die Fassaden des ehem. Kleinbauernhauses, eines zweigeschossigen Holzblockhauses aus dem späten 16. Jh. wurden – ohne Genehmigung – hergerichtet, die Holzfenster erneuert. Krö

Dollnstein (Lkr. Eichstätt). Die Planungen für die Instandsetzung der Wirtschaftsgebäude der *Burg Dollnstein, Burgsteinweg 7,* wurden 1989 begonnen. Wie bereits 1987 und 1988 berichtet, hat die Abteilung Bauforschung des Landesamts für Denkmalpflege den spätmittelalterlichen Fachwerkbau aufgemessen. In dem Baudenkmal sollen nach Vorstellung der Gemeinde einfache Unterkünfte für Boots- und Radwanderer untergebracht werden. Mll

Dorf, Gde. Bayrischzell (Lkr. Miesbach), *Haus Nr. 2.* Dach und Fassaden des Einfirsthofs «Beim Mair» aus dem 17. und frühen 19. Jh. werden instandgesetzt und teilweise erneuert, die Maßnahmen vom Landesamt bezuschußt. Krö

Dünzelbach (Lkr. Fürstenfeldbruck), *Nebengebäude des Pfarrhofes.* Die Instandsetzung des Walmdachbaus mit baulichen Merkmalen des ausklingenden Rokoko und des Louis Seize konnte die baulichen Merkmale der Entstehungszeit im Äußeren wie auch im Inneren praktisch unverändert bewahren. Für die Restaurierung des durch Durchfeuchtungsschäden akut gefährdeten Baus wurde eine maßgebliche Bezuschussung in Aussicht gestellt. YL

Dürnbach, Gde. Fischbachau (Lkr. Miesbach), *Leitzachtalstraße 144.* Der zum Elbacher Pfarrhof gehörige Pfarrstadl, ein 1835 errichteter Bruchsteinbau mit verschaltem Oberteil, wird instandgesetzt und zum Wohnen ausgebaut. Krö

Ebersberg, (Lkr. Ebersberg), *Am Priel.* Das Anbringen einer das Erscheinungsbild störenden UKW-Antenne, einer Blitzschutzanlage und der Einbau eines Betriebsraumes in den 36 Meter hohen Aussichtsturm am Ebersberger Forst wurde abgelehnt. Krö

–, *Bahnhofstraße 18.* Für die Vorbereitung der Sanierung und des Ausbaus der jetzt landwirtschaftlich genutzten Bauten des Gutshofs der ehem. Klosterhofmark wurden verformungsgetreue Aufmaßpläne gefordert und auf die Erhaltung sämtlicher Gewölberäume hingewiesen. Krö

–, *Eberhardstraße 43.* Der Abbruch des ehem. Bauernhauses aus der Mitte des 19. Jhs. wurde abgelehnt, der Ausbau des Wirtschaftsteils zum Wohnen beraten. Krö

–, *Ludwigshöhe 3.* Der zweigeschossige Holzblockwohnteil des ehem. Bauernhauses aus Buch aus dem 17. Jh. wird nach Ebersberg transferiert und in Verbindung mit einem Neubau als Museum genutzt werden. Krö

–, *Marktplatz 1.* Das an der Ostseite des im Kern auf das 15. Jh. zurückgehenden Rathauses angebrachte «Florianrelief» aus Marmor in Verbindung mit einer Blechtafel zum Gedenken an Bürgermeister Haggenmiller wird gereinigt und instandgesetzt. Krö

–, *Marienplatz 4.* Die biedermeierlichen Fassaden des ehem. Schulhauses aus dem frühen 19. Jh. wurden instandgesetzt, Werbeanlagen für Geschäfte behutsam einbezogen. Krö

–, *Schloßplatz 4.* In den Osttrakt der ehem. Klosterbrauerei, die im Kern aus dem 17. Jh. stammt, wird ein Laden eingebaut. Krö

Eberswang (Lkr. Eichstätt). Restaurierung einer monumentalen Madonnenskulptur des frühen 16. Jhs. Die gegenwärtige Fassung der Figur, die vermutlich aus der 2. Hälfte des 19. Jhs. stammt – nur das Inkarnat scheint älter zu sein –, wird konserviert. Auf eine zunächst vorgesehene Neuvergoldung wird verzichtet. YL

Ebertshausen, Gde. Straßlach (Lkr. München), *Haus Nr. 2.* Für das kleine Wohnstallhaus, dessen Wohnteil sicher noch aus dem 16. Jh. stammt, wurde ein Abbruchantrag vorgelegt. Trotz des schlechten Erhaltungszustands konnte keine Zustimmung gegeben werden.

182

Aufgrund einer genauen Bauaufnahme soll die Sanierungsmöglichkeit geprüft werden. Hm

–, *Haus Nr. 3 «Beim Bäck»*. Für das 1833 errichtete Bauernhaus, das auf Grund seiner Situierung und seiner Gestaltung mit Laube und Giebellaube sowie reichem Bundwerk und Schalung am Wirtschaftsteil für Ebertshausen ortsbildprägend ist, wurde, nachdem die Landwirtschaft längst aufgegeben ist, Antrag auf Ausbau des Wirtschaftsteils und auf Sanierung des Wohnteils gestellt. Um die bei einem Ausbau des Wirtschaftsteiles unvermeidlichen negativen Folgen auf Struktur und historische Substanz sowie das typische äußere Erscheinungsbild auszuschließen, wurde die Errichtung eines «Zuhäusls» an Stelle eines neueren, gartenseitigen Holzstadls vorgeschlagen. Die Sanierung des Hofes wird auf den Erhalt der Substanz und die zurückhaltende Instandsetzung ausgerichtet sein, die Umbauten im Baudenkmal sind auf Einbau der Sanitäreinrichtungen im ehemaligen Stall beschränkt. Das Landesamt für Denkmalpflege unterstützt die Maßnahme durch einen Zuschuß. Zi

Egenhofen (Lkr. Fürstenfeldbruck), *Kath. Pfarrkirche St. Leodegar*, Restaurierung einer Beweinungsgruppe von Andreas Faistenberger. Die über der Gruft der Freiherrn von Ruffini aufgestellte Gruppe mit Darstellung der um den vom Kreuz abgenommenen Leichnam Christi versammelten Trauernden ist ein Hauptwerk von Andreas Faistenberger, dem Lehrmeister Egid Quirin Asams. Die knapp unterlebensgroßen Figuren tragen eine Fassung wohl des frühen 20. Jhs. Voruntersuchung unter Beteiligung der Restaurierungswerkstätten des Landesamtes für Denkmalpflege. YL

Eggstätt (Lkr. Rosenheim), *Kath. Pfarrkirche St. Georg*. Restaurierung des im Unterbau spätromanischen, im oberen Teil neugotischen Kirchturms; Aufdeckung bedeutender Befunde. Kra

Egling (Lkr. Bad Tölz-Wolfratshausen), *Pfarrstraße 6*. Das Kleinbauernhaus wurde nachträglich in die Denkmalliste aufgenommen; Sanierungsmaßnahmen im früheren Wirtschftsteil wie auch die Fassadenputzerneuerung waren nicht mit dem Denkmalschutz abgestimmt. Krö

Egmating (Lkr. Ebersberg), *Schloßstraße 15*. Das teilweise leerstehende im Kern auf das 17. Jh. zurückgehende, in der 2. Hälfte des 19. Jhs. in eine Brauerei umgebaute «Hofmarkschloß» soll saniert werden und u. a. Räume für einen Golfclub aufnehmen. Krö

Egweil (Lkr. Eichstätt), *Kath. Pfarrkirche St. Martin*, Innenrestaurierung. Die Pfarrkirche St. Martin wurde nach Plänen von Friedrich Haindl in den Jahren 1947 bis 1950 erbaut; Turm, Chor und Sakristei des Vorgängerbaus wurden als Annexbau der östlichen Langhauswand eingegliedert. Außerdem wurde die im wesentlichen barocke Ausstattung des Vorgängerbaus – Hoch- und Seitenaltäre sowie die stukkierte Kanzel – übernommen. Die jetzige Innenrestaurierung geht von dem 1950 geschaffenen Zustand aus; die ältere Ausstattung wird lediglich gereinigt und konserviert. YL

Eichstätt (Große Kreisstadt Eichstätt). Die schon mehrere Jahre andauernde Instandsetzung der spätmittelalterlichen *Stadtmauer* im Bereich der Benediktinerinnenabtei St. Walburg wurde 1989 mit der Wiederherstellung des bereits teilweise verfallenen runden Eckturms fortgesetzt. Im Inneren des Eckturms wurde eine Marienkapelle eingerichtet. Die umfangreichen Klostermauern sowie die Stadtmauer im Bereich der Abtei sollen nach und nach insgesamt instandgesetzt werden, soweit dafür wieder Mittel, vor allem Zuschüsse aus dem Entschädigungsfonds zur Verfügung stehen. Mll

–, Das Informationszentrum «*Naturpark Altmühltal*», das in der ehem. *Klosterkirche Notre Dame*, Kardinal-Preysing-Platz 16 und 18 (früher Am Graben 16 und 18) eingerichtet wurde, konnte am 3. Mai 1989 eröffnet werden (vgl. auch Jahresberichte 1985, 1986, 1987 und 1988). Zuschüsse aus dem Entschädigungsfonds haben vor allem die Instandsetzung der Kirche mit ihrer äußerst qualitätvollen Ausstattung gefördert. Die Arbeiten an dem südlich anschließenden Klostertrakt, nicht von Gabriel de Gabrieli, sondern von Benedikt Ettel (1684–1764) errichtet, dauern noch an und werden sich noch längere Zeit hinziehen. Mll

Ebersberg; Bahnhofstraße 18, Gutshof der ehem. Klosterhofmark

–, In den beiden auf die Zeit um 1450 zurückgehenden Häusern *Brodhausgasse 1* und *Marktplatz Haus Nr. 9* konnte im Frühjahr das «Cafe im Paradeis» eröffnet werden. Über die vorbildliche Restaurierung der beiden bedeutenden Baudenkmäler, die durch Zuschüsse des Landesamts für Denkmalpflege unterstützt wurde, wurde 1985, 1986, 1987 und 1988 ausführlich berichtet. Mll

–, Die Planungen für die Instandsetzung und Revitalisierung der Baudenkmäler *Ostenstraße 27 und 29*, die von der katholischen Universität Eichstätt übernommen werden sollen, konnte noch nicht abgeschlossen werden (vgl. Jahresberichte 1987 und 1988). Mll

–, Die beiden Handwerkerhäuser *Westenstraße 27 und 29* wurden bedauerlicherweise abgebrochen, obwohl sich das Landesamt für Denkmalpflege jahrelang gegen den Abbruch gewehrt hatte und die Neubaupläne nicht genehmigungsfähig sind. Das Haus Westenstraße 27, ein traufseitig zur Straße stehender Barockbau mit Zwerchgiebel, hatte im ersten Obergeschoß unter späteren Verkleidungen eine gotische Holzbohlenstube mit reich geschnitzter Bohlen-Balkendecke des 14. Jhs. Die gesamte Stube wurde bei den Abbrucharbeiten bis auf wenige Balkenreste zerstört. Das Haus Westenstraße wurde 1357 erbaut. Nach Überlieferung war es das Geburtshaus des Nürnberger Humanisten Willibald Pirkheimer, dessen Vater zu dieser Zeit Rat und Sekretär Bischof Wilhelms von Reichenau war. Im Saalbuch von 1696 wird das Anwesen mit Baurecht erwähnt. Mll

–, Vom Abbruch bedroht sind die beiden Bürgerhäuser *Marktgasse 2 und 4*. Das Anwesen Marktgasse 2 hat eine reich gegliederte barocke Putzfassade mit hohem übergiebelten Portal. Das Haus läßt sich bis in das späte 17. Jh. zurückverfolgen. Im Inneren sind noch die großzügige, bis ins erste Obergeschoß in Stein ausgeführte Barocktreppe mit geschnitzter Balustrade, barocke Türen und Stuckdecken erhalten. Das traufseitig zur Marktgasse stehende Haus Nr. 4 hat ein Zwerchhaus mit geschweiftem Giebel und ein barockes Türgewände des 18. Jhs. Die Keller unter beiden Anwesen stammen noch von Vorgängerbauten aus dem Mittelalter, die während des Dreißigjährigen Krieges (1632) durch die Schweden zerstört wurden. Mll

Einöd, Gde. Dietramszell (Lkr. Bad Tölz-Wolfratshausen), *Haus Nr. 2*. Das Dach des Wohnteils aus dem 17./18. Jh. wird instandgesetzt, die Fassadenmalereien nach Befund restauriert. Krö

Eiting, Gde. Engelsberg (Lkr. Traunstein), *Haus Nr. 16*. Von dem wohl ehemals geschlossenem Gehöft «beim Huber» in Hainham 1, Gde. Obing, hatte sich nur der Wohnteil aus der Zeit um 1780 erhalten, eine Datierung 1829 auf über Eck gestellter Ziegelplatte weist auf einen späteren Umbau. Der vorbildlich gelungenen Transferierung des in situ nicht zu erhaltenden Gebäudes nach dem nahen Eiting wurde unter strengen Auflagen zugestimmt.
Bemerkenswert ist das noch unversehrte Holzblockgefüge des Obergeschosses mit seinen kräftigen Kielbogenornamenten und den Hochschwellen («Drischbei»), in welchen die Buchsen der Zylindrischen Türdrehlager gut erhalten blieben. Sämtliche Fenster sind noch in originaler Konstruktion erhalten geblieben: zweiflügelige

Feldkirchen, Gde. Egling, Lkr. Bad Tölz-Wolfratshausen; Haus Nr. 14, Detailaufnahmen, vor Abtragung des Bauernhauses

Fenster mit feststehender Mittelsprosse, waagrechten Bleisprossen mit Windeisen und Gitterstäben in den Viertelspunkten. Stubendecke im Obergeschoß mit kräftigen gefasten Balken, die Fugen mit gefasten Kanthölzern abgedeckt. Diese Deckenkonstruktion ist auch im geräumigen Flez sowie in der Schlafkammer anzutreffen. Von baugeschichtlichen Interesse sind insbesondere die Traggen der Laube, die in ihrer Profilierung als verkleinerte Laubenkonsolen gestaltet sind. Die beiden Laufdielen der Laube werden unterseitig von den gleichen Deckleisten abgedeckt wie in den Stuben. Die selbe Konstruktion findet sich an der giebelseitigen Mantellaube, deren Konsolen zudem noch durch geschnitzte halbkreisbogige Kopfbügen gestützt sind. Diese Konsolen entsprechen gestalterisch den umlaufenden Brettenkopfbügen, auf der die Luftpfette aufruht. We

Eitting (Lkr. Erding), *Kath. Pfarrkirche St. Georg.* Nach Abschluß der Innenrestaurierung kann die den Schalldeckel der Kanzel bekrönende Figur des Hl. Paulus dort nicht mehr angebracht werden, nachdem ein zur Sicherung des Gewölbes an dieser Stelle eingebrachter Zuganker die Rückführung leider ausschließt; die Figur wird deshalb an die südliche Langhauswand versetzt. Als letzter Bauabschnitt steht die Restaurierung der Empore an, wobei die Pfarrgemeinde überzeugt werden konnte, das tribünenartig ansteigende historische Gestühl auf der Empore trotz des geringen Sitzkomforts beizubehalten. YL

Ellighofen (Lkr. Landsberg am Lech), *Kath. Filialkirche St. Stephan.* Die gotische Kirche, um 1500 errichtet, erfuhr in barocker Zeit am Außenbau im wesentlichen nur eine Veränderung der Fenster. Der eingezogene Chor mit Strebepfeilern und der quadratische Turm mit Satteldach haben die mittelalterliche Erscheinung der Kirche bewahrt. Deshalb wurde bei der Außenrenovierung die Mönch-Nonnen-Deckung am Chor in gleicher Form erneuert. Da vor etwa 20 Jahren der Putz völlig erneuert wurde – auch die Gesimse wurden damals abgeschlagen – wurde von der Diözese eine Befunduntersuchung abgelehnt. Erneuerung des Anstrichs in Weiß. RS

Emmering (Lkr. Ebersberg), *Aßlinger Straße 20.* Der «Pfarrbauernhof» aus dem 2. Viertel des 19. Jhs. wird instandgesetzt, das Traufbundwerk des Wirtschaftsteils saniert. Krö

Emmering (Lkr. Fürstenfeldbruck), *Kath. Pfarrkirche St. Johannes d.T.,* Restaurierung der Altarausstattung und der Kanzel. Während der neubarocke Hochaltar gleichzeitig mit der Errichtung der Kirche 1928 entstanden ist, wurden die Retabel der qualitätvollen Seitenaltäre und der Kanzelkorb mit Schalldeckel, die in einem strengen Louis Seize gehalten sind, aus der abgebrochenen Vorgängerkirche übernommen. Zur Erhaltung der einheitlichen Redaktion von 1928 wird auch an den früheren Ausstattungsstücken die vorhandene, stark blätternde Fassung beibehalten und konserviert. YL

Endlhausen, Gde. Egling (Lkr. Bad Tölz-Wolfratshausen), *Sauerlacher Straße 3.* Der landwirtschaftliche Betriebsteil des zum Teil mit Holzblockobergeschoß im 18. Jh. errichteten Bauernhauses wird erneuert. Krö

–, *Sauerlacher Straße 7.* Das als Landheim genutzte ehem. Bauernhaus aus dem ausgehenden 18. Jh. wird instandgesetzt, die Außenmauern abschnittsweise trocken gelegt. Krö

Endorf (Lkr. Ebersberg), *Kapelle des Hofes «Zum Lampl»,* Gesamtinstandsetzung. Die barocke Kapelle mit bemerkenswertem Schmiedeeisengitter wurde nach Einsturz des Gewölbes im wesentlichen in Eigenleistung wieder instandgesetzt. YL

Engelsberg (Lkr. Traunstein), *Kath. Pfarrkirche St. Andreas.* Der ab 1509 erbaute mächtige Turm der bedeutenden spätgotischen Pfarrkirche wurde instandgesetzt. Kra

Englmannszell (Lkr. Pfaffenhofen a.d. Ilm), *Kath. Filialkirche St. Johannes d.T.* Die Instandsetzung der verwahrlosten Filialkirche St. Johannes d.T. in Englmannszell konnte leider immer noch nicht in Angriff genommen werden. Angesichts des fortschreitenden Verfalls ist zu hoffen, daß das Baureferat des Bischöflichen Ordinariats Augsburg in absehbarer Zeit ein Finanzierungs- und Maßnahmenkonzept vorlegt. YL

Erding, ehem. Spitalkirche Hl. Geist, Restaurierung der barocken Sakristei-Einrichtung. YL

Erlach, Gde. Dietramszell (Lkr. Bad Tölz-Wolfratshausen), *Haus Nr. 9.* Der Wirtschaftsteil des ehem. Bauernhauses aus dem 17. Jh. wird zur Wohnungserweiterung ausgebaut, zweigeschossige Tenne und Tennentor ablesbar erhalten. Krö

Erlstätt (Lkr. Traunstein), *Kath. Pfarrkirche St. Peter und Paul.* Der spätgotische, im 18. Jh. veränderte, Mitte des 19. Jhs. regotisierte und in den sechziger Jahren «purifizierte» große Sakralraum soll gereinigt und neu getönt werden. Befunduntersuchungen und Diskussionen über das Restaurierungsziel wurden eingeleitet. Kra

Eschenlohe (Lkr. Garmisch-Partenkirchen), *Dorfplatz 4.* An der mit Heiligenfiguren in Erkernischen geschmückten Fassade des Gasthauses Alter Wirt, aus dem 17. Jh., werden Werbeanlagen als einzeiliger Schriftzug und als handwerklich gefertigter Anleger angebracht. Krö

Esterndorf (Lkr. Erding), *Kath. Filialkirche St. Leonhard,* Innenrestaurierung. Nachdem das innere Erscheinungsbild der ursprünglich gotischen Kirche von der im 18. Jh. durchgeführten Barockisierung bestimmt wird, erfolgt die Fassung der Decke mit einem gotischen Netzgewölbe nicht nach der nachweisbaren gotischen Erstfassung, sondern in dem weißen Kalkanstrich des 18. Jhs. Im Zuge der Beratung der weiteren Innenrestaurierung setzt sich das Landesamt für Denkmalpflege für die Erhaltung des qualitätvollen Kirchengestühls aus der Zeit um 1780 ein, das zur Verbesserung des Sitzkomforts hätte beseitigt werden sollen. Die vorzüglichen Spätrokoko-Altäre Matthias Facklers mit einer Fassung der Brüder Zellner und Skulpturen von Christian Jorhan, die ebenso wie die gleichzeitige Kanzel 1936 auf die originalen Marmorierungen bzw. Figurenfassungen freigelegt worden waren, werden gereinigt und konserviert. YL

Esting (Lkr. Fürstenfeldbruck), *Schloß* . Beratung der Außenrestaurierung des Torbaus mit einem Züge des Heimatstils aufweisenden Monumentalgemälde von Karl Sonner mit Darstellung eines Festzugs unter Beteiligung der Restaurierungswerkstätten des Landesamtes für Denkmalpflege. YL

Eulenschwang (Lkr. Bad Tölz-Wolfratshausen), *Kath. Filialkirche St. Georg*. Die schlichte Kapelle mit dreiseitigem Schluß und flacher Decke ist mittelalterlichen Ursprungs; ein frühbarocker Altar, um 1620/30 hat sich erhalten. Ein Brand um 1900 führte zum Verlust des historischen Dachreiters und der Empore. Dieser Bauschaden erklärt den schlechten Zustand der Westwand. Die vermorschte Mauer, die mit einer Ziegelverblendung, dann mit einer Betonschale zu retten versucht worden war, konnte nicht erhalten werden: Die Westwand samt morschem Dachreiter wurde gegen den Wunsch des Kreisbaumeisters erneuert. Der historische Putz am übrigen Bau wurde erhalten. Fassung nach Befund. RS

Eurasburg (Lkr. Bad Tölz-Wolfratshausen), *Am Schloßberg*. Das seit einem Brand im Jahr 1976 leerstehende, von Peter Candid 1626–30 erbaute Schloßgebäude wird in mehrere Wohnungen aufgeteilt, saniert und unter Wahrung des historischen Erscheinungsbilds um- und ausgebaut. Die Einbauten werden – bis auf den Dachausbau in dem nach Brand neu errichteten Dachgeschoß – «reversibel» vorgenommen, Details historischen Vorbildern nachempfunden. Die Schloßkapelle wird nach Befund restauriert und soll der Allgemeinheit zugänglich gemacht werden. Krö

–, *Am Schloßberg 9*. Das umgebaute Kleinhaus aus der 2. Hälfte des 18. Jhs. wird instandgesetzt, das Flachsatteldach teilweise erneuert. Krö

Evenhausen (Lkr. Rosenheim), *Chiemgauer Straße 9*, Wiederaufstellung eines bei Gars am Inn abgetragenen historischen Bauernhauses (Holzblockbau) nach den Richtlinien des Landesamtes für Denkmalpflege für Transferierungen. Kra

–, *Chiemgauer Straße 39*, Instandsetzung eines großen Einfirsthofes aus dem mittleren 19. Jh. für Wohnzwecke. Beratung und Bezuschussung durch das Landesamt für Denkmalpflege. Kra

Falkenberg, Gde. Moosach (Lkr. Ebersberg), *Haus Nr. 67*. An der Südseite der Schloßwirtschaft, einem biedermeierlich gegliederten Putzbau aus der Mitte des 19. Jhs. wird eine hölzerne Ausschanküberdachung hingenommen. Krö

Farchant (Lkr. Garmisch-Partenkirchen), *Am Gern 1*. Das Walmdach des biedermeierlichen Wohnhauses wird instandgesetzt und die Dachhaut erneuert; die Maßnahme wird vom Landesamt bezuschußt. Krö

Felden (Lkr. Rosenheim), *Rasthaus am Chiemsee*. Weitere zahlreiche Baustellentermine in der 1938 nach Plänen von Fritz Norkauer erbauten Reichsautobahn-Raststätte, die seit 1945 von der US-Army genutzt wird. Das Landesamt für Denkmalpflege versucht, soweit irgendmöglich, die originale Architektur, einschließlich der Einbauten der Bauzeit, zu erhalten. Da bayerisches Denkmalrecht nicht angewendet werden kann, muß auf gütliche Übereinkunft hingewirkt werden (vgl. Jahresbericht 1988). Kra

Feldkirchen, Gde. Egling (Lkr. Bad Tölz-Wolfratshausen), *Haus Nr. 14*. Der zweigeschossige Blockbbau aus der 2. Hälfte des 17. Jhs. wurde abgetragen, holzschutz- und zimmermannsmäßig behandelt und auf einem etwas erweiterten Kellergeschoß wiederaufgestellt, der durchgehende Dachfirst des Einfirsthofes erhalten. Krö

Feldkirchen–Westerham (Lkr. Rosenheim), *Münchner Straße 4*. Das villenartige Wohnhaus von 1895 wurde instandgesetzt und als Gemeindebibliothek eingerichtet. Kra

–, *Münchner Straße 9*. Der Abbruch des ehem. «Leibbräu», eines großen Gasthofs von 1842, konnte leider nicht verhindert werden, da die ortsplanerischen Vorstellungen der Gemeinde seit Jahren von einer Beseitigung der Anlage ausgingen und inzwischen eine erhebliche Verwahrlosung eingetreten war. Kra

Fraßhausen, Gde. Dietramszell, Lkr. Bad Tölz-Wolfratshausen; Haus Nr. 3, Gesamtaufnahme und Wohnteil des Bauernhauses, vor der Instandsetzung

Feller, Gde. Kirchweidach (Lkr. Altötting) *Anwesen Nr. 1*. Der in Mischbauweise errichtete Mitterstennbau, Rest einer ehem. Vierseithofanlage «zum Feller», ist am Anfang des 19. Jhs. errichtet worden. Die an den Fassaden vorhandene, noch originale, aber irreparable Putzstruktur mußte im Zuge der Sanierung originalgetreu wiederhergestellt werden. We

Festenbach, Gde. Gmund (Lkr. Miesbach), *Lindenweg 1*. Der frühere Wirtschaftsteil des Einfirsthofs «Beim Sixt» aus der 2. Hälfte des 17. Jhs. wird erneuert, auf eine Anhebung des Daches gegenüber dem Wohnteil verzichtet. Krö

–, *Miesbacherstraße 49*, «*Orthof*». Die Fassaden des mit der Jahreszahl 1753 bezeichneten Bauernhauses werden instandgesetzt, das Blockbauobergeschoß mit seinem Balkon zimmermannsmäßig repariert. Die Maßnahmen werden vom Landesamt bezuschußt. Krö

Föggenbeuern, Gde. Dietramszell (Lkr. Bad Tölz-Wolfratshausen), *Haus Nr. 2*. Die Fassaden des mit der Jahreszahl 1761 bezeichneten Bauernhauses werden saniert, der zweigeschossige Holzblockbau instandgesetzt, Haustüre und einige Fenster erneuert. Krö

–, *Haus Nr. 7*. Der Wirtschaftsteil des Bauernhauses aus dem 19. Jh. wird wesentlich höher erneuert, der massiv gemauerte Wohnteil mit einem Kniestockgeschoß first- und traufgleich angeschlossen, die Rauhputzgliederungen ergänzt. Krö

Forstseeon, Gde. Kirchseeon (Lkr. Ebersberg), *Haus Nr. 2*. Der zum Anwesen gehörende Bundwerkstadel aus dem 2. Viertel des 19. Jhs. wird in seinen Erdgeschoßmauern erneuert, die konstruktive Wiederverwendung des Bundwerks angestrebt. Krö

Fraßhausen, Gde. Dietramszell (Lkr. Bad Tölz-Wolfratshausen), *Haus Nr. 3*. Der mit der Jahreszahl 1680 bezeichnete zweigeschossige Holzblockbau des stattlichen Bauernhauses wird instandgesetzt, die Maßnahme vom Landesamt bezuschußt. Krö

Frauenhaselbach (Lkr. Mühldorf a. Inn), *Kath. Filialkirche St. Mariä Himmelfahrt*. Die spätgotische Dorfkirche von 1478 besitzt zum Teil ihre neugotische Ausstattung von 1876 (drei Altäre, ursprüngliche Fassung), die gereinigt und konserviert wurde. Kra

Frauenneuharting (Lkr. Ebersberg), *Haus Nr. 6*. Die Instandsetzung des in zweigeschossiger Holzblockbauweise errichteten «Mesnerhauses» aus dem Ende des 17. Jhs. wird durch den Einbau von Sanitärräumen im früheren Wirtschaftsteil ergänzt. Krö

–, *Kirchplatz 4*. Im Wirtschaftsteil des ehem. Bauernhauses wird eine Heizung mit Rauchabzug eingebaut, die Bundwerksteile aus den Jahren 1830/40 werden dadurch nicht geschädigt. Krö

Frauenvils (Lkr. Erding), *Kath. Filialkirche St. Maria*. Abschluß der Innenrestaurierung und Erneuerung der Friedhofsmauer. Wegen ihrer ungewöhnlichen Qualität, insbesondere der reichen farbigen Gestaltung des Netzgewölbes, wurde die spätgotische Wandfassung rekonstruiert, obwohl hierbei ein gewisses Spannungsverhältnis mit der barocken Ausstattung in Kauf genommen werden mußte. Die desolate ziegelsichtige Kirchhofmauer wird abgetragen und an gleicher Stelle wieder aufgebaut. Die historischen Ziegelsteine werden, soweit bei ihnen keine Schäden aufzuweisen sind, wiederverwendet. YL

Freising, Dom. Konservierung der *Grabplatten und Epitaphien im Dom-Kreuzgang*. Unter Fürstbischof Eckher von Kapfing wurden zahlreiche Grabplatten und Epitaphien des Freisinger Doms im Kreuzgang gesammelt und dort in die Wände eingelassen. Im Anschluß an Entfeuchtungsmaßnahmen, die in den frühen achtziger Jahren im Bereich des Kreuzgangs durchgeführt worden sind, sollen nun die zum größten Teil aus Rotmarmor gefertigten Grabplatten gesichert und restauriert werden. Begleitende Schadensdokumentation und Inventarisierung. Beratung durch die Restaurierungswerkstätten und das Zentrallabor des Landesamtes für Denkmalpflege. YL

–, Das *Amtsgericht*, das in den Anwesen *Domberg 18, 20, 22 und 24* untergebracht wurde, konnte im vergangenen Jahr beinahe vollständig fertiggestellt und bezogen werden (vgl. Jahresberichte 1982, 1984–1988). Mll

–, Im *Heilig-Geist-Spital, Heilig-Geist-Gasse 3*, wurden die weitreichenden Umbau- und Instandsetzungsmaßnahmen (vgl. Jahresberichte 1986–1988) weitergeführt. Bei der Fassadeninstandsetzung sollen die nur noch teilweise erhaltenen barocken Stuckdekorationen an allen Fassaden wieder hergestellt bzw. ergänzt und auch die Weiß-Ocker-Fassung des 18. Jhs. erneuert werden. Mll

–, Die Planungen für die Instandsetzung und Erneuerung der *Stützmauern* auf der Südseite des *Dombergs* wurden im Bereich des Lerchenfeldhofs, *Domberg 26, 26a und 26b*, fortgeführt. Gleichzeitig soll die barocke Südfront dieses auf das 18. Jh. zurückgehenden Baudenkmals instandgesetzt werden. Bei den Befunduntersuchungen wurden die in mehreren Ansichten des 18. Jhs. dargestellten barocken Architekturmalereien gefunden. Sie sollen im Lauf der nächsten Jahre wieder hergestellt werden. Mll

–, Der viel zu große, südlich des *Dombergs*, zwischen Ottostraße und Sondermüllerweg geplante *Hotelbau* konnte bis jetzt von den zuständigen Behörden verhindert werden. Mll

–, Die laufende Sanierung *Am Wörth*, über die schon 1986, 1987 und 1988 berichtet wurde, ist voll im Gang und wird sich noch mehrere Jahre hinziehen. Mll

–, Der Umbau und die Instandsetzung des ehem. Bauernhauses *Fischergasse 18* (vgl. Jahresberichte 1986–1988) konnte weitgehend abgeschlossen werden. Mll

–, Das Bürgerhaus *Obere Hauptstraße 38*, ein im Kern mittelalterlicher Bau mit steilem Satteldach, der in seiner heutigen Form auf das späte 17. oder frühe 18. Jh. zurückgeht, konnte vor dem Abbruch bewahrt werden. Hingenommen werden müssen allerdings einschneidende Umbaumaßnahmen. Mit dem Bauvorhaben wurde gegen Jahresende begonnen. Mll

Frickendorf (Lkr. Pfaffenhofen a.d. Ilm), *Kath. Filialkirche St. Margaretha*, Gesamtinstandsetzung. An der statisch gefährdeten Filialkirche St. Margaretha wurden umfangreiche statische Sicherungsmaßnahmen durchgeführt (Maueraustausch im Fundamentbereich sowie Vernadelung des zweischaligen Mauerwerks). An der Außenhaut der barockisierten spätgotischen Kirche hat sich in großem Umfang noch der Putz des 18. Jhs. mit an den Ecken konkav eingezogenen Rauhputzfeldern gerahmt von Glattputzbändern erhalten. Es konnte erreicht werden, daß der ursprünglich komplett zur Erneuerung vorgesehene Putz nun erhalten bleibt und entsprechend dem historischen Bestand ergänzt wird. YL

Fronreiten, Gde. Steingaden (Lkr. Weilheim-Schongau), *Haus Nr. 16*. Das flache Satteldach des Bauernhauses aus dem 18. Jh. wird zimmermannsmäßig instandgesetzt, die Eindeckung mit naturroten Falzziegeln vorgenommen. Krö

Froschsee, Gde. Ruhpolding (Lkr. Traunstein), *Hallwegenhof*. Das Anwesen ist durch Unwetter stark in Mitleidenschaft gezogen worden: Das Dach mußte unverzüglich neu gedeckt werden. We

Fürholzen (Lkr. Freising), *Kath. Pfarrkirche St. Stephanus*. Vorbereitung der Außenrestaurierung des 1723 von Dominikus Gläsl errichteten barocken Zentralbaus. Erneuerung der ausgefrorenen und baufälligen Friedhofsmauer am alten Standort entsprechend dem historischen Erscheinungsbild. YL

Fürstenfeldbruck, Kath. Kirche St. Leonhard. Vorbereitung der Innenrestaurierung. Die aus dem 2. Viertel des 15. Jhs. stammende Kirche wurde im 17/18. Jh. unter Beibehaltung des gotischen Netzgewölbes barockisiert und nach Jahrzehnten der Verwahrlosung infolge der Säkularisation 1855 mit neugotischen Altären und einer geschnitzten Wandverkleidung im Chor ausgestattet. Bei einer eingreifenden Renovierung in den fünfziger Jahren wurde im Zuge einer Umgestaltung zur Kriegergedächtniskapelle die neugotische Ausstattung entfernt und der barocke Boden aus Solnhofener Platten durch einen Kunststeinboden im Langhaus bzw. durch einen Klinkerboden im Chor ersetzt. Der heute kahl wirkende Raum sollte nun einer weiteren Modernisierung mit einer liturgischen Ausstattung nach Entwürfen eines örtlichen Bildhauers unterworfen werden. Nach Auffinden von wesentlichen Teilen der andernorts eingelagerten neugotischen Ausstattung sowie von historischen Aufnahmen wird von Heimatpfleger und Denkmalpflege nachdrücklich angeregt, den Zustand vor der letzten Renovierung wiederherzustellen. YL

Gauting (Lkr. Starnberg), *Am Schloßpark 11–15, Schloß Fußberg*. Das Schloß taucht bereits im 12. Jh. in den Quellen als Sitz Wittelsbacher Ministerialen auf. Es gehört zu einer Kette von Hofmarkschlössern, die sich entlang dem Starnberger See und dem Flußlauf der Würm nach Norden hinziehen. Die vollständige Abbildung dieser Hofmarkschlösser im Stichwerk von Michael Wening von 1701 zeichnet einen fast durchgehenden Typ mittelalterlicher Adelssitze mit Ummauerung, Kapelle und landwirtschaftlichen Gebäuden. Das Schloß Fußberg erhielt seine heutige Gestalt durch weitgehende Um- und Neugestaltung seit 1721 und durch die Anlage eines Englischen Parks in der Mitte des 19. Jhs. Die Lage in einer Flußschleife der Würm, der mangelhafte Pflegezustand von Schloß, Nebengebäuden und Parkanlage haben eine Idylle von seltener Eindringlichkeit geschaffen.
Der Ort Gauting und sehr wahrscheinlich auf der Standort des Schlosses gehören zum römischen Siedlungsgebiet Bracananium. Die wechselhafte Eigentumsgeschichte des Schlosses unterstreicht seine Denkmalbedeutung als historischer Ort und als Geschichtszeugnis des Landes-, Kunst- und Sozialgeschichte bis in den Beginn des 20. Jhs.
Die Gemeinde Gauting hat Schloß mit Park und Nebengebäuden

Frauenneuharting, Lkr. Ebersberg; Haus Nr. 6, Mesneranwesen, vor dem Umbau

gekauft und beabsichtigt in dem villenartigen Schloßgebäude eine kulturelle Nutzung zu etablieren. Vor Beginn der Baumaßnahmen hat das Landesamt für Denkmalpflege archäologische und baugeschichtliche Untersuchungen durchgeführt. Die Untersuchungen werden über den Berichtszeitraum andauern und sicher auch noch nach der Gerüststellung im folgenden Jahr fortgesetzt werden müssen.
Als vorläufige Ergebnisse zeigen sich zahlreiche Hinweise auf eine Bautätigkeit im frühen 18. Jh., die einen Vorgängerbau mit mittelalterlichen Merkmalen weitgehend ersetzen. Im Boden der nicht unterkellerten Bereiche im Schloß und unter die Umfassungsmauer hinausziehend wurden zusammenhängende Pflasterflächen aus sog. Bachbummerln gefunden, die zeitlich noch nicht zuzuordnen sind. Sie sind jedoch älter als die Umbauphase von 1721 und wohl auch älter als der spätmittelalterliche Zustand, der durch den Stich von 1701 überliefert ist.
Außerhalb der Umfassungsmauern des Schlosses ließen sich in Suchschnitten im stark gestörten Gelände weitere Gebäudespuren und Bodeneingriffe aus vorbarocker Zeit fassen, die auf eine sehr differenzierte und weit zurückgreifende Nutzungskontinuität des Ortes hinweisen. Einzelne Befunde sind mit Sicherheit Überreste einer Bebauung die älter als die bildlich überlieferte Anlage aus dem späten Mittelalter sind. Spuren aus römischer Zeit wurden bisher nicht gefunden. Die archäologischen Untersuchungen außerhalb der Grundmauern beschränken sich vorläufig auf Sondagen, die Hinweise auf die Schichtenbeschaffenheit und die Funderwartung liefern sollen, um dadurch insbesondere Hinweise auf das richtige Vorgehen bei der zukünftigen Geländegestaltung zu bekommen.
Die wirkliche denkmalpflegerische Problematik liegt aber nicht in der Ermittlung der Baugeschichte, sondern darin, daß die Gemeinde das Schloß mit seinen Nebengebäuden und dem Park als Verfügungsmasse betrachtet. Sie beurteilt die Instandsetzung nach den Kriterien kommunaler Investitionen und mit Qualitätsvorstellungen zur Ausführung, wie sie bei der Errichtung öffentlicher Mehrzweckgebäude üblich sind. Vordergründige Perfektionsvorstellungen, sowie die Unempfindlichkeit gegenüber der Qualität von Alterungszuständen bedrohen den Bestand aller Oberflächen (Putz, Fußböden), die beweglichen Bauteile (Fenster, Türen) und die gesamte bestehende Haustechnik, deren Erhaltung und Ergänzung umfangreiche Eingriffe in die Bausubstanz überflüssig machen würde.
Es ist vorläufig der Gemeinde und den beauftragten Architekten nicht vermittelbar gewesen, die einzigartige Qualität dieser Denkmalüberlieferung nicht dominant in der künstlerischen Bedeutung, sondern in der unendlichen Fülle geschichtlicher Spuren, einschließlich der aus der jüngsten geschichtlichen Zeit (Fensterbeschläge, Öfen, Lampen usw. aus der 1. Hälfte dieses Jhs.) liegt. Das denkmalpflegerische Prinzip der Annäherung an ein Sanierungskonzept durch Befragung jedes Teiles, jeder Fläche und jeder Funktion auf die Weiterverwendung bzw. auf die Reparaturfähigkeit wird von den Partnern in der Gemeindeverwaltung und von den Architekten mit absolutem Unverständnis betrachtet. Abschließende Entscheidungen hat der Gemeinderat bisher nicht getroffen. Da das noch vage Nutzungskonzept – jenseits der wirtschaftlichen Überlegungen – keine dringlichen Baufortschritte erfordert, besteht die Hoffnung, daß mit der Zeit, mit zunehmenden Erkenntnissen auf den baugeschichtlichen Untersuchungen und vor allen Dingen durch die Meinungsbildung in der Öffentlichkeit und in der Gemeinde doch noch eine behutsame Sanierungskonzeption entwickelt werden kann. Mo

Garmisch-Partenkirchen, Alte Pfarrkirche St. Martin. Auf der Grundlage detaillierter Forschung und Planung wurde der Dachstuhl instandgesetzt. Die besondere Problematik gründet in der Tatsache, daß der ursprünglich flachgedeckte Bau 1522 eingewölbt wurde – eine Maßnahme, die am Dachwerk Schäden verursacht hatte, die im Verlauf der folgenden Jahrhunderte stets unzureichend repariert wurden: Zunächst mit einer Anzapfung der Sparren an die Reststücke der hochmittelalterlichen Zerrbalkenlage, später (19. Jh.) mit Eisenbändern, Brettern, Zugstanden und Seilzügen. Unter Beibehaltung aller historischen Elemente und auch aller noch einigermaßen brauchbaren Ergänzungen aus späterer Zeit wurde der Dachstuhl mit stählernen Zugstangen im gegenwärtigen Zustand stabilisiert. RS

–, *Priesterhaus St. Anton.* Das Priesterhaus wurde 1738–40 bei der Wallfahrtskirche St. Anton errichtet. Bei der Außeninstandsetzung wurde das Dach wieder in Schiefer gedeckt. Dieser Deckung wurde der Vorzug gegeben, da auch die Kirche, mit der das Priesterhaus eine bauliche Gesamtanlage bildet, in Schiefer gedeckt ist (mit einer Erneuerung ist dort in absehbarer Zeit nicht zu rechnen). Unter der alten Deckung wurde eine verfaulte Schindeldeckung vorgefunden. Die Neufassung über dem ergänzten historischen Putz erfolgte nach Befund. RS

–, *Am Herrgottsschrofen 17.* Das 1896 zu einer Künstlervilla umgebaute Bauernhaus aus dem 18. Jh. wird instandgesetzt, das Dach teilweise erneuert. Krö

–, *Bahnhofstraße 4.* Das mit Stuckierungen und Fassadenmalereien von Heinrich Bickel 1935 geschmückte Gebäude erhält einen erdgeschossigen Anbau zur Ladenerweiterung. Krö

–, *Bahnhofstraße 82.* Die Fassade des kleinen Wohnhauses aus dem ausgehenden 18. Jh. wird instandgesetzt, die Erdgeschoßfenster ausgewechselt, die Wandmalerei von Heinrich Bickel aus dem Jahr 1926 restauriert. Krö

–, *Bahnhofstraße 92.* Der Umbau des ehemaligen Polz'n-Kaspar-Hauses, eines stattlichen Bauernhauses mit Holzblockobergeschoß und Legschindeldach aus dem frühen 17. Jh., für die Volksbücherei ist abgeschlossen. Krö

–, *Dreitorspitzstraße 21.* In dem im alpenländischen Heimatstil 1923 erbauten Landhaus werden Eigentumswohnungen eingerichtet und reversible Einbauten gefordert. Ein Neubau im Osten – außerhalb eines freizuhaltenden Umgriffs für das Landhaus – wurde hingenommen. Krö

–, *Dr.-Wigger-Straße 18.* Das aus der Zeit um 1900 stammende neubarocke Parktor zum ehem. Haus Riedberg, einer 1898 von Adolf Hildebrand erbauten Herrschaftsvilla, wird in einen das Grundstück einschließenden Zaun aus Metallstäben zwischen gemauerten Pfeilern eingebunden. Die vorhandenen überbreiten Schleppgauben am Hauptgebäude werden durch wenige schmale Stehgauben ersetzt, eine Verbreiterung des Anbaus im Eingangsbereich hingenommen. Krö

–, *Fürstenstraße 18.* Der das Grundstück des Mittertennhauses aus dem frühen 19. Jh. einfriedende Bretterzaun wird durch eine einfach gestaltete, niedere Mauer mit schlichtem Brettertor ersetzt. Krö

–, *Fürstenstraße 27.* Das frühere Nebengebäude zum Hotel Husar, das 1909 durch Architekt Johann Ostler sein heutiges Erscheinungsbild erhielt, wurde in die Denkmalliste nachgetragen. Die Instandsetzung des Wohnhauses ist im Gang und wird vom Landesamt beraten. Krö

Gmund am Tegernsee, Lkr. Miesbach; Seestraße 2, ehem. Forsthaus, vor der Instandsetzung als Heimatmuseum

–, *Hindenburgstraße 39a*. Die Fassaden des 1924 von German Bestelmeyer erbauten Pfarrhauses werden instandgesetzt, die Fenster unter Verwendung der historischen Beschläge teilweise erneuert. Die historische Haustüre wird nach dem Befund eines Restaurators hergerichtet, die Außentreppe ausgebessert. Krö

–, *Hölzlweg 22*. Vorbereitungen zur Freilegung der vor einigen Jahren übertünchten Fassadenmalerei aus dem Jahr 1908 werden getroffen, der Kachelofen im Erdgeschoß des früheren Landhauses wird umgesetzt. Krö

–, *Klammstraße 1*. Der Wirtschsftsteil des ehem. Bauernhauses aus dem 18. Jh. wird zu einem – im Tenneneinfahrtsbereich eingeschossigen – Laden ausgebaut. Krö

–, *Kreuzgasse 3*. Das Anbringen eines einfachen Holzbalkons im Bereich der Tenne des früheren Bauernhauses aus dem späten 18. Jh. wird hingenommen. Krö

–, *Ludwigstraße 47*. Die Fassaden des im früheren «Wackerlehaus» untergebrachten Heimatmuseums, das im Kern auf das 15. Jh. zurückgeht, werden nach Befund instandgesetzt, die Maßnahme vom Landesamt bezuschußt. Krö

–, *Ludwigstraße 76*. Die verputzte Straßenfassade des ehem. Bauernhauses von 1811 wird durch Schließen neuerer, überbreiter Schaufensteröffnungen zugunsten eines besseren Erscheinungsbildes verändert. Krö

–, *Rathausplatz 1, Rathaus*. In allen Geschossen des 1935 erbauten stattlichen Gebäudes werden – aus Brandschutzgründen – Treppenhausabschlußtüren in einer Glas-Holzkonstruktion eingebaut. Die Fassadenmalereien von Josef Wackerle wurden im Zuge einer Fassadeninstandsetzung übergangen. Krö

–, *Wamberg 13*. Der Ersatz der landwirtschaftlich genutzten Haushälfte des breitgelagerten Doppelhauses mit Legschindeldach aus dem 18. Jh. durch einen Neubau zur Erweiterung des Wohnteils wird hingenommen, die Planung beraten. Krö

–, *Wettersteinstraße 41*. Die ehem. Pensionsvilla «Haus Therese», ein stattliches Walmdachgebäude mit umlaufendem Balkon aus der Zeit um 1910 wird reversibel in Eigentumswohnungen aufgeteilt, die Grundrißstruktur weitgehend erhalten. Krö

–, *Zugspitzstraße 3*. In die Dachfläche des ehem. Bauernhauses aus dem 17./18. Jh. wurden liegende Fensteröffnungen eingeschnitten. Die Entfernung der Dachflächenfenster wurde gefordert, eine Belichtung über die Giebelseite empfohlen. Krö

Gasteig, Gde. Eurasburg (Lkr. Bad Tölz Wolfratshausen), *Am Gasteig 4*. Die Giebelfassade des Wohnteils des stattlichen Bauernhauses aus dem frühen 18. Jh. wird instandgesetzt, das verschalte Vordach zimmermannsmäßig erneuert. Krö

Geilertshausen, Gde. Egling (Lkr. Bad Tölz-Wolfratshausen), *Haus Nr. 5*. Der im frühen 18. Jh. in zweigeschossiger Holzblockbauweise errichtete Wohnteil des Bauernhauses wird instandgesetzt, Fensterflügel und Laubenbrüstungen großenteils erneuert. Krö

Geisenfeld (Lkr. Pfaffenhofen a.d. Ilm). Der *Marienplatz* wurde 1988 neu gestaltet (vgl. Jahresberichte 1986–1988). Geplant ist, auch den *Rathausplatz* und den *Klosterhof* sowie einige anschließende Straßenbereiche neu zu gestalten und damit auch dem Ensemble besser anzupassen. Mll

Geitau, Gde. Bayrischzell (Lkr. Miesbach), *Haus Nr. 70*. Das ehem. Kleinbauernhaus des 18. Jhs. wird instandgesetzt, Sanitäreinrichtungen im Holzblockobergeschoß eingebaut. Der verbretterte Wirtschaftsteil wird zum Wohnen ausgebaut. Krö

Gelbelsee (Lkr. Eichstätt). Planungen für eine Friedhofserweiterung. Überlegungen für eine Erweiterung des Friedhofs im Ortszentrum von Gelbelsee waren aus denkmalpflegerischer Sicht abzulehnen, nachdem die Zerstörung des historischen Ortszentrums die Folge gewesen wäre. In einem 1. Bauabschnitt war nämlich die Beseitigung des im späten 17. Jh. entstandenen Pfarrhofs, eines stattlichen Altmühl-Jura-Hauses, vorgesehen; der zugehörige Stadel mit Fachwerk-Obergeschoß und Kalkplattendach erschien durch die weiteren Bauabschnitte ebenfalls gefährdet. Es wurde nachdrücklich empfohlen, die alternativen Planungen für einen neuen Friedhof außerhalb des Ortszentrums weiterzuführen. YL

Gmund am Tegernsee, Lkr. Miesbach; Tölzer Straße 19, Villa Helene, Haustür, vor der Instandsetzung

Grafing bei München, Lkr. Ebersberg; Marktplatz 2, Gasthof Wildbräu, Gesamtaufnahme und Seiteneingang vor der Instandsetzung

Gerharting, Gde. Trostberg (Lkr. Traunstein), *Anwesen Nr. 5*. Vierseithof mit Bundwerkstadel und Stallgebäuden der Zeit um 1860. Die Planungen des Eigentümers sahen im Stadel den Einbau eines modernen Stalls vor. Nach langwierigen Verhandlungen konnte eine Lösung gefunden werden, die den Erhalt des Bundwerks und der Tennentore ermöglichte. We

Gerstenbrand, Gde. Fischbachau (Lkr. Miesbach), *Haus Nr. 3*. Der Wohnteil des 1667 als neu erbaut genannten Bauernhofs mit Holzblockobergeschoß wird instandgesetzt, die Maßnahme vom Landesamt bezuschußt. Krö

Giesering, Gde. Isen (Lkr. Erding), *Anwesen Nr. 3*. Der Hakenhof mit Traufbundwerk aus 1. Hälfte des 19. Jhs. wurde vor dem drohenden Untergang bewahrt und gesichert und repariert. We

Glött, Gde. Altenmarkt (Lkr. Traunstein), *Anwesen Nr. 1*. Der stattliche Bundwerkstadel an der Südseite des Vierseithofes, im Erdgeschoß gemauert und verputzt, zeigt traufseitig einen regelhaften Aufbau mit überkreuzten Knoten und einem einfachen, niedrigeren Traufbund, über dem Tennentor ein Schriftfeld mit kalligraphischen Initialen und der Datierung 1865. Bemerkenswert sind auch die in die Hinterschalung des mittleren Gefachs eingeschnittenen Lüftungsluken in Gestalt kalligraphischer Initialen, die Reste eines aufgemalten rahmenden Rankenwerks aufweisen. Auffallend ist der weit auskragende «Houdibock». Der sehr reich gestaltete Bundwerkstadel konnte nach langjährigen Bemühungen um die Erhaltung nunmehr vollständig restauriert werden, alle Bemalungen wurden befundgetreu ergänzt. We

Gmund (Lkr. Miesbach), *Seestraße 2*. Das mit der Jahreszahl 1793 bezeichnete frühere Forsthaus, ein stattlicher Flachsatteldachbau mit Giebellaube, wird für die Nutzung als örtliches Heimatmuseum instandgesetzt. Krö

–, *Tölzerstraße 19, Villa Helene*. Das Dach des um 1900 erbauten malerischen Landhauses wird neu eingedeckt, sanitäre Einrichtungen im Gebäudeinneren erneuert und erweitert. Die Maßnahmen werden vom Landesamt bezuschußt. Krö

–, *Wiesseer Straße 11, Bahnhof Gmund*. Die auf der Gleisseite pultförmig angebaute Überdachung wird erdgeschossig um die Ecken des Empfangsgebäudes von 1883 geführt. Krö

Grafengars, Gde. Jettenbach (Lkr. Mühldorf), *Anwesen Nr. 46*. Der große Bundwerkstadel des «Obermeierhofs» ist einer der stattlichsten im Landkreis Mühldorf. An beiden Traufseiten findet sich ein regelhaftes Bundwerksystem mit zwei mittelhohen Normalgefachen und einem wesentlich höheren Traufgitterbund. Bemerkenswert sind die segmentbogigen südseitigen Tennentore, deren Stülpschalung im oberen Teil das Motiv der aufgehenden Sonne zeigt, über einem Heubodentürl die Datierung 1848. Das Mauerwerk der hohen Sockelzone besteht weitgehend aus Nagelfluh-Brocken. Kurz vor oder nach dem Zweiten Weltkrieg wurde im Zuge des Einbaus eines Greifers der Dachstuhl oberhalb der Bretten vollständig zerstört und durch eine provisorische, um etwa 1 m überhöhte Behelfskonstruktion mit etwas steilerer Neigung ersetzt. Im Zuge des Umbaues des Gehöftes zu einem Pfadfinderhof konnten die Fassaden des Stadels originalgetreu ergänzt werden. We

Grafing (Lkr. Erding), *Kath. Filialkirche St. Sebastian*, Restaurierung der barocken Kreuzwegstationen. YL

Grafing b. München (Lkr. Ebersberg), *Marktkirche (Dreifaltigkeitskirche)*, Abschluß der Außenrestaurierung. Die barocke Dreifaltigkeitskirche wurde in der durch Befunduntersuchung nachgewiesenen Fassung des 18. Jhs. in Grau- und Ockertönen marmorierten Feldern und Gesimsen wieder hergestellt. Der Erneuerung der völlig verrotteten zweigeschossigen Turmzwiebel mit Schieferdeckung wurde zugestimmt, ebenso der Verwendung von Holzschindeln für die Neueindeckung. Die statische Sanierung des Dachstuhls, der nun vermutlich auch der Einwirkung von Erdbeben widerstehen wird, ist ein Beispiel für ein besonders unsensibles, nur an DIN-Normen ausgerichtetes Instandsetzungskonzept. YL

–, *Hammerschmiede 19 (früher 1)*. Die ehem. Hammerschmiede, ein 1664 errichteter und 1757 nach Brand großenteils neu erstellter Satteldachbau, wird instandgesetzt und saniert. Spätere Anbauten an den Giebelseiten werden abgebrochen, eine Außentreppe an der nördlichen Trauffassade angefügt. Die Schmiedewerkstatt wird als Atelier genutzt, die Möglichkeit des Anbringens eines Wasserrads auf der Nordseite offen gehalten. Krö

–, *Marktplatz 2*. Die Fassaden des Gasthofs Wildbräu, eines im Kern auf das 17. Jh. zurückgehenden Adelssitzes, werden nach Befund instandgesetzt. Krö

–, *Marktplatz 29*. Das im Kern auf das 17./18. Jh. zurückgehende stattliche Bürgerhaus südlich des Rathauses wird saniert und instandgesetzt, das mit einem neubarocken Schweifgiebel zum Marktplatz hin abschließende Dachgeschoß zum Wohnen ausgebaut. Krö

–, *Rotter Straße 11*. Die Instandsetzung und Sanierung des ehem. Mühlenbaugeschäftes aus der Jahrhundertwende ist abgeschlossen, die Farbgebung nach Befund durchgeführt. Krö

Grafrath (Lkr. Fürstenfeldbruck), *Kath. Pfarr- und Wallfahrtskirche St. Rasso*. Beratung der anläßlich des 1994 bevorstehenden 300jährigen Jubiläums der Weihe des barocken Kirchenneubaues geplanten Innenrestaurierung. Insbesondere war darauf hinzuweisen, daß der beabsichtigten Beseitigung des ehem. Hochgrabes des Titularheiligen an zentraler Stelle im Langhaus – trotz der im 18. Jh. erfolgten Erhebung der Gebeine des hl. Rasso in einen Schrein im Hochaltar – nicht zugestimmt werden kann, nachdem der Bau damit einen zentralen, sinnstiftenden Ort verlöre. YL

Graswang, Gde. Ettal (Lkr. Garmisch-Partenkirchen), *Linderhofstraße 15*. Die Tenne des Gasthauses Fischerwirt aus dem Jahr 1870 wird zum Wohnen ausgebaut, das ursprüngliche Erscheinungsbild ablesbar erhalten. Krö

–, *Obere Dorfstraße 5*. Der erdgeschossige Getreidekasten aus dem Ende des 16. Jhs. erhält einen neuen Überbau. Krö

Greiling (Lkr. Bad Tölz-Wolfratshausen), *Tegernseer Straße 6*. Die Fassaden des im beginnenden 18. Jh. errichteten Wohnteils mit Holzblockobergeschoß werden durch den Einbau neuer Fenster verändert, die Deckenbalken zwischen Erd- und Obergeschoß erneuert. Krö

Greinbach (Lkr. Rosenheim), *Kapelle*. Die barocke Wegkapelle von 1723 mußte trotz Einspruchs des Bayerischen Landesamtes für Denkmalpflege dem Straßenbau weichen. Sie wurde in der Nähe als Kopie neu errichtet. Kra

Großhesselohe (Lkr. München). *Georg-Kalb-Straße 8*. Bei dem nach 1835 nach Plänen Jean-Baptiste Métiviers zur Villa im italienischen Landhausstil umgebauten Haus, nicht zuletzt wegen seiner relativ guten Überlieferung eines der wichtigsten Gebäude seines Typs im Münchener Raum, wurde eine Fassadeninstandsetzung durchgeführt, bei der verunstaltende Eingriffe früherer Jahre, wie einige behelfsmäßige Anbauten sowie eine inzwischen auch verrostete Verschalung der Wetterseite beseitigt wurden. Abgeschlagene Gesimse und Fensterrahmungen und -verdachungen wurden entsprechend dem nachgewiesenen historischen Bestand ergänzt, die Neufassung nach Entfernung eines dichten Dispersionsanstrichs erfolgte nach Befund im Farbkonzept der Drittfassung, die seinerzeit im Zusammenhang mit einer größeren Umbaumaßnahme, die zum prägenden historischen Bestand zählt, erfolgt war. Zi

Grünbach (Lkr. Erding), *Kath. Filialkirche St. Andreas*. Vorbereitung der Innenrestaurierung, die wegen verbreiteten Anobienbefalls bald in Angriff genommen werden muß. YL

Grüntegernbach (Lkr. Erding), *Kath. Pfarrkirche St. Nikolaus von Myra*. Neugestaltung des Friedhofsbereichs. Der aufgelassene historische *Friedhof* an der Pfarrkirche befindet sich gegenwärtig in einem stark vernachlässigten Zustand; dabei wirkt eine durchgehende Bekiesung sämtlicher Flächen und die in jüngerer Zeit erfolgte Anlage eines Wegesystems aus Granitplatten besonders störend. In enger Zusammenarbeit mit der Pfarrei und dem Baureferat des Erzbischöflichen Ordinariats erfolgt nun eine Neugestaltung, bei der vor allem Wert darauf gelegt werden soll, daß der Charakter als historischer Friedhof auch weiterhin erhalten bleibt. Es konnte Einverständnis darüber erzielt werden, daß die Grabstätten nicht in einem Teil des Friedhofs zusammengezogen werden, sondern an ihren Standorten verbleiben. Die Kiesflächen werden begrünt und ein einfaches wassergebundenes Wegesystem angelegt. YL

Gschwendt, Gde. Benediktbeuern (Lkr. Bad Tölz-Wolfratshausen), *Haus Nr. 45*. Die Instandsetzung des Bauernhauses aus dem 18. Jh. wurde eingehend beraten, sanitäre Einrichtungen sollen im unmittelbar an den Wohnteil anschließenden Bereich des früheren Stalles geschaffen werden. Krö

Guttenburg (Lkr. Mühldorf), *Schloß Guttenburg*. Der überregional bedeutende, einen Innenhof umschließende Fünfflügelbau des frühen 16. Jhs., um 1666 umgestaltet und neu ausgestattet (Stuckdecken u. a.), hat nach jahrelanger Verwahrlosung, Gefährdung und Teilzerstörung durch mangelnden Bauunterhalt auf dem Wege der Zwangsversteigerung einen neuen Besitzer erhalten. Mit diesem wurden erste Gespräche über ein geeignetes Konzept vorbereitender Untersuchungen und Planungen (Bestandserfassung, restauratorische Untersuchungen, bautechnische Sanierungsplanung, Nutzungskonzept u. a.) geführt. ChB

Haar (Lkr. München), *Kath. Pfarr- und Anstaltskirche St. Raffael*. Es ist daran gedacht, den 1947 veränderten Innenraum der Kirche auf das Bild von 1904/05 zurückzuführen. Zur Vorbereitung der Maßnahme wurde eine Befunduntersuchung durchgeführt, deren Ergebnis eine nahezu lückenlose Rekonstruktion ermöglicht. Zahlreiche Ausstattungsstücke sind im Speicher gelagert. Hm

Hachegg, Gde. Prem (Lkr. Weilheim-Schongau), *Haus Nr. 1*. Der zum Bauernhof gehörige, mit der Jahreszahl 1613 bezeichnete zweigeschossige Getreidekasten wird aus betrieblichen Gründen von der Süd- auf die Ostseite des Anwesens versetzt, der schützende Überbau in zimmermannsmäßiger Tradition erneuert. Krö

Hadersried (Lkr. Dachau), Gesamtsanierung der Kapelle bei Haus Nr. 15. Die stattliche Kapelle, ein reich gegliederter Bau mit zweiachsigem Langhaus und halbrunder Apsis, dürfte noch in der 1. Hälfte des 18. Jhs. entstanden sein. Eine grundlegende Instandsetzung des durch extreme Durchfeuchtungsschäden gefährdeten Bauwerks wurde beraten und eine Befunduntersuchung veranlaßt. YL

Hafnach, Gde. Flintsbach a. Inn (Lkr. Rosenheim), *Steinbrucherweiterung*. Das Landesamt für Denkmalpflege konnte in Zusammenhang mit der Steinbrucherweiterung, die mit Sprengungen verbunden ist, erreichen, daß die Betreiber des Steinbruchs dafür Sorge zu tragen haben, daß an den in der Nähe befindlichen Baudenkmälern (Burgruine Falkenstein, Stiftskirche St. Peter auf dem Madron) keine Schäden entstehen. Kra

Hagenacker, Markt Dollnstein (Lkr. Eichstätt). Im Frühjahr 1989 erhielt das ehemalige Herrenhaus des Hammerwerks einen Fassadenanstrich, der der Farbfassung des 18. Jhs. entspricht; diese wurde durch Befunduntersuchung ermittelt. Eine seit langer Zeit andauernde Instandsetzungs- und Umbaumaßnahme ist damit abgeschlossen. Mll

Haidenholzalm, Gde. Schleching (Lkr. Traunstein). Der *Linnerkaser* verkörpert den Kasertypus des Chiemgaus, der Merkmale der nordosttirolerisch-südbayerischen Hauslandschaft mit der des Salzburger Flachgaus vereint. Der stattliche Kaser ist eine langgestreckte Einhofanlage mit giebelseitig erschlossenem Vorkaser, massiv gemauert mit Blockbaugiebel, ehemals Legschindeldach. Die Firstpfette ist mit 1808 datiert. Der Kaser konnte vorbildlich instandgesetzt werden. We

Haltenberg (Lkr. Landsberg am Lech), *Burgruine*. Die Burganlage aus dem 12. Jh. wurde ab 1983 mit großem Eifer der Verantwortlichen saniert. Im Zuge der Maßnahme wurden mit Eigenleistungen die ehem. Keller freigelegt, die Mauerkrone des Turms aufgemauert und begradigt, die Kapelle erhielt ein Notdach. Das Landesamt für Denkmalpflege hat seine Bemühungen auf konservatorische Maßnahmen konzentriert: Die einsturzgefährdeten Keller wurden wieder verfüllt; eine Erschließung des Turms auf Bodenniveau unterblieb, um den Charakter des Fluchtturms zu erhalten (Eingang in 7 m Höhe); auf eine Wiederherstellung der Kapelle wird verzichtet – das Notdach bleibt zunächst bestehen. Eine Sicherung der Mauerkronen nach einer fachgerechten Vordokumentation wurde eingeleitet. RS

Harrain, Gde. Pastetten (Lkr. Erding), *Hofkapelle*, Gesamtinstandsetzung. Die zu dem stattlichen Vierseithof von Harrain gehörende neugotische Kapelle, ein wohl aus der Zeit um 1880 stammender Satteldachbau mit spitzem Dachreiter, zeigt erhebliche Durchfeuchtungsschäden. Eine Restaurierung der siebziger Jahre hat den ursprünglichen Raumeindruck nachteilig verändert, insbesondere durch einen neuen Boden aus langrechteckigen, unregelmäßig verlegten Marmorplatten. Im Zuge eines ersten Bauabschnittes ist die Trockenlegung vorgesehen; der Einbringung einer Horizontalisolierung wurde zugestimmt. YL

Harrass, Markt Prien a.Ch. (Lkr. Rosenheim), *Harrasser Straße 106*. Das ehem. Bauern- und Fischergut, im Kern ein zweigeschossiger Holzblockbau des 17. Jhs. im 19. Jh. verputzt, 1913/14 als Landhaus ausgebaut, wurde sorgfältig unter Erhaltung aller Bau- und Ausgestaltungsphasen restauriert. Kra

Hart, Gde. Chieming (Lkr. Traunstein), *Tabinger Straße Nr. 24*. Das äußerlich schmucklose, im Bereich des Wohnteils vollständig massiv gemauerte Gehöft stammt wohl aus dem 1. Viertel des 19. Jhs. und verkörpert einen Kleinbauernhof vom Typus des Salzburger

Hinterlangegg, Gde. Bernbeuren, Lkr. Weilheim-Schongau; Haus Nr. 7, während der Instandsetzung

Flachgauhofes. Das in den Details noch weitgehend unveränderte Gehöft birgt im Inneren eine überraschende Fülle originaler Ausstattung, so u. a. einen Sesselofen in der «Kuchl», ein eingemauertes «Wassergrandl», in der Stube den angeschlossenen Hinterlader, der ebenso wie der Sesselofen eine originale Verkachelung aufweist. Aus der Küche führt über eine Falltür eine halbgewendelte, enge Treppe in den winzigen, tonnengewölbten Keller. Das kleinbürgerliche Gehöft veranschaulicht in beispielhafter Weise die nachbarocke Bau- und Wohnkultur des frühen 19. Jhs. Die Restaurierungsmaßnahmen sind so vorbildlich, daß sie den Anforderungen, wie sie für Exponate von Freilichtmuseen gelten, entsprechen könnten. We

Haselbach (Lkr. Ebersberg), *Kath. Filialkirche St. Margaretha*, statische Sanierung des Dachstuhls. Im Vorfeld der Innenrestaurierung wurde eine statische Sanierung des Dachstuhls durchgeführt, wobei durch einen guten Architekten und die konstruktive Unterstützung des Baureferats des Erzbischöflichen Ordinariats der stark gefährdete historische Dachstuhl gehalten werden konnte. YL

Haslach, Gde. Burggen (Lkr. Weilheim-Schongau), *Haus Nr. 10*. Der Wohnteil des Bauernhauses aus der 2. Hälfte des 18. Jhs. wird um einen seitlichen, vom Giebel abgesetzten Anbau erweitert. Krö

Hebrontshausen (Lkr. Freising), *Kath. Pfarrkirche St. Jakobus d. Ä.*, Außeninstandsetzung. Die Pfarrkirche St. Jakobus ist ein Neubau des mittleren 19. Jhs., in den der Turm des Vorgängerbaus mit einem romanischen Untergeschoß und einem gotischen Obergeschoß mit Satteldach einbezogen worden ist. Bedauerlicherweise wurde der Putz des 19. Jhs. am Langhaus vollständig beseitigt und ein dem Charakter des Bauwerks nicht entsprechender Kellenputz aufgezogen. Die Wiederherstellung der ursprünglichen glatten Oberfläche wurde gefordert. Außenfassung in einem einheitlichen hellen Terrakotta-Ton, der durch Befund als erste Fassung nach der Erweiterung des 19. Jhs. ermittelt worden ist. YL

Hechenberg, Gde. Dietramszell (Lkr. Bad Tölz-Wolfratshausen), *Sonnenlängstraße 18 (vormals Haus Nr. 403)*. Anstelle des historischen Wirtschaftsteils aus dem frühen 19. Jh. werden zwei Wohnungen gebaut, das Traufbundwerk erhalten und konstruktiv in den Neubau einbezogen. Krö

Heiligkreuz (Lkr. Traunstein), *Kath. Pfarrkirche Hl. Kreuz*. Das wertvollste Ausstattungsstück der Kirche, ein Vesperbild des Seeoner Typs, um 1430, freigelegt 1937, erfuhr nach vorangegangener Untersuchung und Dokumentation eine Reinigung und konservierende Behandlung (Sichern gelockerter Fassungsschichten) durch einen Skulpturenrestaurator. – Die Maßnahme wurde durch einen Zuschuß des Landesamts für Denkmalpflege gefördert. Kra

Heldenstein (Lkr. Mühldorf a. Inn), *Kirchstraße 12, altes Schulhaus*. Die Instandsetzung des alten Schulhauses, eines schlichten Satteldachbaus von 1825, und der innere Umbau als Pfarrheim, sind weit

fortgeschritten; eine Auskernung des Gebäudes konnte leider nicht verhindert werden. Kra

Herbstham, Gde. Babensham (Lkr. Rosenheim), *Haus Nr. 55*. Die fast zweijährigen Bemühungen um die Rettung eines bedeutenden Vierseithofes des 19. Jhs. waren leider bisher erfolglos. Kra

Herrmannsdorf, Gde. Glonn (Lkr. Ebersberg), *Haus Nr. 1*. Der um 1900 erbaute neubarocke Pavillonbau des Pförtnerhauses zum Gutshof wird instandgesetzt und saniert, das Dachgeschoß weiter ausgebaut. Krö

–, *Haus Nr. 1*. Das um 1810 erbaute, den um ein rechteckiges Areal angelegten Gutshof im Norden abschließende Nebengebäude wird zu einem Handwerksbetrieb umgebaut. Ein überdimensioniertes Gewächshaus im Osten des um die Jahrhundertwende erbauten Pförtnerhauses zum Gutshof wurde abgelehnt. Krö

Hinterhör, Markt Neubeuern am Inn (Lkr. Rosenheim), *Gutshaus Hinterhör*, Abbruchantrag für das aus dem 18. Jh. stammende, um 1900 in herrschaftlichem Stil ausgebaute Gebäude. Kra

Hinterlangegg, Gde. Bernbeuren (Lkr. Weilheim-Schongau), *Haus Nr. 7*. Der Wohnteil des Kleinbauernhauses aus der 2. Hälfte des 18. Jhs. mit verschaltem Giebel wurde im Zuge ungenehmigter Sanierungsarbeiten großenteils entkernt, Holzbalkendecke und Böden erneuert. Krö

Hintsberg, Gde. Steinhöring (Lkr. Ebersberg), *Haus Nr. 11*. Der hakenförmig angelegte Bauernhof aus der Mitte des 19. Jhs. soll zur Nutzung als Arztpraxis umgebaut werden; ausführliche Beratung an Hand genauer Bestandspläne angeboten. Krö

Hirnstetten (Lkr. Eichstätt), *Kath. Filialkirche St. Leonhard*, Vorbereitung der Innenrestaurierung. Die stattliche Chorturmkirche mit mächtigem spätgotischen Turm mit Staffelgiebel und einem 1743 von Gabriel de Gabrieli als zweiachsiger Saalbau mit Flachdecke errichteten Langhaus ist seit der letzten Innenrestaurierung im Jahre 1979 bereits wieder stark verschmutzt. Außerdem sind Schäden durch Kondensfeuchtigkeit sowie durch aufsteigende Feuchtigkeit zu beobachten. Im Zuge der nun vorgesehenen unaufwendigen Maßnahmen sind die Neutünchung der Wände und die Ausbesserung der Putzschäden vorgesehen, außerdem die Sicherung und Niederlegung der 1979 erheblich überarbeiteten Fassung der barocken Altarausstattung. Sanierung der technisch falsch angelegten und nicht funktionierenden Drainage. YL

Hirschberg, Stadt Beilngries (Lkr. Eichstätt). Die Erweiterung, der Umbau und die Instandsetzung von *Schloß Hirschberg* gingen zügig voran. Trotz Schwierigkeiten bei der Fundierung des Erweiterungsbaus südlich des ehem. fürstbischöflichen Jagdschlosses waren die umfangreichen Rohbauarbeiten gegen Jahresende nahezu abgeschlossen. In Zusammenarbeit mit den Restaurierungswerkstätten des Landesamts für Denkmalpflege wurde mit der Instandsetzung der teilweise reich stuckierten Rokokoräume begonnen. Da die bei der letzten Instandsetzung verwendeten Kunststoff-Dispersionsfarben nicht entfernt werden können, muß für die neuen Anstriche Leimfarbe verwendet werden. Die Arbeiten werden sich noch längere Zeit hinziehen. Mll

Hirschbichl, Gde. Emmering (Lkr. Ebersberg), *Schloßstraße 5*. Die Instandsetzungs- und Sanierungsmaßnahmen an Dach und Fassaden des spätmittelalterlichen Schloßgebäudes sind abgeschlossen; die Maßnahmen wurden vom Landesamt bezuschußt. Krö

Hochschloß, Gde. Pähl (Lkr. Weilheim-Schongau). Die in den Jahren 1883–85 von Architekt Albert Schmidt im romantisierenden Burgenstil errichtete *Landhausanlage* wird instandgesetzt, die Wohnung im 2. Obergeschoß durch Einbau sanitärer Einrichtungen modernisiert. Krö

–, *Gutshof*. Der zum Hochschloß gehörende Gutshof wird instandgesetzt und saniert, der frühere Stall im Nordflügel zum Wohnen ausgebaut. Krö

Hirschbichl, Gde. Emmering, Lkr. Ebersberg; Schloß, Außenansicht, nach der Instandsetzung, und Blick in den Dachstuhl

–, *Stadel.* Der westlich des Gutshofs gelegene, verbretterte Stadel wird instandgesetzt, der mit der Jahreszahl 1849 bezeichnete Bundwerksgiebel ausgebessert. Krö

Höhenmoos (Lkr. Rosenheim), Feichteckweg 4, Instandsetzung eines Stadels des frühen 19. Jhs. mit Backhaus im Rahmen der Dorferneuerung. Kra

Höhenried, Gde. Bernried (Lkr. Weilheim-Schongau), *Haus Nr. 29.* Das um 1935 erbaute ehem. Portiershaus im Park des Schlosses wird instandgesetzt, die Fassadenfarbgebung nach Befund durchgeführt. Krö

Hoflach (Lkr. Fürstenfeldbruck), Kath. Filialkirche St. Maria und Georg. Restaurierung des vor 1700 entstandenen barocken Hochaltars sowie der reichen skulpturalen Ausstattung mit qualitätvollen Werken des 15. bis 18. Jhs. unter Beratung durch die Restaurierungswerkstätten des Landesamtes für Denkmalpflege. YL

Hofschallern, Gde. Stammham (Lkr. Altötting), *Marktlerstraße 23.* Das ehem. Pfarr-Ökonomiegebäude (Ostflügel) der schon im 8. Jh. urkundlich erwähnten Pfarrei wurde gleichzeitig mit dem Pfarrhof (Nord- oder Haupttrakt) 1750 errichtet und dürfte wohl seit 1796 auch als Wohnung der Kooperatoren gedient haben. Die Stallungen im Erdgeschoß beherbergten bis 1929 noch Pferde und Kühe der Pfarr-Ökonomie. Zahlreiche vorgeschichtliche Funde bezeugen eine frühe Besiedlung dieser ehrwürdigen Stätte. Eine geschichtliche Würdigung gibt Josef Seidl-Ainöder in «Öttinger Land» (Bd. III, 1983, S. 66ff.). Der Eigentümer, der das Hauptgebäude vorbildlich restauriert hatte, wünschte nun eine Restaurierung und Sanierung des Ostflügels, der ebenfalls vorbildlich instandgesetzt wurde. We

Hofstetten, Gde. Hitzhofen (Lkr. Eichstätt). Die seit mehr als einem Jahrzehnt in Bauabschnitten durchgeführte Instandsetzung von Schloß Hofstetten, einem ehemals fürstbischöflich eichstättischen Jagdschloß, konnte im vergangenen Jahr nahezu abgeschlossen werden. Mll

Hohenaschau im Chiemgau (Lkr. Rosenheim), *Kampenwandstraße 94.* Modernisierung des 1879 erbauten, 1914 durch Franz Zell weiter ausgestalteten Burghotels unter Erhaltung und Restaurierung der bedeutenden Fassaden und von charakteristischen Innenräumen. Kra

Hohenkammer, Gde. Hohenkammer (Lkr. Freising). Der *Pfarrhof, Hauptstraße 6,* über dessen Instandsetzung 1987 und 1988 berichtet wurde, wurde im Frühjahr des vergangenen Jahres bezogen. Ein bedeutender Barockbau hat damit wieder seine ursprüngliche Bestimmung erhalten. Mll

Hohenlinden (Lkr. Ebersberg), Bergkapelle. Die Standsicherheit der in bewirtschafteter Flur liegenden Kapelle war durch Pflügen nahe den Fundamenten gefährdet. Angesichts der komplizierten Eigentumsverhältnisse konnte mit Unterstützung der Gemeinde Hohenlinden erreicht werden, daß im Wege der Grundumlegung ein ausreichend breiter Geländestreifen von der Gemeinde erworben und mit einer Hecke bepflanzt wird. Die Gesamtinstandsetzung wurde beraten. YL

Hohenpeißenberg (Lkr. Weilheim-Schongau), Kath. Wallfahrtskirche Mariä Himmelfahrt. Die Wallfahrtskirche wurde außen instandgesetzt. Unter Leitung des Landbauamtes Weilheim wurde die Deckung erneuert: Zur Talseite historische Biberschwanzziegel. Die Fassung nach Befund orientiert sich an einer historischen Weiß-Gelb-Fassung der Wallfahrtskapelle, die im 18. Jh. neu ausgestattet wurde (Matthäus Günther). Eine Kassettendecke im oberen Sakristeibereich, 1619 eingerichtet, wurde mit Beratung der Amtswerkstätten restauriert. RS

–, *Kath. Pfarrhof.* Das ehem. Chorherrenhaus, später Pfarrhof, wurde 1619 erbaut. Die historische Dachdeckung wurde auch hier talseitig erhalten, im Norden erneuert. Eine frühere Putzerneuerung am gesamten Bau hat alle Befunde beseitigt, aber Spuren einer Graufassung an den Gliederungen wurden festgestellt. Der historisierende Putz wurde überarbeitet, eine graue Fassung zu weißen Flächen angelegt. RS

Hohenpolding (Lkr. Erding), Karner bei der kath. Pfarr- und Wallfahrtskirche Mariae Heimsuchung. Der bedeutende, bis in die Gotik zurückgehende Carner mit Krüppelwalm, der in der 2. Hälfte des 18. Jhs. zur Kapelle ausgebaut und dabei reich mit Stuck und Fresken ausgestattet worden ist, wird heute nur noch als Lagerraum genutzt. Vernachlässigter Bauunterhalt hat zu Wassereinbrüchen und Schäden im Deckenbereich geführt. Eine baldige Instandsetzung wurde nachdrücklich angeregt. YL

Hohenwart (Lkr. Pfaffenhofen a.d. Ilm). Mit der Fertigstellung des *Unteren Marktes* und der Aufstellung eines Marktbrunnens wurde die Sanierung im Ensemblebereich abgeschlossen (vgl. Jahresberichte 1987 und 1988). Mll

Holz, Gde. Hausham (Lkr. Miesbach), *Haus Nr. 73, «Vorderholz».* Der in jüngerer Zeit umgebaute Wirtschaftsteil des stattlichen Einfirsthofs aus dem frühen 18. Jh. wird saniert, die Dachanhebung zugunsten des historischen Wohnteiles rückgängig gemacht. Krö

Holz, Gde. Wildsteig (Lkr. Weilheim-Schongau), *Haus Nr. 3.* Der erdgeschossige, aus Morgenbach transferierte Getreidekasten aus dem frühen 17. Jh. erhält einen dreiseitigen, den historischen Holzblock schützenden Überbau. Die Maßnahme wird vom Landesamt finanziell gefördert. Krö

Holzhausen (Lkr. Landsberg am Lech), Kath. Pfarrhof. Der ehem. Edelmannsitz wurde 1580 von Ludwig Welser errichtet. Über die Fugger und Kloster Heilig Kreuz in Landsberg am Lech ging er schließlich 1643 an das Kloster Steingaden. Der Pfarrhof wurde 1658, nach 1803 und 1909 umgestaltet. Seit 1980/81 wurde er unter Leitung des Landbauamtes Weilheim renoviert. Bei ersten Maßnahmen zur Sanierung des Mauerwerks ging bei Putzabnahme im Sockelbereich die gesamte Putzgliederung des Portals verloren. Im Lauf der Jahre wurden Konzepte zur Sicherung der schon sehr verblaßten Fassadenfresken aus dem 18. und beginnenden 19. Jh. entwickelt. Das Landesamt für Denkmalpflege hielt entgegen dem Wunsch des Bauherrn, außen das Erscheinungsbild von 1580 wiederherzustellen, an der Orientierung an Fassung und Ausstattung von 1803 ff. fest. Dazu ließ sich gut die Erhaltung des Treppenhauses mit Geländer (an der Wand gemalt!) und originalem Boden mit Sternintarsien der Zeit vertreten. Schließlich erfolgte in den vergangenen Jahren unter Beratung des Landesamtes und der Amtswerkstätten die Sicherung der Fassadenmalereien, die Rekonstruktion der zugehörigen Fassung (mit Rekonstruktion der Portaleinfassung), die Restaurierung des Treppenhauses mit seinem originalen Boden. RS

Holzkirchen (Lkr. Miesbach), *Marktplatz 19*. Eine «Entkernung» des um 1900 in Formen des Historismus erbauten Wohn- und Geschäftshauses wurde abgelehnt, die Erhaltung der originalen Decken und Böden, der für die typische Grundrißfiguration wesentlichen Mauern sowie der Treppen, Türen und Fenster gefordert. Krö

Hub, Gde. Steinhöring (Lkr. Ebersberg), *Haus Nr. 1*. Für die Sanierung des aus dem frühen 18. Jh. stammenden Einfirsthofs wurde ein Instandsetzungskonzept mit Finanzierungsplan vorbereitet, um Zuschußmöglichkeiten zu erkunden. Krö

Hütting, (Lkr. Neuburg-Schrobenhausen), *Kath. Pfarrkirche St. Ulrich*. Als letzter Abschnitt der Innenrestaurierung erfolgt die Konservierung der Skulpturen des 18. und 19. Jhs. mit überwiegend neuzeitlichen Fassungen. YL

–, *Kath. Pfarrhof*, Gesamtinstandsetzung. Der barocke Pfarrhof von Hütting, ein stattlicher Satteldachbau mit sehr vollständig erhaltener zeitgenössischer Innenausstattung, verfällt zusehends. Die Pfarrgemeinde ist daran interessiert, den ortsbildprägenden Bau einer neuen Nutzung zuzuführen; allerdings bedarf es hierzu eines in Zusammenarbeit mit dem Bischöflichen Ordinariat Augsburg entwickelten Sanierungskonzeptes. Die Einleitung baldiger Instandsetzungsmaßnahmen wurde nachdrücklich angeregt. YL

Huglfing (Lkr. Weilheim-Schongau), *Hauptstraße 89*. Das stattliche Halbwalmdach der in der Mitte des 19. Jhs. erbauten «Moosmühle» wird im Zuge des Dachgeschoßausbaues instandgesetzt, die Dachdeckung mit naturfarbenen Biberziegeln erneuert. Krö

–, *Ringstraße 25*. Der landwirtschaftliche Betriebsteil des breitgelagerten Bauernhauses aus der 1. Hälfte des 18. Jhs. wird zum Wohnen ausgebaut. Die Stallaußenmauern teilweise erneuert, Tennentor und Tennenbrücke in die Umbaumaßnahme so einbezogen, daß das alte Erscheinungsbild ablesbar erhalten bleibt. Krö

–, *Ringstraße 37*. Die Umnutzung des früheren Stalles des Bauernhauses aus dem 18. Jh. zu einer Schreinerwerkstatt bedingt ein Höherlegen der Stalldecke. Das Traufbundwerk verbleibt am darübergelegenen Tennenteil und wird instandgesetzt. Krö

Humbach (Lkr. Bad Tölz-Wolfratshausen), *Kath. Filialkirche St. Anna*. Der Dachstuhl der spätgotischen Kirche wurde vermutlich im 17. Jh. erneuert. Spätere Eingriffe gestalteten die Sanierung schwierig. Eine Beratung durch das Referat Bauforschung des Landesamtes für Denkmalpflege konnte die geplante Erneuerung verhindern. Der behutsam reparierte Dachstuhl konnte allerdings nicht die zusätzliche Last einer Biberschwanzabdeckung aufnehmen; die Schindeldeckung war auch aus statischen Gründen sinnvoll. Nach Abnahme eines Dispersionsanstrichs wurden die Fassaden außen weiß gefaßt. RS

Hundham, Gde. Fischbachau (Lkr. Miesbach), *Leitzachtalstraße 234*. Die Fassaden des stattlichen Einfirsthofs «Beim Meister» werden instandgesetzt, die Heiligenfresken aus dem frühen 19. Jh. durch einen Restaurator gesichert, die Stockfenster mit sprossengeteilten Flügeln teilweise erneuert. Krö

Icking (Lkr. Bad Tölz-Wolfratshausen), *Hauserweg 2*. Der landwirtschaftliche Betriebsteil des stattlichen Bauernhauses aus der Mitte des 18. Jhs. wird erneuert, die Anhebung des Daches über dem Wohnteil um zwei Pfettenhöhen hingenommen und dadurch der Einfirsthof wieder hergestellt. Krö

Ilmmünster (Lkr. Pfaffenhofen a.d. Ilm), *ehem. Benefiziatenhaus*. Der zweigeschossige Steilsatteldachbau ist auf Grund seines eher unscheinbaren, von einer nachkriegszeitlichen Renovierung geprägten Äußeren bislang nicht in der Denkmalliste eingetragen worden. Bei einer Begehung stellte sich jedoch heraus, daß sich im Inneren der bauliche Zustand der Entstehungszeit (wohl noch 1. Hälfte des 18. Jhs.) weitgehend unverändert erhalten hat. Untersuchungen am Außenputz ergaben weiterhin, daß der barocke Außenputz mit grüngefaßten Fensterfaschen und Eckpilastern an drei der vier Fassaden noch vorhanden ist. Dankenswerterweise haben Pfarrei und Baureferat des Erzbischöflichen Ordinariats München ihre Bereitschaft bekundet, zu prüfen, ob im Rahmen der derzeitigen Planungen für ein Pfarrheim an gleicher Stelle eine Lösung gefunden werden kann, die eine Integration anstelle des bisher vorgesehenen Abbruches ermöglichen würde. YL

Indersdorf Kloster, Markt Markt Indersdorf (Lkr. Dachau), *Kloster*. Durch den vom Landkreis Dachau ausgeschriebenen Architektenwettbewerb für die Erweiterung der Realschule Kloster-Indersdorf konnte eine auch aus denkmalpflegerischer Sicht hervorragende Lösung gefunden werden. Die auf das 17. und 18. Jh. zurückgehenden Wirtschaftsgebäude des ehem. Augustiner-Chorherren-Stifts sind in die Schulplanungen einbezogen. Mit den Bauarbeiten soll im Jahre 1990 begonnen werden. Mll

Ingolstadt, *Franziskanerkloster und Franziskanerkirche*, Außeninstandsetzung und Restaurierung des Chorgestühls. Einleitung der Außenrestaurierung von Kirche und Kloster durch bauphysikalische Analysen und eine Befunduntersuchung, um die erheblichen Durchfeuchtungsschäden möglichst gezielt und effektiv angehen zu können. Nachdem in einem ersten Maßnahmenkonzept die weitgehende Beseitigung des Außenputzes vorgesehen war, ist nun durch die vom Landesamt für Denkmalpflege geforderte Befunduntersuchung abzuklären, in welchem Umfang sich noch Altputzbestände an den jedenfalls im unteren Bereich weitgehend neu verputzten Fassaden erhalten haben.– Das bedeutende, aus dem frühen 17. Jh. stammende und im 19. Jh. ergänzte Chorgestühl, das aus Eichenholz gefertigt ist, zeigt an der Oberfläche Salzausblühungen. Eine Bestandsdokumentation und ein Restaurierungskonzept einschließlich chemischer Analysen werden gegenwärtig unter Beratung der Restaurierungswerkstätten des Landesamtes für Denkmalpflege erstellt. YL

–, *Kath. Pfarrkirche St. Moritz*, Einbau von Windfängen. Die Errichtung von Windfängen an den gotischen Portalen der Stadtpfarrkirche St. Moritz begegnete erheblichen Bedenken der Denkmalpflege, nachdem die Gewändearchitektur des Stufenportals an der Südseite durch den Einbau eines außenseitigen Glaskastens in den sechziger Jahren erheblich beeinträchtigt worden ist; noch gravierendere Auswirkungen hätte nun die Schließung der Portalvorhalle am Nordportal mit einer etwa 6 m hohen Glaswand gehabt. Um zu verhindern, daß in der Portalvorhalle am Nordportal von abendlichen Besuchern Abfälle zurückgelassen werden, ist nun an Stelle der Glaswand eine schlichte schmiedeeiserne Vergitterung des unteren Bereiches vorgesehen. Außerdem wurde am Südportal im Bereich des südlichen Seitenschiffes ein einfacher Holzkasten mit Schwingtüren als Windfang vorgeschlagen, damit auf den gläsernen Vorbau an der Fassade verzichtet werden kann. YL

–, *Kath. Stadtpfarrkirche Zu Unserer Lieben Frau*, Beratung der *Restaurierung zweier barocker Fresken* am Chor sowie eines spätgotischen Rotmarmor-Epitaphs am nordwestlichen Eingang. Im Vorfeld der Herstellung fester Einbauten zur *Aufstellung der barocken Krippe* im Untergeschoß des Südturmes war auf die Bedeutung des nun dort untergebrachten früheren Sakristeimobiliars (erste Hälfte des 18. Jhs.) hinzuweisen. Sofern ein besserer Aufstellungsort – etwa im Untergeschoß des Nordturmes – nicht gefunden werden kann, ist zumindest sicherzustellen, daß die alten Sakristeimöbel zur Durchführung konservierender Maßnahmen zugänglich bleiben. YL

–. Der Realisierungswettbewerb für die Sanierung und Erweiterung des *Rathauses*, die Erweiterung der *Sparkasse* und die Neugestaltung des *Rathausplatzes* sowie des *Viktualienmarkts* zwischen Rathaus und Stadttheater, dem ein offener Ideenwettbewerb für alle deutschen Architekten vorausgegangen war, erbrachte einen überzeugenden ersten Preis. die Lösung, die ein Münchner Architekturbüro zusammen mit einem Ingolstädter Architekten erarbeitet hatte, wird der Ausführung zugrundegelegt (vgl. auch Jahresbericht 1988). Mll

–, Instandsetzung, Umbau und Erweiterung der *Berufsschule Brückenkopf 1*, über die schon 1988 berichtet wurde, dauert noch an und dürfte sich noch längere Zeit hinziehen. In die umfangreichen Maßnahmen einbezogen werden auch die nach dem Zweiten Weltkrieg errichteten Neubauten. Mll

–, *Camerariat*, Vorbereitung der Gesamtinstandsetzung des ehem. städtischen Verwaltungsgebäudes mit spätmittelalterlicher und barocker Substanz, die im 19. Jh. überformt wurde, durch ein verformungsgetreues Bauaufmaß und eine Befunduntersuchung.   YL/Mll

–, Der älteste Kasernenbau Bayerns, die ehem. *Donaukaserne, Tränktorstraße 8*, konnte auch 1989 noch nicht fertiggestellt werden. Die Instandsetzung und vor allem der Einbau eines Museums werden sich noch längere Zeit hinziehen (vgl. auch Jahresberichte 1987 und 1988). Mll

–, *Georgianum*, Vorbereitung der Gesamtinstandsetzung des aus dem 15. Jh. stammenden ehemaligen Universitätsgebäudes mit Kapelle, das insbesondere in der Zeit nach der Säkularisation eingreifende Umbauten erfahren hat, durch ein verformungsgetreues Aufmaß und eine umfassende Befunduntersuchung.   YL/Mll

–, *Hohe Schule*, Vorbereitung der Gesamtinstandsetzung. Die Hohe Schule, ein stadtbildprägender, mächtiger Steilsatteldachbau mit Spitzbogen-Blendgliederung an den Giebelseiten, wird zur Vorbereitung eines schonenden Instandsetzungskonzeptes verformungsgetreu aufgemessen und der bauliche Bestand durch eine umfassende Befunduntersuchung erfaßt. Trotz eingreifender Umbauten vor allem in den dreißiger Jahren haben sich vermutlich in erheblichem Umfang noch Fassungen und andere bauliche Merkmale aus gotischer und barocker Zeit erhalten. Die erheblichen Mittel für die detaillierten baulichen Untersuchungen wurden dankenswerterweise – ebenso wie beim Georgianum und beim Camerariat – von der Stadt Ingolstadt bereitgestellt.   YL/Mll

–, Gegen Jahresende konnte das *Kanisiuskonvikt, Konviktstraße 1*, wieder bezogen werden. Das ehem. Jesuitenkolleg war nach dem Ersten Weltkrieg zu einem Schülerheim umgebaut worden und wurde in den vergangenen Jahren umfassend modernisiert. Neben Schülern sollen auch Studenten im Kanisiuskonvikt untergebracht werden. Die offizielle Einweihung des Hauses wird im Januar 1990 stattfinden. Mll

–, Die Gestaltung des Freigeländes zwischen *Reduit Tilly und Turm Triva* für die *Landesgartenschau 1992* (vgl. Jahresberichte 1986–1988) ist schon weit fortgeschritten und hat auch bereits zu Kritik an dem neuen Fußgängersteg über die Donau und an den Uferbefestigungen geführt. Vor allem von der örtlichen Presse wurde beanstandet, daß die Uferbefestigungen, die Brücke und das am südlichen Brückenkopf errichtete Theatron mit Gaststätte viel zu massiv sind. Wie bereits im Jahresbericht 1988 ausgeführt, mußte das Landesamt für Denkmalpflege den Abbruch der 1859/60 an die Infanteriemauer des Brückenkopfs angebauten Schiffsbrückenremise hinnehmen; durch die Beseitigung dieses für die Festungsgeschichte wohl einmaligen Baudenkmals wurden die bereits weitgehend fertiggestellten, oben erwähnten Neubauten erst möglich.   Mll

–, Eine außergewöhnlich interessante und der äußerst schwierigen Aufgabe angemessene Lösung erbrachte der Wettbewerb des Bezirks Oberbayern für die *Turn- und Schwimmhalle der Körperbehindertenschule im Cavalier Elbracht*. Die mit dem 1. Preis ausgezeichnete Arbeit wird bereits ausgeführt. Die Turn- und Schwimmhalle wird in der durch Wiedereröffnung des nach dem Zweiten Weltkrieg zugeschütteten Grabens entstandenen Ruinenlandschaft behutsam eingefügt. Die Ausführung wird sich noch längere Zeit hinziehen. Mll

Ingolstadt-Oberhaunstadt, Kath. *Pfarrkirche St. Willibald*. Die Innenrestaurierung der 1950 nach Plänen von Friedrich Haindl errichteten Pfarrkirche, eines weiträumigen Saalbaus mit Flachdecke, in den der Chor sowie die südliche Langhauswand und die Westfassade des bedeutenden Vorgängerbaus mit romanischen und gotischen Bauabschnitten einbezogen worden sind, wurde im Berichtsjahr abgeschlossen. Von der Denkmalpflege war nachdrücklich zu fordern, daß auch der gotische Chor der Vorgängerkirche, der in den sechziger Jahren zu einer Kriegergedächtnisstätte umgestaltet und im wesentlichen unter gestalterischen Gesichtspunkten renoviert worden ist, einer der Bedeutung dieser qualitätvollen baulichen Fragmente entsprechenden Restaurierung zugeführt werden sollte. Beim Abbau der Orgel an der rückseitigen Südwand der Kirche, die identisch ist mit der südlichen Langhauswand des Altbaus, sind das romanische Mauerwerk und eine schmale hohe Fensteröffnung sichtbar geworden, deren Gewände verputzt und mit spätromanischen Ornamentmalereien geschmückt ist. Die Konservierung dieser Befunde wurde veranlaßt. YL

–, Das ehem. *Gasthaus* und der dazugehörende *Stadl Hegnenbergstraße 24* wurden instandgesetzt und zu einem Wohnhaus umgestaltet. Das Gasthaus, das längere Zeit Pfarrhof der Kath. Pfarrei St. Willibald war und der dazugehörende mächtige Stadl in Altmühl-Jura-Bauweise gehen auf das frühe 19. Jh. zurück und bilden zusammen mit der Kath. Pfarrkirche St. Willibald im historischen Ortskern von Oberhaunstadt eine ensemble-ähnliche Gruppe. Bei der Instandsetzung des ehem. Gasthauses wurden spätere, störende Eingriffe beseitigt und die ursprüngliche Farbgebung mit Architekturmalereien wiederhergestellt. Das mit Kalkplatten gedeckte Dach des gemauerten Stadls mußte erneuert werden. Mit in die Instandsetzung einbezogen wurden auch die historischen Einfriedungsmauern und das kleine Nebengebäude sowie der große Hof mit altem Baumbestand. Mll

Ingolstadt-Unsernherrn, Kath. *Pfarrkirche St. Salvator*, Außenrestaurierung. Der zunächst vollständig zur Abschlagung vorgesehene Altputz der stattlichen gotischen, in der 1. Hälfte des 18. Jhs. barockisierten Kirche konnte erfreulicherweise erhalten werden. Wie vereinbart, wird sich nun die Putzerneuerung nur auf solche Bereiche beschränken, die stark durchfeuchtet und neuzeitlich sind. Die sich anschließende Innenrestaurierung wird durch eine Befunduntersuchung vorbereitet. Die Bekämpfung des Anobienbefalls im Dachstuhlbereich wurde veranlaßt. YL

Inhausen (Lkr. Dachau), Kath. *Filialkirche Mariae Himmelfahrt*, Sicherung und Restaurierung des Deckenfreskos im Langhaus. Die gotische Kirche wurde bei ihrer Barockisierung im Jahre 1761 mit einem monumentalen Deckenfresko von Johann Georg Dieffenbrunner ausgestattet, das den besten Leistungen der barocken Deckenmalerei in Bayern zuzurechnen ist. Das wegen Durchrostung der Haltedrähte der Schilfmatten, die im vorliegenden Fall als Putzträger dienen, unmittelbar absturzgefährdete Deckengemälde wurde mit extremem Aufwand gesichert: Einbringung von mehreren tausend Haltedübeln von der Deckenoberseite her unter vorheriger Härtung des Freskoputzes an den Ankerpunkten; zusätzliche Festigung der Malschicht mit Kieselsäureester. Das sehr kostenintensive und ungewöhnliche Restaurierungskonzept konnte nur aufgrund der besonderen Gefährdung des Bestandes als «ultima ratio» akzeptiert werden. YL

Innerbittlbach (Lkr. Erding), Kath. *Filialkirche St. Ulrich*, statische Sanierung. Die auf «Almboden», einem im Erdinger Raum verbreiteten tuffähnlichen Kalkgestein, errichtete Kirche zeigt Setzungsrisse. Vorbereitung eines statischen Sanierungskonzeptes mit möglichst geringen Eingriffen in die mittelalterliche Mauersubstanz. YL

Inning am Holz (Lkr. Erding), *Geigl-Kapelle*. Die Wegkapelle des 18./19. Jhs. wurde von den Eigentümern ohne Einschaltung der zuständigen Behörden abgebrochen und durch einen Neubau ersetzt. YL

Isareck, Gde. Weng (Lkr. Freising). Die auf die Renaissance zurückgehende Architekturmalerei im Bereich des Portals von *Schloß Isareck* konnte nicht, wie 1988 berichtet, freigelegt und restauriert werden, da dafür bis jetzt noch keine ausreichenden Mittel zur Verfügung stehen. Das Landesamt für Denkmalpflege wird sich nach wie vor bemühen diese Maßnahme zu fördern und zu unterstützen (vgl. auch Jahresberichte 1985–1988). Die Instandsetzungen und der Umbau des ehem. Pfarrhauses und des gräflichen Gasthauses wurden im vergangenen Jahr abgeschlossen. Das Gasthaus ist nun wieder geöffnet. Der übergroße, für 2000 Personen geplante Biergarten zwischen Schloß, Kornstadel, Pfarrhaus, ehem. Schloßbrauerei und Gasthaus, der zur völligen Veränderung und damit zur Störung der benachbarten Baudenkmäler führen würde, konnte bisher nicht verhindert werden. Mll

Jetzendorf, (Lkr. Pfaffenhofen a.d. Ilm). Die Instandsetzung von *Schloß Jetzendorf* wurde mit Einbau einer Wohnung und eines Büros im Hochschloß fortgeführt. Das Hochschloß ist ein im Kern spätgotischer Bau, 1733 barockisiert und um 1840 umgebaut. In einem weiteren Bauabschnitt, für den Zuschüsse aus dem Entschädigungsfonds bereitgestellt werden sollen, ist die dringend erforderliche Instandsetzung der Fassaden geplant (vgl. auch Jahresberichte 1987 und 1988). Mll

Josefstal, Markt Schliersee (Lkr. Miesbach), *Josefstalerstraße 14, «Beim Kameter»* Der Balusterbalkon des um 1730 errichteten ehem. Bauernhauses wird instandgesetzt, die von Schädlingen befallenen Holzblockwände des Obergeschosses saniert und teilweise erneuert. Krö

Kaps, Gde. Trostberg (Lkr. Traunstein). Der *Bundwerkstadel* des Hofes «beim Fürst» zeigt an der Südseite noch eine sehr regelhafte, weitgehend intakte Bundwerkarchitektur im Rupertiwinkler System: über zwei Normalgefachen baut sich in klarer Dreiteilung ein Gitterbundwerk von reicher Gestaltung auf, bemerkenswert auch die Architektur der Tennentore, von denen eines noch vollständig erhalten ist. Das Tennentor selbst zeigt im Streiflicht noch deutlich das einst aufgemalte doppelschwänzige Löwenpaar mit Rautenwappen. An der Westseite ein einstmals ochsenblutrot bemalter Scharschindelmantel. Das hofseitige Bundwerk war weitgehend zerstört, bemerkenswert jedoch die Supraporten am Tennentor und am Heubodentürl: polychrome Fabelwesen mit geringeltem Hinterteil und pfeilspitzenbesetztem Schwanzende. Das Innere war erheblich reduziert, der westseitige Streichbinder vermorscht. Nach langwierigen Sanierungsmaßnahmen hat der Bau nun wieder eine sinnvolle Nutzung. We

Karlskron, (Lkr. Neuburg-Schrobenhausen). Die Instandsetzung des *Alten Rathauses, Hauptstraße 34*, und die Errichtung des Erweiterungsbaus waren gegen Jahresende sehr weit gediehen (Fertigstellung bis Ende 1990). Beim Alten Rathaus, 1794 als «Moosgericht» erbaut, soll die auf die Erbauungszeit zurückgehende Fassadengestaltung wieder hergestellt werden (vgl. auch Jahresbericht 1988). Mll

Kemmerting, Gde. Haiming (Lkr. Altötting), *Anwesen Nr. 2*, Vierseithof beim «Vorderniedermeier». Im Zuge der Sanierung wurde das gesamte Ziegelsichtmauerwerk mit wechselnden Flußkieselschichten originalgetreu restauriert. Die ausgewaschenen und von Vögeln ausgefressenen Verfugungen der Flußkieselschichten wurden wieder in der traditionellen Technik verfugt bzw. verschlämmt. We

Kiefersau, Gde. Wackersberg (Lkr. Bad Tölz-Wolfratshausen), *Haus Nr. 123*. Der zweigeschossige Holzblockwohnteil des aus der 2. Hälfte des 16. Jhs. stammenden, weithin sichtbaren stattlichen Bauernhauses wird zur Unterkellerung im ganzen abgehoben, instandgesetzt und wieder an den – neueren – Wirtschaftsteil angefügt. Die Maßnahme wird aus dem Entschädigungsfonds gefördert. Krö

Kiefersfelden (Lkr. Rosenheim), *Johann-Nepomuk-Kapelle, Innstraße*. Gesamtrestaurierung der 1819 erbauten Kapelle, die wieder eine hölzerne Scharschindeldeckung erhalten konnte. Bezuschussung durch das Landesamt für Denkmalpflege. Kra

Kleinpienzenau, Gde. Weyarn, Lkr. Miesbach; ehem. Anwesen Harring, Haus Nr. 18, nach der Transferierung

–, *Blahausstraße 12*. Als erster Schritt zur fach- und sachgerechten Restaurierung des sogenannten Blahauses, eines großen Holzblockbaus von 1969, wurde ein Bauaufmaß erstellt. Kra

Kirchberg (Lkr. Erding), *Kath. Filialkirche St. Peter und Paul*. Nach Abschluß der Außenrestaurierung ist die Neugestaltung des Friedhofs vorgesehen. Die Reduzierung der Kiesflächen zugunsten eines natürlichen, mit Gras bewachsenen Bodens wurde empfohlen, weiterhin die Anlage eines einfachen wassergebundenen Wegesystems. YL

Kirchberg, Gde. Erlbach (Lkr. Altötting), *Anwesen Nr. 73*, geschlossener Vierseithof, eines der glanzvollsten Zeugnisse des in dieser Region üblichen Backsteinbaues, das Wohnstallhaus mit schmiedeeisernem Glockenständer, ist 1882 datiert. Imposant ist der Westtrakt mit den drei korbbogigen Arkaden auf Natursteinsäulen und dem reichen Gitterbundwerk im Oberteil, auf dem engmaschigen Traufgitterbund mit den beiden jochbogigen Getreidebodentüren drei geschnitzte und bemalte, 1863 datierte Kartuschen aufgesetzt. Die kaum merkliche Dachüberhöhung («Scharfirst») stammt noch aus der Zeit des Legschindeldachs. Die Remise, die sehr starke Schäden aufwies, konnte im Zuge der auf weite Sicht geplanten Gesamtinstandsetzung saniert, repariert und zugleich für eine rentablere Nutzung hergerichtet werden. We

Kirchdorf, (Lkr. Freising), *Kath. Pfarrkirche St. Martin*, Sanierung von Turm und Glockenstuhl. YL

Kirchisen (Lkr. Mühldorf), *Kath. Filialkirche St. Pankraz*. Gesamtindstandsetzung der im 15. Jh. errichteten und in der Regencezeit barockisierten Landkirche. Rekonstruktion des barocken Putzes und der zugehörigen Farbigkeit (Erstfassung) in Freskotechnik. Weiterführung der Maßnahmen 1990. ChB

Kirchkagen (Lkr. Mühldorf), *Kath. Filialkirche St. Petrus*. Außeninstandsetzung der im 15. Jh. erbauten, im späten 18. Jh. barockisierten Landkirche. Rekonstruktion des barocken Putzes und der zugehörigen Fassung in Freskotechnik. ChB

Kirnberg, Stadt Penzberg (Lkr. Weilheim-Schongau), *Seeshaupter Straße 97*. Das flache Satteldach des stattlichen Kirnberger Hofs, eines verputzten Holzblockbaus aus dem 18. Jh. wird instandgesetzt, die Maßnahme vom Landesamt bezuschußt. Krö

Klebing, Gde. Pleiskirchen (Lkr. Altötting), *Anwesen Nr. 5*. Kleinbauernhaus, im Kern wohl noch aus der 1. Hälfte des 19. Jhs., Obergeschoß in Blockbau, nachträglich verputzt. Der seit langem geplante Umbau und die Instandsetzung sind befriedigend verlaufen. We

Kleinkatzbach (Lkr. Erding), *Kath. Filialkirche St. Andreas*, Vorbereitung der statischen Sanierung. Die in einem feuchten Talgrund gelegene, sehr reizvolle kleine Barockkirche zeigt Setzungsschäden,

Kleinpienzenau, wie oben, Hauskapelle des ehem. Anwesens Harring, Haus Nr. 18 mit Wandmalerei, vor dem Abbruch

die sich trotz eines vor etwa 10 Jahren in die Mauerkrone eingebrachten Ringankers fortsetzen. Vorgesehen ist nun ein unter die Fundamente gezogener Tragerost mit Wurzelpfahlgründungen, wobei Eingriffe in die historische Mauersubstanz auf ein Minimum beschränkt bleiben sollen. YL

Kleinpienzenau, Gde. Weyarn (Lkr. Miesbach), *ehem. Harring-Anwesen*. Der ehemals im Wasserschutzgebiet gelegene Bauernhof des späten 18. Jhs. aus Harring wurde transferiert, das Holzblockobergeschoß mit seinen Lauben über neugemauertem Erdgeschoß wiederaufgestellt. Die abgenommenen Wandmalereien der kleinen Hauskapelle aus dem Jahr 1797 wurden von einem Restaurator übertragen. Krö

Kleinreichertshofen (Stadt Pfaffenhofen), *Kath. Filialkirche St. Ulrich*, Erneuerung der Friedhofsmauer. Aufgrund statischer Probleme, weiterhin wegen erheblicher Durchfeuchtung und Frostschäden war die Erneuerung der einfachen, heute ziegelsichtigen Friedhofsmauer hinzunehmen; lediglich der Westabschnitt, der keine derart gravierenden Schäden zeigte, wird erhalten und restauriert. Die übrigen Mauerabschnitte werden nach Dokumenten am historischen Ort in der bisherigen Form wieder aufgebaut. YL

Knodorf, Stadt Vohburg a.d. Donau (Lkr. Pfaffenhofen a.d. Ilm). Die Wiederherstellung der barocken Fassadengestaltung von *Schloß Knodorf, Hofmarkstraße 18*, konnte wegen fehlender Eigenmittel auch 1989 nicht ausgeführt werden (vgl. Jahresberichte 1986–1988). Mll

Kochel am See (Lkr. Bad Tölz-Wolfratshausen), *Kath. Pfarrkirche St. Michael*. Unter Einbeziehung eines gotischen Chors (1521) wurde die Kirche 1688/90 neu erbaut. Stuckiert und mit Fresken versehen wurde sie erst um 1730. Wichtige Veränderungen fanden 1930 statt: Errichtung barocker Seitenaltäre anstelle der neuromanischen des 19. Jhs. und Verlängerung der Kirche nach Westen. Die Fassung der Raumschale von 1930 hat sich mit Rücksicht auf die Ausmalung und den barocken Stuck im wesentlichen an der Fassung des 18. Jhs. (1730 und 1780) orientiert. So konnte die Neufassung nach Befund der Fassung von 1780 (Stuckergänzungen aus dieser Zeit von Edmund Doll) auch die Ergänzungen der Ausstattung von 1930 einbinden. RS

–, Bahnhofstraße 10. Die Blockwände des Obergeschosses des ehem. Bauernhauses aus dem 18. Jh. sind von Holzschädlingen so stark zerstört, daß sie erneuert werden müssen. Durch den Verlust der gesamten historischen Bausubstanz des Obergeschosses und des Dachs verliert das kleine Gebäude seine Schutzwürdigkeit. Krö

Königssee, Gde. Schönau (Lkr. Berchtesgadener Land), *Hammerlweg 5*. Die Instandsetzung des Unterhammerl-Lehens, eines der ältesten bäuerlichen Bauten des Berchtesgadener Landes, war schon vor zwei Jahren abgeschlossen worden. Bevor an die Aufbringung eines Legschindeldachs gedacht werden konnte, war zunächst noch eine statische Überprüfung durchzuführen. Es erwies sich als notwendig, daß die gesamten Dachlasten vom alten Blockwerk abgeleitet wurden und über Zwischenstützen direkt auf den Untergrund übertragen werden. Das heute auf der ganzen Dachfläche über vorhandenes Blech aufgelegte Scharschindeldach mit großen bemoosten Abschwersteinen wird viel bewundert. We

Königswart, Gde. Soyen (Lkr. Rosenheim), *Eisenbahnbrücke über die Inn*. Das Landesamt für Denkmalpflege hat sich der Absicht der Deutschen Bundesbahn widersetzt, die eindrucksvolle Königswarter Eisenbahnbrücke von 1874 durch einen Neubau zu ersetzen und fordert die Sanierung des monumentalen, aus vier gemauerten Pfeilern und einem Stahlfachwerkbalken bestehenden Ingenieurbauwerks. Kra

Kogl, Gde. Fischbachau (Lkr. Miesbach), *Haus Nr. 4, «Beim Meister»*. Der von Schädlingen befallene zweigeschossige Holzblock des ehem. Handwerkerhauses aus der 2. Hälfte des 17. Jhs. wird saniert, Fensterstöcke und Türen instandgesetzt. Die Maßnahmen werden vom Landesamt bezuschußt. Krö

Kollbach, Gde. Petershausen (Lkr. Dachau), Einleitung der Gesamtinstandsetzung der um 1700 entstandenen Kapelle nördlich der kath. Frauenkirche mit einer Innendekoration aus qualitätvollem Arkanthusstuck. YL

Kollmann, Gde. Burgkirchen an der Alz (Lkr. Altötting), *Anwesen Nr. 63*. Der noch weitgehend unberührt erhaltene Vierseithof «zum Kollmann» mit in Holzblock gezimmertem Wohnteil ist ein typisches Beispiel eines bescheidenen bodenständigen Kleinbauerngehöftes mit Zuhaus. Revitalisierung mit Durchführung der wichtigsten Reparaturarbeiten. We

Kottgeisering (Lkr. Fürstenfeldbruck), *Kath. Pfarrkirche St. Valentin*. Nach Abschluß der statischen Sicherungsmaßnahmen, insbesondere der Instandsetzung des Dachstuhls, wird die Innenrestaurierung der im 19. Jh. nach Westen verlängerten Kirche mit ihrer anspruchsvollen Rokoko-Ausstattung durch eine Befunduntersuchung vorbereitet. YL

Kreuth (Lkr. Miesbach), *Südliche Hauptstraße 8*. Die Außenmauern des früheren Zollamts Kreuth, eines schlichten Putzbaus aus der Mitte des 19. Jhs., erhalten eine Wärmeisolierung, die Fassadenmalerei wird durch einen Restaurator gesichert. Krö

Kronberg, Gde. Gars am Inn (Lkr. Mühldorf), *Anwesen Nr. 187*. Der «Kronberger» ist ein Vierseithof in landschaftlich exponierter Lage, bei dem sich noch ein barockes Wohnstallhaus in Blockbau erhalten hat. Der Kern der Bausubstanz entspricht wohl der Datierung 1736 der Kartusche über der traufseitigen Laubentür. Die Datierung 1687 auf der Lagerfläche eines Vollziegels (über der Fletztür eingemauert) mag von einem Vorgängerbau stammen, weitgehende Fenster-Erneuerung im späten 19. Jh. Eine bemerkenswerte Zutat aus späterer Zeit ist der mit Pultdach an die Giebelfront vorgebaute Stüberl-Vorbau, Stallteil mit zweischiffigem böhmischem Gewölbe auf hohen Gurtbögen über monolithischen Natursteinsäulen. Das Gewölbefeld am Stalleingang zeigt ein Medaillon mit dem IHS-Monogramm und der Datierung 1840. Das interessante Wohnstallhaus konnte trotz intensiver Bemühungen nicht an Ort und Stelle erhalten werden; glücklicherweise fand sich ein Interessent, der eine bestens vorbereitete Transferierung nach Amerang im benachbarten Landkreis Rosenheim bewerkstelligte. We

Lackenbach, Gde. Kirchanschöring (Lkr. Altötting), *Götzinger Straße Nr. 57*. Das Gebäude, ein typischer Hof des Salzburger Flachgaus, ist in Tuffsteinen gemauert, das für die Hauslandschaft typische Giebelbundwerk auf einen halbgeschoßhohen Blockbau im Dachgeschoß aufgesetzt. Der ostseitige Giebelbalkon weist die typischen Merkmale der Salzburger Hauslandschaft auf, insbesondere die Form der Balkonkonsolen, sowie die Ausbildung der Laubensäulen. Die Laubenkonsolen, Traggen und Laubendielen waren weitgehend zerstört. Bei der erforderlichen Wiederherstellung konnte die gesamte historische Konstruktion bis ins Detail originalgetreu wiederhergestellt werden. We

Laim, Gde. Hausham (Lkr. Miesbach), *Haus Nr. 70*. Der frühere Wirtschaftsteil des kleinen, 1797 neu errichteten Einfirsthofes wird zu einem Atelier ausgebaut, die historische Tennenkonstruktion miteinbezogen. Krö

Lampoding (Lkr. Traunstein), *Kath. Kapelle Maria Loreto*, Vorbereitung der Gesamtrestaurierung der 1731 erbauten, jetzt aber doch stark vernachlässigten Kapelle; Begutachtung, Kostenermittlung. Kra

Landsberg am Lech, Kloster der Ursulinen. Das Kloster mit der Dominikanerinnenklosterkirche Hl. Dreifaltigkeit, ab 1740–60 errichtet, steht seit 1985/86 leer. Die Stadt plant den Einbau von Altenwohnungen. Das Landesamt für Denkmalpflege (Abt. Inventarisation) hat als Grundlage der Planungen einen Baualtersplan erstellt. In mehreren Planungsschritten wurde versucht, die Eingriffe in die historische Substanz zu minimieren. Im wesentlichen können die Zellen beibehalten und je zwei und zwei mit nur einer Türe verbunden werden. Wert wird auch auf die Erhaltung der historischen Türen (reiche Rahmenfelderteilung) und der vollständig erhaltenen Dielenböden gelegt. Eingriffe bedeuten die Einbringung von Sanitärzellen und eines Liftes. RS

–, *Rathaus*. Im Berichtsjahr wurden Statikkonzepte erarbeitet zur Sicherung der Gewölbe und Decken: Teilweise tragen Wände im Erdgeschoß Lasten – auch aus den Obergeschossen – auf die Gewölbe im Keller ab (neben dem Scheitel), die Stuckdecken mit originalem Plattenbelag (Achtecktonplatten) im Geschoß darüber hängen durch, die Hauptfassade löst sich von den Decken in den Hauptgeschossen. Das größte Problem bei der Erstellung des Konzepts stellten die durchhängenden Decken im Foyer vor dem Ratssaal dar: Zur Verstärkung der Decke über 12 m Spannweite wären Stahlträger von zu großen Querschnitten erforderlich gewesen; Unterfangungen verboten sich im Bereich der Stuckdecken. Das Landesamt für Denkmalpflege hat vorgeschlagen, die beiden vorhandenen, mit Stuckprofilen verzierten Unterzüge in situ zu schlitzen und mit Stahlschwertern zu verstärken. Der Vorschlag wurde vom Statiker gerechnet und akzeptiert. RS

–, *Stadttheater*. Pläne zur Restaurierung und zum Umbau des Stadttheaters sind in Vorbereitung. Das Theater soll im wesentlichen erhalten werden, der Schnürboden aus der Entstehungszeit des Theaters (1878) kann aus brandschutztechnischen Gründen nicht erhalten werden. Das Theater, ursprünglich in einem Stadelgebäude des ehem. Heilig-Geist-Spitals in Landsberg errichtet, soll durch Einbeziehung von Teilen der anschließenden Schule (Turnhalle und Saal), ebenfalls 1878 errichtet, modernen Bedürfnissen eines Theaters mit ständigem Ensemble angepaßt werden. Das Landesamt für Denkmalpflege versucht, den eher bescheidenen Charakter eines Bürgertheaters von 1878 zu bewahren. RS

–, *Alte Bergstraße 494*. Das Anwesen stammt im Kern aus dem 17./18. Jh., ein Anbau mit Laube von 1840. Die Planungen und das Genehmigungsverfahren haben sich schwierig gestaltet, da die Nutzungsforderungen in krassem Widerspruch zu den Möglichkeiten der historischen Hausstruktur standen. Nachdem Einigung mit den Eigentümern über Art und Umfang der Maßnahmen erzielt war, wurde ohne weitere Rücksprache mit dem Landesamt für Denkmalpflege die oberste Decke samt Zerrbalkenanlage herausgesägt und das kleine Kriechgeschoß mit Zugang zur Laube, zu dessen Erhaltung eine Galerie mit Deckenöffnung geplant war, zerstört. Der übrige Grundriß und einige historische Decken, vor allem im älteren Bereich des Hauses, blieben erhalten. RS

–, *Hauptplatz 178*. Das Gebäude steht giebelseitig zum Hauptplatz mit der Traufe zur Herzog-Ernst-Straße. Bei der Behandlung der Umbauplanung für das Juweliergeschäft hat sich gezeigt, daß die Traufseite wohl im 16./17. Jh. (?) einen Laubengang und Arkaden hatte, die später geschlossen wurden. Zuletzt entstand 1895 eine einheitliche Front von Schaufenstern mit der typisch gründerzeitlichen Holzverblendung und -rahmung. Aus sicherheitstechnischen Gründen gestaltete sich der Umbau schwierig. Durch die Trennung von Laden und Hauseingang mit neuer Treppe im unteren Bereich war es möglich, den Laden als abgeschlossenen Bereich zu erhalten und damit auch die historischen Ladeneinbauten von 1895. Die Stuckdecke im ersten Joch des Ladens (um 1700) wurde nicht restauriert, blieb aber ohne Eingriffe. RS

–, *Hindenburgring 13*. Eine dreigeschossige Gründerzeitvilla mit ursprünglich je einer Wohnung pro Geschoß wurde durch Teilung und durch Veränderungen im Grundriß zu mehr Wohnungen ausgebaut. Es wurde versucht, die historischen Räume und ihre Ausstattung mit historischen Türen und Decken, soweit möglich, zu erhalten. Einige Türdurchbrüche und zusätzliche Trennwände waren nicht zu vermeiden. RS

–, *Ludwigstraße 157*. Es lag ein Antrag zu Umbau und Erweiterung des Wohn- und Geschäftshauses vor. Der Vorgang ist ein Präzedenzfall für die sich häufenden Versuche, in der Altstadt die zur ehem. Stadtmauer hin orientierten Grundstücke, die zu den zum Hauptplatz und zur Hauptstraße orientierten Bürgerhäusern gehören, wirtschaftlich zu nutzen. Damit wird die historische Stadtstruktur, die an den Patrizierhäusern des 14. bis 18. Jhs. Vorder- und Rückseiten mit den zugehörigen Nebengebäuden und Kleingärten zur Stadtmauer hin erkennen läßt, in Frage gestellt. Andererseits versucht die Stadt aus verständlichen Gründen, durch die Schaffung von größeren Nutzflächen Geschäfts- und Kaufhäuser in der Altstadt zu erhalten oder anzusiedeln. Der Vorgang wurde der Regierung von Oberbayern zur Entscheidung vorgelegt. RS

–, *Malteserstraße 425e*. Der Ostflügel des ehem. Jesuitenkollegiums wurde von 1612–15 errichtet. Er enthielt ursprünglich die Verwaltung für das Kornspeicher und bezog den in der zweiten Hälfte des 16. Jhs. errichteten Zehentstadel mit ein. Durchgreifende Umbauten fanden im Zuge der Errichtung der Kreislehranstalten ab 1913 statt; Ausbauten 1951/52 und 1960. Die Neuerrichtung eines Treppenhauses für die landwirtschaftlichen Lehranstalten und die aus brandschutztechnischen Gründen notwendige Erweiterung des Treppenerkers von 1910 wurde hingenommen, ein Ausbau des frühbarocken Dachstuhls als Freizeitraum aber abgelehnt. Alle anderen Veränderungen betrafen Einbauten von 1950/51 und 1960 und wurden akzeptiert. RS

–, *Vorderer Anger 219*. Beim Umbau des zweigeschossigen Eckhauses wurde die originale Treppenposition entdeckt sowie eine barocke überputzte Bohlenwand. Umbau mit einigen Rücksichten auf historische Substanz. RS

–, *Vorderer Anger 283*. Das Haus mit teilweise erhaltenem Dachstuhl des 16. Jhs. wurde vor Erteilung der Baugenehmigung erheblich beschädigt: In fast allen Geschossen waren die Putze entfernt, in den oberen Geschossen einige Trennwände aus der Erbauungszeit und aus dem 20. Jh. Durch sämtliche Decken (auch Lehmschlagdecken des 16. Jhs.) wurde für den Aufzug ein 1 qm großes Loch geschlagen. Wie in vielen vergleichbaren Fällen hat das Landesamt für Denkmalpflege von der Stadt die Verhängung eines Bußgeldes gem. Art. 23 DSchG erbeten, aber dies nicht durchgesetzt. Das Landesamt hat

Litzau, Gde. Steingaden, Lkr. Weilheim-Schongau; Haus Nr. 3, vor dem Abbruch

Wert auf die Erhaltung des noch nicht überbauten Hofs mit zweigeschossiger Altane gelegt. RS

Landsham (Lkr. München), *Kath. Filialkirche St. Stephanus*, Erneuerung der Orgel. Das überdimensionierte und für den Kirchenraum nicht verträgliche Projekt des Einbaus einer neuen Orgel konnte nicht akzeptiert werden. Überarbeitung unter Beratung durch das Orgelreferat des Landesamtes für Denkmalpflege. YL

Langengeisling (Lkr. Erding), *Kath. Pfarrkirche St. Martin*, Abschluß der Gesamtrestaurierung. Die *Friedhofskapelle* erhielt wegen starker Durchfeuchtungsschäden eine Horizontalisolierung. Der historische Außenputz, dessen Fassungen im Rahmen einer Befunduntersuchung dokumentiert wurden, wurde leider vollständig in unzulänglicher Qualität erneuert. Konservierung der frühklassizistischen Malereien im Inneren, die im Sockelbereich schon länger verloren sind. YL

Langenpreising (Lkr. Erding), *Kath. Pfarrkirche St. Martin*. Abschluß der Außenrestaurierung mit einer Neufassung in Ocker mit weißen Gliederungen. Nachdem der Turm diese Farbgebung bereits in einem vorangegangenen Abschnitt erhalten hatte, konnte der Befund der Erstfassung, der die für Erding typische Farbigkeit von altweißen Wandflächen und grünen Gliederungen erbrachte, nicht mehr umgesetzt werden. Bei der sich anschließenden Innenrestaurierung wird der Gesamtraum in der Fassung von 1902 – damals war das Langhaus der im 3. Viertel des 18. Jhs. entstandenen Kirche im Inneren umgestaltet worden – getönt. Die bedeutende Altarausstattung und die Kanzel werden der Jorhan-Werkstatt zugeschrieben. Die Ergebnisse einer mangelhaften Freilegung und der weitgehenden Neuvergoldung in den sechziger Jahren können leider nur noch vorsichtig korrigiert werden. Eine lebensgroße Ölberggruppe des 19. Jahrhunderts hinter dem als Bühnenaltar ausgebildeten Hochaltar soll wieder in einem mechanisch funktionsfähigen Zustand gebracht und konserviert werden. YL

Lappach (Lkr. Erding), *Kath. Filialkirche St. Remigius*, Abschluß der Außeninstandsetzung. Im Rahmen einer am Turm durchgeführten Befunduntersuchung konnte an den später überputzten gotischen Konsolfriesen die Originalfarbigkeit in Ziegelrot und hellem gelblichen Ocker nachgewiesen werden. Bei der Neutünchung wurden diese Befunde nicht zugrundegelegt, sondern der Turm wurde wieder in der bisherigen Farbigkeit, einem sandfarbenen Naturputzton, gefaßt. YL

Larsbach (Lkr. Pfaffenhofen a.d. Ilm), *Kath. Filialkirche zum Heiligen Kreuz*. Vorbereitung der Gesamtinstandsetzung der 1764 errichteten Kirche mit einer bedeutenden frühbarocken Ausstattung die vermutlich aus dem Vorgängerbau übernommen worden ist. Die bei einer vollständigen Putzerneuerung in den siebziger Jahren vereinfachte Gliederung des Außenbaus soll nach historischen Aufnahmen wiederhergestellt werden. YL

Laufen (Lkr. Berchtesgadener Land), *Marienplatz Nr. 16*, sog. Tettenbacherhaus. Das mächtige Eckhaus gewinnt seine besondere Bedeutung durch die Tatsache, daß es beim großen Stadtbrand von 1663 weitgehend unversehrt geblieben ist und seine barocke Substanz in nur oberflächlich veränderter Form bis heute erhalten konnte. Auf einem Ex voto von 1663 zeigt sich das Haus bereits in seiner heutigen Größe und Grundform, mit dem weit ausladenden Hohlkehlgesims und der deutlich sichtbaren Datierung 1651; das Erdgeschoß war noch weitgehend geschlossen und als Wirtschaftsgeschoß genutzt, die Fenster des 1. Obergeschosses zeigen reiche Vergitterung, im 2. Obergeschoß sind deutlich Kreuzstockfenster erkennbar. Auffallend sind die aufgemalten «Türkenkreuze» an den Toren und Fensterläden. Eine Zeichnung von 1878 zeigt das Haus bereits stark verändert, mit einem pultdachartigen Vordach über dem Erdgeschoß. Die heutige Stukkatur der Fensterumrahmungen stammt wohl aus der Zeit der Jahrhundertwende. Im 3. Bauabschnitt konnte die befundgetreue Restaurierung der Fassade bewältigt werden. We

–, *Schiffmeistergasse Nr. 1*. Das ehem. Schiffmeisterhaus, ein markanter Eckbau am Marienplatz, stammt im Kern aus dem 17./18. Jh. Die große Hohlkehle der waagrechten Attika ist barock; die Fassade zum Marienplatz wurde 1871 mit reicher Stukkatur in Neurokokoformen gestaltet. Die Restaurierung der Fassade und die Fenstererneuerung sind vorbildlich durchgeführt worden. We

Lengdorf (Lkr. Erding), *Kath. Pfarrkirche St. Petrus*. Instandsetzung von etwa 50 schmiedeeisernen Grabkreuzen des 18. und 19. Jhs. in Zweitverwendung für Gefallene des Ersten Weltkrieges. YL

Lenggries (Lkr. Bad Tölz-Wolfratshausen), *Bachmairgasse 4*. Die Fassaden des ehem. Kleinbauernhauses aus dem frühen 18. Jh. werden instandgesetzt, die Fensterflügel in historischer Form erneuert und zusätzliche innenliegende Fenster eingebaut. Krö

–, *Marktstraße 4*. Das aus einem Bauernhaus des 18. Jhs. entstandene Wohnhaus mit Bäckerladen wird instandgesetzt und in ein Cafe umgebaut. Die Straßenfassade mit den beiden Heiligenfiguren wird von einem Restaurator betreut. Krö

Lindach (Lkr. Pfaffenhofen a.d. Ilm), *Kath. Pfarrkirche St. Ulrich*, Beratung der Altarrestaurierung. Der wohl aus dem 3. Viertel des 17. Jhs. stammende Hochaltar und die aus der Mitte des 18. Jhs. stammenden Seitenaltäre haben vermutlich gegen Ende des 19. Jhs. eine vereinheitlichende Überarbeitung erfahren. Es wurde empfohlen, die dieser Gesamtredaktion zuzuweisende Fassung, die an sämtlichen Altären vorhanden ist, zu restaurieren bzw. am Hochaltar wieder freizulegen. YL

Linden, Gde. Dietramszell (Lkr. Bad Tölz-Wolfratshausen), *Dietramszellerstraße 29 (früher Haus Nr. 7)*. Der Wirtschaftsteil des Bauernhauses aus dem späteren 17. Jh. wird erneuert, eine Sanitärzone im Anschluß an den alten Wohnteil eingefügt. Krö

–, *Dietramszeller Straße 23 (früher Haus Nr. 7)*. Das Bauernhaus aus der 2. Hälfte des 17. Jhs. wird instandgesetzt, Fußböden und Fenster teilweise erneuert. Krö

Linnerer, Gde. Weyarn (Lkr. Miesbach), *Haus Nr. 30*. Von der beabsichtigten Anhebung des Dachs des Wirtschaftsteils des weithin sichtbaren stattlichen Einfirsthofs aus dem späten 18. Jh. wurde abgeraten, eine profilgleiche Verlängerung oder ein parallel zum Hof gestelltes Nebengebäude als Erweiterungsmöglichkeit der Landwirtschaft empfohlen. Krö

Lippertshofen (Lkr. Eichstätt), *Kath. Pfarrkirche St. Georg und Leonhard*, Turminstandsetzung. Das Erscheinungsbild der barocken Pfarrkirche St. Leonhard mit einem etwas höheren und zur Westfassade hin abgewalmten Langhaus ist vor allem gekennzeichnet durch den mächtigen Dachreiter auf dem etwas niedrigeren Chor. Fassaden und Spitzhelm des Dachreiters stammen aus dem 3. Viertel des 19. Jhs. Der sehr schlechte bauliche Zustand des Dachreiters veranlaßte Überlegungen, ihn vollständig abzutragen und stattdessen einen neuen Dachreiter an der Westfassade zu errichten. Aus denkmalpflegerischer Sicht war darauf hinzuweisen, daß die Konstruktion des gegenwärtigen Dachreiters sich aus dem barocken Dachwerk entwickelt und damit ebenfalls dem 18. Jh. zuzurechnen ist. Außerdem hätte die Beseitigung des Dachreiters und die Neuerrichtung über dem Westgiebel massive bauliche Eingriffe nach sich gezogen, wobei die Aufwendungen dafür die Kosten für die Instandsetzung der historischen Substanz wesentlich überschritten hätten. Deshalb wurde nun die Restaurierung des vorhandenen Turmes in der Überformung durch das 19. Jh. in die Wege geleitet. YL

Litzau, Gde. Steingaden (Lkr. Weilheim-Schongau), *Haus Nr. 3.* Der Abbruch des seit etwa 10 Jahren nicht mehr bewohnten Bauernhauses aus dem 18./19. Jh. wurde abgelehnt. Krö

Loch, Gde. Warngau (Lkr. Miesbach), *Haus Nr. 119, «Beim Hinterloher».* Das Bauernhaus aus der Mitte des 17. Jhs. mit Holzblockobergeschoß, umlaufender Laube und Giebellaube bedarf dringend der Instandsetzung. Vorbereitende Untersuchungen wurden angeregt. Krö

Lochen, Gde. Frauenneuharting (Lkr. Ebersberg), *Haus Nr. 7.* Das Traufbundwerk des in den siebziger Jahren abgebauten und trocken gelagerten Riegel-Bundwerkstadels wird bei der Errichtung eines neuen landwirtschaftlichen Nebengebäudes konstruktiv wiederverwendet. Krö

Lochham (Lkr. München), *Pasinger Straße 52, Friedhof Gräfelfing.* Ein Umbau der historischen Aussegnungshalle, 1913 nach den Plänen Richard Riemerschmids errichtet und nahezu unverändert erhalten, mit dem Ziel einer Erweiterung der Aufnahmekapazität für Trauergäste wurde mit Hinweis auf die hohe architekturgeschichtliche, gestalterische und städtebauliche Bedeutung der Anlage, die als ein «kleines Meisterwerk» Riemerschmids bezeichnet werden kann, im Grundsatz abgelehnt. Zi

Lohen, Gde. Maitenbeth (Lkr. Mühldorf), *Anwesen Nr. 2.* Das heutige, winkelförmig angeordnete Gehöft besteht aus fünf verschiedenartigen Trakten, die aus mehreren Bauepochen stammen, nördlich des Haupttrakts noch ein altes Backhaus sowie der urtümliche Brunnenschacht. Die Instandsetzung des Gehöfts, die sich über fünf Jahre erstreckte, ist abgeschlossen. We

Loitersdorf, Gde. Aßling (Lkr. Ebersberg), *Haus Nr. 23.* Das Dach des Einfirsthofs aus dem Jahr 1843 wird neu eingedeckt, die ländlich-klassizistischen Putzfassaden der Traufseiten wiederhergestellt. Krö

Lustheim (Lkr. München), *Kath. Kapelle Maria Hilf.* Die Kapelle, als Saalkirche mit abgesetztem Chor und Dachreiter 1855 errichtet, ist ein gutes Beispiel für die Typenbauweise, wie sie unter Ludwig I. und Max II. Joseph in ganz Bayern für kleinere Gemeinden entstanden ist. Die Kirche, die mitsamt ihrer einfachen, aber zeittypischen und in diesem Rahmen durchaus qualitätvollen Ausstattung erhalten ist, bedarf infolge falscher früherer Sanierungsmaßnahmen und der regelmäßigen Nutzung der Instandsetzung und der Restaurierung. Vorgesehen ist innen wie außen eine Beseitigung des Zementputzes im Sockelbereich und eine Erneuerung mit geeigneten Putzen (Sanierputze oder Kalkmörtelputze) zur Reduzierung der aufsteigenden Feuchte sowie eine Neutünchung nach Befund. Die Altäre werden durch einen Restaurator vorsichtig gereinigt, die beschädigten bemalten Fenster der Erbauungszeit werden restauriert. Zi

Magnetsried, Gde. Seeshaupt (Lkr. Weilheim-Schongau), *Haus Nr. 13.* Der Wohnteil des Bauernhauses aus dem 18. Jh. wird umgebaut, das unter Schutz stehende Traufbundwerk auf der Westseite instandgesetzt. Krö

Markt Schwaben (Lkr. Ebersberg), *Mariahilf-Kapelle.* Bei der Innenrestaurierung des reizvollen Zentralbaus der 1. Hälfte des 18. Jhs. wurde die Raumschale nach Befund in der Farbigkeit der Erstfassung neu gefaßt. Auf die Rekonstruktion der frei gemalten, leider nur noch vereinzelt anzutreffenden Blütenranken in den Gewölbefeldern mußte verzichtet werden. YL

–, *Ortsmitte.* Entgegen den Vorstellungen des Landesamtes wurde

Marschall, Gde. Holzkirchen, Lkr. Miesbach; Haus Nr. 61, vor dem Umbau

im Oberen Markt eine Tiefgarage erstellt, die das bislang fallende Gelände begradigt und die Anschlüsse zu der in Jahrhunderten gewachsenen Platzrandbebauung verunklärt. Krö

–, *Ebersbergerstraße 31.* Ein Teil des Gasthofs Unterbräu wird zu einem Ladengeschäft ausgebaut, die Schaufenster mit Rücksicht auf den barocken Satteldachbau nur unwesentlich vergrößert. Krö

–, *Herzog-Ludwig-Straße 20.* Das in seiner Bausubstanz teilweise stark vernachlässigte biedermeierliche Traufseitengebäude aus der Mitte des 19. Jhs. bedarf dringend der Sanierung. Krö

Marschall, Gde. Holzkirchen (Lkr. Miesbach), *Haus Nr. 61.* Der Wohnteil mit Holzblockobergeschoß des mit der Jahreszahl 1767 bezeichneten leerstehenden Bauernhauses wird instandgesetzt, der frühere Wirtschaftsteil erneuert. Krö

Meiletskirchen (Lkr. Ebersberg), *Kath. Kirche St. Castulus.* Abschluß der Gesamtrestaurierung. Mit erheblichen Zuschüssen aus dem Entschädigungsfonds konnte die heute zu einem Bauernhof gehörende Kirche St. Castulus instandgesetzt werden. Im Rahmen des letzten Finanzierungsabschnittes erfolgte die Restaurierung der Ausstattung, die überwiegend aus dem 18., aber auch aus dem 19. und 20. Jh. stammt. Bemerkenswert ist vor allem der sicherlich nicht ursprünglich zur Ausstattung dieser kleinen Landkirche gehörende Hochaltar aus dem späten 18. Jh., der mit getriebenen Ornamenten aus versilbertem Messingblech reich beschlagen ist. Um den kontinuierlichen Anreicherungsprozeß über die Jahrhunderte zu dokumentieren, wurde trotz mancher Ungereimtheiten die Ausstattung genau so wieder aufgestellt, wie sie vor Beginn der Restaurierung vorgefunden worden war. YL

Menning (Lkr. Pfaffenhofen a.d. Ilm), *Kath. Pfarrkirche St. Martin.* Die Innenrestaurierung der aus dem 15. Jh. stammenden Chorturmkirche mit Satteldach und Staffelgiebel, deren Langhaus im 18. Jahrhundert barockisiert und dann gegen Ende des 19. Jhs. verlängert worden ist, wurde beraten. Die Rückführung der bei Renovierung der sechziger Jahre abgebauten Kanzel wurde empfohlen. YL

Mettenham, Gde. Schleching (Lkr. Traunstein), *Raitener Straße 33.* Der weitgehend unverändert erhaltene Wohnteil des Traunsteiner Gebirgshauses mit Blockbau-Obergeschoß und Laube ist an der Firstpfette 1717 datiert, bemerkenswert die reich verzierte Tram in der Stube, im Oberstock Türpfundsäulen der Fleztüren mit den leider verputzten Blockwänden. Der Dachstuhl war in desolatem Zustand und das eindringende Regenwasser hatte bereits eine Stubendecke im Obergeschoß zerstört. Ebenso waren sämtliche Pfettenkörper vermorscht; wie die bereits angeschnittene Rosette der Firstpfette zeigte, müssen die Pfettenköpfe bereits über 10 cm zurück gestutzt worden sein. Bei der unvermeidlichen Dachstuhlteilerneuerung wurde die alte Ausladung der Vordächer auch wiederhergestellt, alle noch brauchbaren alten Teile wiedereingebaut. We

Miesbach, Kath. Filialkirche St. Franziskus (Portiunkula-Kirche), oktogonaler Kuppelbau, 1651 errichtet, 1843, 1861/62 und um 1960 verändert. Die jüngste Renovierung hat die historisierende Ausstattung des 19. Jhs. beseitigt und einen purifizierten Raum hinterlassen. Umfangreiche Befunduntersuchungen ergaben, daß die Fassung von 1861/62 unter einem Dispersionsanstrich fast völlig erhalten war. Sie wurde im Zuge der notwendigen Abnahme der Dispersionsanstriche freigelegt; auch ein nach Piloty von A. Dirnberger gemaltes Altarbild konnte auf diese Weise wiedergewonnen und restauriert werden. Das Erzbischöfliche Ordinariat München schuf eine neue Altarausstattung und ein neues Gestühl. RS

–, *Marktplatz 15, ehem. Schmiede.* Die biedemeierlichen Fassaden des Wohn- und Geschäftshauses aus der Zeit um 1860 werden instandgesetzt, einfache Schrägmarkisen und ein Spalier angebracht. Krö

–, *Marktwinkl 10.* Das Wohn- und Geschäftshaus «Zum Himmisepp» aus dem 18. Jh. wird instandgesetzt, die in jüngerer Zeit erneuerten Fenster durch zweiflügelige mit maßstäblich gliedernder Sprossenteilung, die Haustüre nach einer Skizze des Kreisbaumeisters ersetzt. Krö

–, *Rosenheimer Straße 14.* Die «Villa Kammerer», eine zweigeschossige Anlage von 1863 im Stil der Maximilianszeit, wird instandgesetzt und für eine Büronutzung ausgebaut, die Fassaden nach Befund im originalen Ockerton mit sandsteinfarbenen Faschen gefaßt. Krö

–, *Schlierseerstraße 16, «Waitzingerkeller».* Für Instandsetzung, Sanierung und Umbau der leerstehenden Bierkellerhallen zu einer Stadthalle wurde ein Wettbewerb ausgeschrieben, in dem u. a. die Erhaltung des Hauptgebäudes in seiner historischen Form aus dem Erbauungsjahr 1877 gefordert wurde. Krö

–, *Stadtplatz 15, Postgasthof Fellerwirt.* Die Fassaden des stattlichen dreigeschossigen Traufseitbaus aus dem Anfang des 19. Jhs. werden instandgesetzt, die Maßnahme vom Landesamt bezuschußt. Krö

Mittenheim (Lkr. München), *Haus Nr. 32, 33, 34, 35 und 36,* Generalinstandsetzung. Geplant ist die successive Instandsetzung sämtlicher Taglöhnerhäuser. Die erdgeschossigen, schmucklosen Gebäude, die mit einer Ausnahme ein schlichtes Satteldach besitzen, wurden über viele Jahre hinweg baulich vernachlässigt und häufig unsensibel – etwa durch den Einbau großformatiger Fenster – verändert. Die Bauberatung zielte auf den Erhalt noch überlieferter historischer Strukturen und Details sowie auf eine dem Charakter der einfachen Häuser angemessene Rückführung oder Ergänzung veränderter Bereiche. Zi

Mittenkirchen (Lkr. Rosenheim), *Kath. Filialkirche St. Nikolaus,* Vorbereitung der Restaurierung der 1688 erbauten Kirche; Begutachtungen und Einleitung von Befunduntersuchungen. Kra

Mittenwald (Lkr. Garmisch-Partenkirchen), *Fritz-Pröll-Platz 21.* Das aus jüngerer Zeit stammende Zierbundwerk der Rückfassade des im Kern aus dem 18. Jh. stammenden, 1915 teilweise neu aufgebauten Doppelhauses wird im Zuge von Ausbaumaßnahmen durch Fenstereinbauten verfremdet. Krö

–, *Im Gries 26.* Das kleine Doppelhaus aus dem frühen 18. Jh. wird instandgesetzt, die Maßnahme vom Landesamt bezuschußt. Krö

–, *Im Gries 30.* Das durch seine Lüftlmalerei weit über Bayern hinaus bekannte «Splitter- und Balkenhaus» wird bis auf die Straßenfassade erneuert. Der Abbruch konnte trotz eines hohen Zuschußangebots nicht verhindert werden. Krö

–, *Obermarkt 3/5/7.* Die Fassaden des dreigeteilten stattlichen Wohnhauses aus dem 18./19. Jh. werden im Verlaufe von Umbauten im Erd- und 1. Obergeschoß verändert. Krö

–, *Obermarkt 64.* Die am Vorbund mit der Jahreszahl 1671 bezeichnete Doppelhaushälfte wird instandgesetzt, saniert und durch den Einbau sanitärer Anlagen modernisiert. Holztor und gewölbte Räume werden erhalten, die Holztreppe in das Obergeschoß erneuert. Der westliche Wirtschaftsteil wird zum Wohnen teils ausgebaut, teils neu erstellt. Der denkmalpflegerische Mehraufwand wird vom Landesamt bezuschußt. Krö

–, *Untermarkt 3.* Das im Kern auf das 18. Jh. zurückgehende Wohnhaus wird instandgesetzt und saniert, die teilweise übergangenen Fresken nach Befund dokumentiert. Krö

Mitterwöhr (Lkr. Pfaffenhofen a.d. Ilm), *Kath. Filialkirche St. Vitus,* Innenrestaurierung. Im Zuge der Innenrestaurierung wurde empfohlen, die seit den sechziger Jahren abgebauten barocken Seitenaltäre, die in das 3. Viertel des 17. Jhs. zu datieren sind, zusammen mit der zeitgleichen Kanzel wieder aufzustellen. Auch die 1839 datierte Emporenverkleidung mit auf Leinwand gemalten Darstellungen der 12 Apostel sollte wieder an ihren Ursprungsort zurückkehren. Vorab sind dringend Konservierungsmaßnahmen an den durch Anobienbefall und Klimaschwankungen im Dachboden der Kirche gefährdeten Seitenaltären durchzuführen. YL

Mörnsheim (Lkr. Eichstätt). Das Rathaus, *Kastnerplatz 1,* ehemals Kastnerhaus des Hochstifts Eichstätt, soll instandgesetzt und saniert werden. Der stattliche Treppengiebelbau von 1612, an dem ein Torturm der ehem. Marktbefestigung von 1404 angebaut ist, soll vor allem von späteren entstellenden Eingriffen befreit werden. Die Arbeiten, vorbereitet in engem Einvernehmen mit Landratsamt und Bayerischen Landesamt für Denkmalpflege, werden sich längere Zeit hinziehen. Mll

–, Die Planungen für die Instandsetzung und den Umbau des ehem. *Gasthauses zur Krone, Marktstraße 6,* sind abgeschlossen. In dem Baudenkmal soll ein Vereinsheim untergebracht werden (vgl. Jahresbericht 1988). Mll

–, Instandgesetzt und umgebaut wird auch das ehem. Gasthaus *Marktstraße 14.* Der seit Jahren leerstehende Traufseitbau aus dem 3. Viertel des 19. Jhs. mit Aufzugsgiebel und Kalkplattendach wird zu einem Fremdenheim umgebaut. Mll

Moorenweis (Lkr. Fürstenfeldbruck), *ehem. Wasch- und Backhaus beim Alten Pfarrhof.* Das reizvolle Nebengebäude mit Krüppelwalm und zahlreichen Baudetails der Erbauungszeit kurz vor 1800 ist durch vernachlässigten Bauunterhalt akut gefährdet. Als Grundlage für eine eventuelle Sanierung wurde zunächst eine Bestandsaufnahme der baulichen Schäden veranlaßt. YL

Moosburg (Lkr. Freising), *Kath. Pfarrkirche St. Castulus,* Konservierung der Portale. Aufgrund der starken Durchfeuchtungs- und Abwitterungsschäden am romanischen Westportal der Pfarrkirche St. Castulus war eine Acrylharz-Volltränkung der in das gestufte Gewände eingestellten Säulen erwogen worden. Im vorliegenden Fall wären jedoch beim Abbau der zu tränkenden Teile weitere Beschädigungen zu erwarten gewesen. Nunmehr soll zunächst geprüft werden, ob das Niederschlagswasser durch ein Vordach und durch Anlage eines leichten Gefälles auf dem Vorplatz vor dem Portal abgehalten werden kann. Die Sicherung der absandenden Steinoberflächen durch eine Tränkung mit Kieselsäureester wird durch das Zentrallabor des Landesamts für Denkmalpflege beraten. YL

–, *Schloß Asch, Bahnhofstr. 17.* Abschluß der Außeninstandsetzung und Sanierung des Erdgeschoßes. Küh

–, Der «Setzbräu» wurde aufgegeben. Auf dem großen Gelände im historischen Ortskern zwischen dem Ensemble Stadtplatz und Schloß Asch, Bahnhofstraße 17, soll eine umfangreiche Wohnanlage mit Läden und Büroräumen errichtet werden. Zusammen mit dem Landratsamt und der Stadt Moosburg bemühte sich das Landesamt für Denkmalpflege um eine Reduzierung der geplanten Baumassen und eine Anpassung der Neubauten an das Ortsbild. Um eine möglichst gute Lösung zu erhalten, wurde auch der Landesbaukunstausschuß eingeschaltet. Mll

Moosham, Gde. Egling (Lkr. Bad Tölz-Wolfratshausen), *Eglinger Straße 13.* Der Wohnteil des im Kern auf die Mitte des 17. Jhs.

zurückgehenden Kleinbauernhauses wurde durch – ungenehmigte – Ausbau- und Erneuerungsmaßnahmen in seinem überlieferten Erscheinungsbild verändert, die historische Bausubstanz stark reduziert. Krö

Moosleiten, Gde. Teisendorf (Lkr. Berchtesgadener Land). Die *Binderkapelle*, wohl um 1730 errichtet, steht nordwestlich des Binderhofes in völlig freier Lage. Der etwa quadratische Bau mit Zeltdach öffnet sich gegen Osten, in der Altarnische das vielleicht von Anton Elsässer (gest. 1743) geschaffene Leinwandgemälde der Hl. Familie unter der Krönung Mariä, seitlich davon Gemälde der Apostel Petrus und Paulus. Die barocke Feldkapelle, ein reich ausgestattetes Zeugnis bäuerlicher Frömmigkeit, konnte befundgetreu restauriert werden. We

Mühlbach, Gde. Lenggries (Lkr. Bad Tölz-Wolfratshausen), *Haus Nr. 4*. Die Instandsetzung des barocken Bauernhauses wurde abgeschlossen. Küh

Mühltal, Gde. Soyen (Lkr. Rosenheim), *Kapelle*. Gesamtrestaurierung des schwer beschädigten barocken Baus. Bezuschussung durch das Landesamt für Denkmalpflege. Kra

München, Kirchen
–, *Domkirche Zu Unserer Lieben Frau*. Gegenwärtig werden sowohl eine *Außeninstandsetzung* als auch eine *Innenrestaurierung und Neugestaltung* der Frauenkirche vorbereitet. Wohl auch infolge der zunehmenden Umweltbelastung hat sich das bis zum Zweiten Weltkrieg ohne größere Restaurierungskampagnen erhaltene, spätmittelalterliche Mauerwerk in jüngerer Zeit in seinem Zustand spürbar verschlechtert.
Im Zuge der Instandsetzungsmaßnahmen ist an eine Korrektur des farblich – zum Teil wurden Betonsteine verwendet – abweichenden Mauerwerks des Wiederaufbaus nach dem Zweiten Weltkrieg nur gedacht, soweit es sich um kleinere, aus dem Gesamtverband der historischen Maueroberfläche herausfallende Erneuerungen handelt. In Anpassung an die Struktur der mittelalterlichen Steine können nur handgeschlagene Ziegel verwendet werden, die sich in Farbigkeit und Oberflächencharakter in den Gesamtbestand einfügen. Entsprechende Mustersteine sind in Auftrag gegeben; vor Beginn der vom Landbauamt München geleiteten Instandsetzung sind an ausgewählten Flächen Arbeitsmuster zu erstellen, die Aufschlüsse über die Integration der neuen Steine in ihre Umgebung und über die Mörtelqualitäten des Versatzmörtels geben. Bezugspunkt der Restaurierung ist der derzeitige Zustand der Oberflächen. So bleiben z. B. die steinsichtigen Oberflächen der Nagelfluhfriese unverändert, auch wenn sie ursprünglich überschlemmt und farbig gefaßt gewesen sein könnten (eindeutige Befunde fehlen; dasselbe gilt für eine in der älteren Literatur diskutierte Schlemme auf den ziegelsichtigen Fassaden).
Im *Südturm* des Domes wurde die Liftanlage zur Turmstube erneuert, um verkehrstechnischen Bedürfnissen und Brandschutzauflagen Rechnung zu tragen. Mit der Erneuerung der bestehenden Liftanlage konnte dank der konstruktiven Unterstützung durch das Baureferat des Erzbischöflichen Ordinariates München und die Brandschutzbehörden eine technisch zufriedenstellende Erschließung des Südturms gewährleistet werden, die es ermöglichte, auf zunächst verfolgte und bereits genehmigte Pläne zum Einbau eines betonierten Treppenschachts im Turminneren zu verzichten, der die weitgehende Zerstörung der zum Teil wohl noch spätgotischen Holzdecken in den Zwischengeschossen zur Folge gehabt hätte.
Restaurierung des *Sixtus-Portals* (westliches Portal an der Langhausnordseite) und des *Arsatius-Portals* (westliches Portal an der Langhaussüdseite). Die hölzernen Türflügel aus der Werkstatt Ignaz Günthers (mit nachkriegszeitlichen Ergänzungen) wurde gereinigt, ausgepänt und mit mattem Firnis eingelassen. Die geputzten Wandflächen in der Portalvorhalle des Arsatius-Portals wurden nicht auf die nur fragmentarisch nachweisbaren früheren Fassungen freigelegt, sondern der Gesamtbestand wird – ähnlich wie schon am westlichen Hauptportal – mit einem gebrochen weißen Kalkanstrich überdeckt.
Fortsetzung der planmäßigen Revision der nach dem Kriege hinter einer Schutzverglasung eingebauten *spätmittelalterlichen Farbverglasung* unter Beratung durch das Zentrallabor des Bayerischen Landesamtes für Denkmalpflege. Wegen erneuter leichter Korrosionsbildung an einzelnen Scheiben waren konstruktive Maßnahmen zu einer besseren Hinterlüftung veranlaßt.
Die Planungen für eine Modernisierung der *Heizanlage* unter Anlage neuer Heizkanäle wurden unter Berücksichtigung der Grabungen Adam Horns nach dem Vorgängerbau der Frauenkirche in der Nachkriegszeit entwickelt. Deshalb kam es bei den Aushubarbeiten, die von der Abteilung Bodendenkmalpflege des Landesamtes für Denkmalpflege wissenschaftlich begleitet wurden, zu keinen Kollisionen mit historischer Bausubstanz.
Im Vorfeld des Jubiläums der 500jährigen Weihe der Frauenkirche, das in das Jahr 1994 fällt, wird durch das Domkapitel eine große *Innenrestaurierung* vorbereitet, die darauf abzielt, dem von den Gläubigen vielfach als nüchtern empfundenen, deutlich durch den Wiederaufbau geprägten Dom wieder mehr Atmosphäre zu verleihen. U. a. ist die Erneuerung des Bodens vorgesehen, wobei der in unregelmäßigen Rechteckformen aus bruchrauhen Kalksteinplatten verlegte derzeitige Boden durch einen im Diagonalverband verlegten Boden aus roten und grauen Marmorplatten abgelöst werden soll. Weiterhin ist eine Neugestaltung des Presbyteriums mit dem Ziel einer klareren räumlichen Fassung und Abgrenzung vorgesehen, was nach den Seiten hin durch die Erneuerung des Chorgestühls und im rückwärtigen Bereich durch gitterartige Einbauten zwischen den Pfeilern erreicht werden soll. Das Erzbischöfliche Ordinariat wurde von der Denkmalpflege und vom Bayerischen Staatsministerium für Wissenschaft und Kunst wiederholt ersucht, im Rahmen der geplanten Maßnahmen auch das bedeutende ehem. Hochaltargemälde von Peter Candid an seinem früheren Standort im Scheitel des Chores zurückzuführen. Die Zerstörungen des Zweiten Weltkriegs und der karge Wiederaufbau beschränken allerdings die Möglichkeiten der Denkmalpflege, auf die sehr wesentlich auch von liturgischen Forderungen bestimmten Neugestaltungsvorschläge Einfluß zu nehmen; eine verträgliche Einfügung der neuen Ausstattung in den bedeutenden spätgotischen Innenraum der Frauenkirche ist jedoch ein nachdrücklich verfolgtes denkmalpflegerisches Anliegen. Auf das Erscheinungsbild des Innenraumes wird sich auch der vorgesehene Einbau einer Westempore auswirken, die zwischen Westwand und erstem Pfeilerpaar eingespannt werden soll. Gleichzeitig ist die Erneuerung sowohl der Hauptorgel als auch der Andreas-Orgel über dem Brautportal geplant. Im Zuge der Neugestaltung ist auch die Rückführung der überwiegend barocken Ausstattungsteile des Domes vorgesehen, die heute im Diözesanmuseum Freising verwahrt werden.
Aus denkmalpflegerischer Sicht war insbesondere darauf hinzuweisen, daß der Dom in seiner relativ sachlichen und nüchternen Wiederaufbaufassung eine klare und geschlossene Prägung erfahren habe, wobei allerdings das Konzept der Wiederaufbauzeit durch die 1972 erfolgte Absenkung des Presbyteriums und die Neufassung der bis dahin in weißen und hellgrauen Tönen gehaltenen Raumschale mit leuchtend ockergelben Rippen und grau abgetönten Rippengewölbeflächen in den Jahren 1980/81 modifiziert worden sei. Allerdings verdichtet sich die Wiederaufbaufassung nicht zu einer eigenständigen Raumschöpfung, wie dies in München etwa bei dem Wiederaufbau der Bonifatius-Basilika durch Hans Döllgast oder der Mariahilf-Kirche in der Au durch Michael Steinbrecher der Fall ist, so daß hieraus keine grundsätzlichen Einwendungen gegen die geplante Neugestaltung herzuleiten sind. Leider ließ sich der Gedanke nicht vermitteln, das in der Südwestecke des Langhauses unbefriedigend aufgestellte Wittelsbacher-Grabmal wieder in die Mittelachse unter die Empore zu rücken, ein Ort, der diesem herausragenden Kunstwerk auch im Hinblick auf die enge Verbindung des Bayerischen Herzogs- und späteren Königshauses mit der Geschichte der Frauenkirche entsprechen würde. Für die geplanten Einbauten im Emporenbereich und im Presbyterium sowie für die Orgeln wurde eine möglichst selbstverständliche und einfache Gestaltung empfohlen, weiterhin der Rückgriff auf Materialien, die sich in den Innenraum problemlos einfügen. Auch für die Wahl des Bodenbelags wurde der Rückgriff auf einheimische Steinsorten empfohlen, wie sie in Bayern traditionell in historischen Kirchenräumen verlegt sind. – An der Beratung der Restaurierungs- und Neugstaltungsmaßnahmen im Inneren der Frauenkirche sind auch das Bayerische Staatsministerium für Wissenschaft und Kunst, die Oberste Baubehörde, das Landbauamt München und die Untere Denkmalschutzbehörde der Landeshauptstadt München beteiligt. YL

–, *Kloster St. Anna, St. Anna-Straße 19*, Abbruch und Neuplanung des Süd- und Westflügels neben der Klosterkirche. Dem Abbruch war zuzustimmen, nachdem denkmalpflegerische Belange hierdurch nicht berührt werden: Es handelt sich insgesamt um einen ebenso anspruchslosen wie technisch mangelhaften Neubau der fünfziger Jahre. Nach Überprüfung der Bausubstanz hat sich im aufgehenden Mauerwerk nichts mehr von den Umfassungsmauern der barocken Klostergebäude erhalten, die bis nach dem Zweiten Weltkrieg noch als Ruinen standen und zum Teil mit Notdächern versehen waren. Auch die Keller mit betonierten Decken sind neuzeitlich; Reste alter Substanz könnten allenfalls noch in den Fundamenten stecken. Von den übrigen Bauten des weitgehend kriegszerstörten Klosters St. Anna haben sich noch die Umfassungsmauern der ehem. Hieronymitaner-Klosterkirche von Johann Michael Fischer erhalten, weiterhin der sich nördlich an die Kirche anschließende Flügel, der im Untergeschoß wohl etwa gleichzeitig mit der Klosterkirche um 1737 entstand, im 19. Jh. aufgestockt und nach Beschädigung im letzten Krieg wieder instandgesetzt wurde. Beim Wiederaufbau der Klosterkirche unter Erwin Schleich wurde der Innenraum mit seiner bedeutenden Ausstattung im Anschluß an den Vorkriegszustand rekonstruiert, im Äußeren aber die 1852/53 von Voit errichtete Zweiturmfassade in den Obergeschossen abgetragen und in eine Fassadengestaltung integriert, die das Erscheinungsbild wieder der ursprünglichen Fassade Johann Michael Fischers anzunähern versuchte. Parallel hierzu wurden die an die Klosterkirche anschließenden Fassaden der Klostergebäude gestalterisch überarbeitet und wieder näher an den barocken Zustand herangeführt. Auch wenn die Schleichsche Rekonstruktion gestalterisch und denkmalpflegerisch umstritten blieb, so entstand doch ein Gebäudekomplex, der die Erinnerung an das alte Kloster St. Anna im Lehel, die Keimzelle des gleichnamigen Stadtviertels, wiederherstellte und damit einen inzwischen akzeptierten städtebaulichen Akzent setzte. Bei dieser Ausgangssituation war auch aus denkmalpflegerischer Sicht zu fordern, daß der Neubau insbesondere an der Platzfassade die historischen Verhältnisse wiederaufgreift und sich in Geschoß- und Achsengliederung wieder etwa symmetrisch zum noch vorhandenen Nordflügel entwickelt. Auch an den von der Straße abgewandten Teilen sollte mit Rücksicht auf das benachbarte Baudenkmal der Klosterkirche auf eine ruhige und selbstverständliche Fassadengliederung geachtet werden. Die dieser Aufgabenstellung nur wenig gerecht werdenden Entwürfe für den Neubau wurden unter intensiver Betreuung durch das Baureferat des Erzbischöflichen Ordinariats soweit überarbeitet, daß die Planung hingenommen werden kann.
YL

–, *Kath. Pfarrkirche St. Benno, Ferdinand Miller-Platz 1*, Inneninstandsetzung, Rekonstruktion der Farbfassung der inneren Raumschale. Die von Leonhard Romeis 1885–95 erbaute Kirche St. Benno gehört als eines der stattlichsten, gestalterisch aufwendigsten und künstlerisch bedeutendsten Beispiele des neoromanischen Sakralbaus in Süddeutschland zu den herausragenden Baudenkmälern des ausgehenden 19. Jhs. in München. Die Kirche ist trotz schwerer Beschädigungen im Zweiten Weltkrieg, von denen in erster Linie die Gewölbe betroffen waren, auch insofern von großer Bedeutung, als sich die ausgezeichnete neuromanische Ausstattung, für die bedeutende Künstler verantwortlich waren, in ungewöhnlicher Vollständigkeit erhalten hat.
Nachdem die Restaurierung des Außenbaus Anfang der achtziger Jahre abgeschlossen wurde, nahm man die innere Raumschale im Bereich des Chores und des Querhauses mit einer umfangreichen Restaurierung der Apsismosaiken und der vielgerühmten Wandbilder von Mathias Schießl sowie einer Rekonstruktion der Farbigkeit nach umfangreichen Befunduntersuchungen in Angriff. Das damit vorgegebene Konzept soll weiterverfolgt werden, wozu die Befunduntersuchung auf die gestaltrelevanten Bereiche und Wandflächen im Langhaus ausgedehnt werden und durch archivalische Studien unterstützt werden müssen. Außerdem sind eine Instandsetzung des zu Teilen gefährdeten Fußbodens, die Ergänzung fehlender Ausstattungsstücke (z. B. Windfang) sowie eine Erneuerung der Beleuchtung im Sinn der historischen Lichtführung und -wirkung geplant.
Zi

–, *ehem. Spitalkirche St. Elisabeth*, Beratung der Innenrestaurierung. Die ehem. Kirche der Elisabethinerinnen, 1758 nach Plänen von Johann Michael Fischer begonnen und unter seinem Nachfolger Anton Kirchgrabner 1790 vollendet, ist ein intimer Zentralbau des Übergangs vom Spätrokoko zum Klassizismus. Den Zerstörungen des Zweiten Weltkriegs fiel die gesamte Ausstattung zum Opfer, so die Altäre und die Kanzel, die der Werkstatt Ignaz Günthers zugeschrieben werden, außerdem infolge des Gewölbeeinsturzes die Deckenfresken von Matthäus Günther. Im Zuge des Wiederaufbaus wurde die Architektur dem Original entsprechend rekonstruiert; auch hinsichtlich der Ausstattung wurde der Weg einer am Original orientierten Rekonstruktion beschritten: Allerdings wurden bisher nur Teile wiederhergestellt, insbesondere der Hochaltar und die Kanzel. Dabei handelt es sich aber nicht um das im kirchlichen Wiederaufbau in München immer wieder anzutreffende in sich geschlossene Konzept einer Neugestaltung mit bescheideneren, zeitgemäßen Mitteln, das bewußt auf die Rekonstruktion des historischen Raumbildes verzichtet. Überlegungen, den reduzierten, durch den Wiederaufbau geschaffenen Zustand beizubehalten, können deshalb im vorliegenden Fall zurücktreten hinter das hier von Anfang an konsequent verfolgte Konzept einer Rekonstruktion des Vorkriegszustands. So erscheint es denkbar, die Altarausstattung rekonstruierend zu komplettieren, weiterhin das Gestühl wieder in zwei Gestühlsblöcke aufzuteilen. Die Entscheidung über die Fassung der Raumschale wird nach Vorliegen der Ergebnisse der Befunduntersuchung getroffen. Insoweit wird es wegen der weitgehenden Verluste der originalen Oberflächen voraussichtlich bei der schlichten Weißfassung bleiben.
YL

–, *Josephsburgstraße 22, ehem. Kloster der Englischen Fräulein*, Umbau von Mittelbau und östlichem Seitenflügel zum Pfarrhaus und des westlichen Seitenflügels zur Nutzung durch die benachbarte Schule. Was im Kern auf ein Wittelsbachisches Lustschlößchen aus dem 1. Viertel des 18. Jhs. zurückgeht, das im 19. Jh. bei Übernahme durch die Englischen Fräulein ausgebaut sowie dann im 20. Jh. gedankenlos und mit wenig Rücksicht auf die strukturellen Zusammenhänge den jeweils aktuellen Nutzungsvorstellungen angepaßt wurde, ist durch die nunmehr ohne Beteiligung des Landesamtes für Denkmalpflege erfolgte Aufteilung in unorganischer Weise auseinanderdividiert worden, so daß das barocke Treppenhaus mit Balustergeländer nun vom zugehörigen Mittelbau abgetrennt ist. Es wurde versucht, bei dieser ungünstigen Ausgangssituation wenigstens eine restauratorische Behandlung des Treppenhauses durchzusetzen und ansonsten eine vorsichtige Bereinigung des heterogenen baulichen Bestandes zu erreichen.
YL

–, *Kath. Filialkirche St. Georg / Bogenhausen*, Restaurierung der Epitaphien an der Außenwand der Kirche unter Beratung durch das Zentrallabor des Landesamtes für Denkmalpflege.
YL

–, *Alte Kath. Kirche St. Georg / Milbertshofen*, Restaurierung des Chors und Wiedererrichtung des Langhauses. Von der alten Kirche St. Georg haben sich nach den Zerstörungen des Zweiten Weltkrieges nur noch der Turm und Fragmente des spätgotischen Chores erhalten; die Überreste des barocken Langhauses mit Flachdecke wurden abgetragen und der Chor an der Westwand abgemauert. Die Rückführung der kostbaren spätgotischen Ausstattung, zu der unter anderem die sehr qualitätvolle Skulptur mit Darstellung des Drachenkampfes des hl. Georg zählt, ist zu begrüßen, nachdem die klimatischen Verhältnisse in der neuen Pfarrkirche, in der die Figurengruppe zur Zeit aufgestellt ist, bereits zu erheblichen Fassungsschäden geführt haben. Um der Ausstattung wieder einen angemessenen Rahmen zu geben, ist vorgesehen, die zum größeren Teil eingestürzten Gewölbe und damit die Symmetrie des Raumes wiederherzustellen. Um den durch nachkriegszeitliche Bauten entstellten ehemaligen Ortsmittelpunkt von Milbertshofen wieder als historischen Ortskern zu markieren, wurde empfohlen, bei dem Neubau des Langhauses in Materialität und Kubatur an den Vorkriegszustand anzuknüpfen.
YL

–, *Kath. Pfarrkirche Hl. Geist*, Neufassung der inneren Raumschale. Nach eingehender Diskussion der Ergebnisse der umfangreichen Befunduntersuchungen (vgl. Jahrbuch 1987) und verschiedener Musterflächen wurde für die Neufassung ein Konzept zur Umsetzung bestimmt, das die durch die Nachkriegsfassung tradierte historische Farbgestaltung aufnimmt, dabei aber eine im Vergleich zum Bestand gesteigerte Leuchtkraft bei gleichzeitig erhöhter Transparenz der Farbtöne anstrebt. Zi

–, *ehem. Kath. Notkirche St. Joachim, Geisenhausener Str. 24.* Der 1926 nach Plänen von Ludwig von Weckbecker zu Sternenfeld errichtete schlichte Satteldachbau, dessen Inneres durch seine klare Holzbinderkonstruktion anspricht, ist ein bezeichnendes historisches Dokument für den Kirchenbau in der Notzeit nach dem Ersten Weltkrieg. Der Abbruch des durch Kriegseinwirkungen reduzierten, in seiner Bedeutung zu spät erkannten Gebäudes, das zuletzt als Möbellager genutzt gewesen war, war hinzunehmen, nachdem der Eintrag in die Denkmalliste erst nach Genehmigung des Abbruchantrages erfolgt ist. Verhandlungen über eine Transferierung zur eventuellen künftigen Nutzung als Museum sind im Gange. YL

–, *Kath. Pfarrkirche St. Johann Baptist / Haidhausen,* Fortsetzung der Außenrestaurierung an der Westfassade. Infolge der tiefgreifenden Bauschäden der auch schon in früheren Jahren immer wieder reparaturbedürftigen Fassade mußten die Vormauerungsziegel in weiten Bereichen erneuert werden. Allerdings war nachdrücklich zu fordern, daß die unteren, in Keilsteintechnik ohne Fuge aufgemauerten Fassadenbereiche vollständig zu erhalten sind. Es wurde vereinbart, hier nur notwendige Ausbesserungen – und zwar in diesem Fall mit Steinersatzmasse – vorzunehmen, um den Mauerverband nicht zu stören. YL

–, *Alte Kath. Kirche St. Johann Baptist / Haidhausen.* Die Konservierung verschiedener Epitaphien an der Nordwand der Kirche, darunter jenes für den Maler und Ersten Kgl. Akademiedirektor Johann Peter von Langer sowie des Kriegerdenkmals von 1871, wurde unter Einholung eines Maßnahmenkonzepts eines Steinrestaurators angeregt. YL

–, *Priesterhaus der St.-Johann-Nepumuk-Kirche, Sendlinger Straße 63,* Vorbereitung der Gesamtrestaurierung. Das Priesterhaus der Asam-Kirche konnte den Zustand der Erbauungszeit von 1771/74 im Äußeren wie im Inneren fast unverändert bewahren, wenn auch in der Nachkriegszeit sämtliche Fenster sowie eine größere Anzahl von Türen und teilweise auch die Böden erneuert wurden. Die für die Baumaßnahmen zuständige Kirchenstiftung St. Peter ist dankenswerterweise bereit, bei der künftig vorgesehenen Nutzung als Archiv und als Wohnung für einen Priester im Ruhestand angemessene Rücksicht auf die historische Bausubstanz zu nehmen. Trotzdem müssen Eingriffe im Zusammenhang mit dem Einbau eines kleinen Lifts sowie infolge der notwendigen Brandschutzauflagen hingenommen werden. Wichtig ist aus denkmalpflegerischer Sicht die Freihaltung des kleinen Lichthofs, an dem das Treppenhaus und davon ausgehend die Gänge zur Erschließung der vorderen und rückwärtigen Bereiche des Hauses liegen. Auf der Grundlage einer präzisen und ergebnisreichen Befundunterschung konnten sehr genaue Vorgaben für die Außen- und Innenrestaurierung erarbeitet werden, die grundsätzlich von der Erhaltung des gewachsenen Bestands ausgehen. YL

–, *Kath. Stadtpfarrkirche St. Ludwig,* Fortsetzung der Außenrestaurierung (vgl. vorangegangene Jahresberichte). Zur Vorbereitung der Neufassung der Langhauswände wurden an den wenigen verbliebenen originalen Putzflächen Befunduntersuchungen durchgeführt, die ergaben, daß die jetzige farblich relativ stark differenzierte Quadermalerei, wie sie nicht nur an den verputzten Teilen von St. Ludwig, sondern ebenso an den benachbarten Gebäuden des Pfarrhauses und des jetzigen Landbauamtes, weiterhin auch bei den Universitätsgebäuden am Geschwister-Scholl-Platz anzutreffen ist, nicht an den ursprünglichen Zustand anknüpft. Vielmehr ergab sich, daß offensichtlich der gesamte Putz mit einem Zuschlag von Ziegelmehl in einem warmen Steinton durchgefärbt und durch Fugenstriche gegliedert war, worauf auch die gemalten oder graphischen Ansichten der Ludwigstraße aus der Mitte des 19. Jhs. hindeuten. Zur Bereicherung des Raumeindrucks des insbesondere seit der letzten Renovierung in den sechziger Jahren kahl und nüchtern wirkenden Langhauses hat sich die Kirchenstiftung erfreulicherweise bereiterklärt, die von den Seitenaltären abgeräumten, nahezu lebensgroßen Skulpturen restaurieren und wieder an ihren Ursprungsort zurückführen zu lassen. YL

–, *Evang.-Luth. Pfarrkirche St. Lukas,* Fortsetzung der Außeninstandsetzung. Nach Abschluß der Instandsetzung des Südturms wird die Sanierung von St. Lukas mit der stadtbildprägenden, der Isar zugewandten Doppelturmfassade mit der Restaurierung des Nordturmes fortgesetzt. YL

–, *Kath. Pfarrkirche Mariahilf,* Abschluß der Innenrestaurierung unter Beibehaltung der Fassung der fünfziger Jahre, die den beim Wiederaufbau nach dem Kriege nach Plänen von Michael Steinbrecher völlig veränderten Innenraum prägt. YL

–, *St. Martin / Moosach (Neue Pfarrkirche).* Der Innenraum der in frühromanischen Formen von Hermann Leitenstorfer 1922/24 errichteten Basilika mit flacher Holzbalkendecke zeigt im wesentlichen das Bild der Erbauungszeit. Bei einer Renovierung in den sechziger Jahren wurde allerdings die Apsis an der Stirnseite des linken Seitenschiffes beseitigt und gerade geschlossen, im rechten Seitenschiff die Apsis zwar in ihrer Substanz belassen, aber zugemauert. Außerdem wurden die Malereien der Vorkriegszeit im Langhaus sowie in der monumentalen Conche hinter dem Presbyterium übertüncht. Es wurde vereinbart, zur Bereicherung des heute kahl wirkenden Raumes die Malereien wieder freizulegen, wenn dies mit vertretbarem technischen und finanziellen Aufwand möglich sein sollte. YL

–, *Kath. Filialkirche St. Martin / Riem,* Außenrenovierung. Das Erscheinungsbild der schon im 10. Jh. bezeugten Kirche spiegelt die wechselhafte Baugeschichte, wobei die romanische Apsis und der – jedenfalls in den Obergeschossen – barocke Turm am dominantesten hervortreten; der spitze Turmhelm dürfte im 19. Jh. eine barocke Zwiebel abgelöst haben. Der unschöne verriebene Putz der Nachkriegszeit ist technisch intakt, weshalb er beibehalten wird. Die für das Erscheinungsbild von Riem kennzeichnende Eindeckung des Spitzhelms mit Schiefer und schmalen Kupferbahnen jeweils an den Ecken soll nach Möglichkeit beibehalten und restauriert werden. YL

–, *Kath. Pfarrkirche St. Michael / Perlach,* Fortsetzung der Innenrestaurierung. Im Berichtsjahr konnte die Restaurierung der Raumschale und der Deckengemälde abgeschlossen werden; die Arbeiten werden nun mit der Reinigung und Konservierung der Ausstattung fortgesetzt. Die vom Landesamt für Denkmalpflege geforderte Rückführung der sehr qualitätvollen, zur Ausstattung des 18. Jhs. gehörenden Kanzel, die bei der letzten Renovierung in den siebziger Jahren abgebaut worden war, konnte leider nicht erreicht werden. Die bei der nun durchgeführten Restaurierung möglich gewordene Wiederherstellung der ursprünglichen Raumfarbigkeit gibt zusammen mit dem bedeutenden Deckenfresko von Nikolaus Gottfried Stuber mit Darstellung des Kirchenpatrons St. Michael der Perlacher Pfarrkirche ihren Rang als einer der festlichsten und qualitätvollsten Sakralräume des 18. Jhs. in München zurück. YL

–, *Wegkapelle beim Gut Moosschwaige,* Instandsetzung des kleinen Satteldachbaus des 19. Jhs. mit klassizisierendem Giebelfeld. YL

–, *St. Nikolaus am Gasteig,* Vorbereitung der Außenrestaurierung. Die diffusen Ergebnisse der Befunduntersuchung veranlaßten die Empfehlung, den reizvollen, in der 2. Hälfte des 17. Jhs. barockisierten Bau außen wieder einheitlich weiß zu tünchen. Zu berücksichtigen war auch, daß St. Nikolaus mit der in den zwanziger Jahren unseres Jahrhunderts mit einem Umgang versehenen Loretto-Kapelle eine Baugruppe bildet, die seither immer eine einheitliche Weißfassung hatte. YL

–, *Kath. Pfarrkirche St. Peter,* Vorbereitung der Restaurierung des «Pötschner-Altars», eines der bedeutendsten Zeugnisse der Münchner Tafelmalerei im ausgehenden 15. Jh., unter Beteiligung der Restaurierungswerkstätten des Landesamtes für Denkmalpflege. Eingehende naturwissenschaftliche Untersuchungen im Doerner-Institut der Bayerischen Staatsgemäldesammlungen. YL

–, *Kath. Filialkirche Patrona Bavariae, Kulmbacher Platz 1.* In der schlichten, neubarocken Kapelle wurden die optisch unerfreulichen und für das Raumklima problematischen Elektroheizkörper an den Wänden durch eine Bankheizung ersetzt. Zi

203

–, *Kath. Pfarrkirche St. Quirin / Aubing*, Innenrestaurierung. Während nach außen hin vor allem die romanische Frühzeit durch den kraftvollen Staffelturm mit Deutschem Band und Konsolfriesen markant in Erscheinung tritt, sind die Raumverhältnisse im Inneren vor allem durch das noch im wesentlichen spätgotisch bestimmte Langhaus mit reichem Netzgewölbe bzw. durch den barockisierten Chor und die stattlichen Altäre des späten 17. Jhs. geprägt. Nachdem die Verschmutzung des Innenraumes angesichts der nur zehn Jahre zurückliegenden letzten Renovierung ganz erheblich ist, wurde vorab die Sanierung der offensichtlich technisch unzulänglichen Warmluftheizung veranlaßt. Bei der jetzt anstehenden Restaurierung ist primär eine Reinigung bzw. Neufassung entsprechend dem gegenwärtigen Erscheinungsbild vorgesehen, das auf die Ergebnisse einer früher durchgeführten Befunduntersuchung zurückgeht. YL

–, *Griechisch-Orthodoxe Salvatorkirche*, Restaurierung der «Ridlerschen Gedächtnisstätte» in der Vorhalle des ehem. Nordportals unter Leitung des Landbauamts München. Die spätgotische Salvatorkirche war in Zeiten der Säkularisation als Pulvermagazin genutzt worden. Die ungewöhnlich starke Versalzung des Mauerwerks wird mit der damaligen Lagerung von Salpeter in Verbindung gebracht. Unter anderem deshalb hat sich der Zustand der bedeutenden Fresken aus dem späten 15. Jh. und insbesondere der Retuschen und Ergänzungen seit der letzten in den siebziger Jahren durchgeführten Restaurierung wieder deutlich verschlechtert. Aufgrund bauphysikalischer Analysen und durchgeführter Befunduntersuchungen wurde vorgeschlagen, den Freskoputz durch Aufbringen von Kompressen zu entsalzen, bevor die Fehlstellen erneut retuschiert werden. Allerdings muß angesichts der Tatsache, daß bereits die Luftfeuchtigkeit den Salztransport in dem extrem belasteten Mauerwerk mobilisieren kann, damit gerechnet werden, daß möglicherweise auch der jetzigen Restaurierung nur ein begrenzter zeitlicher Erfolg beschieden sein wird. Beratung durch die Restaurierungswerkstätten des Landesamtes für Denkmalpflege. YL

–, *Kath. Filialkirche St. Wolfgang / Pipping*, Innenrestaurierung des Langhauses. Angesichts der Ergebnisse der Befunduntersuchung konnte das ursprüngliche Konzept, die gereinigte letzte Fassung beizubehalten, nicht mehr aufrechterhalten werden, nachdem noch freigelegungsfähige Bereiche am Chorbogen eine hiervon abweichende Farbstimmung zeigen. Dementsprechend wurde einer Neufassung nach Befund zugestimmt. YL

–, *Alter Südlicher Friedhof*, Fortsetzung der Restaurierung verschiedener Grabstätten im Rahmen des vom Hochbaureferat und dem Bestattungsamt der Landeshauptstadt München ausgearbeiteten Mehrjahresplanes. YL

–, *Neuer Israelitischer Friedhof an der Garchinger Straße.* Die vordringliche Sanierung des von Hausschwamm befallenen Dachwerks am Hauptgebäude des nach Plänen von Hans Grässel nach der Jahrhundertwende angelegten Neuen Israelitischen Friedhofs konnte zum Abschluß gebracht werden. Fortsetzung der Außenrestaurierung und Vorbereitung der Innenrestaurierung auf der Grundlage von Befunduntersuchungen zur Ermittlung der ursprünglichen Farbigkeit. Abschluß der Sanierung des nordöstlichen Abschnitts der Friedhofsmauer. Die Abstimmung der Landschaftsplanung für den neuen Teil des Friedhofs auf das Wege- und Achsensystem der bereits belegten Gräberfelder und damit eine bruchlose Einbindung in die Gesamtplanung Hans Grässels war nachdrücklich zu fordern (vgl. auch Jahresbericht 1988). YL

–, *Friedhof Obermenzing.* Der Friedhofseingang, eine neoklassizistische Pfeilerportalanlage mit breitem, mittigem Gittertor und links wie rechts anschließenden Nebeneingängen, sollte nach den Vorstellungen des zuständigen Bezirksausschusses mit einer «schallschluckenden Konstruktion», etwa geschlossenen Torflügeln, versehen werden, um die Lärmbelästigung bei Trauerfeiern herabzusetzen. Im Sinn einer Wahrung der konzeptionell wichtigen Blickbeziehung zwischen Gittertor und achsial angeordnetem Friedhofsgebäude wurde die Veränderung der Eingangssituation jdoch abgelehnt. Zi

Auch im Berichtsjahr wurde in Zusammenarbeit mit der Unteren Denkmalschutzbehörde der Landeshauptstadt München eine Vielzahl von Fassadeninstandsetzungen durchgeführt. Bei Sichtziegel- und Hausteinbauten galt das Hauptaugenmerk einer Bewahrung des gealterten Zustands, d. h. Fassadenreinigungen wurden nicht oder, wo unumgänglich, so behutsam als irgend möglich durchgeführt. Die Neufassung erfolgte, soweit dies angemessen schien, auf der Grundlage qualifizierter Befunduntersuchungen, von denen sich das Bayerische Landesamt für Denkmalpflege bei entsprechender Systematisierung auch über den Einzelfall hinausgehende Erkenntnisse verspricht.

Im Umgang mit historischen Fenstern wurde – in Fortsetzung der Bemühungen der letzten Jahre – einer Erneuerung nur dann zugestimmt, wenn eine Reparatur nicht mehr möglich war; der Einbau von Kunststoffenstern wurde nicht mehr gestattet. So erfreulich die denkmalpflegerischen Ergebnisse bei erlaubnispflichtigen Maßnahmen durch die intensive Betreuung bis ins Detail durch die Untere Denkmalschutzbehörde sind, so wenig zufriedenstellend verläuft die Wahrung denkmalpflegerischer Belange im Genehmigungsverfahren; Baubezirke und Außendienst im Planungsreferat sind auch bei gutem Willen mit der Umsetzung und Überprüfung differenzierter denkmalpflegerischer Ansprüche überfordert, die Untere Denkmalschutzbehörde aber ist personell nicht ausreichend ausgestattet, um neben dem Erlaubnisverfahren auch die Detailbetreuung der Baugenehmigungsfälle übernehmen zu können. Aus Sicht der Denkmalpflege ist zugunsten eines qualifizierten Umgangs mit der Denkmalsubstanz eine Verbesserung der Personalsituation der Unteren Denkmalschutzbehörde dringend erforderlich. Das Landesamt für Denkmalpflege hofft, in diesem Sinn auf die Landeshauptstadt München einwirken zu können.

München, öffentliche Gebäude
–, *Unterer Hofgarten*, Neubau der *Bayerischen Staatskanzlei.* Mit Abschluß des Vergleichs zwischen dem Freistaat Bayern und der Landeshauptstadt München ist nunmehr die vollständige Erhaltung der Arkaden am Nordrand des Unteren Hofgartens als wesentliches denkmalpflegerisches Ziel gesichert. Weiterhin berücksichtigen die getroffenen Festlegungen für die bauliche Entwicklung des südlichen und nördlichen Flügels am zu erhaltenden Mittelbau die an diesem Standort zu beachtenden städtebaulichen Zusammenhänge; Eingriffe in die Topografie des Unteren Hofgartens werden vermieden, nachdem sich die Neubauabschnitte auf dem Grundriß des ehem. Armeemuseums entwickeln. Die bauliche Leitung der geplanten Maßnahmen ging im Berichtsjahr vom Landbauamt München an die «Projektgruppe Staatskanzlei» in der Obersten Baubehörde über.

Zur Sicherung eines ausreichenden Vorfelds vor den Arkaden und zur Vermeidung der sonst erforderlichen Unterfangungsmaßnahmen an den historischen Bauteilen wurde die Lage der nördlichen Tiefgarage umorientiert. Die baulichen Untersuchungen beim Aushub der Baugrube für die Tiefgarage sowie im Bereich der künftigen Seitenflügel neben dem Armeemuseum wurden von der Abteilung Bauforschung und von der Abteilung Bodendenkmalpflege des Landesamtes für Denkmalpflege in enger Zusammenarbeit mit dem Landbauamt München bzw. mit der Projektgruppe Staatskanzlei wissenschaftlich begleitet. In mehreren Besprechungen zur baulichen Behandlung der Arkaden setzten sich die zuständigen Fachbehörden, nämlich außer dem Landesamt für Denkmalpflege die Bayer. Verwaltung der Schlösser, Gärten und Seen und die Untere Denkmalschutzbehörde der Landeshauptstadt München, dafür ein, die Arkaden wieder entsprechend der historischen Situation – allerdings eventuell in vereinfachter Form – zu komplettieren. Eine «Ruinenlösung» hätte Bauunterhaltsprobleme für die der Witterung ausgesetzte historische Bausubstanz zur Folge. Die Landschaftsplanung für das Gartenparterre vor der künftigen Bayerischen Staatskanzlei mit zwei Wasserbecken zu beiden Seiten des Kriegerdenkmals knüpft an die Neugestaltung des Hofgartens unter Kurfürst Maximilian I. im 17. Jh. wie an nicht ausgeführte Gartenplanungen für das Armeemuseum an und wurde mit dem Landesamt abgestimmt.

Die Außensanierung im Bereich von Kuppel und Kuppeltambour sowie der Attika konnte weitgehend abgeschlossen werden. Ziel war hier – wie auch bei der noch anstehenden Restaurierung der Hauptfassade mit Portikus zum Hofgarten – eine zurückhaltende Sicherung, Reparatur und Ergänzung des Bestands. Die Bereitschaft der Bayerischen Staatskanzlei als künftiger Nutzer, den historischen Bestand innerhalb des Kuppelbaus in größtmöglichem Umfang zu bewahren, ermöglicht nun auch die Erhaltung der baulichen Strukturen in den Untergeschossen des Mittelpavillons sowie des monumentalen Treppenhauses als wichtigstes Bauglied außer dem Kuppelsaal selbst. Die Abstimmung der funktionellen Bedürfnisse mit den denkmalpflegerischen Belangen wird nun vor allem auch dadurch erleichtert, daß die Planungen innerhalb des baulichen Restbestandes des ehemaligen Armeemuseums einem mit Baumaßnahmen in Baudenkmälern erfahrenen Architekturbüro übertragen worden sind. YL

–, *Bürgerheim, Dall'Armi-Straße 46*, Instandsetzung der Hauskapelle. Das Bürgerheim gehört zu den großen städtischen Altersheimbauten, die nach der Jahrhundertwende nach Plänen von Stadtbaumeister Hans Grässel entstanden sind. Die zugehörige Hauskapelle hat leider bei einer Renovierung der fünfziger Jahre die historische Ausstattung praktisch vollständig eingebüßt, darunter auch den neubarocken Hochaltar und das den Saalraum des Langhauses überspannende Deckengemälde. Angesichts der weitgehenden Zerstörung der originalen Substanz schied eine Rekonstruktion – abgesehen von der ornamentalen Dekoration an der breiten Hohlkehle – aus, und es wurde lediglich versucht, bei der Fassung der Raumschale besser auf die architektonischen Verhältnisse und die Stimmung des Raumes einzugehen. YL

–, *Blumenstraße 34, Feuerwache 1*, Fassadeninstandsetzung. Der heterogene, in schlechtem baulichen Zustand befindliche Fensterbestand wurde in ungewöhnlich sorgfältig detaillierter Form als Kastenfenster erneuert. Der schadhafte Putz – wohl der Nachkriegszeit – wurde als Sumpfkalkmörtelputz erneuert und entsprechend dem Befund der Erstfassung getüncht. Zi

–, *Luisenstraße 7, Luisengymnasium*. Im Zuge der baulichen Erweiterung des Gymnasiums erfolgen auch Umbaumaßnahmen am Schulbau von Theodor Fischer (ehem. Höhere Töchterschule). Die Glasabdeckung in der Mitte der Aula muß erneuert werden. Befunduntersuchungen an den bereits früher u. a. durch Vermauern der Öffnungen veränderten Aulawänden im 2. Obergeschoß brachten kein eindeutiges Ergebnis. Die den Vorzustand zeigenden Photographien erlauben keine Rekonstruktion. Es wird deshalb auf eine Rückführung verzichtet. Nach außen bleibt der historische Bau unverändert. Der Putz wird erneuert und erhält die alte Struktur. Hm

–, *Mariensäule auf dem Marienplatz*, Untersuchung der Heldenputti. Im Auftrag der Landeshauptstadt München hat das Doerner-Institut den gegenwärtigen Zustand der Heldenputti, eines Hauptwerks der manieristischen Bronzebildhauerei in München, überprüft. Auch wenn nach der vorgelegten Untersuchung neuerliche Korrosionserscheinungen an den in den siebziger Jahren mit Kunstharzüberzügen konservierten Oberflächen nicht zu beobachten sein sollten, müssen die Figuren jedenfalls von Schmutzkrusten und Sinterschichten gereinigt werden. Vordringlich ist aber die Schließung von Rissen und schlechten Lötstellen, durch die Wasser in den Kern der Figuren eindringt. Die Frage, ob angesichts des Zustandes der Skulpturen ihr aus denkmalpflegerischer Sicht grundsätzlich erwünschter Verbleib am historischen Standort weiterhin verantwortet werden kann, ist erst nach Durchführung einer eingehenden Befunduntersuchung zu entscheiden. Beratung durch die Restaurierungswerkstätten des Landesamtes für Denkmalpflege. YL

–, *Maximilianeum, Max-Plank-Straße 1*, Fortführung der Sanierungs- und Restaurierungsmaßnahmen an der Westfassade und den Arkaden. Die Befunduntersuchungen in Verbindung mit der Auswertung von historischem Photomaterial bezüglich der Arkaden im Erdgeschoß ergaben, daß hier an Wänden und Pfeilern noch weitgehend die Originalfassung in sehr malerischer Technik vorhanden ist, die freigelegt und restauriert werden kann. Leider sind aber die Gewölbeflächen nach den Kriegszerstörungen neu verputzt worden. Hier erfolgt eine Rekonstruktion auf der Grundlage der alten Photographien; in Teilbereichen ist jedoch, um das Erscheinungsbild zu schließen, eine Neuschöpfung in Orientierung am Obergeschoß erforderlich. Die Entscheidung zur Behandlung des Obergeschosses mit einer Bemalung der dreißiger Jahre steht noch aus. Hm

–, *Maximiliansbrücke*, Gesamtinstandsetzung. Im Zuge der durch statische und verkehrstechnische Anforderungen veranlaßten Instandsetzung wurden auch die Steinfassaden zur Isar hin sowie die hohen Bronzekandelaber auf den seitlichen Brüstungen restauriert. Im Rahmen der auch aus denkmalpflegerischer Sicht konstruktiven und flexiblen Planung des Tiefbaureferats der Landeshauptstadt München wurden u. a. die notwendigen neuen Aussteifungen im Brückenkörper so eingebaut, daß die Durchsicht durch die seitlichen bogenförmigen Öffnungen in der Brückenfassade hierdurch nicht verändert wird. Es konnte auch erreicht werden, daß der ursprünglich aus verkehrlichen Gründen vorgesehene asymmetrische Einbau von Trambahngleisen wieder wie bisher symmetrisch erfolgte. Bezuschussung mit Mitteln des Entschädigungsfonds. YL

–, *Müllersches Volksbad, Rosenheimer Straße 1*, Beratung bei der Durchführung von Brandschutzmaßnahmen. Die 1897 bis 1901 nach Plänen von Karl Hocheder d. Ä. am östlichen Isarufer unterhalb des Gasteigs errichtete Bautengruppe des Müllerschen Volksbades entspricht in keiner Weise mehr den heutigen Brandschutzanforderungen. Dank des Interesses der für den baulichen Unterhalt des Volksbads verantwortlichen Stadtwerke München, die historische Atmosphäre dieses weit über München hinaus bedeutenden Jugendstilbades möglichst unverändert zu erhalten sowie aufgrund der sehr konstruktiven Vorschläge der zuständigen Brandschutzbehörden gelang es, den notwendigen Sicherheitsanforderungen zu entsprechen, ohne dabei den Bestand oder das Erscheinungsbild entscheidend zu beeinträchtigen. So werden beispielsweise die Durchgänge an den Brandabschnitten als verglaste Eichenholztüren ausgebildet, die sich gestalterisch an die übrigen Jugendstiltüren des Volksbades anschließen. Bei dieser Gelegenheit wurde auch empfohlen, künftige Planungen im Rahmen des Sanierungsprogramms darauf auszurichten, die historische Eingangsstruktur mit Foyer und südlich dem Damenbad bzw. nördlich dem Herrenbad vorgelagerten Kassenhallen wiederherzustellen, nachdem das Durchschreiten dieser anspruchsvoll gestalteten Raumfolgen auf dem Wege zu den Umkleideräumen und dann zu den Schwimmhallen gewissermaßen die bauliche Inszenierung des Badbesuches darstellt. Erfreulicherweise wurde die Glaskuppel über dem Treppenhaus der Herrenschwimmhalle wieder instandgesetzt, außerdem die vergoldete Metallplastik mit Darstellung des Universums auf dem Dach der Damenschwimmhalle unter Beteiligung der Werkstätten des Landesamtes für Denkmalpflege restauriert. YL

–, *Neues Rathaus*, Wandmalereien in der Eingangshalle zur Prunkstiege im Alten Teil. Bei Vorbereitungsarbeiten zur Neutünchung der Eingangshalle zur Prunkstiege wurden die von Rudolf Seitz in den siebziger Jahren des 19. Jhs. gemalten Darstellungen der verschiedenen Stände freigelegt. Bei einer Untersuchung der Malereien durch die Restaurierungswerkstätten des Landesamtes für Denkmalpflege konnte erfreulicherweise ein noch so vollständiger Erhaltungszustand festgestellt werden, daß eine Konservierung und restaurierende Ergänzung möglich erscheint. Überlegungen, die Bilder durch einen Kunstmaler mehr oder weniger frei übermalen zu lassen, sind damit hinfällig. YL

–, *Dachauer Straße 25 und 25a, Postgebäude*, Umbau und Sanierung der dem Architekten Michael Reifenstuel zugeschriebenen Anlage von 1887/89. Notwendige Veränderungen in den Bürozonen und in den Wohnungen wurden hingenommen. In den Treppenräumen und vor allem in den repräsentativen Räumen im Erdgeschoß wurde Wert auf die Erhaltung der ornamentalen Böden, Decken und Wandverkleidungen gelegt. Die Fassade wurde restauriert. Grundlage für diese Maßnahme war eine ausführliche Befunduntersuchung. Hm

–, *Stuck-Villa, Prinzregentenstraße 60*. Das Wohnhaus und Ateliergebäude des gefeierten Malerfürsten Franz von Stuck, ein Künstlerhaus von europäischem Rang, steht vor einer Gesamtrestaurierung, nachdem sämtliche frühere Instandsetzungsmaßnahmen immer nur den Charakter von Reparaturen oder Umbauten aus aktuellem Anlaß hatten. Ein wesentliches Anliegen ist dabei, die repräsentativen Wohnräume im Hause Franz von Stucks nicht mehr als Erschließung für den Gesamtbau zu nutzen und den Besucherverkehr zu den Ausstellungsräumen in den Obergeschossen über eine selbständige Treppen- oder Liftanlage zu führen. In Vorstudien wird untersucht, wie sich ein den Gesamtbestand schonendes, für Besucher sowohl des Wohnhauses Stucks als auch des Atelierbaus nutzbares Erschließungskonzept entwickeln läßt, das sowohl im Inneren wie im Äußeren zu geringstmöglichen Beeinträchtigungen führt. Parallel hierzu werden Geschichte und Baugeschichte der Villa Stuck durch archivalische Untersuchungen, durch ein Aufmaß und durch eingehende Befunduntersuchungen geklärt. Beratung durch die Restaurierungswerkstätten des Landesamtes für Denkmalpflege, die an den Befunduntersuchungen beteiligt sind. YL

–, *Thierschplatz*, Neugestaltung nach Abschluß der Arbeiten für den U-Bahnhof Lehel. Die leider weitgehend verfestigte Planung konnte immerhin in Teilbereichen noch korrigiert werden: Wesentlich ist insbesondere, daß die für den Thierschplatz typische, den natürlichen Geländeverhältnissen entsprechende, leicht abfallende Situation zur Isar hin nun nicht durch eine Begradigung der Oberfläche und den Einbau von Differenzstufen verändert worden ist, weiterhin daß statt des vorgesehenen großflächig gemusterten Belages aus weißen und roten Platten nun ein einheitliches Granitkleinsteinpflaster verlegt wurde. Erfreulicherweise wurde auch auf die geplante Stützmauer an der Baumgruppe um den Brunnen verzichtet, so daß das Gelände nun bruchlos in die Platzoberfläche übergeht. Dagegen war es leider nicht möglich, eine Verbesserung der Situation an den U-Bahn-Abgängen zu erreichen, die schon durch ihre überdimensionierten Ausmaße eine Beeinträchtigung bedeuten. Die Vorschläge, die Brüstungen um die Schächte entweder transparent als Gitter zu gestalten oder in gestocktem Beton auszuführen, wurden nicht befolgt; wie üblich, wurde die Verkleidung in vorgehängten Granitplatten ausgeführt. Auch alle Bemühungen, einen Verzicht auf die südöstlich von dem gestalterisch gelungenen pavillonähnlichen Bauwerk mit Liftausstieg und Wetterschutz für wartende Trambahnfahrgäste quer in den Platz hineinbetonierte Mauer zu erreichen, blieben vergeblich. Zu begrüßen ist, daß bei der vom Stadtplanungsreferat geleiteten Neugestaltung die früher üblichen Gehsteigbeläge aus «Münchner Gehsteigplatten» wiederhergestellt worden sind, die zum Sockelbereich der herrschaftlichen gründerzeitlichen Miethäuser mit ihrem rotbraunen Klinkerton in einem belebenden Kontrast stehen. YL

–, *Tierpark Hellabrunn, Siebenbrunner Straße 6, sog. Löwenterrasse.* Die Münchner-Tierpark-Hellabrunn-AG beabsichtigt, die Löwenterrasse, eines der wenigen noch erhaltenen baulichen Zeugnisse aus der Entstehungszeit um 1911, zugunsten von Großgehegen abzubrechen. Die wie das Elefantenhaus von Gabriel v. Seidl entworfene Anlage gehört vom Affenhaus im Norden über das Elefantenhaus und Löwenhaus bis zum Polarium im Süden zur Hauptachse des Tierparks. Eine restlose Beseitigung wurde abgelehnt, jedoch die sich anbietenden Möglichkeiten von der Rekonstruktion der nicht restaurierbaren kulissenartigen Bauteile bis zur teilweisen Erhaltung für andere Nutzung vom Bauherrn nicht akzeptiert. Das Landesamt für Denkmalpflege mußte schließlich die Beseitigung hinnehmen. Hm

–, *Zentralfinanzamt, Alter Hof.* Erstellung eines Bauaufmaßes zur Vorbereitung von Instandsetzungsmaßnahmen an den Dächern des West- und des Südflügels, die den Krieg weitgehend unbeschadet überstanden haben. Die Dachkonstruktionen sind noch spätmittelalterlich. Hm

München, Privathäuser
–, *Am Mühlbach 4a.* Das erdgeschossige Kleinhaus mit Resten einer Holzblockbauweise hat sicher einen sehr alten Ursprung. Zur Vorbereitung der Sanierung wurde ein Bauaufmaß mit Bauforschung veranlaßt. Hm

–, *Baumkirchnerstraße 53, sog. Vogelhof.* Die Gesamtanlage des mächtigen Einfirsthofs ist in ihrer Ausdehnung wohl dem 18. Jh. zugehörig, das äußere Erscheinungsbild sowie die Ausbaudetails des Wohnteiles aber mitbestimmt von einer Erneuerung des mittleren 19. Jhs. Bedauerlicherweise erwies sich der stattliche Stallungs- und Scheunenbereich als nicht erhaltensfähig; einem Abbruch wurde – nach Vorlage einer Dokumentation – zugestimmt. Der historische Wohnteil soll nach denkmalpflegerischen Gesichtspunkten instandgesetzt werden; der Ersatzbau für den Scheunenteil wurde als profilgleich anschließender, gestalterisch abgesetzter Baukörper mit Wohn- und Büronutzung hingenommen. Zi

–, *Brunnstraße 9.* Der auf schmaler Grundstücksparzelle innerhalb des unter Ludwig dem Bayern (1294–1347) errichteten zweiten Befestigungsrings um München erbaute Komplex, bestehend aus drei hintereinander angeordneten Gebäuden, zählt wegen seiner im Kern vermuteten mittelalterlichen Bausubstanz – das Sandtnersche Modell von 1570 weist hier zweigeschossige Bebauung auf – und wegen seiner großen Überlieferungsdichte barocker Ausbaudetails als Beispiel für das Bauen des gehobenen Münchener Bürgertums und seiner Veränderungen vom 16. bis 19. Jh. zu den bedeutenden Baudenkmälern Münchens. Im Zusammenhang mit einem Antrag auf Vorbescheid wurden zwischen dem Landesamt für Denkmalpflege, dem Bauherrn und dem Architekten eine Reihe von Gesprächen geführt mit dem Ziel, die aus Sicht der Denkmalpflege indiskutablen Planungen zu korrigieren, Bemühungen die ohne Erfolg blieben. Die auf Grund der Verfahrensverzögerung eingeschaltete Regierung von Oberbayern hatte daraufhin verfügt, über den vorgelegten Antrag auf Vorbescheid unmittelbar zu entscheiden, dem Landesamt aber anheimgestellt, den Entwurf der Stellungnahme der Baugenehmigungsbehörde, der dem Antrag in nahezu allen Punkten folgte, im Sinn des Denkmalschutzes zu ergänzen. Die vom Landesamt vorgetragenen, fachlich wohlbegründeten Ergänzungsvorschläge wurden in keinem Punkt berücksichtigt. Der durch die Landeshauptstadt München erlassene Vorbescheid kommt einer Entkernung des Baudenkmals in seiner Gesamtheit gleich (Verlust der Grundrißstrukturen, des Treppenhauses und sämtlicher historischer, vornehmlich barocker Details). Eines der wichtigsten profanen Baudenkmäler Münchens wird bei Umsetzung des Vorbescheids verloren sein. Ein verformungsgerechtes Aufmaß mit umfassender Bauforschung wird den Verlust dokumentieren. Zi

–, *Burgstraße 5, Weinstadl,* Generalinstandsetzung, Umbau. Der Weinstadl gehört zu den wichtigsten profanen Baudenkmälern Münchens. Zwischen Altem Hof und Altem Rathaus gelegen, befindet sich das Gebäude wohl noch im Siedlungsraum der Stadt Heinrichs des Löwen, mit Sicherheit aber innerhalb des Bereichs der ersten Stadterweiterung Münchens nach der Mitte des 13. Jhs. Die herausragende Bedeutung des «Weinstadl», der 1550 durch Um- bzw. Neubau des von der Stadt für die Zwecke der Stadtschreiberei erworbenen Vorgängerbaus entstand, beruht nicht nur auf der für München einzigartigen Fassadenmalerei von 1552; wichtige historische Substanz ist auch in den Grundrißstrukturen, in dem in wesentlichen Teilen aus der Umbauzeit des mittleren 16. Jhs. stammenden Dachwerk sowie im Bereich der Lauben im Hof und im Treppenturm mit der steinernen Spindeltreppe aus der gleichen Bauphase überliefert. Historische Ausbaudetails verschiedener Epochen sind eher spärlich vorhanden, doch sind einzelne Türstöcke und -blätter des 16. bis mittleren 19. Jhs. – in zum Teil schlechtem Zustand – erhalten.

Während Keller und Erdgeschoß mit den mächtigen kreuzrippengewölbten Räumen und das 1. Obergeschoß mit einer Ausstattung von 1953 als Weinlokal genutzt wurden – eine Nutzung, die in den haustechnisch zu sanierenden, sonst aber nicht zu verändernden Räumen aufrechterhalten werden soll – standen 2. Obergeschoß sowie die Dachebenen leer und zeigten sich verwahrlost. Im Berichtsjahr wurden Vorbereitungen und erste Vorplanungen für die Gesamtmaßnahme, die auch Erweiterungsmaßnahmen in den nicht unter Denkmalschutz stehenden angrenzenden Baulichkeiten beinhalteten, getroffen. Die seitens des Bauherrn dankenswerterweise bereits in dieser frühen Phase betriebene Einbindung des Landesamtes für Denkmalpflege ermöglichte ein rechtzeitig in Auftrag gegebenes verformungsgerechtes Aufmaß sowie eine umfangreiche Befunduntersuchung, die als wissenschaftliche Grundlage für die Planung und deren Beurteilung sowie später, unter ständiger Ergänzung, auch für den Bauablauf dienen sollen. Es konnte mit dem

Bauherrn sowie den zuständigen Architekten und Projektanten Einverständnis darüber erzielt werden, daß die Ergebnisse der genauen Untersuchungen bei allen Planungsschritten in weitestgehendem Maße Berücksichtigung finden. Als einzige größere Schwierigkeit erwies sich bisher der funktional unumgängliche Einbau eines Lifts.

Gegen eine zur Ausschöpfung des Baurechts geplante Aufstockung eines westlich anschließenden Rückflügels aus den fünfziger Jahren, die den bedeutenden Renaissancebau substantiell wie gestalterisch bedrängt hätte, wurden erhebliche Bedenken angemeldet, eine Wiedererrichtung eines niedrigeren Rückflügels entlang der südlichen Grundstücksgrenze wurde als Alternative vorgeschlagen.

Die Gesprächsbereitschaft des Bauherrn und seine in allen Punkten erkennbare Zugänglichkeit für die Belange der Denkmalpflege lassen auf ein auch aus denkmalpflegerischer Sicht gutes Ergebnis hoffen. Zi

–, *Dachauer Straße 667*, sog. Gillmer Schloß, Erneuerung der Terrassenanlage und Neufassung der Fassaden. Die in einem ausgedehnten Landschaftspark gelegene Anlage mit den um einen Innenhof angeordneten Baulichkeiten – dem Schloß, einem «Wehrbau», einer Schloßkapelle sowie Kutscher- und Remisengebäuden – wurde in mehreren Bauphasen zwischen 1896 und 1916 errichtet und ist ein eindrucksvolles Beispiel historistischer Baukunst. Als erster Schritt einer successiven Gesamtinstandsetzung wird eine Neufassung von Schloß und Kutscherbau, orientiert an der Erstfassung, sowie die Instandsetzung der ausgedehnten, zum Schloß gehörenden Terrassenanlage in Angriff genommen. Die handwerklich wie gestalterisch bemerkenswerte Terrasse mit einer als Imitation von «Kyklopenmauerwerk» ausgeführten Stützmauer ist allerdings – auf Grund unterlassenen Bauunterhalts und unsachgemäßer früherer Sanierungen – in derart baufälligem Zustand, daß eine Sanierung fraglich und eine Rekonstruktion exakt nach Befund nach Aufmaß und Photodokumentation wahrscheinlich ist. Zi

–, *Delpstraße 6*, Umbau, Instandsetzung. Die 1922/23 von Hans Büttner bzw. Heilmann & Littmann für den jüdischen Unternehmer Köhler in barockisierenden Formen errichtete Villa kam Ende der dreißiger Jahre durch «Kauf» in den Besitz des Reichsleiters Max Amann, der vor allem den Räumen im Erdgeschoß sowie der Treppenhalle durch Veränderung der Ausbaudetails den Charakter schwerer, bombastischer Klassizität gab. In den wesentlichen Bereichen ist der Zustand der Zeit der Überformung durch eine Parteigröße des Dritten Reiches bis in die Details überliefert. Geplante Eingriffe in die Grundrißstruktur des Gebäudes konnten auf ein verträgliches Maß reduziert und substantielle Verluste weitgehend vermieden werden. Vor allem der Erhalt der Details aus der Nazizeit war auf Grund der – durchaus nachvollziehbaren – abwehrenden Haltung des heutigen Eigentümers nur über die Forderung nach fachgerechter Einlagerung der beweglichen und Verschalung der festen Ausbauelemente jener Epoche möglich. Eine umfassende zeichnerische und photographische Bestandsdokumentation im Sinn eines Raumbuchs liegt vor. Die Fassaden wurden entsprechend dem Erstbefund bearbeitet. Zi

–, *Falckenbergstraße (zu Maximilianstraße)*, breitgelagertes siebzehnachsiges Gebäude mit abgeknickter Straßenfront, entstanden kurz vor 1800. Die den Betriebsgebäuden der Kammerspiele zugeschlagene und dabei baulich teilweise verstümmelte patrizische «villa suburbana» sollte zugunsten eines den betrieblichen Erfordernissen der Kammerspiele besser entsprechenden Neubaus abgebrochen werden. Das wegen des Verlustes der Fassadengliederung heute zur Straßenseite hin unscheinbare Gebäude besitzt aber an der Hofseite – wie durch eine Befunduntersuchung der Restaurierungswerkstätten des Landesamtes nachgewiesen werden konnte – noch die originale, im Stil des Louis-seize gehaltene Fassade mit einer strengen, geometrisierenden Putzgliederung. Auch das Innere des Baus weist jedenfalls im nördlichen Teil zahlreiche bemerkenswerte Baudetails der Entstehungszeit auf, so den Treppenaufgang, verschiedene Türen und Fenster sowie Rahmenstuck in den großzügig dimensionierten Räumen zur Hofseite. Wegen der unabweisbaren innerbetrieblichen Notwendigkeiten der Kammerspiele konnte zwar die vollständige Erhaltung der Anlage nicht erreicht, wenigstens aber in langwierigen Verhandlungen die Bedeutung des Gebäudes vermittelt und ein Kompromiß erzielt werden: Der durch eine Brandmauer abgetrennte und wohl auch etwas spätere, tatsächlich weitgehend baufällige Südabschnitt wird abgebrochen, zumal sich dort im Inneren keine anspruchsvolleren Baudetails erhalten haben. Der etwa doppelt so große Nordabschnitt bleibt erhalten und wird restauriert. YL

–, *Franzstraße 1*. Abbruch des kleinen klassizistischen Wohnhauses, das im Inneren bereits völlig verändert war. Eine Erhaltung war nicht vertretbar und hätte erhebliche Entschädigungsansprüche ausgelöst. Hm

–, *Hackenstraße 7*, Antrag auf Abbruch im Innenbereich. Vor geraumer Zeit hatte ein entsprechender Antrag für das 1874/76 datierte Gebäude bei Erhalt der neobarocken Fassade die Genehmigung erhalten. Eine Überprüfung der Bausubstanz im Zuge einer Antragserneuerung hat neue Erkenntnisse erbracht, die nun zu einer Ablehnung seitens des Landesamtes für Denkmalpflege führten. Zum einen konnte im gartenseitigen Bereich barocke Substanz mit Ausbaudetails in größerem Umfang festgestellt werden, zum anderen waren die für die Frühphase neobarocker Tendenzen so typischen Widersprüchlichkeiten zwischen Fassadengestaltung und den eher als Stilmischung gotisierender und romanisierender Elemente gestalteten Innenbereichen, die bei einer Entkernung verloren gehen, in ihrer Bedeutung früher nicht erkannt worden. Die Baugenehmigungsbehörde folgt der denkmalpflegerischen Argumentation nicht und erneuerte die Abbruchgenehmigung für die Innenbereiche. Das Landesamt verzichtete wegen der fehlenden herausragenden Bedeutung des Gesamtzusammenhanges auf eine Anrufung der Regierung von Oberbayern. Zi

–, *Häberlstraße 24*, Brandschutzmaßnahmen. Die bisherige Praxis der Brandschutzbehörden in München, generell die Zusetzung oder die feuersichere Verkleidung von Treppenhausfenstern zu Wohnungen zu fordern, konnte im original erhaltenen gründerzeitlichen Treppenhaus des Anwesens Häberlstraße 24 dahingehend abgeändert werden, daß nunmehr nur noch feuerhemmende Verglasung mit Drahtglas – wie etwa bei Oberlichten über Türen – verlangt wird. Durch diese Entscheidung wird es in Zukunft möglich sein, die für viele barocke und gründerzeitliche Treppenhäuser typischen Treppenhausfenster sichtbar beizubehalten. YL

–, *Heßstraße 28*, Fassadeninstandsetzung. Wie bei vielen anderen Gebäuden der fünfziger Jahre ist auch bei diesem Haus von Sepp Ruf der Denkmalbestand insofern gefährdet, als durch unsachgemäßen Umgang gerade mit dem Detail zusammen mit der Bausubstanz auch die knappe Präzision der Ästhetik dieser Epoche verlorengeht. Bei dem Wohnhaus, dessen Unterschutzstellungsverfahren gegenwärtig im Gange ist, konnte erreicht werden, daß im Zuge einer Instandsetzung die bisher noch nicht veränderten, der für das Erscheinungsbild eminent wichtigen Balkons, fachgerecht repariert und die unsensibel sanierten Balkons zumindest ästhetisch korrigiert werden, so daß der Bau wieder in seiner einheitlichen, filigran profilierten und wohlproportionierten Ausgewogenheit erlebt werden kann. Zi

–, *Karlsplatz 11 und 12*, Entkernung. Die Gebäude gehören zum Karlstorrondell, das sein heutiges äußeres Erscheinungsbild einer Umgestaltung des schlichten, um 1800 errichteten, klassizistischen Rondells mit seinen Seitenflügeln durch Gabriel von Seidl verdankt, der den Bahnhof zugewandten westlichen Stadtzugang 1895/1902 in aufwendigen neubarocken Formen neu inszenierte und zugleich durch diese Nobilitierung sowie durch Aufstockung und Ausbau der Mansarddächer den Interessen verschiedener Bauherren entsprach. Die noch bestehenden Bereiche der gesamten Anlage, also die eigentlichen Rondellbauten, müssen als eine der wichtigsten städtebaulichen Schöpfungen Münchens im 19. Jahrhundert gelten. Die Häuser Karlsplatz 11 und Karlsplatz 12 (erhalten nur mehr das Rückgebäude) waren als Hotelgebäude für den später berühmten «Roten Hahn» errichtet worden und haben sich in wesentlichen Bereichen der inneren Struktur (Treppenhäuser sowie Grundrisse des 2., 3. und 4. Obergeschosses) sowie der Ausbaudetails erhalten und sind somit anschauliche Zeugnisse der wirtschafts- und sozialgeschichtlichen Entwicklung Münchens.

Entgegen der Beratung durch das Landesamt für Denkmalpflege wurde ein Antrag auf Entkernung gestellt und zugleich durch eine ahistorische Argumentation begründet. Die Baugenehmigungsbehörde machte sich dieses «Gutachten» in nahezu allen Punkten zu eigen, und teilte die beabsichtigte Zustimmung zur Entkernung mit. Das Landesamt rief zur Entscheidung die Regierung von Oberbayern an, die der Argumentation für einen Erhalt der Innenbereiche als integralen Bestandteil eines Baudenkmals von übergeordneter Bedeutung nicht folgen wollte und den Teilerhalt des noch bestehenden Haupttreppenhauses als vermittelnde Position anbot. Das Landesamt sieht in der Entkernung eine nicht zu verantwortende Zerstörung historischer Substanz und eine Reduzierung der noch vorhandenen funktionalen, ästhetischen und konstruktiven Einheit der Architektur auf eine bloße Kulisse, und nahm die Entscheidung der Regierung von Oberbayern mit Bedauern zur Kenntnis. Eine Dokumentation des Bestands wurde angefertigt. Zi

–, *Karlstraße 32*, Errichtung eines katholischen Pfarrzentrums für die Hochschulgemeinde der Technischen Universität München. Für das der Basilika St. Bonifaz an der Karlstraße benachbarte Grundstück lag bereits eine genehmigte Bauplanung vor, die als auf die siebziger Jahre zurückweisende Betonarchitektur gestalterisch und vor allem wegen des an dieser Stelle gänzlich unverträglichen Volumens eine schwere Belastung für St. Bonifaz bedeutet hätte. Erfreulicherweise hat nun das Baureferat des Erzbischöflichen Ordinariats eine Neuplanung vorgelegt, die sehr viel sensibler auf die Vorgaben eingeht, die sich aus der Nachbarschaft zur Basilika und zu der auf dem Grundstück vorhandenen, im 2. Viertel des 19. Jhs. errichteten und im frühen 20. Jh. überformten klassizistischen Villa ergeben. Der Hauptbaukörper des künftigen Pfarrzentrums wird nun östlich der Villa als Stahl-Glas-Konstruktion mit pyramidenförmigem Dach errichtet, wobei eine weitgehende Freistellung des Baudenkmals gewährleistet ist. YL

–, *Landsberger Straße 1*. Die Backsteinfassade des Mietshauses von 1850 mit reicher Sandstein- und Putzgliederung wurde restauriert. Die Fensterstürze aus Sandstein waren nahezu alle durchgebrochen und mußten erneuert werden. Die Farbgebung folgt dem Ergebnis einer Befunduntersuchung. Hm

–, *Lenbachplatz 3, Bernheimer-Haus*, Vorplanungen für einen Umbau und eine Gesamtinstandsetzung. Nach Veräußerung des nach Plänen von Friedrich Thiersch und Martin Dülfer errichteten palastartigen Neubarockbaus, der bereits erste Jugendstil-Tendenzen zeigt, gilt es ein sinnvolles und verträgliches Nutzungskonzept für die repräsentativen Ladenräume und Galerien vorerst im Erdgeschoß und im 1. Obergeschoß zu finden, die bislang von der Firma Bernheimer als Ausstellungs- und Verkaufsräume für ihren Antiquitätenhandel genutzt worden waren. Im Rahmen der Beratung des Projekts war u. a. auch zu Ausbaumaßnahmen vor allem im Dachbereich Stellung zu nehmen, nachdem an eine Erneuerung des jetzigen Notdachs unter Vergrößerung auf das Volumen der vorkriegszeitlichen Dachkonstruktion gedacht ist. Aus denkmalpflegerischer Sicht ist ein entsprechender Dachausbau nicht notwendig, weil die verlorene historische Substanz nicht zurückgewonnen werden kann. Nachdem aber das Bernheimer-Haus zu den prachtvollsten Geschäftshäusern Münchens zählte und im Bereich des Lenbachplatzes dessen gründerzeitliche Architektur Ende des 19. Jhs. mit anderen europäischen Hauptstädten zu konkurrieren versuchte, einen dominierenden Akzent setzte, können allerdings auch keine prinzipiellen Einwendungen gegen eine Rekonstruktion des eindrucksvollen Dachaufbaus mit barockisierendem Mittelturm erhoben werden, sofern die geplante Wiederherstellung in Materialität und Ausführung dem verlorenen, genau dokumentierten Vorkriegsdach entspricht. Die Wiederherstellung dieses städtebaulich und architekturgeschichtlich für München so bedeutsamen Gebäudes könnte dazu beitragen, den um die Jahrhundertwende durch die Bautätigkeit insbesondere auch am Lenbachplatz und am Stachus dokumentierten Großstadtanspruch Münchens wieder deutlicher sichtbar zu machen, nachdem leider die für diese großen Monumentalbauten kennzeichnende Dachlandschaft durch die Kriegszerstörungen fast durchwegs verlorengegangen ist. YL

–, *Maderbräustraße 4*, Rotmarmorepitaph des 16. Jhs. mit Darstellung von unter dem Kreuz knienden Stiftern. Das spätgotische Epitaph befindet sich in einem zum Maderbräukomplex – jetzt Weißes Brauhaus – gehörenden Innenhof neben dem Eingang zu einer Sexbar. Weniger diese etwas problematische Nachbarschaft als vor allem die Tatsache, daß der bereits stark verstümmelte Corpus Christi und die teilweise abgeschlagenen Köpfe der Stifterfiguren weitere Beschädigungen und Überschmierungen hinzunehmen haben, sind Anlaß wiederholter – bislang leider ergebnisloser – Forderungen der Denkmalschutzbehörden und des benachbarten Pfarramtes Hl. Geist, den Stein in eine geschützte Situation im Inneren des Anwesens zu verbringen. YL

–, *Marienplatz, Kaufhof*. Gegen die projektierte Aufstockung des Kaufhofgebäudes mit einem verglasten Obergeschoß zur Unterbringung eines Restaurants waren nachdrücklichste Bedenken zu äußeren. Durch die Aufstockung würde der Kaufhof optisch aus der Höhenlinie der Dächer in der Umgebung ausbrechen, wobei das von höheren Blickpunkten aus einsehbare Rückgebäude bereits jetzt die Altstadtsilhouette empfindlich beeinträchtigt. Durch den geplanten Ausbau würde der Kaufhof nicht nur die Höhe des gegenüberliegenden Rathauses erreichen, sondern vor allem auch bei Nacht würde sich das Erscheinungsbild des Marienplatzes verändern durch die hell erleuchtete Glaskonstruktion in der sonst ruhigen dunklen Dächerlandschaft. Bei Genehmigung hätte die Aufstockung und Aufglasung des Kaufhofdachs Signalwirkung für andere Geschäftshäuser in der Münchner Innenstadt mit den entsprechenden Folgen für das Ensemble Altstadt München. YL

–, *Mauerkircher Straße 16*, Gesamtinstandsetzung. Das repräsentative, herrschaftliche Mietshaus der Jahrhundertwende wurde in Eigentumswohnungen aufgeteilt. Es war nicht einfach, die historische Fassung nach Befund im Äußeren und im Treppenhaus sowie die Erhaltung und Restaurierung der Treppenhausverkleidung aus opalisierenden Glasplatten in Grün und Weiß gegen modische Umgestaltungsvorschläge durchzusetzen. YL

–, *Maximilianstraße 10*, Neugestaltung der Eingangs- und Schaufensteranlage. Dabei wurde festgestellt, daß in der Fassadenebene zwischen den Fensterachsen massive, grob geschlagene Sandsteinpfeiler stehen, die später mit Ziegel ummauert oder verputzt bzw. verkleidet wurden. Konstruktiv entspricht dies der Bauweise des benachbarten Arkadenbaus Nr. 6/8, bei dem die groben Sandsteinpfeiler aber mit bearbeiteten Sandsteinplatten verkleidet sind. Dies mag ein Hinweis sein, daß auch bei anderen Gebäuden der Maximilianstraße ursprünglich Arkaden vorgesehen waren und erst während der Bauzeit das Konzept geändert worden ist. Hm

–, *Maximilianstraße 17/19, Hotel Vier Jahreszeiten*. Nachdem die Fassaden der Obergeschosse abweichend von der vorhandenen Zweifarbigkeit in einheitlich rötlich – terrakottafarbener Tönung neu gestrichen werden konnten, war ein Umbau im Erdgeschoß vorgesehen. Die vorhandene Erdgeschoß-Fassadenausbildung ging auf den Umbau durch Littman 1903 – damals wurde die Vorfahrt geschaffen – zurück. Entgegen den Wünschen des Bauherrn mußte das Landesamt für Denkmalpflege fordern, daß die Fassadenbereiche beidseitig der mittigen Vorfahrt auf jeden Fall gleichgestellt werden. Das ursprüngliche Fensterdetail konnte leider nicht beibehalten werden, da bauphysikalische und sicherheitstechnische Notwendigkeiten entgegenstanden. Hm

–, *Meiserstraße 4*, Fassadeninstandsetzung. Von dem größten Münchner «Zinspalast» der Zeit Ludwigs I., 1829 durch Maurermeister Jos. Höchl errichtet, hat lediglich die Fassade den Zweiten Weltkrieg relativ unversehrt überstanden, ästhetische «Korrekturen» jedoch ihr Aussehen noch ein wenig verändert. Eine «Beschichtung» mit einer Art «Dispersionsflies» hat seit den sechziger Jahren den Bestand der Fassaden, vor allem aber der qualitätvollen klassizistischen Stuckornamentik der Ädikularahmung der Fenster, erheblich gefährdet bzw. zum Teil bereits zerstört. Die zunächst mit den anstehenden Aufgaben – Entfernung des Dispersionsfließes und Befunduntersuchung – betrauten Betriebe konnten dem nötigen Anspruch der Denkmalpflege nicht genügen. Nach Übernahme der Freilegungsarbeiten im Bereich der Ornamentik durch einen geeigneten Stukkateur konnte eine angemessene Fassadeninstandsetzung durchgeführt werden bei Erhalt der Originalsubstanz und Neufassung nach Erstbefund (Restaurierungswerkstätten des Landesamts für Denkmalpflege) in leicht rötlich gebrochenem Ocker. Zi

–, *Ohlmüllerstraße 33, ehem. Paulanerkloster*, Weiterführung der Umbau- und Sanierungsmaßnahmen. Bei Befunduntersuchungen an den Fassaden wurden im Bereich über dem Kreuzgang die Erstfassung und verschiedene spätere Fassungen aus der Zeit nach der Schließung der Arkaden nachgewiesen. Dem Entschluß zur Öffnung der Arkaden sowie für eine Restaurierung der Malereien in den Arkaden, folgte die Entscheidung, auch an den Fassaden die Erstfassung wiederherzustellen. Die Wandflächen sind putzsichtig in Weiß mit leichtem Grauton, Gliederungen und Schmuckteile in Rot- und Ockertönen, was als Steinimitation gedeutet werden kann. Die Befundstelle wird restauratorisch behandelt und dann ggf. überdeckt. Hm

–, *Preysingstraße*. Der Bereich Preysingstraße ist einer der Schwerpunkte der Stadtsanierung in Haidhausen. Das Landesamt für Denkmalpflege wird dabei immer wieder mit dem Wunsch nach Abbruch von Rückgebäuden, die derzeit oft ohne Nutzung sind, konfrontiert (z. B. Preysingstraße 63, 75, 77, 79). Diese Gebäude sind als Werkstatt, Remise oder auch Wohngebäude regelmäßig zusammengehörig mit dem Vordergebäude; sie sind gleichzeitig gebaut, meist noch 1. Hälfte 19. Jh. Der Wunsch nach Abbruch entspricht den Planungstheorien der sechziger und siebziger Jahre, die großzügige, zusammenhängende rückwärtige Grünbereiche zum Ziel hatten. Zumindest aus der Sicht der Denkmalpflege muß dies als überholt gelten: Diese maßstabsbildenden, milieuträchtigen und auch gut durchgrünten Rückgebäudezonen sind wesentlicher Bestandteil des Ensembles Haidhausen und steigern die Vielfalt des Nutzungsangebotes für die Bewohner. Davon lebt das Ensemble Haidhausen. Hm

–, *Roßmarkt 15, ehem. Gebäude der Landstände, jetzt Meisterschule für Mode*. Die 1987 am Dachstuhl und an den Fassaden begonnene Instandsetzung wurde im Berichtsjahr im Inneren, in der Hofdurchfahrt und den seitlichen Treppenhauszugängen fortgeführt. Die Befunduntersuchungen erbrachten auch hier überraschende Ergebnisse: In der überkuppelten Halle mit flankierenden Säulen waren ursprünglich die konstruktiv beanspruchten Bereiche (Gurtbögen und Teile des Gebälks) in Tuffstein gearbeitet, während bei den Profilen im Gesimsbereich Formziegel Verwendung fanden. Zum Fugenausgleich war dann die gesamte Oberfläche des Tuff- und Mauerwerksverbandes mit einer dünnen Schlämme überzogen und in einem grau gebrochenen hellen Ockerton – als farbige «Steinimitation» – gefaßt worden. Wohl zu Beginn des 19. Jhs. erhielt dann die gesamte Fläche eine Überputzung, wobei die Gesimse und Profile abgearbeitet und in klassizistisch strenger Schärfe neu gezogen und in einem kühlen, graugebrochenen Weiß gefaßt wurden.
Diese Befundsituation wurde bei der Instandsetzung, bei der auch Dispersionsanstriche jüngerer Zeit aufwendig entfernt werden mußten, in einer Neufassung umgesetzt. Entgegen den bei einem Baudenkmal diesen Ranges wohlbegründeten Forderungen des Landesamtes nach einem Kalkanstrich und trotz ausführlicher Beratung durch die Restaurierungswerkstätten wurde die Maßnahme durch die zuständige Abteilung im Baureferat der Landeshauptstadt mit Silikatfarbe ausgeführt. Zi

–, *Schleißheimer Straße 28*. Für das Baudenkmal wurde ein Abbruchantrag vorgelegt. Das um 1850 errichtete Mietshaus gehört zu den nur noch in Einzelfällen erhaltenen Gebäuden der Erstbebauung an der Schleißheimer Straße, gemäß dem «Generallinienbauplan» von 1812, der aus dem 1. Städtebauwettbewerb Deutschlands hervorgegangen ist. Das Baudenkmal wurde später um ein Geschoß auf vier Stockwerke aufgestockt; dabei wurde die Fassade in den Formen der Neurenaissance überarbeitet, wobei die Aufstockung kenntlich blieb. Dem Antrag konnte wegen der stadtentwicklungsgeschichtlichen Bedeutung des auch in seiner Ausstattung kaum veränderten Gebäudes nicht zugestimmt werden. Hm

–, *Schwere Reiter Straße – Infanteriestraße – Barbarastraße, «Barbara-Siedlung»*, (vgl. Jahresbericht 1988), Beginn der schrittweisen Instandsetzung der einzelnen Wohngebäude. Bei dieser so wichtigen Wohnanlage steht das unverändere Erhalten der Gebäude und deren Details im Vordergrund. So werden z. B. die originalen Fenster weitestgehend erhalten und nur repariert. Sinnvoll erscheinende Veränderungen an den Wohnungsgrundrissen und teilweiser Ausbau der Dächer konnten hingenommen werden. Zuletzt soll durch ordnende Maßnahmen in der Freiflächengestaltung der Wohnwert gehoben werden. Dazu gehört der teilweise Abbruch von ungeordnet entstandenen Nebenanlagen und Hütten. Neue Nebengebäude zwischen den Gebäuden an der Schwere-Reiter-Straße werden den Straßenlärm abschirmen. Hm

–, *Sebastiansplatz 7* (vgl. Jahresbericht 1988). Die Untersuchungen der Bauforschung belegen die außergewöhnliche Bedeutung des Gebäudes, dessen verschiedene Bauphasen und Umbaumaßnahmen eindeutig nachgewiesen werden konnten. Im Erdgeschoß und 1. Obergeschoß ist viel mittelalterliche Bausubstanz vorhanden; die Obergeschosse einschließlich Dachausbau sind eindeutig barock. Spätmittelalterlichen Ursprung hat das Rückgebäude. Geradezu sensationell sind die dort in der Wand eingelassenen, unter mehreren Tünchschichten gefundenen Scagliola-Arbeiten im 2. Obergeschoß, eingebunden in eine gemalte Raumdekoration. Möglicherweise sind sie dem Münchener Bildhauer und Stukkateur Blasius Pfeiffer (oder seinem Sohn Wilhelm) zuzuschreiben, der von 1587 bis 1622 für den Hof tätig war. Bisher sind Scagliola-Arbeiten in Bürgerhäusern nicht bekannt gewesen; möglicherweise konnte damit das Wohnhaus des Künstlers gefunden werden.
Bei den laufenden Sanierungsarbeiten wird Wert darauf gelegt, daß die Raumstrukturen erhalten bleiben, wenn auch beim Rückgebäude die völlig desolaten Innenwände (barocke Fachwerkwände mit Ziegelausmauerung) teilweise erneuert werden müssen. Historische Innenputze und Ausbauteile werden soweit möglich erhalten und restauratorisch behandelt. Der durch Brand weitgehend zerstörte barocke Dachstuhl mußte aufgegeben werden. Hm

–, *Steinstraße 19*. Das stattliche neubarocke Mietshaus mit zwei rückwärtigen Seitenflügeln, die einen Innenhof fassen, soll im Rahmen der Stadtsanierung in Haidhausen saniert werden. Der Absicht, durch Abtragen der beiden obersten Geschosse der Seitenflügel die Belichtung und Besonnung des Innenhofs sowie der nördlichen Nachbarparzelle zu verbessern, konnte das Landesamt für Denkmalpflege nicht zustimmen. Gerade das Nebeneinander von Bauten (darunter viele Baudenkmäler) der verschiedensten Bauepochen bestimmt das Ensemble Haidhausen und dokumentiert die interessante Entwicklungsgeschichte dieses Stadtteils. Hm

–, *Stollbergstraße 18, Gesamtinstandsetzung*. Das neugotische, herrschaftliche Wohngebäude, 1858 in Sichtziegelmauerwerk mit reicher Natursteingliederung erbaut, zählt zu den wichtigsten erhaltenen Privathäusern seiner Zeit in München, dies umso mehr, als es den Zweiten Weltkrieg nahezu unbeschädigt überstanden hat und von baulichen Veränderungen weitestgehend verschont geblieben ist. Die wertvolle Fassade wird behutsam gereinigt, an größeren Schadstellen ausgebessert – kosmetische Reparaturen unterbleiben – und in Teilbereichen nach Bedarf gefestigt. Im Inneren werden die Oberflächen (Boden, Putze, Stuckdecken) wo nötig instandgesetzt, die Ausbaudetails (Marmorportale zu den Wohnungen, Maßwerkfenster des Treppenhauses, Türen) erhalten, die Fenster, sämtliche der Erbauungszeit zugehörig, werden repariert. Die Gesamtmaßnahme wird durch einen Zuschuß unterstützt. Zi

–, *Südliches Schloßrondell 1*. Mit dem Umbau des Josef Effner zugeschriebenen Gebäudes konnte begonnen werden. Leider war vor allem wegen des schlechten Bauzustands und des Nutzungskonzepts ein Erhalt von Innenwänden, der Treppenanlage und des weitgehend aus der Bauzeit stammenden, aber teilweise veränderten Dachstuhls nicht möglich. Eine exakte Bauaufnahme mit Befunduntersuchungen liegt vor. Hm

–, *Tal 62/63* (vgl. Jahresbericht 1988). Im Anschluß an die Bestandsaufnahme konnte eine analytische Bauforschung mit Befunduntersuchung (stichpunktartig) durchgeführt werden, die zu wichtigen, die Bedeutung des Gebäudes unterstreichenden Erkenntnissen geführt hat.
Das Haus Tal 62 ist ein im Kern noch spätmittelalterliches Gebäude, über dessen ursprüngliche Baustruktur mangels eindeutiger Hinweise allerdings noch keine schlüssigen Aussagen gemacht werden können. Dach- und Deckenkonstruktionen sind aus einer frühbarocken Umbau- bzw. Erneuerungsmaßnahme; damals entstanden

u. a. im 2. Obergeschoß zwei großzügige, die ganze Hausbreite einnehmende Räume mit reich stuckierten Decken. Die Hausstruktur dieser Bauphase zeigt sozialgeschichtlich interessante Aspekte in der Kombination von Gastwirtschafts- und Gesellschaftsräumen im Hauptgebäude, sowie Wirtschfts-, Personal- und Wohnräumen in den Seitenflügeln. Die Anpassung an die jeweiligen Bedürfnisse, Lebensgewohnheiten und den Zeitgeschmack spiegelt sich in den Veränderungen des 19. Jhs. wieder.

Das Haus Tal 63 ist ein typischer Bau der Jahrhundertwende, der sich auch in der Ausstattung nahezu unverändert erhalten hat. Die Kommunwände der unteren Geschoße verweisen auf den mittelalterlichen Vorgängerbau. Das Objekt ist als Grundriß- und Nutzungstyp eines Mietshauses auf mittelalterlicher Bauparzelle im Stadtkern inzwischen eine Seltenheit. Hm

–, *Tegernseer Landstraße 29/31*. Für beide Gebäude wurde ein Abbruchantrag vorgelegt. Die Baudenkmäler gehören zu der stadtentwicklungsgeschichtlich bedeutsamen Bauphase, als nach der Eingemeindung Giesings im Jahr 1854 erstmals die damalige Landstraße nach Tegernsee städtebaulich streng gefaßt und bebaut wurde. Diese planmäßige zweigeschossige Bebauung ist in diesem Bereich an der Tegernseer Landstraße und Alpenstraße noch weitgehend erhalten und nicht, wie z. B. weiter nördlich, gründerzeitlich überformt worden. Dem Abbruch der beiden Gebäude, die auch bezüglich der Fassaden und Ausstattung weitgehend unverändert sind, konnte nicht zugestimmt werden. Sollte es dennoch hier zum Abbruch und zur beantragten viergeschossigen Neubebauung kommen, so wären wohl die Weichen gestellt für den Abbruch der zahlreichen weiteren Baudenkmäler aus der Mitte des 19. Jhs. in Obergiesing. Dieses ganze Stadtgebiet würde sein bauliches Gesicht verlieren, das gerade durch das Nebeneinander von Gruppen der jeweils verschiedenen Generationen zugehörigen Häuser ab der Mitte des 19. Jhs. geprägt wird. Hm

–, *Theatinerstraße 38*, Beratung zur Fassadeninstandsetzung. Das Geschäftshaus, 1903 nach Plänen Max Littmanns mit konkavkonvexer Jugendstil-Hausteinfassade errichtet, zählt zu den wenigen noch erhaltenen Gebäuden seines Typs in München. Als einziger Bau der Ostseite der Theatinerstraße in diesem Abschnitt hat es den Zweiten Weltkrieg überstanden. Kriegsschäden – Granatsplittereinschläge, großflächige Absprengungen des Steins als Brandfolge sowie die nicht mehr gegebene Paßgenauigkeit zwischen Fensterstöcken und Stein – mit ihren Folgeschäden sowie Wind und Wetter machen eine Instandsetzung nötig. Der Bauherr konnte davon überzeugt werden, daß Maßnahmen, die Fassade durch Ergänzungen und Totalreinigung wieder «in altem Glanze» erstehen zu lassen, aus konservatorischen wie inhaltlichen Gründen nicht im Sinne der Denkmalpflege sein können. Es wurde vereinbart, nur die baulichen Ursachen für weitere Schäden zu beheben, auf «kosmetische» Reparaturen zu verzichten und lediglich mittels einer sanften Reinigung lose haftenden Schmutz zu entfernen. Zi

–, *Veterinärstraße 10*. Der zweigeschossige klassizistische Eckbau im Eigentum des Freistaats Bayern sollte verkauft werden, nachdem der früher einmal vorgesehene Abbruch zum Zweck der Errichtung von Universitätsgebäuden heute aus verschiedenen Gründen nicht mehr möglich ist. Die Denkmalpflege sprach sich gegen die Verkaufsabsichten aus, nachdem das Anwesen das letzte erhaltene Beispiel für die erste Bebauung der «Schönfeldvorstadt» nördlich des ehem. Schwabinger Tores und westlich des Englischen Gartens ist und sich angesichts der höheren Nachbarbebauung das Risiko abzeichnete, daß beim Übergang in private Hände eine dauerhafte Erhaltung kaum zu gewährleisten sei. Erfreulicherweise entschloß sich der Freistaat, den Gebäudekomplex an der Veterinärstraße nicht abzugeben, nachdem Presse und Öffentlichkeit sich engagiert für die Erhaltung des Hauses eingesetzt hatten. YL

–, *Westenriederstraße 5*. Das Gebäude, für das ein Umbauantrag vorliegt, wurde nach Plänen von Stadtmaurermeister Josef Höckl 1825 errichtet und 1870 lediglich geringfügig verändert (der Hinweis im Münchner Häuserbuch, wonach das Gebäude 1870 völlig neu errichtet wurde, ist falsch). Da brauchbare Baupläne vorliegen, beschränkte sich die Bauforschung und Planungsvorbereitung auf die Dokumentation des vorgefundenen Baubestands und der Ausbaudetails, die weitgehend aus der Erbauungszeit sind. Sämtliche Veränderungen konnten genau festgestellt werden. Baualterspläne, eine photographische und teilweise auch zeichnerische Dokumentation liegt vor. Auf eingreifende Umbaumaßnahmen wird jetzt angesichts der Bedeutung des Baudenkmals verzichtet; alle wesentlichen Ausstattungsdetails werden erhalten und restauratorisch behandelt. Hm

Münsing (Lkr. Bad Tölz-Wolfratshausen), *Weipertshauser Straße 1*. Die ungenehmigt ausgebauten barocken Fenster des alten Pfarrhauses aus dem 19. Jh. werden mit erneuerten Flügeln wieder eingebaut. Krö

Murnau (Lkr. Garmisch-Partenkirchen), *Kath. Filialkirche Maria Hilf*. Der Bau des 18. Jhs. ist in die Häuserzeile der Murnauer Marktstraße eingefügt. Der Hochaltar stammt vom Anfang des 18. Jhs., die Seitenaltäre von etwa 1775. Emanuel von Seidl hat bei der Gestaltung der Marktstraße die Kirche miteinbezogen und sie neobarock überformt: 1906/07 hat Waldemar Kolmsperger Deckenbilder gemalt und die Raumfassung mitbestimmt. Die Restaurierung hat sich an dieser Fassung orientiert; der Bestand war sowohl durch einen Brand des 20. Jhs. stark reduziert als auch beschädigt durch spätere Kalkanstriche auf Leimfarbenmalerei. RS

–, *Schloßhof 5, Schloß*. Die im Verlauf des Schloßumbaus aufgedeckten Wanddekorationen im 2. Obergeschoß sollen instandgesetzt und in das Museumskonzept einbezogen werden. Krö

–, *Burggraben*, «*Pöttinger Stadel*». Der ehem. Brauereistadel aus der Zeit um 1851, ein Satteldachbau mit gesprengtem Westgiebel und schmalem vertikalen Belüftungsöffnungen, wird instandgesetzt, in das jetzt freiliegende frühere Kellergeschoß wird ein Laden eingebaut. Krö

–, *Obermarkt 8*. Die gegliederten Fassaden des Walmdachhauses der Zeit um 1835 werden nach Befund aufgefrischt, der Seidlsche Girlandenfries gereinigt und gefestigt. Krö

–, *Obermarkt 24*. Die Straßenfassade des aus dem Jahr 1835 stammenden Wohnhauses wird umgebaut, die erdgeschossigen Schaufenster zugunsten des Erscheinungsbilds verkleinert und mit einer Sprossenteilung versehen. Krö

–, *Obermarkt 35/37*. Das Dachgeschoß des südlichen Flügels des Gasthofs Griesbräu wird zum Wohnen ausgebaut. Das abgewalmte Dach des Vierflügelkomplexes erhält in diesem Bereich einige Stehgauben. Krö

–, *Petersgasse*, «*Poststadl*». In den stattlichen, gemauerten Stadel aus der Zeit um 1840/50 wird ein Laden eingerichtet, die bis auf senkrechte Lichtschlitze zugemauerten Fensteröffnungen werden wieder geöffnet und mit zweiflügeligen sprossengeteilten Holzfenstern versehen. Der denkmalpflegerische Mehraufwand wird bezuschußt. Krö

–, *Ramsachleite 9*. Das Erscheinungsbild des aus jüngster Zeit stammenden, im Rohbau vorhandenen Anbaus im Südwesten der 1906 erbauten Jugendstilvilla wird dem Landhaus angeglichen. Krö

–, *Schloßbergstraße 10*. Fassaden und Dach des Wohnhauses mit Staffelgiebel des 19. Jhs. werden instandgesetzt, die Räume für eine gemeindliche Nutzung saniert. Krö

–, *Untermarkt 10*. Im Verlauf von Umbaumaßnahmen wurde das biedermeierliche Geschäftshaus von 1837 entkernt und deshalb als Einzeldenkmal aus der Denkmalliste gestrichen. Krö

Nassenfels, (Lkr. Eichstätt). Auch im Berichtsjahr wurde die seit längerer Zeit laufende Instandsetzung der ehem. *Bauernhäuser, Schloß 1, 2 und 3* im Burghof der mittelalterlichen Wasserburg fortgesetzt. Gleichzeitig wird ein Teilstück des mittelalterlichen Wehrgangs wiederhergestellt (vgl. Jahresberichte 1987 und 1988). Mll

Neubeuern am Inn (Lkr. Rosenheim), *Schloß Neubeuern*, Einleitung der Innenrestaurierung der Schloßkapelle St. Augustin, einem Bau des Rokoko von Philipp Millauer (1751), über älterem Kern. Kra

–, *Marktplatz 24*. Die Fassade des bedeutenden ehem. Schiffmeisterhauses aus dem frühen 17. Jh. wurde renoviert unter Erhaltung aller wichtigen historischen, teilweise bemalten Putze unter einem aufgebrachten neuen Putzträger. Ein hochbedeutendes Wandmalereifragment mit Darstellung eines Inn-Schiffzuges aus dem 18. Jh. wurde unverputzt belassen und restauriert. Die Maßnahme wurde vom Landesamt für Denkmalpflege bezuschußt. Kra

Neuburg a.d. Donau, Kath. Stadtpfarrkirche Heilig Geist, Innenrestaurierung. Der Neufassung der Raumschale soll die Farbigkeit der durch Befunduntersuchung ermittelten Zweitfassung der 1. Hälfte des 18. Jhs. zugrundegelegt werden, wobei die jetzt in einer Musterachse entwickelten Vorgaben nach Einrüstung noch präzisiert und korrigiert werden. YL

–, *Studienkirche St. Ursula*, Innenrestaurierung. Bei den Vorarbeiten für die Neufassung entsprechend der originalen Farbigkeit des frühen 18. Jhs. stellte sich heraus, daß die Hintergrundflächen der Gewölbe durch gestupfte und geriffelte Muster im Stück ornamentiert sind. Die vollständige Freilegung der entsprechend gestalteten Bereiche wurde vereinbart, nachdem sich hierdurch eine bessere Vermittlung zwischen stark schattenden Stuckpartien und lichtreflektierenden Glattputzflächen ergibt. YL

–, Die Instandsetzung des *Residenzschlosses*, *Amalienstraße A 2 und A 4*, geht zügig voran. Die Arbeiten am Ost- und Nordflügel konnten weitgehend abgeschlossen werden. Sorgfältig instandgesetzt wurden die seit langem dem Verfall preisgegebenen Grottenanlagen im Erdgeschoß an der Nordostecke. Wiederhergestellt wurde auch der dem Ostflügel vorgelagerte barocke Ziergarten. Dort wurde eine Kopie des nach dem Ersten Weltkrieg nach Berchtesgaden verbrachten Bronzebrunnens aufgestellt. Die Außeninstandsetzung der Fassaden wird am «Ottheinrichsbau», dem 1530–1538 errichteten Westflügel, weitergeführt (vgl. Jahresberichte 1987 und 1988). Mll

–, *Schloß Grünau*, Fortsetzung der Restaurierungsarbeiten im Kemnatenbau der ab 1530 unter Ottheinrich von Pfalz-Neuburg errichteten Anlage. Im «Flohzimmer» wird angestrebt, die erheblich beschädigten und reduzierten szenischen Darstellungen zu sichern und zu konservieren; die anschließenden Retuschen sind so zurückhaltend auszuführen, daß einerseits eine gewisse Ablesbarkeit wieder gewährleistet ist, andererseits dabei aber die Authentizität der originalen Fragmente nicht in Frage gestellt wird. Die sehr aufwendigen Arbeiten werden aus Mitteln des Wittelsbacher Ausgleichsfonds finanziert und mit Mitteln des Entschädigungsfonds bezuschußt. YL

–, Die vom Landesamt für Denkmalpflege seit mehr als einem Jahrzehnt angeregte Instandsetzung der «*Burgwehr*» wurde im vergangenen Jahr in Angriff genommen. Die «Burgwehr» ist ein Eckturm der ehem. Stadtbefestigung. Im 18. Jh. wurde die «Burgwehr» zu einem barocken Gartenpavillon umgestaltet. Durch Befunduntersuchungen konnten bemerkenswerte Reste einer reichen Architekturmalerei festgestellt werden, die im Zuge der Instandsetzung rekonstruiert werden sollen. Die Arbeiten werden sich noch voraussichtlich bis gegen Ende 1990 hinziehen. Mll

– Die *Elisenbrücke* über die Donau konnte gegen Jahresende fertiggestellt werden (vgl. Jahresberichte 1984–1988) und fügt sich in die Umgebung und das Stadtbild gut ein. Mll

– Die Sanierungsvorhaben «*Königshof*» und «*Fürstgarten*» in der Unteren Altstadt (vgl. Jahresberichte 1986–1988) werden sich noch längere Zeit hinziehen. Darüberhinaus wurde das Sanierungsgebiet «Obere Stadt» erweitert und neuerlich eine Schließung der «Zwehllücke» in der Amalienstraße betrieben. Mll

– Auf der *Leopoldineninsel* wurde mit dem Umbau und der Erweiterung der ehem. Wirtschaftsgebäude begonnen, die zu Wohnungen umgebaut werden (vgl. Jahresberichte 1987 und 1988). Mll

– Das ehem. *Jesuitenkolleg, Amalienstraße A 9 und A 11*, eine große barocke Anlage, zwischen 1618 und 1622 errichtet und mehrfach erweitert und umgebaut, wird für die Realschule der Englischen Fräulein instandgesetzt und umgebaut. Die Untersuchungen und Planungen dauern schon längere Zeit; mit den Bauarbeiten wurde gegen Ende des Berichtsjahres begonnen. Bedauerlicherweise mußten die Reste eines bisher nicht erkennbaren Stadtmauerturms an der Nordostecke der Stadt dem Neubau der Turnhalle geopfert werden. Mll

– Fertiggestellt und bezogen werden konnte die ehem. «*Deutsche Schule*», *Amalienstraße A 35*. Das im Kern auf das 16. Jh. zurückgehende Wohnhaus wurde umfassend instandgesetzt und umgebaut (vgl. Jahresbericht 1988). Mll

– Geplant wird die Instandsetzung des «*Dunzenbäckerhauses*», *Amalienstraße A 41 und A 42*. Der Bau aus dem 15. Jh. wurde teilweise im 17., teilweise im 19. Jh. um ein Geschoß erhöht. Zu dem Anwesen gehört ein kleines Nebengebäude mit Mansarddach, gegen Ende des 18. Jhs. an der Abzweigung der Herrenstraße errichtet. Am «Dunzenbäckerhaus» konnten durch eingehende Befunduntersuchungen mehrere Fassadengestaltungen dokumentiert werden. Mll

– Die Instandsetzung und der Umbau der ehem. *Fürstenherberge*, *Amalienstraße A 52*, in der seit 1837 die frühere Hofapotheke untergebracht war, wird mit Sanierungsmitteln und Zuschüssen aus dem Entschädigungsfonds durchgeführt. Die Maßnahmen gestalten sich schwierig und aufwendig. An dem 1713 errichteten Barockbau wurde durch Befunduntersuchung die gleiche Farbgebung festgestellt wie am Fürstengang, der die Hofkirche mit dem Residenzschloß verbindet. Die Instandsetzung Fürstenherberge wird sich noch längere Zeit hinziehen. Mll

– Geplant sind die Instandsetzung und der Umbau der ehem. Hofapotheke *Amalienstraße A 53*. Der 1713 errichtete Barockbau mit Schweifgiebel, um 1800 im Inneren umgestaltet, soll als Wohnhaus mit kleiner Gaststätte genutzt werden. Mll

– Abgeschlossen werden konnten die Instandsetzung des *Bürgerhauses Herrenstraße A 97* einschließlich der zum Anwesen gehörenden *Stadtmauer* mit Bastionstürmchen (vgl. Jahresberichte 1988 und 1989). Mll

– Das ehem. *Stadtmelberhaus Herrenstraße A 98* (vgl. Jahresbericht 1988) konnte fertiggestellt und bezogen werden. Mll

Neufahrn (Lkr. Freising), *alte Pfarrkirche St. Wilgefortis*, Innnenrestaurierung. Die alte Pfarrkirche St. Wilgefortis besitzt eine ungewöhnlich qualitätvolle Innenausstattung, wobei die reich geschnitzten, ursprünglich dunkel gehaltenen Altäre des 3. Viertels des 17. Jhs. bereits bei einer Renovierungsphase des frühen 18. Jhs. in Weiß und Gold gefaßt wurden, der auch die Stuckierung und Freskierung der Raumschale zu verdanken ist. Im Zuge der gegenwärtigen Innenrestaurierung soll der den Raum prägende Zustand des frühen 18. Jhs. wiederhergestellt werden. Rekonstruktion der zugehörigen Altarfassung nach Befund, Freilegung und Restaurierung der zum Teil stark übermalten Deckengemälde. Wiederherstellung der ursprünglichen Anordnung des Gestühls in zwei getrennten Gestühlsblökken. YL

Neukirchen/Alz, Gde. Kirchweidach (Lkr. Altötting), *Anwesen Nr. 4*, Vierseithof beim «Maier». Während die übrigen Flügel des Gehöfts einfach verputzt sind, ist das Wohnstallhaus in großen Nagelfluh-Quadern mit breiten, weiß bemalten Fugen gemauert. Über einer 1845 und 1847 datierten Spruchtafel eine Kartusche mit einer Dreifaltigkeitsdarstellung sowie einer Darstellung des Hofs und der Kirchen von Neukirchen a.d. Alz und der Pfarrkirche von Halsbach. Der ursprüngliche Zustand konnte weitgehend wiederhergestellt werden. We

Neuötting (Lkr. Altötting), *Ludwigstraße Nr. 105*, Fassadenrestaurierung. Das dreigeschossige Gebäude mit Vorschußmauer und hohem Dachgeschoß besitzt zwar nur eine weitgehend schmucklose Fassade, stammt jedoch im Kern noch aus dem 17./18. Jh. We

Oberambach, Gde. Münsing, Lkr. Bad Tölz-Wolfratshausen; Haus Nr. 1, Schloß, vor der Fassadeninstandsetzung

Neuried (Lkr. München), *Kath. Pfarrkirche St. Nikolaus.* Die in Teilen spätmittelalterliche Kirche wurde 1752 erweitert und neu gestaltet. Im Langhaus verdeckt eine neue Flachdecke aus Holz (um 1970) eine geputzte Flachdecke mit Hohlkehle. Die geplante Renovierung sah im Chor eine Reinigung des gotischen Kreuzrippengewölbes mit Rankenmalereien und eine Fassung der Wände nach Befund vor. Das Langhaus sollte weiß getüncht werden. Die Maßnahme wurde ohne weitere Beteiligung des Landesamtes für Denkmalpflege durchgeführt. RS

Niederbergkirchen (Lkr. Mühldorf a. Inn), *Dorfplatz 2, ehem. Pfarrstadel.* Die Sanierung und Einrichtung des aus der Mitte des 17. Jhs. stammenden ehem. Pfarrstadels als Pfarrheim konnte mit großem Erfolg abgeschlossen werden. Die Putzfassaden wurden eingehend auf historische Fassungen untersucht; rekonstruiert, zum Teil freigelegt, wurde die weiß-graue Gestaltung von 1697. Kra

Niederlauterbach (Lkr. Pfaffenhofen a.d. Ilm), *Kath. Pfarrkirche St. Emmeram.* Die Innenrestaurierung der Pfarrkirche St. Emmeram, deren älteste Bauteile – Chor und Turmuntergeschosse – aus dem 15. Jh. stammen, während das Langhaus um 1600 neu aufgeführt und zu Ende des 19. Jhs. verlängert worden ist, wurde beraten. Zur Abklärung der ursprünglichen Farbigkeit von Raumschale und barocker Altarausstattung wird eine Befunduntersuchung durchgeführt. YL

Niederndorf, Gde. Grabenstätt (Lkr. Traunstein), *Anwesen Nr. 7.* Der in großartiger landschaftlicher Lage mit weithin freiem Blick nach Süden situierte Salzburger Flachgauhof, datiert 1795, könnte zu den baulichen Leitgestalten des sog. Traunsteiner Gebirgshauses gezählt werden. Das etwa 4 m weit austragende Vordach mit den mächtigen Pfettenkopfaufdoppelungen und den weiten Rofenabständen ist von ähnlichen, prachtvollen Höfen Nordtirols beeinflußt. Im übrigen entspricht das Fassadenbild dem Typus der spätbarocken Traunsteiner Gebirgshäuser, auf massivem Erdgeschoß ein sorgfältig gezimmerter Blockbau, an der Giebelfront eine weit ausladende Giebellaube mit hoher Brüstung. Die ähnlich konstruierte Hochlaube umfaßt den Bereich zwischen den beiden oberen Mittelpfetten des insgesamt siebenpfettigen Dachstuhls. Die Originalbefensterung – Spundsäulenfenster mit eingestecktem Kreuzdurchsteckgitter und aufgesetzter äußerer Abdeckleiste – hat sich noch in einer Reihe von Exemplaren erhalten. Zur Fülle originaler Details zählt die aufgedoppelte Rautentür mit dem jochbogigen hölzernen Türsturz, das Tonnengewölbe der ehem. Rauchkuchl mit Wandkastln und offener Feuerstelle, außerdem die prächtige Bemalung der Pfettenköpfe (die Datierung 1795 in einer farbig aufgemalten Kartusche an die Seitenfläche der Stirnpfette). Eine Reihe baulicher Veränderungen, z. B. die Unterteilung der südwestlichen Stube durch Einziehen späterer Mauern, vor allem aber jahrzehntelanger Verfall haben dieses großartige Baudenkmal fast zur Ruine werden lassen. Die Restaurierung und sinnvolle Wiederinbetriebnahme wurde begonnen. We

Niederscheyern (Lkr. Pfaffenhofen a.d. Ilm), *Kath. Wallfahrtskirche Mariae Verkündigung,* Innenrestaurierung. Nach Abschluß der Restaurierung der neugotischen Raumschale steht nun die Bearbeitung der aus der gleichen Epoche stammenden, sehr qualitätvollen Altarausstattung an, die 1939 überfaßt wurde. Aufgrund von Freilegungsmustern soll entschieden werden, ob die insgesamt akzeptable Fassung von 1939 beibehalten und konserviert werden soll oder ob die ursprüngliche Farbigkeit der neugotischen Skulpturen und Altarschreine wieder hergestellt werden soll. YL

Niederseeon, Gde. Moosach (Lkr. Ebersberg), *Haus Nr. 26 1/2.* Im Zuge der Dachhauterneuerung des früheren Jagdhauses aus der Zeit um 1900 wurde ein beeinträchtigendes liegendes Dachfenster eingebaut. Krö

Nilling, Gde. Fridolfing (Lkr. Traunstein), *Anwesen Nr. 7.* Die sog. *Maier-Kapelle,* ein Zentralbau aus dem Anfang des 19. Jhs., hat einen Vierkonchengrundriß mit von einem Zwiebeltürmchen besetzten Zeltdach. Die gesamte Ausstattung stammt aus neuerer Zeit. Die dringend notwendige Reparatur des Dachstuhls hat den gefährdeten Bestand der Kapelle gesichert. We

Nötting (Lkr. Pfaffenhofen a.d. Ilm), *Hofkapelle* an der Nöttinger Straße 60, Gesamtinstandsetzung. Der vom örtlichen Verschönerungsverein betriebenen Transferierung der Kapelle, die durch die Erhöhung des Straßenniveaus der vorbeiführenden Verbindungsstraße beeinträchtigt wird, konnte nicht zugestimmt werden. Nachdem es sich um einen Mauerwerksbau handelt, würde Abbruch und Wiederaufbau mehr oder weniger auf eine totale Rekonstruktion hinauslaufen, außerdem ist die jetzige topographische Situation auch nicht so ungünstig, daß eine Transferierung zwingend geboten erschiene. YL

Nonn, Stadt Bad Reichenhall (Lkr. Berchtesgadener Land), *Anwesen Nr. 38.* Der «Mesnerbauer» ist ein massiv aus Bachkugeln und Feldsteinen gemauerter und verputzter zweigeschossiger Einfirsthof mit mittigem Längsflez, über der Haustür die Jahreszahl 1688. Bemerkenswerte Details sind die ältere Flezfenster, die Binder und Pfetten des ansonsten erneuerten Dachstuhls, im Inneren das tonnenförmige Flezgewölbe sowie eine Riemlingdecke mit gefastem Mitteltram in der Stube. Eine alte Photographie zeigt noch massive Fensterstöcke mit neunteiligem Durchsteckgitter. Vielfältige spätere Eingriffe haben den Denkmalcharakter stark reduziert. Die Aufgeschlossenheit des Eigentümers ermöglichte eine denkmalgerechte Sanierung, wobei alle originalen Bauteile erhalten blieben und viele störende Elemente ausgebaut und durch Bauteile nach altem Vorbild ersetzt werden konnten. We

Nordhof, Gde. Dietramszell (Lkr. Bad Tölz-Wolfratshausen), *Nordhof Straße 5.* Das Dachgeschoß des ehem. Schwaighofs aus der 2. Hälfte des 18. Jhs. wird zum Wohnen ausgebaut, einige Gauben im Walmdachbereich hingenommen. Krö

Notzing (Lkr. Erding), *Kath. Filialkirche St. Nikolaus,* Abschluß der Außenrestaurierung. Eine Korrektur des manirierten Kellenputzes war leider nicht mehr möglich. YL

Nunhausen, Gde. Traunreut (Lkr. Traunstein), *Kapelle Flur Nr. 447,* Restaurierung. Die wohl um 1840 erbaute Privatkapelle ist ein verputzter Rechteckbau mit eingezogener Apsis, Stichkappentonne. We

Nußdorf (Lkr. Rosenheim), *Kath. Pfarrkirche St. Vitus.* Das beschädigte Dachwerk der Kirche sollte zunächst völlig erneuert werden. Nachdem das Landesamt für Denkmalpflege dessen Alter (15. Jh.) und Bedeutung festgestellt hatte, konnte eine fachgerechte Reparatur unter Auswechslung der schadhaften Teile der Konstruktion durch eine Arbeitsgemeinschaft zweier Zimmereibetriebe durchgesetzt werden. Die Maßnahme wurde durch einen Zuschuß gefördert. Kra

Oberambach, Gde. Münsing (Lkr. Bad Tölz-Wolfratshausen), *Haus Nr. 1.* Die Fassaden des 1903–07 errichteten Schlosses, eines stattlichen Baukomplexes mit Gesimsbändern und Putzornamenten, werden nach Befund instandgesetzt. Krö

Oberammergau (Lkr. Garmisch-Partenkirchen), *Kath. Pfarrhof.* Das Pfarramt verfügt über zahlreiche kostbare Ausstattungsteile der Pfarrkirche, zum größten Teil aus der Zeit vor der Neugestaltung der Kirche im 18. Jh.: Reliquienschreine, Kruzifixe, Gemälde (auch aus der Candid-Schule). Die Restaurierung wurde von den Amtswerkstätten eingehend beraten; Restaurierungsberichte liegen im Archiv des Landesamtes für Denkmalpflege. RS

–, *Dorfstraße 20.* Die Anbauten des als stattlicher Solitärbau im Dorfbild stehenden Ettaler Richterhauses (sog. Lang-Haus) werden baulich so verändert, daß sie sich besser in die Umgebung einfügen. Krö

Oberau, Gde. Berchtesgaden (Lkr. Berchtesgadener Land), *Am Sattel 3*, Restaurierung der *Hofkapelle*, dabei auch ein neues Schindeldach. We

–, *Roßfeldstraße Nr. 74.* Das Jagerlehen liegt nahe dem Grenzübergang nach Dürrnberg, zwischen Lärcheggerkopf, Hahnrainwald und Zinken, in etwa 900 m Höhe. Das Lehen, an der Firstpfette in Kartusche 1628 datiert, ist in Mischbauweise errichtet und verkörpert den Prototyp eines Berchtesgadener Einhofes. Der derbe Holzblockbau des Obergeschosses ist mit Vorköpfen gezimmert; die einheitliche Befensterung entstammt in ihrer jetzigen Form wohl dem 18. Jh. Original noch die gesamten Rofen sowie die Pfetten. Ein ursprüngliches Fenster noch unmittelbar vor dem Austritt der offenen Laubentreppe (zwei ausgenommene Blockbalken mit abgeschrägten seitlichen Außenleibungen und dahintergesetztem Glasschuber). Die Stuben enthalten originale Riemlingdecken, die teilweise zugemacht oder verputzt sind. Dieses Beispiel eines Kleinbauernhofs konnte vor dem drohenden Abbruch bewahrt werden, eine Restaurierung steht an. We

Oberaudorf (Lkr. Rosenheim), *Kufsteiner Straße 3*, Beginn der Rettung des Seebacherhauses von 1764: Befunduntersuchungen an der bedeutenden Giebelfront und den traufseitigen Fassaden, weitgehende Erneuerung des Daches. Bereitstellung erheblicher Zuschußmittel durch das Landesamt für Denkmalpflege. Kra

Oberhof, Gde. Kreuth (Lkr. Miesbach), *Schloß Ringberg.* Das leerstehende sog. Waschhaus, ein kleines erdgeschossiges Nebengebäude innerhalb der Burganlage (1913 bis etwa 1970 durch Friedrich Attenhuber errichtet) wird zu einer Hausmeisterwohnung ausgebaut. Krö

Obermühltal, Gde. Dietramszell (Lkr. Bad Tölz-Wolfratshausen), *Tölzer Straße 20.* Die ehem. Remise des früheren Kleinbauernhauses aus dem 17. Jh. wird zum Wohnen ausgebaut. Krö

Oberndorf (Lkr. Ebersberg), *Kath. Pfarrkirche St. Georg*, Vorbereitung der Innenrestaurierung; Modernisierung der Heizung. YL

Oberried, Markt Murnau (Lkr. Garmisch-Partenkirchen), *Haus Nr. 1, Landhaus Feuchtmayr.* Das 1911 von Emanuel von Seidl erbaute erdgeschossige Landhaus mit Mansarddach wird instandgesetzt, der 1919 errichtete Pferdestall saniert. Die Maßnahme wird vom Landesamt bezuschußt. Krö

Obersalzberg (Lkr. Berchtesgadener Land), *Salzbergstraße 33 (Gutshof) und Salzbergstraße 45 (Platterhof).* Beratung der durch die U.S.-Forces vorgesehenen Umbauten der Baudenkmäler der dreißiger Jahre des 20. Jhs. (jetzt: «Sky Top Lodge» und «General-Walker-Hotel»). Eine archivalische und inventarisierende Bestandserfassung wurde angeregt. ChB

Oberschleißheim (Lkr. München), *Dachauer Straße 14 und 15.* Abbruchanträge für die beiden aus dem 19. Jh. stammenden erdgeschossigen Handwerkerhäuser, die als wichtige Dokumente der Ortsentwicklung und des Ortsbildes und einer mit dem Schleißheimer Schloß in Verbindung stehenden, höfisch orientierten Kleinhausbebauung charakterisiert sind, wurden abgelehnt. Die Abbruchgenehmigung durch das Landratsamt wurde mit Bedauern zur Kenntnis genommen, auf eine Vorlage bei der Regierung von Oberbayern wurde verzichtet, da den Häusern eine «herausragende Bedeutung» nicht zuerkannt werden konnte. Aufmaß und Photodokumentation liegen vor. Zi

Oberammergau, Lkr. Garmisch-Partenkirchen; Dorfstraße 20, Lang-Haus, vor dem Umbau

–, *Hubertusstraße 2*, Sanierung des ehem. Jagdpavillons. Durch die vorangegangenen Befunduntersuchungen konnte festgestellt werden, daß der in der überlieferten Form aus dem 18. Jh. stammende Pavillon im Kern auf das 16. Jh. zurückgeht. Hm

Oberteisendorf, Gde. Teisendorf (Lkr. Berchtesgadener Land), *Dorfstraße Nr. 4.* Der 1782 datierte Salzburger Flachgauhof «beim Kettei», Bestandteil des bedeutenden dörflichen Ensembles, erfuhr eine vorbildliche Instandsetzung, bei der viele störende Bauelemente aus späteren Zeiten aus dem Fassadenbild entfernt werden konnten. Mehrere Photographien der Jahrhundertwende dienten als verläßliche Anhaltspunkte für die Wiederherstellung der zerstörten Lauben und verlorenen Türen. We

Oberthal, Gde. Reischach (Lkr. Altötting), *Anwesen Nr. 28.* Der Perseisenhof, ein geschlossener Vierseithof, ist in seiner Gesamtheit mit seinem Zierputz das bedeutendste Denkmal der bäuerlichen Neugotik im Landkreis. Die Datierungen 1870/71 können Rückschlüsse auf die noch weitgehend unbekannten Meister geben, die diese Zierputztechnik ausgeführt haben. Das nach dem Brand von 1868 einheitlich errichtete Gehöft, ist durch jahrzehntelange Unterlassung des Bauunterhalts stark geschädigt. Die durch das schadhafte Dach des Westtrakts eindringenden Niederschläge verursachen fortschreitende Vermorschung und Zerstörung des wertvollen Bundwerks sowie der hofseitigen Trauflaube und auch des teilweise mit Zierputz versehenen Umfassungsmauerwerks. Die wichtigsten Notsicherungsmaßnahmen konnten durchgeführt werden. We

Oberwarngau, Gde. Warngau (Lkr. Miesbach), *Lindenstraße 15.* Der Anbau eines Erweiterungsgebäudes an das ehem. Pfarrhaus, ein stattliches Walmdachgebäude des 18. Jhs., wurde abgelehnt, der Umbau des bestehenden Nebengebäudes mit Steildach empfohlen. Krö

Oderding (Lkr. Weilheim-Schongau), *Kath. Filialkirche St. Martin.* Die Kirche wurde um 1530 errichtet, 1724 und 1739/40 umgestaltet. Die Befunde haben ergeben, daß die Kirche noch ihre gotische Wölbung besitzt; die Rippen wurden im 18. Jh. abgeschlagen. Das Erscheinungsbild des Innenraums prägen die Stuckierungen von 1725 (Chor), 1740 (Langhaus), die klassizistischen Stuckmarmoraltäre von 1785 und das Deckengemälde von 1790. Um jene Fassung zu finden, welche der klassizistischen Ausstattung entspricht, wurde lange und intensiv untersucht. Schließlich konnte diese Fassung identifiziert und rekonstruiert werden. Es bleibt als Ungenügen für den Eindruck, daß es trotz mehrfacher Beratung durch das Landesamt für Denkmalpflege dem Kirchenmaler nicht gelungen ist, eine helle Fassung aufzutragen, die nicht milchig erscheint. Die Altäre wurden nur gereinigt und geringfügig ausgebessert. RS

Ohlstadt (Lkr. Garmisch-Partenkirchen), *Am Dorfbach 1.* Der frühere Wirtschaftsteil des Bauernhauses der 2. Hälfte des 18. Jhs.

wird teils ausgebaut, teils erneuert um Übungs- und Clubräume zu schaffen. Krö

–, *Josefs-Straße 29*. Das Kleinbauernhaus aus der 2. Hälfte des 18. Jhs. wird instandgesetzt und saniert, der Wirtschaftsteil zum Wohnen ausgebaut. Krö

–, *Toni-Pensberger-Straße 1*. Der ehem. Wirtschaftsteil des Bauernhauses aus dem 18. Jh. wird instandgesetzt, die Maßnahme vom Landesamt bezuschußt. Krö

Ort, Gde. Kochel am See (Lkr. Bad Tölz-Wolfratshausen), *Haus Nr. 4a*. Der Dachstuhl des Zuhauses aus dem ausgehenden 18. Jh. wird instandgesetzt, die Dachhaut erneuert, die Rokokofresken nach Befund restauriert. Die Maßnahmen werden vom Landesamt bezuschußt. Krö

Osenhub, Gde. Schönberg (Lkr. Mühldorf) *Anwesen Nr. 1*. Der ehemals zum Schloß Schönberg gehörige Vierseithof befindet sich in idyllischer Hanglage. Das Wohnstallhaus hat den Grundriß eines firstgedrehten Stockhauses und ist von Grund auf massiv in Ziegeln gemauert. Über die gesamten Fassaden zieht sich eine Zierputzarchitektur, im Bereich des Obergeschosses eine Nische mit Kruzifix. Bemerkenswert ist das östliche Stallgewölbe, ein vierfeldriges Muldengewölbe mit stattlichen Gurtbögen, mit Stukkatur und Scheitelkartuschen aus Stuck. Der ebenfalls massiv gemauerte zweigeschossige Osttrakt, erbaut von Michael und Maria Thaler im Jahre 1855, zählt zu den großartigsten Schöpfungen der Zierputzornamentik und zeigt fast alle bekannten Zierputzmuster, sogar das Gurtgesims ist z. T. aus «Saudutten» in lambrequinartigen Girlanden zusammengesetzt. Der stattliche südseitige Bundwerkstadel zeigt einen reich gestalteten Gitterbund. Der Westtrakt, äußerlich schmucklos, birgt im Inneren ein neunfeldriges böhmisches Kappengewölbe, die Gurtbögen auf vier monolitischen Granitsäulen. Der Vierseithof, der sicherer Überlieferung nach von italienischen Wanderarbeitern erbaut, gehört hinsichtlich der Zierputzarchitektur zu den großartigsten Beispielen überhaupt.
Die sich abzeichnende Möglichkeit zur Restaurierung des seit langem ungenutzten Hofes wäre eine der wichtigsten Initiativen der kommenden Jahre; das Landesamt wird bemüht sein, den denkmalpflegerischen Mehraufwand finanziell zu fördern. Für die sehr umfangreichen Restaurierungs-, Sanierungs- und Reparaturarbeiten, die nur im Zuge mehrerer Bauabschnitte zu verwirklichen sein dürften, wurde ein umfassendes Restaurierungskonzept erarbeitet. Die dringlichsten Notsicherungsmaßnahmen sind durchgeführt. We

Osternach, Markt Prien am Chiemsee (Lkr. Rosenheim), *Karpfenweg 17*. Von dem seit vielen Jahren ruinösen ehem. Bauernhaus des mittleren 18. Jhs. wurden vor Abbruch Wandmalereifragmente (Fassadenmalereien) vom Restaurator abgenommen, die vielleicht von Franz Xaver Tiefenbrunner, einem Priener Barockmaler, stammen. Sie wurden in das neue Priener «Haus des Gastes» in einen geeigneten Raum übernommen. Kra

Osterwarngau, Gde. Warngau (Lkr. Miesbach), *Dorfstraße 9*. Der Wirtschaftsteil des mit 1689 bezeichneten, stattlichen Bauernhofs wird profilgleich verlängert, um eine Nutzung als Werkstatt zu ermöglichen. Krö

Parsberg, Gde. Miesbach (Lkr. Miesbach), *Kirchgasse 4, «Zehetmaierhof»*. Der Wirtschaftsteil des Einfirsthofs aus der Mitte des 18. Jhs. wird erneuert. Krö

Peiß, Gde. Aying (Lkr. München), *Kath. Filialkirche St. Nikolaus*. Der stattliche Saalbau mit hoher Stichkappentonne, wenig eingezogenem Chor und schlankem Westturm ist ein typisches Zeugnis ländlicher Architektur des Spätbarock; der Stuckdekor von Miesbach-Schlierseer Stukkatoren. Es ist ein Glücksfall, daß dazu die aus der Erbauungszeit reiche Fassadenfassung größtenteils erhalten ist und in allen Einzelheiten nachgewiesen werden konnte: Naturputzflächen, geritzte, weiß gekalkte Faschen und Pilaster mit Begleitbändern in allen Abstufungen. Die originalen Putzflächen wurden erhalten; Fassung über dünner Schlämme al fresco. RS

–, *Rosenheimer Landstraße 1*, Gasthof Post, Sanierung und Neudeckung des Dachs mit barockem Dachstuhl. Befunduntersuchung zur Vorbereitung der Instandsetzung bzw. Sanierung der Fassaden. Hm

Peißenberg (Lkr. Weilheim-Schongau), *Kath. Pfarrkirche St. Johannes*. Der Neubau der Kirche, 1904/05 von Joseph Elsner, bezog Teile des gotischen Langhauses mit ein. Bestimmend für den Gesamteindruck der Hochaltar von 1904 und die barockisierenden Gemälde von Anton Ranzinger (1904/10) und K. M. Lechner (1921/22). Die Ausmalung des Schiffes durch Lechner 1921/22 hat wohl zur Nachstimmung des Ranzingerbildes geführt und dort erhebliche Substanzverluste verursacht (Anschleifen der Freskooberfläche, große Retuschen, Übermalungen). Restaurierung unter Beratung der Amtswerkstätten. RS

–, *Kath. Kapelle St. Michael* (Gemarkung Ammerhöfe). Die Kapelle wurde 1981/82 restauriert. Dabei kamen Reste von Wandmalereien des 16. Jhs. zum Vorschein. Auf Drängen der Kirchenverwaltung wurde die Freilegung, die mangels Mittel vor längerer Zeit eingestellt worden war, insoweit fortgesetzt und abgeschlossen, als einige Fragmente nur so weit freigelegt wurden, daß bildhafte Ausschnitte entstanden. Im übrigen wurde die Ausstattung konserviert. RS

Peiting (Lkr. Weilheim-Schongau), *Schongauerstraße 35*. Das ehemalige Kleinbauernhaus des späten 19. Jahrhunderts wird instandgesetzt und saniert, der Wirtschaftsteil als Verkaufsraum für Antiquitäten genutzt. Krö

Penzberg (Lkr. Weilheim-Schongau), *Bürgermeister-Rummerstraße 2*. Die 1928 von Joseph Linder erbaute Stadthalle, ein stattlicher Baukomplex mit Seitenflügeln wird instandgesetzt; die beiden seitlichen Außentreppen vor der breitgelagerten Fassade werden in Naturstein erneuert. Krö

Peterskirchen, Gde. Tacherting (Lkr. Traunstein), *Höhenmark Nr. 33*. Der Hof Höhenmark ist ein vollständig geschlossener Vierseithof, der seit der Erbauungszeit (1840–1843) kaum verändert worden ist und in dieser Unberührtheit trotz des erschreckenden Verfallzustandes ein weitgehend unverfälschtes Bild des mittleren 19. Jhs. bietet. Das Mauerwerk der Hoftrakte ist das charakteristische Nagelfluhbrocken-Gefüge mit breiten, weiß überwaschelten überputzten Zonen, im Wohnteil noch die gesamte Befensterung mit sechsfeldriger Bleisprossenteilung erhalten. Das Högler Sandsteinportal mit korbbogigem Sturzwerkstein zeigt im Scheitelpunkt das Fragment einer Datierung 1842. Bemerkenswert der Kachelofen der Stube, in der Stiegenkammer ein großer Stuckkreis mit dem IHS und der Jahreszahl 1843, in der Eckkammer ein entsprechender Stuckkreis mit der Jahreszahl 1842. Die hofseitige Stubenkammer ist ein einzigartiges Schmuckkästchen der Jahrhundertwende: Decke und Wände vollständig mit reicher Schablonenmalerei bedeckt; im Stuckkreis die Datierung 1904. Der Blockbautenkasten im Bundwerkstadel ist 1740 datiert und verrät einen älteren Vorgängerbau. Die hofseitige Bundwerkfront überrascht durch ein seltenes, im Aufbau großartiges System, der Südgiebel am Firstpfettenkopf in Kartusche 1857 datiert, das hofseitige Bundwerk durch das eingebrochene Dach fast völlig zerstört. Im gemauerten Osttrakt einfache böhmische Kappengewölbe, ebenso im Westtrakt. Der Vierseithof erweist sich als eines der wichtigsten bäuerlichen Baudenkmäler des 19. Jhs. Die Bedeutung des Gehöfts ist wohl der des mittlerweile berühmten Hofes von Wolfhaming im Landkreis Mühldorf gleichzusetzen. Neben der Geschlossenheit und Unberührtheit der Hofanlage überrascht vor allem die reiche Innenausstattung. Die gravierendsten baulichen Schäden zeigten sich im Bundwerkstadel, wo eine sofortige Reparatur der nordseitigen Dachhälfte unverzüglich in die Wege geleitet werden mußte, da irreversible Schäden und weiterer Substanzverlust drohten. We

Peterwinkeln, Gde. Tittmoning (Lkr. Traunstein), *Sühnekreuz*. Am früheren Grenzgraben zwischen dem Erzbistum Salzburg und dem Kurfürstentum Bayern befindet sich das wohl spätmittelalterliche Sühnekreuz. Durch Bauarbeiten war das kostbare Flurdenkmal von seiner ursprünglichen Stelle entfernt worden und stand diebstahlgefährdet auf einer Böschungsmauer. Die Verbringung ins Heimatmuseum Tittmoning war angezeigt; hier konnte die dringend erforderli-

Osternach, Markt Prien am Chiemsee, Lkr. Rosenheim; Karpfenweg 17, vor dem Abbruch

che Konservierung durchgeführt werden. Der am selben Ort befindliche Kapellen-Bildstock mit spitzem Zeltdach ist ebenfalls restauriert worden. We

Pfaffing, Gde. Frasdorf (Lkr. Rosenheim), *Haus Nr. 2*, erfolgreiche Instandsetzung eines *Getreidekastens* des 18. Jhs. mit Schuppenüberbau. Bezuschussung durch das Landesamt für Denkmalpflege. Kra

Pfahldorf (Lkr. Eichstätt), *Kath. Pfarrkirche St. Johannes d.T.*, Innenrestaurierung. Ausstattung und Raumschale der Innenausstattung aus der Mitte des 18. Jhs. waren in den fünfziger Jahren eingreifend renoviert worden; damals wurden sämtliche Altäre abgelaugt und neu gefaßt. Die Orgel erhielt ihre jetzige Fassung 1981. Bei dieser Ausgangssituation wurde auf eine Befunduntersuchung verzichtet und die bisherige Raumfassung in einer etwas leichteren und differenzierteren Farbigkeit wiederholt. YL

Pfistern, Gde. Gaißach (Lkr. Bad Tölz-Wolfratshausen), *Haus Nr. 1*. Das im Kern auf das 18. Jh. zurückgehende Bauernhaus mit seinem Holzblockobergeschoß wird instandgesetzt, die Erdgeschoßmauer teilweise erneuert. Krö

Pflaumdorf (Lkr. Landsberg am Lech), *Kath. Filialkirche St. Georg*. Der kleine barocke Bau von 1676 mit einer flachen Felderdecke wurde außen und innen instandgesetzt. Eine Sakristeierweiterung war notwendig. Großes Engagement vor Ort führte zur Entfernung des historischen Außenputzes und zum – nicht vereinbarten – Ausbau des Bodens. Im übrigen erfolgte eine Fassung außen und innen nach Befund. RS

Pickenbach, Gde. Höslwang (Lkr. Rosenheim), *Haus Nr. 1*, sachgerechte Instandsetzung eines prachtvollen *Bundwerkstadels* von etwa 1830. Bezuschussung durch das Landesamt für Denkmalpflege. Kra

Pidling, Gde. Fridolfing (Lkr. Traunstein), *Hauptstraße Nr. 41*. Das Wohnstallhaus des Dreiseitenhofes besitzt, an der Westseite über massiv gemauertem und gewölbten Stall eine bemerkenswerte Bundwerkpartie mit Traufgitterbund. Die dringend erforderliche Erneuerung des zerstörten Scharschindelmantels auf der Wetterseite erfolgte durch eine Fachfirma. Im Zuge dieser Arbeiten sind auch notwendige Reparaturen an angrenzenden Teilen des Dachstuhls und der Tragkonstruktion ausgeführt worden. We

Pölching, Gde. Aschau im Chiemgau (Lkr. Rosenheim),*Haus Nr. 1*, Ausbau eines großen Einfirsthofes des 18. Jhs. mit reichen Details für Fremdenverkehrsnutzung (Gästezimmer). Leider wurde dabei trotz ständiger Betreuung durch das Landesamt für Denkmalpflege bedeutende historische Substanz zerstört. Kra

Point, Gde. Kreuth (Lkr. Miesbach), *Rauheckweg*. Der als zweigeschossiger Holzblock errichtete Wohnteil des «Hacklhofs», eines Einfirsthofs aus Dürnbach wird fachgerecht wiederaufgebaut. Krö

Prien am Chiemsee (Lkr. Rosenheim), *Rathausstraße*, Instandsetzung eines Wohn- und Handwerkerhauses des 18. Jhs. Kra

–, Grenzstein bei Rathausstraße 28. Der monumentale Grenzstein von 1557 wurde gereinigt und von einem Steinrestaurator konserviert. Kra

Pröbsteln, Gde. Wackersberg (Lkr. Bad Tölz-Wolfratshausen), *Haus Nr. 194*. die Versetzung des zweigeschossigen Getreidekastens aus der 2. Hälfte des 16. Jhs. wird hingenommen, ein schützender «Überbau» gefordert. Krö

Puchen, Gde. Gaißach (Lkr. Bad Tölz-Wolfratshausen), *Haus Nr. 13*. Das leerstehende Bauernhaus des 18. Jhs. mit Holzblockobergeschoß kann nach Gutachten von Holzfachfirmen nicht mehr saniert werden, da die 8 cm starken Bohlen fast durchwegs von Ungeziefer ausgehöhlt, die Balkenlagen zerstört und selbst die Balkonbrüstungen vermorscht sind. Krö

Pullach (Lkr. München), *Josef-Heppner-Straße 11*. Dem 1926 nach einem Typen-Entwurf von Richard Riemerschmid errichteten Einfamilien-Holzhaus drohte viele Jahre der Abbruch. Nun fand sich ein Käufer, der das völlig unverändert erhaltene Baudenkmal sorgfältig sanierte. Damit konnte eines der letzten in der Gartenstadt Pullach ursprünglich zahlreichen Gebäude dieser Art gerettet werden. Hm

Raisting (Lkr. Weilheim-Schongau), *Sölber Straße 9*. Der Wirtschaftsteil des ehem. Kleinbauernhauses aus dem 18. Jh. wird durch einen profilgleichen Anbau verlängert und zum Wohnen ausgebaut. Krö

Rambicheln, Gde. Taching am See (Lkr. Traunstein), *Rambichler Straße Nr. 13*. Der zum Dreiseithof gehörige *Stadel* war ursprünglich vollständig in Bundwerktechnik gezimmert und erst später im Erdgeschoß-Bereich teilweise ausgemauert worden. Die Südseite entfaltet noch heute den vollständigen symmetrischen Architekturkanon des Rupertiwinkler Bundwerks. Die Besonderheit dieser Architektur ist der niedrige Sockelbund, der mit dem Traufbund in Höhe und Ausformung vollständig korrespondiert, eine Eigenheit, die sich mit wenigen Ausnahmen ansonsten nur in Oberösterreich findet. Einzigartig ist die Dekoration der beiden hofseitigen Tennentore mit ihren Sinnsprüchen. Auf diesen Schleierbrettern sitzen rund 2 m große, phantastische Fabelwesen, eine Komposition von Seepferdchen mit ausgeprägtem Pferdekopf, als Scheiteldekoration eine naiv gemalte männliche Figur in grünem Rock und schwarzen Kniebundhosen, darunter die Datierung 1840. Im Inneren ein einfacher, 1839 datierter Blockbau-Tennkasten. Der Bundwerkstadel verkörpert eine sehr seltene Stilform eines Rupertiwinkler Stadels. Die langwierige Restaurierung wurde sorgfältig zu Ende geführt. We

Ramsau (Lkr. Berchtesgadener Land), *Kath. Pfarrkirche St. Sebastian*. Außeninstandsetzung der 1512 durch Fürstprobst Gregor Rainer erbauten und ab 1697 verbreiterten sowie mit Westturm versehenen Kirche. Farbgebung an den barocken Befund angenähert. Rekonstruktion der in Freskotechnik gemalten Zifferblätter von 1698 (in Abstand über den originalen Malereifragmenten). ChB

Ranharting, Gde. Tittmoning (Lkr. Traunstein), *Anwesen Nr. 6*. Zu dem stattlichen «Niedermaier-Hof» gehört eine aufgeständerte Bundwerkremise mit Blockbau-Getreidekasten. Die dringend erforderliche Restaurierung bewahrte das Baudenkmal vor dem drohenden Verfall. We

Rebdorf, Große Kreisstadt Eichstätt (Lkr. Eichstätt). Der «Wasserfrontbau» des *ehem. Augustiner-Chorherren-Stifts Rebdorf, Pater-Moser-Straße 3*, war bis zum Jahresende nahezu vollständig instandgesetzt. Die Arbeiten mußten wegen fehlender Mittel leider eingestellt werden. Bedauerlich ist vor allem, daß die Schäden an den barocken Stukkaturen in den Räumen und Fluren sowie im Treppenhaus nicht behoben werden konnten. Vorerst zurückgestellt werden mußten auch der Umbau und die Instandsetzung des «Straßenfrontbaus», der vor allem aus schulischen Gründen dringend erforderlich wäre. Zusammen mit den zuständigen Behörden bemühen sich die

Reisenthal, Gde. Glonn, Lkr. Ebersberg; Haus Nr. 1, vor dem Umbau

Herz-Jesu-Missionare, die Eigentümer von Kloster Rebdorf sind, um die Finanzierung des letzten großen Bauabschnitts. Dieser soll auch noch die Außenanlagen, vor allem die Neugestaltung der wenig befriedigenden Klosterhöfe umfassen (vgl. Jahresberichte 1985–1988). Mll

Rechtmehring (Lkr. Mühldorf a. Inn), *Stechlring 2, ehem. Pfarrhof.* Der das Ortsbild prägende Bau des frühen 18. Jhs. mit Krüppelwalmdach und einer Folge eindrucksvoller Stuckdecken, wurde unter fachlicher Beratung des Landesamts für Denkmalpflege durch die Erzdiözese saniert und als Pfarrkindergarten eingerichtet. Kra

Reichersbeuern (Lkr. Bad Tölz-Wolfratshausen), *Schloß Sigriz.* Das Dach des aus der Zeit um 1515 stammenden, im 18. Jh. umgebauten Schlosses wird neu eingedeckt, die Westfassade instandgesetzt, einige historische Fenster unter Verwendung der alten Beschläge erneuert. Krö

Reisenthal, Gde. Glonn (Lkr. Ebersberg), *Haus Nr. 1.* Dach und Fassaden des stattlichen Bauernhofs mit seinem Traufbundwerk aus den Jahren 1840/50 werden instandgesetzt, die Maßnahmen vom Landesamt bezuschußt. Krö

Reiswies, Gde. Rottenbuch (Lkr. Weilheim-Schongau), *Haus Nr. 2.* Der Wohnteil des Bauernhauses aus der Mitte des 19. Jhs. wird saniert, der frühere Roßstall zum Wohnen ausgebaut. Krö

Reit im Winkl (Lkr. Traunstein), *Tiroler Straße Nr. 5.* Der stark reduzierte zweigeschossige *Troadkasten* ist in beiden Geschossen in

Reiswies, Gde. Rottenbuch, Lkr. Weilheim-Schongau; Haus Nr. 2, vor dem Umbau

Blockbau gezimmert. Eine Photographie von 1912/13 zeigt noch wie dieser Troadkasten als Werkstatt, mit Schlafraum für die Gesellen im Obergeschoß, diente. Früher bestand eine Verbindung zum Balkon des Nachbarhauses. Nach einem Grenzfeststellungsbescheid wurde das bestehende Gebäude 1798 erbaut. Der frühere Eigentümer besaß nach einem Erbrechtsbrief von 1787 eine mittelalterliche Wagnereigerechtsame. Die Instandsetzung des Troadkastens ist abgeschlossen. We

Riedern, Gde. Waakirchen (Lkr. Miesbach), *Haus Nr. 26.* Der durch einen Schwimmbadüberbau optisch unbefriedigende bauliche Zustand des ehem. Wirtschaftsteils des Bauernhauses aus dem 18. Jh. wird verbessert. Krö

–, *Haus Nr. 37.* Der Wohnteil des ehem. «Reiterhofs», ein zweigeschossiger Holzblockbau der 1. Hälfte des 17. Jhs. wird instandgesetzt, das Ziegeldach einschließlich der Kaminköpfe erneuert. Krö

Riedersheim, Gde. Bockhorn (Lkr. Erding), *Anwesen Nr. 19.* Der «Schreinerhof», ein charakteristisches Wohnstallhaus der 2. Hälfte des 16. Jhs., im Wohnteil noch vollständig in Blockbau errichtet, ist mit seinem vorkragenden, verbretterten Giebelfeld ein urtümliches Zeugnis der Hauslandschaft des nordöstlichen Oberbayern. Der Eigentümer hat in beispiellosem persönlichen Einsatz das stark verfallene und reduzierte Gehöft instandgesetzt. We

Rohrbach (Lkr. Pfaffenhofen a.d. Ilm), *Alte Kath. Pfarrkirche St. Johann Baptist.* Die jahrelang vom Abbruch bedrohte alte Pfarrkirche von Rohrbach, eine wohl spätgotische, im 18. Jh. barockisierte Chorturmanlage, soll nun restauriert werden, nachdem zwischen dem Bischöflichen Ordinariat Augsburg und der Evang. Landeskirche vereinbart werden konnte, daß die Kirche künftig von der evangelischen Gemeinde genutzt wird. YL

Rothenrain, Gde. Wackersberg (Lkr. Bad Tölz-Wolfratshausen), *Haus Nr. 161.* Der in einem «Geräteschuppen» untergebrachte, mit der Jahreszahl 1753 bezeichnete Getreidekasten wird innerhalb des Hofgrundstücks versetzt und mit einem neuen Überbau versehen. Krö

Rottbach (Lkr. Fürstenfeldbruck), *Kath. Pfarrkirche St. Michael,* Abschluß der Innenrestaurierung der 1680 barockisierten spätgotischen Chorturmanlage, deren Langhaus 1912 unter Übernahme von Teilen der alten Ausstattung ausgebaut wurde. Die Rückführung des im Pfarrhaus erhaltenen barocken Altarblatts mit der Darstellung des Titularheiligen in den Hochaltar, in dem sich heute ein wenig anspruchsvolles Michaels-Bild der fünfziger Jahre befindet, wurde veranlaßt. YL

Rottenbuch (Lkr. Weilheim-Schongau), *Kath. Frauenbrünnl-Kapelle.* Die Kapelle ist ein oktogonaler Zentralbau von 1669; der Hochaltar stammt aus der Erbauungszeit. Die Kirche wurde außen instandgesetzt. Neufassung nach Befund und Schindeldeckung. RS

–, *Fohlenhof 5.* Die gewölbten Räume eines Teils des westlichen Flügels der mächtigen Vierflügelanlage aus der Mitte des 18. Jhs. werden instandgesetzt und saniert, die Maßnahmen vom Landesamt bezuschußt. Krö

–, *Klosterhof 7.* Die Fassaden des stattlichen, 1753 vollendeten ehem. Bräuhauses und heutigen Klostergebäudes werden nach Befund instandgesetzt; die vor etwa 25 Jahren eingebauten, in ihrer Substanz stark angegriffenen Holzfenster nach historischem Vorbild erneuert. Die Maßnahmen werden vom Landesamt bezuschußt. Krö

–, *Klosterhof 34–40.* Ein Anbau an den Nordteil des 1755 vollendeten Klosterflügels, in dem Pfarrhaus und Schule untergebracht sind, wurde abgelehnt, ein salettlartiges freistehendes hölzernes Gebäude im östlich vorgelagerten Garten empfohlen. Krö

–, *Sommerkellerweg 2.* Die im Kern auf das 18. Jh. zurückgehende ehem. Pfistermühle über dem Ammertal, ein stattlicher Bau mit

Sachsenkam, Lkr. Bad Tölz-Wolfratshausen; Kirchstraße 2, vor der Transferierung

Halbwalmdach, wird instandgesetzt, ein Ausbau des früheren Mühlenteils für Wohnzwecke vorbereitet. Krö

–, *Sommerkellerweg 5*. Die Fassade des zum Wohnen ausgebauten Rests des Ostflügels der ehem. Klosteranlage des 18. Jhs. wird nach Befund instandgesetzt. Krö

Rottenegg (Lkr. Pfaffenhofen a.d. Ilm), *Kath. Pfarrkirche St. Martin*, Restaurierung der neuromanischen Turmkapelle. YL

Saaldorf (Lkr. Berchtesgadener Land), *Untere Straße Nr. 32*. Die kleine offene *Feldkapelle* «beim Lechschmied» ist ein bezeichnendes Zeugnis heimischer Volksfrömmigkeit. Sämtliche Fassadenverzierungen wie Gesimse und Lisenen, Fenster- und Türrahmungen konnten fachgerecht restauriert werden. We

Sachrang (Lkr. Rosenheim), *Kath. Pfarrkirche St. Michael*. Hervorragende Restaurierung des Turms der um 1688 nach Plan von Johann Caspar Zuccalli erbauten Kirche; weitgehende Erhaltung des ursprünglichen Putzes und seiner Ritzungen, Tönung nach Befund. Kra

Sachsenkam (Lkr. Bad Tölz-Wolfratshausen), *Kirchstraße 2*. Das Bauernhaus des späten 17. Jhs. mit Holzblockobergeschoß, das aufgrund der neueren dörflichen Fehlentwicklung in räumlich eingeengter Situierung nicht mehr bewohnbar war, wird nach Großpienzenau im benachbarten Landkreis Miesbach transferiert. Krö

Sachsenried (Lkr. Weilheim-Schongau), *Kath. Pfarrkirche St. Martin* (vgl. Jahrbuch 1986, S. 445). Die Maßnahme wurde abgeschlossen. RS

Sandizell (Lkr. Neuburg-Schrobenhausen), *Kath. Pfarrkirche St. Peter*, Vorbereitung der Innenrestaurierung. Der Innenraum, der aus dem 2. Viertel des 18. Jhs. stammenden Kirche mit dem Hochaltar von Egit Quirin Asam ist insbesondere geprägt durch die große Renovierung von 1912/13, bei der das monumentale Deckengemälde im Langhaus von Waldemar Kolmsperger erneuert worden ist. Auch eine erneute Renovierung im Jahre 1948, bei der der Hochaltar und die Seitenaltäre freigelegt und neu gefaßt wurden, hat Voraussetzungen geschaffen, die bei einer künftigen Restaurierung zu berücksichtigen sind. Eine großangelegte Befunduntersuchung erbrachte u. a., daß am Hochaltar mit der Cathedra Petri sich keine wesentlichen Reste der Asam-Fassung mehr erhalten haben. Zur Abklärung der Frage, ob eine ergänzende Freilegung mit einer präziseren, sich stärker an die ursprüngliche Fassung anschließenden Rekonstruktion erwogen werden kann, werden die bisherigen Befunduntersuchungen am Hochaltar vertieft und auf die erst nach einer vollständigen Einrüstung zugänglichen oberen Teile ausgeweitet. Beratung durch die Restaurierungswerkstätten des Landesamtes für Denkmalpflege. YL

Sankt Leonhard, Gde. Wessobrunn (Lkr. Weilheim-Schongau), *Haus Nr. 2*. Die Fassaden des Gasthauses, eines Tuffquaderbaues aus der Mitte des 19. Jhs. werden nach Befund instandgesetzt. Krö

Sauerlach (Lkr. München), *Wolfratshauser Straße, ehem. Pfarrhaus*. Der stattliche zweigeschossige Satteldachbau wurde 1776 errichtet, im 19. Jahrhundert geringfügig verändert. Die besondere Bedeutung des Gebäudes liegt in der Erhaltung zahlreicher historischer Böden, Türen und Fensterstöcke, teilweise auch Fenster. Im Obergeschoß Räume mit Hohlkehlen und Stuckprofilen. Die Planung des Erzbischöflichen Ordinariats München nimmt Rücksicht auf den Bestand. Die Details wurden eingehend beraten und festgelegt. RS

Schätzl, Gde. Steinhöring (Lkr. Ebersberg), *Haus Nr. 1*. Für den zum Bauernhaus aus der Mitte des 19. Jhs. gehörigen langen, altertümlichen «Riegelstadel» des 18. Jhs. wurde ein verformungsgetreues Aufmaß erstellt, um Sanierung und Teilerneuerung in die Wege zu leiten. Die Maßnahmen werden vom Landesamt bezuschußt. Krö

Schafhausen (Lkr. Eichstätt), *Kath. Filialkirche St. Martin*, Konservierung der Altäre. Die Filialkirche St. Martin, ein typisches Beispiel für die kraftvollen Chorturmkirchen des Eichstätter Raumes, wurde 1752 wohl unter Einbeziehung älterer Teile errichtet. Die Altäre und die Kanzel mit Knorpelwerkzierat weisen auf die Stilstufe von 1680; die Altarblätter wurden im 19. Jh. erneuert. Die vorhandene Marmorierung ist neuzeitlich unter Einbeziehung älterer Fassungsreste, die vermutlich aus dem 18. Jh. stammen. Der vorhandene Bestand wird lediglich gereinigt und konserviert. Auf die Dringlichkeit der Restaurierung des Kreuzwegs aus dem späteren 18. Jh., dessen auf Leinwand gemalte Festationen stark ausgemagert sind und bereits schollige Farbabplatzungen zeigen, wurde hingewiesen. YL

Schalldorf, Gde. Emmering (Lkr. Ebersberg), *Estendorfer Straße 3*. Der historische Wohnteil des Einfirsthofs von 1841 wurde etwa 1982 abgebrochen und in veränderter Form erneuert. Der Wirtschaftsteil mit altem Traufbundwerk wird instandgesetzt, das Dach neu eingedeckt. Krö

Schechen (Lkr. Rosenheim), *ehem. Schlößchen*. Der aus dem 16. Jh. stammende Bau wurde sorgfältig instandgesetzt und als Rathaus der Gemeinde eingerichtet. Die denkmalpflegerischen Mehraufwendungen wurden bezuschußt (vgl. Jahresbericht 1988). Kra

Scheuring (Lkr. Landsberg am Lech), *Kath. Pfarrkirche St. Martin*. Der gotische Saalbau mit Strebepfeilern am Chor wurde 1660 nach Schäden aus dem Dreißigjährigen Krieg wiederhergestellt. Bestimmend für den Raum sind aber die Deckenbilder von Martin Kuen (1753) und der Stuck von Franz Xaver Feichtmayr. Die Rokoko-Altäre wurden 1896 durch neoromanische Retabel ersetzt. Starke Schäden an der Decke, im Freskobereich und an den Stuckrahmen machten Sicherungsarbeiten notwendig. Da diese Schäden teilweise auf frühere Restaurierungen (1896 und 1929), teilweise auf Kriegsschäden (Sprengungen in der Nähe) zurückgingen, war die Siche-

Schongau, Lkr. Weilheim-Schongau; Christophstraße 48, Maxtor und Torwärterhäuschen, vor der Instandsetzung

rung schwierig. Eine Restaurierung war unvermeidlich; allerdings beschränkte man sich bei der Stuckfassung auf Reinigung. RS

Schlegldorf, Gde. Lenggries (Lkr. Bad Tölz-Wolfratshausen), *Haus Nr. 87*. Der Wirtschaftsteil des ehem. Bauernhauses aus der Mitte des 19. Jhs. wird teilweise erneuert und zum Wohnen ausgebaut. Krö

Schnaitsee (Lkr. Traunstein), *Kath. Kirche St. Anna*. Weiterführung der Innenrestaurierung in der gotischen, barock ausgestatteten Annenkirche. Nach der Entscheidung für die Wiederherstellung der barocken Weißfassung ergab sich für das Konzept das folgende Problem: Die zeitgleiche Fassung der frühbarocken Altäre ließ sich nicht verwirklichen, da die Änderungen seit 1879 und zu Beginn des 20. Jhs. mit neuem Tabernakel, geschnitzten Ornamenten und Figuren des 19. Jhs. u. a. zu weitgehend waren. Daher stellte es sich als notwendig heraus, die historische Altar- und Figurenfassung wiederherzustellen, wobei Eingriffe des 20. Jhs., die insbesondere im Bereich der Figurenfassung minderer Qualität waren, rückgängig gemacht worden sind. Die Arbeiten werden 1990 fertiggestellt. ChB

Schönbrunn, Gde. Denkendorf (Lkr. Eichstätt). Nach Fertigstellung der Instandsetzung des barocken, westlichen Wirtschaftsgebäudes wurde die Instandsetzung des ehem. *Bräuhauses* in Angriff genommen. Das Bräuhaus ist ein klassizistischer Bau, der wohl auf Leo von Klenze oder Jean Baptiste Métivier zurückgeht. Beim Bräuhaus mußten die umfangreichen Schäden am Dachstuhl beseitigt und die Dachdeckung mit Biberschwanzziegeln vollständig erneuert werden. Die Arbeiten wurden zu Beginn des Winters eingestellt. Sie werden noch 1990 andauern. Mll

Schönbrunn (Lkr. Erding), *Kath. Pfarrkirche St. Wolfgang*, Beratung des Einbaus eines Abschlußgitters unter der Empore. YL

Schönegg, Gde. Dietramszell (Lkr. Bad Tölz-Wolfratshausen), *Haus Nr. 31*. Die Balkonbrüstungen mit ausgesägten Schmuckmotiven am verputzten Wohnteil des bäuerlichen Holzblockobergeschosses aus dem 17./18. Jh. werden detailgetreu erneuert. Krö

Schongau (Lkr. Weilheim-Schongau), *Kath. Pfarrhof*. Der Pfarrhof ist ein Bau von Joseph Schmuzer, der noch fast komplett die Türen der Erbauungszeit (um 1730/40) besitzt und einen repräsentativen Raum mit einer Stuckdecke (ebenfalls Schmuzer). Bei der Innenrestaurierung wurde Wert auf eine behutsame Instandsetzung vor allem der Türen gelegt. Der Kirchenmaler ließ allerdings die Nieten der gebläuten Beschläge mit der Flex abschneiden, um die Neufassung problemlos bewerkstelligen zu können. Die Türen sind jenen in der Musikschule in Schongau (auch eine Schmuzer-Ausstattung) ähnlich. Wie dort war auch hier der Deckenstuck einheitlich grau gefaßt. Eine Holzkohle-Fassung (ohne Umbra) konnte durchgesetzt werden. Zu aufwendige und aufdringliche Beschläge an den neuen Fenstern und Läden. RS

–, *Bahnhofstraße 24*. Das 1898 erbaute eigene Wohnhaus des Baumeisters Josef Kranebitter, ein asymmetrischer Mansarddachbau mit reichen hölzernen Zierdetails, wird instandgesetzt, der Anbau teilweise unterkellert. Krö

–, *Ballenhausstraße 2. (Karmeliterstraße 2)*. Die mit einem neueren Wandbild des Malers Bickel geschmückte Fassade des stattlichen, spätmittelalterlichen «Steingadener Richterhauses» wird nach Befund instandgesetzt, dafür Zuschuß vom Landesamt. Krö

–, *Christophstraße 48*. Das mit dem «Maxtor» verbundene Torwärterhäuschen wird instandgesetzt, historische Fenster und Treppen schreinermäßig repariert und der hölzerne Wehrgang zur Stadtmauer ergänzt. Krö

–, *Christophstraße 49*. Der zum Anwesen gehörende Stadtmauerabschnitt wird durch einen Restaurator instandgesetzt, der hölzerne Wehrgang in historischer Form ergänzt. Krö

–, *Frauentorweg 10*. Der als Atelier für Bildhauer errichtete eingeschossige barockisierende Mansarddachbau von 1912 wird saniert und durch einen erdgeschossigen Anbau erweitert. Krö

–, *Karmeliterstraße*. Der zum Steingadener Klosterrichterhaus gehörige Lagerstadel wird instandgesetzt und für die Nutzung als Kino und Cafe substanzschonend umgebaut. Krö

–, *Karmeliterstraße 4*. Der barocke Anbau an die 1720/25 von Joseph Schmuzer errichtete ehem. Karmeliter-Klosterkirche, dessen große Säle um die Jahrhundertwende in kleine Räume aufgeteilt worden waren, wird instandgesetzt, saniert und für eine neue Museumsnutzung in den historischen Zustand zurückgeführt. Krö

Karmeliterstraße 6–12. Das aus dem frühen 18. Jh. stammende, von Joseph Schmuzer erbaute frühere Klostergebäude, in dem 1812 das Heilig-Geist-Spital eingerichtet wurde, wird instandgesetzt und saniert und durch Neubauten zu einem Altenheim ergänzt. Der dazugehörige Stadtmauerabschnitt wird instandgesetzt und teilweise wiederhergestellt. Krö

–, *Kirchenstraße 25*. Das Wohn- und Geschäftshaus des 18./19. Jhs. erhielt eine laubenartige Fassade auf der Wetterseite (Westen); das ausgebaute Steildach wird durch Stehgauben belichtet. Krö

–, *Liedlstraße 2*. Für das in der Altstadt von Schongau gelegene, im Kern auf das 18. Jh. zurückgehende zweigeschossige Wohnhaus wurde von der Kath. Kirchenstiftung der Abbruch beantragt, um einen Neubau zu errichten. Krö

–, *Marienplatz 7* (Musikschule), Rückgebäude. Im Zuge der Abbrucharbeiten des sog. Wäsle-Hauses wurde in einem als Eiskeller genutzten Rückgebäude des sog. Schillinger-Anwesens ein Raum mit Malereien entdeckt, die 1617 datiert sind. Das Rückgebäude war im Erdgeschoß wohl Pferdestall für den ehem. Gasthof Sternbräu, den Montaigne bereits im 16. Jh. in seinen Reisebeschreibungen erwähnt hat. Die Malerei bestand im wesentlichen aus ornamentalen Motiven (Arabesken) mit Tieren, Girlanden und einem Bildnis, also Ornamentgrotesken, die an Augsburger Stiche jener Zeit erinnern. Das Rückgebäude stand allerdings auf einer Fläche, die laut Planung für ein neues Wohn- und Einkaufszentrum eine Tiefgarageneinfahrt aufnehmen sollte. Die Bemühungen des Landesamts für Denkmalpflege, die so seltenen profanen Malereien aus der Zeit vor dem Dreißigjährigen Krieg zu erhalten, schlugen fehl: Die Regierung stimmte einer Abnahme der Wandbilder und dem Abbruch des ehem. Roßstalls des Sternbräu zu. RS

–, *Marienplatz 19*. Das Hotel Alte Post, ein neubarockes Eckhaus um 1900 mit Mansardwalmdach und Zwerchgiebeln, wird umgebaut und auf der dem Marienplatz abgewandten Seite erweitert. Krö

–, *Münzstraße 10*. Das Gasthaus Blaue Traube, ein Steilgiebelbau des 18. Jhs., wird instandgesetzt und umgebaut, die 1957 veränderte Fassade mehr dem ursprünglichen Fassadenbild angeglichen. Krö

–, *Münzstraße 48*. Das 1771 von Leonhard Matthäus Giessl über älterem Kern erbaute, ehem. Münzgebäude wird instandgesetzt, im Dachgeschoß weitere Räume für die Nutzung als Polizeidienstgebäude ausgebaut. Krö

–, *Rentamtstraße 10*. Der kleine Traufseitbau, ein Wohnhaus aus der 1. Hälfte des 19. Jhs., steht seit einigen Jahren leer. Vorbereitungen zur Sanierung und zum Einbau eines Ladens sind getroffen und werden vom Landesamt bezuschußt. Krö

Schrobenhausen, Alter Friedhof. Bestandsdokumentation der Grabdenkmäler auf dem Alten Friedhof, auf dem die Bestattungen eingestellt worden sind, mit Mitteln der Stadt Schrobenhausen. Es ist vorgesehen, auch bei einer künftig veränderten Nutzung die noch vorhandenen Grabstätten in situ beizubehalten. YL

Schrödlreit, Gde. Pfaffing (Lkr. Rosenheim), *Haus Nr. 1*. Das Bauernhaus mit bedeutendem Blockbau-Oberstock von 1733 konnte nur gerettet werden, nachdem das Landesamt für Denkmalpflege die Abnahme des Holzblockverbands in toto mittels Kran, die Errichtung eines neuen massiven Erdgeschosses und die Wiederaufsetzung des historischen Oberstocks auf den neuen Unterbau zugestanden hatte. Kra

Schongau, Lkr. Weilheim-Schongau; Christophstraße 49, Zum Gasthof Rösslerbräu gehöriger Stadtmauerabschnitt, vor der Restaurierung

Schwarzentennalm, Gde. Kreuth (Lkr. Miesbach). Das Legschindeldach des Holzblockbaues aus dem 18. Jh. wird erneuert. Krö

Schweinersdorf, Gde. Wang (Lkr. Freising), *Hofkapelle*, Gesamtinstandsetzung der um 1900 entstandenen Hofkapelle, eines schlichten Satteldachbaus, nach schwerer Beschädigung durch einen Verkehrsunfall. Die Neufassung des Innenraums nach Befund ist geplant, ebenso die Fassung der abgelaugten Bänke in Maserierungsmalerei. YL

Seefeld (Lkr. Starnberg), *Schloß Seefeld*. Die Sanierungsmaßnahmen im Nordflügel (zukünftiges Zweigmuseum des staatl. Völkerkundemuseums in München) sind weitgehend abgeschlossen. Das gleiche gilt für die Untersuchungen zur Baugeschichte und für die Befunduntersuchungen mitsamt ihrer Dokumentation für die Nordfassade. Baugeschichtliche Untersuchungen werden im Nordflügel in den Bereichen punktuell fortgesetzt, wo Baumaßnahmen in den Bestand eingreifen. Dies ist partiell noch für den im Westen angefügten Lift, hauptsächlich aber im EG im Zusammenhang mit dem Museumseingang und der neu zu errichtenden Toilettenanlage erforderlich.
Nach Einrüsten des Ostflügels an beiden Fassaden, der Bergfrieds und des Zinnenturmes konnten auch hier Befunduntersuchungen der Putz- und Dekorationsschichten eingeleitet werden. Große Erwartungen sind insbesondere an die Untersuchungen der Fassaden des östlichen Vorbaus geknüpft, wo durch Selbstbefreiung über drei Geschosse hinweg zwei flächendeckende Dekorationssysteme des 18. bzw. der Wende zum 19. Jh. zu erkennen sind. Außerdem zeigen sich Spuren weiterer Farbfassungen aus der Zeit vor dem 18. Jh. und aus dem 19. Jh. stammen.
Mit der Einrichtung der Baustelle im gesamten Ostflügel, wird dieser mit dem Kapellenbau, dem Zinnenturm und den anschließenden Gebäudeteilen für die Bauforschung zugänglich. Erste Begehungen führten zu zahlreichen Hinweisen hoch- und spätmittelalterlicher Bauteile, die bei den umfangreichen Baumaßnahmen im 18. Jh. erhalten geblieben sind. Hervorzuheben sind Reste des hochmittelalterlichen Wehrganges der beim Bau der gotischen Kapelle im 15. Jh. eingebaut wurde und die Beobachtung, daß das Kapellengewölbe und der darüberliegende Dachstuhl eben nicht aus der Barockzeit, sondern tatsächlich auch aus der Erbauungszeit um 1479 stammen.
Die starke Bautätigkeit vom 18. bis zum beginnenden 20. Jh. im Ostflügel, der im Kern aus dem 13. Jh. stammt, hat einerseits zu einem wenig technisch homogenen Bauzustand mit großen statischen Problemen geführt. Andererseits wurde dadurch eine vorläufig noch nicht überschaubare Summe von baugeschichtlichen Spuren aus der etwa 700-jährigen Geschichte des Schlosses überliefert. Da der Sanierungsbedarf im Ostflügel deshalb schon aus technischen Gründen sehr groß ist, werden sich für die Instandsetzungskonzeption erhebliche denkmalpflegerische stellen: Substanzerhaltung von nichthistorisch und gestalterisch zusammengehörenden Befunden steht als denkmalpflegerische Forderung vielfach gegen die Notwendigkeit unverzichtbare bauliche Instandsetzungen und gegen das Problem, welcher der Überlieferungszustände zukünftig das Erscheinungsbild bestimmen sollen. Eine einfache Zustandskonservierung ist, auch wegen der zahlreichen technischen Ergänzungen unserer Zeit, nicht möglich. Es würde ein sog. «bauarchäologisches Präparat» entstehen. Für die Instandsetzung der Fassaden durch die Berufung auf die jüngsten historischen Gesamtzustand nicht möglich, weil der erhaltene Oberflächenanteil vom Anfang dieses Jhs. flächenhaft nur zu weniger als 10% erhalten ist. An der Hauptschaufassade des Schlosses, am östlichen Vorbau ist die barocke Fassadenmalerei mit ihren natürlich vorhandenen Verletzungen auf fast der gesamten Fassadenfläche erhalten. Sie wird jedoch zu 30 bis 40% der Fläche von einer klassizistischen, ebenfalls flächendeckenden Fassadenmalerei überdeckt. Das Konzept für das endgültige Erscheinungsbild der Oberflächen am Hauptschloß muß auch berücksichtigen, daß der große Schloßhof mit den beiden Wirtschaftsgebäuden und dem Torpavillons keine baugeschichtliche, aber eine räumliche Einheit bildet, die so im 18. Jh. konzipiert wurde und heute trotz der z. T. verunstaltenden Veränderungen an den Fassaden von eindrucksvoller, monumentaler Wirkung ist.
Das vorläufige Konzept, das am Nordflügel ausgeführt wurde, und das im übrigen aber noch Alternativen in seiner Fortsetzung insbesondere auf die östlichen Fassaden enthält sieht folgendermaßen aus: Am Nordflügel (von keiner Schicht sind nennenswerte, d. h. flächenhaft ergänzbare Quadratmeter erhalten) werden konserviert. Die zementhaltigen späteren Putzflächen werden beseitigt und die ganze Fassade wird mit einer Kombination von Putzerneuerung, -ausbesserung und Schlemmungen erneuert. Die Oberflächenstruktur ist neutral und in ihrer Textur den historischen Glattputzflächen angenähert. Die geringen Rauhputzflächen, Reste aus dem 19. und dem frühen 20. Jh., werden nicht berücksichtigt. Als Farbton wurde ein blaßgelber Ocker, der als einheitliche Farbfassung zu Beginn des 20. Jhs. das letzte historische Gesamtbild des Schlosses bestimmte, wiederholt. Da dieser Ocker sowohl in der barocken wie in der klassizistischen Dekorationsfassung auftaucht, bietet seine Wahl für den Neuanstrich einen gewissen Spielraum für Alternative Konzepte im Umgang mit den Dekorationsflächen. Mo

Seeon (Lkr. Traunstein), *Kath. Filialkirche St. Aegidien*, Konservierung und Neuhängung von zwei spätgotischen flachen Schnitzreliefs, um 1510. Die Fassung des 19. Jhs. wurde konsolidiert. Die Maßnahme wurde vom Landesamt für Denkmalpflege bezuschußt. Kra

—, *Kath. Pfarrkirche St. Lambertus*, Nach Abschluß der Konservierung des aus Molassegestein bestehenden spätromanischen Westportals. Fortführung der Außeninstandsetzung der ehem. Benediktinerklosterkirche. Dokumentation gotischer Befunde (1428–30 und später), wo noch originale Verfugungen (Chor u. a.) der zum Teil steinsichtigen Tuffsteinquaderfassade nachweisbar sind. Die auf die fünfziger Jahre des 20. Jhs. zurückgehende partielle Steinsichtigkeit wurde an der Nordostecke, in Anschluß an die inzwischen rekonstruierte barocke Weißfassung des Schiffs durch das Aufbringen einer Schlämme korrigiert. Die Steinsichtigkeit des Chores, deren Tradition vielleicht noch bis in die gotische Bauzeit zurückreicht, ist bewahrt worden. ChB

Sonnenhausen, Gde. Glonn, Lkr. Ebersberg; Haus Nr. 2, vor der Instandsetzung

–, *Kath. Filialkirche St. Walburga,* Vorbereitung der Innenrestaurierung der bemerkenswerten spätgotischen, auf älterer baulicher Grundlage sich erhebenden Kirche. Befunduntersuchungen und Musterfreilegungen an der interessanten Wandmalerei aus der Zeit um 1600. Kra

Seeseiten, Gde. Seeshaupt (Lkr. Weilheim-Schongau), *Haus Nr. 11.* Der in jüngerer Zeit veränderte seeseitige Balkon des 1866 von Georg Dollmann errichteten schloßartigen Landhauses wird saniert, das Erscheinungsbild der Erbauungszeit annähernd wiederhergestellt. Krö

Seeshaupt (Lkr. Weilheim-Schongau), *Alter Postplatz 1.* Der Abbruch des 1909 von Hans Noris errichteten Saalbaus zum Gasthof Post wurde abgelehnt. Saalbau und gleichzeitige Terrassenanlage zum See werden in ein dem Baudenkmal benachbartes Hotelprojekt eingefügt. Krö

Siegsdorf (Lkr. Traunstein), *Kath. Pfarrkirche Mariä Empfängnis;* Entwicklung des Restaurierungskonzepts für das Innere der Kirche. Die Ausgangsdaten sind folgende: Neubau der Kirche 1779–82, Fresken des Trostberger Malers Franz Joseph Soll (1781–83), Ausstattung im wesentlichen 1794 abgeschlossen. 1840 neues Hochaltarblatt, 1849 Innenrenovierung, die zum Teil eine Übermalung der Decken- und Wandgemälde einschloß (Ausführung: Wienzinger aus Traunstein). 1877 sollte der Raum völlig umgestaltet werden; eine entsprechende aquarellierte Zeichnung hat sich erhalten (Josef Müller): Die jetzt ausgeführten Befunde bestätigten die Änderung der Deckenbilder nicht, jedoch das Übertünchen der Chormedaillons und die Ausführung einer völlig neuen Dekorationsmalerei (neuklassizistisch beeinflußt). 1917–19 neuerliche Renovierung (Vitztum und Schlee), wobei die Fassungen und Teilübermalungen von 1849 und 1877 beseitigt wurden, um eine Rückrestaurierung auf die Zeit Solls (1781–83) zu ermöglichen. Dies wurde zum Teil durch Freilegung und malerisches Ergänzen, zum Teil durch Rekonstruktion des barocken Dekorationssystems geleistet. 1951 eine neuerliche Reno-

vierung (M. Faltner, Rosenheim): umfangreiche «Retuschen» an den Deckenbildern, Umdeutung der neubarocken Ornamente von 1919 durch Weißhöhungen und graue Kalklasuren. Für die jetzt vorgesehene Restaurierung war zunächst an die Reinigung des Ist-Zustands von 1951 gedacht, ausgehend vom Bestand der Deckenbilder. Im Bereich der Dekorationsmalerei wäre dann ein erhebliches Maß an Retuschen angefallen, dies auf einen Zustand bezogen, der weniger als eigenständige Leistung der fünfziger Jahre, denn als Verfälschung der Restaurierung von 1919 angesehen werden mußte. Naheliegend wäre eine Freilegung auf die Zeitstufe 1919 gewesen, aber dies war aus technischen Gründen nicht zu leisten. So fiel die Entscheidung zugunsten eines anderen Wegs: der Versuch, anhand von recht fragmentarischen Befunden 1919 die neubarocke Dekorationsmalerei von 1919 rekonstruierend zu wiederholen. Abweichungen sind hier innerhalb einer gewissen Toleranz systembedingt, d. h. sie gehen einerseits auf die Lückenhaftigkeit der Befunde zurück, andererseits resultieren sie aus dem erkennbar malerischen Nachvollzug der Gegenwart (1989/90). Des weiteren muß auf den Ist-Zustand der Deckenbilder Rücksicht genommen werden oder z. B. auf den gealterten Zustand der 1951 nicht überarbeiteten Marmorierung der Wandpilaster. Fertigstellung 1990. ChB

Singenbach (Lkr. Pfaffenhofen a.d. Ilm), *Kath. Filialkirche St. Stephanus,* Gesamtinstandsetzung. Die ehemals als Schloßkapelle zu Schloß Singenbach gehörende Kirche St. Stephanus ist geprägt durch die Barockisierung im Jahr 1769, bei der das Langhaus in wesentlichen Teilen neu aufgeführt wurde; Turm und Eingangsbereich gehören aber wohl noch dem späten 15. Jh. an. Die Seitenaltäre stammen vermutlich aus der Zeit der Kirchenerneuerung von 1769, während der architektonische Aufbau des Hochaltars noch in das späte 17. Jh. zu datieren ist. Als erster Bauabschnitt soll zunächst die Sanierung des Außenbaus in Angriff genommen werden, der Schäden im Dachbereich und eine intensive Durchfeuchtung in der Sockelzone zeigt. Eine Befunduntersuchung zur Klärung der ursprünglichen Farbigkeit des Außenbaus sowie der Raumschale im Inneren wurde vereinbart. YL

Sittenbach (Lkr. Dachau), *Kath. Filialkirche St. Valentin.* Die Innenrestaurierung der ursprünglich gotischen Kirche mit Langhaus aus dem 17. Jh., die ihre bedeutende Ausstattung in den sechziger Jahren des 18. Jhs. erhielt (Fresken von Johann Georg Dieffenbrunner; Rocaille-Stuck von Johann Michael II. Feichtmayr; reiche Rokoko-Altäre mit Säulenretabeln und eine «Schiffskanzel») wird durch eine Bestandsdokumentation und eine Befunduntersuchung vorbereitet.
YL

Sonnenhausen, Gde. Glonn (Lkr. Ebersberg), *Haus Nr. 2.* Der Saal im Herrenhaus des stattlichen Gutshofs von 1901 wird in eine Backstube umgebaut, eine Veränderung des Erscheinungsbilds durch Vergrößerung der Fenster wurde ausgeschlossen.
Krö

Sonnenhof, Gde. Dietramszell (Lkr. Bad Tölz-Wolfratshausen), *Am Weiherfeld 3.* In den früheren Stall des 1825 erbauten gutshofartigen Bauernhauses wird ein Luftgewehrschießstand in reversibler Form eingebaut.
Krö

Steinbach, Gde. Wackersberg (Lkr. Bad Tölz-Wolfratshausen), *Haus Nr. 42.* Der Abbruch des Kleinbauernhauses aus dem Ende des 17. Jhs. wurde abgelehnt, ein seitlicher Widerkehr zur Vergrößerung der Wohnfläche hingenommen.
Krö

Steingaden (Lkr. Weilheim-Schongau), *Marktplatz 2.* Das Steilsatteldach des im 17./18. Jh. erbauten ehem. Klosterrichterhauses wird zum Wohnen ausgebaut und erhält an der Marktplatzfassade drei mit Ziegeln eingedeckte, kleine Gauben.
Krö

Steingraben, Gde. Fischbachau (Lkr. Miesbach), *Haus Nr. 2.* Der Abbruch des altertümlichen zweigeschossigen Holzblocks, des Wohnteils eines Einfirsthofes aus dem frühen 17. Jh. wurde abgelehnt, eine angemessene Förderung der Instandsetzung in Aussicht gestellt.
Krö

Steinkirchen (Lkr. Erding), *Kath. Pfarrhof.* Sanierung und Ausbau des barocken Steinkirchener Pfarrhofes, den die Erzdiözese nach Jahren der Zweckentfremdung zurückgekauft hatte, konnten abgeschlossen werden. Der Bau war in einem sehr schlechten Zustand gewesen. Hauptaugenmerk der Denkmalpflege lag auf der Erhaltung der meisten barocken Stuckdecken (um 1730), der Türen (18. und 19. Jh.) und eines Teils des barocken Dachstuhls.
Kra

Steinkirchen (Lkr. Mühldorf), *Kath. Filialkirche St. Ulrich,* eingehende Würdigung der Bauschäden der 1672 errichteten, 1908 erweiterten Dorfkirche.
Kra

Straß, Gde. Wackersberg (Lkr. Bad Tölz-Wolfratshausen), *Haus Nr. 124.* Der leerstehende «Straßerhof», ein Bauernhaus mit Holzblockobergeschoß aus dem frühen 17. Jh., wird saniert und instandgesetzt, die Hauskapelle in der Nordostecke restauriert.
Krö

Straßdorfen, Gde. Kastl (Lkr. Altötting), *Anwesen Nr. 32.* Das Wohnstallhaus des Vierseithofes «beim Schlattl» stellt sich heute als Ergebnis zahlreicher durchgreifender Umbauten dar, wobei die wohl noch dem späten 17. oder frühen 18. Jh. entstammende Kernsubstanz sich im unteren Teil des Blockbaus des Obergeschosses zeigt. Der eintennige Bundwerkstadel besteht aus einer niedrigen Sockelzone, zwei Mittelzonen und einem mittelhohen Traufgitterbund. An dem sorgfältig gefügten Traufgitterbund entfaltet sich der ganze Zauber der bäuerlichen Bilderwelt. Die Einblattungen der Bänder des Traufgitterbundes sind an sämtlichen Ecken zwischen den Riegeln und den Ständern figürlich ausgeformt. Eine sorgfältige zeichnerische Dokumentation von Siegfried Schamberger hat alle diese Ornamentformen festgehalten: Es finden sich Karikaturen bäuerlicher Physiognomien, Männergesichter mit Hut ebenso wie weibliche Köpfe mit verschiedenen Frisuren, ferner ausgeprägte «Haxn», Hände mit ausgestrecktem Zeigefinger, mehrere Fabelwesen mit aufgesperrtem Schnabel und herausgestreckter Zunge, sowie vogelförmige Fratzen, außerdem ein Januskopf. Großartig ist auch das Bundwerk des Ostgiebels mit dem umlaufenden Gitterbund und dem zwischen den Ständer unter den Mittelpfetten eingespannten Giebelgitterbund, darüber ein Schriftfeld mit der Datierung 1844. Der in sorgfältigem Blockbau eingezimmerte Tennkasten könnte noch von einem älteren Vorgängerbau stammen. Die notwendige Sicherung und Instandsetzung konnte mit einer ausreichenden finanziellen Förderung ermöglicht werden. Die im 1. Bauabschnitt durchgeführte Sanierung des Bundwerkstadels ist vorbildlich durchgeführt worden. Sogar alle Bemalungen wurden befundgetreu restauriert und ergänzt.
We

Straußdorf (Lkr. Ebersberg), *Kath. Pfarrkirche St. Johann Baptist,* statische Sanierung. Der stattliche Barockbau von 1698 mit zeitgenössischer Ausstattung zeigt schwere Schäden im Bereich des Tonnengewölbes mit Stichkappen im Langhaus. Nach Einbau eines Schutzgerüstes wegen akuter Einsturzgefahr erfolgt die Wiederherstellung der Tragfähigkeit der gemauerten Gewölbeschale anstelle der zunächst vorgesehenen vollständigen Torkretierung durch Aufbringung einer schmalen Betonschale auf dem Gewölbescheitel und zusätzliche Abstützung an den Viertelpunkten des Gewölbes. Bei der sich anschließenden Innenrestaurierung soll die Neufassung des Raumes im 19. Jh. mit Nazarenischen Deckengemälden beibehalten werden.
YL

Strobenried (Lkr. Pfaffenhofen a.d. Ilm), fachlich mangelhafter Neuanstrich des Turmes ohne Beteiligung der Denkmalpflege. Bevor die von der Unteren Denkmalschutzbehörde eingestellten Arbeiten am Langhaus fortgesetzt werden können, sind die notwendigen Putzausbesserungen in fachlich befriedigender Weise durchzuführen.
YL

Tannern, Gde. Jachenau (Lkr. Bad Tölz-Wolfratshausen), *Haus Nr. 31.* Der Dachstuhl des stattlichen Wohnteils des Bauernhauses aus der Zeit um 1830 wird großenteils erneuert, die bemalten Pfettenköpfe erhalten.
Krö

Tattenhausen (Lkr. Rosenheim), *Kath. Filialkirche Hl. Kreuzauffindung.* Die der Außenrestaurierung der Kirche vorangegangenen Befunduntersuchungen erbrachten wichtige baugeschichtliche Ergebnisse, sie wurden dokumentiert. Der historische Verputz konnte weitgehend erhalten werden, für die Neutönung war die Fassung des späten 19. Jhs. maßgebend.
Kra

Taufkirchen a.d. Vils (Lkr. Erding), *Bezirkskrankenhaus* (ehem. Schloß), Erneuerung der Dachdeckung der Spitzhelme der Ecktürme mit Schindeln und der Kuppelhauben über den Eckerkern mit Blech entsprechend Bestand.
YL

Tegernbach (Lkr. Mühldorf a. Inn), *Kath. Filialkirche St. Nikolaus,* Außeninstandsetzung der spätgotischen Kirche, des Seelhäusls und Neuerrichtung der Friedhofsmauer.
Kra

Tegernbach (Lkr. Pfaffenhofen a.d. Ilm), *Kath. Pfarrkirche Mariae Reinigung,* Restaurierung der Empore. Die Erstfassung der im 19. Jh. in den barocken Kirchenraum eingebauten Empore wird durch Freilegung und Rekonstruktion wiederhergestellt, nachdem

Steingraben, Gde. Fischbachau, Lkr. Miesbach; Haus Nr. 2, Bauernhaus «Vordersteingraben», vor der Instandsetzung

Tegernsee, Lkr. Miesbach; Münchner Straße 2, Dachuntersicht des ehem. Bauernhauses, nach der Instandsetzung

sich die vorwiegend in grünlichen und bräunlichen Tönen gehaltene Marmorierung der ursprünglichen Fassung in den Raum wesentlich besser einfügt als die gegenwärtige, in einem kühlen Grau mit fahlgelben Brüstungsfeldern gehaltene Oberflächengestaltung. YL

Tegernsee (Lkr. Miesbach), *Bahnhofstraße 42*. Der Wirtschaftsteil des stattlichen Einfirsthofs von 1778 wird zum Wohnen ausgebaut, das verbretterte Holzblockobergeschoß des Wohnteils saniert, die Lauben schreinermäßig ergänzt. Krö

–, *Münchnerstraße 2*. Das Halbwalmdach aus der Mitte des 19. Jhs. des langgestreckten, ehem. bäuerlichen Putzbaus wurde instandgesetzt, Kamine und Dachgauben erneuert. Die Maßnahmen wurden vom Landesamt bezuschußt. Krö

–, *Seestraße 49*. Das breitgelagerte Landhaus von 1922 wird instandgesetzt, saniert und in Mehrfamilienwohnungen aufgeteilt. Auf der zur Bergseite hin orientierten Rückfassade wird ein zusätzliches Treppenhaus angefügt, die Ausbildung der geschlossenen Sockelzone als Arkadengeschoß abgelehnt. Krö

Tengling (Lkr. Traunstein), *Turmgasse 4*. Das ehem. Amtshaus der Toerring'schen Herrschaft, erbaut 1793, jetzt Pfarrheim, erfuhr eine Fassadenrestaurierung nach Befund. Kra

Thalham, Gde. Weyarn (Lkr. Miesbach), *Haus Nr. 4*. Der Wohnteil des Bauernhofs von 1815 wurde in jüngerer Zeit durch den Einbau sprossenloser Fenster in seinem Erscheinungsbild beeinträchtigt, die Fassadenmalereien sind instandsetzungsbedürftig. Vorbereitende Untersuchungen durch einen Restaurator wurden gefordert. Krö

Thalham, Gde. Obertaufkirchen (Lkr. Mühldorf), *Anwesen Nr. 9*.

Das erdgeschossige Kleinbauernhaus ein übertünchter Blockbau des 16./17. Jhs., ist bis auf Teile der Befensterung und der Haustür weitgehend unverändert erhalten geblieben. Die Eckverbindungen des Blockbaus zeigen nur sehr zaghafte Schwalbenschwanzformen, der Kranzbalken ist kräftig gefast und kragt leicht aus. Die einseitige «Vordachgred» und Ausformung der Balkenköpfe weist in die Nähe der nordwestoberbayerischen Hauslandschaft. Feststehende Flügelstöcke und sechsfeldrige Bleiprossenteilung wohl des frühen 19. Jhs. Das lange leerstehende Baudenkmal konnte vor dem geplanten Abbruch bewahrt werden; die erforderliche Instandsetzung wurde eingeleitet. We

Thalhausen (Lkr. Freising), *Kath. Schloßkirche St. Anna*, Innenrestaurierung. Bei der Befunduntersuchung der Raumschale des 1707 entstandenen reizvollen barocken Zentralbaus mit Stuck- und Freskendekoration ließ sich im Kuppelbereich eine außerordentlich reizvolle, frei gestaltete ornamentale Malerei nachweisen. Nachdem eine Rekonstruktion dieser außerordentlich individuell gestalteten Dekoration nicht möglich ist, ist die Freilegung vorgesehen. YL

Thanning, Gde. Egling (Lkr. Bad Tölz-Wolfratshausen), *Hauptstraße 12*. Das ehem. Kleinbauernhaus aus der Mitte des 18. Jhs. am Fuß der Kath. Pfarrkirche wird instandgesetzt, Holzblockobergeschoß und Traufbundwerk sorgfältig in alter Handwerkstechnik restauriert. Die Maßnahmen werden vom Landesamt bezuschußt. Krö

Tiefenbach, Gde. Hausham (Lkr. Miesbach), *Haus Nr. 76*, «Untertiefenbach». Der Wirtschaftsteil des ehem. Einfirsthofs aus dem 18. Jh. wird zu Wohnungen und Büros umgebaut. Krö

Tittmoning (Lkr. Traunstein), *Ponlachkirche (Kath. Filial- und Wallfahrtskirche Maria Ponlach)*. Die Raumtönung der 1719 erbauten Wallfahrtskirche wurde abgeschlossen. Da die barocken Leinwand-Deckengemälde 1925 um neun weitere Wandgemälde auf Putz ergänzt worden sind, kam ausschließlich die Rekonstruktion der zeitgleichen Raumfassung in Frage. Auch die Altäre sollen hinsichtlich ihrer Fassungen (um 1925) nicht verändert werden. – Der reiche Bestand an barocken Leinwandgemälden konnte von einem Gemälderestaurator restauriert werden. Die barocken eisenbeschlagenen Türen und das Trenngitter wurden von einem Metallrestaurator instandgesetzt. Kra

–, *Burg 1 (Burg Tittmoning)*. Für das im Kern noch mittelalterliche Torhaus (Umbau nach 1621 sowie nach dem Brand von 1805) sowie das sich nordwestlich anschließende Gebäude wurden Bauaufmaße und vorbereitende restauratorische Untersuchungen angeregt, um Konzepte und Maßstäbe einer Instandsetzung erarbeiten zu können. Dies soll exemplarisch für andere Teile der Burg gelten. ChB

–, *Stadtmauer*, Fortsetzung der Erhaltungsmaßnahmen an der Nordseite der mittelalterlichen Stadtmauer (vgl. Jahresbericht 1988). Kra

–, *Stadtplatz Nr. 31*. Das viergeschossige Wohnhaus, im Kern wohl

Thalham, Gde. Weyarn, Lkr. Miesbach; Haus Nr. 4, vor der Instandsetzung

Thanning, Gde. Egling, Lkr. Bad Tölz-Wolfratshausen; Hauptstraße 12, vor der Instandsetzung

noch aus dem 18. Jh., erhielt im 19. Jh. eine neue Fassade in neubarocken Formen. Der gesamte Putz wurde um 1950 in rauhkörnigem Rieselwurf erneuert. Ein Gemälde von Alois Trieflinger zeigt 1930 noch deutlich die der Jahrhundertwende zuzuschreibende Farbfassung in einheitlichem lindgrün. Die Architekturelemente waren in kräftigem ocker gefaßt. Die Restaurierung der farblichen Fassungen und die Ergänzung der Architekturglieder erfolgte auf dieser Grundlage. We

Traunstein (Lkr. Traunstein), *Crailsheimstraße Nr. 1*, Restaurierung der geschnitzten Heiligenfigur des drachentötenden Georg an der Hausfassade. We

Trojer, Gde. Kiefersfelden (Lkr. Rosenheim), *Haus Nr. 1*, hochgelegener Bergbauernhof mit Blockbau-Oberstock des 18. Jhs. und barocker Hofkapelle. Die Instandsetzung des Hausdachs wurde beraten und bezuschußt, die Gesamtrestaurierung der Kapelle eingeleitet. Kra

Trostberg (Lkr. Traunstein), *Bildstock von 1520*. Der bedeutende spätgotische Bildstock aus Rotmarmor, der sich im Vormarkt an der Bundesstraße erhebt, wurde von einem Steinrestaurator gereinigt und konserviert. Das Landesamt für Denkmalpflege übernahm die Hälfte der Kosten in Gestalt eines Zuschusses. Kra

–, *Hauptstraße Nr. 56*. Der Fünfpfettendachstuhl mit uneinheitlich verlegten Sparren, das Ergebnis vielfacher Umbauten und behelfsmäßiger Reparaturen aus unserem Jahrhundert, war weitgehend morbid. Die Erneuerung des Dachstuhles unter Verwendung einiger weniger alte Teile erwies sich als notwendig. We

Türkenfeld (Lkr. Fürstenfeldbruck), *Kath. Pfarrkirche Mariae Himmelfahrt*, Vorbereitung der Innenrestaurierung der 1489 erbauten und 1754/56 barockisierten Kirche mit Deckenfresken von Christoph Thomas Scheffler und Johann Baptist Baader durch Veranlassung einer Befunduntersuchung. Gegen den Einbau einer von der Gemeinde bestellten, an der Emporenbrüstung ausgebrachten, völlig überdimensionierten Orgel, die ohne Beteiligung der Denkmalschutzbehörden fest in Auftrag gegeben worden ist, wurden erhebliche Bedenken geäußert. YL

Unterammergau (Lkr. Garmisch-Partenkirchen), *Kirchgasse 5*. Die Stallmauern des bäuerlichen Doppelhauses aus dem 18. Jh. werden im Zuge des Ausbaus des Wirtschaftsteils zu einer Werkstatt erneuert. Krö

–, *Kirchgasse 3/5*. An das bäuerliche Doppelhaus des 18. Jhs. wird der abgegangene hölzerne Giebelbalkon der Hauptfassade wiederangebracht. Krö

Untereglfing, Gde. Eglfing (Lkr. Weilheim-Schongau), *Bachstraße 3*. Das leerstehende ehem. Bauernhaus aus dem frühen 19. Jh., ein Tuffquaderbau mit Halbwalm, wird instandgesetzt, die sanitären Einrichtungen saniert. Die Maßnahmen werden vom Landesamt bezuschußt. Krö

Unterelkofen, Stadt Grafing (Lkr. Ebersberg), *Haus Nr. 2b*. Der Wirtschaftsteil des ehemaligen Kleinbauernhauses aus der 2. Hälfte des 18. Jhs. wird zum Wohnen ausgebaut, das Erscheinungsbild der Fassaden zeigt nur noch teilweise die frühere Nutzung. Krö

Unterföhring (Lkr. München), *Münchner Straße 113*, Fassadeninstandsetzung. Das stattliche, 1900 erbaute Bauernhaus mit barockisierenden Putzgliederungen und Stuckdekor erhielt im Zuge einer dringend notwendigen Fassadeninstandsetzung eine Neufassung. Eine Befunduntersuchung hatte zwei aufeinanderfolgende polychrome Fassungskonzepte mit farblich abgesetzten Gliederungen nachgewiesen, die beide mit einer jeweils unterschiedlichen Farbstimmung eines Marienbilds auf der Giebelseite korrespondierten: Zum blauen Grund der Erstfassung der Wandmalerei harmonisierten grünliche Putzflächen und ockergelbe Gliederungen, während zur ockerfarbenen Überfassung des Bildgrunds in der Zweitfassung verschiedene Ockertönungen gesetzt wurden. Das in der Zweitfassung überlieferte Marienbild wurde im Zuge der Fassadeninstandsetzung lediglich gereinigt, die Putzflächen und Gliederungen wurden entsprechend dem Befund auf die dieser Fassung zugehörige Farbigkeit zurückgeführt. Die Maßnahme wurde durch einen Zuschuß unterstützt. Zi

Untergries, Gde. Gaißach (Lkr. Bad Tölz-Wolfratshausen), *Anger 26*. Das ehemalige Bauernhaus, ein urtümlicher, zweigeschossiger Holzblockbau aus dem ausgehenden 16. Jh. wurde seit dem danebenliegenden Neubau nur noch zeitweilig zum Wohnen benutzt und verfällt zusehends. Krö

Unterhaching (Lkr. München), *Hauptstraße 6*, Erweiterungsbau, Umbau/Instandsetzung. Der um 1900 als freistehender, zweigeschossiger Neurenaissancebau mit Mansarddach errichteten ehem. Bahnhofsgaststätte, die für das mit der Eisenbahnerschließung zusammenhängende bescheidene Aufblühen der Gemeinde zu jener Zeit charakteristisch ist, drohen im Zuge einer Überplanung des zugehörigen Grundstücks auf Grund hoher Baurechtsansprüche der Verlust städtebaulicher Merkmale sowie infolge eines Umbauvorhabens erhebliche Substanzeinbußen. Durch Volumenreduzierung, geschickte Situierung sowie entsprechende Gestaltung der Neubaukörper konnten der Bahnhofsgaststätte die herausgehobene Stellung im städtebaulichen Zusammenhang im wesentlichen bewahrt werden; die inneren Strukturen des Baudenkmals werden beim Umbau ebenso berücksichtigt wie die Erhaltung wichtiger Details, das Äußere wird durch Korrektur unsensibler Eingriffe der jüngeren Vergangenheit im Sinne des historischen Erscheinungsbilds verbessert. Zi

Unterhäusern, Gde. Wildsteig (Lkr. Weilheim-Schongau), *Haus Nr. 3*. Der Wirtschaftsteil des im Kern aus dem frühen 18. Jh.

Untergries, Gde. Gaißach, Lkr. Bad Tölz-Wolfratshausen; Anger 26, ehem. Bauernhaus, unbewohnt und instandsetzungsbedürftig

Valley, Lkr. Miesbach; Graf-Arco-Straße 30, Altes Schloß

stammenden ehem. Bauernhauses mit Tennenbundwerk wird profilgleich verlängert. Krö

Unterhausen, Stadt Weilheim (Lkr. Weilheim-Schongau), *Raistinger Straße 1*. Der erdgeschossige Getreidekasten aus der 1. Hälfte des 17. Jhs. wird auf das benachbarte Grundstück Raistinger Straße 4 versetzt, der Überbau zimmermannsmäßig erneuert. Krö

Untermühltal, Gde. Dietramszell (Lkr. Bad Tölz-Wolfratshausen), *Haus Nr. 13*. Eine Wohnnutzung des zweiräumigen Getreidekastens aus dem ausgehenden 17. Jh. wurde abgelehnt, ein schützender Überbau gefordert. Krö

Unterneukirchen, (Lkr. Altötting), *Mauerbergerstraße Nr. 7*. Der «Ammerl-Hof» (von Amadeus), ursprünglich ein kleinbäuerliches Anwesen stammt im Kern aus der 1. Hälfte des 19. Jhs. und besteht im Obergeschoßbereich noch aus einem verputzten Holzblockbau. Um 1870 erfolgte giebelseitig ein etwa 4 m tiefer Anbau in Massivbauweise (Umwandlung des Anwesens in einen Kramerladen). Im Zuge der Erweiterung erfolgte nicht nur der Verputz des alten Holzblockteils sondern auch eine Vereinheitlichung der gesamten Fenster. Das Gebäude ist ein beredtes Zeugnis eines sorgfältigen Umbaus des 19. Jhs., bei dem der ältere Kern respektiert, jedoch durchgreifend überformt wurde. Bei der Restaurierung wurde der nach 1900 geschaffene Zustand unter Beibehaltung älterer Elemente wiederhergestellt.

Urschalling (Lkr. Rosenheim), *Kath. Filialkirche St. Jakobus*. Die Verbesserung der vor zwei Jahrzehnten eingeleiteten Trockenlegungsmaßnahmen an der südlichen Außenwand nach Hinzuziehung von Fachgutachtern konnte erfolgreich abgeschlossen werden. Auch die Konservierungsarbeiten an den bekannten Wandmalereien der

Wackersberg, Lkr. Bad Tölz-Wolfratshausen; Kirchstraße 3, vor dem Ausbau

Zeit um 1200 und von 1380/90 und die Putzergänzungsarbeiten wurden nahezu abgeschlossen. Kra

Vagen (Lkr. Rosenheim), *Schloß*. Eine umfassende Restaurierung des Schlosses (erbaut 1750, Umbau 1873) wurde vorbereitet. Die statischen und Befunduntersuchungen wurden abgeschlossen, die Finanzierung (Entschädigungsfonds) eingeleitet. Kra

Valley (Lkr. Miesbach), *Graf-Arco-Straße 30*. Die Außenanlagen des «Alten Schlosses» aus dem späten 17. Jh. werden in schlichter, der natürlichen Landschaft angemessener Form mit heimischen Sträuchern und Laubbäumen bepflanzt. Krö

Vaterstetten (Lkr. Ebersberg), *Alte Kath. Kirche St. Pankratius*. Die Außenrestaurierung des zu den frühen Dorfkirchen im Osten Münchens zählenden Baus mit in der Mauersubstanz romanischem Langhaus wird durch eine Befunduntersuchung vorbereitet. YL

Voglherd, Gde. Bad Heilbrunn (Lkr. Bad Tölz-Wolfratshausen), *Haus Nr. 1*. Das ehem. Kleinbauernhaus aus dem frühen 19. Jh. wird instandgesetzt, eine Trockenlegung der Außenmauern sowie eine fachmännische Hausschwammbehandlung durchgeführt. Krö

Vohburg (Lkr. Pfaffenhofen a.d. Ilm). Die seit Jahren laufende, äußerst schwierige Instandsetzung der *Burgmauer* konnte nahezu abgeschlossen werden. Geplant ist noch die Instandsetzung des mittelalterlichen Burgtors. Mll

Wackersberg (Lkr. Bad Tölz-Wolfratshausen), *Kath. Pfarrhaus*. Der Pfarrhof Ende 19. Jh. errichtet, wurde saniert und geringfügig umgebaut. Die historische Einteilung blieb in allen wesentlichen Teilen erhalten; die Fassaden wurden nach Befund neu gefaßt. RS

–, Kirchstraße 3. Die Tenne des Bauernhauses aus der Mitte des 17. Jhs. wird unter teilweiser Verwendung des historischen Ständerwerks erneuert. Krö

Wang, Gde. Unterreit (Lkr. Mühldorf), *Anwesen Nr. 8*. Das Gebäude repräsentiert in exemplarischer Form die hauptsächlich aus eiszeitlichen Granitblöcken bestehende sekundäre Steinbauweise, die sich etwa von Wasserburg bis Obing in einem breiten Streifen längs der eiszeitlichen Stirnmoränen hinzieht. Besonders ausgeprägt ist diese Bauweise in den Gemeinden Unterreit und Gars. Die Verwendung des Materials Urgestein hat entlang der beschriebenen Verbreitungszone eine eigene, außerordentlich interessante hauslandschaftliche Insel begründet. Der 1874 datierte Bau ist bis auf das nördliche, in weiß verputztem Mauerwerk gemauerte Giebeldreieck vollständig in diesem Granitbruchsteingemauer ausgeführt, wobei Türen und Fenster mit flachen Segment-Ziegelbögen gewölbt worden sind. Bemerkenswert ist noch die Ausführung der Fleztüren, die mit reichem neugotischen Schnitzwerk verziert sind. Die dringend erforderliche Restaurierung wurde im Zuge einer neuen Nutzung gründlich vorbereitet und begonnen. We

Wannersdorf, Gde. Teisendorf (Lkr. Berchtesgadener Land), *Anwesen Nr. 3*. Der 1520 datierte *Troadkasten*, mehrfach publiziert und zeichnerisch dokumentiert, gehört zu den bedeutendsten Denkmälern dieser Gattung und rechtfertigte alle Anstrengungen bei einer sorgfältigen und behutsamen Restaurierung. Das teilweise stark beschädigte Blockwandholz wurde nicht ausgewechselt, sondern nur ausgebessert und ergänzt, der zerstörte Mitteltram genau im Querschnitt des noch vorhandenen Reststücks eingefügt. Auf diesen Mitteltram wurde mit breiten Dielen der mittlerweise vollständig verloren gegangene Bretterboden wieder aufgelegt. We

Wasserburg am Inn (Lkr. Rosenheim), *Heilig-Geist-Spitalkirche*. Die aufwendige Fassadenrestaurierung unter akribischer Erhaltung aller Putz- und Wandmalereibereiche des 15. bis 20. Jhs. konnte erfolgreich beendet werden; das Landesamt für Denkmalpflege stellte Zuschußmittel zur Verfügung. Kra

–, Herrengasse 1, Gasthaus Weißes Rößl. Vorbereitende Untersuchungen zur Gesamtinstandsetzung des viergeschossigen Eckhauses aus dem 16./17. Jh. (Bauaufmaß, Farbdokumentation außen und

innen). Sehr bald konnte die bisherige Vermutung, das Haus stamme von 1885/90, widerlegt werden. ChB

–, *Schmidzeile 1, Surauerhaus.* Rekonstruktion der mittelalterlichen, im 18. Jh. nochmals wiederholten ornamentalen Fassadenmalerei. Schon 1986 wurde von der Denkmalpflege auf bedeutende Reste von Fassadenmalerei des 15./16. Jhs. hingewiesen. Weitere Untersuchungen konnten ein ornamentales System ermitteln, das an der Ostseite aus lauter diagonal gestellten Quadraten besteht, wobei diese jeweils dreigeteilt und mit den Farben Rot, Gelbocker, Schwarz versehen sind. Dadurch ergibt sich eine durchlaufende Diamantierung der Fassade. Etwa 100 oder 150 Jahre nach dieser Malerei (Freskotechnik mit Vorritzungen) wurde diese übertüncht, jedoch im 18. Jh. im Zuge des Erkeranbaues nochmals – mit geringen Abweichungen (die Erker mit Rautenmuster) – wiederholt. Es erhob sich nun die Frage, ob es richtig sei, die Fassadenmalerei zu rekonstruieren. Dies war vor allem hinsichtlich späterer Bauänderungen zu entscheiden. Dabei ergab sich, daß abgesehen von der Veränderung der Erdgeschoßarkaden (ursprünglich spitzbogig), der Vergrößerung der Fenster um die Breite der spätgotischen Fensterladennischen und der Beseitigung der Zinnenbekrönung des Hauses keine wesentlichen Umgestaltungen des Bestands vorgenommen worden sind. Das ästhetische Hauptproblem einer Rekonstruktion stellte sich vielmehr, bedingt durch die bisherigen Bauvorgaben, mit der Wahl der Silikattechnik, die weder die Transparenz noch die Leuchtkraft der Kalkfarbe erreicht. Trotzdem wurde das anschauliche Umsetzen eines spektakulären Befunds für wichtiger gehalten als die Rücksichtnahme auf die genannten ästhetischen Risiken. Das erzielte Ergebnis der Fassadenmalerei ist bezüglich der Farbigkeit tatsächlich zu hart, doch die kommenden Jahre werden eine gewisse Milderung der Kontraste mit sich bringen. ChB

–, *Tränkgasse 4*, Gesamtinstandsetzung eines bürgerlichen Wohnhauses des 16./17. Jhs. Kra

Weg, Pfarrei Lengdorf (Lkr. Erding), *Hofkapelle.* Die wohl um 1770 aus dem Baumaterial einer an diesem Ort abgebrochenen Heilig-Geist-Kirche errichtete Kapelle, ein stattlicher einachsiger Raum über quadratischem Grundriß mit Satteldach, bedarf dringend der Instandsetzung. Die Restaurierung wurde durch eine Befunduntersuchung eingeleitet. YL

Weidach, Gde. Wolfratshausen (Lkr. Bad Tölz-Wolfratshausen), *Äußere Münchner Straße 2.* Dach- und Fassaden der stattlichen, um 1870/80 erbauten Weidachmühle werden instandgesetzt, Kamine erneuert und Holzkonstruktionen des Nebengebäudes zimmermannsmäßig ergänzt. Krö

Weildorf, Gde. Teisendorf (Lkr. Berchtesgadener Land), *Kirchweg 4.* Der Salzburger Flachgauhof mit flachem Satteldach auf Kniestock, mit doppelter Widerkehr, Tür- und Fenstergewänden aus Högler Sandgestein, im charakteristischen Misch-Sichtmauerwerk errichtet, ist am First 1825, am Sandsteinportal 1844 datiert. Das Gehöft besitzt eine Reihe bemerkenswerter Details und ist von weitgehend unverändert erhalten geblieben. Die notwendige Dachstuhlerneuerung verlief zufriedenstellend. Ein besonderes Problem war die Wand im Giebeldreieck, wie bei allen Salzburger Flachgauhöfen, in Ständerwerk konstruiert und nach Art eines Fachwerks ausgemauert und außenseitig verputzt. Diese Wandkonstruktion ist eine konstruktive Erinnerung an die urtümliche Ständerbauweise des Salzburger Flachgauhofes. Die konstruktive Umformung zu einem Fachwerk, wie im gesamten 19. Jh. üblich, ist konstruktiv nicht mehr überzeugend und neigt bei durchgreifenden Reparaturarbeiten am Dachstuhl sehr leicht zur Rissebildung; eine Auswechslung von schadhaften Dachstuhlhölzern im vermauerten Giebelbinder ist vielfach nur unter völliger Zerstörung der Aufmauerung möglich. Im vorliegenden Falle mußte das gesamte Giebeldreieck in Mauerwerk wiederaufgemauert und außenseitig verputzt werden. We

Weilheim (Lkr. Weilheim-Schongau), *Augsburger Straße 4.* Das Dachgeschoß des «Notariats», eines zweigeschossigen Gebäudes um 1910 mit Halbwalmdach, Erkerturm und Zwiebelgaube, wird ausgebaut, kleine Schleppgauben eingefügt und die Kaminköpfe in historischer Form erneuert. Krö

–, *Hofstraße 5.* Die in jüngerer Zeit geänderte Fassade des zweigeschossigen, traufständigen Wohn- und Geschäftshauses wird im Erdgeschoß auf das historische Erscheinungsbild zurückgeführt. Krö

–, *Johann-Bauer-Straße 7.* Das gegen 1900 erbaute Landhaus wird instandgesetzt, Halbwalmdach und Erkerturm neu eingedeckt. Krö

–, *Marienplatz 29.* Die Sanierung des Giebelhauses aus dem frühen 19. Jh. und der Umbau zu Wohnungen und Büros in den Obergeschossen hatte eine weitgehende Entkernung des Erdgeschosses zur Folge. Krö

–, *Münchner Straße 30.* Eine Nutzungsänderung des zum Landhaus des späten 19. Jhs. gehörigen Remisengebäudes in ein Mehrfamilienwohnhaus wurde abgelehnt, da der gesamte, für die Villa wesentliche Gartenbereich für Garagen- und Abstellplätze aufgegeben werden müßte. Krö

–, *Schmiedstraße 10.* Die Fassade des 1834 nach einem Brand wiedererrichteten Eckhauses wird nach Befund instandgesetzt, die Maßnahmen vom Landesamt bezuschußt. Krö

Weiterskirchen (Lkr. Ebersberg), *Kath. Filialkirche St. Maria,* Einleitung der Restaurierung und Rückführung der frühbarocken Altäre, die zur Zeit unter konservatorisch unbefriedigenden Bedingungen in einer Scheune eingelagert sind. YL

Wendling, Gde. Waging am See (Lkr. Traunstein), *Anwesen Nr. 5.* Instandsetzung der *Hofkapelle.* We

Wengwies, Gde. Eschenlohe (Lkr. Garmisch-Partenkirchen), *Haus Nr. 1.* Der Remisenflügel des 1902 errichteten Schlosses wird zu

Weilheim i. Obb., Lkr. Weilheim-Schongau; Marienplatz 29, vor dem Innenumbau

Wengwies, Gde. Eschenlohe, Lkr. Garmisch-Partenkirchen; Schloß

Wohnungen ausgebaut, die Fassadengestaltung erfolgt in Anlehnung an das Erscheinungsbild des Schlosses. Krö

Wessobrunn (Lkr. Weilheim-Schongau), *Scheidhaufweg 1.* Das leerstehende, in der 2. Hälfte des 17. Jhs. errichtete Bauernhaus wird in seinem Bestand gesichert; der offene Holzblockbau ist sehr stark in seiner Substanz zerstört und muß deshalb teilweise ergänzt werden. Krö

Westerholzhausen (Lkr. Dachau), *Kath. Pfarrkirche St. Korbinian.* Zur Ausstattung der Pfarrkirche St. Korbinian gehören qualitätvolle Rokoko-Altäre der Zeit um 1760/70 sowie ein Deckenfresko im Chor von Johann Georg Dieffenbrunner mit Darstellung des Hl. Korbinian vor Christus. Die anstehende Innenrestaurierung wird durch eine Befunduntersuchung vorbereitet. Der Erneuerung des stark durchfeuchteten und fragmentierten Bodens aus Solnhofener Platten sowie der irreparabel vermorschten Podien des Gestühls wurde zugestimmt. YL

Wiedenhausen (Lkr. Dachau), *Kath. Filialkirche St. Florian.* Im Anschluß an die Außenrestaurierung wird die Innenrestaurierung der Filialkirche St. Florian vorbereitet, die eine ungewöhnlich qualitätvolle und reiche Ausstattung aus dem 3. Viertel des 17. Jhs. besitzt, die mit der Barockisierung unter Fürstbischof Albrecht Sigismund von Freising in Verbindung zu bringen ist. Durch eine Befunduntersuchung ist die komplizierte Fassungsgeschichte der stuckierten Raumschale sowie der Altäre zu klären, die kurz vor bzw. nach dem Zweiten Weltkrieg eingreifend überarbeitet worden sind. YL

Wielenbach (Lkr. Weilheim-Schongau), *Brunnenstraße 4.* Flachsatteldach und Fassaden des ehem. Bauernhauses aus dem 18./19. Jh. werden instandgesetzt, die nordseitige Stallmauer erneuert. Krö

Wies (Lkr. Weilheim-Schongau), *Wallfahrtskirche Zum gegeißelten Heiland.* Im Berichtsjahr wurde von den Restaurierungswerkstätten des Landesamtes für Denkmalpflege das Chorfresko restauriert. Die Arbeitsgemeinschaft Raumschale Wies arbeitete in allen Bereichen. Die Bearbeitung der Ausstattung wurde fortgesetzt (Hochaltar, Kanzel, Abtloge u.a.). An den Außenfassaden wurde eine photogrammetrische Vermessung erstellt, um die Außenrestaurierung vorzubereiten. An den Fassaden wurden Befunde erhoben. Im Zusammenhang wird über die Restaurierung in einem gesonderten Arbeitsheft berichtet. RS

–, *Priesterhaus bei der Wallfahrtskirche.* Zur geplanten Fassadenrestaurierung des Priesterhauses wurde eine photogrammetrische Aufnahme erstellt. RS

Wildenholzen, Gde. Bruck (Lkr. Ebersberg), *Schloßstraße 6.* Der landwirtschaftliche Betriebsteil des mit 1825 bezeichneten Bauernhauses wird abgebrochen und teils als Stall, teils als Wohnnebengebäude neu errichtet. Krö

Wilzhofen, Gde. Wielenbach (Lkr. Weilheim-Schongau), *Hollerberg 1.* Das Landhaus des späten 19. Jhs. wird für mehrere Eigentümer aufgeteilt, das flache Mansardwalmdach zum Wohnen weiter ausgebaut. Krö

Winhöring (Lkr. Altötting), *Kath. Filialkirche St. Maria (sog. Feldkirche).* Der spätmittelalterliche Bau des 15. Jhs., im 17. Jh durch Ausbauten erweitert, erhielt um 1975 einen Dispersionsanstrich, dessen dampfsperrende Eigenschaft nach nur etwa 15 Jahren zu einem Austausch der historischen Außenputze des 15. bis 18. Jhs. zwang. Lediglich ein spätgotischer gemalter Trauffries, der in Zusammenhang mit den vorangegangenen Befunduntersuchungen entdeckt worden war, konnte erhalten werden. Kra

Wohlprechting, Gde. Halsbach (Lkr. Altötting), *Anwesen Nr. 1.* Die Restaurierung der Bemalungen am Bundwerkstadel ist zu Ende geführt. Die seltene Darstellung eines «Firstbieres» ist mehrfach publiziert worden, ebenso die Bleistiftinschriften und Zeichnungen am Tennkasten. We

Wolfesing, Gde. Zorneding (Lkr. Ebersberg), *Pöringer Straße 12.* Im landwirtschaftlichen Betriebsteil des ehem. Bauernhofs aus der Zeit um 1830/50 wird eine «Tierklinik» eingerichtet; die durch Brand geschädigten Bauteile werden ausgewechselt. Krö

Wolfratshausen (Lkr. Bad Tölz-Wolfratshausen), *Am Gries 4/6.* Das kleine Doppelhaus aus der 1. Hälfte des 18. Jhs. wird saniert und instandgesetzt, die Fassaden nach Befund gestrichen. Die Maßnahmen werden vom Landesamt bezuschußt. Krö

–, *Am Wasen 5.* Das Holztor zum Wohnhaus des 19. Jhs. wird im Zuge eines Ladenumbaus durch ein Holzfenster ersetzt, die Toröffnung als zurückgesetzte gemauerte Nische ablesbar erhalten. Krö

–, *Johannisgasse 6.* Die gegliederte Fassade des Wohnhauses von 1850/60 wird instandgesetzt und nach Befund gestrichen. Krö

–, *Marienplatz 1.* Das stattliche, 1890 mit Neurenaissancegiebel errichtete *Rathaus* erhält einen Anbau auf dem nördlich anschließenden Grundstück. Bauform und Fassaden wurden beraten. Krö

–, *Obermarkt 9.* Die Fassade des traufständigen, im Erdgeschoß mit Rauhputzgliederungen versehenen Walmdachhauses aus der Zeit um 1860/70 erhält nach dem Befund eines Kirchenmalers ihre frühere Farbgebung. Krö

–, *Obermarkt 53.* Das Flachsatteldach des im Kern auf das 18. Jh. zurückreichenden Wohn- und Geschäftshauses wird instandgesetzt, die Dachdeckung erneuert. Krö

–, *Obermarkt 56.* An der dem Obermarkt abgewandten Rückfassade wird eine hölzerne Veranda angebaut. Krö

Wolfratshausen; Am Gries 4/6, Doppelhaus vor der Instandsetzung

Zaißing, Gde. Steinhöring, Lkr. Ebersberg; Haus Nr. 2, Wirtschaftsteil mit Bundwerk, vor der Zerstörung

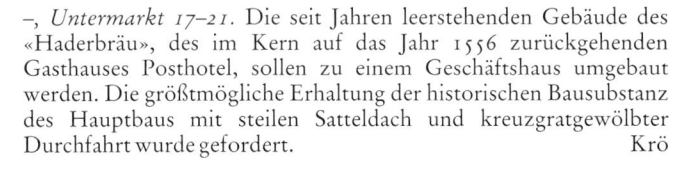

Zorneding, Lkr. Ebersberg; Wasserburger Straße 18, vor der Instandsetzung

–, *Untermarkt 17–21*. Die seit Jahren leerstehenden Gebäude des «Haderbräu», des im Kern auf das Jahr 1556 zurückgehenden Gasthauses Posthotel, sollen zu einem Geschäftshaus umgebaut werden. Die größtmögliche Erhaltung der historischen Bausubstanz des Hauptbaus mit steilen Satteldach und kreuzgratgewölbter Durchfahrt wurde gefordert. Krö

–, *Untermarkt 29*. Die Fassade des Flachsatteldachhauses erhält nach Befund die ursprüngliche Farbigkeit; die Maßnahme wird vom Landesamt finanziell gefördert. Krö

Wurzach, Gde. Rott a. Inn (Lkr. Rosenheim), *Haus Nr. 4*. Instandsetzung eines baufälligen Bundwerkstadels von 1836 und des zugehörigen ehem. Bauernhauses. Förderung der Maßnahme durch Zuschußmittel des Landesamtes für Denkmalpflege. Kra

Zaißing, Gde. Steinhöring (Lkr. Ebersberg), *Haus Nr. 2*. Das Bundwerk aus der Mitte des 19. Jhs. am Wirtschaftsteil des Bauernhofs wurde ohne Erlaubnis im Zuge eines Ausbaus entfernt. Dadurch hat das Anwesen seine Denkmaleigenschaft verloren. Krö

Zangberg (Lkr. Mühldorf a. Inn), *Kath. Kuratie- und Klosterkirche St. Josef*, Außeninstandsetzung der 1868/69 in gotisierenden Formen erbauten Kirche. Kra

Zellwies, Gde. Königsdorf (Lkr. Bad Tölz-Wolfratshausen), *Haus Nr. 1*. Das in jüngerer Zeit mit Betondachsteinen belegte Dach der ehemaligen Mühle aus dem Ende des 18. Jhs. wird saniert und wieder mit naturfarbenen Ziegeln gedeckt. Krö

Zorneding (Lkr. Ebersberg), *Anton-Grandauer-Straße 15*. Der Wirtschaftsteil des Einfirsthofs aus dem Jahr 1820/40 wird saniert und teilerneuert, das historische Bundwerk wird instandgesetzt. Krö

–, *Ingelsberger Weg 2*. Das 1802 erbaute *Pfarrhaus* wird instandgesetzt, und das Walmdach wird wieder mit Naturschiefer eingedeckt. Krö

–, *Wasserburger Landstraße 1*. Die Nord- und Westfassade des ehemaligen Bauernhofs aus der Zeit um 1820/30 wurde durch Fensterveränderung zum Nachteil verändert. Krö

–, *Wasserburger Landstraße 18*. Der ehem. Bauernhof aus der Zeit um 1840 wird instandgesetzt, der Wirtschaftsteil des Mitterstallhauses teils zum Wohnen, teils für einen Handwerksbetrieb ausgebaut. Die Instandsetzungsmaßnahmen werden vom Landesamt bezuschußt. Krö

Programm zur Erhaltung und Instandsetzung von Zeugnissen landwirtschaftlichen Bauwesens in Altmühl-Jura-Bauweise

Das seit 1979 bestehende Sonderprogramm, in das Zuschüsse des Landkreises Eichstätt, des Bezirkstags von Oberbayern und des Landesamtes für Denkmalpflege fließen, arbeitete auch 1989 erfolgreich weiter. Wie in den vergangenen zehn Jahren konnten mehrere Objekte in Altmühl-Jura-Bauweise vor dem Verfall gerettet und instandgesetzt werden. Mll

NIEDERBAYERN

Die Betreuung der kirchlichen Baudenkmäler im Regierungsbezirk *Niederbayern* erfolgt durch Oberkonservator Dr. Karl-Ludwig Lippert (Li) in den Landkreisen Deggendorf, Freyung-Grafenau, Passau, Regen und Rottal-Inn sowie in den Städten Deggendorf und Passau. Oberkonservator Dr. Sixtus Lampl (La) ist für diesen Bereich in den Landkreisen Dingolfing-Landau, Kehlheim, Landshut und Straubing-Bogen sowie in den Städten Landshut und Straubing tätig. Zuständig für die profane Denkmalpflege ist in den Städten Deggendof, Landshut und Passau sowie in den Landkreisen Deggendorf, Regen und Rottal-Inn Hauptkonservator Mathias Ueblacker (Ue), die Landkreise Dingolfing-Landau, Freyung-Grafenau, Kelheim, Landshut und Passau sowie die Stadt Kelheim fallen in die Zuständigkeit von Herbert Schelnin (Sch). Herr Schelnin verläßt aus Altersgründen zum 31. Dezember 1989 das Landesamt nach 15 jähriger Amtszugehörigkeit. Die Stadt Straubing und den Landkreis Straubing betreute bis zum 30.9.1989 Bauoberrat Dipl.-Ing. Ulrich Hartmann, zu dessen Aufgabenbereich auch die *Dorferneuerung* im Regierungsbezirk Niederbayern gehörte. Herr Hartmann verließ am 1.10.1989 das Bayerische Landesamt für Denkmalpflege und ist nun an der Bayerischen Verwaltung der Staatlichen Schlösser, Gärten und Seen tätig. Der Bericht von Dr. Lippert lag bei Redaktionsschluß nicht vor.

Abensberg (Lkr. Kelheim), *Max-Bronold-Straße 11*, Villa mit Giebelrisalit, Erkertürmchen, mehreren Dachreitern und neubarockem Fassadenstuck, bez. 1903. Mit Zuschüssen des Landesamtes wurden die Fassaden mit dem stark verwitterten Stuck wieder hergestellt. Sch

Adlhausen (Lkr. Kelheim), *Schloßstraße 1, ehem. Hofmarkschloß*, zweigeschossiger Bau des 17. Jhs. mit Schweifgiebel und Torbau, Wirtschaftsgebäude und Hoftor Ende 18. Jh. Der Mauerbering mit Hoftor war in schlechtem Zustand und mußte instandgesetzt werden. Eine Sanierung der Wirtschaftsgebäude ist im nächsten Bauabschnitt vorgesehen. Sch

Aham (Lkr. Landshut), *Kath. Schloßkapelle*, Beratung einer Innenrenovierung. La

Alburg (Stadt Straubing), *Kath. Pfarrkirche St. Stephan*, Beratung zur Vorbereitung der Außeninstandsetzung. La

Allakofen (Lkr. Kelheim), Gde. Elsendorf, *Kath. Nebenkirche St. Sixtus*, Außeninstandsetzung am Turm mit Neuaufmauerung der einsturzgefährdeten, weit überhängenden Giebelwände. La

Allersbach, Gde. Schalkham (Lkr. Landshut). Das von *Hilbing* (Lkr. Rottal-Inn) versetzte *Bauernhaus Nr. 30* wurde im Rohbau fertiggestellt und eingedeckt. Es zeigte sich die für Versetzungen allgemeine Problematik, daß der Umfang übertragbarer Bausubstanz insbesondere bei Obergeschoßblockbauten erheblich eingeschränkt ist. Auch

Bad Abbach, Lkr. Kelheim; Schulbruck 3, ehem. Lehrer- und Benefiziatenwohnhaus, sog. «Marchnerhaus», vor Instandsetzung

bei bester Absicht muß oft neben dem nicht transferierbaren gemauerten Erdgeschoß auch noch ein Teil des Blockbauobergeschosses ausgewechselt werden. Bei der Besichtigung des wiederaufgestellten Hauses im Rohbauzustand ist dann ein so großer Anteil von Neubausubstanz festzustellen, daß die Wiedereintragung in die Denkmalliste kaum noch gerechtfertigt werden kann. Ue

Allkofen, Gde. Laberweinting (Lkr. Straubing-Bogen), *Kath. Filialkirche St. Michael*, Gutachten für die Sicherung und Restaurierung der Ausstattung. La

Altenbuch, Gde. Markt Wallersdorf (Lkr. Dingolfing-Landau), Wegkapelle, Instandsetzung des kleinen Gewölbebaus aus der zweiten Hälfte des 18. Jhs. La

Altheim, Gde. Essenbach (Lkr. Landshut), *Kath. Nebenkirche St. Andreas*, Konservierung der 1963 freigelegten Wandfresken. La

Amselfing, Gde. Aiterhofen (Lkr. Straubing-Bogen), *Kath. Filialkirche St. Stephan*, Außeninstandsetzung. La

Andermannsdorf, Gde. Hohenthann (Lkr. Landshut), *Kath. Filialkirche St. Andreas*, Restaurierung des in der zweiten Hälfte des 18. Jhs. gemalten Kreuzwegzyklus. La

Arnstorf (Lkr. Rottal-Inn), *Oberer Markt 7*. Das vom Abbruch bedrohte Haus mit seiner für Arnstorf einzigartigen, der Innstadtbauweise entlehnten Vorschußmauer konnte instandgesetzt und einer neuen Nutzung zugeführt werden. Während von seiten der Flurbereinigung für den Abbruch – und damit das Entstehen einer städtebaulich unbefriedigenden Situation im Ensemble – ein Zuschuß von DM 80.000.- gewährt worden wäre, war eine Förderung der Instandsetzung wegen der einschlägigen Haushaltsvorschriften der Flurbereinigungsämter nicht zu erreichen. Ue

Asbach, Gde. Laberweinting (Lkr. Straubing-Bogen), *Kath. Filialkirche St. Johannes Baptist*, Beratung der Außeninstandsetzung der 1874 erbauten neugotischen Kirche. La

Ascholtshausen, Gde. Mallersdorf-Pfaffenberg (Lkr. Straubing-Bogen), *Kath. Pfarrkirche Unserer Lieben Frau*, Beratung der geplanten Außeninstandsetzung. La

Asenkofen, Gde. Neufahrn i. NB (Lkr. Landshut), *Kath. Pfarrkirche*, Beratung der Außeninstandsetzung der 1907/08 vom Münchener Architekten Johann Scholl geplanten und Baumeister Franz Spiegel aus Regensburg erbauten Kirche. La

Attersdorf, Gde. Ratzenhofen (Lkr. Kelheim), *Kath. Wallfahrtskirche Maria Brünnl*, Abschluß der Inneninstandsetzung der an einem nordseitigen Waldhang gelegenen, sehr feuchten Wallfahrtskirche; Sicherung der schwer beschädigten Stuckaltäre von 1788 und Konservierung der neubarocken Raumschalenfassung von 1910. La

Atzldorf (Lkr. Freyung-Grafenau), *Haus Nr. 23*, Bachl-Hof, Haupthaus einer Vierseitanlage, Massivbau aus Bruchsteinmauerwerk mit Halbwalmdach, bez. 1842. Umfangreiche Sanierungsmaßnahmen am Mauerwerk mit Dachinstandsetzungsarbeiten wurden mit einem Zuschuß des Landesamtes durchgeführt. Sch

Aunkofen, Stadt Abensberg (Lkr. Kelheim), *Kath. Filialkirche Mariä Himmelfahrt*, Außeninstandsetzung der aus dem Mittelalter stammenden Urpfarrkirche von Abensberg. La

Bad Abbach (Lkr. Kelheim), *Kath. Pfarrkirche*, Beratung für die Teilerneuerung der einsturzgefährdeten Friedhofmauer, in ihrem Nordteil zugleich Stützmauer für die auf der Höhe gelegene neugotische Kirche. La

–, *Schulbruck Nr. 3*. Das Benefiziatenhaus mit Halbwalmdach, bez. 1831, unterhalb des Bergfriedhofs mit der Kath. Pfarrkirche St. Nikolaus, soll das neue Heimatmuseum aufnehmen. Eingehende Untersuchungen haben Risse im Mauerwerk und in den Gewölben aufgezeigt, die z.T. unter Putz verborgen waren. Eine Kostenaufstellung wurde erstellt und die Maßnahme in mehrere Bauabschnitte aufgeteilt, die mit Zuschußmitteln des Landesamtes gefördert werden. Sch

Berghausen, Gde. Aiglsbach (Lkr. Kelheim), *Kath. Expositurkirche St. Koloman*, Beratung der Turmsanierung des um 1908 erhöhten Chorturms. La

Berghofen, Gde. Aham (Lkr. Landshut), *Kath. Nebenkirche*, Instandsetzung der um 1870 erbauten Dorfkapelle. La

Berndorf, Gde. Kumhausen (Lkr. Landshut), *Kath. Filialkirche St. Laurentius*, Beratung der Außeninstandsetzung der ursprünglich romanischen Chorturmkirche. La

Beutelhausen, Gde. Adlkofen (Lkr. Landshut), *Kath. Nebenkirche St. Michael*, ein Zentralbau des mittleren 18. Jhs., Vorbereitung der geplanten Innenrenovierung durch gutachtliche Beratung und Befunduntersuchung. La

Biburg (Lkr. Kelheim), *Abensstraße Nr. 1*, zweigeschossiges Wohnhaus mit Segmentbogenfenstern und reichen Putzgliederungen, 2. Hälfte 19. Jh., aufwendige Außeninstandsetzung. Sch

Binabiburg, Gde. Bodenkirchen (Lkr. Landshut), *Kath. Wallfahrtskirche St. Salvator (Bergkirche)*, Vorbereitung einer gründlichen Inneninstandsetzung der statisch gefährdeten bedeutenden Barockkirche. La

Breitenhausen, Gde. Mariaposching (Lkr. Straubing-Bogen), *Kath. Filialkirche Mariä Himmelfahrt*, Vorbereitung der Innenrenovierung und Dachstuhlsanierung der 1951 neuerbauten Kirche, die jedoch den prachtvollen, 1725 bezeichneten Barockhochaltar aus der Pfarrkirche Windberg enthält. Die 1952 erfolgte Wiederaufstellung des Hochaltars,, der seit der Säkularisation am Speicher in Windberg ausgelagert war, hat die Maßgebung für den Altarraum des Kirchenneubaues bestimmt. La

Breitreut (Lkr. Passau), *Haus Nr. 2*, geschlossener Vierseithof, Wohnhaus in Blockbau mit Traufschrot, Traidkasten mit Durchfahrt, Stadl und Stall ebenfalls in Blockbau aus dem ersten Drittel des 19. Jhs. Es mußten umfangreiche Holzauswechslungen am Blockwerk und Traufschrot vorgenommen werden. Zuschüsse des Landesamtes für Denkmalpflege. Sch

Bruckberg (Lkr. Landshut), *Winzerstraße 7*. An dem zweigeschossigen Bauernhaus wurden Putzausbesserungen mit neuer Farbgebung, Fenster- und Balkoninstandsetzungen durchgeführt. Sch

Brunn, Stadt Dingolfing (Lkr. Dingolfing-Landau), *Kath. Nebenkirche St. Ägidius*, Beratung der geplanten Außeninstandsetzung. La

Dietenhofen, Gde. Hausen (Lkr. Kelheim), *Kath. Nebenkirche St. Johannes Baptist*, Inneninstandsetzung der barocken Dorfkirche. La

Dingolfing, Bruckstraße 20. Von dem Bürgerhaus des 16. Jhs., einem zweigeschossigen Eckbau mit überkuppeltem Erkerturm ein Bauaufmaß angefertigt. Das Gebäude steht leer und soll wieder Wohnzwecken zugeführt werden. Sch

–, Steinweg 17. Der «Reiserbogen», eine Tordurchfahrt des 15./16. Jhs., im 17./18. Jh. zweigeschossig überbaut (ehem. Schule, jetzt Druckerei), wurde im Zuge der Tunnelführung zur Oberen Stadt instandgesetzt. Sch

Dobl, Gemarkung Eglsee (Lkr. Passau), *Haus Nr. 1*. Umfangreiche Instandsetzungsmaßnahmen am Vierseithof, ein Blockbau mit Traidkasten aus der ersten Hälfte des 19. Jhs., wurden mit einem Zuschuß des Landesamtes durchgeführt. Sch

Ergolding, Lkr. Landshut; Lindenstraße 9, Bauernhaus, Gesamtaufnahme und Eingangstür, vor dem Abbruch

Dreifaltigkeit i.d. Öd, Gde. Aham (Lkr. Landshut), *Kath. Wallfahrtskirche Hl.Dreifaltigkeit*, Vorbereitung der geplanten Gesamtinstandsetzung der bedeutenden, in zwei Bauabschnitten 1725 und 1775 errichteten Kirche. La

Dreifaltigkeitsberg, Gde. Moosthenning (Lkr. Dingolfing-Landau), *Kath. Wallfahrtskirche Hl. Dreifaltigkeit*, Außeninstandsetzung mit Dachstuhlsanierung, nachdem an der bedeutenden barocken Saalkirche Gewölberisse durch Schubkräfte des defekten Dachstuhls entstanden waren. La

Dürnhart, Gde. Rain (Lkr. Straubing-Bogen), *Kath. Filialkirche St. Nikolaus*, Beratung der geplanten Außeninstandsetzung. La

Egglhausen, Markt Pfeffenhausen (Lkr. Landshut), *Kath. Filialkirche St. Nikolaus*, Beratung der geplanten Außeninstandsetzung. La

JAHRESBERICHT 1989 · BAU- UND KUNSTDENKMALPFLEGE

Exsnbach, Gde. Grainet, Lkr. Freyung-Grafenau; Kapelle St. Koloman, vor der Instandsetzung

Ergolding (Lkr. Landshut), *Kath. Pfarrkirche Mariä Heimsuchung*, Inneninstandsetzung des, insbesondere durch die Heizung stark verschmutzten Innenraums; auch die völlig verdunkelten Fresken wurden gereinigt. Das überraschende Befundergebnis, daß der gesamte Innenraum bis zum Rand des Freskos in Weiß abgefaßt war, wurde der Restaurierung zugrunde gelegt. La

–, *Lindenstraße Nr. 9.* Das Bauernhaus, ein erdgeschossiger Blockbau mit bis zum Boden abgeschlepptem Dach, 17./18. Jh., wurde trotz intensiver Beratung zur Instandsetzung und eines Abbruchverbots der Unteren Denkmalschutzbehörde von den Eigentümern abgebrochen. Eine Dokumentation konnte nicht erstellt werden. Sch

Ergoldsbach (Lkr. Landshut), *Kath. Nebenkirche St. Agatha*. Der in Hinblick auf eine Verkehrsengstelle geplante Abbruch der im Kern romanischen Nebenkirche konnte verhindert und eine Gesamtinstandsetzung empfohlen werden. La

Ering (Lkr. Rottal-Inn). Im *Schloß* stellte sich ein Hausschwammbefall in der mit Leinwandtapeten des 18. Jhs. reich ausgestatteten Raumflucht des 2. Obergeschosses heraus. Ursache waren Undichtigkeiten in einem nachträglich eingebauten Bad. Für den sehr hohen Aufwand durch die bekämpfenden Maßnahmen in dem praktisch ungenützten Schloßflügel muß eine angemessene Finanzierung gefunden werden. Ue

Eschlbach, Gde. Leiblfing (Lkr. Straubing-Bogen), *Kath. Nebenkirche St. Leonhard*, Beratung der geplanten Inneninstandsetzung. La

Exenbach, Gde. Grainet (Lkr. Freyung-Grafenau). Die *ehem. Wallfahrtskapelle St. Koloman* (1766) war infolge undichten Dachs und durch Wegaufschüttung im unteren Mauerwerk extrem durchnäßt und durch starke vertikal verlaufende Mauerrisse vom Einsturz bedroht. Nach umfangreichen Sanierungsmaßnahmen mit einem Zuschuß des Landesamtes wurde die Kapelle wieder für die Öffentlichkeit zugänglich. Sch

Falkenfels (Lkr. Straubing-Bogen), *Kath. Schloßkirche St. Joseph*, Neuanlage des Treppenaufgangs zur Schloßkirche, nachdem der romantisierende Tunnelaufgang unterhalb einer Schloßterrasse von ca. 1920 baufällig geworden war. La

Freidling, Gde. Buch am Erlbach (Lkr. Landshut), *Kath. Filialkirche St. Margaretha*, Fortführung der Außeninstandsetzung. Der am Turm neuangebrachte Kalk-Freskoverputz hielt dem Frost nicht stand. La

Frontenhausen (Lkr. Dingolfing-Landau), *Bahnhofstraße Nr. 6*. Das Wohn- und Geschäftshaus mit Schweifgiebel und Putzgliederungen im Jugendstil (bez. 1910) wurde von späteren Zutaten und Anbauten befreit und innen neu disponiert. Sch

Furthhammer (Lkr. Freyung-Grafenau), *Haus Nr. 5*, zweigeschossiges Wohnhaus aus Granitquadern mit Schopfwalm, Anfang 19. Jh., Einödhof im Tal des Biberbachs. Im Erdgeschoß des Wohnhauses befindet sich ein unterschlächtiges Wasserrad, das eine Hammerschmiede antreibt. Im Obergeschoß Stuckdecken. Das gesamte Anwesen befindet sich in schlechtem Zustand. Die Dachhaut ist durchlässig, der Dachstuhl angefault, das Mauerwerk hat Risse. Eine erste Maßnahme war die Instandsetzung des Dachstuhls. Weiteren Maßnahmen sollen aus dem Entschädigungsfonds finanziert werden. Eine Bestandsaufnahme mit Photodokumentation und einer Kostenschätzung wurde einem Architekturbüro in Auftrag gegeben. Die Maßnahme wird in mehrere Bauabschnitte aufgeteilt. Sch

Gaindorf, Stadt Vilsbiburg (Lkr. Landshut), *Kath. Pfarrhof*, Beratung zur Gesamtinstandsetzung des 1904 neugestalteten Satteldachbaus. La

Geiselhöring (Lkr. Straubing-Bogen), *Kath. Stadtpfarrkirche St. Petrus und Erasmus*, Beratung zur Fassadensanierung des 1761–64 erbauten Langhauses mit mittelalterlichem Chor und Turmunterbau sowie reich gegliedertem Turmaufbau von 1776. La

Geisenhausen (Lkr. Landshut), *Kath. Pfarrkirche St. Martin*, Erneuerung der defekten und stark rußenden, erst vor 23 Jahren eingebauten Heizung als Voraussetzung für eine geplante Innenrenovierung. La

Gelbersdorf, Markt Hofkirchen (Lkr. Passau), *Haus Nr. 47.* Der 1. Abschnitt der Instandsetzung des stattlichen Bauernhauses ist im Gang, der Dachstuhl mußte wegen des schlechten Bauzustands erneuert werden. Bei der Entfernung des Außenputzes am Obergeschoßblockbau kam ein sehr sorgfältig, mit Malschrot und teilweiser

Frontenhausen, Lkr. Dingolfing-Landau; Bahnhofstraße 6, vor der Instandsetzung

230

Furthhammer, Stadt Grafenau, Lkr. Freyung-Grafenau; Haus Nr. 5, Hammerschmiede, vor der Instandsetzung

Bemalung erstelltes Blockwerk zum Vorschein. Da der (nachträglich) angebrachte Putz mit keiner weiteren baulichen Änderung verbunden und damit kein in besonderer Weise aussagekräftiger Teil der Baugeschichte ist, wurde auf die Wiederanbringung verzichtet.
Ue

Georgenzell, Gde. Neufraunhofen (Lkr. Landshut), *Kath. Filialkirche St. Georg*, Beratung der geplanten Gesamtinstandsetzung. La

Gerabach, Gde. Bayerbach (Lkr. Landshut), *Kath. Filialkirche St. Wolfgang*, Beratung für Instandsetzungsarbeiten am Äußeren und an der Sakristei. La

Gessendorf, Gde. Vilsheim (Lkr. Landshut), *Kath. Filialkirche St. Mauritius*, Beratung der geplanten Außeninstandsetzung. La

Gifthal, Gde. Wurmsham (Lkr. Landshut), *Kath. Filialkirche St. Johannes Baptist*, Beratung der geplanten Gesamtinstandsetzung. La

Gottfrieding (Lkr. Dingolfing-Landau), *Kath. Pfarrkirche St. Stephan*, Beratung für eine möglichst substanzschonende Kirchenerweiterung mit Anbau einer Sakristei. La

Grafenhaun, Gde. Hohenthann (Lkr. Landshut), *Kath. Nebenkirche St. Margaretha*, Beratung der geplanten Inneninstandsetzung. La

Griesbach i. Rottal (Lkr. Passau), *Brunnengasse 1*. Der dreigeschossige, schmale Wohnhausbau mit Flachsatteldach und Giebelschrot (Ende des 18. Jhs.) wurde außen instandgesetzt. Sch

Großköllnbach, Markt Pilsting (Lkr. Dingolfing-Landau), *Kath. Pfarrkirche St. Georg*, Instandsetzung der Raumschale mit der Absicht, das ursprüngliche neuromanische Ausstattungsbild wieder herzustellen. La

–, St. Georg Platz 3. Die Gemeindeverwaltung hat die ehem. Volksschule, einen Walmdachbau (Ende 18. Jh.) einer Gesamtinstandsetzung unterzogen und hier die Verwaltung untergebracht.
Sch

Grubhof, Gde. Auerbach (Lkr. Deggendorf). Die Bewilligung für Mittel aus dem Entschädigungsfonds zur Instandsetzung des *Stadels* liegt vor. Sie erst bewirkte den endgültigen Entschluß des Eigentümers zur Durchführung der Maßnahme, die über den Winter vorbereitet und im Frühjahr begonnen wird. Ue

Gundhöring, Gde. Feldkirchen (Lkr. Straubing-Bogen),*Kath. Filialkirche St. Andreas*, Beratung der Außeninstandsetzung. La

Gundihausen, Gde. Vilsheim (Lkr. Landshut), *Kath. Kuratiekirche*, Beratung bei der Wiederherstellung des statisch gefährdeten Holzglockenstuhls und der Sanierung der Friedhofsmauer. La

Gunzing (Lkr. Passau), *Haus Nr. 9*, Wohnhaus in Blockbau mit Giebelschrot und Traidkasten (Ende 18. Jh.). Teile des Blockbaus waren verfault und mußten ausgewechselt werden, Zuschuß des Landesamtes. Sch

Haggn, Gde. Neukirchen (Lkr. Straubing-Bogen), *Schloßkapelle*, Beratung der Konservierung des Frührokoko-Altars. La

Haidenkofen, Markt Wallersdorf (Lkr. Dingolfing-Landau), *Kath. Filialkirche St. Achatius*, Beratung der geplanten Gesamtinstandsetzung der 1885 nach dem Ortsbrand von 1883 errichteten neugotischen Saalbaukirche. La

Haidlfing, Markt Wallersdorf (Lkr. Dingolfing-Landau), *Kath. Pfarrkirche St. Laurentius*, Inneninstandsetzung des 1922 an einen Chor von 1600 angebauten Langhauses. La

Haindling, Stadt Geiselhöring (Lkr. Straubing-Bogen), *Kath. Wallfahrtskirche Mariä Himmelfahrt und Heilig Kreuz-Kirche*, Außeninstandsetzung der beiden barocken Kirchtürme. Von einer Bearbeitung mittels Hängegerüst mußte abgeraten werden, da die notwendigen Sanierungsarbeiten für eine vertretbar gute Ausführung ein festes Standgerüst erforderten. La

Haselbach (Lkr. Straubing-Bogen), *Kath. Pfarrkirche St. Jakob*, Beratung der geplanten Inneninstandsetzung der barocken Saalkirche. La

Hauzenberg (Lkr. Passau), *Im Tränental Nr. 6*, Abbruchantrag für das dreigeschossige Wohn- und Geschäftshaus mit Walmdach aus der Mitte des 19. Jhs. Das Landesamt für Denkmalpflege hat ein Bauaufmaß in Auftrag gegeben, um anhand einer geeigneten Unterlage Verhandlungen mit dem Eigentümer über eine Instandsetzung mit angemessener Nutzung zu führen. Sch

Heilbrunn, Gde. Wiesenfelden (Lkr. Straubing-Bogen), *Kath. Gnadenkapelle Unserer Lieben Frau*, Beratung der Außeninstandsetzung am Dachreiter und an der Holzverschindelung. La

Hellring, Markt Langquaid (Lkr. Kelheim), *Kath. Wallfahrtskirche St. Ottilia*, Auslöseschreiben in Vorbereitung einer Förderung aus dem Entschädigungsfonds, nachdem der statisch schwer gefährdete Dachstuhl zur Schließung der Wallfahrtskirche geführt hatte. La

Herrngiersdorf (Lkr. Kelheim), *Schloßallee Nr. 3, Schloß*, ein dreigeschossiger Walmdachbau mit reichen barocken Gliederungen, erbaut 1709, mit Wassergraben. Das Schloß erhielt einen neuen Farbanstrich nach vorangegangener Befunduntersuchung. Das Landesamt gab einen Zuschuß. Sch

Herrnwahl (Lkr. Kelheim), *Haus Nr. 1*. Der ehem. Pfarrhof, ein Giebelbau des 16./17. Jhs., birgt im Erdgeschoß eine romanische *Kapelle* des 13. Jhs. Befunduntersuchungen zur bevorstehenden Instandsetzung an den Außenfassaden und der Kapelle sind abgeschlossen. Sch

Högldorf, Stadt Rottenburg a.d. Laaber (Lkr. Landshut), *Kath. Filialkirche St. Martin*, Außeninstandsetzung der 1489 erbauten und um 1720 barockisierten Kirche. La

Hofberg (Lkr. Landshut), Haus Nr. 1 1/2, Schloß, eine barocke Vierflügelanlage von 1695. Eine seit Jahren anstehende, dringliche Gesamtinstandsetzung scheiterte bis jetzt an Zuständigkeiten. In diesem Jahr wurde unter Zusicherung von Zuschüssen Einigkeit über die Sicherung des instabilen Dachstuhls und der sehr schadhaften Dacheindeckung erzielt. Der Dachstuhl wurde saniert, die Dachhaut erneuert und die Dachentwässerung ordentlich abgeleitet. In den kommenden Jahren ist eine Außenputzausbesserung mit neuer Farbgebung nach Befund, Fensterinstandsetzungen sowie die Festigung der Stuckdecke im Obergeschoß vorgesehen. Sch

Holzhäuser, Gemarkung Zeitlarn (Lkr. Passau), *Haus Nr. 9*. Der kleine Hakenhof in Blockbau aus dem zweiten Viertel des 19. Jhs. wurde mit einem Zuschuß des Landesamtes saniert. Sch

Hundspoint (Lkr. Landshut), *Haus Nr. 4*. Das Wohnstallhaus eines Hakenhofs, ein Blockbau mit Traufschrot von 1863, wurde außen instandgesetzt. Sch

Ihrlerstein (Lkr. Kelheim), *Wegkapelle*, Beratung zur Restaurierung und Sicherung der Ausstattung. La

Inkofen, Stadt Rottenburg a.d. Laaber (Lkr. Landshut), *Kath. Pfarrkirche Mariä Lichtmeß*, Beratung der geplanten Gesamtinstandsetzung. La

Irlbach (Lkr. Straubing-Bogen), *Kath. Pfarrkirche Mariä Himmelfahrt*, Beratung der geplanten Innenrestaurierung der 1734 erbauten Pfarrkirche mit barocker Ausstattung. La

Jachenhausen (Lkr. Kelheim), *Haus Nr. 11*. Das Bauernhaus, Wohnstallhaus in Jurabauweise mit Kalkplattendach, 19. Jh., dazu ein Stadel in Bruchstein und ebenso mit Kalkplatten gedeckt, steht leer und ist dem Verfall preisgegeben. Seitens des Landesamtes wurde ein verformungsgerechtes Bauaufmaß in Auftrag gegeben und eine Photodokumentation erstellt. Der Eigentümer hat Antrag auf Abbruch gestellt. Sch

Johannesbrunn, Gde. Schalkham (Lkr. Landshut), *Kath. Kuratiekirche Mariä Unbefleckte Empfängnis*, Beratung der geplanten Inneninstandsetzung der neugotischen Backsteinkirche von 1864. Die Befunduntersuchung zeigte wieder die neugotische Ornamentmalerei. La

Kapfelberg (Lkr. Kelheim), *Römerbruchstraße Nr. 11*, Außeninstandsetzung des ehem. Jagdhauses, ein zweigeschossiger Mansarddachbau, bez. 1869, mit angeschlossenem Stallteil. Putzausbesserungen mit neuer Farbgebung nach Befund und Fensterinstandsetzungen. Sch

Karlsbach (Lkr. Freyung-Grafenau), *Kath. Pfarrkirche St. Joseph*. Die Friedhofsmauer mußte instandgesetzt werden. Sch

Kelheim (Lkr. Kelheim), *Kath. Spitalkirche St. Johannes («Otto-Kapelle»)*, Beratung der geplanten Gesamtinstandsetzung der im Kern spätromanischen Kirche der Gedenkkirche für die Ermordung Herzog Ludwig des Kelheimers nahe der Donaubrücke. La

–, *Mathias-Kraus-Gasse Nr. 37*, erdgeschossiges Wohnhaus in Jurabauweise mit Kalkplattendach, wohl 18./Anfang 19. Jh. mit einbezogener Stadtmauer des 13. Jhs. Das Haus wurde mit Zuschüssen des Landesamtes einer Gesamtinstandsetzung unterzogen und erhielt ein neues Kalkplattendach, Verstärkung des Dachstuhls. Sch

Kelheimwinzer, Stadt Kelheim (Lkr. Kelheim), *Kath. Pfarrkirche St. Jakob*, Beratung zur Restaurierung des barocken Hochaltars und der Seitenaltarbilder, welche aus der alten Vorgängerkirche in den 1956 errichteten Kirchenneubau übertragen worden waren. La

Kellerhäuser (Lkr. Dingolfing-Landau), *Haus Nr. 9*, Kleinbauernhaus in Blockbau, Ende 18. Jh. Das Haus wurde unter ständiger Beratung und unter Verwendung fast aller Originalteile innen und außen instandgesetzt. Erhebliche Zuschüsse des Landesamtes. Sch

Kirchberg, Gde. Kröning (Lkr. Landshut), *Kath. Pfarrkirche St. Florian*, Beratung zur Instandsetzung des an drei Seiten durch vertikale Rißbildung beeinträchtigten romanischen Kampanile und zur Instandsetzung des alten Orgelgehäuses. La

Kirchroth (Lkr. Straubing-Bogen), *Kath. Pfarrkirche St. Vitus*, Beratung zur Restaurierung der Kreuzwegtafeln und verschiedener Figuren. La

Kläham, Gde. Markt Ergoldsbach (Lkr. Landshut), *Kath. Expositurkirche Mariä Heimsuchung*, Beratung der geplanten Innenrestaurierung der Kirche von 1747. Ein Einsturz des Westturms 1882 hatte die Langhausdecke durchschlagen, welche seither als einfaches Holzgewölbe aufgeführt ist. La

Kleingern (Lkr. Passau), *Haus Nr. 101*, ein zweigeschossiger Blockbau. Um das an seiner Längsseite infolge der verfaulten Grundschwelle stark abgesackte Bauernhaus wieder in die Horizontale zu bringen, mußten umfangreiche Hebe-, Stütz- und Sanierungsmaßnahmen durchgeführt werden. Ein ansässiger Zimmereibetrieb bewältigte dies fachmännisch. Gleichzeitig wurden die originalen zweiflügeligen Kastenfenster mit Läden z. T. instandgesetzt, z. T. erneuert. Auch hier wurde ein Zuschuß des Landesamtes bewilligt. Sch

Kreuz, Markt Velden (Lkr. Landshut), *Kath. Filialkirche Heilige Dreifaltigkeit*, Beratung der geplanten Gesamtinstandsetzung des spätgotischen Baus mit einem Turm des 19. Jhs. La

Kreuzberg (Lkr. Freyung-Grafenau), *Haus Nr. 35*. Das zweigeschossige Wohnhaus um 1800 wurde im Zuge der Dorfsanierung außen instandgesetzt. Sch

Kreuzberg, Gde. Windberg (Lkr. Straubing-Bogen), *Kath. Wallfahrtskirche Hl. Kreuz*, Beratung der Instandsetzung von Turm und Glockenstuhl. La

Laberberg, Markt Rohr (Lkr. Kelheim), *Kath. Pfarrkirche Mariä Opferung*, Feststellung von beträchtlichen Dachstuhlschäden. La

Laberweinting (Lkr. Straubing-Bogen), *Kath. Pfarrkirche St. Martin*, Befunduntersuchung und Konzept für die Innenrestaurierung der in ihrem vorderen Teil noch aus dem 18. Jh., im rückwärtigen Langhausteil von einer Erweiterung Anfang des 20. Jhs. stammenden Kirche. Bei der letzten Innenrenovierung 1969 war man schon weitgehend nach dem Befund des 18. Jhs. vorgegangen. Demgegenüber waren jetzt noch einige Brokatfelder aufzudecken, die dunkler gewordenen Retuschen von 1969 aufzuhellen und der neuere Langhausteil an den Altteil anzubinden. La

–, *Straubinger Straße 20*. Das 1773 errichtete, heute als *Rathaus* benützte *ehem. Pfarrhaus* ist beim Gemeinderat außerordentlich unbeliebt. Schon 1984 war ein Abbruchantrag gestellt worden. Das Landesamt für Denkmalpflege versagte die Zustimmung, das Landratsamt Straubing-Bogen schloß sich dem ebenso an wie der Bescheid im Widerspruchverfahren durch die Regierung von Niederbayern. Trotz des rechtskräftigen Widerspruchsbescheides beabsichtigt die Gemeinde nach wie vor, das neben der Kirche einzige Baudenkmal zu beseitigen. In einem «Auslöseschreiben» für den Entschädigungsfonds hat das Landesamt für Denkmalpflege die Bedeutung des ehem. Pfarrhofs und seine städtebauliche unverzichtbare Stellung unterstrichen und damit versucht, wenigstens das Argument der Nicht-Finanzierbarkeit einer Instandsetzung zu entkräften. Ue

Landshut, *Kath. Stadtpfarrkirche St. Jodok*, Unterfangung des gesamten Kirchengebäudes nach dem Soilcrete-Verfahren. In der nach St. Martin bedeutendsten Stadtpfarrkirche Landshuts wurden dieselben Setzungserscheinungen beobachtet wie in St. Martin: Durch abgesunkenen Grundwasserspiegel waren die Holzpfähle, auf deren Rost die gesamte Kirche erbaut wurde, morsch geworden. Ein erster gravierender Bauschaden zeigte sich am westlichen Ende des südlichen Seitenschiffs beim Anschluß an den Turm; die gewaltige Rißbildung führte zur baupolizeilichen Sperrung der Kirche. Mit dem Soilcrete-Verfahren wurde zunächst der Turm stabilisiert, d.h., daß in einem gleichen Arbeitsvorgang sowohl Tiefbohrungen als Aushub des Bohrmaterials mittels Wasserspülung wie Injektion von Beton erfolgte. Nachdem sich bei der Unterfangung des Turms nach den Arbeiten noch eine deutliche Setzung feststellen ließ, sollte zunächst das Verfahren für den Kirchenbau selbst nicht mehr in Anwendung gebracht werden. Aus den Erfahrungen bei der Turmunterfangung wurde jedoch eine neue Methode für die Unterfangung des Kirchenbaus erarbeitet. Nachdem bei der Turmunterfangung der Wasserdüs-Strahl in einem Vollkreis von 360° eine unberechenbare Menge des morschen Rostmaterials herausgespült hatte, waren zu große Hohlräume entstanden und dadurch eine Setzung erfolgt. Für den Kirchenbau wurde nun der Düswinkel auf einen Halbkreis beschränkt, somit waren die Bohrlöcher nur mehr halb so groß, mußten dafür jedoch in der doppelten Anzahl eingebracht werden; diese neue Methode hat beim Langhaus keine negativen Nebenerscheinungen mehr gezeigt. Durch das Soilcrete-Verfahren wird zwar der Untergrund unter den Fundamenten mit Beton ausgefüllt, durch mögliche Schrägbohrungen wurde jedoch die Substanz des Mauerwerkes und der Seitenaltarmensen viel weitgehender geschont, als dies bei anderen Unterfangungsmöglichkeiten gegeben wäre. La

–, *Kath. Stifts- und Stadtpfarrkirche St. Martin*, Richtigstellung: die vier Sonnenuhren wurden, nicht wie im Jahrbuch Bd. 42 (1988), S. 248 vermerkt, mit Hilfe von Spenden des Lions Clubs, sondern aus Mitteln des Rotary Clubs Landshut restauriert.

–, *Kath. Frauenkapelle bei St. Martin*, Beratung der geplanten Dachinstandsetzung: Nachdem die etwa vor dreißig Jahren aufgebrachte Mönch-Nonne-Deckung ständige Schäden an der Vermörtelung aufweist und damit zu Sprengungen in den Ziegeleindeckungen führte, wurde der Eindeckung mit Mönch-Nonne-Verbundziegeln zugestimmt. La

–, *Isargestade 732*. Dem Abbruchantrag für das wohl aus dem 17./18. Jh. stammende Haus wurde nicht zugestimmt. Das Haus liefert noch in besonders eindrucksvoller, anschaulicher Art Informationen über die Eigenart gleichsam vorstädtischer Gebäude, die einen Übergangstyp vom Bürgerhaus im Altstadtkern zum Bauernhaus in der ländlichen Umgebung darstellen. Ue

–, *Isarpromenade 2*. Die Instandsetzung am «Röcklturm» wurden weitergeführt. Im Vordergrund der denkmalpflegerischen Bemühung stand, die notwendigen Erneuerungen unter möglichst weitgehender Erhaltung der überkommenen Substanz so durchzuführen, daß der besondere historische Charakter des ehemaligen Stadtmauerturms anschaulich bleibt. Der Röcklturm ist eine der ganz wenigen Stellen, wo der Wehrgang der Stadtmauer noch im Original erhalten ist. Die vom Stadtrat beschlossene Nutzung als Kupferstichkabinett kommt diesen Bestrebungen sehr entgegen. Ue

–, *Ländgasse 41–42, ehem. Sitz des Landschaftspräsidenten*. Die Absprache der Planung und die Bauforschung wurden fortgesetzt. Besondere Schwierigkeit bereitet die Berücksichtigung der Balken-Bohlendecken, die von den Erfordernissen der Statik und des Brandschutzes in dem künftig von der Volkshochschule genutzten Gebäudes schwer gefährdet sind. Noch ohne abschließendes Ergebnis wurde diskutiert, ob der Innenhof überdacht werden soll, damit die Fassaden mit den ursprünglich offenen Laubengängen wiederhergestellt werden können. Das Landesamt für Denkmalpflege setzt sich für eine Lösung ein, die den baugeschichtlichen Prozeß anschaulich erhält und nicht Teilbereiche eliminiert. Ue

Langgraben (Lkr. Dingolfing-Landau), *Haus Nr. 46*. Das Bauernhaus, ein Halbstockhaus in Blockbau (bez. 1822) wurde außen instandgesetzt. Sch

Leibersdorf, Gde. Volkenschwand (Lkr. Kelheim), *Kath. Nebenkirche St. Jakob*, Vorbereitung der geplanten Innenrestaurierung der ehemals romanischen Chorturmkirche mit ihrer Rokokoausstattung von 1760. La

Leonsberg, Markt Pilsting (Lkr. Dingolfing-Landau), *Kath. Schloßkirche*, Beratung zur Instandsetzung der Westmauer. Im steil ansteigenden Zwickel hinter der Westmauer der Kirche wurde das Gelände mit Abbruchmaterial der ehem. Burg mehrere Stockwerke hoch aufgefüllt; dieses Füllmaterial drückt nun die Westmauer der Kirche nach innen. Falls es zu Sicherungsmaßnahmen und entsprechender Abtragung des Füllmaterials kommt, sind archäologische Untersuchungen erforderlich. La

Loiching (Lkr. Dingolfing-Landau), *Kath. Pfarrkirche St. Peter und Paul*, Beginn der Innenrestaurierung mit Wiederherstellung des barocken Raumbilds an der Raumschale. La

Loitersdorf, Gde. Reisbach (Lkr. Dingolfing-Landau), *Kath. Nebenkirche St. Georg*, erste Instandsetzungsmaßnahmen. Nachdem das Landesamt für Denkmalpflege dem ursprünglich vorgesehenen Abbruch des gotischen Kirchleins nicht zustimmen konnte, wurde die Instandsetzung allerdings nicht mit Nachdruck betrieben, so war bei der Ortsbesichtigung Mitte November eine ganze Dachpartie geöffnet, keine Folienabdeckung, jedoch bereits Algenanflug auf neu eingebauten Hölzern und der Mauerkrone zu erkennen. La

Mainburg (Lkr. Kelheim), *Marktplatz 1*. Das *Alte Rathaus*, ein Giebelbau mit Erdgeschoßlauben und Erkerturm, erneuert nach 1756 und nach Brand 1863, war an der Sockelzone durchfeuchtet infolge eines Zementputzes, an den Fassaden war der Farbanstrich verwittert. Der Sockel bekam einen Kalkputz und die Fassaden einen neuen Farbanstrich nach vorangegangener Befunduntersuchung. Eine Auswechslung der originalen, zweiflügeligen Kastenfenster durch moderne Thermofenster wurde vom Landesamt abgelehnt. Sch

Mallersdorf, Gde. Mallersdorf-Pfaffenberg (Lkr. Straubing-Bogen), *Kath. Pfarrkirche (ehem. Benediktiner-Abteikirche) St. Johannes Ev.* Beratung der geplanten Instandsetzung des prachtvollen Barockgestühls im Langhaus. La

Neufraunhofen, Lkr. Landshut; Haus Nr. 11, großer Saal der gräflichen Tafernwirtschaft, während der Instandsetzung

Maria Berg, Markt Velden (Lkr. Landshut), *Kath. Filialkirche Mariä Himmelfahrt*, Innenrestaurierung. La

Mariakirchen, Markt Arnstorf (Lkr. Rottal-Inn). Der kleine *Torbau* zum ehem. Schloßgarten, ein ansprechender zweigeschossiger Walmdachbau, war durch den Einsturz der Südwestecke aufs höchste gefährdet. Der durchgehend mit frühklassizistischer Illusionsmalerei des späten 18. Jhs. (Durchblicke mit eingestellten, auf Postamenten stehenden «Stein»-Figuren) versehene kleine Saal im Obergeschoß war aufgerissen und vom weitergehenden Einsturz bedroht. Erst mit der Androhung einer Instandsetzungsanordnung konnte der Eigentümer dazu bewegt werden, die eingestürzte Ecke auf saniertem Fundament wieder einmauern zu lassen. In mehreren Schritten müssen in den kommenden Jahren die Substanz gesichert und ein restauratorischer Abschnitt angeschlossen werden. Ue

Matting, Gde. Salching (Lkr. Straubing-Bogen), *Kath. Nebenkirche Mariä Birnbaum*, Beratung für die geplante Außeninstandsetzung und eine Orgelrenovierung. La

Mauern, Stadt Neustadt a.d. Donau (Lkr. Kelheim), *Kath. Wallfahrtskirche Unserer Lieben Frau*, Beratung der geplanten Gesamtinstandsetzung. La

Metting, Gde. Leiblfing (Lkr. Straubing-Bogen), *Kath. Filialkirche St. Johannes Baptist und Johannes Ev.*, Erneuerung eines Teilbereiches der zerstörten Friedhofsmauer und Restaurierung eines barocken Kruzifixes für die moderne Friedhofshalle. La

Mitterfels (Lkr. Straubing-Bogen), *Alte Pfarrkirche St. Georg*, Innenrenovierung der 1734/36 als Schloßkirche erbauten Saalkirche mit dreipaßförmigem Altarhausgrundriß; 1942 waren von Weininger neue Deckenbilder aufgebracht worden (Vorbild Altarhausfresko der Wieskirche bei Steingaden); nach der letzten Innenrenovierung (erst 1964) war eine erneute Restaurierung angeraten. La

Moosthann, Gde. Postau (Lkr. Landshut), *Kath. Pfarrkirche St. Jakob*, Beratung der geplanten Innenrestaurierung der zuletzt 1972 renovierten barocken Saalkirche. La

Moosthenning (Lkr. Dingolfing-Landau), *Kath. Filialkirche Mariä Himmelfahrt*, Beratung der geplanten Außeninstandsetzung. La

–, *Moosstraße Nr. 4*. Bei dem Kleinbauernhaus mit Giebelblockbau und Hochlaube (Anfang 19. Jh.) wurde mit einem Zuschuß des Landesamtes das Dach und der Schrot instandgesetzt. Sch

Münster, Gde. Steinach (Lkr. Straubing-Bogen), *ehem. Klosterkirche und heutige Kath. Pfarrkirche St. Tiburtius*, Beratung der geplanten Außeninstandsetzung der dreischiffigen Basilika. Das Bauvorhaben der Anfügung eines Heizkellers am nördlichen Seitenschiff war abzulehnen. Auch von einer generellen Putzerneuerung konnte abgeraten werden. Der Putz wurde nur an den mürben Stellen der südlichen Seitenschiffmauer erneuert. La

–, *Kath. Nebenkirche St. Martin*, Beratung der geplanten Instandsetzung. La

Neufraunhofen (Lkr. Landshut), *Haus Nr. 11*. Die gräfliche Tafernwirtschaft, ein zweigeschossiger Obergeschoß-Blockbau mit Flachsatteldach, wohl um 1670, wurde mit Zuschußmitteln des Landesamtes innen und außen instandgesetzt. Sch

Neuhüttenmühle, Gde. Mauth (Lkr. Freyung-Grafenau). Das *Sägegatter* ist instandgesetzt. Es zeigt sich wieder in dem für die Hauslandschaft des Bayerischen Waldes typischen Erscheinungsbild als schmaler langgestreckter Baukörper mit Verbretterung. Das ausgeklügelte Antriebssystem für das Gatter mit einer von mehreren Transmissionsriemen angetriebenen Mechanik wurde durch ältere Sägewerksangehörige mit traditionellen Kenntnissen instandgesetzt. Damit konnte dieses Beispiel frühindustrieller Holzbearbeitung wieder so anschaulich werden, daß auch dem Laien ein zusammenhängender Eindruck dieser für den Bayerischen Wald früher lebensnotwendigen Betriebsabläufe entsteht. Ue

Neukirchen (Lkr. Straubing-Bogen), *Kath. Pfarrkirche St. Martin*, Beratung der Außeninstandsetzung des dreigeschossigen Barockturms. La

Neurandsberg, Gde. Rattenberg (Lkr. Straubing-Bogen), *Kath. Wallfahrtskirche*, Beratung der geplanten Innenrestaurierung des 1699/1700 errichteten Barockbaus. La

Neustadt a.d. Donau (Lkr. Kelheim), *Kath. Friedhofskirche St. Nikolaus*, Beratung der Restaurierung des barocken Hochaltars mit der Freilegung von zwei überdeckten Flügelbildern in der Nische. La

Niederachdorf, Gde. Kirchroth (Lkr. Straubing-Bogen), *Kath. Wallfahrtskirche Hl. Blut*, abschließende Restaurierungsarbeiten im Rahmen der Gesamtinstandsetzung der barocken Wallfahrtskirche. La

Niederalteich (Lkr. Deggendorf), *Guntherweg 7*. Beginn der Sanierung des *ehem. Sommerhauses* der Äbte von Niederalteich. Der Gemeinde ist es gelungen, das Grundstück östlich des künftigen Rathauses durch Zukauf so zu vergrößern, daß der hinter dem Baudenkmal zur Aufnahme der eigentlichen Verwaltungsfunktionen geplante Erweiterungsbau noch weiter von dem prominenten Gebäude abgerückt werden kann. Altbau und Neubau werden durch einen gläsernen Zwischenbau zusammengeschlossen, erhalten aber größere Selbständigkeit voneinander. Nach Erstellung des Rohbaus für die Erweiterung läßt sich ein Gelingen der etwas heiklen Planung erhoffen. Ue

Niedersüßbach, Gde. Obersüßbach (Lkr. Landshut), *Kath. Filialkirche St. Johannes Baptist und Johannes Ev.*, Beratung für die geplante Innenrestaurierung. La

Niedersunzing, Gde. Leiblfing (Lkr. Straubing-Bogen), *Kath. Nebenkirche St. Martin*, Beratung bei der Erneuerung der baufälligen Sakristei. La

Niederumelsdorf, Stadt Siegenburg (Lkr. Kelheim), *Kath. Pfarrkirche St. Ulrich*, Beratung der geplanten Gesamtinstandsetzung. La

Oberalteich, Stadt Bogen (Lkr. Straubing-Bogen). *Ehem. Benediktinerabtei, jetzt Kath. Pfarrkirche*, Beratung und begleitende Überwachung der Außeninstandsetzung der 1622–26 erbauten Abteikirche, eine der bedeutendsten frühen Barockschöpfungen nördlich der Alpen. Die Befunduntersuchung zeigte, daß die in der Rokokozeit mit geschweiften Fensterumrahmungen umgestalteten, 1954–56 neu verputzte Kirche (südliche Querhausapside 1886 abgebrochen) reiche Farbfassungen trug; auch die gliedernden und einfassenden Sand-, Granit- und Kalksteine sowie das Traufgesims waren farbig abgefaßt. Die dekorativ-ornamentale Erstfassung über einer gemalten hohen Rustikazone war jedoch nicht wiederherzustellen, da sie im Detail nicht hinreichend dokumentiert werden konnte und da die nachfolgenden Umbaumaßnahmen Störungen für diese Fassung bedeutet hatten, so daß die Fassung nach der letzten Umbauphase im 18. Jahrhundert, also die Rokokofassung in einem lachsrosa Ton mit hellen Absetzungen gewählt wurde. La

Obereggersberg, Stadt Riedenburg (Lkr. Kelheim), *Kapelle im ehem. Pfarrhof*, Beratung der geplanten Instandsetzung. La

–, *Burg- und Kapellenruine*. Die *Burg Eggersberg* (Anfang 13. Jh.), von der noch Reste der Ringmauer mit dem Abschnittsgraben erhalten sind sowie eine barocke Kapellenruine um 1700 sind zwar der Öffentlichkeit zugänglich, mußten jedoch wegen weiteren Verfalls der Ringmauer vorläufig gesperrt werden. Mit Zustimmung des Eigentümers wurde seitens des Landesamtes eine Bodenanalyse des Hanges und eine statische Untersuchung der Ringmauer in Auftrag gegeben. Ein Sanierungskonzept wird erarbeitet. Sch

Oberföcking, Gde. Saal a.d. Donau (Lkr. Kelheim), *Ortskapelle*. Die Restaurierung der aus der Zeit um 1300 stammenden Marienfigur wurde in den Werkstätten des Landesamtes für Denkmalpflege durchgeführt; der Eigentümer konnte sich mit dem Vorschlag der Werkstätten identifizieren, wonach die Figur in den wenigen noch ursprünglichen Fassungsresten belassen wird; bei einer Ortseinsicht wurden Möglichkeiten für Sicherungen in der Kapelle beraten. La

Oberglaim, Gde. Markt Ergolding (Lkr. Landshut), *Kath. Pfarrkirche*, Beratung zur geplanten Neudeckung der barocken Turmkuppel. Die zuletzt 1968 erfolgte Neueindeckung in Kupfer war nicht mehr reparabel, da damals die Platten zu kurz verlegt wurden, so daß rückstauendes Wasser einlief und die ganze Kuppelholzkonstruktion verrotten ließ. La

Obergraßlfing, Gde. Laberweinting (Lkr. Straubing-Bogen), *Kath. Filialkirche Mariä Himmelfahrt*, Abschluß der mehrere Bauabschnitte umfassenden Gesamtinstandsetzung der Wallfahrtskirche.
La

Oberhaselbach, Markt Mallersdorf-Pfaffenberg (Lkr. Straubing-Bogen). Das *ehem. Wasserschloß* war jahrzehntelang durch Vernachlässigung jeglichen Bauunterhalts bedroht. Erst mit dem Wechsel des Eigentümers kam die Chance zur Instandsetzung. Die Baugeschichte der Burg- und späteren Schloßanlage ist lückenhaft. Fest steht das Baujahr für die südliche Erweiterung durch den Westflügel (1727). 1756 erfolgte ein Umbau des Schlosses, zwischen 1835 und 1840 wurde die weiter westlich stehende Burg mit dem Bergfried abgetragen. Das heutige Schloß ist eine zweigeschossige Anlage mit Nord- und Westflügel sowie einem kleinen Stallanbau als östliches Pendant zur Westflügel. Der Nordflügel hat elf, der Westflügel sieben Fensterachsen. Ein flaches Bandgesims trennt die Geschosse voneinander, die Gebäudeecken sind durch flache Putzquader eingefaßt. Ein schön profiliertes Traufgesims schließt die Fassade zum Dach hin ab. Die Kämpferfenster in der Süd- bzw. Ostfassade haben geohrte Faschen mit Randleisten. Der südlich vorgelagerte Rest des Wassergrabens ist stark verlandet. Das Absinken des Wasserspiegels hat zur Verrottung der Burg zu der Pfahlgründung geführt, so daß im aufgehenden Mauerwerk erheblich statische Schäden entstanden sind. Bei der bevorstehenden Fundamentsanierung gilt es, die Eichenpfahlgründung zu erhalten, die lt. dendrochronologischer Untersuchung aus den Jahren 1398 bis 1428 stammt. Eine durchgreifende Trockenlegung muß die bis in das Obergeschoß reichende Durchfeuchtung als eine der wesentlichen Schadensquellen beheben.
Ue

Oberhofen (Lkr. Kelheim), *Schleuse Nr. 9, Schleusenwärterhaus* des Ludwig-Donau-Main-Kanals, ein klassizistischer Bau um 1840. Im Zuge des Ausbaus des Rhein-Main-Donau-Kanals wurden die Schleusenwärterhäuser erhalten, da sie außerhalb der neuen Kanaltrasse liegen. Sie wurden instandgesetzt und an naturwissenschaftliche Institutionen verpachtet. Sch

Oberhornbach, Markt Pfeffenhausen (Lkr. Landshut), *Kath. Nebenkirche St. Stephan*, Beratung bei der Restaurierung der Barockaltäre. An den Seitenaltären trat als Erstfassung eine Schwarz-Rot-Marmorierung zutage, die in Form einer Überfassung ausgeführt wurde. Der Hochaltar, für den kein eindeutiger Befund vorlag, wurde entsprechend gefaßt. La

Obermünchsdorf (Lkr. Dingolfing-Landau), *Landauerstraße 133*. Bei dem Bauernhaus mit Obergeschoßblockbau, Ende 18. Jh., wurden die Schrote und die Fenster instandgesetzt. Sch

Obernzell (Lkr. Passau), *Marktplatz 1*, Gasthaus zur Post mit Walmdach und Belvedere um 1808. Die Außenfassaden mit ihrem reichen Stuck wurden farblich gefaßt. Sch

Obersaal (Lkr. Kelheim), *Hauptstraße Nr. 33*. Am Gasthof mit Halbwalmdach, Segmentbogenfenstern und geschnitzter Tür (bez. 1862) wurde das Dach neu eingedeckt. Sch

Oberviehbach (Lkr. Dingolfing-Landau), *Am Kellerberg Nr. 2*. Das Bauernhaus, ein Blockbau des 18. Jhs., wurde wieder instandgesetzt.
Sch

Offenberg (Lkr. Deggendorf), *Graf-Bray-Straße 14*. Der mit Sicherheit in das 17. Jh., in einzelnen Bauteilen wohl noch weiter zurückreichende stattliche Bau der *ehem. Hoftaverne* ist eng mit der Geschichte des Schlosses Offenberg verbunden. Dies wird auch im Ortsbild ungewöhnlich deutlich. Während sich die Ortsbebauung am Fuß des Schloßbergs eher geduckt zusammendrängt und für den Fernblick im wesentlichen nur mit geschlossenen Dachflächen zur Geltung kommt, ragt die ehem. Taverne mit ihrem hohen Steilgiebel hoch über die bauliche Umgebung hinaus und wird so, in Korrespondenz mit dem Schloß, zum bestimmenden Gebäude in Offenberg. Diese Dominanz wird im Ortsinneren noch deutlicher. Zwischen der von West nach Ost verlaufenden Hauptstraße und dem Schloßberg gelegen, ist die Taverne der einzige giebelständige Bau. Das steile Dach, die Baumasse und die eindrucksvolle Geschlossenheit der Fassade verleihen dem Gebäude eine imposante Wirkung. Der zweigeschossige Bau hat einen relativ hohen Sockel, der das durchgehend gewölbte Kellergeschoß umschließt. Die vergleichsweise kleinen Fenster in den großflächigen Fassaden geben dem ehem. Gasthaus einen ansprechenden großzügigen Ausdruck, der den Charakter der ursprünglichen Speichergeschosse über dem Erdgeschoß noch deutlich zu erkennen gibt. Dieser kommt auch im Inneren des Gebäudes zur Geltung. Im Erdgeschoß nur noch unvollständig erhalten, im Obergeschoß dagegen noch durchgehend ablesbar, durchzieht ein Mittelunterzug parallel zu den Traufseiten den gesamten Bau. Er trägt die eng aneinandergereihten, kräftig dimensionierten Deckenbalken, über denen lediglich eine Bohlenauflage folgt. Diese für Stadelbauten bezeichnete Konstruktionsweise gibt der großzügigen, mit Granitplatten ausgelegten Fletz im Erdgeschoß einen sehr urtümlichen Ausdruck, anschaulich wird sie auch im großen Tanzsaal des Obergeschosses, dem eine Hochzeitsstube angegliedert ist.
Geplant ist die Beibehaltung der Wirtshausnutzung, allerdings in reduziertem Umfang. Der Tanzsaal bleibt erhalten, die übrigen Räume im Obergeschoß werden zu Wohnzwecken genutzt. Durchgeführt werden vorerst eine Bauforschung, die Grundlage einer möglichst substanzschonenden Sanierung sein soll, und eine Befunduntersuchung. Ue

Ottending, Gde. Mengkofen (Lkr. Dingolfing-Landau), *Kath. Filialkirche St. Wolfgang*, Beratung der geplanten Gesamtinstandsetzung.
La

Ottering, Gde. Moosthenning (Lkr. Dingolfing-Landau), *Kath. Pfarrkirche St. Johannes Baptist*, Beginn der Außeninstandsetzung an dem 1863 erbauten neugotischen Kirchturm und Erstellung der Stützmauer im Südosten des Altarhauses. Am Turm wurde die verbrauchte Schieferdeckung in gleichem Material, Muster und Farbe erneuert. La

Painten (Lkr. Kelheim), *Marktplatz 25*. Der Brauereigasthof, ein zweigeschossiger Steilgiebelbau mit Bodenerker, im Kern 17./ 18. Jh., wurde außen instandgesetzt. Putzausbesserungen, neuer Fassadenanstrich nach Befund und Auswechslung der modernen Fenster und Türen im Sinn der ursprünglichen Gestaltung nach alten Photographien. Sch

Passau, Schrottgasse 1. Am *Rathausturm* haben sich unterhalb des auf Konsolsteinen überkragenden obersten Geschosses erhebliche Schäden gezeigt, die z. T. auf undichte Fugen im Belag des der Witterung ausgesetzten offenen Umgangs zurückzuführen waren. Die 1975 angetragene Steinersatzmasse am Turmgeschoß dagegen ist vorzüglich erhalten und auch ästhetisch noch immer befriedigend. Die Werksteine aus Naturstein an der Wetterseite wittern normal ab, so daß sich die härteren Muscheleinschlüsse etwas mehr hervortun, doch gibt es nirgends Absprengungen oder Abblätterungen. Auf den anderen drei Seiten ist dagegen ein deutliches Absanden festzustellen; weitere Schäden sind jedoch nicht zu konstatieren. Die Absandung gibt deshalb zu keinen ernsten Sorgen Anlaß. Es wurde vorgeschlagen, im Rahmen der anlaufenden Baumaßnahmen an der Balustrade und am oberen Stockwerk des Rathausturms an je einem der Gewände auf der Wetterseite und einer wetterabgewandten Seite eine Probefestigung mit Kieselsäureester durchzuführen und diese als Langzeitversuch mehrere Jahre so zu belassen. Bei Bewährung des Kieselsäureesters auf dem vorliegenden Stein und beim Zunehmen der jetzt sichtbaren Absandung wäre es dann durchaus möglich, zu gegebener Zeit sämtliche Natursteinteile mit diesem Festigungsmittel zu behandeln. Die Steinrestaurierungswerkstatt des Landesamts für Denkmalpflege wollte die Proben selbst durchführen und dokumentieren, so daß ein kontrollierter Langzeitversuch an Regensburger Grünsandstein in exponierter Lage zustande käme.   Ue

–, *Klosterweg 4.* Der sog. *Scheiblingsturm* ist ein im Kern wohl noch aus dem 14. Jh. stammender Teil der Stadtbefestigung von Passau, er steht unmittelbar auf dem Felsenufer des Inn und wird bei Hochwasser umspült. Bei der 1481 erfolgten Renovierung im Auftrag der «Schiffartszech» schuf Rueland Fruehauf auf der Südseite des Rundturms ein weit überlebensgroßes Fresko. Dargestellt sind auf der Wasserseite der hl. Christophorus und der hl. Nikolaus. Oberhalb der beiden Figuren befindet sich ein gemaltes Wappen mit dem Passauer Wolf. Der Trägerputz der Heiligendarstellung liegt – an wenigen überlappenden Fragmenten zu erkennen – über dem Trägerputz des Wappens. Ob es sich um eine Tagewerksgrenze oder um zwei Verputzungen mit größerem seitlichen Abstand handelt, kann nicht gesagt werden. Beide Putzschichten sind einander sehr ähnlich und liegen auf dem heterogenen Bruchsteinmauerwerk. Beide Darstellungen, Heilige und Wappen, sind bereits zu einem früheren Zeitpunkt restauriert worden und nur noch fragmentarisch vorhanden. Die Maltechnik unterscheidet sich leicht: Die Zeichnung des Wappens wurde in den frischen Putz geritzt, bei den Heiligendarstellungen läßt sich keine Ritzung erkennen. Die Figuren sind schwarz konturiert. Von dem originalen Trägerputz ist heute noch etwa ein Drittel erhalten. Die ursprüngliche Oberflächenwirkung ist nur noch an wenigen Stellen gut ablesbar. Ursachen der Zerstörung sind vor allem die Luftverschmutzung sowie die teilweise Durchfeuchtung des Mauerwerks durch die häufigen Hochwässer des Inn. Geplant ist zunächst eine Notsicherung, bis ein schlüssiges Sanierungskonzept erarbeitet ist, das sich vor allem mit der Frage wird auseinandersetzen müssen, ob das Original weiterhin ungeschützt den Witterungseinflüssen ausgesetzt werden darf, wie es zu sichern ist, welche Art von konservatorischer Behandlung es unterzogen werden kann.   Ue

–, *Innstraße 4.* Weitere begleitende Betreuung der Sanierung des *Stadttheaters*, des als Foyer vorgesehenen Erdgeschosses im Redoutengebäude und des sog. Intendantenstöckls, dessen Dachstuhl aus dem frühen 19. Jh. trotz gegenteiliger Planung aufgrund der denkmalfachlichen Forderung erhalten blieb.   Ue

–, *Innstadtfriedhof.* In einem über mehrere Jahre angelegten Programm werden die wichtigsten Grabmäler restauriert. Unter den bisher bearbeiteten Grabfiguren war ein als Galvanoplastik in mehreren Arbeitstechniken hergestellter Engel, der schwere Schäden zeigte. Figuren dieser Art waren in der Zeit vor dem Ersten Weltkrieg als Grabschmuck sehr beliebt; sie konnten nach Katalog bestellt werden. Die Teile des Engels wurden in drei Arbeitstechniken hergestellt: Hohlgalvanoplastik, Kerngalvanoplastik und getriebenes Kupferblech. Der Kern bestand aus einer gipsähnlichen Masse, in die Eisenarmierungen zur Stabilisierung der Figuren eingearbeitet waren. Bei der Restaurierung wurde der Kern größtenteils entfernt und durch ein Edelstahlgerüst ersetzt. Die abgebrochenen Flügel wurden neu montiert, Fehlstellen durch getriebenes und ziseliertes Kupferblech ergänzt und patiniert. Im Kupfersockel und im Traggerüst sorgen kleine Öffnungen an der Unterseite für den Abfluß des sich bei Temperaturschwankungen bildenden Kondenswassers.   Ue

–, *Bräugasse 17.* In die Häuserzeile zwischen Bräugasse und Donau fügt sich gegenüber der Nordseite des Klosters Niedernburg die große Fassade des Anwesens ein. An der städtebaulich markanten Einengung der Gasse mit der am weitesten nach Norden vortretenden Klosteranlage (bis 1662 stand hier die romanische Kloster- und Pfarrkirche St. Mariä) entsteht ein spannungsvoller Gegensatz zwischen der in einen kleinen Platz übergehenden räumlichen Enge der Gasse und der großflächigen Fassade. In der durch genutete Ecklisenen, durchlaufendes Traufgesims und gleichartige Fensterrahmungen einheitlich erscheinenden Fassade fallen Unregelmäßigkeiten auf, die auf eine bewegte Baugeschichte schließen lassen: der gotische Flacherker im östlichen Fassadenteil, jeweils zu Dreier- oder Zweiergruppen zusammengefaßte Fensterachsen, Entwässerungen von verschiedenen Grabenbächen und nicht zuletzt die Jahreszahl 1558 an der westlichen Hausteinecke, die nicht mit dem Baustil der Fassade zusammenstimmt. Der zentrale Lichthof des Hauses mit der hohen Laterne und den begleitenden Arkadengängen bestätigt, daß es sich um ein Gebäude mit besonderem, repräsentativen Charakter handelt. Hier endete bis vor kurzem die Möglichkeit, das Haus in seiner Eigenart gänzlich zu begreifen. Die um den zentralen Erschließungskern angeordneten Räume paßten ganz und gar nicht zu dem großzügigen Eindruck von Fassade und Lichthof, sie waren eng unterteilt, die Wohnungsgrundrisse ließen deutlich die ursprünglichen Raumzusammenhänge außer acht. An noch sichtbaren Resten stuckierter Decken, Balken-Bohlendecken, an Gewölben war ebenso die frühere Wirkung der Räume zu erahnen wie an mancher Ausstattung, etwa Türen und Böden. An diesem Punkt setzte die Diskussion über eine dem Baudenkmal angemessene zukünftige Nutzung an: Ist das Gebäude mit seiner Wohnnutzung zu erhalten, damit die nach und nach in die Altstadt zurückkehrende Wohnfunktion unterstützt wird oder ist eine Änderung in Richtung musealer Nutzung zuzulassen mit der Möglichkeit der weitgehenden Wiederherstellung der ursprünglichen Raumwirkung und -ausstattung?

Aus den Grundrißplänen waren ehemals saalartige Räume zu ersehen, jeweils drei nach Süden und zwei nach Norden. Diese Räume mußten einer anderen Nutzung gedient haben als die kleinstrukturierten Wohnhäuser der Umgebung. Nach den spärlichen Archivalien stand das Haus in Verbindung mit dem Kloster Niedernburg, ein unterirdischer Verbindungsgang – heute zugeschüttet – belegt dies. Raumgrößen und die besondere Ausstattung wiesen auf eine ungewöhnliche Bedeutung hin. Innenliegende unbelichtete Küchen, unzulängliche Sanitärräume, gefangene Wohn- und Schlafräume entsprachen bei weitem nicht mehr den heutigen Wohnungsbauvorschriften. Eine Sanierung wäre an die Einhaltung einschlägiger Richtlinien gebunden gewesen, die nur schwer so zu interpretieren sind, daß alte Bausubstanz berücksichtigt werden kann. Waren die bestehenden Wohnungen noch – den damaligen Möglichkeiten entsprechend – in das Grundgefüge der Gebäude eingesetzt und hatten sie die Ausstattung weitgehend belassen, so hätte eine Sanierung mit Umstellung der Grundrisse, Einbau neuer Installationen, Schalldämmungsmaßnahmen usw. weit verlustreichere Folgen für die Bausubstanz gehabt als der im Grunde schonende erste Wohnungseinbau. Bei Beibehaltung der Wohnnutzung nach Wiederherstellung der alten Räume war in Anbetracht von deren Größe und Volumen von vornherein ausgeschlossen. Die realistische Alternative bot sich in der Absicht der Errichtung eines Museums moderner Kunst, dem die in ihre ursprüngliche Gestalt gebrachten Räume als Rahmen dienen konnten. Anders als die intensive Nutzung mit Mietwohnungen – für die das Gebäude nach seiner Grundstruktur nicht geschaffen war – entsprach der Raumplan für Ausstellungen optimal dem Bestand und auch der auf Repräsentation angelegten Zweckbestimmung. Die Alternative zwischen Wohn- und Museumsnutzung mußte unter denkmalfachlichen Gesichtspunkten zum Ergreifen der Möglichkeit führen, das Baudenkmal den geringeren Eingriffen auszusetzen und es in seiner Originalgestalt unter Wahrung der überkommenen Ausstattung darzustellen. Die zum Zeitpunkt der grundsätzlichen Überlegungen bekannten Umstände forderten diese Entscheidung, die Ergebnisse der Bauforschung bestärken sie und der Erfolg der Sanierung bestätigte die Richtigkeit. Verformungsgerechtes Bauaufmaß und umfangreiche Befunduntersuchungen gingen einer ausführlichen Absprache der Sanierungs- und Ausbauplanung mit dem Landesamt für Denkmalpflege voraus. Ziel der Planung und Baudurchführung waren unbedingte Substanzerhaltung, Rückgewinnung der ursprünglichen Räume und Erhaltung ihrer Ausstattung. Für den unumgänglichen Aufzug konnten durch nachträgliche Umbauten ohnehin schon gestörte Räume gefunden werden; in einen untergeordneten Bereich kam die Fluchttreppe, deren Einbau die Freihaltung des Treppenhauses und der Arkadengänge von rauchdichten Abschottungen ermöglichte. Dies waren die einzigen baulichen Eingriffe. Der außerordentlichen Sorgfalt in der Materialwahl, wie in der Detailplanung, die sich mit dem Bestand erhaltend und mit Ergänzungen zeitgenössisch entwerfend auseinandersetzte, mußte das handwerkliche Können der am Bau beteiligten Handwerker entsprechen. Das Haus Bräugasse 17 konnte keine Baustelle der schnellen Entschlüsse und einer Serienprodukte verarbeitenden Ausführung sein. Die Erhaltung und Sanierung der gesamten konstruktiven Substanz – Mauerwerk, Gewölbe, Holzdecken, Fassaden –, die restauratorische Bearbeitung sämtlicher historischer Ausstattung – Balken-Bohlendecken, Stuckdecken, Wandputze und -fassungen, Türen, Steinböden – wurden als verpflichtende Aufgabe der Denkmalinstandsetzung aufgefaßt. Mit dem wieder nach außen aufschlagenden Winterfenstern erhielten die Fassaden ihre für Passau typische Erscheinung zurück. Ergänzende Ausstattungen sind Ergebnisse individuellen planerischen Bemühens und gekonnter handwerklicher Herstellung. Dieser hohe denkmalpflegerische Standard von Bauuntersuchung, -planung und -durchführung gibt über Passau hinaus ein Beispiel, das vergleichbaren Denkmalinstandsetzungen als Orientierung dienen kann. Ue

–, *Bräugasse 25*. Zur genaueren Beurteilung der Bausubstanz des Gebäudes wurden ein verformungsgerechtes Bauaufmaß und eine sorgfältige Befunduntersuchung gefordert. Die Befunduntersuchung ergab u. a., daß der älteste Kern des Hauses in der Südostecke zu suchen ist. Hier zeichnet sich vor allem in den sehr dicken Umfassungswänden ein mittelalterliches Steinhaus ab. Im Verlauf der Baugeschichte erfuhr dieser Kern zwar Veränderungen, blieb aber als zentraler Baubestand bis in unsere Zeit vorhanden und in der Architektur des Gebäudes ablesbar. Noch bevor das Landesamt für Denkmalpflege Gelegenheit hatte, zu der Eingabeplanung für den Umbau des Gebäudes Stellung zu nehmen, wurde in die östliche Wand dieses Steinbaus (= Kommunwand zum Nachbargebäude) im Erdgeschoß ein zweiteiliger Durchgang zum Nachbarhaus gebrochen. Der Durchbruch ist ein grober, nicht rückgängig zu machender Eingriff in wertvolle historische Bausubstanz, die gerade im vorliegenden Fall Zeugnis gibt von Größe, städtebaulicher Anordnung, Bauweise und Konstruktion früher Passauer Gebäude. Bei Gebäudesubstanzen dieser Qualität wird regelmäßig zur Auflage gemacht, daß von einem qualifizierten Restaurator ein Plan mit Angaben zu erstellen ist, in welche Wand-, Gewölbe- oder Deckenflächen unter keinen Umständen, in welche nur nach Rücksprache mit dem Restaurator oder in welche ohne Bedenken eingegriffen werden darf. Diese auch in der fachlichen Stellungnahme zum Bauantrag für das Gebäude Bräugasse 25 enthaltene Auflage konnte wegen des eigenmächtigen Eingriffs nicht rechtzeitig mitgeteilt werden. Die Stadt Passau hat ein Bußgeldverfahren eingeleitet. Ue

–, *Heilig-Geist-Gasse 11*. Umbau der ehem. *fürstbischöflichen Hofremise* für das Grundbuchamt und andere Funktionen der Justiz, baubegleitende Betreuung, Absprache der Details zur Rückführung der Fassade auf die ursprüngliche Fassung. Ue

–, *Höllgasse 11/13, Kleine Messergasse 1/3*. Die Instandsetzung des größeren Baukomplexes durch den Sanierungsträger ist abgeschlossen. Wie schon bei den vorangegangenen Maßnahmen im Sanierungsgebiet Höllgasse konnte auch hier ein für die Denkmalpflege noch verträgliches Verhältnis zwischen Substanzerhaltung und Erneuerung, zwischen Vorschriften des sozialen Wohnungsbaus und Erfordernissen der Denkmalpflege gefunden werden. Die Gebäude haben ihren individuellen Charakter behalten, die Wohnungen sind in ihren unterschiedlichen Zuschnitten den Baubedingungen der alten Häuser eingepaßt, Holzdecken der verschiedensten Konstruktionsarten blieben ebenso erhalten wie die Gewölbe der Erdgeschosse, ehemalige Rauchküchen und die wichtigsten Putz- und Fassungsbefunde. Ue

–, *Höllgasse 19–23*. Während der bereits laufenden Sanierung wurde mit den Befunduntersuchungen an den Fassaden begonnen. Beim Gebäude *Höllgasse 19* findet sich unter der ansprechenden Fassung des späten 19. Jhs. eine 1663 datierte barocke Fassung mit geritzten und gemalten Faschen sowie ebenfalls geritzten Eckquaderungen. Diese Fassung hat besondere Bedeutung nicht nur wegen der großflächigen, die gesamte Fassade überspannenden Erhaltung sondern auch aufgrund ihrer Datierung. Sie war ein Jahr nach dem großen Stadtbrand von 1662 entstanden und gibt so Zeugnis von der ungewöhnlich schnellen Schadensbehebung, die nur damit zu erklären ist, daß das Haus vom Brand weitgehend verschont geblieben war. Diesem Umstand ist es zusätzlich zu verdanken, daß unter der barocken Fassung drei weitere Putzschichten vorhanden sind, deren eine mit freskaler Quaderung der spätgotischen Bauphase zuzuordnen ist. Während dieser «Quaderputz» an anderen Fassaden im Höllgassenbereich nur sporadisch und fragmentarisch nachzuweisen war, hat er sich im Haus Höllgasse 19 nahezu vollflächig erhalten. Damit ist auch die Größe der Fassade zu spätgotischer Zeit mit drei Vollgeschossen definiert.

–, Bei den Häusern *Höllgasse 21 und 23* mit ihrem im heutigen Zustand eher zurückhaltenden Fassadenbild ergab die Untersuchung unter der jüngsten Deckputz mehrere historische Putzlagen, darunter spätgotische Fragmente mit freskaler Quaderung und einem dazugehörigen Maßwerkfries sowie die reiche spätbarocke Fassadengliederung mit geohrten Fensterfaschen und Eckquaderung. Das Landesamt für Denkmalpflege fordert die konservatorische Sicherung aller Schichten. Die Entscheidung, in welcher Fassung die Fassade erscheinen soll, ist noch offen. Sicher ist, daß das vom Sanierungsträger vorgeschlagene Vorgehen, Erhaltung einiger repräsentativer Befunde, ansonsten Neuputz auf allen übrigen Flächen, fachlich nicht akzeptiert werden kann. Ue

–, *Innstraße 42*. Bei einer gemeinsam mit dem Bauträger durchgeführten Ortsbesichtigung wurde darauf hingewiesen, daß der Nachtrag des *ehm. Kleinbauernhauses* in den Entwurf der Denkmalliste erfolgt ist. Die wesentlichen Eigenschaften des Baudenkmals wurden erläutert. Das Haus ist ein zweigeschossiger verputzter Blockbau mit flachgeneigtem Satteldach. Die Giebelseite zeigt Ecklisenen und ein horizontales Putzband. Die kleinen zweiflügeligen Fenster haben die für Passau bezeichnenden, nach außen aufschlagenden Winterfenster. Nach Erscheinungsbild und Ausstattung ist das Haus in das frühe 19. Jh. zu datieren.
Neben dem Erscheinungsbild und Bausubstanz betreffenden Bedeutung macht das Haus aber auch die historische städtebauliche Situation anschaulich, wie sie auch aus einer Reihe früher Stiche mit Darstellung des nördlichen Innhofs hervorgeht. Bis unmittelbar an das Nikolakloster heran reichte die bäuerlich strukturierte Bebauung mit Blockbauten. Der Urkatasterplan von 1826/29 zeigt, daß das Nikolakloster im Nordwesten und Nordosten von kleineren Gärtnereibetrieben umgeben war, zu denen wohl auch das Gebäude *Innstraße 46* gehörte. Obwohl deutlich gemacht worden war, daß eine Zustimmung zu dem beantragten Abbruch nicht zu erwarten sei und auch kein baurichterlicher Genehmigungsbescheid vorlag, erfolgte an einem Samstagvormittag der Abbruch des Baudenkmals. Die Stadt Passau hat ein Ordnungswidrigkeitsverfahren eingeleitet. Ue

–, *Vornholzstraße 43*. Mit der Trockenlegung und Fundamentsanierung am *Mollnhof* wurde begonnen. Der über lange Jahre nahezu ständig überschwemmte Keller ist durch die Anlage einer Drainage schnell ausgetrocknet, so daß die Durchfeuchtung deutlich zurückging. Die Dachinstandsetzung steht noch bevor, eine Renovierung der Fassade wird vorbereitet. Ue

Passau-Hacklberg. Kurz nach der Fertigstellung der restauratorischen Arbeiten im *Fürstenbau* des ehemaligen Weißbier-Brauhauses hat ein durch Fahrlässigkeit entstandener Schwelbrand den reich stuckierten Saal in Rußschwaden versinken lassen, die nur mit enormem Aufwand durch den Kirchenmaler beseitigt werden können. Der entstandene Schaden ist allerdings durch eine Versicherung gedeckt. Ue

Reisbach, Lkr. Dingolfing-Landau; Freiherr-von-Schleich-Platz 6, Gasthof Huber, Ostansicht, vor der Instandsetzung

Pattendorf (Lkr. Landshut), *Hauptstraße 24.* Am Gasthof Neumayer, einem Putzbau mit neugotischem Ziergiebel aus dem letzten Viertel des 19. Jhs. wurden Putzausbesserungen und ein neuer Farbanstrich nach Befund durchgeführt. Zuschuß des Landesamtes für Denkmalpflege. Sch

Pfaffenberg, Markt Mallersdorf-Pfaffenberg (Lkr. Straubing-Bogen), *Kath. Pfarrkirche St. Peter*, Beginn der langwierig vorbereiteten Instandsetzungsarbeiten: Restaurierung des Langhauses mit Konservierung des stark abpudernden Langhausfreskos von Otto Gebhard aus Prüfening, das um 1900 durch Alois Kainz wegen seines schon damals schlechten Zustandes stark übermalt und seither mehrfach überarbeitet worden war. Die Wiederherstellung bzw. Bewahrung der von Kainz selbst dazugefügten Raumschalenfassung wurde angestrebt. Die Maßnahme wurde mit mehreren Ortsterminen und schriftlichen Stellungnahmen begleitet. La

Pfaffendorf, Markt Pfeffenhausen (Lkr. Landshut), *Kath. Pfarrkirche Mariä Opferung*, Beratung, Befunderstellung und Anlage einer Musterachse für die geplante Innenrestaurierung der im 15. Jh. erbauten, 1718 an den Gewölben renovierten, 1739 um ein südliches Seitenschiff und die Emporen erweiterten und 1920 im Altarhaus wieder mit Rippen versehenen Kirche. La

Pfettrach, Gde. Altdorf (Lkr. Landshut), *Friedhofmauer um die Kath. Pfarrkirche*, Beratung der zur Absturzsicherung anstehenden Friedhofsmauer; eine geringfügige Aufstockung wurde vorgeschlagen. La

Pilsting (Lkr. Dingolfing-Landau), *Kath. Friedhofkapelle*, Beratung der eingeleiteten Innenrestaurierung. Dabei wurde nach Befundvorlage die einfache Fassung von 1921 zur Wiederherstellung empfohlen und die vorausgehenden Fassungen dokumentiert. La

Pischelsdorf (Lkr. Dingolfing-Landau), *Haus Nr. 5.* Das Kleinbauernhaus, ein verputzter Blockbau mit Gliederung und Bemalung, wurde mit einem Zuschuß des Landesamtes unter Verwendung aller vorhandenen und noch brauchbaren Originalteile instandgesetzt. Sch

Pleinting (Lkr. Passau), *Hauptstraße 32.* Gasthof Baumgartner, eine geschlossene Vierseitanlage mit Walmdächern und Fledermausgauben, zur Straße Rundbogenfenster und Korbbogentor, im Hof Arkaden, wohl 17. Jh. Der Dachstuhl wurde instandgesetzt, neue Gauben in alter Form aufgesetzt, das Korbbogentor ausgebessert sowie die Fassaden nach Befund gestrichen. Zuschuß und ständige Beratung durch das Landesamt. Im zweiten Bauabschnitt soll die Hofsituation verbessert werden. Sch

Pönning, Stadt Geiselhöring (Lkr. Straubing-Bogen), *Kath. Expositurkirche St. Martin*, Beginn der Inneninstandsetzung der 1762 erbauten Rokokokirche mit statischer Sicherung der gefährdeten Westemporen sowie Sicherung und Konservierung des Deckenfreskos. Die außerordentlich qualitätvolle originale Rokoko-Raumschalenfassung mit Rocailleornamenten, welche hinter den Seitenaltären zum Vorschein kam, wurde als Grundlage für die Neufassung der Raumschale genommen. La

Pörndorf, Gde. Bruckberg (Lkr. Landshut), *Kath. Filialkirche Mariä Himmelfahrt*, Beratung der Außenrenovierung und Fundamentsanierung des gotischen, 1663 barockisierten Saalbaus. La

Pramersbuch, Gde. Mengkofen (Lkr. Dingolfing-Landau), *Kath. Nebenkirche St. Peter und Paul*, Fassung der Raumschale als Bauabschnitt IV der Gesamtinstandsetzung der Dorfkirche (bez. 1776). La

Pullach, Stadt Abensberg (Lkr. Kelheim), *Pfarrhaus*, Beratung der geplanten Instandsetzung des barocken Pfarrhofgebäudes. La

Ratzenhofen (Lkr. Kelheim), *Schloß*. Die Vierflügelanlage von 1767 mit Schloßkapelle wird nach der Umdeckung der riesigen Dachflächen nun an den Fassaden nach Befund instandgesetzt. Die Maßnahmen werden mit Zuschußmitteln des Landesamtes unterstützt. Sch

Reichersdorf, Gde. Niederaichbach (Lkr. Landshut), *Kath. Filialkirche St. Margaretha*, Beratung der dringend nötigen Inneninstandsetzung: Wegen eines Kirchenneubaus von 1961 in Niederaichbach und damit verbundener Außerdienststellung der Filialkirche droht der Verfall des in seinem Altarhaus auf das 15. Jh. zurückgehenden, neugotisch ausgestatteten und mit alten Rotmarmorgrabmälern versehenen Bauwerks. La

Reichersdorf, Gde. Vilsheim (Lkr. Landshut), *Kath. Filialkirche St. Georg*, Innenrestaurierung der aus der Mitte des 18. Jhs. stammenden Saalkirche. La

Reichlkofen, Gde. Adlkofen (Lkr. Landshut), *Kath. Pfarrkirche St. Michael*. Nach der gelungenen Innenrenovierung wurden Sicherungs- und Konservierungsmaßnahmen an dem in der Seitenaltarmensa durch starke Feuchtigkeit beschädigten Reliquiar des Donatusschreins durchgeführt; da an seiner angestammten Aufbewahrungsstelle in der Seitenaltarmensa keine deutliche Luftfeuchtigkeitsminderung möglich ist, wurde die Transferierung in das Diözesanmuseum erwogen, um die prachtvolle barocke Reliquienfassungsarbeit zu retten. La

Reisbach (Lkr. Dingolfing-Landau), *Freiherr-von-Schleich-Platz 6.* Der Gasthof, ein Traufseitbau mit drei Zwerchgiebeln, Tordurchfahrt und reicher Putzgliederung aus der zweiten Hälfte des 19. Jhs. wurde mit Zuschußmitteln des Landesamtes am Dach, Tordurchfahrt und der gesamten Straßenfassade instandgesetzt. Putzausbesserungen und Farbgebung wurden nach sorgfältiger Befunduntersuchung ausgeführt. Sch

Reisbach (Lkr. Passau), *Haus Nr. 21 (früher Haus Nr. 52).* Das Wohnhaus des Vierseithofs, ein Blockbau von 1830, wurde außen instandgesetzt. Sch

Ried, Gde. Adlkofen (Lkr. Landshut), *Kath. Nebenkirche St. Ägidius*, Beratung der geplanten Gesamtinstandsetzung des im Kern romanischen Kirchleins. La

Röhrnbach (Lkr. Freyung-Grafenau), *Marktplatz Nr. 3*. Am Gasthof, einem zweieinhalbgeschossigen Walmdachbau und reicher Putzgliederung, im Kern 17./18. Jh., wurde die Fassade nach Befund neu gestrichen und Ausbesserungsarbeiten an der Putzarchitektur durchgeführt. Zuschuß des Landesamtes. Sch

Rohr i. Ndb. (Lkr. Kelheim), *Benediktinerabtei- und Kath. Pfarrkirche Mariä Himmelfahrt*, sorgfältige Restaurierung des weitgehend im Urzustand erhaltenen Chorgestühls nach Entwurf Egid Quirin Asams. Die Verschleißerscheinungen durch abgetretene Dielenbretter und gelockerte Lagerkonstruktion wurde unter sorgfältiger Wahrung des Originals ausgebessert und gefestigt sowie abschließend die Oberfläche sanft gereinigt und konserviert. La

Roß (Lkr. Landshut), *Haus Nr. 2*. Das leerstehende Wohnstallhaus, Ständerbohlenbau im Obergeschoß aus dem 17. Jh., wurde nach Erstellung einer Dokumentation mit Bauaufmaß und Photographien abgebrochen. Sch

Rucking (Lkr. Passau), *Haus Nr. 4*. Bauernhaus mit Obergeschoß in Blockbau (Ende 18. Jh.), Instandsetzung und Auswechslung von Teilen des Blockbaus. Sch

Ruhstorf, Markt Simbach (Lkr. Dingolfing-Landau), *Kath. Pfarrkirche St. Johannes Ev.*, Beratung der Altarrestaurierung durch Werkstattbesuche, wobei der neugotische Hochaltar nach Erstbefund wiederhergestellt wird und die Seitenaltäre (mit anderem Befund) dem Hochaltar angeglichen wurden. La

Saalhaupt, Markt Bad Abbach (Lkr. Kelheim), *Kath. Filialkirche St. Peter und Paul*, Beratung der geplanten Inneninstandsetzung. La

Sallach, Stadt Geiselhöring (Lkr. Straubing-Bogen), *Kath. Pfarrkirche St. Nikolaus*, Beratung der Instandsetzung der Turmkapelle. Die ursprünglich geostete Chorturmkirche wurde im 18. Jh. bei der Neuerbauung nach Süden gedreht und im ehem. Altarhaus im Untergeschoß des Turms eine Kapelle mit Stuck von Franz Xaver Feichtmeier und Fresko von Matthäus Günther eingefügt. Der Raum der Turmkapelle war durch aufsteigende Feuchtigkeit bis in den Stuckbereich schwer gefährdet. La

Sandelzhausen, Stadt Mainburg (Lkr. Kelheim), *Kath. Pfarrkirche Mariä Himmelfahrt*, Außeninstandsetzung mit Trockenlegungsmaßnahmen und Putzerneuerung. La

St. Anna (Thann), Gde. Neufahrn i. Ndb. (Lkr. Landshut), *Kath. Kapelle St. Anna*, Gesamtinstandsetzung der um 1700 erbauten Ortskapelle. La

Saulburg, Gde. Wiesenfelden (Lkr. Straubing-Bogen), *Kath. Schloßkapelle St. Ägidius*, Innenrestaurierung der 1754 am Schloßhof neu erbauten Kapelle. Nachdem die Befunduntersuchung für die Fassung des Hochaltars Weiß mit Gold und ebenso für die Raumschale Weiß ergeben hatte, wurde auch die Überfassung wieder in Weiß ausgeführt. Durch Trockenlegungsmaßnahmen wurde angestrebt, die mit Rokokostuck umrahmten Grabmäler im Altarraum besser zu sichern und zu konservieren. La

Schaltdorf, Stadt Rottenburg a.d. Laaber (Lkr. Landshut), *Kath. Nebenkirche St. Nikolaus*, Restaurierung der Ausstattung mit dem barocken Hochaltar. La

Schornberg (Lkr. Dingolfing-Landau), *Haus Nr. 1*, ehem. Wohnhaus eines Vierseithofs mit Obergeschoßblockbau von 1880, 1931 verputzt. Größere Putzausbesserungen mit neuer Farbgebung. Sch

Schwarzach, Adalbert-Stifter-Straße 10. Beginn der Instandsetzungsarbeiten und Vorbereitung der Dacherneuerung mit Naturschiefereindeckung, die dem Architekturstil des Hauses entspricht, beim Neubau 1925 geplant war, aus Kostengründen aber nicht ausgeführt werden konnte. Die Notwendigkeit der Erneuerung der schadhaften Deckung gibt heute die Gelegenheit, dem expressionistisch gestalteten Haus erstmals die im Originalentwurf vorgesehene Deckung zu geben, die die freigestaltete Form des Dachs in besonderer Weise zur Geltung bringt. Ue

Seeb, Gde. Attenkofen (Lkr. Kelheim), *Kath. Nebenkirche St. Simon*, Beratung der geplanten Außeninstandsetzung der Waldkapelle. La

Siegenburg (Lkr. Kelheim), *Kath. Pfarrkirche St. Nikolaus*, Restaurierung der 1893/94 von Joseph Elsner aus München entworfenen und in seinem Atelier bearbeiteten Seitenaltäre und des holzgeschnitzten Kreuzwegzyklus. Die Seitenaltäre waren bei der letzten Innenrenovierung abgebaut und entfernt worden; ein Pfarreimitglied hatte sie eingelagert, so daß sie jetzt wieder zur Verfügung stehen. La

Siegenburg (Lkr. Kelheim), *Herrnstraße 16*. Das kleine, erdgeschossige Söldenhaus mit steilem Satteldach und Blockwerkmauern des 18./19. Jhs. wurde einer Gesamtinstandsetzung unterzogen. Zuschuß des Landesamtes zu der sehr aufwendigen Sanierung. Sch

Staubing, Stadt Kelheim (Lkr. Kelheim), *Kath. Expositurkirche St. Stephan*, Beratung zur Restaurierung des Gestühls und Empfehlung zu einer Generalüberholung der erhaltenswerten romantischen Orgel (1913 Binder & Sohn, Inh. Willibald Siemann, zweimanualig mit neun Registern in Neurokokogehäuse). La

Steinbach, Stadt Mainburg (Lkr. Kelheim), *Kath. Benefiziumskirche St. Martin*, Beratung zur Restaurierung der Ausstattung, darunter ein neubarocker Hochaltar aus Nußbaumholz. La

Steinberg, Gde. Marklkofen (Lkr. Dingolfing-Landau), *Kath. Pfarrkirche Mariä Himmelfahrt*, Beratung zur Sanierung des Dachstuhls und der Kassettendecke. Über dem 1934 an das spätgotische Altarhaus mit seinem Nordturm angebauten Langhaus ist der Dachstuhl so schadhaft, daß die Langhausbalkendecke mit ihrer Kassettierung weit durchhängt; der Dachstuhl von 1934 über dem Langhaus muß erneuert werden. La

Stollnried, Gde. Weihmichl (Lkr. Landshut), *Kath. Filialkirche Mariä Himmelfahrt*, Beratung und begleitende Überwachung der Innenrestaurierung des im Langhaus 1846/47, in seinem Altarhaus 1896 verlängerten Kirchenbaus. La

Straßkirchen, Gde. Salzweg (Lkr. Passau), *Scheibe Nr. 1*, Gutshof, stattliche Vierseitanlage von 1720. Fortführung der Instandsetzung der Dächer und Fassaden der leerstehenden, das Dorfbild prägenden Ökonomiegebäude. Das Landesamt beteiligt sich an den Kosten mit einem Zuschuß. Sch

Straubing, krfr. Stadt Straubing, *Ehem. Jesuiten-, jetzige Kath. Nebenkirche Mariä Himmmelfahrt*, Beratung der erforderlichen Gesamtinstandsetzung der am westlichen Ende des Stadtplatzes gelegenen Anlage. La

–, *Kath. Nebenkirche St. Nikola*, Beratung der geplanten Außeninstandsetzung des spätgotischen, im 18. Jh. barockisierten Saalbaus. La

–, *Rosengasse 22*. Das spätmittelalterliche zweigeschossige Haus zeichnet sich durch ein Schulterportal der Renaissance und profilierte Fenstergewände aus. Der Dachstuhl mit langen Steigbändern stammt wohl noch aus spätgotisch beeinflußter Zeit. Als Voraussetzung einer «gründlichen Sanierung» des Hauses war vom Architekten eine Dachstuhlerneuerung vorgesehen. Sie konnte durch das Gutachten eines versierten Zimmermanns abgewandt und der alte Bestand saniert werden. In der Folge wurden Gewände und Schulterportal restauratorisch behandelt. Ein in der Fassade eingelassener Stein mit hebräischer Inschrift wurde als verschleppter Grabstein erkannt. Er soll durch Aufstellung im Museum vor weiteren Schäden bewahrt und an der alten Stelle durch einen Abguß ersetzt werden. Ue

–, *Bebauungsplan St. Elisabeth-Straße und Fortsetzung der Uferstraße vom Schloßplatz nach Westen*. Ist der Bau der Uferstraße von Osten bis zum Vorplatz des Herzogschlosses denkmalpflegerisch schon höchst bedenklich und wegen seiner negativen Folgen für den Vorbereich des Schlosses und für den Straßenzug Fürstenstraße – Spitalgasse – unterm Rain abzulehnen, so hat die Überlegung, mit dem Ausbau der Uferstraße nicht am Schloßplatz zu enden, sondern die Trasse am Schloß vorbei oder in einem Tunnel darunter durchzuführen, denkmalpflegerisch katastrophale Konsequenzen. Beide Lösungen, sowohl die Untertunnelung des Herzogschlosses als auch die Umfahrung, die räumlich nur auf der Donauseite zu bewerkstelligen wäre, führen zu unvertretbaren Folgen für das herausragende Baudenkmal, seinen substantiellen Bestand, sein Erscheinungsbild und seine angestammte Lage unmittelbar am Donauufer. Der Straßenzug «Nordtangente» in Straubing (zurückgehend auf den ehem. «Leibbrand-Plan») würde ein städtebaulich hochempfindliches Stadtgebilde an einer besonders markanten Stelle und mit negativer Auswirkung für eines der bedeutendsten Baudenkmäler durch-

Teisbach, Stadt Dingolfing, Lkr. Dingolfing-Landau; Schloßweg 9, Umfassungsmauer des Schlosses, vor der Instandsetzung

schneiden, dem die Donau als wesentlicher Bestandteil des Gesamterscheinungsbildes vorgelagert ist. War bisher gegenüber dem Landesamt für Denkmalpflege ein durch den Bau der Uferstraße hervorgerufenes stärkeres Verkehrsaufkommen am Schloßplatz in Abrede gestellt worden, so scheinen die derzeitigen Überlegungen die entsprechende Vermutung eher zu bestätigen. Damit verstärken sich nur noch die denkmalpflegerischen Befürchtungen gegen einen höheren Durchgangsverkehr in der Fürstenstraße und den anschließenden Abschnitten, mit allen negativen Folgen für das Ensemble und die Einzelbaudenkmäler, sofern die ausgebaute Uferstraße am Schloßvorplatz endet. Auch im besten Willen angestellte Überlegungen zur Gestaltung des Schloßplatzes müßten letztlich am notwendigen Umfang des Verkehrsknotenpunkts Schloßplatz scheitern, der mit gestalterischen Mitteln nicht verbessert werden kann. Die denkmalfachlichen Überlegungen zur Fortsetzung der Straßentrasse und zur Vervollständigung zu einer «Nordtangente» wirken aber wieder zurück auf die Beurteilung des bereits früher – allerdings ohne Erfolg – abgelehnten Bebauungsplans «St. Elisabeth-Straße». Es scheint sich nämlich einerseits zu erweisen, daß der Ausbau der Uferstraße bis zum Schloßvorplatz dort doch zu einem höheren Verkehrsaufkommen führt, daß aber andererseits keine angemessene und auch denkmalpflegerisch vertretbare Lösung zur Ableitung dieses Verkehrs gefunden werden kann. Unter diesen Umständen wurde aus denkmalfachlicher Sicht noch einmal und in verschärfter Form dem Bebauungsplan «St. Elisabeth-Straße» die Zustimmung verweigert. Im Zusammenhang mit einer durch Anwohner eingereichten Normenkontrollklage gegen den vom Bebauungsplan «St. Elisabeth-Staße» abgedeckten Neubau der Uferstraße hat der Bayerische Verwaltungsgerichtshof den Bebauungsplan bis zur Entscheidung im Hauptsacheverfahren außer Vollzug gesetzt.
Ue

Teisbach (Lkr. Dingolfing-Landau), *Schloßweg 9*. Beim *Schloß Teisbach*, einem im Kern spätmittelalterlichen Rechteckbau mit Eckturm, mußte die einsturzgefährdete Umfassungsmauer, spätmittelalterlich mit Wachtürmchen, saniert werden. Bei der Sanierung wurden überwiegend die vorhandenen alten Ziegelsteine wiederverwendet. Das Landesamt half mit Zuschüssen. Sch

Thalham, Stadt Vilsbiburg (Lkr. Landshut), *Kath. Wegkapelle*. Statt des geplanten Neubaus konnte eine Erweiterung unter Beibehaltung des vorhandenen Chörchens aus der Zeit um 1900 erreicht werden. La

Tiefenbach (Lkr. Landshut), *Kath. Filialkirche St. Ulrich*, Beratung der geplanten Inneninstandsetzung des alten Bauteiles aus der Mitte des 15. Jhs. mit seiner barocken Umgestaltung, nachdem 1988 im Westteil ein Erweiterungsanbau durchgeführt worden war. La

Tiefenbach (Lkr. Passau). Im Einzugsbereich des Ortes, dem eine Anzahl von Weilern und Einödhöfen zugeordnet sind, wurden im Auftrag der Gemeinde mehrere gußeiserne Feld- und Wegkreuze sowie Armakreuze aus Holz, alle im erbarmungswürdigen Zustand, an Ort und Stelle photographiert, dokumentiert und in die Werkstatt eines Restaurators gebracht. Sie werden z. T. neu gefaßt, fehlende Teile ergänzt und nach Abschluß der Maßnahme wieder an Ort und Stelle aufgestellt. Das Landesamt hat sich an den Kosten mit einem Zuschuß beteiligt. Sch

Traunthal (Lkr. Kelheim), *Klösterl 1/2*, Einsiedelei von 1450 in der romantischen Donauschlucht mit Felsenkirche und Wandmalereien. Die durch Zuschüsse des Landesamtes geförderte Restaurierung der Felsenbilder wurde weitergeführt. Sch

Unterdörnbach, Markt Ergoldsbach (Lkr. Landshut), *Kath. Nebenkirche St. Michael*, Beratung der geplanten Gesamtinstandsetzung der im 17. Jh. durch die Jesuiten als Hofmarkskapelle erbauten Kirche. La

Untergschaid (Lkr. Passau), *Haus Nr. 111*. Am Obergeschoßblockbau des Bauernhauses mit Traufschrot und Flachdach (zweites Viertel 19. Jh.) mußten Holzauswechslungen vorgenommen werden. Sch

Unterhöhenstetten (Lkr. Freyung-Grafenau), *Haus Nr. 35*. Das Dach des Waldlerhauses mit Giebelschrot wurde instandgesetzt. Sch

Unterlinghart, Gde. Bruckberg (Lkr. Landshut), *Kath. Nebenkirche St. Erhard und Wendelin*, Beratung der nötigen Dachinstandsetzung auf der 1866 erbauten, 1922 erweiterten und 1966 völlig unterfangenen Kirche. La

Untersaal, Gde. Saal a.d. Donau (Lkr. Kelheim), *Kath. Nebenkirche St. Andreas*, Beratung der Außeninstandsetzung des im 18. Jh. als Zentralbau errichteten Kirchengebäudes. La

Unterseilberg (Lkr. Freyung-Grafenau), Haus Nr. 21. Der verschindelte Obergeschoßblockbau des zugehörigen Nebenhauses (1. Drittel 19. Jh.) wurde außen instandgesetzt. Sch

Unterteuerting, Gde. Saal a.d. Donau (Lkr. Kelheim), *Kath. Pfarrkirche St. Oswald*, Beratung der geplanten Außeninstandsetzung. La

Untervilslern, Markt Velden (Lkr. Landshut), *Kath. Pfarrkirche St. Ulrich*. Die Gesamtinstandsetzung wurde mit Einfügung einer Horizontalsperre der im Vilsgrund stark durchfeuchteten Kirche durchgeführt: Es haben sich keine Setzungen oder andere negative Merkmale gezeigt, hingegen eine deutlichere Abtrocknung des Mauerwerkes, so daß die Restaurierung von Raumschale und Fresken einen eindrucksvollen Erfolg zeitigte. Der früher schon aus einer anderen Kirche übertragene Hochaltar wurde durch Untermauerung und zwei zusätzliche Stufen um ca. 35 cm angehoben. La

Velden (Lkr. Landshut), *Kath. Pfarrkirche St. Peter*, Beratung zur geplanten Innenrestaurierung der spätgotischen basilikalen Anlage: Im Gewölbebereich, insbesondere der Seitenschiffe, waren unerklärlicherweise Verfärbungen aufgetreten. La

–, *Bahnhofskapelle*, Instandsetzung der Ende des 19. Jhs. gegenüber dem Bahnhof erbauten Kapelle. La

Vilsbiburg (Lkr. Landshut), *Karmelitinnen-Klosterkirche St. Joseph*, Beratung der Innenrestaurierung des 1904/06 im neubarocken Stil errichteten Kirchenbaus. La

–, *Stadtplatz 15/16*, Inneninstandsetzung des Doppelhauses mit Grabendach und Steherker (16./17. Jh.) und einem Haustor um 1830/40. Im zweiten Bauabschnitt werden die Fassaden nach Befunduntersuchung farblich gefaßt. Sch

Vilsattling, Markt Gerzen (Lkr. Landshut), *Kath. Nebenkirche St. Martin*, Außeninstandsetzung. La

Wachelkofen, Gde. Hohenthann (Lkr. Landshut), *Kath. Nebenkirche St. Helena*, Beratung der Turmhelmerneuerung und der Innenrestaurierung. La

Wallersdorf (Lkr. Dingolfing-Landau), *Kath. Pfarrkirche*, Fortführung der Restaurierung der neugotischen Innenausstattung mit den Seitenaltären und der Kanzel. La

Walkertshofen, Gde. Attenhofen (Lkr. Kelheim), *Kath. Pfarrkirche St. Michael*, Beratung der geplanten Gesamtinstandsetzung der romanischen Chorturmkirche, deren Turm im 18. Jh. aufwendig erhöht wurde. La

Wallkofen, Stadt Geiselhöring (Lkr. Straubing-Bogen), *Kath. Expositurkirche Mariä Himmelfahrt*. Bei der Inneninstandsetzung wurden die im Altarhaus als Befund nachgewiesenen neubarocken Deckenmalereien wiederhergestellt. La

Wegscheid (Lkr. Passau), *Marktstraße 1*. Das ehem. Landgericht, ein dreigeschossiger Traufseitbau von 1822, später Rathaus, jetzt leerstehend, soll einer neuen Nutzung zugeführt werden. Das Landesamt für Denkmalpflege veranlaßte ein Bauaufmaß mit Photodokumentation. Sch

Weichs, Gde. Laberweinting (Lkr. Straubing-Bogen), *Kath. Filialkirche St. Ägidius*, Beratung der geplanten Außeninstandsetzung. La

Weihenstephan, Gde. Hohenthann (Lkr. Landshut), *Kath. Filialkirche St. Stephan*, Beratung der Dachstuhlsanierung über dem Langhaus und Instandsetzung der nördlichen Langhausmauer. Das romanische Langhaus und der im 15. Jh. angefügte gotische Chor zeigen schwere Bauschäden: Die nördliche, zweischalige Langhausmauer ist um ca. 20 cm ausgebaucht und von der inneren Schale abgerissen. Ein statisches Gutachten wurde angefordert. La

Weihmichl (Lkr. Landshut), *Kath. Pfarrkirche St. Willibald*, Beratung zu der geplanten Innenrestaurierung des barocken Saalraums. Durch die Neigung des Turmes waren erhebliche Risse innerhalb des Kirchengebäudes entstanden. La

Wendelskirchen, Gde. Loiching (Lkr. Dingolfing-Landau), *Kath. Expositurkirche St. Jakobus*, Beratung der geplanten Außeninstandsetzung; außerdem Instandsetzung von Orgel- und Emporenbrüstung. La

Weng, Stadt Griesbach im Rottal (Lkr. Passau), *Steinachstraße 23*, Bauernhaus, Blockbau mit Mitterntenne, 1. Hälfte 19. Jh. Am Wohnhaus wurden umfangreiche Instandsetzungsmaßnahmen innen und außen durchgeführt, Zuschuß des Landesamtes. Sch

Wettersdorf (Lkr. Dingolfing-Landau), *Haus Nr. 16*, Stockhaus eines Dreiseithofs, Obergeschoß in Blockbau mit zwei Schroten, zweite Hälfte 18. Jh. Gesamtinstandsetzung mit Zuschuß des Landesamtes. Sch

Wilhelmsreut (Lkr. Freyung-Grafenau), *Haus Nr. 14*. Das Waldlerhaus, ein eingeschossiger Blockbau mit Kniestock und Stangenschrot, 18. Jh., wurde fachgerecht am Blockbau instandgesetzt. Sch

Wollkofen (Lkr. Landshut), *Haus Nr. 8*. Der zum Bauernhaus gehörende Riegel-Bundwerkstadel (Ende 18. Jh.) wurde fachgerecht in alter Zimmermannstechnik instandgesetzt. Sch

Zisterhof, Gde. Rattiszell (Lkr. Straubing-Bogen), *Kath. Kapelle St. Katharina*, Beratung zur Gesamtinstandsetzung der Privatkapelle. La

OBERPFALZ

Bauoberrat Dipl.-Ing. Gunter Becker (GB) betreut den profanen Bereich der Landkreise Cham, Neumarkt, Neustadt a. d. Waldnaab und Tirschenreuth sowie der Städte Neumarkt und Weiden. Dr. Harald Gieß (Gi) ist in der Stadt und im Lankreis Regensburg sowohl für die profane wie für die kirchliche Denkmalpflege zuständig, er betreut außerdem den kirchlichen Bereich im Landkreis Cham und die Instandsetzungsplanungen am Kloster Waldsassen. Dr. Martin Mannewitz (Mz) betreut die kirchliche Denkmalpflege der Landkreise Amberg-Sulzbach, Neumarkt, Neustadt a. d. Waldnaab und Tirschenreuth sowie der Städte Amberg, Neumarkt und Weiden. Im Landkreis und in der Stadt Schwandorf ist er sowohl für den kirchlichen als auch für den profanen Bereich zuständig.
Oberkonservator Dipl.-Ing. Paul Unterkircher (Un) betreut im Landkreis Amberg-Sulzbach und in der Stadt Amberg die profane Denkmalpflege, außerdem eine Reihe von größeren, begonnenen Baumaßnahmen, die er zum Abschluß führen wird; es handelt sich u. a. um die Objekte: Schloß Altrandsberg, Schloß Arnschwang, Schloß Loifling sowie die Dorferneuerungsmaßnahmen in Pemfling und in Stamsried im Landkreis Cham; das Schloß Burgtreswitz, das ehem. Landsassengut in Ilsenbach, das Alte und das Neue Schloß in Neustadt a. d. Waldnaab, die Friedrichsburg in Vohenstrauß, die Burg in Waldau sowie die *Dorferneuerung* in Speinshart im Landkreis Neustadt a. d. Waldnaab; die Burgruine Stockenfels und die Stadtsanierung von Nabburg im Landkreis Schwandorf; das ehem. Hammergut in Erlhammer, die Dorferneuerung in Neualbenreuth, das ehem. Schloß in Waldershof im Landkreis Tirschenreuth und endlich die Anwesen Fleischgasse 16 sowie Unterer Markt 33 und 35 in Weiden.

Albertshofen, Gde. Hemau (Lkr. Regensburg), *Kath. Filialkirche St. Laurentius*. Die ab 1763 errichtete Kirche mit in den Ostturm einbezogener Chorapsis wies umfangreiche statische Schäden durch Senkungen im Turmbereich auf. Im Rahmen einer geplanten Gesamtinstandsetzung wurde zunächst eine statische Sicherung des Turms durch entsprechende Stabilisierungsmaßnahmen im Boden- und Fundamentbereich durchgeführt. Anschließend erfolgte eine Instandsetzung der Fassaden sowie des Dachtragwerks und der Dachhaut. Das ursprünglich vorhandene und später abgetragene Vordach am westlichen Zugang wurde in neuen Formen wiedererrichtet. Die Maßnahmen wurden durch einen Zuschuß des Landesamtes gefördert. Gi

Allersdorf, Gde. Schierling (Lkr. Regensburg), *Kath. Filialkirche Mariae Himmelfahrt*. Der barocke Kirchenbau soll einer Gesamtinstandsetzung unterzogen werden. Neben bautechnischen Fragen der Trockenlegung stand insbesondere die Behandlung der Raumschale und der Ausstattung zur Diskussion. Ziel des Landesamtes für Denkmalpflege war der Erhalt der um 1930 durch den Maler Kainz geschaffenen neubarocken Raumfassung sowie der zugehörigen Fassung an den Ausstattungsstücken. – Zwischenzeitlich wurde entgegen den Vorgaben der barocke Fußboden aus Solnhofener Platten im Rosenspitz-Verband aufgenommen, soll aber wieder eingebaut werden. Gi

–, *Jahnstraße 14, ehem. Ökonomiehof des Schlosses*. Die Gesamtinstandsetzung wurde mit dem Um- und Ausbau des Stalltraktes fortgesetzt. Im vorderen Gebäudeteil, der bisher Wohnräume enthielt, wurde eine Instandsetzung des Bestands durchgeführt. Die teilweise gewölbten Stallräume wurden für gewerbliche Nutzungen umgebaut, doch konnte die historische Substanz erhalten bleiben. Förderung durch einen Zuschuß. Das Dachgeschoß wurde unter Zurückstellung denkmalpflegerischer Bedenken zum Ausbau für Wohnzwecke freigegeben. Gi

Alteglofsheim (Lkr. Regensburg), *Schloß*. Aufgrund der bis auf die Vergoldung abgeschlossenen Musterachse wurde der geschätzte Aufwand für die Gesamtinstandsetzung des Asamsaals neu kalkuliert. Im Hinblick auf die Entscheidung der Staatsregierung, in

Alteglofsheim die Dritte Bayerische Musikakademie zu errichten, wurde jedoch die Durchführung der Maßnahme zurückgestellt. Der Asamsaal soll im Zuge der für die kommenden Jahre notwendigen Gesamtinstandsetzung der Schloßanlage restauriert werden. Gi

Altenstadt a.d. Waldnaab (Lkr. Neustadt a.d. Waldnaab), alte *kath. Pfarrkirche Mariä Himmelfahrt*, Reparatur des barocken Dachtragwerks. Mz

Altglashütte, Stadt Bärnau (Lkr. Tirschenreuth), *Haus Nr. 11*, Instandsetzung und Revitalisierung des ehem. Kleinbauernhauses: erdgeschossiger Wohnstallbau mit großer und kleiner Stube (letztere als Austragstube), zwei Kammern, Rauchkuchl mit Deutschem Kamin und Backofen, nachträglich mit sog. Böhmischen Kappen gewölbter Fletz und Stall sowie teilweise noch vorhandener Nutschindeldeckung unter den Blechbahnen des Satteldachs. Das Grundrißgefüge sollte dabei unverändert erhalten bleiben; im 1. Obergeschoß des barocken Dachwerks ein Ausbau. Die Dacheindeckung wurde mit Nutschindeln (Lärche, handgespalten) ausgeführt. Das Gebäude wurde 1753/54 errichtet (sog. Rußbaum der Wohnstube mit Balken-Bohlen-Decke, bez. 1753). Die Instandsetzungsmaßnahme wird mit staatlichen und kommunalen Zuschußmitteln gefördert. Un

Altmannsberg (Lkr. Neumarkt i.d. Opf.), *Haus Nr. 12a*. Ein Abbruch des Wohnstallbaus wurde von seiten des Landesamtes angesichts des schlechten baulichen Zustands sowie der unzureichenden Nutzungsmöglichkeiten hingenommen. Abbruchdokumentation. Mz

Altrandsberg, Gde. Miltach (Lkr. Cham), *Schloßweg 1, ehem. Schloß*. Fehlende Sorgfalt bei Planung und Bauausführung führte im Januar 1989 zu einer Baueinstellung. Un

–, *Schloßplatz 1*. Das Anwesen (Brauereigasthof und anschließender Wirtschaftsteil) war ursprünglich eine hakenförmig ausgebildete Gebäudegruppe, die als Ökonomiehof einschließlich Brauerei, Malzhaus und Werkstätten zum Schloß Altrandsberg gehörte (siehe dazu auch Schloßansicht von M. Wening, um 1720). Der Gebäudebestand verfügt in seinem Kern noch über spätmittelalterliche Bausubstanz. Das städtebauliche Gesamtkonzept fand spätestens gegen Ende des 17. Jhs. seine abschließende Ausformung. Die Gesamtanlage wurde besonders in den letzten zwölf Jahren erheblich beeinträchtigt. – Im Verlauf des Berichtsjahres wurde der zweigeschossige Kopfbau an der Nordostecke des Schloßareals widerrechtlich abgebrochen und an gleicher Stelle eine Güllegrube mit befahrbarem Stahlbetondeckel errichtet (Bußgeldbescheid). Un

Amberg, Eichenforstgäßchen 2 (ehem. Calvinisches Schulhaus). Das Gebäude stammt im Kern zumindest noch aus dem 14. Jh.; vier spätgotische Sandsteingewände im Obergeschoß und fragmentarisch erhaltene, aus Sandsteinquadern gefügte Bogenöffnungen an der freistehenden Giebelseite, dazu Kurz- und Langwerke an beiden Hausecken sowie der um 1670 errichtete, rot gefaßte Fachwerkgiebel (inzwischen wieder teilweise freigelegt) und das Dachwerk prägen das Gebäude. – Auf der Grundlage einer Bestandsdokumentation wurde ein Bauantrag ausgearbeitet, der, mit zahlreichen Planungsänderungen und Auflagen versehen, genehmigt werden konnte. Un

–, *Eichenforstgäßchen 12, sog. Klösterl*. Der Hauptbau mit südlich am 1. Obergeschoß der Ostgiebelseite anbindendem Altarerker, errichtet in der 2. Hälfte des 14. Jhs., war Bestandteil der wittelsbachischen Herzogsburg mit ihrem repräsentativsten Gebäude, der «Alten Veste». Die baugeschichtlichen Zusammenhänge des für den Fürsten und das weibliche Gefolge bestimmten Gebäudes sind inzwischen weitgehend geklärt. Bauforschung in Verbindung mit gezielt angesetzten verformungsgerechten Bauaufmaßen, Freilegung und Sicherung von Putz- und Farbbefunden seit dem 12. Jh. sowie mit dendrochronologischen und archäologischen Untersuchungen lieferten Erkenntnisse zur Baugeschichte und zu spätmittelalterlichen Konstruktionsweisen für die anstehende Restaurierung. Nach dem bisherigen Erkenntnisstand reicht der Vorgängerbau bis in das 11. Jh. zurück und ist somit der älteste bekannte Profanbau der Stadt, der in alten Schriftquellen als Steinhaus des Bischofs von Bamberg, dem ersten Statthalter von Amberg, erwähnt wird. Un

–, *Georgenstraße 46, sog. Klosterrichterhaus*. Die Konservierungs- und Restaurierungsarbeiten an den beiden Hauptfassaden, die neben einer umfassenden Grundlagenermittlung (bauforscherische Untersuchung, Bestandsdokumentation, Schadensanalyse) auch entsprechende bautechnische Voraussetzungen, exakte Detailplanungen und Freilegungsarbeiten am Stuck und Putz sowie die Auswahl qualifizierter Handwerker und eines in Planung und Objektbetreuung geeigneten Architekten und von Restauratoren erforderten, führten mittlerweile zu erheblichen Mehrkosten. Un

–, *Lederergasse 5 und 7*. Das ehem. Färber- und Rotgerberanwesen mit weitgehend spätmittelalterlicher Bausubstanz (um und nach 1300) zählt zum ältesten Baubestand der Stadt. Umfassende bauforscherische Untersuchungen konnten inzwischen die baugeschichtlichen Zusammenhänge klären, wobei spätromanische, gotische und den darauffolgenden Epochen zuzuordnende Raum- und Fassadenfassungen zum Vorschein kamen. Die ungenügende Wartung der Dachhaut führte leider zu erheblichen Durchfeuchtungsschäden und Teilzerstörungen an Putzschichten und Farbfassungen. Für die umfangreichen Bestandsuntersuchungen (verformungsgerechtes Bauaufmaß, Befund- und Photodokumentation, dendrochronologische Untersuchungen) wurden Mittel des Landesamtes für Denkmalpflege zur Verfügung gestellt. Un

–, *Marktplatz 11, Rathaus*. Der zweigeschossige Rathausbau ist neben dem Regensburger Rathaus der bedeutendste und größte seiner Art in der Oberpfalz. Die leicht gekrümmte, straßenseitige Traufseitfassade wurde in überlieferter Handwerkstechnik restauriert und nach substanzschonender Reinigung der Sandsteinteile in Kalklasurtechnik – abgestellt auf die Gliederungen (Vorgabe durch noch erhaltene Ritzungen) – und Reinweiß für die Wandflächen (Sandsteinquader und mit Zungenkelle geglätteter Kalkputz) neu gefaßt. Zuschußmittel des Landesamtes für Denkmalpflege wurden neben der Restaurierung der Sandstein-Werkteile auch für vorbereitende Maßnahmen (verformungsgerechtes Bauaufmaß, Befund- und Photodokumentation, bauphysikalische und -chemische Untersuchungen als Grundlage für die Sandsteinrestaurierung), einzelne Freilegungs- und Reinigungsarbeiten an polychromen Sandsteinfassungen, die Instandsetzung der spätgotischen Dachkonstruktion und die Restaurierung von Renaissance-Türen (mit Intarsien) zur Verfügung gestellt. Ebenso wurde inzwischen auch die Westfassade (Marktplatzseite) mit dem reich gegliederten Giebel, der anbindenden Traufseitfassade und der spätgotischen Loggia einschließlich Sandstein-Treppenturm anhand der Vorgaben restauriert. Un

–, *Paradiesgasse 6*, Baugenehmigungsverfahren für das spätgotische Ackerbürgeranwesen, das in seinen Eingabeplänen auf einer vom Landesamt für Denkmalpflege durch einen Zuschuß geförderten Bestandsdokumentation aufbaut. Un

–, *Schloßgraben 1 und 3 und Zeughausstraße 2 (Areal des Neuen Schlosses und Zeughauses)*. Das ehem. *Kurfürstliche Zeughaus* – vor kurzem noch als Finanzamt genützt, – konnte inzwischen vom Freistaat Bayern erworben werden. Der Landkreis Amberg-Sulzbach wird hier den ersten Bauabschnitt der Landratsamtsverwaltung realisieren. Umfangreiche Voruntersuchungen (verformungsgerechtes Bauaufmaß, Grabungskampagne, Befunduntersuchung, Photodokumentation, dendrochronologische Untersuchungen) sollten Aufschlüsse zur Realisierbarkeit des Projekts erbringen. Un

–, *Untere Nabburger Straße 6*. Angesichts der sehr schadhaften historischen Baukonstruktionen am zweigeschossigen Stall- und Scheunenbau des ehem. Ackerbürgeranwesens wurde mit Zuschußmitteln des Landesamtes für Denkmalpflege eine Grundlagenermittlung (verformungsgerechtes Bauaufmaß, Befund- und Photodokumentation, dendrochronologische Untersuchungen) durchgeführt und anhand der Auswertung das Instandsetzungskonzept und der Bauantrag für eine Gewerbe- und Wohnnutzung erstellt. Un

Arnschwang (Lkr. Cham), *Kath. Pfarrkirche St. Martin*. Die Gesamtinstandsetzung wurde in einem 2. Bauabschnitt mit der Instandsetzung des Turms und der Außenfassaden sowie der Inneninstandsetzung des Presbyteriums fortgeführt. Am Turm wurde die originale Zinkblechverkleidung des späten 19. Jhs., die ursprünglich grün gefaßt war, durch eine Kupferverkleidung ersetzt. Die originale Einteilung der Spiegeldeckung wurde beibehalten. Gi

Arnschwang (Lkr. Cham), *Dorferneuerung*, gutachtliche Stellungnahme zum Maßnahmenkatalog und Dorferneuerungsplan sowie Erörterung von Einzelmaßnahmen. Un

Arrach, Gde. Falkenstein (Lkr. Cham), *Friedhofskapelle*. Die Außeninstandsetzung des kleinen barocken Baukörpers mit geschweiftem, schindelgedeckten Kuppeldach konnte im Berichtsjahr durchgeführt werden. Die Dacheindeckung wurde in Hartholzschindeln entsprechend dem Bestand erneuert. – Die Erweiterung des bestehenden Friedhofs wurde aus denkmalpflegerischer Sicht im Grundsatz akzeptiert, doch Wert auf den nahezu vollständigen Erhalt der barocken Friedhofsmauer mit Schindelabdeckung gelegt. Gi

Aschau (Lkr. Cham), *Dorferneuerung*. Auf Anregung des Landesamtes für Denkmalpflege wurde für den geschichtlich nicht unwichtigen Weiler, bestehend aus drei Hofstellen, eine umfassende Dorferneuerung angeordnet und – nach eingehender Bestandserhebung – zwischenzeitlich der Dorferneuerungsplan ausgearbeitet und genehmigt. Erste Einzelmaßnahmen sind bereits angelaufen. Un

–, *Haus Nr. 7*. Auf der Grundlage einer umfassenden Bestandsdokumentation wurde der Bauantrag in enger Abstimmung mit dem Landesamt für Denkmalpflege ausgearbeitet; Planung und Durchführung der Instandsetzung des zweigeschossigen Einfirsthofs liegen in Händen eines sehr erfahrenen und engagierten Architekten. Das Instandsetzungsprojekt wird mit Zuschußmitteln der Flurbereinigungsdirektion Regensburg, des Bezirks Oberpfalz und des Landesamtes für Denkmalpflege unterstützt. Un

Aschenbrennermarter, Gde. Altenthann (Lkr. Regensburg), *fürstliches Jagdhaus*. Im Rahmen eines mehrjährigen Konzepts wurde die Instandsetzung der Schindeldächer sowie der Neuanstrich der hölzernen Außenfassaden der einzelnen Häuser der Jagdschloßanlage des frühen 20. Jhs. fortgeführt. Gi

Ast, Gde. Waldmünchen (Lkr. Cham), *Kath. Pfarrkirche zu unserer lieben Frau*. Die Instandsetzung der Raumschale der im Kern gotischen, im 18. Jh. überformten Kirche mit basilikalem Langhaus wurde auf der Grundlage einer detaillierten Befunduntersuchung durchgeführt. Die Entscheidung, die starkfarbige Raumfassung des 18. Jhs. zu rekonstruieren, wurde nicht zuletzt im Hinblick auf die qualitätvolle barocke Ausstattung getroffen. Die Restaurierung der Ausstattung ist für die nächsten Jahre geplant. Gi

Auerbach i. d. Opf. (Lkr. Amberg-Sulzbach), *Oberer Marktplatz 12*, Gesamtinstandsetzung des im 18. Jh. errichteten Nebengebäudes in Eigenleistung der Kirchengemeinde unter Anleitung eines Architekten. Mz

–, *Oberer Marktplatz 17 (ehem. städt. Schulhaus)*. Der im wesentlichen noch spätmittelalterliche Baukomplex (Vorder-, Seiten- und Rückgebäude) mit mehrgeschossiger Kelleranlage (in den anstehenden Sandstein gestemmt), über Jahrhunderte als Ackerbürgeranwesen genutzt, mit reicher Sandsteingliederung an der barocken Hauptfassade, Stuckdecken, mit Ornamentschnitzereien gezierte Zimmertüren aus Eichenholz, großer Treppenanlage in kühner Konstruktion, Walm- und Mansardwalmdachwerken, Kaminanlagen und einer Altane am zweiten Obergeschoß des Seitenflügels, alles Ergebnis eines Umbaus von 1757, wird inzwischen – nach jahrelangen Verhandlungen und Vorbereitungen (u. a. Grundlagenermittlung) – instandgesetzt und restauriert. Zuschußmittel der Städtebauförderung und des Landesamtes für Denkmalpflege ermöglichen auch die Ausarbeitung einer detaillierten Bestandsdokumentation. Un

–, *ehem. Schloßareal*. Errichtung eines «innerstädtischen Warenhauses» im räumlichen Bereich des ehem. Schloßareals, das trotz eines vom Landesamt für Denkmalpflege veranlaßten Dissensverfahrens bei der Regierung nicht verhindert werden konnte. Un

Balbersdorf, Gde. Waffenbrunn (Lkr. Cham), *Haus Nr. 4*. Das in beherrschender Hanglage den Ort entscheidend prägende Anwesen, im wesentlichen um 1860, weist einige Besonderheiten im Bereich der Hauslandschaft «Waldlerhaus» auf. Nach langen Verhandlungen wurde ein geplanter Abbruch bzw. ein in den historischen Bestand entstellend eingreifender Umbau aufgegeben. Stattdessen wurde ein Ersatzbau genehmigt. Die Instandsetzung des historischen Anwesens bleibt eine vordringliche denkmalpflegerische Aufgabe. Gi

Berching (Lkr. Neumarkt i. d. Opf.), *Stadtsanierung*. Durch den Bau des Rhein-Main-Donau-Kanals erfährt die Stadt einen vollständigen Umbau an ihrer gesamten Westflanke. GB

–, *Gredinger Tor*. Befunduntersuchung, Verkehrskonzept zur Vorbereitung der Sanierung des Altstadttores. GB

–, *Marktstraße*, Freiflächengestaltung in dem älteren, Vorstadt genannten Altstadtteil, der von der im 11. Jh. gegründeten Pfarrkirche St. Lorenz beherrscht wird. Wiederverwendung des vorhandenen Kleinsteinpflasters; Erhaltung der erhöht angelegten Hauseingänge mit ihren vorgelagerten Treppen. GB

–, das *Marterl* an der Straße von Berching nach Sollngriesbach, ein etwa 3 m hoher, architektonischer Aufbau mit Satteldach und großer Nische mit Kreuzigungsrelief, um 1420, sollte transferiert werden, da es dem Bau des Rhein-Main-Donau-Kanals weichen mußte. Auf Grund mangelnder Voruntersuchungen sowie ungeeigneter Arbeitsmethoden wurde das Marterl zum Einsturz gebracht. Das wertvolle Relief blieb dabei unbeschädigt. Der gesamte Bestand wurde durch einen Restaurator untersucht und dokumentiert, historische Putze, teilweise mit Malereifragmenten, wurden gesichert und abgenommen. Das Marterl wurde in unmittelbarer Nähe des alten Standorts unter Verwendung der vorhandenen Bruchsteine wiederverwendet, wobei der im ganzen umgefallene Unterbau numeriert, abgebaut und anschließend übertragen wurde. Dokumentation im Landesamt. Mz

–, *Torturm* der oberen Vorstadt. Auf eine Absenkung des Geländeniveaus im Bereich des Torturms, um eine größere Durchfahrtshöhe zu erreichen, wurde auf Anregung des Landesamtes für Denkmalpflege verzichtet. GB

Brennberg (Lkr. Regensburg), *Burgruine*. Im Rahmen der Errichtung eines Hochbehälters zur Wasserversorgung wurden im nördlichen Teil der Burganlage Grabungen durchgeführt. Die Sicherung der ergrabenen Mauerreste war Bestandteil der Baumaßnahme. Gi

Bruck i. d. Opf. (Lkr. Schwandorf), *Hauptstraße 9, ehem. Pflegamtsgebäude*. Der Halbwalmdachbau des 17. Jhs., im Kern 14. Jh., wurde ohne Abstimmung mit dem Landesamt im Erdgeschoß umgebaut bzw. renoviert sowie ein Vordach an der Hauptfassade errichtet. Die Baumaßnahme wurde durch das Landratsamt eingestellt; das Vordach ist mittlerweile entfernt. Mz

Büchlhof (Lkr. Schwandorf), *Haus Nr. 25*. Das um 1923 errichtete Wohnhaus wurde ohne Abstimmung mit dem Landesamt renoviert. Dabei gingen wesentliche Teile der historischen Ausstattung verloren, Fenster und Balkon wurden in nicht angemessener Weise erneuert. Mz

Burglengenfeld (Lkr. Schwandorf), *Burg*. Im inneren Bering der hochmittelalterlichen Burganlage wurde ein Foliengewächshaus ohne Baugenehmigung errichtet. Inwieweit bei den Fundamentierungsarbeiten wichtige bauhistorische Dokumente beseitigt wurden (an dieser Stelle befanden sich ehemals mehrere im Kern mittelalterliche Gebäude), ist offen. Mz

–, *Kellergasse*. Eine Bauvoranfrage zur Errichtung eines Wohnhauses in dem unter Ensembleschutz stehenden unteren Teil des Kreuzbergs, in unmittelbarer Nähe der Stadtmauer, wird abgelehnt. Diese Auffassung wurde mittlerweile durch die Regierung der Oberpfalz bestätigt, die eine Änderung des Flächennutzungsplanes in diesem Punkt zurückgewiesen hat. Mz

–, *Robert-Koch-Straße 4*, Halbwalmdachbau des 18. Jhs.: Neueindeckung, Putzausbesserungen und neuer Fassadenanstrich. Mz

Burgtreswitz, Markt Moosbach (Lkr. Neustadt a.d. Waldnaab), *Haus Nr. 1, Schloß*. Über die Errichtung der Burganlage, die bereits in der 1. Hälfte des 14. Jhs. bestand, und ihre bauliche Entwicklung im späten Mittelalter gibt es bis jetzt keine eindeutigen Aufschlüsse. Der gotische Baubestand läßt sich jedoch an zahlreichen Stellen nachweisen. Die im wesentlichen noch erhaltene, unregelmäßige Vierflügelanlage fand ihre abschließende Ausformung in zwei Bauphasen im 18. Jh.. Die Substanzgefährdung des Schloßkomplexes ergibt sich aus der undichten Dachhaut und dem daraus resultierenden Schwammbefall, der an zahlreichen Stellen fehlenden Kraftschlüssigkeit bei den Dachkonstruktionen – auch in Verbindung mit abhanden gekommenen Holzkonstruktionsgliedern – und dem daraus sich ergebenden Horizontalschub, der zerstörerisch auf Mauerkronen und Außenmauern einwirkt (Rissebildung). Das in das zweischalige Bruchsteinmauerwerk eindringende Niederschlagswasser, gepaart mit Frosteinwirkung, und die Verformung eines dort befindlichen, gemauerten Tunnelgangs führten bereits zu einem ersten Einsturz im Bereich der Westfassade.
Der Markt Moosbach als Eigentümer des Schloßareals fungiert auch als Maßnahmenträger und wird dabei ideell unterstützt von dem dafür gegründeten gemeinnützigen Förderverein. Die Instandsetzungsarbeiten am barocken Dachwerk und den Geschoßdecken des Torbaus konnten inzwischen abgeschlossen werden; mit der Instandsetzung der anbindenden barocken Dachwerke der Flügelbauten wurde begonnen. Die Finanzierung erfolgt weitgehend mit Mitteln aus dem Entschädigungsfonds. Un

Cham (Lkr. Cham), *Florian-Geyer-Brücke*. Die Forderung nach Erhaltung der über sechzig Jahre alten Eisenbeton-Trogbrücke stützt sich nicht auf eine Denkmaleigenschaft des Brückenbauwerks, sondern allein auf die Tatsache, daß gerade die bestehende Florian-Geyer-Brücke, in Situierung und Spannweite dem Vorgängerbauwerk folgend, in ausreichender Weise den sensiblen schutzwürdigen Vorstadtbereich mit seinen hochrangigen Baudenkmälern (Armenhaus und Biertor) berücksichtigt und als noch intaktes Bauwerk der Verkehrstechnik sich städtebaulich einzuordnen vermag. Dies kann von der geplanten Brücke am gleichen Standort nicht behauptet werden. Un

–, *Propsteigasse 4, sog. Ebner-Ettl-Haus*. Das aus der zweiten Hälfte des 19. Jhs. stammende dreigeschossige ehem. Gasthaus «zur Weltkugel» mit Neurenaissancefassade wurde für den vorgesehenen Umbau zur Erweiterung der Gerhardinger-Realschule der Armen Schulschwestern weitgehend entkernt. Lediglich der zweigeschossige ehemalige Tanz- und Festsaal sowie die Fassade konnten erhalten werden. Gegenüber der ursprünglichen Planung konnten städtebauliche Verbesserungen bei der Anordnung von Anbauten und Dachflächen erzielt werden. Die Befunduntersuchung und das verformungsgerechte Aufmaß des Anwesens vor dem Teilabbruch wurde durch einen Zuschuß gefördert. Gi

–, *Schützenstraße 7, sog. Armenhaus*. Beim Stadtbrand von 1877 wurden weite Bereiche im Nordwesten der Altstadt zerstört (bereits 1873 waren große Teile im Südosten der Stadt abgebrannt). Armenhaus und Biertor wurden von diesem verheerenden Stadtbrand nicht berührt. Bereits ein Merian-Stich von 1644 zeigt das ehem. Lazarett und spätere Armenhaus als Gebäude mit Treppengiebel vor den Toren der Stadt. Der Bau stammt aus der Mitte des 16. Jhs. und wurde wahrscheinlich zur Zeit des Dreißigjährigen Krieges als Lazarett genutzt. Der zweigeschossige Giebelbau war Ausgangspunkt für eine bescheidene Vorstadtsiedlung, die sich im Verlauf des 19. Jhs. dort im Vorfeld des sog. Biertors (Stadttor der äußeren Stadtmauer, flankiert von zwei Rundtürmen) entwickelte. Das Armenhaus erhielt seine heutige Dachform mit ehemals Legschindeldeckung spätestens zur Barockzeit. Sie verleiht dem Haus eine etwas gedrungene Form, ein Eindruck, der sich noch verstärkt durch die vor ca. zwei Jahrzehnten erfolgte Anhebung des Straßenniveaus. Nach langwierigen Verhandlungen hat die Stadt Cham einer Absenkung des Gehsteigs um ca. 25 cm zugestimmt; die Maßnahme wurde bereits durchgeführt. Das Gebäude ist nun erstmals wieder in seinen ursprünglichen Fassadenproportionen erlebbar. Die Arbeiten im Rahmen der Revitalisierung und Instandsetzung des historisch bedeutsamen Hauses konnten mit dem Abbruch und Teilwiederaufbau von späteren Anbauten im rückwärtigen Bereich sowie mit dem Innenausbau fortgeführt und abgeschlossen werden. Eine für Cham bedeutende und insgesamt gelungene Maßnahme konnte damit zum Abschluß gebracht werden. Der drohende Verlust der in unmittelbarer Nähe gelegenen Florian-Geyer-Brücke ist aus denkmalpflegerisch-fachlicher Sicht bedenklich, weil negative Veränderungen im Umfeld des Armenhauses zu befürchten sind. Wegen des hohen denkmalpflegerischen Mehraufwands wurde die Instandsetzung des Armenhauses durch hohe Zuschüsse gefördert. Un/Gi

Chammünster (Lkr. Cham), *St. Anna-Kapelle*. Die im vergangenen Jahr begonnene Gesamtinstandsetzung konnte mit der Restaurierung der Raumschale sowie mit der Restaurierung der in der Kapelle befindlichen Ausstattungsstücke, welche teilweise aus dem Münster stammen (neugotische Altäre), abgeschlossen werden. Die Kapelle wird künftig museal genutzt. Gi

Deining (Lkr. Neumarkt i. d. Opf.), *Obere Hauptstraße 41*, ehem. Gasthof Alte Post, zweigeschossiges Walmdachhaus der 1. Hälfte des 18. Jhs.. Ungeachtet des ungewöhnlich verwahrlosten Bauzustands ist der Gebäudebestand des 18. Jhs. im Äußeren wie im Inneren weitgehend unverändert erhalten. Neben der großzügigen Grundrißorganisation sind im Inneren des Hauses auch die Gaststuben-Wandvertäfelung, der Tanzsaal im Obergeschoß sowie einige Türen mit Beschlägen des 18. Jhs. und das Dachwerk bemerkenswert. Das Landesamt befürwortet die Instandsetzung dieses Baudenkmals mit Mitteln aus dem Entschädigungsfonds; zur Vorbereitung der Instandsetzung wird eine umfangreiche Grundlagenermittlung notwendig. GB

Emhof (Lkr. Amberg-Sulzbach), *Kath. Filialkirche St. Jakobus*, Außeninstandsetzung der romanischen, im Barock umgestalteten Kirche. Die Zimmererarbeiten am Dachtragwerk entsprechen nicht den Anforderungen an eine sorgfältige Reparatur. Eine Dokumentation zur Befundung des Außenbaus im Landesamt. Mz

Ensdorf (Lkr. Amberg-Sulzbach), *Hauptstraße 5 (Äußerer Klosterhof)*, Instandsetzungs- und Revitalisierungsmaßnahmen am Nord- und Westteil der zweigeschossigen Dreiflügelanlage (bez. 1742), als Verwaltungs- und Handwerkerhof dem dreigeschossigen Konventbau des ehem. Benediktinerklosters westlich vorgelagert. Das verformungsgerechte Bauaufmaß, die Befund- und Photodokumentation wurden mit Zuschußmitteln des Landesamtes für Denkmalpflege ermöglicht; für die Instandsetzung dieses Gebäudeteils (Bauabschnitt I) gewährte die Regierung der Oberpfalz erhebliche Zuschußmittel aus der Städtebauförderung. Un

Erggertshofen (Lkr. Neumarkt i.d. Opf.), *Kath. Filialkirche St. Johannes Baptist*, Außenrenovierung der im 17./18. Jh. errichteten Kirche (1903 verlängert). Die von seiten des Landesamtes zur Beurteilung der geplanten Maßnahmen geforderten Voruntersuchungen wurden nicht durchgeführt, die Arbeiten durch das beauftragte Architekturbüro nur teilweise mit dem Landesamt abgestimmt. Mz

Etsdorf (Lkr. Amberg-Sulzbach), *Kath. Expositurkirche St. Barbara*. Das Gebäude stammt in den Umfassungsmauern im wesentlichen aus gotischer Zeit, ein Umbau sowie die Umgestaltung im Inneren erfolgten im Barock. Aus dieser Zeit sind das Dachtragwerk, die Rahmenstuckdecke des Langhauses sowie die Ausstattung erhalten. Statisch-konstruktive Schäden machten eine Fundamentsanierung notwendig. Geplant war eine Gesamtinstandsetzung. Nachdem feststand, daß diese Arbeiten mit erheblichen Kosten verbunden sind, wurde seitens der Kirchengemeinde eine Erweiterung unter Abbruch großer Teile der alten Kirche geplant. Seitens des Landratsamts wurde in Übereinstimmung mit dem Landesamt ein solches Vorhaben angesichts der historischen und städtebaulichen Bedeutung des Baudenkmals abgelehnt. Mz

Falkenberg (Lkr. Tirschenreuth), *Marktplatz 5, Rathaus*. Die Instandsetzung des zweigeschossigen Satteldachbaus mit noch erheblicher Bausubstanz aus dem 17. Jh. wurde mit Zuschußmitteln der

Städtebauförderung und des Landesamtes für Denkmalpflege maßgeblich unterstützt (Photodokumentation, Befunduntersuchung).
                                                                    Un

Fischbach, Stadt Nittenau (Lkr. Schwandorf), *Burgruine Stockenfels*, Fortsetzung der Konservierungs- und Restaurierungsarbeiten im Bereich des ehem. Wohnturms, des inneren Burghofs und am Palas sowie Sicherungsarbeiten an den an der Westseite des äußeren Burghofs (Bereich ehem. Ökonomiehof) befindlichen Mauer- und Gewölbefragmenten; Ergänzung des steingerechten Bauaufmaßes und der bauforscherischen Untersuchungen; diese Arbeiten wurden gefördert mit Zuschußmitteln des Arbeitsamtes Schwandorf (Arbeitsbeschaffungsmaßnahme) und aus dem Entschädigungsfonds.
                                                                    Un

–, *Nittenauer Straße 18, ehem. Schloß*. An dem um 1727 errichteten heutigen Forstamt wurde der hofseitige Fassadenputz und -anstrich ohne Abstimmung mit dem Landesamt erneuert.   Mz

Floß (Lkr. Neustadt a.d. Waldnaab), *Luitpoldplatz 3*. Wegen Beeinträchtigung des historischen Grundriß- und Konstruktionsgefüges sowie des Erscheinungsbildes des Baudenkmals wurde der Bauantrag aus denkmalpflegerischer Sicht abgelehnt; das Landratsamt erteilte jedoch die Baugenehmigung. Eine Baustellenbesichtigung zur Septembermitte ergab, daß die zu erhaltenden Gewölbekonstruktionen im Erdgeschoß und die zugehörigen Wandscheiben bereits abgebrochen waren. Die weitgehende Entkernung des Baudenkmals führte zu einer Baueinstellung und zu einem Bußgeldverfahren.
                                                                    Un

–, *Neustädter Straße 12*, Antrag auf Abbruch des *ehem. Schulhauses* von 1900, ein Satteldachbau mit spätklassizistischen Formelementen. Das Landesamt für Denkmalpflege, die Regierung der Oberpfalz und das Bauamt des Landratsamtes kamen zu der Auffassung, daß für einen Abbruch des früheren Schulhauses der Marktgemeinde keine gewichtigen Gründe sprechen. Da keine konkreten Nutzungsvorstellungen existieren, wurde vorgeschlagen, in einem ersten Schritt eine Wintersicherung durchzuführen. Für die Reparatur der Fassaden wurden Zuschüsse in Aussicht gestellt.   GB

Frankenberg, Gde. Brennberg (Lkr. Regensburg), *Wegkapelle*. Im Zuge von Straßenbauarbeiten konnte die Kapelle des 19. Jhs. instandgesetzt werden. Störende Details konnten beseitigt und damit wieder ein insgesamt angemessenes Erscheinungsbild erzielt werden.
                                                                    Gi

Frauenzell, Gde. Brennberg (Lkr. Regensburg), *ehem. Kloster*. Die bereits früher in Angriff genommene und nicht vollendete Instandsetzung des ehem. Refektoriums sowie der angrenzenden Gangbereiche kann erst nach der Vorlage eines bauphysikalischen Gutachtens zur Mauerwerksversalzung und -durchfeuchtung fortgesetzt werden. Die hierzu erforderlichen Vorgaben und Festlegungen wurden im Berichtsjahr besprochen und ein entsprechendes Gutachten in Auftrag gegeben.   Gi

Freistadt (Lkr. Neumarkt i. d. Opf.), *Schwallgasse 25*. Ein Antrag auf Abbruch des Wohnstallbaus aus dem 17. Jh. mit verputztem Fachwerk im Obergeschoß konnte abgewendet werden. Die Gemeinde konnte zur Einbeziehung des Objektes in die Städtebauförderung bewegt werden; Förderung der Instandsetzung mit Zuschußmitteln.
                                                                    GB

Freudenricht (Lkr. Neumarkt i.d. Opf.), *Kath. Filialkirche St. Leonhard*, Außeninstandsetzung mit Erneuerung des Sockelputzes und Neuanstrich, Neueindeckung, Sakristeiumbau.   Mz

Frohnberg, Markt Hohnbach (Lkr. Amberg-Sulzbach), *Haus Nr. 1*. Der zweigeschossige barocke Wohndachbau wurde 1900/1901 umgebaut; die dabei entstandenen Grundrißveränderungen (u. a. Abbruch der gewölbten Rauchkuchl im Erdgeschoß und der zweiteiligen Deutschen Kaminanlage mit Kaminkopf in Firstmitte) haben sich bis heute so erhalten. Der vorliegende Bauantrag stellt auf eine teilweise Rekonstruktion des barocken Erdgeschoßgrundrisses ab.
                                                                    Un

Fürnried, Gde. Birgland (Lkr. Amberg-Sulzbach), *Dorferneuerung*. Die bereits angeordnete Dorfflurbereinigung und die damit verbundene, umfassende Bestandserhebung bieten gute Voraussetzungen für eine Instandsetzung teilweise leerstehender Wohnstall- und Scheunenbauten der bäuerlichen Hauslandschaft «Westoberpfälzer Fachwerkhaus», die das Ortsbild der topographisch reizvoll gegliederten Siedlung erheblich bereichern.   Un

Gaisthal (Lkr. Schwandorf), *Schönseer Straße 10, ehem. Pfarrhof*. Der Außenbau sowie das Dach des um 1870 an die barocke Expositurkirche angebauten Pfarrhofs wurden instandgesetzt, die historische Eingangstür und, soweit möglich, die noch ursprünglichen Kreuzstockfenster repariert. Die übrigen Fenster wurden in Anlehnung an den historischen Bestand erneuert.   Mz

Gansbach, Gde. Aufhausen (Lkr. Regensburg), *Wegkapelle*. Die Instandsetzung der kleinen, am Ortsrand errichteten Wegkapelle mit interessantem Altärchen in bäuerlich-barocken Formen und einer spätgotischen Marienfigur konnte in Angriff genommen werden. Nach Abschluß der Drainage- und Außenputzarbeiten ist die Restaurierung und Konservierung der Ausstattung vorgesehen (Zuschuß).   Gi

Gebelkofen, Gde. Obertraubling (Lkr. Regensburg), *Schloß*. Das auf eine mittelalterliche Anlage zurückgehende, im 17. und 18. Jh. als Vierflügelanlage in der heutigen Gestalt errichtete Wasserschloß bedarf dringend einer Gesamtinstandsetzung. Zur Vorbereitung wurde eine umfangreiche Befunduntersuchung durchgeführt, welche für eine Reihe von Räumen im ersten und zweiten Obergeschoß qualitätvolle Wandmalereien aufdeckte. Landschafts- und Gebäudeansichten in Grisailletechnik lassen sich der Zeit vor oder um 1700 zuordnen. Um 1765 entstanden Raumdekorationen mit ornamentaler und figürlicher Malerei. Ein Konservierungs- bzw. Restaurierungskonzept kann erst im Zusammenhang mit einer späteren Nutzung erarbeitet werden. Ein analytisches Bauaufmaß ergänzte die Voruntersuchungen und ist Grundlage für weitere Planungen. Gi

Gebertshofen (Lkr. Neumarkt i. d. Opf.), *Flurbereinigung*. Bei einer Listenrevision Mitte der siebziger Jahre mußte festgestellt werden, daß nahezu alle bis dahin bekannten Baudenkmäler abgebrochen waren. Im Rahmen der Dorferneuerung wurde nunmehr versucht, die letzten Zeugnisse der historischen Baustruktur mit Hilfe des Denkmalschutzgesetzes festzuschreiben: Nachtrag der örtlichen Pfarrkirche aus den zwanziger Jahren.   GB

–, *Kath. Filialkirche Hl. Kreuz*, Außeninstandsetzung der um 1920 errichteten Kirche mit Reparatur des Dachtragwerks, Neueindeckung, Putzausbesserungen und Neuanstrich.   Mz

Geisling, Gde. Pfatter (Lkr. Regensburg), *Kath. Pfarrhof*. Die geplante Instandsetzung konnte auch in diesem Jahr nicht in Angriff genommen werden. Der beantragte Abbruch der zum Pfarrhof gehörenden Scheune wurde aufgrund einer Dissensentscheidung der Regierung der Oberpfalz abgelehnt. Damit ist zunächst der Erhalt der bedeutenden Baugruppe mit Pfarrhof und Pfarrscheune sowie mit der Pfarrkirche und der hochgotischen St. Ursula-Kapelle gesichert.   Gi

Geräum, Gde. Weiherhammer (Lkr. Neustadt a.d. Waldnaab), *Haus Nr. 1*. Der einsturzgefährdete Mühlenstadel (um 1850 errichtet) wurde inzwischen instandgesetzt; die gesamte technische Ausstattung (u. a. auch Antriebsmechanik für die Leinsamenstampfe und die Mahlmühle) wurde im benachbarten, fast zeitgleich errichteten Torfstadel gelagert. Sicherungsarbeiten am Wasenmeisterhaus und Saukobel. Bezirk, Landkreis und das Landesamt für Denkmalpflege gewährten dafür erhebliche Zuschußmittel.   Un

Götzendorf, Gde. Illschwang (Lkr. Amberg-Sulzbach), *Haus Nr. 8*. Das erdgeschossige Wohnstallhaus ist, wie andere vergleichbare Objekte in Götzendorf, giebelseitig am Hangfuß situiert, wobei die Gewölberäume im bereits auf Traufhöhe anstehenden Hangbereich ihr Widerlager finden. Das im Urzustand in etwa quadratische Wohnstallhaus verfügt unter steilem Satteldach über drei Dachböden. Der dreifach stehende Stuhl mit überblatteten Kopfbändern

245

einschließlich des Fachwerk-Hausgiebels wurde um 1681 errichtet. Grundriß- und Konstruktionsgefüge sind noch fast zur Gänze aus der Erbauungszeit um 1681 erhalten. Von den ursprünglich ca. zehn Wohnstallhäusern in Götzendorf, die mehrheitlich gegen Ende des 17. Jhs. dort errichtet wurden, ist das Haus Nr. 8 – neben dem Wohnstallbau des Anwesens Haus Nr. 6 – das noch am besten erhaltene des Dorfes. Die dringend erforderliche umfassende Instandsetzung, die für das über viele Jahre leerstehende Gebäude wieder eine Wohnnutzung ermöglicht, wird sowohl mit Zuschußmitteln der Flurbereinigungsdirektion Regensburg, des Bezirks, des Landkreises als auch aus dem Entschädigungsfonds gefördert. Un

Grafenwöhr (Lkr. Neustadt a.d. Waldnaab), *Martin-Posser-Straße 14, ehem. Kasten- und Torschusterhaus*. Nach dem Stadtbauamt wurde zwischenzeitlich ein in der Denkmalpflege erfahrener Architekt mit der weiteren Planung – im besonderen für das spätgotische Kastenhaus und das sog. Torschusterhaus – und die Projektausarbeitung für die Inanspruchnahme von Mitteln der Städtebauförderung und aus dem Entschädigungsfonds beauftragt, wobei anhand eines neuen Museumkonzepts eine große Lösung für ein überregionales Schwerpunktmuseum entstehen soll. Das Baugenehmigungsverfahren konnte abgeschlossen und die Instandsetzungsmaßnahme begonnen werden. Un

Granswang (Lkr. Neumarkt i.d. Opf.), *Kath. Nebenkirche Hl. Dreifaltigkeit*, Außeninstandsetzung mit Reparatur des Dachtragwerks. Mz

Großenzenried, Gde. Stamsried (Lkr. Cham), *Dorfkapelle*. Die im Vorjahr mit dem Außenbau begonnene Gesamtinstandsetzung der im Kern barocken Kapelle wurde im Inneren fortgesetzt. Bedauerlicherweise blieben eine Reihe von Detailpunkten der Außeninstandsetzung, die entgegen den fachlichen Vorgaben ausgeführt worden waren, unkorrigiert. Die Ausstattung wurde entsprechend den Originalbefunden neu gefaßt (Neuromanischer Altar, Altarleuchter, Gestühl). Gi

Guteneck (Lkr. Schwandorf), *Haus Nr. 31, Schloß*, Befunduntersuchung und Instandsetzung der Fassaden des im ausgehenden 19. Jh. errichteten Arkadenhofs: Putzausbesserungen, Neuanstrich nach Befund. Mz

Haibühl, Gde. Arrach (Lkr. Cham), *Dorfstraße 16*, ein Waldlerhaus mit außen verputztem Blockbau-Kniestock, Gesamtinstandsetzung. Die für das Waldlerhaus typischen Elemente konnten erhalten werden, wenn auch im Inneren aufgrund des schlechten Bauzustands eine weitgehende Substanzerneuerung erforderlich wurde. Gi

Hammermühle, Gde. Brennberg (Lkr. Regensburg), *Haus Nr. 2*. Das ehem. Mühlengebäude, ein stattlicher Krüppelwalmbau mit zwei Vollgeschossen, wird in Abschnitten instandgesetzt. Schwerpunkt der diesjährigen Arbeit war die Reparatur des im Zerrbalkenbereich stark geschädigten Dachtragwerks der Erbauungszeit (18. Jh.). Gi

Haselhof (Lkr. Schwandorf), *Haus Nr. 7*. Seitens des Landesamtes wurde ein Abbruch des Bauernhauses, ein erdgeschossiger Schopfwalmdachbau des 17./18. Jhs., Dachstuhl 1872 datiert, angesichts des schlechten baulichen Zustands hingenommen. Abbruchdokumentation beim Landesamt. Mz

Hausheim, Gde. Berg (Lkr. Neumarkt i. d. Opf.). Im Rahmen der *Dorferneuerung* wurde als wichtigstes Anliegen der Denkmalpflege und des eingeschalteten Architektenteams die Reaktivierung des Dorfangers mit Wiederherstellung des historischen Bachverlaufs festgelegt. GB

Hellkofen, Gde. Aufhausen (Lkr. Regensburg), *Kath. Filialkirche St. Leonhard*. Der stählerne Glockenstuhl mußte aus statischen Gründen nach unten im Turmschaftbereich verlängert werden. Die Planung erfolgte unter Berücksichtigung aller historisch wichtigen Bauteile wie Konsolen, Balkenlagen und Mauervorsprünge. Der Vorzustand wurde zeichnerisch dokumentiert. Gi

Hemau (Lkr. Regensburg), *Kath. Pfarrkirche St. Johannes*. Die Innenrestaurierung wurde mit der Instandsetzung der Raumschale begonnen. Im Rahmen der Befunduntersuchung konnten wichtige Hinweise auf die barocke Erstfassung dokumentiert werden, doch wurde zur Ausführung der Wiederholung der zuletzt sichtbaren Fassung bestimmt: Der Kirchenraum kann nach der Aufstellung fremder Altäre aus der Barockzeit, die zudem verändert worden sind, nicht mehr den ursprünglichen Eindruck vermitteln. Gi

–, *Propsteigassl 2*. Das ehemals zum Kloster Prüfening gehörige *Propsteigebäude*, eine stattliche dreigeschossige Dreiflügelanlage mit Walmdächern, wurde im 18. Jh. errichtet. Nach langer Nutzung als Verwaltungsgebäude beabsichtigt die Stadt Hemau, das mittlerweile leerstehende Gebäude für Zwecke der Stadtverwaltung umzubauen und instandzusetzen. Zur Vorbereitung der Maßnahme wurde eine Befunduntersuchung in allen Räumen durchgeführt. Gi

Hirschau (Lkr. Amberg-Sulzbach), *Hauptstraße 2*. Abschluß der Instandsetzung des «Schloßgasthauses» und der Errichtung eines Verbindungsbaus entlang der ehem. Pflegschloßumwehrung im Zuge einer Revitalisierung des Pflegschlosses für eine Hotelnutzung, gefördert mit Zuschußmitteln des Landesamtes für Denkmalpflege. Verformungsgerechtes Bauaufmaß, Befunduntersuchung und Photodokumentation. Un

–, *Nürnberger Straße 57*. Der noch verbliebene Gebäudeteil in hakenförmiger Ausformung ist der Restbestand der ehem. Keramikfabrik Hirschau, die, im 19. Jh. errichtet, zu erheblicher wirtschaftlicher Blüte gelangte. Ein Antrag auf Abbruchgenehmigung für den noch verbleibenden Farbrikkomplex mit Wohnungen wurde abgelehnt. Un

Hirschbach (Lkr. Amberg-Sulzbach), *Haus Nr. 25*, Baugenehmigungsverfahren für Teilabbruch und Instandsetzung des Baudenkmals. Un

Hof am Regen (Lkr. Schwandorf), *Burg*, Wohnturm mit Kapelle. Die bedeutenden spätgotischen Fresken des romanischen Kapellenraumes bedürfen umgehender Sicherungs- und Konservierungsarbeiten. Landesamt und Untere Denkmalschutzbehörde sind in dieser Angelegenheit wiederholt an den Eigentümer herangetreten. Mz

Hofenstetten (Lkr. Schwandorf), *Haus Nr. 1*. Das Wohngebäude der Dreiseithofanlage, ein Wohnstallhaus mit Halbwalmdach, im Kern 17./18. Jh., bez. 1898, ist vom Freilandmuseum Neusath des Bezirks Oberpfalz für eine Transferierung vorgesehen. Das Landesamt hat sich dagegen für eine Erhalt des Gebäudes vor Ort ausgesprochen und einen Abbruch abgelehnt. Seitens des Landratsamtes wurde der Abbruch mit Bescheid vom 31.1.1989 genehmigt. Die im Abbruchbescheid zur Auflage gemachte Dokumentation als Teil der Vorbereitung einer Transferierung steht noch aus. Mz

Hohenburg (Lkr. Amberg-Sulzbach), *Marktplatz 15*. Der als Hakenhof in halboffener Bauweise geformte Gasthof umfaßt den spätgotischen Hauptbau, der 1550 errichtet wurde, einen ebenfalls zweigeschossigen Anbau mit Zierfachwerkgiebel, das daran angrenzende Stallgebäude mit Schlafkammern im Obergeschoß und – rechtwinklig dazu anbindend und den Hofraum zum Fluß hin abriegelnd – die eingeschossige Scheune. Dieser Fachwerksanbau und die weiteren Nebengebäude wurden um 1810 errichtet. Die einzelnen Instandsetzungsschritte gestalten sich langwierig, da immer wieder Probleme mit der Finanzierung auftraten, Planung und Objektüberwachung nicht überzeugen konnten. Zum Ende des Berichtsjahres wurden die Instandsetzungsarbeiten noch nicht abgeschlossen. Die Instandsetzung des ehem. Ackerbürgeranwesens wird finanziell unterstützt mit Mitteln der Städtebauförderung (Bayer. Programm), des Bezirks und Landkreises sowie aus dem Entschädigungsfonds. Verformungsgerechtes Bauaufmaß, Befunduntersuchung, Photodokumentation, dendrochronologische Untersuchungen. Un

–, *Rathaus (Marktplatz 19)*. Der «hochfürstliche bischöfliche Hofkasten der kaiserlich freien Reichsherrschaft Hohenburg auf dem

Nordgau» existiert seit 1550. Er war schon immer auf mehrere Nutzungsbereiche abgestellt (Schranne/Brotladen, Ratsstube, Lagerräume, Getreideböden, Wohnräume). 1719/1720 wurde der spätgotische Satteldachbau um ein Geschoß erhöht, umgebaut und an der Straßenmarktseite mit einem eigenwillig gegliederten, geschweiften Vorschußgiebel versehen. Neben der Nutzung als Rathaus befand sich in dem Gebäude auch der hochstiftische Zehentkasten. Desweiteren wurden bereits seit der 2. Hälfte des 18. Jhs. Schulräume eingebaut.

Die barocke Fassadengliederung ist weitgehend erhalten; Fehlstellen sind rekonstruierbar. Die in dunkelgrau bis schwärzlich gefaßte rustizierte Sockelzone (Erdgeschoß) und der mit gleicher Farbe getünchte Stupfputz der Wandflächen beider Obergeschosse, dazu die glatt geputzten Fassadengliederungen mit weißem Kalkanstrich, zeigen die Gestaltungsauffassung der Gegenreformation. Die umfassende Restaurierungsmaßnahme wird nachhaltig mit Zuschußmitteln der Städtebauförderung (Bayer. Programm) und aus dem Entschädigungsfonds unterstützt. Verformungsgerechtes Bauaufmaß, Befund- und Photodokumentation, dendrochronologische Untersuchungen, Baualtersplan. Un

Hohenschambach, Gde. Hemau (Lkr. Regensburg), *Nürnberger Straße 2*. Das unmittelbar gegenüber der Kirche und neben dem ehem. Pfarrhof gelegene Gasthaus geht in seinem Kernbestand auf das 17./18. Jh. zurück. Im Rahmen der Außeninstandsetzung wurde auf eine dem Baukörper angemessene Fensterteilung geachtet. Gi

Hohentreswitz (Lkr. Schwandorf), *Kath. Expositurkirche St. Bartolomäus*. An der im 18. Jh. errichteten und 1912 erweiterten Kirche (letzte Innenrenovierung 1957, letzte Außeninstandsetzung 1970) wurden folgende Maßnahmen durchgeführt: Reparatur des Dachtragwerks, Neueindeckung, Erneuerung des Sockelputzes und Putzausbesserungen, Fassadenanstrich, Erneuerung des Bodenbelags, Reparatur der Gestühlspodien. Mz

Ilsenbach, Gde. Püchersreuth (Lkr. Neustadt a.d. Waldnaab), *Haus Nr. 18, ehem. Landsassenschloß*. Nachdem der Eigentümer für den seit mehr als einem Jahrzehnt leerstehenden dreigeschossigen Walmdachbau keinen Bauunterhalt mehr leistete und immer wieder Abbruchabsichten äußerte (wobei er auch durch Schwächung der Dachkonstruktion und Lagerung großer Mengen Dachziegel im Bereich der Dachböden – bei gleichzeitiger Vermehrung undichter Dachstellen – die Einsturzgefahr förderte), Sicherungsmaßnahmen vom Landratsamt jedoch nicht angeordnet wurden, konnte nur ein Verkauf eine positive Änderung der verfahrenen Situation bewirken. Inzwischen wurden mit einem neuen Schloßbesitzer die dringend erforderlichen Instandsetzungsmaßnahmen – auf der Basis einer umfassenden Grundlagenermittlung – abgestimmt. Trotz der Einfügung von Hilfskonstruktionen konnte der Teileinsturz der dem ehem. Stallhausbau zugewandten Walmfassade nicht mehr verhindert werden. Zuschußmittel der Flurbereinigungsdirektion Regensburg und aus dem Entschädigungsfonds werden zur Verfügung gestellt. Un

Irchenrieth (Lkr. Neustadt a.d. Waldnaab), *Johannesbrünnl*, Instandsetzung des um 1870 entstandenen Monuments aus drei Bildstöcken. Die steinrestauratorischen Arbeiten, insbesondere auch die Ergänzungen mit Steinersatzmassen, lassen in ihrer handwerklichen Ausführung und künstlerischen Wirkung einige Fragen offen. Mz

Kallmünz (Lkr. Regensburg), *Brunngasse 23*. Das unmittelbar an die mittelalterliche Marktbefestigung angebaute, zur Straße giebelständige Haus enthält sichtbar im rückwärtigen Teil mittelalterliche Mauerteile, die im Zusammenhang mit der Marktbefestigung stehen könnten. Für die Erarbeitung eines tragfähigen Instandsetzungskonzepts und aufgrund der Lage unmittelbar an der Marktmauer wurde eine Voruntersuchung begonnen. Sie umfaßt die Befunddokumentation, eine Auswertung der Befunde für die Bauforschung sowie ein analytisches Bauaufmaß. Gi

Kammerermühle, Gde. Krummennaab (Lkr. Tirschenreuth), *Haus Nr. 1*. Der dem Einödhof zugehörige, zweigeschossige Satteldachbau wurde 1786 als Glaspolier errichtet und 1863 zu einer Mühle umgebaut. Das ursprüngliche Konstruktions- und Grundrißgefüge ist fast gänzlich erhalten, ebenso erhebliche Ausbauteile. Besonders zu erwähnen ist die Mühlenausstattung mit der Antriebstechnik (mehrheitlich aus der 2. Hälfte des 19. Jhs.), dem Mühlgestell (Bied) von 1863 und dem Mühlenwerk von 1923 (u. a. Spitz- und Schälmaschine, Trieur, Getreidereinigungsmaschine). Gemessen an der Vollständigkeit, dem Alter und baulichen Zustand des Mühlengebäudes sind in der Oberpfalz nur noch wenige vergleichbare Objekte vorzuweisen. Die umfassende Instandsetzung des Mühlenbaus, im besonderen der Blockbauwände im Obergeschoß, der Bohlen-Balken-Decken, der Dachkonstruktion, der Rauchkuchl und der zentralen Kaminanlage, wird durch Bereitstellung von Zuschußmitteln des Landesamtes für Denkmalpflege ermöglicht. Un

Kappl (Lkr. Schwandorf), *Kath. Wallfahrtskirche St. Michael*, Außeninstandsetzung und Reparatur des Dachtragwerks der im 18. Jh. errichteten Kirche. Mz

Kastl (Lkr. Amberg-Sulzbach), *Marktplatz 17*. Zweigeschossiger Hauptbau mit steilem Drittelwalmdach, die Außenwände aus Kalkbruchsteinmauerwerk, inneres Traggerüst mehrheitlich aus Fachwerkwänden, beide Fachwerkgiebel mit nachträglich angebrachten Abwalmungen, dazu ein zweigeschossiger Anbau mit Satteldach, Erdgeschoß in Kalkbruchsteinmauerwerk und Fachwerkobergeschoß mit hofseitiger Altane (Laubengang). Der Mauerwerksbereich beider Gebäude ist dem spätmittelalterlichen Baubestand des planmäßig angelegten Marktplatzes zuzurechnen und als Pendant zum ebenfalls zweigeschossigen Rathausbau zu verstehen: Sie sind die Kopfbauten an den beiden Schmalseiten des radial angelegten Straßenmarkts, wobei dem Anwesen «Königliches Notariat» am alten Brückenstandort über die Lauterach eine herausgehobenere Stellung im städtebaulichen Gefüge zukommt.

Das Dachwerk einschließlich der Decke über dem Obergeschoß und die beiden Fachwerkgiebel der ursprünglichen Satteldachs des Hauptbaus wurden 1505/06 errichtet; mit der Fachwerkaufstockung einschließlich Dachwerk des Anbaus 1736/37 wurde auch die barocke Fassadengestaltung am Hauptbau in der Farbauffassung der Gegenreformation (weiße Wandflächen, dunkelgraue bis schwarze Fassadengliederungen) ausgeführt, wobei sämtliche Fassadenöffnungen zu diesem Zeitpunkt vorhanden waren. – Eine Bestandsdokumentation (verformungsgerechtes Bauaufmaß, Befunduntersuchung und Baualtersplan, Photodokumentation, dendrochronologische Untersuchungen), vom Landesamt für Denkmalpflege gefördert, wurde inzwischen angefertigt und dient der im nächsten Jahr beginnenden, umfangreichen Instandsetzung des Hauptbaus. Un

Kemnath (Lkr. Tirschenreuth), *Stadtplatz*. Der im Stadtmauerverlauf ovale Stadtgrundriß ist charakterisiert durch einen langgestreckten, breiten Straßenmarkt, der die Stadt in der Längsrichtung durchzieht. Eine bauliche Erneuerung im 19. Jh. nahm Bezug auf das mittelalterliche Stadtbild, besonders augenfällig am Stadtplatz, der am Ostende von der Pfarrkirche und dem 1854 erneuerten Stadt- und Kirchturm abgeschlossen wurde. Im Rahmen der Planung zur Neugestaltung des Stadtplatzes hat das Landesamt für Denkmalpflege sowohl Hinweise zur Materialverwendung als auch zum geschichtlichen Verkehrsverlauf zwischen den beiden Tor- und Eingangssituationen gegeben. GB

Köfering (Lkr. Regensburg), *Kath. Pfarrkirche St. Michael*. Die Inneninstandsetzung der im Zuge der letzten Renovierung weitgehend entleerten barocken Kirchenanlage wurde vorbereitet. An der Raumschale ist die Neufassung nach den Befunden der Erstfassung des Barock vorgesehen. – In mehreren Abschnitten ist die Restaurierung der ausgelagerten Teile der Ausstattung und deren teilweise Rekonstruktion vorgesehen. Insbesondere der Hochaltar ist zur Aufnahme des spätgotischen Tafelgemäldes mit der Kreuzigung Christi in der ursprünglichen Form wieder herzustellen. Gi

Königstein (Lkr. Amberg-Sulzbach), *Oberer Markt 20 (sog. Rotgerberhaus)*. Fertigstellung und Einweihung des ehem. herzoglichen Malzhauses, dann Betriebsstätte und Wohnung für Rotgerber, jetzt Rathaus mit einer gemeindlichen Bibliothek; Zuschußmittel der Städtebauförderung und des Landesamtes für Denkmalpflege wurden dafür zur Verfügung gestellt. Verformungsgerechtes Bauaufmaß, Photodokumentation, Befunduntersuchung, dendrochronologische Untersuchungen, Baualtersplan.

Im Staatsarchiv Amberg befindet sich neben dem informationsreichen Bestandsplan von 1746 mit farbiger Darstellung der beiden Grundrißebenen Erd- und Obergeschoß zum Zeitpunkt 1742 und 1746 (Gegenüberstellung für Nachweis von Investitionen) auch ein «Plan für Herrn Johann Wiesend Rotgerber in Königstein zur Herstellung eines neuen russischen Kamins und baulichen Aenderungen in seinem Wohnhause No. 111 dahier», angefertigt von Zimmermeister Leonhard Taubmann im Oktober 1898. Der Planinhalt besteht dabei aus farbiger Darstellung des Baubestands, Einfügung eines russischen Kamins ab Obergeschoß, dazu auch Einbau eines Fuchses, Abbruch von Wänden im Obergeschoß (Teile des Baubestands von 1744) und dort Einfügung eines beheizbaren Werkstattraumes sowie eines «warmen» und eines «kalten» Zimmers. Eine weitere Schriftquelle wurde im Zuge der Restaurierung der zweiteiligen, rahmengestemmten Hauseingangstür entdeckt. Nach dem Zerlegen des Stehflügels fand sich auf der Rückseite der oberen inneren Füllung folgende mit Bleistift in das Weichholz eingefügte Information: «Diese Tür ist am 1ten Mai 1888 gemacht worden und zwar von Johann Taubmann z. Zeit Bürgermeister». Zielsetzung der Restaurierung war die Erhaltung des Grundriß- und Konstruktionsgefüges von 1720/1744 bei komplettierendem Ausbau des Obergeschosses unter Berücksichtigung des Umbauergebnisses von 1898. Im Hinblick auf das Raumprogramm mußte der Ausbau des gesamten 1. Dachgeschosses und eines Teils des 2. Dachgeschosses (Sitzungssaal, Stuhllager, Teeküche und Sozialraum, Archiv) hingenommen werden. Die Erhaltung der Kaminanlage von 1744 (ursprünglich deutscher (begehbarer) Kamin, angesetzt über der gewölbten Rauchkuchl im Obergeschoß) war dabei zu beachten. – Sorgfältige Restaurierung der Fenster-Sandsteingewände und des Haustür- Kalksteingewändes, der Gewölbeanlage im Erdgeschoß und der ehem. Rauchkuchl im Obergeschoß, der Raumschalen der großen Stube mit Stuckdecke und zeitgleichem Kachelofen, der ehem. Gästestube mit Sesselofen und der Rauchkuchl, die zugleich der Befeuerung der beiden Hinterlader und dem Rauchabzug diente. Instandsetzung der Holzkonstruktion mit zwei Lager- und einem Spitzboden, dabei besonders zu erwähnen die Primärkonstruktion im 1. Dachgeschoß, bestehend aus liegenden Stuhlsäulen und mittig angeordneter stehender Stuhlsäule, dazu die archaisch wirkende Stützenreihe mit Kopfbändern im Obergeschoß, die Fenster- und Türkonstruktionen aus der 2. Hälfte des 18. Jhs. und aus dem 19. Jh. Die Fassadenänderungen im Bereich beider Geschoßebenen (Einfügung bzw. Vergrößerung einiger Fensteröffnungen und einer rückwärtigen Haustüre im Fletzbereich) mußten im Hinblick auf die angestrebte Nutzung als Rathaus und Gemeindebibliothek – und der damit einhergehenden Aufwertung des Gebäudes – hingenommen werden. Un

Konnersreuth (Lkr. Tirschenreuth), *Kath. Pfarrkirche St. Laurentius,* Außeninstandsetzung, insbesondere Erneuerung der Dacheindeckung, Putzausbesserungen und Neuanstrich. Die gestalterisch mißglückte Vordachkonstruktion wurde ohne Genehmigung errichtet. Mz

Kulmain (Lkr. Tirschenreuth), *Kath. Pfarrkirche Mariä Himmelfahrt,* Inneninstandsetzung, insbesondere Neufassung der Raumschale und Reinigung der Ausstattung. Im Rahmen der Befunduntersuchung wurde festgestellt, daß entgegen der bisherigen Annahme der Bau von 1834 umfangreiche Teile des barocken Vorgängerbaus einbezog. Befunddokumentation im Landesamt. Die zurückhaltende Farbigkeit bei der Neufassung der Raumschale wurde mit Rücksicht auf die Gesamtwirkung der klassizistischen Ausstattung gewählt. Mz

Lam (Lkr. Cham), *Kath. Pfarrkirche St. Ulrich.* Die Gesamtinstandsetzung wurde mit der Restaurierung der Innenausstattung fortgeführt. Abweichend vom Konzept, welches eine Konservierung der vorhandenen Fassungen vorsah, wurden die Altäre nahezu vollständig überfaßt. Das Ergebnis der Gesamtmaßnahme kann aus denkmalpflegerischer Sicht nicht befriedigen. Gi

Lambach, Gde. Lam (Lkr. Cham), *Willmann-Villa.* Die Gesamtstandsetzung der Jugendstil-Villa des Glasfabrikanten Willmann wurde mit der Rekonstruktion der Jugendstilbemalung in mehreren Räumen des Erd- und des Obergeschosses weitgehend abgeschlossen. Die Restaurierung der Malereien in den Gesellschaftsräumen im Erdgeschoß wurde zurückgestellt. Die Maßnahme wird aus dem Entschädigungsfonds gefördert. Gi

Lambertsneukirchen, Gde. Bernhardswald (Lkr. Regensburg), *Kath. Filialkirche St. Lambert,* Inneninstandsetzung des 1732 umgebauten, gotischen Saalbaus. Die vorhandenen Fassungen an der Ausstattung wurden konserviert, die Raumschale entsprechend dem vorhandenen Erscheinungsbild der Ausstattung neu gefaßt. Grundlage bildete die zur Ausstattung gehörende Fassung der Raumschale, die im Rahmen einer Befunduntersuchung festgestellt werden konnte (Wandflächen und Stuck weiß, Hohlkehle rosa, Deckenflächen hellgrau und hellgelb). Gi

Leonberg (Lkr. Schwandorf), *Bergstraße 10.* Das Halbwalmdachhaus des späten 18. Jhs. wurde teilweise ohne Abstimmung mit Landesamt und Landratsamt umgebaut. Dabei erfolgten Eingriffe in die historische Bausubstanz. Nach Baueinstellung und Verhängung eines Bußgelds konnte der dann eingereichte Bauantrag mit Auflagen genehmigt werden. Mz

–, *Kuchlweg 12.* Ein Abbruch des Bauernhauses, ein Satteldachbau des 18. Jhs., wurde von seiten des Landesamtes angesichts des desolaten Zustands hingenommen. Der Ersatzbau wurde abweichend von den Festlegungen sowie der Eingabeplanung ausgeführt und stellt eine städtebauliche Fehlentwicklung dar. Mz

Leuchtenberg (Lkr. Neustadt a.d. Waldnaab), *Dorferneuerung.* Der Schwerpunkt bei der Durchführung liegt weiterhin im Bereich von Ausbau und Gestaltung von Verkehrswegen sowie Abbruch und Neuerrichtung von Stützmauern; eine Gebäuderestaurierung konnte bisher noch nicht realisiert werden. Un

Loifling, Gde. Traitsching (Lkr. Cham), *Hofmarktstraße 25 und 27, ehem. Wasserschloß.* Die umfangreiche Bestandsdokumentation, bestehend aus einem verformungsgerechten Bauaufmaß, der Befunduntersuchung und Photodokumentation sowie dendrochronologischer Untersuchungen und einer Grabungskampagne, wurde vom neuen Schloßbesitzer, der Gemeinde Traitsching, für den mehrheitlich spätgotischen Baukomplex mit barocker Überformung veranlaßt und liegt inzwischen vor. Zuschußmittel des Landesamtes für Denkmalpflege wurden bereitgestellt. Un

Mähring (Lkr. Tirschenreuth), *Haus Nr. 28.* Das zweigeschossige Wohnstallhaus mit Walmdach, ursprünglich mit Nutschindeln eingedeckt, stammt noch aus der 2. Hälfte des 18. Jhs. und gehört zur bäuerlichen Hauslandschaft «Egerländer Fachwerkhaus». Instandsetzung der Dachkonstruktion einschließlich profiliertem Traufgesimsbalken und der Fachwerkfassade, Dacheindeckung analog jener nach der Jahrhundertwende mit Thüringer Naturschiefer; gefördert mit Zuschußmitteln des Marktes, Landkreises, Bezirks und Landesamtes für Denkmalpflege. Un

Mallersricht, Stadt Weiden i.d. Opf., *Haus Nr. 25, ehem. Hirtenhaus* der 2. Hälfte des 18. Jhs. Sicherung und Instandsetzung des gefährdeten, erdgeschossigen Blockbauhauses mit noch erhaltener Rauchkuchl und Deutschem Kamin, das steile Satteldach ehem. mit Nutschindeln eingedeckt. Bereitstellung erheblicher Zuschußmittel des Bezirks und des Landesamtes für Denkmalpflege. Der desolate Zustand der Blockbauwände erforderte – unter dem Gesichtspunkt einer wieder anzustrebenden Wohnnutzung des seit Jahrzehnten leerstehenden Gebäudes – deren Abbau, Transport in eine Montagehalle, Instandsetzung in Schichtabfolge, Rücktransport und Wiederaufbau vor Ort, wobei die gemauerte, zeitweise freistehende Rauchkuchl und die darauf befindliche Kaminanlage gesichert und erhalten werden mußten. Detailliertes Bauaufmaß und Instandsetzungskonzept, Photodokumentation, dendrochronologische Untersuchungen. Un

Mariaort, Gde. Sinzing (Lkr. Regensburg), *Kath. Wallfahrtskirche.* Im Laufe der nächsten Jahre ist die Reinigung und Restaurierung der bedeutenden barocken Ausstattung der Kirche geplant. Ein restauratorisches Gesamtkonzept für die Ausstattung, die eine sehr gute

Fassung und Vergoldung des späteren 19. Jhs. oder des frühen 20. Jhs. wurde unter Beteiligung der Restaurierungswerkstätten des Landesamtes erarbeitet. Gi

Mintraching (Lkr. Regensburg), *Kath. Kirche St. Mauritius*. Die *Kreuzwegstationen* im um die Kirche gelegenen Friedhof wurden instandgesetzt. Die einfachen, gemauerten Kapellenhäuschen mit Bogennischen und Satteldach sind durch Terrakottareliefs mit den einzelnen Stationsszenen ausgezeichnet. Die ursprünglich farbig gefaßten Reliefs des 19. Jhs. waren durch Witterungseinflüsse stark in Mitleidenschaft gezogen und wurden zunächst gefestigt. Zur Wiedergewinnung der künstlerischen Aussage aber auch zum Schutz der Terrakotta wurden die Reliefs im Sinn der ersten Überfassung, die sich offensichtlich stark an die Erstfassung angelehnt hatte, neu gefaßt. Die Nischen der Stationskapellen wurden nach Befund lichtblau gefaßt. Die Kreuzwegstationen vermitteln nun wieder den künstlerischen Gesamteindruck des späten 19. Jhs. Gi

Möningerberg (Lkr. Neumarkt i.d. Opf.), *ehem. Wallfahrtskapelle Vierzehn Nothelfer*, Außeninstandsetzung mit teilweiser Erneuerung des Außenputzes und Neuanstrich. Die Restaurierung bzw. Erneuerung der Sandsteingewände der Fenster ist teilweise unbefriedigend ausgefallen. Förderung aus Mitteln der staatlichen Denkmalpflege. Mz

Mühlbach (Lkr. Neumarkt i.d. Opf.), *Kath. Pfarrkirche St. Maria*, Inneninstandsetzung der im 18. Jh. unter Beibehaltung des gotischen Chorturms errichteten Kirche. Durchgeführte Maßnahmen: Erneuerung des Sockelputzes, des Unterbodens und der Gestühlspodien, Neufassung der Raumschale, Reinigung und Ergänzung von Fehlstellen der Ausstattung, geringe Reparaturen am Gestühl. Mz

Münchshofen (Lkr. Schwandorf), *Flächennutzungsplan*. Der Entwurf der 1. Flächennutzungsplan-Änderung der Stadt Teublitz sieht unterhalb des Schlosses Münchshofen die Bebauung des Flurstücks «Brunnäcker» vor. Trotz der von Seiten der Denkmalpflege angeführten erheblichen Beeinträchtigungen der Schloßanlage soll das Vorhaben mittlerweile mit weiteren Auflagen durch die Regierung der Oberpfalz genehmigt werden. Mz

–, *ehem. Schloßkapelle*, errichtet um 1772, Instandsetzung des barocken Dachtragwerks sowie des Außenbaus. Der Dachstuhl wies durch mangelnden Bauunterhalt bedingte Schäden sowie Hausschwammbefall auf. Die Ausführung der Arbeiten ist dem Denkmal in Teilbereichen nicht angemessen; dies gilt auch für die ohne Abstimmung mit dem Landesamt erneuerten und in ihrem Anspruch überzogenen Außenanlagen. Mz

Nabburg (Lkr. Schwandorf), *Stadtsanierung*, vorbereitende Untersuchungen im Rahmen des Städtebauförderungsprogramms; Abstimmung der denkmalpflegerischen Zielsetzungen und Veranlassung von sog. Feinuntersuchungen für zwei historische Kernbereiche (Pfarrhof/Zehentstadel und Spitalkirche St. Maria). Un

–, *Oberer Markt 19*. Für das spätgotische Ackerbürgeranwesen, als Messerschmiedhaus bekannt, wurde neben einer umfassenden Bestandsdokumentation und Schadensanalyse auch ein Instandsetzungs- und Nutzungskonzept (Plangutachten) veranlaßt, gefördert mit Zuschußmitteln des Landesamtes für Denkmalpflege. Der Baubescheid konnte die Belange der Denkmalpflege absichern. Un

–, *Obertor 7, ehem. Bürgerspital*. Der zweigeschossige Satteldachbau, städtebaulich zugeordnet der Kath. Stadtpfarrkirche St. Johannes Baptist und der Spitalkirche St. Maria sowie dem ehem. Pflegschloß mit Fronveste und dem Zehentstadel, entstammt im Kern der Zeit um 1420 und wurde um 1560 in seine fast zur Gänze noch erhaltene Gestalt gebracht; ebenso sind das ursprüngliche Grundriß- und Konstruktionsgefüge aus dieser Umbau- und Erweiterungsphase der Frührenaissance noch vorhanden. Das Gebäude soll wie bisher, in Einklang mit dem Stiftungsgedanken, der Unterbringung älterer, einkommensschwacher Menschen dienen. Das Restaurierungsvorhaben wird maßgeblich unterstützt mit Mitteln der Städtebauförderung, des Sozialen Wohnungsbaus und aus dem Entschädigungsfonds. Un

–, *Perschener Straße*. Die zweiteilige, zweigeschossige Stadelanlage an der Westseite der ehem. Nicolai-Gasse ist zugleich die nördliche Baugrenze dieser Straßenseite. Das seit Jahren vorgetragene Verlangen des Besitzers auf Abbruch der zweiteiligen Bruchsteinstadels wurde unter Ausnützung aller Rechtsmittel bis zum Bayer. Verwaltungsgerichtshof gebracht. Das Gericht entschied sich anhand eines umfangreichen Gutachtens des Landesamtes für Denkmalpflege für den Erhalt des Baudenkmals und bestätigte damit die Versagung der Abbruchgenehmigung. Die abgestimmte Finanzierung (kommunale Gebietskörperschaften und Landesamt für Denkmalpflege) ermöglichte die dringend erforderliche Dachinstandsetzung und Sicherungsmaßnahmen an den Fassaden. Un

Neidstein, Gde. Ekelwang (Lkr. Amberg-Sulzbach), *Haus Nr. 1, Schloß*. Die Sicherungs- und Instandsetzungsarbeiten an den Dachkonstruktionen, an der Dachhaut und -entwässerung sowie an Geschoßdecken über dem Obergeschoß des hakenförmig angeordneten Schloßkomplexes gestalteten sich schwierig, da neben den besonders schadhaften und nicht überzeugend ausgeführten Baukonstruktionen aus der 2. Hälfte des 19. Jhs. umfangreiche provisorische Abdichtungsarbeiten am Dachbereich und Abstützungsarbeiten für die Stuckdecken des Obergeschosses erforderlich wurden. Bestandsdokumentation und Instandsetzungsmaßnahmen werden mit Zuschußmitteln des Landkreises, Bezirks und Landesamtes für Denkmalpflege gefördert. Un

Neualbenreuth (Lkr. Tirschenreuth), *Marktplatz 10 (ehem. Posthalterei)*. Instandsetzung des seit Jahren leerstehenden zweigeschossigen Egerländer Fachwerkhauses mit noch originalem Grundriß- und Konstruktionsgefüge aus der 2. Hälfte des 18. Jhs., wobei die um die Jahrhundertwende ausgeführten Ausflickungen und Auswechslungen an Wänden im Erdgeschoßbereich durch Komplettierung der Blockbaukonstruktionen wieder beseitigt wurden. Einen besonderen Schwerpunkt bildete die Restaurierung der barocken Rauchkuchl und die Rekonstruktion des Deutschen Kamins. Die Einfachdeckung des neuen Biberschwanzdachs mit Gradschnittbibern soll auch an die Ende des 19. Jhs. abgegangene Nutschindeldeckung erinnern. Instandsetzung des rechtwinklig anbindenden zweigeschossigen Seitenflügels, der ehedem Stall- und Bergeräume enthielt. Erhebliche Zuschußmittel wurden der Marktgemeinde als Maßnahmeträger von Seiten der Städtebauförderung (Bayer. Programm) und des Landesamtes für Denkmalpflege für die Restaurierung zur Verfügung gestellt. Verformungsgerechtes Bauaufmaß, Photodokumentation, Befunduntersuchung, dendrochronologische Untersuchungen. Un

–, *Turmstraße 44*. Baugenehmigungsverfahren über Teilabbruch, Grundriß- und Nutzungsänderungen am Wohnstallhaus des Egerländer Vierseithofs. Der Bauantrag, der eine Fülle von Maßnahmen enthielt, die zu einer erheblichen Schädigung des Baudenkmals führen würden, mußte abgelehnt werden. Un

–, *Turmstraße 48*. Instandsetzung des noch originalen Remisenbaus mit Fachwerk, bez. 1776, der den Egerländer Vierseithof in entscheidender Weise prägt; gefördert mit Zuschußmitteln des Landkreises, Bezirks (Bauernhausprogramm) und des Landesamtes für Denkmalpflege. Verformungsgerechtes Bauaufmaß, Photodokumentation und Befunduntersuchung. Un

–, *Turmstraße 49*. Fertigstellung des aus der 2. Hälfte des 18. Jhs. stammenden ehem. Wohnstallhauses (Egerländer Vierseithof), gefördert mit Zuschußmitteln des Landkreises, der Bayer. Grenzlandhilfe und des Landesamtes für Denkmalpflege. Verformungsgerechtes Bauaufmaß, Photodokumentation und Befunduntersuchung. Un

Neukirchen b. Hl. Blut (Lkr. Cham), *Kath. Pfarr- und Wallfahrtskirche Mariae Geburt*. Nach der Instandsetzung des Turms zum Abschluß der in den letzten Jahren durchgeführten Außeninstandsetzung wurde die Frage des Zugangs durch das Westportal und das unterste Turmgeschoß neu diskutiert: Vorüberlegungen zur Wiederherstellung des ursprünglichen Geländeniveaus vor dem Portal. Die im Rahmen der Turmsanierung aufgefundenen umfangreichen Dokumente in der Basiskugel des Turmkreuzes wurden sorgfältig erfaßt, um weitere Belege zur jetzigen Maßnahme ergänzt und anschließend wieder in die Kreuzkugel eingelegt. Gi

Neunburg v. Wald (Lkr. Schwandorf), *Im Berg 17*, Restaurierung des barocken Eingangsportals aus Granit: Befunduntersuchung, Abnahme der Zementflickungen, Reinigung, Neuverfugung und partielle Ausbesserung von Fehlstellen mit Kalkmörtel. Die Restaurierung des barocken Türblatts steht noch aus. Mz

–, *Schrannenplatz 1, Rathaus.* Entgegen der mit dem Landesamt abgestimmten Restaurierung der Fenster im Erdgeschoß wurden diese als stark vereinfachter Nachbau der Fenster vom Beginn des 20. Jhs. vollständig erneuert. Der bereits ausgezahlte Zuschuß zur Restaurierung wurde zurückgefordert. Mz

Neustadt a.d. Waldnaab (Lkr. Neustadt a.d. Waldnaab), *Freyung 23*. Das erdgeschossige ehem. Wohnstallhaus ist das älteste noch erhaltene Gebäude in der von Kaiser Karl IX. gegründeten Stadterweiterung «Freyung». Der aus Bruchstein (Gneis, Granit) errichtete und mit Tonnenwölbung versehene Keller zählt noch zum spätmittelalterlichen Baubestand. Die Wandkonstruktionen und das Dachwerk entstanden 1586/87. Da das Landesamt für Denkmalpflege den Antrag auf Abbruchgenehmigung für den noch relativ gut erhaltenen giebelständigen Satteldachbau ablehnte, das Landratsamt jedoch Zustimmung signalisierte, wurde eine Dissensentscheidung bei der Regierung der Oberpfalz beantragt. Un

–, *Stadtplatz 10, Stadtmuseum*, Fertigstellung und Einweihung des Alten Schulhauses, das in jüngerer Zeit für Wohnzwecke genutzt wurde und nun als Stadtmuseum dient. Es ist zugleich das erste Sanierungsprojekt der Städtebauförderung in dieser Stadt. Der Maßnahmeträger, die Stadt Neustadt a.d. Waldnaab, ist mit gutem Beispiel vorangegangen und hat damit die besonders hier zu beobachtende Skepsis der Bevölkerung gegenüber einer Sanierung von Altbausubstanz abbauen helfen. Aus ursprünglich zwei spätgotischen Anwesen wurde das Gebäude im Zuge eines Umbaus nach 1770 (am Bauwerk die Datierung 1779) in die jetzt noch bestehende Gestalt gebracht (Granitwände, Traufgesimse, Dachkonstruktion, Holzdecken über Erd- und Obergeschoß). Un

–, *Stadtplatz 11*. Das Pilotprojekt im Rahmen der Stadtsanierung soll Aufschlüsse über Möglichkeiten einer Revitalisierung spätgotischer Ackerbürgeranwesen mit bescheidener Fassadenbreite und großer Bautiefe («Handtuchgrundstück») am Stadtplatz geben. Die hohen Baukosten erfordern dabei eine entsprechende Nutzungsverdichtung mit durchgehender Ladenzone und mehreren Wohnungen, gefördert mit Mitteln des Sozialen Wohnungsbaus, der Städtebauförderung und des Landesamtes für Denkmalpflege. Verformungsgerechtes Bauaufmaß, Befund- und Photodokumentation, dendrochronologische Untersuchungen. Un

–, *Stadtplatz Nr. 18*, Giebelhaus der 2. Hälfte des 16. Jhs., im rückwärtigen Gebäudeteil ein Reststück der wohl spätmittelalterlichen Stadtbefestigung. Auf dem Stadtplatz waren die mittelalterlichen Bauten meist in der 2. Hälfte des 16. Jhs. als zweigeschossige Giebelhäuser erneuert worden, allerdings auf den gleichen schmalen Grundstücken wie zuvor. Da an den geländebedingt unerschließbaren Rückseiten die landwirtschaftlichen Nutzungen der Ackerbürger unterzubringen waren, mußte ein spezieller Grundrißtyp entwickelt werden. In Vorbereitung der Instandsetzung des Hauses wird eine ausführliche Grundlagenermittlung erarbeitet. GB

–, *Stadtplatz 34 (sog. Weinschenkhaus)*, Bestandteil des ehem. Herrschaftssitzes der Fürsten von Lobkowitz und – nach mehrfachem Besitzwechsel zuletzt im Wege einer Schenkung an den Landkreis gegangen – als Baubestand der ehem. Residenz letzter Bauabschnitt zur Erweiterung des Landratsamtes. Anhand der Grundlagenermittlung (verformungsgerechtes Bauaufmaß, Befunduntersuchung, Photodokumentation, dendrochronologische Untersuchungen) zur Klärung des Baubestands der Hochgotik (integrierte Bauteile eines Ackerbürgeranwesens, parallel dem der ehem. Kulturhaus), der Spätgotik und der Renaissance bis hin zum Frühbarock (im wesentlichen dem heutigen Baubestand gleichzusetzen – Ergebnis von Umbaumaßnahmen) konnte neben dem Baualtersplan auch ein geeignetes Nutzungs- und Instandsetzungskonzept entwickelt werden. Das Restaurierungsvorhaben wird mit Zuschußmitteln der Zonenrandförderung des Bundes und vom Landesamt für Denkmalpflege unterstützt. Un

–, *Stadtplatz 36, Altes Schloß*, Fertigstellung und Einweihung (Tag der offenen Tür) des Alten Schlosses – nach zehn Jahren Auseinandersetzungen – zum Zwecke der Landratsamtserweiterung. Das gotische Grundriß- und Konstruktionsgefüge ist in allen Geschossen noch erhalten, ebenso eine Vielzahl von Bau- und Ausbaudetails aus der Spätgotik und Renaissance. Im besonderen sind hier die vielfältigen Deckenkonstruktionen, wie Lehmschlagdecken mit Farbfassungen (in allen drei Geschossen), die dreifeldrige «Schiffskehlendecke» im 1. Obergeschoß (an der Stadtplatzseite) und die im 2. Obergeschoß des östlichen Bauteils und im westlichen Anbau befindlichen «Fischgrätdecken» (zwischen den Zerrbalken der Dachkonstruktion eingeschobene profilierte Bretter aus Nadelholz, die nach 1700 in einem Teilbereich mit einer «Marmorierung» überfaßt wurden) zu nennen. Neben den farbig gefaßten Fachwerkwänden im 2. Obergeschoß und bei den Schlafkammern im 1. Dachgeschoß sowie den aus Sandstein und Granit gehauenen Fenster- und Türgewänden um 1540 bis nach 1600 sind auch die Vielfalt an Gewölbekonstruktionen und -figurationen (14. Jh. – 1. Hälfte 17. Jh.) erwähnenswert. Eine handwerklich-technische Meisterleistung stellt das über vier Geschosse führende spätgotische Dachwerk (bez. 1543 – Datierung am profilierten Unterzug der spätgotischen Wohnhalle im 2. Obergeschoß) des Hauptbaus dar. Sämtliche instandsetzungsfähigen Wand-, Gewölbe-, Gefache- und Deckenputze in allen fünf Geschossen konnten fast zur Gänze erhalten werden. Besonderes Augenmerk wurde auch auf den Erhalt der Vielzahl an Kalkanstrichen gelegt; der Neuanstrich erfolgte in Kalklasurtechnik. Umfangreiche Freilegungen an Wandflächen mit der Zielsetzung einer umfassenden Restaurierung ergaben sich bei den an der Südseite des 1. Obergeschosses befindlichen Räumen mit im 18. Jh. eingefügten Putzdecken (auf spätgotischen Deckenkonstruktionen), wobei reizvolle, farbenprächtige Vedutenmalerei und Rokokodekor besondere Aufmerksamkeit verdienen.

Das stadtbildprägende dreigeschossige Anwesen Stadtplatz 36 ist der bedeutendste spätgotische Baukomplex zumindest der mittleren und nördlichen Oberpfalz und Kernbau des Herrschaftssitzes auch noch im 17. Jh. während der Regierungszeit der gefürsteten Grafen v. Lobkowitz. Unter Einschluß einer Wiederherstellung des Schloßgartens, der nach 1600 angelegt wurde und dessen Nutzung als Parkplatz verhindert werden konnte, standen für das Restaurierungsvorhaben Zuschußmittel der Städtebauförderung, des kommunalen Finanzausgleichs, der Bundesanstalt für Arbeit, der Zonenrandförderung des Bundes, des Landesamtes für Denkmalpflege und aus dem Entschädigungsfonds zur Verfügung. Verformungsgerechtes Bauaufmaß, dendrochronologische Untersuchungen. Un

–, *Stadtplatz 38 (Neues Schloß)*. Das Instandsetzungskonzept für das barocke Dachwerk und die darunter befindliche Geschoßdecke des 2. Obergeschosses wurde anhand einer umfänglichen Grundlagenermittlung (verformungsgerechtes Bauaufmaß, Photodokumentation, Schadensanalyse) ausgearbeitet, mit der Zielsetzung, die bei den 1965 durchgeführten Instandsetzungsarbeiten übersehenen Schadensquellen an der Geschoßdecken- und Dachkonstruktion nun endgültig zu beseitigen. Die in Mitleidenschaft gezogenen Traufgesimse, Stuckdecken und Fresken bedürfen dabei dringend der Restaurierung; Zuschußmittel des Landesamtes für Denkmalpflege wurden bereitgestellt. Un

Nittenau (Lkr. Schwandorf), *Am Burghof 20*. Gesamtinstandsetzung (1989/90) des stattlichen Wohnhauses, im Kern 18. Jh., mit 1918 bezeichneter Schweifgiebelfassade. Im Zuge der Maßnahme wurde das barocke Türblatt des Eingangsportals restauriert. Mz

Oberehring, Gde. Riekofen (Lkr. Regensburg), *Kath. Kirche St. Stephan*. Die seit mehreren Jahren laufende Instandsetzung der im Kern mittelalterlichen Kirche wurde im Berichtsjahr fortgesetzt. Im Inneren wurde ein neuer Unterboden eingebracht sowie die Vorbereitungen für die Ergänzung der schadhaften Sockelputze getroffen. Bei Teilabtragungen der Seitenaltarmensen wurden in vermauerten Nischen Fragmente eines Glasgefäßes bzw. ein intakter Noppenbecher

250

mit einer Münze und Knochenfragmenten gefunden. Die Fundstüke wurden im Diözesanmuseum dokumentiert und anschließend wieder in die Altarmensen zurückgegeben. Gi

Oberviechtach (Lkr. Schwandorf), *Klostergasse 7*. Das erdgeschossige Wohnstallhaus des 18. Jhs. wurde erheblich geschädigt und zum teilweisen Einsturz gebracht. Das Gebäude wurde aus der Denkmalliste gestrichen. Mz

Oberweiling (Lkr. Neumarkt i.d. Opf.), *Kath. Pfarrkirche Mariä Geburt*, Instandsetzung des Dachtragwerks aus dem 16./17. Jh. mit Mittelhängesäulen und verblatteten Streben, Neueindeckung bzw. Verschindelung der Turmkuppel. Die Außenfassaden wurden in Anlehnung an den Befund des 18. Jhs. neu gefaßt. Mz

Pechhof, Gde. Schwarzenbach (Lkr. Neustadt a.d. Waldnaab), *Haus Nr. 5*, Instandsetzung des ehem. Gutshauses (bez. 1828), Hauptbau des ehem. Hammers, dann Glasschleifwerks; gefördert mit Zuschußmitteln des Landesamtes für Denkmalpflege. Un

Pemfling (Lkr. Cham), *Dorferneuerung*. Die schon als «traditionsgemäß» zu bezeichnende negative Haltung der Repräsentanten des Kirchdorfs zu den Anliegen des Denkmalschutzes und der Denkmalpflege – zurückgehend auf die umkämpfte Erhaltung und Instandsetzung des Pfarrhofs vor zwei Jahrzehnten – erschwert trotz der wesentlich verbesserten Finanzierungsmöglichkeiten eine sachliche Diskussion um den Erhalt und die Sicherung schutzwürdiger Bausubstanz und städtebaulicher Situationen. Dies schlägt sich auch im Dorferneuerungsplan nieder. Die gutachtliche Stellungnahme des Landesamtes für Denkmalpflege fand nicht ausreichend Eingang im Planfeststellungsbeschluß. Un

–, *Hauptstraße 6*. Die historisch wohl bedeutendste Hofstelle des Kirchdorfs, bestehend aus dem sehr schadhaften Wohnstallhaus (erdgeschossiger Blockbau mit Kniestock und flachgeneigtem Satteldach, errichtet in der 2. Hälfte des 18. Jhs. – bäuerliche Hauslandschaft «Waldlerhaus»), der dreiteilig gegliederten Scheune (akut einsturzgefährdet, errichtet um 1810) und dem ca. ein halbes Jahrhundert später dort eingefügten Getreidekasten, dazu bauliche Erweiterungen (Scheune, Stall) in den letzten Jahrzehnten, wurde von der Teilnehmergemeinschaft aufgekauft, und neben dringend erforderlichen Sicherungsmaßnahmen für die Hofstelle, die Instandsetzung der Scheune mit integriertem Getreidekasten durchgeführt. Zuschußmittel der Flurbereinigungsdirektion Regensburg und des Landesamtes für Denkmalpflege wurden dafür bereitgestellt. Un

Pettendorf (Lkr. Regensburg), *Martin-Klob-Straße*. Die Straße wurde nach Planungen der Ortsplanungsstelle bei der Regierung der Oberpfalz instandgesetzt. Die Straße berührt mit der Kirche, dem Pfarrhaus, dem Gasthaus Jäger und dem ehem. Schloß wichtige Baudenkmäler. Der Straßenausbau wurde in Abstimmung mit dem Landesamt für Denkmalpflege durchgeführt und trägt zur Bewahrung der für die genannten Baudenkmäler wichtigen und städtebaulich reizvollen topographischen Situation bei. Gi

Pettenreuth, Gde. Bernhardswald (Lkr. Regensburg), *Alter Pfarrhof*. Die Gesamtinstandsetzung konnte nach Erstellung einer auf die barocke Bausubstanz abgestimmten Planung und einer Putz- und Tünchschichtenuntersuchung in Angriff genommen werden. Das im 17. bzw. 18. Jh. in zwei Bauphasen errichtete freistehende Walmdachgebäude wurde zuletzt nach 1900 überformt (Fenster, Putzgliederung), wobei der Raumzuschnitt des 18. Jhs. erhalten geblieben war. Die jetzige Instandsetzung respektiert im Inneren den barocken Raumzuschnitt. Im Äußeren wird die spätere Fensterteilung sowie die Putzgliederung bewahrt bzw. in gleicher Art erneuert. Die Maßnahme wird aus dem Entschädigungsfonds gefördert. Gi

Pfaffenhof, Gde. Illschwang (Lkr. Amberg-Sulzbach), *Haus Nr. 2*. Der Antrag auf Abbruchgenehmigung für den spätbarocken Fachwerkstadel – in Verbindung mit dem Bauantrag über die Errichtung einer Rinderstallung an gleicher Stelle – wurde abgelehnt. Un

Pfreimd (Lkr. Schwandorf), *Kath. Pfarrkirche Mariae Himmelfahrt*. Nach der Festlegung des Restaurierungskonzepts für die Raumschale der einheitlich von J. Schmuzer ausgestatteten Kirche (monochrom weiß entsprechend der nachgewiesenen Erstfassung) wurden die zugehörigen Leinwandbilder an den Decken restauriert. Dabei wurden lediglich Schäden ausgebessert, frühere Überarbeitungen und Kittungen – wenn nicht im Erscheinungsbild störend – belassen. Die Maßnahme wird aus dem Entschädigungsfonds gefördert. Gi

Pielenhofen (Lkr. Regensburg), *Kath. Pfarrkirche, ehem. Klosterkirche*. Die im Vorjahr begonnenen Arbeiten zur Innenrestaurierung (vgl. Jahrbuch 1988) wurden fortgeführt. Der diesjährige Abschnitt umfaßte die Neufassung des Querhauses im Sinn der Erstfassung sowie die Restaurierung des Kuppelgemäldes von K. Stauder. An den Querhausaltären (Aufsätze) und am Kanzeldeckel wurden Muster für die Vorbereitung der Restaurierung der bedeutenden Ausstattung angelegt, konnten aber wegen der weitgehenden Eingriffe in die Originaloberflächen nicht akzeptiert werden. Die Maßnahme wird aus dem Entschädigungsfonds gefördert. Gi

Postbauer-Heng (Lkr. Neumarkt i.d. Opf.), *Im Winkel 3*. Ein Abbruch des Wohnstallbaus wurde seitens des Landesamtes angesichts des schlechten baulichen Zustands, der zahlreichen jüngeren Eingriffe sowie der fehlenden Nutzung hingenommen. Abbruchdokumentation im Landesamt. Mz

Pressath (Lkr. Neustadt a.d. Waldnaab), *Hauptstraße 16 (sog. Dostlerhaus)*, Abschluß der Instandsetzungsarbeiten am Walmdachbau mit spätgotischem Kern und im wesentlichen noch barocker Fassadengliederung. Die auf das historische Grundriß- und Konstruktionsgefüge abgestellte Nutzung beinhaltet die städt. Bücherei und Versammlungsräume; Zuschußmittel der Städtebauförderung und des Landesamtes für Denkmalpflege wurden bereitgestellt (verformungsgerechtes Bauaufmaß, Befund- und Photodokumentation). Un

Ransbach (Lkr. Neumarkt i.d. Opf.), *Kath. Kirche St. Peter*. Im linken barocken Seitenaltar wurde nach Entfernung des hölzernen Antependiums akuter Hausschwammbefall festgestellt, der die Holzsubstanz teilweise bereits weitgehend zerstört hatte. Ursachen waren eine starke Durchfeuchtung des Grundmauerwerks sowie Schäden im Dachbereich. Eine geeignete Bekämpfung konnte unter Erhalt des Altars durchgeführt werden. Mz

Regendorf, Gde. Zeitlarn (Lkr. Regensburg), *Kriegerdenkmal*. Das 1924 in Form einer Kreuz-Säule aus Sandstein errichtete Denkmal wurde gereinigt und die absandende Oberfläche mit Kieselsäureester gefestigt. Gi

Regensburg, *Kath. Pfarrkirche St. Cäcilia*. Der 1902 fertiggestellte, neuromanische dreischiffige Kirchenraum wurde 1933 durch eine Neugestaltung der Ausstattung tiefgreifend verändert. Die Raumfassung wurde 1964 in reduzierter Form erneuert. Im Zuge der anstehenden Innenrenovierung wurde die Raumschale entsprechend dem 1964 geschaffenen Zustand neu getüncht. Der zwischenzeitlich stark veränderte Hochaltar erhielt wieder eine Altarmensa zur Aufnahme des Tabernakels. Das Salvatorkreuz aus dem 14. Jh. wurde nach der erfolgten Konservierung in die Kirche zurückgeführt. Gi

–, *Kath. Stadtpfarrkirche St. Emmeram*. In der Fortführung der Instandsetzungsmaßnahmen wurde die Ausstattung von St. Rupert restauriert.
–, *Minoritenkirche*. Die Freilegungsarbeiten der gotischen Wandmalereien wurden an der Langhaus-Nordwand fortgeführt.
–, *Evang.-Luth. Pfarrkirche St. Oswald*. Fortsetzung und Abschluß der Restaurierung der Raumschale. Küh

–, *Kath. Pfarrkirche St. Rupert*. Nach Abschluß der Arbeiten an der Raumschale der nördlich an die Emmeramsbasilika angebauten Kirche wurde die Konservierung und Restaurierung der Altärc und der Kanzel in Angriff genommen. Bei den Furnieraltären wurde auf handwerklich und restauratorisch einwandfreie Ergänzungen bzw. Niederlegungen der verlorenen oder aufstehenden Furnierteile geachtet. Vergoldungen wurden im wesentlichen belassen. Die Gemälde wurden gereinigt und lediglich in geringem Umfang Fehlstellen retuschiert. Die Maßnahme wird aus dem Entschädigungsfonds gefördert. Gi

–, *Priesterseminar (ehem. Kloster St. Jakob)*. Der romanische Kruzifixus im Kreuzgang (früher im Pfarrhof in Alteglofsheim) wurde zur Durchführung von dringend erforderlichen Sicherungsmaßnahmen in die Restaurierungswerkstätten des Landesamtes für Denkmalpflege übernommen. Durch entsprechende Voruntersuchungen soll das Konzept für die geplante Konservierung vorbereitet werden. Gi

–, *ehem. Karmelitenkirche St. Theresia*. Nach Abschluß der Instandsetzung der Raumschale wurde die Restaurierung des neubarocken Hochaltartabernakels (Metall) begonnen. Dabei wird ein Erhalt der historischen Oberflächen einschließlich der Spuren von Kriegseinwirkungen angestrebt. Gi

–, *Dachauplatz 2, ehem. Minoritenkirche*. Die in das Mehrjahresprogramm eingebundene, mit Mitteln des Entschädigungsfonds geförderte Restaurierung der Wandmalereien (Teilfreilegung, Festigung, Konservierung) an den Langhaushochwänden der profanierten Minoritenkirche wurden im rückwärtigen Bereich der Nordwand fortgeführt. Gi

–, *Evang.-Luth. Kirche St. Oswald*, Fortführung der Innenrestaurierung. Die Decke des Langhauses wurde lediglich gereinigt und partiell ausgebessert, die Langhauswände nach Befund neu gefaßt. Für die Bearbeitung der stark überarbeiteten und beschädigten Deckenbilder im Langhaus wird ein Konservierungs- bzw. Restaurierungskonzept erstellt. Im Chorraum ist die Nachfreilegung der 1955 freigelegten Bemalung des frühen 18. Jhs. sowie deren Restaurierung (Retusche) geplant und soll anhand von Musterflächen vorbereitet werden. Gi

Regensburg-Prüfening, ehem. Klosterkirche St. Georg. Der qualitätvolle Magdalenenaltar im nördlichen Querschiff stellt ein äußerst wichtiges Beispiel für Furnieraltäre im 18. Jh. dar. Die Restaurierung der Holzarchitekturen sowie der Skulpturen und des Altarblatts wurde in enger Abstimmung mit den Restaurierungswerkstätten des Landesamtes durchgeführt. Ergänzend und als Grundlage für die Dokumentation wurde ein analytisches Aufmaß des Altars angefertigt. Gi

–, *Am Brückenbasar 16–20*. Die Gebäude bilden die südöstliche Ecke der dreiseitigen Einfassung des nördlichen Brückenkopfes der Steinernen Brücke. Ihre Entstehung hängt mit dem Wiederaufbau von Stadtamhof nach dem Beschluß durch Napoleon 1809 zusammen. Nach der Zerstörung des ursprünglich den Brückenkopf schützenden Torturms bildet die Randbebauung des Brückenbasars ein anschauliches Beispiel für die veränderte städtebaulich-stadtgestaltenden Vorstellungen nach dem Wegfall der fortifikatorischen Notwendigkeiten zur Brückenbefestigung. Diese Entwicklung führte letztlich auch zur Anlage des heute die Stadt landseitig umschließenden Alleegürtels anstelle der Wall- und Grabenanlagen und der Bastionen. – Bei der Instandsetzung der Gebäude am Brückenbasar wurde darauf geachtet, daß die rundbogig schließenden Fenster und Türen in ihrer Abfolge und vor allem in der die Architektur prägenden Binnengliederung nicht verändert wurden. Gi

–, *Am Judenstein 7*. Das barocke Traufseithaus mit einem Keller des 14. Jhs. wurde im Inneren instandgesetzt. Der zum Judenstein gelegene Teil des Dachraums ist zum Ausbau vorgesehen. Gi

–, *Am Judenstein 10 (Dominikanerinnenkloster)*. Im 1. Obergeschoß wurde die Raumschale des ehem. Krankenzimmers restauriert. Eine Befunduntersuchung an den Wänden und der flachen, mit Rahmenstuck verzierten Decke des 18. Jhs. ergab als Erstfassung eine einheitlich monochrome Weißtünchung. Die Neufassung wurde entsprechend ausgeführt. Gi

–, *Dr.-Johann-Maier-Straße 5, Ostdeutsche Galerie*. Im Rahmen der angelaufenen Instandsetzung bzw. des Umbaus der Ostdeutschen Galerie konnten im Bereich der Kuppelhalle umfangreiche Wandbefunde hinter Vormauerungen dokumentiert werden, welche zur früheren Nutzung als Turnhalle gehört hatten. Gi

–, *Donaulände 6*. Der nach einem Brand schwer in Mitleidenschaft gezogene sog. Österreicher-Salzstadel an der Donaulände wird wieder hergestellt. Während die Holzständerkonstruktion in den drei Lagergeschossen im wesentlichen erhalten blieb, muß der Dachstuhl vollständig erneuert werden. Auch der Außenputz wird im Zuge der Maßnahme erneuert, wobei eine Gestaltung nach Befund angestrebt wird. – Im Berichtszeitraum wurden geeignete Verfahren zur Reinigung und Oberflächenbearbeitung der teilweise bis zu 2 cm stark angekohlten Balken und Pfosten der Holzständerkonstruktion erprobt. Schließlich wurde ein Verfahren gewählt, bei dem die letzten verkohlten Schichten mit schneidenden Werkzeugen entfernt wurden um eine möglichst große Annäherung an historische Holzoberflächen zu erreichen. Gi

–, *Emmeramsplatz 6*, fürstlicher Marstall, dreiflügelig um einen zur Schloßstraße hin geöffneten Hof gruppiert, erbaut 1828–31 nach Plänen von Jean-Baptist Métivier. Die Planung für zwei an der vorderen Hofseite geplante seitliche Glashausanbauten (Cafe und Eingangsbereich des Marstallmuseums) war aus denkmalpflegerischer Sicht problematisch. Das Bauvorhaben mußte – nachdem unmittelbarer Substanzverlust nicht zu befürchten stand – hingenommen werden. Gi

–, *Emmeramsplatz 7*. Das ehem. Rentkammergebäude wurde im Inneren unter weitgehender Schonung des historisch wichtigen Baubestands für die künftige Nutzung als fürstliche Hofbibliothek umgebaut. Eine Zustimmung aus denkmalpflegerischer Sicht konnte erteilt werden, nachdem sichergestellt war, daß der historische Bibliothekssaal mit den Fresken von C.D. Asam auch weiterhin seine Funktion behält. Gi

–, *Goldene-Bären-Straße 3*. Das im Kern aus dem 17. Jh. stammende und im 18. und 19. Jh. überformte viergeschossige Wohnhaus wurde über dem nach 1650 verfüllten mittelalterlichen Hafenbecken errichtet. Der Umbau zu einem einschließlich des Dachgeschosses genutzten Wohnhaus mußte aus denkmalpflegerischer Sicht insbesondere die Umbauphasen des 18. und des frühen 19. Jhs. ohne weitere Substanzverluste erkennbar halten. Aufgrund eingehender Befunduntersuchungen konnten wichtige Raumdekorationen des 18. Jhs. dokumentiert werden. Die im Haus vorhandenen Stuckdecken wurden restauriert und – soweit möglich – nach Befund im Sinn der jeweiligen Erstfassung neu gefaßt. Gi

–, *Krebsgasse 9*. Das im wesentlichen auf die Renaissance zurückgehende Traufseithaus mit drei Vollgeschossen wurde im Inneren und Äußeren instandgesetzt. Das Dachtragwerk sowie einzelne Ausbaudetails (Balkendecken) konnten erhalten bleiben. Gi

–, *Lieblstraße 2, ehem. Thon-Dittmer-Schlößchen (Lauser-Villa)*. Im Berichtsjahr wurden aus Restmitteln Arbeiten zur Sicherung der Balkenlage unter dem Fußboden des Festsaales durchgeführt. Die dringend erforderliche Sicherung und Restaurierung des japanischen Gartenpavillons konnte wegen der ungesicherten Finanzierung nicht in Angriff genommen werden. Gi

–, *Lieblstraße 13, Esterlin'sches Gartengebäude*. Das zur Gartenseite fünfachsige Gebäude wurde um 1730 als zweigeschossiges Mansarddachgebäude errichtet. 1886 wurde das Mansardgeschoß zu einem Vollgeschoß ausgebaut und die Fassaden zur Straße und zum Garten in Anlehnung an das im 18. Jh. nach Plänen Johann Michael Prunners gestaltete, westlich anschließende Gebäude (Lieblstraße 13a) mit einer Gliederung im Barockstil versehen. Im Rahmen der durchgeführten Gesamtinstandsetzung konnten im früheren Festsaal im 1. Obergeschoß Wanddekorationen aus der Erbauungszeit aufgefunden und dokumentiert werden. Eine Freilegung erfolgte nicht. Das Ergebnis der Maßnahme hat durch Zerstörungen am Dachstuhl, den Einbau von Dachflächenfenstern und das Herabschlitzen einer Fenstertür in der Gartenfassade an Qualität eingebüßt. Zuschuß zur Befunddokumentation. Gi

–, *Minoritenweg 33 (Albrecht-Altdorfer-Gymnasium)*. Das «Königliche neue Gymnasium 1892-1894 als Dreiflügelanlage im Neurenaissance-Stil errichtet,» wurde 1989 außen instandgesetzt. Die Ausbesserung des Außenputzes sowie der Neuanstrich erfolgten auf der Grundlage der Befundergebnisse einer bereits im Vorfeld durchgeführten restauratorischen Untersuchung. Die noch bauzeitlichen Fenster konnten in den Klassenräumen aus schallschutztechnischen Gründen nicht erhalten werden. Allerdings wurden die Nachbauten exakt nach den Vorgaben des historischen Bestands angefertigt. Im Treppenhaus konnten hingegen die Originalfenster erhalten und repariert werden. – Im Inneren wird in einem nächsten Bauabschnitt besonderer Wert auf den Erhalt noch vorhandener älterer Fußbodenbeläge sowie der historischen Türen gelegt werden. Gi

–, *Neue Waaggasse 1*, sog. Gumprechtsches Haus. Die bereits begonnene Gesamtinstandsetzung des Nord- und Ostflügels einer in Teilbereichen bis in die Romanik zurückreichenden Anlage wurde wiederaufgenommen. Nachdem – teilweise entgegen den fachlichen Festlegungen – barocke und biedermeierliche Trennwände entfernt worden waren, wurden die Details der erforderlichen statischen Sicherung von Geschoßdecken und Zwischenwänden erörtert. Eine Befunduntersuchung an den Fassaden ergab, daß sich unter dem derzeitigen Putz des frühen 20. Jhs. auf der Ostseite noch Reste älterer Putze und Fassadengestaltungen erhalten haben, während auf der Nordseite keine älteren Putze mehr nachgewiesen werden konnten. Dort wurde der Putz zur Abnahme freigegeben, was den Weg zu einer vertieften Bauforschung öffnet. – Die Arbeiten wurden vorzeitig ohne Zwischenergebnis wieder eingestellt. Gi

–, *Obere Bachgasse 21*. Die Gesamtinstandsetzung des Eckgebäudes Obere Bachgasse/Obermünsterstraße wird vorbereitet. Von besonderem Interesse ist dabei der an der Südwestecke gelegene mittelalterliche Steinkern, an den sich nach Norden ein 1854 errichteter viergeschossiger traufseitig zur Oberen Bachgasse gelegener Anbau anschließt. Ein verformungsgerechtes Aufmaß sowie eine Befunduntersuchung mit Erarbeitung eines Bauphasenplanes werden als Grundlage für die anstehenden fachlichen Entscheidungen erstellt. Gi

–, *Obere Bachgasse 23*. Das ehem. Wohnhaus der Malerfamilie Zacharias wurde außen instandgesetzt. Die Fassade wurde mit Einbindung der noch erhaltenen Reste im Sinn der 1918 aufgebrachten, streng gegliederten Fassadenbemalung mit bandrustiziertem Sockelgeschoß und kolossalen ionischen Pilastern zwischen den Fensterachsen der Obergeschosse rekonstruiert. Zu den früheren Fassadenbemalungen des 19. Jhs. konnte die Befunduntersuchung lediglich kleine Anhaltspunkte feststellen und dokumentieren. Gi

–, *Ostengasse 29, St. Clara-Schule*. Der 1865/66 errichtete, dreigeschossige zweiflügelige Bau wurde zunächst als Mädchenschulhaus der Unteren Stadt genutzt. 1909 erfolgte die Aufstockung des bis dahin nur zweigeschossigen Ostflügels. – Im Rahmen des Umbaus zu einem städtischen Spielhaus konnten die für den Schulbau wichtigen Ausbaudetails nur in Teilbereichen erhalten werden. Große Teile der Deckenkonstruktionen mußten aufgrund des schlechten Bauzustands aufgegeben werden. In Teilbereichen soll die ursprüngliche Raumdisposition erhalten bleiben. Die Fassade mit ihrer dem Baustil unter Ludwig I. verhafteten Gliederung wird insgesamt erhalten und instandgesetzt. Die in Teilen noch originalen Bestände an Fenstern werden repariert. Gi

–, *Rote-Hahnen-Gasse 2*. Die Arbeiten an einem verformungsgerechten Aufmaß zur Vorbereitung der geplanten Gesamtinstandsetzung wurden mit einem Zuschuß des Landesamtes fortgeführt. Gi

–, *Schwanenplatz 1*. Die Dachtragwerkskonstruktion wohl des 18. Jhs. wurde im Zuge eines Teilausbaus instandgesetzt. Gleichzeitig wurden Sicherungsarbeiten zum Schutz der qualitätvollen Stuckdecke im südwestlichen Zimmer des 2. Obergeschosses durchgeführt. Gi

–, *Silberne-Fisch-Gasse 11*. Das kleine gotische Giebelhaus soll einer Gesamtinstandsetzung zugeführt werden. Die Umbauplanung wurde unter Wahrung der historisch relevanten Substanz und anhand der Ergebnisse der detaillierten Befunduntersuchung in Abstimmung mit dem Landesamt für Denkmalpflege erstellt. Besonderer Wert wird auf die Erhaltung der im vorderen Hausbereich noch erhaltenen mittelalterlichen und neuzeitlichen Ausbaudetails (Putze,

Unterzüge) gelegt. Der Hofbereich mit Altane und Laubengang konnte von späteren Veränderungen befreit werden. Gi

–, *Steckgasse 6*. Die Gesamtinstandsetzung des im Kern mittelalterlichen Anwesens wurde im Berichtsjahr abgeschlossen. Wichtige Ausbaudetails (Bohlen-Balken-Decken, Fachwerkwände) konnten trotz schwieriger statischer Sicherungsarbeiten erhalten bleiben. Die Dachgauben wurden entgegen den Richtlinien der Denkmalpflege ausgeführt. Gi

–, *Watmarkt 7*. Die Gesamtinstandsetzung des östlich an das Goliathhaus anschließenden, im Kern mittelalterlichen, später jedoch mehrfach überformten Gebäudes wurde begonnen. Im nordöstlichen Gebäudeteil wurde eine archäologische Grabung (Fundbergung aus der mittelalterlichen Latrine) durchgeführt. Eine im 2. Obergeschoß gelegene Bohlenstube wurde aufgemessen und nach Gesichtspunkten der Bauforschung dokumentiert. Der Einbau eines Kleinaufzugs wurde unter Aufgabe historisch wichtiger Substanz entgegen der Stellungnahme des Landesamtes für Denkmalpflege baurechtlich genehmigt. Der Dachstuhl des 19. Jhs. über dem westlichen Gebäudeteil konnte leider nur zu einem kleinen Teil erhalten werden. Gi

–, *Weiße-Lamm-Gasse 1, Städtischer Salzstadel*. Die Gesamtinstandsetzung des städtischen Stadels am südlichen Brückenkopf der Steinernen Brücke wurde im Berichtsjahr mit der Instandsetzung des gewaltigen Dachtragwerks fortgeführt. Besonders die in den unteren Dachgeschossen teilweise zerstörten Zerr- und Kehlbalken stellten an die Sanierung hohe Anforderungen. Überlegungen zur Behandlung der stark versalzten Balken und Unterzüge im Bereich der Lagergeschosse: Die ursprünglich vorgesehene Konservierung durch Tränkung und Oberflächenabdichtung mit Kunstharzen wurde wegen der Bedenken der Denkmalpflege wieder aufgegeben; eine Beruhigung der holzzerstörenden Wanderung der Salze soll nunmehr durch ein entsprechend ausgelegtes Heiz- und Temperiersystem erreicht werden. – Im Bereich des Anschlusses an die Steinerne Brücke sowie im Stadelgebäude selbst wurden archäologische Untersuchungen durchgeführt. Dabei konnte u. a. das mittlerweile verbaute erste Brückenjoch dokumentiert werden. Die Maßnahme wird mit Mitteln aus dem Entschädigungsfonds gefördert. Gi

Reichenbach, Gde. Walderbach (Lkr. Cham), *Kath. Filialkirche*, ehem. Klosterkirche. Auf der Westempore wurde im Zuge der Barockisierung zu Anfang des 18. Jhs. ein Psallierchor für die Mönche unter Verwendung von vier Gestühlsblöcken des spätgotischen Chorgestühls und unter Hinzufügung eines neuen Abtstuhles eingerichtet. Nach zwischenzeitlicher Rückführung der Fragmente in die Kirche nach 1900 sind drei Gestühlsblöcke seit 1958 wieder auf der Westempore aufgestellt. Der vierte Block ist verschollen. Nach umfänglichen Voruntersuchungen wurde eine Konservierung und Konsolidierung der Gestühlsteile durchgeführt. Auf die Wiederherstellung verlorener Ornamentteile wurde ebenso verzichtet wie auf die Veränderung bzw. bessere Anpassung ästhetisch nicht ganz befriedigender Ergänzungen aus früherer Zeit. Fehlende Brüstungsverkleidungen bei einem der Gestühlsblöcke wurden in vereinfachter Form ergänzt. Der Abtstuhl des 18. Jhs. wurde konserviert, die verschmutzte Weißfassung lediglich gereinigt, die Vergoldungen sparsam ergänzt. Die Wände des Emporenraums wurden putzmäßig instandgesetzt und in Kalklasurtechnik getüncht (Raumschale: Landbauamt Regensburg). Gi

Rettenbach (Lkr. Cham), *Kath. Pfarrkirche*. Die neugotischen, ornamental und figürlich bemalten Glasfenster wurden restauriert, die Verbleiungen teilweise erneuert, fehlende Teile ergänzt. Auf Anraten des Landesamtes für Denkmalpflege wurde auf den Umbau zu Dreischeiben-Isolierglasfenstern verzichtet, um den Verlust an historischer Substanz zu vermeiden.

–, *Dorfplatz 6*. Das ehem. Wohnstallhaus mit Blockbaukniestock, bereits im 19. und frühen 20. Jh. verändert (Dachausbau, Anhebung der Dachneigung), soll wieder einer dauerhaften Wohnnutzung zugeführt werden. Der geplante Umbau berücksichtigt die überkommene Grundrißeinteilung. Die Blockteile werden fachgerecht instandgesetzt und teilweise ergänzt. Gi

Riekofen (Lkr. Regensburg), *Kath. Pfarrkirche St. Johannes.* Die im späten 19. Jh. nach Westen erweiterte Kirche soll nach Abschluß der Außeninstandsetzung innen renoviert werden. In einem ersten Abschnitt war für das Berichtsjahr die Neufassung der Raumschale vorgesehen. Die Farbgebung richtet sich nach dem im Presbyterium erhaltenen Zustand mit einer barock intendierten Gewölbeausmalung aus den zwanziger Jahren. Die Decke des Langhauses wurde neu gefeldert, um Platz für ein Fresko zu schaffen, welches als Neuschöpfung in barocker Manier ausgeführt wurde. Gi

Rimbach (Lkr. Cham), *Schulstraße 6, sog. Holmeier-Haus.* Das ehem. Kleingütlerhaus, welches zum Typ des Waldlerhauses gehört, besitzt einen vollständig in Blockbauweise gefügten Wohnteil mit gemauerter innenliegender Rauchkuchl. Der Stallteil ist weitgehend zerstört, der Wohnteil in schlechtem Zustand. Für die geplante Instandsetzung wurden Vorbereitungen (Aufmaß, Nutzungskonzept) getroffen, wobei der Erhalt der Rauchkuchl von besonderem Interesse ist. Gi

Rittsteig, Markt Neukirchen b. Hl. Blut (Lkr. Cham), *Hauptstraße 35.* Umfassende Instandsetzung des Waldler-Gasthauses, ein zweigeschossiger Blockbau über gewölbtem Kellergeschoß, mit Kniestock, Giebel- und Seitenschrot, steilem Satteldach (Scharschindeldeckung) und kleiner Rauchkuchl, errichtet um 1850, mit einem Blockbauteil vor 1700. Zuschußmittel des Landkreises, Bezirks und Landesamtes für Denkmalpflege wurden bereitgestellt. Verformungsgerechtes Bauaufmaß und Photodokumentation. Un

–, *Kath. Filialkirche St. Anna.* Im Zuge der Inneninstandsetzung der modern erweiterten Kirche wurde die Orgelempore des 18. Jhs. mit gefälliger Brüstungsbemalung konserviert. Die von der Kirchenstiftung zunächst gewünschte Freilegung einer bildbegleitenden Rankenmalerei des 18. Jhs. wurde aus konservatorischen Gründen nicht durchgeführt. Die Befunde wurden dokumentiert. Gi

Rötz (Lkr. Cham), *Kath. Kirche St. Salvator.* Die als Friedhofskirche genutzte barocke Saalkirche soll umfassend instandgesetzt werden. Zunächst ist die Erneuerung des Außenputzes, die Instandsetzung des barocken Dachtragwerks und der Anbau einer Sakristei vorgesehen. Die Gliederung und Strukturierung des Neuverputzes orientiert sich am überkommenen Bestand des 19. Jhs. (kräftig gelbe Flächen mit Spritzbewurf, glattgeputzte, weiße Lisenen und Gesimse). Für die gefährdeten Bereichen der Gewölbe-Innenputze wurden gleichzeitig Sicherungsmaßnahmen (Randfestigung bei Fehlstellen und Hinterspritzen hohlliegender Stellen) durchgeführt. Gi

Rothenstadt, Stadt Weiden, *Evang.-Luth. Pfarrkirche.* Mit der Instandsetzung der im Kern mittelalterlichen Kirchenummauerung und des später hinzugebauten Aussegnungsgebäudes konnte die Gesamtinstandsetzung der im Kern mittelalterlichen Kirchenanlage abgeschlossen werden. Gi

St. Bäumel, Gde. Thalmassing (Lkr. Regensburg), *Wallfahrtskirche.* Nach Abschluß der Außeninstandsetzung wurde die barocke Ausstattung (Hochaltar und Kanzel) restauriert. Der Altar des 17. Jhs. mit einer schwarz-goldenen Erstfassung wurde 1706 mit Errichtung der Wallfahrtskirche überfaßt (rote und grüne Marmorierung, Polimentvergoldung). Die Kanzel des 18. Jhs. zeigt als Erstfassung eine zur zweiten Altarfassung «passende» Marmorierung mit Polimentvergoldung und versilberten Nischen. Beide Ausstattungsstücke sind später vereinfachend überfaßt worden. Altar und Kanzel wurden im Sinn der einheitlichen Fassung des 18. Jhs. neu überfaßt. Gi

Schadersberg (Lkr. Tirschenreuth), *Ortskapelle.* Die im 19. Jh., wohl unter Beibehaltung des barocken Chors, errichtete Kapelle wurde instandgesetzt, wobei der Dachstuhl in gleicher Form wieder erneuert werden mußte. Die Ausstattung wurde durch eine Kirchenmalerfirma gereinigt, Fehlstellen ergänzt. Mz

Schierling (Lkr. Regensburg), *Bachstraße 34.* Der Blockbau-Stadel des 19. Jhs. konnte wegen des teilweise sehr schlechten Erhaltungszustands sowie aufgrund fehlender finanzieller Möglichkeiten nicht mehr instandgesetzt werden. Der Abbruch wurde nach einer Bestandsdokumentation hingenommen. Gi

Schlicht, Stadt Vilseck (Lkr. Amberg-Sulzbach), *Marktplatz 40.* Langwieriges Baugenehmigungsverfahren über einen Um- und Ausbau des zweigeschossigen ehem. Ackerbürgeranwesens mit geschnitztem klassizistischen Hoftor, wobei das beabsichtigte Bauvorhaben eine weitgehende Zerstörung dieses Baudenkmals bewirken würde. Das Landratsamt konnte sich dieser Auffassung nicht anschließen; wegen der Bedeutung des Objekts wurde eine Dissensentscheidung bei der Regierung der Oberpfalz beantragt. Un

Schönthal (Lkr. Cham), *Kath. Pfarrkirche, ehem. Klosterkirche.* Neutünchung der Raumschale sowie Restaurierung der barocken Ausstattung. Das zuletzt gültige Farbkonzept der Raumschale (gebrochen weiß) wird beibehalten, die Ausstattungsstücke lediglich gereinigt und ausgebessert (Raumschale: Landbauamt Regensburg). Gi

–, *ehem. Augustiner-Eremiten Kloster.* Die Hoffassaden im ehem. südlichen Innenhof der Klosteranlage des 18. Jhs. wurden instandgesetzt. Das ursprüngliche Hofniveau konnte durch Absenken wiedergewonnen werden, was zu einer deutlichen Verbesserung der Arkadenproportionen im Erdgeschoß beigetragen hat. Aufgrund fehlender Befunde ist die Fassadengestaltung unter Berücksichtigung der Befundergebnisse an der sog. Klosterapotheke geplant (Weißfassung mit schwarzer Gliederung). Gi

Schwarzeneck (Lkr. Schwandorf), *Haus Nr. 23, ehem. Schloß.* Zur Vorbereitung der dringend erforderlichen Instandsetzungsmaßnahmen, insbesondere am Dachtragwerk, wurden ein sorgfältiges, verformungsgenaues Aufmaß, Detailaufnahmen sowie eine Dokumentation erstellt. Die Arbeiten wurden weitgehend aus Mitteln der staatlichen Denkmalpflege finanziert. Mz

Schwarzenfeld (Lkr. Schwandorf), *Alte Kath. Pfarrkirche St. Dionysius und Ägidius.* Nach Fertigstellung der Raumschale, die im wesentlichen eine Rekonstruktion der Fassung des 18. Jhs. bedeutet, erfolgte 1989 die Restaurierung der Ausstattung. Nachdem man ursprünglich auch hier von einer Wiederherstellung der barocken Fassung ausging, wurde aufgrund der Ergebnisse der Befunduntersuchung und der fragmentarischen Hinweise auf die Barockfassungen vom Landesamt eine Beibehaltung und Restaurierung der einheitlichen jüngsten Fassung vom Beginn des 20. Jhs. vertreten. Dieser Auffassung konnten sich nach kontroverser Diskussion auch die kirchlichen Stellen anschließen. Umfassender Bericht zur Restaurierung von Raumschale und barocken Deckengemälden im Landesamt. Zuschüsse der staatlichen Denkmalpflege. Mz

Schwend, Gde. Birgland (Lkr. Amberg-Sulzbach), *ehem. Hirtenhaus.* Das Vorhaben des Bezirks Oberpfalz über Abbau, Transferierung und Wiederaufbau des ehem. Hirtenhauses im Freilichtmuseum Neusath wurde abgelehnt, da das Objekt nicht transferierfähig ist. Das Landratsamt erließ jedoch den Baugenehmigungsbescheid mit der Bezeichnung des Vorhabens als «Abtrag des Hirtenhauses». Der Bezirk scheint nun auf das Vorhaben verzichten zu wollen. Un

Seblasmühle, Gde. Schnaittenbach (Lkr. Amberg-Sulzbach), *Haus Nr. 1,* Instandsetzung des zweigeschossigen Wohnhauses mit vormals integriertem Mühlenteich (Mahlmühle). Die Bohlenbalkendecke über dem Erdgeschoß des ursprünglich eingeschossigen Gebäudes trägt die Datierung 1766, die Sandsteinsohlbank der Fensteröffnung im Obergeschoß (über dem Hauseingang) eine Datierung von 1825, die zugleich einen größeren Umbau in Verbindung mit dem Erweiterungsbau des querstehenden Mühlentrakts markiert. Zuschußmittel des Landesamtes für Denkmalpflege und von der Städtebauförderung wurden bereitgestellt. Un

See, Markt Lupburg (Lkr. Neumarkt), *Kirchweg 8, ehem. Pfarrhof.* Bei der Instandsetzung und dem für notwendig erachteten Ausbau des Dachwerks wurden formale und handwerkliche Fehler gemacht, die das Baudenkmal erheblich beeinträchtigen. GB

Seebarn (Lkr. Schwandorf), *Wallfahrtskirche St. Leonhard,* Inneninstandsetzung der Kirche mit spätgotischem Chor und Langhaus des 18. Jhs. Zur Klärung des Restaurierungskonzepts erfolgte eine Befunduntersuchung durch einen Kirchenmaler. Maßnahmen 1989/90:

Putzausbesserungen im Sockelbereich, Neufassung des Raums, Reinigung der Ausstattung, Wiedererrichtung der im Dachraum gelagerten Kanzel, Neugestaltung der veränderten Emporenstützen. Zuschuß der staatlichen Denkmalpflege. Mz

Sengkofen, Gde. Mintraching (Lkr. Regensburg), *Kath. Filialkirche St. Jakob*. Nachdem die zunächst geplante Freilegung der stuckierten Altarwand des 18. Jhs. aus technischen Gründen unterbleiben mußte (vgl. Jahrbuch 1988), wurde der vor dieser Altarwand stehende klassizistische Altaraufbau wiedererrichtet und instandgesetzt. Die zuletzt sichtbare Fassung (wohl frühes 20. Jh.) wurde konserviert und in Teilbereichen ergänzt. Gi

Seppenhausen, Gde. Pfatter (Lkr. Regensburg), *Haus Nr. 1*. Das im Kern spätgotische, im Barock überformte und zuletzt ungenutzte Bauernhaus mit steilem Walmdach stellt ein herausragendes Beispiel ländlicher Baukultur vom ausgehenden Mittelalter bis ins 19. Jh. dar. Die Raumdisposition der Bauzeit ist im wesentlichen erhalten oder zumindest ablesbar, die Ausstattung (Türen, Stuckdecke im 1. Obergeschoß, chinesisch beeinflußte Rupfentapeten in Dachraum) ist vom Barock geprägt. Nach umfangreichen Voruntersuchungen (Befund, Aufmaß, Nutzungskonzept), wurde die Gesamtinstandsetzung mit der Reparatur des Dachtragwerks, der Neueindeckung unter Erhalt der vorhandenen Biberschwanzziegel (auf zwei Seiten mit neuem Material ergänzt) und Sicherungsarbeiten im Mauerbereich begonnen. Die Maßnahme wird aus dem Entschädigungsfonds gefördert. Gi

Simbach (Lkr. Neumarkt i.d. Opf.), *Kath. Filialkirche St. Maria*, Erneuerung des Sockelputzes im Inneren und Äußeren, Fassadenanstrich. Bei der Abnahme des Sockelputzes stellte sich heraus, daß nahezu der gesamte barocke Außenputz mit Fassung der Erbauungszeit um 1760 erhalten ist. Mz

Sitzenberg, Gde. Traitsching (Lkr. Cham), *Maisweg 5* (ehem. Haus Nr. 54). Anhand der umfassenden Bestandsdokumentation und des Restaurierungskonzepts erfolgt – nach bereits abgeschlossener Renovierung des Backhauses – die Instandsetzung des Wohnstallhauses. Das Gesamtvorhaben «Waldlerhof» wird gefördert mit Zuschußmitteln des Bezirks und Landkreises, der Bayerischen Grenzlandhilfe und aus dem Entschädigungsfonds. Verformungsgerechtes Bauaufmaß, Befundungsuntersuchung, Photodokumentation und dendrochronologische Untersuchungen. Un

Speinshart (Lkr. Neustadt a.d. Waldnaab), *Dorferneuerung*. Die auf Anregung des Landesamtes für Denkmalpflege zustande gekommene Anordnung einer Dorfflurbereinigung eröffnete die einmalige Chance, im Bereich des ehem. Handwerker- und Ökonomiehofes bei ca. zwanzig schutzwürdigen Einzelobjekten bauforscherische Untersuchungen und Restaurierungsmaßnahmen durchführen zu können. Damit sind auch die Aussichten um eine Restaurierung der ehem. Friedhofkapelle – nach über dreizehnjährigem Bemühen – erheblich gestiegen. Nachdem nur noch wenige landwirtschaftliche Betriebe im Areal des barocken Klosterdorfs anzutreffen sind, können im Rahmen einer Gesamtplanung verstärkt städtebauliche Mißstände (störende neuere Stall- und Scheunenbauten) beseitigt und im besonderen der «Große Klosterhof» einer besseren Freiflächengestaltung zugeführt werden. Un

–, *Klosterhof 10, sog. Richterhaus*. Die barocke Gesamtanlage Kloster Speinshart wurde unter Einbeziehung bzw. Berücksichtigung der spätmittelalterlichen Wehrmauer vom Ende des 17. Jhs. bis zur Mitte des 18. Jhs. in einzelnen Bauabschnitten realisiert. Das Richterhaus, Sitz von Administration und der Niedergerichtsbarkeit, zählt noch zum vorbarocken Baubestand und war ursprünglich ein der Wehrmauer angefügter, zweigeschossiger Satteldachbau. Dieser Baukörper wurde – in Verbindung mit der Lage der spätmittelalterlichen Wehrmauer – zur wesentlichen Vorgabe für die städtebauliche Ausformung des U-förmig angelegten Handwerker- und Ökonomiehofes. Um 1715 mit einem Vollwalmdach versehen, wurde im Verlauf der nächsten drei Jahrzehnte – ausgehend von den beiden Walmseiten des Richterhauses – dieses auch heute noch beeindruckende Architekturwerk geschaffen. Die Grundlagenermittlung (verformungsgerechtes Bauaufmaß, Befundungsuntersuchung, Photodokumentation, Archivalienforschung, dendrochronologische Untersuchungen) für dieses erste Einzelvorhaben im Rahmen der Dorferneuerung wurde fertiggestellt; die Restaurierung des Gebäudes ist bereits erheblich vorangeschritten. Das Gesamtvorhaben wird mit Zuschußmitteln der Flurbereinigungsdirektion Regensburg, des Bezirks Oberpfalz und des Landesamtes für Denkmalpflege gefördert. Un

–, *Klosterhof 21*. Die Untere Bauaufsichtsbehörde wurde nicht ausreichend tätig, um die eigenwilligen Entscheidungen des Bauherrn zu unterbinden; Bußgeldverfahren wurden angemahnt. Der substanzschädigende Wohnungseinbau im Obergeschoß (ehem. Bergeraum des barocken Stallbaus) wurde entgegen den Intentionen der Denkmalpflege vom Amt für Landwirtschaft Weiden beraten. Un

–, *Klosterhof 24, ehem. Friedhofkapelle*. Dem Landkreis Neustadt a.d. Waldnaab als Eigentümer der ehem. Friedhofkapelle in Speinshart dürfte der weiterhin besorgniserregende Zustand der Dachkonstruktion und der Umfassungswände hinlänglich bekannt sein. Obwohl die Projektunterlagen für die Inanspruchnahme von Mitteln aus dem Entschädigungsfonds und von Zuschußmitteln der Dorferneuerung bereits weitgehend erstellt wurden, und die Unaufschiebbarkeit von Sicherungs- und Instandsetzungsarbeiten vom Landesamt für Denkmalpflege zahlreichen Vertretern des Landkreises dargelegt wurde, sind die erforderlichen Initiativen von seiten des Denkmaleigentümers zur Behebung der baulichen Mißstände auch weiterhin nicht erkennbar. Un

Stamsried (Lkr. Cham), *Dorferneuerung*, Bestandserhebung und Formulierung der Zielvorstellungen für den Dorferneuerungsplan. Ein Ideen- und Gestaltungswettbewerb über den Ortskernbereich wurde durchgeführt. Der erste Architekturwettbewerb dieser Art in Bayern kam auf Vorschlag des Landesamtes für Denkmalpflege zustande. Un

–, *Schloßstraße 14, Schloß*. Auf der Grundlage der mit Zuschußmitteln der Flurbereinigungsdirektion Regensburg und des Landesamtes für Denkmalpflege ermöglichten Bestandsdokumentation der Schloßanlage wird derzeit ein Bauantrag erstellt: Instandsetzung des Erdgeschosses und der Fassaden, geringfügige bauliche Änderungen im Obergeschoß und eine Nutzungsänderung. Bei Sichtung des Baubestands und von Planungsunterlagen aus dem Jahr 1979 war unschwer erkennbar, daß durch Umbau- und Renovierungsarbeiten 1980/82 die Bausubstanz der Vierflügelanlage erheblich reduziert und beeinträchtigt worden war. Das Bauvorhaben wurde damals als Projekt «Haus des Gastes» mit öffentlichen Mitteln finanziert und am Baugenehmigungsverfahren wurde das Landesamt für Denkmalpflege, obwohl es sich hier um gravierende bauliche Veränderungen an einem regional bedeutenden Baudenkmal handelte, nicht beteiligt. Von der im damaligen Bauantrag ausgewiesenen Nutzung «Haus des Gastes» wurde jedoch nur ein Teilbereich – Gastronomiebetrieb im Obergeschoß – fertiggestellt; das Erdgeschoß bietet mehrheitlich immer noch den Anblick einer Baustelle. Un

–, *Kalvarienbergkapelle*. Mit der Erneuerung der Eingangstüre sowie mit der Instandsetzung der Sakristeitüren wurde die Gesamtinstandsetzung der Kapelle abgeschlossen. Gi

Stein (Lkr. Schwandorf), *ehem. Burg*. Nach längeren Diskussionen um den historischen Verlauf, wurde ein verschwundenes Teilstück der Burgmauer in Anlehnung an den anschließenden, bereits restaurierten Abschnitt erneuert. Mz

Steinhof, Gde. Zell (Lkr. Cham), *Haus Nr. 1*, Gesamtinstandsetzung und Revitalisierung des Einödhofs, der seit Errichtung eines Aussiedlerhofes vor über zwei Jahrzehnten schrittweise zu veröden drohte. Vom Bezirk zum Zwecke einer Transferierung bereits erworben, konnte dieses wenig hilfreiche Vorhaben dann noch unterbunden werden. Die große Scheune (bez. 1865) und der Getreidekasten (errichtet nach 1800) wurden inzwischen instandgesetzt. Die Restaurierung des Wohnstallhauses, am Südgiebel bez. 18 xK 48 (xK = Xaver Kerschner) und des angefügten Scheunenteils auf der Nordseite (errichtet um 1865) konnte – auf der Basis eines verformungsgerechten Bauaufmaßes, der Befunduntersuchung und Photodokumentation sowie dendrochronologischer Untersuchungen und Archivalienforschung – dank der Bereitstellung von Zuschußmitteln der Flurbereinigungsdirektion Regensburg, des Bezirks Oberpfalz und mit Mitteln aus dem Entschädigungsfonds realisiert werden. Un

Strahlfeld (Lkr. Cham), *Kath. Expositurkirche (ehem. Schloßgebäude).* Im Zuge der geplanten Gesamtinstandsetzung wurde als erster Bauabschnitt die Außeninstandsetzung begonnen. Das Dachtragwerk mußte aufgrund statischer Mängel durch neue Hilfskonstruktionen verstärkt werden. Der Dachreiter wurde aufgrund des schlechten Zustands konstruktions- und detailgleich erneuert. Gi

Sünching (Lkr. Regensburg), *Schloßökonomie.* Die um einen rechteckigen Hof gruppierten Gebäude der ehem. Schloßökonomie werden derzeit in Abschnitten instandgesetzt. Im Berichtszeitraum konnte im dritten Bauabschnitt ein weiterer der langgestreckten Trakte außen instandgesetzt werden. Damit sind die großen Stall- und Scheunenbauten gesichert. Die ehem. Schmiede an der vierten Hofseite soll im nächsten und letzten Abschnitt instandgesetzt werden. Die Maßnahme wird aus dem Entschädigungsfonds gefördert. Gi

Sulzbach-Rosenberg (Lkr. Amberg-Sulzbach), *Frühlingsstraße 1.* Umfassende Instandsetzung des spätgotischen, um 1488 errichteten ehem. Ackerbürgeranwesens (sog. Weißbeckhaus), ein dreigeschossiger Satteldachbau mit straßenseitigem Treppengiebel und, auf der Ebene des 1. Obergeschosses, mit einem über Eck gestellten Kastenerker geziert. Schwerpunkte bilden dabei die Restaurierung der Sandsteinwände und des Kastenerkers sowie der Holzkonstruktion (Dachwerk, gezierte Bohlenbalkendecken, Bohlenstube). Das Instandsetzungs- und Revitalisierungsvorhaben wird unterstützt mit Darlehensmitteln des Sozialen Wohnungsbaus und Zuschußmitteln des Landesamtes für Denkmalpflege. Verformungsgerechtes Bauaufmaß, Befunduntersuchung, Photodokumentation und dendrochronologische Untersuchungen. Un

–, *Luitpoldplatz 25, Rathaus,* Restaurierungsarbeiten am zweiflügeligen barocken Hoftor des Haupteingangs und – ebenfalls im Fletzbereich – am rückwärtigen, zweiflügeligen neogotischen Hoftor mit originalem Türschließer, gefördert mit Zuschußmitteln des Landesamtes für Denkmalpflege. Un

–, *Tiefgarage Luitpoldplatz.* Der Bau der Tiefgarage, ausschließlich mit Mitteln der Städtebauförderung finanziert, gestaltete sich sehr eigentümlich, da das Baugenehmigungsverfahren (Teilbaugenehmigungen) mit den Bauarbeiten nicht Schritt halten konnte. Neben ständiger Bedrängnis für die archäologischen Grabungen konnten angesichts der rigorosen Vorgehensweise kaum Verbesserungsvorschläge mit der erforderlichen Sorgfalt behandelt werden und bei der Bauausführung Berücksichtigung finden. Un

–, *Neustadt 6,* Durchführung einer Grundlagenermittlung (verformungsgerechtes Bauaufmaß, Photo- und Befunddokumentation, Baualtersplan) für das im Kern hoch- bzw. spätgotische, zweigeschossige Bürgerhaus mit Halbwalmdach; barocke Überformung (u. a. Einbau eines Theatersaales im 1. Dachgeschoß) Mitte des 18. Jhs. Un

–, *Neustadt 16,* Instandsetzung der Dreiflügelanlage. Dabei wird der Ostflügel erneuert, der Nord- und Westflügel mit erheblichem Baubestand aus der 2. Hälfte des 14. Jhs. (Stadterweiterung «Neustadt») restauriert. Neben der Mittelbereitstellung für das Gesamtvorhaben durch die Städtebauförderung und den Sozialen Wohnungsbau wurden für den Westflügel in Anbetracht der noch weitgehend erhaltenen hochgotischen Bausubstanz, des teilweise sehr gefährdeten Baubestands und der Dringlichkeit von Sicherungsmaßnahmen sowie der angestrebten Nutzung als städtisches Heimatmuseum Mittel aus dem Entschädigungsfonds bereitgestellt. Der Schwerpunkt der Instandsetzungsarbeiten liegt bei den besonders schutzwürdigen Holzkonstruktionen (Dachwerk, Geschoßdecken unterschiedlichster Ausformung, dazu Unterzüge, Sattelhölzer und Stützen), die jedoch sehr schleppend ausgeführt werden. Der Ostflü-

gel (Wohnungen) sowie Teile des Nord- und Westflügels (Restaurant) konnten inzwischen ihrer Bestimmung übergeben werden. Verformungsgerechtes Bauaufmaß, Befunduntersuchung, Photodokumentation, dendrochronologische Untersuchungen. Un

–, *Nürnberger Straße 7/9, Alte Spitalkirche,* Ausführung einer Fassaden-Musterachse und Abklärung der gotischen Horizonte bei den Fußböden, der ursprünglichen Eingangssituation und den Geländeanschlüssen sowie Plangutachten über Nutzungsvarianten, gefördert mit Zuschußmitteln des Landkreises und des Landesamtes für Denkmalpflege. Un

–, *Stadtmauer,* Fortsetzung der Konservierungs- und Restaurierungsarbeiten im Bereich der nördlichen Stadtbefestigung (Türme, Stadt- und Zwingermauer), gefördert mit Zuschußmitteln der Bayerischen Landesstiftung, des Landkreises und des Landesamtes für Denkmalpflege. Un

Taxöldern (Lkr. Schwandorf), *Kath. Filialkirche St. Johannes Baptist,* Innenrenovierung der ehem. Schloßkapelle. Dabei traten u. a. Wandputze mit Dekorationen des 16./17. Jhs. zutage, die zu einem wesentlich tiefer liegenden Fußbodenniveau gehörten. Es bestätigte sich ferner die Kenntnis daß es sich um einen im Kern mittelalterlichen Bau handelt. Die Befunde sind im Landesamt dokumentiert und konnten teilweise sichtbar belassen werden. Die anschließenden Renovierungs- und Restaurierungsarbeiten – Neufassung der Raumschale, Reinigung und Ausbesserung der Ausstattung – wurden durch eine Kirchenmalerfirma in unqualifizierter Weise und ohne Abstimmung mit dem Landesamt sowie entgegen dem Erlaubnisbescheid des Landratsamts durchgeführt. Es ergibt sich die Notwendigkeit einer «Nachrestaurierung». Mz

Thalmassing (Lkr. Regensburg), *Kath. Pfarrkirche,* Beginn der Außeninstandsetzung. Im Dachtragwerksbereich waren vor allem über dem nach 1900 durch Heinrich Hauberrisser erweiterten Langhaus statisch relevante Schäden in der Zerrbalkenanlage und an den Traufpunkten festzustellen und mußten zimmermannsmäßig behoben werden. Im Verlauf der Arbeiten lösten sich Teile des Oberputzes der flachen Langhausdecke, welche mit gegossenen Stuckornamenten verziert ist. Als Ursache konnten technische Mängel im Aufbau des bei der Herstellung verwendeten Putzes ermittelt werden. Aus Sicherheitsgründen stimmte das Landesamt für Denkmalpflege der Erneuerung der Decke unter Erhalt der großen gegossenen Stuckteile zu. Gi

Theuern, Gde. Kümmersbruck (Lkr. Amberg-Sulzbach), *Portnerstraße 1 (ehem. Hofmarkschloß),* Abschluß der Renovierungsmaßnahmen am Nord- und Westtrakt des ehem. Ökonomiehofs zum Zwecke der Erweiterung des Bergbau- und Industriemuseums Ostbayern. Im Zuge der Dachinstandsetzung konnten Folgeschäden am Mauerwerk und an den Gewölbebereichen (eingedrungenes Niederschlagswasser – extreme Salzausblühungen) nicht unterbunden werden. Die Renovierungsmaßnahmen werden u. a. mit Zuschußmitteln des Bundesministers des Innern, der Bayerischen Landesstiftung, des Bezirks und aus dem Entschädigungsfonds gefördert. Un

–, *Portnerstraße 3.* Das für den Abbruch vorgesehene Objekt befindet sich mittlerweile im Besitz der Gemeinde Kümmersbruck, die es wegen eines Ortsstraßenausbaus beseitigen möchte. Das erdgeschossige, giebelständige Wohnstallhaus ist auch aus der Sicht der staatlichen Denkmalpflege nur noch mit hohem Substanzverlust revitalisierbar. Im Hinblick auf den baulichen Zustand des denkmalgeschützten Gebäudes – bei dem über Jahrzehnte ein geordneter Bauunterhalt unterblieb – und angesichts der gegebenen Umstände wurde der Abbruch hingenommen. Un

Tiefenbach (Lkr. Schwandorf), *Haus Nr. 1, Elektrizitätswerk.* Durch den Eigentümer wurden ohne Abstimmung mit Landratsamt und Landesamt sowie ohne die erforderliche Baugenehmigung Umbauten vorgenommen, die zu einer erheblichen Beeinträchtigung der Denkmalqualität geführt haben. Seitens des Landratsamtes wurde ein Bußgeld verhängt. Mz

Traitsching (Lkr. Cham), *Leitenweg 1.* Das zur Waldlerhaus-Landschaft gehörende Wohnstallhaus konnte durch Instandsetzungsmaßnahmen am Dachtragwerk in seinem Bestand gesichert werden. Gi

Unterklausen, Gde. Hirschbach (Lkr. Amberg-Sulzbach), *Haus Nr. 20*, Sanierung des erdgeschossigen, traufseitig erschlossenen Wohnstallhauses. Noch weitgehend ungestörte Raumschalen wurden im Zuge einer Befunduntersuchung dokumentiert. Zuschußmittel des Landkreises und des Landesamtes für Denkmalpflege werden bereitgestellt. Un

Untertraubenbach, Stadt Cham (Lkr. Cham), *Kath. Pfarrkirche,* um 1719, nach Brand 1813 wiederhergestellt, der Turm im Oberen Teil erneuert. Die Gesamtinstandsetzung wurde zunächst mit der Außeninstandsetzung begonnen. Einer weitgehenden Erneuerung des Außenzugangs zum ehem. Oratorium an der Südseite der Kirche wurde zugestimmt. Die heterogene Ausstattung soll in einem nächsten Abschnitt instandgesetzt werden, wobei der Erhalt aller vorhandenen Fassungen angestrebt wird. Zur Neufassung der Raumschale wurde eine Befunduntersuchung angeregt. Gi

Unterzettling, Gde. Hohenwarth (Lkr. Cham), *Haus Nr. 3.* Das Wohnstallhaus des 16./17. Jhs. mit Kniestock-Blockbau mit Seitenschrot und Flachsatteldach wurde ohne Genehmigungsverfahren am 4.2.1989 abgebrochen. Angesichts der orts- und siedlungsgeschichtlichen, volkskundlichen und baugeschichtlichen Bedeutung des zur Hauslandschaft der Waldlerhäuser gehörenden stattlichen Gebäudes wurde ein Bußgeldverfahren eingeleitet. Gi

Ursensollen (Lkr. Amberg-Sulzbach), *Kath. Pfarrkirche St. Vitus.* Die Raumschale der im 17. Jh. errichteten und 1955 erweiterten Saalkirche wurde neu gefaßt, die Decke im Anbau neu gestaltet, die Sakristei erweitert. Mz

Vilseck (Lkr. Amberg-Sulzbach), *Froschau 15, sog. Schlößl,* Beginn des zweiten Bauabschnitts. Dabei stehen neben Restaurierungsarbeiten am Innen- und Außenbau der Abbruch des an die rückwärtige Fassade im 20. Jh. angebauten Schweinestalls und die damit einhergehende Freistellung des aus der Zeit um 1600 stammenden Abtritterkers im Vordergrund. Zuschußmittel des Bezirks, des Landkreises sowie aus dem Entschädigungsfonds und der Städtebauförderung wurden bereitgestellt. Un

Vohenstrauß (Lkr. Neustadt a.d. Waldnaab), *Kath. Stadtpfarrkirche Mariä Unbefleckte Empfängnis,* Innenrenovierung, Erneuerung der Heizung und Neugestaltung des Altarraumes der 1927–19 nach Entwurf von Heinrich Hauberrisser errichteten Kirche. Mz

–, *Friedrichstraße 25 und 27, Schloßareal «Friedrichsburg.* Der dreigeschossige Hauptbau mit steilem Satteldach und geschweiften Vorschußgiebeln, errichtet 1586–1593, soll – seit der Gebietsreform von 1972 weitgehend ungenutzt – einschließlich der beiden freistehenden Seitenflügel (ehem. Forsthaus des Landkreises und das Amtsgericht) nach umfassender Instandsetzung als Tagungsstätte für die Erwachsenenbildung dienen. Eine eingehende Baudokumentation wurde bereits erstellt. Unter Einschaltung eines erfahrenen Restaurators als Fachbauleiter, der vorrangig die denkmalpflegerischen Maßnahmen betreut und zudem das Gesamtprojekt bauforscherisch begleitet, konnte mit den Instandsetzungsarbeiten an den historischen Baukonstruktionen des Hauptbaus begonnen werden. Zuschußmittel des Landesamts für Denkmalpflege wurden bereitgestellt. Un

Waldau, Stadt Vohenstrauß (Lkr. Neustadt a.d. Waldnaab), *Burg.* Die Sicherung und Instandsetzung des Bergfrieds, aus Granitbuckelquadern um 1200 errichtet und mit einem 5. und 6. Geschoß um 1350 aufgestockt, wurde mit Zuschußmitteln des Bezirks, des Landkreises, der Stadt und aus dem Entschädigungsfonds ermöglicht. Einrichtung und Anlieferung der Baustelle gestalten sich sehr schwierig, wobei der Einsatz eines Autokrans mit über 70 m Hubhöhe zum Herunter- und Hinaufheben der instandzusetzenden Pyramidendachkonstruktion aus den zwanziger Jahren des 19. Jhs., inzwischen wieder mit der ursprünglichen Scharschindeldeckung aus Lärche beplankt (um 1900 mit Thüringer Naturschiefer eingedeckt), einen eigenen Wegebau erforderte; umfangreiche Auszwickungs- und Verfugungsarbeiten. Verformungsgerechtes Bauaufmaß, Befunduntersuchung und Photodokumentation. Un

Walderbach (Lkr. Cham), *ehem. Kloster, Festsaal.* Der in einem um 1765 errichteten Zwischenbau erhaltene Festsaal des Klosters soll nach umfangreichen Sicherungsarbeiten in den vergangenen Jahren instandgesetzt werden. Zunächst ist über dem Holzlattengewölbe eine Beplankung mit Möglichkeit zur Wasserableitung sowie die Errichtung einer westlich angrenzenden Brandwand in Ergänzung der östlich des Saals bereits bestehenden Wand vorgesehen. Zur Vorbereitung der Restaurierung der Raumschale wurde ein Gutachten wegen des Pilzbefalls am Deckengemälde (J. Gebhard aus Prüfening) erstellt. Die Maßnahme wird aus dem Entschädigungsfonds gefördert. Gi

Waldershof (Lkr. Tirschenreuth), *Schloßhof 1 und 3, sog. Weiherschloß.* Der aus Bruchsteinmauerwerk und Fachwerkwänden bestehende zweigeschossige Gebäudekranz über hohen Kellergeschossen – mehrheitlich gotische Bausubstanz – um einen unregelmäßig geformten Innenhof ist besonders im Bereich der Dächer und Geschoßdecken akut gefährdet. Zur Abwehr drohender Teileinstürze mußten Sicherungs- und Instandsetzungsarbeiten durchgeführt werden, die wegen der drei Eigentumsanteile an den Gebäuden und Grundstücken des Schloßareals zusätzlich erschwert wurden. Die einzelnen Maßnahmen werden mit Zuschußmitteln des Bezirks, des Landkreises, der Stadt und des Landesamtes für Denkmalpflege finanziert. Verformungsgerechtes Bauaufmaß, Befunduntersuchung und Photodokumentation. Un

Waldsassen (Lkr. Tirschenreuth), *Evang.-Luth. Kirche (Teil des ehem. Kastenamtsgebäudes des Klosters).* Die angestrebte Gesamtinstandsetzung der Kirche wird sich hinsichtlich der Außenflächen an den Vorgaben orientieren, welche durch die bereits im Sinn des 18. Jhs. instandgesetzten südöstlichen Teilabschnitte des ehem. Kastenamtsgebäudes des Klosters vorgegeben sind (weiße Wandflächen, Gliederungen und Gesimse in Gelb). Im Erdgeschoß konnte eine Rückführung der Fensterformate auf das ursprüngliche Maß erreicht werden. Im Innern der im 1. Obergeschoß um 1890 eingerichteten Kirche soll die um 1960 von Johannes Döllgast geschaffene Gestaltung erhalten bzw. wiederhergestellt werden. Gi

Weiden i.d. Opf., Fleischgasse 16. Das ehem. Ackerbürgerhaus wurde nach den Stadtbränden von 1536 und 1540 wieder aufgebaut. Neben der tonnengewölbten Kelleranlage sind auch Teile der Umfassungswände noch hochgotischer Baubestand. Das Grundrißgefüge des mehrheitlich eingewölbten Erdgeschosses und das des Obergeschosses mit Gewölbeanlagen in der Erschließungszone und in den Räumen entlang der Hoffassade, die Mauerwerks- und Holzkonstruktionen sowie die gegenseitige Giebelfassade entstammen der Wiederaufbauphase nach 1540 und um 1600. Das rückwärtige Nebengebäude (Stall- und Bergeraum), Bestandteil des ehem. Akkerbürgeranwesens, wurde vor geraumer Zeit abgebrochen. Die umfassenden Instandsetzungsarbeiten werden auf der Basis der Bestandsdokumentation, einer präzise erarbeiteten Eingabeplanung von auf die Restaurierung abgestellten Werk- und Detailplänen sowie einer aufwendigen Objektüberwachung durch den Architekten und den Tragwerksplaner durchgeführt. Zuschußmittel aus der Städtebauförderung und dem Landesamt für Denkmalpflege werden bereitgestellt. Un

–, *Oberer Markt 13 / Judengasse 2.* Langwierige Verhandlungen – auch unter Beteiligung der Regierung – konnten letztendlich die Zustimmung zum Abbruchantrag nicht verhindern. Die Auflage für den Erhalt der spätmittelalterlichen Kelleranlagen beider Anwesen kann dabei nicht über die Vernachlässigung denkmalschützerischer Belange hinwegtäuschen. Auch könnte die vorgeschlagene Ersatzbebauung schon allein aus planungsrechtlichen Gründen (Art und Maß der baulichen Nutzung) verhindert werden. Un

–, *Pfannstielgasse 15,* Erarbeitung einer exakten Grundlagenermittlung aufgrund der von der Regierung der Oberpfalz vertretenen Forderungen zur denkmalgerechten Instandsetzungen. GB

257

–, *Unterer Markt 33*. Das spätgotische Ackerbürgerhaus, wiederaufgebaut nach dem Stadtbrand von 1540, enthält noch große Teile des ursprünglichen Konstruktions- und Grundrißgefüges. Aufgrund fehlender präziser Werk- und Detailpläne war eine ausreichende fachliche Abstimmung kaum möglich. Nach zähem Ringen konnte der Wohnungsgrundriß 1. Obergeschoß auf eine Freilegung der spätgotischen Wohnstube mit Bohlenbalkendecke über zwei Unterzügen abgestellt werden und der untere, originale Treppenlauf mit gewölbtem Treppenhals erhalten werden. Un

–, *Unterer Markt 35*. Trotz nicht unerheblicher Eingriffe vor einigen Jahrzehnten konnte aufgrund präziser Erfassung des Baubestands (verformungsgerechtes Bauaufmaß, Befund- und Photodokumentation sowie dendrochronologische Untersuchungen), der Schadensanalyse und eines Instandsetzungskonzepts eine mit Bauherrn, Architekten und Tragwerksplaner in zahlreichen Besprechungen erarbeitete Planung entwickelt werden, die neben einer anspruchsvollen Nutzung vom Kellergeschoß bis hin zum 2. Dachgeschoß die Wiederherstellung des gotischen Grundriß- und Konstruktionsgefüges ermöglichte und auch die angestammte Qualität der Platzfassade des ausgehenden 16. Jhs. wieder erlebbar macht. Das Gesamtprojekt wurde mit Mitteln aus der Städtebauförderung, der denkmalpflegerische Mehraufwand mit einem Zuschuß des Landesamtes für Denkmalpflege finanziert. Un

Willenhofen (Lkr. Neumarkt i.d. Opf.), *Dorfstraße 14*. Das Bauernhaus (Wohnstallbau mit Seitengred, Mitte 19. Jh.) war wegen fehlender Nutzung seit Jahren in ruinösem Zustand: Das Dach bereits teilweise eingefallen. Ein Abbruch wurde unter den gegebenen Umständen hingenommen. Abbruchdokumentation im Landesamt. Mz

Winklarn (Lkr. Schwandorf), *Kath. Pfarrkirche St. Andreas*, Reparatur des Dachtragwerks der 1826 nach Brand neuerrichteten Kirche. Mz

Wurmrausch, Gde. Birgland (Lkr. Amberg-Sulzbach), *Haus Nr. 4*. Die Restaurierung des erdgeschossigen Wohnstallhauses (bez. 1738, im Kern jedoch älter) wurde fertiggestellt, einschließlich des um die Mitte des 19. Jhs. angefügten Scheunenteils mit Fachwerkgiebel. Zuschußmittel der Dorferneuerung, des Landkreises, Bezirks und Landesamtes für Denkmalpflege. Un

Zaitzkofen, Gde. Schierling (Lkr. Regensburg), *Kath. Kirche St. Stephan*. Der 1816 errichtete und im Apsisbereich später veränderte Kirchenbau wird nach Abschluß der Außeninstandsetzung innen renoviert. Grundlage für die Neufassung der Raumschale ist die zuletzt sichtbare Fassung (Nr. 8) an der Decke, welche an den Wänden später nochmals überarbeitet wurde. Während die Decke nur gereinigt und in Fehlbereichen ergänzt werden mußte, wurden die Wände entsprechend dem Befund neu gefaßt. Gi

Zell, (Lkr. Cham), *Burgruine Lobenstein*. Im westlichen Teil der erhaltenen Mauerzüge der Burgruine sowie im Bereich der Mauerkronen wurden Sicherungsarbeiten (unter anderem die Verfugung mit Kalkmörtel, und das Auskeilen von gelockerten Bereichen) durchgeführt. Gi

Zeltendorf, Stadt Kötzting (Lkr. Cham), *Haus Nr. 10 1/2*. Das ehem. Wohnstallhaus (Waldlerhaus), welches ein kleines Privatmuseum zu Leben und Arbeit im ländlichen Raum im 19. Jh. enthält, wurde außen instandgesetzt. Gi

OBERFRANKEN

Das Referat *Oberfranken-Mitte* von Oberkonservator Dr. Peter Pause (Pau) umfaßt alle kirchlichen und weltlichen Bauvorhaben in der Stadt Bamberg sowie in den Städten und Landkreisen Hof und Kulmbach. Außerdem ist er für Schloß Weißenstein in Pommersfelden im Landkreis Bamberg zuständig. Der Landkreis Bamberg wird von Frau Dr. Annette Faber (Fb) betreut. Das Referatsgebiet *Oberfranken-Süd* von Konservator Dr. Karl-Heinz Betz (Bz) umfaßt die gesamte Denkmalpflege von Stadt und Landkreis Forchheim, Stadt und Landkreis Bayreuth, Stadt und Landkreis Wunsiedel sowie die kreisangehörigen Städte Marktredwitz und Selb, die selbständig die Aufgaben der Unteren Denkmalschutzbehörde wahrnehmen. Das Referatsgebiet *Oberfranken-Nord* von Konservator Dr. Alfred Schelter (sh) umfaßt die Landkreise Coburg, Kronach und Lichtenfels sowie die kreisfreie Stadt Coburg und die große Kreisstadt Neustadt bei Coburg und Lichtenfels, und zwar auch hier alle denkmalpflegerischen Aufgaben des profanen und kirchlichen Bereichs. Als Leiter der *Außenstelle Schloß Seehof* ist Dr. Schelter auch zuständig für die Restaurierung und Instandsetzung von Schloß und Park Seehof.

Adlitz (Lkr. Bayreuth), *Schloß*. Die Gesamtinstandsetzung der barocken Schloßanlage, die durch Mittel aus den Entschädigungsfonds gefördert wird, wurde fortgeführt. Das Herrenhaus (17./18. Jh.) wurde mittlerweile in einen bewohnbaren Zustand versetzt. Noch nicht in Angriff genommen werden konnten aus finanziellen Gründen die dringend erforderlichen Substanzsicherungsmaßnahmen an der Schloßscheune (18. Jh.) und dem gleichfalls aus dem 18. Jh. stammenden Torhaus. BZ

Affalterthal (Lkr. Forchheim), *Evang.-Luth. Pfarrhaus (Haus Nr. 56)*. Der stattliche Walmdachbau von 1788/90 wurde außen instandgesetzt. Durch Abnahme des jüngeren, verunstaltenden Zementputzes, der auch Fenster- und Türgewände überzogen hatte, konnte die ursprüngliche Gliederung wiedergewonnen werden. BZ

Ahorn, Ortsteil Finkenau (Lkr. Coburg), *«Schafswäsche»*. Bei Überprüfung der in die Denkmalliste aufgenommenen «Schafswäsche» zeigte sich eine Rekonstruktion des 20. Jhs., wiederum weitestgehend verfallen. Auf eine Wiederherstellung wird verzichtet, nachdem der Gesamtzusammenhang der Teichwirtschaft, der Schafstelle und der Weiden verlorengegangen ist. Das Gebäude wurde aus der Liste gestrichen. sh

Aichig, Stadt Bayreuth, *Kemnather Straße 67*. Das zweigeschossige Wohnhaus, ein Satteldachbau von 1729, wurde außen instandgesetzt. BZ

Altdrossenfeld, Gde. Neudrossenfeld (Lkr. Kulmbach), *Haus Nr. 8, ehem. Gasthaus*. Die Ortschaft Altdrossenfeld ist gut erhalten, die Hauptstraße wird wesentlich von Baudenkmälern geprägt. Leider stehen mehrere Altbauten leer oder sie sind nicht mehr angemessen genutzt. Der seit etwa einem Jahrzehnt leerstehende und durch einen Neubau ersetzte Gasthof des 18./19. Jhs. ist nach Stellung und Bauvolumen ein Eckpfeiler des Ortsbilds. Außerdem blieb in diesem fränkischen Gasthof die frühere Schankstube im Erdgeschoß und ein kleiner Tanzsaal im 1. Obergeschoß eines Anbaus gut erhalten. Das Landesamt für Denkmalpflege lehnte den Abbruch ab. Der Bauherr entwickelte ein Nutzungs- und Umbauprojekt. Voraussetzungen für die künftige Erhaltung dieses Baudenkmals sind gegeben. Pau

Altenkunstadt (Lkr. Lichtenfels), *Judenhof 3, Synagoge*. Zur Vorbereitung der Gesamtrestaurierung der Synagoge aus dem 18. (mit einem Erweiterungsbau des 19. Jhs.) wurden die Befunduntersuchungen eingeleitet. Dabei konnte die ursprüngliche Architektur der Synagoge mit Frauenempore und Rabbiwohnung geklärt werden. Die Thoranische wurde gefunden, ebenso begleitende Malerei um den ehem. Thoraschrein sowie an den Decken und Wänden. Es ist beabsichtigt, die zuletzt als Feuerwehrgerätehaus genutzte Synagoge instandzusetzen und als kulturellen Raum mit Mehrzwecknutzung entsprechend den historischen Formen wiederherzustellen. sh

–, *Postamt*. Das kurz nach der Jahrhundertwende errichtete Postamt in Jugendstilformen hat im Verlauf der Zeit neue, stilistisch nicht passende Fenster erhalten. Im Zuge der Neufassung der Fassade wurden stilgerechte Fenster nach historischen Vorbildern eingebaut.
sh

–, *Theodor-Heuss-Straße 11/13*. Das aus dem 18. Jh. stammende Doppelhaus, ein Tropfhaus, das ehemals jüdischen Mitbürgern gehörte und in der früheren Judenvorstadt liegt, konnte durch ein verformungsgerechtes Bauaufmaß dokumentiert werden. Die Erhaltung des nicht unwichtigen Baudenkmals wurde vom Landesamt für Denkmalpflege gefordert, doch durch die Entscheidung der Regierung von Oberfranken zum Abbruch freigegeben.
sh

–, *Theodor-Heuss-Straße 25 / Flutweg 1*. Auf der Rückseite des Hauptgebäudes, ein nach Plänen Leo von Klenzes errichteter zweigeschossiger Walmdachbau (1832–33), liegt noch der zu zwei Dritteln erhaltene Vorgängerbau aus dem 18. Jh.. Dieser einfache zweigeschossige Fachwerkbau, mit Rinnenziegeln gedeckt und im Inneren im Zuge des Neubaus ebenfalls von Leo von Klenze umgestaltet, war dem Verfall nahezu preisgegeben. Nachdem ein verformungsgerechtes Bauaufmaß durch die Studenten der Fachhochschule Coburg angefertigt wurde, konnte der Eigentümer von der Notwendigkeit der Erhaltung des Gebäudes überzeugt werden. Durch Zuschußmittel des Landesamtes und der kommunalen Gebietskörperschaften konnte das Rückgebäude instandgesetzt werden und dient heute als Werkstatt und Nebenräume für den Eigentümer. Das Hauptgebäude wurde ebenfalls instandgesetzt und mit einem neuen Fassadenanstrich versehen.
sh

Althaidhof (Lkr. Bayreuth), *Haus Nr. 1*. Das ehemalige Schloß, ein zweigeschossiger Bau mit Halbwalmdach aus dem 17. Jh. erfuhr eine Fassadeninstandsetzung.
BZ

Aschbach (Lkr. Bamberg), *Schloß*. Nachdem die Hauptfassade des 1672 errichteten Schlosses der Freiherren von Pölnitz bereits vor einigen Jahren ohne Absprache mit dem Landesamt für Denkmalpflege neu gestrichen worden war, fand für die Rückfassade eine ausführliche Beratung statt. Durch einen Befundbericht konnten die Kenntnisse über die Baugeschichte erweitert werden.
Fa

Autenhausen, Stadt Seßlach (Lkr. Coburg), *Kath. Pfarrkirche*, Innenrestaurierung. Die aus dem 18. Jh. stammende Kirche konnte anhand einer vorausgehenden Befunduntersuchung entsprechend der Farbigkeit der Bauzeit wiederhergestellt werden. Bedauerlicherweise wurde die Restaurierung der Ausstattung ohne Hinzuziehung des Landesamtes durch die Kirchengemeinde und dem Kirchenmaler ausgeführt, wobei vor allem die Marmorierung und die Weißfassung der Figuren nicht dem Qualitätsmaßstab der wertvollen Ausstattung entspricht.
sh

Baad, Markt Neukirchen am Brand (Lkr. Forchheim), *Haus Nr. 10, Fachwerkscheune*. Die bei einem Sturm schwer beschädigte, mächtige Fachwerkscheune aus dem frühen 19. Jh. mußte aufgegeben werden.
BZ

Bad Berneck (Lkr. Bayreuth), *Ölschnitz 3, Neue Kolonnaden*. Die Arkaden und Pavillons, eine Holzarchitektur von 1899, wurden in Regie der Stadt ohne Berücksichtigung denkmalpflegerischer Belange renoviert. Für die großformatigen Wandgemälde, die die Rückwand der Kolonnaden zieren, wurden Voruntersuchungen durchgeführt und in Zusammenarbeit mit den Werkstätten des Amtes ein Restaurierungskonzept entwickelt.
BZ

Bad Steben (Lkr. Hof), *ehem. Wehrkirche St. Walburgis*. Nach aufwendigen Voruntersuchungen zur Statik und Bauphysik der Kirche (vgl. Jahresbericht 1988) konnten die verschiedenen Konzepte der Beteiligten fachlich aufeinander abgestimmt werden. Die Maßnahmen zur Sicherung des Bestands im Bereich des früheren Chorbogens, der heutigen westlichen Abschlußwand, wurden zusammen mit denen gegen aufsteigende Feuchtigkeit durch eine Drainage und Vertikalisolierung des Mauerwerks ausgeführt. Die Arbeiten wurden sehr umsichtig und mit großer Sorgfalt ausgeführt und ständig photographisch dokumentiert. Die archäologischen Befunde wurden nicht gesondert untersucht, weil sich die Aushubgruben für die heutigen Maßnahmen im Bereich älterer Störungen, die in ähnlicher Absicht angelegt wurden, bewegten.
Pau

–, *Badstraße 30, Wandelhalle*. Die staatl. Hochbauverwaltung setzte die Wandelhalle von 1909/10 instand. Es handelt sich um einen Arkadenbau mit drei Pavillons. Die bereits bei einer älteren Umbaumaßnahme veränderten Fenster und Türen wurden erneut wegen ihrer Unzulänglichkeit gegen neue Elemente ausgetauscht. Die Farbgebung beruht auf einer gründlichen Befunduntersuchung. Der Befund war lückenhaft, weil ältere Instandsetzungen Putze und Malflächen weitgehend entfernt hatten. Die Befunde konnten deswegen nicht in allen Punkten ausreichend geklärt werden. Dennoch folgt der Anstrich weitgehend der Erstfassung in allen wesentlichen Merkmalen.
Pau

Bärenfels (Lkr. Forchheim, Burgruine). An den Resten der mittelalterlichen Burganlage wurden Ruinensicherungsmaßnahmen durchgeführt.
BZ

Bärenthal, Gde. Egloffstein (Lkr. Forchheim), *Haus Nr. 1*. Der Antrag auf Abbruch der stattlichen, landschaftsprägenden Mühle, eines massiven, zweigeschossigen Wohngebäudes mit Fachwerkgiebel von 1696, wurde abgelehnt. Die Eigentümer konnten davon überzeugt werden, daß eine Sanierung erfolgversprechend sei.
BZ

Bamberg, Dom St. Peter und St. Georg, Grablege unter dem Westchor. Unter dem Westchor des Doms wurde im Stile von Bergwerksarbeiten ein Raum freigelegt, von dem durch ältere Grabungen bekannt war, daß er in den oberen Teilen mit jüngerem Material aufgefüllt ist. Da die Bodenplatte des Westchors mit allen darauf befindlichen Lasten, die Heizungskanäle und die beiden nicht durch eigene Fundamente abgestützten Chorgestühle während der Ausschachtungsarbeiten abzustützen waren, mußte diese komplizierte Arbeit von einem Statiker gelöst werden. Es wurde ein Rost aus Stahlträgern zur Abfangung der genannten Lasten montiert und provisorisch abgestützt. Die Betreuung des Aushubs oblag den Archäologen. Herr Prof. Sage (Lehrstuhl für Mittelalterarchäologie der Universität Bamberg) erhielt dafür eine Grabungsgenehmigung vom Landesamt für Denkmalpflege. Die genannten Abfangungen wurden als Sicherung der Baustelle verstanden und waren nach Auffassung des Bauherrn, der Bauaufsichtsbehörde und des Landbauamtes sowie der Regierung von Oberfranken nicht als Baumaßnahme erlaubnispflichtig. Bedenklich waren die Arbeiten aber durch die Auflager des Stahlrosts, da diese in die Fundamentmauern der Chorschranken wie in älteres, aufgehendes Mauerwerk des Heinrichsdoms eingebracht wurden. Auf Drängen des Landesamtes wurden zu einem Zeitpunkt, zu dem die Arbeiten bereits weit fortgeschritten waren, Bestandsdokumentationen veranlaßt. Die Aufmaße wurden von Herrn Schöppner und von Herrn Eck durchgeführt und vom Bauherrn, dem Domkapitel, im Rahmen der Maßnahme finanziert. Einige Auflager des Stahlrostes, die zum Zeitpunkt des Tätigwerdens der Bauforscher noch nicht in das aufgehende Mauerwerk des Heinrichsdoms eingebracht worden waren, wurden zunächst zurückgestellt. Im Zuge des beabsichtigten Ausbaus des freigelegten Raumes für eine Bischofsgrablege soll für diese Punkte eine andere Abstützung als die im Mauerwerk geschaffen werden.
Pau

–, *Kath. Pfarrkirche St. Gangolf*. Trotz umfangreicher Befunduntersuchungen konnte kein in sich geschlossenes älteres Raumfassungskonzept nachgewiesen werden. Die Neufassung ist daher nach den Wünschen des Bauherrn einfarbig und hell ausgeführt worden. Das Gemälde in der Vierung blieb zunächst unbehandelt. Es soll in einem später folgenden Abschnitt instandgesetzt werden.
Die Altäre der Werkstatt Mutschele wurden gereinigt und neu montiert. Gewissenhafte Untersuchungen ergaben sehr spärliche Reste der originalen Fassung. Die jetzt gereinigte Fassung ist eine des 20. Jhs., die leider nach einer allzu radikalen Zerstörung der alten oder älterer Fassungen aufgebracht wurde.
Sowohl der Umfang der Elektroinstallationen als auch die Details würden bei Kirchenrestaurierungen einer ausführlicheren und intensiveren Abstimmung bedürfen, als heute üblich ist. Derartige Installationen werden allzu oft als unvermeidliches Übel pauschal in Kauf

genommen, ohne daß die gravierenden Folgen für das Baudenkmal durch die Leitungsführung in Schlitzen etc. rechtzeitig erkannt und denkmalpflegerisch beurteilt wird. Pau

–, *Evang.-Luth. Kirche St. Stephan.* Das Altargemälde von Johann Josef Scheubel, d. Ä. wurde restauriert, d. h. gereinigt, neu aufgespannt und geringfügig ausgebessert. Das Gemälde wurde zunächst ohne neuen Firnis wieder im Altar montiert. Die Darstellung ist im Vergleich zu dem früheren Zustand jetzt in vielen, auch ikonographisch wichtigen Details wieder gut ablesbar. Pau

–, *Altenburg, Überdachung des Wehrgangs.* Die Terrassenstützmauern der Altenburg wurde in großen Abschnitten gesichert (vgl. Jahresbericht 1987). Die Mauerkrone sollte durch ein Dach konstruktiv gegen Feuchtigkeit geschützt werden. Da auf der Burginnenseite ein mächtiger, jetzt freigelegter Fundamentvorsprung ebenfalls derartiger Sicherungen bedurfte, akzeptierte das Landesamt für Denkmalpflege ein Dach in der Art eines gedeckten Wehrgangs. Dabei war der konstruktive Schutz das Hauptziel der Denkmalpflege; die Verwechslung mit einem Wehrgang mußte dabei, bei strikter Vermeidung historisierender Details, leider in Kauf genommen werden. Pau

–, *Justizvollzugsanstalt, Obere Sandstraße 38.* Das in zwei Bauabschnitten 1740 und 1760 errichtete Gefängnis am linken Regnitzarm mußte neuen Erfordernissen des Strafvollzugs angepaßt werden. Im Gebäude war während der Bauzeit erkennbar, daß diese Art der Modernisierung in der Vergangenheit mehrfach stattfand. Obwohl sich das Landbauamt Bamberg das Ziel setzte, die Grundrisse beizubehalten und bisher gestörte Gewölbe wieder sichtbar zu machen, erforderte der Einbau andererseits für Leitungen verschiedener Art ganz beträchtliche Eingriffe. Die Baugeschichte des Gebäudes dürfte anhand des häufig umgestalteten Mauerwerks kaum noch klärbar sein. Belege durch Zeichnungen, Planungen, Werkzeichnungen usw. bekommen angesichts einer derartigen häufigen Folge von Instandsetzungen und Änderungen eine besondere dokumentarische Bedeutung. – Der Dachstuhl des Gebäudes wurde vom Lehrstuhl für Bauforschung der Universität Bamberg aufgenommen. Pau

–, *Clavius-Gymnasium, Kapuzinerstraße 29.* Die Schule wurde als Realschule 1879/80 von Karl Georg Lang errichtet. Das Treppenhaus wurde jetzt nach Befund neu gefaßt. Die Auswertung z. T. winziger Farbreste mit wechselnden Nuancen und eine nur schwer zu klärende Schichtenabfolge erschwerten diesen Versuch ganz erheblich, zumal eine strikte Trennung von Wandflächen, Gliederung und aufgelegten Dekorationen bei den ursprünglichen Fassungen nicht angelegt worden war. Die Ausmalung geht ohne erkennbares System auf diesen baulichen Bestand ein, was aber bei Bauten dieser Zeitstellung häufiger anzutreffen ist. Pau

–, *Untere Rathausbrücke, Hl. Kunigunde.* Die 1744–45 entstandene Figur der Hl. Kunigunde von Peter Benkert auf der Unteren Rathausbrücke ist eine von ehemals fünf Brückenfiguren. Obwohl die Figur auf einem hohen Sockel steht, wurde sie immer wieder mutwillig von Passanten beschädigt. Das Gesicht hatte darunter besonders gelitten. Nach einer provisorischen Sicherung unter einem hölzernen Verschlag wurden Vorbereitungen für den Ersatz des Originals durch eine Kopie getroffen. Auf Bitten des Landesamtes für Denkmalpflege soll ein Bildhauer eine Kopie herstellen. Das Original muß nach diesen Arbeiten an einem geschützten Standort, z. B. im historischen Museum der Stadt Bamberg, aufgestellt werden. Die Hl. Kunigunde wurde deshalb von der Brücke entfernt und zum Jagdzeugstadel in Bamberg transportiert. Die Öffentlichkeit nimmt an dieser Maßnahme lebhaften Anteil. Die Figur wird vermißt. Die begonnenen Arbeiten geraten dadurch unter einen gewissen Zeitdruck durch den öffentlich, auf vielfachen Gründen geäußerten Wunsch, diese verehrte und geschätzte Figur möglichst rasch wieder am alten Platz zu finden. Pau

–, *Am Kanal 15 a, ehem. Flußmeisterstelle.* Der gediegene, eingeschossige Quaderbau der ehem. Kanalmeisterei von 1870 stand seit langem leer. Die Verwendung für einen Handwerksbetrieb mußte abgelehnt werden, weil die beabsichtigte Nutzung als Produktionsstätte allzu gravierende Zerstörungen der Substanz vorausgesetzt hätte. Die auf dem angrenzenden Grundstück bereits untergebrachte Handwerkskammer hat eine für die Substanzerhaltung günstigere Nutzung vorgeschlagen. Im Gebäude wurden Schulungsräume eingebaut. Die großen Räume, die dafür benötigt werden, ließen sich mit dem Bestand gut in Einklang bringen. Allerdings war für die Belichtung das Zugeständnis einer Art Dachflächenfenster erforderlich. Auch der Reiz der hohen Hallen mit den stabilen Podesten und den darauf montierten Kränen wurde wegen der Abtrennung von Räumen nicht beibehalten. So konnte ein Großteil der Substanz, weniger aber der Raumeindruck der ehem. Flußmeisterei erhalten werden. Pau

–, *Concordiastraße 28, Gartenpalast Concordia, Brunnen.* Johann Ignaz Böttiger errichtete 1717–22 das Palais. Stadtauswärts liegt entlang der Regnitz ein besonders reizvoller Garten. Inmitten dieses Gartens befindet sich ein Brunnen. Nach Aufmaß und genauer Untersuchung wurde festgestellt, daß aus dem 18. Jh. zwar die umfassenden Steine und die aus anderem Zusammenhang stammende mittlere Vase mit dem Wasseraustritt erhalten sind. Die Anlage selbst ist aber mehrfach versetzt worden und wurde im Bestand durch Abarbeitungen reduziert. Die Untersuchungen konnten keine Erkenntnisse zur Technik des barocken Brunnens vermitteln. Der Brunnen wurde technisch nach heutigen Gesichtspunkten funktionstüchtig gemacht. Die Vase wurde durch einen Aufsatz maßstäblich ergänzt. Pau

–, *Dominikanerstraße 2.* Das stattliche Eckhaus soll umgebaut und neu genutzt werden. Der ältere Bestand des 16. und 17. Jhs. ist im 2. Obergeschoß und im Dach gut erkennbar. Der Laden im Erdgeschoß ist zusammen mit dem 1. Obergeschoß Ende des 19. Jhs. sehr anspruchsvoll und eigenwillig umgebaut worden. Zu diesem bemerkenswerten Umbau gehört auch eine Erd- und Obergeschoß verbindende Treppe. Die Abstimmung über das Bauvorhaben erwies sich als schwierig. Von Seiten des Bauherrn wurde die Nutzung des Dachs in zwei Ebenen gefordert. Außerdem wurde bauaufsichtlich ein feuer- und rauchsicherer Abschluß des Treppenhauses verlangt. Der Ausbau der Treppe des 19. Jhs. (Erdgeschoß bis 1. Obergeschoß) und der wohl modifizierten Treppe des 18. Jhs. (1. Obergeschoß – 2. Obergeschoß) waren die Folge. Das Landesamt für Denkmalpflege lehnte diese Eingriffe ab. Schließlich wurde von der Unteren Denkmalschutzbehörde das Verlegen der Treppe unter Verwendung der Wangen und Baluster als Kompromiß vorgeschlagen. Diese Planung konnte nicht mehr generell abgelehnt werden. Der Vorgang belegt, daß das heute steuerlich begünstigte und allgemein wirtschaftlich für sinnvoll erachtete Maß der baulichen Nutzung und der dafür erforderlichen Investitionen sich zu Lasten der Baudenkmäler auswirken kann. Der Ausbau der Dächer ist angesichts großer Wohnraumdefizite zur Zeit von verschiedenster Seite her sehr begünstigt. Die Denkmalpflege stößt auf heftige Widerstände, wenn sie sich diesem Ausbau zu widersetzen versucht. Ähnliche Baugesuche für die *Obere Königstraße 1/3, Kapuzinerstraße 14* oder *Habergasse 12* belegen, daß es sich hier um einen zeittypischen Konfliktfall der Denkmalpflege in Bamberg handelt. Die Geschlossenheit der Dachlandschaft einerseits, der Bestand der Dachstühle und der oft sehr umfänglichen Treppenhäuser andererseits, ist angesichts der unverkennbaren Begünstigungen solcher intensiven Dachnutzungen grundsätzlich in Frage gestellt. Pau

–, *Franz-Ludwig-Straße 11.* Nach Abschluß der Innenrenovierung und des Bezugs des Gebäudes (Jahresbericht 1985) wurde jetzt die Baumaßnahme durch eine Außeninstandsetzung mit Fassung nach Befund abgeschlossen. Pau

–, *Gasfabrikstraße 3.* Zu dem Gärtneranwesen gehört ein giebelständiges Wohnstallhaus und eine Scheune. Der Stallteil des Wohnhauses wurde im 19. und 20. Jh. für Wohnnutzungen in Anspruch genommen. In die Scheune des 17. Jhs. wurden im 18. Jh. einige Wohnräume eingefügt. Beantragt wurde der Umbau des Haupthauses für eine Arztpraxis und der Ersatz der Scheune durch einen Wohnhausneubau. Der Abbruch der Scheune wurde vom Stadtrat gegen den Rat des Landesamtes für Denkmalpflege gebilligt. Damit wird die seit längerer Zeit an vielen Beispielen belegbare Veränderung der Stadtquartiere mit Gärtnereien fortgesetzt: Frühere Scheunen werden zu

Wohnhäusern umgebaut oder durch Neubauten ersetzt. Auf den Gärtneranwesen stehen dann zwei Wohnhäuser. Substanzverluste und Strukturveränderungen, auch Änderungen des Erscheinungsbilds, beispielsweise im Bereich der Gärten, sind die Folgen. Eine auf das Einzeldenkmal konzentrierte Argumentation findet ebensowenig Beachtung wie der Hinweis auf die Gefährdung der großen und für Bamberg so bedeutenden Bereiche, in denen traditionell Gärtneranwesen die Stadtstruktur und das Erscheinungsbild des Stadtdenkmals prägen. Es wird die Aufgabe des Landesamtes sein, die Folge dieser vielen für sich allein genommen geringfügig erscheinenden Entscheidungen gegen die Ziele der städtebaulichen Denkmalpflege zu verdeutlichen. Substanz, Struktur und Erscheinungsbild der historischen Bamberger Gärtneranwesen sind akut gefährdet. Pau

–, *Gaustadter Hauptstraße 109 a, Fischerhofschlößchen*. Der Zustand des 1763 errichteten Baus verschlechterte sich im vergangenen Jahrzehnt trotz konsequent durchgesetzter, einfacher Wartungsarbeiten zusehends. Nach einem Besitzerwechsel wurde das Haus vom Lehrstuhl für Bauforschung an der Universität Bamberg aufgemessen und im Anschluß daran intensiv untersucht. Befunduntersuchungen wurden durch eingehende konstruktive Untersuchungen ergänzt, was angesichts der Bauschäden unumgänglich war. Nach Aufräumarbeiten wurden einige Schadensursachen entfernt und ein Baugesuch eingereicht.
Bemerkenswert sind Beobachtungen im Erdgeschoß: Es konnte im Gebäude ein Becken nachgewiesen werden, das der Aufzucht von Fischen gedient haben dürfte. Die Aufgabe des Gebäudes ist demnach die eines Weiherhäuschens. Die Arkaden des Hauses stehen auf einem gemauerten Beckenrand. Die baulichen Befunde wurden mit der Bauforschung des Landesamtes für Denkmalpflege gemeinsam begutachtet und vom Architekten photographisch dokumentiert. Der Beginn der dringend notwendigen Bauarbeiten ist von der Finanzierung für den beträchtlichen Aufwand einer baulichen Sicherung abhängig. Pau

–, *Hainstraße 33*. Die Neueindeckung des städtebaulich wichtigen Eckhauses von 1886 mit Schiefer wurde durch Zuschüsse ermöglicht. Pau

–, *Hinterer Bach 3*. Das ehem. Domvikarierhaus (laut Liste 14. Jh.) fiel lange Zeit durch starke Vernachlässigung im Stadtbild auf. Nach dem Besitzerwechsel wurden Voruntersuchungen (Aufmaß, Befund, Raumbuch) veranlaßt und finanziert. Die genannten Untersuchungen wiesen eine sehr eingreifende Erneuerung des Erdgeschosses und des 1. Obergeschosses im 18. Jh. nach. Der gesamte Grundrißtyp und die Raumausstattung wurden damals geändert. Der ältere Bestand blieb nur in spärlichen Resten erhalten. Pau

–, *Kapuzinerstraße 20/22*. Die beiden Gebäude werden gemeinsam vom Landbauamt Bamberg für Aufgaben der Universität Bamberg umgebaut. Den Bauarbeiten ging eine eingehende Untersuchung durch Restauratoren voran. Während der Bauarbeiten wurden diese Befunde ergänzt. Im *Haus Nr. 20* konnte in einem saalähnlichen Raum des Erdgeschosses eine gut erhaltene Wandmalerei wohl des frühen 18. Jhs. hinter einer abgehängten Decke beobachtet werden. Diese Malerei bezieht sich auf eine von der heutigen Fensterteilung abweichende Fassadengestaltung. Im 1. Obergeschoß des gleichen Hauses wurde der Steinbelag der Diele freigelegt. Im Nachbarhaus Nr. 22 wurden die Grundmauern älterer Bauten festgestellt. In diesem Fall werden die von der Inventarisation bereits zusammengetragenen historischen Nachrichten durch die baulichen Befunde bestätigt. Die während der Bauarbeiten beobachteten baulichen Befunde wurden dokumentiert. Die eigentlich wünschenswerte archäologische Betreuung einer so aufschlußreichen Baumaßnahme ist aus personellen Gründen nicht möglich. Pau

–, *Koppenhofgasse 1*. In der Nachbarschaft kleiner Häuser auf beengten Grundstücken befindet sich das Gärtneranwesen gleichsam als eine Art Sondereinheit. Das Anwesen besteht aus einem Wohnstallhaus, das zuletzt vollständig für Wohnzwecke genutzt wurde und einer großen Scheune. Die Scheune wurde ohne Erlaubnis abgebrochen und ein zweites Wohnhaus ersetzt. Der Verlust der bisher typischen Gärtneranwesen in Bamberg wird auch an diesem Beispiel nachvollziehbar. Pau

–, *Markusplatz 6*. Das Haus wurde 1888 nach Plänen von Chrisostomus Martin errichtet. Es steht zwischen Markus- und Kleberstraße und bestimmt so einen Teil des anschließenden Markusplatzes wesentlich mit. Die Instandsetzung des aufwendig gestalteten Mansarddachs mit Schiefer und die Reparatur der Bauzier konnte durch Zuwendungen ermöglicht werden. Pau

–, *Obere Mühlbrücke 4*. Das stattliche, dreigeschossige Eckhaus des 17. Jhs. soll, wie die Baudenkmäler *Obere Mühlbrücke 2 und 5* und die Neubauten *Obere Mühlbrücke 4 und 9*, als Hotel genutzt werden. Ein Aufmaß und ein detailliertes Raumbuch dienten der Abstimmung über den Bauantrag. Die Nutzung des voluminösen Dachs, das ehemals Lagerzwecken diente (wie ein Kran beweist), mußte hier wie bei anderen Bauten zugestanden werden. In der Planung wurden die Konfliktpunkte zwischen der Substanzerhaltung einerseits und einer nach Auffassung des Landesamtes etwas überzogenen Nutzung andererseits so gering wie möglich gehalten. Ob eine substanzschonende Maßnahme verwirklicht werden kann, ist aber in vielen Punkten von der Intensität einer konservatorisch bemühten Bauleitung abhängig. Pau

–, *Pfahlplätzchen 4*. Das sog. Ringvogelhaus wurde erneut umfassend renoviert. Das Gebäudeäußere mußte mit beträchtlichem Aufwand instandgesetzt werden. Pau

–, *Schützenstraße 2*. Das beherrschende Gebäude an der Straßengabelung der Schützen- und Friedrichstraße beschäftigte die Denkmalpflege mehrfach. Infolge eines Wasserschadens mußten Sicherungsarbeiten am Deckengemälde des Treppenhauses veranlaßt werden. Es handelt sich dabei um eine sehr seltene Malerei auf Glasplatten. Der Schaden konnte von einer auf derartige Arbeiten spezialisierten Restauratorin in überzeugender Weise behoben werden. – Zugleich wurden das Treppengeländer und die Balustrade einer zum Haus gehörenden Terrasse instandgesetzt und die Fassade des Gebäudes durch Blechverwahrungen geschützt. Pau

–, *Schützenstraße 21*. Die stattliche Villa dient seit längerer Zeit sozialen Einrichtungen als Verwaltungs- und Dienstleistungsgebäude. Dennoch gelang es, beim Umbau die Erschließung des Gebäudes beizubehalten und den Bestand der reich ausgestatteten Haupträume zu sichern und zur Geltung zu bringen. Gravierende Eingriffe berührten den schon in der Gestaltung deutlich zurückgestuften rückwärtigen Teil des Gebäudes, der zudem mehrfach modernisiert wurde. Bei der Außeninstandsetzung wurden die dem Sandstein untergeordneten Putzflächen nach Befund neu gefaßt. Pau

–, *Schützenstraße 54*. Der «Steinleinshof» ist aus einem ehemals freistehenden Bau der Zeit um 1780 durch Umbauten 1872–77 und 1905 hervorgegangen. Als das Gebäude errichtet wurde, das Straßennetz in der heutigen Form noch nicht bestand. Das Gebäude steht im Verhältnis zur Straße deutlich tiefer, weil die Straßen des Haingebietes im ehemals durch Hochwasser gefährdeten Bereich der Regnitzauen als Dämme aufgeschüttet wurden. Das Gebäude hatte in Teilen trotz der erwähnten mehrfachen Ergänzungen den Charakter eines Wirtschaftsgebäudes. Die Beibehaltung dieser Merkmale wurde zwar vom Landesamt gefordert, konnte aber angesichts der Nutzung des Gebäudes für Wohnzwecke nicht mehr durchgesetzt und verständlich gemacht werden. Wegen des unzulänglichen Bauzustands waren erhebliche Sanierungsmaßnahmen, z. B. eine Horizontalisolierung, erforderlich. Nach Abschluß der Umbauarbeiten wirkt das ehemals bescheidene Gebäude deutlich aufgewertet und einheitlich wie ein anspruchsvolles Wohnhaus des 18. Jhs. Pau

–, *Siechenstraße 53*. Das ehem. Gärtneranwesen mit einem durch die Verwendung von dünnen Hölzern bemerkenswerten Dachstuhl des 16. Jhs. wurde zu Wohnungen umgebaut. Die Nebengebäude konnten dabei in diese Nutzung einbezogen werden. Trotz dieser Nutzungsänderung blieben Charakter und Wirkung des Gebäudes und alle wesentlichen Merkmale des historischen Bestands gut erhalten. Pau

–, *Sutte 39*. Das Bürgerhaus des 17. Jhs., das wie üblich mehrfach und anspruchsvoll ergänzt wurde, sollte zunächst in einer rücksichtslosen und aufwendigen Art entkernt und neuen Nutzungen gerecht gemacht werden. Nach Baueinstellung wurde das Haus aufgemessen und nach einer sehr viel einfühlsameren Planung instandgesetzt. In einem der Räume im 1. Obergeschoß konnte eine klassizistische Deckendekoration freigelegt und konserviert werden. Pau

–, *Untere Königstraße 13–15*. Das Gasthaus zum Roten Ochsen aus der Mitte des 18. Jhs. wurde in Anlehnung an den Befund neu gefaßt. – Die Hausfigur befand sich in einem extrem schlechten Zustand und wurde in den Restaurierungswerkstätten des Landesamtes für Denkmalpflege untersucht und gesichert. Pau

–, *Untere Sandstraße 32, ehem. Krankenhaus*. Das frühere Allgemeine Krankenhaus der Stadt Bamberg verlor seine Funktion an das neue Klinikum. Zunächst sollte das Haus im städtischen Besitz als technisches Rathaus genutzt und umgebaut werden. Die Beibehaltung des Raumzuschnitts war bei dieser Nutzung innerhalb der Stadtverwaltung umstritten. Schließlich wurde das Gebäude veräußert. Mit dem Umbau zu einem Hotel ist die Ergänzung der Dreiflügelanlage durch einen den Hof in ganzer Breite abschließenden neuen Flügelbau verbunden. Die Hotelnutzung konnte der Planung nach zufriedenstellend mit dem Bestand des Gebäudes in Einklang gebracht werden. Erst statische Gutachten forderten dann den Ersatz verschiedener Bauteile, weil sie den statischen Erfordernissen nicht mehr genügten. Bei dem Standard eines Hotels sind viele Ausbaudetails, z. B. Türen, kaum weiter zu erhalten, wenn sie den Sicherungsbedürfnissen nicht entsprechen. Auch in den Räumen und z. T. in den Verkehrsflächen ließ sich der Charakter der alten Fußböden nicht durchgängig bewahren. Das frühere Krankenhaus hat den Standort am Rande der Altstadt ganz bewußt genutzt. Durch den Abschluß des Hofs mit einem neuen Gebäudeflügel und dem Bezug zur Konzert- und Kongreßhalle auf der gegenüberliegenden Regnitzseite bekommt ein ehemals am Stadtrand gelegenes Baudenkmal jetzt eine zentrale Funktion. Pau

–, *Untere Sandstraße 65*. Das Haus steht am Fuß des Steilhangs des St. Michael-Berges. Im Hof überlagern sich verschiedene Freitreppen und Dächer zu einem kaum noch nutzbaren dichten Gefüge. Die bereits in Eigenleistung begonnene Modernisierung drohte bestehende Unzulänglichkeiten durch neue zu ergänzen und sah beträchtliche Eingriffe vor. Nach eingehender Beratung wurde eine gewissenhafte zeichnerische Bestandsaufnahme gefertigt, aus der dann ein substanzschonendes Modernisierungskonzept entwickelt wurde. Die Baumaßnahme selbst kann nur in Bauabschnitten durchgeführt werden. Die betreuenden Statiker sind auf jede neuentdeckte Schwäche des Gebäudes durch Korrektur ihrer ursprünglichen Planung gewissenhaft eingegangen. So wird hier ein dem Ursprung nach sehr bescheidenes Gebäude mit größer Sorgfalt und Umsicht instandgesetzt. Da das Gebäude in Teilen auch während des Umbaus bewohnt wird, ist die Geduld des Bauherrn und seine Bereitschaft, eigene Wünsche vorübergehend denkmalpflegerischen Zielen unterzuordnen, besonders hervorzuheben. Pau

Banz, Stadt Staffelstein (Lkr. Lichtenfels), *ehem. Klosterkirche*. Die Innenrestaurierung der Kirche wird in vorsichtigen Schritten fortgeführt, wobei im Berichtsjahr die Restaurierung der Seitenaltäre und der Kanzel abgeschlossen werden konnte. Die Altäre wurden nach einer Vorfestigung aufstehender Fassungen und Vergoldungen mit synthetischem Speichel gereinigt und, soweit notwendig, Fehlstellen durch Retuschen geschlossen. Dabei ist grundsätzlich auf Neuvergoldungen verzichtet worden, um die Gesamtwirkung des gealterten Raums beibehalten zu können.
In den dreißiger Jahren wurden der Chor und das Langhaus mit Solnhofer Platten belegt. Dabei konnte eine relativ unsensible Vorgehensweise am Anschluß der hölzernen Mensaverkleidungen festgestellt werden. Im Chorbereich wurde nun die Solnhofer Platten entfernt, der darunterliegende originale Sandsteinboden restauriert, wobei man die Erneuerung von Sandsteinplatten auf absolute Fehlstellen beschränken konnte. Die Anschlüsse zu den Altären und die Altarstufen wurden entsprechend anhand originaler Reste und nachvollziehenden bauzeitlichen Formen wiederhergestellt.
Nicht zu umgehen war die weitere Vorbereitung eines gemauerten Zelebrationsaltars im Altarhaus. Mit der Lösung dieser schwierigen Aufgabe wurde von der Kirchenstiftung Prof. Hillebrand beauftragt. sh

–, *ehem. Kloster, Gärtnerhaus*. Im Berichtsjahr wurde der völlig baufällige Dachstuhl des aus dem frühen 19. Jh. stammenden Gebäudes erneuert. Wegen der vielfachen Umbauten und baukonstruktiven Schäden wurde das letzte Erscheinungsbild wiederhergestellt, das aus einem flachgeneigten Walmdach mit Zinkblech als Dachhaut besteht. sh

–, *ehem. Kloster, Konsulenten- und Domestikenbau*. Im Berichtsjahr konnte der Konsulentenbau als Gästehaus der Hanns-Seidel-Stiftung fertiggestellt werden. Im Zuge dieser Arbeiten konnte in den Substruktionsräumen die Petrefaktensammlung, ursprünglich im unmittelbar angrenzenden Flügel zum Torhaus untergebracht, in neu gestalteten Räumen eingerichtet werden. Dabei wurden die von Herzog Wilhelm in Bayern für seine ägyptische Sammlung angeschafften Vitrinen mit «ägyptischen» Ornamenten restauriert und zur Präsentation der Ausstellungsstücke wiederverwendet. Die musealen Räume erhielten nach Empfehlung der Landesstelle Nichtstaatlichen Museen des Landesamtes ein Wandheizungssystem.
Die Bauarbeiten im Domestikenbau, der erhebliche statische Schäden aufwies, wurden weiter vorangetrieben, wobei nahezu die gesamten Umfassungswände unterfangen und das Gebäude, das auseinanderzufallen drohte, mit Spannankern quer durch die Geschoßebene statisch neu konsolidiert werden mußte. Die aus dem 19. Jh. stammenden Putze, die überwiegend nur noch lose auf dem Mauerwerk auflagen, mußten im Zuge dieser Arbeiten bedauerlicherweise nahezu vollkommen entfernt werden. Nur Reste in den «ägyptischen Zimmern» (ursprünglich der erste Aufstellungsort der ägyptischen Sammlung des Herzogs) konnten restauratorisch behandelt werden. Die wenigen erhaltenen Fenster aus der Bauzeit wurden im Flur des Erdgeschosses zur Rückseite eingebaut und zu Kastenfenstern ergänzt. In diesem Teilstück wurden auch noch alte Türen und die originalen Sandsteinplatten als Fußbödenbeläge weiterverwendet. sh

–, *Quellfassungen am Banzer Berg*. In den Hanglagen des Banzer Berges befinden sich mehrere Quellfassungen, die durch Herzog Wilhelm in Bayern neugestaltet worden sind. Im Lauf der Zeit sind sie nicht nur sehr stark zugewachsen, sondern auch durch Erdverschiebungen stark gefährdet und teilweise zusammengebrochen. Bei einer gemeinsamen Begehung mit den Architekten der Hanns-Seidel-Stiftung und Herrn Schrüfer, dem Leiter der Bauabteilung der Stiftung, konnten die Quellfassungen besichtigt werden. Ein Restaurierungs- und Instandsetzungskonzept wurde vorgeschlagen. Bedauerlicherweise konnte aus finanziellen Gründen mit der Restaurierung der Quellfassungen noch nicht begonnen werden.
Im Zuge der Beobachtungen an den Quellfassungen wurde auch der ehem. «Mönchs-Spielplatz» besichtigt. Zur genaueren Bestimmung der Lage und der ursprünglichen Ausbildung mit den Sichtbeziehungen zum Kloster wurde ein für Schloß Seehof tätiger Landschaftspfleger beauftragt, anhand der Archivalien und der Pläne einen entsprechenden Instandsetzungsvorschlag zu erarbeiten.

–, *Marter* unterhalb des Klosters. Sandsteinmarter von Esterbauer aus dem 18. Jh. konnte gefestigt und wieder aufgestellt werden. sh

Baunach (Lkr. Bamberg), *Altstadtsanierung*. Die Sanierungsmaßnahmen im Rahmen der Städtebauförderung machten mehrere Ortstermine nötig. Das Landesamt für Denkmalpflege bemängelte dabei wiederholt ein fehlendes Verkehrskonzept, – Voraussetzung für eine dauerhafte Bewohnbarkeit historischer Altstädte. Fa

–, *Magdalenenkapelle*. Die Sanierung des Westgiebels begleitet eine intensive Bauforschung. Durch ein steingerechtes Aufmaß konnten neue Aufschlüsse über die Geschichte der gotischen Kirche gewonnen werden. So sind inzwischen drei Bauphasen des 15. Jh. nachweisbar, bei der letzten Bauphase verwendeten die Bauhandwerker große Teile des alten Sandsteingiebels und das Giebelkreuz, das zusammen mit dem letzten Stein monolithisch gearbeitet wurde, ein zweites Mal. Die Bauforschung unterstützt eine Arbeitsgruppe des Aufbaustudiums Denkmalpflege der Universität Bamberg, die den Dachstuhl verformungsgerecht aufmißt. – Bei unsachgemäß ausgeführten Aushubarbeiten erlitt die gotische Christusfigur des ehem. Ölberges schwere Beschädigungen. In den nächsten Jahren ist eine vorsichtige Konservierung der gesamten Fassade geplant. Fa

Bayreuth, Evang.-Luth. Stadtpfarrkirche, Hl. Dreifaltigkeit, Altar. Der reichgeschnitzte Altar von 1615 von Hans Bernhard mit Altarblättern von 1820 wurde restauriert. Die Fassung aus dem 19. Jh. wurde dabei belassen. BZ

–, *Stadtfriedhof (angelegt 1545).* Im Rahmen des Mehrjahresprogramms «Friedhöfe» wurden wieder eine Reihe bedeutender Grufthäuser und Epitaphien aus dem 18. und 19. Jh. instandgesetzt und restauriert. Betroffen waren die Gruft Nr. 1, das Epitaph Wilhelm-Ernst von Schönfeld, das Grabmal Schiller-Schmitt und der Grabstein bei Gruft 87. BZ

–, *ehem. Schloß St. Johannis, Steinachstraße 2.* Die umfangreichen Instandsetzungsmaßnahmen am ehem. Schloß St. Johannis, jetzt Gefängnis, einem dreigeschossigen Bau mit Satteldach und Treppenturm aus dem 16. Jh., wurden begonnen. Befunduntersuchungen erbrachten Hinweise zur Bau- und Fassungsgeschichte. In die Instandsetzungsmaßnahmen ist auch der Westflügel mit einem übergiebelten Torhaus von 1617 einbezogen. In diesem Flügel des Schlosses Innenausbau und -instandsetzungsmaßnahmen umfangreiche Steinrestaurierungen. BZ

–, *Brautgasse 1.* Zur Vorbereitung der Sanierung des im Kern mittelalterlichen, anfangs des 18. Jhs. barock umgestalteten, zweigeschossigen Eckhauses wurde eine Befunduntersuchung durchgeführt. BZ

–, *Erlanger Straße 29.* Dachkonstruktion und Stuckdecken des ehemaligen Palais von Gleichen, ein Sandsteinquaderbau mit Mansarddach und Mittelrisalit, 1743 von Joseph Saint-Pierre errichtet, das jetzt als Kirchengebäude der evangelisch-reformierten Gemeinde dient, mußten auf Grund schwerer konstruktiv bedingter Schäden umfassend instandgesetzt und restauriert werden. Anlaß der Schadensfeststellungen war das Aufsetzen eines Dachreiters mit Glockenstuhl, das die kirchliche Nutzung des Gebäudes kennzeichnen soll. BZ

–, *Friedrichstraße 1 1/2.* Die Fassade des eingeschossigen Anbaues, eines Sandsteinquadergebäudes mit Walmdach aus der Mitte des 18. Jhs., wurde instandgesetzt. BZ

–, *Kanzleistraße 7.* Ehem. markgräfliche Kanzlei, jetzt Gebäude der Regierung von Oberfranken.
Die Fassaden des langgezogenen Baukomplexes aus dem 17. und 18. Jh., die im 19. Jh. nach einer Erweiterung vereinheitlichend überarbeitet worden waren, wurden durch Putzergänzungen und Neuanstrich instandgesetzt. Die durch Befunduntersuchung festgestellte monochrome Fassung, die der städtebaulichen Einstellung des 19. Jh. entsprach und aus diesem Grund vom Landesamt für Denkmalpflege befürwortet wurde, wurde nicht wiederhergestellt, stattdessen ein zweifarbiger, den barocken Charakter der Gebäudegruppe betonender Anstrich gewählt. BZ

–, *Kirchplatz 8.* Die Fassade des Eckhauses, eines Sandsteinquaderbaues mit Halbwalmdach und Volutengiebel aus der 2. Hälfte des 18. Jh., wurde instandgesetzt. BZ

–, *Leopoldstraße 11.* Zur Vorbereitung der Gesamtinstandsetzung des zweigeschossigen Stadthauses von 1884, eines zweigeschossigen Ziegelbaues mit Walmdach, das seine wertvolle bauzeitliche Innenausstattung vollständig bewahrt hatte, wurde eine Befunduntersuchung durchgeführt. BZ

–, *Leopoldstraße 15.* Das Sandsteinsockelgeschoß und ein Gartenhaus des dreigeschossigen Miethauses im Jugendstil von 1905 wurden instandgesetzt. BZ

–, *Maximilianstraße 13.* Das zweigeschossige Giebelhaus von 1716 mit älterem Kern wurde anläßlich einer Geschäftsneugestaltung grundlegend saniert. Gegen anfängliche Überlegungen, die Dachkonstruktion zu erneuern, gelang es dem Landesamt für Denkmalpflege, die Erhaltung der historischen Dachkonstruktion durchzusetzen. BZ

–, *Maximilianstraße 66.* Mit Umbau und Gesamtinstandsetzung des tiefgestaffelten Anwesens, das ein dreigeschossiges Sandsteinquadergebäude des 18. Jhs. mit neubarockem Erker, ein Rückgebäude des 19. Jh. über der Stadtmauer und daneben ein fünfeckiges, zum Haus ausgebautes Ravelin der Stadtbefestigung aus dem 17. Jh. umfaßt, wurde begonnen. Durch die hochangesetzten Nutzungsansprüche des Erwerbers, eines Versicherungsunternehmens, gelang es, nur einen Teil der historischen Substanz zu erhalten. BZ

–, *Richard-Wagner-Straße 50.* Mit der Gesamtinstandsetzung der spätklassizistischen Villa von 1869 wurde begonnen. Historische Struktur und bauzeitliche Ausstattungselemente wurden größtenteils respektiert. BZ

–, *Sophienstraße 3.* Das Dach des dreigeschossigen Wohnhauses, eines Traufseitbaus aus dem 18. Jh., wurde mit Biberschwänzen neu gedeckt. BZ

–, *Spitalgasse 6.* Das Dach des dreigeschossigen Wohnhauses, eines unregelmäßigen Eckbaues mit Halbwalmdach aus dem 17. Jh., wurde zimmermannsmäßig instandgesetzt und neu mit Biberschwänzen gedeckt. BZ

–, *Spitalgasse 10.* Mit der Gesamtinstandsetzung des dreigeschossigen Wohngebäudes mit zweifenstrigem Zwerchgiebel, nach dendrochronologischer Untersuchung 1694 erbaut, wurde begonnen. Die Dachkonstruktion mußte wegen des sehr schlechten Erhaltungszustandes aufgegeben werden. BZ

–, *Von-Römer-Straße 6 und 8.* Die Sanierung der beiden dreigeschossigen, in geschlossener Reihe stehenden Traufseithäuser aus dem Ende des 18. Jhs. wurde durch Befunduntersuchungen und Aufmaße vorbereitet. BZ

Bergnersreuth (Lkr. Wunsiedel), Haus Nr. 16/17. Gesamtinstandsetzung und Ausbau zum bäuerlichen Gerätemuseum des Bauerngehöfts aus dem 1. Drittel des 20. Jhs. mit 1921 datiertem Wohnhaus, Stallteil von 1838 und Scheune von 1908, die mit Hilfe des Entschädigungsfonds durchgeführt werden, wurden fortgeführt. Beim Neubau des aus technischen Gründen benötigten Funktionsgebäudes, das in unmittelbarer Nähe errichtet wurde, wurden die denkmalpflegerischen Rahmenbedingungen nicht beachtet. BZ

Bernstein (Lkr. Wunsiedel), Haus Nr. 5. Eine Dachhälfte des Wohnstallhauses mit Halbwalmdach, am Stallfenster 1794 bezeichnet, wurde mit Biberschwanzziegeln neu gedeckt. BZ

Betzenstein (Lkr. Bayreuth), Burg. Im südlichen Teil der mittelalterlichen Burganlage, deren Baubestand zum überwiegenden Teil jedoch aus jüngster Zeit datiert, wurden Umbau- und Instandsetzungsarbeiten vorgenommen. BZ

–, *Hauptstraße 43.* Das Bürgerhaus, ein Fachwerkgiebelbau von 1834, der teilweise die Stadtmauer überkragt, wurde außen instandgesetzt. BZ

Birkenbühl (Lkr. Wunsiedel), Haus Nr. 1/3. Im östlichen Teil des ehem. Schlosses, vom Eigentümer der Haus Nr. 1 hinzuerworben, wurden ohne Vorliegen einer Erlaubnis Bauarbeiten durchgeführt. Das Landesamt für Denkmalpflege war bestrebt, die wenig sachgerechte Baudurchführung in erträgliche Bahnen zu lenken. BZ

Bischberg (Lkr. Bamberg), Fischerei 27. Bei einer Begehung des Bereichs «Fischerei» im Zentrum des historischen Dorfs mußte das Landesamt für Denkmalpflege zu seinem Entsetzen feststellen, daß das wichtige Denkmal aus dem 16. Jh. ohne Einschaltung der Denkmalschutzbehörden unter erheblichen Verlusten historischer Substanz «saniert» wurde. Das Landratsamt Bamberg fühlte sich jedoch nicht zur Verhängung eines Bußgelds veranlaßt. Fa

–, *Kelterhaus am Rothof.* Das seit Jahren ungenutzte Fachwerkhäuschen über einem historischen Bierkeller ist so stark verwahrlost, daß eine Restaurierung nicht mehr sinnvoll erscheint. Die Bedenken gegen den Abbruchantrag wurden zurückgestellt. Fa

Bischofsgrün (Lkr. Bayreuth), *Evang.-Luth. Pfarrkirche St. Ägidius.* Die purifizierte, neugotische, dreischiffige Hallenkirche mit Empore von 1889 bis 91 erhielt wieder einen neugotischen Altar. Die aus einer anderen Kirche erworbenen Altarelemente wurden ergänzt, restauriert und auf die Verhältnisse des Bischofsgrüner Chorraums abgestimmt. Am Außenbau wurden eine Dachinstandsetzung und Steinrestaurierungsmaßnahmen durchgeführt. BZ

Bösenbirkig (Lkr. Forchheim), *Haus Nr. 10.* Das vor dem Anwesen stehende Holzkreuz aus dem 19. Jh. wurde restauriert. BZ

Breitengüßbach (Lkr. Bamberg), *Kath. Pfarrhaus.* Die Gesamtsanierung des barocken Denkmals war leider von ärgerlichen und vermeidbaren Baufehlern begleitet. Nachdem das Landesamt für Denkmalpflege Einspruch erhoben hatte, konnten wenigstens die bauzeitlichen Grundrisse in einer veränderten Planung berücksichtigt werden, doch ließ der Architekt die historischen Putze großflächig abschlagen. Dabei zerstörten die Handwerker ein komplettes Bemalungssystem des 19. Jhs. mit außergewöhnlichem Schablonenschmuck. Durch die Einstellung der Baustelle blieb Zeit, die spärlichen Reste zu dokumentieren und abzusichern. Eine schon vor Jahren beschädigte Stuckdecke im Erdgeschoß erhielt im Rahmen der Sanierung wieder ihr ursprüngliches Aussehen. Fa

Breitenreuth, Gde. Guttenberg (Lkr. Kulmbach), *Scheune.* Herrenhaus und Ökonomiegebäude des ehem. Rittergutes Breitenreuth sind 1746–50 nach Plänen Balthasar Neumanns und Johann Jakob Michael Küchels errichtet worden. Die Walmdachscheune des 18. Jhs., die auch als Schäferei genutzt wurde, ist seit Jahren ernsthaft gefährdet. Das Landesamt für Denkmalpflege konnte diesen stattlichen Scheunenbau nicht aufgeben, weil damit die Geschlossenheit der barocken Gutshofanlage ernsthaft gefährdet worden wäre. Obwohl eine Umnutzung des Gebäudes erst in den nächsten Jahren begonnen werden wird, mußte deshalb kurzfristig die Sicherung des Bestands durchgesetzt werden. Mit der Abdeckung des Dachs und der Sicherung des Dachstuhls wurde für die Sicherung ein erster Schritt getan. In den folgenden Jahren soll durch Schließen der Dachhaut und Wiederherstellung der Standfestigkeit und Dauerhaftigkeit der Konstruktionen der Bestand zunächst gesichert, später für eine Nutzung hergerichtet werden. Da die Nutzung dieses Gebäudes erst später verwirklicht werden kann, sind die angesichts des Volumens sehr aufwendigen Arbeiten überwiegend durch Zuschußmittel zu ermöglichen. Pau

Buchenrod, Gde. Großheirath (Lkr. Coburg), *Wiesenstraße 9.* Die Instandsetzung des ländlichen Anwesens, ein zweigeschossiges Wohnstallgebäude des ausgehenden 18. Jhs. mit querliegender Scheune, wurde nach einer vorausgehenden sorgfältigen Planung begonnen. Dabei wird der Baugrundriß und die Außenkonstruktion unverändert erhalten bleiben. Die Instandsetzungsmaßnahmen beschränken sich ausschließlich auf Reparaturen, wobei Wert darauf gelegt wird, daß die traditionellen Materialien wie Lehmschlagfüllungen zwischen den Fachwerkhölzern und sonstige bautechnische Besonderheiten beibehalten bleiben. sh

Buchhaus, Gde. Ködnitz (Lkr. Kulmbach), *Haus Nr. 1.* Es handelte sich um ein eingeschossiges Austragshaus mit Stall über hohem Kellergeschoß. Das Gebäude war 1838 datiert. Zu dem Gebäude gehörte eine Scheune des 18. und 19. Jhs. Dieser ältere Bestand wurde im ausgehenden 19. Jh. durch ein stattliches Wohnhaus ergänzt, welches zeitweilig als Ausflugslokal diente. Diese landschaftlich reizvoll gelegene Bautengruppe wurde Zug um Zug beseitigt. Zunächst wurde die Scheune abgebrochen, dann das Wohnhaus. Nachdem auch das Baudenkmal in den Besitz der Stadt Kulmbach gelangte und jeglicher Bauunterhalt unterblieb, vermehrten sich die Bauschäden rasch zu einem ruinösen Zustand, der dann das Landesamt für Denkmalpflege zur Aufgabe der Scheune zwang. Pau

Büchenbach (Lkr. Bayreuth), *Kath. Pfarrkirche St. Vitus.* In dem mittelalterlichen Saalbau mit eingezogenem Chor und Westturm, der 1740 bis 41 barockisiert worden ist, mußten Holzschädlingsbekämpfungsmaßnahmen durchgeführt werden. Die erforderliche Inneninstandsetzung wurde planerisch abgestimmt und durch Befunduntersuchung vorbereitet. BZ

Bundesstraße 289 zwischen *Lichtenfels* und *Untersiemau.* In der Planfeststellung der Regierung von Oberfranken konnte der autobahnähnliche Ausbau zwischen Vierzehnheiligen und Banz quer über das Maintal mit Auswirkungen auf die beiden vorgenannten Baudenkmäler trotz erheblicher Einwendungen des Landesamtes für Denkmalpflege und des Ministeriums für Wissenschaft und Kunst nicht verhindert werden, so daß der Plan entsprechend den Planvorgaben durch das Straßenbauamt Bamberg festgestellt worden ist. sh

Burggrub (Lkr. Kronach), *Evang.-Luth. Pfarrkirche.* Die Innenrestaurierung der zuletzt 1927 umgestalteten spätmittelalterlichen, in der Barockzeit mit einem neuen Langhaus versehenen und 1927 erweiterten Kirche konnte abgeschlossen werden. Dabei wurde das Konzept der letzten Erweiterung aufgegriffen und entsprechend wiederholt. Der spätgotische Dreiflügelaltar wurde nur gereinigt und, soweit notwendig, aufgehende Fassungen gefestigt. Die spätgotischen Malereien in den Kappen des kreuzrippengewölbten Untergeschosses des Turmes wurden bislang von der Restaurierung ausgespart und sollen in den nächsten Jahren in Angriff genommen werden. sh

Burgkunstadt (Lkr. Lichtenfels), *Rathaus.* Die Fassaden des hoch über der Stadt thronenden Gebäudes mit massivem Untergeschoß und Fachwerkobergeschoß wurden entsprechend der Befundlage neu gefaßt. sh

–, *Kulmbacher Straße 34*, dreigeschossiges Fachwerkgiebelhaus in Ecklage in der sehr engen Straße. Die sehr heruntergekommene Fassade wurde instandgesetzt und nach Befund neu gefaßt. sh

–, *Marktplatz 5*, zweigeschossiges giebelständiges Gebäude am Marktplatz mit verputztem Fachwerkobergeschoß. Die Gesamtinstandsetzung des Gebäudes ist beabsichtigt. Die Restaurierung der Fassade (ohne Freilegung des Fachwerks) wurde abgeschlossen. sh

Coburg, Morizkirche, Restaurierung des Orgelprospekts. Das bisherige Orgelwerk, bestehend aus Einzelteilen aus verschiedener Zeit, wurde durch ein komplettes neues Werk ersetzt, das ein zusätzliches Schwellwerk erhielt. Im Zuge der Orgelwerkerneuerung wurde auch der Orgelprospekt mitrestauriert. Erhebliche Schäden, vor allen Dingen an den Polimentvergoldungen galt es zu beheben, ebenso die Fassungen der den Orgelprospekt figürlich ausschmückenden Putti und Engel. Anhand älterer Aufzeichnungen und Untersuchungen am Prospekt und dessen Haltekonstruktion konnte die ursprüngliche Lage des Orgelprospekts festgestellt werden. Diese wurde nach einer Verstärkung der Orgelempore durch eingezogene Stahlträger wiederhergestellt. Störende jüngere Einbauten wurden dabei entfernt. Nach der Fertigstellung der Restaurierung konnte auch die von dem Orgelprospekt abgetrennte westliche Michaelskapelle nach Befund neu gefaßt werden.

Bereits vor der Orgelrestaurierung ist ein Stück Stuckdecke aus der letzten Gestaltungsphase von Johann David Steingruber herabgefallen, so daß die darunterliegende, farbig bemalte, spätgotische Decke sichtbar wurde. Nach einer ausführlichen Photodokumentation des älteren Bestands wurde die Stuckdecke wiederhergestellt.

Neben den bereits erwähnten Restaurierungsarbeiten im Inneren der Kirche mußte auch eine große Glocke geschweißt werden, nachdem sie bereits zweimal gewendet wurde, der Schlagkranz sehr stark ausgeschlagen war und bereits einen Sprung zeigte. Hierzu die Glocke ausgebaut werden, was sich als äußerst kompliziert herausstellte, da keine Kirchenfensteröffnung die notwendige Größe aufwies. Es mußten deshalb das Maßwerk und Teile der Fensterlaibungen vorsichtig abgetragen werden, um die Glocke in die Werkstatt der Glockengießer Lachenmeier zu verbringen. Nach Abschluß der Glockenrestaurierung wurde diese wieder eingebaut und die Fassade wiederhergestellt. sh

–, *Augustinerstift*. Das an der Mohrenstraße liegende Augustinerstift, ein Gebäude in neugotischen Formen errichtet, erhielt neue Fenster, nachdem die originalen Fenster durch Einscheibenfenster ausgetauscht waren. Die neuen Fenster wurden konstruktiv geteilt und entsprechend der ursprünglichen Form (anhand älterer Photos nachgewiesen) ausgeführt. Neufassung der Fassade und Renovierungsarbeiten im Inneren. sh

–, *Schloß Callenberg.* Nach der Fertigstellung des äußeren Mauerberings der Freitreppe und des zugehörigen Maßwerks wurde im Berichtsjahr der obere Garten und die ihm zugewendete Fassade wiederhergestellt. Des weiteren konnten die Schäden am Dach notdürftig verbessert, die weiteren Dachinstandsetzungsmaßnahmen vorbereitet werden. sh

–, *Schloß Falkenegg.* Das im wesentlichen im 19. Jh. gestaltete Schloß wird zur Zeit als Kindergarten genutzt. Zur Verbesserung der derzeitigen funktionalen Gegebenheiten wurden vom Stadtbauplanungsamt Unterlagen eingereicht, die eine Gesamtsanierung vorsehen und geringfügige Korrekturen im Inneren fordern. Die Ausführung soll im nächsten oder übernächsten Jahr erfolgen. sh

–, *Schloß Neuhof.* Das Schloß, im Kern noch aus dem Mittelalter und im 19. Jh. erweitert und neu gestaltet, fand einen neuen Besitzer, der die ursprüngliche Gastronomie mit Hotelbau weiter zu betreiben beabsichtigt. Eine äußerst sorgfältige Fassadenrestaurierung und Fensterinstandsetzung wurde in enger Abstimmung mit dem Landesamt für Denkmalpflege durchgeführt und im Inneren konnten die gastronomischen Anlagen verbessert werden, ohne daß in den historischen Bestand eingegriffen werden mußte. Hervorzuheben ist die Restaurierung der originalen Fenster des 19. Jhs., die durch den Ausbau zu Kastenfenstern hinsichtlich ihres Wärme- und Schallschutzes wesentlich verbessert werden konnten bei gleichzeitiger Erhaltung des überkommenen Erscheinungsbilds der Fassaden. sh

–, *Brauhof.* Im Zusammenhang einer malerischen Hausgruppe konnten im Zuge einer Abbruchvoranfrage mehrere Nebengebäude besichtigt werden, die teilweise noch aus dem 17. Jh. stammen und als Baudenkmale nachgetragen werden. Die Abbruchabsichten wurden aufgrund der baugeschichtlichen Erkenntnisse zurückgestellt; ein Sanierungskonzept ist für die nächsten Jahre in Auftrag gegeben. sh

–, *Alexandrinenstraße 2.* Das vom Architekten Otto Leheis errichtete Gebäude in Jugendstilform mit vorgebauten Erkern erhielt eine Fassadenrestaurierung mit Farbfassung und Wiederherstellung der Verschindelungen gemäß Befund. sh

–, *Alexandrinenstraße 7,* Neufassung nach Befund des klassizistischen villenartigen Gebäudes mit Sandsteinsockel. sh

–, *Allee 2.* Im Berichtsjahr konnte die Fassadenrestaurierung des aufwendigen Jugendstilgebäudes in Ecklage mit bauzeitlichem Flachdach und oktogonem Pavillonaufbau über der Hauskante weitgehend abgeschlossen werden. sh

–, *Bahnhofstraße 10.* Das aufwendige mehrgeschossige Jugendstilgebäude in Ecklage zur Heilig-Kreuz-Straße ist mit weiteren Gebäuden zu einem Baukomplex zusammengefaßt. Auf der Hofseite wurde die Tradition der Coburger Laubengänge aufgenommen und zwischen den Häusern Bahnhofstraße 10 und 12 war ein Lastenaufzug für Kohlen zwischen den Laubengängen eingebaut. Da die Wohnungen im vorgenannten Gebäude in Büro- und Praxisräume umgewandelt wurden, besteht der Bedarf nach einem Personenaufzug im Bereich der gut gestalteten Balkons auf der Hofseite. Nachdem die rückseitigen Räume zum Hof keine besondere Innenausstattung besaßen, verlangte das Landesamt für Denkmalpflege die Erhaltung der Hoffassade und den Einbau des Aufzugs in die untergeordneten Räume. Im Dissensverfahren hat die Regierung von Oberfranken jedoch der vom Eigentümer vorgestellten Lösung des Personenaufzugs auf der Hoffassade zugestimmt, so daß nun die Hofarchitektur gestört ist. sh

–, *Bahnhofstraße 38.* Das repräsentative mehrgeschossige Eckgebäude, das im Zusammenhang mit dem Haus Nr. 40 die architektonische Ecklage Raststraße / Bahnhofstraße bestimmt, wurde nach Revidierung der ursprünglichen Regierungsentscheidung im Berichtsjahr abgebrochen. sh

–, *Bahnhofstraße 39,* ehem. Hotel Reichsgraf. Das aufwendige Jugendstilgebäude gegenüber dem Bahnhof wurde im Berichtsjahr konstruktiv instandgesetzt. Es ist vorgesehen, neben Geschäftsräumen im Erdgeschoß Arztpraxen und Studentenwohnheime einzubauen. Die Planung ermöglichte es, die Grundkonzeption des Gebäudes nur geringfügig zu verändern. sh

–, *Brunnengasse, Kindlesbrunnen.* Im Zuge der Bauforschung im Gerberhaus *Steinweg 39,* konnte der unmittelbar am vorgenannten Gebäude liegende Kindlesbrunnen, der in den letzten 20 Jahren verschüttet war, wieder aufgedeckt werden. Die Ergebnisse des Bauaufmaßes und der archäologischen Grabung waren so genau, daß die gesamte Brunnenstube und Anlage wiederhergestellt werden konnte. sh

–, *Festungshof 1.* Das Hotel Festungshof konnte in enger Zusammenarbeit mit dem Eigentümer und der Wohnbau GmbH wieder reaktiviert werden. Geringfügige Veränderungen im Erdgeschoß und auch bei den Fremdenzimmern waren notwendig, um das seit Jahren leerstehende Hotel wieder nutzen zu können. Die eigentlichen historischen Räume, der Saal mit der bemalten Holzbalkendecke, und die Fassaden wurden nach denkmalpflegerischen Gesichtspunkten restauriert, so daß das Baudenkmal nicht nur mit neuem Leben gefüllt werden konnte, sondern insgesamt erhalten bleibt. sh

–, *Gerbergasse 6.* Das mehrgeschossige Fachwerkgebäude mit aufgeputzter Barockfassade, seit mehreren Jahren größtenteils leerstehend, wurde durch die Wohnbau GmbH mit Städtebauförderungsmitteln instandgesetzt. Die Grundstruktur und die Fassaden des Gebäudes konnten weitestgehend erhalten werden, wobei Fenster erneuert, die Türen jedoch vollständig erhalten wurden. sh

–, *Herrengasse 7.* Das mehrgeschossige traufständige Gebäude aus dem 15. Jh. mit Erweiterung zur Straße aus dem 18. Jh. und einer Fassade aus dem frühen 20. Jh. wurde teilweise abgebrochen. Dabei traten die Fachwerkwände zutage, die noch Blattungen aufweisen und somit ebenfalls in das 15. Jh. zu datieren sind. Trotz entsprechender Hinweise des Landesamtes für Denkmalpflege wurden die Fachwerkfassaden nicht fachgerecht instandgesetzt, sondern durch Vormauerung ohne Instandsetzungsmaßnahmen wieder eingebaut. sh

–, *Judengasse 3,* Sanierung des Rückgebäudes. Das nahezu im Originalzustand erhaltene Rückgebäude aus dem 18. Jh. wurde durch den Eigentümer zu Arztpraxen ausgebaut. Bedauerlicherweise wurden die aufwendigen Stuckdecken durch Gipskartonplatten verkleidet. Trotz intensiver Beratung konnte der Eigentümer nicht davon überzeugt werden, diese Decken sichtbar zu erhalten. Gut wurden dagegen die Originalverglasungen mit Fenstern des Laubenganges instandgesetzt, die durch hintersetzte Kastenfenster auch wärmetechnisch verbessert werden konnten. sh

–, *Kirchgasse 1,* Fassadenrestaurierung des seit Jahren in desolatem Zustand befindlichen Gebäudes. Nachdem das verputzte Fachwerk eine außenliegende Wärmedämmung erhielt, wurde es wieder mit einem Kalkputz versehen und mit Keim'schen Mineralfarben neu gefaßt. Im Zuge dieser Arbeiten wurde auch das Dach saniert, das seine alte Rinnenziegeldeckung behielt. sh

–, *Kleine Rosengasse 14,* spätgotisches Gebäude aus dem 15. Jh., im 18. Jh. erweitert und aufgestockt. Im Zuge des Abbruchs eines benachbarten, nicht als Einzelbaudenkmal ausgewiesenen Gebäudes aus dem späten 19. Jh. wurde der Dachstuhl des Baudenkmals stark beschädigt. Nachdem festgestellt werden konnte, daß die Beschädigung absichtlich herbeigeführt worden war, forderte das Landesamt für Denkmalpflege, das Gebäude wiederherzustellen. Unter anderem wurde die Staatsanwaltschaft und die Regierung von Oberfranken eingeschaltet. Ohne auf die Forderung des Landesamtes einzugehen, hat der Eigentümer das Gebäude abräumen lassen. Gegen den Baggerführer wurde ein Bußgeld durchgesetzt. sh

–, *Kuhgasse 1.* Das zweigeschossige, giebelständige Fachwerkgebäude aus dem späten 15. Jh. besaß auf der Rückseite einen Seitenflügel aus dem 18. Jh. Im Zuge der Sanierungsarbeiten wurde entgegen dem Gutachten des Landesamtes für Denkmalpflege der barocke Seitenflügel abgetragen. Das ältere Vorderhaus selbst konnte relativ sorgfältig instandgesetzt werden, wobei im Zuge der Entfernung jüngerer Verkleidungen eine Bohlenwand entdeckt wurde. Das Gebäude dient heute für Wohnzwecke und für eine Büronutzung, die in einem Neubau anstelle des abgetragenen Barockflügels untergebracht ist. Das Hauptgebäude wurde mit alten Rinnenziegeln gedeckt und erhielt seine Farbfassung nach Befund. sh

–, *Löwenstraße 15*. Die Fassade des mehrgeschossigen Jugendstilgebäudes aus Sandstein mit Backsteinelementen wurde restauriert. Im Dachgeschoß konnte eine bereits vorhandene Sternwarte besser ausgebaut werden. sh

–, *Löwenstraße 16*. Das viergeschossige, neubarocke Gebäude konnte, nachdem es mehrere Jahre leerstand, wieder genutzt werden. Dabei wurden in den ehem. Redaktionsräumen des Coburger Tageblatts Arztpraxen eingerichtet, in den darüberliegenden Etagen Wohnungen. Die Fassadenrestaurierung sowie die Restaurierung der Innenräume wurde äußerst sorgfältig vorbereitet und durchgeführt; dabei konnten alle originalen Fenster und Türen ebenso erhalten bleiben wie die Stuckdecken und sonstige Wand- und Bodenverkleidungen. sh

–, *Löwenstraße 28, Rückertschule*. Die kurz nach der Jahrhundertwende errichtete Schule in Jugendstilform besitzt im 2. Obergeschoß eine Aula, die im Dekor der Bauzeit gestaltet war. Jüngere Übertünchungen haben von dem ursprünglichen Schmuck nichts mehr erkennen lassen. Im Zuge der Restaurierung konnte eine Musterachse freigelegt werden, nach der der Gesamtraum durch Neufassung wiedergewonnen wurde. sh

–, *Markt 1*. Wegen der Auslagerung verschiedener Verwaltungseinheiten in das ehem. Kanzleigebäude am Markt wurden die Räume des Rathauses für die Hauptverwaltung neu hergerichtet. Dabei wurde nicht wesentlich in den Bestand eingegriffen, sondern man beschränkte sich auf die Hinzufügung leichter Trennwände und vor allen Dingen auf die Verbesserung technischer Ausstattungen für die zentrale Computereinrichtung. sh

–, *Markt 2, Sparkassengebäude*. Das in barocken Formen gehaltene Gebäude mußte in den Obergeschossen modernisiert werden, wobei die bisherigen einflügeligen Fenster mit aufgesetzter Sprossenteilung durch konstruktiv geteilte Fenster ersetzt worden sind. sh

–, *Markt 9*. Die Riemann'sche Hofbuchhandlung mußte im Erdgeschoß erweitert werden, was die Verlegung des bisherigen Hauseingangs von der Nägleinsgasse auf den Markt notwendig machte. Im Zuge der Ladenvergrößerung wurden auch die Obergeschosse renoviert. Bedauerlicherweise sind durch die Forderungen des Bauordnungsamtes, das Trockensteigleitungen im Treppenhaus einbauen ließ, im Inneren erhebliche Verunstaltungen entstanden. Die Fassade wurde nach Befund neu gestaltet, wobei auch neue konstruktiv geteilte Fenster eine wesentliche Verbesserung des äußeren Erscheinungsbildes brachten. sh

–, *Markt 10*. Das von Peter Sengelaub im ausgehenden 16. Jh. errichtete Gebäude wurde teilweise neu gefaßt. sh

–, *Markt 18*. Das mehrgeschossige, spätmittelalterliche Gebäude an der Ecke zur Herrengasse besaß noch einen auf die Straße führenden Kellerhals. Entgegen dem Gutachten des Landesamtes für Denkmalpflege wurde der Kellerhals abgetragen und eine Eckpassage eingerichtet. Dadurch verlor das Gebäude wesentliche baugeschichtliche Einzelelemente. sh

–, *Marschberg 9*. Die Jugendstilvilla mit Backsteinumfassungswänden und teilweisem Sichtfachwerk über kompliziertem Grundriß wurde instandgesetzt und restauriert. Die Farbgebung der Außenfassade wurde nach Befund erneuert. Außerdem konnten wertvolle Jugendstilglasfenster restauriert werden. sh

–, *Metzgergasse 1–3*. Nachdem die Wohnbau GmbH die vorher in Privatbesitz befindlichen Gebäude, die durch verformungsgerechte Bauaufmaße bestens dokumentiert waren, erworben hatte und Nutzungskonzepte und Instandsetzungsvorschläge mit dem Landesamt für Denkmalpflege abgestimmt wurden, konnte mit den Sanierungsmaßnahmen begonnen werden. Wegen der äußerst komplizierten Grundrisse und der stark eingeschränkten Nutzungsmöglichkeiten wurden Seitenflügel und Rückgebäude des Hauses Nr. 3 abgetragen, so daß das Gebäude insgesamt besser zu belichten ist. Mit der Sanierung dieser Gebäude konnte ein vor Jahren eingeleiteter Abbruch der gesamten Hauszeile entlang der Metzgergasse endgültig abgewehrt werden. sh

–, *Mohrenstraße 20*, Umbau des ehem. Büchereigeschäftes Seitz. Das in Ecklage liegende dreigeschossige Haus in Neurenaissanceformen besaß eine erdgeschossige, mit modernen Natursteinplatten verkleidete Ladenfassade, außerdem die für die Coburger Vorstadt so typische Fassadengliederung in Neurenaissanceformen mit Sichtbacksteinflächen und Sandsteingliederung. Im Zuge der neuen Nutzung, in den Obergeschossen Büros und Wohnungen, im Erdgeschoß ein neuer Laden, wurde die Natursteinplattenverkleidung des Ladengeschosses durch Blechverkleidungen ersetzt. Die Architekturgliederung konnte auch in der Erdgeschoßzone durch Herabziehen bis auf Gehsteigniveau wesentlich verbessert werden. sh

–, *Oberer Bürglass 4*. Das eingeschossige neugotische Gebäude erhielt eine Neufassung der Fassaden nach Befund. sh

–, *Oberer Bürglass 9*. Eine ca. 2 m hohe Stützmauer trennt das höhere Niveau des Grundstücks von den darunterliegenden Straßen. Die Stützmauer aus den zwanziger Jahren ist akut einsturzgefährdet und wurde zur Vorbereitung einer Instandsetzung vorläufig abgestützt. sh

–, *Pfarrgasse 1*. Außeninstandsetzung des zweigeschossigen Fachwerkgebäudes in unmittelbarer Nähe zur Morizkirche, außenliegende Wärmedämmung und neuer Verputz. Der beginnende Verfall konnte dadurch verhindert werden, wobei im Zuge der Instandsetzung auch statt der Einscheibenfenster neue, konstruktiv geteilte Sprossenfenster eingesetzt worden sind. Die Instandsetzung wurde durch Mittel der Brose-Stiftung finanziert. sh

–, *Probstgrund 14 a*, Gesamtinstandsetzung des villenartigen Jugendstilgebäudes unter Berücksichtigung typischer Architekturelemente, die sorgfältig restauriert worden sind. Die Fassaden mußten neu verputzt werden, nachdem die historischen Putze überwiegend bis auf die Mauern abgewittert waren. sh

–, *Schlachthofkreuzung* zum Ausbau der B 4. Zur Realisierung des überdimensionierten Kreuzungsbauwerks wurden insgesamt über 20 Einzelgebäude abgebrochen, darunter eine ganze Reihe von Einzelbaudenkmälern der Jugendstilzeit. sh

–, *Spitalgasse 17*, Umbaumaßnahmen zur Aufnahme eines Geschäfts im Erdgeschoß und im 1. Obergeschoß sowie eine erdgeschossige Glasüberdachung des Innenhofs. Bedauerlicherweise wurden im Zuge der Umbaumaßnahmen ohne vorhergehende Absprache Veränderungen im Obergeschoß durchgeführt, denen alle historischen Putze zum Opfer fielen. Die abschließende Fassadeninstandsetzung entspricht den denkmalpflegerischen Anforderungen, wobei auch konstruktiv geteilte Fenster in den Obergeschossen eingebaut worden sind. sh

–, *Steintor 1*, Fassadeninstandsetzung des dreigeschossigen Eckgebäudes mit Erneuerung der obergeschossigen Verschieferung sowie Einbau konstruktiv geteilter Fenster anstelle der vorherigen Einscheibenfenster. sh

–, *Steinweg 15*. Das aus dem 17. Jh. stammende zweigeschossige, giebelständige Gebäude mit älterem Keller, das nicht in der Liste der Baudenkmale verzeichnet war, wurde abgebrochen und durch einen Neubau ersetzt. sh

–, *Steinweg 31*, Instandsetzung des sog. *Kindlesbrunnen*, in unmittelbarer Nähe zum ehem. Hahnfluß. Der Brunnen wurde aufgrund von Ausgrabungen (von Herrn Wessels, Wohnbau GmbH Coburg, geleitet) festgestellt, Gestaltung mit dem neuen Zugang durch das Stadtplanungsamt.
Die Ausgrabungsarbeiten im Rückgebäude des vorgenannten Gebäudes haben außerdem eine komplette Gerberwerkstatt zu Tage

gebracht mit mehreren Holzbottichen im Untergrund und den Zugang zu Frischwasser, das in Zusammenhang mit dem Kindlesbrunnen steht. Die Ausgrabungsarbeiten und ein Grabungsbericht sind abgeschlossen. Über eine Instandsetzung des Gebäudes wird noch mit dem Eigentümer verhandelt. sh

–, *Viktoriastraße 9*, Neufassung der Fassaden des Jugendstilgebäudes nach Befund. sh

–, *Weichengereuth 26*. Die in einem großen Park liegende Villa der Jahrhundertwende mit massivem Erdgeschoß und verputzten Fachwerkobergeschossen im klassizistischen Stil hatte akuten Schwammbefall, der durch eine Fachfirma bekämpft wurde. sh

Creußen (Lkr. Bayreuth), *Am Rathaus 6 und 12, Altes Rathaus und sog. Amschlerhaus*. Die Gesamtinstandsetzung des alten Rathauses, eines zweigeschossigen Satteldachbaues mit Dachreiter aus der 2. Hälfte des 15. Jhs., wiederherstellt in der 2. Hälfte des 17. Jhs., mit Fleisch- und Brotbänken auf der östlichen Längsseite, und des um 1600 an die Rückseite des Rathauses angebauten, zweigeschossigen Bürgerhauses wurde fortgeführt. BZ

–, *Habergasse 13*. Ein im Bereich des Anwesens verlaufendes Teilstück der nachmittelalterlichen Stadtmauer war eingestürzt und mußte mit dem alten Material wiedererrichtet, die angrenzenden Teilstücke statisch gesichert und neu verfugt werden. BZ

–, *Stützmauer am Häfnertor*. Eine einsturzgefährdete Bruchsteinstützmauer unterhalb des Häfnertores mußte großenteils abgetragen und neu aufgemauert werden. BZ

–, *Neuhofer Straße 5, Eremitenhäuschen*. Die Gesamtinstandsetzung der aus spätgotischen und barocken Bauteilen zusammengesetzten Eremitage von 1760 konnte dank des Einsatzes erheblicher Fördermittel des Landes abgeschlossen werden. BZ

–, *Nürnberger Straße 16*. Mit Gesamtinstandsetzung und Ausbau der alten Schmiede, eines zweigeschossigen Satteldachhauses mit Fachwerkobergeschoß aus dem 14. Jh., wurde fortgefahren. Historische Einteilung und Substanz wurden zum großen Teil zwar bewahrt, Einzelmaßnahmen wurden jedoch nicht immer fachgerecht durchgeführt. BZ

–, *Pfarrer-Will-Platz, Stützmauer zur Vorstadt*. Bei einer statischen Untersuchung der hohen Sandsteinstützmauer, die die Vorstadt von den höhergelegenen Teilen der Stadt trennt, wurde eine Anzahl von gewölbten Gruften des 18. Jhs., die jedoch nie genutzt worden waren, festgestellt. Stützmauer und Grufte sollen statisch gesichert werden. BZ

–, *Stadtsanierung*. Als 2. Bauabschnitt im Rahmen der Stadtsanierung wurde die Habergasse, einer der reizvollsten Bereiche der Altstadt, neu gepflastert. Das historische, zweifarbige, geometrische Pflastermuster wurde dabei wieder aufgegriffen. Außerdem wurde eine Reihe von Stützmauern saniert. BZ

Dittersbrunn, Markt Ebensfeld (Lkr. Lichtenfels), *Haus Nr. 15*. Die zu einem Wohnstallgebäude des 18. Jhs. gehörende Fachwerkscheune aus dem frühen 19. Jh. wurde fachgerecht mit Verbretterungen instandgesetzt. Dadurch konnte die gesamte Hofanlage erhalten werden. sh

Dobenreuth (Lkr. Forchheim), *Haus Nr. 8, altes Wohngebäude*. Der Antrag auf Abbruch des eingeschossigen Sandsteinquaderbaus aus dem 18. Jh. wurde mit Hinweis auf die Sanierungsfähigkeit abgelehnt. BZ

Dörfles (Lkr. Kronach), *Haus Nr. 13*. Der zweigeschossige Blockbau mit Verschieferungen war bereits so stark baufällig, daß er nicht mehr instandgesetzt werden konnte. Ein Bauaufmaß und eine Schwarz-Weiß-Photodokumentation wurden angefertigt. sh

Döringstadt, Markt Ebensfeld (Lkr. Lichtenfels), *Haus Nr. 50*. Das erdgeschossige Wohnstallgebäude aus der 2. Hälfte des 19. Jhs. wurde ohne Hinzuziehung des Landesamtes für Denkmalpflege nahezu entkernt, wobei auch eine weitgehend neue Dachbalkenlage eingezogen wurde. Trotz des Versuchs, durch intensive Beratung wenigstens die Außenfassaden denkmalgerecht instandzusetzen, wurden auch hier die letzten originalen Fenster durch neue ersetzt. sh

–, *Bischof-Senger-Straße 19*. Die zweiläufige Sandsteintreppe mit Blockstufen war vollkommen verbraucht und bereits einmal gewendet, so daß eine Instandsetzung der originalen Anlage nicht möglich war. Sie wurde mit neuen Blocksteinstufen wiederhergestellt. sh

–, *Vogteistraße 1*. Das dompropsteiliche Amtshaus von 1732, ein zweigeschossiges breitgelagertes Walmdachhaus mit massivem Erdgeschoß und verputztem Fachwerkobergeschoß, wurde insgesamt instandgesetzt, wobei die innere Hausstruktur bis auf den Einbau eines zweiten Treppenhauses im ehem. Stallbereich nicht verändert worden sind. Die aufwendigen Parkettfußböden der guten Stube wurden sorgfältig restauriert, ebenso die aus der Bauzeit erhaltenen vierflügeligen Fenster, die zu Kastenfenstern ausgebaut worden sind. Jüngere Fenster wurden durch Nachbauten als Holzverbundfenster ersetzt. Das gesamte Obergeschoß erhielt eine innenliegende Wärmedämmung, die auch die zuvor konservierten Schablonenmalereien der beiden Haupträume aus dem frühen 19. Jh. verdecken. Insgesamt kann die Gesamtinstandsetzung, trotz einiger Abstriche, als beispielhaft betrachtet werden. sh

Ebrach (Lkr. Bamberg), *ehem. Klosterkirche*. Im Vorgriff auf notwendige Sanierungsmaßnahmen der gesamten Kirche erarbeiteten freie Restauratoren zusammen mit dem Landesamt für Denkmalpflege ein Konzept für die Konservierung des Bernhard-Altars aus Alabaster, der 1621/26 als Hochaltar von Veit Dümpel gefertigt worden war. Wegen des bevorstehenden Bernhard-Jubiläums im Frühsommer 1990 fand eine vorsichtige Trockenreinigung statt. Über die Untersuchungen am Altar soll in einer eigenen Studie berichtet werden. Fa

–, *Justizvollzugsanstalt, ehem. Kloster*. Im Nordflügel des Kreuzgangs begann die Restaurierung der stuckverzierten Kreuzgratgewölbe. Mit der Konservierung und Rekonstruktion der sog. Glassplitter-Putze am westlichen Konventbau wurde die Kenntnis von Putzen der Dientzenhofer-Zeit wesentlich erweitert. Eine umfangreiche Dokumentation wird vom Restaurator vorgelegt. Fa

–, *Bamberger Straße 1*. Abbruch und Wiederaufbau des zum ehem. Klosterbauernhof gehörenden Anwesens, das als Bank genutzt wird, mußten vorläufig abgelehnt werden. Die Erfassung des Klosterbauernhofs im Rahmen einer städtebaulichen Sanierungsmaßnahme wird Möglichkeiten der Umnutzung aufzeigen. Fa

–, *Marktplatz 3/4, Klosterbräu*. Der Wiederaufbau des 1985 abgebrannten Gasthofs kam erst unter einem neuen Pächter in Schwung, der stets bemüht war, gestalterische Einzelheiten mit den Denkmalschutzbehörden abzustimmen. So konnten eine Menge bis dahin nicht erkannter ästhetischer Mängel des Neubaus vermieden werden. Fa

–, *Marktplatz 10*. Das auf den Grundmauern der gotischen Fuchsenkapelle errichtete Walmdachhaus erfuhr eine gründliche Außenrenovierung. Fa

Eckersdorf (Lkr. Bayreuth), *Ekkehartstraße 32, Dachinstandsetzung*. An dem eingeschossigen Wohnstallhaus aus Sandsteinquadern von 1836, das zunächst abgebrochen werden sollte, wurde die Dachkonstruktion repariert und mit einer neuen Deckung aus Biberschwanzziegeln versehen. BZ

Effeltrich (Lkr. Forchheim), *Kath. Pfarrkirche St. Georg*. Portal der Wehrmauer aus dem 15. Jh.. Die drei originalen, spätgotischen Schnitzfiguren in den Nischen über dem Hauptportal der Wehrmauer wurden durch gefaßte Schutzkopien ersetzt, die Originale ins Kircheninnere gebracht. BZ

–, *Neunkirchener Straße 4*. Das erdgeschossige Bauernhaus, eine Fachwerkkonstruktion aus dem 18. Jh., wurde entsprechend den

Ergebnissen einer Befunduntersuchung außen instandgesetzt, jedoch gelang die Farbgebung fachlich nicht völlig einwandfrei. BZ

–, *Weidenweg 1.* Die vorgesehene Sanierung des teilweise aus Fachwerk bestehenden erdgeschossigen Bauernhauses aus der 1. Hälfte des 18. Jh. wurde zwar abgestimmt, die Baudurchführung erfolgte jedoch weitgehend ohne Berücksichtigung denkmalpflegerischer Erfordernisse. BZ

Eggenbach, Markt Ebensfeld (Lkr. Lichtenfels), *Haus Nr. 2.* Die Gesamtinstandsetzungsmaßnahmen an dem zweigeschossigen Fachwerkgebäude konnten abgeschlossen werden. Die Wiederherstellung der Innenausstattung und der Farbdekorationen an den Wänden nach Befund wurde begonnen. sh

Eggolsheim (Lkr. Forchheim), *Rosenaustraße 11.* Der Antrag, die am Ortsrand gelegene Fachwerkscheune aus dem 19. Jh. abzubrechen und durch ein Wohngebäude zu ersetzen, wurde mit Hinweis auf den Ensemblecharakter Eggolsheims und die Schutzwürdigkeit insbesondere der den Ortsrand markierenden Scheunenreihe abgelehnt. BZ

–, *Flurdenkmäler.* Im Rahmen von Flurbereinigungsmaßnahmen wurden 15 Flurdenkmäler verschiedener Entstehungszeit instandgesetzt und teilweise neu situiert. BZ

Ehrl (Lkr. Bamberg), *Haus Nr. 25.* Das kleine, wohl noch aus dem 17. Jh. stammende Wohnstallhaus kann wegen seiner geringen Raumhöhen von ca. 1,80 m nicht mehr bewohnt werden. Die Bedenken gegen den Abbruch wurden zurückgestellt. Das Landesamt für Denkmalpflege bemühte sich um einen geeigneten Ersatzbau für das in relativer Geschlossenheit erhaltene Ortsbild. Fa

Eichig, Stadt Lichtenfels (Lkr. Lichtenfels), *Am Boden 11.* Das Wohnstallgebäude mit Fachwerk von 1853 im Obergeschoß wurde in seiner Substanz durchrepariert und wieder zu Wohnzwecken nutzbar gemacht. Der gesamte Gebäudebestand wurde dabei nicht verändert. Außerdem konnten die historischen Fenster größtenteils repariert und zu Kastenfenstern ausgebaut werden. Die Außenfassade wurde nach Befund neu gefaßt. sh

Elbersreuth, Markt Presseck (Lkr. Kulmbach), *Haus Nr. 18.* Das bescheidene Wohnstallhaus des 19. Jhs. zeigte im Stallgewölbe gravierende Schäden, die z. T. vom Dach durch Schub verursacht wurden. Die Schadensursachen am Dach wurden festgestellt und behoben. Die Sanierung des sehr flach gespannten Gewölbes soll in einem anschließenden Bauabschnitt ausgeführt werden. Pau

Elsa, Stadt Rodach (Lkr. Coburg), *Evang.-Luth. Pfarrkirche.* Im Zuge der Innenrestaurierung konnte die Farbgebung der neugotischen Kirche nach Befund wiederhergestellt werden. sh

Elsenberg (Lkr. Forchheim), *Haus Nr. 14.* Die Fachwerkscheune aus dem 18. Jh. wurde neu gedeckt und außen instandgesetzt. Die fachlichen Vorgaben wurden dabei weitgehend außer acht gelassen. BZ

Erlhof, Markt Ebensfeld (Lkr. Lichtenfels), *Haus Nr. 6,* Gesamtinstandsetzung des erdgeschossigen Wohnstallhauses. Trotz intensiver Beratung wurden im Inneren viele bauzeitliche Teile wie Fußböden und Türen ausgetauscht, so daß der Charakter des Gebäudes nur noch von außen erkennbar ist. sh

Ermreuth (Lkr. Forchheim), *Wagnergasse 8, ehem. Synagoge.* Die Gesamtinstandsetzung des Sandsteinquaderbaues von 1822 wurde fortgeführt. Durch Befunduntersuchung und Bauforschung konnte die ursprüngliche Gestalt und Ausstattung des jüdischen Gotteshauses weitgehend nachgewiesen werden. BZ

Fischbach, Stadt Kronach (Lkr. Kronach), *Altes Schloß.* In dem aus der Renaissancezeit stammenden Schloß wird seit mehreren Jahren eine Wirtschaft betrieben, die sich nun in die Obergeschosse ausweitete, indem die zu beiden Seiten eines Mittelflurs liegenden Zimmer zu Hotelzimmern ausgebaut wurden. Dabei wurden ohne Hinzuziehung des Landesamtes für Denkmalpflege Naßräume eingerichtet, die die Raumstrukturen nicht unerheblich beeinträchtigen. Sh

Forchheim, *Kath. Pfarrkirche St. Martin.* Am Sandsteinquadersockel des Kirchenbaues aus dem 14. Jh. wurden Restaurierungsmaßnahmen durchgeführt. BZ

–, *Bergstraße, Wegkapelle zur Hl. Dreifaltigkeit.* Der Sandsteinquaderbau aus dem 18. Jh. wurde außen und innen instandgesetzt. BZ

–, *Apothekenstraße 11.* Der beantragte Abbruch des Kleinhauses aus dem 19. Jh., dem das Amt bereits 1977 zugestimmt hatte, mußte nun hingenommen werden. BZ

–, *Bamberger Straße 45.* Zur Sicherung der sogenannten Bayern-Mühle, eines Fachwerkmühlengebäudes aus dem 17. Jh., die von der Stadt Forchheim im Wege einer Ersatzvornahme durchgeführt werden soll, wurde ein Architektenprojekt erarbeitet. BZ

–, *Burgerhofstraße 5.* Das zweigeschossige Wohnhaus von 1742 mit vorzüglich erhaltener Inneneinteilung, das zunächst abgebrochen werden sollte, wird nun im Auftrag der städtischen Wohnungsbaugesellschaft saniert. Voruntersuchungen und Projektierung wurden aus Denkmalpflegemitteln befördert. BZ

–, *Holzstraße 3.* Die vorgelegte Umbau- und Sanierungsplanung, die regellos in den Bestand des Satteldachhauses aus dem 15./16. Jh., das im 18. Jh. umgebaut und modernisiert worden war, eingegriffen hätte, konnte auf ein verträgliches Maß abgeändert werden. Bei ungenehmigten Arbeiten im Inneren ging dessenungeachtet wertvolle Substanz verloren. BZ

–, *Kapellenstraße 14.* Der ehem. Schüttspeicher, ein dreigeschossiger Walmdachbau, 1782 von Lorenz Fink errichtet, jetzt als Bürogebäude genutzt, erhielt teilweise einen neuen Putz und wurde neu gestrichen. BZ

–, *Sattlertorstraße 2.* An der Fassade des Kath. Pfarrhofes, eines dreigeschossigen Mansarddachbaus aus der Mitte des 18. Jhs., wurden Steinrestaurierungsarbeiten durchgeführt. BZ

–, *Sattlertorstraße 6.* Das im Kern spätmittelalterliche, palaisartige Bürgerhaus, ein stattlicher, dreigeschossiger Walmdachbau mit Sandsteinfassade um 1760/70 und mehreren, um einen Hof gruppierten Rückgebäuden, soll nach Eigentümerwechsel umgebaut und saniert werden. Das Landesamt wandte sich entschieden gegen die Absicht des Eigentümers, sämtliche Rückgebäude abzubrechen. Mit Voruntersuchungen wurde begonnen. BZ

–, *Wiesentstraße 42.* Das Fachwerkgiebelhaus aus dem 18. Jh. wurde umfassend saniert. BZ

Forchheim-Siegritzau (Lkr. Forchheim), *Haus Nr. 2.* Der Wohnstallbau mit Frackdach und Fachwerkobergeschoß von 1778 erhielt eine neue Dachdeckung und wurde außen instandgesetzt. BZ

Friesen (Lkr. Bamberg), *Erlenweg.* Nur ein Idealist wagte sich an die Wiederherstellung dieses kleinen Fachwerkhauses, dessen Bauschäden einen Abbruch beinahe unumgänglich hätten. Wenn auch mit erheblichen Verlusten originaler Bausubstanz verbunden, konnte das Denkmal, das den Ortsrand in idyllischer Weise prägt, erhalten werden. Fa

–, *Hauptstraße 25.* Mit dem raschen Aufbringen eines neuen Dachs sicherte der Markt Hirschaid als neuer Besitzer den Bestand der Nebengebäude. Fa

Gefrees (Lkr. Bayreuth), *Funckstraße 12.* Das um 1820 zu datierende Giebelhaus mit Walmdach wurde mit Biberschwanzziegeln neu gedeckt. BZ

Gesees (Lkr. Bayreuth), *Evang.-Luth. Pfarrhof.* Einfriedungen, Stützmauern und Brunnen des großzügig bemessenen Pfarrgartens aus dem 18. Jh. wurden instandgesetzt. BZ

Gestungshausen, Gde. Sonnefeld (Lkr. Coburg), *Evang.-Luth. Pfarrkirche.* Die statischen Sicherungsmaßnahmen an der aus dem 18. Jh. stammenden Kirche mit ihren Hausteinquadermauern konnten abgeschlossen werden. Die Neufassung der dreigeschossigen hölzernen Emporenanlage wurde vorbereitet. Anhand eines Befunds konnten noch geringe Reste einer früheren Marmorierung festgestellt werden, die bedauerlicherweise großflächig bis auf das Holz abgelaugt worden ist: Überlegungen, diese Marmorierung wiederherzustellen. Im Zuge dieser Arbeiten soll auch die Stuckdecke, die ursprünglich nur eine Weißfassung besaß, restauriert und nach Befund neu gefaßt werden. sh

Göpfersgrün (Lkr. Wunsiedel), Haus Nr. 46 (alte Hausnummer 5). Der Stadel aus der 1. Hälfte des 19. Jhs., ein verschalter Ständerbau mit giebelseitigem Laubengang, wurde mit Zinkblech neu gedeckt, der Laubengang zimmermannsmäßig repariert. BZ

Gößweinstein (Lkr. Forchheim), Burgstraße 70. Die Gesamtinstandsetzung des Bauernhauses aus dem 17. Jh., das zuletzt als Heimatmuseum genutzt worden war, und der Ausbau zu einem «Haus des Gastes» wurde weitgehend abgeschlossen. Die Farbfassungen außen und innen folgten weitgehend den ermittelten Befunden. BZ

Goldkronach (Lkr. Bayreuth), Evang.-Friedhof. Die wohl aus der 1. Hälfte des 19. Jhs. stammende, aus Feld- und Bruchsteinen bestehende Friedhofsmauer, die in Teilstücken einsturzgefährdet war, wurde statisch gesichert und instandgesetzt. BZ

Gosberg (Lkr. Forchheim), Feldkapelle am Weg nach Pinzberg. In einem 2. Bauabschnitt wurden an dem kleinen Kapellenbau aus dem 18. Jh. Innen- und Außenrenovierungsmaßnahmen durchgeführt. Die denkmalpflegerisch begründeten Vorgaben wurden dabei weitgehend mißachtet. BZ

–, Haus Nr. 42. Das Dach des zweigeschossigen Bauernhauses von etwa 1770/80, eines noblen Sandsteinquaderbaus mit Mansarddach, wurde neu mit Biberschwänzen gedeckt. Die vom Landesamt gewünschte Wiederverwendung der noch intakten, historischen Ziegel konnte nicht durchgesetzt werden. BZ

Gräfenberg (Lkr. Forchheim), Marktplatz 1. Die Gesamtinstandsetzung des 1689 errichteten Bürgerhauses mit einem hölzernen Erker aus dem 18. Jh., das von 1871–1978 als Rathaus diente und künftig wieder städtisch-repräsentativen Zwecken dienen soll, konnte mit der Außeninstandsetzung abgeschlossen werden. Als besondere denkmalpflegerische Leistung ist die Restaurierung bzw. Rekonstruktion der barocken Fassadenmalereien zu nennen, die durch erhebliche Zuwendungen des Landesamtes für Denkmalpflege ermöglicht wurden. Bz

–, Marktplatz 20. Gesamtinstandsetzung und Umbau des ehemaligen, 1651 datierten Gasthauses wurden abgeschlossen. Nach anfänglichen Verlusten, die aufgrund ungenehmigten und nicht beratenen Baubeginns erfolgt waren, wurde letztlich noch ein denkmalpflegerisch zufriedenstellendes Ergebnis erzielt. Bz

–, Scheunenviertel an der Egloffsteiner Straße. Zur Sanierung und Wiederbelebung des ensemblegeschützten Scheunenviertels, das aus zahlreichen, meist ungenutzten stehenden Fachwerkscheunen des 17. bis 19. Jhs. besteht, wurden vertiefte Untersuchungen in Auftrag gegeben. Aus der Gesamtplanung sich ableitende Einzelsanierungen sollen im Rahmen des Mehrjahresplans gefördert werden. Bz

–, Michelsberg. Die nur 50 m von der unter Denkmalschutz stehenden Kriegergedächtnisanlage am Michelsberg geplante Errichtung einer Fernseh-Umsetzerstation konnte verhindert werden. Bz

–, Kirchweg. Im Rahmen des Flurbereinigungsverfahrens wurde der historische Kirchweg ohne Beteiligung des Landesamtes aufgelassen und einem anliegenden bäuerlichen Anwesen zugeteilt, das die alte Trasse zu überbauen beabsichtigt. Der schwerwiegende Eingriff in die Ortsstruktur konnte nicht mehr rückgängig gemacht werden. Bz

Großbirkach (Lkr. Bamberg), Evang.-Luth. Kirche. In einer Scheune fand sich zur Überraschung aller Fachbehörden das spätgotische Gestühl der romanischen Kirche wieder. Es konnte von einem örtlichen Schreiner unter Betreuung der Amtswerkstätten restauriert und wieder im Gotteshaus aufgestellt werden. Fa

Großheirath (Lkr. Coburg), Banzer Straße 2. Die ehem. Schmiede aus dem 18. Jh., ein zweigeschossiges Fachwerkgebäude mit zum Teil massivem Erdgeschoß, soll für Wohnzwecke instandgesetzt und modernisiert werden. Wichtige Ausbauteile wie eine Spindeltreppe sowie ein bauzeitlich gefaßter Nebenraum sind restauratorisch zu behandeln. Die Vorbereitung der Maßnahme wurde im Berichtsjahr mit einem Bauaufmaß und einer Befunduntersuchung begonnen. Die Instandsetzung soll im folgenden Jahr durchgeführt werden. sh

Gügel (Lkr. Bamberg), Kath. Kirche. In vielen Gesprächen mit der Erzdiözese Bamberg entstand ein Restaurierungskonzept für die wertvolle Ausstattung der nachgotischen Wallfahrtskirche. Für die Arbeiten wird ein Team aus erfahrenen Restauratoren zusammengestellt, das während der Arbeiten auch die wissenschaftlichen Untersuchungen leitet. Fa

Gunzendorf (Lkr. Bamberg), Kath. Kirche. Bei der Innenrestaurierung war die historische Fassung der Raumschale Ausgangspunkt der Rekonstruktion, da aus dieser Zeit die Deckenbilder und die stark farbigen Glasfenster stammen. Die ungewöhnlich kräftigen Farben ergaben jedoch in diesem Zusammenhang ein schlüssiges Gesamtbild. Leider muß sich die Restaurierung der Ausstattung auf eine Reinigung beschränken, da die finanziellen Mittel der Gemeinde ausgeschöpft sind. Erstellung eines gut dokumentierten Restaurierungsberichts. Fa

Guttenberg (Lkr. Kulmbach), Am Biengarten 2, Dachdeckung. Das ehem. *Untere Schloß* wurde durch die Neueindeckung mit Kremperziegeln gesichert. Dies ist bemerkenswert, weil die oberfränkische Dachlandschaft durch die Verwendung fast ausschließlich neuer Biberschwanzdeckungen vereinheitlicht wird und dadurch verarmt. Der Wiederherstellung des Dachs soll eine Außeninstandsetzung folgen. Die Befunduntersuchung zeigte, daß das Bruchmauerwerk des Gebäudes verbandelt und freihändig durch das Einritzen eines Fugennetzes ein Quaderbau vorgetäuscht wurde. Repräsentative Befunde dieser Art wurden gesichert und dokumentiert. Auf eine Rekonstruktion wurde verzichtet. Das Gebäude wird neu eingeputzt und gestrichen. Fa

Haidenaab (Lkr. Bayreuth), Haus Nr. 15. Die Gesamtinstandsetzung des ehem. Schlosses, eines um 1700 entstandenen Walmdachbaus mit Lisenengliederung, wurde mit Außenverputz- und Anstricharbeiten weitergeführt. Die von einer nicht hinreichend qualifizierten Firma vorgenommene Instandsetzung der barocken Innentüren, die ohne Kenntnis des Landesamtes erfolgte, führte zu schweren Einbußen. Bz

Hain, Markt Küps (Lkr. Kronach), *Schloß.* Mit der Inneninstandsetzung des aus dem 18. Jh. stammenden Schlößchens, ein zweigeschossiger Bau mit Walmdach, wurde fortgefahren. Dabei wurden lose Putze gefestigt und Fehlstellen vorsichtig ausgebessert. Im Zuge dieser Maßnahmen konnten auch die alten Dielen von jüngeren Belägen befreit und restauratorisch wieder hergestellt werden. Zwei Räume konnten nach Befund in ihrer historischen Farbgebung wiederhergestellt werden. sh

Hallerndorf (Lkr. Forchheim), Schnaiderstraße 12. Ein Antrag auf Abbruch des eingeschossigen Fachwerkhauses aus der 1. Hälfte des 19. Jhs., das im Verein mit mehreren ähnlichen Häusern entlang der zur Kirche führenden Dorfstraße von großer ortsbildprägender Bedeutung ist, wurde abgelehnt. Bz

Hallstadt (Lkr. Bamberg), Bahnhofstraße 6. Das barocke Ackerbürgerhaus mit seiner aufwendigen Sandsteinfassade besitzt noch seine beinahe vollständige Ausstattung aus dem späten 18. Jh. Einfühlsame Bauherren ermöglichen es Architekt, Restaurator und Landesamt für Denkmalpflege eine substanzschonende Modernisierung durchzuführen. Neben einigen historischen Kreuzstockfenstern werden die Türen, Treppen und Fußböden sorgfältig vom Holzrestaurator instandgesetzt; alle Putze, auf denen z. T. die Fassungsprogramme der Bauzeit erhalten sind, werden sorgfältig gesichert. Alle historischen Räume bleiben in ihren Grundrissen unverändert und erhalten durch sorgfältige Führung der notwendigen Installationen einen modernen Wohnstandard. Der vorsichtige Umgang mit der Bausubstanz und die Eigenleistungen des Bauherrn konnten die Kosten der Maßnahme erheblich reduzieren. Fa

–, *Bahnhofstraße 28*. Auch dieses barocke Bürgerhaus wird von engagierten Bauherren sorgfältig instandgesetzt. Archivalische Nachforschungen ergaben, daß es sich um die seit dem 9. Jh. an dieser Stelle nachgewiesene Forsthube des ehem. Königshofs handelt, der, vielfach umgebaut, nach einem Brand 1716 von einem Bamberger Hofkammerrat auf älteren Grundmauern wieder errichtet wurde und seine jetzige Gestalt erhielt. Dies erklärt die teilweise beinahe höfische Ausstattung der Räume mit Stuckdecken, aufwendigen Türen und steinernen Schmuckfußböden im Obergeschoß. 1989 fanden Voruntersuchungen zur Bausubstanz statt; außerdem mußte als erste Notsicherung das Dach neu gedeckt werden. Fa

–, *Städtebaulicher Wettbewerb «Mühlbach»*. Durch die Teilnahme am Wettbewerb zur städtebaulichen Sanierung des «Mühlbachs» konnte von seiten des Landesamtes für Denkmalpflege Einfluß auf den Erhalt der kleinstädtischen Struktur im Altstadtbereich genommen werden. Fa

Harsdorf (Lkr. Kulmbach), *Evang.-Luth. Pfarrhaus mit Remise*. Bei der Beratung von Umbauplänen für das Pfarrhaus stellte sich heraus, daß es seinen Denkmalcharakter durch frühere Umbauten leider schon weitgehend einbüßte. Die zum Pfarrhof gehörende Remise mit Backhaus ist dagegen in einem nahezu unversehrten Zustand erhalten. Dieser Gebäudetrakt soll im Bestand gesichert und so genutzt werden, daß der Charakter erhalten bleibt. Pau

Haselhof (Lkr. Bayreuth), *Haus Nr. 2*. Die Gesamtinstandsetzung des erdgeschossigen Wohnstallhauses, eines Sandsteinquaderbaus mit Satteldach und Giebeldekor von 1856, wurde beraten und durch Befunduntersuchung vorbereitet. Bz

Hendelhammer (Lkr. Wunsiedel), *Haus Nr. 5*. Die Gesamtinstandsetzung des Wohnstallhauses mit Halbwalmdach aus dem 18. Jh. wurde mit Außeninstandsetzung und dem Herrichten der Außenanlagen abgeschlossen. Bz

Herrnsdorf (Lkr. Bamberg), *Nepomukstatue*. Erst nach der Reinigung der Statue ließ sich ein endgültiges Restaurierungskonzept entwickeln. Der Erhaltungszustand erlaubte eine Festigung mit Kieselsäureester. Ein im Befund nachgewiesener Anstrich mit Kalk-Kasein ist als zusätzlicher Oberflächenschutz gedacht. Fa

Hetzelsdorf (Lkr. Forchheim), *Evang. Pfarrhof*. Mit der Instandsetzung der Pfarrscheune aus dem 19. Jh. wurde die auch alle Nebengebäude umfassende Gesamtsanierung des evang. Pfarrhofes abgeschlossen. Bz

–, *Haus Nr. 30*. Die Gesamtinstandsetzung des Bauerngehöfts aus dem 18./19. Jh., die durch beträchtliche Zuwendungen des Landesamtes für Denkmalpflege ermöglicht wird, wurde fortgeführt. Im 2. Bauabschnitt wurden vor allem das Innere des Wohnstallhauses aus dem frühen 19. Jh. instandgesetzt und modernisiert, Fenster repariert bzw. erneuert und der Außenputz ergänzt. Bz

Hetzles (Lkr. Forchheim), *Kath. Pfarrkirche* (1884–91). Nach Instandsetzung der Raumschale der neugotischen Kirche wurden Altäre, Kanzel und Orgel gereinigt und ausgebessert. Bz

–, *Altes Schulhaus*. Mit der Gesamtinstandsetzung des einen älteren Gebäudekern sowie Teile der Kirchhofummauerung umfassenden, zweigeschossigen Schulgebäudes aus dem 19. Jh., das künftig für gemeindliche Zwecke genutzt werden soll, wurde begonnen. Bz

–, *Hauptstraße 25*. Das aus dem 18. Jh. stammende Frackdachhaus in Fachwerkkonstruktion wurde mit Biberschwanzziegeln neu gedeckt. Bz

–, *Hauptstraße 45*. In dem eingeschossigen Wohnstallbau aus Fachwerk aus dem 18. Jh. war ohne Erlaubnis mit Sanierungsmaßnahmen begonnen worden. Der Fortgang der Arbeiten wurde denkmalpflegerisch betreut. Bz

Himmelkron (Lkr. Kulmbach), *Klosterberg 1, ehem. Klosterscheune*. Die Scheune am Fuß des Klosterbergs gehört zum Brauereigasthof auf der gegenüberliegenden Straßenseite. Bei der Abstimmung der Denkmalliste mit der Gemeinde wurde auf Wunsch des Eigentümers nur ein Inschriftstein vermerkt. Dem Abbruchantrag konnte aber wegen der geschichtlichen und offenkundigen städtebaulichen Bedeutung der Scheune dennoch nicht stattgegeben werden. Die Gemeinde Himmelkron hat durch die Bereitschaft, das Gebäude zu erwerben, seine Erhaltung ermöglicht. Zunächst soll das schadhafte Dach und der bereits in Mitleidenschaft gezogene Dachstuhl gesichert werden. Die künftige Instandsetzung des gesamten Gebäudes und die Planung für eine angemessene Nutzung wird folgen. Das Gesamtprojekt soll im Sanierungsgebiet Himmelkron auch mit Städtebauförderungsmitteln verwirklicht werden. Pau

Höchstädt b. Thiersheim (Lkr. Wunsiedel), *von-Rorer-Weg 8*. Eine Dachseite des erdgeschossigen Bauernhauses aus dem 19. Jh. wurde mit Naturschiefer neu gedeckt. Bz

Hof, Stadtmauer an der Schützenstraße, Sigmundsgraben. Teile der Stadtmauer zwischen Aula und ehem. Klarissenkloster wurden nachfundiert und neu verfugt. Die Erhaltung der vorgesehenen anschließenden Abschnitte scheiterte, weil bei der Planung der Neubauten über der Mauer (Altersheim) die Höhenlage der Stadtmauer nicht ausreichend bedacht worden war. So wird die Stadtmauer künftig im Abschnitt des Altersheimes nur dem Verlauf nach erkennbar bleiben, die eigentliche Substanz wurde beseitigt. Pau

–, *Auguststraße 20*. Das Baudenkmal wird vorwiegend mit privaten Mitteln und Mitteln der Städtebauförderung instandgesetzt. Versprach die Planung nur eine Reihe geringfügiger Eingriffe in die Substanz, wenn man von der tiefgreifenden Veränderung durch den Einbau einer neuen massiven Treppe absieht, so wurden bei der Baudurchführung die Oberflächen (Putze etc.) gänzlich ausgetauscht. Die Skelettierung großer Teile der Balkendecken bedeutet große Verluste, die aber angesichts unerwartet umfangreicher Schäden und Mängel aus der Sicht der Statiker unumgänglich erschienen. Demnach müßte bei vergleichbaren Gebäuden den konstruktiven Merkmalen in den Voruntersuchungen größere Aufmerksamkeit gewidmet werden. Dies liegt im Interesse überschaubarer und kalkulierbarer Kosten und im Interesse der Denkmalpflege wegen einer realistischen Einschätzung der Erhaltungsfähigkeit. Nur gegen beträchtlichen Widerstand konnte eine maßstäbliche Gestaltung der Fassade durch die Verwendung hölzerner, sprossengeteilter Fenster durchgesetzt werden. Pau

–, *Aula des Jean-Paul-Gymnasiums, Jean-Paul-Platz*. Das alte Gymnasium der Stadt Hof ist im Kern das Sommerhaus des ehem. Franziskanerklosters. 1543 wurde dieses Gebäude zur Klosterschule umgebaut und um ein Fachwerkobergeschoß ergänzt. Zwischen dem Kernbau und der dicht vorbeilaufenden Stadtmauer wurde ein Treppenhaus hinzugefügt. 1746 wurden Teile der Aufstockung massiv erneuert und die Fassade grundlegend überarbeitet. Nach Aufmaß und eingehender Befunduntersuchung wurde das gesamte Gebäude umfassend instandgesetzt. Fragmentarisch erhaltene Bemalungen, darunter Inschriften, blieben im Treppenhaus erhalten und sichtbar. Die einscheibigen Fenster konnten durch sprossengeteilte ersetzt werden. Strittig war die Farbgebung des Äußeren, denn hier wurden ohne ausreichende Anhaltspunkte Gliederungselemente und die Fensterfaschen hell abgesetzt. Leider hat der Befundbericht die Belege für eine einfarbige Fassung nicht ausreichend dokumentiert. Der Zuschnitt der Räume im Innern blieb mit lange umstrittenen, geringfügigen Veränderungen unverändert erhalten. Pau

–, *Ludwigstraße 4, 6, 8 und 10*. Die Gebäude stehen seit langer Zeit leer und sind ernsthaft gefährdet, weil trotz eines beharrlichen Bestehens auf Dachreparaturen bereits bestehende Bauschäden rasch um sich greifen. Nachdem in langen und schwierigen Verhandlungen ein in denkmalpflegerischer Sicht wenig befriedigendes Umbau- und Sanierungsprojekt festgelegt worden war, trennte sich der Eigentümer kurz nach Baubeginn vom Besitz der Häuser. Der neue Eigentümer wird die Instandsetzung nach modifizierten Plänen durchführen. Pau

–, *Vorstadt 8*. Bereits in einem sehr frühen Stadium der Planung hat der betreuende Architekt, zugleich der Heimatpfleger der Stadt Hof, die besondere Bedeutung des Hauses erkannt. Das Gebäude gehört zu den wenigen Profanbauten der Stadt Hof, die dem Brand von 1823 nicht zum Opfer fielen und Bauteile aus dem 16. und 17. Jh. zeigen. Da die Finanzierung der Maßnahme lange Zeit nicht befriedigend vereinbart werden konnte, wurde wiederholt der Abbruch des Gebäudes beantragt. Das aufgrund eines Bauaufmaßes und einer Befunduntersuchung gefundene Restaurierungskonzept verspricht die Erhaltung der wesentlichen Merkmale dieses wichtigen Gebäudes. Historische Nachrichten und der Zuschnitt des Gebäudes und Besonderheiten, wie ein großer Brunnen im Erdgeschoß des Gebäudes, begründen den Verdacht, daß es sich um ein ehem. Badhaus handeln könnte. Ergänzende Beobachtungen während der Bauzeit können die Frage der ursprünglichen Zweckbestimmung klären. Mit den Sicherungsarbeiten wurde im Berichtsjahr begonnen. Pau

–, *Vorstadt 14*, ein stattlicher Bau, dessen Erscheinungsbild innen wie außen von Baudetails des 18. Jhs. beherrscht wird. Zum Gebäude gehören Neben- und Hofgebäude, die zusammen das vollständige Bild eines Handwerkerhauses in der Stadt Hof ergeben. Bemerkenswert ist hier wie bei anderen Häusern der Vorstadt, daß die Bausubstanz offenkundig dem Brand des beginnenden 19. Jhs. nicht zum Opfer fiel und daher ältere Zustände erhalten sind, die im Großteil der mittelalterlichen Stadt dem Brand zum Opfer fielen. Die Instandsetzung des Hauses wird ohne Berücksichtigung der denkmalpflegerischen Vorstellungen mit Einbußen bei der Substanz und der Erscheinung des Gebäudes durchgeführt. Pau

Hohenberg (Lkr. Kulmbach), *Kath. Pfarrkirche*. Die Kirche mußte zunächst durch Neueindeckung und Verfugung des Außenmauerwerks gegen eindringendes Wasser abgedichtet werden. Im Anschluß daran wurde das Innere neu getüncht, wobei wegen bereits fehlerhafter älterer Anstrichsysteme wieder eine kunstharzgebundene Farbe verwandt wurde. Pau

Hohenberg a.d. Eger (Lkr. Wunsiedel), *Evang.-Luth. Pfarrkirche*. Die an der Südseite der Kirche angebrachten, restaurierten Epitaphien aus Wunsiedler Marmor erhielten Schutzverdachungen. Bz

Hohenstein, Gde. Ahorn (Lkr. Coburg), *Schloß*. Im Berichtsjahr konnte die Restaurierung einiger Innenräume fertiggestellt werden, die vor allem den «Grünen Salon» betrifft, in dem großflächige Ölgemälde mit Landschaftsdarstellungen die Raumarchitektur bestimmen. Die aus dem 18. Jh. stammenden Gemälde sind entsprechend der Gesamtumbauphase des frühen 19. Jhs. in nachklassizistischen Rahmen mit zugehöriger Stuckdecke gefaßt. Die Vorräume des Haupttreppenhauses wurden nach Befund in den stilistischen Formen der letzten Umbauphase des 19. Jhs. wiederhergestellt. Fertiggestellt werden konnten auch die einzelnen Gasträume sowie ein Raum aus der zweiten Bauphase des Schlosses (frühes 17. Jh.) zwischen Torbau und Nordflügel, in dem ein polychrom gefaßter Unterzug mit einer zugehörigen Decke freigelegt und restauriert werden konnte. Vorgesehen ist, in den nächsten Jahren weitere aufwendig gestaltete Räume des 19. Jhs. (sog. Musiksaal und Prinzessinnenzimmer) zu restaurieren. Die vorbereitenden Maßnahmen mit Photodokumentationen und Befunduntersuchungen konnten im Berichtsjahr eingeleitet werden. sh

Hollfeld (Lkr. Bayreuth), *Kath. Kirche St. Salvator*. In der 1704 von Johann Leonhard Dientzenhofer erbauten Saalkirche mit eingezogenem Chor und Dachreiter mußte die stark überlastete Orgelempore statisch gesichert und überarbeitet werden. Bz

–, *Oberes Tor*. Die Gesamtinstandsetzung des Torturms aus dem 16. Jh. wurde durch die Renovierung und Nutzbarmachung des Inneren für Vereine abgeschlossen. Bz

Horsdorf, Stadt Staffelstein (Lkr. Lichtenfels), *Haus Nr. 7*. An dem zweigeschossigen Wohnstallgebäude des 18. Jhs. mit Fachwerkumfassungswänden, die besonders auf der Giebelseite viele Zierformen aufweisen, wurde im Erdgeschoß ohne Einhaltung der Auflagen des Landesamtes für Denkmalpflege die Außenwand ausgetauscht. Bedauerlicherweise wurde dabei nicht die Fachwerkkonstruktion repariert, sondern durch Hohlblocksteine ersetzt. Die Wiederherstellung wurde vom Landratsamt nicht durchgesetzt. sh

Hundsboden (Lkr. Forchheim), *Haus Nr. 1*. Die Gesamtinstandsetzung der Nebengebäude des landwirtschaftlichen Anwesens aus dem 18. Jh., die durch Mittel aus dem Entschädigungsfonds finanziert wird, wurde fortgeführt. An den Holzkonstruktionen der Scheune und der Remise mußten aus statischen Gründen umfängliche Zimmermannsarbeiten durchgeführt werden. Bz

Kauernhofen (Lkr. Forchheim), *Lourdeskapelle*. Die Gesamtinstandsetzung des neugotischen Kapellenbaues aus dem 19. Jh. wurde mit dem Befundergebnis entsprechenden Farbgebungen innen und außen abgeschlossen. Bz

Kirchehrenbach (Lkr. Forchheim), *Kath. Pfarrkirche St. Bartholomäus* (1766ff von Martin Mayer, Turmunterbau um 1200). Im 2. Bauabschnitt wurde das Innere der barocken Saalkirche instandgesetzt. Gegen die Bedenken des Landesamtes für Denkmalpflege wurde der gesamte Chorbereich um die Höhe einer Stufe angehoben. Bz

Kirchenlamitz (Lkr. Wunsiedel), *Evang.-Luth. Friedhofskirche*. An dem romanisierenden Putzbau mit Werksteingliederung, 1896 nach Plänen von Christian Winnerling errichtet, wurden innen und außen Anstricharbeiten und kleinere Reparaturen durchgeführt. Bz

–, *Evang.-Luth. Pfarrhof*. Die unterkellerte Walmdachscheune aus dem 19. Jh. wurde – entgegen ursprünglichen Abbruchanträgen – erhalten und instandgesetzt. Bz

–, *Königstraße 15*. Die innerhalb des Ensembles Königstraße ohne Erlaubnisgrundlage begonnene Verkleidung, die vom Landratsamt Wunsiedel eingestellt worden war und von Landesamt für Denkmalpflege und Bezirksregierung nachdrücklich abgelehnt wurde, löste einen Rechtsstreit von grundsätzlicher Bedeutung aus. Bz

–, *Weißenstädter Straße 7*. An dem Gebäude, einem Bestandteil des Ensembles Ortskern Kirchenlamitz, wurde gegen die Stellungnahme des Landesamtes für Denkmalpflege die aus denkmalpflegerischer Sicht verunstaltende Fassadenänderungen genehmigt. Bz

Kirchletten (Lkr. Bamberg), *Kath. Kirche*. An der Kirche von Leonhard Dientzenhofer wurde eine aus denkmalpflegerischer Sicht unnötige Außenrenovierung durchgeführt. Fa

–, *Haus Nr. 14*. Das eingeschossige Fachwerkhaus aus dem 18. Jh. war im Bauunterhalt seit ca. 20 Jahren so stark vernachlässigt worden, daß die Bedenken gegen den Abbruch zurückgestellt werden mußten. Eine Photodokumentation des baufälligen Anwesens wurde vom Referat Bauforschung des Landesamtes gemacht. Fa

Kleinschwarzenbach, Stadt Helmbrechts (Lkr. Hof), *Haus Nr. 39*. Das Haus wurde vor einigen Jahren vor allen Dingen im Dach repariert. Eie Betreuung durch Architekten und Statiker fand damals nicht statt. Inzwischen hat sich herausgestellt, daß die eigentlichen Schadensursachen nicht erkannt wurden und deshalb die Reparaturen auf lange Sicht keinen Gewinn darstellen. Das Gebäude wurde aufgemessen und ein Raumbuch angelegt. Eine vollständige Würdigung der Schadensursachen zeigte, daß die Schäden sehr tiefgreifend sind. Ein Interessent für die Instandsetzung des Gebäudes hat sich noch nicht gefunden. Pau

Kleinsendelbach (Lkr. Forchheim), *Kath. Ortskapelle*. Mit der Instandsetzung des neugotischen Sandsteinquaderbaus von 1868 war ohne Erlaubnis begonnen worden. Die noch ausstehenden Arbeiten am Äußeren wurden beraten. Bz

Kleinziegenfeld, Stadt Weismain (Lkr. Lichtenfels), *Haus Nr. 4, «Stoffelsmühle»*. Das aus dem 16. Jh. stammende Mühlengebäude konnte vor dem Verfall bewahrt werden. Das Gebäude wurde nach eingehender Prüfung als Baudenkmal erkannt, so daß das Verfahren zum Listeneintrag in Gang gesetzt werden konnte. Nach einer sorgfältigen Bestandsaufnahme hat der neue Eigentümer mit den Instandsetzungsarbeiten am liegenden Dachstuhl, der noch geblattete Kopfbänder zwischen Stuhl- und Spannriegeln aufzeigt, begonnen. Im Zuge dieser Arbeiten wurde auch die Schieferdeckung ausgebessert bzw. erneuert. Weiterhin ist vorgesehen, in den nächsten Jahren die Wohn- und ehem. Mühlenräume einer adäquaten Nutzung zuzuführen. Während der Aufmaßarbeiten konnten im 1. Obergeschoß zwischen der großzügigen Diele und der einstigen Wohnstube noch eine Bohlenwand gefunden werden, in der Hartholzpflöcke zur Aufnahme eines Lehmschlags eingeschlagen waren. Bedauerlicherweise sind bereits durch vorangegangene Maßnahmen Lehmschlag und zugehörige Putze und Farbfassungen verlorengegangen. – Neben dem Hauptgebäude liegt noch ein kleiner zweigeschossiger Seitenflügel, in dem später zwei Maisonettwohnungen als Ferienwohnungen eingerichtet werden sollen. sh

Kleuckheim, Markt Ebensfeld (Lkr. Lichtenfels), *Hauptstraße 45*, breitgelagertes zweigeschossiges Fachwerkgebäude des 18. Jhs. mit seitlicher Hofdurchfahrt, Walmdach, drei aufgesetzte Erker. Die ehem. Gastwirtschaft steht seit einigen Jahren leer und befindet sich in desolatem Zustand. Der komplizierte liegende Dachstuhl, zimmermannsmäßig schon ursprünglich nicht bewältigt, mit einem anschließenden rückseitigen Nebengebäude, führte wahrscheinlich bereits kurz nach Fertigstellung zu ersten Bauschäden, die sich im Laufe der Zeit verstärkt haben. In Vorbereitung der notwendigen Instandsetzungsmaßnahmen wurde ein verformungsgerechtes Bauaufmaß angefertigt. sh

Klosterlangheim, Stadt Lichtenfels (Lkr. Lichtenfels), *Töpferweg 4–8, Alte Schmiede*. Am Rand der ehem. Klosteranlage lag, den Obstgärten vorgelagert, eine einstige Schmiede mit drei großen Korbbogenöffnungen und einem Mansarddach. Infolge der Säkularisation wurde das langgestreckte Gebäude in drei Teile geteilt, was zu unterschiedlichen Umbauzuständen führte; das Mansarddach ist nur noch am Kopfbau erhalten. Während dieser Kopfbau in Teilbereichen einsturzgefährdet ist, wurden die beiden anderen Teile durch die Bewohner im Lauf der Zeit mehrfach umgebaut. Dies führte auch zu Veränderungen an den Fassaden, die nun im Zuge von Sanierungsmaßnahmen vorsichtig korrigiert werden sollen. So konnten im Berichtsjahr Dachstuhlausbesserungen und Neudeckungen sowie Verschieferungen der Obergeschosse vorgenommen werden. Die Neufassung des Gebäudes soll in einem einheitlichen Farbton nach einer späteren Instandsetzung des Kopfbaus durchgeführt werden. sh

Kottersreuth (Lkr. Bayreuth), *Haus Nr. 3*. An dem Wohnstallhaus von 1798 mußten stark korrodierte Teile der Sandsteinquaderfassaden instandgesetzt werden. Bz

Kronach, *Klosterstraße 15–17, Oblatenkloster*. Die zweigeschossigen Klostergebäude bilden mit der Klosterkirche ein großes Geviert mit einem relativ kleinen Innenhof. Die einzelnen Zellen waren ursprünglich auf den Außenseiten angeordnet, während auf der Hofseite ein durchgehender Flur und das Treppenhaus liegen. Nachdem die klösterlichen Räumlichkeiten seit dem Zweiten Weltkrieg unterschiedlichste Nutzungen aufnahmen, wurden im Zuge einer Gesamtsanierung alle Räumlichkeiten wieder kirchlichen Zweckbestimmungen zugeführt. Im Obergeschoß wurden die Räumlichkeiten für die Patres modernisiert, die Zimmer mit Bädern usw. ausgestattet. Leider waren die Räume im Erdgeschoß durch frühere Umbauten bereits stark verändert, der ursprüngliche Grundriß nicht mehr ablesbar. Die wenigen erhaltenen Mauerreste der ursprünglichen Anlage aus dem 18. Jh. versuchte man hier in die Neukonzeption zu integrieren. Im Zuge der Revitalisierung des Klosters konnten auch die unschönen ungeteilten einscheibigen Fenster durch konstruktiv geteilte Fenster, der Anlage des 18. Jhs. entsprechend, wiederhergestellt werden. sh

–, *Bürgerspital*. Das Spital aus dem frühen 18. Jh. wurde zu Beginn des 19. Jhs. um einen Krankenhausbau erweitert. Ein Zwischenbau aus den fünfziger Jahren verbindet diese beiden Anlagen. Während das Bürgerspital selbst mit der barockisierten gotischen Spitalkirche auch im Inneren die alte Struktur und Ausstattung beibehalten konnte, wurden im Krankenhausbau bereits mehrere Umbauten vorgenommen. Das Altenheim entspricht nicht den heutigen Heimstättenverordnungen, ist insgesamt relativ klein und besitzt zu wenig Pflegeplätze, so daß der Fortbestand dieses von der Kronacher Bevölkerung gut angenommenen Altenheims gefährdet war. Umfangreiche Voruntersuchungen und Planungsgespräche mit dem Architekten und den Vertretern von Stadt und Regierung von Oberfranken führten schließlich zu einem Konzept, das den Fortbestand des Altenheims sicherte, allerdings unter der Voraussetzung eines erweiterten Neubaus. Die drei unterschiedlichen Baukörper – Spitalgebäude des 18., Krankenhausbau des 19. und der Neubau des 20. Jhs. – müssen mit architektonischen Mitteln zusammengefaßt werden.

Hinsichtlich des Spitalgebäudes war darauf zu achten, daß die innere Struktur und die wertvolle Ausstattung nahezu unverändert in das Gesamtkonzept zu übernehmen waren. Dies ist den Architekten überwiegend gelungen, so daß denkmalpflegerische Bedenken gegen eine Realisierung der Revitalisierung des Spitalgebäudes zurückgestellt werden konnten. Im Berichtsjahr wurde mit den Befunduntersuchungen an der Außenfassade begonnen und anhand von Farbmustern die farbige Gestaltung der Fassaden Krankenhaus und des Spitalbaus gemäß ihrer ursprünglichen Farbgestaltung wiederhergestellt. Außerdem wurde mit Dachsanierungen und Umbauarbeiten im Krankenhausbau sowie mit den Neubauten begonnen. sh

–, *Festung Rosenberg*. Im Berichtsjahr konnte mit der Mauersanierung der großen Bastionen auf der Nordseite fortgefahren werden. Außerdem wurden die Sandsteinquaderfassaden des Fürstenbaus restauriert, indem loses Fugenmaterial herausgenommen und durch neues ersetzt wurde. Im Inneren des Fürstenbaus wurden Instandsetzungsmaßnahmen vor allem am Dachstuhl fortgesetzt, auch in den darunterliegenden Geschossen jüngere Verkleidungen und Zwischenwände entfernt, womit Vorbereitungen für eine spätere museale Nutzung getroffen sind.
Die Sanierung der großen Wallgrabenbrücken mit den notwendigen Holzergänzungen wurde abgeschlossen, und zwar in der vom Landesamt für Denkmalpflege geforderten Version: Reparatur vor Ort statt Abtragung und Wiederaufbau. Auf besondere Detailausbildungen bei den Holzarbeiten wurde größter Wert gelegt. sh

–, *Kreuzwegstationen*. Für die aus dem 18. Jh. stammenden Kreuzwegstationen, als Reliefs in sehr große Sandsteintafeln gearbeitet, die von der Talsohle bis auf den Rosenberg führen, wurde ein Restaurierungskonzept erarbeitet. Im Berichtsjahr konnten die am stärksten gefährdeten Kreuzwegstationen Nr. 1 und 10 restauriert und wiederaufgestellt werden. Dabei wurde darauf geachtet, daß Ergänzungen nur im Bereich der Architekturteile vorgenommen wurden und an den kunstvoll ausgearbeiteten Reliefs nur Festigungs- und Konservierungsmaßnahmen durchgeführt wurden. sh

–, *Bahnhofstraße 4, Post*. Das von 1928 stammende Postgebäude mit seinem hohen Satteldach zeigt bereits Stilformen der Moderne. Die Posträume sowie die Schalterhalle sollen den heutigen Anforderungen der Post angepaßt werden. In vielen Detailbesprechungen wurde versucht, Kompromisse zwischen denkmalpflegerischen Grundsätzen zur Erhaltung des hochrangigen Interieurs mit den heutigen Anforderungen einer modernen Schalterhalle in Einklang zu bringen. Größter Wert wurde auf die Erhaltung der Treppenhäuser und der inneren Ausstattung aller Büroräume gelegt. sh

–, *Johann-Nikolaus-Zitter-Straße 8*. Das aus dem frühen 19. Jh. oder späten 18. Jh. stammende eingeschossige Mansarddachgebäude ragt ca. 2 m in den Straßenraum. Das Haus bildet eine verkehrsberuhigende – aber von der Stadt Kronach nicht gewünschte – Engstelle. Das baufällige Gebäude an der gepflasterten, stark befahrenen Straße stand seit Jahren leer und wurde nicht mehr gepflegt. Nach einer zeichnerischen und photographischen Dokumentation wurde das Gebäude entgegen dem Gutachten des Landesamtes für Denkmalpflege abgebrochen. sh

–, *Johann-Nikolaus-Zitter-Straße 27, ehem. Synagoge*. Für den Ausbau der zuletzt als einfaches Lagergebäude genutzten Synagoge wurden seitens der Stadt Planunterlagen vorgelegt. Nachdem die Originalpläne aus dem Staatsarchiv Bamberg mit beigebracht werden konnten, war eine Abstimmung der Planunterlagen nicht schwierig. Eine endgültige Entscheidung über anstehende Maßnahmen ist im Stadtrat noch nicht gefallen. sh

–, *Melchior-Otto-Platz 4*, Neufassung der Fassaden des giebelständigen Fachwerkgebäudes mit verputztem Untergeschoß gemäß Befund. sh

–, *Schwedenstraße 1* (Hypo-Bank). Das zweigeschossige Mansarddachgebäude mit fein gegliederter Hausteinfassade erhielt im Zweiten Weltkrieg einen Volltreffer und brannte vollkommen aus, so daß das Innere in der Wiederaufbauphase der fünfziger Jahre wiederhergestellt wurde. Bei einer statischen Untersuchung stellte sich heraus, daß Dachstuhl und Holzbalkenzwischendecken zu schwach dimensioniert wurden, was einer weiteren Nutzung als Bank und Bürogebäude in Frage stellte. Denkmalpflegerische Bedenken gegen die Erneuerung des inneren Ausbaus wurden zurückgestellt. Im Zuge der Neueinrichtung des Inneren wurde auch die Fassade vorbildlich instandgesetzt. sh

Kulmbach, Blaich Nr. 5, ehem. Fleischfabrik Sauermann. Zugeordnet war die Bronzeplastik einer Kuh, 1920 von Georg Römer geschaffen. Diese Bronzeplastik wurde nach dem Verkauf der Fabrik von ihrem Standort in Kulmbach entfernt. Nach langwierigen Verhandlungen gelang es der Stadt, das Original wieder nach Kulmbach zurückzuholen. Bei einem kleinen Volksfest wurde die «Sauermannsche Kuh» in der Nähe des ehem. Fabrikgebäudes auf einem städtischen Grundstück aufgestellt. Pau

–, *Kronacher Straße 3*, Teil des Ensembles Kronacher Straße. Das Gebäude wurde modernisiert. Als Abschluß der Maßnahme wurde die Außenfassade instandgesetzt. Die Wiederherstellung des schadhaften Putzes und ein Neuanstrich wurden nach Befund ausgeführt. Dabei mußte allerdings berücksichtigt werden, daß die Mehrzahl der benachbarten Gebäude die ursprüngliche Farbigkeit durch Alterung nicht mehr zeigen und eine exakt befundgetreue Fassung den jetzt instandgesetzten Bau aus dem Ensemble hervorheben würde. Pau

–, *Obere Stadt 16*, Kern der der Plassenburg zugeordneten Burgmannsiedlung. Dieser platzförmig erweiterte Straßenzug wird von den bedeutendsten Bürgerhäusern der Stadt Kulmbach gerahmt. Das Haus Obere Stadt 16 stammt im Kern aus dem 16. Jh., wurde im 18. und 19. Jh. ergänzt und durch unverständige Renovierungen im 20. Jh. teilweise seines Charakters beraubt. Der Abbruch des Gebäudes und sein Ersatz durch einen Neubau hätte der Geschlossenheit dieses städtebaulich besonders wertvollen Ensembles größten Schaden zugefügt. Das Gebäude diente zuletzt als Gaststätte mit Gasträumen und wird jetzt für kleine Wohnungen umgebaut. Wegen der Voraussetzungen, die für eine Förderung nach Städtebauförderungsgesetz erfüllt sein müssen, konnten die gewünschten Wohnungseinheiten nicht gänzlich mit dem Bestand in Einklang gebracht werden. Die dadurch erforderlichen Eingriffe und die altersbedingten Schäden, auch Schädigungen durch frühere Umbauarbeiten, machen einen beträchtlichen baulichen Aufwand für die Instandsetzung des Gebäudes notwendig. Dabei ist die bereits durch ältere Umbauten geschmälerte Substanz künftig nur noch in Teilen sichtbar. Trotz dieser Einschränkungen ist die Erhaltung des Gebäudes wegen seiner städtebaulichen Wirkung zu begrüßen. Pau

–, *Oberhacken 11*. Das Haus des 17. und 18. Jhs. mit Erneuerungen des 19. Jhs. wurde modernisiert. Im Zuge dieser Maßnahmen mußten beträchtliche Baumängel, die in früherer Zeit immer nur verborgen und nie behoben wurden, beseitigt werden. Vom älteren Bestand wurde eine bemalte Bohlen-Balken-Decke teilweise freigelegt und ausgebessert. Pau

–, *Schießgraben 15*. Die «Meußdorfer Villa», 1899 von Chrisostomus Martin geplant, wird seit Jahren in einzelnen Bauabschnitten instandgesetzt. Anlaß für die jeweiligen Arbeiten sind akute Schäden am Dach, an den Außentreppen, am Treppenhaus, am Windfang usw. Da sich bei dieser Villa die ursprüngliche Ausstattung mit geätzten Fensterscheiben, bemalten Decken, verzierten und bemalten Türen, mit Verblechungen und den originalen Fenstern fast vollständig erhalten hat, sind alle die Arbeiten zugunsten der Substanzsicherung unmittelbar mit sehr aufwendigen restauratorischen Arbeiten verbunden. Im jetzt begonnenen Bauabschnitt wurden provisorische Abschlußwände für die Abtrennung der Wohnungen vom Treppenhaus, die wie ein Bretterverschlag aus Profilbrettern eingebaut worden waren, durch Holz-Glas-Konstruktionen ersetzt. Die Malerei des Treppenhauses wurde freigelegt und ältere Beschädigungen durch den Einbau von Elektroheizungen oder unsachgemäße Reparaturen behoben. Die Restaurierung dieser Flächen ist ungewöhnlich schwierig. Zugleich wurden die z. T. beschädigten oder fehlenden geätzten Scheiben des Treppenhauses nach dem Vorbild des Bestands mit fünf Ätzungen erneuert. Die Arbeiten müssen im nächsten Jahr fortgesetzt und zu einem vorläufigen Abschluß gebracht werden. Pau

–, *Spiegel 45*. Die Villa wurde 1901/02 von Hans Hornheber für die Familie Rizzi errichtet. Das Gebäude liegt im Tal des Kohlenbaches oberhalb der Altstadt. Bei früheren Instandsetzungsarbeiten wurde die Außengestaltung vereinfacht. Die Ergänzung der Architekturgliederung durch Malerei wurde entweder nie ausgeführt oder bei Renovierungen zerstört. Auch die originalen Fenster sind bereits früheren Arbeiten zum Opfer gefallen. In Innern des Gebäudes waren aber große Teile der ursprünglichen Raumausstattung mit Türen, Lamberien, hölzerne Verkleidungen, mit Fliesen in den Küchen und mit Dekorationsmalerei noch weitgehend vollständig erhalten. Diese Ausstattung wurde gesichert und durch Restaurierung wiederhergestellt. Pau

Kunreuth (Lkr. Forchheim), *Evang.-Luth. Kirchhof*. Das Dach der neben der Pfarrkirche stehenden Kapelle von 1405 wurde zimmermannsmäßig repariert und neu gedeckt. Bz

Kupferberg (Lkr. Kulmbach), *Kath. Pfarrkirche*. Die Außenmauern waren in einem erschreckenden Umfang durchfeuchtet. Nach intensiver Untersuchung der Bodenverhältnisse und anderer Schadensursachen wurde mit einer Trockenlegung des Mauerwerks begonnen. Im Berichtszeitraum wurde die Dachdeckung erneuert und der Dachstuhl statisch gesichert und in geringem Umfang ausgebessert. Pau

Kutzenberg, Markt Ebensfeld (Lkr. Lichtenfels). Das *Kirchen- und Versammlungsgebäude* wurde im Zuge der neuen «Kreisirrenanstalt» im Pavillon-Krankenhausstil zu Beginn des 20. Jhs. errichtet, nachdem die Anstalt für geistig Behinderte in Bayreuth zu klein geworden war. Seit mehreren Jahren stand der Gebäudekomplex der Jugendstilzeit leer und soll nun für die ursprünglichen Zwecke wiederhergestellt werden. Dazu sind umfangreiche bauliche Maßnahmen sowohl an den Fassaden als auch im Inneren notwendig. Bemerkenswert waren die Ausstattungen der Kirche und des Versammlungsraums, ausgestattet mit freskalen Malereien an Decken und Wänden, an der abschließenden Konche des Kirchenraums ein für die Zeit typisches Fresko, Christus als Weltenrichter. All diese Malereien und Dekorationen waren unter verschiedenen jüngeren Tünchen versteckt und wurden durch einen Restaurator teilweise freigelegt bzw. nach Freilegungsproben rekonstruiert. sh

Lahm, Gde. Itzgrund (Lkr. Coburg), *Haus Nr. 17*, repräsentatives zweigeschossiges Walmdachgebäude mit verputzter Fassade, über eine zweiläufige Freitreppe erschlossen, dazu ein großes Nebengebäude, verbunden mit einer schloßartigen Mauer mit zwei rundbogigen Toreinfahrten. Die aus dem 18. Jh. stammende Gesamtanlage besitzt noch historische Außenputze im Bereich der Toranlage, einen Teil der Fenster und der ursprünglichen Innenausstattung, insbesondere eine Stuckdecke aus dem frühen 18. Jh. im Eckzimmer des 1. Obergeschosses. Eine Außeninstandsetzung ist vorgesehen, mit Fensterverbesserungen bzw. -erneuerungen, soweit es sich um bereits ausgetauschte Fenster handelt. Befunduntersuchung und Arbeitsproben wurden angesetzt. Die Ausführung wird im nächsten Jahr erfolgen. sh

–, *Wiesenstraße 2*. Das Nebengebäude zu der Dreiflügelanlage, eine Scheune, wurde instandgesetzt, wobei auf die Erhaltung der äußeren

Strukturen Wert gelegt wurde. Das Nebengebäude findet als Lager- und Bürogebäude weitere Verwendung. sh

Langenstadt, Gde. Neudrossenfeld (Lkr. Kulmbach), *Tanzlinde.* Der Säulenkranz der stattlichen Tanzlinde wurde vor Jahren instandgesetzt. Der Baum verlor einige starke Äste, die den Säulenkranz erneut stark beschädigten. Die Schäden wurden behoben. Pau

Lanzendorf, Markt Thurnau (Lkr. Kulmbach), *Am Main 11.* Das geschlossene Ortsbild ist besonders entlang des Mains in einer Reihe ähnlich proportionierter und gestalteter Häuser sehr gut erhalten. Beim Baudenkmal Am Main 11 konnten einscheibige Fenster durch sprossengeteilte Fenster nach dem Vorbild erhaltener Originalfenster ersetzt werden. Pau

Lehenthal, Stadt Kulmbach, *Platz vor der Evang.-Luth. Pfarrkirche.* Der Platz wurde durch viele kleine, unbedachte und provisorische Veränderungen seiner Großzügigkeit und Würde beraubt. Mit dem Landbauamt Bayreuth wurde eine Planung abgestimmt, die die Provisorien durch eine auf einfache Materialien und Formen beschränkte Gestaltung setzt. Pau

Lettenreuth, Gde. Michelau (Lkr. Lichtenfels), *Kath. Pfarrkirche St. Laurentius.* Die 1759 geweihte, nach Plänen von Johann Michael Küchel errichtete Kirche mit einem polychromen Deckenstuck von Andreas Lunz und Deckengemälden von 1893 war im Inneren stark verschmutzt, so daß eine Restaurierung anstand. Nach einer sorgfältigen Reinigungsprobe konnte ein Konzept entwickelt werden, weitestgehend auf Neufassungen zu verzichten und nur stark beschädigte Partien sowie Rücklagen lasierend zu überfassen. Damit konnte die nur gereinigte Ausstattung mit Bildhauerarbeiten von Pankraz Fries und die Raumschale in einem einheitlichen Kontext hergestellt werden. sh

Leups (Lkr. Bayreuth), *Kath. Kapelle St. Josef.* Nach Durchführung der Inneninstandsetzung der 1789 bezeichneten Ortskapelle wurde das Altargemälde restauriert. Bz

Leutenbach (Lkr. Forchheim), *St. Moritz.* Der Moritzbrunnen, ein kleiner verputzter Kapellenbau aus der Mitte des 18. Jhs., erhielt auf Grundlage einer Befunduntersuchung eine neue Fassung. Bz

Lichtenberg (Lkr. Hof), *Burgruine.* Nach einer Phase, in der heimatliebende Bürger vor allem Keller und Gänge unterhalb des Burgberges freilegten, wandte sich die Gemeinde Lichtenberg jetzt der Sicherung der mächtigen, durchweg reparaturbedürftigen Stützmauern der Burganlage zu. Diese Arbeiten wurden von einem im Umgang mit historischen Stützmauern erfahrenen Statikbüro projektiert und in der Durchführung überwacht. Die jetzt durch Zuwendungen ermöglichten Arbeiten sichern nur einen Bruchteil der wartungsbedürftigen oder gar akut gefährdeten Burganlage. Pau

Lichtenfels (Lkr. Lichtenfels), *Stadtschloß.* Der ehemalige Kastenboden von 1555, als Stadtschloß von Kaspar von Sternberg errichtet, wird durch die Stadt Lichtenfels als Museum und Mehrzweckgebäude instandgesetzt. Die Architekten Busso von Busse und Clodt Dankward von Pezold übernahmen Planung und Bauleitung. Nach einer mehrjährigen Planungsphase, in der die Nutzerwünsche und die Anforderung des Denkmals in verschiedensten Varianten diskutiert wurden, entschloß man sich, statt der ursprünglich vorgesehenen ausschließlichen Sommernutzung eine Ganzjahresnutzung vorzusehen. Dies erforderte eine Klimatisierung des Gebäudes mit entsprechenden Wärmedämmungen der Außenwände. Diese wurden mit einem notwendigen statischen Stützungssystem vor die teilweise noch bemalten inneren Fachwerkwände vorgestellt und stellt damit ein Stütz-Wärmedämm-System unabhängig von der historischen Konstruktion dar. Im Berichtsjahr konnten neben den Instandsetzungen der Kellergewölbe und ihrer Zugänge der notwendige neue Erschließungsturm mit Treppenanlage und Aufzug errichtet werden. Es ist vorgesehen, die Außenhaut des Kastenbodens in seiner historischen Farbfassung wiederherzustellen und die inneren Fachwerkfassungen in «Sichtfenstern» der Nachwelt zu präsentieren. Diese Sichtfenster sind jedoch nicht als Befundstellen zu verstehen, sondern als integrierter Bestandteil des neu eingefügten Stützen-Wärmedämm-Systems. sh

–, *Am Stadtgraben 1.* Das zweigeschossige Satteldachgebäude mit Fachwerkobergeschossen liegt innerhalb des Stadtgrabens, der Stadtmauer unmittelbar vorgestellt. Nachdem der Bauunterhalt jahrelang vernachlässigt wurde, war das leerstehende Gebäude so stark substanzgefährdet, daß eine Instandsetzung einem Neubau unter Verwendung einiger Spolien gleichkäme. Das Gebäude wurde abgebrochen. sh

–, *Bahnhofstraße 14, «Pausonhaus».* Das von Distriktbaumeister Graebner 1894 als zweigeschossiger langgestreckter Sandsteinbau mit Mittelrisalit in neugotischen Formen errichtete Gebäude wurde im Inneren erneuert, ohne das Landesamt für Denkmalpflege zu konsultieren. Dabei wurde bedauerlicherweise das originale Treppenhaus durch ein Stahlbetontreppenhaus ersetzt. Statt der originalen Fenster wurden in den oberen Geschossen Kunststoffenster eingebaut. sh

–, *Coburger Straße 20.* Das zweigeschossige Walmdachgebäude wurde wegen der innerstädtischen Umgehungsstraße und der notwendigen Fußgängerrampen im Bereich der Bahnunterfahrt abgebrochen. sh

–, *Farbgasse 1,* Abbruch der gegen Ende des 18. Jhs. errichteten Fachwerkscheune, letztes Relikt einer ursprünglichen Rückgebäudezeile zu den Haupthäusern entlang der Bamberger Straße. sh

–, *Stadtsanierung.* Nach den städtebaulichen Zielvorstellungen soll innerhalb eines Altstadtquartiers der Stadt Lichtenfels ein Kaufhaus entstehen, was den Verlust von ca. 20 Gebäuden des späten 18. und frühen 19. Jhs. nach sich ziehen würde. Nur ein Gebäude ist in der Denkmalliste als Einzelbaudenkmal aufgenommen, jedoch ist das Quartier Bestandteil des Ensembles. Denkmalpflegerisch gewichtige Bedenken gegen die Realisierung eines Kaufhauses an diesem Standort wurden geltend gemacht. sh

Lisberg (Lkr. Bamberg), *Burg.* Nachdem das Wohnhaus der Vorburg instandgesetzt ist, beginnt der Besitzer nun in kleinen Bauabschnitten auch mit die Befestigungsanlagen und Nebengebäude der Vorburg zu sanieren. Wegen der überall offenliegenden spätmittelalterlichen Befunde ist dabei die Mitarbeit eines Restaurators unverzichtbar. Fa

Ludwigschorgast (Lkr. Kulmbach), *Hauptstraße 6.* Es wurde eingehend geprüft, ob das Gebäude in die Denkmalliste für den Landkreis Kulmbach nachzutragen sei. Aus städtebaulichen Gründen war die Erhaltung des Gebäudes für das Ortsbild sinnvoll und wünschenswert, weil eine bereits geplante Straßenerweiterung durch Aufweitung der räumlichen Qualitäten des Dorfbilds beeinträchtigt wird. Der Wohnteil des Gebäudes war mit der Raumausstattung in überraschend gutem Erhaltungszustand. Dagegen zeigte die Umnutzung des ehem. Stallteils Eingriffe, die sich über die historische Substanz gänzlich hinwegsetzten. Da das Haus nur fragmentarisch erhalten war, wurde auf einen Nachtrag in die Denkmalliste verzichtet. Pau

Maineck, Gde. Altenkunstadt (Lkr. Lichtenfels), *Schloßberg 4.* Das eingeschossige Mansarddachhaus von 1788 wurde durch einen neuen Eigentümer zum Wohnhaus umgebaut. Dabei wurden bedauerlicherweise die originale Treppe und die originalen Türen nicht wiederverwendet. Ansonsten blieb der Hausgrundriß weitestgehend erhalten. Die Fassade wurde gemäß den denkmalpflegerischen Gutachten instandgesetzt und nach Befund neu gefaßt. sh

Mainleus (Lkr. Kulmbach), *Hornschuchhausen.* Die Arbeitersiedlung Hornschuchhausen steht als Ensemble in der Denkmalliste. Veränderungen in und vor allen Dingen an den Gebäuden werden jedoch oft ohne die erforderliche Erlaubnis ausgeführt. Die geschaffenen Zustände lassen sich unter Würdigung der Verhältnismäßigkeit der Mittel nicht wieder rückgängig machen. Insgesamt leidet unter diesen eigenmächtigen Veränderungen der Gestaltwert der einzelnen Häuser und dadurch geht auch die Geschlossenheit der

Siedlung verloren: Das Landesamt für Denkmalpflege muß erkennen, daß mit der bisher üblichen Genehmigungspraxis das Ensemble nicht im wünschenswerten Umfange erhalten werden kann. Deshalb wurde eine Bestandsaufnahme dieser Arbeitersiedlung im Rahmen einer Abschlußarbeit am Lehrstuhl für Denkmalpflege der Universität Bamberg angeregt. Die vorliegenden Ergebnisse machen die Korrektur der Denkmalliste erforderlich. Sie ermöglichen auch die Anregung an die Gemeinde, durch eine Satzung das Erscheinungsbild des Ensembles langfristig zu sichern. Pau

–, *Bahnhofstraße 25–29.* Der *Bahnhof* in Mainleus wurde als dreiteiliger Sandsteinquaderbau um 1845–50 errichtet und in der 2. Hälfte des 19. Jhs. ergänzt. Bemerkenswert ist die Verbindung eines Schaltergebäudes, in dessen 1. Obergeschoß sich die Wohnung des Stationsvorstehers befindet, mit einer Eisenbahnerherberge, die erst später für eine zweite Wohnung ausgebaut wurde. Dieser Bahnhof ist mit bestechender handwerklicher Gediegenheit in Sandsteinquadern ausgeführt worden. Nach Vorstellung der Gemeinde und des Landratsamtes sollte das für den Ort wichtige Gebäude dem Neubau eines Marktes weichen. Die Regierung von Oberfranken entschied im Dissensfall zugunsten der Erhaltung. Die bereits abgestimmten Pläne für eine Umnutzung als Wohn- und Geschäftshaus versprechen zumindest eine weitgehende Erhaltung der städtebaulichen Wirkung des Gebäudes. Pau

Mainroth, Stadt Burkunstadt (Lkr. Lichtenfels), *Unterm Berg 20.* Mit den Instandsetzungsmaßnahmen des zweigeschossigen Fachwerkgebäudes nach vorheriger Erstellung eines Raumbuchs mit Photodokumentation wurde begonnen. Grundriß und Struktur des Gebäudes bleiben unverändert. Größere Instandsetzungsmaßnahmen sind an dem stark beschädigten Fachwerkobergeschoß notwendig, ebenso die Erneuerung der Geschoßtreppe. sh

Marienweiher (Lkr. Kulmbach), *Kloster.* Das große Refektorium mit Stuck von Johann Jakob Vogel aus der Zeit um 1720 wurde neu gefaßt. Im Verbindungstrakt zwischen Kloster und Brüderchor wurde der ehemals als Gruft genutzte Raum, seit 1894 als Kapelle genutzt, instandgesetzt und getüncht.
Auf der Freitreppe zur Kirche steht eine beachtliche Figur von 1695, die Johann Caspar Metzner aus Bamberg zugeschrieben wurde (H. Mayer). Die Figur wurde gesichert, geringfügig ergänzt. Die 1962 etwas bunt aufgetragene Fassung wurde beibehalten. Pau

Marktredwitz (Lkr. Wunsiedel), *Braustraße 15.* Das wohl aus dem 18. Jh. stammende Eckhaus mit Satteldach, das ältere Bauteile mit einbezieht, erhielt neue, nach denkmalpflegerischen Gesichtspunkten konstruierte Fenster. Bz

–, *Markt 46.* Das zweigeschossige Biedermeierhaus aus der 1. Hälfte des 19. Jhs. wurde umgebaut und instandgesetzt. Eine Reihe alter Ausbauelemente, u.a. historische Fenster, konnten erhalten und instandgesetzt werden. Bz

–, *Winkelmühle.* Die Gesamtinstandsetzung des lange leerstehenden, stattlichen Mühlengebäudes aus dem 18. Jh., die aus Mitteln des Entschädigungsfonds gefördert werden soll, wurde durch Aufmaß und Befunduntersuchung vorbereitet. Bz

Meedensdorf (Lkr. Bamberg), *Kapelle.* Die historische Kapelle aus dem Jahr 1907 wurde im Sinn ihrer Entstehungszeit innen neu getüncht. Fa

Melkendorf, Stadt Kulmbach, *Bartelberg 7.* Das Doppelhaus über hohem Kellergeschoß mit geringen Resten des 18. Jhs. stammt überwiegend aus dem 19. Jh. Wegen beträchtlicher Bauschäden und der durch jüngere Umbauten geschmälerten originalen Substanz konnte das Landesamt für Denkmalpflege die Bedenken gegen den Abbruch zurückstellen. Pau

Mengersdorf (Lkr. Bayreuth), *Evang.-Luth. Pfarrkirche St. Otto* (Anfang 16. Jh., Langhaus 1623 erweitert, Barockisierung 1736). Die Gesamtinstandsetzung der schmalen Emporenkirche wurde mit der Innenrenovierung abgeschlossen. Erheblicher Aufwand mußte zur Sanierung der stark geschädigten Dachkonstruktion geleistet werden. Im Chorraum wurden bei Befunduntersuchungen spätgotische Malereien entdeckt, auf deren weitere Freilegung jedoch verzichtet wurde. Die Farbgebung im Inneren orientierte sich an einer für das späte 18. Jh. nachgewiesenen Raumfassung. Bz

Mistelfeld, Stadt Lichtenfels (Lkr. Lichtenfels), *Mistelweg 17*, zweigeschossiges Fachwerkgebäude, Neufassung der Fassaden nach Befund. sh

Mitwitz (Lkr. Kronach), *Wasserschloß.* Mit der Restaurierung der im Erdgeschoß liegenden *Schloßkapelle* wurde begonnen. Größere Probleme stellen hier die vollkommen durchfeuchteten Außenwände dar, in Verbindung mit Wand- und Deckenmalereien der Renaissancezeit. In früheren Trockenlegungsversuchen wurde bereits der Sockelputz bis Unterkante Fenster abgeschlagen und durch hinterlüftete Gipskartonplatten ersetzt. Diese wurden entgegen den Stellungnahmen des Landesamtes für Denkmalpflege entfernt und durch Sanierputz ersetzt. Ansonsten wurde die Maßnahme entsprechend den Gutachten des Landesamtes und nach Befund sorgfältig durchgeführt. sh

Modschiedel, Stadt Weismain (Lkr. Lichtenfels), *Kath. Pfarrkirche Johannes der Täufer.* Die mittelalterliche Chorturmkirche mit späteren Erweiterungen besitzt unterschiedliche Fassadengestaltungen, die durch die Außenrestaurierung wieder zusammengefaßt werden sollten. Nach ausführlichen Befunduntersuchungen wurde ein Konzept entwickelt, das sich am Zustand zu Beginn des 20. Jhs., nach einer Kirchenerweiterung von 1936, orientierte. sh

Mönchherrnsdorf (Lkr. Bamberg), *ehem. Schule.* Archivalische Nachforschungen im Zusammenhang mit einem Abbruchantrag ergaben, daß es sich bei der früheren Schule um den Teil eines spätmittelalterlichen Amtssitzes des nahen Klosters Ebrach handelt, der schloßähnlich mit einem Wassergraben umgeben war. Diese neue Erkenntnis überzeugte die Gemeinde von der Notwendigkeit des Erhalts und innerhalb eines Jahres fand eine Sanierung als Vereinshaus statt. Der sorgfältige Befundbericht konnte nicht nur erhaltene Fassungen und Putze des 16. Jhs., sondern auch einen Kapellenraum nachweisen. Die Ergebnisse der baugeschichtlichen Untersuchungen sollen in einem Bericht vorgestellt werden. Fa

Mönchröden, Gde. Rödental (Lkr. Coburg), *Rothinestraße 7.* Das aus dem frühen 18. oder späten 17. Jh. stammende zweigeschossige Gebäude mit Fachwerkobergeschoß wurde leider trotz intensiver Beratung verunstaltend instandgesetzt. sh

Nagel, Markt Küps (Lkr. Kronach), *Oberes Schloß.* Das zweigeschossige, mit einem Walmdach gedeckte Schloß des 17./18. Jhs. erhielt eine neue Dachdeckung, außerdem Erneuerung der Winterfenster, wobei die älteren dahinterliegenden Fenster repariert werden konnten. sh

Naida, Gde. Meeder (Lkr. Coburg), *Haus Nr. 22.* Das zweigeschossige Wohnstallgebäude mit überdachter Veranda im 1. Obergeschoß und mit Weißmalerei versehenem verschieferten Giebel erhielt eine neue, bedauerlicherweise massive Außenfassade, wobei gleichzeitig die ursprünglich offene Vorlaube in die Wohnung des 1. Obergeschosses einbezogen und verglast wurde. sh

Nemmersdorf (Lkr. Bayreuth), *Haus Nr. 41.* Das aus dem 19. Jh. stammende ehemalige Stallgebäude des Gasthauses von 1834 wurde ausgebaut und instandgesetzt. Das Ergebnis kann denkmalpflegerisch nicht in vollem Umfang überzeugen. Bz

Neunkirchen a. Brand (Lkr. Forchheim), *Kath. Pfarrkirche St. Michael.* Die umfassende Gesamtinstandsetzung der ehem. Augustinerchorherrenstiftskirche, eines zweischiffigen Baus mit Bauteilen und Ausstattungselementen aus dem 11.–19. Jh., wurde mit der Restaurierung des romanisch-gotischen Westturms begonnen. Das vor allem in den oberen Partien stark geschädigte Sandsteinquadermauerwerk wurde gefestigt und ergänzt. Bz

–, *Erlanger Tor.* Mit der Gesamtinstandsetzung des 1479 bezeichneten Torturms mit einem Mansarddach des 18. Jhs., der wiederholt durch verkehrsbedingte Schäden stark gelitten hatte, wurde begonnen. Um die Räume im Obergeschoß und Dachgeschoß des Turms nutzbar machen zu können, ist die Anfügung eines Treppenaufgangs geplant. Bz

–, *Innerer Markt 9 und 11.* Die beiden Bürgerhäuser, ein Giebelbau aus Fachwerk in Eckstellung, der im 16. Jh. entstanden sein dürfte, und das angebaute Satteldachhaus aus der 1. Hälfte des 19. Jhs. sollen nach dem Willen des Neuerwerbers abgebrochen werden. Während der Antrag für den älteren Fachwerkbau wegen der hohen Bedeutung und des guten baulichen Zustands abgelehnt wurde, wurde eine Beseitigung des weniger wertvollen und in seiner Substanz verbrauchten Baues aus dem 19. Jh. hingenommen. Bz

–, *Klosterhof 2–4.* Mit der Instandsetzung des Ostflügels der ehem. Klosterschule von 1615, die wie das bereits sanierte Hauptgebäude von der Marktgemeinde genutzt werden soll, wurde begonnen. Bz

Neunkirchen a. Main (Lkr. Bayreuth), *Evang.-Luth. Pfarrkirche St. Laurentius.* Die Chorturmkirche aus der Mitte des 15. Jhs., deren Langhaus 1724–25 barockisiert worden war, wurde innen instandgesetzt. Die bei einer früheren Renovierung teilweise freigelegten, um 1470 entstandenen Fresken im Chor werden in einem nachgezogenen Instandsetzungsschritt restauriert und, sofern lohnend, um weitere freigelegte Flächen ergänzt. Bz

Neuses, Stadt Kronach (Lkr. Kronach), *Kulmbacher Straße 5.* Das zweigeschossige Wohnstallgebäude mit Walmdach und teilweisen Sandsteinumfassungswänden wurde trotz mehrerer Stellungnahmen des Landesamtes für Denkmalpflege unsachgemäß instandgesetzt, so daß im Inneren nahezu keine originalen Wände und Decken mehr erhalten sind. Bedauerlicherweise wurden auch die Sandsteinfassungen sandgestrahlt und die Fenster unsachgemäß erneuert, so daß die Denkmaleigenschaft erheblich gemindert ist. sh

Neuses a.d. Regnitz (Lkr. Forchheim), *Kanaltrasse des Ludwig-Donau-Main-Kanals.* Im Zuge der Neuerrichtung von Sportanlagen jenseits der Kanaltrasse und der geplanten Aufstellung eines Bebauungsplanes zwischen bestehender Bebauung und Kanal will die Gemeinde erhebliche Teile der alten Kanaltrasse beseitigen. Das Landesamt für Denkmalpflege lehnte jeden Eingriff in die historische Substanz des bedeutsamen Denkmals ab. Bz

Neustadt bei Coburg (Lkr. Coburg), *Evang.-Luth. Pfarrkirche St. Georg.* Die unter Einbeziehung eines spätmittelalterlichen Chorturms unter Heideloff in den typischen neugotischen Stilformen erneuerte Kirche wurde innen restauriert. Der Innenraum war zuletzt in einfachen Weißformen gehalten, die weder auf die neugotischen Schnitzereien der Emporen noch auf eine farbige Ausgestaltung der Kreuzgratgewölbe Rücksicht nahmen. Nach sorgfältiger Befunduntersuchung konnte die Farbgebung der ursprünglichen Dekoration aufgedeckt und das Farbkonzept des 19. Jhs. nach Befund rekonstruiert werden. Die Kirche stellt sich heute mit der Außenarchitektur wieder als einheitliches Gesamtkunstwerk dar, auch wenn bedauerlicherweise der neugotische Hauptaltar und die neugotische Kanzel in den dreißiger Jahren entfernt wurden. Die Grenzöffnung nach Thüringen ermöglichte es, die nahezu gleichzeitige, ebenfalls von Heideloff errichtete Kirche in Sonneberg, als Vergleichsbeispiel mit einzubeziehen. sh

Niederfüllbach (Lkr. Coburg), *Evang.-Luth. Pfarrkirche,* Orgelinstandsetzung. Nach mehrfacher Beratung durch das Landesamt für Denkmalpflege konnte die historische Orgel zum größten Teil restauratorisch wiederhergestellt werden. sh

Niedermirsberg (Lkr. Forchheim), *Wiesengrundstraße 1.* Mit dem Beginn der Gesamtinstandsetzung des aus verschiedenen Fachwerkbauten bestehenden Mühlenanwesens aus dem 18. Jh., welche im wesentlichen aus Mitteln des Landesamtes für Denkmalpflege bestritten werden muß, wurde ein entscheidender Beitrag zur Erhaltung der landschaftsprägenden, doch stark vernachlässigten Baugruppe geleistet. Im 1. Bauabschnitt wurden Dachkonstruktion und Fachwerkobergeschoß des Wohn-Mühlengebäudes ausgebessert, die Dachdeckung unter Einbeziehung alter Ziegel erneuert und der Außenanstrich durchgeführt. Ein stark geschädigter Fachwerkanbau wurde nach Aufmaß zur späteren Wiedererrichtung eingelegt. Bz

Oberau, Stadt Staffelstein (Lkr. Lichtenfels), *Schloß.* Das Nebengebäude der aus dem 17. Jh. stammenden Schloßanlage konnte wieder mit Rinnenziegel umgedeckt werden. sh

Oberbrunn, Markt Ebensfeld (Lkr. Lichtenfels), *Haus Nr. 6.* Neben einer Fassadeninstandsetzung des erdgeschossigen Fachwerkgebäudes konnte auch der kleine Hausgemüsegarten in das Restaurierungskonzept einbezogen werden. Hier wurden die gußeisernen Einfriedungen und die Sandsteinpfeiler instandgesetzt. sh

Oberküps, Markt Ebensfeld (Lkr. Lichtenfels), *Haus Nr. 28.* Mit großem Engagement konnte der neue Eigentümer des in die fränkische Hauslandschaft selten gewordenen landwirtschaftlichen Gebäudes – ein Wohnstallgebäude mit unter einem First anschließender Scheune – instandgesetzt werden. Das Gebäude befand sich in einem äußerst schlechten Zustand. Neben einem verformungsgerechten Bauaufmaß wurde vom Architekten ein sorgfältig ausgearbeitetes Instandsetzungskonzept vorgelegt, das grundsätzlich von der Reparatur beschädigter Materialien ausging. Auch die notwendigen Instandsetzungsmaßnahmen erfolgten in herkömmlichen Techniken. So wurden beispielsweise verlorengegangene Lehmfachungen wiederhergestellt und mit dünn aufgezogenen Kalkputzen versehen. Die Maßnahme war im Berichtsjahr noch nicht abgeschlossen. sh

Oberlauter, Gde. Lautertal (Lkr. Coburg), *Frankenstraße 36, ehem. Rathaus* mit integrierter Schule. Bei der Umgestaltung zu Wohnzwecken wurde Wert darauf gelegt, die historischen Strukturen zu bewahren. Das schieferverkleidete Gebäude erhielt entsprechende konstruktiv geteilte Fenster statt der vorhandenen Einscheibenfenster und eine Schieferverkleidung nach historischen Aufnahmen. sh

Oberleiterbach (Lkr. Bamberg), *Reuthloser Weg 2.* Die Fachwerkfassaden des barocken Gasthofs erhielten einen neuen Anstrich; gleichzeitig wurden einige störende Ausleger und Aufbauten entfernt und der schöne bauzeitliche Ausleger restauriert. Fa

Obernschreez (Lkr. Bayreuth), *Haus Nr. 2.* Der aus dem 19. Jh. stammende Backofen des Anwesens wurde instandgesetzt. Bz

Oberoberndorf (Lkr. Bamberg), *Haus Nr. 12.* Nach langem Ringen konnten die Besitzer veranlaßt werden, in ihrem Anwesen Holzfenster mit Sprossenteilung einzubauen. Fa

Pautzfeld (Lkr. Forchheim), *Pautzfelder Straße 44.* Der beantragte Abbruch des ortsbildprägenden, erdgeschossigen Wohnstallhauses aus dem 18. Jh. wurde abgelehnt. Diese von Unterer und Höherer Denkmalschutzbehörde mitgetragene Entscheidung zog ein Gerichtsverfahren nach sich. Bz

Pfaffendorf, Gde. Altenkunstadt (Lkr. Lichtenfels), *Kath. Filialkirche St. Georgius.* Die Fassade wurde nach Befund neu gefaßt und das Schieferdach wurde ausgebessert bzw. erneuert. Im Zuge dieser Arbeiten konnten auch die unmittelbar neben der Kirche liegende Quellfassung und die zugehörende Durchgangsmarter wiederhergestellt werden. sh

–, *Wegkapelle.* An der Straße nach Altenkunstadt liegt eine kleine, auf quadratischem Grundriß errichtete Fachwerkkapelle des späten 18. Jhs., die nicht unerhebliche Holzschäden aufwies. Nach einem sorgfältig ausgearbeiteten Konzept wurde im Rahmen der Flurbereinigung die Kapelle instandgesetzt und nach Befund neu gefaßt. sh

Pferdsfeld, Markt Ebensfeld (Lkr. Lichtenfels), *ehem. Gemeindehaus.* Das zweigeschossige Walmdachhaus mit Feuerwehrunterstellhalle besitzt ein Fachwerkobergeschoß. Nach der Gebietsreform stand das Gebäude mehrere Jahre leer und wurde nur sporadisch vom Feuerwehrverein genutzt. Nicht unerhebliche Schäden, vor allen Dingen im Schwellbereich des Fachwerks zum 1. Obergeschoß, hatten sich eingestellt, so daß Instandsetzungsmaßnahmen angezeigt waren. Diese wurden sehr sorgfältig durch einen örtlichen Zimme-

rermeister und durch gemeindeeigene Bauhelfer durchgeführt, so daß mit der Fenstererneuerung (zuletzt einscheibige Einflügelfenster) das Gebäude wieder den ursprünglichen Charakter erhielt.
sh

Plech (Lkr. Bayreuth), *Evang.-Luth. Pfarrkirche.* Die 1779–82 erbaute Saalkirche mit spätmittelalterlichem, 1661 wiederaufgebautem Turm wurde nach den Ergebnissen einer Befunduntersuchung außen mit grauen Gliederungen und schwarzem Begleitstrich neu gefaßt.
Bz

Pottenstein (Lkr. Bayreuth), *Kirchplatz 31.* Mit der umfassenden Gesamtinstandsetzung des kath. Pfarrhauses, eines gesockelten zweigeschossigen Walmdachbaus, 1738 von Johann Michael Küchel errichtet, wurde begonnen. Gegen anfänglichen Widerstand konnte das Landesamt für Denkmalpflege die Erhaltung historischer Ausbauelemente, etwa der alten Fenster, durchsetzen.
Bz

–, *Fischergasse 1.* Die ehem. Reussenmühle, ein städtebaulich markanter Fachwerkbau aus dem 17. Jh., deren Abbruch bereits erwogen worden war, wurde instandgesetzt und als Gästehaus eines benachbarten Gaststättenbetriebes ausgebaut. Die Behandlung einzelner Bauteile verlief im denkmalpflegerischen Sinne nicht durchgängig einwandfrei, jedoch ist durch die Erhaltung des Baus der städtebauliche Gewinn beträchtlich.
Bz

–, *Hauptstraße 41.* Das Giebelhaus mit Fachwerkobergeschoß aus dem 18. Jh. erhielt eine neue Dachdeckung und wurde nach Befund neu gefaßt.
Bz

Pretzfeld (Lkr. Forchheim), *Kath. Pfarrkirche St. Kilian.* Mit der Außenrenovierung wurde die langwierige und sehr aufwendige Gesamtinstandsetzung der 1742ff von Johann Michael Küchel errichteten, wohlproportionierten Saalkirche abgeschlossen. An den Sandsteingliederungen mußten in größerem Umfang Auswechslungen vorgenommen werden. Die Farbgebung orientierte sich mit einer Kombination von Altweiß und Ocker an der festgestellten Erstfassung.
Bz

–, *Schloß.* Ein eingestürztes Teilstück der Wehrmauer aus dem 16. Jh. mußte in Angleichung an den Bestand wiederaufgemauert werden.
Bz

–, *Im Anger.* Ein Bildstock und ein Feldkreuz aus dem 18. Jh. wurden restauriert.
Bz

Rackersberg (Lkr. Bayreuth), *Kath. Ortskapelle.* Der kleine Kapellenbau aus dem späten 18. Jh. wurde außen und innen instandgesetzt. Die Befunduntersuchung konnte außen eine ungewöhnliche, lebhaft dunkelrot geäderte Fassung nachweisen, die jedoch nicht rekonstruiert werden konnte.
Bz

Raithenbach (Lkr. Wunsiedel), *Haus Nr. 5.* Umbau und Instandsetzung des um 1800 entstandenen Wohnstallhauses wurden abgeschlossen. Denkmalpflegerisch ist das Ergebnis nur bedingt als Erfolg anzusprechen.
Bz

Rattelsdorf (Lkr. Bamberg), *Kath. Kirche.* MIt der Sanierung des Turms fand die 1988 begonnene Außenrenovierung ihren Fortgang.
Fa

–, *Bromberg 140.* Nach mehrjähriger Vorbereitungszeit und langen Verhandlungen begann die Gesamtsanierung des barocken Gasthofs am nördlichen Ortsausgang. Ohne die finanzielle Unterstützung durch den Entschädigungsfonds wäre der Erhalt des ortsbildprägenden Fachwerkgebäudes nicht möglich gewesen. In mehreren Bauabschnitten soll das Denkmal statisch gesichert und zu einem funktionsfähigen Gasthaus umgebaut werden. 1989 begannen die Arbeiten mit der Neueindeckung des Dachs und der Sanierung des Fachwerks.
Fa

Redwitz (Lkr. Lichtenfels), *Evang.-Luth. Pfarrkirche St. Ägidius,* Innenrestaurierung der stilistisch dem Schloß angeglichenen Kirche, 1914–19 nach den Plänen von Johann Will errichtet. Die Oberflächen der gleichzeitigen Ausstattung wurden grundsätzlich nur gereinigt und einretuschiert. Allerdings waren die Wände so stark verschmutzt, daß sie neu gekalkt werden mußten. Nach mehreren Proben konnte für den Wandanstrich ein Muster erzielt werden, das den Gesamteindruck der Ausstattung mit ihren gedunkelten, nur leicht gefaßten Holzoberflächen berücksichtigte. Größere Korrekturen waren an der Ölvergoldung des Frieses zur Holzzonne notwendig. Auch die Vergoldungen der in Renaissanceformen gehaltenen Kanzel und Altäre waren brüchig, so daß sie niedergelegt und ausgebessert werden mußten.
sh

Reichenbach (Lkr. Wunsiedel), *Kath. Kapelle* am Südwestrand des Ortes. Der 1889 entstandene kleine Kapellenbau wurde instandgesetzt.
Bz

Reichmannsdorf (Lkr. Bamberg), *Schloß.* Die geplante Errichtung eines 300-Betten-Golf- und Kongreßhotels in unmittelbarer Nähe des 1714–19 von Johann Dientzenhofer erbauten Schlosses versetzte die Denkmalbehörden in Aufregung. Es wird versucht, die Planung zu reduzieren und die drohenden Gefahren für die bedeutende Anlage abzuwenden.
Fa

Reundorf, Stadt Lichtenfels (Lkr. Lichtenfels), *Christ-König-Platz 7.* Das nach der Gebietsreform nicht mehr benötigte Gemeindehaus wurde an Private veräußert, die das Gebäude nach einem sehr sorgfältig erarbeiteten Instandsetzungskonzept wiederherstellen. Dabei wird das ursprüngliche Raumkonzept beibehalten. Durch sorgfältige Untersuchungen und Instandsetzungsarbeiten konnten selbst die beschädigten und in den letzten Jahren verdeckten Bohlen-Balken-Decken und die Fachwerkwände mit ihren farbigen Fassungen wiedergewonnen werden. Die Arbeiten waren im Berichtsjahr noch nicht abgeschlossen.
sh

Reundorf (Lkr. Bamberg), *Kirchhofmauer.* Einspruch gegen den Entwurf eines Architekten, der im Zuge der Dorferneuerung den Abbruch der barocken Kirchhofmauer zugunsten einer «Fußgängerzone» vorsah. Archivalische Forschungen belegen, von welcher kirchen- und heimatgeschichtlichen Bedeutung die barocke Sandsteinmauer ist, deren Putz im Laufe der Zeit nur etwas abgewittert ist.
Fa

Rödental (Lkr. Coburg), *Rothinestraße 7.* Die Instandsetzung des langgestreckten zweigeschossigen ehem. Wohnstallgebäudes mit verschiefertem Fachwerkobergeschoß wurde begonnen, wobei mehrere denkmalpflegerische Empfehlungen und Auflagen nicht eingehalten worden sind.
sh

Romansthal, Stadt Staffelstein (Lkr. Lichtenfels), *Haus Nr. 19.* Das giebelständige erdgeschossige Wohnstallgebäude steht seit mehreren Jahren leer und wurde durch neue Maschinenhallen so eng eingebaut, daß eine sinnvolle Wohnnutzung nicht mehr möglich ist. Hinzukommen sehr niedrige Geschoßhöhen und nicht unerhebliche Bauschäden, u.a. an mehreren Stellen echter Hausschwammbefall, so daß das Gebäude nach einer Photodokumentation, verbunden mit einem Bauaufmaß abgebrochen worden ist.
sh

Rosenbach (Lkr. Forchheim), *Kath. Ortskapelle.* Der Saalbau von 1927–29 wurde außen instandgesetzt, die Sakristei dabei verbreitert.
Bz

Rosenhammer (Lkr. Bayreuth), *Haus Nr. 2.* Der Treppenturm des ehemaligen Herrenhauses aus dem 16. und 17. Jh. wurde mit Naturschiefer neu gedeckt.
Bz

Rothenberg, Stadt Seßlach (Lkr. Coburg), *Haus Nr. 10.* Das traufständig an der Straße liegende Gebäude wurde als Wohnstallgebäude errichtet, wobei der Stall wegen der starken Hanglage in einem Untergeschoß eingebaut und die kleine Scheune mit Futterstelle als hintere Haushälfte in einer einheitlichen Bauweise mit dem Wohngebäude verbunden wurde. Nicht unerhebliche Bauschäden ließen eine kostenrelevante Instandsetzung nicht mehr zu, so daß das Gebäude vor dem Abbruch von Studenten des Aufbaustudiums Denkmalpflege der Universität Bamberg aufgemessen und eingehend erforscht wurde.
sh

Rothmannsthal, Stadt Lichtenfels (Lkr. Lichtenfels), *Kath. Pfarrkirche Mariä Himmelfahrt.* Die im Kern aus dem 14. Jh. stammende Kirche besitzt ein tonnengewölbtes Langhaus von 1745, das Anfang des 20. Jhs. mit einem Quaderputz versehen worden ist. Während im Sockelbereich nicht unerhebliche Schäden am Verputz festgestellt werden mußten, waren die anderen Putzflächen noch stabil, so daß eine Instandsetzung angestrebt wurde. Bedauerlicherweise ist trotz Beratung der Besenputz der Quadersteine nicht ganz gelungen. Mit der Farbgebung nach Befund jedoch konnten die gröbsten Uneinheitlichkeiten einigermaßen korrigiert werden. sh

Ruspen (Lkr. Bayreuth), *Haus Nr. 3.* Das Satteldach des Wohnstallhauses mit Fachwerkobergeschoß aus der 1. Hälfte des 19. Jhs. wurde mit Biberschwänzen neu gedeckt. Bz

Sambach (Lkr. Bamberg), *Kath. Kirche.* Für ein Pfarrfest erhielt die Raumschale einen Neuanstrich. Fa

Schederndorf (Lkr. Bamberg), *Kapelle.* Im Zuge der Innenrestaurierung fanden sich sowohl die Baupläne Gustav Häberles als auch der Altarriß des Bamberger Bildhauers Georg Löwisch. Beides dient der Restaurierung des neugotischen Kirchleins, dessen dunkle und ornamentreiche Farbigkeit wieder in seinen bauzeitlichen Zustand gebracht werden konnte. Fa

Scheßlitz (Lkr. Bamberg), *Hauptstraße 26, ehem. Rathaus.* Das neubarocke Rathaus, das Gustav Häberle 1900 unter Verwendung älterer Grundmauern errichtete, erhielt einen farbenfrohen Außenanstrich im Sinn der nachgewiesenen Erstfassung. Im Innern sind zwar ebenfalls üppige Bemalungen der Jahrhundertwende nachweisbar, doch konnte sich der Stadtrat nicht zu ihrer Rekonstruktion entschließen. Für die neue Nutzung als Volkshochschule blieben die historischen Grundrisse erhalten. Fa

–, *Wilhelm-Spengler-Straße 14.* Die Gesamtsanierung des barocken Handwerkerhäuschens wurde in kleinen Bauabschnitten zu Ende geführt. Fa

Schlottenhof (Lkr. Wunsiedel), *Dorfring 8.* Das Wappen über der Torchdurchfahrt des um 1750 entstandenen alten Schlosses wurde restauriert. Bz

Schmölz, Markt Küps (Lkr. Kronach), *Lerchenhof 1.* Das zweigeschossige Gebäude aus dem 18. Jh. mit einer Stuckdecke im 1. Obergeschoß, die auf eine sakrale Nutzung hindeutet, wurde vom Eigentümer so stark verändert, daß die Denkmaleigenschaft nicht mehr gegeben ist. sh

Schnabelwaid (Lkr. Bayreuth), *Schloßstraße 7/9 (alte Haus Nr. 31/32).* Das Äußere des bis auf das 17. Jh. zurückgehenden stattlichen Wohnhauses mit verputztem Fachwerkobergeschoß wurde instandgesetzt. Bz

Schönbrunn (Lkr. Wunsiedel), *Burgstraße 6.* Das Äußere des Frackdachhauses aus dem späten 18. Jh. wurde instandgesetzt. Die denkmalpflegerischen Vorgaben wurden dabei jedoch nur teilweise beachtet. Bz

Seibelsdorf, Markt Marktrodach (Lkr. Kronach), *Evang.-Luth. Pfarrkirche St. Andreas.* Die 1735–60 von Johann Georg Hoffmann errichtete Kirche in Hausteinquadermauerwerk wurde vor über einem Jahrzehnt restauriert, wobei man damals zur Säuberung der Fassaden Flußsäure einsetzte und versuchte anschließend zu neutralisieren. Das Schadensbild, großflächiges Abplatzen der Fassadenoberfläche in einer Tiefe von 1–3 mm, umfaßt nun die Fassaden und alle Architekturteile. Vorallem aufwendiger gestaltete Teile wie Portalverdachungen sind in ihrer bildhauerischen Arbeit nahezu verloren. In Zusammenarbeit mit der Bayplan und dem Referat Steinkonservierung der Restaurierungswerkstätten des Landesamtes für Denkmalpflege wird versucht, ein Restaurierungskonzept für die Fassaden zu entwickeln, das den weiter fortschreitenden Verfall zu bremsen versucht. Alle Beteiligten sind sich allerdings darüber im klaren, daß eine gesicherte Sanierung beim gegenwärtigen Schadensbild nicht erreicht werden kann. sh

Serkendorf, Stadt Staffelstein (Lkr. Lichtenfels), *Kath. Marienkapelle.* Die von 1927 stammende Kapelle in nachbarocken Formen erhielt einen Sakristeianbau. Im Zuge dieses Anbaus wurde der Barockaltar restauriert, wobei die Marmorierungen erhalten und die Vergoldungen, vor allem im Tabernakelbereich, erneuert wurden. sh

Seßlach (Lkr. Coburg), *Flenderstraße 88.* Das unmittelbar am Rothenberger Torturm gelegene kleine Handwerkerhaus wurde mit Hilfe von Städtebauförderungsmitteln instandgesetzt. Eine kleine Kürschnerwerkstatt mit Ausstellungsräumen wurde eingebaut. sh

–, *Luitpoldstraße 3, Alte Schule.* Das mehrgeschossige, unmittelbar an der Stadtmauer gelegene, von der Straße etwas zurückgesetzte Gebäude stammt im Kern aus dem 17. Jh. und besitzt eine überarbeitete Fassade und Innenaufteilung aus der Mitte des 19. Jhs. In diesem Gebäude wurden u. a. ein städtisches Museum und Wohnungen eingerichtet, wobei die Fassade und auch die Innenräume entsprechend dem letzten Zustand instandgesetzt worden sind. Für die Museumsräume mußten geringfügige Erweiterungen vorgenommen werden, im großen und ganzen aber blieb das Gebäude entsprechend seiner letzten Konzeption erhalten. Aufgrund der Befunduntersuchungsergebnisse, die zumindest Teile der Fassade des 17. Jhs. erkennen ließen, war der Wunsch nach einer Fassadenfassung in kräftigen Rot-Weiß-Tönen seitens der Stadt und des Architekten nicht unverständlich. Diese Fassadenreste wären aber nicht in die Architektur des 19. Jhs. integrierbar gewesen, so daß letztlich die Wiederherstellung bzw. Restaurierung der Fassade des 19. Jhs. insgesamt ausschlaggebend war und für das Gebäude bestimmend wurde. Größere Erneuerungsarbeiten waren vor allem bei den Fenstergewänden aus Schilfsandstein notwendig, die zu 70 % so stark aufgespalten waren, daß sie erneuert werden mußten. sh

Seußling (Lkr. Bamberg), *Pfarrstadel.* Durch die Instandsetzung des barocken Pfarrstadels kann der wichtige Scheunenrand des am Regnitz-Hochufer gelegenen Ortes erhalten werden. Fa

Seybothenreuth (Lkr. Bayreuth), *Hauptstraße 38.* Das Dach des Wohnhauses vom Ende des 18. Jhs., eines Sandsteinquaderbaues mit Walmdach, wurde mit Biberschwänzen neu gedeckt. Bz

Sinatengrün (Lkr. Wunsiedel), *Haus Nr. 7.* Die Teilinstandsetzung des Wohnstallhauses mit Satteldach von 1789 wurde abgeschlossen. Bz

Stadtsteinach (Lkr. Kulmbach), *Forstamtstraße 2.* Das traufständige Gebäude der Zeit um 1800 wurde im Zuge einer umfassenden Außeninstandsetzung gesichert. Pau

Staffelbach (Lkr. Bamberg), *Kath. Kirche.* Am Turmhelm der 1973 erweiterten Kirche waren Dachdeckerarbeiten nötig. Fa

Staffelstein (Lkr. Lichtenfels), *Kath. Pfarrkirche St. Kilian.* Im Zuge der Außenrestaurierung wurde auch der zwischen den Strebepfeilern des Chors eingebaute Ölberg mit restauriert. Dabei mußte festgestellt werden, daß die Steinfiguren stark überarbeitet waren. Ein bislang fehlender Verkündigungsengel wurde neu hinzugeschaffen. sh

–, *Bamberger Straße 1, Gasthaus Adam Riese.* Die Fassade des in Ecklage am Marktplatz liegenden Gasthofs wurde nach Befund neu gefaßt. sh

Stammbach (Lkr. Hof), *Evang.-Luth. Kirche.* Nach einer Außeninstandsetzung wurden die Chorfenster der Zeit um 1900 ausgebaut, gereinigt, im Bestand gesichert und wieder eingesetzt. Pau

Stein (Lkr. Bayreuth), *Evang.-Luth. Burgkapelle St. Michael.* In einem 2. Bauabschnitt wurde das Innere der 1686 in der ehemaligen Kemenate der Burg eingerichteten Kapelle instandgesetzt. Der Charakter der sehr urtümlich wirkenden Ausstattung wurde so wenig wie möglich verändert. Bz

Strössendorf, Gde. Altenkunstadt (Lkr. Lichtenfels). Der zum Schloß Strössendorf gehörende kleine *Barockgarten* wurde im

Pachtvertrag von der Gemeinde erworben und nach denkmalpflegerischen Gesichtspunkten teilweise wiederhergestellt. Die Maßnahme wurde im Zuge der Dorferneuerung finanziert. sh

Thüngfeld (Lkr. Bamberg), *Haus Nr. 33*. Das durch mehrere nicht genehmigte Umbaumaßnahmen stark entstellte *Wasserschloß* hat im Obergeschoß noch Reste der gekuppelten Renaissancefenster. Leider konnte der Besitzer trotz vieler Beratungen nicht von ihrer Restaurierung bzw. Rekonstruktion überzeugt werden. Die Fragmente der historischen Fenster bleiben nun in situ erhalten und sind vom Referat Bauforschung des Landesamtes aufgemessen. Fa

Thurnau (Lkr. Kulmbach), *Bahnhofstraße 20*, Instandsetzung des Dachs der Leichenhalle der Evang.-Luth. Friedhofskirche. Pau

Tiefenstürmig (Lkr. Forchheim), *Kath. Kirche zur Kreuzauffindung*. In der 1726 von Paul Mayer errichteten Saalkirche wurden eine Reihe von Glasmalereien aus dem 19. Jh. restauriert. Bz

Trebgast (Lkr. Kulmbach), *Kantoratsgebäude, Kirchplatz 6*. Das Haus wurde auf der hangaufwärts liegenden Seite durch einen Anbau erweitert, der das heute von der Bauaufsicht geforderte Treppenhaus aufnimmt. Das bestehende Kantoratsgebäude wurde umfassend instandgesetzt und für die Zwecke eines Gemeindehauses nutzbar gemacht. Pau

–, *Berliner Straße 6*. Das im Jahre 1814 errichtete Wohnstallhaus ist im Erdgeschoß massiv, im Obergeschoß in Fachwerk errichtet. Es steht für die Belichtung und die Trockenheit der Außenmauern ungünstig an einem Hang. Das Gebäude gehört zu jener Gattung kleinbäuerlicher Häuser, die wegen sehr kleiner Räume, geringer Stockwerkshöhen und winziger Fenster nach heutigen Vorstellungen kaum nutzbar sind. Da das Gebäude außerdem beträchtliche Bauschäden aufwies, konnte von Seiten des Landesamtes für Denkmalpflege angesichts eines zu erwartenden Umbauergebnisses die Zustimmung zum Abbruch nicht ausgeschlossen werden. Nach dem Erwerb des Gebäudes durch die Gemeinde und einer nachdrücklichen Unterstützung des Bauvorhabens durch das Landratsamt wurden Pläne entwickelt, die eine weitgehende Sicherung des Bestands und geringfügige Veränderungen zugunsten einer verbesserten Belichtung vorsehen. Diesen Plänen stimmte das Landesamt für Denkmalpflege zu. Mit den Bauarbeiten wurde begonnen. Pau

Tressau (Lkr. Bayreuth), *Haus Nr. 26*. Am ehemaligen Schloß, einem im Kern aus dem 17. Jh. stammenden zweigeschossigen Satteldachbau, wurden Fassaden und Dächer gerichtet. Bz

Trumsdorf (Lkr. Kulmbach), *Evang.-Luth. Pfarrkirche*. In das Quadermauerwerk des Chors wurden Gedenktafeln für die Gefallenen der Weltkriege eingebaut. Diese Tafeln wurden aus einem zum Mauerwerk nicht passenden Material gefertigt und fügen sich in die Architektur des Chors nicht befriedigend ein. Auf Wunsch örtlicher Vereine soll diese Art der Gedenktafeln entfernt und durch eine Gedenksäule ersetzt werden, die in der Form eines Obelisken vor dem Chor errichtet werden wird. Der Entwurf für dieses neue Ehrenmal wurde mit dem landeskirchlichen Bauamt und der Kirchengemeinde abgestimmt.
Das Innere der Kirche ist intakt und nur durch langjährige Verstaubung stark patiniert. Zunächst sollte eine Instandsetzung des Kirchenraums wegen der fehlenden Dringlichkeit zurückgestellt werden. Dem Wunsch zu einer Auffrischung des Anstrichs wurde schließlich doch stattgegeben. Befunduntersuchungen brachten keine solch gewichtigen Erkenntnisse, daß das Ergebnis der letzten Restaurierung korrigiert werden müßte. Der Altar wird nur gereinigt und gesichert. Emporen und Bänke werden gereinigt und evtl. neu gestrichen. Die gesamte Raumschale wird aufgefrischt. Der heute sichtbare Zustand der mit einfachem Rahmenstuck gegliederten Decke bleibt erhalten. Die Decke wird bei der begonnenen Instandsetzung wie vorgefunden neu getüncht. Pau

Trunstadt (Lkr. Bamberg), *Kath. Pfarrhaus*. Der Aufmerksamkeit eines örtlichen Architekten ist der Nachtrag des zweigeschossigen Pfarrhofs aus dem 17.Jh. in die Denkmalliste zu verdanken. Im Erdgeschoß befinden sich noch bauzeitliche Stuck- und Bohlenbalkendecken. In einem ersten Bauabschnitt wurde eine Außenrenovierung durchgeführt, dabei die unschön veränderten Fensterformate zurückgebaut und der Putz nach Befund gefaßt. Fa

Truppach (Lkr. Bayreuth), *Haus Nr. 10*. Das Gasthaus, ein zweigeschossiger Sandsteinquaderbau mit Krüppelwalmdach aus der 1. Hälfte des 19.Jhs., erhielt neue sprossengeteilte Fenster. Bz

Unterdornlach, Stadt Kulmbach, *ehem. Weberhaus*, ein in der Tür 1740 datierter Blockbau. Das Gebäude steht seit Jahren leer. Da es über einem massiven Keller an einem Hang steht, hat vor allen Dingen die Rückseite des Gebäudes durch das hangabwärts fließende Wasser so stark gelitten, daß das Landesamt für Denkmalpflege nach eingehender Untersuchung seine Bedenken gegen den Abbruch des Gebäudes zurückstellen mußte. Das Haus wurde sorgfältig zeichnerisch dokumentiert. Eine Photokumentation wurde angefertigt. Die Anregung, das Gebäude in ein Freilandmuseum zu übernehmen, wurde nicht aufgegriffen. Pau

Unterhaid (Lkr. Bamberg), *Altes Rathaus*. Nach längerer Planungszeit wurde die Außensanierung des barocken Rathauses und seines Zierfachwerks zügig durchgeführt. Frühere «Restaurierungs»arbeiten hatten den Anteil bauzeitlicher Hölzer bereits stark gemindert, der schlechte Gesamtzustand und fehlender Bauunterhalt hatten den historischen Bestand weiterhin beeinträchtigt. Ältere Ausbesserungen blieben soweit möglich erhalten. Ein im Keller aufgefundenes barockes Kreuzstockfenster hätte die Anfertigung neuer Fenster erleichtern können, die leider etwas klobig ausfielen. Das Fachwerk trug ursprünglich eine Ockerfassung, die nach längeren Verhandlungen mit dem Gemeinderat auch schließlich rekonstruiert wurde. Fa

Unterkotzau, Stadt Hof, *ehem. Wasserschloß*. In der Nachbarschaft einer alten Saalefurt befindet sich ein turmähnliches massives Gebäude, das ehemals von einem wasserführenden Graben umgeben war. Der Dachstuhl des Gebäudes legt eine Datierung in der Mitte des 16.Jhs. nahe. Der ältere Kern wurde mehrfach verändert. Der dadurch erreichte Ausbau wird nachhaltig durch Bauelemente des 18.Jhs. und gut dazu passenden Ergänzungen des beginnenden 19.Jhs. bestimmt. Das Gebäude wurde vollständig zeichnerisch dokumentiert. Die Befunduntersuchung wies ältere, figürliche und ornamentale Malereien nach, die einen großen Seltenheitswert haben. Mit der Sicherung des Bestands wurde zunächst durch eine Noteindeckung des Dachs begonnen. Die bereits bestehenden Schäden weiteten sich aber trotz dieser Notsicherung rapide aus. Da von Seiten des Hausbesitzers zunächst nur eine geringe Bereitschaft zur Instandsetzung und eine angesichts der erforderlichen Aufwendungen kaum nennenswerte Eigenleistung zur Rettung des Gebäudes zu erwarten war, stieg mit dem fortschreitenden Verfall des Gebäudes der zu seiner Sicherung notwendige Aufwand kontinuierlich und zugleich minderten sich die Möglichkeiten, die beschädigte historische Bausubstanz konservatorisch vertretbar und anschaulich zu erhalten. Dennoch wurde eine hohe Förderung aus dem Entschädigungsfonds in Aussicht gestellt. Nachdem aber andere erwartete Zuwendungen nicht in der gewünschten Höhe bewilligt wurden, unterstützte schließlich die Stadt Hof den vom Bauherrn erneut gestellten Abbruchantrag. Da sich die entstandenen Finanzierungslücken nicht schließen ließen, wurde schließlich der Abbruch des Gebäudes von der Unteren Denkmalschutzbehörde zugelassen. Pau

Unterlauter, Gde. Lautertal (Lkr. Coburg), *Evang.-Luth. Gemeindehaus*. Das zweigeschossige, in konstruktivem verputzten Holzfachwerk errichtete Gebäude wurde zuletzt als Schule genutzt und stand seit mehreren Jahren leer. Es wurde nun im Rahmen einer Gesamtsanierung zum Gemeindezentrum umgebaut. Im Zuge dieser Sanierung wurde auch die bereits einmal ausgetauschte Außenhaut abgenommen und mit einer außenliegenden Wärmedämmung versehen, wobei das Obergeschoß wieder eine Naturschieferverkleidung erhielt, das Untergeschoß neu verputzt worden ist. Farbgebung nach Befund. sh

Unterleiterbach (Lkr. Bamberg), *Kath. Kirche*. Die spätgotische Kirche erhielt einen Außenanstrich. Fa

–, *Schloßstraße 20*. Für die Neueindeckung des Fachwerkhauses konnten Rinnenziegel aus Abbruchanwesen wiederverwendet werden. Es ist dies seit vielen Jahren das erste restaurierte Dach mit dieser Deckungsart im Landkreis Bamberg. Fa

Unterstürmig (Lkr. Forchheim), *Schießbergstraße 37*. Ein Antrag auf Abbruch des bäuerlichen Anwesens, das aus einem eingeschossigen Fachwerkhaus von 1770 und einer Fachwerkscheune von 1862 besteht, wurde mit Hinweis auf die ortsbildprägenden Qualitäten und den sanierbaren Bauzustand abgelehnt. Bz

Unterwaiz (Lkr. Bayreuth), *Alte Dorfstraße 5*. Ein Antrag, die Reste des beim Neubau der Gastwirtschaft stehengebliebenen ehemaligen Brauhauses, eines Sandsteinquaderbaues aus dem frühen 19. Jh., abbrechen zu dürfen, wurde zurückgewiesen. Bz

Vierzehnheiligen (Lkr. Lichtenfels), *Wallfahrtskirche*. Im Berichtsjahr wurde die Restaurierung der Ausstattung – Gnadenaltar, Seitenaltäre in der kleinen Vierung und Beichtstühle – weiter vorangetrieben. Nach wie vor bleibt die immer wieder auftauchende Forderung einer großflächigen Neuvergoldung, ein Thema der im übrigen höchst sorgfältigen und durch gründliche Befunduntersuchungen vorbereiteten Restaurierung. Die zuletzt marmorierte Kommunionbank wurde entsprechend der nur in Spuren nachweisbaren Fassung des 18. Jhs. neu gefaßt. Außerdem wurde die Fassade der Propstei restauriert. sh

Volsbach (Lkr. Bayreuth), *Kath. Pfarrkirche Mariä Geburt*. Die Steinmeyer-Orgel von 1912 wurde ohne Erlaubnis durch ein neues Instrument ersetzt. Bz

Waischenfeld (Lkr. Bayreuth), *Hauptstraße 111*. Das Gasthaus Sonne, ein zweigeschossiges Giebelhaus in Fachwerk aus dem 18. Jh., wurde außen instandgesetzt. Bz

Walkersbrunn (Lkr. Forchheim), *Haus Nr. 35*. Das außerhalb des Ortes bei der evang.-luth. Pfarrkirche gelegene, ehemalige Mesnerhaus wurde ausgebaut und außen instandgesetzt. Bz

Wallenfels (Lkr. Kronach), *Thiemitzbrücke*. Die alte Sandsteinbogenbrücke aus dem 18. Jh. mit Wappenkartusche wurde entsprechend der Gutachten des Landesamtes für Denkmalpflege vorbildlich restauriert. sh

Weidenberg (Lkr. Bayreuth), *Gurtstein 3*. Gesamtinstandsetzung des zweigeschossigen Sandsteinquaderbaus mit Halbwalmdach von 1839 und Umbau zu einer evang.-luth. Gemeindediakonie wurden fortgeführt. Bz

–, *Kantorsgase 24*. Die Gesamtinstandsetzung der sog. Scherzenmühle, eines Wassermühlenanwesens mit Gebäudebestand des 17.–19. Jhs., das künftig als Freilichtmuseum genutzt werden soll, wurde abgeschlossen. Die Maßnahmen, die im wesentlichen aus Sicherungs- und Konservierungsarbeiten bestanden, wurden aus Mitteln des Entschädigungsfonds gefördert. Bz

Weilersbach (Lkr. Forchheim), *Kath. Ortskapelle*. Die Gesamtinstandsetzung der kath. Ortskapelle Mittlerweilersbach, eines schlichten, neuromanischen Sandsteinbaus von 1814, wurde mit der Innenrenovierung abgeschlossen. Bz

Weingarts (Lkr. Forchheim), *Haus Nr. 1*. Das Wohnstallgebäude aus der 1. Hälfte des 19. Jhs. wurde aufgegeben, da es den Nutzungsanforderungen der Bewohner nicht mehr entsprach und einen vergleichsweise nur geringen denkmalpflegerischen Wert repräsentierte. Der für das Ortsbild wesentliche Ersatzbau wurde zwar beraten, jedoch in negativer Weise von der Planung abweichend ausgeführt. Bz

Weismain (Lkr. Lichtenfels), *Kath. Stadtpfarrkirche St. Martin*. Das Innere der aus dem 19. Jh. stammenden Kirche war zuletzt mit Dispersionsfarben gestrichen worden und zeigte sehr starke Verschmutzung, so daß eine umfassende Innenrestaurierung notwendig wurde. Die Neufassung entspricht der letzten Farbgebung, die zwar nicht entsprechend der Farbgebung des 19. Jhs. ausgeführt wurde, aber wesentlich mehr der vom Vorgängerbau übernommenen barocken Ausstattung angepaßt ist. Die ursprüngliche Fassung des 19. Jhs. zeigte an den Wänden eine Quaderung im üblichen pastosen Farbton. sh

–, *Burgkunstadter Straße 5*. Das unmittelbar hinter dem bereits abgegangenen Torturm gelegene Gebäude, das nicht als Einzeldenkmal in die Denkmalliste aufgenommen war, wurde abgebrochen. sh

Weißenstadt (Lkr. Wunsiedel), *Am Ehrenhain*. Einige der in einer langgestreckten Zeile angeordneten Scheunen aus Granitbruchsteinmauerwerk, meist mit Schiefer gedeckt, wurden instandgesetzt. Die denkmalpflegerische Auflage, an Werksteilen kein Sandstrahlgerät einzusetzen, wurde mißachtet. Bz

Wernsdorf (Lkr. Bamberg), *Zur Schleifmühle 1*. Der Durchbruch eines dritten Tores in die intakte Scheune des Anwesens konnte verhindert werden. Fa

Wiesenthau (Lkr. Forchheim), *Schloß*. In der Dreiflügelanlage mit Ecktürmen aus dem 16. Jh. waren, wie verschiedentlich bereits früher, ohne Genehmigung Bauarbeiten vorgenommen worden. Die Maßnahmen wurden durch das Landratsamt eingestellt. Das Bemühen des Landesamtes für Denkmalpflege ist darauf gerichtet, die Erstellung eines Gesamtkonzeptes zu erreichen, aus dem die Verträglichkeit einzelner vorgesehener Maßnahmen beurteilt werden kann. Bz

Wohlmutshüll (Lkr. Forchheim), *Kath. Filialkirche*. Der neubarocke Kapellenbau von 1920 mußte gegen Abrutschen statisch gesichert werden und wurde in der Nachfolge innen und außen renoviert. Bz

Wunsiedel (Lkr. Wunsiedel), *Marktplatz 1*. Ein bauzeitliches, zweiflügeliges Holzportal der um 1835 erbauten Apotheke wurde restauriert. Bz

–, *Maximilianstraße 45*. Das im Kern aus dem 17. Jh. stammende, dreigeschossige Haus mit abgewalmtem Dach wurde für Wohnnutzung ausgebaut. Der Forderung des Landesamtes für Denkmalpflege, die Maßnahmen durch Befunduntersuchung vorzubereiten, wurde nicht Rechnung getragen. Bz

–, *Spitalhof 7*. Der im Kern aus dem 16. Jh. stammende Satteldachbau erhielt ein neues Schieferdach. Bz

–, *Turmgäßchen 10*. Das aus dem 17. Jh. stammende Giebelhaus, das einen halbrunden Turm der Stadtbefestigung einbezieht, wurde mit Biberschwanzziegeln neu gedeckt. Bz

MITTELFRANKEN

Das Referatsgebiet *Mittelfranken-Ost*, betreut von Dr. Ursula Schädler-Saub (Usch) hinsichtlich der kirchlichen Denkmäler und von Dr. Michael Mette (Me) hinsichtlich der profanen Denkmalpflege, umfaßt die Städte Erlangen, Fürth, Schwabach und Weißenburg und den Landkreis Weißenburg-Gunzenhausen. In der Stadt Nürnberg wird die kirchliche Denkmalpflege von Dr. Schädler-Saub betreut, die profane von Oberkonservator Dipl.-Ing. Paul Unterkircher (Un). In den Landkreisen Nürnberger Land und Roth-Hilpoltstein werden von Dr. Schädler-Saub sowohl die kirchliche wie die profane Denkmalpflege wahrgenommen. Das Referatsgebiet *Mittelfranken-West* umfaßt die Landkreise Ansbach, Erlangen-Höchstadt, Fürth, Neustadt a. d. Aisch-Bad Windsheim und die Städte Ansbach und Rothenburg o. d. Tauber. Oberkonservatorin Dr. Gisela Vits (Vi) ist hier zuständig für die kirchlichen Denkmäler, außerdem für die kirchliche und profane Bau- und Kunstdenkmalpflege in den Landkreisen Erlangen-Höchstadt und Fürth (mit Ausnahme der Bauleitplanung). Bauoberrätin Dipl.-Ing. Ursula Mandel (Ma) betreut die profanen Denkmäler in *Mittelfranken-West*, in den Landkreisen Erlangen-Höchstadt und Fürth beschränkt sich die Zuständigkeit auf die Begutachtung der Bauleitplanung.

Abenberg (Lkr. Roth), *Burg Abenberg* (vgl. vorangegangene Jahresberichte), Fortführung der archäologischen Grabungen im nordöstlichen Bereich des Burghofs, der das Areal für den geplanten Neubau erfaßt, Ausarbeitung der Neuplanung. Der Umfang der vorgesehenen Neubauten im Burghof konnte wesentlich reduziert werden, dank des Verzichts auf einen Fremdenzimmertrakt und der Beschränkung auf einen Mehrzwecksaal mit Nebenräumen. Dieser ist als Satteldachbau geplant, die rückwärtige Traufseite leicht abgerückt von der Ringmauer, mittels eines Vorbaus anstelle der im 19. Jh. abgerissenen Kapelle an den spätgotischen Wohnbau angeschlossen; Treppenhaus und Lift des Neubaus können so in das für das historische Gebäude entwickelte museale Nutzungskonzept einbezogen werden, Eingriffe in die bestehende Treppenanlage sind nicht notwendig. Usch

Absberg (Lkr. Weißenburg-Gunzenhausen), *Evang.-Luth.Pfarrkirche*. Inneninstandsetzung der 1598 als einheitlicher Bau errichteten Saalkirche mit flacher Putzdecke und eingezogenem Chor, mit teils bemerkenswerter Ausstattung (darunter der steinerne Altaraufsatz mit Kreuzigungsgruppe aus der Erbauungszeit der Kirche sowie steinerne und hölzerne Epitaphien des 16. und 17. Jhs.). Von der neugotischen Umgestaltung des Kirchenraums verblieb nach der purifizierenden Restaurierung von 1957/58 nur das Deckengemälde mit der Himmelfahrt Christi, gefertigt vom Nürnberger Architekten und Kirchenmaler Boehner.
Es wurden statische Sicherungen im Chorbereich (Einbringen von Spannankern) ausgeführt; der Umfang der Maßnahmen wurde auf Anregung der Denkmalpflege reduziert. Die zunächst von der Kirchengemeinde gewünschte Wiederherstellung der neugotischen Raumgestaltung von Boehner, durch historische Photographien belegt, konnte angesichts der durchgreifenden Umgestaltung der fünfziger Jahre, die eine Rückführung auf die Erbauungszeit beabsichtigt hatte, aus denkmalpflegerischer Sicht nicht befürwortet werden. Die Raumfassung der fünfziger Jahre wurde daher wieder aufgenommen. Zudem wurden konservatorische Maßnahmen an der Ausstattung durchgeführt. Usch

Adelsdorf (Lkr. Erlangen-Höchstadt). Das Wohnhaus *Untere Bachgasse 2*, ein erdgeschossiger Satteldachbau aus der 1. Hälfte des 19. Jhs. und damit eines der für den Ort einstmals typischen Kleinhäuser, wurde leider abgebrochen. Vi

Ailsbach (Lkr. Erlangen-Höchstadt). Das am Dorfweiher gelegene *ehem. Hirtenhaus*, ein massiver Krüppelwalmdachbau der Zeit um 1800, konnte durch den engagierten Einsatz eines ortsansässigen Architektenpaars gerettet und als Gemeindezentrum ausgebaut werden. Vi

Allersberg (Lkr. Roth), *Bahnhofstraße 14*. Das ehem. Bahnhofsempfangsgebäude, ein malerischer villenartiger Bau im Fachwerkstil, 1902 errichtet, wurde instandgesetzt und als Bibliothek umgebaut. Dabei konnten einige Eingriffe in den Grundriß des Erdgeschosses leider nicht vermieden werden. Es wurde jedoch erreicht, daß originale Ausstattungsstücke wie Sprossenfenster, Türen und die hölzerne Treppe erhalten blieben und sorgfältig repariert wurden. Usch

Altdorf (Lkr. Nürnberger Land), *Evang.-Luth. Friedhofskirche*, Inneninstandsetzung der 1741–42 errichteten Saalkirche mit allseitig umlaufender Empore und Kanzelaltar, die geputzte Flachdecke mit Rahmenstuck sowie sparsamen Ranken- und Bandelwerk geschmückt. Anlaß der Inneninstandsetzung waren Schäden an der Stuckdecke. Außerdem wollte man formal ungeeignete Veränderungen, die bei einer Renovierung der fünfziger Jahre ausgeführt worden waren, rückgängig machen und die Raumfassung der Erbauungszeit rekonstruieren. Durch die Befunduntersuchung konnte diese Fassung genau nachgewiesen werden, mit einer blaugrauen Marmorierung auf Kanzelaltar und Emporenbrüstungen sowie Treppengeländern; der Raum war dazu hell getüncht, die Stuckornamente farblich leicht abgesetzt.
Trotz ausdrücklicher Hinweise des Landesamtes wurde bei der Auswechslung des Fußbodenbelags der fünfziger Jahre eine Gruft vor dem Kanzelaltar schwer beschädigt. Auch gab es technische Probleme bei der Wiederherstellung der Erstfassung, da die zunächst beauftragte Firma trotz eines freigelegten Primärdokuments nicht in der Lage war, die Marmorierung fachgerecht zu rekonstruieren. Befriedigende Ergebnisse konnten erst nach Hinzuziehen geeigneter Fachkräfte erreicht werden.
Die 1845 gestiftete Orgel wurde restauriert. Auf Anraten der Denkmalpflege verzichtete man auf das zunächst gewünschte neue Rückpositiv, das die Architektur des Kanzelaltars und der umlaufenden Emporenbrüstung erheblich gestört hätte, und entschied sich statt dessen für eine seitliche Erweiterung am Hauptgehäuse der Orgel. Usch

–, *Oberer Markt 9*. Zum «Wallensteinhaus», einem stattlichen dreigeschossigen Traufseitbau aus Sandsteinquadern mit rückwärtigem Treppenturm aus Fachwerk, im 17. Jh. errichtet, gehörte eine zweigeschossige Scheune aus Sandsteinquadern, die mittels eines schmalen zweigeschossigen Nebengebäudes mit dem Wohnhaus verbunden war. Das Anwesen zeigte somit eine für den Oberen Markt charakteristische Bebauung der schmalen langgestreckten Grundstücksparzellen, wie sie bis zum späten 19. Jh. verbreitet war und nur noch in wenigen Beispielen erhalten ist: An der Marktplatzseite ein repräsentatives traufseitiges Wohnhaus, mittels eines langgestreckten Zwischenbaus mit der rückwärtigen, traufseitig zur Neubaugasse orientierten Scheune verbunden.
Das Anliegen der Denkmalpflege, diese Parzellenbebauung mit den barocken Nebengebäuden zu erhalten und behutsam einer denkmalgeeigneten Nutzung zuzuführen, konnte angesichts der konträren Vorstellungen des Eigentümers und des Sanierungsbeauftragten leider nicht durchgesetzt werden. Auf Anregung des Landesamtes für Denkmalpflege wurde zwar ein Aufmaß des langgestreckten Nebengebäudes zwischen Wohnhaus und Scheune gefertigt, ebenso eine Planung, die den Einbau zweier Appartements vorsah, außerdem wurde ein nennenswerter Zuschuß für die Instandsetzung des Gebäudes in Aussicht gestellt; trotzdem entschied sich der Eigentümer für den ersatzlosen Abbruch und somit für eine «Entkernung» und Aufgabe der historischen Hofanlage. Auch bei der Instandsetzung der Scheune zeigte sich„ wie schwer sich die Anliegen der Denkmalpflege mit den Vorstellungen des Eigentümers und der Stadtsanierung vereinbaren lassen, wenn diese von einer maximalen Nutzung des Gebäudes auf Kosten der historischen Bausubstanz ausgehen. Die intensiv zu Wohn- und Gewerbezwecken ausgebaute Scheune hat heute einen Großteil ihrer historischen Bausubstanz eingebüßt, der «Scheunencharakter» des Gebäudes ist bei der jetzigen Nutzung ohnehin verloren. Usch

–, *Obere Wehd*. Das stattliche Giebelhaus, ein zweigeschossiger Sandsteinbau, bez. 1766, mit qualitätvoller Ausstattung aus dem 18.

und 19. Jh., wurde instandgesetzt und zu Gewerbe- und Wohnzwecken ausgebaut. Dabei konnte eine weitgehende Erhaltung der sehr klar gegliederten Grundrisse des 18. Jhs. durchgesetzt werden, was auch dank einer Reduzierung der gewerblichen Nutzung im Erdgeschoß möglich wurde. Bohlenbalkendecken, Stuckdecken und ein Großteil der historischen Putze und Fassungen an den Fachwerkwänden wurden insgesamt korrekt konserviert, ebenso die historischen Türverkleidungen und Türblätter. Die Hausfassade, zuletzt in den fünfziger / sechziger Jahren renoviert, wies leider keine historischen Putz- und Fassungsreste mehr auf; die Neufassung stützt sich daher auf keinen Befund. Usch

Altentrüdingen (Lkr. Ansbach), *Friedhof.* Die aus Bruchsteinen errichtete Friedhofsmauer, die den auf der Bergkuppe gelegenen Friedhof kreisförmig umschließt, konnte wegen erheblicher statischer Probleme nicht erhalten werden. Sie wurde durch eine neue Mauer ersetzt. Ma

Ansbach
Die auf dem Friedhof südlich der Altstadt gelegene *Evang.-Luth. Heilig-Kreuz-Kirche*, ein Bau von 1461–78 mit Erweiterungen von 1601–12, wurde innen instandgesetzt. Da die Kirche eine vollständig erhaltene, allerdings vor etwa 20 Jahren abgelaugte neugotische Einrichtung besitzt, wurde die zugehörige Farbfassung von Raumschale und Ausstattung rekonstruiert.

–, Die *Evang.-Luth. Pfarrkirche St. Johannes* erhielt Chorpfeilerfiguren. Die ursprünglich vorhandenen Figuren aus der Bauzeit des Chors (1441–58) und die vier 1865 erneuerten Skulpturen waren 1901 aus konservatorischen Gründen abgenommen und teilweise kopiert worden. Wegen baulicher Schäden an den Chorpfeilern wanderten sie jedoch anschließend in die Gruft der Kirche und gerieten dort in Vergessenheit. Die nunmehr durchgeführte Außeninstandsetzung des Gebäudes bot den Anlaß ihrer Wiederanbringung. Aufgestellt wurden die sieben Kalksteinkopien von 1904 sowie neu hergestellte Kopien der vier Figuren von 1865, deren Originale zusammen mit den fünf erhaltenen spätgotischen Skulpturen in der Krypta verbleiben. Die ursprüngliche Anordnung der Figuren – Apostel, Propheten, Bischöfe sowie eine Muttergottes – konnte nach umfangreichen Recherchen des Landbauamtes Ansbach geklärt werden. Vi

–, *Bebauungsplan Nr. 12.* Die Änderung des Bebauungsplans zielt noch immer auf den Ausbau der Kronacher- und Jahnstraße als Ersatz für eine wirksame Westtangente. Die damit verbundenen Abbrüche von spätklassizistischen Baudenkmälern, *Kronacherstraße 11, 11 a, 11 b*, kann nicht hingenommen werden. Ma

–, *Bebauungsplan Nr. 13.* Für die Würzburger Vorstadt wurde ein Bebauungsplan aufgestellt, der auf die Erhaltung der historischen Bauten abgestimmt wurde, doch die rückwärtige Erschließung über die Parkplätze an der Rezat nicht ausschließt. Die überlieferte Parzellenstruktur und die rückwärtigen Nebengebäude sind dadurch gefährdet. Ma

–, *Büttenstraße 6.* Die Entscheidung der Regierung von Mittelfranken für den Abbruch des dreigeschossigen Wohnhauses mußte hingenommen werden. Damit verliert die Büttenstraße ein Baudenkmal des frühen 17. Jhs., ein ursprünglich zweigeschossiges Giebelhaus, welches im 19. Jh. aufgestockt und eine Firstdrehung erhielt. Das Landesamt ließ eine Bestandsaufnahme und Photodokumentation erstellen. Ma

–, *Feuchtwangerstraße 38.* Die mittelfränkische *Heil- und Pflegeanstalt*, 1900–1903 und 1912/13 nach Plänen von G. Josef Förster im Stil des im 19. Jh. entwickelten Pavillonsystems errichtet, zählt zu den bedeutenden Anlagen im Bundesgebiet, da noch Gebäude im ursprünglichen Zustand erhalten sind. Um so bedauerlicher ist es, daß im Rahmen der Modernisierung für die Auskernung zwingende Gründe geltend gemacht werden und die ursprünglichen Grundrisse und der für die Anstaltsgebäude entwickelte Innenausbau nicht erhalten werden kann. Ma

–, *Neustadt 37.* Die Fassade des von Gabriel de Gabrieli erbauten Wohnhauses mit korinthischer Kolossalordnung wurde ohne Erlaubnis so gründlich abgebeizt, daß eine Befunduntersuchung ohne Ergebnis blieb. Durch Übernahme der auf einer Befunduntersuchung basierenden Farbgebung des ebenfalls von Gabrieli errichteten Wohnhauses Platenstraße 18, wurde eine angemessene Fassadengestaltung erreicht. Ma

–, *Pfarrstraße 6.* Das dreigeschossige Wohnhaus des 17. / 18. Jhs. mit gut erhaltenem Innenausbau des 18. und 19. Jh. wurde modernisiert. Die ursprüngliche Grundrißgestaltung und Ausstattung des 1. und 2. Obergeschosses konnte erhalten werden. Das Erdgeschoß wurde für eine gewerbliche Nutzung verändert und das Dach bis unter den First ausgebaut. Ma

–, *Pfarrstraße 22.* Die *ehem. Markgräfliche Kanzlei*, an Stelle der nördlich von St. Gumbertus gelegenen Stiftsgebäude von Gideon Bacher 1594 errichtet und 1899 durchgehend restauriert, wird – nachdem das Amtsgericht in die Räume des Hotel Stern an der Promenade umgezogen ist – künftig das Gesundheitsamt aufnehmen. Das in der Nord Ost Ecke des Innenhofs 1732 eingefügte Treppenhaus ist statisch gefährdet. Die noch im historischen Stil ausgestalteten Innenräume sollen ebenso erhalten werden wie die um 1920 neugestalteten Räume und der Sitzungssaal im 1. Obergeschoß von 1960. Ma

–, *Schloßstraße 3*, stattliches Wohnhaus des 18. Jhs. Die Stadt stimmte der Auskernung des Erdgeschosses und der Beseitigung des Gewölbekellers zu, damit die Geschäftsräume erweitert werden können. Ma

Aurach (Lkr. Ansbach), *Ansbacher Straße 7.* Zur Entleerung der Ortsmitte hat nach Auffassung des Landesamts die Siedlungspolitik in den zurückliegenden 30 Jahren geführt. Als die Gemeinde die Felder unmittelbar hinter den an der Hauptstraße liegenden Hofanlagen für eine Bebauung freigab, entstanden hinter den Scheunen neue Wohnhäuser. Die alten Häuser wurden verlassen und als Nebengebäude genutzt bis sie baufällig wurden. Für das stattliche Fachwerkhaus hinter dessen Fassaden sich ein Schweinestall verbirgt, wurde ein Abbruchsantrag gestellt, ohne Aussicht auf einen Ersatzbau. Städtebauliche Sanierungsmaßnahmen sind dringend erforderlich, wenn das Ortsbild erhalten werden soll. Ma

–, *Weinbergstraße 12.* Das erdgeschossige Wohnstallhaus des 18. / 19. Jahrhunderts wurde umgebaut und instandgesetzt. Im ehem. Stall entstanden Nebenräume. Das Dachgeschoß wurde ausgebaut. Ma

Bad Windsheim (Lkr. Neustadt a. d. Aisch–Bad Windsheim), *Bebauungsplan Nr. 24 / Marktplatz.* Das Landesamt lehnte aus städtebaulichen und denkmalpflegerischen Gründen die Errichtung einer mehrgeschossigen Tiefgarage unter dem Marktplatz für ca. 200 PKW und den Neubau eines Kaufhauses anstelle des im sog. Maximiliansstil errichteten ehem. Amtsgerichts wiederholt ab. Die Regierung als höhere Denkmalschutz- und Rechtsaufsichtsbehörde wurde gebeten zu prüfen, ob die Standortfrage eines Kaufhausneubaus und einer Tiefgarage ausreichend untersucht und Alternativvorschläge geprüft wurden. Einer der schönsten Marktplätze Mittelfrankens ist gefährdet. Ma

–, *Fränkisches Freilandmuseum.* Der Wiederaufbau der *ehem. Weilheimer Schmiede* wurde abgeschlossen. Ma

–, *Metzgergasse 52.* Ein Abbruchantrag für das zweigeschossige, giebelseitig verputzte Fachwerkhaus des frühen 16. Jhs. mit auf der Südseite sichtbaren verbatteten Kopfbändern und einem später angebauten Laubengang auf der Nordseite wurde abgelehnt. Ma

–, *Metzgergasse 54.* Der Abbruch des völlig verwahrlosten Giebelhauses des 15. / 16. Jhs. mußte hingenommen werden. Bevor eine Abbruchdokumentation durchgeführt werden konnte, wurde das Denkmal durch Brandstiftung zerstört. Ma

–, *Schumberggasse 6.* Die *ehem. Deutsche Schule*, 1569 als Fachwerkbau errichtet, im 18. Jh. weitgehend umgebaut und um 1930

Bruck, Stadt Erlangen; Evang.-Luth. Pfarrkirche St. Peter und Paul; Choraltar von 1508/17, nach der Restaurierung

zum Heimatmuseum unter Verwendung vielfältiger Versatzstücke umgebaut, wurde zu einer Gaststätte umgebaut. Der Innenausbau wurde vollständig erneuert; die Fassaden blieben erhalten. Ma

Bechhofen (Lkr. Ansbach), *Dinkelsbühler Straße 21*. Der ehem. Gasthof zur Post, ein stattlicher verputzter Fachwerkbau des 18. Jhs., wurde von der Gemeinde ersteigert, um hier das Museum des Bürsten- und Pinselmacherhandwerks einzurichten. In den sechziger Jahren ist das Baudenkmal durchgreifend verändert und dadurch statisch gefährdet worden. Vorbereitende Untersuchungen mit einer zeichnerischen Bestandsaufnahme und Befunduntersuchung sowie ein statisches Sanierungskonzept. Antrag auf Förderung aus dem Entschädigungsfond. Ma

Bettwar (Lkr. Ansbach), *Haus Nr. 17*. Seit Jahren steht das ehem. Gasthaus im Taubertal leer und wird dem Verfall überlassen. Ma

–, Haus Nr. 19. Das *ehem. Schulhaus*, heute Pfarrhaus, ein zweigeschossiger Satteldachbau von 1896 in Ziegelbauweise, wurde unter Bewahrung der ursprünglichen Raumaufteilung und des Innenausbaus renoviert. Ma

Betzmannsdorf (Lkr. Ansbach), *Haus Nr. 3*. Der Abbruch der im 18. Jh. errichteten Fachwerkscheune mit dreigeschossigem, reich verziertem Fachwerkgiebel mußte wegen akuter Einsturzgefahr hingenommen werden. Sie war Teil einer völlig verwahrlosten Hofanlage, die mit zwei weiteren stattlichen Hofanwesen Lehnshöfe des Klosters Heilsbronn gewesen sind. Der Fachwerkgiebel wurde vom Fränkischen Freilandmuseum Bad Windsheim geborgen. Ma

Birkach (Lkr. Ansbach), *Haus Nr. 4*. Das erdgeschossige massive Wohnstallhaus der 2. Hälfte des 18. Jhs. mit Ecklisenen, Putzgesimsen und Sandsteingewänden wird von dem Eigentümer mit großen Engagement instandgesetzt und modernisiert. Ma

Birkenfeld (Lkr. Neustadt a. d. Aisch–Bad Windsheim). Die aus der 1. Hälfte des 14. Jhs. stammende *ehem. Zisterzienserinnenklosterkirche St. Maria* wird außen instandgesetzt. Da der noch als Kirche genutzte Ostteil, der nach Zerstörungen im Dreißigjährigen Krieg im Jahr 1683 abgetrennt wurde, nach seiner 1982 durchgeführten Renovierung wenig überzeugt, wird nun nach einem geänderten Konzept verfahren. Um die historischen Oberflächen mit ihrer natürlichen Alterung und den handwerklichen Bearbeitungsspuren zu erhalten, wird auf Abarbeitung und Steinauswechslung nunmehr fast vollständig verzichtet und statt dessen nach streng konservatorischen Gesichtspunkten vorgegangen. Die Ergebnisse begleitender Untersuchungen durch das Zentrallabor des Landesamtes sind dabei praktisch nutzbar. Über die künftige Verwendung des Gebäudeteils, der seit der Barockzeit durch Holzeinbauten in mehrere Geschosse unterteilt ist, gibt es noch keine Entscheidung. Vi

Bockenfeld (Lkr. Ansbach). Die 1861–68 in neugotischen Formen erbaute *Evang.-Luth. Pfarrkirche St. Nikolaus* wird außen instandgesetzt. Erforderlich sind vor allem statische Sicherungsmaßnahmen. Vi

Bruck (Stadt Erlangen), *Evang.-Luth. Pfarrkirche St. Peter und Paul* (vgl. Jahrbuch 1988). Konservatorische Maßnahmen am Altar, der 1508 vom Nürnberger Meister Jorg geschaffen und 1726 sowie im 19. und 20. Jh. mehrfache Umgestaltungen und Restaurierungen erfuhr (bei der Barockisierung u. a. die Entfernung der Schreinrückwand, 1877 ein neugotisches Gesprenge, 1958–59 eine Teilfreilegung der Figuren). Überlegungen, einige restauratorisch und ästhetisch nicht befriedigende Eingriffe der fünfziger Jahre zu korrigieren (z. B. durch eine korrekte Restfreilegung der Figuren) wurden auch aus Kostengründen zunächst zurückgestellt. Ein Wartungsvertrag für den Altar wurde vom Landesamt für Denkmalpflege dringend empfohlen. Usch

Buch, Gde. Trautskirchen (Lkr. Neustadt a. d. Aisch–Bad Windsheim). Die Erhaltung der *Bucher Mühle*, ein zweigeschossiger Mansarddachbau mit Sandsteingliederungen, bez. 1775, ist durch vermehrt auftretende, stärkere Hochwasser gefährdet. Das Wasserwirtschaftsamt lehnte einen ursächlichen Zusammenhang mit den in den letzten Jahren durchgeführten Gewässerregulierungen ab. Ma

Burgbernheim (Lkr. Neustadt a. d. Aisch–Bad Windsheim). Der Festsaal des oberhalb der Kuranlage Wildbad gelegenen *Markgrafenschlosses*, der den Mittelbau der 1789 von Carl Christian Riedel für den Ansbacher Markgrafen C.I. Carl Alexander errichteten Dreiflügelanlage einnimmt, wurde instandgesetzt. Wiederhergestellt wurde die klassizistische Erstfassung. Vi

Burgthann (Lkr. Nürnberger Land), *Burganlage*, Befunduntersuchung und Notsicherungen an den Wandmalereifragmenten am Ostgiebel des Wohntrakts, bez. 1587, zwischen dem Bergfried und dem im 19. Jh. bis auf Teile der Außenmauern abgetragenen Palas. Die Wandmalereien, wohl aus dem letzten Viertel des 16. Jhs., gehörten ursprünglich zu einem Innenraum des Palas. Sie zeigen eine Szene mit Jagdtieren sowie Rollwerkornamente um eine frühere Türöffnung. Zeitgleiche ornamentale Fassungen sind in Resten auch in den westlichen Eingangsbereichen des Wohnbaus, im Anschluß an den Bergfried, erhalten geblieben. – Dokumentation der Befunde mit Kartierung der historischen Putze auch an der südlichen, zum Graben hin orientierten Fassade des Wohnbaus, und des Schadensbilds. Sicherung der Randzonen, Hinterspritzen von Hohlräumen etc.; Befestigung eines Notdachs über den Wandmalereien am Westgiebel, die der Witterung besonders stark ausgesetzt sind. Usch

Dennenlohe (Lkr. Ansbach) *Haus Nr. 12*. Der dem Schloßkomplex zuzurechnende zweigeschossige Putzbau von fünf Achsen, vermutlich 18. Jh. (im Türsturz bez. 1777) wurde im 19. Jh. umgebaut. Der aus dieser Zeit erhaltene Innenausbau (Treppe mit Stabgeländer, Vierfelder-Füllungstüren einschließlich Rahmen, Fenster und Dielenböden) konnte bei der Instandsetzung erhalten werden. Ma

Burgthann, Lkr. Nürnberger Land; Burganlage

Deutenheim (Lkr. Neustadt a. d. Aisch–Bad Windsheim). Die im späten 17. Jh. weitgehend neu erbaute *Evang.-Luth. Pfarrkirche St. Mauritius* wurde innen instandgesetzt. Da die gesamte Holzausstattung 1953 abgelaugt wurde und die Raumschale danach eine neue Farbfassung erhielt, wurde dieser Zustand nunmehr beibehalten bzw. wiederhergestellt (Fassung des Chorraums). Vi

Dietersdorf (Stadt Schwabach), *Evang.-Luth. Pfarrkirche St. Georg*, Inneninstandsetzung der 1914 nach Plänen des Architekten Jakob Pfaller im «Heimatstil» erbauten Kirche. Angesichts des praktisch unveränderten Kirchenraums und der vollständig erhaltenen Ausstattung wurde die Raumfassung aus der Erbauungszeit mit einem Wandanstrich in hellem Umbra sowie farblich abgesetzten Fensterfaschen wiederhergestellt. Der Altar der Dietersdorfer Kirche, 1914 aus Teilen eines zum Vorgängerbau gehörigen spätgotischen Flügelaltars zusammengesetzt, wies gewisse durch die Warmluftheizung bedingte Schäden auf. Die Kirchengemeinde konnte überzeugt werden, aus konservatorischen Gründen auf die Überholung der Warmluftheizung zu verzichten und stattdessen eine Elektrobankheizung einzubauen. – Die von Johannes Strebel, Nürnberg, um 1914 für die Dietersdorfer Kirche geschaffene pneumatische Orgel konnte wegen einiger vorhandener Schäden nicht ganz erhalten bleiben; das Pfeifenwerk wurde jedoch wiederverwendet, der sehr originelle Orgelprospekt blieb unverändert und wurde restauriert. Usch

Dinkelsbühl (Lkr. Ansbach). Die 1622–28 errichtete *ehem. Kapuzinerklosterkirche* wurde innen instandgesetzt. Die Kirche, die seit 1959 den Heimatvertriebenen zur Verfügung steht und damals durch die Abtrennung des früheren Kapuzinerchors vom Laienchor eine einschneidende Änderung erfuhr, blieb jetzt weitgehend unverändert. Vi

–, *Elsassergasse 12*. Das zweigeschossige kleine Giebelhaus zu drei Achsen mit vorkragendem, verputztem Fachwerkgiebel, wird umgebaut und instandgesetzt. Ma

–, *Pfluggasse 2*. Im zweigeschossigen, verputzten Giebelhaus des 18. Jhs. wird der Dachstuhl für Wohnzwecke ausgebaut. Für den Einbau von Gauben wurden die Windverbände beseitigt. Ma

–, *Schreinergasse 10*. Das zweigeschossige, verputzte Giebelhaus mit vorkragendem, verputztem Fachwerkgiebel wird umgebaut und das Dachgeschoß ausgebaut. Ma

–, *Siebenbrüdergasse 8*. Die Instandsetzung des stattlichen Ackerbürgerhauses des 16. Jhs. wurde mit einem verformungsgenauen Ausmaß vorbereitet. Es wurde deutlich, daß der vierbödige liegende Stuhl mit zwei Stützenreihen im 1. Dach und einer Stützenreihe im 2. Dach im 16. Jh. über zwei Vorgängerbauten errichtet wurde, einem unterkellerten Wohnhaus im Westen und einem Stall- und Scheunengebäude östlich davon. Stall- und Scheunenteil, sowie das 1. Dach wurden zu Wohnungen um- und ausgebaut. Ma

Elbersroth (Lkr. Ansbach), *Pfarrhaus*. Der stattliche zweigeschossige Walmdachbau des 18. Jhs., im frühen 20. Jh. um einen Anbau gegen Westen erweitert, wird als verkleinerte Pfarrwohnung mit Gemeindezentrum umgebaut. Bedauerlicherweise wird der Grundriß dadurch verunklärt, daß die Trennung der Nutzungen nicht mit der baugeschichtlichen Zäsur übereinstimmt. Im Obergeschoß des Anbaus wurden für einen Saal die Zwischenwände beseitigt. Ma

Emskirchen (Lkr. Neustadt a. d. Aisch–Bad Windsheim). Nach Fertigstellung des Rathaus-Neubaus – 1. Preis eines Wettbewerbs von 1985 – wurde das *ehem. Pfarrhaus*, welches jahrelang leergestanden hatte, für Sonderfunktionen der Gemeindeverwaltung renoviert. Ma

Esselberg, Stadt Greding (Lkr. Roth), *Kath. Filialkirche St. Nikolaus*, Außeninstandsetzung der im Kern mittelalterlichen Kirche, deren Langhaus und Turmobergeschoß um 1740 errichtet wurden. Die Kirche war zuletzt in den fünfziger Jahren renoviert worden, dabei hatte man den gesamten Außenputz ausgewechselt, so daß durch die Befunduntersuchung nur noch geringe und unvollständige Reste historischer Fassungen nachgewiesen werden konnten. Gegen die Empfehlung des Landesamtes für Denkmalpflege, auf eine nicht nachweisbare Architekturgliederung zu verzichten, wurden leider recht plumpe Fensterfaschen und Ecklisenen mit zusätzlichen Schattenstrichen aufgetragen. Außerdem wurden die Dächer neu gedeckt, Flaschnerarbeiten wurden durchgeführt. Usch

–, *Kath. Filialkirche St. Nikolaus*, Außeninstandsetzung der Kirche, deren Turmuntergeschosse auf das Mittelalter zurückgehen, während das Langhaus und die Turmobergeschosse 1740 neu errichtet wurden, wohl nach Plänen Gabrielis. Bei der letzten Renovierung in den fünfziger Jahren war praktisch der gesamte historische Außenputz entfernt worden, so daß die Rekonstruktion einer barocken Fassadenfassung nicht mehr möglich war. Entgegen den Empfehlungen des Landesamtes für Denkmalpflege wurde eine Neufassung mit farblich abgesetzten Ecklisenen und Fensterfaschen ausgeführt. Usch

Feucht (Lkr. Nürnberger Land), *Kath. Pfarrkirche SS. Chor Jesu*. Zwei Altarflügel mit Darstellungen aus dem Leben des hl. Jakobus d. Ä., die 1956 vom Marienaltar (bez. 1495) entfernt und nach Demontage der innenseitig befestigten Schnitzreliefs mit einem neuen Rahmen und einer etwas jüngeren Skulptur zu einem neuen Retabel zusammengestellt worden waren, wurden restauriert. Die Malereien, wohl zeitgleich mit dem Marienaltar, wiesen schwere Schäden auf (Abhebung der Farbschollen vom Bildträger, zahlreiche Fehlstellen), deren Ursachen z. T. in der Beschaffenheit des Bildträgers, z. T. in der mangelhaften Pflege zu suchen waren. Die restauratorischen Maßnahmen umfaßten Reinigung, Sicherung, Kittung und Retusche. Die erneuerte Retabelkonstruktion wurde belassen, da sie entgegen anfänglicher Vermutungen keine negativen Auswirkungen auf die beide Altarflügel ausübt. Die Restaurierung wurde mit einem Zuschuß des Landesamtes für Denkmalpflege gefördert. Usch

–, *Pfinzingschloß*. Der ehem. Herrensitz wurde instandgesetzt und zu gewerblichen Zwecken ausgebaut. Der stattliche dreigeschossige Sandsteinbau, in der 2. Hälfte des 16. Jhs. wohl durch den Nürnberger Patrizier Georg Tetzel errichtet (über dem Portal in der Erdgeschoßhalle die Bezeichnung 1568 mit dem Wappen der Tetzel, Fütterer und Pfinzing), hatte zahlreichen Besitzer- und Nutzungswechsel erlebt. 1901 war er vom Eigentümer der Stuckfirma Schier erworben worden, der die Innenräume in den Obergeschossen mit historisierendem Stuck ausgestaltete. Sei 1942 befand sich der Herrensitz im Besitz von Prof. Oberth, der mittels verschiedener Einbauten im Erdgeschoß ein Raumfahrtmuseum errichtete.
Das Baudenkmal wurde von der Gemeinde Feucht mit der Absicht erworben, ungeeignete neuzeitliche Einbauten zu entfernen und zumindest Teile des bedeutenden Bauwerks der Öffentlichkeit zugänglich zu machen. Terminliche und finanzielle Zwänge erschwerten die Durchsetzung denkmalpflegerischer Belange. Dank der kontinuierlichen Baubetreuung durch einen Restaurator konnten die noch überraschend großflächig vorhandenen Putze und Fassungen aus dem 16. und 17. Jh. jedoch zum größten Teil fachgerecht gesichert werden. Nahezu vollständig erhalten blieben die

historischen Grundrisse und Strukturen: Nach Entfernung der jüngsten Ausbauten wurde die dreischiffige Halle im Erdgeschoß mit Bohlenbalkendecke freigelegt; nicht verändert wurden die sehr klaren Grundrisse in den Obergeschossen mit jeweils mittigen Fluren. In den Obergeschossen beließ man zum Großteil die Verputzungen und Stuckdekorationen von 1901; in einem Raum wurde eine qualitätvolle frühbarocke Wandmalerei mit Girlandenornamentik auf Wunsch der Nutzer in einem Teilbereich freigelegt. Bei der Instandsetzung der Sandsteinfassaden wurden die Auflagen der Denkmalpflege leider nur ungenügend berücksichtigt; so ist vor allem die Neuverfugung der Sandsteinquader technisch und ästhetisch unbefriedigend. Als problematisch erwies sich auch das Vorhaben der Gemeinde, das Oberth-Museum in den kleinen und bescheidenen Nebengebäuden des Pfinzingschlosses unterzubringen. Angesichts der Größe der Exponate wurde zwar ein neuer Anbau an ein Nebengebäude angefügt, trotzdem wurden die Grundrisse der Nebengebäude für die museale Nutzung zum Großteil verändert. Usch

Feuchtwangen (Lkr. Ansbach), *Am Taubenbrünnlein 4*. Das ehem. Organistenhaus wird umgebaut und zukünftig für die Kreuzgangfestspiele genutzt. Ma

–, *Am Zwinger/Untere Torstraße*. Erhebliche Bedenken wurden gegen den geplanten Wohn- und Geschäftshausneubau mit einer Tiefgarage geltend gemacht, der anstelle der bereits abgebrochenen Teppichfabrik im Herzen der Altstadt errichtet werden soll. Der Komplex fügt sich weder strukturell noch gestalterisch in das Stadtensemble ein. Ma

–, *Ringstraße 55*. Die Stadt ließ die ehem. Mosterei des Obst- und Gartenbauvereins, ein Bau des 19. Jhs. im ehem. Stadtgraben abbrechen, um einen Parkplatz zu errichten. Ma

Fiegenstall (Lkr. Nürnberger Land), *Kath. Filialkirche St. Nikolaus*. Außeninstandsetzung des Kirchleins, einer mittelalterlichen Chorturmanlage, die im späten 17. Jh. sowie in den Jahren 1736–37

Feucht, Lkr. Nürnberger Land; Kath. Pfarrkirche Herzjesu; Altarflügel mit Jakobslegende, 1495; nach der Restaurierung

bauliche Veränderungen erfahren hat. Die Kirche wies statische Schäden im südwestlichen Bereich des Langhauses auf, die mittels Spannankern behoben werden mußten. Der bei der letzten Renovierung 1957 aufgetragene, stark zementhaltige Außenputz zeigte außerdem Risse und Hohlräume, so daß eine Abnahme dieses Putzes unumgänglich war. Die Arbeiten wurden unter Anleitung eines Restaurators ausgeführt, um zu gewährleisten, daß ältere Putze und Fassungen erhalten blieben. Dabei konnten großflächig sowohl am Langhaus als auch am Turm mittelalterliche Fugenputze mit Ritzungen, in der Art einer «pietra rasa», nachgewiesen werden. Außerdem wurden Putzfragmente eines relativ rauhen Putzes mit größeren Zuschlägen sowie einer hellockrigen Kalkfassung identifiziert, die der Umbauphase von 1736–37 (mit Erhöhung des Langhauses) zuzuordnen sind. Die mittelalterlichen Befunde wurden kartiert und gesichert. Bei der Neuverputzung und Neufassung des Außenbaus bezog man sich auf die Befunde von 1736–37, da diese barocke Umbauphase das heutige Erscheinungsbild der Kirche prägt. Die Rekonstruktion der barocken Putzstruktur gelang leider nicht befriedigend, da die ausführenden Handwerker aus Zeitgründen von den vom Restaurator vorgegebenen Putztechniken abwichen. Usch

Frauenaurach (Stadt Erlangen), *Evang.-Luth. Pfarrkirche St. Matthäus, ehem. Dominikanerinnen-Klosterkirche* (vgl. vorangegangene Jahresberichte), Inneninstandsetzung der auf die 2. Hälfte des 13. Jhs. zurückgehenden Kirche, die nach Brandzerstörungen im 16. Jh. ab der 2. Hälfte des 17. Jhs. bis nach 1700 eine Instandsetzung und Neuausstattung erfuhr. Die Instandsetzung sah im wesentlichen ein Auffrischen der Raumfassung der letzten Restaurierung von 1959 vor. Dabei wurde durch eine Befunduntersuchung festgestellt, daß man bei dieser Restaurierung versucht hatte, sich auf die barocke Farbigkeit zu beziehen, die allerdings nur noch an den Emporen, jedoch weder auf dem hölzernen Tonnengewölbe noch an den Wänden nachweisbar war, die lediglich Reste von Fassungen des 19. Jhs. aufwiesen. Außer der zurückhaltenden Neufassung der Raumschale mittels Farblasuren wurden kleinere konservatorische Maßnahmen an der Ausstattung ausgeführt. Usch

Fürth, Schindelgasse 8, dreigeschossiges Fachwerkhaus mit vorgesetzter Sandsteinfassade aus dem 18. Jh. Wegen des schlechten Erhaltungszustandes konnte ein Abbruch des Gebäudes nicht verhindert werden. Die straßenseitige Fassade wird in den gleichen Proportionen als massive Sandsteinfassade wiedererrichtet. Photodokumentation des Vorzustandes liegt vor. Me

Gastenfelden (Lkr. Ansbach). Die bereits 1985 mit dem Turm begonnene Außeninstandsetzung der *Evang.-Luth. Pfarrkirche*, eines im Markgrafenstil errichteten Baus von 1793/94, kam zum Abschluß. In Ermangelung von Befunden wurde – wie bereits am Turm – die bisherige Farbgebung übernommen. Vi

Georgenhaag (Lkr. Ansbach). Die in der 2. Hälfte des 15. Jhs. errichtete und um 1620 umgestaltete *Kath. Filialkirche St. Georg*, die 1866 einen Turm erhielt, wurde – ohne einschneidende Änderungen – außen instandgesetzt. Vi

Georgensgmünd (Lkr. Roth), *Am Anger 9*, vorbereitende Untersuchungen in der *ehem. Synagoge* und dem im Winkel anschließenden *ehem. Vorbeter- und Schulhaus*, nachdem die Anlage von der Marktgemeinde Georgensgmünd und dem Landkreis Roth erworben worden war, um die sehr vernachlässigten Gebäude instandzusetzen und einer musealen Nutzung zuzuführen. Die Synagoge wurde 1736 errichtet (Bezeichnung im Türsturz über dem Eingang), mit hebräischer Inschrift «Öffnet die Tür, denn ich komme durch sie herein», als Sandsteinquaderbau mit tonnengewölbtem Saal und hölzernen Emporen; unter der Synagoge liegt eine etwas ältere Mikwe. Das Vorbeter- und Schulhaus, ein Satteldachbau auf Sandsteinsockel mit verputztem konstruktiven Fachwerk, wurde 1836 erbaut. Beim Novemberpogrom 1938 wurden die Inneneinrichtung und die Ritualien zerstört, die Gebäude blieben jedoch erhalten. Die Synagoge wurde ab 1945 zunächst als Turnhalle und schließlich zu Lagerzwecken genutzt.
Auf Anregung und mit Zuschußmitteln der Denkmalpflege wurde ein verformungsgenaues Aufmaß und eine Befunduntersuchung ausgeführt. Dabei stellte sich heraus, daß die baulichen Strukturen

Georgensgmünd, Lkr. Roth; ehem. Synagoge, Blick zur Schreinwand, vor der Restaurierung

ebenso; gemalter Thoraschreinvorhang, um 1900, Vorzustand

ebenso: Kartuschenfeld neben dem Eingang zur Männersynagoge mit Ranken und hebräischen Schriftzeichen, während der Befunduntersuchung

ebenso: Vorbeter- und Schulhaus; Nordwand mit ornamentaler Bemalung, nach der Restaurierung

von 1736 keine nennenswerten Veränderungen erfahren hatte und sich die Renovierungen des 19. und frühen 20. Jhs. hauptsächlich auf die Ausstattung und Raumfassung bezogen hatten. Als erste malerische Fassung, nach der zur Erbauungszeit ausgeführten schlichten weißen Tünchung, konnte anhand einiger Fragmente eine ornamentale Malerei mit Ranken und Medaillons mit hebräischen Inschriften nachgewiesen werden, der Schichtenabfolge nach und aus stilistischen Gründen ins 18. Jh. einzuordnen; die Zuschreibung dieser Malerei an den Synagogenmaler Elieser Sussmann aufgrund vergleichbarer Malereien z. B. in der 1938 zerstörten Synagoge in Bechhofen, wäre noch genauer zu überprüfen. Es folgen weitere ornamentale Malereien und Fassungen des späten 18. und 19. Jhs. Die heute in Teilen sichtbare Ausmalung historistischer Prägung, mit Wandpaneelen, durch Schablonenfriese eingefaßt und einem aufwendig drapierten Fransenvorhang um den ehem. Thora-Schrein, ist wohl um 1900 entstanden; zu dieser Fassung gehört auch die einfache Schablonenornamentik auf den hölzernen Emporenbrüstungen.

Das Konzept zur musealen Nutzung der Anlage sieht vor, den Synagogenraum nicht mit Vitrinen o. ä. zu bestücken, aber auch auf die Wiederherstellung der im übrigen nicht dokumentierten Ausstattung zu verzichten; der Raum soll vielmehr in seiner uns überlieferten Gestalt wirken, mit der Raumfassung der Zeit um 1900, unter Umständen mit «fensterartigen» Freilegungen der historisch bedeutenden Malereien des 18. Jhs. Eine Musterachse zur Restaurierung der historisierenden Raumfassung wurde inzwischen fertiggestellt. Es wurde außerdem mit der Außeninstandsetzung begonnen, die sich auf eine vorsichtige Reinigung der Sandsteinquader sowie Reparaturen und Ergänzungen im Sinn des historischen Bestandes beschränken wird (u. a. Reparatur der Fenster des 19. Jhs., Umdecken der Dachflächen unter Wiederverwendung der alten handgestrichenen Dachziegel). Usch

Geyern (Lkr. Weißenburg-Gunzenhausen), *Evang.-Luth. Kirche St. Bartholomäus,* Inneninstandsetzung des spätgotischen Kirchenbaus, der seine heutige Gestalt durch Umbauten des 17. und 18. Jhs. erhalten hat. Bemerkenswert ist die reiche Ausstattung aus dem späten 17. Jh., darunter der Altar mit zweisäuligem Aufbau, die Kanzel mit Beschlägwerkornamentik und die Emporenbrüstung mit figürlichen Malereien in den Füllungen. Zu nennen sind außerdem die wertvollen Grabsteine aus der 2. Hälfte des 16. Jhs., darunter eine

Arbeit in der Art des Loy Hering, die in der Kirche aufgestellt sind. – Bei der Inneninstandsetzung handelte es sich im wesentlichen um eine Reinigung und Neufassung der Raumschale und um kleine konservatorische Maßnahmen an der Ausstattung. Bei der Neufassung bezog man sich auf die Farbgebung der Kirchenrestaurierung von 1919, die ihrerseits die barocke Farbgebung wiederaufgenommen und einige kleine Änderungen an der Ausstattung ausgeführt hatte. Usch

Grashof (Lkr. Roth), *Haus Nr. 1*. Das erdgeschossige Wohnstallhaus wurde in der Denkmalliste nachgetragen. Das Gebäude mit Umfassungswänden aus Sandstein und schiefergedecktem Dach weist einen Giebel mit besonders reichem Zierfachwerk auf, mit dicht angeordneten Andreaskreuzen unterhalb der Brustriegel, zwischen Brust- und Stirnriegel sowie oberhalb der Stirnriegel. Beispiele für derartiges Zierfachwerk sind in der Hilpoltsteiner Gegend inzwischen sehr selten geworden. Das einzige Wohnstallhaus mit vergleichbarem Zierfachwerk liegt in Göggelsbuch und ist 1701 datiert. Auch für das Grashofer Gebäude ist eine Datierung im frühen 18. Jh. anzunehmen. Der Erhaltungszustand des Wohnstallhauses, das nur noch zu Lagerzwecken genutzt wird, ist nicht gut. Gespräche mit dem Eigentümer, der einen nahe gelegenen Neubau bewohnt, verliefen bisher ergebnislos. Usch

Großgeschaidt (Lkr. Erlangen-Höchstadt). Das um die Mitte des 19. Jhs. errichtete und 1926 umgestaltete *Haus Nr. 40*, ein zweigeschossiger Sandsteinquaderbau, wurde außen instandgesetzt. Durch unsachgemäße Reinigungsmethoden kam es dabei leider zu einem weitgehenden Verlust der historischen Oberflächenstruktur. Vi

Großhaslach (Lkr. Ansbach). Die 1783 von Johann David Steingruber im Markgrafenstil weitgehend neu erbaute *Evang.-Luth. Pfarrkirche St. Maria* wurde innen instandgesetzt. Im Hinblick auf das einheitlich barocke Gepräge des Raumes wurde entgegen der anfänglichen Empfehlung des Landesamtes die vorhandene Fassung von 1954 zugunsten der Steingruberfassung aufgegeben. Vi

Großhöbing (Lkr. Roth), *Haus Nr. 8 1/2*. Das Bauernhaus, eine repräsentative zweigeschossige Traufseitanlage mit Flachsatteldach und kleinem Dreieckgiebel über dem Hauseingang sowie reich verziertem Türstock (bez. 1817) sollte nach Vorstellung der Eigentümer einem Neubau weichen. Nach Beratungen mit der Gemeinde, dem Landratsamt und der Regierung von Mittelfranken einigte man sich auf einen Kompromiß, der den Abbruch des an die rückwärtige Traufseite angefügten, noch aus dem 18. Jh. stammenden Stallteils und die Errichtung eines geeigneten Ersatzbaus an derselben Stelle vorsah, während das alte Wohnhaus unverändert erhalten bleibt und instandgesetzt wird. Die Maßnahme wird mit Dorferneuerungsmitteln und – für den Altbauteil – mit Zuschüssen der Denkmalpflege gefördert. Usch

Gundelsheim a. d. Altmühl (Lkr. Weißenburg-Gunzenhausen), *Burgstraße 4*. Der stattliche Pfarrstadel mit Halbwalmdach aus dem 18. Jh. wurde instandgesetzt, die Arbeiten beschränkten sich auf substanzsichernde Maßnahmen an der Dachhaut und der Tragwerkskonstruktion. Die handgestrichenen Dachziegel konnten, soweit nicht aufgefroren, wiederverwendet werden. Die Maßnahme wurde durch das Landesamt für Denkmalpflege bezuschußt. Me

Gunzenhausen (Lkr. Weißenburg-Gunzenhausen), *Brunnengassse 10*, stattliches zweigeschossiges Bürgerhaus mit Satteldach, massiven Außenwänden und Fachwerk am Nordgiebel aus dem 17. Jh. Trotz zahlreicher Veränderungen im Inneren des Gebäudes sind die historische Grundrißdisposition sowie wesentliche Teile der Ausstattung erhalten. – Gesamtinstandsetzung und Behebung der schweren statischen Mängel, Restaurierung der Innentreppe zum 1. Obergeschoß sowie der Haustür. Die Fenster waren verbraucht und mußten erneuert werden. Me

–, *Kirchstraße 4*, zweigeschossiges Traufseithaus mit hohem Satteldach, im Kern 15. Jh. Die dringend notwendige Gesamtinstandsetzung konnte nach gründlichen Voruntersuchungen begonnen und abgeschlossen werden. Das Gebäude zeigte erhebliche Mängel und Schäden im statisch-konstruktiven Bereich, bedingt durch vernachlässigten Bauunterhalt. Im Zuge der statischen Sicherungsmaßnahmen wurde auch der Dachstuhl konstruktiv stabilisiert. Die nördliche Traufseitwand und der Nordgiebel mußten hingegen erneuert werden. Die Maßnahme wurde vom Landesamt für Denkmalpflege bezuschußt. Me

Habelsee (Lkr. Ansbach). Die *Evang.-Luth. Pfarrkirche St. Michael*, ein Bau von 1728 mit mittelalterlichem Chorturm, wurde insgesamt instandgesetzt. Da der Außenputz bei der letzten Renovierung erneuert wurde und der Innenraum damals eine neue Farbfassung erhielt, wurde von erneuten Änderungen nunmehr abgesehen. Vi

–, *Gartenpavillon*. Der einst zum Schloß gehörende massive Gartenpavillon mit Zeltdach über oktogonalen Grundriß wird im Rahmen der Dorferneuerung instandgesetzt. Der Umgriff der *Kirche* wurde ebenfalls im Rahmen der Dorferneuerung mit Granit-Kleinsteinpflaster neu gestaltet. Ma

Hechlingen (Lkr. Weißenburg-Gunzenhausen), *Evang.-Luth. Pfarrkirche* (vgl. vorangegangene Jahresberichte), Inneninstandsetzung der auf eine mittelalterliche Gründung zurückgehenden, 1868–72 neuerbauten Kirche. Die im neugotischen Stil errichtete Kirche, ein stattlicher Saalbau mit eingezogenem kreuzrippengewölbtem Chor, hölzerner Kassettendecke und Doppelemporen, war zuletzt in den fünfziger bis sechziger Jahren purifizierend restauriert worden. Die Gemeinde wünschte eine Wiederherstellung der Raumfassung des 19. Jhs. sowie eine Ergänzung der teils entfernten Schnitzornamentik an den Emporen. Als Ersatz für den verlorenen neugotischen Altar war bereits 1982 ein ebenfalls neugotischer

Grashof, Markt Allersberg, Lkr. Roth; Haus Nr. 1, restaurierungsbedürftiges Wohnstallhaus

Großhöbing, Stadt Greding, Lkr. Roth; Haus Nr. 8 1/2, vor der Instandsetzung

Hechlingen a. See, Markt Heidenheim, Lkr. Weißenburg-Gunzenhausen, Evang.-Luth. Pfarrkirche; historische Aufnahme

Schnitzaltar aus der ehem. Friedhofskirche in Kaufbeuren erworben worden; weitere wichtige Ausstattungsstücke des 19. Jhs., so die ornamentalen Glasmalereien und die neugotische Kanzel, waren noch erhalten. Dank einer sehr gründlichen Befunduntersuchung konnte die neugotische Raumfassung mit «Teppichmalerei» an den Chorwänden sowie Schablonenfriesen in den Fensterlaibungen und Rankenmalereien im Bereich der hölzernen Knaggen der Unterzüge nahezu vollständig nachgewiesen und rekonstruiert werden. Verlorene Schnitzornamente – so die verzierten Knaggen der Emporenstützen und die Rosetten der Kassettendecke – konnten anhand zufällig aufgefundener Primärdokumente rekonstruiert werden.
Usch

Heideck (Lkr. Roth), *An der Kapelle 1*. Das repräsentative zweigeschossige Fachwerkhaus, neben der spätgotischen Frauenkapelle gelegen, wurde im 2. Viertel des 15. Jhs. errichtet und erfuhr eine Überformung um die Mitte des 16. Jhs. (diese Daten wurden durch die dendrochronologische Untersuchung bestätigt); in den daranfolgenden Jahrhunderten erfolgten keine nennenswerten Veränderungen. Es handelt sich um einen Fachwerkbau mit vorkragendem Obergeschoß und Dachgeschoß, mit reich profilierten Knaggen, das Fachwerk mit den charakteristischen Figuren des «wilden Mannes». Die Fachwerkkonstruktion im Erdgeschoß wurde im 19. und 20. Jh. in größeren Bereichen durch Bruchsteinmauerwerk und Ziegel ersetzt. Das steile Satteldach ist rückwärts voll abgewalmt. Im Inneren sind die spätmittelalterlichen Grundrißstrukturen praktisch noch vollständig erhalten. Bemerkenswert ist die Bohlenstube im 1. Obergeschoß. – Nachdem auf Veranlassung des Landesamtes für Denkmalpflege ein verformungsgenaues Aufmaß von dem Gebäude gefertigt und auf die Notwendigkeit sofortiger Sicherungsmaßnahmen hingewiesen worden war, konnten die Eigentümer überzeugt werden, ihre Abbruchabsichten nicht weiter zu verfolgen. Das Haus wurde an einen Restaurator verkauft. Mit Mitteln aus dem Entschädigungsfonds wurde inzwischen begonnen, Reparaturen an der Holzkonstruktion auszuführen.
Usch

–, *Brauhausgasse 2*. Das stattliche Wohnstallhaus mit steilem Satteldach, rückwärtig mit Halbwalm, geht auf das 16. Jh. zurück und hat im späten 17. Jh. einen größeren Umbau mit Erneuerung des vorderen Fachwerkgiebels (anstelle des auch hier ursprünglich vorhandenen Halbwalms) und Umbau einer im vorderen Bereich des 1. Dachgeschosses liegenden Bohlenstube erfahren. Im 18.–19. Jh. wurden die Umfassungswände im Erdgeschoß, ehemals sicherlich aus Fachwerk, durch Sandsteinquader ersetzt. Der vordere Giebel ist heute verputzt, der rückwärtige zeigt die für das 16. Jh. typischen Fachwerkfiguren mit verblatteten Verbindungen. Im Inneren des Hauses sind die Lehmputze und Fassungen des 16.–17. Jhs., sowie Fragmente ornamentaler und figürlicher Malerei des 17. Jhs. vor allem im 1. Dachgeschoß erhalten geblieben.
Die Eigentümer konnten davon überzeugt werden, auf den ursprünglich geplanten Abbruch zu verzichten und das Gebäude statt dessen zu Wohnzwecken instandzusetzen. Die vorgefaßten Vorstellungen über die beiden geplanten Mietwohnungen erschweren allerdings die Sicherung der Befunde und die Instandsetzung. Es konnte jedoch erreicht werden, daß die Eingriffe in die historischen Strukturen auf ein Minimum beschränkt wurden und daß die historischen Putze, Fassungen und Malereifragmente fachgerecht gesichert wurden.
Usch

Heidenheim, Evang.-Luth. Pfarrkirche, ehem. Klosterkirche (vgl. vorangegangene Jahresberichte), Beginn der Inneninstandsetzung der im letzten Viertel des 12. Jhs. errichteten Pfeilerbasilika mit kreuzrippengewölbtem Chor der Zeit um 1363. Die letzte purifizierende Restaurierung der ehem. Klosterkirche war in den fünfziger bis sechziger Jahren erfolgt; damals hatte man nicht nur die Reste der Raumgestaltung des 19. Jhs. entfernt, sondern Grabungen zur Erforschung der romanischen Choranlage im Außenbereich des gotischen Chors ausgeführt; zudem waren Kanzel und Altar neu gestaltet worden. Eine neue Inneninstandsetzung war in der Folge statischer Sicherungsmaßnahmen im Bereich des gotischen Dachgerüstes über dem Chor notwendig geworden. Diese Maßnahmen hatten leider trotz intensiver Bemühungen der Denkmalpflege wegen mangelhafter Durchführung zu Beschädigungen an dem einfachen, jedoch praktisch noch vollständig erhaltenen Dachgerüst aus der Erbauungszeit des Chors geführt.
Vom Landbauamt war eine Umverlegung des teils schadhaften Bodenbelags aus Solnhofer Platten im Chorraum geplant, verbunden mit einem neuen Fußbodenunterbau. Die von der Denkmalpflege vor Beginn dieser Arbeiten geforderten Grabungen führten zur Entdeckung zahlreicher ziegelgemauerter Gruftanlagen, zumeist aus barocker Zeit, sowie zur Freilegung von Fundamentresten der romanischen Apsis aus sehr sorgfältig bearbeiteten Kalksteinquadern. Die Befunde wurden dokumentiert und gesichert; der Funda-

Heidenheim, Lkr. Weißenburg-Gunzenhausen; Evang.-Luth. Pfarrkirche, romanischer Kalksteinquader im Fundament der nördlichen Chorwand

MITTELFRANKEN

Heideck, Lkr. Roth; An der Kapelle 1, Außenaufnahmen, Bohlenstube im 1. Obergeschoß und Diele im 1. Dachgeschoß, vor der Instandsetzung

mentverlauf wurde auch auf Wunsch der Kirchengemeinde im Fußbodenbelag mit Solnhofer Platten dargestellt.
Die Befunduntersuchung im Chorraum konnte lediglich Reste einer nachgotischen Fassung mit schwarzen Begleitern und Fugenmalerei im Bereich der Rippen feststellen; auf diese Fassung hatte sich auch in etwas vergröberter Weise die letzte Restaurierung bezogen. Von Interesse war außerdem die Entdeckung einer nur leicht übertünchten illusionistischen Dachziegelmalerei auf den Sohlbänken der Chorfenster. Noch spärlicher als im Chor war die Befundlage im Querschiff und Langhaus, deren Wände sowohl bei den Restaurierungen im 19. als auch im 20. Jh. gründlich abgearbeitet worden waren. Im übrigen hatte die Befunduntersuchung aus der Sicht der

Denkmalpflege vor allem die Funktion, möglicherweise gefährdete Fragmente historischer Putze und Fassungen festzustellen und zu sichern, da eine Zurückführung der Raumgestaltung auf eine Phase vor der purifizierenden Restaurierung der fünfziger/sechziger Jahre ohnehin illusorisch gewesen wäre. Das denkmalpflegerische Konzept einer Auffrischung der Fassung aus dieser Zeit mit kleinen Korrekturen der in den siebziger Jahren nochmals überarbeiteten Chorraumfassung wurde von der Kirchengemeinde zunächst kritisch aufgenommen, es konnte jedoch mangels fundierter Alternativen durchgesetzt werden.
Die Konservierung der Grabstätte der hl. Walburgis, eine im Mittelschiff des Langhauses liegende rechteckige kleine Kapelle aus dem

Hilpoltstein, Lkr. Roth; Burgruine, Bergfried und Ringmauer (oben), Ausgrabungsbefund im Burghof (unten)

frühen 13. Jh., steht noch an; dringend ist vor allem die Entfernung des in den siebziger Jahren aufgetragenen dispersionshaltigen Anstriches, verbunden mit einer Konservierung der darunterliegenden sehr qualitätvollen Fassungen. Usch

Heilsbronn (Lkr. Ansbach). Die Konservierungsmaßnahmen an den Altären der *ehem. Zisterzienser-Abteikirche St. Maria* wurden weitergeführt. Die Arbeiten am Peter- und Paul-Altar (südliches Seitenschiff) und am Vierzehn-Nothelfer-Altar (Chornordwand) stehen kurz vor dem Abschluß. Vi

Herrieden (Lkr. Ansbach), *Rathaus.* Die Sandsteinfassaden des im 19. Jh. errichteten Rathauses wurden renoviert. Der ursprüngliche Dachstuhl, eine Kniestockkonstruktion, konnte aus statischen Gründen nicht erhalten werden. Ma

–, *Deocarplatz 1.* Der Um- und Ausbau der im frühen 20. Jh. im neubarocken Stil errichteten Sonderschule ist mit erheblichen Verlusten an historischer Bausubstanz verbunden. Das Gebäude wurde fast vollständig ausgekernt und erhielt ein neues Treppenhaus. Ma

–, *Herrnhof 2.* Die *ehem. Probstei,* ein zweigeschossiger Bau mit vorkragendem, verputztem Fachwerkgiebel und Krüppelwalmdach, 17. Jh., wird zu einer Bücherei umgebaut. Die rückwärtige Altane wurde leider abgebrochen. Die Grundrisse konnten belassen werden, weil fehlender Platzbedarf in einem neuen Anbau untergebracht werden konnte. Der gut erhaltene Innenausbau im Obergeschoß, Füllungstüren in geohrten Rahmen, soll erhalten werden. Auf den Ausbau des Dachgeschosses konnte verzichtet werden. Ma

–, *Neunstetterstraße 1.* Für die Erweiterung eines Ladengeschäfts sollte das zweigeschossige Gebäude des 16./17. Jhs. mit verputztem Fachwerkobergeschoß abgebrochen werden. Der Antrag wurde abgelehnt, weil in dem kleinen, über trapezförmigem Grundriß errichteten Gebäude an der Stadtmauer Reste des ehem. Ansbacher Tores erhalten sind. Ma

Hilpoltstein (Lkr. Roth), *Burgruine,* Beginn der vorbereitenden Untersuchungen und Sicherungsmaßnahmen. Die Burganlage wurde wohl in der 2. Hälfte des 13. Jhs. oder im frühen 14. Jh. unter Heinrich von Stein oder seinem Sohn Hilpolt I. errichtet. Ein eventuell bis auf die Mitte des 12. Jhs. zurückgehender Vorgängerbau ist anzunehmen. Ein umfangreicher Umbau erfolgte ab 1604, als die verwitwete Markgräfin Maria Dorothea ihren Sitz im Schloß nahm. Aus dieser Zeit ist heute lediglich das Treppenhaus erhalten geblieben. Die Vernachlässigung der Burganlage begann im 18. Jh. Von der mittlerweile ruinösen Anlage sind im wesentlichen die Burgmauern aus Buckelquadern, der Bergfried und das oben genannte Treppenhaus erhalten geblieben, sowie stark überformte Gebäude im Bereich der ehem. Vorburg und der ehem. Getreidekasten. Die malerische Burgruine über der Stadt Hilpoltstein wird zu touristischen Zwecken genutzt, im Sommer dient der Burghof als Freilichtbühne.

Anlaß für die Sicherungsmaßnahmen waren teils akute Schäden an der Ringmauer und am Burgfried; hinzu kam der Wunsch der Theatergruppe nach einer Verbesserung von Bühne und Sitzplätzen für die Zuschauer. Aus denkmalpflegerischer Sicht wurde dabei das Anliegen formuliert, die notwendigen Sicherungen so behutsam wie möglich durchzuführen, um eine Überrestaurierung der Burgruine und somit die Beeinträchtigung des Ruinencharakters zu verhindern.

Angesichts der Notwendigkeit einer korrekten Wasserableitung vom Burghof waren Eingriffe in den Bodenbereich erforderlich. Um Verluste und Beschädigungen von Bodenfunden zu vermeiden, begann man in den betroffenen Bereichen mit archäologischen Grabungen, die zu unerwartet reichen Funden führten. Auch aufgrund der Initiative eines sehr interessierten örtlichen Grabungsleiters wurde der Umfang der Grabungen aus wissenschaftlichen Gründen wesentlich erweitert. Dabei wurden neue Erkenntnisse sowohl über die Bauten des frühen 17. Jhs. als auch über die verschiedenen mittelalterlichen Bauphasen gewonnen. Das Ausmaß der freigelegten Funde und das Interesse seitens der Bürger, diese sichtbar zu belassen, brachten allerdings die Gefahr mit sich, die Burgruine in ein Grabungsfeld zu verwandeln, mit allen damit verbundenen konservatorischen und denkmalpflegerischen Problemen. Man einigte sich schließlich auf den Kompromiß, die Grabungen bis auf das Niveau des frühen 17. Jhs. wieder aufzufüllen und auch die Befunde dieser letzten wichtigen Bauphase nicht der Witterung auszusetzen, sondern fachgerecht zu schützen (z. B. wurden freigelegte Ziegelfußböden mit einem neuen, im Sandbett verlegten Ziegelbelag zugedeckt).

Von Ringmauer und Burgfried wurden photogrammetrische Aufnahmen gemacht, durch eine Befunduntersuchung konnten außerdem Reste weißer und rötlicher Fassungen auf den Bucherquadern festgestellt werden. Mit der Instandsetzung der Ringmauer im Sinne traditioneller Handwerkstechniken (Auszwicken mit Bruchstein, Verfugen mit Kalktroßmörtel) wurde begonnen. Die Arbeiten wurden aus Mitteln des Entschädigungsfonds gefördert. Usch

–, Instandsetzung der heute als *Amtsgericht* genutzten *ehem. herzoglichen Residenz*, ein mächtiger dreigeschossiger Giebelbau aus Sandsteinquadern, der ab 1619 nach Abbruch des Pfarrhofes und einiger Chorherrnhäuser in unmittelbarer Nähe der Pfarrkirche errichtet wurde. Der Hauptbau und ein heute vom Finanzamt genutztes Nebengebäude sind mit bedeutenden Stuckdecken um 1620 der Nürnberger Kalkschneider Kuhn ausgestattet. Die figürlichen Darstellungen dieser Stuckdecken wurden bisher immer mythologisch interpretiert; nach neuesten Untersuchungen von G. Baumgartl aber dürften sie jedoch auf astronomisch/astrologische Inhalte hinweisen. Nach Abschluß der statischen Sicherungsmaßnahmen am Dachgerüst und im Bereich der Mauerkronen (vgl. Jahresbericht 1988) erfolgte eine Instandsetzung der zu Bürozwecken genutzten Räume, mit Modernisierung der Heizung, der Elektroinstallationen u. ä. Umfangreiche Konservierungsarbeiten und Ergänzungen waren dabei an den durch jüngere Einbauten und Feuchtigkeitseinwirkung teils schwer beschädigten Stuckdecken erforderlich. Außer großflächigen Hinterspritzungen mußte in Fehlstellenbereichen die gesamte Unterkonstruktion (Lattung, Lehmputz, Unterputz) gesichert und ergänzt werden. Bei der Schließung der Fehlstellen beschränkte man sich auf einer Wiederherstellung des Rahmenwerkes und verzichtete auf eine Rekonstruktion figürlicher Teile.

Die vor Beginn der Arbeiten ausgeführte Befunduntersuchung an Stuckdecken und Wänden hatte gezeigt, daß die Stuckdekoration der Gebrüder Kuhn als Erstfassung eine sehr starkfarbige, malerisch angelegte Fassung aufwies. Diese war in einem Raum durch einen unglücklichen, nicht mit der Denkmalpflege angesprochenen Freilegungsversuch großflächig aufgedeckt und dabei leider beschädigt worden. Dadurch zeigte sich, daß eine schadensfreie Freilegung sehr schwierig und zeitaufwendig gewesen wäre; hinzu kam die Verfärbung verschiedener Pigmente (Bleiweiß u. a.), die zu einer starken Beeinträchtigung der ursprünglichen Gestaltungskonzeption führte. Man entschied sich daher gegen eine Freilegung, die Stuckdecken wurden in einem gebrochenen Weiß gekalkt.

Die Installationsarbeiten in den Räumen wurden unter Nutzung der vorhandenen Leitungskanäle ausgeführt. Auf Deckenlampen wurde verzichtet. Die wenigen barocken Türen, die bei der Renovierung der fünfziger/sechziger Jahre nicht beseitigt worden waren, blieben erhalten und wurden repariert. Usch

Hilpoltstein, Lkr. Roth; ehem. herzogliche Residenz, jetzt Amtsgericht; Stuckdecke (Ausschnitt) im sog. Pfalzgrafenzimmer im 1. Obergeschoß; Schadensbild und nach der Restaurierung

–, *Christoph-Sturm-Straße 16*, Außeninstandsetzung des «Reichler-Hauses», ein stattlicher Giebelbau mit Schopfwalm, Obergeschoß und Giebelgeschosse vorkragend, mit Sichtfachwerk. Über der Haustür die Bezeichnung «1499», mit einer nicht mehr deutbaren stark beschädigten Inschrift, der linke Fachwerkanbau bez. 1533. Die Befunduntersuchung ergab eine aufwendige Fachwerkgestaltung, zeitgleich zu dem Anbau von 1533, mit leider nur sehr fragmentarisch erhaltenen ornamentalen Malereien auf den Ausfachungen zu oxydroten Balken und Begleitern. Reste einer oxydroten Fassung wurden auch auf der später überputzten seitlichen Bohlenwand des Anbaus gefunden. Bei der Rekonstruktion der Fassung von 1533 verzichtete man auf die Wiederherstellung der ornamentalen Malereien, auch wurde die Bohlenwand aus konservatorischen Gründen nicht freigelegt. Usch

–, *Maria-Dorothea-Straße 8*. Die geplante Tiefgarage vor dem *ehem. Hofkasten*, einem mächtigen Giebelbau aus Sandsteinquadern, im 15. Jh. errichtet, konnte verhindert werden; das Bauvorhaben wurde ersatzlos gestrichen. Das Landesamt hatte die massiven Eingriffe in den Bodenbereich des Bauvorhabens, südlich der heute noch als Ruine erhaltenen, auf das 13. Jh. zurückgehenden Hauptburg, abgelehnt, da in diesem Areal mit Bodenfunden, vor allem mit Fundamenten von zur Burganlage gehörigen ehem. Wirtschaftsgebäuden zu rechnen ist. Eine Grabung wurde nicht ausgeführt, da die Stellungnahme des Landesamtes von Anfang an von der Regierung von Mittelfranken unterstützt worden war und somit keine Notwendigkeit bestand, den Umfang der Bodenfunde eingehender darzustellen. Usch

Hiltmannsdorf (Lkr. Fürth). Das Haus *Alte Dorfstraße 15*, ein erdgeschossiges Wohnstallhaus des 18. Jhs. mit Fachwerkgiebel, wurde außen instandgesetzt. Historische Befunde konnten leider nicht beigebracht werden. Vi

Höttingen (Lkr. Weißenburg-Gunzenhausen), *Evang.-Luth. Pfarrkirche*, Außeninstandsetzung der auf das Mittelalter zurückgehenden Chorturmanlage, deren Langhaus im 17. Jh. und deren Turmobergeschoß im 18. Jh. neu errichtet wurde. Bei der Kirchenrenovierung von 1962 war der gesamte Putz am Außenbau entfernt und durch einen zementgebundenen Mörtel ersetzt worden. Anhand kleiner Fragmente am Turmobergeschoß konnte jedoch nachgewiesen werden, daß der Kirchenbau im 18. Jh. ockerfarben gefaßt war. Bei der Neuverputzung und Neufassung der Kirche bezog man sich auf diese barocken Befunde. Usch

Hofstetten (Lkr. Roth), *Kath. Filialkirche Mariä Verkündigung*, Inneninstandsetzung der im 14. Jh. errichteten Chorturmanlage, deren Innenraum 1737 barock umgestaltet wurde. Die qualitätvolle Ausstattung ist zum Großteil aus der 2. Hälfte des 17. Jhs. Ziel der Inneninstandsetzung war die Behebung einiger Schäden an der mit Bandel- und Blattwerk verzierten Putzdecke sowie eine Auffrischung der Raumfassung. Im Rahmen der Befunduntersuchung wurde festgestellt, daß das archivalisch überlieferte Deckengemälde von Hans Georg Wittmann aus dem Jahr 1737 trotz der Übermalungen und Übertünchungen des 19. und 20. Jhs. relativ gut und vollständig erhalten war. Auch auf ausdrücklichen Wunsch der Kirchengemeinde wurde die Malerei mit der Darstellung Mariä als Fürbitterin bei der hl. Dreifaltigkeit, am unteren Bildrand eine Ansicht des Dorfes Hofstetten, freigelegt; die zeitgleiche Raumfassung mit roséfarbener Decke und heller Stuckornamentik wurde rekonstruiert. Es wurden außerdem konservatorische Maßnahmen an der Ausstattung, vor allem an den stark beschädigten Kreuzwegstationen, Ölgemälden auf Leinwand aus der Zeit um 1800, ausgeführt. Zudem wurden einige unschöne, auf die Renovierung der sechziger Jahre zurückgehende Veränderungen im Sinn des barocken Kirchenraums korrigiert; u. a. wurde der in Resten erhaltene Fußbodenbelag aus Solnhofer Platten ergänzt. Die gelungene Inneninstandsetzung des Hofstettener Kirchleins ist nicht zuletzt dem bemerkenswerten Engagement der kleinen Kirchengemeinde zu verdanken. Usch

Ickelheim (Lkr. Neustadt a. d. Aisch-Bad Windsheim). Die *Evang.-Luth. Pfarrkirche St. Georg*, eine dreischiffige Anlage aus der 2. Hälfte des 15. Jhs. mit späteren Umgestaltungen, wurde im Anschluß an die Inneninstandsetzung außen instandgesetzt und dem bereits 1985 fertiggestellten Turm entsprechend zu Ende geführt. Vi

–, *Schloßgasse 4*. Das Wohnstallhaus des 18. Jhs., einseitig mit einem Mansarddach im frühen 19. Jh. erweitert, wurde abgebrochen und durch einen Neubau ersetzt. Ma

–, *Schloßstraße*. Für das *ehem. Amtshaus des Deutschordens*, 1565 erbaut, 1776 teilweise verändert, zuletzt als landwirtschaftliches Anwesen genutzt, wurden Bestandspläne und Kosten für die Instandsetzung ermittelt, um es mit Mitteln des Entschädigungsfonds instandzusetzen. Ein Interessent möchte in dem sehr stattlichen, schloßähnlichen, dreigeschossigen Bau mit hohem Mansard-Walmdach und vorgelagertem Treppenturm ein Waffenmuseum errichten. Ma

Illesheim (Lkr. Neustadt a. d. Aisch-Bad Windsheim). Die *Evang.-Luth. Pfarrkirche St. Maria und Wendel*, eine 1769 vom Windsbacher Stadtbaumeister Johann Michael Krauß im Markgrafenstil errichtete Chorturmkirche, wurde außen instandgesetzt. Erforderlich waren vor allem Natursteinarbeiten. Vi

Ippesheim (Lkr. Neustadt a. d. Aisch-Bad Windsheim). An der aus dem 18. Jh. stammenden Friedhofsmauer, einer Bruchsteinmauer mit stichbogigen Nischen an der Innenseite, waren umfangreiche statische Sicherungsmaßnahmen erforderlich. Vi

Kainsbach (Lkr. Nürnberger Land), *Evang.-Luth. Kirche*. Wiederaufstellung des restaurierten spätgotischen Flügelaltars. Die schweren Schäden an der Malschicht, verursacht durch Schwundrisse des hölzernen Trägers, hatten nach langwierigen graduellen Veränderungen der relativen Luftfeuchtigkeit in der Klimakammer mittels Niederlegung der Malschicht, Kittungen und Retuschen behoben werden können. Eine Stabilisierung des Raumklimas in der Kirche, nach Abschluß der baulichen Instandsetzung Mitte der achtziger Jahre, sowie ein Wartungsvertrag mit dem Restaurator führen zu verbesserten konservatorischen Rahmenbedingungen und garantieren eine kontinuierliche Wartung und Pflege des Kunstguts. Usch

Kalbensteinberg (Lkr. Weißenburg-Gunzenhausen), *Evang. Pfarrhaus*. Das Pfarrhaus, ein stattlicher zweigeschossiger Sandsteinbau von 1893, wurde instandgesetzt und im Erdgeschoß mit Gemeinderäumen ausgebaut. Das Anliegen der Denkmalpflege, die sehr klar gegliederten Grundrisse aus der Erbauungszeit mit mittigen Fluren mit kreuzförmig in der Mitte ansetzenden Stichfluren zu erhalten und nur Veränderungen des 20. Jhs. zu beseitigen, konnte weitestgehend durchgesetzt werden. Erhalten blieben auch die qualitätvollen Fenster und Türen von 1893. Usch

Kalchreuth (Lkr. Erlangen-Höchstadt). Die jetzt als *Rathaus* genutzte ehem. Schule, ein Sandsteinquaderbau aus der 2. Hälfte des 19. Jhs., wird instandgesetzt und durch eine Verlängerung des Gebäudes erweitert. Vi

Kattenhochstatt, Stadt Weißenburg, *Haus Nr. 6/8*. Der ehem. *Pfarrhof* umfaßt das zweigeschossige Pfarrhaus, einen Walmdachbau mit Zwerchhaus aus dem 19. Jh., einen stattlichen Pfarrstadel aus dem 18. Jh. sowie ein Torgebäude aus dem 18./19. Jhs. Der CVJM Weißenburg plante seit längerem den Ausbau des früheren Pfarrhofs zum «Dietrich-Bonhoeffer-Haus». Es war vorgesehen, das erdgeschossige Gebäude zwischen Pfarrhaus und Pfarrstadel durch einen Neubau zu ersetzen. Dies wurde von seiten des Landesamtes hingenommen unter der Bedingung, daß der Ausbau in den Baudenkmälern nur behutsam erfolgt. Die folgenden Planungsgespräche gestalteten sich als schwierig, durch ungenehmigte Schwarzarbeiten wurden bei dem Einbau von Sanitär-, Elektro- und Heizungsanlagen sowohl Teile des statisch-konstruktiven Gefüges als auch Teile der Ausstattung schwer beschädigt oder zerstört. Nach langwierigen Verhandlungen mit dem Architekten gelang es schließlich, die Umbauarbeiten so zu koordinieren, daß weitere Eingriffe in die historische Bausubstanz vermieden werden konnten. Me

–, *Haus Nr. 6/8*. Nach Vorlage einer restauratorischen Befunduntersuchung wurde die Farbgebung der Innenräume und der Fassade festgelegt. Die Sanierungsmaßnahmen wurden im Februar des Berichtsjahres abgeschlossen (vgl. Jahresbericht 1989). Me

Kaubenheim (Lkr. Neustadt a. d. Aisch-Bad Windsheim), *Haus Nr. 39f*. Mit Abbruch der ehem. *Judenschule* wurde ohne Abstimmung mit dem Landesamt auch die Mikweh zerstört, obwohl die Möglichkeit der Erhaltung bestanden hätte. Ma

Krassolzheim (Lkr. Neustadt a. d. Aisch-Bad Windsheim). Die auf dem ehem. Schloßplatz gelegene *Evang.-Luth. Filialkirche St. Nikolaus*, eine Chorturmkirche der 2. Hälfte des 15. Jhs. mit 1696 aufgesetzten Turmobergeschossen und wohl gleichzeitig erneuerter Einrichtung, wurde außen instandgesetzt und den wiederholt gefundenen historischen Weißfassungen entsprechend getüncht. Vi

Larrieden (Lkr. Ansbach). Die *Evang.-Luth. Pfarrkirche St. Michael*, ein um 1910 neu errichteter und einheitlich ausgestatteter Bau mit Turm des Vorgängerbaus von 1760–70, wurde außen instandgesetzt und der Fassung von 1910 entsprechend getüncht. Vi

Lauf a. d. Pegnitz (Lkr. Nürnberger Land), *Friedensplatz 9*. Das stattliche Bürgerhaus, ein zweigeschossiger Sandsteinbau mit Satteldach, ist Teil der historischen Laufer Vorstadt und liegt an städtebaulich markanter Stelle vor dem Nürnberger Tor. Das Gebäude wurde um 1630 errichtet (Ergebnis einer dendrochronologischen Untersuchung), es war seit dem 18. Jh. bis ins frühe 20. Jh. als Melberei mit dazugehöriger Wohnung genutzt. Die Bausubstanz des 17. Jhs. mit sehr klar gegliederten Grundrissen mit jeweils mittigen Fluren ist, abgesehen von einem Landeinbau der sechziger Jahre im vorderen Bereich des Erdgeschosses, fast vollständig erhalten; die Haupträume im 1. Obergeschoß besitzen einfache Rahmenstuckdecken aus dem 18. Jh. Der vom Eigentümer seit Jahren betriebene Abbruch des Baudenkmals konnte von der Denkmalpflege mit Unterstützung der Regierung von Mittelfranken nach langwierigen Verhandlungen verhindert werden. Inzwischen liegen ein verformungsgenaues Aufmaß und eine Befunduntersuchung sowie ein Sanierungsgutachten vor, das eine denkmalgeeignete Nutzung für das Bauwerk vorsieht. Es bleibt zu hoffen, daß die Instandsetzung bald beginnt. Usch

–, *Höllgasse 6–8*. Die malerische Gebäudegruppe mit Erdgeschoß aus Sandsteinquadern und 1. Obergeschoß sowie Giebeln aus Fachwerk ist an die Laufer Stadtmauer angebaut, die in diesem Bereich teils noch sehr vollständig mit Wehrgang erhalten ist. Das Hauptgebäude geht auf das sechste Jahrzehnt des 16. Jhs. zurück (Ergebnis der dendrochronologischen Untersuchung), aus dieser Zeit auch die in Teilen noch erhaltene, in barocker Zeit überformte Bohlenstube im 1. Obergeschoß. Die Bausubstanz und die Grundrißstrukturen im Hauptgebäude haben nach einer Umbauphase im 17. Jh. keine größeren Veränderungen erfahren, während das Nebengebäude im 19. und 20. Jh. für eine intensivere Wohnnutzung ausgebaut wurde. Die auch aus städtebaulicher Sicht sehr wichtige Gebäudegruppe war seit Jahrzehnten unbewohnt; der von wechselnden Eigentümern seit den siebziger Jahren wiederholt beantragte Abbruch wurde vom Landesamt für Denkmalpflege abgelehnt. Der fehlende Bauunterhalt führte zu immer stärkeren Schäden an Dach und an der gesamten Holzkonstruktion. Die Stadt Lauf konnte dazu gewonnen werden, mit Zuschüssen der Städtebauförderung und der Denkmalpflege ein verformungsgenaues Aufmaß und ein Sanierungsgutachten in Auftrag zu geben. Auf der Grundlage dieses Gutachtens konnten sowohl der Abbruch als auch die Entkernung des Gebäudes abgelehnt werden. Nach nochmaligem Besitzerwechsel wurde inzwischen mit den sehr umfangreichen Sicherungsmaßnahmen unter Leitung eines in der Denkmalpflege erfahrenen Statikers begonnen. Usch

–, *Gewerbe- und Frühindustriemuseum, Sichartstraße 5–13* (vgl. Jahresbericht 1988), Fortführung der behutsamen und sorgfältig ausgeführten Instandsetzungsmaßnahmen im ehem. E-Werk und

der Roggenmühle. Mit Beratung und finanzieller Unterstützung des Landesamtes für Denkmalpflege Beginn einer systematischen Inventarisation und Dokumentation von Bauten und Anlagen der frühen Industriekultur im Landkreis Nürnberger Land. Es handelt sich dabei zum Großteil um alte Mühlen- und Hammerwerke, die teils wegen ihres fragmentarischen Zustands nicht in die Denkmalliste aufgenommen wurden, für die Geschichte der frühindustriellen Entwicklung im Landkreis jedoch von Bedeutung sind. Dokumentiert werden außerdem die häufig durch Modernisierung bedrohten Ausstattungsteile der frühindustriellen Anlagen. Soweit die Erhaltung wichtiger Ausstattungsstücke in situ nicht möglich ist, wird versucht, diese in das Laufer Frühindustriemuseum zu übernehmen.
Usch

Leinburg (Lkr. Nürnberger Land), *Evang.-Luth. Pfarrkirche St. Leonhard.* Außeninstandsetzung der auf eine mittelalterliche Gründung zurückgehenden, 1720 im wesentlichen neu errichteten und nach schweren Kriegsschäden in den fünfziger Jahren wiederhergestellten Kirche aus Sandsteinquadern. Die unter Leitung des Landbauamtes ausgeführten umfangreichen Steinmetzarbeiten erfolgten ohne Abstimmung mit dem Landesamt für Denkmalpflege und wiesen aus fachlicher Sicht starke Mängel auf (Auswechslungen mit farblich ungeeignetem Steinmaterial, mangelhafte handwerkliche Verarbeitung u. a.), die nach Einschaltung des Landesamtes nur noch teilweise gemildert werden konnten. Versäumt wurde außerdem eine Dokumentation des Bestands vor Beginn der Arbeiten, die vor allem im Bereich des Turms zu neuen baugeschichtlichen Erkenntnissen hätte beitragen können.
Usch

Leutershausen (Lkr. Ansbach). Für das Stadtensemble wurde ein Rahmenplan nach Besonderem Stadtbaurecht aufgestellt. Durchgreifende Veränderungen sind nicht beabsichtigt. Stadtgestalterische, grün- und verkehrsordnende Maßnahmen stehen im Vordergrund, um das historische Stadtzentrum des spätmittelalterlichen, von einer Stadtmauer mit zwei Toranlagen umschlossenen Marktorts als Wohnort und Geschäftszentrum zu aktivieren.
Ma

Lichtenau (Lkr. Ansbach), *Bebauungsplan Nr. 9a.* Die Erweiterung des Industriegebietes nach Norden kann aus städtebaulichen und denkmalpflegerischen Gründen nicht befürwortet werden. Das Landschaftsbild wird beeinträchtigt und die *Festung Lichtenau* wird als in den Talraum vorgeschobenes Bollwerk nicht mehr erlebbar sein.
Ma

–, *Holzschuher Straße 2.* Der zweigeschossige Satteldachbau mit Fachwerkgeschossen (17. Jh., Kern älter) wird umgebaut.
Ma

–, *Holzschuher Straße 9.* Der eingeschossige Massivbau mit zweigeschossigem Volutengiebel (18. Jh.) und älterem Fachwerkgiebel auf der östlichen Rückseite wird umgebaut, das Dachgeschoß ausgebaut.
Ma

Liebenstadt (Lkr. Roth), *Haus Nr. 22.* Das stattliche, zweigeschossige Wohnstallhaus, massiv gemauert und verputzt, war um 1800 als erdgeschossiges Wohnstallhaus errichtet und 1922 um ein Geschoß erhöht worden. Dieser Umbau von 1922 hatte im Lauf der Zeit zu größeren statischen Schäden geführt, deren Behebung sehr kostenaufwendig gewesen wäre. Der Abbruch des Baudenkmals wurde vom Landratsamt Roth genehmigt.
Usch

Merkendorf (Lkr. Ansbach). Die Instandsetzung der östlichen *Stadtmauer* mit Mitteln des Entschädigungsfonds wird fortgesetzt.
Ma

Moosbach (Lkr. Nürnberger Land), *Hauptstraße 36.* Das erdgeschossige Wohnstallhaus mit Fachwerkgiebel und Halbwalmdach mit «Eulenloch» geht wohl auf die Mitte des 16. Jhs. zurück; der rückwärtige Giebel im 19. Jh. mit Sandsteinquadern erneuert, das Fachwerk im vorderen Bereich des Erdgeschosses im frühen 20. Jh. durch Ziegelmauerwerk ersetzt. Das Bauernhaus war seit Jahrzehnten nur noch zu Lagerzwecken genutzt. Da der Erhaltungszustand des Dachs sich besorgniserregend verschlechtert hatte und die Eigentümer aus verschiedenen Gründen nicht in der Lage waren, eine Instandsetzung zu veranlassen, wurden auf Anregung des

Moosbach, Markt Feucht, Lkr. Nürnberger Land; Hauptstraße 36, vor der Instandsetzung

Landesamtes und mit einem hohen Zuschuß der Denkmalpflege unter Leitung des Landratsamtes Reparaturen am Dachgerüst und eine Neueindeckung der Dachflächen durchgeführt. – Die Gespräche mit den Eigentümern werden fortgesetzt, um möglichst bald eine geeignete Nutzung des Baudenkmals zu ermöglichen.
Usch

Moritzberg (Lkr. Nürnberger Land), *Haus Nr. 1.* Außeninstandsetzung des Gasthauses, ein ehem. Bruderschaftshaus, das im 17. Jh. errichtet wurde, in unmittelbarer Nähe der Moritzkapelle. Der erdgeschossige Bau besitzt Umfassungswände aus Sandsteinquadern, die Giebel und das kleine Zwerchhaus sind aus Fachwerk. – Das Dach wurde neu gedeckt. Es waren relativ umfangreiche Ausbesserungen am Fachwerk notwendig, außerdem mußten zementhaltige Überputzungen und ein dispersionshaltiger Anstrich auf dem Mauerwerk abgenommen werden. Alle älteren Fassungen blieben erhalten, sie wurden nur mit Farblasuren überfaßt, um die Oberflächen zu schützen, gleichzeitig aber die Patina der Fassade zu erhalten.
Usch

Neuhaus (Lkr. Erlangen-Höchstadt). Die seit dem 15. Jh. in mehreren Etappen erbaute *Evang.-Luth. Pfarrkirche Hl. Kreuz*, eine Chorturmkirche mit Tonnengewölbe im Langhaus und Kreuzrippengewölbe im Chor, wurde außen instandgesetzt. Wiederholt wurde die erste nachweisbare Farbfassung (mit ockerfarbenen Flächen), ohne daß diese jedoch eindeutig einer bestimmten Zeit zuzuordnen wäre.
Vi

Nürnberg, Kath. Stadtpfarrkirche U. L. Frau (vgl. vorangegangene Jahresberichte). Beginn der Restaurierungsarbeiten an den Wandmalereien und der polychromen Fassung in der Vorhalle, die auf die im neugotischen Stil ausgeführte Restaurierung August von Essenweins in den Jahren 1879–81 zurückgehen. Entsprechend dem im Vorjahr ausgeführten Restaurierungsmuster werden die neugotischen Fassungen und Wandmalereien von den partiellen Übermalungen aus den dreißiger Jahren befreit, dazu Reinigung der Oberflächen, Niederlegen abblätternder Fassungs- und Malschichten sowie zurückhaltende Retuschen in «Tratteggio»-Technik. Im Bereich der Gewölbefelder, die im Rahmen der Restaurierung der Nachkriegszeit wohl abgekratzt und mit einem Glättputz überzogen worden waren, konnten dank vorsichtiger Freilegung noch relativ umfangreiche Fragmente der Essenwein'schen Deckenmalereien mit Strahlenkranz und Ornamentfriesen um den Gewölbeschlußstein aufgedeckt werden.
Begleitend zur Restaurierung wurde die Befunduntersuchung fortgeführt. Dabei ging es sowohl um Hinweise auf Fassungen vor der Essenweinschen Restaurierung als auch um Veränderungen und Ergänzungen der Bauplastik im Rahmen der Überformungen unter Heideloff und Essenwein. Die teils sehr aufschlußreichen Befunde deuten auf umfangreiche Eingriffe im 19. Jh. hin. Die komplexe Restaurierungsgeschichte der Vorhalle der Frauenkirche soll an anderer Stelle ausführlich gewürdigt werden.
Usch

Nürnberg; Evang.-Luth. Pfarrkirche St. Sebald; Wandmalerei im Ostchor «Der hl. Paulus vor den Juden», um 1390; 1905 abgenommen und auf Träger übertragen

–, *Evang.-Luth. Pfarrkirche St. Lorenz* (vgl. vorangegangene Jahresberichte), Fortführung der Außeninstandsetzung am Chor. Dabei handelte es sich im wesentlichen um eine Reinigung der Sandsteinquader sowie um Ausbesserungen und partielle Erneuerungen der Verfugungen. Die Arbeiten wurden graphisch und photographisch dokumentiert, Steinmetzzeichen u. ä. wurden 1 : 1 abgenommen. – Abschluß der Konservierungsmaßnahmen am «Tucherfenster» Nord (vgl. Jahresbericht 1988).
Restaurierung des «Martha-Altars». Der Schreinaltar, bez. 1517, war bis 1829 Hochaltar der St. Martha-Kirche und wurde zuletzt 1936 restauriert. Die Schnitzfiguren sind vom sogenannten Meister des Martha-Altares, die Malereien zeigen Verwandtschaft mit Wolf Traut; in der Mittelnische des Schreins befindet sich ein Tafelgemälde mit einer Ecce Homo-Darstellung aus der zweiten Hälfte des 16. Jhs., in Renaissancerahmen. Die Untersuchung des Altars ergab, daß Schrein und Schnitzfiguren im 17. Jh. eine schlichte Neufassung unter Verwendung der vorhandenen Vergoldungen erhalten hatten; zum damaligen Zeitpunkt (eventuell identisch mit der Wiederaufnahme der kirchlichen Nutzung der Martha-Kirche um 1627) wurde auch das Ecce Homo-Gemälde in der Mittelachse des Schreins aufgestellt, mit entsprechender Veränderung der Schreinunterteilung. Da die Fassung des 17. Jhs. bei der Restaurierung von 1936 zum Großteil beseitigt worden war, entschloß man sich dazu, zugunsten eines einheitlichen Erscheinungsbildes die Erstfassung nach einer Dokumentation der späteren Fassungsfragmente komplett freizulegen. Usch

–, *Evang.-Luth. Pfarrkirche St. Sebald* (vgl. vorangegangene Jahresberichte), Fortführung der Konservierungsmaßnahmen an den Glasgemälden und der Außenschutzverglasung. Die Arbeiten vermittelten u. a. detaillierte Kenntnisse über die zum Großteil irreversiblen restauratorischen Eingriffe des 19. und frühen 20. Jhs. bis hin zur letzten Restaurierung der fünfziger Jahre. Die teils durchaus qualitätvollen glasmalerischen Ergänzungen der früheren Restaurierungen wurden belassen; überarbeitet wurden lediglich einige sehr grobe Kaltretuschen aus jüngster Zeit.
Fortführung der Konservierungsmaßnahmen an der Außenplastik (Reinigung, partielle Festigungen, Verbesserungen an der Befestigung der steinernen Epitaphien u. a.). Dank der Sperrung der am Ostchor von St. Sebald vorbeiführenden Theresienstraße darf mit einer Verbesserung der konservatorischen Rahmenbedingungen für die Sebalder Außenplastik und speziell für das Schreyer-Landauersche Grabmal am Ostchor gerechnet werden.
Beginn systematischer Voruntersuchungen sowie zeichnerischer und photographischer Dokumentationen an den Wandmalereien im Ostchor. Eine der frühesten und bedeutendsten Wandmalereien in Nürnberg, mit der Darstellung des Paulus vor den Juden, um 1390 entstanden, ursprünglich unter dem Chorhauptfenster von St. Sebald, war 1905 abgenommen und auf einen neuen Träger übertragen worden, was zu erheblichen Verlusten und Schäden an der Malschicht führte; diese «Restaurierungsopfer» sowie weitere, ebenfalls mehrfach restaurierte und teils übermalte Wandmalereien des 14.–15. Jhs. zeigten ein sehr komplexes Schadensbild, das eingehende Untersuchungen auch naturwissenschaftlicher Art erforderte, um zu einem geeigneten Konservierungskonzept zu gelangen.
Befunduntersuchungen und Raumklimamessungen in der sog. Krypta von St. Sebald (vgl. Jahresbericht 1988) mit Schadensbilddokumentation der freigelegten Deckenmalereien. Es stellte sich heraus, daß die Anfang der achtziger Jahre neu verbandelten und gekalkten Wände keine Spuren früherer Putze, Tünchen und Fassungen aufwiesen, ehemals aber nicht nur gekalkt, sondern verputzt waren. Usch

–, *Evang.-Luth. Pfarrkirche St. Jakob*, Außeninstandsetzung des auf das frühe 15. Jh. zurückgehenden dreischiffigen Langhauses aus Sandsteinquadern, dessen heutige Gestalt im wesentlichen durch einen Umbau um 1500 bestimmt wird, und das im 19. und 20. Jh. verschiedene, teils durchgreifende Renovierungen erfahren hat (u. a. durch Heideloff) sowie nach schweren Kriegsschäden in den fünziger/sechziger Jahren wiederhergestellt worden ist. Nach einer photographischen und zeichnerischen Dokumentation des Bestands wurden im wesentlichen Verfugungen ausgebessert und kleine Fehlstellen an Sandsteinquadern ergänzt; hinzu kamen kleine konservatorische Maßnahmen und eine neue Befestigung der Figuren mit dazugehörigen Konsolen und Baldachinen am Südportal. – Neutünchung der Wände des Innenraums, im Sinn der vereinfachten Wiederherstellung der Nachkriegszeit; Modernisierung der in den sechziger Jahren eingebauten Warmluftheizung mit Einbau einer auf vorgegebenen Raumklimawerte programmierten Regelungsanlage.

Usch

–, *Israelitischer Friedhof, Bärenschanzstraße*, Beginn der Instandsetzungsarbeiten auf dem 1863 angelegten und bis 1937 belegten Friedhof. Ungefähr 1700 Grabstätten, Reste des Verwaltungsgebäudes und die Friedhofsmauer sind heute noch erhalten, während von der ehem. Aussegnungshalle nur noch die Fundamente zeugen. Die Grabanlagen sind links und rechts eines breiten, alleeartigen mit Laubbäumen eingesäumten Mittelweges angeordnet. Die Grabsteine sind teils aus schwarzem Granit, teils aus Sandstein gefertigt und weisen oft Architekturelemente maurischer, neuromanischer oder neugotischer Inspiration auf; bemerkenswert einzelne Grabsteine mit Jugendstilornamenten, teils mit Mosaikintarsien. Die Grabinschriften sind im allgemeinen sowohl in hebräischer als auch in deutscher Schrift ausgeführt.
In der Nazizeit erfolgten keine größeren Zerstörungen von Grabanlagen, der Friedhof erlitt jedoch Schäden durch Bombenangriffe sowie durch Vandalismus in jüngster Zeit. Hinzu kommen witterungsbedingte Verluste vor allem an den Sandsteinen, mangelhafte Befestigungen der Steine u. ä. Seitens der israelitischen Kultusgemeinde bestand daher der dringende Wunsch, die notwendigen Sicherungs- und Konservierungsarbeiten an den Grabanlagen auszuführen, die in diesem Fall nicht, wie bei jüdischen Friedhöfen üblich, dem Verfall preisgegeben werden sollten, sondern vielmehr als Erinnerung an die ehemals große jüdische Kultusgemeinde in Nürnberg erhalten und gepflegt werden sollten. Nach einer photographischen Dokumentation aller Grabsteine, verbunden mit der Kopie der teils nur noch fragmentarisch erhaltenen Grabinschriften, begann man mit der Sanierung der Grabsteinfundamente und einer Neuverankerung der Steine. Stark zerstörte und umgestürzte Steine beließ man dabei bewußt unverändert. Die Sicherungs- und Konservierungsarbeiten sollten nun in mehreren Bauabschnitten fortgeführt werden, wobei finanzielle Schwierigkeiten – trotz einer Förderung aus Mitteln des Entschädigungsfonds – die Maßnahmen leider erheblich verzögern.

Usch

Obernzenn (Lkr. Neustadt a. d. Aisch-Bad Windsheim). Im *Blauen Schloß* wurde der Festsaal im 1. Obergeschoß des Ostflügels instandgesetzt. Durch die Herausnahme später eingestellter Zwischenwände konnte der ursprüngliche Raumeindruck zurückgewonnen und die 1711–13 von Casparus de Gabrieli und Markus Greipner geschaffene Stuckdekoration wiederhergestellt werden.

Vi

Oberschwaningen (Lkr. Ansbach). Die 1822 weitgehend neu errichtete *Evang.-Luth. Filialkirche* wurde außen instandgesetzt. Wiederhergestellt wurde die Fassung von 1822 (Flächen warmes Grau, Gliederung hellocker).

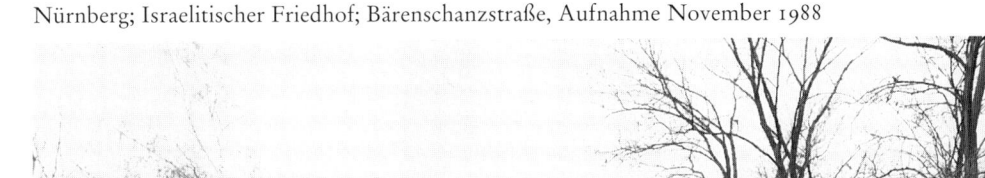

Vi

Nürnberg; Israelitischer Friedhof; Bärenschanzstraße, Aufnahme November 1988

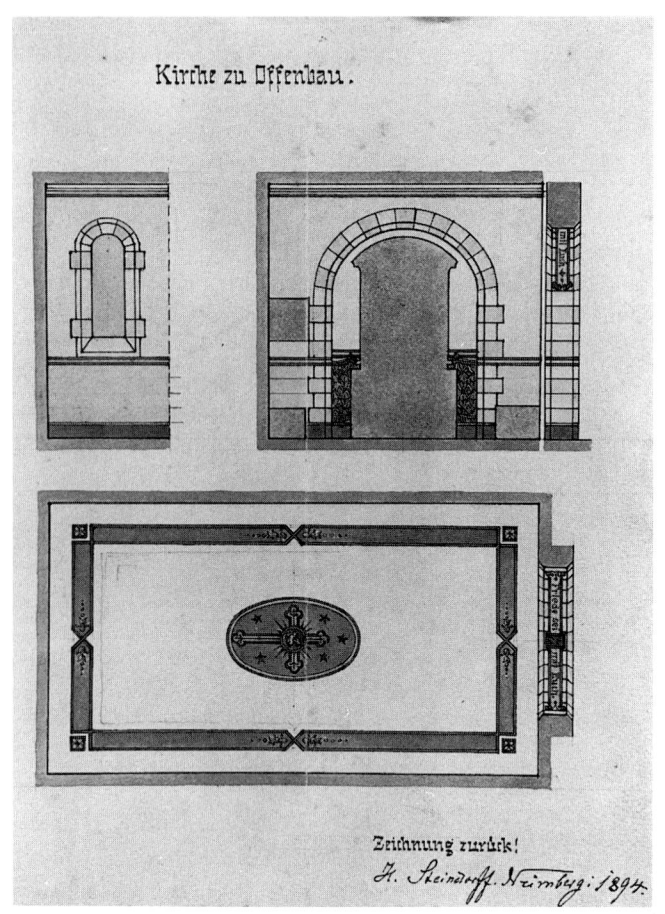

Offenbau, Markt Thalmässing, Lkr. Roth; Evang.-Luth. Pfarrkirche St. Erhard; Entwurfblatt für die ornamentale Ausmalung von 1894

Offenbau (Lkr. Roth), *Evang.-Luth. Pfarrkirche St. Erhard*. Inneninstandsetzung der auf das 13.–14. Jh. zurückgehenden Kirche, deren Turmobergeschoß um 1730 errichtet und deren Langhaus 1866–67 erweitert wurde. Der Kirchenraum ist durch den Umbau des 19. Jhs. geprägt, mit rundbogigen Fenstern, einer flachen Putzdecke und einer L-förmigen Empore im Langhaus. Aus barocker Zeit sind nur Altar und Kanzel erhalten geblieben.
Die Kirche war zuletzt in den sechziger Jahren purifizierend restauriert worden; die Gemeinde wünschte nun eine Neugestaltung des sehr schlichten Kirchenraums. In Bezug auf die 1987 ausgeführte Außeninstandsetzung, bei der man in vereinfachter Form die Fassadengliederung des 19. Jhs. wiederhergestellt hatte, beschloß man daher, eine durch Originalentwürfe und die Befunduntersuchung belegte ornamentale Ausmalung von 1894, ebenfalls vereinfacht, wiederherzustellen. – Der Abbau einer 1877 von Bittner errichteten Schleifladenorgel wurde vom Landesamt für Denkmalpflege hingenommen. Wegen des veränderten Standortes der neuen Orgel auf der Nordempore wurde leider trotz gegenteiliger Abstimmung mit dem Landesamt für Denkmalpflege ein Großteil des Emporengestühls aus dem 19. Jh. beseitigt. Usch

Ornbau (Lkr. Ansbach). Die Instandsetzung der östlichen *Stadtmauer* mit Mitteln aus dem Entschädigungsfonds wird fortgesetzt. Ma

Pappenheim (Lkr. Weißenburg-Gunzenhausen), *Dr.-Wilhelm-Kraft-Weg 18, Burgruine Pappenheim*. Vorburg mit Preisingerhaus und «Eselstall», Hauptburg mit Bergfried des 11. Jhs. sowie Resten der Doppelkapelle St. Georg und St. Blasius und des Palais aus dem 13. Jh. Befestigungsanlagen der Burg mit Haupttor und Zwinger. – Die Sicherungsarbeiten am Unterbau der Kapelle waren nicht mit dem Landesamt für Denkmalpflege abgesprochen. Durch Einziehen einer Betondecke und willkürliches Aufmauern der Außenwand sind wertvolle baugeschichtliche Befunde verlorengegangen. Hinter der Apsis der Kapelle wurden Reste einer spätmittelalterlichen Wandmalerei entdeckt. Me

Pfofeld (Lkr. Weißenburg-Gunzenhausen), *Haus Nr. 11*. Das freistehende, erdgeschossige Satteldachhaus von 1787 wurde vermutlich bereits im 19. Jh. instandgesetzt und überformt. Trotzdem ist die klare barocke Grundrißdisposition erhalten. Es gelang eine Gesamtinstandsetzung unter Beibehaltung eines Großteils der historischen Ausstattung des 19. Jhs. Farbgebung der Außenfassade nach Befund. Die Maßnahme wurde durch das Landesamt für Denkmalpflege bezuschußt. Me

Pommelsbrunn (Lkr. Nürnberger Land), *Evang.-Luth. Pfarrkirche St. Laurentius*. Außeninstandsetzung der auf eine mittelalterliche Gründung zurückgehenden, im späten 17. Jh. veränderten und 1726–31 erweiterten sowie im 19. Jh. mehrfach renovierten Kirche. Die Befunduntersuchung am Außenbau führte zur Entdeckung einer qualitätvollen Architekturmalerei mit aufwendigen Fenster- und Türumrahmungen sowie hellem Fugennetz auf grauem Hintergrund. Diese Fassung konnte anhand der Schichtenabfolge und der Archivalien einer Kirchenrenovierung von 1769 zugeordnet werden; zu der Umbauphase von 1726–31 fanden sich nur geringe rote Farbreste, die eine exakte Rekonstruktion einer historischen Fassung nicht ermöglicht hätten. Die Empfehlung des Landesamtes für Denkmalpflege, die vollständig nachweisbare Architekturmalerei von 1769 zu rekonstruieren, erregte zunächst die Gemüter, da die graue Fassung als markgräflich-ansbachisch und daher als unpassend für eine zu Nürnberg gehörige Kirche empfunden wurde. Nach Fertigung einer Musterachse konnte man sich jedoch auf eine leicht vereinfachte Rekonstruktion dieser qualitätvollen Architekturmalerei einigen. Usch

Prünst (Lkr. Roth), *Haus Nr. 6*. Das ehem. Wohnstallhaus, ein erdgeschossiger Sandsteinquaderbau mit steilem Fachwerkgiebel, im 17. Jh. errichtet, wird seit Jahren nur noch zu Lagerzwecken und für eine kleine Werkstatt im Erdgeschoß genutzt. Die Erhaltung des Gebäudes, das qualitätvolle Bau- und Ausstattungsteile aufweist und im 20. Jh. keine Veränderungen erfahren hat, war durch die schadhafte Dacheindeckung gefährdet. Mit einem hohen Zuschuß der Denkmalpflege wurden Reparaturen am Dachgerüst durchgeführt, die Dachflächen unter Verwendung alter handgestrichener Tonbieber umgedeckt. Usch

Rammersdorf (Lkr. Ansbach), *Schloß*. Die dringend erforderliche Instandsetzung der Bruchsteingrabenmauern des 1715 von Gabriel de Gabrieli errichteten Wasserschlosses wurden zurückgestellt, weil die Eigenmittel für die Behebung der katastrophalen Waldschäden eingesetzt werden mußten. Ma

Reichelshofen (Lkr. Ansbach). Die *Evang.-Luth. Kapelle St. Konrad*, ein Bau des 13. Jhs. mit mehrfachen Veränderungen, wurde außen instandgesetzt und entsprechend der Fassung und der letzten Umbaumaßnahmen (1865) getüncht. Vi

Röthenbach a. d. Pegnitz, (Lkr. Nürnberger Land), *Conradty-Siedlung* (vgl. Jahresbericht 1988). Ein Teil der um 1900 vom Fabrikanten Conradty angelegten Arbeitersiedlung wurde inzwischen von der städtischen Wohnungsbaugesellschaft erworben. Mit der Sanierung einzelner Häuser an der Frühlingsstraße wurde begonnen. Unterstützt durch Städtebauförderungsmittel sollen Sozialwohnungen unterschiedlicher Größe entstehen. Nach längeren Verhandlungen zwischen der Wohnungsbaugesellschaft, dem beauftragten Architekten und der Denkmalpflege konnten Grundrißlösungen gefunden werden, bei denen die historischen Strukturen zum Großteil erhalten bleiben, die heutigen Ansprüche an Wohnkomfort jedoch voll berücksichtigt werden. Das äußere Erscheinungsbild der erdgeschossigen Häuser mit Zwerchgiebel bleibt unverändert. Erhalten werden auch die zu den Gebäuden gehörenden Schuppen (umgenutzt als Freisitz und Garage). Der Wunsch der Denkmalpflege, die originalen Sprossenfenster mit Oberlicht und dazugehörigen Winterfenstern zu erhalten und zu Kastenfenstern umzubauen, konnte allerdings nicht berücksichtigt werden; die neuen Isolierglasfenster aus Holz nehmen die Unterteilung und die Profile der alten Fenster jedoch relativ exakt wieder auf. Der nördliche Teil der

Röthenbach bei St. Wolfgang, Markt Wendelstein, Lkr. Roth; Am Kirchberg 3, Gasthof «Gelber Löwe»; Wandmalerei von 1612 im Flur des Erdgeschosses

Siedlung ist noch im Besitz der Firma Conradty. Für die Siedlungshäuser westlich der Karlstraße wurde ein Abbruchantrag gestellt, verbunden mit dem Antrag einer mehrgeschossigen Neubebauung. Der Abbruchantrag wurde vom Landesamt für Denkmalpflege abgelehnt, das den Erhalt der gesamten Siedlung fordert, da deren herausragende städtebauliche und sozialgeschichtliche Bedeutung nur in der Gesamtheit der Anlage anschaulich dokumentiert ist. Usch

Röthenbach b. St. Wolfgang, Markt Wendelstein (Lkr. Roth), *Am Kirchberg 3*, Gasthof Gelber Löwe (vgl. Jahrbuch 1988). Nach Abschluß der Instandsetzung des repräsentativen Gasthofes aus dem 17. Jh. wurden auf Wunsch des Eigentümers trotz gegenteiliger Auflagen der Denkmalpflege relativ umfangreiche Freilegungen an einer Sandsteinquaderwand des Fletzes, neben der Gaststube, ausgeführt. Es kam eine zweifellos interessante figürliche Wandmalerei zu Tage, von deren Existenz man bereits durch die Befunduntersuchung Kenntnis hatte. Die mit der Jahreszahl 1612 bezeichnete Kalkseccomalerei zeigt großflächige Jagdszenen auf roséfarbenem Hintergrund mit weißer Figurenmalerei; laut Befund war die gesamte östliche Wand des Fletzes in dieser Art bemalt. Es bewahrheiteten sich leider auch die Befürchtungen der Denkmalpflege, daß eine verlustfreie Freilegung der Kalkseccomalerei, die direkt auf den relativ rauhen Sandstein aufgetragen ist, nicht möglich sei. Hinzu kommen konservatorische Probleme, die durch die Nutzung des Gebäudes mit Gastwirtschaftsbetrieb, der allerdings auf besondere Festlichkeiten beschränkt ist, bedingt sind. Es ist daher vorgesehen, zum Schutze vor mechanischen Beschädigungen vor der freigelegten Malerei eine Glasplatte mit Abstandshaltern anzubringen. Usch

Röttenbach (Lkr. Roth), *Alte Kath. Pfarrkirche St. Ulrich*. Inneninstandsetzung der auf eine mittelalterliche Gründung zurückgehenden, 1638 und 1739–42 erweiterten und veränderten Kirche. Die Bandelwerkstuckaturen und die reiche, qualitätvolle Ausstattung der Kirche (darunter der Hochaltar mit Schnitzfiguren des Ellinger Bildhauers Friedrich Maucher) sind zum Großteil aus der Zeit der von Landkomtur Heinrich Friedrich von Hornstein veranlaßten Umbauten von 1739–42. Bei Innenrenovierungen in den dreißiger und sechziger Jahren waren Raumschale und Figuren in Anlehnung an die Farbigkeit des 18. Jhs. neu gefaßt worden, außerdem hatte man ein neues Deckengemälde gefertigt (bez. Wittmann 1938). Die vorgesehene Auffrischung der Raumfassung der dreißiger Jahre, die sich auf den barocken Befund bezog und in den sechziger Jahren wiederaufgenommen worden war, bereitete gewisse technische Schwierigkeiten, da zunächst auf sämtliche Putzflächen und Stuckteilen der bei der letzten Renovierung aufgetragene dispersionshaltige Anstrich entfernt werden mußte. Bei den Altären und Schnitzfiguren konnte man sich darauf beschränken, die handwerklich solide Neufassung der dreißiger Jahre zu reinigen und auszubessern. Kleinere Reparaturen waren am Kirchengestühl erforderlich. Da die Ulrichskirche seit dem Neubau der Kath. Pfarrkirche in Röttenbach nur noch relativ selten genutzt wird, konnte auch bei der jetzigen Instandsetzung auf den Einbau einer Kirchenheizung verzichtet werden (der gute Erhaltungszustand der Ausstattung ist nicht zuletzt auf das Fehlen einer Kirchenheizung zurückzuführen). Usch

–, *Rother Straße 13*. Das «Richterhaus», ein mächtiges zweigeschossiges Giebelhaus am Ortsausgang von Röttenbach, war, wie Archivforschungen bestätigen, ein zur Deutschordenskommende Ellingen gehöriges Forst- und Jägerhaus. Der einheitliche Bau mit massiver verputzter Giebelfassade, der rückwärtige Giebel und die Traufwände im 1. Obergeschoß aus Fachwerk, ging auf das 17. Jh. zurück. Qualitätvolle Bau- und Ausstattungsteile – so die graue Fachwerkfassung in den Innenräumen, barocke Füllungstüren, das Haustürgewände mit Figurennische und eine steinerne Sitzbank neben dem Hauseingang – zeugten vom Reichtum der Erbauer. Obwohl der Erhaltungszustand des Hauses gut war, versuchte der Eigentümer seit Jahren, eine Abbruchgenehmigung zu erhalten, um das Grundstück an den Nachbarn zur Erweiterung der hinter dem Baudenkmal gelegenen Fabrik zu veräußern. Vermittlungsversuche der Denkmalpflege und des Landratsamts verliefen leider vergeblich. Der Abbruchantrag wurde von der Regierung von Mittelfranken positiv beschieden. Usch

Rollhofen (Lkr. Nürnberger Land), *Brückenstraße 20*. Das Wohnstallhaus, ein stattlicher Bau mit einhüftig zum Hof hin angehobenem Satteldach, das Erdgeschoß massiv, das Halbgeschoß und die Giebel aus Fachwerk, gehörte zu einer Hofanlage mit einer mächtigen Fachwerkscheune und einem kleinen Nebengebäude mit Erdkellern. Das wohl um 1800 entstandene Gebäude mit Zierfachwerk und vielen Ausstattungsteilen aus der Erbauungszeit war seit Jahren nur noch partiell als Lager und Stall genutzt. Auf Antrag des Eigentümers sollte es einem Stallneubau weichen. Die Versuche der Denkmalpflege, das Wohnstallhaus zu erhalten und einer geeigneten Nutzung zuzuführen, stießen leider weder beim Eigentümer noch bei dem zuständigen Landratsamt auf Resonanz, das dem Abbruch zustimmte. Die Fachwerkscheune und das Nebengebäude blieben erhalten, sie stehen jedoch in keinem Bezug zu dem unmaßstäblichen modernen Wohnhaus. Eine der letzten vollständigen alten Hofanlagen von Rollhofen ist verlorengegangen. Usch

Roßtal (Lkr. Fürth). Das unmittelbar an den Friedhof angrenzende *Peipp'sche Anwesen, Schulstraße 13*, wird als Heimatmuseum eingerichtet. Es handelt sich um das ehem. Schulhaus aus dem späten 16. Jh. (mit einem westlichen Anbau von 1760), das durch einen an der Friedhofmauer gelegenen erdgeschossigen Stall mit der rückwärtigen Scheune verbunden ist, und eine freistehende Remise. Von Interesse sind nicht zuletzt die in fast allen Räumen des Hauptgebäudes erhaltenen Schablonenmalereien aus der Zeit um die Jahrhundertwende, die behutsam restauriert werden. Vi

Roth (Lkr. Roth), *Rathaus*. Für die seit langem geplante Rathauserweiterung ließ die Stadt Roth einen Wettbewerb ausloben. Zur Disposition stand ein Gelände am Kirchplatz und der anschließenden Schulstraße, mit dem als Rathaus genutzten ehemaligen Schulhaus, ein repräsentativer zweigeschossiger Sandsteinquaderbau, im Stil der Neurenaissance 1880 errichtet, und dem danebenliegenden Feuerwehrhaus mit neubarocker Schweifgiebelfassade aus Sandstein, um 1900 erbaut, sowie zwei anschließenden Wohngebäuden, das eine ein zweigeschossiger Giebelbau mit Schopfwalm aus dem 18. Jh. und Putzfassade der Zeit um 1900, das andere ein ebenfalls zweigeschossiger Traufseitbau des frühen 19. Jhs. mit Schopfwalm aus Sandsteinquadern. Diese Häusergruppe an der Südseite des Kirchplatzes, gegenüber der spätgotischen, durch Steingruber im 18. Jh. umgebauten Pfarrkirche, ist stadtbildprägend und gehört zu den wenigen Bereichen des Ensembles, die nicht durch Abbrüche und Neubauten der letzten Jahrzehnte gestört sind. Es bestand die berechtigte Sorge, daß die beiden Wohngebäude und eventuell auch das Feuerwehrhaus der Rathauserweiterung zum Opfer fallen könnten.

Dank einer sehr konstruktiven Zusammenarbeit zwischen der Stadt Roth, der LWS und dem Landesamt konnte für den Auslobungstext des Wettbewerbs das gemeinsame Anliegen formuliert werden, die gesamte Häusergruppe zu erhalten und für Teilbereiche der Stadtverwaltung zu nutzen, deren Erschließung durch einen Neubau im Hofbereich ermöglicht werden sollte. Der mit dem 1. Preis ausgezeichnete Entwurf berücksichtigte diese denkmalpflegerischen Vorgaben in vollem Umfang und füge auf geschickte Weise einen eher zurückhaltend gestalteten Neubaukörper im Hof ein. – Um die relativ schwierigen Anbindungen zwischen den historischen Bauten und dem Neubau auf möglichst substanzschonende Weise zu ermöglichen und die geplante Büronutzung weitestgehend mit den überlieferten Grundrissen zu vereinbaren, wird zur Zeit ein verformungsgenaues Aufmaß der für die Planung relevanten Gebäudebereiche gefertigt. Usch

Rothenburg o. d. T. (Lkr. Ansbach). Der 1967 abgenommene neugotische Aufsatz des Chorgestühls in der *Evang.-Luth. Pfarrkirche St. Jakob* wurde wieder angebracht. Vi

–, *Burggarten*. Die in der Burggartenmauer als Abdeckplatten verbauten jüdischen *Grabsteine* wurden ausgebaut und im Reichsstadtmuseum sichergestellt. Es handelt sich um Grabsteine des 13. bis 16. Jhs. vom ehem. Judenfriedhof, dem heutigen Schrannenplatz, die nach ihrer Auffindung Anfang des 20. Jhs., ins Lapidarium, ehem. St. Blasiuskapelle, verbracht bzw. als Abdeckplatten der Burggartenmauer verwendet wurden. Ma

–, *Deutschherrengasse 1*. Das sog. Probstschulhaus, ein zweigeschossiger Walmdachbau des 18. Jhs., auf den Grundmauern des 1704 niedergelegten Deutschherrenhauses errichtet und im 19. Jh. zum Schulhaus umgebaut, wurde von der Stadt zum Jugendheim umgebaut. Im älteren Gewölbekeller wurde die Disco eingerichtet. Bei Bodenbewegungen stieß man auf einen ca. 1,2 Meter hohen gewölbten Gang, der durchbrochen werden mußte. Die Raumkonzeption des 19. Jhs. wurde beibehalten, der zugehörige Anbau durch einen Neubau ersetzt. Ma

–, *Herrngasse 26 und 28*. Für die Erweiterung des Hotelbetriebs wurden die erdgeschossigen Anbauten des frühen 20. Jhs. entfernt und durch größere ersetzt. Die für Rothenburg typische, an der Herrngasse noch gut erhaltene spätmittelalterliche Bautypologie wurde durch einen unpassenden Neubau anstelle eines schmalen Nebengebäudes gestört. Ma

–, *Kapellenplatz 7 und 8*. Beim Umbau der Stadt- und Kreissparkasse mußte die Überbauung des ehem. inneren Stadtgrabens hingenommen werden. Ma

–, *Klostergasse 20*. Der kleine zweigeschossige Satteldachbau des 16. Jhs. über tonnengewölbtem Keller wurde von der evang.-luth. Kirchengemeinde erworben, um ihn für gemeindliche Zwecke instandzusetzen. Bei Erdarbeiten auf der Südseite stieß man auf einen gemauerten Brunnenschacht. Die Verfüllung wurde archäologisch ausgewertet. Der obere Teil mußte abgetragen werden, der untere Teil konnte nur zur Hälfte erhalten bleiben. Ma

–, *Koboldzellersteige 4*. Der Wiederaufbau des 1987 durch Brand zerstörten Giebelhauses des 16. Jhs. konnte abgeschlossen werden. Teile des spätmittelalterlichen Dachstuhls, durch den Einbau eines liegenden Stuhls im 17. Jh. verstärkt, konnten erhalten, der Rest rekonstruiert werden. In den Außenmauern sind Reste des Kernbaus (14. Jh.) erhalten und die Fachwerkfassung des 16./17. Jhs. ist freigelegt worden. Bestandsaufnahme und Befundbericht liegen vor. Ma

–, *Marktplatz 10*. Der Ausbau des 2. Obergeschosses in der Marienapotheke für gewerbliche Zwecke in Verbindung mit der Errichtung eines Aufzugturms im Innenhof wurde abgelehnt. Im nicht genutzten Geschoß befindet sich ein Festsaal und eine kleine Küche des 15. Jhs. Die Umnutzung hätte den Verlust eines einmaligen Repräsentationsraumes zur Folge gehabt. Darüberhinaus widerspricht die gewerbliche Nutzung in den Obergeschossen dem Ziel, die Wohnnutzung im historischen Stadtbereich zu erhalten. Ma

–, *Stadtmauer und Tore*. Im Rahmen der jährlich mit Bundes- und Ländermitteln geförderten Instandhaltungsmaßnahmen wurden ca. 20 Meter der *Stadtmauer an der Eich* erneuert. Die wegen des starken Erddrucks aufgetretenen Verformungen konnten nur durch Abbruch und Wiederaufbau behoben werden. Dabei zeigte sich, daß bereits zwei ältere Mauern, vermutlich aus ähnlichen Gründen, abgetragen und durch neue hatten ersetzt werden müssen. – Über dem äußeren *Tor der Spitalbastei* wurde das Dachwerk stabilisiert und die Neueindeckung mit Bibern fortgesetzt. Ma

–, *Taubertalweg 6*. Der zweigeschossige Mühlraum der *Haltenmühle* wurde für eine Wohnung aus- und umgebaut. Die Mühleneinrichtung von 1903, die bis 1948 instandgehalten und in Teilen modernisiert und bis in die sechziger Jahre betrieben worden war, wurde beseitigt. Aus denkmalpflegerischer Sicht wird der Verlust des Mühlraums und der technischen Ausstattung sehr bedauert, denn die Haltenmühle, ein stattlicher Krüppelwalmdachbau mit reichem Fachwerkobergeschoß (bez. 1689) zählte zu den wenigen noch funktionstüchtigen technischen Baudenkmälern Rothenburgs, die zum Verständnis der spätmittelalterlichen Wirtschaftsstruktur der Freien Reichsstadt wichtig waren. – Das Dachwerk der großen Mansarddachscheune des 18./19. Jhs. stürzte ein. Der Bau wurde daraufhin abgebrochen. – Im Dachgeschoß der ehem. Stallscheune, ein Mansarddachbau des 18. Jhs., wurde ein Ausstellungsraum eingerichtet. Ma

Rückersdorf (Lkr. Nürnberger Land), *Mohnwinkel 5*. Das repräsentative villenartige Mehrfamilienhaus mit Fachwerkgiebel, 1902 nach Plänen des Baumeisters Beck errichtet, wurde in der Denkmalliste nachgetragen. Ein Bebauungsplan, der den Abbruch des Gebäudes und die Beseitigung des alten Baumbestandes in dem parkartigen Garten zugunsten einer Errichtung von Reihenhäusern vorsah, konnte verhindert werden. Es ist nun vorgesehen, das Baudenkmal instandzusetzen; die ursprünglichen Grundrisse, Bau- und Ausstattungsteile sollen dabei erhalten werden. Einer allerdings wesentlich reduzierten Neubebauung im Garten des alten Gebäudes wurde seitens des Landratsamtes zugestimmt. Usch

Sankt Egidi (Lkr. Weißenburg-Gunzenhausen), *Kath. Filialkirche*. Instandsetzung der 1726 anstelle eines mittelalterlichen Vorgängerbaus neu errichteten Kirche. Hervorzuheben ist die qualitätvolle Ausstattung des kleinen, schlichten Kirchenbaus, mit Bandelwerkstukkaturen über den Fenstern und an der Decke, einem Altar aus der Mitte des 17. Jhs. sowie einem originellen Emporengestühl aus roh behauenen Balken. – Die Außeninstandsetzung war leider ohne Abstimmung mit dem Landesamt für Denkmalpflege erfolgt, was u. a. zur Auswechslung des gesamten Fassadenputzes geführt hatte. Wesentlich behutsamer erfolgte die vom Landesamt für Denkmalpflege betreute und auch bezuschußte Inneninstandsetzung. So konnte die Reparatur des einfachen barocken Gestühls im Kirchenschiff und des Emporengestühls durchgesetzt werden; die Konservierungsmaßnahmen an Stuck, Altar, Figuren und Gemälden konnten einer qualifizierten Kirchenmalerfirma anvertraut werden. Bei der Neufassung der Raumschale stützte man sich auf den Farbbefund des 18. Jhs. Usch

Scheinfeld (Lkr. Neustadt a. d. Aisch-Bad Windsheim), *Kirchstraße 35*. Das ehem. landwirtschaftliche Anwesen mit zweigeschossigem Wohnhaus mit Krüppelwalm, 1905 über älterem Keller errichtet, wird für Aussiedlerwohnungen umgebaut und staatlich gefördert. Im 2. Bauabschnitt wird auch das Nebengebäude umgebaut und an Stelle der abgebrannten Scheune Wohnreihenhäuser errichtet. Ma

–, *Schloß Schwarzenberg.* Der ehem. Pferdestall im Vorhof der Schloßanlage mit Nebengebäuden des 19. und 20. Jhs. wird instandgesetzt, nachdem einem Abbruchantrag nicht zugestimmt werden konnte. Ma

–, *Schwarzenberger Straße 25.* Die 1906 errichtete Villa, ein Backsteinbau mit Hausteingewänden, Fachwerkgiebel und Türmchen, wird modernisiert. Statt Einscheibenfenster werden wieder Galgenfenster eingesetzt. Der noch vorhandene ursprüngliche Innenausbau soll erhalten werden. Ma

–, *Schwarzenberger Straße 28.* Ungenehmigt wurden die originalen Fenster des bereits vor Jahren zu einem Wohnhaus umgebauten Gefängnisses durch Kunststoffenster ersetzt. Ma

Schnodsenbach (Lkr. Neustadt a. d. Aisch-Bad Windsheim). Die 1749–54 im Markgrafenstil weitgehend neu erbaute *Evang.-Luth. Pfarrkirche* wurde innen instandgesetzt. Rekonstruiert wurde die barocke Erstfassung der Raumschale, die bereits bei der Renovierung von 1955 als Grundlage diente. Die damals abgelaugte dreiseitige Emporenanlage blieb allerdings unverändert. Vi

Schönbronn (Lkr. Ansbach), *Haus Nr. 1, ehem. Hessing'sches Gut.* Die Gemeinde änderte den Flächennutzungsplan, um einen Golfplatz zu errichten. Das Gut soll Mittelpunkt der Golf- und Freizeitanlage werden. Bedenken wurden gegen die großflächige Veränderung der Kulturlandschaft und die Überformung des Dorfs mit Fremdeinrichtungen geäußert. Darüber hinaus wird befürchtet, daß der Charakter der Hessing'schen Ökonomie durch die geplante Hotelnutzung verloren geht. Die Regierung stimmte der Einrichtung grundsätzlich zu, um die strukturschwache Region Westmittelfrankens zu stärken. Ma

Schopfloch (Lkr. Ansbach), *Friedrich-Ebert-Straße 54.* Mit den Sanierungsmaßnahmen am *ehem. Schulhaus*, einem zweigeschossigen Backsteinbau (Mitte 19. Jh.) mit Hausteingewänden und noch relativ gut erhaltenem Innenausbau, wurde noch nicht begonnen. Das Baudenkmal ist durch eindringende Feuchtigkeit gefährdet. Ma

Schwabach, Zöllnertorstraße 4, Bürgerhaus, traufseitig mit zwei Zwerchhäusern, Obergeschoß verputztes Fachwerk, 17. Jh. Geplant ist die Gesamtinstandsetzung des Gebäudes unter Wahrung der historischen Grundrißstruktur. Die geforderte Gefügeuntersuchung wurde bisher nicht erbracht. Me

Seemühle in Habelsee (Lkr. Ansbach). Die zweigeschossige *Mühle* mit Fachwerkobergeschoß (18. Jh.) wurde um die Mitte des 20. Jhs. nach Abgabe der Wasserrechte und Verlust der Mühlenausstattung zu einem Wohnhaus umgebaut. Der beantragte Dachgeschoßausbau führt zu weiteren Verlusten an historischer Bausubstanz, da die am Mittelzug ansetzenden Kopfstreben wegen fehlender Kopfhöhe beseitigt werden und der liegende Stuhl in einen stehenden umgebaut wird. Für die Dachgauben mußte der in Augenhöhe liegende Riegel und die Windverbände beseitigt werden. Ma

Seubersdorf (Lkr. Ansbach). Die *Friedhofmauer*, eine spätmittelalterliche Befestigungsanlage aus Sandsteinquadern, zeigte stellenweise schwere statische Schäden und mußte instandgesetzt werden. Vi

Simmelsdorf (Lkr. Nürnberger Land), «*Altes Schloß*», Außeninstandsetzung der ehem. Wasserburg, eines viergeschossigen, im Kern mittelalterlichen Halbwalmdachbaus, der 1830–41 durch Leonhard Schmidtner gotisierend umgestaltet wurde, mit Überformung des Fachwerkobergeschosses sowie Anfügung von Ecktürmchen und Treppenturm. Die Befunduntersuchung konnte den genauen Umfang der Umbauten des 19. Jhs. sowie Fragen zur dazugehörigen Fassung leider nur ungenügend klären. Man beschränkte sich darauf, die noch erhaltenen historischen Putze und Fassungen zu sichern. Die zunächst vorgesehenen, sehr umfangreichen und bautechnisch wenig sinnvollen Entfeuchtungsmaßnahmen wurden

Spalt, Lkr. Roth; Brauhausgasse 5, ehem. Gastwirtschaft und Brauerei, vor dem Abbruch

erheblich reduziert. Die Neufassung erfolgte nach Bestand, jedoch verwendete man für die Fachwerkbalken anstelle der üblichen Fertigprodukte eine Farbe auf Leinölbasis. Usch

Sondernohe (Lkr. Ansbach). Das 1747–50 von Leopold Retti erbaute *Kath. Pfarrhaus*, ein zweigeschossiger massiver Mansarddachbau mit Putzgliederung, wurde außen instandgesetzt und der Erstfassung entsprechend getüncht. Vi

Spalt (Lkr. Roth), *Brauhausgasse 5*. Das stattliche zweigeschossige Giebelhaus, ein verputzter Fachwerkbau mit massivem Erdgeschoß, um die Mitte des 18. Jhs. errichtet, war ehemals Gastwirtschaft und Brauerei. Ein seitlicher Anbau des 19. Jhs. fügte sich in den Bestand ein und beließ die barocken Strukturen und Ausstattungsteile im Hauptgebäude, die von der großen Bedeutung des Gebäudes zeugten. Das Gebäude war seit Jahrzehnten vernachläßigt worden: Trotz entsprechender Aufforderungen der Denkmalpflege führte die Stadt Spalt als Eigentümerin des Bauwerks nicht einmal die dringendsten Sicherungen durch, sondern beantragte wiederholt die Abbruchgenehmigung. Während der Verhandlungen, die sich über Jahre hinzogen, verschlechterte sich der Erhaltungszustand des Gebäudes zunehmend, so daß das Landratsamt schließlich dem Abbruch, verbunden mit der Errichtung eines geeigneten Ersatzbaus zustimmte. Der Vorfall hatte äußerst negative Auswirkungen auf private Denkmaleigentümer in Spalt, die sich in ihrer Haltung, alte Gebäude dem Verfall zu überlassen, durch die Stadt bestätigt sahen. Usch

Spielberg (Lkr. Weißenburg-Gunzenhausen), *Haus Nr. 20*, erdgeschossiges Wohnhaus mit Satteldach aus dem frühen 19. Jh., Umfassungswände aus Bruchstein, verputzt. Die Innenwände bestehen aus Fachwerk. Außeninstandsetzung und Erneuerung der nicht mehr reparablen Fenster. Me

Stelzendorf (Lkr. Ansbach), *Brunnenhaus und Wasserturm*. Die von Fremdenverkehrs- und Heimatverein angeregte Instandsetzung wurde abgeschlossen. Die nahezu flächendeckende zementhaltige Verfugung der in kleinformatigen Bruchstein ausgeführten Aufstockung des Wasserturms wurde beanstandet. Der Wasserturm, der vom Brunnenhaus über eine von Ochsen betriebene Pumpe versorgt wurde, wurde im 18. Jh. errichtet und diente der Wasserversorgung des Schillingsfürster Schlosses. Ma

Sterpersdorf (Lkr. Erlangen-Höchstadt). Die *Kath. Pfarrkirche St. Vitus*, eine Chorturmkirche des 15. Jhs. mit westlicher Verlängerung von 1923/24, wurde innen instandgesetzt. Während sich das Landesamt für die Rekonstruktion der Fassung von 1924 eingesetzt hatte (mit einer die heterogenen Bauteile zusammenfassenden kräftigen Schablonenbänderung), entschieden sich Diözesanbauamt und Kirchenverwaltung für eine Wiederherstellung einer filigranen Jugendstilfassung aus der Zeit um 1900, die sich in den neuen Raumdimensionen nicht behaupten kann und außerdem mit der architektonischen Gliederung des Anbaus kollidiert. Vi

Stettberg (Lkr. Ansbach), *Haus Nr. 27*. Das erdgeschossige Wohnstallhaus des frühen 19. Jhs. wird instandgesetzt. Der Stallteil wird für Nebenräume verwendet. Ma

Sugenheim (Lkr. Neustadt a. d. Aisch-Bad Windsheim). Außeninstandsetzung der 1765/66 weitgehend neu errichteten *Evang.-Luth. Pfarrkirche St. Erhard* und, da historische Befunde nicht ausreichend nachgewiesen werden konnten, Tünchung im bisherigen Farbton. Vi

–, *Hauptstraße 19*. Fassaden und Dach des zweigeschossigen Walmdachhauses (18. Jh.) wurden renoviert. Ma

Thann (Lkr. Ansbach). Die im Bereich des ehem. Schlosses gelegene *Evang.-Luth. Pfarrkirche St. Peter*, ein im Markgrafenstil errichteter Bau von 1766, wurde außen instandgesetzt und der Erstfassung entsprechend in hellem Anthrazitgrau getüncht. Vi

Thürnhofen (Lkr. Ansbach), *ehem. Gutshof*. Das Projekt, den zum Schloß gehörigen Gutshof für ein Gestüt instandzusetzen, hat sich zerschlagen. Die Baumaßnahme wurde mit einer Bestandsaufnahme vorbereitet. Ma

Treuchtlingen (Lkr. Weißenburg-Gunzenhausen), *Kath. Kirche St. Lambertus*. Außeninstandsetzung der Kirche, die 1733 an der Stelle eines mittelalterlichen Vorgängerbaus durch den Baumeister Lienhart einheitlich neu errichtet wurde. Die Kirche besitzt einen eingezogenen Chor, ein Langhaus mit drei Fensterachsen und einen Turm mit polygonem Obergeschoß und Kuppelhelm; der Außenbau ist durch aufgeputzte Lisenen gegliedert. Da bei einer Kirchenrenovierung 1952 sämtliche Putze und Fassungen am Außenbau beseitigt worden waren, konnten keine Aussagen über die aufgeputzte Gliederung und die Farbigkeit des 18. Jhs. getroffen werden. Man beließ die Verputzung der fünfziger Jahre und entschied sich für eine dem barocken Bau angemessene Farbfassung in rosé mit weiß abgesetzter Architekturgliederung. Im übrigen erfolgten verschiedene kleinere Reparaturen und eine Neueindeckung der Dachflächen. Usch

Triesdorf (Lkr. Ansbach), *landwirtschaftliche Lehranstalt*. Um die Anwendung von umweltfreundlicher Energiegewinnung in der Landwirtschaft erforschen zu können, wurde der Aufstellung von Solarpannelen und eines Heliostats im südlichen Bereich zugestimmt. Ma

Untereschenbach (Lkr. Ansbach). Die im 14. Jh. errichtete und im 17./18. Jh. umgestaltete *Evang.-Luth. Filialkirche St. Nikolaus* wurde innen instandgesetzt. Da die Kirche bei der Renovierung 1937 nicht nur die neugotische Raumfassung, sondern auch ihren Altar eingebüßt hatte, war es jetzt ein Glücksfall, daß ein neugotischer Altar aus Sachsbach (Lkr. Ansbach) übernommen werden konnte, der dem dortigen Kahlschlag von 1970 zum Opfer gefallen war. Die neugotische Raumfassung wurde daraufhin rekonstruiert. Vi

Untermässing (Lkr. Roth), *Kath. Pfarrkirche St. Leodegar* (vgl. vorangegangene Jahresberichte). Die geplante Instandsetzung der Sakristei sah außer der Restaurierung der barocken Sakristeischränke auch eine Neutünchung des tonnengewölbten Raums vor. Da die Sakristei im Turmuntergeschoß einziger Überrest und früherer Chor des romanischen Vorgängerbaus ist, 1694–96 in den Kirchenneubau von Joh. Baptist Camesino integriert, wurde vom Landesamt für Denkmalpflege eine Befunduntersuchung an Decke und Wänden gefordert, um eventuelle mittelalterliche Putz- und Fassungsreste zu dokumentieren und zu sichern. Ein Kirchenmaler führte statt der geforderten Befunduntersuchung partielle Freilegungen aus und beschädigte dabei fragmentarisch erhaltene figürliche Malereien an Wänden und Decke. Diese wohl in die Spätgotik zu datierenden Kalkmalereien mit drapiertem Vorhang im Sockelbereich und großflächig angelegten figürlichen Szenen hatten ursprünglich wohl alle Wand- und Deckenflächen bedeckt. Die einzige noch identifizierbare Szene zeigt die Anbetung der drei hl. Könige. Nach Einschaltung eines geeigneteren Restaurators wurden die Malereien eingehend untersucht und gesichert. Der Bestand wurde kartiert, photographisch dokumentiert und vor der Neutünchung der Raumschale mit Japanpapier überklebt. Die Kirchengemeinde konnte davon überzeugt werden, daß es weder aus konservatorischer noch aus denkmalpflegerischer Sicht sinnvoll sei, Teile der sehr fragilen Malereifragmente sichtbar zu belassen. – Die Sakristeischränke, bezeichnet 1702, wurden nach Abnahme ungeeigneter Lackanstriche und Freilegung der ursprünglich nur gewachsten Holzoberflächen sowie Durchführung kleinerer Reparaturen wieder in der Sakristei aufgestellt. Usch

Unternesselbach (Lkr. Neustadt a. d. Aisch-Bad Windsheim). Auf Weisung des Landratsamtes wurde die *Schafscheune* abgebrochen. Dem Landesamt wurde keine Gelegenheit gegeben, eine Bestandsaufnahme zu erstellen. Ma

Unterreichenbach (Stadt Schwabach), *Evang.-Luth. Pfarrkirche*. Inneninstandsetzung der romanischen Chorturmanlage, die Ende des 15. Jhs. erhöht wurde und 1696 einen Umbau mit Errichtung eines hölzernen Tonnengewölbes über dem Langhaus erfuhr; auch die Ausstattung zum Großteil aus der Zeit dieses Umbaus. Der gute Erhaltungszustand des Kirchenraums, dessen letzte Restaurierung 1962 durchgeführt worden war, erforderte nur einige kleine Instandsetzungsmaßnahmen, darunter eine Holzwurmbekämpfung, eine Auffrischung der Raumfassung und Korrekturen an der für den

Raum sehr fremden, auf die sechziger Jahre zurückgehenden Marmorierung der Kanzel. Man verzichtete aus guten Gründen auf die Wiederfreilegung der 1946 aufgedeckten und in den sechziger Jahren wieder übertünchten gotischen Deckenmalereien im Chor.
Usch

Urfersheim (Lkr. Neustadt a. d. Aisch-Bad Windsheim). Die Gesamtinstandsetzung der im 12./13. Jh. erbauten und um 1710 im Markgrafenstil umgestalteten *Evang.-Luth. Pfarrkirche St. Bartolomäus* konnte abgeschlossen werden. Da am Außenbau keine historischen Befunde nachweisbar waren, wurde die letzte Fassung wiederholt; die Fassung des Innenraums entspricht der Farbigkeit aus der Zeit um 1710.
Vi

Uttenhofen (Lkr. Roth), *Kath. Kapelle St. Johannes Evangelist.* Instandsetzung der 1758 anstelle eines mittelalterlichen Vorgängerbaus errichteten Kapelle, deren Westturm und Chor im 19. Jh. (wohl 1893) angefügt wurden. Der Sandsteinquaderturm wurde gereinigt und teils neu verfugt. Kirchenschiff und Chor waren zuletzt in den siebziger Jahren mit einem zementgebundenen Mörtel verputzt worden, dabei waren alle historischen Putze und Fassungen entfernt worden, so daß sich die ockerfarbene Neufassung nicht auf einen Befund, sondern nur auf ältere Photographien vor dieser letzten Sanierung stützen konnte. Der Innenraum des Kirchleins war durch eine unsachgemäße Renovierung der sechziger/siebziger Jahre beeinträchtigt. Die Inneninstandsetzung versuchte im Rahmen des finanziell Möglichen, störende Eingriffe aus dieser Zeit zu mindern und den Raum wieder auf die Farbgestaltung von 1893, die sich durch die Befunduntersuchung nachweisen ließ, zurückzuführen.
Usch

Uttenreuth (Lkr. Erlangen-Höchstadt). Das im 19. Jh. errichtete Wohnhaus *Sägmüllerstraße 1*, ein zweigeschossiges Frackdachhaus in verputztem Fachwerk, konnte gegen erbitterten Widerstand vor dem Abbruch gewahrt werden. Das an herausragender Stelle in der Ortsmitte gelegene Haus ist nicht zuletzt städtebaulich von Bedeutung.
Vi

Virnsberg (Lkr. Ansbach). Die 1915 in neubarocken Formen erbaute *Kath. Pfarrkirche St. Dionysius* wurde innen instandgesetzt und der Erstfassung entsprechend getüncht. Der vor einigen Jahren abgenommene Kanzelabgang, der glücklicherweise noch erhalten war, konnte wieder angebracht werden.
Vi

Walkertshofen (Lkr. Neustadt a. d. Aisch-Bad Windsheim). Das aus dem ersten Viertel des 17. Jhs. stammende *Schloß*, eine weithin die Landschaft beherrschende Zweiflügelanlage, wird außen instandgesetzt. Nach umfangreichen Voruntersuchungen konnte erreicht werden, daß der originale einlagige Außenverputz großflächig erhalten bleibt.
Vi

Walkerszell (Lkr. Weißenburg-Gunzenhausen), *Kath. Filialkirche St. Johann Baptist.* Außeninstandsetzung der schlichten, im frühen 18. Jh. errichteten Kirche. Angesichts der in den sechziger Jahren erfolgten Putzerneuerung am gesamten Außenbau konnten nur noch kleinste Fragmente historischer Putze und Fassungen entdeckt werden. Sicher nachgewiesen wurde eine Zweifarbigkeit für Wandflächen und Architekturgliederungselemente, die bei der Neufassung berücksichtigt wurde.
Usch

Weiherhof (Lkr. Neustadt a. d. Aisch-Bad Windsheim), *Haus Nr. 37.* Der Abbruch des ehem. Wohnstallhauses mit einer Fachwerkaufstockung des 19. Jhs. mußte hingenommen werden. Damit verliert der Weiherhof das letzte Baudenkmal. Die nahezu geschlossene, auf einer Anhöhe gelegene Hofanlage, hatte als ehem. Schafhof zum Kloster Heilsbronn gehört und war im 20. Jh. in zwei landwirtschaftliche Betriebe geteilt und stark umgebaut worden.
Ma

Weiltingen (Lkr. Ansbach). Die am östlichen Ortsrand gelegene *Evang.-Luth. Friedhofskirche St. Leonhard*, ein Bau von 1490, der 1972 durchgreifend renoviert wurde, muß bereits wieder instandgesetzt werden. So war selbst der danach neu angetragene Außenputz inzwischen wieder so schadhaft, daß eine weitere Erneuerung nicht zu umgehen war.
Vi

Weisendorf (Lkr. Erlangen-Höchstadt). Das Wohnhaus *Hauptstraße 13*, ein verputzter Fachwerkbau des 19. Jhs. mit Frackdach, wurde gegen den Widerstand des Landesamtes abgebrochen. Dem gegenüberliegenden Haus *Hauptstraße 18*, einem ebenfalls verputzten Fachwerkgebäude aus der zweiten Hälfte des 18. Jhs., steht das gleiche Schicksal bevor. Der historische Ortskern erfährt damit eine empfindliche Einbuße.
Vi

Weißenburg, An der Schranne 12, Städtisches Schrannengebäude: eine 1864 in neugotischer Form errichtete Halle, anstelle der hier abgebrochenen St. Martinskirche und eines Salzstadels, Umfassungswände im Erdgeschoß massiv gemauert und verputzt, mit Sandsteingliederungen, Obergeschoß aus Ziegelmauerwerk, ebenfalls mit Sandsteingliederungen. Relativ flach geneigtes Satteldach, betont durch Turm mit Umgang und spitzer Haube. – Beginn der Umbauarbeiten durch die Stadt, beabsichtigte Nutzung: im Erdgeschoß als Markthalle, im Obergeschoß als Heimatmuseum. Wiederherstellung der Fassade und der sechs großen Portale, statische Ergänzungen im Inneren durch schlanke Betonstützen. Durch das Einbringen der Betonstützen wurden Fundamentteile des Vorgängerbaus angeschnitten; die Baustelle wurde daraufhin eingestellt. Anschließend erfolgt eine baubegleitende Dokumentation der archäologischen Bodenbefunde: Im nördlichen und südlichen Drittel des Areals wurden Teile des mittelalterlichen Friedhofs festgestellt, im Nordteil außerdem ein Skelett gefunden.
Me

–, *Auf der Wied 1*, ehem. Gasthaus Goldenes Roß, stattlicher zweigeschossiger Fachwerkbau mit Walmdach und Vortreppe, 16. Jh. – Sanierung des Dachstuhls und Erneuerung der Dachhaut; Erstellen eines verformungsgerechten Aufmaßes zur Vorbereitung der Instandsetzungsarbeiten. Das Aufmaß wurde durch das Landesamt für Denkmalpflege bezuschußt. Fassadensanierung sowie Umbau der früheren Gaststättenräume des Erdgeschosses zu einem Lokal. Durch ungenehmigte Arbeiten Verlust an historischer Bausubstanz.
Me

–, *Bahnhofstraße 13*, zweigeschossiges Bürgerhaus, traufständig, nach rückwärts in einen breit gelagerten Giebelbau übergehend, bez. 1788, Außen- und Innenwände in Bruchsteinmauerwerk und Fachwerk, Fenster- und Türrahmen aus Sandstein, Dachwerk mit einfach stehendem Stuhl, Grundriß mit durch die ganze Haustiefe gehendem Mittelflur und seitlich angrenzenden Räumen, im Obergeschoß straßenseitige Repräsentationsräume. – Dem Abbruchantrag des Besitzers hatte die Regierung von Mittelfranken bereits zu einem früheren Zeitpunkt gegen den Widerstand des Landesamtes zugestimmt. Die denkmalpflegerischen Auflagen, die wertvollen Ausstattungsteile aus dem Altbau zu bergen, wurden nicht erfüllt. Erste Neubauplanungen konnten nicht befriedigen.
Me

–, *Marktplatz 8*, stattliches dreigeschossiges Bürgerhaus mit Mansarddach, bez. 1785, massive Umfassungswände, Inneres weitgehend aus Fachwerk. Die historische Grundrißstruktur ist erhalten, ebenso die barocke Treppenanlage. – Einbau eines Aufzugs im rückwärtigen Teil des Gebäudes, Umbau des 1. Ober- und Ausbau des Dachgeschosses. Entgegen des denkmalpflegerischen Auflagen Entfernen der Mitteltragwand im 1. Obergeschoß; diese mußte anschließend rekonstruiert werden.
Me

–, *Martin-Luther-Platz 9*, ehem. Lateinschule, stattlicher zweigeschossiger Bau mit massivem Sockel- und Fachwerkobergeschoß, bez. 1580/81. Errichtung eines Gemeindezentrums um unmittelbaren Anschluß an dieses Gebäude im Bereich der 1880 geschleiften Stadtmauer. Umbauten im Erdgeschoß des Baudenkmals wurden aus Gründen der Behindertengerechtigkeit nach Vorlage einer Befunduntersuchung hingenommen. Die noch vorhandenen Stadtmauerreste wurden steingerecht aufgemessen und in den Neubau integriert.
Me

–, *Schmalwiederweg 5*, Spätklassizistische Villa von 1856 mit Parkanlage, Nebengebäuden und Gartenmauer. Der Plan, in unmittelbarer Nähe der Villa einen Verbrauchermarkt nebst Parkplatz zu errichten, wurde von seiten des Landesamtes abgelehnt. Die Ablehnung des Bauantrags wurde von der Stadt Weißenburg bestätigt. Der aufgrund des Widerspruchs der Eigentümer durch die Regierung von Mittelfranken vorgeschlagene Alternativstandort konnte ebenfalls nicht akzeptiert werden. Me

–, *Untere Stadtmühlgasse 13*, zweigeschossiges Bürgerhaus mit Fachwerkgiebel, Ende 17. Jh., Fachwerkfreilegung trotz denkmalpflegerischer Bedenken. Die geforderte Befunduntersuchung wurde nicht erbracht, Farbgebung nach den Vorstellungen des Bauherrn. Me

Wernsbach (Lkr. Ansbach), *Haus Nr. 19*. Das *ehem. Schulhaus*, ein zweigeschossiger Walmdachbau, um 1900, heute *Pfarrhaus* wurde renoviert. Die Türen in Jugendstilformen werden erhalten. Ma

Westheim (Lkr. Weißenburg-Gunzenhausen), *Dorfplatz 3*. Die Gesamtinstandsetzung des ehem. Gasthauses Zur goldenen Krone konnte erfolgreich abgeschlossen werden (vgl. Jahresbericht 1986). Me

Wiebelsheim (Lkr. Neustadt a. d. Aisch-Bad Windsheim). Das neben der Evang.-Luth. Pfarrkirche gelegene *ehem. Pfarrhaus*, ein zweigeschossiger Walmdachbau von 1728, wurde instandgesetzt und als heilpädagogisches Jugendheim umgebaut. Vi

Wiedersbach (Lkr. Ansbach), *Hauptstraße 7 und 9*. Der Instandsetzung der kleinen Häusergruppe in unmittelbarer Nähe der Kirche, für die bereits ein Abbruchantrag vorgelegen hatte, wurde zugestimmt. Die Maßnahme soll im Rahmen der Dorferneuerung gemeinsam gefördert werden. Ma

Wilhermsdorf (Lkr. Fürth). Das unmittelbar neben der Spitalkirche gelegene Wohnhaus *Spitalstraße 6*, ein zweigeschossiger Walmdachbau des 18. Jhs., wurde nach jahrelangen Querelen leider abgebrochen. Vi

Windsbach (Lkr. Ansbach). Die 1728–30 nach Plänen Johann David Steingrubers weitgehend neu erbaute *Evang.-Luth. Stadtpfarrkirche St. Margaretha* wurde innen instandgesetzt. Da der Raum 1947 mit dem Ziel, Veränderungen des 19. Jhs. rückgängig zu machen, durchgreifend umgestaltet worden war, blieb dieses Konzept auch jetzt verbindlich. Vi

–, *Hauptstraße 28*. Die Instandsetzung des stattlichen Ackerbürgerhauses, ein Fachwerkbau des 18. Jhs. mit später errichteten Volutengiebel aus rotem Sandstein an Stelle des ursprünglichen Fachwerkgiebels, wurde abgeschlossen. Die bereits in den sechziger Jahren mit erheblichen Verlusten an historischer Bausubstanz begonnenen Umbaumaßnahmen im Obergeschoß wurden abgeschlossen. Der Einbau einer Passage war Voraussetzung für die Förderung mit Städtebaumitteln und mußte hingenommen werden. Der Volutengiebel wurde ausgebessert und erhielt abschließend einen lasierenden Anstrich. Der auf Befund basierende Rotton mußte stark aufgehellt werden, um das Einverständnis der Eigentümer zu erhalten. Ma

–, *Klobengasse*. Im Rahmen der Stadtsanierung wird die Kolbengasse neu gepflastert. Damit gehen die Spuren, die auf unterschiedliche Besitzverhältnisse hindeuteten und zwischen halböffentlichem und öffentlichem Straßenraum unterschieden, verloren. An die Stelle einer vielfältigen, im Lauf eines Jahrhunderts entstandenen Straßendecke aus unterschiedlichen Material in variierenden Techniken tritt eine benutzerorientierte funktionalistische Gestaltung, die den Verkehrsteilnehmern Orientierungshilfen anbietet. Ma

–, *Markgrafenbrücke*. Die Verlegung der Staatsstraße 2223 in Verbindung mit dem Neubau einer Brücke über die Rezat schafft die Voraussetzungen für die Entlastung der historischen Altstadt vom Durchgangs- und Schwerlastverkehr und die Möglichkeiten für eine denkmalpflegerische Instandsetzung der Brücke von 1790 aus der Zeit des Markgrafen Alexander. Die weit und hoch gewölbte Sandsteinbogenbrücke mußte bereits notgesichert werden, um dem auf eine Fahrspur reduzierten Verkehr standzuhalten. Ma

Winn (Lkr. Ansbach), *Haus Nr. 8*. Die Renovierung des erdgeschossigen Kleinbauernhauses des späten 18. Jhs. mit Fachwerkgiebel wurde abgeschlossen. Ma

Wörnitz (Lkr. Ansbach). Die *Evang.-Luth. Pfarrkirche St. Martin*, eine Chorturmkirche von 1519 mit 1709 erneuertem Langhaus und neugotischer Innenausstattung, wurde – ohne nennenswerte Änderungen – außen instandgesetzt. Vi

Wolframs-Eschenbach (Lkr. Ansbach), *Hauptstraße 10*. Der Antrag auf dem begrenzten Grundstück ein zweites Wohnhaus zu errichten wurde aus städtebaulichen Gründen abgelehnt. Die Vergrößerung des Ladengeschäfts im Erdgeschoß des aus dem 15. Jh. stammenden, ehem. Ackerbürgerhauses, erfolgte ohne Erlaubnis. Der Ausbau des 1. Dachgeschosses mit stehendem Stuhl des 15. Jhs. mußte hingenommen werden. Ma

–, *Hauptstraße 21*. Für die Erweiterung des Hotelbetriebs wurde das Dachgeschoß der an die Alte Vogtei angebauten Scheune ohne Baugenehmigung ausgebaut. Der gut erhaltene Dachstuhl des 18. Jhs. wurde durch eine über der gesamten Dachlänge errichteten Gaube beeinträchtigt. Auf der Westseite wurden alle Windverbände beseitigt und sämtliche Sparren über dem 1. Dachgeschoß abgeschnitten. Darüber hinaus stellt die untypische Dachform eine Beeinträchtigung der Dachlandschaft des Stadtensembles dar. Ma

Zautendorf (Lkr. Fürth). Die *Evang.-Luth. Kirche St. Johannes d. T.*, eine Chorturmkirche der zweiten Hälfte des 15. Jhs. mit Umgestaltungen des 18. und 19. Jhs., wurde innen instandgesetzt. Da die Kirche erst 1974 renoviert worden war, wurde von erneuten Änderungen abgesehen. Vi

UNTERFRANKEN

Das Referatsgebiet *Unterfranken-Ost*, betreut von Frau Dr. Annette Faber (Fb) als Referentin für die kirchliche Denkmalpflege und von Bauoberrat Dipl.-Ing. Rüdiger Kutz (Qz) als Referent für die profanen Baudenkmäler, umfaßt die Landkreise Bad Kissingen, Haßberge, Schweinfurt, Rhön-Grabfeld und die Städte Bad Kissingen und Schweinfurt. Zum Referatsgebiet *Unterfranken-West*, betreut von Konservator Dr. Ulrich Kahle (Ka) hinsichtlich der kirchlichen Denkmalpflege und von Frau Dr. Sabine Bock (Bo) hinsichtlich der profanen Denkmalpflege, gehören die Landkreise Aschaffenburg, Kitzingen, Main-Spessart, Miltenberg und Würzburg sowie die Städte Kitzingen und Lohr. Dr. Kahle betreut darüber hinaus die kirchliche und die profane Denkmalpflege in den Städten Aschaffenburg und Würzburg.

Abersfeld, Gde. Schonungen (Lkr. Schweinfurt), *Hauptstraße 49*, rückwärtige Erweiterung des Wohnstallhauses mit Halbwalmdach und Fachwerkgiebel (bez. 1822). Qz

Adelsberg, Stadt Gemünden (Lkr. Main-Spessart), *Zwing 1*. Im Berichtszeitraum wurde mit den umfangreichen Voruntersuchungen für die geplante Sanierung der überdurchschnittlich gut erhaltenen ehem. Zollstätte begonnen, die Mitte des 18. Jhs. errichtet wurde und Balthasar Neumann zugeschrieben wird. Anläßlich erster Nutzungsüberlegungen fanden Abstimmungsgespräche statt; wegen der unmittelbaren Lage an einer Staatsstraße und einer Fernbahnstrecke ist nach Lösungen gesucht worden, die sowohl dem Denkmal als auch dem Immissionsschutz gerecht werden. Bo

Aidhausen (Lkr. Haßberge), *Pater-Clemens-Fuhl-Platz 7*, Gutachten zur Instandsetzung der Hofpforte. Qz

Albertshofen (Lkr. Kitzingen), *Evang.-Luth. Pfarrkirche*. Die Chorturmkirche des frühen 17. Jh. bedurfte aufgrund erheblicher Feuchtigkeitsschäden im Chor einer hier umfassenden Instandsetzung, die gemeinsam mit dem Landeskirchenbauamt beraten wurde. Die Maßnahme wurde im Berichtszeitraum nicht abgeschlossen. Ka

Albstadt, Gde. Alzenau (Lkr. Aschaffenburg), *Zieglerstraße 1*. Die Gemeinde Alzenau beabsichtigt, den kleinen eingeschossigen Fachwerkbau aus dem ausgehenden 18. Jh. zu erwerben und instandzusetzen. Das für die Landschaft typische Anwesen zeichnet sich durch weitgehende Ungestörtheit und guten Bauzustand aus. Eine erste Beratung wurde durchgeführt. Bo

Althausen, Stadt Bad Königshofen (Lkr. Rhön-Grabfeld). Ein Neubau des Feuerwehrhauses im Gadenbereich wurde hingenommen. Qz

Amorbach (Lkr. Miltenberg), *Marktplatz*, Renovierung der *Mariensäule* von 1675, die an beherrschender Stelle vom Marktplatz zum Ensemble Stadtpfarrkirche und Pfarrhaus überleitet. Die Maßnahmen beschränkten sich auf Reinigungs- und Faßarbeiten nach Befund. Ka

Arnstein (Lkr. Main-Spessart), *Kirchberg 23/25*. 1. Zwischenbericht: Im Berichtszeitraum konnte mit den Voruntersuchungen begonnen werden. Es wurden ein verformungsgenaues Aufmaß und restauratorische Befunddokumentationen erstellt. Bo

–, *Marktstraße 39*. Das aus dem 16./17. Jh. stammende und mehrfach umgebaute bzw. erweiterte Anwesen wurde Ende des 19. Jhs. vom Bauernhof zum Kindergarten und Schwesternhaus umgenutzt. In Vorbereitung der geplanten Sanierung und neuerlichen Umnutzung werden nach inhaltlicher Vorgabe des Landesamtes für Denkmalpflege restauratorische Untersuchungen durchgeführt. Bo

–, *Schulhof 10* (sog. Präparandenschule). Das stattliche zweigeschossige Gebäude aus dem 18. Jh. befindet sich in der Nachbarschaft des Schlosses und der Kirche und soll künftig das Heimatmuseum der Stadt beherbergen. Zu Beginn des Berichtsjahres wurde dem Landesamt für Denkmalpflege ein Bauantrag zur Stellungnahme vorgelegt, der die völlige Entkernung des Denkmals vorsah. Aufgrund der erhobenen Bedenken wurde dieser Antrag durch das zuständige Landratsamt abschlägig beschieden. In Abstimmung mit dem Gebietsreferenten und auf Grundlage von Voruntersuchungen entstand eine neue, inzwischen genehmigte Planung, die sich innerhalb des historischen Bestands bewegt. Mit der Baudurchführung soll im kommenden Jahr begonnen werden. Bo

Aschaffenburg, Kapelle des ehem. St. Elisabethenspitals in der Löherstraße. Der kleine echterzeitliche Kapellenbau von 1609 wurde vor etwa 10 Jahren nach einer Sanierung der griechisch-orthodoxen Gemeinde überlassen. Einige Bauschäden im Inneren sowie nicht unerhebliche Rußschwärzungen erforderten eine Neutünchung der Innenraumschale analog dem Bestand. Geringfügige liturgische Neueinbauten. Ka

–, *Treibgasse 19*, Weinstube Kitz. Dieses in markanter Ecklage den Agatha-Kirchplatz gegen die Stadt abschließende zweigeschossige klassizistische Bürgerhaus erfuhr eine Außenrenovierung mit Neutünchung analog dem Bestand sowie eine Neueindeckung mit Biberschwanzziegeln. Ka

Aub, Stadt Bad Königshofen (Lkr. Rhön-Grabfeld), *Kath. Kirche*. Ausführlich beraten wurde das Konzept für die Innenrenovierung der neugotischen Kirche, die 1953 eine umfassende Veränderung erfahren hatte. Damals tauschte man den historischen Hochaltar gegen ein modernes Gemälde mit der Darstellung der Apokalypse aus, das die gesamte Rückwand des Chors einnimmt. Aus liturgischer und denkmalpflegerischer Sicht wird diesem Bild von Kunstmaler Wolf der Vorzug gegenüber einer Rekonstruktion des größtenteils zerstörten Altars gegeben. Angesichts der Bedenken der Kirchengemeinde steht eine endgültige Entscheidung noch aus. Fa

–, *Haus Nr. 4, ehem. Dorfschmiede*: Beratung der Stadt bei Bestrebungen, das Inventar als Schmiedemuseum zu inventarisieren und an Ort und Stelle zu erhalten. Qz

Aub (Lkr. Würzburg), *Kath. Stadtpfarrkirche Mariä Himmelfahrt*. Diese spätgotische Hallenkirche war 1944/45 durch Spreng- und Brandbomben weitgehend zerstört worden; neben einigen beklagenswerten Ausstattungsverlusten sind vor allem die Gewölbe in Langhaus und Seitenschiffen zu nennen, die nach 1950 in stark vereinfachender Form durch Flachdecken ersetzt worden waren. Anlaß für die nun begonnene Instandsetzung war neben einem allgemeinen Verbrauch der Raumfassung ein differenziertes Rißbild an den Langhausstützen, die nach näherer Untersuchung baukonstruktiver und weniger statischer Natur waren. In engem Zusammenwirken mit dem Bischöflichen Bauamt Würzburg wurde die Erhaltung der Raumordnung von 1950 als Ziel des Restaurierungskonzepts festgelegt, mit wenigen Ergänzungen im Bereich der Deckenausmalung bei Wahrung des Bestands. In unmittelbarem Zusammenhang mit dieser Maßnahme stand eine Neuaufstellung der Kreuzigungsgruppe von Riemenschneider in der Westvorhalle der Kirche, die mit einer restauratorischen Behandlung in den Werkstätten des Landesamtes für Denkmalpflege eingeleitet wurde. Die Maßnahmen dauern an. Ka

–, *Marktplatz 3*. Zwischenbericht: Nach Erteilung der Baugenehmigung konnte im Berichtszeitraum mit dem Entfernen moderner Ein- und Ausbauten begonnen werden. Abriß des Nebengebäudes, Baustelleneinrichtung und Einrichtung des Hauptgebäudes als Winterbaustelle. Es erfolgte die Ausschreibung der Sanierungsgewerke. Bo

–, *Stadtmauer*, Fortsetzung der Instandsetzungsarbeiten. Für die Sanierung des zugehörigen Hirtenturms wurden ein verformungsgenaues Aufmaß, ein Tragwerksgutachten mit Schadensaufnahme und eine restauratorische Befunddokumentation erstellt. Mit den Arbeiten wurde begonnen. Bo

–, *Hauptstraße 29/31*, *Spital* und *Kath. Spitalkirche*. Im Zuge der geplanten Umnutzung des im städtischen Besitz befindlichen Kom-

303

plexes zum Spital- und Stadtmuseum fanden erste Abstimmungsgespräche statt. Ein erstes Planungskonzept fand allgemeine Zustimmung. Mit der Erstellung notwendiger Voruntersuchungen soll im nächsten Jahr begonnen werden. In einem ersten Bauabschnitt wird die statisch-konstruktive Sicherung und Restaurierung der Spitalkirche angestrebt.　　　　　　　　　　　　　　　　　　　　Bo

Aubstadt (Lkr. Rhön-Grabfeld), Bereich der *Kirchenburg*, Suche nach einem geeigneten Platz für den Neubau eines Kirchengemeindezentrums.　　　　　　　　　　　　　　　　　　　　　　　Qz

Augsfeld (Lkr. Haßberge). Eine kleine *Feldkapelle* wurde aus dem Überschwemmungsgebiet des Mains an einen erhöhten Standort versetzt. Dabei fand sich ein barocker Bildstockkopf mit außerordentlich gut erhaltenen originalen Oberflächen und Bearbeitungsspuren, der jetzt in der neuen Kapelle an einem geschützten Standort aufgestellt ist.　　　　　　　　　　　　　　　　　　　　　Fa

Aura an der Saale (Lkr. Bad Kissingen), *Zehntstraße 74*, Außenanstrich. – Die «Hohe Mauer» am Kirchaufgang wurde von der Gemeinde saniert.　　　　　　　　　　　　　　　　　　　　Qz

Bad Brückenau (Lkr. Bad Kissingen), *Altstadt 4*, Umbau.　　Qz

Bad Kissingen, Im Luitpoldpark 1, Luitpoldbad. Bei der Überarbeitung des Wettbewerbsentwurfs fielen mehr und mehr Bauteile der Detailplanung zum Opfer.　　　　　　　　　　　　　　　　Qz

–, *Kapellenstraße*, *Kriegerdenkmal* von 1866. Das Landesamt für Denkmalpflege sprach sich gegen einen Transport des Denkmals mit lebensgroßer trauernder Germania zu einer Ausstellung nach Norddeutschland aus.　　　　　　　　　　　　　　　　　　　Qz

–, *Marktplatz 12*, Altes Rathaus, Fortsetzung der Umbauarbeiten, Baustellenbesuche, Ergänzung der Bestandsaufmaße durch Fassadenpläne nach Gerüststellung.　　　　　　　　　　　　　　Qz

–, *Untere Saline, Gradierbau*. Begutachtung eines statischen Sanierungskonzeptes. Zunächst schien auch denkmalpflegerisch vorstellbar zur Entlastung der Holzkonstruktionen eine spätere Aufstockung wieder zu entfernen.　　　　　　　　　　　　　　　　Qz

Bad Königshofen (Lkr. Rhön-Grabfeld), Abbrüche von Nebengebäuden im Ensemble: *Brauhausstraße* (Scheunenabbrüche zur Erweiterung des Baudenkmals Elisabethaspital und Hinnahme einer Tektur mit störendem Dachausbau für einen notwendigen Aufzug), *Hindenburgstraße 23* (Drücke), *Kellereistraße 58* (Nebengebäude), *Klosterstraße 24* (Scheunenumbau zum Wohnhaus), *Schlundstraße 12*.　　　　　　　　　　　　　　　　　　　　　　　Qz

–, Dachausbauten im Ensemble: *Marktplatz 11 und 25* (Rückgebäude des Schlundhauses).　　　　　　　　　　　　　　　　Qz

–, Neubauten im Ensemble: *Hindenburgstraße 24* (Einzelhandelsgeschäft), *Hindenburgstraße 28* (Neubau Druckerei), *Klosterstraße 24* (Umbau der Scheune in ein Wohnhaus).　　　　　　　　Qz

–, *Kellereistraße 7*, ehem. Würzburger Amtskellerei, Kenntnisnahme verschiedener, bereits vollzogener Änderungen im Tor- und Hofbereich durch das Landbauamt Schweinfurt.　　　　　　　　Qz

–, *Marktplatz 25* («Schlundhaus»), Beratung von geplanten Umbauten, Verzicht auf den sehr einfachen Dachstuhl eines Nebengebäudes zugunsten einer besseren Nutzung.　　　　　　　　　　　Qz

–, *Martin-Reinhard-Straße 9*, Begutachtung eines weiteren Dachausbaus in dem soeben erst fertiggestellten Vor- und Frühgeschichtsmuseum in der alten Wechterswinkler Schranne aus dem Jahre 1693.　　　　　　　　　　　　　　　　　　　　　　　Qz

Bad Neuhaus, Stadt Bad Neustadt (Lkr. Rhön-Grabfeld), *Salzburger Leite 1*. Die Bedenken gegen die Vergrößerung der Herz- und Gefäßklinik mußten zwar wegen anderer öffentlicher Interessen zurückgestellt werden, doch brachte das Landesamt für Denkmal-

Brendlorenzen, Stadt Bad Neustadt a. d. Saale, Lkr. Rhön-Grabfeld; Kath. Kirche St. Johannes d. T., Hochaltar

pflege erneut seine grundsätzlichen Bedenken gegen eine weitere Entwicklung in dieser Richtung, die die *Salzburg* stark beeinträchtigen würde, zum Ausdruck.　　　　　　　　　　　　　　　Qz

Bad Neustadt (Lkr. Rhön-Grabfeld), Fassaden im Ensemble: *Marktplatz 8*, *Spörleinstraße 30*.　　　　　　　　　　　　　Qz

–, Neubauten im Ensemble: *Bauerngasse 16, 19* (Scheune), *Kellereigasse 12/14/16*.　　　　　　　　　　　　　　　　　　　Qz

–, *Marktplatz 33*, Zuschuß zum Aufmaß der verfallenden Fachwerkscheune des Augustinerhofes mit Schadenskartierung als Grundlage zur Sanierung und neuen Nutzung.　　　　　　　　　　　　Qz

–, *Roßmarktstraße 10/12*, Sanierung der Gebäude, nachdem das Nachbarhaus abgebrochen war. (Nr. 10 Einzeldenkmal, Nr. 12 im Ensemble 1868 errichtet).　　　　　　　　　　　　　　　　Qz

–, *Roßmarktstraße 38/40/42*, Vorgespräche mit der Stadt und einem Bauwilligen zur Errichtung eines zum Teil unterirdischen Parkhauses an der Stelle der Klosterbrauerei, das von der Ringstraße unter der Stadtmauer hindurch angefahren werden soll: Problem der technischen Untertunnelung der Stadtmauer, Gestaltungsprobleme der Baumassen in optischem Zusammenhang mit der Stadtmauerkrone (Stadtsilhouette) und dem seit einigen Jahren wieder unbebauten Hang des Ratsdienerhügels davor, Vermeidung einer weiteren Stadtein- und Ausfahrt, außer den beiden bestehenden; notwendige, archäologische Grabungen.　　　　　　　　　　　　　　　Qz

–, *Salzpforte*, Beratung der Neugestaltung mit Anlage einer Behindertenrampe vor der Stadtmauer.　　　　　　　　　　　　Qz

–, *Schuhmarktstraße (Juliusspital)*, Umbau der Treppenanlage.　Qz

–, *Steingasse/Schuhmarktstraße*. Bei der künftigen Neubebauung legt das Landesamt für Denkmalpflege Wert auf Weiterbestehen der städtebaulichen Situation in der Nordkurve der Schuhmarktstraße, lehnt aber eine Fußgängerarkade als nicht ortstypisch ab.　　　Qz

Bergrheinfeld (Lkr. Schweinfurt), *Hauptstraße 63*, Zuschuß zur Außeninstandsetzung. Qz

Bettenburg (Lkr. Haßberge), Bauunterhalt mit Zuschuß: teilweise Neueindeckung des Hauptgebäudes mit Schiefer auf dem Treppenturm und Tonziegeldeckung auf dem nördlichen Nebengebäude. Qz

Bibergau, Stadt Dettelbach (Lkr. Kitzingen), *sog. Weiherhaus*. In unmittelbarer Nähe des Weiherhauses, einem Renaissancegiebelhaus mit gotischem Treppenturm und teilweise erhaltenem umgebenden Weiher, sollte ein in Grundriß und Kubatur unmaßstäblich großer Produktionsbau errichtet werden. Die Regierung von Unterfranken wurde um eine Entscheidung angerufen, doch bereits bevor diese getroffen werden konnte, zog der Bauherr infolge verschiedener Einsprüche seinen Antrag zurück. Bo

Bimbach, Gde. Prichsenstadt (Lkr. Kitzingen), *Haus Nr. 30, Schloß*. Das kunsthistorisch wertvolle Interieur der zweiflügeligen spätbarocken Schloßanlage bedarf dringend der Konservierung. Gemeinsam mit dem Bauherrn und dem von ihm beauftragten Architekten wurde eine erste Schadensaufnahme erstellt, auf deren Grundlage nun ein Maßnahmeplan entwickelt wird. Bo

Birkenfeld, Gde. Maroldsweisach (Lkr. Haßberge), *Schloß*, Besprechungen bei fortgeschrittener Durchführung des dritten Bauabschnittes zur Instandsetzung des nördlichen Flügelbaues an der Straße. Qz

Birnfeld (Lkr. Schweinfurt), *Haßbergstraße 36*, Zuschuß zur Instandsetzung der Portalanlage. Qz

Bischofsheim (Lkr. Rhön-Grabfeld), *Kath. Friedhofskapelle*. Das barocke Gotteshaus prägt heute eine Ausstattung von 1957/58, die in eine neue Raumschale miteinbezogen werden konnte. Insgesamt erhielt die Kirche eine wärmere Farbigkeit in Anlehnung an das Deckenbild der Jahrhundertwende. Fa

Bischofsheim an der Rhön (Lkr. Rhön-Grabfeld), *Hofstraße/Kronengasse, ehem. Armenhaus*, Beratung einer neuen Nutzung als Rundfunkmuseum. Qz

–, *Josefstraße 4*. Der Abbruch des Gebäudes an ortsbildprägender, städtebaulich wichtiger Stelle im Ensemble und an einer Straßenengstelle der B 278 (nördliche Stadtausfahrt) wurde abgelehnt. Qz

–, *Kronengasse 9* (ehem. Armenhaus von 1847), Beratung der Sanierung und des Umbaus zum Wohnhaus. Qz

–, *Ludwigstraße 6*, Außenrenovierung. Qz

–, *Ludwigstraße 27*, Erneuerung eines Nebengebäudes an der Stadtmauer. Qz

–, *Schwedenstraße 8*, Neubau im Ensemble. Qz

Breitensee, Gde. Herbstadt (Lkr. Rhön-Grabfeld), *Hauptstraße 11*, Gutachten zur Instandsetzung. Qz

Brendlorenzen, Stadt Bad Neustadt (Lkr. Rhön-Grabfeld), *Kath. Kirche St. Johannes d. T.*. Die auf eine karolingische Gründung zurückgehende Kirche der Urpfarrei Brendlorenzen hat eine lange und wechselvolle Baugeschichte, in der viele Stilepochen ihre Spuren hinterlassen haben. Das gewachsene Raumbild erfuhr erstmals 1939/40 eine einschneidende Veränderung, als Ausstattung und Dekor des Barock und Historismus zugunsten einer archaisierenden Rückbesinnung auf den «romanischen» Stil radikal entfernt wurden. 1966/67 fand eine einfühlsame liturgische Neuordnung statt, die auch die jüngste Renovierung respektierte. Man kam lediglich überein, die geschmäcklerische Färbelung einzelner Bauteile zugunsten einer schlichten Raumschale zu vereinheitlichen. Eine umfangreiche Befunduntersuchung erschien angesichts der vielen undokumentierten Eingriffe in diesem Jahrhundert kaum geeignet weitere Auskünfte und Informationen über die Baugeschichte der Kirche zu liefern. Stattdessen widmete sich die Aufmerksamkeit von Restauratoren und Denkmalpflegern der Neufassung des barocken Hochaltars, dessen Maserung von 1940 großflächig abplatzte. Da der Altar im 18. Jh. umgebaut und stärker ausgeschmückt worden ist, zielte das Restaurierungskonzept auf eine Freilegung und Teilrekonstruktion des Zustands seit ca. 1750. Eine dazwischenliegende Marmorierung war nur noch in kleinen Bereichen nachweisbar und von der darüberliegenden Schicht so stark gestört, daß sie nicht gehalten werden konnte. Die Seitenaltäre erfuhren lediglich eine Trockenreinigung. Fa

–, *An der Linde 11*, Gutachten zur Instandsetzung des Wohnhauses des 18. Jhs. mit Zierfachwerk. Qz

–, *Hauptstraße 37*, Zuschuß zur Außeninstandsetzung des Giebelhauses mit Fachwerk-Obergeschoß. Qz

–, *Leutershauser Straße 4*, Kniestock bei Dachgeschoßausbau neben der ehem. Kirchenburg. Qz

Brünnstadt (Lkr. Schweinfurt), *Kath. Kirche*. Die komplizierte Baugeschichte der bereits zweimal erweiterten Kirche erschwerte die Ausarbeitung eines Restaurierungskonzepts. Die klare Befundlage der Stuckdecke von 1781 im Langhaus (starkfarbige Blüten und Brokatfelder in einer porzellanartigen Fassung) diente schließlich als Leitfaden für eine Farbigkeit, der die schmucklosen Anbauten des 20. Jhs. angepaßt werden konnten. Fa

Buchbrunn (Lkr. Kitzingen), *Kath. Filialkirche Mariä Himmelfahrt, Hauptstraße 1*. Die in Formen des Barock um 1700 errichtete Kapelle mit Dachreiter erhielt eine umfassende Instandsetzung in mehreren Bauabschnitten, wobei zunächst Bauunterhaltungsarbeiten am Außenbau im Vordergrund standen. Eine Innenrestaurierung ist für das Folgejahr vorgesehen. Ka

Bürgstadt (Lkr. Miltenberg), *Kath. Pfarrkirche St. Margareta*. Im Anschluß an die 1988 erfolgte Renovierung des Kirchturms konnte im Berichtsjahr der übrige Außenbau der Kirche samt dem Torhaus der früheren Kirchhofbefestigung restauriert werden. Ka

Bütthard (Lkr. Würzburg), *Hauptstraße 3/Dorfberg 1*. Eine positive Entscheidung des Landratsamtes über den Abrißantrag für das einstmals stattliche Anwesen, das aus mehreren Gebäuden besteht, mußte vom Landesamt für Denkmalpflege hingenommen werden: Das Denkmal befand sich in einem stark ruinösen Zustand, eine an sich kaum noch mögliche Sanierung hätte auch den weitestgehenden Verlust an historischer Bausubstanz bedeutet. Eine Wiederbebauung des städtebaulich wichtigen Standorts wird angestrebt. Bo

Burgpreppach (Lkr. Haßberge), *Schloß*. Nachdem in den zurückliegenden Jahren umfangreiche Voruntersuchungen zu den notwendigen statischen, restauratorischen und bautechnischen Maßnahmen an dem 1726 von Joseph Greising erbauten Schloßgebäude durchgeführt worden waren, konnte 1989 die eigentliche Sanierung beginnen. Nach einem Konzept des Büros Reuter und Adelmann ist der beachtliche barocke Dachstuhl zimmermannsmäßig repariert, außerdem die schon in historischer Zeit problematische Aufhängung der Deckenkonstruktion über dem Saal durch ein Subsidiär-Tragwerk zusätzlich gesichert worden. Gleichzeitig erhielt der Mitteltrakt eine neue Dachhaut, nachdem die erst vor 15 Jahren aufgebrachten Biberschwanzziegel starke Aufrierungen zeigten. Leider gefährden die eigenmächtigen Teilrestaurierungen eines Mieters im Ostflügel den Ausstattungsbestand dieser Räume. Fa

–, *Haus Nr. 38*, Zuschuß zur Instandsetzung der Fassade des Fachwerkhauses und des Hoftores. Qz

Burgsinn (Lkr. Main-Spessart), *Rienecker Straße, Torturm* der ehem. Marktbefestigung. Zur Verbesserung der Durchfahrtmöglichkeiten beabsichtigte die Gemeinde eine Entfernung des feldseitigen Maueranschlags der (nicht mehr vorhandenen) Torflügel. Dieser Maßnahme wurde vom Landesamt für Denkmalpflege die Zustimmung versagt. Es wird nun geprüft, inwieweit die durchführende Straße wieder auf das ursprüngliche Niveau abgesenkt werden kann. Bo

Dettelbach, Lkr. Kitzingen; Altes Rathaus; große Halle, nach Entfernung jüngerer Einbauten

Burkardroth (Lkr. Bad Kissingen), Erneuerung der Kirchhofmauer und Erweiterung eines Straßen-Engpasses. Qz

Castell (Lkr. Kitzingen), *Kirchplatz 3, Pfarrhaus*. Dem geplanten Innenumbau des bereits anläßlich einer 1967 stattgefundenen Modernisierung weitgehend seiner historischen Substanz beraubten Pfarrhauses wurde mit Ausnahme einer Wandentfernung zugestimmt. Dem Abriß des 1930/31 errichteten und in seiner Substanz stark geschädigten Nebengebäudes wurde unter der Voraussetzung zugestimmt, daß ein Nachfolgebau in entsprechenden Ausmaßen und vergleichbarer Gestaltung errichtet wird. Bo

–, *Birklinger Straße 8*. Der geplante Dachausbau der Ende des 19. Jhs. errichteten ehem. Schule wurde beraten. Bo

Dampfach (Lkr. Haßberge), *Haus Nr. 49*, Beratung weiterer Sanierungsarbeiten am ehem. Schul- und Rathaus, Zuschuß zur Außenrenovierung. Qz

Dettelbach (Lkr. Kitzingen), *Altes Rathaus*. Im Berichtsjahr wurden zunächst noch die Sicherungsarbeiten im Dachstuhl und im Bereich der Ratsstube durchgeführt, dann die Neueindeckung des Dachs und die Fassadenrenovierung. Damit verbunden war die Festigung und Restaurierung der Natursteinteile, die eingehend dokumentiert wurde. Im Innern stellte man die große Halle im ersten Obergeschoß wieder her. Unter dem Eindruck des Raumbilds revidierte man die ursprünglichen Pläne und beabsichtigt nun, den Raum vorerst als Bürgersaal zu nutzen. Zahlreiche Ortstermine dienten der detaillierten Abstimmung und Definition denkmalpflegerischer Forderungen. Die Ausführung von Maler- und Putzarbeiten wie die Gestaltung von Einbauten, die aus Gründen des Brand- und Personenschutzes notwendig waren, wurde anhand von Mustern und Modellen entschieden. dt

–, *Ensemble*. Die Maßnahme der Altstadtsanierung wurde mit der Stadt und dem beauftragten Planungsbüro beraten und abgestimmt. Die systematische Begehung der im Sanierungsgebiet liegenden Einzeldenkmale wurde vereinbart. Bo

–, *Birklinger Hof 8*. Im Berichtsjahr konnte die aus Mitteln des Entschädigungsfonds geförderte konstruktive Instandsetzung des wertvollen Baudenkmals abgeschlossen werden. Aufgrund der Ergebnisse umfangreicher restauratorischer Befunduntersuchungen wurde ein angemessenes Nutzungskonzept entwickelt. Die mit dem Landesamt für Denkmalpflege abgestimmte Baueingabeplanung für die Innensanierung genehmigte das zuständige Landratsamt. Mit den Arbeiten soll im kommenden Jahr begonnen werden. Bo

–, *Sackgasse 5*. Nach einem Besitzerwechsel des bereits 1985 dokumentierten Denkmals wurde eine mit dem Landesamt für Denkmalpflege abgestimmte Baueingabeplanung für die Gesamtsanierung vorgelegt und genehmigt. Mit den Arbeiten wurde begonnen. Bo

–, *Spitalgasse 10, ehem. Spital*. Die Stadt beabsichtigt, das in ihrer Verwaltung befindliche Altenheim zu modernisieren. Aufgrund der bereits oberflächlich sichtbaren erhaltenen historischen Ausstattungen wird die Planung durch umfangreiche restauratorische Befunduntersuchungen vorbereitet. Bo

Diebach, Stadt Hammelburg (Lkr. Bad Kissingen), *Diebacher Straße 20*, Zuschuß zur Sanierung des Außenputzes, freie Farbgebung. Qz

Dipbach (Lkr. Würzburg), *Kirchplatz 2*, Zwischenbericht: Die mit dem Landesamt für Denkmalpflege abgestimmte und auf umfangreichen Voruntersuchungen basierende Baueingabeplanung wurde genehmigt, die Finanzierung des Bauvorhabens sichergestellt. Mit den Maßnahmen, die auch aus Mitteln des Entschädigungsfonds gefördert werden, soll im kommenden Jahr begonnen werden. Bo

Dörflis, Stadt Königsberg (Lkr. Haßberge), Gutachten zur Sanierung des steilen Kirchenaufganges der über dem Ort liegenden Kirche im Rahmen einer Dorfflurbereinigung. Qz

Ebelsbach (Lkr. Haßberge), *Schloß*. Eine Instandsetzung ist geplant. Qz

Ebenhausen (Lkr. Bad Kissingen), *Schloßstraße 18*, ehem. Schloß: neue Holzfenster mit konstruktiver Sprossenteilung statt Kunststoff-Fenstern. Eine Ortsbegehung ließ die Dringlichkeit einer grundsätzlichen Substanzsicherung, angefangen mit einer Dachdeckung des riesigen Gebäudes, dringlich erscheinen. Qz

Ebern (Lkr. Haßberge), *Ossuarium*. Städtebauliche Maßnahmen in unmittelbarer Nähe des spätgotischen Beinhauses veranlaßten Restaurierungsmaßnahmen an den Sandsteinfassaden. In enger Zusammenarbeit mit den Steinrestaurierungswerkstätten des Landesamtes konnten die Arbeiten auf ein Minimum reduziert werden. Die Einrüstung machte umfangreiche bauforscherische Untersuchungen möglich, die eine Einordnung der zweigeschossigen Friedhofskapelle in die Kunstlandschaft des Itz- und Baunachgrundes ermöglichen. Fa

–, *Braugasse 3*, Umbau des ehem. Brauhauses. Qz

–, *Braugasse 6*, Umbau des alten Sudhauses, eines Fachwerkbaues mit Haussteinsockel. Qz

–, *Kapellenstraße 34*, Neubau anstelle eines traufseitigen Gebäudes mit korbbogiger Einfahrt aus der 1. Hälfte des 19. Jhs. aufgrund schwerer Fassadenrisse. Qz

–, *Marktplatz 20*, geringe Erhöhung der Stadtmauer als Terrassenbegrenzung, Zuschuß zur Erhaltung von Scheunenteilen bei deren Ausbau zur Wohnung. Qz

–, *Rittergasse 1*, Neue Treppenanlage zwischen dem Finanzamtsgarten, dem Jugend-Aufenthalt Friedrich Rückerts, nun Parkplatz, und der Walk-Strasser-Promenade am nördlichen Stadtmauerzug des 15./16. Jhs. Qz

–, *Rittergasse 12*, Zuschuß zur Außeninstandsetzung. Qz

Eibelstadt (Lkr. Würzburg), *Bebauungsplan «Beckenweinberg»*. Es wurden schwere Bedenken gegen den Bebauungsplan erhoben, da hierdurch die Errichtung eines Verbrauchermarkts in unmittelbarer Stadtmauernähe im bisher weitgehend ungestörten Weichbild Eibelstadts ermöglicht werden sollte. Die Verhinderung der Planung konnte nicht erreicht werden, aber eine das Baudenkmal weniger beeinträchtigende Lösung wurde gefunden. Bo

–, *Hauptstraße 6*. Das Landesamt für Denkmalpflege beriet in Vorbereitung der Sanierung die Eigentümer des Satteldachhauses aus dem 18. Jh. Bereits stattgefundene Umbauten haben den Bestand im Inneren wesentlich reduziert, restauratorische Befunduntersuchungen wurden aber vor Planungsbeginn dennoch als unerläßlich erachtet. Bo

Elfershausen (Lkr. Bad Kissingen), *August-Ullrich-Straße 3*, Beginn der Instandsetzungsarbeiten nach Befundabnahme und vorsichtiger Entfernung der Lehmfüllungen zur Balkenkopfsanierung über einer Stuckdecke. Qz

Eltmann (Lkr. Haßberge), Neubau des *Pfarrheimes*. Grundsätzlich hatte es das Landesamt für Denkmalpflege abgelehnt, den ehem. Bereich des Stadtgrabens überbauen zu lassen. Der Neubau wurde daher innen an die Stadtmauer angelehnt und diese dabei im Teilbereich instandgesetzt. Qz

–, *Stadtapotheke*, Bedenken gegen den Teilabbruch eines Stadtmauerstückes neben dem letzten Schalenturm auf der Seite nach Bamberg für eine Parkplatz-Ausfahrt. Qz

Enheim, Gde. Martinsheim (Lkr. Kitzingen), *Evang.-Luth. Pfarrkirche*. Der Kirchturm dieses klassizistischen, 1859 nach Plänen Eduard Bürkleins errichteten Kirche erfuhr eine Außeninstandsetzung. Ka

–, *Mautpyramide*. Nachdem die Versetzung des Obelisken aus dem Jahre 1766 bereits im Vorjahr durch das Landesamt für Denkmalpflege abgelehnt wurde, da seine Bedeutung auch unmittelbar an den Standort geknüpft ist, wurden nach einer gemeinsamen Besichtigung mit den betroffenen Regierungen und Behörden die Belange des Denkmalschutzes zugunsten einer wesentlich erhöhten Verkehrssicherheit zurückgestellt. Bo

Erbrechtshausen, Stadt Königsberg (Lkr. Haßberge), *Schafhof*: Festlegung der Sanierungsmöglichkeiten zur Nutzung des einfachen Gebäudes mit Steinvierung, zwei Arkaden von Holzsäulen und hohem Walmdach als befahrbare Lagerhalle. Qz

Erlabrunn (Lkr. Würzburg), *Mainleite 1*, Zwischenbericht: Obwohl die Gemeinde als Eigentümer des bedeutenden bäuerlichen Baudenkmals schon 1985/86 Voruntersuchungen und Nutzungsobjekte erstellen ließ, kam es bis zum Berichtsjahr zu keiner Entscheidung für den Erhalt des Anwesens. Der nunmehrige Eigentümer beabsichtigt nach geplanter Sanierung die Umnutzung zu Zwecken des Fremdenverkehrs. Mit den Beräumungs- und Notsicherungsmaßnahmen konnte in Abstimmung mit dem Landesamt für Denkmalpflege bereits begonnen werden; das Sanierungsprojekt wird ebenfalls in Abstimmung erarbeitet. Bo

Eßfeld, Markt Giebelstadt (Lkr. Würzburg), *Dr.-Heim-Straße 11*. Dem geplanten Abbruch des zweigeschossigen Wohnstallhauses aus dem 18./19. Jh. wurde durch das Landesamt für Denkmalpflege nicht zugestimmt; der Eigentümer trat daraufhin von seinem Kaufvertrag zurück. Um das Argument der totalen Baufälligkeit zu widerlegen, wurde auf Betreiben des Gebietsreferats und unter Anleitung des Referats Bauforschung durch einen freien Architekten ein verformungsgenaues Aufmaß erstellt. Auf Veranlassung des neuen Eigentümers werden aufgrund fachlicher Vorgaben derzeit die Voruntersuchungen ergänzt und das Sanierungsprojekt erstellt. Mit den Arbeiten, die sich vorrangig auf den Bestandserhalt beschränken, soll im nächsten Jahr begonnen werden. Bo

Etwashausen, Stadt Kitzingen, *Mainbernheimer Straße 3/5*. Das Giebelhaus aus dem 18. Jh., das im Kern wohl älter ist und über verschiedene wertvolle Ausstattungen wie zum Beispiel eine echterzeitliche Stuckdecke verfügt, soll eingreifend verändert werden. Den Planungen, die dem Landesamt für Denkmalpflege als Bauvoranfrage zur Stellungnahme vorgelegt wurden, konnte nicht zugestimmt werden, da sie die nahezu vollständige Entkernung vorsahen. Die Erstellung unerläßlicher Voruntersuchungen und eine darauf aufbauende Umplanung wurde empfohlen. Bo

Eurerbach (Lkr. Schweinfurt), *Hauptstraße 8, Oberes Schloß*. Freie Farbgebung auf Neuputz. Qz

Eußenhausen, Stadt Mellrichstadt (Lkr. Rhön-Grabfeld), *Kath. Kirche*. Eine umfangreiche Außenrenovierung der barocken Kirche war nötig geworden, da bei den letzten Maßnahmen entgegen dem Gutachten des Landesamtes in großem Umfang Zementmörtel und

Fahr, Stadt Volkach, Lkr. Kitzingen; Blütenstraße 11, Ansicht von Osten

Putze verwendet worden waren. Da ein erfahrener Steinrestaurator mit der Durchführung der Restaurierung beauftragt wurde, blieben die Substanzverluste gering. Nach langen Diskussionen mit der Bevölkerung blieb die historische Kirchturmuhr samt Zifferblatt erhalten. Fa

–, *Brauhaus*, Zuschuß zur Außenrenovierung. Qz

–, *Hermannsfelder Straße 17*, Ablehnung des Abbruchs des Vorderhauses. Qz

Eußenheim (Lkr. Main-Spessart), *Langgasse 2*. Die geplante Schaffung einer abgeschlossenen Wohnung hätte im 1628 errichteten Fachwerkhaus zu bedenklichen Veränderungen und Substanzverlusten geführt. Insbesondere wäre davon der gut erhaltene Stallteil mit seinem sechsjochigen steinernen Gewölbe betroffen worden. Aufgrund der erhobenen Einwände und in Abstimmung mit dem Gebietsreferat konnte eine akzeptable Lösung zum Einbau der benötigten Wohnung in der bereits längere Zeit ungenutzten kleinen Scheune des Anwesens gefunden werden. Bo

Eyrichshof, Stadt Ebern (Lkr. Haßberge), *Schloß*. Durch die Aufmerksamkeit des Bauleiters traten bei Entwässerungsarbeiten in der Nähe des ursprünglichen Wasserschlosses in Richtung auf die Baunach Grundmauern und ein späteres Entwässerungssystem mit Dükern unter dem Bach zutage. Qz

Fahr, Stadt Volkach (Lkr. Kitzingen), *Blütenstraße 11*, ungewöhnlich reich ausgestatteter Winzerhof aus dem frühen 17. Jh. Bemerkenswert ist, daß die Eingriffe und Renovierungen, die im Lauf der Zeit erfolgten, sehr schonend vorgenommen wurden, so daß der bauliche Bestand noch umfassend erhalten ist. Diese Umstände erlauben es, mit Einverständnis der Eigentümer ein denkmalpflegerisches Musterprojekt durchzuführen. Besondere Schwerpunkte sind die Dokumentation des Vorzustands einschließlich der Inventarisation der Einrichtungs- und Gebrauchsgegenstände, die Voruntersuchungen und die weitgehend konservierende Behandlung des Bestands. Vorbereitet wird das Projekt von erfahrenen Fachleuten, die in enger Abstimmung mit den Restaurierungswerkstätten und dem Referat Bauforschung des Landesamtes für Denkmalpflege arbeiten. Für die volkskundliche Inventarisation konnten dank der Vermittlung von Herrn Prof. Dr. P. Brückner Studenten der Universität Würzburg gewonnen werden. Alle Beteiligten verpflichteten sich, ein Stundenprotokoll zu führen, wodurch der erforderliche Zeitaufwand sowohl insgesamt als auch in der zeitlichen Verteilung erfaßt werden kann. Dadurch wird es möglich, für bestimmte Voruntersuchungsleistungen wie z. B. die Photodokumentation einen Leistungsstandard in Relation zur benötigten Zeit zu definieren. Ende des Berichtsjahres waren die Vorarbeiten soweit gediehen, daß mit den Untersuchungen im leergeräumten Haus begonnen werden konnte. dt

Fellen (Lkr. Main-Spessart), *Hauptstraße 36*. In Vorbereitung der geplanten Sanierung des um 1800 errichteten eingeschossigen Fachwerkhauses fand eine Ortseinsicht statt, anläßlich derer festgestellt werden konnte, daß sich im größeren Umfang bauzeitliche Ausstattungen erhalten haben, so zum Beispiel Stuckdecken, Friesböden, Fenster und Türen in den zwei vorhandenen «schönen Stuben». In Abstimmung mit dem Gebietsreferat wurden die notwendigen Voruntersuchungen festgelegt. Bo

Fladungen (Lkr. Rhön-Grabfeld), *In der Au* (Freilichtmuseum): Anhörung bei der Neuaufstellung einer Gewölbebrücke und der Ölschlagmühle aus *Wiesthal* (Lkr. Aschaffenburg). Qz

–, *Obere Brückengasse 1*, Außeninstandsetzung. Qz

Forst (Lkr. Schweinfurt), *Hauptstraße 5*, Gutachten und Zuschuß zur Außenrenovierung. Qz

Frankenwinheim (Lkr. Schweinfurt), *Am Kirchberg 7*, Modernisierung des Rathauses. Qz

Frickendorf (Lkr. Haßberge), *Brücke* über die Baunach. Die barocke Brücke mit ihren vier überlebensgroßen Heiligenfiguren ist in ihrer üppigen Ausstattung eines der wenigen erhaltenen Denkmäler dieser Art im östlichen Unterfranken und noch nicht durch den modernen Straßenbau in Proportionen und Aufbau verändert. Nach schonenden Konservierungsmaßnahmen an den überraschend gut erhaltenen Skulpturen fanden Ausbesserungsarbeiten am Fugenbild der Brückenkonstruktion statt. Fa

Frickenhausen (Lkr. Würzburg), *Haus Nr. 22, Rathaus*. Der Satteldachbau mit Erker und Freitreppe stammt im Kern aus der Zeit um 1480, wesentliche Ausbauten aus der 2. Hälfte des 16. Jhs. Eine Ortseinsicht zu Reparaturfragen des Fußbodens im historischen Ratssaal ließ erkennen, daß sich das überregional bedeutende Baudenkmal in einem restaurierungs- und sicherungsbedürftigen Zustand befindet. Auf Veranlassung des Landesamtes für Denkmalpflege wurde mit der Vorbereitung für eine konservierende Instandsetzung begonnen. Bo

–, *Haus Nr. 157*. In Vorbereitung einer umfassenden Sanierung wurden in dem stattlichen, im Kern spätmittelalterlichen und im 17. und 18. Jh. erweiterten Wohnhaus, das sich durch eine umfangreiche erhaltene Ausstattung auszeichnet, erste Voruntersuchungen und Notsicherungsmaßnahmen durchgeführt. In Abstimmung mit dem Landesamt konnten erste Bereiche des überdurchschnittlich bedeutenden Denkmals bewohnbar gemacht werden; das ursprünglich vom Bauherrn beabsichtigte Nutzungsprogramm wurde auf einen angemessenen Umfang reduziert. Bo

–, *Haus Nr. 61*. Die Arbeiten gingen wie geplant mit dem Innenausbau weiter. Der Grundriß des Palais wurde weitgehend auf den nachgewiesenen ursprünglichen Zustand zurückgeführt. Hervorzuheben ist die einfühlsame Installation der Haustechnik und qualitätvolle Ausführung aller handwerklichen Arbeiten. Auf Wunsch des Bauherrn werden nur traditionelle Materialien in handwerklicher Verarbeitung verwendet. dt

Friesenhausen, Gde. Aidhausen (Lkr. Haßberge), *Haus Nr. 41*, Fenstererneuerung. Qz

Gabolshausen, Stadt Bad Königshofen (Lkr. Rhön-Grabfeld), *Torhaus*. Die Erhöhung der Durchfahrt des einfachen Satteldachstuhles um 40 cm wurde nach verschiedenen Zugeständnissen zum Verhängnis für das Baudenkmal: Als die Baufirmen den Abbau nur mit erheblichen Zerstörungen zustandebrachten, fiel auch noch der nicht sachgemäß gesicherte Massivgiebel ein. Die bewilligten Zuschußmittel mußten dann wenigstens einen Neubau mit wenigen alten Teilen an der historischen Stelle sicherstellen. Qz

Gaibach (Lkr. Kitzingen), *Kath. Heilig Kreuz-Kapelle*. Abgeschlossen werden konnte nun im 2. Bauabschnitt auch die Innenrestaurierung dieses 1703 wohl nach Plänen von Johann Leonhard Dientzenhofer errichteten Zentralbaus. In engem Zusammenwirken mit den Werkstätten des Landesamtes wurde die im Ergebnis behutsame Restaurierung der Raumausstattung beraten. Ein besonderer Erfolg ist die teilweise Belassung der originalen Fußbodenplatten, die nach Erstellung eines Verlegeplans komplett aufgenommen und – soweit erhaltungsfähig – über neuem Unterbau an Ort und Stelle wieder verlegt wurden. Die Restaurierung der kleinen Barockorgel auf der Westempore wird erst 1990 abgeschlossen. Ka

–, *Konstitutionssäule* auf dem Sonnenberg. Die Säule wurde nach 1818 von Graf Franz Erwein von Schönborn bei Leo von Klenze in Auftrag gegeben und 1828 in Anwesenheit des damaligen Kronprinzen Ludwig I. feierlich eingeweiht. Die ca. 30 m hohe, begehbare Säule ist nicht nur ein singuläres politisches Denkmal, sondern ein bedeutendes Zeugnis der Baukunst Klenzes. Im Kitzinger Raum laut werdende Forderungen nach ungehinderter Begehbarkeit der Säule durch die Öffentlichkeit führten zu einer eingehenden Erörterung, wobei insbesondere die bauordnungsrechtlich erforderliche Erhöhung und damit Veränderung des erhaltenen Originalgeländers aus denkmalpflegerischer Sicht abzulehnen war. Es ist dankbar anzuerkennen, daß der denkmalrechtliche Belang im Rahmen der Abwägung über sämtliche sonstige Belange gestellt wurde und damit jedwede Veränderung des Denkmals für die Zukunft abgewendet werden konnte. Ka

Gambach, Stadt Karlstadt (Lkr. Main-Spessart), *Löhleinstraße 6*. Nachdem bereits 1986 dem Abbruch der ursprünglich zugehörigen rückwärtigen Haushälfte zugestimmt worden war und dieser inzwischen vollzogen ist, wurde gemeinsam mit dem Eigentümer und dem Landratsamt nach Möglichkeiten gesucht, den verbliebenen Hausteil, der sowohl als Einzeldenkmal als auch städtebaulich von Bedeutung ist, zu erhalten. Bo

Gauaschach (Lkr. Bad Kissingen), *Kath. Kirche*. Aus finanziellen Erwägungen wurden die Bedenken gegen die Aufbringung einer Biberschwanzdeckung statt des historischen Schieferdachs zurückgestellt. Fa

Gaubüttelbrunn, Gde. Kirchheim (Lkr. Würzburg), *Altes Rathaus*, 1. Zwischenbericht: Nachdem einer Translozierung des Denkmals nicht zugestimmt und auf Grundlage umfangreicher Voruntersuchungen ein Sanierungskonzept erarbeitet wurde, konnte ein realisierbarer Finanzierungsplan für die denkmalgerechte Instandsetzung erstellt werden. Mit den Arbeiten soll im kommenden Jahr begonnen werden. Bo

Geiselwind (Lkr. Kitzingen), *Schlüsselfelder Straße 16*. Unterstützt von der Gemeinde beabsichtigte der Eigentümer des zweigeschossigen Wohnhauses, das 1844 datiert, im Kern aber älter ist, einen vollständigen Abbruch. Dagegen wurden Bedenken erhoben, nachdem dem Denkmal aufgrund seiner städtebaulichen Stellung und der noch nahezu komplett ausgestatteten Schmiede im Erdgeschoß große Bedeutung zukommt. Da sowohl das Obergeschoß, als auch die Dachkonstruktion starke substantielle Schäden aufweist, wurde

Frickenhausen a. Main, Lkr. Würzburg; Haus Nr. 22, Rathaus; historischer Ratssaal, vor der Restaurierung

Frickenhausen a. Main, Lkr. Würzburg; Haus Nr. 157, vor der Instandsetzung

zumindest einem Teilabriß unter den Auflagen zugestimmt, daß eine umfangreiche Dokumentation des Denkmals erfolgt, die historisch relevanten Ausstattungen geborgen und wiederverwendet werden und die erdgeschossige Schmiede erhalten und in einen, in Grundriß und Kubatur dem Denkmal entsprechenden, Neubau einbezogen wird. Bo

Geldersheim (Lkr. Schweinfurt), *Würzburger Straße 22*, Umbau des Fränkischen Hofes am Marktplatz zu einem Bürgerzentrum. Qz

–, *Frühmeßkapelle*. Nach langen Vorplanungsarbeiten fand eine Restaurierung der Kapelle statt, die in einen modernen Anbau integriert, nun das Gotteshaus der evang.-luth. Gemeinde ist. Nach umfangreichen archäologischen Grabungen konnte über dem abgegangenen Langhaus einer gotischen Kapelle eine kleine moderne Kirche nach Plänen von Prof. Riepl, München, errichtet werden, die den gotischen Chor als Altarraum einbezieht. Das Landesamt bestand auf einer Konservierung und Abdeckung der spätmittelalterlichen Freskenausstattung, die durch jahrzehntelang vernachlässigten Bauunterhalt bereits stark geschädigt und reduziert war. Der Bestand ist in einer sorgfältigen Dokumentation erfaßt. In Absprache mit den Restaurierungswerkstätten des Landesamtes blieben einige repräsentative Befundstellen zur Beobachtung offen. Trotz aller konservatorischer Bemühungen sind bereits nach einem Jahr Feuchtigkeitsschäden erneut durchgeschlagen, deren Beseitigung einige Mühe und Kosten verursachen wird. Fa

–, *Bildstöcke*. Im Rahmen der laufenden Dorferneuerungsmaßnahmen holte die Gemeinde Gutachten zur Restaurierung der außergewöhnlich reichen und qualitätvollen Flurdenkmäler ein. Fa

Gemeinfeld (Lkr. Haßberge), *Haus Nr. 10*, Kuchenmühle. Ortseinsicht und Gutachten zur Beratung einer künftigen Instandsetzung. Doppelwalmgebäude mit 7:5 Fensterachsen. Die Mühle wird bereits 1682 erwähnt. Das heutige Gebäude mit älteren Resten ist 1827 datiert. Qz

Gemünden (Lkr. Main-Spessart), *Altstadtsanierung*. Nach Abstimmung mit der Stadt und dem beauftragten Sanierungsbüro wurde vereinbart, künftig regelmäßig Begehungen in Denkmalen vorzunehmen, deren Instandsetzung im Rahmen des Förderprogramms erfolgen soll. Bo

–, *Frankfurter Straße 2*. Gegen den von der Stadt geplanten Abriß des zum sog. Huttenschloß gehörenden Nebengebäudes wurden nach eingehender Ortseinsicht große Bedenken erhoben. Sollte sich allerdings durch restauratorische Befunduntersuchungen zeigen, daß im Inneren des Anwesens keine historisch relevanten Bauteile und Ausstattungen erhalten sind, würde eine Entkernung hingenommen. Bo

–, *Obertorstraße 23*. In Vorbereitung einer geplanten Sanierung fand eine Ortseinsicht statt. Es zeigte sich, daß das schmale Walmdachhaus im Kern älter ist, als bisher aufgrund seiner klassizistischen Sandsteinfassade angenommen. Trotz verschiedener jüngerer Verluste haben sich wertvolle barocke Ausstattungen wie z. B. die Treppenanlage erhalten. Um die Voraussetzung für ein angemessenes Sanierungsprojekt zu schaffen, wurden den Eigentümern eingehende Voruntersuchungen empfohlen.
Zum Wohnhaus gehört ein jetzt im städtischen Besitz befindlicher Garten. Die im örtlichen Sprachgebrauch als «Hängende Gärten» bezeichnete steile Terrassenanlage stellt ein seltenes und bemerkenswertes Zeugnis bürgerlicher Gartenbaukunst dar. In Vorbereitung einer geplanten Instandsetzung wurden umfangreiche Voruntersuchungen und botanische Erfassungen definiert. Bo

–, *Obertorstraße 31*. Anläßlich einer geplanten Außensanierung fand eine Ortseinsicht in dem zum Ensemble Gemünden gehörenden Wohnhaus statt. Nachdem sich die Denkmalvermutung für das stattliche dreigeschossige Giebelhaus, das über eine Vielzahl erhaltener Ausstattungen des 18. Jh. verfügt, bestätigte, erfolgte der Nachtrag in die Denkmalliste. Den Eigentümern wurde empfohlen, in Vorbereitung einer notwendigen Gesamtsanierung die angemessenen Bestandsaufnahmen durchführen zu lassen. Bo

–, *Wernfelder Straße 4*. Für das Einzeldenkmal, eines von drei erhaltenen Bahnbediensteten-Wohnhäusern, die um 1870 im Nähebereich des Bahnhofs-Empfangsgebäudes entstanden, wurde dem Landesamt ein Abrißantrag zur Stellungnahme vorgelegt. Aufgrund der hohen Denkmalwürdigkeit, der besonderen städtebaulichen Bedeutung und des als sehr gut zu bezeichnenden Erhaltungszustandes wurden schwere Bedenken gegen den geplanten Abriß erhoben. Bo

Geroda (Lkr. Bad Kissingen), *Kissinger Straße 10* («Insel»), Beratung zur weiteren Sanierung des über einem Bach stehenden Fachwerkhauses. Qz

Gerolzhofen (Lkr. Schweinfurt), *Kirchgasse 2*, Zuschuß zur Sanierung des Julius-Echter-zeitlichen Portals. Qz

–, *Marktplatz 3/5/7/9*, Weitere Besprechungen zum Umbau der Baudenkmäler zu einem Geschäftshaus. Qz

–, *Marktplatz 11*, Zuschüsse zu den vorbereitenden Untersuchungen und insbesondere zur Sanierung des historischen Dachstuhls. Qz

–, *Spitalstraße 3*. Beratung nötiger Instandhaltungsmaßnahmen. Qz

Gleisenau (Lkr. Haßberge), *Schloßkapelle*. Wiederholte Besprechungen mit den Architekten der Georg-Schäfer-Jugendstiftung führten zur Vergabe einer Befunduntersuchung und Schadenskartierung in der Rokokokapelle, deren Erscheinungsbild jetzt von einer stark durchfeuchteten Leimfarben Ausmalung der Jahrhundertwende gekennzeichnet ist. Bevor keine neue Nutzung für die seit Jahren leerstehende Kapelle gefunden ist, können jedoch nur Schadensursachen behoben werden. Fa

Gleusdorf, Gde. Untermerzbach (Lkrs. Haßberge), *Kath. Kirche*. Nachdem die Pfarrstelle neu besetzt ist, fand die seit langem nötige Restaurierung der ungenutzten Barockkirche statt. Eine erweiterte Befunduntersuchung ergab, daß die gesamte Altarrückwand des archaisch wirkenden Gotteshauses freskal bemalt war und eine Fortsetzung des Retabels darstellt. Eingebunden in diese Malerei ist eine spätgotische Madonna, die man in der Barockzeit eigens für diese Art der Präsentation verkürzt hat. Zugleich mit der Rückwand schuf der barocke Kirchenmaler eine ornamentale Bemalung um Chorbogen und Fenster. Das denkmalpflegerische Konzept sieht die Freilegung der Chorrückwand und die Rekonstruktion der Umrahmungen vor. Besonders erwähnenswert erscheint der neue Volksaltar von Bildhauer Koller, der sich gut den engen räumlichen Gegebenheiten des Kirchleins einfügt. Fa

–, *Haus Nr. 1, ehem. Schloß,* Beratung von Kaufwilligen mit Umbauabsichten zum Altenheim. Qz

Gnötzheim, Gde. Martinsheim (Lkr. Kitzingen), *Haus Nr. 65,* ehem. Brauerei. In Zusammenarbeit mit der Arbeitsgruppe Dorferneuerung des Landesamtes für Denkmalpflege wurde eine ausführliche Stellungnahme gegen den geplanten Abriß des Anwesens erarbeitet, das zwar nicht als Denkmal nachgetragen wurde, aber für das historische Erscheinungsbild des Dorfes von großer Bedeutung ist. Um eine weitere Prüfung der Sanierungsmöglichkeiten wurde gebeten. Bo

–, *«Zehntscheune».* Nachdem die bereits 1986 erfolgten Bemühungen um die Sanierung des stattlichen Kostenbaus aus dem Jahr 1562 noch zu keinem Erfolg führten, fand eine neuerliche Beratung des Eigentümers statt. Die notwendigen Voruntersuchungen sollen nun in Auftrag gegeben werden. Bo

Gochsheim (Lkr. Schweinfurt), *Mönchsgasse 19* («Apostelhaus»), Zuschuß zur Außeninstandsetzung durch den Historischen Förderkreis Gochsheim, Beginn der Bestandsaufnahmen und Befunde zur Vorbereitung einer Restaurierung der in der Fassade eingebauten Reliefsteine, die meist Spolien zu sein scheinen. Qz

Grafenrheinfeld (Lkr. Schweinfurt), *Kath. Kirche.* Die 1988 begonnene Außenrenovierung wurde fortgesetzt. Aus konservatorischer Sicht erscheinen besonders die Ausbesserungen der letzten Renovierung mit Steinersatzmassen problematisch: Sie fallen bereits jetzt wieder heraus und reißen historische Substanz in großem Umfang mit. Über eine Musterachse soll der differenzierte Umfang mit diesem Schadensbild gefunden werden. Fa

–, *Hauptstraße 15,* Zuschuß zur Instandsetzung eines Hofportals. Qz

–, *Kirchplatz 4* (ehem. Amtsvogtei), Stellungnahme zum Bauantrag und zur Inanspruchnahme des Entschädigungsfonds: Umnutzung zum Dorfgasthaus mit Gemeindemusikschule, Veranstaltungsraum, Pächterwohnung und Fremdenzimmer, Sicherung der beiden Hausteingiebel. Qz

Grettstadt (Lkr. Schweinfurt), *Bahnhofstraße 19,* Verkauf und Umbau des Fachwerkhauses. Qz

Großbardorf (Lkr. Rhön-Grabfeld), *Kirchhügel 9,* Zuschuß zur Außeninstandsetzung der verschieferten, alten Schule neben der Kirche, ein Halbwalmdachbau des 18./19. Jhs. Qz

–, *Raiffeisenstraße 27/29,* Zuschuß zur Renovierung des Doppelhauses neben gemeinsamer, überbauter Toreinfahrt (datiert 1789). Qz

Großeibstadt (Lkr. Rhön-Grabfeld), *Fürstgasse 9,* Gutachten zur Instandsetzung der Fußgängerpforte (bez. 1716). Qz

–, *Hofgasse 22,* Gutachten zur Sanierung des Wohnhauses. Qz

–, *Reichertsgasse 5,* Nachtrag des Objektes nach Ortsbegehung in die Denkmalliste. Qz

Hambach (Lkr. Schweinfurt), *Kath. Kirche.* Da Hambach im letzten Jahrzehnt zu einem Vorort von Schweinfurt mit enormem Bevölkerungszuwachs geworden ist, entstand seitens des örtlichen Pfarrers der Wunsch nach einer Vergrößerung der barocken Kirche. Die räumlich durch ein weiteres Denkmal, das ehem. Rathaus, stark begrenzte Situation erschwerte die Planungsaufgabe für den Architekten. Schließlich konnte eine Lösung gefunden werden, die die beiden Langhauswände seitenschiffartig erweitert und die barocken Fenster als Obergaden in das moderne Raumbild einbezieht. Die barocke Ausstattung blieb erhalten. Fa

Hammelburg (Lkr. Bad Kissingen), *An-der-Thulba 1* (Herrenmühle), Begutachtung der neuen Außenanlagen des Heimatmuseums. Qz

–, *Dalbergstraße 75,* Zuschuß zum 1. Bauabschnitt einer Gesamtinstandsetzung. Qz

–, *Von-Heß-Straße 10,* altes Amtsgerichtsgefängnis. Das wegen seiner Zweckbestimmung sehr einfache, zweigeschossige Walmdachgebäude mit 9 zu 3 Fensterachsen in tiefen Rundbogennischen kann nicht, wie die Stadt beabsichtigte, ersatzlos abgebrochen werden. Die Zellen mit kleinen Oberlichtfenstern lassen sich allerdings kaum weiter sinnvoll nutzen: Die Stadt hatte daher bereits den Nordteil zu einem «Aktengefängnis» umgebaut. Qz

Haselbach (Lkr. Rhön-Grabfeld), vor *Haselbacher Straße 49,* Versetzung der *Kiliansfigur* in die Wendelinuskapelle und Ersatz durch eine neue Holzfigur der einheimischen Holzschnitzschule. Qz

Haßfurt (Lkr. Haßberge), Abbrüche im Ensemble: *Färbergase 7/9/11, Fuchsgasse 14, Hauptstraße 29* (Der in den Neubau übernommene Dachstuhl, nun über dem Sitzungssaal, wurde dendrochronologisch auf 1476 datiert), Schleßinger Straße 4/Promenade 5, Stadelgasse 8 (Wohnhaus anstelle der Scheune). Qz

–, *Färbergasse 7,* Abbruchantrag im Rahmen der Altstadtsanierung. Qz

–, *Hauptstraße 2* (zur Oberen Vorstadt), Fassadenänderung. Qz

–, Modernisierungen und Renovierungen: *Hauptstraße 68* (Fassade, Zuschuß), *Zwerchmaingasse 14* (Amtsgericht), *Pfarrgasse 8* (Kaplanei). Qz

–, *Kaplaneigasse 15,* Zuschuß zur kompletten Gesamtinstandsetzung mit Ausbau von drei Wohnungen. Qz

–, *Marktplatz 1, Rathaus,* Ablehnung der Erweiterung eines Reisebüros im Anbau der alten Wache (um 1800) in das Rathausgebäude unter Abbruch der gotischen, eisenbeschlagenen Tür zum Stadtgefängnis. Qz

–, *Zwerchmaingasse 6,* Fenstererneuerung. Qz

–, *Zwerchmaingasse* (ehem. Kfz-Zulassungsstelle des alten Landratsamts), Beratung von Umbauten des Nebengebäudes mit Bau eines Sitzungssaals neben der Stadthalle anhand eines Modells. Qz

Hausen (Lkr. Rhön-Grabfeld), *Kath. Kirche.* Obwohl eine Befunduntersuchung zur Farbigkeit der Fassaden vorlag, machte ihre Umsetzung einige Schwierigkeiten, da keine Kirchenmalerfirma mit der Durchführung beauftragt worden war. Auch die nicht abgesprochene Neufassung der hölzernen Skulptur über dem Portal erforderte ein weiteres Überarbeiten der zur «schwarzen Madonna» gewordenen Figur. Fa

Hellingen, Stadt Königsberg (Lkr. Haßberge), *Haus Nr. 28,* Zuschuß zur Außenrenovierung. Qz

–, *Haus Nr. 49,* Zuschuß zur Gesamtinstandsetzung. Qz

–, *Haus Nr. 62,* Restaurierung des Hofportals mit zwei Pinienzapfen und sächsischem Wappen und der Hofmauer. Widerspruch des Besitzers gegen den Erlaubnisbescheid, weil er die Anlage vollkommen erneuern wollte. Qz

Hellmitzheim, Stadt Iphofen (Lkr. Kitzingen), *Mönchsondheimer Straße 6,* Zwischenbericht: Die Stadt Iphofen übernimmt die Trägerschaft des Baudenkmals und wird es nach erfolgter Restaurierung einer öffentlichen Nutzung zuführen. Gemeinsam mit Ministerium

UNTERFRANKEN

eine schonende Konservierung durch einen erfahrenen Steinrestaurator, bei der lediglich partielle Kieselsäureesterfestigungen vorgenommen wurden. Die Kreuzigungsgruppe restaurierte eine andere Firma, die eine Acrylharzvolltränkung durchführen ließ. Fa

–, *Mühlstraße 12*, Gutachten und Zuschüsse zur Instandsetzung des Wohngebäudes und der Toranlage. Qz

–, *Torstraße 2*, Stellungnahme im Rahmen des Bußgeldverfahrens wegen des Abbruchs des großen Torbogens der Durchfahrt. Qz

Himmelstadt (Lkr. Main-Spessart), *Hofstraße 9* (bisher 215), Zwischenbericht: Um eine tragfähige Finanzierung zu gewährleisten, wurde in Abstimmung mit dem Landesamt und ohne die denkmalpflegerische Zielstellung zu reduzieren, das ursprünglich vorgesehene Programm reduziert und die Sanierung vorläufig auf das Wohnhaus beschränkt. Aufgrund einer dadurch finanzierbaren Gesamtbausumme kann die Maßnahme vermutlich im folgenden Jahr begonnen werden. Bo

Hirschfeld, Gde. Heidenfeld (Lkr. Schweinfurt), *Zehntstraße 3*. Wegen des Verfalls des lange leerstehenden und abgedeckten Gebäudes ist der Kreuzschlepper von 1742 sicherzustellen. Qz

Hofheim (Lkr. Haßberge), *Hauptstraße 29*, Zuschuß zur Dachinstandsetzung der Stadtmauer. Qz

–, *Obere Torstraße 7*, Stellungnahme zum Umbau des ehem. Kindergartens, Befundabnahme und Festlegung von Details. Entdeckung des Baudatums 1696 am Eckstiel im Obergeschoß. Qz

–, *Sackgasse 1*. Das frühbarocke Fachwerkhaus war erst nach dem Abschlagen des Putzes als Baudenkmal erkannt und in die Denkmalliste nachgetragen worden. Der Modernisierung ging die Erstellung eines Befundberichts sowie eines Architektenkonzepts voraus. Soweit noch möglich werden die historischen Räume samt ihren Putzen, Fenstern und Türen erhalten. In weiteren Bauabschnitten soll auch die historische Hofanlage saniert werden. Fa

Hollstadt (Lkr. Rhön-Grabfeld), *Hauptstraße 15*, Abbruch von Nebengebäuden neben einer Pforte von 1709. Qz

–, *Hofhäuser Straße 1/3/5/7/9*, Das Landesamt wandte sich auf Initiative des Heimatpflegers Philipp gegen den Abbruch der Umfassungsmauer des *ehem. Bildhäuser Klosterhofs*. Die Mißachtung der denkmalpflegerischen Bedenken führte u. a. zum Rücktritt des Heimatpflegers. Qu

Holzhausen (Lkr. Schweinfurt), *Kath. Kirche*, Innenrestaurierung des barocken Gotteshauses, die sich am Farbkonzept der Ausstattungsphase der Jahrhundertwende orientierte. Fa

Holzhausen, Stadt Königsberg (Lkr. Haßberge), *Haus Nr. 21*, Gutachten zur Renovierung des Fachwerkhauses. Qz

Homburg, Markt Triefenstein (Lkr. Main-Spessart), *ehem. Schloß* (Abb. S. 313). Nach restauratorischem Befund wurde das Äußere des Schlosses farblich wiederhergestellt. In diesem Zusammenhang erfolgte eine zimmermannsmäßige Reparatur des Fachwerks und eine Erneuerung des Fensterbestands. Hierbei wurde nach Vorbild eines erhaltenen barocken Fensters gearbeitet. – Im Zuge der Dorferneuerungsmaßnahmen konnte auch die Schloßmauer instandgesetzt werden. Bo

–, *Maintalstraße 1*. Das nach Bauinschrift 1666 errichtete stattliche Wohnhaus, zuletzt als Wassermühle genutzt und seit vielen Jahren weitgehend ungenutzt, soll saniert werden. In Vorbereitung dessen wurden anläßlich einer Ortseinsicht die notwendigen Voruntersuchungen festgelegt. Bo

Hüttenheim, Gde. Willanzheim (Lkr. Kitzingen), *Kirchenburg, Gade 29*. Vorgelegt wurde für die infolge Herrenlos-Erklärung völlig verwahrloste Gade 29 ein Instandsetzungskonzept, das wegen zu umfänglicher Substanzeingriffe abgelehnt werden mußte. Statt-

Hetzlos, Markt Oberthulba, Lkr. Bad Kissingen; Kath. Kirche; Altar, nach der Restaurierung

und Landratsamt konnte ein Finanzierungsplan gesichert werden. Mit der Instandsetzung soll im folgenden Jahr begonnen werden. Bo

Hemmendorf, Gde. Untermerzbach (Lkr. Haßberge), *Haus Nr. 3*, Zuschuß zur Reparatur der Fachwerkscheune, datiert 1731. Qz

Hendungen (Lkr. Rhön-Grabfeld), *Hauptstraße 8*. Der beabsichtigte Vorbau einer Laube mußte abgelehnt werden. Qz

–, *Hauptstraße 21*. Ein Teilabbruch der Stallzone wurde wegen des schlechten Bauzustands zugestanden. Qz

Herbstadt (Lkr. Rhön-Grabfeld), *Haus Nr. 2*, Zuschuß zur Generalinstandsetzung der alten Schule. Qz

–, *Hauptstraße 23*, Begutachtung von Änderungen im Hofgefüge um das Einzeldenkmal. Qz

Herschfeld, Stadt Bad Neustadt (Lkr. Rhön-Grabfeld), *Falltorstraße 9*, Gutachten zur Instandsetzung des Wohnhauses, eines Halbwalmdachbaus von 1800. Qz

Hetzlos (Lkr. Bad Kissingen), *Kath. Kirche*. Das Kirchlein erfuhr eine umfassende Gesamtrenovierung, in die auf Drängen des Landesamtes auch die Gestaltung des Vorplatzes mit einbezogen worden ist. Prunkstück des schlichten Innenraums ist der furnierte Hochaltar aus der Pfarrkirche in Kahl, der eine gelungene Konservierung und Auffrischung der Oberflächen erfahren hat. Fa

Heustreu (Lkr. Rhön-Grabfeld), *Kreuzweg* auf dem Michaelsberg (Abb. S. 312). Die beeindruckende barocke Kreuzweganlage erfuhr

311

dessen wurden einstweilige Sicherungs- und Abstützungsmaßnahmen angeordnet und vollzogen. Im Zuge der anlaufenden Dorferneuerung wird ein neues Konzept vorgelegt. Ka

–, *Haus Nr. 18*, ehem. Ebracher Schultheissenhof. In Abstimmung mit dem Steinrestaurator des Landesamtes wurde ein Sanierungskonzept für die qualitätvolle, aus dem Jahre 1774 stammende Hoftoranlage gestellt. Bo

–, *Haus Nr. 96 (Abb. S. 314)*. Bürgerhaus in zentraler Lage, erbaut um 1610 (dendrochronologische Datierung), mit z.T. gut erhaltener Ausstattung der Bauzeit. Abschluß der konstruktiven Reparaturen und Durchführung der Ausbauarbeiten. Hervorzuheben sind die schreinermäßige Restaurierung der Fenster und Türen sowie der originalen Vertäfelung. Mit Einverständnis des Eigentümers konnte in einigen Räumen das ursprüngliche Erscheinungsbild wiederhergestellt werden: gelbe Sichtfachwerkfassung mit schwarzen Begleitern, Holzteile in rötlichem Dunkelbraun; Außenfassade: rotes Sichtfachwerk mit grauen Begleitern, Putzfelder in rötlichem Beige. Ergänzungen und moderne Anbauten fügen sich gut in das Gesamtbild ein. Eingehende Dokumentation der Instandsetzungsarbeiten. dt

Huflar, Stadt Fladungen (Lkr. Rhön-Grabfeld), *Altes Schloß*, Vorbesprechungen zur Instandsetzung des massiven Steinbaus von 1597/99, der im Besitz von zwei Familien ist. Vielleicht ergibt die neue Situation an der bisher undurchdringlichen Zonengrenze in Sichtweite des Objekts auch hier Zukunftschancen. Eine Notdeckung eines Gebäudeteils vor Einbruch des Schlechtwetterperiode wurde gefordert, Grundlagen einer Projekterstellung angeregt. Qu

Hundsbach (Lkr. Main-Spessart), *Hundsbacher Straße 22*. Einer Bauvoranfrage zum Abriß der 1695 (Kellereingang) und 1847 (Scheunentor) datierten Scheune wurden Bedenken entgegengestellt, da es sich um ein insbesondere städtebaulich wichtiges Objekt handelt; einer Umnutzung konnte zugestimmt werden. Bo

Iphofen (Lkr. Kitzingen), *Kath. Stadtpfarrkirche St. Veit*. Die umfassenden Gesamtinstandsetzungsmaßnahmen an dieser bedeutenden spätgotischen Kirche wurden fortgesetzt, wobei im Berichtsjahr die umfänglichen Natursteinarbeiten am südlichen Außenbau fortgesetzt wurden. Ka

–, *Bahnhofstraße 12*. Die spätbarocke Hoftoranlage (des ehem. Zehntkellers) wurde nach Vorgaben des Landesamtes instandgesetzt. Bo

–, *Lange Gasse 9*, Zwischenbericht: Nach Abschluß der vorbereitenden Untersuchungen und Sicherstellung einer tragfähigen Finanzierung konnte das Baugenehmigungsverfahren für die Sanierung durchgeführt werden. Bo

Irmelshausen, Gde. Höchheim (Lkr. Rhön-Grabfeld), *Schloß 1 und 2, Altes Schloß*, Fassadeninstandsetzung der Hofseite der Scheune. Qz

Johanneshof (Lkr. Rhön-Grabfeld), *Kapelle*. Seit Jahren bemüht sich das Landesamt um eine Sanierung der zum sog. Johanneshof gehörenden gotischen Kapelle. Nachdem ein neues Dach den Innenraum vor weiteren Feuchtigkeitsschäden bewahrt, sollte 1989 mit der Sicherung der historischen Putze und Malereien begonnen werden. Bei einem Ortstermin stellte sich heraus, daß die vom Architekt beauftragten Firmen nicht in der Lage waren mit der schwierigen Konservierungsaufgabe umzugehen. Aufstehende Farbschichten waren mit Stahlbürsten «niedergelegt» worden. Inzwischen ist ein erfahrener Restaurator mit den notwendigen Maßnahmen betraut worden. Fa

Junkersdorf/Königsberg (Lkr. Haßberge), Evang.-Luth. Kirche. In der gotischen Kirche, in deren Chorraum 1904 bedeutende Fresken freigelegt worden waren, war wegen starker Verschmutzung der Raumschale eine Neutünchung des Langhauses nötig. Dabei erwei-

Heustreu; Lkr. Röhn-Grabfeld; barocke Kreuzwegstation auf dem Michaelsberg, nach Festigung 1989

Lindelbach, Markt Randersacker, Lkr. Würzburg; hölzerner Derrick-Clan in aufgelassenem Steinbruch

terten Befunduntersuchungen die Kenntnis der freskalen Bemalung auf der Chorbogenwand, die anschaulicher als bisher zusammengefaßt wurden. Die zweigeschossige Emporenanlage, die man bei der letzten Renovierung abgelaugt hatte, erhielt eine neue Maserierung. Da der ausgetretene Sandsteinboden ebenfalls konserviert worden ist, blieb das beeindruckend archaische Erscheinungsbild der Kirche erhalten. Fa

Junkershausen (Lkr. Rhön-Grabfeld), *Dorfstraße 11*. Denkmalpflegerische Belange bei der Außenrenovierung beschränkten sich auf Beseitigung der Ergebnisse einer letzten Maßnahme von 1978. Qz

Kaisten (Lkr. Schweinfurt), *Kath. Kirche*. Bei der notwendig gewordenen Außenrenovierung mußten im wesentlichen die kunststoffhaltigen Steinersatzmassen der letzten Renovierung entfernt werden. Fa

Karbach (Lkr. Main-Spessart), *An der Leite 3*. Bereits vor dem Berichtszeitraum wurden Voruntersuchungen für die Sanierung des 1698 bezeichneten Bauernhofs durchgeführt. Obwohl in jüngster Vergangenheit bereits eine sehr unsachgemäße Modernisierung stattgefunden hat, verfügt das Anwesen noch über einen qualitätsvollen und überraschend umfangreichen Ausstattungsbestand. Die Sanierungsplanung wurde mit dem Landesamt abgestimmt; mit den Arbeiten wurde begonnen. Bo

–, *Hauptstraße 62/62 a*. Das eingeschossige Fachwerkhaus aus dem 17. Jh., dessen Teilung als nicht ursprünglich zu vermuten ist, soll einer umfassenden Sanierung unterzogen werden. Im Einvernehmen mit der Flurbereinigungsdirektion Würzburg, die das Dorferneuerungsverfahren durchführt, soll eine für Karbach beispielhafte Voruntersuchung und Sanierungsvorbereitung durchgeführt werden. Bo

Karlstadt (Lkr. Main-Spessart), *Stadtbefestigung, Oberes Tor* (sog. Katzenturm). Die Stadt beabsichtigt die Außeninstandsetzung des aus der 1. Hälfte des 15. Jhs. stammenden Torturms. In Vorbereitung dieser Maßnahme wurde eine restauratorische Befunduntersuchung gefordert. Bo

–, *Gerbergasse 6*. Dem Wunsch nach der teilweisen Erneuerung des schmalen dreigeschossigen Giebelhauses wurde stattgegeben. Unter der Auflage einer Bestandsdokumentation und einer Abstimmung der Planung können die beiden Obergeschosse, deren Raumhöhe zum Teil unter 1,70 m liegt und deren Ausstattungen bereits komplett erneuert wurden, abgetragen und mit größeren Geschoßhöhen, aber in der ursprünglichen Form neu errichtet werden. Bo

–, *Hauptstraße 42*. In Vorbereitung des 2. Bauabschnitts der Gesamtinstandsetzung, der u. a. auch den spätromanischen Wohnturm umfassen wird, wurden gemeinsam mit dem Referat Bauforschung die dafür notwendigen Voruntersuchungen definiert. Zu ersten Vorplanungen des Landbauamtes für diesen Bauabschnitt wurde Stellung genommen. Bo

–, *Hauptstraße 51*. Bereits vor dem Berichtszeitraum wurde mit der Erstellung vorbereitender Untersuchungen für das stattliche dreigeschossige Wohnhaus begonnen. Auf ihren Ergebnissen basierend wurde in Abstimmung mit dem Landesamt das Sanierungskonzept entwickelt. Inzwischen konnte nach der Erteilung der Baugenehmigung mit den Arbeiten begonnen werden. Bo

–, *Hauptstraße 53*, Zwischenbericht: Auf Grundlage der durch das Landesamt definierten Vorgaben wurde mit den vorbereitenden Untersuchungen begonnen. Parallel entstanden erste Studien zur Sanierung. Bo

–, *Kellereigasse 7 und 9* (Abb. S. 315). Im Zuge der Altstadtsanierung wurde im Auftrag der Stadt und in Abstimmung mit dem Landesamt mit der Erarbeitung der für die Sanierung notwendigen Voruntersuchungen begonnen. Bo

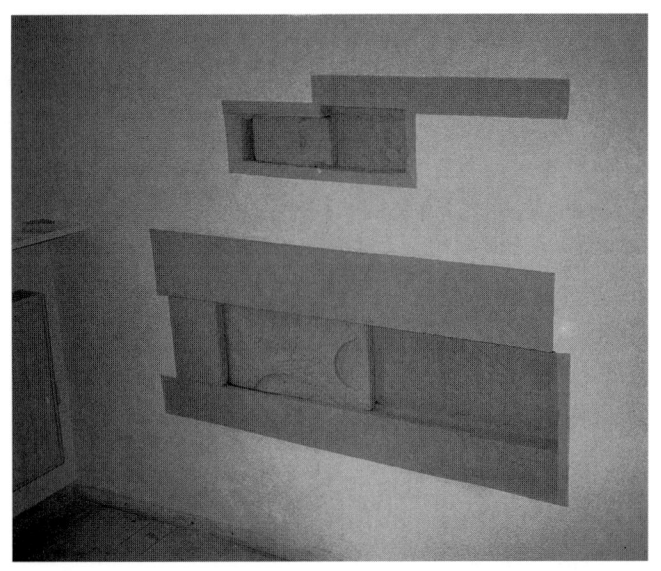

Hüttenheim i. Bay., Gde. Willanzheim, Lkr. Kitzingen; Haus Nr. 96; historischer Backofen

–, *Langgasse 18*, Zwischenbericht: Nach weitgehendem Abschluß der Restaurierungsarbeiten in der reichgefaßten Erdgeschoßhalle traten verstärkt Schäden infolge von Versalzungen auf. Gemeinsam mit den Amtswerkstätten wurden Maßnahmen zur Schadensbehebung festgelegt. Bo

–, *Neue Bahnhofstraße 7*. Die Sanierung des zweigeschossigen Wohnhauses aus dem 18. Jh. ist beabsichtigt. Nach einer Ortseinsicht wurden die hierfür notwendigen Voruntersuchungen festgelegt. Bo

–, *Schrannenstraße 9*. Auf Grundlage umfangreicher Voruntersuchungen wurde durch die Stadt eine Planung zur Sanierung des bereits früher zum Wohnhaus umgebauten Befestigungsturms der äußeren Stadtmauer erstellt. Mit Einverständnis des Landesamts wurde mit den Arbeiten begonnen. Bo

–, *Untere Spitalgasse 21*. In Vorbereitung einer im Rahmen der Altstadtsanierung vorgesehenen Instandsetzung des am Torbogen 1573 bezeichneten ehem. Ackerbürgerhauses fand eine Ortseinsicht statt; die notwendigen Voruntersuchungen wurden festgelegt. Bo

–, *Untere Viehmarktstraße 6*. Die Bestandsdokumentation erbrachte aufschlußreiche Erkenntnisse. So konnte das Fachwerkgefüge dendrochronologisch auf 1467 datiert werden. Aus dieser Zeit haben sich größere Teile der Konstruktion und einige Teile des Dachstuhls erhalten, außerdem eine Fensteröffnung. 1741 hat offensichtlich eine größere Veränderung stattgefunden, ebenso 1895. Die Erdgeschoßaußenwände bestanden von Anfang an aus Bruchsteinmauerwerk. Nachgewiesen wurde auch die Grundrißeinteilung des dreizonigen Baus, d.h. die Lage der Küche, der Stube und der Diele. Bei der Befunduntersuchung fanden sich Putze und Anstriche aus allen Phasen der Baugeschichte. Die erste Fachwerkfassung war Rot mit schwarzem Begleiter. Von der Ausstattung des 18. Jhs. war bemerkenswert ein farbig gefaßter ovaler Stuckrahmen mit Zunftzeichen und Jahreszahl 1763. Bei der Abtragung des Fachwerkoberbaus, die fortlaufend dokumentiert wurde, fand sich außerdem eine figürliche Wandmalerei (Kreuzigung Christi). Die Gesamtheit der Befunde erlaubte eine weitgehende Rekonstruktion von Gefüge und Ausstattung. Bauteile und Befundstücke, die sorgfältig und in großem Umfang geborgen wurden, wurden dem städtischen Museum überlassen. dt

Kirchheim (Lkr. Würzburg), *Gartenstraße 4*, Zwischenbericht: Die Sanierung der großen Hauptscheune konnte weitgehend abgeschlossen werden. Die vorbereitenden Untersuchungen und die Projektarbeitung für das Hauptgebäude des bäuerlichen Anwesens wurden fortgesetzt. Bo

Kitzingen (Lkr. Kitzingen), *Herrenstraße 16*. Das verputzte und wohl aus dem 18. Jh. stammende Giebelhaus soll zunächst einer Außensanierung unterzogen werden. Eine Beratung wurde durchgeführt. Bo

–, *Herrenstraße 18*, Zwischenbericht: Nach Vorlage der zwischenzeitlich abgeschlossenen Voruntersuchungen, erster Sanierungsvorstellungen und Kostenschätzungen wurde versucht, in eingehenden Gesprächen mit den Eigentümern des bedeutenden Denkmals einen tragfähigen Finanzierungsplan aufzustellen. Eine positive Entscheidung für eine fachgerechte Sanierung steht noch aus. Bo

–, *Kaiserstraße 4*, Baumaßnahme des Landratsamtes, anläßlich derer der neuzeitliche Verputz des Fachwerkobergeschosses ausgewechselt wurde. Dem Wunsch nach Fachwerksichtigkeit konnte aufgrund der barocken Überformungen und Veränderungen zum Putzbau nicht zugestimmt werden. Farbgestaltung und Maßnahmen im Gebäudeinneren wurden abgestimmt. Bo

–, *Ritterstraße 8*. Das in weiten Teilen unveränderte klassizistische Traufseithaus mit mittlerer Toreinfahrt sollte einschneidend verändert werden. Eine entsprechende Bauvoranfrage wurde aufgrund der durch das Landesamt geäußerten schweren Bedenken abschlägig beschieden. Aufgrund geforderter restauratorischer Befunduntersuchungen soll geklärt werden, in welchen Bereichen für eine geplante Erdgeschoßumnutzung Veränderungen möglich sind. Bo

–, *Rosenstraße 28*. Anläßlich der Erneuerung des aus jüngster Zeit stammenden Außenputzes des stattlichen Satteldachhauses wurde eine historische Farbfassung nach Bildvorlagen rekonstruiert. Bo

–, *Schrannenstraße 1*, Zwischenbericht: Nachdem auf Grundlage der umfangreichen Voruntersuchungen ein Sanierungsprojekt erstellt und mit dem Landesamt abgestimmt wurde, konnte mit der Baumaßnahme begonnen werden. Bo

Kleinheubach (Lkr. Miltenberg), *Schloß*. Durch die Deutsche Bundespost, die seit der Nachkriegszeit weite Teile des 1723–32 von Louis Remy de la Fosse und Johann Dientzenhofer erbauten und überregional bedeutenden Schlosses gepachtet hat und als zentrale Weiterbildungsstätte nutzt, wurde bereits vor dem Berichtszeitraum eine umfangreiche Baumaßnahme geplant und zum Teil auch ohne Abstimmung mit dem Landesamt begonnen. Nachdem sich im nachhinein vorgelegte Befunduntersuchungen als unzulänglich erwiesen und das Landratsamt eine Baueinstellung verfügte, wurde nunmehr einvernehmlich versucht, einen denkmalgerechten Verfahrensweg einzuschlagen. Auf Veranlassung des Landesamtes wurden erneut Voruntersuchungen in Auftrag gegeben und mindestens monatlich Baukommissionssitzungen durchgeführt. Im Verlauf des Berichtsjahrs konnte so nicht nur eine umfassende Bestandsaufnahme durchgeführt, sondern auch eine Planung erarbeitet werden, die sich rücksichtsvoll in den wertvollen historischen Bestand einfügt. Wichtige Entscheidungen wurden auch in Punkten getroffen, die zuvor, als Bauunterhaltsmaßnahmen deklariert, ohne Einschaltung der Fachbehörde durchgeführt werden sollten. So war beispielsweise ein kompletter Austausch des Fensterbestands beabsichtigt. Nachdem durch gutachterliche Stellungnahmen nachgewiesen worden war, daß es sich nahezu ausnahmslos um den bauzeitlichen und nur verschiedentlich modernisierten Bestand mit vielen erhaltenen Originalverglasungen handelt, ist nun die Entscheidung zugunsten der Reparatur gefallen.
In enger Abstimmung mit dem Landesamt wurde in Teilbereichen bereits mit Baumaßnahmen, insbesondere solchen zur konstruktiven Sicherung begonnen. Parallel wurden erste Anstrengungen unternommen, die in der Baulast des Eigentümers befindlichen Festräume und Schloßfassaden ebenfalls zu restaurieren. Bo

–, *Baugasse 15*. Zur grundsätzlichen Abklärung von Sanierungsmöglichkeiten wurde in dem aus dem 17. Jh. stammenden Fachwerkhaus eine Ortseinsicht durchgeführt. Da die Eigentumsfrage des wohl ursprünglich in jüdischem Besitz befindlichen, horizontal geteilten Doppelwohnhauses noch ungeklärt ist, wurde die Gemeinde gebeten, in Amtshilfe erste Voruntersuchungen in Auftrag zu geben. Bo

Kleinmünster (Lkr. Haßberge), *Kath. Kirche.* Nach vielen Ortsterminen konnte die Neutünchung des historischen Kirchleins abgeschlossen werden. Fa

Klingenberg (Lkr. Miltenberg), *Burgruine.* Anläßlich von Seiten der Stadt bestehender Ausbauwünsche für den Bereich des Palas fand eine Ortseinsicht statt. Aufgrund umfangreicher Schadensbilder wurde allerdings vom Landesamt zunächst dringend geraten, auf Grundlage einer Schadenserfassung einen Maßnahmeplan zur konstruktiven Sanierung der bedeutenden Burgruine zu erstellen. Bo

–, *Kirchstraße 6, Rentamt,* Zwischenbericht: Im Berichtszeitraum konnten die geforderten Voruntersuchungen erstellt und mit den Instandsetzungsarbeiten begonnen werden. Bo

Königsberg (Lkr. Haßberge), *Stadtsanierung.* Eine Sitzung mit den Behörden stand unter dem Motto des Bürgermeisters: Wie geht es mit der Stadtsanierung weiter? Das Landesamt stellte weitere Zuschüsse zur Verfügung und ein Altstadtbeirat wurde ins Leben gerufen. Eine städtebauliche Feinuntersuchung für den Baublock *Marienstraße/Braugasse/Mauergasse/Eduard-Lingel-Straße* wird gefordert und soll anteilig bezuschußt werden. Qz

–, Reparaturen an Fassaden: *Braugasse 7* (Nebengebäude), *Kirchgasse 1* (Westfassade) Qz

–, *Braugasse 1,* ein den Baukörper erhaltender Wiederaufbau der zusammengefallenen Scheune zur Mauergasse mit erheblichen Zuschüssen aus der Städtebauförderung der Regierung von Unterfranken und auch aus Mitteln des Landesamtes. Qz

–, *Braugasse 3,* Zuschuß zur Instandsetzung der Scheune zur Mauergasse. Qz

–, *Braugasse 11,* Umbau. Qz

–, *Eduard-Lingel-Straße 14,* Zuschuß zur Dachdeckung. Qz

–, *Marienstraße 9,* Erneuerung der Dacheindeckung des Stallgebäudes. Qz

–, *Marienstraße 26,* Beratung der weiteren Innensanierung. Qz

–, *Pfaffengasse 9,* Balkonerneuerung. Qz

–, *Salzmarkt 12/14* («Exulantenhaus»). Der seit der Jahrhundertwende zerteilte Besitz konnte wieder in einer Hand vereinigt werden. Ein behutsames Architektenobjekt, das sich an Bestandsaufmaßen orientierte, wurde zur Ausführung begutachtet. Qz

–, *Schloßsteige 3,* «Schreibersches Haus» von 1714, Begutachtung wegen des Einbaus zweier Wohnungen in das ehem. Amtshaus. Während im Obergeschoß die alte Wohnung wiederhergestellt wird, werden nun zuerst die durch spätere Nutzungen bedingten Eingriffe beseitigt (1826 Kammeramt der bis 1920 sächsischen Exklave Königsberg, 1890 Amtsgericht, zuletzt Kindergarten). Qz

–, *Schloßsteige, Burgruine,* Antrag zum Bau einer neuen Ringmauer am feldseitigen Kopf der heutigen Zugangsbrücke (historische Grundlagen in allen Details fraglich). Qz

–, *Stadelgasse 9,* Erneuerung der Einfriedung. Qz

–, *Steinweg 10* (Martinshaus), Außensanierung der Scheune. Qz

–, *Wilhelmstraße 3,* Neueindeckung der Scheune. Qz

Köslau, Stadt Königsberg (Lkr. Haßberge), *Haus Nr. 4,* Zuschuß zum 2. Bauabschnitt der Fassadeninstandsetzung. Qz

Kreuzwertheim (Lkr. Main-Spessart), *Evang.-Luth. Pfarrkirche.* Die im Kern noch romanische, im übrigen spätgotisch geprägte Kirche aus der Mitte des 15. Jhs. wurde außen umfassend instandgesetzt. Neben verschiedenen Maßnahmen des Bauunterhalts ist die

Karlstadt, Lkr. Main-Spessart; Kellereigasse 7 u. 9, vor der Instandsetzung

Karlstadt, Lkr. Main-Spessart; Untere Viehmarktstraße 6; Isometrie des Fachwerkaufbaus von 1467 (Büro Haase & Wiener, Karlstadt)

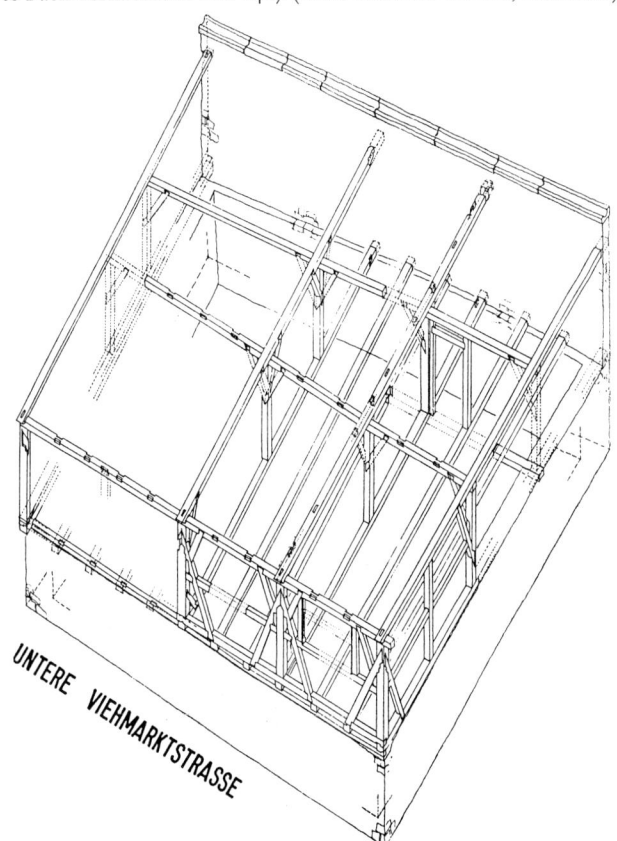

Lindelbach, Markt Randersacker, Lkr. Würzburg; hölzerner Derrick-Kran in aufgelassenem Steinbruch

Neufassung des Äußeren von Interesse, die durch ihre scharf-rote Werksteinfarbigkeit besticht. Ka

Krum, Stadt Zeil (Lkr. Haßberge), *Haus Nr. 146*, ehem. Schule, um 1830, Ablehnung eines Abbruch-Beschlusses. Qz

Laub, Stadt Prichsenstadt (Lkr. Kitzingen), *Kath. Filialkirche St. Nikolaus*. Nach Abschluß der Außeninstandsetzung konnte in einem zweiten Bauabschnitt eine Innenrenovierung durchgeführt werden. Der Innenraum dieses 1590 errichteten, um 1905 nach Westen verlängerten Saalbaus erhielt eine Neufassung nach Befund, während die Fassung der Ausstattung überwiegend noch repariert werden konnte. Ka

Lendershausen, Stadt Hofheim (Lkr. Haßberge), *Haus Nr. 54*, Zuschuß zur Instandsetzung des Straßengiebels des Nebengebäudes. Qz

–, *Haus Nr. 59*, Zuschuß zur Fassadenrenovierung. Qz

–, *Hessenmühle*, Beratung des Umbaus der ehem. Wagenremise. Qz

Lengfurt, Markt Triefenstein (Lkr. Main-Spessart), *Friedrich-Ebert-Straße 53*. Nach langjährigen Vorbesprechungen und zwischenzeitlich durchgeführten Voruntersuchungen für die Sanierung des wohl aus dem 17. Jh. stammenden Wohngebäudes wurde nunmehr die Baueingabeplanung erstellt und fand trotz einiger bedenklicher Eingriffe im Erdgeschoß auch die Zustimmung des Landesamtes. Noch keine endgültige Entscheidung konnte über die Behandlung des Äußeren getroffen werden. Einer von der Bauherrschaft gewünschten Fachwerkfreilegung stehen die prägenden barocken Überformungen entgegen. Bo

Lindelbach, Markt Randersacker (Lkr. Würzburg), *Lindelbachstraße 2*. Im Vorfeld der geplanten Gesamtsanierung des 1865 errichteten Traufseithauses fand anläßlich einer Ortseinsicht eine eingehende Beratung statt. Bo

–, *Derrick-Kran*. Der komplett erhaltene hölzerne Kran, in einem aufgelassenen Steinbruch erhalten geblieben, wurde auf Initiative der Marktgemeinde instandgesetzt. Bo

Lohr (Lkr. Main-Spessart), *Nördliche Altstadt*. Im Zuge der Altstadtsanierung wurde für diesen Altortbereich ein Bebauungsplan erarbeitet. Mit Ausnahme der vorgesehenen neuen Stadtmauerdurchbrüche, gegen die schwere Bedenken erhoben wurden, fanden die übrigen Planungsziele für diesen Bereich des Ensembles die fachliche Zustimmung des Landesamtes. Bo

–, *Mittlere Schloßgasse 9*. Obwohl bereits in den vorhergegangenen Jahren nachdrücklich vor einem weiter voranschreitenden Substanzaustausch im Ensemble gewarnt worden war, stimmte das Landesamt in diesem Fall angesichts der stark geschädigten Substanz und sehr geringer Raumhöhen dem Abriß des Wohnhauses unter der Auflage zu, daß an gleicher Stelle ein in seiner Grundform ähnlicher Neubau auf dem städtebaulich wichtigen Standort errichtet wird. Bo

–, *Schloßplatz 2*, Forstamtsgebäude. Im Vorfeld eines geplanten Umbaus fanden eingehende Beratungen statt. Aufgrund der Einwände des Landesamtes wurde auf einen Ausbau der bedeutenden Dachkonstruktion verzichtet. Bo

–, *Turmstraße 1*. Nach Eigentümerwechsel wurde das Landesamt um Beratung bei den Sanierungsvorbereitungen des stattlichen dreigeschossigen Sichtfachwerkhauses aus dem Jahre 1590 gebeten. Es fanden mehrere Ortseinsichten statt, anläßlich derer die Voruntersuchungen festgelegt und begleitet wurden. Auf ihrer Grundlage entstand ein abgestimmtes Sanierungskonzept, nach dem bereits mit den ersten Notsicherungsmaßnahmen begonnen wurde. Bo

Maibach, Gde. Poppenhausen (Lkr. Schweinfurt), *Dorfstraße 11, Altes Rathaus*. Das wohl auf das 17. Jh. zurückgehende Fachwerkhaus im Bereich der ehem. Gaden neben der Kirche war auf Anregung der Kreisheimatpflegerin in die Denkmalliste nachzutragen. Qz

Mainbernheim (Lkr. Kitzingen), *Mühlenweg 18*. In Vorbereitung der geplanten Gesamtsanierung der Kellermühle, eines freistehenden großen Mühlenanwesens im Werbachtal, dessen Erbauungszeit nach Inschriften mindestens in das Jahr 1612 zurückreicht, fand eine erste Ortseinsicht statt, anläßlich derer die notwendigen Voruntersuchungen festgelegt wurden. Bo

–, *Oberer Turm* der Stadtbefestigung (sog. Weidenturm). Die Instandsetzung und Umnutzung zur Galerie ist vorgesehen. Anläßlich einer Ortseinsicht fand eine erste Beratung statt. Bo

Mainsondheim (Lkr. Kitzingen), *Kath. Pfarrkirche Beatae Mariae*

Virginis Dolorosae. Die Kirche ist ein gedrungen wirkender Bau aus spätgotischer Zeit mit Chorturm des 15. Jhs. und flachgedecktem Langhaus von 1583, im 18. Jh. umfassend barockisiert. Der trotz aller Veränderungen (zuletzt 1970) noch reich ausgestattete Bau mit spätgotischer Kanzel und barocken Altären erfuhr eine behutsame Innenrestaurierung mit interpretierender Neufassung der Raumschale in Anlehnung an den Befund des 18. Jhs. Die Ausstattung bedurfte überwiegend lediglich einer Reinigung. Ka

Marktbreit (Lkr. Kitzingen), *Mainstraße 38*. Nach Absicht des Eigentümers sollte das eingeschossige Traufseithaus, das wohl zum Erstbestand der auch unter Ensembleschutz stehenden nachmittelalterlichen Stadterweiterung parallel zum Main gehört, abgerissen werden. Ein diesbezüglicher Bauantrag wurde aufgrund der durch das Landesamt geäußerten Bedenken durch die Genehmigungsbehörde abgelehnt. Es wurden Wege zur Sanierung aufgezeigt. Bo

–, *Schloßplatz 3, Schloß*. Das in städtischem Besitz befindliche ehem. Seinsheimsche Schloß, im wesentlichen aus der Zeit um 1580, soll anläßlich einer geplanten Umnutzung umfassend saniert werden. Nach einer Ortseinsicht wurde im Einvernehmen mit der Stadt die hierfür unerläßlichen Voruntersuchungen definiert. Bo

–, *Schulgasse 11*. Für die Gesamtsanierung des stattlichen, 1808 umgebauten Giebelhauses wurden erste Vorentwürfe vorgelegt. Aufgrund geplanter und in dieser Form nicht akzeptabler Veränderungen wurde nochmals auf die bereits vor dem Berichtszeitraum geforderten Voruntersuchungen verwiesen. Bo

Markt Einersheim (Lkr. Kitzingen), *Schockengasse 3*. Infolge angenommener Nichtsanierbarkeit beantragte der Eigentümer des wohl aus dem 18. Jh. stammenden Traufseithauses den Abriß des Denkmals. Eine durchgeführte Ortseinsicht zeigte, daß sich das Haus mit Ausnahme des später veränderten Dachgeschosses in einem guten Zustand befindet und über eine Vielzahl historisch relevanter Ausstattungen verfügt. Im Einvernehmen mit dem Eigentümer wurden die für ein Sanierungskonzept notwendigen Voruntersuchungen festgelegt. Bo

Marktheidenfeld (Lkr. Main-Spessart), *Untertorstraße 6*, Flaschhaus, Zwischenbericht: Die Voruntersuchungen für die denkmalgerechte Instandsetzung des reich ausgestatteten Bürgerhauses wurden fortgesetzt. Bo

Marktsteft (Lkr. Kitzingen), *Strumpfwirkergasse 6*. Ein Umbau des zu einer einheitlichen Reihe zweigeschossiger Doppelhäuser aus der Mitte des 18. Jhs. gehörenden Denkmals mußte in der vorgelegten Form abgelehnt werden, da durch die beabsichtigte Maßnahmen eine beträchtliche Störung der einheitlichen Handwerkshäuser stattfinden würde. Bo

Maroldsweisach (Lkr. Haßberge), *Kellerweg* (sog. «Kellerburg»). Der Neubau eines Wohnhauses anstelle eines völlig eingestürzten Fachwerkaufbaus schützt die große Kelleranlage darunter. Qz

Mellrichstadt (Lkr. Rhön-Grabfeld), Abbrüche im Ensemble: *Bauerngasse 28* (Scheune, Halle und Stallungen), *Hauptstraße 21* (Scheune und Nebengebäude) und *71* (Nebengebäude innerhalb der Stadtmauer), *Langgasse* (Fl. 377 u. 378, alte «Bullenscheune»), *Langgasse 69* (Garagenneubau anstelle einer Scheune auf der Stadtmauer), *Linsenbrunnenplatz 9* (Nebengebäude), *Untere Torgasse 10* (Wohnhaus und Nebengebäude). Qz

–, *Hauptstraße 5*, Umbau des Spitals durch die Stadt zu einer Gemäldegalerie. Qz

–, *Marktplatz*, Begutachtung der Neugestaltung. Qz

Merkershausen, Stadt Bad Königshofen (Lkr. Rhön-Grabfeld), *Haus Nr. 3, Alte Schule*, Forderung nach Sanierung des Objekts angesichts einer erneuten Abbruchanfrage der Stadt. Qz

Michelau (Lkr. Schweinfurt), *Kath. Kirche*. Nachdem die Rekonstruktion der bauzeitlichen Raumschale durch eine Erweiterung des Befundberichts und die naturwissenschaftliche Analyse der verwendeten Pigmente erfolgreich durchgeführt worden war, begann die Restaurierung der Altäre. Auch hier war eine Vertiefung der Befunde notwendig, bevor über einen Maßnahmenkatalog entschieden werden konnte. Da die letzte Fassung abgenommen werden mußte, entschied man sich für die Freilegung der z. T. sehr gut erhaltenen Originalfassung. Auffällig dabei ist, wie der barocke Faßmaler durch die verschiedenen Zeichnungen seiner Marmorierung die Altararchitektur plastisch zu steigern verstand und keineswegs alle Flächen mit einer einheitlichen Oberfläche versah. Fa

Michelbach, Stadt Alzenau (Lkr. Aschaffenburg), *Bogenstraße 2*. Das für den Spessartbereich typische zweigeschossige Fachwerkhaus aus dem 18. Jh. soll instandgesetzt werden. Bo

Miltenberg (Lkr. Miltenberg), *Burg*. Auch im Berichtsjahr verzögerte sich der Beginn konkreter Sanierungsmaßnahmen. Allerdings muß die Schwierigkeit der zu lösenden statischen und funktionalen Probleme in Rechnung gestellt werden. Auch ist hervorzuheben, daß sowohl die vorbereitenden Untersuchungen wie auch die Planung sehr sorgfältig durchgeführt wurden. So gelang es durch Grabungen in verschiedenen Bereichen, vor allem im Kemenatenbau, mehrere Bauphasen der Burg bis ins 12. Jh. zu belegen. Nachdem die baulichen Probleme grundsätzlich lösbar schienen, wurden mehrere Nutzungsvarianten entwickelt, von denen drei dem Bayerischen Nationalmuseum vorgestellt wurden. Unter Berücksichtigung der Kostensituation entschied sich der Stadtrat dann gegen Ende des Jahres für die Konzeption, die die Restaurierung des Palas und die Beibehaltung des äußeren Erscheinungsbilds insgesamt vorsieht, jedoch von einer Erneuerung der jüngeren Kemenatenteile im Innern ausgeht. Parallel dazu dauerten die Arbeiten zur archivalischen Erforschung der Geschichte der Miltenburg an. dt

–, *Ensemble Altstadt*. Das Landesamt für Denkmalpflege nahm zum Bebauungsplan des 1. Sanierungsabschnitts, dem Bereich um die ehem. Domkellerei, Stellung. An einem hierfür auszuschreibenden Wettbewerb ist das Landesamt gutachterlich zu beteiligen. Bo

–, *Hauptstraße 6*. Nach Vorstellung des Eigentümers sollte das Wohnhaus aus der Zeit um 1800 abgerissen und durch einen Neubau ersetzt werden. Da sich das Denkmal nicht nur in einem guten baulichen Zustand befindet, sondern auch über eine Vielzahl interessanter Ausstattungen aus Bau- und Umbauzeit verfügt, wurden gegen den Abbruch schwere Bedenken erhoben. Es soll nun ein Sanierungskonzept entwickelt werden. Bo

–, *Hauptstraße 34* (Abb. S. 319). Fertigstellung der Mainzer Amtskellerei von 1489. Gelungener Umbau für die Zwecke des örtlichen Volksbildungswerks. Erhaltung von wesentlichen konstruktiven Teilen der Bauzeit und Ausstattungselementen des 19. Jhs.. Aufgrund eingehender Voruntersuchungen war es möglich, die einzelnen Phasen der Baugeschichte zu rekonstruieren. Das äußere Erscheinungsbild entspricht der Redaktion des 19. Jhs. dt

–, *Hauptstraße 34, ehem. Mainzer Domkellerei*. Nach Fertigstellung der Außensanierung wurde verstärkt an der Innensanierung gearbeitet. Bo

–, *Hauptstraße 92*. Im Zuge von Renovierungsarbeiten im Inneren des 1706 errichteten Doppelhauses soll auch die Ablesbarkeit der Einzelfassaden beider Hausteile wieder hergestellt werden. Bo

–, *Hauptstraße 96*. Nachdem bereits anläßlich einer früheren Modernisierung eine weitgehende Entkernung des um 1550 errichteten Fachwerkhauses erfolgte, wurden einem neuerlichen Umbauantrag keine Bedenken entgegengestellt. Bo

–, *Hauptstraße 112*. Dem Substanzaustausch im Bereich eines hofseitigen Nebengebäudes wurde zugestimmt, abgelehnt dagegen eine vollständige Hofüberbauung. Bo

–, *Hauptstraße 154*. Einer Sanierung des 1. Obergeschosses in dem Fachwerkhaus aus dem Ende des 16. Jhs. wurde unter der Auflage zugestimmt, daß der bauzeitliche Grundriß erhalten wird und die interessanten originalen Ausstattungen, insbesondere die qualitätvolle Doppeltür, restauratorisch behandelt werden.   Bo

–, *Hauptstraße 171*, ehem. *Amtskellerei* (Heimatmuseum), Zwischenbericht: Nachdem nun ein komplettes Tragwerkgutachten vorliegt, fand die Abstimmung des Sanierungskonzeptes statt. Mit den Sicherungsarbeiten konnte begonnen werden.   Bo

–, *Hauptstraße 173*. Das unmittelbar an die ehem. Amtskellerei angrenzende schmale Fachwerkhaus soll künftig auch museal genutzt werden. In Vorbereitung einer notwendigen Sanierung wurden bereits erste Voruntersuchungen durchgeführt. Es hat sich gezeigt, daß nicht nur die wohl bauzeitlichen Grundrisse des im 16. Jh. entstandenen Wohnhauses erhalten blieben, sondern auch wichtige und nahezu komplette Farbfassungen des 16. und 17. Jhs.   Bo

–, *Hauptstraße 174*. Nachdem die bereits zwei Jahre zuvor begonnene Sanierung des kleinen Fachwerkhauses zwischenzeitlich aufgrund von Unstimmigkeiten eingestellt werden mußte, fand nunmehr eine neuerliche Abstimmung mit dem Landesamt statt; die Arbeiten konnten einvernehmlich fortgesetzt werden.   Bo

–, ehem. *Laurentius-Friedhof*. Dieser mainabwärts vor den Toren der Stadt gelegene Friedhof um die spätmittelalterliche Kapelle St. Laurentius ist um 1920 aufgelassen worden. Weithin bekannt durch seine idyllische Lage bemühen sich interessierte Kreise der Stadt seit Jahren um eine Erfassung des reichen Bestands an Grabsteinen des 16. bis frühen 20. Jhs.. Nachdem nun eine Kunsthistorikerin mit dieser Aufgabe betraut werden konnte, fanden verschiedene Abstimmungsgespräche statt, um hier zugleich auch eine Art Pflegeplan zu erarbeiten.   Ka

–, *Marktplatz*, *Marktbrunnen*. In Vorbereitung einer erwogenen Restaurierung des 1583 entstandenen Brunnens wurde durch den Steinrestaurator des Landesamtes ein Gutachten erstellt.   Bo

Mittelstreu (Lkr. Rhön-Grabfeld), *Hauptstraße 18*, Neubau eines Gästehauses anstelle verfallender Scheunen.   Qz

–, *Pfarrgasse 4*, Zuschuß zur Außenrenovierung.   Qz

Mönchberg (Lkr. Miltenberg), *Altes Rathaus*, Zwischenbericht: Nachdem das Sanierungskonzept auf Grundlage umfangreicher Vorbereitung und Abstimmung genehmigt wurde, konnte mit den Arbeiten begonnen werden.   Bo

–, *Hauptstraße 21, 23, 25*. Von Seiten der Marktgemeinde besteht die Absicht, die am südwestlichen Ortseingang des Ensembles gelegene Baugruppe abzureißen und durch eine Neubebauung zu ersetzen. Eine Ortseinsicht ließ erkennen, daß es sich bei dem dominierenden Bau dieser Gruppe – Nr. 23, ehem. Gasthof «Zum grünen Baum» – um ein zwar verwahrlostes, aber durchaus denkmalwürdiges Anwesen handelt. Eine Überprüfung der Denkmaleigenschaft soll erfolgen, die Sanierung ist auf jeden Fall anzustreben.   Bo

Monbrunn (Lkr. Miltenberg), *Kapelle* beim *Haus Nr. 1*. Gefördert wurde die Fenstererneuerung der im Privatbesitz befindlichen Monbrunner Kapelle von 1916, ein neuromanisches Feldkapellchen in weitgehend originalem Erhaltungszustand.   Ka

Mühlbach (Lkr. Rhön-Grabfeld), *Kath. Kirche*. Die neubarocke Klosterkirche bedurfte einer Erweiterung, um den Anforderungen an die gestiegenen Besucherzahlen genügen zu können. Die Planung sah den Anbau konchenartiger Seitenschiffe vor, die eine Beibehaltung des Langhauses in seiner ursprünglichen Architektur ermöglichen.   Fa

Mühlbach, Stadt Karlstadt (Lkr. Main-Spessart), *Martellerstraße 24*. Beraten wurde eine umfassende Gesamtinstandsetzung des Pfarrhofs aus dem 1. Viertel des 17. Jhs.   Ka

–, *Ruine Karlsburg*. Auf Grund gefahrdrohenden Zustands sind Sicherungsarbeiten an der aus dem 12./13. Jh. stammenden Ruine erforderlich. Eine Kopie der stark beschädigten gotischen Sandsteingewände wurde aus grundsätzlichen Erwägungen abgelehnt.   Bo

Münnerstadt (Lkr. Bad Kissingen), Fassadenänderungen im Ensemble: *Gymnasiumstraße 8*, *Veit-Stoß-Straße 16*.   Qz

–, Neubauten im Ensemble: *Bauerngasse 9* (Vordach) und *Bauerngasse 50*, *Riemenschneiderstraße 22/24* (Nebengebäude. Das Landesamt legte Wert auf Beibehaltung des zugeschütteten Mühlgrabens als freie Gasse im Stadtgrundriß), *Grube 23/25*.   Qz

–, *Marktplatz 7*, Stellungnahme des Landesamtes gegen einen vom Landratsamt aus Gründen der Sicherheit verlangten Abbruch von Nebengebäuden, da deren Erhaltungsmöglichkeiten überhaupt nicht untersucht worden waren.   Qz

–, *Marktplatz 15 und 16* (Doppelhaus), Zuschüsse zur gemeinsamen Fassadeninstandsetzung.   Qz

–, *Riemenschneiderstraße 13*. Befunde am Traufseithaus mit Toreinfahrt (von 1764) ergaben eine gemalte Putzquaderung. Wegen der starken Befahrung der Ortsdurchfahrt ist der Zustand der Oberflächen jedoch so schlecht, daß wohl allenfalls Teile gesichert werden können.   Qz

Münsterschwarzach, Markt Schwarzach (Lkr. Kitzingen), *Schwarzachbrücke*. Auf der Grundlage des abgestimmten Konzepts konnte die vom Straßenbauamt Würzburg durchgeführte Sanierung der um 1680 entstandenen Brücke abgeschlossen werden.   Bo

Nassach, Gde. Aidhausen (Lkr. Haßberge), *Haus Nr. 99*. Das Gutachten befürwortet eine Instandsetzung des einfachen Fachwerkhauses in der Ortsmitte neben mehreren Kahlschlägen der vergangenen Jahre. Das Vorhaben könnte für die anlaufende Dorfflurbereinigung vorbildlich werden.   Qz

Neustädtles, Gde. Nordheim v. d. Rh. (Lkr. Rhön-Grabfeld), *Schloß 1*. Beratung von Modernisierungsarbeiten, die leider vorerst liegenblieben.   Qz

Niederwerrn (Lkr. Schweinfurt), *Raiffeisenplatz 1*, Begutachtung der Fachwerkfreilegung, die jedoch nur im Obergeschoß erfolgen soll, da das Erdgeschoß mehrmals umgebaut wurde.   Qz

Nordheim vor der Rhön (Lkr. Rhön-Grabfeld), *Alex-Hösl-Straße 20*. Begutachtung des Neubaus des Gemeindezentrums mit Anbindung an das instandgesetzte Gelbe Schloß von 1578.   Qz

Obereßfeld (Lkr. Rhön-Grabfeld), *Hauptstraße 13*, Gutachten zur Sanierung des stattlichen Halbwalmdachhauses mit Fachwerk-Obergeschoß des 18. Jhs.   Qz

Oberhohenrieth, Stadt Haßfurt (Lkr. Haßberge), *Am Steingrund 3*, Besichtigung mit Gutachten zur Vorbereitung einer Gesamtinstandsetzung des etwa seit 100 Jahren unberührten Walmdach-Fachwerkhauses von 1715 (1775?), das die Stadt Haßfurt erwarb, um es zu einem Museum einzurichten.   Qz

Oberlauringen, Markt Stadtlauringen (Lkr. Schweinfurt), *Zum Schloß 4*, *Schloß*, Zuschuß zur Restaurierung der mit Wappenlöwen bekrönten, dreipfortigen Portalanlage.   Qz

Obernbreit (Lkr. Kitzingen), *Evang.-Luth. Pfarrkirche*, 1731/32 unter Mitarbeit des späteren markgräflich-ansbachischen Hofbaumeisters Johann David Steingruber in den typischen Formen der Zeit als flachgedeckter Saalbau zu fünf Fensterachsen errichtet, Spiegelgewölbe und zweiseitige Doppelempore. Die Innenrestaurierung konnte nun doch durchgeführt werden, wobei der Raum samt Emporenbrüstungen eine Neufassung nach Befund und in Anlehnung an andere Steingruber-Bauten erhielt.   Ka

–, *Schwarzenberger Straße 4*. Zwischenbericht: Die Erarbeitung einer Instandsetzungs- und Nutzungskonzeption wurde abgeschlossen, das Ergebnis durch die Regionalpresse auch der Öffent-

Miltenberg; Hauptstraße 34, ehem. Mainzer Domkellerei

lichkeit vorgestellt. Der Versuch, auf diese Weise auch einen sanierungswilligen neuen Eigentümer zu finden, brachte noch keinen Erfolg. Bo

Obernburg (Lkr. Miltenberg), *Römerstraße 17.* Im Zuge der geplanten Instandsetzung, deren Vorbereitung inzwischen abgeschlossen sind, mußte mit beginnender Arbeit der Außenputz entfernt werden. Der Sichtbarlassung des Fachwerkes wurde unter der Auflage zugestimmt, daß der erdgeschossige Bereich dem historischen Bestand anzugleichen ist. Bo

–, *Römerstraße 35.* Auf Grundlage angemessener Voruntersuchungen wurde das Sanierungskonzept für das aus dem 17. Jh. stammende Fachwerkhaus erstellt und gelangte zur Genehmigung. Bo

–, *Römerstraße 66, 68, 70.* Für die drei zusammenhängenden Bauten, von denen Nr. 68 und 70 als Einzeldenkmäler verzeichnet sind, für letzteres aber bereits eine Abbruchgenehmigung vorliegt, wurden in Abstimmung mit dem Landesamt Voruntersuchungen durchgeführt, deren Ergebnisse letztendlich zur Entscheidung über die weitere Vorgehensweise führen sollen. Bo

–, *Untere Gasse 24.* Der Baueingabeplan zur Sanierung des zweigeschossigen Giebelhauses aus dem 18. Jh., der auf der Grundlage eingehender Voruntersuchungen entstand, wurde genehmigt. Zu Beginn der Instandsetzungsarbeiten zeigten sich bis dahin in diesem Ausmaß nicht erkannte Schäden an der Fachwerkkonstruktion des Obergeschosses und den darüberliegenden Deckenbalken. Da eine Reparatur nur die Erhaltung eines Bruchteils der Originalsubstanz gebracht hätte, wurde der Erneuerung der betroffenen Bereiche zugestimmt. Bo

Oberschwappach, Gde. Knetzgau (Lkr. Haßberge), *Schloß,* Festlegung der Elektroinstallationen und weiterer Ausbauarbeiten. Qz

Oberstreu (Lkr. Rhön-Grabfeld), *Kirchstraße 1.* Der Abbruch eines Nebengebäudes in einem noch ungestörten Hof von etwa 1798 (bez. am Hofportal) konnte noch hingehalten werden, weil die Hoffnung bestand, eine Nutzung für die Anlage zu finden. Qz

Obertheres (Lkr. Haßberge), *Bundesstraße 23, Schloß Ditfurth* von 1858, Dachausbau und Dachsanierung. Qz

–, *Hauptstraße 2, Altes Rathaus,* Entfeuchtung und Fassadenrenovierung. Qz

Ochsenfurt (Lkr. Würzburg), *Badgasse 6.* Im Vorfeld einer geplanten Sanierung fand eine Ortseinsicht im traufseitigen Wohnhaus statt, das im Kern wohl aus dem 16. Jh. stammt, statt. Obwohl der Eigentümer zunächst nur die Wiedernutzbarmachung des Erdgeschosses plant, wurde ihm geraten, zunächst auf Grundlage von Voruntersuchung die statischkonstruktive Instandsetzung des gesamten Gebäudes durchzuführen. Bo

–, *Brückenstraße 14.* Dem Landesamt wurde ein Antrag auf Vorbescheid zum Abbruch der unmittelbar zum Denkmal gehörenden Nebengebäude zur Stellungnahme vorgelegt. An ihrer Stelle sollten nahezu flächendeckend neue Wohn- und Gewerbegebäude errichtet werden. Nach einer Ortseinsicht, die die große Bedeutung des wohl im 18. Jh. erbauten nördlichen Nebengebäudes und des gepflasterten Hofes erkennen ließ, wurde das Vorhaben in vorgelegter Form abgelehnt. Denkbar ist der Abriß des erst später errichteten südlichen Nebengebäudes und die Errichtung eines neuen Gebäudes auf dem Standort der schon vor Jahren abgerissenen hofabschließenden Scheune. Bo

–, *Hauptstraße 16.* Die Sanierung der östlichen Hälfte eines wohl durch Realteilung zum Doppelhaus gewordenen stattlichen Gebäudes, das im Kern wohl aus dem 15. Jh. stammt und über eine Vielzahl erhaltener Ausstattungen aus dem 17.–19. Jh. verfügt, ist vorgesehen. Eine erste vorgelegte Planung konnte nicht akzeptiert werden, da sie einen rücksichtslosen Umgang mit der wertvollen Substanz vorsah. In mehreren Gesprächen mit dem Eigentümer und dem von ihm beauftragten Architekten wurde erreicht, daß auf alle eingreifenden Veränderungen verzichtet wird und die Wiedernutzbarmachung sich weitgehend vor allem auf Reparaturmaßnahmen beschränkt. Bo

–, *Kolpingstraße 10.* Nachdem bereits 1986 eine Sanierung des im 16. Jh. errichteten und überdurchschnittlich qualitätvollen und gut erhaltenen Denkmals vorgesehen war, aber nicht zur Ausführung kam, wird diese nunmehr von den neuen Eigentümern wiederum beabsichtigt. Anläßlich einer Ortseinsicht wurden die hierfür notwendigen Voruntersuchungen festgelegt. Bo

–, *Untere Klingengasse 4.* Diese Hälfte des traufseitigen und wohl im Kern aus dem 16. Jh. stammenden Doppelhauses, das unter Einbeziehung von Teilen der Ring- und Zwingermauer der Stadtbefestigung entstand, soll saniert werden. Aufgrund der sehr geringen Raumhöhen des Obergeschosses wurde bereits anläßlich der ersten Ortseinsicht akzeptiert, daß unter Beibehaltung von Trauf- und Firsthöhe eine Anhebung der Decke erfolgen kann. Allerdings sind vor der Planung Voruntersuchungen noch weiterhin zu erstellen. Bo

–, *Zwinger 15.* Ein geplanter Garagenneubau im hier noch einzig unbebauten Zwinger zwischen Innerer Ringmauer und Zwingermauer mit daraus resultierender neuer Öffnung der stadtseitigen Mauer wurde unter Hinweis auf diese für Unterfranken singuläre Anlage und deren große Bedeutung abgelehnt. Bo

Ostheim, Stadt Hofheim (Lkr. Haßberge), *Haus Nr. 32,* ehem. Gasthof Wilder Mann. Festlegung von Details bei der wegen vieler, kleiner Finanzierungsabschnitte nur langsam fortschreitenden Revitalisierung. Qz

Ostheim v. d. Rhön (Lkr. Rhön-Grabfeld), Beratung einer *Ortssatzung* für die Wohnbebauung entlang der Streu. Qz

–, *Abbrüche im Ensemble: Heimegasse 8, Kleesecke 5, Marktstraße 32 a* (neues Geschäftshaus), *Paulinenstraße 10* (Nebengebäude), *Roßgasse 7* (Nebengebäude). Qz

–, *Marktstraße 7.* Zuschuß zur Instandsetzung. Qz

Remlingen, Lkr. Würzburg; Marktheidenfelder Straße 1, ehem. Amtshaus, nach Abschluß der Außenrenovierung

–, *Marktstraße 47, ehem. Oeptisches Schloß*, wiederholte Bauberatung mit wechselnden Architekten und anderen Bauabsichten zu Um- und Anbauten. Qz

–, *Oeptischer Hof 1*, Zuschuß zur restlichen Instandsetzung (3. Bauabschnitt, Außenputz). Qz

–, *Paulinenstraße 16*. Der Umbau einer rückwärtigen Scheune an der Stadtmauer zu einem Wohnhaus mußte schon aus baurechtlichen Gründen unterbleiben, da die Erschließung nicht gesichert ist. Qz

–, *Paulinenstraße 20*, Hansteinsches Schloß. Die kräftige Baugruppe aus einem mittelalterlichen Treppengiebelbau und einem Schweifgiebelanbau von 1599 gehört zu den seltenen Steingebäuden reicherer Ausführung in der Rhön. Der ehem. Wassergraben und mehrere Aborterker überliefern noch wehrhafte Elemente dieser adeligen Kemenate. Einschränkungen einer neuen Nutzung des markanten Baudenkmals: keine Anbauten, keine überzogene Erschließung mit zwei Sicherheitstreppenhäusern, kein Archiv auf dem Dachboden. Einleitung eines Bauaufmaßes und von Befunden um zu klären, welche Veränderungen zugestanden werden können. Qz

Pilsterhof, Stadt Bad Brückenau (Lkr. Bad Kissingen), Beratung bei der Umbauplanung vor Abbruch unbedeutender Nebengebäude. Qz

Poppenlauer, Markt Maßbach (Lkr. Bad Kissingen), Ablehnung der Situierung eines der beiden neuen Pfarrzentren im Bereich der Gadenanlagen neben der kath. Kirche und Versuch damit die Sanierung eines leerstehenden Objekts zu erreichen. Qz

Prichsenstadt (Lkr. Kitzingen), *Freihofgasse 3*. Um einen Maßnahmeplan für die geplante Sanierung des außerordentlich wertvollen und in weiten Bereichen aus dem 16. Jh. stammenden ehemaligen Freihofes erstellen zu können, sind umfangreiche Voruntersuchungen notwendig, deren Ausmaß anläßlich einer Ortseinsicht festgelegt wurden. Bo

–, *Karlsplatz 7* (Alte Schmiede). In Vorbereitung der Sanierung des nach dem großen Stadtbrand Mitte des 15. Jh. errichteten Fachwerkhauses wurden auf Grundlage eines verformungsgenauen Aufmaßes, eines Tragwerkgutachtens und restauratorischer Befunduntersuchungen erste Planunterlagen erstellt. Bo

Prölsdorf (Lkr. Haßberge), *Kath. Kirche*. Die Innenrestaurierung der barocken Kirche orientierte sich an der bauzeitlichen Fassung, die jedoch nach dem Verlust der Malereien um die Fenster stark vereinfacht wiedergegeben wurde. Fa

Querbachshof, Gde. Leutershausen (Lkr. Rhön-Grabfeld), *Haus Nr. 4*, Umbau eines lange leerstehenden Fachwerkhauses zu einem Dorfgasthaus mit Mitteln der Städtebauförderung. Qz

–, *Haus Nr. 7*. Zustimmung zur Erneuerung eines leerstehenden Nebengebäudes um dort Funktionsräume für das Vorderhaus unterbringen zu können. Qz

Rabelsdorf, Gde. Pfarrweisach (Lkr. Haßberge), *Häuser Nr. 10 und 11*, Begutachtung und Stellungnahme zur Sanierung zweier Fachwerkhäuser, die vor der Ortseinsicht des Gebietsreferenten noch nicht in der Denkmalliste waren. Haus Nr. 10 ist 1722, Haus Nr. 11 ist 1807 bezeichnet. Qz

Randersacker (Lkr. Würzburg), *Pförtleingasse 6*. Dem Landesamt wurde ein Bauantrag zur Sanierung des aus dem 17. Jh. stammenden Massivhauses zur Stellungnahme vorgelegt. Nach einer Ortseinsicht, bei der festgestellt wurde, daß sich nicht nur die bauzeitlichen Grundrisse weitgehend erhalten haben, sondern auch eine Vielzahl von Ausstattungen wie Türen, Fußböden, Stuckdecken, müßten gegen den Antrag schwere Bedenken erhoben werden, da er eine vollständige Entkernung vorsah. In Gesprächen mit dem Eigentümer, dem beauftragten Architekten und dem Landesamt wurde versucht, die Sanierung des gut erhaltenen Denkmals zu erreichen. Eine diesbezügliche Entscheidung steht noch aus. Bo

–, *Würzburger Straße 16, Balthasar-Neumann-Pavillon*. Nach längerer Vorbereitungszeit, in der sowohl die notwendigen Abstimmungen, als auch Finanzierungsgespräche stattfanden, wurde die Sanierungsplanung für den Mitte des 18. Jhs. durch Neumann errichteten und ursprünglich zu seinem Wohnhaus Herrengasse 2 gehörende Gartenpavillon abgeschlossen. In enger fachlicher Abstimmung mit dem Landesamt soll im nächsten Jahr mit der Restaurierung begonnen werden. Bo

Reichenberg (Lkr. Würzburg), *Schloß*. Anlaß einer ersten Ortseinsicht in der im Kern mittelalterlichen, in der Folgezeit mehrfach erweiterten und umgebauten Anlage war eine geplante Dachumdeckung des Südflügels. Aufgrund der hierbei festgestellten verschiedenen Schadensbilder wurde empfohlen, Schadensursachen und Möglichkeiten zu ihrer Behebung anhand von Voruntersuchungen abzuklären und darauf basierend ein Sanierungskonzept zu entwickeln. Noch im Berichtszeitraum konnte mit ersten Untersuchungen begonnen werden. Bo

Remlingen (Lkr. Würzburg), *Marktheidenfelder Straße 1*. Die Außensanierung des ehem. Amtshauses, in deren Vorbereitung restauratorische Befunduntersuchungen durchgeführt wurden, fand unter Beratung des Gebietsreferenten statt. Durch die Reduzierung des ursprünglich geplanten Programms auf die notwendigen Reparaturarbeiten an Putz und Fenstern konnten weite Teile der Originalsubstanz bewahrt werden. Die Innensanierung ist vorgesehen und soll im nächsten Jahr vorbereitet werden. Bo

–, *Marktplatz 2, Gasthaus zum Hirschen*. Von Seiten der Gemeinde wurde ein Abriß des Baudenkmals, das in seinem Kern aus dem Jahr 1710 stammt, in Erwägung gezogen. Eine Ortseinsicht zeigt, daß es sich durchaus um einen sanierbaren Gebäudekomplex handelt; lediglich dem Abriß des jüngeren Saalbaus wurde zugestimmt. Für die Sanierung wurde die Erarbeitung der üblichen Voruntersuchungen angeregt. Bo

Retzbach, Markt Zellingen (Lkr. Main-Spessart), *Hermann-Klug-Straße 10*. Nach dem Eigentümerwechsel konnte die Gesamtsanierung des aus dem 18./19. Jh. stammenden Bauernhauses durchgeführt werden. Die Arbeiten wurden durch das Landesamt beraten. Bo

Retzstadt (Lkr. Main-Spessart), *Unterdorfstraße 3*. Das eingeschossige Wohnhaus mit dem ortstypischen hohen Kellergeschoß wurde von der Gemeinde erworben und soll zur Erweiterung des benachbarten Rathauses umgenutzt werden. Anläßlich einer Ortseinsicht wurden die notwendigen Voruntersuchungen festgelegt. Bo

–, *Unterdorfstraße 4, Rathaus*. Dem zur Nutzbarmachung notwendigen Verbindungsdruchbruch zwischen den beiden tonnengewölbten Hochkellern wurde zugestimmt. Die zumindest äußere Erhaltung das nicht als Denkmal anerkannten Obergeschosses aus dem Anfang des 20. Jh. wurde nahegelegt. Bo

Riedenheim (Lkr. Würzburg), *Rathaus.* Abschluß der Instandsetzungs- und Restaurierungsarbeiten. Die Gestaltung des Ratszimmers zeigt nahezu unverändert die Ausstattung des 18. Jhs., während die Fachwerkfassung der Diele das Erscheinungsbild der Echterzeit vermittelt. Hervorzuheben sind die restauratorischen Arbeiten zur Erhaltung des Rocaillestucks und die Reparatur der Fenster. dt

–, *St. Laurentius-Straße 4, Alte Schule.* Die Gesamtsanierung konnte im Berichtsjahr abgeschlossen werden. Bo

Rieneck (Lkr. Main-Spessart), *Schloßberg 2,* Beginn der schwierigen Instandsetzungsarbeiten. Zu Beginn systematisches Entfernen aller Einbauten der Nachkriegszeit und Freilegen des ursprünglichen «Rohbaus». Dabei erwies sich das Fachwerk als stärker geschädigt, als man angenommen hatte: Es zeigte sich eine Vielzahl diffus verteilter substantieller Schäden. Sicherung aller gefährdeten Teile und Oberflächen durch einen Restaurator. Aufgrund der besonderen baulichen Bedingungen Fortschreiten der Reparaturen vom Keller zum Dachstuhl. dt

–, *Schloßberg 7.* Das mit Schloßberg 6 und Hauptstraße 2 zu einer im Kern aus dem 16. Jh. stammenden Gebäudegruppe gehörende Wohnhaus soll instandgesetzt werden. Anläßlich einer Ortseinsicht wurden die hierfür notwendigen Voruntersuchungen definiert. Bo

Rimpar (Lkr. Würzburg), *Marktplatz 2,* Gasthaus zum Stern. Nach Vorlage der restauratorischen Befunduntersuchungen konnte im Einvernehmen mit dem Landesamt mit der Sanierung des aus dem 17. Jh. stammenden Baudenkmals begonnen werden. Bo

–, *Niederhofer Straße 11.* Unter der Auflage einer Abbruchinventarisation wurde angesichts des bereits stark reduzierten Denkmalbestands, gravierender Schäden und einer gefahrvollen Verkehrssituation ein positiver Bescheid des Abbruchantrags durch das Landesamt hingenommen. Bo

Rodenbach, Stadt Lohr (Lkr. Main-Spessart), *Schloß.* Nachdem ein Versuch, den Eigentümer der Anlage gütlich zur Wiederherstellung der unerlaubt zum Reitplatz umgestalteten Gartenterrasse zu bewegen, scheiterte, wurde im Einvernehmen mit dem Landesamt ein Bußgeldverfahren eingeleitet. Bo

–, *Rodenbacher Straße 127, Pfarrhaus* mit Nebengebäude. Im Vorfeld geplanter Umbau- und Sanierungsarbeiten fand eine Beratung statt. Bo

Röllfeld, Stadt Klingenberg (Lkr. Miltenberg), *Mariengasse 10, Altes Rathaus.* Es ist beabsichtigt, das Baudenkmal, einen Fachwerkbau von 1605, zu sanieren und wieder einer gemeindlichen Nutzung zuzuführen. Vor einer endgültigen Stellungnahme zu den bereits vorliegenden Planungen wurde eine restauratorische Befunduntersuchung gefordert. Bo

Röttingen (Lkr. Würzburg), *Kirchgasse 18.* Dem Landesamt wurde ein Abbruchantrag für das im Ensemble liegende Wohnhaus zur Stellungnahme vorgelegt. Eine Ortseinsicht ließ einen interessanten Denkmalbestand erkennen: Es erfolgte der Nachtrag des im Kern aus der Zeit um 1500 stammenden Wohnhauses in die Denkmalliste. In mehreren Gesprächen wurde versucht, die Eigentümer von der Sanierbarkeit des Denkmals zu überzeugen. Bo

–, *Untergasse 8* (Hoher Bau). Nach einem Eigentümerwechsel besteht nunmehr die Absicht, das bereits vor einigen Jahren begonnene Sanierungsvorhaben fortzusetzen. Im Vorfeld wurde Art und Umfang der Voruntersuchungen definiert, die Entfernung moderner Einbauten und Oberflächen im turmartigen Steinbau des 13. Jhs. abgestimmt. Bo

Rothhausen (Lkr. Bad Kissingen), *Evang.-Luth. Kirche.* Die Raumschale des barocken Kirchleins wurde nach Befund in der bauzeitlichen Fassung getüncht. An der Ausstattung, die erst 1934 aus Kloster Bildhausen erworben wurde, konnten Fassungen nicht nachgewiesen werden. Die Farbigkeit besonders der Emporenbrüstung ist barocken Vorbildern nachempfunden. Fa

Riedenheim, Lkr. Würzburg; Rathaus; Wanddekoration des 19. Jahrhunderts im Sitzungszimmer

Rottenstein, Gde. Aidhausen (Lkr. Haßberge), *Haus Nr. 16,* Instandsetzung der Fußgängerpforte. Qz

Rügheim, Stadt Hofheim (Lkr. Haßberge), *Zehnthaus* («Schüttbau»). Die Stadt legte ein Sanierungsprojekt vor. Voraussetzung der künftigen Nutzung als Konzert- und Probenräume des Symphonieorchesters Werneck war allerdings der geforderte hohe Dachausbau. Das Landesamt konnte diesem nur deswegen zustimmen, da der Zustand des Dachstuhls so schlecht ist, daß weite Bereiche des nur notdürftig gedeckten Dachs ohnedies vollkommen erneuert werden müssen, wenn man das wertvolle Gebäude noch retten will. Ein genaues Bauaufmaß und bauforscherische Erhebungen im in Teilen noch ursprünglichen Renaissancebau wurden gefordert. Qz

Rieneck, Lkr. Main-Spessart; Schloßberg 2, zerstörter Sparrenfußpunkt

Saal an der Saale (Lkr. Rhön-Grabfeld), *Hauptstraße 36*. Das Schulterbogenportal (bez. 1606) in der Toranlage, deren Flügel erneuert werden sollten, war in die Denkmalliste nachzutragen. Qz

Saaleck, Stadt Hammelburg (Lkr. Bad Kissingen), *Saaleckstraße 1, Schloß*, Begehung des Bergfrieds aus der Mitte des 12. Jhs., für den ein statisches Sanierungsgutachten vorliegt. Qz

Sailauf (Lkr. Aschaffenburg), *Alte Kath. Pfarrkirche St. Vitus*, Fortführung der Inneninstandsetzung. Die Rekonstruktion der Raumschale ist weitgehend abgeschlossen. Ka

Salz, Stadt Bad Neustadt (Lkr. Rhön-Grabfeld), *Karolingerstraße 4*. Das Landesamt unterstützte die Beseitigungsverfügung des Landratsamtes für entstellende Schwarzbauten von Fertiggaragen und Nebengebäuden mit Wellplatten am historischen, echterzeitlichen Pfarrhaus. Qz

Schallfeld, Gde. Lülsfeld (Lkr. Schweinfurt), *Gerolzhöfer Straße 1*, denkmalpflegerische Begutachtung im privatrechtlichen Streit zwischen Bauherrn und Steinmetzen beim Wiederaufbau der Portalanlage neben dem Neubau des Wohnhauses. Qz

Schönau an der Brend (Lkr. Rhön-Grabfeld), *Markbergstraße 15*, Fenstererneuerung. Qz

Schondra (Lkr. Bad Kissingen), *Am Kirchberg 4*, Zuschuß zur Sanierung der Friedhofsmauer. Qz

Schonungen (Lkr. Schweinfurt), *Hofheimer Straße 21*. Denkmalpflegerische Belange konnten beim Abbruch im Zuge einer Begradigung der Durchgangsstraße nicht nachhaltig genug vorgetragen werden, da das einfache Gasthaus erst 1853 errichtet und nicht in der Denkmalliste enthalten war. Qz

Schwebenried, Stadt Arnstein (Lkr. Main-Spessart), *Bücholder Weg 2*. Die Sanierung des kleinen Wohnstallhauses aus dem Anfang des 19. Jhs. wurde beraten. Bo

Schweinfurt, Evang.-Luth. Kirche St. Johannis. Im Zuge der Innenrestaurierung wurde im 4. Bauabschnitt die Neutünchung des Querschiffs fortgesetzt. Fa

–, Neubauten in Ensembles oder in der Nähe von Denkmälern: *Alte Bahnhofstraße 11 und 25, Am Zeughaus 1, Brückenstraße 4/6, Burggasse 17, Frauengasse 10/12/14, Glockenhof 5, Johannisgasse 4/6, Krumme Gasse 2, Markt 53*, (Forderung die Fassade zu erhalten), *Martin-Luther-Platz / Graben 10/12* (evang. Gemeindezentrum), *Spitalstraße 4* (anstelle eines Baus mit Not-Pultdach der Nachkriegszeit), *Spitalstraße 7 und 19 / Petersgasse 1* (neben dem Schrotturm, mit Übernahme dreier alter Arkaden des kriegzerstörten Vorgängerbaus), *Rittergasse 1* (Scheune), *Zürch 7/9 und 12*. Qz

–, *Albrecht-Dürer-Platz*, Zuschuß zur Instandsetzung des *Vierröhrenbrunnens*. Qz

–, *Brückenstraße / Paul-Rummert-Ring*. Nach etwa einem Jahrzehnt Kahlschlag an dieser städtebaulich wichtigen Stelle begannen endlich Überlegungen, in welcher Weise die Lücke neben dem Baudenkmal Ebracher Hof mit dem Neubau eines städtischen Museums verwirklicht werden könnte. Qz

–, *Burggasse 17*. Der Fassadenplan von 1900 in den ab 1871 erhaltenen Bauakten der Stadt zeigt ein vorkragendes Obergeschoß mit einem Schweifgiebel. Der Einsturz des Giebels 1945 durch Panzerverkehr auf der Straße hat äußerlich davon nur einen Torso übriggelassen. Bei Ortseinsicht zeigten sich im Inneren allerdings für Schweinfurter Verhältnisse so bedeutende Reste, daß ein Nachtrag in die Denkmalliste veranlaßt und eine Instandsetzung, statt eines Abbruchs mit Neubau, angeregt wurde. Qz

–, *Frauengasse 4 und 6, Pfarrhaus* der St. Salvatorkirche der evang.-luth. Gesamtkirchengemeinde. Das Baudenkmal wurde leider entkernt. Die Baustelle wurde eingestellt, und der Architekt sollte seine Änderungen zuminderstens planerisch nachweisen, was ohne ausreichende Bestandspläne für diese «Mustersanierung» eine Utopie war. Qz

–, *Friedrichstraße 2*, Neueindeckung und Außenanstrich. Qz

–, *Gymnasiumstraße 13*, Zuschuß zur Fassadenrenovierung. Qz

–, *Hauptstraße 36*, Erneuerung der Toranlage. Qz

–, *Hauptstraße 40* in Oberndorf. Der Abbruch zweier Giebelhäuser (Fachwerk-Krüppelwalmhäuser; Wohnhaus und Altenteil) an der Straße, die schon lange als Nebengebäude eines Reifenhandels heruntergekommen sind, wurde versagt. Anstöße zu einer Nutzung als Gaststätte blieben fruchtlos. Qz

–, *Hellersgasse 5*, Einbau eines Kellerlokals. Qz

–, *Judengasse 12*, Zuschuß zur Befunduntersuchung. Qz

–, *Petersgasse 3*, Baubegehungen und Beratungen während der Wiederherstellung des «Schrotturms». Zuschuß zu weiteren Befunduntersuchungen in diesem Bürgerhaus. Qz

–, *Rittergasse 18*, Sanierungsprojekt. Qz

Segnitz (Lkr. Kitzingen), *Altes Rathaus*. Die vorgesehene Restaurierung des Ratssaals wurde auf Grundlage der Befunduntersuchungen abgestimmt. Bo

–, *Linsengasse 1*. Das aus dem 18. Jh. stammende Mansarddachhaus soll saniert werden. Anläßlich einer Ortseinsicht wurde festgestellt, daß sich trotz verschiedener jüngerer Um- und Ausbauten eine Reihe bauzeitlicher Ausstattungen erhalten haben. Für die Erstellung eines Sanierungskonzepts sind Voruntersuchungen erforderlich, deren Art und Umfang festgelegt wurden. Bo

Seinsheim (Lkr. Kitzingen), *Kath. Pfarrkirche St. Peter und Paul*. Die 1810 bis 1813 nach Plänen des Architekten Dückelmann inmitten der mittelalterlichen Kirchgaden neu errichtete Kirche erfuhr eine umfassende Innenrestaurierung. Eine behutsame liturgische Neuordnung sowie eine Neufassung nach Befund standen hierbei im Vordergrund. Ka

Sennfeld (Lkr. Schweinfurt), *Pulverturm*, Zuschuß zu einer Holztüre. Qz

Sommerach (Lkr. Kitzingen), *Nordheimer Straße 2*, Zwischenbericht: Auf Grundlage der geforderten Bestandsaufnahme wurde der Baueingabeplan für die Sanierung erstellt und genehmigt. Mit den Arbeiten konnte begonnen werden. Bo

–, *Nordheimer Straße 13*. Gegen den geplanten Abriß der aus dem 18. Jh. stammenden zweiflügeligen Hofanlage und der zugehörigen Scheune aus dem 16. Jh. wurden schwere Bedenken erhoben. Das kunst- und baugeschichtlich überdurchschnittlich bedeutende Baudenkmal zeichnet sich u. a. durch eine Vielzahl erhaltener barocker Ausstattungen aus; eine denkmalgerechte Sanierung ist möglich und wurde dringend angeraten. Bo

Sommerhausen (Lkr. Würzburg), *Hauptstraße 12*, Zwischenbericht: Die Gesamtsanierung des wichtigen Bürgerhauses konnte mit der Instandsetzung anläßlich früherer Umbauten gestörten Erdgeschosses begonnen werden. Die Planung für die übrigen Bereiche konnte ebenso wie der Finanzierungsplan detailliert werden. Bo

–, *Hauptstraße 36*. Ohne Erlaubnis bzw. Genehmigung wurde durch den Eigentümer mit der Innensanierung des aus dem 18. Jh. stammenden Giebelhauses begonnen. Entgegen bereits getroffener Absprachen wurden die Holzfenster, zum Teil bauzeitlich, durch Kunststoffenster ersetzt. Ein Bußgeldverfahren wurde eingeleitet. Bo

–, *Mönchshof 3 und 7*. Für beide, auf einem Grundstück stehende

Strötzbach, Markt Mömbris, Lkr. Aschaffenburg; Mühle, nach Gesamtinstandsetzung und Eröffnung des museal genutzten Teils

Gebäude wurde ein Vorbescheidsantrag auf Abriß gestellt. Obwohl insbesondere Nr. 7 bereits in den letzten Jahren Verluste erleiden mußte, scheint eine Sanierung möglich und wurde empfohlen. Entsprechende Voruntersuchungen werden erstellt. Bo

Sonderhofen (Lkr. Würzburg), *Hauptstraße 23*. Nachdem die Voruntersuchungen und insbesondere das statische Gutachten für die zuletzt als Rathaus genutzte alte Schule erweitert wurden, war festzustellen, daß infolge der gravierenden Schäden auch eine Sanierung den nahezu vollständigen Substanzverlust bedeuten würde. Unter der Auflage, daß so viel wie möglich Substanz erhalten bzw. wiederverwendet wird, wurde im übrigen ein Neubau in gleichen Abmessungen und Formen akzeptiert. Die Planung soll im folgendem Jahr erstellt werden. Bo

Sondheim v. d. Rhön (Lkr. Rhön-Grabfeld), *Evang.-Luth. Kirche*. Ausgangspunkt für eine umfangreiche Renovierung waren in Sondheim nicht wie meist üblich die Verschmutzungen, die die Heizung oder Bauschäden im Kirchenraum verursacht hatten, sondern der Wunsch dem bedeutenden barocken Kanzelaltar wiederherzustellen.
Dieser war 1951 bei einer Innenrenovierung, die den spätgotischen Chorbogen freistellen wollte, aus seinem ursprünglichen Zusammenhang gerissen worden. Nur der Mittelbau des Altars mit der Kanzel war im Chorraum aufgestellt worden, die anderen Bauteile der Anlage waren teils als Einzelstücke im Kirchenraum verteilt, auf dem Dachboden gelagert oder den Weg alles Irdischen gegangen.
Anhand älterer Photographien und nach einer ausführlichen Befunduntersuchung an Raumschale und Ausstattung konnte mit den Arbeiten begonnen werden. Der bekannte unterfränkische Maler Johann Peter Herrlein hatte 1775 das Langhaus des spätgotischen Kirchenbaus vollkommen umgestaltet. Im Mittelpunkt seines Entwurfs stand der Kanzelaltar, den er zusammen mit Kunsttischler Bohn und Bildhauer Hippeli gestaltete. Der in den Chorbogen gestellte Altar trennte mit seinem viersäuligen Aufbau das Langhaus vom Chor, der nur noch für den Kanzelaufgang und wohl auch als Sakristei genutzt wurde. Zwei schmale Durchgänge erlaubten den Zugang, darüber schlossen die beiden lebensgroßen Figuren von Moses und Johannes d. T. die Altarfassade. Eine ästhetische, architektonische und sogar begehbare Anbindung der Altarwand im Chorbogen an das Langhaus bewerkstelligte eine Empore über dem Altar, die direkt an das zweite Emporengeschoß der Nordseite anschloß und aus Fragmenten rekonstruiert ist. Die Emporenbrüstungen des gesamten Raumes bemalte Herrlein mit Szenen des Alten und Neuen Testaments; dazwischen setzte er Blumengirlanden in der duftigen Farbigkeit des späten 18. Jhs. Auch die Fassung des Altars und seiner Skulpturen stammt von Herrlein; sie konnte freigelegt, bzw. erneuert werden. Die Skulpturen fügten sich durch eine aufwendige Lüstrierung in die Pracht des Altars ein. – Nach der Wiederaufstellung des Altars war es beinahe schon Pflicht, auch die Emporenbrüstung und vor allem das auf Holz gemalte Deckenbild von Johann Peter Herrlein zu restaurieren. Eine endgültige kunstwissenschaftliche Auswertung dieses Kirchenraumes steht noch aus.
Fa

–, *Bahrastraße 29* («Bahramühle»), Begutachtung von Um- und Ausbaumaßnahmen im Dachgeschoß mit Gauben und Änderung der Giebelfenster. Qz

Stadtlauringen (Lkr. Schweinfurt), *Marktplatz 11*, Gutachten zur Erweiterung eines traufseitigen Fachwerkhauses im Ensemble unter Beibehaltung der Fassade des Altbaus. Qz

Stadtprozelten (Lkr. Miltenberg), *Hauptstraße 83 und 85, ehem. Spital* mit Verwalterbau. Beide Baudenkmäler, datiert 1808, im Kern wohl älter, sollen zu Wohnzwecken umgebaut werden. Nach mehreren Abstimmungen konnte eine akzeptable Lösung gefunden werden. Bo

Steinach an der Saale, Markt Bad Bocklet (Lkr. Bad Kissingen), *Am Rathaus 1*. Beim Neubau eines Nebengebäudes des Nachbarn, *Riemenschneiderstraße 32* neben der Buckelquader-Ecke der staufischen *Burganlage* wurde ein entsprechender Abstand verlangt, um künftig diese besterhaltene Stelle der Ruinenreste besser sichtbar werden zu lassen. Qz

–, *Marktplatz 5 Altes Pfarrhaus* (17. Jh.), Instandsetzungskonzept. Qz

Steinbach, Gde. Ebelsbach (Lkr. Haßberge), *Weinberge*, Wiedererrichtung der fischgrätenförmigen Terrassenmauern in Trockenmauerwerk unter Leitung des Architekten Schröder, Schweinfurt, im Rahmen einer Weinbergs-Flurbereinigung. Qz

Stetten, Gde. Sondheim vor der Rhön (Lkr. Rhön-Grabfeld), *Am alten Graben 3*, Abbruch der Nebengebäude und Neubau einer Doppelgarage mit Unterfangung des Rückgiebels. Qz

–, *Am Kirchberg 8*, Instandsetzungskonzept für das 1715 datierte Fachwerkhaus. Qz

–, *Am Kirchberg 10*, Beratung vor Errichtung eines Anbaues und einer Garage. Qz

–, *Langgasse 7*, Abbruch der Scheune und Neubau von Garagen. Qz

–, *Schulgasse 3*, Ablehnung des Abbruchantrags eines Besitzers, der rechtlich aber nicht konstruktiv geteilten, prächtigen Doppelscheune mit datiertem Portalsturz von 1797 und Hochlaube an der Traufe. Qz

Stettfeld (Lkr. Haßberge), *Am Rathaus 2* (Ehem. Lehrerwohnhaus), Finanzierung eines Architektenprojekts, das den Nachweis erbrachte, daß das Baudenkmal durchaus sanierbar und für den neuen Zweck als Sparkassenfiliale nutzbar ist. Qz

Stockheim (Lkr. Rhön-Grabfeld), *Am Tanzberg 10* (ehem. Zehnthaus), Freilegung einer Balkendecke mit Zierrosetten auf den Putzfeldern im Standesamtzimmer. Qz

–, *Hauptstraße 18*, Zuschuß zur Restaurierung des Torbogens. Qz

Stockstadt (Lkr. Aschaffenburg), *Hauptstraße 33*. Das ehem. Schwesternhaus, ein barocker Walmdachbau mit einer Vielzahl erhaltener bauzeitlicher Ausstattungen, soll zu gemeindlichen Zwecken und zur Kurzzeitpflege umgebaut werden. Unter der Voraussetzung, daß die Ausstattungen ebenso wie die originalen Grundrißlösungen erhalten bleiben und eine restauratorische Befunduntersuchung vor der endgültigen Planung erstellt wird, wurde dem Vorhaben zugestimmt. Bo

Strötzbach, Markt Mömbris (Lkr. Aschaffenburg), *Mühle*. Im Berichtszeitraum konnte die Gesamtinstandsetzung der Doppelmühle abgeschlossen werden. Im Herbst fand die Eröffnung des museal genutzten Bereichs statt. Bo

–, *Mühle*, Abschluß der Instandsetzungs- und Restaurierungsarbeiten. Einfühlsame und sehr engagierte Wiederherstellung der Mühlenmechanik durch die Architekten und örtliche Handwerker. dt

Sulzbach, Stadt Hofheim (Lkr. Haßberge), *Haus Nr. 3*, Gutachten zur Fassadeninstandsetzung des Fachwerkhauses. Qz

Sulzdorf an der Lederhecke (Lkr. Rhön-Grabfeld), *Alte Gasse*, Neubau eines Gemeindesaals neben der Kirche statt neuerer Nebengebäude an der Stelle alter Gaden. Qz

Sulzfeld (Lkr. Kitzingen), *Rathaus*, Schlußphase der Instandsetzungs- und Restaurierungsarbeiten: Reinigung und Schutz der bemalten Wandverkleidungen im Ratssaal; Einbau eines Kachelofens, dessen formale Einpassung zuvor mit Hilfe mehrerer Modelle überprüft wurde. Verzicht des Landratsamtes auf einen raumhohen verglasten Rauchabschluß im zweiten Obergeschoß, stattdessen ein Abschluß auf dem Treppenpodest. In der Diele vor der Ratsstube eine Restaurierung des originalen Bodenbelags aus Tonplatten. Das Ergebnis ist sowohl ästhetisch als auch konservatorisch bemerkenswert. dt

–, *Kettengasse 10*, Zwischenbericht: Auf Grundlage der zwischenzeitlich erstellten Voruntersuchungen wurde dem Landesamt die Sanierungsplanung vorgelegt, die mit Ausnahme der Wohnnutzung in der Erdgeschoßhalle auch akzeptiert wurde. Bo

–, *Klostergasse 5, ehem. Beguinenkloster*. Das in seinem barocken Bestand sehr gut und umfangreich erhaltene Eckhaus in exponierter städtebaulicher Lage soll umfassend saniert werden. Anläßlich einer ersten Ortseinsicht wurden die hierfür notwendigen Voruntersuchungen festgelegt, die zum Teil in Form von Diplomarbeiten durch Studenten der FH Würzburg erbracht werden sollen. Bo

–, *Langgasse 3/5*, Zwischenbericht: Die vorbereitenden Bestandserfassungen für die Sanierung des im Kern spätgotischen Hauses konnten weitgehend abgeschlossen werden, ebenso die Erarbeitung eines Maßnahmekonzepts. Es fanden Gespräche zur Finanzierung statt, eine Förderung aus Mitteln des Entschädigungsfonds ist vorgesehen. Bo

Sulzheim (Lkr. Schweinfurt), *Kath. Pfarrhaus*. Erst durch einen Abbruchantrag für das neben der Kirche gelegene Pfarrhaus wurden die Denkmalschutzbehörden auf dessen Denkmaleigenschaft aufmerksam. Das mit seiner gesamten bauzeitlichen Einrichtung ohne nennenswerte Schäden erhaltene Pfarrhaus prägt nachhaltig den Platz vor der Kirche. Sowohl aus städtebaulicher, als aus denkmalpflegerischer Sicht stoßen die Abbruchabsichten der Gemeinde auf Unverständnis. Fa

Thulba (Lkr. Bad Kissingen), *Probsteigebäude*. Das Landesamt verlangte eine Planänderung bei Erneuerung späterer Anbauten mit Sanitäreinrichtungen, die den historischen Bestand mit Erhaltung der Rückfassade besser berücksichtigen. Qz

Tiefenstockheim, Markt Seinsheim (Lkr. Kitzingen), *Haus Nr. 34*. Nachdem verschiedene Einzelbaumaßnahmen an dem 1748 errichteten stattlichen Mansarddachbau durchgeführt worden waren, forderte das Landesamt den Bauherren im Einvernehmen mit dem Landesamt für Denkmalpflege auf, ein Gesamtsanierungskonzept zu

Sulzfeld a. Main, Lkr. Kitzingen; Rathaus; Diele vor dem Ratszimmer, während der Restaurierung des originalen Tonplattenbodens

erstellen. Da dieses weder auf entsprechenden Voruntersuchungen basierte noch Rücksicht auf den erhaltenen wertvollen Bestand nahm, mußte es abgelehnt werden. Eine Überarbeitung soll auf Grundlage einer Bestandserfassung erfolgen. Bo

Trappstadt (Lkr. Rhön-Grabfeld), *Haus 54*. Auf einen Nachtrag des in der Denkmalliste vergessenen Nebengebäudes mit vierjochiger Hochlaube wurde wegen seines schlechten Bauzustandes verzichtet. Es kann in das Freilichtmuseum Fladungen übernommen werden. Qz

Traustadt (Lkr. Schweinfurt), *Spitalstraße 1*, Gutachten und Zuschuß zur Außeninstandsetzung. Qz

Trennfurt, Stadt Klingenberg (Lkr. Miltenberg), *Kath. Pfarrkirche St. Maria Magdalena*. Im Zuge einer primär bauunterhaltsbedingten Innenrenovierung der in den fünfziger Jahren modern erweiterten Pfarrkirche aus der Mitte des 18. Jhs. wurde mit einer neuen Farbgebung versucht, den Kirchengesamtraum stärker zusammenzubinden, unter besonderer Berücksichtigung der spärlichen Farbbefunde in den alten Bestandteilen. Ka

Triefenstein (Lkr. Main-Spessart), *ehem. Augustiner-Chorherrenstift*. Die 1986/87 begonnene Gesamtinstandsetzung des Klosters zu Zwecken einer monastischen Wiederbelebung der weitläufigen Anlage durch einen evangelischen Orden wurde fortgeführt. Abgeschlossen werden konnten die Entkernungs- und Rohbauarbeiten im Ostflügel, der durch die Einbauten des Vornutzers (Bundeswehr) am stärksten in Mitleidenschaft gezogen war. Ka

Tückelhausen, Stadt Ochsenfurt (Lkr. Würzburg), *Konventstraße 3*, Zwischenbericht: Die Sanierungsarbeiten an diesen Bereichen des *ehem. Katäuserklosters* wurden fortgeführt. Bo

Uchenhofen, Stadt Haßfurt (Lkr. Haßberge), *Denkmalstraße 4*, Gutachten und Zuschuß zur Instandsetzung der Sandsteinteile. Qz

Üchtelhausen (Lkr. Schweinfurt), *Altes Rathaus*, Beratung einer Nutzung des zur Zeit leerstehenden, im Zustand guten Gebäudes. Qz

Uettingen, (Lkr. Würzburg), *Helmstadter Straße 5, Schloß*. Die Dacheindeckung der klassizistischen Anlage wurde erneuert. Es wurde dringend empfohlen, ein Maßnahmekonzept zur Behebung der gravierenden Bauschäden zu entwickeln. Diese entstanden überwiegend aufgrund einer Grundwasserspiegelabsenkung; das über einem Pfahlrost erbaute Schloß sackte zum Teil erheblich ab. Bo

Unfinden, Stadt Königsberg (Lkr. Haßberge), Beratungen im Ensemble: *Haus 49* (Neuputz); *Haus 64* (Fenstererneuerung). Qz

Unsleben (Lkr. Rhön-Grabfelden), *Kemenate 2*. Die Gemeinde setzte den Umbau der ehemaligen Zehntscheune und der direkt angebauten, profanierten *Synagoge* (zuletzt Haus der Bäuerin) in ein Gemeindezentrum fort. Die Reduktion eines zerstörenden Sicherheitstreppenhauses konnte nur in geringem Maß erreicht werden. Beratung von Details. Qz

Unterbessenbach, Gde. Bessenbach (Lkr. Aschaffenburg), *Schloß*. Die Durchfeuchtung der erdgeschossigen Außenwände und des Kellers konnte durch einfache Reparaturmaßnahmen der Außenentwässerung behoben werden. Einem beabsichtigten Austausch der bauzeitlichen Fenster der klassizistischen Anlage wurde nicht zugestimmt, sondern die Erweiterung zu Kastenfenstern empfohlen. Bo

Unterebersbach (Lkr. Rhön-Grabfeld), *Friedhofskapelle*. Bei der Außenrenovierung des gotischen Kirchleins wurde der neue Putz in der Masse eingefärbt. Fa

Untereisenheim (Lkr. Würzburg), *Kirchgasse 3*. Nachdem bereits ohne Genehmigung einige Umbauarbeiten an dem 1766 errichteten Wohnhaus durchgeführt worden waren, stellte der Eigentümer nach Aufforderung durch das Landesamt einen Erlaubnisantrag. Anläßlich einer Ortseinsicht wurde festgestellt, daß trotz eingetretener Verluste noch wichtige Teile und Ausstattungen des Denkmals erhalten blieben und ein abgestimmtes Sanierungskonzept nur auf Grundlage von Voruntersuchungen erstellt werden kann. Bo

Unterelsbach, Markt Oberelsbach (Lkr. Rhön-Grabfeld), *Hauptstraße 66, Alte Schule*, Fortsetzung der Innenrenovierung. Qz

Unterpreppach, Stadt Ebern (Lkr. Haßberge), *Breitenbachstraße 9*, (ehem. Haus Nr. 2), Zuschuß zur Instandsetzung des *Pfarrhauses*. Qz

Unterspiesheim (Lkr. Schweinfurt), *Kath. Kirche*. An der frühklassizistischen Kirche von Anton Wüst war wegen starker Steinschäden eine Außenrenovierung nötig. Leider war bei der letzten Renovierung 1972 der gesamte Altputz abgeschlagen worden, sodaß sich eine Neufassung nach Befund als sehr schwierig erwies. Fa

Urspringen (Lkr. Main-Spessart), *ehem. Synagoge*. Auf der Grundlage sorgfältiger Voruntersuchungen konnte die Gesamtinstandsetzung zunächst mit Rohbauarbeiten begonnen werden. (Vgl. Jahresbericht 1987). Ka

Urspringen (Lkr. Rhön-Grabfeld), *Dorfstraße 11*, Außenrenovierung. Qz

–, *Hauptstraße 4*, Zuschuß zur Reparatur der Haustür. Qz

Veitshöchheim (Lkr. Würzburg), *ehem. Synagoge, Mühlgasse 6*. Dem durch den Tod des bauleitenden Architekten eingetretenen Stillstand in der Gesamtinstandsetzung des Synagogenkomplexes konnte im Berichtsjahr durch die Übertragung der Gesamtmaßnahmen auf ein anderes Architekturbüro abgeholfen werden. Die Gesamtplanung wurde überarbeitet und vor allem für den zukünftigen Sammlungs- und Ausstellungsteil des Synagogenmuseums neu konzipiert. Die Restaurierungsarbeiten an der Synagoge selbst konnten wiederaufgenommen werden (vgl. Jahresberichte 1986 und 1987). Ka

–, *Bahnhofstraße 10*. Nachdem durch das Landratsamt für das Innere des im Kern spätmittelalterlichen Anwesens keine denkmalpflegerisch bedeutsamen Bestandteile festgestellt wurden, legten die Eigentümer eine Planung vor, die die totale Entkernung vorsah. Anläßlich einer Ortseinsicht durch das Landesamt war aber festzustellen, daß sich offensichtlich sehr wertvolle spätgotische (Fachwerkkonstruktion mit Farbfassung im Dachgeschoß) und barocke Bauteile und Ausstattungen erhalten haben und auch der Bauzustand keine Entkernung notwendig macht. Gegen die vorgelegte Planung wurden schwere Bedenken erhoben und vor einer Tektur eine umfangreiche Bestandserfassung gefordert. Bo

Völkershausen, Gde. Willmars (Lkr. Rhön-Grabfeld), *Schloß*, Zuschuß zur Renovierung von Stuckdecken in verschiedenen Räumen. Qz

Völkersleier (Lkr. Bad Kissingen), *Fronststraße 1* («Altes Hofhaus»), Gutachten zur Instandsetzung. Qz

Volkach (Lkr. Kitzingen), *Untere Spitalgasse 4*. Der beantragte Abbruch des im Kern wohl aus dem 17. Jh. stammenden, 1837 mit einer neuen Giebelwand versehenen Denkmals wurde nach Ortseinsicht abgelehnt. Die Vorgehensweise für eine Sanierung wurde beraten. Bo

Vorbach (Lkr. Haßberge), *Kath. Kirche*. Der Neutünchung der Raumschale folgte die Restaurierung und Wiederaufstellung zweier Seitenaltäre, die seit einigen Jahren ausgelagert nun in ihr angestammtes Gotteshaus zurückgeholt werden konnten. Fa

Waizenbach (Lkr. Bad Kissingen), *Diebacher Straße 10* (Nähe Schloß), Anbau. Qz

Waldberg, Gde. Sandberg (Lkr. Rhön-Grabfeld), *Dr.-Bühner-Straße 17*. Der Aufruf des Rhönklubs zur Aufnahme des letzten, aus der Siedlungsphase dieses Rhönortes 1683 stammenden Wohnstallhauses in die Denkmalliste kam zu spät. Das Landesamt verzichtete auf eine nachträgliche Eintragung des konstruktiv schwer beschädigten Gebäudes, das seit 1963 nicht mehr bewohnt ist. Dem Freilichtmuseum Fladungen wurde die Übernahme beliebiger Teile anheimgestellt. Qz

Waldmichelbach, Gde. Bessenbach (Lkr. Aschaffenburg), *Altes Forsthaus*. Trotz baurechtlicher Probleme wurde mit dem Eigentümer die Gesamtinstandsetzung dieser für den nordwestlichen Spessart typischen Gebäudegruppe (Forsthaus des 18. Jhs., Stallgebäude, Backhaus und großer Scheune) eingeleitet. Neben bestandssichernden Einzelmaßnahmen wurde vor allem eine Grundlagenermittlung zur Vorbereitung konkreter Baumaßnahmen durchgeführt. Ka

Wechterswinkel, Gde. Bastheim (Lkr. Rhön-Grabfeld), *Klosterstraße 11*, Restaurierung des Hoftors, Prüfung der Möglichkeit eines Dachausbaues im ehem. Gebäude der Klosterklausur. Qz

Weimarschmieden (Lkr. Rhön-Grabfeld), *Evang.-Luth. Kirche*. Der schlichte Saalbau von 1804 war ursprünglich mit Sichtfachwerkfassaden konzipiert. Auf Grund älterer Photographien konnte ohne Befunduntersuchung nachgewiesen werden, daß die Kirche erst 1972 eine Putzhaut erhalten hatte. Einer Wiederfreilegung wurde nachträglich zugestimmt. Fa

Weißenbach, Markt Zeitlofs (Lkr. Bad Kissingen), Begutachtung des Anbaus eines Wintergartens an die Villa in der Nähe des Hauptgebäudes. Qz

Westheim (Lkr. Haßberge), *Evang.-Luth. Kirche*. Die Außenrenovierung der historischen Sandsteinkirche wurde nach zweijähriger Bauzeit beendet. Den ersten Entwürfen für die Innenrenovierung, die eine Tieferlegung der bauzeitlichen Empore vorsahen, konnte das Landesamt nicht zustimmen. Nach zähem Ringen wurde eine Alternative gefunden, die sowohl den Wünschen des Pfarrers, als auch den konservatorischen Belangen und dem bauzeitlichen Entwurf der Kirche gerecht wird: Die wahrscheinlich später dazugekommene nördliche Empore wird entfernt, um dem hohen Raum angenehme Proportionen zu verleihen. Fa

Wetzhausen, Markt Stadtlauringen (Lkr. Schweinfurt), *Schloß*, Risse im verpreßten Mauerwerk der Nordwestecke. Qz

Weyer, Gde. Gochsheim (Lkr. Schweinfurt), *Kath. Pfarrhaus*. Nachdem zu dem barocken Pfarrhaus eine Befunduntersuchung vorlag, konnte der Bauherr von einem Anstrich der Fassade in historischer Kalktechnik überzeugt werden. Fa

–, *Gemeindebrunnen*, Ablehnung einer Höhersetzung des historischen Brunnenhauses von 1840 im Rahmen einer Dorfflurbereinigung. Qz

Wiesenfeld, Stadt Karlstadt (Lkr. Main-Spessart), *Sterngasse 6*. Der beantragte Abbruch des verputzten Fachwerkhauses aus dem 18./19. Jh. wurde nach erfolgter Ortseinsicht abgelehnt, das Denkmal befindet sich in einem guten Bauzustand, seine Sanierung wurde empfohlen. Bo

Wiesentheid (Lkr. Kitzingen), *Kath. Pfarrkirche St. Maritius*. Einer umfassenden Instandsetzung bedurfte die geschwungene Vortreppenanlage vor der Pfarrkirche, die zwischen den höher gelegenen Kirchenvorplatz und dem Straßenniveau vor dem Schloß vermittelt. Der überwiegende Teil der Sandsteinanlage wurde in Muschelkalk erneuert. Ka

–, *Schloß*. Beraten wurde die Instandsetzung von Räumen im Wohnbereich, die überwiegend nach Befund neu getüncht wurden. – Für die Teile eines *Spiegelkabinetts*, die ursprünglich wohl aus Schloß Gaibach stammen und dort von einer klassizistischen Neuausstattung unter Graf Franz Erwein von Schönborn verdrängt wurden, ist im Rahmen einer restauratorischen Voruntersuchung ein mögliches Restaurierungskonzept ermittelt worden. Ka

Willanzheim (Lkr. Kitzingen), *Haus Nr. 69, Weidenmühle*. Das 1706 datierte kombinierte Wohn- Mühlenhaus wurde durch traditionelle Reparaturmaßnahmen instandgesetzt. Der nahezu komplett ausgestattete Mühlenteil wird vorläufig nur einer Reinigung unterzogen. Bo

Windshausen (Lkr. Rhön-Grabfeld), *Struthhof 6*. Der Abbruchantrag wurde erneut abgelehnt. Qu

Winterhausen (Lkr. Würzburg), *Rathausplatz 2*. Der Sitzungssaal des alten 1738/39 entstandenen Rathauses soll wieder seiner ursprünglichen Funktion zugeführt werden. In Vorbereitung hierfür notwendiger Restaurierungsmaßnahmen wird eine restauratorische Befunduntersuchung durchgeführt. Bo

Wipfeld (Lkr. Schweinfurt), *Kembachstraße 10*, Feststellung des gefahrdrohenden Gebäudezustandes durch mangelnde Wasserableitung und unterlassenen Bauunterhalt. Anregung einer Sanierung im Rahmen der Dorfflurbereinigung. Qz

–, *Marktplatz 2*, Zuschuß zur Instandsetzung der barocken Nepomukfigur am Alten Amtshaus, die dort an der Stelle einer früheren Brücke über den nun verrohrten Dorfbach steht. Qz

–, *Marktplatz 5*. Auch die Ortsplanungsstelle vertritt die denkmalpflegerischen Belange, die den Wiederaufbau des Gebäudes an gleicher Stelle am engen Ausgang des Platzes zum Main verlangten, gegen die Straßenbauer. Qz

–, *Nikolaus-Müller-Straße 1*, Zuschuß zur Voruntersuchung für einen schonenden Umbau. Qz

Wolfsmünster, Gde. Gräfendorf (Lkr. Main-Spessart), *Saalebrücke*. In Vorbereitung der durch das Straßenbauamt Würzburg geplanten Generalinstandsetzung fand anläßlich einer Ortseinsicht eine erste Beratung statt. Bo

Wollbach (Lkr. Rhön-Grabfeld), *Kath. Kirche*. Bei der Neutünchung der Raumschale konnten die Ergebnisse des Befundberichts nur bedingt umgesetzt werden. Bei der letzten Renovierung war nahezu die gesamte Ausstattung der neugotischen Kirche entfernt worden, sodaß sich für die neue Farbigkeit nur eine vorsichtige Annäherung an die nachgewiesene Ausmalung empfahl. Fa

Wonfurt (Lkr. Haßberge), *Von-Seckendorff-Platz 2*, Gutachten und Zuschuß zur Instandsetzung zweier rustizierter Sandsteintorpfeiler mit Deckplatten und Kugelaufsätzen der ehem. Schloßanlage (Nachtrag in die Denkmalliste). Qz

Wülfertshausen (Lkr. Rhön-Grabfeld), *St. Stephanuskapelle*. Nach einem detaillierten Gutachten konnte der gotische Dachstuhl der Kapelle saniert werden. Mit der anschließenden Innenrenovierung betraute man eine einheimische Malerfirma. Fa

–, *Kirchplatz 9*, Ausbau des Dachgeschosses der alten Schule, einem Mansarddachbau von 1902. Qz

Würzburg, Kath. Seminarkirche Herz-Jesu, Mariannhiller Straße/Salvatorstraße. Die Kirche ist Bestandteil der am Mönchberg oberhalb der Innenstadt gelegenen großzügigen Anlage des Pius-Seminars der Mariannhiller Mission, 1927/28 nach Plänen von Albert Boßlet errichtet. Bemerkenswert die bewußt inszenierte Lichtführung durch schmale Fensterschlitze in den Langseiten der Seitenkapellen, hier farblich hieratisch von oben nach unten in abnehmender Helligkeit gestaffelt, die den Raum in ein mystisches Dunkel taucht, dem die gelbliche Lichtflut der Apsisseitenfenster mit intensiver Beleuchtung der des raumbeherrschenden Christus Salvator diametral entgegengesetzt ist. Die dominante Wucht der kargen klaren Architektursprache Albert Boßlets gemeinsam mit der spröden Kratzputz-Gestaltung der einheitlich grün gefaßten aufgehenden Mauermassen bei braun-gelblicher Färbelung der gestuften Balkendecke bildet einen eindrucksvollen Raum, ausgestattet mit Skulpturen von August Weckbecker/München, Frau Gossens-Biehler/München und Heinz Schiestl/Würzburg. Zweifelsohne ist die Mariannhiller Seminarkirche in Würzburg einer der zwingendsten Entwürfe in Albert Boßlets reichem Sakralbauschaffen und wesentliche Vorstufe zu seinem etwas jüngeren Hauptwerk, der Münsterschwarzacher Klosterkirche.

Seitens der Mariannhiller Mission war nun die erste umfassende Innenrestaurierung vorgesehen, bei welcher neben einer Neutünchung die Schaffung eines Zelebrationsaltars sowie eine Verbesserung der inneren Lichtverhältnisse angestrebt wurde, außerdem eine Überholung der Orgel und die Trennung des ursprünglich wohl eher provisorischen Prospekts (Baujahr 1935/36) wegen der für den Raum unverzichtbaren Belichtung. Die Verbrauchtheit der Raumschale machte eine komplette Neutünchung erforderlich; erfreulicherweise ist es gelungen, die Raumfarbigkeit im Sinn des von Boßlet geschaffenen Gesamtentwurfs wiederherzustellen. Eine vergleichbare Präzision konnte auch bei der Reparatur der Farbfenster sichergestellt werden. Eine Zutat ist die Installation einer neuen Innenbeleuchtung, die für die Bauherrschaft unverzichtbar war. Die gewählten Opalin-Leuchten dürfen aufgrund ihrer gestalterischen Unauffälligkeit und Einfachheit als ein allseits tragbarer Kompromiß gewertet werden. In der so realisierten Form, die man vielleicht durchaus als Versuch einer Mustersanierung für Kirchenbauten dieser Zeit werten darf, zeigt sich die Kirche in weitgehender Ursprünglichkeit und ist somit ein herausragendes Zeugnis für den Kirchenbau zwischen den beiden Weltkriegen. Ka

–, *Evang.-Luth. Pfarrkirche St. Johannis, Rennweger Ring 1*. Die im Kriege weitgehend zerstörte neugotische Kirche wurde 1956–57 durch einen eigentümlichen Neubau nach Plänen von Reinhard Riemerschmid (München) ersetzt, wobei der Turmstumpf des untergegangenen Vorgängerbaus in die neuzeitliche Zweiturmfront integriert wurde. – Massive Steinschäden machten eine durchgreifende Sanierung des Turmstumpfs erforderlich, wobei der Umfang der Natursteinauswechslung gemeinsam mit den Steinkonservierungswerkstätten des Landesamtes für Denkmalpflege beraten wurde. Ka

–, *Pleicherpfarrkirche St. Gertraud*. Die in Grabungskampagnen auf dem Gelände des *ehem. Markusklosters* geborgenen historischen Bestattungen wurden hinter einem Gedenkepitaph im nördlichen Seitenschiff der Pleicher Pfarrkirche erneut beigesetzt (vgl. Jahresbericht 1987). Ka

–, *Michaelskapelle bei St. Stephan*. Beraten wurden Bauunterhaltsarbeiten am Außenbau der im Kern romanischen Kapelle zwischen Stephanskirche und Rudolf-Alexander-Schroeder-Haus. An die Neuverputzung anschließend mangels Befund eine Neufassung des Außenbaus unter ästhetischen und städtebaulichen Gesichtspunkten. Ka

–, *Kath. Universitätskirche (Neubaukirche)*. Relativ bald nach Abschluß der Instandsetzung und Einweihung der Kirche als «Aula» der Universität wurde man durch herabfallende Gesteinsbrocken auf den desolaten Zustand des Abschlußgesimses am Turmoktogon unterhalb der Laterne aufmerksam. Glaubte man seinerzeit gelegentlich der Einrüstung im Zuge der Rekonstruktion des Turmabschlusses auf Maßnahmen am Gesims verzichten zu können, so zeigte sich nun, daß praktisch das gesamte Gesims aus rotem Mainsandstein, welches eine Auskragung von wenigstens anderthalb Metern besitzt, gravierende Verfallserscheinungen aufwies. Nachdem eine materialidentische vollformatige Steinauswechslung nicht zuletzt aus statischen Gründen nicht durchführbar erschien, wurde in engem Zusammenwirken zwischen Universitätsbauamt, Statiker und Steinkonservierungswerkstätten des Landesamtes für Denkmalpflege ein konservatorisch noch hinnehmbarer Kompromiß gefunden: Statt lang einbindender Vollformatsteine wurde nur das in Naturstein ausgebildete Gesimsprofil aufgehängt, wobei die gesamte Gesimshöhe in drei für sich tragende Ebenen übereinander aufgelöst ist. Ka

–, *Brücke am Zeller Tor*. Im Zuge der Neubaumaßnahme einer Brücke über den früheren Befestigungsgraben am Zeller Tor kamen in situ befindliche Reste der mittelalterlichen Bogenbrücke (nach 1806 abgebrochen) zum Vorschein, die in einem Bogen wiederhergestellt und in die Landesgartenschaukonzeptionen integriert werden konnte. Ka

–, *Edelstraße 11*, Neurenaissance-Villa von 1903 mit Zierfachwerkteilen im Obergeschoß, Außeninstandsetzung. Ka

–, *Richard-Wagner-Straße 1*. Modernisierung der 1930 in Stilformen der Neuen Sachlichkeit errichteten Villa, ein Wohnheim der Blindeninstitutsstiftung. Es konnte ein insgesamt behutsamer Umgang mit verschiedenen nach originalen raumbestimmenden Ausstattungsteilen (marmorne Kachelöfen, Sitzgruppe im Vestibül, Türblätter und Beschläge und ein Teil der Fenster) durchgesetzt werden. Nach Abschluß der Arbeiten präsentiert sich der Bau in nahezu ursprünglichem Erscheinungsbild. Ka

–, *Ursulinengasse 6*. Zu den Zeugnissen der Greisingzeit gehörte dieses dreigeschossige Mansarddachhaus in markanter Ecklage aus dem 1. Drittel des 18. Jhs., welches nach schweren Zerstörungen im zweiten Weltkrieg um 1950 wiederaufgebaut worden war. Lehnte man sich im Außenbau – in Form, Proportion und Details – eng an das kriegszerstörte Original an, so erfuhr das Innere allerdings einige Veränderungen und Vereinfachungen, nicht zuletzt um den seinerzeitigen wohnungswirtschaftlichen Rahmenbedingungen besser zu genügen. Im Zuge einer notwendigen Gesamtinstandsetzung des Außenbaus wurde das Dach überarbeitet, die Gauben entsprechend dem Vorkriegsstand verändert, verlorengegangene Fledermausgauben wieder hergestellt. Umfangreiche Natursteinarbeiten bildeten den Abschluß der Maßnahmen. Ka

Zeil (Lkr. Haßberge), *Altstadtsanierung*, Besprechung mit dem Sanierungsbüro, der Stadt und dem Städtebaureferat über die vorbereitenden Untersuchungen nach § 141 BBauG. Erhebliche Bedenken gegen das Neuordnungskonzept im Quartier zwischen Hauptstraße, Langer Gasse und Entenweidgasse. Der Vorschlag mit Binnenerschließung hätte eine Blockrandbebauung eingeleitet, die die bestehende, historische Struktur zerstört. Qz

–, *Hauptstraße 9*, Gutachten und Zuschuß zur Fassadeninstandsetzung. Qz

–, *Marktplatz 4*, Gutachten und Zuschuß zur Fassadeninstandsetzung. Qz

–, *Obere Torstraße 3*. Zur Vorbereitung der Errichtung dreier Dachgauben erfolgten schwere Eingriffe im Bereich der Bohlenstube im Obergeschoß. Qz

–, *Speiersgasse 21*, Erweiterung des Sudhauses im Hofbereich und Abbruch eines Nachbargebäudes im rückwärtigen Bereich. Qz

Zeilitzheim, Gde. Kolitzheim (Lkr. Schweinfurt), *Marktplatz 2 ehem. Rathaus*, Stellungnahme nach Heranziehen von Quellen aus dem Gemeindearchiv. Eine erhebliche Modifizierung der beabsichtigten Neunutzung wurde gefordert. Die sehr steile Treppe, die direkt hinter dem «171.» datierten Portal aufsteigt, mußte leider wegen Sicherheitsforderungen des Landratsamtes aufgegeben werden. Eine Korrektur des Äußeren ist nach den tiefgreifenden Veränderungen von 1976 nicht mehr möglich. Qz

Zell (Lkr. Würzburg), Gelände des *ehem. Klosters Unterzell*. Nachdem bereits gegen einen Bebauungsplan für diesen Bereich Bedenken erhoben wurden, stieß auch der im Berichtszeitraum vorgelegte Baueingabeplan für ein sehr großes Alten- und Pflegeheim auf schwere Bedenken. Bo

Zellingen (Lkr. Main-Spessart), *Langgasse 9/11*. Das wohl im 16. Jh. entstandene zweigeschossige Fachwerkwohnhaus soll saniert werden. Nachdem anläßlich einer Ortseinsicht die Bedeutung des noch umfangreich ausgestatteten Denkmals festgestellt werden konnte, wurden Art und Umfang der erforderlichen Voruntersuchungen festgelegt. Bo

–, *Turmstraße, Markttor*. Im Vorfeld einer geplanten Instandsetzung des aus dem 15. Jh. stammenden Torturms fand anläßlich einer Ortseinsicht eine Beratung statt. Bo

Zimmern, Stadt Marktheidenfeld (Lkr. Main-Spessart), *Kath. Filialkirche St. Michael*. Im Nachgang zu der vor einigen Jahren abgeschlossenen Innenrenovierung der neuromanischen Filialkirche von 1835 konnte nach Sicherstellung der Finanzierung nun die von 1730 stammende Seuffert-Orgel (zuvor in der 1803 aufgehobenen Klosterkirche Gerlachsheim a. d. Tauber) restauriert werden. Ka

SCHWABEN

Im Bereich *Schwaben-Nord* betreut Oberkonservator Dr. Peter Böttger (Bö) die kirchliche und profane Denkmalpflege in den Landkreisen Augsburg, Dillingen und Günzburg sowie in den Städten Dillingen und Günzburg; Konservator Dr. Bernd Vollmar (Vo) betreut dort die Landkreise Aichach-Friedberg, Donau-Ries sowie die Städte Augsburg und Nördlingen. Im Bereich *Schwaben-Süd* betreut Oberkonservator Dr. Klaus Kratzsch (Kra) in den Landkreisen Neu-Ulm, Ostallgäu und Unterallgäu sowie in den Städten Kaufbeuren und Neu-Ulm die kirchliche und die profane Denkmalpflege; für die Landkreise Lindau und Oberallgäu sowie die Städte Kempten, Lindau und Memmingen ist für alle Fragen der Denkmalpflege Dr. Martin Stankowski (Sta) zuständig.

Aichach(Lkr. Aichach-Friedberg), *Am Büchl 3, Bürgerhaus*, 2. Hälfte 17. Jh., eingeschossiges, giebelständiges Wohnhaus mit ortstypischem Standerker. Das Landesamt setzt sich für einen Erhalt und eine Instandsetzung des Objekts ein. Vo

Aindling (Lkr. Aichach-Friedberg), *Am Erlberg 2*, eingeschossiges Wohnstallhaus des späteren 18. Jhs. Aufgrund des fortgeschrittenen Verfallszustands mußte das Baudenkmal aufgegeben werden. Vo

Albrechts (Lkr. Ostallgäu), *Kath. Kapelle St. Eustachius*. Die aus dem Jahr 1855 stammende Kapelle erfuhr eine Gesamtrestaurierung, die vom Landesamt für Denkmalpflege bezuschußt wurde. Kra

Amberg (Lkr. Unterallgäu), *Kath. Pfarrkirche St. Mariae Heimsuchung*, Abschluß der Außeninstandsetzung. – Sicherung und Konservierung des bedeutenden Welser-Epitaphs von 1557 in der Vorhalle. Kra

Attenhausen, Stadt Krumbach (Lkr. Günzburg), *Kath. Pfarr- und Wallfahrtskirche St. Otmar*. Bei der Innenrenovierung des fast komplett und einheitlich erhaltenen Raums von 1759 (F. M. Kuen) kamen Reste einer gemalten Pilastergliederung und einer freskalen gloralen Fensterumrahmung zutage, die ohne allzu große Schwierigkeiten rekonstruiert werden konnte. Sta

Attenhofen (Lkr. Neu-Ulm), *St. Lorenz-Straße 13*. Der Abbruch eines Bauernhauses des frühen 19. Jhs. mit hohem Fachwerkgiebel mußte hingenommen werden. Kra

Au (Lkr. Neu-Ulm), *Alte Kath. Pfarrkirche St. Mariä Himmelfahrt*. Die in das seit den sechziger Jahren erbauten Pfarrzentrums integrierte alte Auer Kirche spätgotischen Ursprungs, im frühen 18. Jh. barockisiert, wurde im Hinblick auf die anstehende Gesamtrestaurierung eingehend gewürdigt. Kra

Aufheim (Lkr. Neu-Ulm), *Kath. Pfarrkirche St. Johann Baptist*. Das Turmerdgeschoß, ein kreuzgratgewölbter Raum der Zeit um 1250, ehemals Chor der ältesten Kirche, wird als Werktagskapelle adaptiert. In diesem Zusammenhang wurden Befunduntersuchungen durchgeführt und Wandmalereifragmente verschiedener Zeiten untersucht und konserviert. Kra

–, *Unterdorf 9, Kath. Pfarrhaus*. Der leerstehende Bau, eine noble Traufseitanlage der Zeit um 1800, bedarf dringend einer Instandsetzung; eine mögliche Nutzung ist bisher leider nicht gegeben. Kra

–, *ehem. Augustinerchorherren-Stiftskirche, jetzt Dominikanerpriorats- und Wallfahrtskirche Hl. Kreuz*, Turminstandsetzung. Sockelbereiche spätes 12. Jh., Erhöhung 1512, polygonaler Aufbau 1677 von Michael Thumb. Im Zusammenhang mit einer Rekonstruktion der 1944 zerstörten Turmzwiebel wurde eine Außeninstandsetzung durchgeführt. Dabei konnten wichtige Erkenntnisse zur Bau- und Fassungsgeschichte gewonnen werden; u. a. wurde die entstehungszeitliche freskal-ornamentale Fassadengestaltung eruiert. Vo

Augsburg, Barfüßerstraße 10, sog. Fischgraben Substruktion des Chors der *ehem. Barfüßerkirche*. Im Rahmen der Instandsetzung und Neunutzung als Andachtsraum und Cafeteria wurden interessante Baubefunde aufgedeckt, darunter ein als (Fisch-)Reinigungsbecken genutzter spätantiker Sarkophagdeckel. Vo

Amberg, Lkr. Unterallgäu; Kath. Pfarrkirche St. Mariae Heimsuchung; Epitaph des Bartholomäus Welzer, 1557, nach der Konservierung

–, *Franziskanerkirche St. Sebastian*, 1906/07. Die Außeninstandsetzung ist abgeschlossen; die durch die Befunduntersuchung geklärte bauzeitliche Raumredaktion neuromanischer Prägung soll wiederholt werden. Vo

–, *Galluskirche*, 11. Jh. An dem 1051 geweihten und 1589 erweiterten bzw. umgestalteten Sakralbau ist das Fresko mit einer Kreuzigungsdarstellung aus der Zeit um 1460/70 akut gefährdet. Nicht zuletzt aufgrund der baulichen Situation ist eine Abnahme der Freskoschicht und eine Verbringung in das Diözesanmuseum notwendig. Vo

–, *Kath. Stadtpfarrkirche St. Ulrich und Afra, ehem. Benediktiner-Stiftskirche*, Baubeginn der bestehenden Anlage 1460, 1500 Weihe des Langhauses und Grundsteinlegung zum Chor, Bauarbeiten 1526 eingestellt, 1560 wieder aufgenommen, um 1603 abgeschlossen. Außeninstandsetzung mit Rekonstruktion der durch Befund nachgewiesenen Zweifarbigkeit (altweiße Wandflächen, grüngraue Architekturgliederungen) in der Redaktion des 17. Jhs. Vo

–, *Rathaus*, Rekonstruktion des *Goldenen Saals*. Die Konservierung der Matthias Kager zugewiesenen Freskenfragmente ist abgeschlossen. Die historischen Oberflächen sind in die Rekonstruktion der ehem. malerischen Ausstattung eingebunden. Vo

–, *Regierungsgebäude, ehem. Bischöfliche Residenz*. Der Vorraum zum Festsaal mit seiner Rocaille-Stuck-Gestaltung aus der Mitte des 18. Jhs. wurde instandgesetzt, die Farbigkeit orientiert sich an der Erstfassung. Vo

–, *Bartshof 8*, Bürgerhaus, spätes 16. Jh. Das Gesamtinstandsetzungskonzept des dreigeschossigen Wohnhauses mit Stufen, Giebel und polygonalen Eckerkern wurde abgestimmt. Vo

–, *Bürgermeister-Fischer-Straße 11*, sog. Königsbau, heute Kaufhaus, 1912/14, von Walter Kraus und Hermann Dirr. Die nach Kriegszerstörungen erhaltene, städtebaulich dominierende Fassade wurde instandgesetzt, die Farbgebung orientiert sich am entstehungszeitlichen Befund. Vo

–, *Friedberger Straße 2, ehem. Schülesche Kattunfabrik*, 1770/72 von Leonhard Christian Mayr errichtet. Die Dreiflügelanlage mit repräsentativem Kopfbau in schloßähnlicher Prägung gehört zu den bedeutendsten (Vor-)Industriebauten in Bayern. Im Bereich der in den fünfziger Jahren purifizierten Seitenflügel konnten bauzeitliche Befunde der Fassadengestaltung nachgewiesen werden; es handelt sich dabei um in Freskotechnik aufgetragene Architekturgliederungen. Zur historischen Ausstattung gehören neben (stuck-)reliefierten Türfüllungen und Supraporten von Joseph Hartmann und Joseph Christ auch Fragmente der bauzeitlichen Stuckdeckengestaltung. Ein Instandsetzungs- und Umnutzungskonzept unter Wahrung der denkmalpflegerischen Belange ist abgestimmt. Vo

–, *Haunstetter Straße 36, Leichenhaus* auf dem evang. Friedhof, 1837 von Franz Joseph Kollmann errichtet. Unter Berücksichtigung der benachbarten Friedhofkapelle August von Voits wurde die bauzeitliche Fassadengestaltung rekonstruiert. Vo

–, *Hinterer Lech 33*, Doppelwohnhaus, zweigeschossig, 2. Hälfte 16. Jh. Die Gesamtinstandsetzung ist abgeschlossen. Im Rahmen der Instandsetzung sind baugeschichtlich interessante Befunde wie beispielsweise eine Bohlen-Balken-Decke zutage getreten. Vo

–, *Kapuzinergasse 6*, ehem. Handelshaus, im Kern mittleres 16. Jh. Die Gesamtinstandsetzung ist abgeschlossen. Zu den wesentlichen historischen Eigenheiten des Objekts gehört die erdgeschossige Gewölbekonstruktion mit Stuck- bzw. Terrakottagestaltungen aus dem mittleren 16. Jh. und die mit Kolossalpilastern gestaltete Fassade der Zeit um 1789/90. Die farbliche Gestaltung der Fassade orientiert sich am Erstbefund. Vo

–, *Klausenberg 8b*, ehem. Ökonomieteil des sog. Kurhaustheaters der Hessing-Klinik. Die Fassade des Ostflügels, einziger historischer Bestand der ehem. Dreiflügelanlage, wurde instandgesetzt, die farbliche Rekonstruktion der Neurenaissancegliederungen wiederholt die zweite Fassung. Die in der Erstfassung belegten Groteskenmalereien waren nicht mehr nachzuweisen. Vo

–, *Ludwigstraße 32/34*, Bürgerhäuser, zweite Hälfte 16. Jh. Die Gesamtinstandsetzung ist abgeschlossen, die Stuckdecken der Bauzeit sowie der Stilstufe um 1720/25 wurden im Rahmen der Maßnahme instandgesetzt. Vo

–, *Maximilianstraße 36/38*, ehem. Fuggerhäuser, 1512–15 umgestaltet, 1944 teilzerstört. Im Rahmen der angestrebten Umbaumaßnahmen konnten Erkenntnisse zur bauzeitlichen Befundsituation im Bereich der erdgeschossigen Gewölbehallen festgestellt werden. Vo

–, *Maximilianstraße 58*, Bürgerhaus, zweite Hälfte 16. Jh., Instandsetzung des Deckenfreskos im Treppenhaus. Die in Augsburg häufig nachzuweisende Treppenhausgestaltung wurde instandgesetzt: Unter einer unsachgemäßen Übermalung konnte ein relativ guter Bestand des 3. Viertels des 18. Jhs. freigelegt und wiederhergestellt werden; dargestellt ist eine weibliche Allegorie der göttlichen Vorsehung. Eine Zuweisung an Joseph Christ ist nicht haltbar. Vo

–, *Maximilianstraße 85*, Bürgerhaus der 2. Hälfte des 16. Jhs., dreigeschossiger Traufseitbau mit Flacherker. Das Gesamtinstandsetzungskonzept ist abgestimmt. Im Rahmen der Befunduntersuchung wurde eine Bohlen-Balken-Decke der Bauzeit festgestellt. Eine Wiederherstellung der modern verbauten erdgeschossigen Gewölbeeinfahrt als wesentlicher Bestand eines Augsburger (Groß-)Bürgerhauses ist vorgesehen. Vo

–, *Maximilianstraße 87*, Bürgerhaus, 1740, Fassade um 1760, viergeschossig mit Flacherker. Das Abbruchbegehren konnte abgewendet werden. Eine Instandsetzung unter Wahrung der historischen Grundrißdisposition und Ausstattung ist im Gange. Vo

–, *Mittlerer Graben 24*, Bürgerhaus, 1. Hälfte 16. Jh., dreigeschossig mit Steilsatteldach nach Osten mit Schopfwalmabschluß. Die Gesamtinstandsetzung zur Wohnnutzung ist unter Erhalt der historischen Grundrißdisposition und Ausstattung abgeschlossen. Vo

–, *Mittlerer Lech 46/48*, ehem. Färberhaus, 1. Hälfte 17. Jh. mit Abseite mittleres 16. Jh. Die Gesamtinstandsetzung ist abgeschlossen. Die historischen Gerberböden sind weiterhin ablesbar. Vo

–, *Otto-Lindenmayerstraße 30 (sog. Glaspalast)*, 1909/10 von Thormann und Stiefel nach Plänen von Architekt Manns errichtet. Das Werk IV der ehem. mechanischen Baumwollspinnerei und Weberei, ein Stahlskelettbau mit Klinkerverblendungen, Schmuckteilen aus scharriertem Beton, gehört zu den bedeutendsten Industriebauten der Zeit vor dem Ersten Weltkrieg. Das Landesamt setzt sich für einen Erhalt der überlieferten entstehungszeitlichen Bauform, Raumdisposition und des städtebaulichen Umfeldes ein. Vo

–, *Pfärrle 18*, ehem. Zuckerhof, 2. Hälfte 16. Jh., heute Wohnanlage. Die Gebäudegruppe, bestehend aus zwei zweigeschossigen Giebelhäusern und einem rückwärtigen Anbau wurde unter Berücksichtigung der historischen Bausubstanz einer modernen Wohnnutzung zugeführt. Vo

–, *Philippine-Welser-Straße 24*, ehem. Bürgerhaus, heute *Maximilianmuseum*, 1544/46 erbaut, dreigeschossiger Traufseitbau mit reich dekorierten Natursteinerkern. Im Rahmen einer Voruntersuchung wurden die Schadensbilder an den Deckenfresken festgestellt. Dabei konnten nähere Erkenntnisse zu den um 1706 entstandenen Arbeiten des Melchior Michael Steidl gewonnen werden. Vo

–, *Proviantbachstraße 30, sog. Fabrikschloß, ehem. Spinnerei der mechanischen Baumwollspinnerei und Weberei*, Werk III, 1895/98 nach Plänen von Sequin Bronner von Thormann und Stiefel ausgeführt, dreigeschossiger Blankziegelbau mit Ecktürmen. Das Landesamt setzt sich für eine Respektierung des historisch-städtebaulichen Umfeldes ein. Die zukünftige Nutzung des Objekts ist noch nicht festgelegt. Vo

–, *Rosengasse 6*, Bürgerhaus, 2. Hälfte 16. Jh., dreigeschossiger Traufseitbau mit Flacherker, rückwärtiger Hof von Abseiten umgeben. Die Gesamtinstandsetzung zur Wohnnutzung ist abgeschlossen. Vo

Saurengreinswinkel 3, Kleinbürgerhaus, 2. Hälfte 16. Jh. Trotz der durch die ungünstige Bauform bedingten Vorgaben konnte das städtebaulich wichtige Anwesen einer modernen Wohnnutzung unter Erhalt der vorgegebenen historischen Grundrißgestaltung und Ausstattung zugeführt werden. Vo

–, *Schäfflerbachstraße 26*, ehem. Färberturm, 3. Viertel 18. Jh. Teil der ehem. Schüle'schen Bleiche, ein Denkmal der handwerklich-gewerblichen Tuchbearbeitung, diente zum Aushängen und damit zum Trocknen eingefärbter, großflächiger Stoffbahnen. Eigenheiten der historischen Nutzung sind ablesbar. Das Landesamt setzt sich gegen einen die historische Funktion unkenntlich machenden Ausbau der Anlage ein. Vo

–, *Schätzlerstraße 9*, ehem. Herrenhaus zu einem Gartengut, 1764 von Gottfried Schifter errichtet, dreigeschossiger Mansarddachbau mit Mittelrisalit und Mezzaningeschoß. Im Rahmen einer Befunduntersuchung fanden sich Grisaille-Malereien auf den Türfüllungen. Die Landschaftsdarstellungen, basierend auf Stichvorlagen, sind der Entstehungszeit des Gebäudes zuzuordnen. Vo

–, *Schwippbogengasse 29*, Bürgerhaus, 2. Hälfte 16. Jh., dreigeschossig mit steilem zweigeschossigem Abzugserker. Die Gesamtinstandsetzung zur Wohn- und Geschäftsnutzung ist abgeschlossen. Vo

–, *Schwippbogenplatz*, Turm, Mitte 19. Jh., oktogonale Obergeschosse über quadratischen Unterbau, Zinnenabschluß. Lusthaus einer ehem. Gartenanlage in neugotischen Stilanklängen. Eine Inneninstandsetzung mit Nutzungskontinuität wurde durchgeführt. Vo

–, *Stadtjägerstraße 10*, ehem. Telegraphen- und Fernsprechbezirksgebäude der Reichspost, 1927 von Georg Werner im Stil der Neuen Sachlichkeit errichtet. Mit der Gesamtinstandsetzung und teilweisen Wiederherstellung des bauzeitlichen Erscheinungsbilds wurde begonnen. Vo

–, *Stettenstraße 10*, Wohnhaus, zweigeschossig, die Anlage entstand bei einer Stadterweiterung des späten 19. Jhs. in der Kontinuität der in diesem Bezirk angesiedelten frühneuzeitlichen Gartengüter. Mit der Gesamtinstandsetzung zur Büro- und Wohnnutzung wurde begonnen. Im Rahmen der Maßnahme wurde eine Brunnenanlage aus Kunststein, der Rest einer historischen Gartengestaltung, zerstört. Vo

–, *Ulmer Straße 176*, ehem. Straßenbahndepot, 1920 vom städt. Baurat Holzer errichtet, eine Gesamtinstandsetzung wurde durchgeführt. Vo

–, *Ulmer Straße 192*, 2. Hälfte 17. Jh., das Instandsetzungskonzept für den viergeschossigen Traufseitbau, Bestandteil der ehem. Judensiedlung Kriegshaber, wurde abgestimmt. Vo

–, *Ulmer Straße 207*, ehem. Judenhaus, 2. Hälfte 17. Jh.. Bei einer Befunduntersuchung konnten Erkenntnisse über die Fassadengestaltung dieser Hausgattung im 18. bzw. frühen 19. Jh. gewonnen werden. Vo

–, *Ulmer Straße 222*, ehem. Judenhaus, um 1700. Das Instandsetzungskonzept für den schmalen dreigeschossigen Giebelbau mit entstehungszeitlicher Grundrißdisposition wurde mit den denkmalpflegerischen Belangen abgestimmt, eine Gesamtinstandsetzung ist vorgesehen. Vo

–, *Ulmer Straße 228, ehem. Synagoge*, um 1840/70. Die nachkriegszeitliche Nutzung des ehem. jüdischen Kultbaus als Lagerraum wurde aufgegeben. Die bauzeitliche Innenraumdisposition und Gestaltung mit Frauenempore und Thora-Schrein ist überliefert. Das Landesamt setzt sich für eine Wiederherstellung des Innenraums ein. Vo

–, *Ulrichsplatz 12*, ehem. Bürgerhaus, im Kern 2. Hälfte 16. Jh., 1897 mit Neurokoko-Fassade und historisierender Ausstattung von Jean Keller umgeformt. Das Anwesen gehört zu den bedeutendsten historischen Bürgerhäusern der Stadt. Ein Instandsetzung- und Umnutzungskonzept unter Wahrung der einheitlichen Ausstattung wurde abgestimmt. Vo

–, *Unterer Graben 1*, ehem. Wasserwerk, jetzt Wohnhaus, mittleres 18. Jh. mit Werkstattgebäude spätes 19. Jh.. Die Instandsetzung und Umnutzung zu einem Programmkino ist abgeschlossen. Vo

–, *Vorderer Lech 2*, Handwerker- und Bürgerhaus, 2. Hälfte 16. Jh., die Gesamtinstandsetzung des fünfgeschossigen Anwesens zur Wohnnutzung ist abgeschlossen. Vo

–, *Waisengäßchen 11*, ehem. Kleinbürger- und Mietzinshaus, 2. Hälfte 16. Jh., das Instandsetzungskonzept unter Wahrung der für diesen Bautyp charakteristischen Eigenheiten und Konstruktionen ist abgeschlossen. Vo

Augsburg-Göggingen, Kurhaustheater, 1886. Die Putzsicherungs- bzw. Ergänzungsarbeiten sowie die Dachinstandsetzung ist weitgehend abgeschlossen. Mit den Voruntersuchungen zur Rekonstruktion der Farbglasfenster wurde begonnen. Vo

Bad Oberdorf, Markt Hindelang (Lkr. Oberallgäu), *Dorfstraße 18*. Bei der Gesamtsanierung des wichtigen ehem. Bauernhauses konnte trotz erheblichen Einsatz der Denkmalbehörden der notwendige denkmalgerechte Standard der Arbeiten nicht durchgesetzt werden. Trotz Detailverlusten bleibt die Rettung des wohl ältesten datierten Hauses des Allgäus (1588) positiv zu vermerken. Sta

Bad Wörishofen (Lkr. Unterallgäu), Dominikanerinnenkloster. Die umfassende bautechnische Sanierung und Restaurierung des barocken, 1718 begründeten Klosters wurde fortgesetzt. Die Außenrestaurierung der 1723 vollendeten Klosterkirche ist abgeschlossen; außer den notwendigen Dachdeckungs-, Fassaden- und Fensterarbeiten war auch eine statische Sicherung des Dachwerks notwendig. Vorbereitet wurde die statische Sanierung des Westflügels und die Erneuerung der Großküche. Sta/Kra

Baisweil (Lkr. Ostallgäu), *Allgäuer Straße 19*, Abschluß der erfolgreichen Gesamtrestaurierung eines Bauernhauses aus dem frühen 19. Jh. Kra

Balteratsried (Lkr. Ostallgäu), *Freybergstraße 18*. Die große Dachfläche des stattlichen ehem. Gasthauses aus dem späten 18. Jh. wurde instandgesetzt; die Maßnahme wurde durch einen Zuschuß des Landesamtes für Denkmalpflege gefördert. Kra

Beckstetten (Lkr. Ostallgäu), *Haus Nr. 21*, Gutachten über das leer stehende historische *Pfarrhaus* von 1735, das als Kindergarten umgebaut werden soll. Kra

Belzheim (Lkr. Donau-Ries), *Kath. Pfarrkirche St. Michael*, Kirchenbau von 1608 mit Stuckausstattung des Matthäus Schmutzer von 1882, Altarausstattung von 1798. Gesamtinstandsetzung mit Wiederholung der Raumredaktion der Instandsetzung von 1970. Vo

Bergstetten (Lkr. Donau-Ries), *Kath. Filialkirche zur Hl. Dreifaltigkeit*, mittleres 17. Jh., Bestandteil eines ehem. Gutshofs des Kaisheimer Klosters, seit 1803 profaniert. Fassadeninstandsetzung; dabei konnte im Rahmen der Befunduntersuchung eine für das barocke Kaisheimer Bauschaffen typische Gestaltung mit Putzrustika in sog. Besentechnik festgestellt werden. Vo

Beuren (Lkr. Neu-Ulm), *Kath. Pfarrkirche St. Cosmas und Damian*, spätgotischer, um 1750, 1822, 1896 und 1932 jeweils umgestalteter Bau, Gutachten zur beabsichtigten Innenrestaurierung. Kra

Bidingen (Lkr. Ostallgäu), *Kath. Pfarrkirche St. Pankratius*. Die Fassaden des spätgotischen, 1738 barockisierten Sakralbaus wurden instandgesetzt und wieder kalkweiß getüncht. Kra

Binswangen (Lkr. Dillingen), *ehem. Synagoge*, um 1835. Der Kultbau ist in direkter Nachfolge der Gärtner'schen Synagoge von Ingenheim/Pfalz das früheste erhaltene Beispiel in sog. neo-maurischen Stil. Das Konzept zur Wiederherstellung bzw. Rekonstruktion ist erarbeitet. Vo

Blonhofen (Lkr. Ostallgäu), *Ortsstraße 25*. Das leerstehende eindrucksvolle Bauernhaus aus dem frühen 19. Jh. mit zwei prächtigen großen Stuben mit historischen Dielen, Decken, Fenstern kann erhalten werden, nachdem sich ein Interessent dafür gefunden hat. Mehrfache fachliche Beratung. Kra

Blumenthal, (Lkr. Aichach-Friedberg), *ehem. Brauereigebäude* der Deutschordenskommende. Die statische Sicherung des zweigeschossigen Satteldachbaus von 1709 mit vier Portalanlagen begann. Vo

Böhen (Lkr. Unterallgäu), *Kath. Pfarrkirche St. Georg*, Innenrestaurierung der 1910 in neubarocken Formen ausgestalteten Kirche, Wiederholung der Raumfassung von 1951, fachgerechte Restaurierung des romantischen Orgelwerkes von 1907. Kra

Boos (Lkr. Unterallgäu), *Babenhauser Straße 21/23, ehem. Fugger-Schloß*. Das Landesamt für Denkmalpflege hat das Landratsamt aufgefordert, Substanzsicherungsarbeiten an dem teilweise verfallenen Schloß zu verfügen. Ka

–, *Dorferneuerung.* Das ausgedehnte Straßendorf ist in die Dorferneuerungsplanung aufgenommen worden. An den Auswertungen der Bestandsaufnahmen und der Diskussion der Planungsziele war das Landesamt für Denkmalpflege beteiligt. Kra

Breitenbronn (Lkr. Augsburg), *Kath. Pfarrkirche St. Margaretha,* ein spätgotischer Kirchenbau. Bei der Außeninstandsetzung des Turmes wurden entstehungs- und barockzeitliche Putzgestaltungen festgestellt und dokumentiert. Vo

Buch (Lkr. Neu-Ulm), *Kath. Pfarrkirche St. Valentin,* Beginn der umfangreichen Innenrestaurierung der 1780–90 erbauten, großen, frühklassizistischen Pfarrkirche. Umfassende Trockenlegungsmaßnahmen, Erneuerung der Heizung, Erneuerung des Sockelputzes wurden bereits durchgeführt. Die Reinigung der Deckengemälde von Konrad Huber und die Tönung der Raumschale sind für 1990 vorgesehen. Sta/Kra

Burgau (Lkr. Günzburg), *Stadtstraße 7,* ehem. Amts- und Gasthaus, später Mädchenschule, spätes 17. Jh. Die Gesamtinstandsetzung des zweigeschossigen, städtebaulich dominierenden Satteldachbaus mit Wiederherstellung der Stuckdecke (Vorderösterreichischer Adler) ist abgeschlossen. Vo

Buxheim (Lkr. Unterallgäu), *ehem. Klosterkirche der Reichskartause Buxheim.* Die um 1300 (Chor) und nach 1402 (Schiff) erbaute, 1680 und 1700 umgebaute, dann u. a. durch Dominikus und Johann Baptist Zimmermann (Stuck, Deckengemälde) unter der Leitung des Baumeisters Christian Wiedemann einheitlich barockisierte Klosterkirche soll in Zusammenhang mit der Wiederaufstellung des Chorgestühls von Ignaz Waibel (1684–89) eine große Innenrestaurierung erfahren. Die Planungen wurden mit dem zuständigen Landbauamt Augsburg weitgehend abgestimmt, mit den Befunduntersuchungen und Bodenarbeiten, leider unter Zerstörung historischer Gräber, wurde begonnen. Sta/Kra

Christertshofen (Lkr. Neu-Ulm), *Kath. Pfarrhof.* Der hervorragende, 1786 nach Plänen von Joseph Dossenberger errichtete Pfarrhof kann endlich restauriert werden, nachdem die Planungen beendet und die Finanzierung gesichert ist. Kra

Daiting (Lkr. Donau-Ries), *Kath. Pfarrkirche St. Martin,* Chorturm 14. Jh., Langhaus um 1735 erneuert, 1820 verlängert, Wand- und Deckenfresken von Murmann (1735) und Albrecht (1908). Inneninstandsetzung mit Wiederholung der Raumredaktion von 1908. Vo

Deffingen, Stadt Günzburg (Lkr. Günzburg), *Kath. Pfarrkirche St. Ulrich,* Innenrenovierung mit subtilen Rekonstruktionen der ursprünglichen reichen Schablonenmalerei der Jahrhundertwende und der Neuerstellung (Nachbau) der Altäre. Sta

Dietershofen (Lkr. Neu-Ulm), *Kath. Kapelle zur Hl. Dreifaltigkeit.* Die Gesamtrestaurierung der außergewöhnlichen, 1759 ausgestalteten Rokokokapelle ist nahezu abgeschlossen. Kra

Dietershofen (Lkr. Unterallgäu), *Kath. Filialkirche St. Ulrich,* mehrfache Beratung der Innenrestaurierung der im wesentlichen 1737 erbauten, 1887 und 1937 z. T. erheblich veränderten Kirche. Kra

Donauwörth, (Lkr. Donau-Ries), *Kapellstraße 36,* ehem. Sitz der kgl. Brandversicherungskammer, 1888/1889 errichtet, zweigeschossiger Walmdachbau mit villenartigem Charakter. Das Objekt wurde in die Denkmalliste nachgetragen; das Landesamt hat sich erfolgreich für einen Erhalt eingesetzt. Vo

–, *Kapellstraße 42,* ehem. Hotel Krebs, schloßartige Anlage an der Donau, Eckrisalite um 1786, Zwischenbau 1838 erneuert. Die Umbauplanung zur Neunutzung als Hotel ist abgestimmt. Im Rahmen der Voruntersuchung konnten die im Inventarband (S. 191) erwähnten Wandfresken des Johann Baptist Enderle von 1785 nicht eruiert werden. Vo

–, *Sonnenstraße 23,* ehem. Wohnhaus, spätes 18. Jh. Angesichts des erheblichen Schadensbildes wurde das Baudenkmal aufgegeben. Vo

–, *Spitalstraße 7,* ehem. Hotel Krone, 1894 errichtet. Das Landesamt hat sich vergebens für einen Erhalt des dreigeschossigen Anwesens mit aufwendig gestalteter, historisierender Fassade eingesetzt. Vo

Druisheim (Lkr. Donau-Ries), *Graf-Treuberg-Straße 29,* ehem. Kleinbauernhaus, sog. Tropfhaus, mittleres 19. Jh. Angesichts des irreparablen Zustands der archaischen Baukonstruktion mußte das Baudenkmal aufgegeben werden. Vo

Ellhofen (Lkr. Lindau/B.), *Kath. Pfarrkirche St. Peter und Paul* (1480 und 1634, 1784, 1898), Innenrenovierung unter Wiedereinbringung der Neurenaissancealtäre. Versuch, den Raum durch eine differenzierte Fassung wieder eine stimmige Atmosphäre zu geben. Wichtig, wie immer, Konservierungsarbeiten an den Sandstein-Epitaphien und hier auch an den Resten eines (wieder aufgedeckten) spätgotischen Sakramenthauses. Sta

Erlingshofen (Lkr. Donau-Ries), *Kath. Pfarrkirche St. Vitus,* Turmunterbau 13. Jahrhundert, polygonale Turmobergeschosse Ende 16. Jh., Langhaus 1715/16 erneuert. Außeninstandsetzung mit Wiederholung der Fassadengestaltung des 18. Jhs. Vo

Eschach, Gde. Buchenberg (Lkr. Oberallgäu), *Kath. Filialkirche St. Sylvester.* Bei der Innenrestaurierung der reizvollen kleinen Kirche (um 1700) wird versucht, die überkommen Alterswerte zu bewahren. Sta

Eschers (Lkr. Ostallgäu), *Kath. Kapelle St. Peter und Paul.* Die aus dem Jahr 1781 stammende, 1905 umgestaltete Kapelle wurde unter Bezuschussung des Landesamtes für Denkmalpflege instandgesetzt. Kra

Ettenbeuren, Gde. Kammeltal (Lkr. Günzburg), *Kath. Pfarrkirche Mariae Himmelfahrt,* Innenrenovierung des von Dossenberger 1764/66 umgestalteten und erweiterten spätgotischen Baus unter Bewahrung der neubarocken Ausstattung. Aufgrund fehlender weiterer Befunde wurde im wesentlichen der Farbigkeit des 18. Jhs. gefolgt. Sta

Ettringen (Lkr. Unterallgäu), *Kath. Pfarrkirche St. Martin und St. Nikolaus,* Sanierung des Dachstuhls und Restaurierung des Deckenplafonds mit dem Fresko Johann Christian Winks (1785). Sta

Feldheim (Lkr. Donau-Ries), *Pfarrstadel,* mittleres 19. Jh.. Mit der Instandsetzung und Umnutzung als Pfarrsaal wurde begonnen. Vo

Frankenhofen (Lkr. Ostallgäu), *Kath. Pfarrhof.* Ausbau des Wirtschaftsteils des 1804 neu errichteten ehem. Ökonomiepfarrhofs für eine Pfarrheimnutzung, allerdings unter erheblichen Verlusten an historischer Bausubstanz. Kra

Freihalden (Lkr. Günzburg), *Augsburger Straße 1,* ehem. Forstamt, spätes 18. Jh. Das Landesamt setzt sich für den Erhalt des stattlichen Walmdachbaus mit entstehungszeitlicher Grundrißdisposition und Ausstattung ein. Vo

Füssen (Lkr. Ostallgäu), *ehem. Benediktinerabtei St. Mang, ehem. Kreuzgang.* Der 1717 vollendete barocke Klosterneubau nach den Plänen Johann Jakob Herkomers bezieht neben anderen mittelalterlichen Bauteilen auch den Kreuzgang der Abtei des 13. bis 16. Jhs. ein (kleiner Innenhof, östlich an den Chor der Kirche anschließend). Zwei Flügel dieser durch Herkomer völlig überarbeiteten Anlage wurden vor 20 Jahren zum Teil dilettantisch ergraben bzw. freigelegt. Sie liegen wesentlich tiefer als das barocke Niveau. Die beiden Flügel sollen in Verbindung mit der frühmittelalterlichen Magnuskrypta und der Annakapelle in den Museumsrundgang einbezogen werden (Stadtmuseum Füssen). Zuerst ist eine wissenschaftliche Nachgrabung, die Herstellung eines verformungsgerechten Bauaufmaßes (Wandabwicklungen) und die Untersuchung verschiedener mittelalterlicher Wandmalerei- und Fassungsreste geplant. Kra

–, *Schrannengasse 15,* mehrfache Beratung der Instandsetzung eines bürgerlichen Giebelhauses des 17./18. Jhs., das zuletzt um 1905 überarbeitet wurde. Kra

–, *von-Freyberg-Straße 2.* Der Abbruch des etwa 1835 enstandenen Nebengebäudes einer Villa, eines erdgeschossigen biedermeierlichen Baus mit Mansardwalmdach, wurde abgelehnt. Kra

Georgenberg, Gde. Germaringen (Lkr. Ostallgäu), *Kath. Filialkirche St. Georg,* Gutachten zur bedeutenden, auch im Zusammenhang mit der bekannten romanischen Kirche und der Topographie des Georgsbergs wichtigen Friedhofsummauerung, die wohl noch aus dem 17. Jh. stammt und behutsam instandgesetzt werden soll. Kra

Großaitingen (Lkr. Augsburg), *Augsburger Straße 4, ehem. Zehentstadel,* errichtet 1550, wiederaufgebaut 1650. Die Instandsetzungsarbeiten und die Umnutzungsmaßnahme für ein evang. Gemeindehaus ist abgeschlossen. Vo

Großkitzighofen (Lkr. Ostallgäu), *Kath. Kapelle Vierzehn Nothelfer.* Der bemerkenswerte, relativ große neugotische Bau von 1868 konnte in einem ersten Bauabschnitt im Äußeren restauriert werden. Die ursprüngliche, aufgemalte rote Backsteinfassung wurde rekonstruiert. Kra

Günzburg, Kath. Pfarrkirche St. Martin, umfangreiche Erneuerungsarbeiten an dem weitgehenden Neubau von 1963/64. Bei Bodenarbeiten in dem im Kern noch spätgotischen Chor wurde offenbar allzu sorglos vorgegangen. Sta

–, *Augsburger Straße, Evang.-Luth. Pfarrkirche (1902),* Außeninstandsetzung. Sta

–, *ehem. Franziskanerinnenkloster* (vgl. Jahresbericht 1987), Fortführung der Außenrenovierung unter Bewahrung von Resten (Fundamenten) der Stadtmauer und des sog. Diebsturms; Sanierung des Nordflügels nach einer Untersuchung, die nur wenig aussagekräftige Befunde erbrachte, immerhin jedoch Hinweise auf Überreste des ersten barocken Baus vor dem Wiederaufbau 1738. Sta

Gurrenhof, Stadt Neu-Ulm, Gutshof, etwa 5 km südlich von Neu-Ulm unweit östlich der Iller, umgeben von einem Wall mit Graben an der Innenseite. Seit dem Mittelalter bestand hier ein Gestüt des Ulmer Hospitals, 1773 wurde der Gutshof in einen Bauernhof umgewandelt, seit 1861 in Privatbesitz. – Gesamtinstandsetzung der südöstlich vom Gutshof errichteten neuklassizistischen *Villa;* aus gleicher Zeit die barockisierenden Torpfeiler der Einfahrt. GB

Haberskirch (Lkr. Aichach-Friedberg), *Kath. Pfarrkirche St. Peter und Paul,* spätmittelalterliche Turmanlage, Langhaus von 1908. Mit der Neugestaltung des bereits 1965 modernisierten Kirchenraumes wurde begonnen. Eine Freilegung der nachgewiesenen Raumredaktion von 1908 ist nicht vorgesehen. Vo

Hainsfarth (Lkr. Donau-Ries), *Jurastraße 10, ehem. Synagoge.* Mit der Gesamtinstandsetzung bzw. Rekonstruktion des Kultbaus in neomaurischen Stilformen wurde begonnen. Vo

Harthausen (Lkr. Günzburg), *Sommerkeller,* ehem. Brauereigebäude, um 1800. Die statische Sicherung und Fassadeninstandsetzung ist abgeschlossen. Vo

Haslangkreit (Lkr. Aichach-Friedberg), *Schloßstraße 17, ehem. Benefiziatenhaus,* um 1700, Fragmente einer malerischen Fassadengestaltung um 1800. Das Landesamt setzt sich für den Erhalt des bau- und ortsgeschichtlich wichtigen zweigeschossigen Satteldachbaus ein. Vo

Herbishofen, Gde. Lachen (Lkr. Unterallgäu), *Haus Nr. 2,* vorbereitende Untersuchungen zur Instandsetzung des zugehörigen Kornspeichers, Obergeschoß im Blockbau. Erhebliche Schäden an der Gründung dieses Bauwerks haben zu besorgniserregenden Verformungen der Bausubstanz insbesondere der Außenwände geführt. GB

Herrenstetten (Lkr. Neu-Ulm), *Kath. Pfarrkirche St. Martin.* Die Gesamtrestaurierung der aus dem 16. Jh. stammenden, 1864 nach Westen erweiterten, 1865 ff. romanisierend und gotisierend, dann 1923 teilweise barockisierend ausgestalteten Kirche ist abgeschlossen. Die Raumfassung von 1865 ff. wurde rekonstruiert unter Erhaltung der Veränderungen (u. a. Deckengemälde) von 1923. – Die Maßnahme wurde durch Zuschüsse des Landesamtes für Denkmalpflege gefördert. Sta/Kr

Hindelang (Lkr. Oberallgäu), *Rathaus* (vgl. Jahresbericht 1987). Als Abschluß der Außenrenovierung wurde dem markant kubischen Gebäude eine Fassung wiedergegeben, die die Zeit der frühbarocken Entstehung dokumentiert. Sta

Hinterreute, Gde. Wertach (Lkr. Oberallgäu), *Kapelle Franz Xaver* (vgl. Jahresbericht 1987), Durchführung der dringend notwendigen statischen Sanierung. Sta

Hirschbrunn (Lkr. Donau-Ries), *Jagdschloß,* errichtet 1626, Schloßkapelle 1692, Verbindungsgang zwischen Schloß und Kapelle 1718. Die Gesamtinstandsetzung von Schloß und Kapelle ist abgeschlossen. Am Schloß wurden die bauzeitlichen Fassadenputze in Ritzquadertechnik konserviert bzw. ergänzt, die Farbgebung rekonstruiert. Vo

Hochdorf (Lkr. Aichach-Friedberg), *Kath. Pfarrhof,* um 1780. Die Gesamtinstandsetzung des stattlichen, zweigeschossigen Satteldachbaus mit bemerkenswerter Ausstattung und Fassadengestaltung ist im Gange. Vo

Holzgünz (Lkr. Unterallgäu), *Kath. Schloßkirche.* Die durch die Memminger Kreuzherren errichtete Kirche (1586, Ausstattung der Erbauungszeit und um 1700) wurde nach langer Vorbereitungszeit und Unterbrechung zunächst baulich saniert und die Innenrestaurierung weiter vorbereitet. Sta

Honsolgen, Stadt Buchloe (Lkr. Ostallgäu), *Haus Nr. 24,* Mittertennbau aus dem dritten Viertel des 17. Jhs. mit steilem Satteldach, ehemals Walmdach, Wohnteil im Obergeschoß teils offener, teils verputzter Ständerbau mit Spundwänden. Eine Transferierung des Bauernhauses war bereits in den siebziger Jahren geplant und mit dem Landesamt für Denkmalpflege abgesprochen worden. Im Berichtsjahr wurden vom Bauernhausmuseum Illerbeuren nunmehr die Voraussetzung für die notwendigen vorbereitenden Untersuchungen eingeleitet. GB

Ichenhausen (Lkr. Günzburg), *Heinrich-Sinz-Straße 10,* Gasthaus, 2. Hälfte 17. Jh. Im Rahmen einer Fassadeninstandsetzung sind bemerkenswerte Befunde von erdgeschossigen Fachwerkkonstruktionen zutage getreten, angesichts der biedermeierlichen Fassadenredaktion wurde eine Wiederverputzung vorgenommen. Vo

Illertissen (Lkr. Neu-Ulm), *Kath. Pfarrkirche St. Martin.* In der im wesentlichen 1590 erbauten, 1830 und 1883 baulich veränderten, 1958–60 erweiterten Kirche begann eine umfassende Innenrestaurierung. Der bedeutende monumentale Hochaltar von Christoph Rodt, errichtet 1604, neu gefaßt 1942, wurde in diesem Zusammenhang von einem Restaurator eingehend untersucht. Sta/Kra

–, *Schloß, jetzt Amtsgericht,* gemeinsame Würdigung der statischen Schäden mit dem zuständigen Landbauamt, Absprache einer denkmalverträglichen Sanierung, Vorbereitung der Außenrestaurierung. Kra

–, *Oberer Graben 2.* Das kleine Fachwerkhaus aus dem 18. Jh. bildet den südlichen, maßstabsetzenden Abschluß des Marktplatzes. Die Abbruchabsichten konnten bisher abgewiesen werden. Dem Verlust des Gebäudes würde eine völlige Veränderung des gesamten Viertels folgen, da dort ein Geschäftshausprojekt realisiert werden soll. Kra

Immenstadt (Lkr. Oberallgäu), *Altes Rathaus, Marienplatz.* Das im Kern spätgotische, bis ins frühe 20. Jh. stets wieder umgebaute Gebäude soll – nach der Verwendung als Sitz von Verwaltungsstellen – wieder seiner ursprünglichen Nutzung zugeführt werden. Nach langen Vorarbeiten konnte ein akzeptabler Umbauplan entwickelt und (nach Befunden) ein Beschluß zur Rekonstruktion von Schablonenmalereien erwirkt werden. Sta

–, *Villa Probst*, Außenrenovierung des der Villa Edelweis benachbarten «Herrenhauses» unter Rekonstruktion der ursprünglichen differenzierten Fassung des 3. Viertels des 19. Jhs. Sta

Inchenhofen (Lkr. Aichach-Friedberg), *Sainbacher Straße 6, ehem. Benefiziatenhaus*, frühes 18. Jh. Das Landesamt setzt sich für den Erhalt und die Instandsetzung des orts- und baugeschichtlich bemerkenswerten Objekts ein. Vo

Ingstetten (Lkr. Neu-Ulm), *Krumbacher Straße 15*, Beratung der für 1990/91 vorgesehenen schrittweisen Instandsetzung eines Fachwerkhauses des 18. Jhs. Kra

Irsee (Lkr. Ostallgäu), *ehem. Kloster, jetzt Bildungszentrum*, mehrfache Erörterung wegen der Schaffung notwendiger Erweiterungsbauten für das Bildungszentrum. Eine weitere Bebauung des ehem. Klostergartens wurde vom Landesamt für Denkmalpflege abgelehnt. Kra

–, *Friedhofsmauer bei der Oberen Kirche St. Stephan.* Der westliche Teil des spätmittelalterlichen Friedhofs von Irsee erstreckt sich über den Bezirk der ehem. Burg der Edelfreien von Ursin (12./13. Jh.). Die unteren Teile der Mauerzüge der Einfriedung gehören noch zum Bering der mittelalterlichen Wehranlage, die oberen entstanden im 15. Jh. und wurden im 17. und 18. Jh. ausgebaut und erneuert. Der westliche Mauerzug ist zur Zeit einsturzgefährdet und soll im Rahmen der Dorferneuerung gesichert und instandgesetzt werden. Kra

–, *Klosterring 1*. Die Erweiterung der wesentlich aus dem Jahre 1748 stammenden Klosterbrauerei, jetzt Hotelgasthof, und der Ausbau eines Teils des barocken Dachwerks für die Schaffung von Gästezimmern wurde mehrfach beraten. Das Dachwerk bleibt ohne Reduzierung erhalten. Kra

–, *Klosterring 5*. Die ehem. Klosterbäckerei von 1782, ein zweigeschossiger Satteldachbau, erfuhr eine Dach- und Fassadeninstandsetzung, die vom Landesamt für Denkmalpflege bezuschußt wurde. Kra

–, *Oberes Dorf 19*, Begutachtung eines aus dem Jahr 1730 stammenden Bauernhauses, das unter Erweiterung der Wohnnutzung instandgesetzt werden soll. Kra

Jettingen (Lkr. Günzburg), *Hauptstraße 75*, Gasthof zur Sonne, 2. Hälfte 18. Jh. Gegen die gutachterliche Stellungnahme des Landesamtes wurde das ortsbildprägende, dreigeschossige giebelständige Anwesen aufgegeben. Vo

Kaisheim (Lkr. Donau-Ries), *Pfarrkirche Mariae Himmelfahrt, ehem. Zisterzienserklosterkirche*, errichtet 1352–1387, dreischiffige Pfeilerbasilika. Mit der Instandsetzung der Vierungslaterne des späten 18. Jhs. als erster Bauabschnitt zu einer Gesamtaußeninstandsetzung wurde begonnen. Das Gestaltungskonzept wird sich an der nach dem Abbruch der barocken Schaufassade vorgenommenen Redaktion des 19. Jhs. orientieren. Vo

–, *Justizvollzugsanstalt, ehem. Zisterzienserkloster.* Mit der Instandsetzung der Stuckdecke im Treppenhaus bzw. Flurbereich vor dem Kaisersaal (um 1720/1725) wurde begonnen. Stuck und farbige Fassung sind dem Umkreis der Appiani zuzuweisen. Vo

Kaufbeuren, *Franziskanerinnenkloster, Obstmarkt 5*, mehrfache Begehungen des im 15. Jh. schrittweise erbauten Klosterbezirks, der in den nächsten Jahren baulich in möglichst schonender Weise modernisiert werden soll. Kra

–, *Stadtbefestigung*. Die Stadtbefestigung, um 1200 entstanden und um 1420 verstärkt, ist in ihrem Westzug zwischen Fünfknopfturm und Blasiuskirche in voller Höhe und mit hölzernem Wehrgangaufbau erhalten. Die bis zu 8 Meter hohen Tuffstein- und Backsteinmauern hängen nach außen bis zu 75 cm über. Die Verformung ist alt, Stützpfeiler wurden an einigen Stellen schon im 19. Jh. angelegt. Die Standsicherheit der Mauer zum jetzigen Zeitpunkt wurde mehrfach intensiv mit Fachleuten erörtert. Das Landesamt für Denkmalpflege schlug zunächst vor, in der Reparaturtradition des 19. Jhs. weiterzufahren und weitere Stützpfeiler anzusetzen. Dies wurde wegen der schwierigen Gründungsverhältnisse am Steilhang und nur punktueller Wirksamkeit aufgrund der relativen Dünnschaligkeit der zweischaligen Mauer von den Experten abgelehnt. Das Landesamt nahm deswegen die vorgeschlagene Vernadelung und Nachgründung der Mauer mittels Injektagen unter einer Reihe von Auflagen hin. Kra

–, *Innere Buchleuthenstraße 20.* Das biedermeierliche Sommerkeller-Gebäude von 1838, jetzt Wohnhaus, soll instandgesetzt werden. Mehrfache Beratung, besonders wegen der Erhaltung oder Rekonstruktion der originalen Rundbogenfenster. Kra

–, *Ledergasse 6.* Das dreigeschossige Giebelhaus aus dem 16. Jh. soll saniert, das Dachgeschoß in der untersten Ebene ausgebaut werden. Mehrfache Beratung des Bauvorhabens. Kra

–, *Neue Gasse 5*. Mehrfache Beratung der Gestaltung des Ersatzbaus für ein einfaches Handwerker-Eckhaus aus dem 19. Jh., das zum Altstadtensemble gehört. Kra

–, *Schraderstraße 4*, Fassadenrestaurierung einer vornehmen neubarocken Etagenvilla der Zeit um 1905. Bezuschussung durch das Landesamt für Denkmalpflege. Kra

–, *Spitaltor 4*. Der *ehem. Spitalstadel* von 1784, ein Ziegelbau mit Steilsatteldach, soll einem Pfarrheim weichen, dessen Fassadengestaltung erhebliche Unruhe in der Öffentlichkeit hervorgerufen hat. Der Stadel wurde auf Antrag der Stadt 1982 nach entsprechendem Votum des Landesdenkmalrates wegen der vielen baulichen Veränderungen in jüngerer Zeit aus der Denkmalliste gestrichen. Das Landesamt für Denkmalpflege kann deswegen lediglich um einen angemessenen Neubau bemüht sein und hat auch seine Auflagen in Hinblick auf die Nähe zum Spitalgebäude von 1825 und zur Stadtbefestigung definiert. Kra

Kempten, ehem. fürstl. Residenz, Weiterführung der Restaurierung der Prunkräume (Schlafzimmer, Audienzzimmer). Sta

–, *Stadtmauer* am Steinrinnenweg und sog. Chapuis-Türmchen, Restaurierung unter größtmöglicher Bewahrung des Alterswerts. Sta

–, *ehem. Landhaussaal, Residenzplatz 33*, Renovierung des großen, bis ins frühe 18. Jh. zurückgehende, immer wieder erneuerten Saals mit umfangreichen Stuckarbeiten und relativ freier Farbfassung. Sta

Kirchheim (Lkr. Unterallgäu), *Schloß Kirchheim, Schloßgartenmauer Nord.* Der Markt hat nach langjährigem Bemühen mittels einer Entscheidung der Regierung von Schwaben erreicht, daß die nördliche Schloßgartenmauer von der parallel neben ihr geführten Hauptstraße um ca. 2 Meter zurückgesetzt, mithin abgebrochen und wiederaufgebaut wird. Das Landesamt für Denkmalpflege hatte sich gegen diese Maßnahme ausgesprochen. Kra

Kirchthal (Lkr. Ostallgäu), *Aussiedlerhof-Projekt.* Das Projekt, das östlich der Kirche und des historischen Bauernweilers auf einem von weither einsehbaren Höhenrücken realisiert werden sollte und keinerlei Bezüge zum charakteristischen Allgäuer Bauernhaustyp aufweist, war seitens der Denkmalpflege wegen zu befürchtender schwerer Störung des Umfelds der Kirche, des Ortsbilds und der historischen Kulturlandschaft abzulehnen. Kra

Kleinkemnat (Stadt Kaufbeuren), *Kath. Pfarrhaus.* Der 1803 errichtete Walmdachbau, der die für schwäbische Pfarrhöfe dieser Zeit charakteristische klare Grund- und Aufrißdisposition, darüber hinaus klassizistische Details an Stuckdecken und Türen, besitzt, soll instandgesetzt werden, nachdem das Landesamt für Denkmalpflege hohe Zuschußmittel bereitgestellt hat. Die vorbereitenden Arbeiten (Befunduntersuchungen) und die Trockenlegungsarbeiten wurden bereits durchgeführt. Kra

Kirchheim i. Schwaben, Lkr. Unterallgäu; Marktplatzneugestaltung mit neu errichteter Schloßgartenmauer

Kleinkitzighofen (Lkr. Ostallgäu), *Kath. Pfarrhof,* Gutachten zu dem 1782 nach Plänen von Benedikt Nigg erbauten Pfarrhofs, der in den nächsten Jahren schrittweise instandgesetzt werden soll. Kra

Kleinkötz, (Lkr. Günzburg), *Kath. Filialkirche St. Nikolaus,* Innenrenovierung des reizvollen frühbarocken Raums (Valerian Brenner, 1691/93). Sta

Klosterbeuren (Lkr. Unterallgäu), *ehem. Franziskanerinnen-Klosterkirche St. Franziskus, jetzt kath. Pfarrkirche.* Die im 18. Jh. mehrfach um- und ausgebaute ehem. Klosterkirche erfuhr eine teilweise Innenrestaurierung. Kra

Krumbach, (Lkr. Günzburg), *sog. Hürbener Schloß* von 1473, Fassadengestaltung von 1786. Die Gesamtinstandsetzung des ehem. Herrensitzes im sog. Weiherhaus-Typus ist abgeschlossen. In den Obergeschossen konnte die gesamte bauzeitliche (Fachwerk-)Konstruktion und Grundrißdisposition der Neunutzung zugeordnet werden. Vo

Kühbach (Lkr. Aichach-Friedberg), *Marktplatz 9,* Wohn- und Geschäftshaus, spätes 18. Jh. Die Gesamtinstandsetzung des zweigeschossigen Walmdachbaus ist abgeschlossen. Vo

Landmannsdorf (Lkr. Aichach-Friedberg), *Kath. Filialkirche St. Sebastian,* Inneninstandsetzung. Das Maßnahmenkonzept ist abgestimmt. Ein Großteil der Figurenausstattung kann der Friedberger Bildhauerfamilie Eberle zugeschrieben werden. Vo

Langenhaslach (Lkr. Günzburg), *Hauptstraße 39,* Gasthaus, 1. Hälfte 18. Jh. Das Landesamt konnte sich erfolgreich für den Erhalt des ortsbildprägenden, zweigeschossigen Giebelbaus einsetzen. Vo

Laub (Lkr. Donau-Ries), *Kath. Pfarrkirche St. Margareth,* Chorturm um 1400, Langhaus und oktogonaler Turmaufsatz um 1711. Das Konzept zur Innenausstattung wurde erarbeitet. Vo

Lauben (Lkr. Oberallgäu), *Alte Pfarrkirche,* Innenrenovierung des vom späten 17. Jh. bestimmten Raums. Sta

Lauingen (Lkr. Dillingen), *Hirschstraße 19,* heutiges Wohnhaus, ehem. Seelhaus und Synagoge. Eine dendrochronologische Untersuchung konnte die Entstehungszeit ins ausgehende 15. Jh. festlegen. Die Innenraumdisposition ist im wesentlichen erhalten. Vo

Lautrach (Lkr. Unterallgäu), *Schloß Lautrach.* Die seit längerem ungenutzt stehende, für den Kemptener Fürstabt Honorius von Schreckenstein 1781 als Jagdschloß erbaute Anlage soll restauriert und als Bildungszentrum des Kolpingswerks ausgebaut werden. In diesem Zusammenhang wurden Vorplanungen erörtert und Finanzierungsgespräche geführt. Aus dem sog. Theatersaal wurden die wertvollen Pariser Bildtapeten der Manufaktur Du Four aus der Zeit um 1825 durch Papierrestauratorinnen vorsichtig vom hölzernen Träger abgenommen und sichergestellt, um weiteren Beschädigungen u. a. durch eindringendes Oberflächenwasser, zuvorzukommen. Sie werden nach der Restaurierung des Saals dorthin zurückkehren. Sta/Kra

Lechbruck (Lkr. Ostallgäu), *Flößerstraße 34.* Das typische Ostallgäuer Kleinbauernhaus, ein wohl im 19. Jh. verputzter Ständerbohlenbau des 17. Jhs., mußte nach langem Verhandeln mit Eigentümer und Gemeinde schließlich zum Abbruch bzw. Abbau freigegeben werden. Das Baudenkmal, seit Jahren nicht mehr bewohnt, stand einer Betriebserweiterung im Nachbaranwesen und dem Verkehr in der örtlichen Hauptstraße «im Wege». Es wurde ein verformungsgerechtes Bauaufmaß und eine Photodokumentation vor Abbruch hergestellt. Ein Interessent will den Ständerbohlenbau im Landkreis wieder aufstellen. Kra

Leitheim (Lkr. Donau-Ries), *Schloß,* im Kern 1696, heutiges Erscheinungsbild durch den Umbau von 1750/71 bestimmt. Kunsthistorische Bedeutung u. a. durch Götz-Fresken. Ein Gesamtinstandsetzungskonzept des durch statische Schäden gefährdeten Objekts wird derzeit erarbeitet. Vo

Lindau, ehem. *Stiftskirche St. Marien* (vgl. Jahresberichte 1987/88), Beginn der Innenrestaurierung, Abschluß der Außensanierung. Sta

–, *Bregenzer Straße 6, Villa Toskana.* Die stattliche gründerzeitliche Villa wurde in den 1920er Jahren von der Stadt Lindau erworben und seither als Sitz der Verwaltung genutzt. Nach laufenden Bauunterhaltungsmaßnahmen Restaurierung des Treppenhauses. Die Neufassung versuchte, aufgrund von Befunden, den Anspruch des Originals und dessen Atmosphäre wenigstens ansatzweise wiederzugeben. Sta

–, *Cramergasse 3.* Umbaumaßnahmen im Haus – einem Neubau nach dem Stadtbrand von 1738 – konnten auf «sanfte Weise erfolgen; hervorzuheben ist dabei das Einverständnis des Bauherrn, die Winterfenster des 19. Jhs. mit ihren nach außen gehenden Flügeln zu belassen. Sta

–, *Fischergasse 21.* Nur bedingt konnte in zahlreichen Planungsgesprächen die Bewahrung der im Kern spätmittelalterlichen Bausubstanz erreicht werden. Sta

–, *Lindenhofweg 17/25, Lindenhofschlößchen*. Im Berichtsjahr stand die Sanierung der Wintergärten im Vordergrund, wobei insbesondere das Bemühen zu vermerken ist, die Fenster der Jahrhundertwende weiterzuverwenden, zu reparieren und die notwendigen neuen Fenster diesen exakt nachzubilden. Abschluß der Außeninstandsetzung des Schweizerhauses. Sta

–, *Ludwigstraße 3/Burggasse 13*. Die Erweiterung der Turnhalle in der heutigen Maria-Ward-Schule wird spätmittelalterliche und barocke Bausubstanz in hohem Maß in Mitleidenschaft ziehen; eine Änderung dieser Haltung konnte leider nicht erreicht werden. Sta

–, *Marktplatz 1*. Nach Nachtrag in der Denkmalliste des spätgotischen Hintergebäudes beteiligte sich das Landesamt für Denkmalpflege an der Erstellung einer grundlegenden Untersuchung, wie dieser vom Eigentümer als Einschränkung verstandene Baukörper in die Gesamtstruktur integrierbar ist. Sta

–, *Schmiedgasse 18, Hospital*. Der erste Bauabschnitt konzentriert sich auf einen im 19. und 20. Jh. wesentlich umgebauten Bauteil des Gesamtkomplexes. Gleichwohl kann die gleichsam anonyme Ausbaustufe aus historischer Sicht nicht befriedigen. Sta

–, *Schulstraße 10*. Das Gebäude, Anfang der zwanziger Jahre im Rahmen einer kleineren Arbeitersiedlung errichtet, wurde durch den Innenausbau weitgehend zerstört. Sta

Maria Steinbach (Lkr. Unterallgäu), *Kath. Pfarr- und Wallfahrtskirche St. Maria und St. Ulrich*. Die große Innenrestaurierung der 1754 geweihten konnte abgeschlossen werden. Sta/Kra

Marktoberdorf (Lkr. Ostallgäu), *Rathausplatz 1*. Das ehem. barocke Rathaus, errichtet 1723 nach Plan von Johann Georg Fischer, soll einen Umbau erfahren und renoviert werden. Mehrfache fachliche Beratung. Kra

Markt Rettenbach (Lkr. Unterallgäu), *Kath. Filialkirche Maria Schnee*. Die bedeutende Wallfahrtskirche der Zeit um 1706/09, deren Stuckierung dem jungen Johann Baptist Zimmermann zugeschrieben wird, erfuhr eine Außenrestaurierung. An den Ostpartien konnte der originale Verputz erhalten werden. Die Tönung erfolgte nach barockem Befund. Kra

Markt Wald (Lkr. Unterallgäu), *Kath. Pfarrkirche St. Mariä Himmelfahrt*. Nach Abschluß erheblicher statischer Sicherungsarbeiten am Dachwerk und Lattengewölbe der barocken Kirche konnte die wesentlich um 1725 ausgestaltete Raumschale gereinigt und nach Befund um 1906 (neubarocke Raumfassung) getönt werden. Umfangreiche Stucküberarbeitungen waren notwendig. – Die Maßnahme wurde durch Zuschüsse des Landesamtes für Denkmalpflege gefördert. Kra

Martinszell (Lkr. Oberallgäu), *Kath. Pfarrkirche St. Martin*, Neugestaltung des Chors durch einen Künstler. Sta

Mauren (Lkr. Donau-Ries), *An der Linde 1*, ehem. evang. Pfarrhof, spätes 17./frühes 18. Jh. Das Landesamt setzt sich für den Erhalt des ortsbildprägenden, zweigeschossigen Satteldachbaus ein. Vo

Memmingen, Antonierkloster Martin-Luther-Platz, Abschluß der Dachwerkinstandsetzung am Nordflügel. Die Erneuerung von zwei Binderfeldern am westlichen Anbau dieses Bauwerks war unumgänglich, da die Holzsubstanz bereits völlig vermorscht war; Erneuerung dieses Teils des Dachwerks mit einem aus der örtlichen historischen Handwerkskunst abgeleiteten statischen System. – Umfangreiche Grabungen im Hof des Antonierklosters mit dem Ziel, Aussagen über die Gründungsgeschichte des Klosters zu machen sowie Hinweise auf die an dieser Stelle vermutete Welfenburg zu finden. – Im Rahmen der Archivalienforschung zur Baugeschichte des Antonierklosters konnte ein Inventar des ehem. Pfarrhofs von 1531 sowie des ehem. Schulhauses und des Zehntstadels entdeckt werden. Sta/GB

–, *Fertigstellung des Parkhauses* an der *Stadtmauer*. Im Einvernehmen mit dem Landesamt für Denkmalpflege wurden von Bauherrn und dem Architektenteam ein Konzept entwickelt, das die Einfügung einer derartigen Hochbaumaßnahme in den historischen Stadtmauerzug gewährleistet: Das Parkhaus wurde an eine Stelle situiert, an der sich keine historischen Teile der Stadtmauer mehr befanden. Sichtziegelmauerwerk, eine ausreichende Neigung der Dachflächen sowie die Rhythmisierung der Dachflächen und des Systems der Lüftungsöffnungen berücksichtigen die Gestaltswerte der Altstadt, – eine sensible Bewältigung des Themas „Bauen in alter Umgebung". Sta

–, *ehem. Hallhofschule, Hallhof 4*. (vgl. Jahresbericht 1987), Durchführung des Teilabbruchs nach verformungsgetreuem Aufmaß des Dachstuhls (um 1580), der wiederverwendet werden soll, sowie Dokumentation. Sta

–, *Hirschgasse 5*, Umbau und Sanierung des spätbarocken Häuschens unter starken Substanzverlusten. Sta

–, *Zangmeisterstraße 26*. Das Anwesen, ein Färberhaus, fünfgeschossiger traufseitiger Bau des 15. Jhs., besitzt ein Rückgebäude mit Mansarddach und Dachwerk des 17. Jhs. Anläßlich der Begutachtung der Fassaden durch das Landesamt für Denkmalpflege mußte festgestellt werden, daß die derzeitige Nutzung des Gebäudes mit erneuerten Werkräumen im Rückgebäude des 17. Jhs. und nicht genehmigten Baumaßnahmen im Hauptgebäude bereits zu Verlusten an Denkmalwerten geführt hat. Die Lagerung unterschiedlichster brennbarer Materialien in allen Geschossen sowie vor allem im dreigeschossigen Dachwerk stellt darüber hinaus ein Risiko dar. Das Landesamt hat die Stadt gebeten, ein Sanierungskonzept zu entwickeln, das eine angemessene Nutzung des Gebäudes ermöglicht. GB

Meßhofen (Lkr. Neu-Ulm), *Kath. Pfarrkirche St. Cosmas und Damian*, komplizierte Sanierung der Dachfüße und des deformierten Chorgewölbes der mittelalterlichen, barockisierten Kirche; nach Abschluß dieser Arbeiten steht eine Innenrestaurierung an. Kra

–, *Haus Nr. 23*. Das Landesamt für Denkmalpflege hat sich entschlossen, einer Transferierung des bedeutenden Fachwerk-Bauernhauses aus dem Jahr 1718, das seit langem ungenutzt steht, zuzustimmen, da eine Erhaltung an Ort und Stelle beim Grundstückseigentümer nicht durchgesetzt werden kann. Bislang konnte allerdings kein angemessener Wiederaufstellungsort in der Region gefunden werden, während es jedoch an Interessenten für das Haus nicht mangelt. Kra

Mindelaltheim (Lkr. Günzburg), *Kath. Heiligkreuzkapelle* (vgl. Jahresberichte 1987/88), Restaurierung der Fresken und der Raumschale (sehr interessante Befunde einer malerischen Fortführung von ornamentalem und gliederndem Stuck) und der Seitenaltäre. Neueinbringung eines Ziegelfußbodens und Beginn der Restaurierung der übrigen Ausstattung, darunter eine Holztafel, die die Öffnung der Oratoriums über der Sakristei ermöglichte. Sta

Mindelheim (Lkr. Unterallgäu), *Mindelburg*, Abschluß der Außeninstandsetzung. Bei der Erneuerung der Dachhaut wurden störende Ausbauten aus jüngerer Zeit beseitigt (Antennenanlagen, Dachfenster etc.); sämtliche historischen Architekturteile und Gliederungen, z. B. die Ecktürmchen, wurden repariert. Fassadeninstandsetzung nach Befund sowie auf Grundlage eines Konzepts, das die baugeschichtlichen Aussagen berücksichtigt. GB

–, *Kornstraße 23*. Der Abbruch des zweigeschossigen Eckhauses wurde vom Landesamt für Denkmalpflege hingenommen, da keine nennenswerten Denkmalwerte mehr festzustellen waren. Die Besonderheit dieses Hauses lag in der für Mindelheim nicht typischen Ausformung des Dachs als Mansardsatteldach. Die Ausbildung des Eckerkers am Neubau wurde entgegen der fachlichen Auffassung der Denkmalpflege durchgesetzt. GB

Munningen (Lkr. Donau-Ries), *Ziegelmühle*, 2. Hälfte 18. Jh. Die Stadelanlage als wesentlicher Bestandteil des in freier Landschaft situierten Anwesens wurde instandgesetzt. Vo

Mussenhausen (Lkr. Unterallgäu), *ehem. Kapuzinerkloster,* Würdigung des aus dem 17. bis frühen 19. Jh. stammenden schlichten Zweiflügelbaus und zudem auch Beratung der geplanten Instandsetzung. Kra

Nesselwang (Lkr. Ostallgäu), *Hauptstraße 3a,* mehrfache, sehr schwierige Beratung der Dimensionierung und Gestaltung einer neu zu erbauenden Halle (Großmarkt) im Anschluß an den Gasthof Lamm, im historischen Ortskern. Kra

Neu-Ulm, Augsburger Straße 104. Die Villa Schäfer, ein charakteristisches Baumeisterhaus von 1904 in Formen des reduzierten Historismus, wird schrittweise entsprechend ihrer ursprünglichen Außengestaltung restauriert. Einleitung dieser Arbeiten beim Gartenpavillon und der Kegelbahn unter Zuschußförderung des Landesamtes für Denkmalpflege. Kra

–, *Hermann-Köhl-Straße,* mehrfache Erörterung der Gestaltung des Platzes um die Evang.-luth. Petruskirche, der eine Tiefgarage aufnehmen soll. Das Problem einer denkmalverträglichen und städtebaulich einwandfreien Garagenabfahrt konnte bisher nicht gelöst werden. Kra

Niederaltheim (Lkr. Donau-Ries), *Dorfstraße 16,* ehem. Wohnstallhaus, Ende 18. Jh. Gegen die gutachterliche Stellungnahme des Landesamtes wurde das erdgeschossige Einhaus mit straßenseitigem (Austrags-)Vorbau aufgegeben. Vo

Niederdorf (Lkr. Unterallgäu), *Kath. Pfarrkirche St. Cyriakus.* Die stark vom frühen und ausgehenden 18. Jh. bestimmte Kirche war ihrer Altäre verlustig gegangen. Durch das Einbringen der seinerzeit beim Abbruch der Kapelle in Vorderreute (Lkr. Oberallgäu) «frei» gewordenen Altäre der ersten Jahre des 19. Jhs. konnte das Raumbild wieder geschlossen werden. Sta

Niedersonthofen (Lkr. Oberallgäu), *Kath. Pfarrkirche St. Alexander,* (vgl. Jahresbericht 1988). Bei der Außeninstandsetzung des Chors wurde versucht, die wenigen Reste spätgotischen Steinschnitts zu sichern und zu erhalten. Sta

Nördlingen, Evang.-Luth. Stadtpfarrkirche St. Georg, Weiterführung der Außenrestaurierung im Chorbereich (vgl. Jahresbericht 1988). Förderung durch Entschädigungsfonds. Vo

–, *Beim Klösterle 1,* sog. Klösterle, ehem. Franziskanerklosterkirche aus der Zeit um 1420, 1584/87 zum Kornspeicher umgebaut. Seit 1977 Stadthalle. Im Rahmen des benachbarten Hotelneubaus erneute Umbaumaßnahmen mit geplanter Wiederherstellung der 1977 aufgegebenen Fassadenredaktion des späten 16. Jhs. Archäologische Spuren des ehem. Kreuzganges sind beim Aushub der Baugrube für das neue Bauprojekt nicht zutage getreten. Vo

–, *Stadtmauer im Bereich Unterer Wasserturm.* Die Instandsetzungsmaßnahme an der mittelalterlichen Wehranlage wurde fortgesetzt. Förderung durch Entschädigungsfonds. Vo

–, *Baldinger Straße 7,* zweigeschossiges, giebelständiges ehem. Gasthaus, spätes 15. Jh., straßenseitige Ecklaube mit Säule bez. 1705. Gesamtinstandsetzung abgeschlossen. Vo

–, *Koppenhof 3,* zweigeschossiges Wohnhaus mit straßenseitigem Treppengiebel, spätes 15. Jh. Gesamtinstandsetzung unter erheblichem Substanzverlust. Vo

–, *Löpsinger Straße 8,* Gasthaus zum goldenen Rad, bez. 1521. Gesamtinstandsetzung auf der Grundlage einer detaillierten Voruntersuchung abgeschlossen. Vo

–, *Luckengasse 26,* zweigeschossiges Wohneckhaus mit Wellengiebel. Gesamtinstandsetzung abgeschlossen. Dachwerk mit stehender Stuhlkonstruktion nach dendrochronologischer Untersuchung um 1397 entstanden. Vo

–, *Oskar-Meyer-Straße 10,* zweigeschossiger, langgestreckter Walmdachbau mit qualitätvoller Ausstattung, 1709. Gesamtinstandsetzung abgeschlossen. Vo

–, *Pfarrgasse 2,* zweigeschossiges, ehem. Pfarrhaus, massives Sockelgeschoß, Fachwerkobergeschoß, 1647 Fälldatum der Dach- und Fachwerkhölzer, qualitätvolle bauzeitliche Ausstattung und geschlossener Befundbestand der Wandgestaltungen. Wichtiges Zeugnis der Nördlinger Bürgerhauskultur des 17. Jhs. Auf der Grundlage einer umfassenden Voruntersuchung wurde das Instandsetzungsbzw. Neunutzungskonzept abgestimmt. Vo

–, *Pfarrgasse 3,* zweigeschossiges Wohnhaus, *ehem. Marienkapelle,* im Kern um 1433. Die im Rahmen einer Fassadeninstandsetzung zutage getretene Weltgerichtsdarstellung in Mezzo-Fresko-Technik wurde nach entsprechenden konservatorischen Maßnahmen wieder abgedeckt. Sichtbar ist nun eine Rekonstruktion der nach 1493 entstandenen Malerei. Freigelegt blieb die Spolie eines farbig gefaßten Ölbergreliefs der Zeit um 1420. Vo

–, *Polizeigasse 18,* zweigeschossiges Wohnhaus mit Volutengiebel. Durch eine dendrochronologische Untersuchung konnte der Kernbau in die Zeit um 1419 datiert werden. Vo

–, *Polizeigasse 20,* zweigeschossiger, stattlicher Giebelbau mit Fachwerkobergeschoß, im Kern 1. Hälfte 15. Jh. Instandsetzung des Erdgeschosses mit Wiederherstellung historischer Raumfassungen. Vo

–, *Salvatorgasse 12,* zweigeschossiges Wohnhaus mit Hauseingangstür bez. 1785. Im Rahmen einer Fassadeninstandsetzung konnte der Kernbau des Wohnhauses in die 2. Hälfte des 15. Jhs. datiert werden. Vo

–, *Vordere Gerbergasse 8,* zweigeschossiges ehem. Gasthaus, nach dendrochronologischer Untersuchung um 1418 entstanden. Gesamtinstandsetzung mit Einbindung in den Hotelneubau am Klösterle. Vo

–, *Vordere Gerbergasse 31,* dreigeschossiges ehem. Gerberhaus, nach dendrochronologischer Untersuchung um 1592 entstanden. Mit der Gesamtinstandsetzung auf der Grundlage einer umfassenden Voruntersuchung wurde begonnen. Vo

–, *Weinmarkt 2,* traufständiges, zweigeschossiges Wohnhaus, nach dendrochronologischer Untersuchung um 1383 entstanden. Gesamtinstandsetzung abgeschlossen. Vo

–, *Weinmarkt 5,* zweigeschossiges, giebelständiges Wohnhaus, spätes 15. Jh. Gesamtinstandsetzung abgeschlossen. Im Rahmen der Maßnahme ist eine Bohlen-Balken-Decke im 1. Obergeschoß zutage getreten. Das Firmenschild eines Kupferschmieds, Secco-Malerei von 1769, wurde überarbeitet. Vo

–, *Würzburger Straße 1,* Herrenhaus des ehem. Ziegesaar'schen Gartenguts, dreigeschossiger Satteldachbau mit Mittelrisalit, aufwendig gestaltete Stuckdecken, um 1725. Der im Rahmen eines Planfeststellungsverfahrens für eine Umgehungsstraße vorgesehene Abbruch konnte abgewendet werden. Das Landesamt setzt sich nun für eine sachgerechte Instandsetzung und Neunutzung des Objekts ein. Vo

–, *Würzburger Straße 20,* ehem. Gartengut, zweigeschossiger Walmdachbau mit Ecklisenen, um 1800. Das Landesamt setzt sich für einen Erhalt des ehem. Herrenhauses und seines historischen Umfelds ein. Vo

Oberelchingen (Lkr. Neu-Ulm), *ehem. Benediktinerklosterkirche* (vgl. Jahresberichte 87/88), weitgehender Abschluß der nötigen Arbeiten durch Restaurierungsmaßnahmen im südlichen Seitenschiff. Sta

Obergriesbach (Lkr. Aichach-Friedberg), *Kath. Pfarrkirche St. Stephan,* Inneninstandsetzung, Wiederholung der Raumredaktion von 1907. Vo

Obergünzburg (Lkr. Ostallgäu), *Marktplatz 1*. Das 1570 als Amtshaus des Stifts Kempten erbaute heutige Rathaus soll eine Fassadenrestaurierung erfahren. Es sind reiche Befunde bis in die Renaissancezeit zu erwarten, die in einem ersten Schritt eruiert werden sollen. Kra

Oberjoch, Markt Hindelang (Lkr. Oberallgäu), *Moorstraße 2*. Im Gegensatz zum Landesamt für Denkmalpflege bejahte der Landkreis die wirtschaftliche Notwendigkeit eines Teilabbruchs. Das ehem. Bauernhaus des 19. Jhs. stand in einer inzwischen total verbauten Umgebung. Sta

Oberroth (Lkr. Neu-Ulm), *Babenhausener Straße 12*. Der Abbruch des aus dem frühen 19. Jh. stammenden, teilweise eingestürzten Bauernhauses mußte hingenommen werden. Kra

Oberstaufen (Lkr. Oberallgäu), *Färberhaus*, Inneninstandsetzung. Die Bewahrung der barocken Ausbaustufe konnte weitgehend erreicht werden. Sta

Oberstdorf (Lkr. Oberallgäu), *Kath. Pfarrhof* (vgl. Jahresbericht 1987), Generalsanierung: Außenbau in unguter Weise «verpackt», ausgezeichneter Fenster-Nachbau und passabler Standard der Innenrenovierung. Sta

Oettingen (Lkr. Donau-Ries), *Schloßstraße 36/38*, Rathaus, Kernbau 1431, Fachwerkobergeschosse um 1480 und benachbartes ehem. Bürgerhaus, zweigeschossig, Fachwerkbau, spätes 17. Jh. Die Gesamtinstandsetzung ist abgeschlossen. Vo

– *Schloßstraße 5*, ehem. Lateinschule, sog. Gymnasium, zweigeschossiger Bau mit Schweifgiebel um 1724. Die Gesamtinstandsetzung mit Erhalt der entstehungszeitlichen Grundrißdispositionen und Wiederholung der ursprünglichen Fassadenreduktion ist abgeschlossen. Förderung durch Entschädigungsfonds. Vo

–, *Ledergasse 24*, zweigeschossiges ehem. Mesnerhaus, Fachwerk, 2. Hälfte 16. Jh. Fassadeninstandsetzung mit Wiederholung der Fachwerküberputzung und deren Fassadenredaktion aus der Zeit um 1700. Vo

Otting (Lkr. Donau-Ries), *Schloßstraße 2, ehem. Schloß*, zweigeschossige Dreiflügelanlage mit Toreinfahrt, 2. Hälfte 17. Jh. Mit der Fassadeninstandsetzung wurde begonnen. Vo

Ottobeuren (Lkr. Unterallgäu), *Abtei Ottobeuren*. Die Klostergebäude der 764 begründeten Benediktinerabtei wurden in den Jahren 1711–1725 unter Abt Rupertus II. Neß neu erbaut. Die westliche Hälfte des 137 m × 120 m messenden Gevierts soll in den kommenden Jahren bautechnisch instandgesetzt und restauriert werden infolge der geplanten Umnutzung. Die entsprechenden vier Trakte, die sich um den Westhof schließen, beherbergten im 18. Jh. und teilweise noch heute alle Einrichtungen, die nicht unmittelbar dem Konvent dienten, wie den Festsaal (Kaisersaal), den Gerichtssaal, den Theatersaal, Gäste- und Personal- sowie Seminarräume u. a. Sie sollen künftig für Zwecke der Pfarrei, der Kurseelsorge, der Jugendarbeit, der Familienerholung, darüber hinaus als Bibliothek und Archiv eingerichtet und teilweise umgebaut werden. In diesem Zusammenhang fand eine Reihe von Vorgesprächen sowohl mit der Abtei als auch mit dem Land- und Universitätsbauamt Augsburg statt. Kra

Paar (Lkr. Aichach-Friedberg), *Kath. Pfarrkirche St. Johann Baptist*. Mit der Instandsetzung des Chorraums, 1747 von Matthäus Günther gestaltet, wurde begonnen. Vo

Pfuhl (Lkr. Neu-Ulm), *Evang.-Luth. Pfarrkirche St. Ulrich*. Der aus dem 14. und der 2. Hälfte des 15. Jhs. stammende Turm der Kirche weist am Helm und oberen Abschluß des Mauerwerks schwere Schäden auf, die fach- und sachgerecht behoben werden konnten. Die herkömmliche Mönch-/Nonne-Deckung des Helms wurde nach historischem Vorbild erneuert, nachdem das Landesamt für Denkmalpflege die Mehraufwendungen durch Zuschüsse kompensieren konnte. Kra

–, *Hauptstraße 15*. Das sog. Doktorhaus von 1784, ein frühklassizistischer Walmdachbau, kann instandgesetzt werden, nachdem die Planung mit dem Landesamt für Denkmalpflege abgesprochen und ein erheblicher Zuschuß für die denkmalpflegerischen Mehraufwendungen bewilligt worden ist. Kra

Pichl (Lkr. Aichach-Friedberg), *ehem. Wasserschloß*, Wiederherstellung des im Dreißigjährigen Krieg zerstörten Kernbaus von 1564 zur Mitte des 18. Jhs. Die Fassadeninstandsetzung wurde fortgeführt. Auf eine Wiederholung der im Rahmen der Befunduntersuchung festgestellten malerischen Fassadengliederung wurde verzichtet. Die entsprechenden Befunde wurden konserviert. Vo

Pless a. d. Iller (Lkr. Unterallgäu), *Kath. Wallfahrtskirche Hl. Kreuz*, Beginn der Innenrestaurierung der 1687 geweihten, 1767 im Sinn des Rokoko ausgestalteten Kirche, die zuletzt 1946 eine schlichte Innenrenovierung erfahren hatte. Kra

–, *Zehentstadel von 1676*. Für den auch städtebaulich eindrucksvollen großen historischen Stadel konnte leider noch keine angemessene Nutzung gefunden werden. Aus diesem Grunde war auch die Einleitung der dringend notwendigen Instandsetzung bisher leider nicht möglich. Kra

Pöttmes (Lkr. Aichach-Friedberg), *Neuburger Straße 1*, zweigeschossiges Wohn- und Geschäftshaus um 1890. Gesamtinstandsetzung mit Konservierung bzw. Wiederherstellung von Leimfarben-Deckengestaltungen abgeschlossen. Vo

Rain am Lech (Lkr. Donau-Ries), *Kath. Friedhofkapelle St. Rochus*, Kernbau um 1730, Fassaden- und Innenraumredaktion um 1860. Das Maßnahmenkonzept zur Gesamtinstandsetzung wurde abgestimmt. Festgelegt wurde eine Wiederholung der neuromanischen Überformung, da im Rahmen dieser Maßnahme umfangreiche bauliche Maßnahmen, beispielsweise Beseitigung eines Portals, am Kernbau vorgenommen wurden. Vo

Rapperzell (Lkr. Aichach-Friedberg), *Kath. Filialkirche St. Markus*, Langhaus im Kern 13. Jh., und polygonaler Chor, 2. Hälfte 15. Jh. Sakristei-Anbau. Vo

Reimlingen (Lkr. Donau-Ries), *Schloßstraße 1, ehem. Deutschordensschloß*, dreigeschossiger Walmdachbau, im Norden mit runden Flankentürmen, im Süden mittelachsiger Treppenturm, Erdgeschoß und Türme um 1595, Obergeschosse um 1735. Das Maßnahmenkonzept zur statischen Sicherung und Fassadeninstandsetzung wurde abgestimmt. Vo

–, *Hauptstraße 19, ehem. Zehentstadel*, langgestreckter Walmdachbau der Zeit um 1710. Ein Instandsetzungskonzept zur Neunutzung als landwirtschaftliche Maschinenhalle wurde abgestimmt. Vo

Roggenburg (Lkr. Neu-Ulm), *ehem. Prämonstratenserstift*, Putz- und Stuckarbeiten im Westflügel, Maßnahmen des Kirchenmalers (Vorarbeiten und Anstrich). Erstellung eines «Musterzimmers». Mehrfache Beratung der möglichen Instandsetzung und Nutzung des südlichen Teils der ehem. Wirtschaftsgebäude des westlichen Stiftsökonomiehofs. Sta/Kra

–, *ehem. Kloster (Haus Nr. 10), Westtrakt*. Der ehem. Gästetrakt der barocken Klosteranlage, zuletzt in verschiedenster Weise und meist unangemessen genutzt, wird nach denkmalpflegerischen Gesichtspunkten instandgesetzt und als Roggenburger Grund- und Teilhauptschule ausgebaut. Die restauratorischen Voruntersuchungen und die bautechnischen Sanierungen haben bereits begonnen. Kra

Ruppertszell (Lkr. Aichach-Friedberg), *Kath. Filialkirche St. Michael*, Langhaus, Saalanlage, 12./13. Jh. Eingezogener Chor mit 3/8-Schluß, 2. Hälfte 15. Jh. Inneninstandsetzung und Wiederholung der Raumredaktion von 1951. Vo

Salgen (Lkr. Unterallgäu), *Mindelweg 6*. Das stattliche, barockzeitliche Mühlgebäude mit Wohn- und Betriebsteil unter gemeinsamen

First wird nach sorgfältiger Architektenplanung für Wohnzwecke instandgesetzt. Historische Fenster, Türen, Decken, Dielen, Treppen des 18. bis frühen 20. Jhs. werden erhalten und durchrepariert. Die Maßnahme wird durch einen Zuschuß des Landesamtes für Denkmalpflege gefördert. Kra

–, *Mindelweg 8, ehem. Mühle.* Vorbereitende Untersuchungen zur Instandsetzung des aus dem 17. bis frühen 20. Jh. stammenden Mühlenguts, eines dominierenden Bauwerk in Ortsrandlage, an der Mindel. Förderung der vorbereitenden Maßnahmen durch einen Zuschuß des Landesamtes. GB

Scheffau (Lkr. Lindau), *Kath. Pfarrkirche St. Martin* (1787/88), Außeninstandsetzung. Sta

Scheidegg (Lkr. Lindau), *Kath. Pfarrkirche St. Gallus*, umfangreiche Außensanierung an Turm und Westfassade mit Behebung zahlreicher statisch bedingter Mauerwerks- und Putzschäden. Neufassung des Westfassade im Sinn des Neubarock (nach Befund). Sta

Schmiechen (Lkr. Aichach-Friedberg), *Kath. Wallfahrtskirche Maria Kappel.* In der überlieferten Form 1754–1756 umgestaltet. Fresken von Franz Martin Kuen, Stuckdekoration von Franz Xaver Schmutzer, Altarbilder von Franz Anton Anwander. Mit der Inneninstandsetzung wurde begonnen. Die statischen Sicherungsmaßnahmen des Dachwerks sind abgeschlossen, ebenso die Sicherungsarbeiten an Deckengemälde und Raumschalenoberflächen. Im Rahmen der Befunduntersuchung ist im Bereich der Seitenkapelle eine malerische Innenwanddekoration der Zeit um 1786 zutage getreten. Grundsätzlich sieht das Instandsetzungskonzept aus konservatorischen Gründen eine Wiederholung der Raumredaktion der 1930er Jahre vor. Vo

Schwangau (Lkr. Ostallgäu), *Gißhübl 3*, Beratung eines Wohnhaus-Neubaus neben der Kirche St. Georg und einem historischen Bauernhaus. Kra

Siegertshofen (Lkr. Augsburg), *Kath. Pfarrkirche St. Nikolaus*, Instandsetzung des rechten Seitenaltars des 19. Jhs. mit Marienkrönung der Zeit um 1500. Die Fassungsschicht des 19. Jhs. wurde beibehalten. Vo

Staudheim (Lkr. Donau-Ries), *Kath. Pfarrkirche St. Quirin*, Turm um 1400, Langhaus und Chorerneuerung 1. Hälfte 15. Jh., Langhauserhöhung spätes 17. Jh., westliche Langhausverlängerung um 1830. Die um 1936 im Chor freigelegten Wandmalereien des frühen 15. Jhs. konnten im Rahmen einer Befunduntersuchung, in einem sehr fragmentarischen Zustand, auch im Bereich des Langhauses nachgewiesen werden. Anhand dieser Befundlage wurden die Planungen für eine Kirchenerweiterung überarbeitet. Vo

Stöttwang (Lkr. Ostallgäu), *Kath. Pfarrhof, Hauptstraße 8.* Der aus dem Jahr 1849 stammende, stattliche Pfarrhof besitzt u. a. auch erhebliche städtebauliche Bedeutung. Der Abbruchabsicht der Kirchenverwaltung konnte nicht entsprochen werden. Da die Kirchenverwaltung das Baudenkmal nicht weiter als Pfarrsitz nutzen will, wird in der Nähe ein kleines neues Pfarrhaus erbaut. Kra

Stoffenried (Lkr. Günzburg), *Kath. Pfarrkirche St. Ägidius* (1733/1835). Die im späteren 19. und frühen 20. Jh. umgestaltete Kirche erhielt bei der jetzigen Erneuerung der Innenfassung (im Anschluß an Bodenarbeiten) ihre entsprechende, differenzierte Ansichtigkeit zurück; die Altäre verblieben (aus Kostengründen) in der bisherigen Fassung. Sta

Sulzbach (Lkr. Aichach-Friedberg), *Kath. Pfarrkirche St. Verena.* Die um 1700 entstandene Turmzwiebel wurde instandgesetzt. Vo

Tapfheim (Lkr. Donau-Ries), *Kath. Pfarrkirche St. Peter.* Die Außeninstandsetzung des 1749 von Johann Georg Hitzelberger fertiggestellten Sakralbaus ist abgeschlossen, die Farbgebung orientiert sich an der Gestaltung des ausgehenden 18. Jhs. Vo

Thalfingen (Lkr. Neu-Ulm), *Kath. Pfarrkirche St. Laurentius*, Innenrenovierung unter Wiederherstellung der Raumansicht von 1761, die keinen Kontrast zu den Altären des frühen 19. Jhs. darstellt. Sta

Tussenhausen (Lkr. Unterallgäu), *Kath. Pfarrkirche St. Martin.* Die stattliche Kirche, 1696 über mittelalterlicher Grundlage barock ausgebaut, innen zuletzt 1948 renoviert, erfuhr eine Restaurierung des Chors, dessen Gewölbe Risse, dessen Stuck Fehlstellen und dessen Deckengemälde Fassungsschäden gezeigt hatten. Gleichzeitig wurde der mittelalterliche Turm teilweise neu verputzt und wieder kalkweiß gefaßt. Kra

–, *Kath. Friedhofskapelle (Muttergotteskapelle).* Die bedeutende, 1708/09 erbaute Kapelle, ein hochbarocker Zentralbau mit reichem Stuckdekor, aufwendiger Ausstattung und Deckengemälden von 1777, wurde im Hinblick auf die erforderliche Dachwerk- und statische Sanierung sowie die Innenrestaurierung eingehend gewürdigt. Die ersteren Maßnahmen konnten bereits abgeschlossen werden. Kra

Ungerhausen (Lkr. Unterallgäu), *Kath. Pfarrkirche St. Johann Baptist.* Die stattliche barocke Pfarrkirche, 1734–38 erbaut und bekannt vor allem wegen der Deckengemälde des Ottobeurer Malers Franz Anton Erler, soll in den nächsten Jahren eine Gesamtrestaurierung erfahren, nachdem sich die Innenrestaurierung von 1955/57 nicht als gültiges Ergebnis erwiesen hat. Besondere Problematik liegt in der Öl-Emulsionstechnik Erlers, die schon 1902 und erneut 1957 nicht angemessen gereinigt und konserviert werden konnte. Nach erfolgten genauen Voruntersuchungen konnte ein erfolgversprechendes Restaurierungsmuster angelegt werden, das die Malschicht unter Integration der Übermalungen von 1902 in reversibler Weise fixiert. Eine Abnahme der Übermalungen würde so stark reduzierte Originalgemälde zur Folge haben, daß davon abzusehen ist. Kra

Unterkammlach (Lkr. Unterallgäu), *Kath. Sebastianskapelle.* Die Gesamtrestaurierung der 1635 zuerst bezeugten, zu Anfang des 18. Jhs. und nach der Verwüstung 1796 erneuerten großen Festkapelle wurde begonnen, die Dachwerkinstandsetzung und Neudeckung konnte bereits abgeschlossen werden. Kra

Unterreitnau, Stadt Lindau/B., *Kath. Pfarrkirche St. Urban und St. Silvester*, Innenrestaurierung mit dem Versuch, auf malerischem Weg die Strukturen des seinerzeit neubarock umgestalteten Innenraums des 18. Jhs. wieder zu verdeutlichen. Sta

Vöhingen (Lkr. Neu-Ulm), *Wannengasse 19*, Instandsetzung und Umbau des ehem. Gasthauses Schwarzer Adler zu einem gemeindlichen Kulturhaus; mehrfache Beratung. Kra

Waal (Lkr. Ostallgäu), *Herkomerstraße 25*, Einleitung der Innenrestaurierung des *Pfarrhofs*, eines stattlichen Baus von 1774 mit Mansarddach und Stuckdecken. Kra

Waldkirch (Lkr. Günzburg), *Kath. Pfarrkirche St. Maria*, bei der Außeninstandsetzung Rekonstruktion der differenzierten Fassung von 1745 nach Befunden und nach der Kirchendarstellung im Fresko des Innenraums, bei der Inneninstandsetzung Rekonstruktion der ursprünglichen Pilastermarmorierung und der ursprünglichen Stuck-Farbigkeit. Die relativ einfache Freskenrestaurierung ist noch im Gang. Sta

Wallerstein (Lkr. Donau-Ries), *Altes Schloß*, Torbau, Außeninstandsetzung. Der dreigeschossige Torturm mit Pilastergliederung, von 1572, repräsentiert den wichtigsten erhaltenen Bauteil der ehem. Hauptburg. Die Farbgebung orientiert sich an der entstehungszeitlichen Gestaltung. Vo

–, *Untere Bergstraße 6.* Das Landesamt setzt sich nach wie vor für den Erhalt des *ehem. Rathauses*, einen zweigeschossigen, ortsbildprägenden Schweifgiebelbau des späten 18. Jhs., ein. Das Baudenkmal ist akut gefährdet. Vo

Waltenhofen (Lkr. Ostallgäu), *Kath. Pfarrkirche St. Florian und Maria.* Die auf den Hl. Magnus zurückreichende Kirche ist Zentrum einer der Urpfareien des Allgäus. Der älteste Sakralbau wurde 746

geweiht. Eine zweite oder dritte Kirche wurde 1520 erweitert und seit 1712 barockisiert. Dieser zweimal umgestaltete neuere Bau mit sehr altem Baukern wurde 1929 und zuletzt 1953 renoviert. Am 24. Juni 1989 wurde ohne denkmalpflegerische Erlaubnis eine erneute Innenrenovierung eingeleitet, auf die das Landesamt für Denkmalpflege erst von dritter Seite hingewiesen wurde. Wegen des Einbaus einer Fußbodenheizung wurde der Kirchenboden 60 cm tief ausgekoffert und dabei Mauerzüge und eine Apsis älterer Kirchen angeschnitten, Priestergräber zerstört und die spätmittelalterliche Gruft der Herren von Schwangau wenn auch nicht zerstört so doch erheblich gestört. Die Abteilung Bodendenkmalpflege leitete eine Rettungsgrabung ein, um die wichtigsten bauhistorischen Fragen abzuklären, doch wurden viele Details durch dilettantische «Ausgräber» zerstört. – Auch das zuständige Diözesanbauamt war von der Einleitung der Maßnahme und den Arbeiten nicht in Kenntnis gesetzt. – Nach Einbringen einer Betonplatte in der gesamten Kirche wurden die Befunduntersuchungen eingeleitet. Kra

Weilbach (Lkr. Unterallgäu), *Kath. Filialkirche St. Anna*, Gesamtrestaurierung der schlichten, spätgotischen, zuletzt 1947 eingreifend erneuerten kleinen Kirche unter Erhaltung der Deckengemälde und Fassungen der Ausstattung aus dem Jahre 1947. Die Maßnahme wurde bezuschußt. Kra

Weißenhorn (Lkr. Neu-Ulm), *Unteres Tor*. Der Torturm, die innerstädtische Hauptstraße der Altstadt im Norden abriegelnd, erbaut um 1470/80 und erweitert um 1527, soll 1990 restauriert werden. Das aus Ziegeln gemauerte Bauwerk, dessen historischer Putz 1965 durch eine weder sach- noch fachgerechte rote Zementschlämme ersetzt wurde, soll wieder dem ursprünglichen Zustand entsprechend verputzt und hell getönt werden. Trockenlegungsmaßnahmen sollen mittels Saniermörtel erfolgen. Kra

–, *Mariengasse 1/Herrengasse 4*. Das wertvolle spätgotische Fachwerkhaus aus dem 15. Jh. steht sei langem leer, weist erhebliche Bauschäden auf und ist zur Zeit weitgehend in skelettiertem Zustand. Trotz hoher Zuschußangebote des Landesamtes für Denkmalpflege hat sich bisher leider kein Interessent für das Baudenkmal gefunden. Kra

Wemding (Lkr. Donau-Ries), *Lagergasse 1*, Kleinwohnhaus des ausgehenden 18. Jhs. Angesichts der reduzierten Denkmaleigenschaft wurde das Haus aufgegeben. Vo

–, *Sandbichlring 12*, zweigeschossiges Wohnhaus, 2. Hälfte 17. Jh. Im Rahmen einer Instandsetzungsmaßnahme wurden unsachgemäße Veränderungen im Objekt vorgenommen. Das für die lokale Bauweise typische Fachwerkhaus wurde aus der Denkmalliste gestrichen. Vo

Westernach (Lkr. Unterallgäu), *Pfarrhof*. Der barocke, 1775 erbaute Pfarrhof kann endlich instandgesetzt werden, nachdem die Finanzierung gesichert ist. Es handelt sich um einen typischen ehem. Ökonomiepfarrhof mit aufwendig gestaltetem Wohnteil. Da am Ort kein Pfarrer mehr residiert, werden sich die Filialkirchengemeinde, die politische Gemeinde, Feuerwehr und Raiffeisenbank in die Nutzung des Baudenkmals teilen. Die Maßnahme wird durch Zuschußmittel des Landesamtes für Denkmalpflege gefördert. Kra

Wildpoldsried (Lkr. Oberallgäu), *Cyprianskapelle* (15. Jh., um 1780), erster Teil der Innenrenovierung mit Bauunterhaltsmaßnahmen. Sta

Wolfertschwenden (Lkr. Unterallgäu), *Hauptstraße 53*. Der Bruggerhof, ein Bauernhaus aus dem 18. Jh., konnte in seinem Wohnteil in den letzten Jahren fach- und sachgerecht instandgesetzt werden. Der Ausbau des ehem. Wirtschaftsteils für Wohnzwecke wurde mehrfach beraten; wichtig war dabei, die historische Dominanz des Wohnteils zu erhalten. Kra

Zahling (Lkr. Aichach-Friedberg), *Aichacher Straße 3, Pfarrhof*. Das Landesamt setzt sich für den Erhalt des ortsbildprägenden, zweigeschossigen, giebelständigen Satteldachbaus von 1760 ein. Vo

ORGELDENKMALPFLEGE

Absberg (Lkr. Weißenburg-Gunzenhausen), *Evang.-Luth. Pfarrkirche*, gutachtliche Stellungnahme über die einmanualige mechanische Kegelladenorgel von Steinmeyer 1886, welche einem Orgelneubau weichen sollte. Eine Transferierung des historischen Orgelwerks wurde in Aussicht genommen.

Aich, Gde. Bodenkirchen (Lkr. Landshut), *Kath. Pfarrkirche St. Ulrich*. Vorbereitende Untersuchungen für die Konservierung und Instandsetzung des kunstgeschichtlich hochrangigen Nußbaum-Intarsien-Orgelgehäuses, das ursprünglich für die Dominikaner-Klosterkirche in Landshut gebaut und später nach Aich transferiert wurde; es ist von besonderem Interesse, welche Oberflächenbehandlung dieses Orgelgehäuse ursprünglich trug; die gefundenen Schellackspuren dürften nämlich aus späteren Überarbeitungen stammen; Untersuchungen wurden eingeleitet.

Aichach (Lkr. Aichach-Friedberg), *Kath. Stadtpfarrkirche*. Für die geplante Orgelerneuerung war die Erhaltung des seltenen, wohl von Prof. Richard Berndl entworfenen Jugendstilprospekts Vorbedingung; die im Speicher aufgefundenen ursprünglichen Gehäuseteile sollen wieder integriert werden, nachdem die seitliche Erweiterung durch Pfeifen von 1936 abgenommen wird. Die noch vorhandenen historisch relevanten Register aus der Vorgängerorgel wurden in das Depot des Orgelmuseums Valley übernommen und werden dort für die Restaurierung bei entsprechenden Orgelwerken Wiederverwendung finden.

Aldersbach (Lkr. Passau), *ehem. Klosterkirche und heutige kath. Pfarrkirche Mariä Himmelfahrt*. Die vom Landesamt vorgeschlagene Transferierung der zweimanualigen, von der Orgelbauanstalt Weise in Plattling 1929 gefertigten Orgel der Westempore auf die nördliche Chororgelempore wird durchgeführt.

Allerheiligen, Gde. Warngau (Lkr. Miesbach), *Kath. Wallfahrtskirche*. Die Sicherung, Instandsetzung und Restaurierung der von Jakob Will aus Tölz 1828 in einem Gehäuse von ca. 1760 umgebauten Orgel wurde erfolgreich abgeschlossen. Da bisher nie eine Pedalkoppel eingebaut war (starre Anhängung) wurde auch jetzt auf eine Pedalkoppel verzichtet; die literarische Nachricht, daß Orgelbaumeister Will «fast alles neu gemacht hat», kann nach Einblick in das Orgelwerk nicht mehr gehalten werden: Die Windlade (ohne Pedal) und das Werk stammen tatsächlich großenteils aus dem 18. Jh.

Altdorf (Lkr. Nürnberger Land), *Evang.-Luth. Friedhofkirche*, Zustimmung zum Plan eines C/Cis-Seitenanbaues des um 1845 schon einmal erweiterten Orgelgehäuses.

Altendorf, Gde. Mörnsheim (Lkr. Eichstätt), *Kath. Wallfahrtskirche Mariä-End*, gutachtliche Stellungnahme zur geplanten Werkserneuerung der 1899 von Joseph Bittner aus Eichstätt erbauten Orgel: Die einmanualige «Schüssellade» war so klimaanfällig, daß ihre Funktionstüchtigkeit für den Einsatz in der Liturgie nicht mehr gegeben war; einer Transferierung des original erhaltenen Werks in das Orgelmuseum wird zugestimmt.

Altenmarkt a. d. Alz (Lkr. Traunstein), *Kath. Pfarrkirche*, Empfehlung zur Instandsetzung des historischen Orgelwerks.

Ammelbruch, Gde. Langfurth (Lkr. Ansbach), *Evang-Luth. Pfarrkirche*, Beratung des Einbaus eines neuen 13-registrigen Orgelwerks in das bestehende historische Gehäuse.

Ansbach (Kreisfreie Stadt Ansbach), *Evang.-Luth. Pfarrkirche St. Gumbertus*, erste Beurteilung und Beratung angesichts der Neubaupläne des Orgelwerks in das prächtige Gehäuse von 1738. Das 1961 von Orgelbau Steinmeyer eingebaute Orgelwerk wurde damals bewußt zurückhaltend-kammermusikalisch intoniert. Da man in der kirchenmusikalischen Praxis damit derzeit nicht zufrieden ist, sollte das voll funktionstüchtige Werk durch einen Neubau ersetzt werden.

Appersdorf, Gde. Ratzenhofen (Lkr. Kehlheim), *Wallfahrtskirche Mariabrünndl*, Überholung der von Orgelbaustätte Weise um 1910 erbauten Orgel mit pneumatischer Röhrentraktur.

Arnolding, Gde. Teisendorf (Lkr. Traunstein), *Hausorgel*. Die erbetene Beurteilung einer von einem Bauern und Liebhaber-Orgelbauer erbauten Hausorgel ergab, daß das völlig defekte und unspielbare Werk mit angemessenen Mitteln nicht mehr spielbar gemacht werden kann, zumindest im Fall einer Beibehaltung der nicht hochwertig ausgewählten Materialen.

Aschaffenburg, Große Metzgergasse 6, *Hausorgel Giegerich*, Beratung zu einer Instandsetzung des barocken Orgelpositivs mit fünf Registern; das um ca. 1670 entstandene Werk erhielt in der zweiten Hälfte des 19. Jhs. neue Klaviaturen mit Oktavkoppelungen der fehlenden Töne cis, dis, fis, gis.

Ascholtshausen, Gde. Mallersdorf-Pfaffenberg (Lkr. Straubing-Bogen), *Kath. Pfarrkirche U. L. Frau*, gutachtliche Stellungnahme zur geplanten Orgelerneuerung.

Augsburg, ehem. Benediktinerabteikirche und jetzige Kath. Pfarrkirche St. Ulrich und Afra. Mit Bedauern mußte zur Kenntnis genommen werden, daß die Reste, des über dem Gewölbe installierten Fernwerks abgebrochen und vernichtet worden waren: Es wäre dies das letzte, zumindest museale Relikt eines der bedeutendsten Orgelwerke der süddeutschen Romantik gewesen; das zugehörige von Johann Heinrich Koulen 1903 in das barocke Hauptgehäuse eingebaute Orgelwerk war schon einige Jahre zuvor zugunsten einer neuen Schleifladenorgel entfernt worden.

Autenhausen, Gde. Seßlach (Lkr. Coburg), *Kath. Pfarrkirche St. Sebastian*, Beratung zur Instandsetzung des historischen Orgelwerks.

Bastheim, (Lkr. Röhn-Grabfeld), *Kath. Pfarrkirche*, gutachtliche Stellungnahme zur geplanten Instandsetzung und Erweiterung der von der Orgelbauwerkstätte Steinmeyer 1892 erbauten einmanualigen mechanischen Kegelladenorgel.

Baumburg (Lkr. Traunstein), *ehem. Stiftskirche und jetzige kath. Pfarrkirche St. Margaretha*, Stellungnahme zur geplanten Erneuerung des in ein Gehäuse vom Ende des 17. Jhs. durch Orgelbau Siemann 1910 eingebauten Orgelwerkes und dringende Empfehlung auf Erhaltung.

Bayersoien (Lkr. Garmisch-Partenkirchen), *Kath. Pfarrkirche St. Georg*, gutachtliche Stellungnahme zur geplanten Erneuerung der Orgel; das von Albert Schönle 1910 eingebaute Orgelwerk war denkmalpflegerisch ohne weiteren Belang, sodaß der Erneuerung zugestimmt werden konnte.

Bayreuth, *Kath. Schloßkirche U. L. Frau*, Beratung der geplanten Orgelerneuerung als Ersatz eines Vorgängerwerks von 1958.

Böhen (Lkr. Unterallgäu), *Kath. Pfarrkirche St. Georg*, Beratung zur Instandsetzung der 1907 von Franz Borgias Maerz erbauten pneumatischen Kegelladenorgel.

Buttenheim (Lkr. Bamberg), *Kath. Pfarrkirche*, gutachtliche Beratung für die geplante Generalüberholung und Erweiterung der von Orgelbau Steinmeyer 1902 erbauten Orgel, mit der Empfehlung des grundsätzlichen Erhalts der pneumatisch gesteuerten Taschenladen und nicht übermäßigen Erweiterung.

Buxheim (Lkr. Unterallgäu), *Kath. Pfarrkirche St. Peter und Paul*, Zustimmung zur Erneuerung des um 1950 unpassend in das Gehäuse von 1750 (Joseph Zettler aus Ottobeuren) eingebauten Orgelwerks.

Chieming (Lkr. Traunstein), *Kath. Pfarrkirche*, Beratung der geplanten Instandsetzung der von Jakob Müller um 1890 erbauten einmanualigen mechanischen Kegelladenorgel.

Coburg, *Evang.-Luth. Pfarrkirche St. Moritz*, Transferierung der restlichen noch vorhandenen historischen Pfeifenregister der 1929 von Orgelbau Walcker errichteten Orgel. Dieses in ein Barockgehäuse eingebaute Werk mit 57 Registern wurde 1973 auf elektrisch gesteuerte Schleifladen umgestellt; da diese Schleifladen geringere Wind-Kapazität hatten, als die Registerkanzellenladen von 1929, mußte die Orgel gleichzeitig auf 40 Register reduziert werden und hat damit den Kirchenraum nicht mehr ausreichend beschallen können; die Arbeiten von 1973 haben somit ein einst klangvolles Orgelwerk zur Bedeutungslosigkeit herabgewürdigt, so daß ein kompletter Orgelwerksneubau als einzige Lösung erschien.

Dorfen (Lkr. Erding), *Kath. Wallfahrts- und Pfarrkirche U. L. Frau*, Beratung zur Instandsetzung der von Joseph Zeilhuber erbauten Orgel.

Erkersreuth, Stadt Selb (Lkr. Wunsiedl), *Evang.-Luth. Kirche zum guten Hirten*, gutachtliche Stellungnahme zum geplanten Neubau der von Steinmeyer 1928 als Opus 1485 neu gebauten zweimanualigen Orgel auf pneumatischen Taschenladen; unter Voraussetzung einer Einlagerung des Werkes wird auf Erhaltung an Ort und Stelle nicht beharrt.

Faulenberg, Gde. Schillingsfürst (Lkr. Ansbach), *Evang.-Luth. Kirche*, gutachtliche Stellungnahme zur geplanten Instandsetzung der 1773 von Georg Martin Gessinger erbauten und 1897 von Diebach nach Faulenbach transferierten Orgel. Eine 1955 durchgeführte «Renovierung» macht jetzt eine gründlich geplante Restaurierung notwendig.

Frauenbrünnl (Stadt Straubing), *Kath. Wallfahrtskirche*, Instandsetzung der ca. 1730 erbauten einmanualigen Orgel mit fünf Registern.

Fristingen (Lkr. Dillingen), *Kath. Pfarrkirche St. Blasius*, Beratung zur Instandsetzung der von Orgelbau Link um 1922 erbauten zweimanualigen Orgel mit 12 Registern.

Gaibach, Stadt Volkach (Lkr. Kitzingen), *Kath. Kreuzkapelle*. Die 1700 von Adam Philip Schleich erbaute einmanualige Orgel, welche vor dem Abbau unspielbar war, wurde instandgesetzt; dabei zeigte sich, daß zumindest die Windladen älter als von 1699 sind; auf dem Manualwellenbrett findet sich bereits von 1648 eine Bleistiftinschrift. Die Bälge sind mit 1699 bezeichnet. Diese Erkenntnisse erhöhen die Bedeutung dieses einmaligen historischen Orgelwerks noch.

Geroda (Lkr. Bad Kissingen), *Evang.-Luth. Kirche*, Befürwortung einer Restaurierung des aus Fulda nach der Säkularisation angekauften Orgelgehäuses und des 1876 von Markert aus Ostheim darin eingebauten ein Schleifladenwerkes.

Geslau (Lkr. Ansbach), *Evang.-Luth. Pfarrkirche*. Die im März 1988 abgetragene Steinmeyer-Orgel (Opus 67, 1867, einmanualig, auf mechanischen Kegelladen mit zehn Registern) konnte zur Wiederaufstellung als Chororgel in die ehem. Klosterkirche Maihingen vermittelt werden; dort kann sie als ein alltagstaugliches Instrument die restaurierte Barockorgel entlasten, damit diese nicht durch permanente Bespielung zu starkem Verschleiß ausgesetzt ist.

Gleißenberg, Gde. Burghaslach (Lkr. Neustadt a. d. Aisch – Bad Windsheim), *Evang.-Luth. Kirche*. Die von der Nürnberger Orgelbauwerkstätte Bittner um 1870 erbaute einmanualige mechanische Kegelladenorgel, welche ohne Beteiligung des Landesamts für

Denkmalpflege abgetragen worden war, konnte durch Übernahme in das Orgelmuseum Valley vor der Verschrottung gerettet werden.

Gotteszell (Lkr. Regen), *ehem. Klosterkirche und heutige Kath. Pfarrkirche.* Die 1952 von Orgelbau Hirnschrodt erstellte Orgel hat keine Denkmaleigenschaft, wenngleich sie als reparabel bezeichnet werden muß; da man den monströsen Freipfeifenprospekt entfernen will, muß eine Planung für eine subtilere Orgel erstellt werden.

Grafrath (Lkr. Fürstenfeldbruck), *Wallfahrtskirche St. Rasso,* Restaurierung der 1903 von Willibald Siemann aus München in ein Gehäuse des 17. Jhs. eingebauten pneumatischen Kegelladenorgel mit 21 Registern auf zwei Manualen und Pedal. Unter Hinzufügung eines Erweiterungsregisters wurde damit eine charakteristische romantische Orgel gerettet.

Greimharting, Gde. Rimsting (Lkr. Rosenheim), *Kath. Filialkirche St. Peter,* gutachtliche Stellungnahme zur geplanten Orgelinstandsetzung und -erweiterung.

Günzelhofen, Gde. Oberschweinbach (Lkr. Fürstenfeldbruck), *Kath. Pfarrkirche St. Margaretha.* Die 1988 unzureichend durchgeführte Überholung des 1924 von Albert Moser erbauten zweimanualigen Werkes wurde zu einem Streitfall zwischen Kirchenverwaltung und ausführender Orgelbaufirma; im anschließenden Gerichtsverfahren wurden die vom Landesamt für Denkmalpflege vorgebrachten Einwendungen gegen die 1988 getätigte Instandsetzung als berechtigt anerkannt.

Halsbach (Lkr. Altötting), *Kath. Pfarrkirche St. Martin.* Nach der Innenrestaurierung wurde vom Landesamt für Denkmalpflege die Instandsetzung der Orgel beraten. Das 1880 von Franz Borgias Maerz für das Münchner Odeon erbaute Orgelwerk mit zwei Manualen und 19 klingenden Registern wurde bereits 1886 in die neu erbaute Pfarrkirche Halsbach transferiert: eines der bedeutendsten romantischen Orgelwerke Oberbayerns.

Harburg (Lkr. Donau-Ries), *Evang-Luth. Pfarrkirche St. Barbara,* Überholung mit dem Ziel einer unveränderten Beibehaltung der 1888 von Steinmeyer erbauten Orgel.

Hörlkofen, Gde. Wörth (Lkr. Erding), *Kath. Kirche.* Einer Erneuerung der 1923 erworbenen und 1965 unzulänglich umgebauten Orgel wird zugestimmt, da das vorhandene Werk keine Denkmaleigenschaft erkennen läßt; die Planung des neuen Gebäudes wurde intensiv beraten.

Hohenmirsberg, Gde. Pottenstein (Lkr. Bayreuth), *Kath. Pfarrkirche St. Martin,* gutachtliche Beratung der Überholung und Erweiterung der Steinmeyer-Orgel, Opus 549.

Hohenstadt, Gde. Hersbruck (Lkr. Nürnberger Land), *Evang.-Luth. Pfarrkirche.* Die bei der Kirchenrenovierung durch Unachtsamkeit stark beschädigte mechanische Kegelladenorgel aus der Werkstätte Steinmeyer wurde im ausgelagerten Zustand in einer Münchener Orgelbauwerkstätte besichtigt; aufgrund des Zerstörungsgrads wird die Erneuerung der Orgel hingenommen.

Holzharlanden, Stadt Abensberg (Lkr. Kehlheim), *Kath. Filialkirche St. Katharina.* Die gründliche Restaurierung und Instandsetzung der aus dem 18. Jh. stammenden Schleifladenorgel wurde eingeleitet.

Irschenberg (Lkr. Miesbach), *Kath. Pfarrkirche St. Johannes Baptist,* gutachtliche Beurteilung der in ein Gehäuse des 18. Jhs. eingebauten pneumatischen Kegelladenorgel (wohl von Franz Borgias Maerz). Das mehrfach umgestaltete, in der Disposition barockisierte Werk war in seiner Charakteristik verdorben; deshalb wurde die Erneuerung hingenommen; die noch vorhandenen historischen Register wurden eingelagert.

Joditz, Gde. Köditz (Lkr. Hof), *Evang.-Luth. Kirche,* gutachtliche Stellungnahme für die geplante Orgelinstandsetzung. Die von Steinmeyer 1899 als Opus 670 erbaute einmanualige Orgel wurde durch Bauer-Asbach zwischenzeitlich mit einer teilweisen neuen Registerdisposition versehen; es wurde geraten, den erreichten, in seiner Fortschreibung nicht störenden Zustand beizubehalten und nicht die Register im ursprünglichen Sinn zu rekonstruieren.

Kaltensondheim, Gde. Biebelried (Lkr. Kitzingen), *Simultane Pfarrkirche.* Für die Instandsetzung der 1751 von Johann Philipp Seuffert erbauten einmanualigen Orgel wurde das endgültige Konzept erarbeitet.

Kitzingen (Lkr. Kitzingen), *ehem. Kapuzinerklosterkirche,* Beratung zur Wiederspielmachung der 1744 von Johann Philipp Seuffert erbauten, durch Schlimmbach umgestalteten und seit 35 Jahren stillgelegten einmanualigen Schleifladenorgel.

Kleinbardorf, Gde. Sulzfeld (Lkr. Rhön-Graffeld), *Kath. Kirche,* gutachtliche Beratung der im Zuge der Kircheninnenrenovierung erfolgenden Orgelinstandsetzung. Das ca. 1650 von Konrad Kitzinger erbaute Werk wurde 1912 zu einer Kegelladenorgel mit mechanischer Traktur von Hofmann aus Hofheim umgestaltet; 1760 etwa war schon ein Rokokogehäuse vorgeblendet worden.

Köfering (Lkr. Regensburg), *Kath. Pfarrkirche St. Michael,* gutachtliche Stellungnahme zur geplanten Orgelerneuerung. Das bisherige Werk wurde ohne Beteiligung des Landesamts für Denkmalpflege abgebaut und eingelagert.

Lanzendorf, Gde. Himmelkron (Lkr. Kulmbach), *Evang-Luth. Kirche St. Gallus.* Die 1872 von der Orgelbauwerkstätte Buck aus Bayreuth erbaute mechanische Schleifladenorgel mit 11 Registern war 1956 umdisponiert und damit klanglich verfälscht worden. Um Platz für die Anschaffung einer Orgel von 1970 aus der Pfarrkirche Bad-Berneck zu schaffen, sollte die Buck-Orgel im Gegenzug in die Friedhofkirche Bad-Berneck abgegeben werden; von seiten der Denkmalpflege erfolgte Zustimmung unter der Bedingung, daß das Gehäuse von Lanzendorf in Lanzendorf verbleibe und das – wenngleich beeinträchtigte – Buck-Werk nicht aufgelöst wird.

Lauf a. d. Pegnitz (Lkr. Nürnberger Land), *Evang.-Luth. Pfarrkirche St. Johannes.* Zur geplanten Erneuerung des 1907 von Johannes Strebel erbauten und um 1962 von Bauer-Asbach modernisierten Orgelwerks erging Zustimmung des Landesamtes für Denkmalpflege, da das Werk durch den letzten Umbau seine Charakteristik und damit Denkmaleigenschaft verloren hatte; das um 1700 in der Kitzinger Brandenstein-Werkstatt entstandene prächtige Orgelgehäuse verbleibt an Ort und Stelle und nimmt das neue, historischer Disposition verpflichtete Orgelwerk auf.

Lauterbach, Gde. Rohrdorf (Lkr. Rosenheim), *Kath. Filialkirche.* Zur Instandsetzung der 1829 von Josef Wagner aus Glonn erbauten einmanualigen Schleifladenorgel mit acht Registern erfolgte Beratung und Konzeptfestlegung.

Leutershausen (Lkr. Ansbach), *Evang.-Luth. Pfarrkirche St. Peter,* Instandsetzung und Restaurierung der frühen Steinmeyer-Orgel (Opus 158), welche um 1960 durch die Werkstätte Holländer umgestaltet wurde. Die Orgel wird unter sorgfältiger Bewahrung der historischen Substanz und behutsamer Korrektur der erneuerten Teile durchgeführt und eine Zusatzlade für drei Register (als Kegellade) eingebaut.

Lohr, Gde. Innsingen (Lkr. Ansbach), *Evang.-Luth. Kirche,* Überholung der 1757 von der Werkstätte Näser aus Ansbach erbauten einmanualigen Schleifladenorgel mit 12 Registern.

Maihingen (Lkr. Donau-Ries), *ehem. Klosterkirche Mariä Himmelfahrt.* Im Rahmen der Wiederherstellung der 1734 bis 1737 von Johann Martin Baumeister aus Eichstätt erstellten Orgel wurde die zeichnerische Dokumentation eingeleitet und die Rückpositivlade nach einer «Röntgen»-Untersuchung im Germanischen Nationalmuseum in Nürnberg als erster Teil restauriert (vgl. auch unter Geslau).

Maitenbeth (Lkr. Mühldorf), *Kath. Pfarrkirche,* gutachtliche Stellungnahme zur geplanten Erneuerung des 1914 von Willibald Simon auf pneumatischen Kegelladen aufgestellten zweimanualigen Orgelwerks.

Marienberg, Stadt Burghausen (Lkr. Altötting), *Kath. Wallfahrtskirche*. Die erst 1987 restaurierte, bedeutende Rokokoorgel (Anton Bayr, 1769) wies klare Funktionsstörungen auf; nachdem die restaurierende Orgelbaufirma die Verantwortung dafür ablehnte, wurde in einer Ortseinsicht durch das Landesamt für Denkmalpflege die Ursache in neueingebauten Holzstangen des Wellenbretts erkannt; das neue Holz biegt sich je nach Luftfeuchtigkeit verschieden durch, reibt sich dabei an den alten Wellen und bewirkt somit durch Verklemmung ein Hängenbleiben der Traktur. Ein Musterbeispiel dafür, daß bei Orgelrestaurierungen nur langjährig abgelagertes Holz verwendet werden sollte und daß Klimaänderungen beim Transport zwischen Kirchenraum und Orgelwerkstätte nachhaltige Störungen im Holzmaterial verursachen können.

Marktleuthen (Lkr. Wunsiedel), *Evang.-Luth. Kirche*. Der geplanten Orgelerneuerung konnte zugestimmt werden, da das vorhandene Werk keine eindeutige Denkmaleigenschaft erkennen ließ. Bei der Auflösung des von der Hauptorgel an die gegenüberliegende Kirchenwand abgerückten zweiten Orgelwerkes soll jedoch das zweite Gehäuse erhalten bleiben.

Miesbach (Lkr. Miesbach), *Kath. Portiunkula-Kirche*. Die geplante Orgelwerkserneuerung wurde durch die Empfehlung des Landesamts in eine Generalüberholung umgewandelt.

Moosinning (Lkr. Erding), *Kath. Pfarrkirche*. Befürwortung einer Instandsetzung der 1912 durch Albert Schönle auf zwei Manualen erbauten Orgel mit elf Registern.

München, Evang.-Luth. Erlöserkirche. Beim Einbau des neuen Orgelwerks auf der Westempore wurde entgegen den Empfehlungen des Landesamts für Denkmalpflege die Brüstungs-Emporenanlage durch einen Rückpositiv-Einbau beeinträchtigt.

Neuenmarkt (Lkr. Kulmbach), *Evang-Luth. Pfarrkirche*, Hinnahme der Abtragung eines von Steinmeyer 1929 erbauten neunregistrigen Werkes auf pneumatischen Taschenladen zugunsten eines Orgelneubaus.

Neusäß (Lkr. Augsburg), *sog. Kobelkapelle Maria Loretto*, Befürwortung einer Instandsetzung der von Bittner 1897 als Opus 70 erbauten Orgel, welche damals bereits für die zweimanualige Kegellade eine pneumatische Röhrentraktur verwendete.

Obereilsfeld, Gde. Ahorntal (Lkr. Bayreuth), *Kath. Pfarrkirche St. Burghardt*, Beratung zur Instandsetzung der von ca. 1840 stammenden zweimanualigen Orgel.

Ollarzried, Gde. Ottobeuren (Lkr. Unterallgäu), *Kath. Pfarrkirche St. Ulrich*. Die zugunsten eines Orgelwerkneubaus geplante Abtragung der pneumatischen Taschenladenorgel von Steinmeyer, Opus 1327 von 1922, wird hingenommen, da wegen starker Veränderungen eine Erhaltungsforderung nicht durchsetzbar ist; einzelne unveränderte Register werden aufbewahrt.

Sankt Veit, Markt Pleinfeld (Lkr. Weißenburg-Gunzenhausen), *Kath. Pfarrkirche St. Vitus*, gutachtliche Beratung zur Restaurierung der wohl um 1870 in der Werkstätte Bittner entstandenen Orgel (im Manual Schleiflade mit acht Registern, im Pedal Kegelladen mit zwei Registern).

Schaltdorf, Gde. Rottenburg a. d. Laaber (Lkr. Landshut), *Kath. Nebenkirche St. Nikolaus*, Beratung der geplanten Orgelrestaurierung und der Neufassung des Gehäuses, in welches auf einem Schleifladen-Manual fünf Register eingebaut sind.

Schopflohe, Gde. Fremdingen (Lkr. Donau-Ries), *Kath. Pfarrkirche Hl. Dreifaltigkeit*, gutachtliche Stellungnahme zur Instandsetzung der Steinmeyer-Orgel, Opus 184 von 1879 (mechanische Kegelladen, einmanualig, sechs Register). Das wertvolle Pfeifenwerk soll komplett erhalten bleiben.

Schwarzbach, Gde. Mainleus (Lkr. Kulmbach), *Evang.-Luth. Kirche St. Johannes*, Stellungnahme zur geplanten Beseitigung der 1894 von Steinmeyer als Opus 517 errichteten zweimanualigen pneumatischen Kegelladenorgel mit vierzehn Registern: 1966 modernisiert und «barockisiert», ca. 1978 auf die Oberempore mit neuem Gehäuse versetzt und noch einmal verändert hat die Orgel ihre Denkmaleigenschaft verloren.

Schweitenkirchen (Lkr. Pfaffenhofen), *Kath. Pfarrkirche*, Hinnahme der geplanten Erneuerung des von Willibald Siemann 1909 erbauten zweimanualigen Werks mit vierzehn Registern.

Seefeld (Lkr. Starnberg), *Kath. Schloßkapelle*, gutachtliche Beratung für die Instandsetzung des 1734 von Quirin Weber aus Dachau geschaffenen Werks, eingebaut in ein Rokokogehäuse der Zeit um 1776. Die Instandsetzung der Orgel wird allerdings erst nach der Instandsetzung der Schloßkapelle durchgeführt.

Seinsheim (Lkr. Kitzingen), *Kath. Pfarrkirche St. Peter und Paul*, gutachtliche Beratung zur Instandsetzung des Orgelwerks.

Söchtenau (Lkr. Rosenheim), *Kath. Pfarrkirche St. Margaretha*, gutachtliche Stellungnahme zur geplanten Erneuerung der 1938 von Nenninger erbauten zweimanualigen Orgel mit vierzehn Registern; kein Einwand gegen eine Abtragung des verwahrlosten und stark verwurmten Werks.

Thalheim (Lkr. Nürnberger Land), *Evang.-Luth. Kirche*, Beratung zur Gestaltung des Orgelprospekts bei einem Orgelneubau (vorausgehendes Werk 1959 von Bauer-Asbach).

Türkenfeld (Lkr. Fürstenfeldbruck), *Kath. Pfarrkirche Mariä Himmelfahrt*, Hinnahme der Abtragung des 1889 von Georg Beer erbauten, 1954 jedoch weitgehend erneuerten und mit einem Brüstungspositiv versehenen Orgel zugunsten eines Neubaus.

Übersee (Lkr. Traunstein), *Kath. Pfarrkirche*. Nach der Innenrenovierung der Kirche wurde auch das eindrucksvolle, 1914 aus der Werkstätte Willibald Siemann stammende zweimanualige Orgelwerk mit 25 Registern auf Membranenladen überholt. Diese Orgel besitzt auch einen zeitgleichen Pfeifenprospekt.

Ursberg (Lkr. Günzburg), *ehem. Klosterkirche, jetzige Kath. Pfarrkirche St. Johannes*, Beratung zur Instandsetzung der 1776 von Johann Nepomuk Holzhey erbauten Orgel. Da intensiv um das Konzept für die hochbedeutende Orgel gerungen wurde (entweder rückhaltlose Rückführung auf eine mutmaßliche Erstdisposition oder überlegte Einbeziehung von Fortschreibungen), wurde mit der beteiligten Kirchenverwaltung eine Exkursion zu den bereits behandelten Holzhey-Orgeln in Weißenau und Roth a. d. Roth durchgeführt; dabei zeigte sich, daß die Ursberger Holzhey-Orgel gegenüber den beiden besuchten Werken noch den höchsten Grad an Originalität aufweist; das Ursberger Werk soll daher in einer gemäßigten Form der Restaurierung, d. h. mit Beibehaltung brauchbarer Fortschreibungsergebnisse, instandgesetzt werden.

Waging a. See (Lkr. Traunstein), *Kath. Pfarrkirche*. Bei der geplanten Erneuerung der Orgel (bisheriges Werk 1937 von Zwirner ohne Denkmaleigenschaft), wurde vom Landesamt für Denkmalpflege der Plan der Herausnahme der Oberempore abgelehnt; im Verhältnis zum geplanten Orgelneubau würde an der rückwärtigen Kirchenabschlußwand eine zu große ungestaltete Fläche erscheinen.

Wallnsdorf, Stadt Berching (Lkr. Neumarkt), *Kath. Filialkirche St. Martin*, gutachtliche Beratung zur Instandsetzung der Schleifladenorgel.

Walting bei Pleinfeld, Gde. Markt Pleinfeld (Lkr. Weißenburg-Gunzenhausen), *Kath. Pfarrkirche*, gutachtliche Beratung zur Instandsetzung der einmanualigen Schleifladenorgel, welche der Überlieferung nach aus der ehem. Ellinger Franziskanerkirche hierher übertragen wurde.

Wassermungenau, Gde. Abenberg (Lkr. Roth), *Evang.-Luth. Pfarrkirche*. Aus denkmalpflegerischer Sicht wurde empfohlen, das von 1860 stammende Orgelwerk zu erhalten und auf die Oberempore zu transferieren.

Weidenberg (Lkr. Bayreuth), *Evang.-Luth. Pfarrkirche*. Bei der Instandsetzung der historischen Orgel wird auf Empfehlung des Landesamtes für Denkmalpflege das zweite Manual jetzt nicht mehr erweitert.

Weismain (Lkr. Lichtenfels), *Kath. Stadtpfarrkirche St. Martin*,

Zustimmung zur geplanten Erneuerung der von 1937 stammenden Vorgängerorgel.

Weißenburg i. B. (Lkr. Weißenburg-Gunzenhausen), *Kath. Pfarrkirche St. Willibald,* intensive Beratung zur Neugestaltung eines Prospekts bei der Erneuerung der 1940 auf elektro-pneumatischen Kegelladen erbauten Orgel: Es wurde eine zurückhaltende, neugotisch empfundene Form angeraten.

Wendelskirchen, Gde. Loiching (Lkr. Dingolfing-Landau), *Kath. Expositurkirche St. Jakob,* gutachtliche Stellungnahme zur Überholung der von 1870 stammenden, 1920 mit einem neuen pneumatischen Werk der Fa. Weise versehenen Orgel: Aus denkmalpflegerischer Sicht wurde eine Erneuerung des Werks abgelehnt.

Wessobrunn (Lkr. Weilheim-Schongau), *Kath. Pfarrkirche St. Johannes-Baptist,* gutachtliche Stellungnahme zur Erneuerungsplanung der von Willibald Siemann aus München in das Gehäuse Jakob Kölbls von 1790 eingebauten Orgel. Nachdem das Landesamt für Denkmalpflege an der Erneuerungsplanung anfangs nicht beteiligt war, war bereits ein neues Werk bestellt worden und schon im Bau. Das denkmalwerte Orgelwerk konnte wenigstens komplett eingelagert werden.

Westheim, Gde. Neusäß (Lkr. Augsburg), *Kobel-Wallfahrtskirche Maria Loretto,* gutachtliche Stellungnahme mit Empfehlung der Erhaltung des 1897 aus der Werkstätte Bittner hervorgegangenen Orgelwerks.

Wildflecken (Lkr. Bad Kissingen), *Kath. Pfarrkirche,* Zustimmung zur geplanten Orgelerneuerung (abgesehen von dem Gehäuse der Zeit um 1740 ist bei der Orgel von 1951 keine Denkmaleigenschaft gegeben).

Wortelstetten, Gde. Buttenwiesen (Lkr. Dillingen), *Kath. Pfarrkirche,* gutachtliche Stellungnahme mit Empfehlung zur Erhaltung und zur Instandsetzung der von der Werkstätte Hindelang 1905 als Opus 79 erbauten Orgel.

Zimmern, Gde. Marktheidenfeld (Lkr. Main-Spessart), *Kath. Kuratie-Kirche St. Michael,* Beratung zur laufenden Restaurierung der 1730 von Johann Philipp Seuffert für Gerlachsheim erbauten einmanualigen Orgel, 1837 nach Zimmern übersetzt und 1888 durch Bruno Müller aus Aschaffenburg umgebaut.

SIXTUS LAMPL

ABTEILUNG BAUFORSCHUNG, BAUTECHNIK UND STÄDTEBAULICHE FRAGEN

BAUFORSCHUNG

Die Referate für Bauforschung arbeiteten unverändert. Das Technische Referat blieb wegen des Ausscheidens von Dr. Arendt in der ersten Jahreshälfte vakant und wurde in der zweiten Jahreshälfte mit Dr. Wolf Schmidt besetzt, der bisher ein Referat der Baudenkmalpflege in Unterfranken betreute. Das Bayerische Bauarchiv in Thierhaupten war in weiterem Aufbau begriffen. Im Referat für städtebauliche Denkmalpflege erwies sich der von Dr. Mosel entwickelte neue Arbeitsbereich der Ortsanalyse als sehr effektives Instrument der Beratung der Dorferneuerungen, dessen weiterer Ausbau anzustreben ist.

Partnerschaft mit der Universität Bamberg im Bereich der Bauforschung

Vom 14. Juli bis zum 29. Oktober 1989 fand im Regensburger Domkreuzgang und Kapitelhaus eine Ausstellung über die mit der Restaurierung des Domes in Zusammenhang stehenden Forschungsarbeiten statt. Sie erzielte ein breites Echo und der Katalog der Ausstellung (*Der Dom zu Regensburg. Ausgrabung. Restaurierung. Forschung,* Verlag Schnell und Steiner, München, Zürich, 1989) war so gefragt, daß seine zweite Auflage notwendig wurde. Ein wesentlicher Bestandteil der Ausstellung waren die Ergebnisse der Bauforschungen von Karl Schnieringer und der Arbeitsgruppe von Manfred Schuller. Die Ausstellung hat ihre Vorgeschichte.

Als ich 1978 das Referat Bauforschung und 1980 die Leitung der Abteilung Bau- und Kunstdenkmalpflege übernahm, wurde ich auch mitverantwortlich für die Restaurierungs- und Auswechselungsarbeiten am Dom, die von der Dombauhütte (seit 1925 kontinuierlich) betrieben und im Ausstellungskatalog von Hans Habermann und Helmut Stuhlfelder anschaulich beschrieben werden (*Die Staatliche Dombauhütte Regensburg,* a.a.O, S. 142f). Es fand damals keine wissenschaftliche Dokumentation statt, bevor ausgewechselt wurde. Wie man weiß, sind baugeschichtliche Befunde nicht kopierbar. Einzelne Eigenschaften wie der Steinschnitt können wiederholt werden, wobei der Dombaumeister selbstverständlich Abänderungen vornimmt, wenn er diese für technisch richtiger erachtet als das Original. Doch selbst bei minutiöser Kopiertreue – die man allerdings später ohne Vorzustandsdokumentation gar nicht beurteilen kann – läßt sich nur ein Teil der baugeschichtlichen Information weitertragen. Beweise an Hand baulicher Indizien zum Baufortschritt, zu Bauphasen, Planänderungen, fallengelassenen Entwurfsgedanken, ja so wesentlichen Aussagen, wie die der Modernisierung oder Reduzierung eines Entwurfes, die gerade beim Regensburger Dom mit seiner langen Bauzeit in großer Dichte erwartet werden können, lassen sich nach einer solchen, für sich gesehen notwendigen Restaurierungsarbeit nicht oder kaum mehr führen bzw. nachvollziehen. Gerade hier, beim bedeutendsten gotischen Kirchenbauwerk Bayerns war es Aufgabe der Denkmalpflege, eine wissenschaftliche Begleitung in angemessener Qualität sicherzustellen, wobei man auf die wenigen erfahrenen Fachleute nicht zurückgreifen konnte, da sie mit anderen Arbeiten bereits überlastet waren. Das Problem, einen Projektleiter zu finden – denn nebenher läßt sich das große Bauwerk nicht betreuen –, war nicht kurzfristig zu lösen. Achim Hubel machte sich – unabhängig von mir – als Diözesankonservator in Regensburg ähnliche Gedanken. Später, als Organisator und fachlicher Ausgestalter des Aufbaustudiums Denkmalpflege in Bamberg scheinen ihn auch seine Erfahrungen mit der neu auflebenden Bauforschung in Regensburg geleitet zu haben, als er dieses Fach zu einem Pfeiler der Ausbildung machte. Gleichzeitig trieb er seine Pläne zur Erforschung des Doms zielstrebig voran. Mit der Berufung Manfred Schullers auf die neu eingerichtete Bamberger Professur für Baugeschichte und Bauforschung gewann er schließlich den Partner, auf den auch ich Hoffnungen setzte.

Für das Landesamt war diese Konstellation aussichtsreich und jeder Unterstützung wert. In der Zwischenzeit konnte aber nicht gewartet werden, denn das Domkapitel beabsichtigte, eine Gruft zu bauen. Ohne die Hilfe von Bauforschung und Archäologie war diese Aufgabe nicht zu verwirklichen. Eine Vorschaltgrabung war aus der Sicht der Bauforschung geboten. Baustellenbegleitende Beobachtungen konnten zumindest in bezug auf die zu erwartenden baugeschichtlichen Befunde zu keinem Erfolg führen. Diese Auffassung setzte sich zunächst nicht durch, bis dann doch eine qualifizierte Untersuchung durchgeführt werden konnte, die das Landesamt finanzierte. Die Rolle des Bauforschers übernahm Karl Schnieringer, der nicht nur wissenschaftliche Ergebnisse erarbeitete (vgl. seine Beiträge im Katalog) sondern auch die Beteiligten laufend bereit und so beigetragen hat, daß viele Lösungen im technischen Detail denkmalverträglicher ausgeführt werden konnten. Die Aufgaben der Mittelalterarchäologie übernahm Silvia Codreanu-Windauer von

der Abteilung Bodendenkmalpflege des Landesamtes. Im Anschluß an die Domgrabung stand die Innenrestaurierung an. Bereits die ersten Ortstermine mit der federführenden Obersten Baubehörde ließen erkennen, daß ein konservatorisch vorsichtiges Konzept verfolgt werden sollte, welches das gealterte Bild und den baugeschichtlichen Befund zu respektieren trachtete. Ich überließ die Begleitung der Restaurierung meinem damaligen Stellvertreter, Hauptkonservator Dr. Kühlenthal, sorgte aber weiterhin für das Anlaufen der Baudokumentation im Innenraum, da die Dombauhütte einige Eingriffe in Form von Auswechslungen schadhafter Teile vornehmen wollte, so lange Manfred Schuller wegen dringlicher älterer Verpflichtungen das Projekt noch nicht übernehmen konnte. Aus den Mitteln der Bauforschung des Landesamtes wurden zwei Mitarbeiterinnen, Gabriele Rapp und Carola Thierbach finanziert und übergangsweise eingearbeitet, so daß die Untersuchungen bereits beginnen konnten, während der Finanzierungsantrag der Universität Bamberg noch bei der Deutschen Forschungsgemeinschaft bearbeitet wurde. Auch nach Bewilligung dieses Antrags ergänzte das Landesamt die Finanzausstattung, da das Forschungsprojekt aus den genannten Gründen auch für die Denkmalpflege unverzichtbar war. Manfred Schuller konnte bald die Leitung voll übernehmen und baute das Team leistungsfähig aus. Die mittlerweile erarbeiteten und in der Ausstellung gezeigten Ergebnisse bestätigen das von der Sache her vorgegebene Konzept des Zusammenwirkens bzw. der Aufgabenteilung zwischen Landesamt und Universität. Die von einem Denkmalamt sicherzustellende baugeschichtliche Erforschung der Denkmäler wird von der Vielzahl von Veränderungs- und Sicherungsmaßnahmen bestimmt: Sie ist in der notwendigen Breite ohne eine leistungsfähige Infrastruktur freiberuflicher, professionell tätiger Mitarbeiter (die von den Amtsreferenten der Bauforschung unterstützt werden) nicht zu leisten. Die Universität hat demgegenüber gemäß der für ihren Bereich konzipierten Freiheit von Forschung und Lehre ihre eigenen Schwerpunkte. Diese Schwerpunktforschung kann in Einzelfällen der Denkmalpflege nützlich sein und von ihr daher unterstützt werden. Voraussetzung ist die Bildung professionell forschender Teams, die von Lehrkräften intensiv betreut werden, wie z. B. an den Zielsetzungen der Deutschen Forschungsgemeinschaft entspricht.
Dieses Konzept von Zusammenarbeit zwischen Denkmalpflege und Universität in besonderen Fällen ist nicht zu verwechseln mit den auch heute leider immer noch festzustellenden Bestrebungen, die Universität als Vermittlungsstelle für billige Bauaufnehmer zu sehen, d. h. mit Hilfe der obligatorischen studentischen Übungsarbeiten Gelder sparen zu wollen. Ein solches «Konzept» ist kurzsichtig und verhinderte früher die Bildung einer professionellen, der Denkmalpflege hilfreichen Infrastruktur von Fachleuten. Ein Rückfall (wie er sich am Ort der einen oder anderen Fachhochschule andeutet) würde die gerade aufgebauten, noch nicht sehr konsolidierten Infrastrukturen schnell zerschlagen. Das «Konzept» ist in Wirklichkeit teuer, denn die wenigen überlebenden Adressen diktieren bald die Preise der «wichtigen» Fälle (Vorzeigeuntersuchungen). Es ist fachlich nachteilig, da eine qualifizierte Auslese auch bezüglich der «wichtigen» Fälle nicht mehr stattfindet. Die Studenten sollen ja fürs «Grobe» sein. Übungsarbeiten sind zum Lernen da, Fehler gehören dazu, eine sehr gute Arbeit ist ab und zu auch einmal dabei. Fortgeschrittenheit und Erfahrung können nicht erwartet werden, d. h. bestimmte Arbeiten vor allem im Bereich der Deutung baugeschichtlicher Phänomene sind erst mit längerer Berufserfahrung abzudecken. Die Verlagerung des Forschungsbedarfs der Denkmalpflege in den Studien-Übungsbetrieb ist daher als Rückfall in eine provisorische Arbeitsweise zu sehen, die früher als zwangsläufig «gestaltende» Denkmalpflege viel geschichtliche Aussage kostete. Demgegenüber ermöglicht ein Team wie das im Regensburger Dom arbeitende eine erhebliche Weiterqualifizierung für den späteren Beruf in der Denkmalpflege. Einige der auf S. 172 bis 174 im Katalog vorgestellten Mitarbeiter sind inzwischen im freien Beruf als Bauforscher oder Architekten tätig und unterstützen die Denkmalbehörden.

Referate für Bauforschung

Heike Fastje betreute schwerpunktmäßig die Bauforschung in Regensburg, die dort in vorbildlicher Weise von der Unteren Denkmalschutzbehörde eingesetzt und inzwischen überwiegend von qualifizierten freiberuflichen Bauforschern geleistet wird, ferner eine Untersuchung in Gauting (Fußbergschlößl, vgl. Objektkatalog). Sie setzte die Arbeiten am Münchner Hofgarten, soweit noch erforderlich, fort. Der Unterzeichnete leitete zusätzlich die Abteilung Bau- und Kunstdenkmalpflege des Landesamtes für die fränkischen Regierungsbezirke (Abt. A II), so daß sich daraus die Betreuung der hier zuständigen Referenten auch bezüglich der Fragen der baugeschichtlichen Forschung im Rahmen der Dienstbesprechungen ergab. Für die gleichzeitige Leitung der Abteilung Bauforschung folgten daraus jedoch erhebliche Einschränkungen. Insbesondere war die Beratung und Kontrolle der nach außen vergebenen Dokumentationsprojekte kaum möglich: ein schwerer Nachteil, da die beste Möglichkeit ständiger Fortbildung der Auftragnehmer entfällt; auch kann nur so die Richtigkeit baugeschichtlicher Schlußfolgerungen und Arbeitsergebnisse sichergestellt werden. Der Abteilungsleiter führte, soweit es möglich war, eigene Arbeiten weiter, zu denen die Untersuchung von Münchner Bürgerhäusern gehörte, war als Gutachter für die Deutsche Forschungsgemeinschaft bezüglich des Sonderforschungsbereichs 315 der Universität Karlsruhe tätig und setzte seine Forschungsarbeiten über Bauten der italienischen Renaissance in Vicenza in begrenztem Umfang fort. Heinz Strehler betreute die Referenten der Abteilung Bau- und Kunstdenkmalpflege (Südbayern) und trug eine Reihe eigener Arbeiten bei, die dem Objektkatalog entnommen werden können. Im Rahmen dieser Arbeiten beriet er auch freiberufliche Mitarbeiter. Er führte in Luxor eine erste Arbeitskampagne der Vermessung und Schadensaufnahme der Memnonskolosse durch, die statisch gefährdet sind. Herbert van Beek arbeitete an der photogrammetrischen Anlage des Landesamtes, die in der Außenstelle Schloß Seehof installiert ist, und unterstützte die dortigen Referenten bei den täglich anfallenden Fragestellungen und mit eigenen Arbeiten.

GERT TH. MADER

Objektkatalog

Inzwischen mehren sich Eingänge von Plänen, die in früheren Jahren von freiberuflichen Mitarbeitern erstellt, aber nicht rechtzeitig zu Redaktionsschluß des jeweiligen Jahresberichts an das Archiv der Abteilung abgegeben wurden. Es hat sich als zweckmäßig erwiesen, Arbeiten des Vorjahrs noch zu berücksichtigen, da sehr viele von ihnen verspätet eingehen. Daher finden sich im Katalog von 1989 auch Arbeiten von 1988, ohne daß dies ausdrücklich vermerkt wird. Pläne, die jedoch mehr als ein Jahr zurückliegen, werden als Nachträge aufgeführt und erhalten eine Inventarnummer des Jahres ihrer Entstehung oder Fertigstellung. Diese Nachträge werden aus Gründen der Übersichtlichkeit nicht jedes Jahr, sondern in Abständen als *Supplementlisten* veröffentlicht. Eine solche Supplementliste soll 1995 im Anschluß an den normalen Objektkatalog veröffentlicht werden.
Die Texte sollen eine knappe Darstellung der Untersuchungsergebnisse sein. Sie sind unter verschiedenen Voraussetzungen entstanden. Mehrere der Texte beruhen auf genauer Analyse und Kenntnis der Objekte, weil ein erfahrener Bauforscher mitarbeitete. Das sollte die Regel sein, ist es aber nicht, weil es zu wenige erfahrene Bauforscher gibt und ihre Zahl trotz intensiver Weiterbildungsbemühungen nur langsam zunimmt. In einigen Fällen ließ sich das Ergebnis nachträglich kontrollieren und durch Nachträge in den Plänen wesentlich erweitern (vgl. dazu die Vorbemerkung im *Jahrbuch der Bayerischen Denkmalpflege*, Bd. 37, 1983 S. 469–475, insbesondere das Beispiel Rohrbach Abb. 2–5 b S. 471–477). Die Zahl der so überprüften und interpretierten Fälle soll in den nächsten Jahren wesentlich vermehrt werden. Voraussetzung dafür ist die Abgabe der Leitung der Abteilung A II. In den Fällen, in denen eine gute Bauaufnahme erstellt wurde, aber keine baugeschichtliche Interpretation sichergestellt werden konnte, sind die Texte auf eine solche Feststellung reduziert. Eine gute Bauaufnahme ermöglicht immer eine Verbesserung der Planung im Sinn der Denkmalpflege und sollte daher bei allen planerischen Absichten vorhanden sein. Eine präzise Steuerung der Eingriffe im konservatorischen Sinn ist allerdings nur bei baugeschichtlicher Analyse möglich.
Die Verfasser der Pläne sind unter der Planliste des Objekts mit vollem Namen angegeben. Der Verfasser des BF-Textes ist an dessen Ende in Klammern angegeben. Er ist für den Text verantwortlich. Sofern von den Planverfassern kein BF-Text geliefert werden konnte

oder die Arbeit unter der Leitung eines Dritten entstand, erscheint dessen voller Name oder Fa = Fastje, Md = Mader, Str = Strehler. Wenn Arbeiten ständig betreut wurden, ist dies angegeben.
Weitere Abkürzungen und Signaturen: DL = Text der Denkmalliste, BF = Anlaß und vorläufiges Ergebnis der Arbeit.
KG = Kellergeschoß, EG = Erdgeschoß, OG = Obergeschoß, DG = Dachgeschoß, K = Karton, LP = Eintragung in überlassener Lichtpause, P = Papierpause, Tp = Transparentpause, Tr = Transparentpapier, F = Folie.
Planangaben: 89 = Jahr der Bearbeitung/laufende Plannummer/ Bearbeiter; Planinhalt: Art des Risses und nähere Bezeichnung, Maßstab, Planmaterial. Die Objekte sind topographisch-alphabetisch angegeben; die topographischen Angaben folgen der Gliederung der Denkmalliste. Die Plannummern werden nach dieser Objektreihenfolge vergeben, wobei die Reihenfolge beim einzelnen Objekt nach Übersichtsplänen, Grundrissen, Schnitten, Ansichten und Detailplänen fortlaufend geordnet ist. Die Plannummer wird in der Regel bei unfertigen Plänen im Jahr des Bearbeitungsbeginns vergeben. Wird der Plan in einem anderen Jahr ergänzt oder fertiggestellt, wird er unter der alten Nummer geführt. Nachträge aus früheren Jahren werden jedoch unter 89 geführt. Bearbeiterabkürzungen erfolgen nur bei den Plannummern. Am Ende der Objektbeschreibung werden die Bearbeiter mit vollem Namen in alphabetischer Reihenfolge angegeben.

Abenberg, Lkr. Roth, Mfr., *Burgstraße 16, Pflegerhaus*
89/001 Wo Grundriß KG 1:25 K
89/002 Wo Grundriß EG 1:25 K
89/003 Wo Grundriß 1. OG 1:25 K
89/004 Wo Grundriß 2. OG 1:25 K
 Worek
DL: Burg, einheitliche Anlage 1220–50; viergeschossiges Pflegerhaus, 2. Hälfte 15. Jh. und 17. Jh., ...
BF: Im an die Kurtine der Burg angebauten Pflegerhaus ist der früheste vorhandene Ausbau an Geschoßdecken und Fachwerkwänden nach dendrochronologischen Ermittlungen gegen Anfang des 17. Jhs. anzusetzen; mehrere Proben ergaben 1605–1607 (Waldkanten). Das Dach zeigt Streuungen bis 1616. Der Zeitunterschied ist noch nicht erklärbar. Die Fachwerkwände existieren mit einer roten Fassung als Sichtfachwerke. In einer weiteren Ausstattungsphase wurden die Wände verputzt, die Decken mit einfachem Rahmenstuck gestaltet. Die Ausstattung mit schönen Türen des 17. Jhs. ist vielfach gestört und verändert, verschiedentlich wurde auch rekonstruiert oder versetzt, so daß hier nur durch eine eingehendere Untersuchung Klarheit geschaffen werden könnte. Aus einer bereichernden Phase stammen klassizistische Öfen. Im Erdgeschoß und im 1. Obergeschoß fanden erhebliche und verunklärende historisierende Eingriffe des 19. Jhs. in den alten Bestand statt, die aber von dokumentarischem Wert sind. Neue Maßnahmen: Das Dachwerk wurde unzureichend aufgenommen und sehr verlustreich saniert. Anschließend entstand eine sehr gute Bauaufnahme, die sich bisher leider nur auf die Geschoßgrundrisse beschränkt. W. Albert leistete bei der Einrichtung des Meßnetzes Hilfestellung. Die Bauaufnahme soll der bevorstehenden Instandsetzung dienen. Eine Befunduntersuchung der Fa. Fuchs, Würzburg bietet Ansätze, die der Klärung der Baugeschichte, die noch aussteht, dienlich sein können (Md).

Altdorf b. Nürnberg, Lkr. Nürnberger Land, Mfr., *Baudergraben 10*
89/005 Ve Grundriß KG 1:25 K
89/006 Scho Grundriß EG 1:25 K
89/007 Scho Grundriß OG 1:25 K
89/008 Ve Grundriß DG 1:25 K
89/009 Scho, Ve Querschnitt 1:25 K
89/010 Scho, Ve Längsschnitt 1:25 K
 Schonlau, Venturini
DL: Wohnhaus, Sandsteinquader und Fachwerk, 19. Jh.
BF: Ehem. Mühle des 17. Jhs. (Datierung nach Fachwerkdetails des Giebels zur engen Reihe) mit Umbauphase des 19. Jhs. Dokumentation wegen Abbruchgefahr (Scho, Ve).

Altdorf b. Nürnberg, Lkr. Nürnberger Land, Mfr., *Oberer Markt 9 Seitenflügel*
89/011 Rei Grundriß EG 1:50 K
89/012 A Grundriß OG 1:50 K
89/013 A, Rei Querschnitt 1:50 K
89/014 A, Rei Längsschnitt 1:50 K
 Albert, Reinecke
DL: Sog. Wallensteinhaus, dreigeschossiger Traufseitbau, Sandsteinquader, 17. Jh.; im Hof Fachwerktreppenturm.
BF: Eine der letzten Parzellen in Altdorf, die noch ungestörte historische Bebauung aufwiesen: Rückgebäude, westlicher Seitenflügel, östlicher Seitenflügel (Sandsteinquaderbau), Vorderhaus. Das *Rückgebäude*, Neubaugasse 4, ist eigens in der DL verzeichnet: «Stadel, Standsteinquader und Fachwerk, bez. 1744». Die Bezeichnung «Stadel» ist irreführend. In Wirklichkeit handelte es sich um eine Remise im Erdgeschoß mit mittiger breiter Einfahrt und einem von Anfang an bestehenden Wohngeschoß. Gefügemerkmale des Dachs und gespundete Geschoßdecken über dem gesamten Hausgrundriß legten eine Datierung ins 17. Jh. nahe (Dendrochronologische Untersuchung fehlt). Bei der Baumaßnahme wurde trotz Einsprüchen der Denkmalpflege die Bausubstanz schrittweise so reduziert, daß heute nur noch eine Geschoßdecke und drei Außenwände als historische Baukonstruktionen erhalten sind. Eine denkmalpflegerisch akzeptable Bauaufnahme fehlte.
Der westliche *Seitenflügel* war Gegenstand eines Abbruchantrags. Die Gebietsreferentin des Landesamtes erreichte eine Bestandsaufnahme und ein Instandsetzungskonzept. Der Flügel wurde später als das Rückgebäude, in mindestens zwei Bauabschnitten, im 18. Jh. auf älteren, umfangreichen Kelleranlagen errichtet und zeigte im Obergeschoß eine Aneinanderreihung von Wohnräumen, im Erdgeschoß neben untergeordneten Räumen einen Saal mit geschnitzter, zweiflügliger Türe des 18. Jhs. Das Obergeschoß war als Fachwerkbau konstruiert. Der Eigentümer setzte den Abbruch durch. Das *Hauptgebäude* hatte unter dem Abbruch zu leiden. Ohne Genehmigung wurde ein Teil des wertvollen frühbarocken Laubengangs gleich mit abgebrochen. Im Inneren bemerkenswerte Ausstattung, durch frühere falsche Umbau- und Restaurierungsmaßnahmen leider bereits in Mitleidenschaft gezogen. Beachtliches Dachwerk. Baugeschichtlich noch nicht erfaßt (Md).

Altdorf b. Nürnberg, Lkr. Nürnberger Land, *Türkeistraße 11*
89/015 Ht Grundriß EG 1:25 K
89/016 Ht Grundriß OG 1:25 K
89/017 Ht Grundriß DG 1:25 K
89/018 Ht Querschnitt 1:25 K
89/019 Ht Längsschnitt 1:25 K
 Hertlein
DL: Wohnhaus, zweigeschossiger Giebelbau, Sandsteinquader, 18. Jh.; Gartenummauerung mit Sandsteinpfosten.
BF: Eine gefaste Bohlenbalkendecke im OG, deren Fasenausläufe heute im Flurbereich liegen, zeigt eine veränderte Erschließung des Gebäudes an. Im Innern noch zahlreiche Befunde früherer Wandfassungen. Die Bauaufnahme dokumentiert den rückwärtigen Gebäudeteil vor dem Abbruch und schafft eine Planungsgrundlage für die Instandsetzung des vorderen Teiles (Str).

Altheim, Gde. Essenbach, Lkr. Landshut, Ndb., *Grasstraße 1*
89/020 P Grundriß EG 1:25 K
89/021 P Grundriß OG 1:25 K
89/022 P Querschnitt I 1:25 K
89/023 P Querschnitt II 1:25 K
89/024 P Ansicht von Norden 1:25 K
89/025 P Ansicht von Osten 1:25 K
89/026 P Ansicht von Süden 1:25 K
 Polaski
DL: Wohnstallhaus, eineinhalbgeschossiger Blockbau mit Walmdach und Schrot, 18 Jh.
BF: Mehrfach umgebauter Mittertennbau, mit ausgewechseltem, um 1 m erhöhtem Dach und älteren Ausstattungen des 18. und 19. Jhs. Bauaufnahme (ohne baugeschichtliche Durcharbeitung des komplizierten Befundes) als Grundlage einer Instandsetzung (Md).

345

Ansbach, Stadt, Mfr., *Büttenstraße 6*
89/027 Bt Grundriß 1. OG 1 : 25 K
89/028 Bt Hinterhaus, Querschnitt 1 : 25 K
89/029 Av Längsschnitt 1 : 25 K
89/030 Av Hinterhaus, EG Deckenuntersicht, schematisch 1 : 25 K
                                              Aravidis, Barth
DL: Traufseitiges Wohnhaus mit Walmdach, Putzgliederung, 18. Jh.
BF: Das Gebäude besteht aus zwei Hausteilen, dem hinteren des 16. Jh., zweigeschossig, einhüftig aufgestockt im 18./19. Jh., dem vorderen des 18. Jhs., dreigeschossig, in typischer Ansbacher Bauweise. Die Treppenerschließung erfolgt an der Nahtstelle zwischen beiden Häusern. Unsicher ist, wie viel das Vorderhaus dem alten Gebäude an Haustiefe genommen hat. Es endet mit einer Bundwand, erschließt über einen Mittelflur eine Küche, Kammern und eine Stube, die mittels Fenstererker zur Stadtmauer orientiert war (auch als stadtbaugeschichtlicher Befund wichtig).
Abbruchdokumentation, betreut von Mader, Mandel (Md).

Arget, Gde. Sauerlach, Lkr. München, Obb., *Holzkirchner Straße 14*
89/031 A.Hu Grundriß EG 1 : 50 K
89/032 Sh Grundriß OG 1 : 50 K
89/033 A.Hu Querschnitt, Längsschnitt 1 : 50 K
89/034 Sh Querschnitt Tenne 1 : 50 K
89/035 A.Hu Ansicht von Norden u. Süden 1 : 50 K
89/036 Sh Ansicht von Osten 1 : 50 K
                                              A. Huber, Schuster
DL: Bauernhaus (Beim Mangschuster), Wohnteil mit Blockbau-Obergeschoß, Mitte 18. Jh. (Nordseite ausgemauert).
BL: Bauernhaus mit Stadel, letzterer datiert 1836. Decke über EG und Dach angehoben. Bestandsaufnahme zur Vorbereitung einer Instandsetzung (Sattler).

Augsburg, Stadt, Schw., *Im Sack 3a*
89/037 Pe Bauteil B, Grundriß KG 1 : 25 P
89/038 Pe Bauteil A, C, D, Grundriß EG, Bl. 1 1 : 25 P
89/039 Pe Bauteil A, C, D, Grundriß EG, Bl. 2 1 : 25 P
89/040 Pe Bauteil B, Grundriß EG, 1 : 25 P
89/041 Pe Bauteil A, C, D, Grundriß OG, Bl. 1 1 : 25 P
89/042 Pe Bauteil A, C, D, Grundriß OG, Bl. 2 1 : 25 P
89/043 Ber Bauteil B, Grundriß OG, 1 : 25 P
89/044 Pe Bauteil A, C, D, Grundriß DG, 1 : 25 P
89/045 Wl Bauteil B, Grundriß DG 1 : 25 P
89/046 Pe/Wl Bauteil A, Querschnitt m. Südans. C, D, Bl. 1 1 : 25 P
89/047 Wl Bauteil A, dito, Bl. 2 1 : 25 P
89/048 Wl Bauteil B, Querschnitt 1 : 25 P
89/049 Wl Bauteil C, Querschnitt 1 : 25 P
89/050 Wl Bauteil C, Querschnitt mit Ostansicht A, B, 1 : 25 P
89/051 Pe Bauteil A, C, Nordansicht 1 : 25 P
89/052 Wl Bauteil A, B, Westansicht 1 : 25 P
                                          Bernhard, Peer, Wolff
DL: Gebäudekomplex, wohl ehem. Wirtschaftshof des 16./17. Jh.; einfacher Traufseitbau mit Tordurchfahrt, dahinter Satteldachbau mit Arkadenwand, 17. Jh., Abseite mit Korbbogenarkaden, darüber Loggia mit Holzbalustern, 17./18. Jh.
BF: Die Baugruppe (einschließlich Gartenfläche) ist der letzte erhaltene Vertreter eines Bautyps vorstädtischer Gartengüter, wie sie in der Stadtansicht des W. Kilian von 1626 mehrfach ablesbar sind. Charakteristisch im vorliegenden Fall die funktionelle Trennung von Wirtschaftshof und Gartenbereich mit Loggia (vgl. dazu die anschauliche Vogelschau Abb. 89 bei R. Pfaud, Das Bürgerhaus in Augsburg, Tübingen 1976, S. 70f., 107f.). Die dort vermutete Zugehörigkeit zu einem Stadthaus ist noch nicht erhärtet und wäre ein – im Augenblick nicht vordringliches – Desiderat der Forschung, während der Baubestand jetzt renoviert wird, was erfahrungsgemäß die Nachvollziehbarkeit des noch vorhandenen baugeschichtlichen Befundes stark einschränken wird. Die Bestandsaufnahme, Dokumentation und Analyse des baugeschichtlichen Befunds müßte daher jetzt noch geleistet werden; angesichts der geringen Bauforschungskapazität und der Vielzahl ähnlich gelagerter Fälle natürlich kaum zu bewältigen. Mit den vorliegenden Plänen wurde wenigstens ein Teil dieser Aufgabe geleistet. Sie lassen erkennen, daß der an die Loggia anschließende Südostflügel nach Ausweis der Dachkonstruktion dem 16. Jh. angehört. Die Kassetten- und Riemendecken im 1. OG der Loggia lassen den Schluß zu, daß diese auch in das 16. Jh. zu datieren wäre. Die Balusterbrüstung wurde vermutlich erneuert. Die Aussage der Pläne müßte durch Autopsie vor Ort erhärtet werden. Letztere fehlt noch (Md).

Bad Windsheim, Lkr. Neustadt a.d. Aisch-Bad Windsheim, Mfr., *Dr. Martin Luther Platz 3*
89/053 P Giebelansicht West II 1 : 25 K
                                              Polaski-Bühler
BF: Ergänzung des Bauaufmaßes von 1987 mit Befundeintragung, vgl. Jahrbuch Bd. 41, 1987, S. 429.

Bamberg, Stadt, Ofr., *Hinterer Bach 3*
89/054 Nb Grundriß KG 1 : 25 K
89/055 Ls Grundriß EG 1 : 25 K
89/056 Nb Grundriß 1. OG 1 : 25 K
89/057 Hd Grundriß 2. OG 1 : 25 K
89/058 Av Grundriß 1. DG 1 : 25 K
89/059 Av Grundriß 2. DG 1 : 25 K
89/060 Nb Querschnitt B-B 1 : 25 K
89/061 Ls Querschnitt C-C 1 : 25 K
89/062 Hd Längsschnitt A-A 1 : 25 K
89/063 Ls Nordansicht 1 : 25 K
                                 Aravidis, Heid, Lohneis, Neubauer
DL: Ehem. Domvikarierhaus, giebelständiges Steingebäude des 14. Jhs.
BF: Die für den Zweck der Inventarisation beauftragte dendrochronologische Untersuchung des Dachwerks ergab das Fällungsdatum 1327, welches auf das ganze Gebäude bezogen wurde (vgl. den DL-Text). Die seit Erstellung des Bauaufmaßes fortschreitenden baugeschichtlichen Beobachtungen identifizierten einen Bau des späten 13. Jhs., der ein Geschoß niedriger war, dessen Umfassungsmauern aus Ziegelstein und dessen Geschoßdecken noch erhalten sind. Die Aufstockung von 1327 ist ebenfalls aus Ziegelstein, das Dach besteht etwa zur Hälfte aus wiederverwendeten Hölzern des etwa 35 Jahre älteren ersten Dachs, dessen Hölzer jedoch völlig neu verzimmert wurden. Die Balkenlage über dem 1. Obergeschoß zeigt noch die Spuren der Blattsassen der Traufpunkte, die anläßlich der statischen Voruntersuchungen von oben vorsichtig freigelegt wurden. Dendro-Daten für das erste Haus 1292. Die baugeschichtliche Untersuchung wird fortgesetzt (Md).

Bamberg, Stadt, Ofr., *Judenstraße 8/10*
89/064 Tr Grundriß KG 1 : 50 K
89/065 Kro Grundriß EG 1 : 50 K
89/066 Kro Grundriß 1. OG 1 : 50 K
89/067 Tr Grundriß 2. OG 1 : 50 K
89/068 Tr Grundriß DG 1 : 50 K
89/069 Tr Querschnitt I 1 : 50 K
89/070 Tr Querschnitt II m. hofseit. Ansicht 1 : 50 K
89/071 Kro Längsschnitt 1 : 50 K
                                            Kronenberg, Treuner
DL: Ausgedehntes, vielteiliges Bürgeranwesen an der Ecke Eisgrube, im Kern mehrere mittelalterliche Bauten, darunter zwei Steinhäuser, im späten 18. Jh. durch einheitliche Fassaden zusammengefaßt.
BF: Mit der verformungsgetreuen Bauaufnahme der drei Häuser wurde der Bestand des letzten Zustands erfaßt. Eine Untersuchung in die Tiefe der Konstruktion und Bauteile war damit nicht verbunden. Die Bauforschung verfügte wegen Überlastung nicht mehr über die personellen Reserven, eine mehrmonatige baubegleitende Analyse der Baugeschichte zu leisten. Die Angaben der Denkmalliste können daher nicht erweitert werden. Einige dickere Mauerzüge dürften noch Fragmente der genannten Steinhäuser repräsentieren. Die Bestandsaufnahme leistete dem Gebietsreferenten dennoch gute Dienste, da es ihm gelang, mit ihrer Hilfe trotz der abträglichen Nutzung schonende Lösungen zu erzielen, insbesondere den barockzeitlichen Bestand sowie den des frühen 19. Jhs. weitgehend zu halten. Diesem Ziel diente auch die Befunduntersuchung des Restaurators Rösch (Md).

Bamberg, Stadt, Ofr., *Untere Sandstraße 65*
89/072 Wg Grundriß EG 1:25 P
89/073 Wg, Wö Grundriß 1. OG 1:25 P
89/074 Wg, Wö Grundriß DG 1:25 P
89/075 Wg Querschnitt B-B 1:25 P
89/076 Wg Längsschnitt A-A 1:25 P
Wenig, Wöstmann

DL: Zweigeschossiges Traufseithaus, wohl erst 19. Jh., mit flach gegliederter Fassade.
BF: Nach dem Brand von 1632 wurde hier eine schlichte, sparsame Fachwerkkonstruktion wohl noch im 17. Jh. errichtet, die sich heute im Dach, welches Reste ursprünglicher Kammereinbauten in Lehmstaktechnik zeigt, beobachten läßt. Statiker Breuning fand ähnliche Konstruktionen auch in den Stockwerken vor, die er respektierte. Die gemauerte Fassade mit anspruchsvolleren Architekturformen wurde im 18. Jh. vorgeblendet und schloß links den Zwischenraum zum Nachbarhaus, der in die Wohnnutzung integriert wurde und heute eine merkwürdige schmale Zone bildet. Der alte Grundriß: Mittelgang und seitliche Räume. Dieser zweiten Bauphase gehört unter anderem die schön beschlagene Hauseingangstüre an. Dem 19. Jh. gehören die böhmischen Gewölbe im Seitenflügel an. Inzwischen gelang eine sehr schonende Instandsetzung, die die ältere Ausstattung weitgehend beibehielt (Md).

Bechhofen, Lkr. Ansbach, Mfr., *Dinkelsbühler Straße 21*
89/077 Gra Grundriß KG Blatt 1 1:25 K
89/078 Gra Grundriß KG Blatt 2 1:25 K
89/079 Gra Grundriß EG 1:25 K
89/080 Fe Grundriß OG 1:25 K
89/081 Fe Grundriß DG 1:25 K
89/082 Fe Querschnitt A-A 1:25 K
89/083 Fe Längsschnitt B-B 1:25 K
Feldmeier, Graf

DL: Giebelhaus, verputztes Fachwerkobergeschoß, 16./17. Jh.
BF: Der ehem. Gasthof «Alte Post» soll mit Hilfe des Entschädigungsfonds in ein Pinsel- und Bürstenmuseum umgebaut werden. Verformungsgerechtes Aufmaß zur Vorbereitung der Umbaumaßnahme und zur Lösung statischer Probleme (Str).

Berg, Lkr. Starnberg, Obb., *Grafstraße 5*
89/084 H.Ma Grundriß EG 1:50 K
89/085 A.Hu Grundriß Tenne 1:50 K
89/086 A.Hu Querschnitt 1:50 K
89/087 H.Ma Längsschnitt 1:50 K
A. Huber, H. Maier

DL: Ehem. Bauernhaus «Zum Moar», Einfirstanlage, Wohnteil verputzt, mit mittelsteilem Dach, Wirtschaftsteil von geringerer Firsthöhe, mit Flachsatteldach, 1. Hälfte 19. Jh., im Kern älter.
BF: Bauaufnahme des Bundwerkstadels als Vorbereitung für eine Instandsetzung (Sattler).

Bergham, Gde. Polling, Lkr. Mühldorf a. Inn, Obb., *Haus Nr. 2*
89/088 Schd Grundriß EG 1:25 K
89/089 Kz Grundriß OG 1:25 K
89/090 Schd Querschnitt B-B 1:25 K
89/091 Kz Längsschnitt A-A 1:25 K
89/092 Kz Ansicht von Nordosten 1:50 K
89/093 Kz Ansicht von Südosten 1:50 K
89/094 Kz Ansicht von Südwesten/Detail 1:25, 1:10 K
89/095 Kz Ansicht von Nordwesten/Detail 1:50, 1:10 K
89/096 Kz Detailansichten-Putzstruktur 1:25 K
Kreutzarek, Schindler

DL: Nicht in der Denkmalliste verzeichnet.
BF: Das EG des in der 1. Hälfte des 19. Jhs. errichteten Gebäudes enthält am Ostgiebel sowie in der Nord- und Südwand Mauerwerksreste mit exakt bearbeiteten Tuffquadern, die möglicherweise von einem älteren Bau stammen. Das EG ist durch den späteren Einbau eines Backofens verändert. Im ehem. Schlafraum im OG eine einfache Stuckdecke mit rundem Deckenspiegel und Hohlkehle; Pfettendachwerk mit Holzverbindungen der 1. Hälfte des 19. Jh. Der Sturz der Türe zum Stall trägt eine Datierung «18 Jakob Schmit 54», die Gewände stilistisch dazu passende Ornamente (Holzzarge). Nach P. Werner (Gutachten des Landesamtes vom 27.10.1988) als ehemalige, hierher versetzte Haustüre aufgefaßt: plausibel, jedoch ohne Nachweis. An den Außenwänden sind noch größere Flächen von Zierputz erhalten, Dokumentation vor einer Instandsetzung (Str).

Birkenfeld, Stadt Neustadt a. d. Aisch, Lkr. Neustadt a. d. Aisch-Bad Windsheim, Mfr., *Ehem. Zisterzienserinnenkloster*
89/097 Za Langhaus Südseite, ehem. Treppentrum 1:20 K
Photodokumentation Md.
Zaschke

BF: Fortsetzung der 1987 begonnenen Vermessung. Vgl. Jahrbuch Bd. 41, 1987, S. 431.

Boos, Lkr. Unterallgäu, Schw., *Memminger Straße 4*
89/098 Lug Grundriß KG 1:50 F
89/099 Lug Grundriß EG 1:50 F
89/100 J.Hu Grundriß OG 1:50 F
89/101 J.Hu Grundriß DG 1:50 F
89/102 J.Hu Querschnitt 1:50 F
89/103 J.Hu Längsschnitt 1:50 F
89/104 Lug Ansicht Ost 1:50 F
89/105 Lug Ansicht Süd 1:50 F
89/106 Lug Ansicht West 1:50 F
J. Huber, Lugmair

DL: Ehem. Bauernhaus, Mittertennbau mit Giebeltrennung durch Gesimse, 18./19. Jh.
BF: Schön proportioniertes, ortsbildprägendes Bauernhaus mit weitgehend erhaltenen konstruktiven und räumlichen Strukturen der Bauzeit mit bereits durchgängig modernisierter Ausstattung. Dokumentiert wurde – leider ohne baugeschichtliche Angaben – der Wohnteil. Der Wirtschaftsteil wurde wegen Baufälligkeit ausgeklammert, wäre aber zimmermannsmäßig noch instandsetzbar gewesen. Die Sparkasse setzte nach Erwerb des Grundstücks den Abbruch durch (Md).

Burgsalach, Lkr. Weißenburg-Gunzenhausen, Mfr., *Mühlweg 2*
89/107 Kk Grundriß KG 1:25 K
89/108 JSc Grundriß EG 1:25 K
89/109 Kk Grundriß DG 1:25 K
89/110 Kk Querschnitt 1:25 K
89/111 JSc Längsschnitt 1:25 K
Korinski, J. Schmidt

DL: Bauernhof, Hakenhoftyp; Bauernhaus in Jura-Bauweise mit Kniestock, mit Legschieferdach, bez. 1806; Bruchsteinstadel, 19. Jh.
BF: Die Datierung auf dem Steinsturz der Eingangstür bezieht sich auf das gesamte, 1806 einheitlich errichtete und ausgestaltete Bauwerk, ausgenommen den später innen umgebauten Stall. Es handelte sich um einen bau- und kulturgeschichtlich außergewöhnlich aussagekräftigen Bestand mit hoher denkmalpflegerischer Bedeutung, da die datierte Phase bis in kleine Details erhalten war. Zum originalen Bestand gehörten unter anderem die alte Küche mit dem offenen deutschen Kamin, zwei Stuben mit Bohlenbalkendecken, der gewölbte Keller und das vollständige Dachwerk. Abbruchdokumentation (Md).

Buxheim, Lkr. Unterallgäu, Schw., *An der Kartause 1–25*, Klosterkirche St. Maria
89/112 Kz Teilgrundriß des Chores 1:25 K
89/113 Str Querschnitte im Chor 1:25 K
Kreutzarek, Strehler

DL: Ehem. freie Reichskartause, genannt Maria Saal, jetzt Gymnasium der Salesianer: bedeutende, fast vollständig erhaltene Klosteranlage des Kartäuserordens. Klosterkirche St. Maria, Priesterchor um 1300, Brüderchor 1402 angebaut, Umgestaltungen um 1711 und 1955...
BF: Während der Umbauarbeiten im Chor, die den Wiedereinbau des 1980 aus England zurückgeführten Chorgestühls vorsehen, wurden aus Ziegeln gemauerte Grabkammern, darunter auch ein

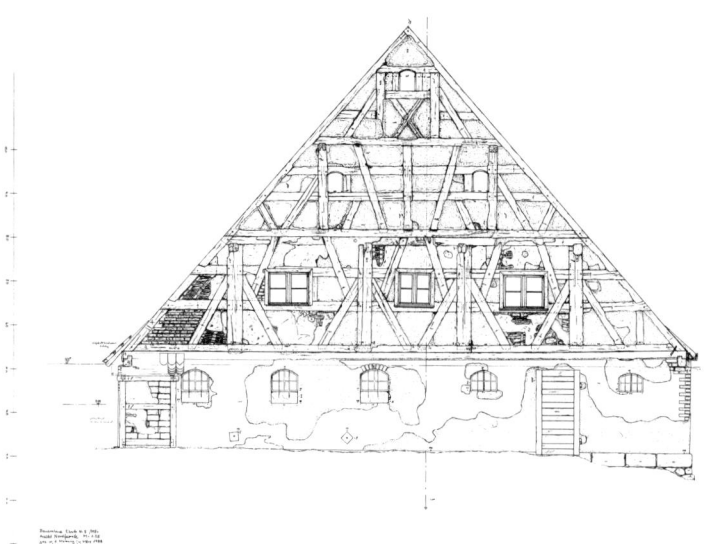

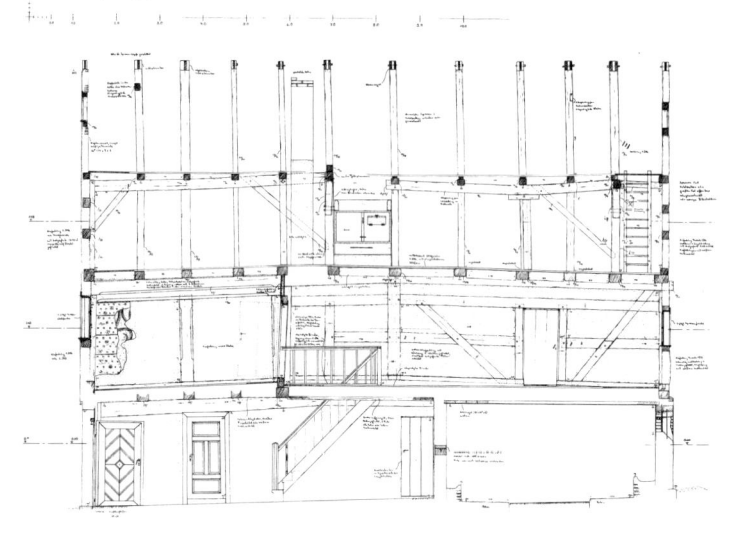

Ebach, Markt Eckental; Haus Nr. 5, Nordfassade 89/143 und Längsschnitt 89/142 (beide M. Lohr)

Grab aus der gräflichen Familie von Bassenheim mit einem Schmucksarkophag, dokumentiert. Die Verluste an historischem Befund, die zum Zeitpunkt der Dokumentation bereits eingetreten waren und die Auswertung einschränkten, gehen aus Beischriften im Plan Str. hervor (Str).

Dinkelsbühl, Stadt, Lkr. Ansbach, Mfr., *Föhrenberggasse 18*
89/114 Bb Grundriß EG 1 : 25 K
89/115 Mü Grundriß 1. OG 1 : 25 K
89/116 Bm/Nü Grundriß DG 1 : 25 K
89/117 Bm Querschnitt 1 : 25 K
89/118 Bm Längsschnitt 1 : 25 K
Bergmoser, Brambach, Müthe, Nützel
DL: Giebelhaus, 15./16. Jh.
BF: Die dendrochronologischen Proben erbrachten kein Ergebnis. Die Datierung der Denkmalliste kann anhand des noch teilweise erhaltenen Dachwerks bestätigt, aber nicht näher eingegrenzt werden. Das Haus enthielt noch größere Bereiche der Konstruktion und viele Türen aus dieser Zeit. Abbruchdokumentation; der Abbruch ist inzwischen vollzogen. Auf dem rückwärtigen Teil des Grundstückes, welches an der Nachbarstraße endet, das Haus Nestleinsberg 13 (Mü).

Dinkelsbühl, Stadt, Lkr. Ansbach, Mfr., *Nestleinsberg 13*
89/119 Bm Grundriß KG 1 : 25 K
89/120 Mü Grundriß EG 1 : 25 K
89/121 Bm Grundriß 1. OG 1 : 25 K
89/122 Bm Grundriß DG 1 : 25 K
89/123 Bm Querschnitt D-D 1 : 25 K
89/124 Bm/Mü Längsschnitt C-C 1 : 25 K
Bergmoser, Müthe
DL: nicht eingetragen.
BF: Kleines Häuschen des 17./18. Jh. auf dem rückwärtigen Teil des Hausgrundstücks Föhrenberggasse 18. Im EG Flur und zwei Zimmer, im OG Stube mit einfacher Stuckdecke, über Außentreppe erschlossen (Mü).

Dinkelsbühl, Stadt, Lkr. Ansbach, Mfr., *Siebenbrüdergasse 8*
89/125 Ar Grundriß KG 1 : 25 K
89/126 Ar Grundriß EG 1 : 25 K
89/127 Ec Grundriß OG 1 : 25 K
89/128 Ec Grundriß 1. DG 1 : 25 K
89/129 Ar Grundriß 2. DG 1 : 25 K
89/130 Ec Querschnitt 1 : 25 K
89/131 Ec Längsschnitt KG 1 : 25 K
89/132 Ec Längsschnitt ohne KG 1 : 25 K
Arasli, Ebcioglu
DL: Stattliches Wohnhaus, Fachwerkgiebel, Sandsteintafel mit Wappen, 16. Jh., erneuert.
BF: Großes Ackerbürgerhaus, hälftig als Wohnbereich, hälftig als Wirtschaftsteil mit großer Tenne und erneuertem Stall. Im Obergeschoß Eckstube mit bescheidenem Rahmenstuck, sonst im Wohnteil stark umgebaut. Dachkonstruktion und sichtbare Bereiche der Konstruktion des Hauses können aufgrund konstruktiver Merkmale nicht vor dem 17. Jh. entstanden sein. Eine dendrochronologische Überprüfung steht noch aus. Die Wappentafel über dem Eingang mit Datierung 1573 vermutlich wieder eingebaut. Der Keller könnte noch zu einem älteren Bau gehört haben. Fortsetzung der baugeschichtlichen Beobachtungen während der Umbaumaßnahme beabsichtigt. Verformungsgetreues, detailliertes Aufmaß zur Vorbereitung der Baumaßnahme (Md).

Dürnseiboldsdorf, Gde. Mauern, Lkr. Freising, Obb., *Haus Nr. 4 (Kornkasten)*
89/133 Stud Grundriß EG 1 : 25 K
89/134 Stud Grundriß OG 1 : 25 K
89/135 Stud Grundriß DG 1 : 25 K
89/136 Stud Querschnitt, Ansicht von Südosten 1 : 25 K
89/137 Stud Längsschnitt 1 : 25 K
89/138 Stud Ansicht von Nordosten 1 : 25 K
Fotos und Protokoll einer Befragung
Drohn, Diepen, Greger, Hübner, Lorenz
DL: Ehem. Kornkasten, Blockbau mit Walmdach und Laube, 18. Jh.
BF: Das EG ist durch Umbauten weitgehend verändert, das OG und Dach noch ursprünglich, die Deckung jedoch neu. Details der Holzkonstruktion (Zapfenlöcher, abgesägte Balkenköpfe) weisen darauf hin, daß die jetzt nur noch an der Nordseite vorhandene Laube auch an der östlichen Schmalseite vorhanden war. Unter der jetzigen Falzziegeldeckung sind noch Teile einer Schindeldeckung erhalten. Auf der Innenseite der Gratleistentür in den Kornkasten ein offenbar wiederverwendetes offenes Schloß spätgotischer Bauart. Übernahme einer Studienarbeit von Studenten der TU München, betreut von Str (Str).

Ebach, Markt Eckental, Lkr. Erlangen-Höchstadt, Mfr., *Haus Nr. 5*
89/139 Lo Grundriß EG 1 : 25 K
89/140 Lo Grundriß DG 1 : 25 K
89/141 Lo Querschnitt 1 : 25 K

89/142 Lo Längsschnitt 1:25 K
89/143 Lo Nordfassade 1:25 K
89/144 Lo Südfassade 1:25 K
89/145 Lo Fensterdetails, Deckenfassung 1:10 K

Lohr

DL: Kleinbauernanwesen, quergeteiltes Wohnhaus. Umfassungsmauer Sandstein, wohl noch 18.Jh.; ruinöses Backhaus, Keller. Scheune, Sandsteinquaderbau, 19.Jh.
BF: Nordsüdgerichtetes, eingeschossiges Bauernhaus mit dreigeschossigem Kehlbalkendach, ehemals abgewalmt, heute Satteldach. Am Nordgiebel Walmspuren bis zur ersten, am Südgiebel bis zur zweiten Kehlbalkenlage. Mittelgangerschließung im EG von Süden, mit Stuben beidseitig; die östliche mit Bohlenbalkendecke. Hinter den Stuben Küche bzw. Kammer. Im Nordbereich des Hauses quergelagerter, umgebauter Stall. Im 1. DG zwei Stuben nach Süden; die westliche noch in originaler Bohlenstubenkonstruktion. Mittelgangerschließung, Lage der Treppe verändert. Kleiner, tonnengewölbter Keller unter der Südostecke des Hauses. Datierter, signierter Dachziegel: Andreas Wagner 1853 aus Schnaittach. Bestandsdokumentation vor Abbruch (Lo, Md).

Ebertshausen, Gde. Straßlach, Lkr. München, Obb., *Haus Nr. 2 (= Dorfstraße 4)*
89/146 Sh Grundriß EG 1:50 K
89/147 A.Hu Grundriß OG 1:50 K
89/148 Sh/Fs Querschnitte A-A, B-B 1:50 K
89/149 Sh/Fs Ansicht von Osten 1:50 K
89/150 Fs Ansicht von Süden 1:50 K
89/151 Sh Ansicht von Westen 1:50 K
89/152 Fs Details 1:5, 1:10 K

Frisch, A. Huber, Schuster

DL: Bauernhaus (Beim Wagnerbauer), Einfirstanlage, verputzter Blockbau mit Laube und Giebellaube, im Kern 2. Hälfte 17.Jh., am Wirtschaftsteil Bundwerk, um 1830.
BF: Ausstattung des Wohnteils weitgehend 19.Jh. Verformungstreue Bauaufnahme als Grundlage für eine Instandsetzung (Sattler).

Einöd, Stadt Passau, Ndb., *Einöderstraße 21, «Beim Apfelbauern»*
89/153 Bd Grundriß KG; Details 1:25, 1:5 K
89/154 Bd Grundriß EG 1:25 K
89/155 Bd Grundriß OG 1:25 K
89/156 Bd Querschnitt 1:25 K
89/157 Bd Ansicht von Norden 1:25 K
89/158 Bd Ansicht von Osten 1:25 K
89/159 Bd Ansicht von Süden 1:25 K
89/160 Bd Türdetail im OG 1:5 K
Photodokumentation Bd 1989

Bader

DL: Bauernhaus in offenem Blockbau, modern bez. 1805 (Dach später).
BF: Die Datierung findet sich über der Türe zur Laube der Ostfassade: 18 HW 05. Sie ist original. Die konstruktiven Merkmale und die Bauformen stimmen mit dem Datum überein. Selten ist die Grundrißdisposition mit sog. «Eckflez». Mehrere kleine Fenster, die später zugesetzt wurden, zeigen die ursprüngliche Situation. 1960 wurde das Haus bereits ein erstes Mal mit wenig Verständnis modernisiert. Das Dach wurde um 90° gedreht, Fenster völlig erneuert usw. Die Bauaufnahme erfolgte vor einer Versetzung des Hauses um 10 m, bei der es weiter Schaden nahm (Bd).

Ergolding, Lkr. Landshut, Ndb., *Lindenstraße 9*
89/161 We Grundriß 1:25 K
89/162 We Querschnitt 1:25 K
89/163 We Längsschnitt 1:25 K

Wende

DL: Bauernhaus, eingeschossiger Blockbau, Dach bis zum Boden geschleppt, 17./18.Jh.
BF: Kleines Bauernhaus mit ursprünglichem Querfletz, Treppe zum OG um 1950/60 verändert. Erhalten waren noch einige Vierfeldertüren mit Bockhornbändern, wohl noch 18.Jh. Dachverlängerung zum Boden später, Abbruchdokumentation (Str).

Feldkirchen, Gde. Feldkirchen-Westerham, Lkr. Rosenheim, Obb., *Münchener Straße 9*
89/164 Sh Grundriß EG 1:50 K
89/165 Fs Grundriß OG 1:50 K
89/166 Sh Querschnitt 1:50 K
89/167 Fs Ansicht von Norden 1:50 K
89/168 Fs Ansicht von Osten 1:50 K
89/169 Sh Ansicht von Süden 1:50 K
89/170 Fs Gesimsdetails 1:1 K

Frisch, Schuster

DL: Ehem. Gasthaus, stattlicher Eckbau, zweieinhalbgeschossig, mit Flachsatteldach, reiche Putzgliederungen und geschmiedete Balkonbrüstungen, aufgedoppelte Haustür, 1893.
BF: Grundriß mit Querflur im EG und Längsflur im OG nur wenig verändert. Im Innern des Gebäudes noch zahlreiche bauzeitliche Ausstattungen (Saal mit Stuckdecke im OG). Der sehr schlechte Bauzustand machte einen Erhalt unmöglich. Abbruchdokumentation (Str).

Freiling, Gde. Wurmannsquick, Lkr. Rottal-Inn, Ndb., *Haus Nr. 56*
89/171 Bd Querschnitt nach Osten vor der Ostfassade 1:25 K
89/172 Bd Querschnitt nach Westen vor östl. Mittelwand 1:25 K
89/173 Bd Querschnitt nach Westen vor westl. Mittelwand 1:25 K
89/174 Bd Querschnitt nach Westen vor der Westfassade 1:25 K
89/175 Bd Längsschnitt nach Norden vor der Nordfassade 1:25 K
89/176 Bd Längsschnitt nach Norden vor der Mittelwand 1:25 K
89/177 Bd Längsschnitt nach Süden vor der Südfassade 1:25 K
89/178 Bd Ansicht von Osten mit Verbretterung 1:25 K
89/179 Bd Ansicht von Osten ohne Verbretterung 1:25 K
89/180 Bd Ansicht von Osten Balkon 1:25 K
89/181 Bd Ansicht von Süden mit Verbretterung 1:25 K
89/182 Bd Ansicht von Süden ohne Verbretterung 1:25 K
Photodokumentation Bd, während der gesamten Bestandsaufnahme und während des Abbaues, sowie eigene Dokumentation des Freilichtmuseums Amerang.

Bader

DL: Zweigeschossiger Blockbau mit Flachsatteldach und Giebelschrot, bez. 1611.
BF: Das Haus wurde bereits 1985 wegen bevorstehender Transferierungsabsicht vermessen und im Jahrbuch Bd. 40, 1986, S. 637 aufgelistet. Harald Bader besichtigte das Haus und stellte fest, daß die Baugeschichte mit dem Aufmaß nicht geklärt war. Es zeigte sich, daß Nachträge in das vorhandene Aufmaß nur bei den Grundrissen sinnvoll waren. Ansichten und Schnitte wurden neu gezeichnet. Der Vergleich mit der alten Bestandsaufnahme, die noch vor fünf Jahren als überdurchschnittlich gegolten hat, ist aufschlußreich. Vgl. dazu auch Mader, Bauforschung und Denkmalpflege..., S. 349 in diesem Jahrbuch. Das Freilinger Häusl wurde von volkskundlicher Sicht von Georg Baumgartner und Martin Ortmeier beschrieben in der Reihe: *Bayerische Museen, Freilichtmuseum* Massing, Hrsg. Abt. Nichtstaatliche Museen am Bay. Nationalmuseum, Band 1, München, Zürich 1985, S. 57–64.
Die Bauphasen: 1611 fast komplett das Obergeschoß (ohne Erweiterung); einschließlich Giebelschräge, alle Deckenbalken über dem Obergeschoß und der südliche Teil des Dachs, die Deckenbalkenlage über dem Erdgeschoß teilweise, aber alle Sturzbalken der Türen, so daß sich der erste Erdgeschoß-Grundriß recht gut rekonstruieren läßt. Lage der ersten Treppe im Bereich der Küche (Wechsel in Decke); Befunde der alten, sehr kleinen Fenster im ganzen Obergeschoß. Altholz des 16. Jhs. wurde wieder verwendet, was die dendrochronologische Bestimmung irritieren kann, 1727 wird das Erdgeschoß komplett neu aufgezimmert bis zu der Grenze, die von Schrägnägeln markiert wird (vgl. Abb. in diesem Jahrbuch), 1766 (nicht gut abgesichert, da nur eine Dendroprobe) Errichtung des Stallteils und Verlängerung des Hauses. Brettermantel mit Sicherheit nach 1727, wahrscheinlich aber um oder kurz nach 1766 auf Grund technischen Befundes beim Stallanschluß. Treppe in der Diele nicht ursprünglich. Hier zwei Zustände. Deutscher Kamin wohl von 1727 oder später (Bd).

Fürth, Stadt, Mfr., *Königstraße 21*
89/183 W.S. Grundriß KG, EG, Detailschnitte 1:50 TR

89/184 W.S. Grundriß 1. OG, Details 1 : 50, 1 : 10 TR
89/185 W.S. Grundriß 2. OG und Kriechboden 1 : 50 Tr
89/186 W.S. Grundriß 3. OG 1 : 50 TR
89/187 W.S. Grundriß DG, Detailschnitte 1 : 50, 1 : 25 TR
89/188 W.S. Querschnitt, Details 1 : 50, 1 : 20 1 : 10 TR
89/189 W.S. Nordansicht, Teillängsschnitt 1 : 50, 1 : 20 TR
89/190 W.S. Südansicht, Details 1 : 50, 1 : 10, 1 : 5, 1 : 1 TR
89/191 W.S. Details Fachwerkwände 1 : 20, 1 : 10 TR

W. Schneider

DL: Viergeschossiges Traufhaus (Quaderbau) mit Dacherker, Erdgeschoß 18., Obergeschosse wohl 19. Jh. Gruppe mit Nr. 23 und 25.
BF: Vorderhaus vermutlich um 1680 (archivalisch), zweigädig in Fachwerkbauweise erbaut, mit drei Hauptbauphasen (Aufstockungen) und zuletzt vorgeblendeter Quaderfassade des 19. Jhs. Kleineres Rückgebäude mit gespundeten Decken, wohl 17. Jh. Dendrochronologische Bestimmung steht noch aus. Eine eingehendere Begutachtung durch die Arbeitsgemeinschaft Restaurierung – angewandte Baugeschichte (ARB) mittels Archivalien und Baubeobachtungen – es sind inzwischen Putze in größerem Umfang entfernt und Fußböden geöffnet – führte noch zu keinen schlüssigen Ergebnissen zur Baugeschichte, insbesondere bezüglich der Bauzustände des 18. und 19. Jhs. Die Beobachtungen sind noch zu ergänzen (Md).

Fürth, Stadt, Mfr., *Schießplatz 2*
89/192 Rei Grundriß EG 1 : 25 K
89/193 A Grundriß OG 1 : 25 K
89/194 A Querschnitt 1 : 25 K
Photodokumentation Albert, 1989

Albert, Reinecke

DL: Zweigeschossiges Traufseithaus, Fachwerkbau mit rückseitiger Laube und Treppenturm, 18. Jh.
BF: Das Haus wurde als Kleinbürgerhaus angesehen und als solches vom Referent verteidigt. Die Bauaufnahme wurde nicht vorgelegt, sondern ins Archiv gegeben und erst im Rahmen der Abfassung des Jahresberichts gesichtet. Zu diesem Zeitpunkt war der Bau bereits abgebrochen. Die Pläne zeigen einen Torso. Von dem ursprünglichen Bau hat der linke, östlich benachbarte Neubau einen Abschnitt unbekannter Länge abgetrennt. Die verbliebene Anlage ist symmetrisch aufgebaut. Im Erd- und Obergeschoß werden von einem Erschließungsraum mit Mittelsäule je zwei gleiche, von Bohlenbalkendecken überspannte Räume erschlossen, rechts (westlich) dann ein weiterer, gefangener Raum, den man wohl auch links ergänzen könnte. Auswechslungen in den Balkendecken des zentralen Erschließungsraums werden von A, Rei als Kamindurchlässe gedeutet. Die vier Einheiten wurden demnach von zwei symmetrisch gelegenen Kaminen und Vorgelegen bedient. Die baulichen Eigenheiten (Türen gefast, erhaltene Mittelsäule usw.) würden eine Bauzeit ins frühe 17. Jh. nahelegen, der Treppenturm, der die mittigen Dielen axial verbindet sowie die Laube, die auf der Rückseite zum Abtritt führt, könnte auch dem frühen 18 Jh. angehören. Der Befund wurde hier nicht beobachtet. Von der Funktion sicher kein Kleinbürgerhaus sondern entweder eine «Appartement»anlage oder ein betriebliches Zweckbauwerk. Der zurate gezogene Urkataster von 1822 zeigt tatsächlich ein längeres Gebäude seitlich eines größeren Gartens am Rand der städtischen Bebauung, nahe der Rednitz, das mit dem dokumentierten Bau in Verbindung zu bringen ist. Vgl. dazu auch Dorothee Nehring, *Die Hesperidengärten in Nürberg, Stadtteil St. Johannis*, Nürnberg 1985, bezüglich der Nebengebäude dieser Gärten, deren bauliche Erforschung im Eifer der Restaurierung leider zu kurz gekommen ist. Ein Teil der offenen Fragen läßt sich wahrscheinlich durch Archivalien beantworten. Das Beispiel zeigt, daß eine gezielte baugeschichtliche Forschung erst jetzt beginnen würde, wenn das Gebäude noch zur Verfügung stünde. Eine professionelle baugeschichtliche Klärung hätte die Chancen der Erhaltung sicherlich verbessert. Es wird versucht, den offenen Fragen noch weiter nachzugehen (Md).

Gauting, Lkr. Starnberg, Obb., *Am Schloßberg 11, 13, 15, 40*
89/195 Kz/Lo Grundriß EG, Nivellements 1 : 50 LP
89/196 Kz Grundriß KG 1 : 20 K
89/197 Schd Grundriß EG, Bl. 1 1 : 20 K
89/198 Kz Grundriß EG, Bl. 2 1 : 20 K
89/199 Kz Grundriß EG, Bl. 3 1 : 20 K
89/200 Schd Grundriß EG, Bl. 4 1 : 20 K
89/201 P Querschnitt o. DG, Bl. 1 1 : 20 K
89/202 P Querschnitt o. DG, Bl. 2 1 : 20 K
89/203 Kz Teillängsschnitt KG, EG, Bl. 1 1 : 20 K
89/204 Kz Teillängsschnitt KG, EG, Bl. 2 1 : 20 K
89/205 P Nordfassade, Bl. 1 1 : 20 K
89/206 P Nordfassade, Bl. 2 1 : 20 K
89/207 P Nordfassade, Bl. 3 1 : 20 K
89/208 P Nordfassade, Bl. 4 1 : 20 K
89/209 Lo Nordfassade, Umzeichnung 1 : 20 F
89/210 P Ostfassade, Bl. 1 1 : 20 K
89/211 P Ostfassade, Bl. 2 1 : 20 K
89/212 P Ostfassade, Bl. 3 1 : 20 K
89/213 P Ostfassade, Bl. 4 1 : 20 K
89/214 Lo Ostfassade, Umzeichnung 1 : 20 F
89/215 Kz Südfassade, Bl. 1 1 : 20 K
89/216 Kz Südfassade, Bl. 2 1 : 20 K
89/217 Kz Südfassade, Bl. 3 1 : 20 K
89/218 Kz Südfassade, Bl. 4 1 : 20 K
89/219 Kz Westfassade, Bl. 1 1 : 20 K
89/220 Kz Westfassade, Bl. 2 1 : 20 K
89/221 Kz Westfassade, Bl. 3 1 : 20 K
89/222 Kz Westfassade, Bl. 4 1 : 20 K
89/223 Kz Archäolog. Schnitt B, Westprofil, Bl. 1 1 : 20 K
89/224 Kz Archäolog. Schnitt B, Westprofil, Bl. 2 1 : 20 K
89/225 Kz Archäolog. Schnitt C, Ostprofil, Bl. 1 1 : 20 K
89/226 Kz Archäolog. Schnitt C Forts. und F, Ostprofil 1 : 20 K
89/227 Lo Archäolog. Schnitte D Nord- und E Westprofil 1 : 20 F
89/228 Lo Archäolog. Schnitt G, Ostprofil 1 : 20 K
89/229 Fa Archäolog. Schnitt H, Nordprofil 1 : 20 K Fastje, Kreutzwek, Lohr, Polaski, Schindler

DL: Schloß Fußberg, ehem. Hofmarkschloß, im Kern 17./18. Jh., nach 1804 ausgebaut als dreigeschossiger klassizistischer Walmdachbau, innere Ausgestaltung z. T. durch Richard Schwanthaler; mit Ausstattung; Parkanlage, 1. Hälfte 19. Jh., mit Gartenfiguren des 18. Jh. und Gartenarchitekturen des späteren 19. Jh.
BF: Dreigeschossiger, siebenachsiger Bau mit Walmdach; teilunterkellert; jüngste seitliche Anbauten bereits entfernt. Das Gebäude ist ein Neubau des frühen 18. Jhs. (Grundsteinlegung 1721) über einem Vorgängerbau gleicher Flächenausdehnung und einigen Bauresten früherer Zeiten, die jedoch anhand der bislang durchgeführten Sondagen nicht eindeutig geklärt werden konnten, da bauseits im Gebäudeinneren das Schichtmaterial des oberen Bodenbereichs bereits flächig abgetragen worden war. Auch die archäologischen Sondagen außerhalb des Hauses blieben unergiebig, da sie wegen mangelnder Grabungsmittel und schlechten Wetters bislang nur auf geringe Bodentiefe gezogen werden konnten. Ein Bericht der erarbeiteten Ergebnisse soll an anderer Stelle vorgelegt werden. Ausbildungsobjekt des Referats Bauforschung, betreut von Fastje.

Geitau, Gde. Bayrischzell, Lkr. Miesbach, Obb., *Haus Nr. 70*
89/230 Sh Grundriß EG 1 : 50 K
89/231 A.Hu Grundriß OG 1 : 50 K
89/232 A.Hu Querschnitt A-A 1 : 50 K
89/233 Sh Querschnitt B-B 1 : 50 K
89/234 A.Hu Ansicht von Norden 1 : 50 K
89/235 Sh Ansicht von Osten 1 : 50 K
89/236 Sh Ansicht von Süden 1 : 50 K
89/237 Sh Ansicht von Westen 1 : 50 K

A. Huber, Schuster

DL: Nachtrag: Ehem. Kleinbauernhaus, Wohnteil mit verputztem Blockbau-Obergeschoß, im Kern 18. Jh., Wirtschaftsteil verbrettert, Überarbeitungen 19. Jh.
BF: Einfirsthof mit Stall und Stadel, im OG noch drei originale Türen, im Stadel interessante Binderkonstruktion für Tennenauffahrt. Verformungsgetreues Aufmaß als Grundlage für eine Instandsetzung (Sattler).

Gmund am Tegernsee, Lkr. Miesbach, Obb., *Seestraße 2*
89/238 Sh Grundriß KG 1 : 50 K
89/239 A.Hu Grundriß EG 1 : 50 K

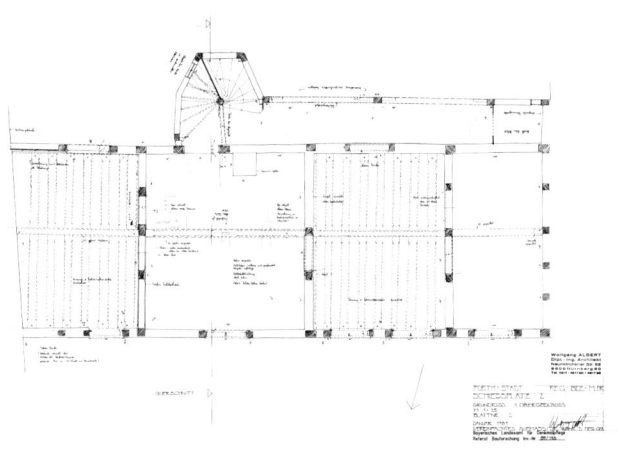

Fürth; Schießplatz 2, Grundriß 1. Obergeschoß 89/193 (B. Reinecke)

89/240 Sh Grundriß OG 1 : 50 K
89/241 A.Hu Querschnitt A-A 1 : 50 K
89/242 A.Hu Ansicht von Norden 1 : 50 K
89/243 Sh Ansicht von Osten 1 : 50 K
89/244 Sh Ansicht von Süden 1 : 50 K
89/245 Fs Details 1 : 10 K

Frisch, A. Huber, Schuster

DL: Ehem. Jägerhaus, mit Flachsatteldach und Giebellaube, bez. 1793.
BF: Die genannte Datierung findet sich an der Firstpfette. Im Inneren Treppengeländer in spätbarocken Formen, im EG originale Türen, auch die Fensterstöcke durchwegs noch bauzeitlich, mit neueren Flügeln, jedoch alten Beschlägen. Bauaufnahme als Grundlage für eine Instandsetzung (Md, Sattler).

Grafing bei München, Stadt, Lkr. Ebersberg, Obb., *Hammerschmiede 1*
89/246 Sh Grundriß EG 1 : 25 K
89/247 A.Hu Grundriß OG 1 : 25 K
89/248 Sh Querschnitt A-A 1 : 25 K
89/249 Sh Längsschnitt M-M 1 : 25 K
89/250 Sh Längsteilschnitt L-L 1 : 25 K
89/251 A.Hu Ansicht von Norden 1 : 25 K
89/252 Sh Ansicht von Osten 1 : 25 K
89/253 A.Hu Ansicht von Süden 1 : 25 K
89/254 Sh Ansicht von Westen 1 : 25 K

A. Huber, Schuster

BL: Ehem. Hammerschmiede, Satteldachbau, ursprünglich 1664 errichtet, wohl 1757 nach Brand neu erbaut, Äußeres 2. Viertel 19.Jh.; Reste der technischen Einrichtung erhalten.
BF: Im EG Werkstatt mit zwei Essen und Kaminen, im Osten nachträglich angebauter Treppenerker. Verformungsgetreue Bestandsaufnahme als Grundlage für eine Instandsetzung (Büro Sattler). Ohne baugeschichtliche Durcharbeitung.

Grainet, Lkr. Freyung-Grafenau, Ndb., *Hauptstraße 7*
89/255 Fe Grundriß der Gesamtanlage 1 : 100 K
89/256 Fe Längsschnitt der Gesamtanlage 1 : 100 K
89/257 Fe Grundriß KG (Anwesen Lang) 1 : 25 K
89/258 Fe Grundriß EG (Anwesen Lang) 1 : 25 K
89/259 Fe Grundriß OG (Anwesen Lang) 1 : 25 K
89/260 Fe Querschnitt (Anwesen Lang) 1 : 25 K
89/261 Hu Längsschnitt (Anwesen Lang) 1 : 25 K
89/262 Hu Grundriß EG (Kooperatorstöckl) 1 : 25 K
89/263 Hu Grundriß OG (Kooperatorstöckl) 1 : 25 K
89/264 Hu Querschnitt (Kooperatorstöckl) 1 : 25 K
89/265 Hu Längsschnitt (Kooperatorstöckl) 1 : 25 K

Feldmeier, Huber

DL: Nicht in der Denkmalliste enthalten.
BF: Ehem. Gasthaus, im EG Saal mit verzierter Bohlenbalkendecke, wohl um 1800. Erneuerung des Hauses nach einem Brand 1912. Das Kooperatorstöckl ist den Details der Ausstattungen nach in der 2. Hälfte des 19. Jh. entstanden. Die Bauaufnahme dient der Erhaltungsabsicht der bisher nicht in der Denkmalliste enthaltenen Gebäude (Str).

Greding, Lkr. Roth, Mfr., *Stadtmauer* zwischen Hausener- und Eichstätter Tor
89/266 Ht,Pu Außenansicht Blatt 1 1 : 50 K
89/267 Ht,Pu Außenansicht Blatt 2 1 : 50 K
89/268 Ht,Pu Außenansicht Blatt 3 1 : 50 K
89/269 Ht,Pu Außenansicht Blatt 4 1 : 50 K
89/270 Ht,Pu Nördl. Turm, Grundriß, Schnitt 1 : 25 K
89/271 Ht Mittl. Turm, Grundriß, Schnitte 1 : 25 K
89/272 Pu Südl. Eckturm, Grundriß, Schnitt 1 : 25 K
Photodokumentation

Hertlein, Pufke

DL: Die ältere Befestigung schloß nur den Bezirk von St. Martin ein, die städtische Siedlung wurde wohl zuerst unter Bischof Rabno im 14. Jh. befestigt. Bischof Friedrich v. Öttingen umgab Greding im Laufe seiner Regierungszeit (1383–1415) mit einer neuen bzw. erneuerten Befestigung, die weitgehend Bestand hat.
BF: Dokumentation des letzten, noch unrenovierten Teilstücks der Stadtmauer, insbesondere zur Beobachtung der Mauertechnik, der Mauerkronen, der Oberflächen und der Türme, die alte Öffnungen, Balkenlöcher alter Geschoßdecken, Gewölbereste und andere Baubefunde verschiedener Bauphasen zeigten. Die Rekonstruktion von Mauerkronen, Turmoberteilen und Turmdächern und die mit ihr verbundenen Veränderungen des Befunds waren angesichts der bereits vom Landesamt geduldeten Veränderungen und Rekonstruktionen der gesamten übrigen Türme und Kurtinen nicht zu verhindern. Da der Vorzustand in diesen, bereits ergänzten und überarbeiteten Bereichen nicht dokumentiert wurde, wissen wir über die Stadtmauer recht wenig (Md).

Greding; Stadtmauer zwischen Hausener- und Eichstätter Tor, mittlerer Turm, Grundriß, Schnitt 89/271 (B. Hertlein)

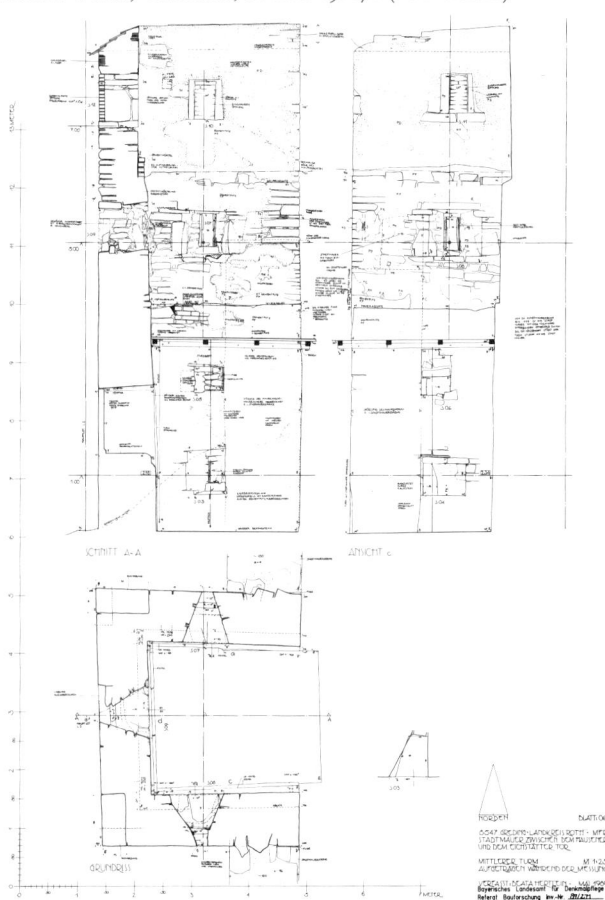

351

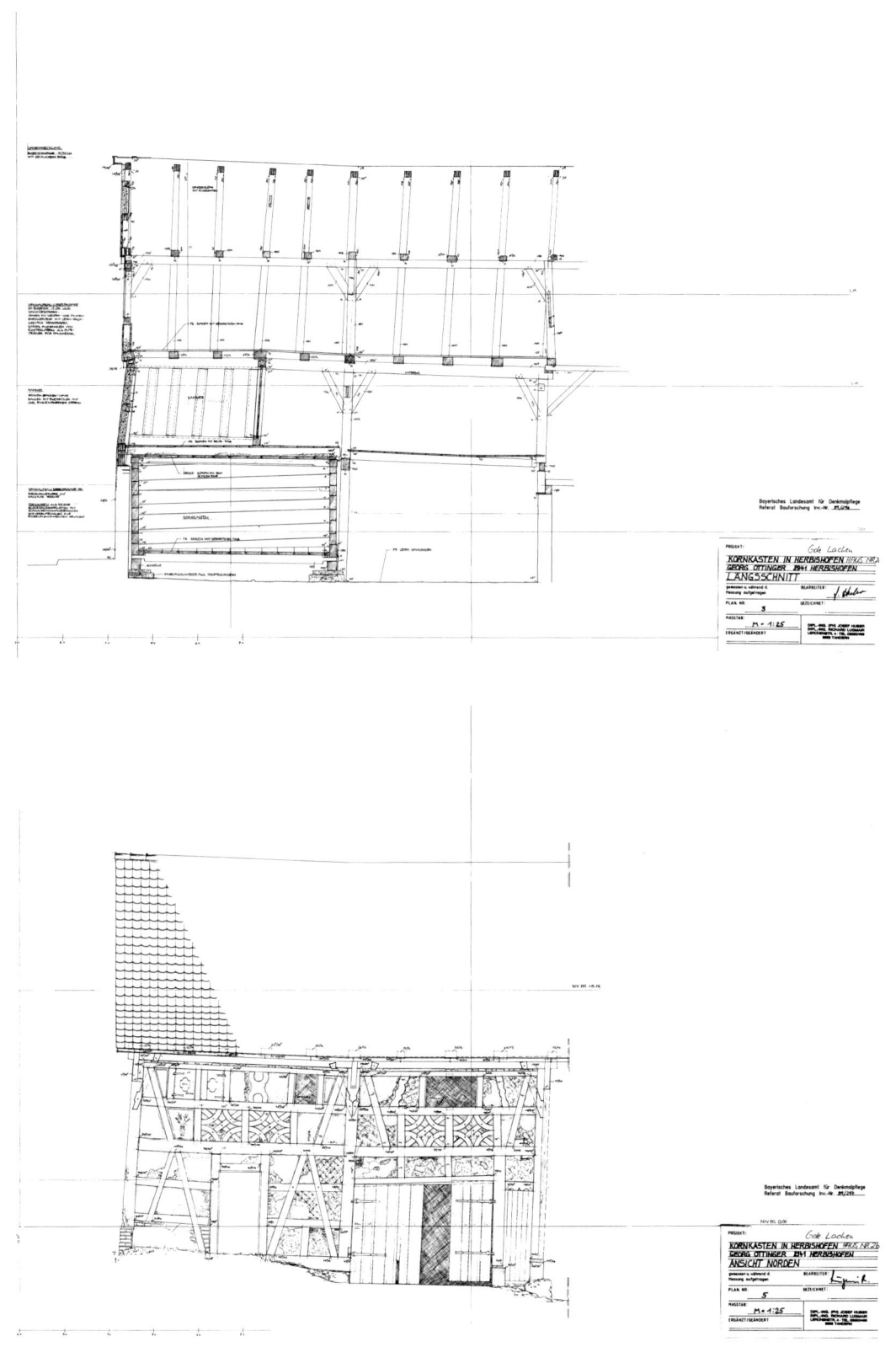

Herbishofen, Gde. Lachen; Haus Nr. 2 b, Stadel, Längsschnitt 89/296 (J. Huber) und Nordansicht 89/297 (Lugmaier)

Hahngreding, Gde. Halsbach, Lkr. Altötting, Obb., *Haus Nr. 51*
89/273 Sh Längsschnitt 1 : 25 K
89/274 A.Hu Nordansicht 1 : 25 K
89/275 A.Hu Ostansicht 1 : 25 K
89/276 A.Hu Südansicht 1 : 25 K
             A. Huber, Schuster
DL: Vierseithof, Wohnstallhaus, um 1800, Bundwerkstadel, bez. 1865.
BF: Wohnstallhaus in Blockbauweise, Datierung über der Eingangstür auf der Ostseite 166(7)?; Dokumentation als Grundlage für Transferierung. Fortsetzung der 1985 begonnenen Bauaufnahme (vgl. Jahrbuch Bd. 39, 1985, S. 531). Wiederaufbau 1990 in Tötzham, Gde. Babenshaus, Lkr. Rosenheim (Md).

Hattersdorf, Stadt Seßlach, Lkr. Coburg, Ofr., *Haus Nr. 14, Scheune*
89/277 Stud. Grundriß EG 1 : 25 K
89/278 Stud. Grundriß OG 1 : 25 K
89/279 Stud. Querschnitt 1 : 25 K
89/280 Stud. Längsschnitt 1 : 25 K
89/281 Stud. Ansicht von Osten 1 : 25 K
89/282 Stud. Ansicht von Westen 1 : 25 K
   Althammer, Klöpfer, Schindhelm, Steinhauser, Winter
DL: Frackdachhaus, verputztes Fachwerk, Laube, 17./18. Jh.
BF: Wohnhaus vgl. Jahrbuch Bd. 42, 1988 S. 389, hier Nachtrag der zugehörigen Scheune, über älterem tonnengewölbtem Sandsteinquaderkeller, in neuzeitlicher Holzbauweise auf ev. älterem Sandsteinquadersockel errichtet. Übernahme einer Studienarbeit der TU München (Md).

Heideck, Stadt, Lkr. Roth, Mfr., *An der Kapell 1*
89/283 Kk Grundriß KG 1 : 25 K
89/284 J.S Grundriß EG 1 : 25 K
89/285 Kk Grundriß OG 1 : 25 K
89/286 J.S Grundriß DG 1 : 25 K
89/287 J.S Querschnitt 1 : 25 K
89/288 Kk Längsschnitt 1 : 25 K
89/289 Kk Ansicht von Norden 1 : 25 K
89/290 Kk Ansicht von Osten 1 : 25 K
89/291 J.S Ansicht von Süden 1 : 25 K
89/292 J.S Ansicht von Westen 1 : 25 K
             Korinski, J. Schmidt
DL: Wohnhaus, zweigeschossiger Giebelbau, gänzlich in Fachwerk, wohl 16. Jh., Fachwerkscheune, wohl 18. Jh.
BF: Spätgotisches Wohnhaus mit Bohlenstube und Fenstererker im 1. Obergeschoß, unmittelbar der 1419 geweihten Frauenkapelle benachbart. Der in «alemannischer» Fachwerkbauweise konstruierte kleine Bau ist dendrochronologisch kurz nach 1421 (Fälldatum) errichtet und daher mit dem Neubau der Kapelle in Verbindung zu bringen. Der ursprüngliche Bau ist weitgehend erhalten. 1544 und 1585 erfolgten, ebenfalls dendrochronologisch ermittelt, geringere Umbauten (hinterer Giebel, Verschiebung von Wänden im Erdgeschoß und Verlegung der Treppe ins Obergeschoß), 1794 reparierende Veränderungen. Im 1. Obergeschoß noch eine ursprüngliche Spitzbogentüre mit Türblatt erhalten (Nebenkammer), letzte wichtige Phase der Ausstattung biedermeierlich. Eigentümer ist Restaurator Wilcke, der mehrere Farbfassungen ab 1544 nachweisen konnte (Md).

Herbishofen, Gde. Lachen, Lkr. Unterallgäu, Schw., *Haus Nr. 2 b*
89/293 J.Hu Grundriß EG 1 : 25 K
89/294 Lug Grundriß OG 1 : 25 K
89/295 J.Hu Querschnitt 1 : 25 K
89/296 J.Hu Längsschnitt 1 : 25 K
89/297 Lug Ansicht von Norden 1 : 25 K
89/298 Lug Ansicht von Osten 1 : 25 K
Photodokumentation
             J. Huber, Lugmaier
DL: Zugehöriger Stadel, Satteldachbau mit Fachwerk, bez. 1715, 1797 und 1895 erneuert.
BF: Im Kurzinventar (Stadt und Landkreis Memmingen, München 1959, S. 123) von Tilmann Breuer wie folgt gewürdigt: «Zugehöriger Stadel 1715 errichtet, 1797 und 1895 erneuert. Zweigeschossiger Satteldachbau mit Fachwerk an der Nordseite, die östliche Giebelfront verputzt, Reste architektonischer Wandmalerei mit Versinschriften. – An einer Bohlenwand des Obergeschosses bez. PH 1715.»
Die Buchstaben PH bezeichnen den Bauherrn Peter Haug (nach U. Braun). Ständerbau mit Lehmstak-Ausfachungen und Schmuckfachwerk, in etwas umgebautem Zustand, an der Nordaußenwand und unter Putz an der Ostgiebelwand, mit stehendem Dachstuhl, eingestelltem Kornkasten in Blockbauweise sowie nachträglich eingebauter Bohlenständerkammer im 1. OG. Hier auf der ersten Bohle links der innenliegenden Zugangstür die o. g. Datierung 1715. Stadel daher wohl etwas älter. Die Dokumentation soll der Instandsetzung dienen (Md).

Herbstham, Gde. Babensham, Lkr. Rosenheim, Obb., *Haus Nr. 55, Ost- und Südtrakt*
89/299 A.Hu Ostflügel Grundriß 1 : 25 K
89/300 A.Hu Ostflügel Querschnitt 1 : 25 K
89/301 A.Hu,Sa Ostflügel Ansicht von Norden 1 : 25 K
89/302 A.Hu,Sa Ostflügel Ansicht von Osten Bl. 1 1 : 25 K
89/303 A.Hu,Sa Ostflügel Ansicht von Osten Bl. 2 1 : 25 K
89/304 Sa Ostflügel Ansicht von Westen Bl. 1 1 : 25 K
89/305 Sa Ostflügel Ansicht von Westen Bl. 2 1 : 25 K
89/306 A.Hu Südflügel Grundriß Bl. 1 1 : 25 K
89/307 A.Hu Südflügel Grundriß Bl. 2 1 : 25 K
89/308 Sh Südflügel Querschnitt 1 : 25 K
89/309 A.Hu Südflügel Ansicht von Norden Bl. 1 1 : 25 K
89/310 A.Hu Südflügel Ansicht von Norden Bl. 2 1 : 25 K
89/311 A.Hu,Sa Südflügel Ansicht von Osten Bl. 1 1 : 25 K
89/312 A.Hu,Sa Südflügel Ansicht von Osten Bl. 2 1 : 25 K
89/313 A.Hu Südflügel Ansicht von Süden Bl. 1 1 : 25 K
89/314 A.Hu Südflügel Ansicht von Süden Bl. 2 1 : 25 K
Photodokumentation
             A. Huber, Schuster
DL: Stattlicher geschlossener Vierseithof; Wohnhaus mit Putzgliederungen, 1907, südlicher Stadel mit Bundwerk, um 1860/70; östlicher Stadel mit Bundwerk, um 1840.
BF: Ostflügel, datiert mit JA 1847, eingemeißelt in einen Mauerstein des Erdgeschosses der Westfassade; die gleiche Jahreszahl über dem westlichen Stadeltor. Im EG charakteristisches Bruchsteinmauerwerk mit großen, polygonalen Blöcken und sorgfältigen Ausmauerungen aus flachen Bruchsteinen dazwischen, Korbbogentoren und Scharten als Lüftungsfenster, im OG Bundwerk. Verzierte Pfetten. Südflügel, datiert 1866 im Brettermantel des Bundwerks des 1. OG des Ostgiebels. Im EG massives Außenmauerwerk ähnlichen Typs wie am Ostflügel, innen große zweischiffige Stallung mit böhmischen Gewölben und mittlerer Säulenstellung; sieben Joche. Im OG ähnliches Bundwerk wie am Ostflügel. Abbruchdokumentation, da die Beseitigung der drei historischen Flügel geplant ist (Sa, Md).

Herrieden, Lkr. Ansbach, Mfr., *Herrnhof 10*
89/315 Fe Grundriß Dachwerk Blatt 1 1 : 25 K
89/316 Fe Grundriß Dachwerk Blatt 2 1 : 25 K
89/317 Fe Grundriß Dachwerk Blatt 3 1 : 25 K
89/318 Fe Querschnitt Dachwerk Blatt 1 1 : 25 K
89/319 Fe Längsschnitt Dachwerk Blatt 1 1 : 25 K
89/320 Fe Längsschnitt Dachwerk Blatt 2 1 : 25 K
             Feldmeier
DL: Ehem. Amtsgerichtsgebäude, Putzbau mit Hauseingliederung, Mittelrisalit mit Giebelaufsatz, neubarock, um 1900, zugehörig Stadtbefestigung.
BF: Das liegende, weitgespannte Dachwerk mit verdoppelten Sparren und L-förmig ausgebildeten Fußpunkten ist wohl um 1900 entstanden. Der örtliche Statiker sah sich nicht in der Lage, dieses Dachwerk zu halten. Abbruchdokumentation (Str).

Hersbruck, Stadt, Lkr. Nürnberger Land, Mfr., *Frankengasse 6, Scheune*
89/321 A Grundriß KG 1 : 50 K
89/322 Schk Grundriß EG 1 : 50 K

89/323 Schk Grundriß OG 1:50 K
89/324 A Querschnitt 1:50 K
89/325 A Längsschnitt 1:50 K
Albert, Schlick
BL: nicht in der DL
BF: Für das Ortsbild und die Veranschaulichung der historischen Nutzungs- und Wirtschaftsstruktur von Hersbruck wichtige Scheune eines ehem. Ackerbürgeranwesens; einfaches Fachwerk, Mittelstützenreihe, liegender Stuhl, kurz nach 1576, dendrochronologisch bestimmt. Die Bauaufnahme diente der Instandsetzung des schadhaften Baudenkmals (Albert).

Hersbruck, Lkr. Nürnberger Land, Mfr., *Kirchgasse 20*
89/326 Rei Grundriß EG Blatt 1 1:25 K
89/327 Rei Grundriß EG Blatt 2 1:25 K
89/328 A Grundriß OG 1:25 K
89/329 Rei Grundriß DG 1:25 K
89/330 A Querschnitt 1:25 K
89/331 A Längsschnitt 1:25 K
Photodokumentation
Albert, Reinecke
DL: Zweigeschoßiges Giebelhaus, 17/19. Jh.
BF: Im ersten Bauzustand (dendrochronologische Datierung 1685) als reines Fachwerkhaus konstruiert, mit Satteldach, zweifach liegendem Stuhl, Spindeltreppe mit Brettbalustern, in den Zimmern einfache Stuckdecken. Spätere Umbauten: Im Ergeschoß Bruchsteinmauern, Giebel verändert, Dach abgewalmt (A, Rei).

Hiening, Gde. Haibach, Lkr. Straubing-Bogen, Ndb., *Haus Nr. 89*
89/332 Fe Grundriß KG/EG 1:25 K
89/333 J.Hu Grundriß OG 1:25 K
89/334 Fe Querschnitt A-A 1:25 K
89/335 Fe,J.Hu Querschnitt B-B 1:25 K
89/336 J.Hu Längsschnitt C-C 1:25 K
89/337 Fe Ostansicht 1:25 K
89/338 Fe Detail auf einer Bodenplatte EG 1:1 Tr
Feldmeier, J. Huber
DL: Waldlerhof, hakenförmig, mit Blockbaukniestock und verschaltem Giebel, Türsturz bez. 1797.
BF: Der Erdgeschoß-Grundriß zeigt, daß das Gebäude ursprünglich ein einheitlicher Blockbau war, der wohl im 19. Jh. teilweise verändert wurde. Eine Bodenplatte aus Granit im Erdgeschoß zeigt die eingearbeitete Datierung 17 H 83 Z. Ihre Zugehörigkeit ist ungeklärt. Bestandsaufnahme vor einem Umbau (Str).

Hilbling, Gde. Malgersdorf, Lkr. Rottal-Inn, Ndb., *Haus Nr. 30*
89/339 Vog Grundriß EG 1:25 LP
89/340 Brm Grundriß OG 1:25 LP
89/341 Bra Nordfassade 1:25 K
89/342 Bd Ostfassade 1:25 K
89/343 Bd Südfassade 1:25 K
89/344 Bra Westfassade 1:25 K
89/345 Bra Details 1:10 K
89/346, 1–7 Abreibungen von Details 1:1 P
Photodokumentation Bd. 1989, Fassaden
Bader, Brandmüller, Brandl, Vogt
DL: Stockhaus mit Blockbau-Obergeschoß, Brettbalusterschroten und Bemalung, bez. 1825.
BF: Sehr reiche plastische und gemalte Bauzier an Pfetten, Lauben, Türen usw. Die Datierung 1823 an einer Traufpfette gibt das Datum der Errichtung, das Datum 1825 auf der Verschalung am Nordgiebel das der Anbringung der Verschalung an, welche wegen der Setzungserscheinungen eines frisch abgezimmerten Blockbaus nicht sofort angebracht werden darf. Das Datum bestätigt die Auffassung der einheitlichen Errichtung 1823, auch wenn einzelne Schmuckformen der Konstruktion stilistisch früher eingeordnet werden könnten. Bei der Bemalung bestehen stilistisch keine Zweifel. Die Ausmauerung des Ergeschosses gehört einer zweiten Bauphase an. Notdokumentation (insbes. der Fassaden; die Grundrisse entstanden schon 1986 und reichten als Dokumentation nicht aus) vor einer vom Landesamt nicht begleiteten Transferierung (Bd, Md).

Hohenstadt, Gde. Pommelsbrunn, Lkr. Nürnberger Land, Mfr., *Brunnengasse 7*, Scheune
89/347 Ec Grundriß EG, Querschnitt 1:50 K
89/348 Ec Längsschnitt, Details 1:50, 1:5 K
89/349 Ec Ansicht von Osten 1:50 K
89/350 Ec Ansicht von Westen, Details 1:50, 1:25 K
Photodokumentation Md Dez. 1988, 45 Bilder
DL: nicht in der DL
BF: Stattliche Fachwerkscheune des frühen 18. Jhs., vorne altertümlicher Steingiebel mit mächtigen Eckquadern, Schopfwalm, hinten Fachwerkgiebel mit K-Figuren und parallel gekoppelten Fußbändern (westliches Randgebiet des oberpfälzischen Fachwerktyps), Schmuckmotiven in den Brüstungen der Mittelachse, Fenster mit barockzeitlichem Eselsrückenmotiv, Schopfwalm. Dach mit zwei liegenden Stühlen, Erdgeschoß dreischiffig, mit tonnengewölbtem Keller auf halb eingetieftem Niveau rechts des großen Einfahrtstors. Innen auf Gefach der Ostgiebelwand Instandsetzungsinschrift 188(?). Größerer, lokaler Bauschaden in der südlichen Traufwand, ohne Probleme reparierbar. Unverständliche Abbruchentscheidung der Regierung von Mittelfranken, nachdem die Reparatur aus Denkmalpflegemitteln finanzierbar war. Das Bauaufmaß wurde dadurch Abbruchdokumentation. Da die Scheune nicht nur als Bau ein wichtiges Kulturdenkmal war, sondern zusammen mit einer weiteren Scheune markant den historischen Ortsrand besetzte, ist ihr Abbruch ein großer Verlust auch für die Ortsbaugeschichte und das Ensemble (Md).

Holnstein, Stadt Berching, Lkr. Neumarkt i. d. Opf., Opf., *Haus Nr. 13*
89/351 Pu Grundriß KG 1:50 K
89/352 Pu Grundriß EG 1:50 K
89/353 Pu Grundriß OG 1:50 K
89/354 Pu Grundriß DG 1:50 K
89/355 Pu Querschnitt A-A 1:50 K
89/356 Pu Längsschnitt B-B 1:50 K
89/357 Pu Ansicht von Norden 1:50 K
89/358 Pu Ansicht von Osten 1:50 K
89/359 Pu Ansicht von Süden 1:50 K
Pufke
DL: Gasthaus, 16./17. Jh., mit Krüppelwalmdach und Fachwerk.
BF: Das Obergeschoß zeigt im Grundriß noch weitgehend die Konstruktionsmerkmale eines ehem. Fachwerkhauses. Ein Unterzug trägt die eingeschnitzte Datierung 1588 M. Der durchgehende Querfletz im Obergeschoß sitzt leicht asymmetrisch über dem Fletz im Erdgeschoß, was zur Annahme führt, daß das Erdgeschoß nachträglich durch Mauerwerk ersetzt wurde. Bestandsaufnahme vor einem Umbau (Str).

Holzingen, Gde. Weißenburg i. Bay., Lkr. Weißenburg-Gunzenhausen, Mfr., *Holzinger Hauptstraße 60*
89/360 Rei Grundriß EG 1:25 K
89/361 A Grundriß DG 1:25 K
89/362 Rei Querschnitt 1:25 K
89/363 Rei Längsschnitt 1:25 K
Albert, Reinecke
DL: Bauernhaus, erdgeschossig, wohl noch 18. Jh.
BF: Äußerlich unansehnlich modernisiert. Nur die alte Zwicktaschendeckung läßt ein höheres Alter vermuten. Innen geschwärztes, historisches Dach mit stehendem Stuhl, bereits von Anfang an mit vier Kammern in Lehmstakbauweise ausgebaut. Von Giulio Marano bereits bei der ersten Besichtigung als Konstruktion des 16. Jhs. erkannt, dendrochronologisch mit Werten von 1554–1588 gegen 1589 zu datieren. Das Erdgeschoß im 18. und 19. Jh. modernisiert. Im Dissensverfahren entscheidet die Regierung von Mittelfranken für den Abbruch, wobei sie die Instandsetzbarkeit nicht ausreichend überprüft. Eine genauere Untersuchung des Ergeschosses wäre nötig gewesen, um die Struktur des ersten Bauzustands zu klären. Das scheiterte jedoch an der zu geringen personellen Kapazität der baugeschichtlichen Forschung und an den finanziellen Möglichkeiten (Md).

SCHNITT A-A

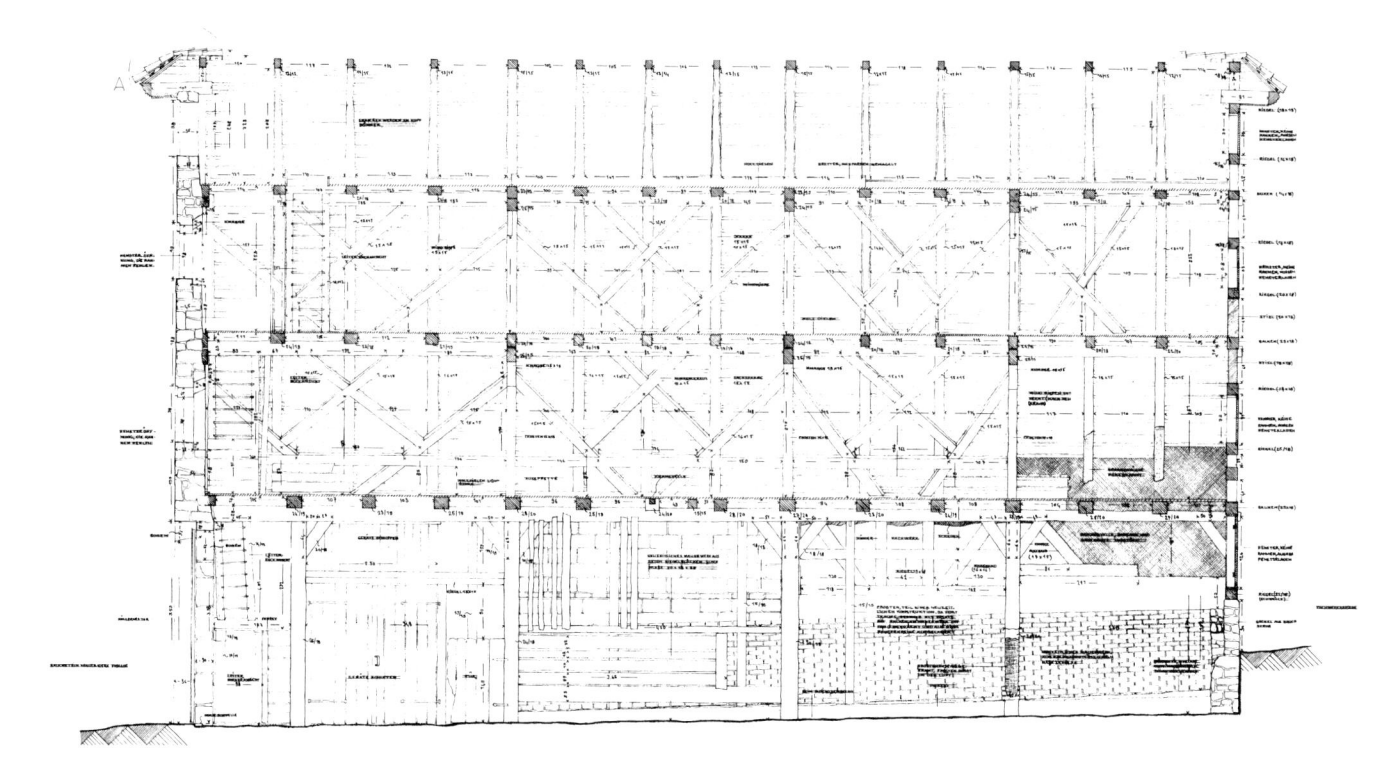

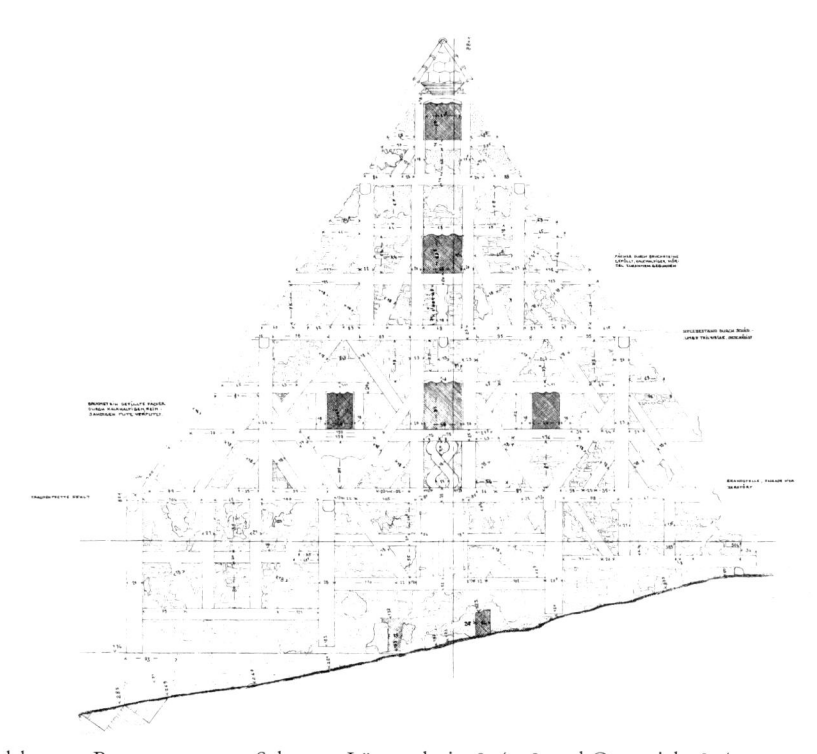

Hohenstadt, Gde. Pommelsbrunn; Brunnengasse 7, Scheune, Längsschnitt 89/348 und Ostansicht 89/349
(beide A.M. Ebcioglu)

Honsolgen, Stadt Buchloe, Lkr. Ostallgäu, Schw., *Anna-Fink-Weg 1*
89/364 Fs Grundriß Keller 1 : 25 K
89/365 Fs Grundriß in Schwellenhöhe EG 1 : 25 K
89/366 Pm Grundriß EG 1 : 25 K
89/367 Fs Grundriß in Schwellenhöhe OG 1 : 25 K
89/368 Pm Grundriß OG 1 : 25 K
89/369 Fs Deckenspiegel OG 1 : 25 K
89/370 Fs Grundriß DG 1 : 25 K
89/371 Pm Querschnitt A-A (nach Osten) 1 : 25 K
89/372 Pm Querschnitt B-B (nach Osten) 1 : 25 K
89/373 Pm Querschnitt C-C (nach Osten) 1 : 25 K
89/374 Fs Querschnitt D-D (nach Osten) 1 : 25 K
89/375 Fs Querschnitt E-E (Dach, nach Westen) 1 : 25 K
89/376 Fs Längsschnitt M-M (nach Norden) 1 : 25 K

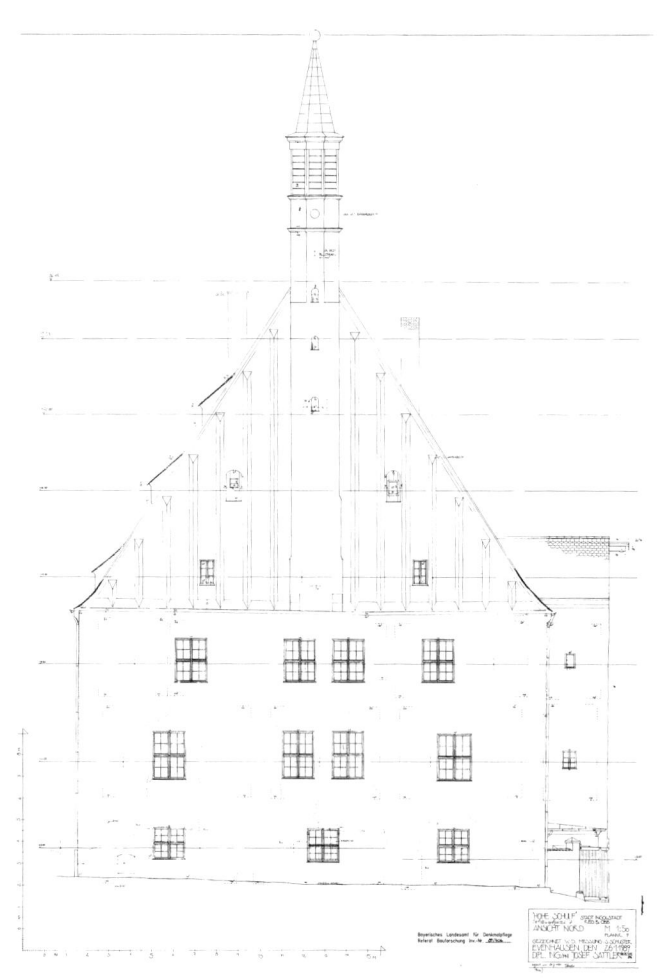

Ingolstadt; Goldknopfgasse 7, «Hohe Schule», Ansicht von Norden
89/406 (S. Schuster)

89/377 Fs Längsschnitt N-N (nach Norden) 1:25 K
89/378 Pm Längsschnitt L-L (nach Süden) 1:25 K
89/379 Fs Längsschnitt G-G (Tektur zu L-L) 1:25 K
89/380 Fs Längsschnitt P-P (nach Süden) 1:25 K
89/381 Pm Ansicht von Norden (gesamt) 1:25 K
89/382 Fs Ansicht von Norden (ohne Schalung) 1:25 K
89/383 Pm Ansicht von Osten 1:25 K
89/384 Pm Ansicht von Süden 1:25 K
Baubeschreibung, 3 Seiten

Frisch, Perzlmaier

DL: Kleinbauernhaus, z. T. verputzter Ständerbau mit Steildach, 1. Hälfte 18. Jh.
BF: Das Bauernhaus wird eingehender besprochen in: H. Götzger, H. Prechter, Das Bauernhaus in Bayerisch-Schwaben, Augsburg 1960, S. 152f; Bauernhaus Nr. 24 «beim Simaschuster» mit Plänen von W. Neu, 1958. Datierung 2. Hälfte 17. Jh. zutreffender als in der Denkmalliste. Ursprüngliches Dach mit Firstsäulen und Längsausteifung in Firstlinie: Bedeutendes Zeugnis der älteren Bauart, bei der ausschließlich Ständer zur Anwendung kommen und ein Pfettendach unterstützen. Ursprünglich Strohdach. Weitere bemerkenswerte Baukonstruktionen sind die Außenwände des Wohnteils und die Fenstererker im Erdgeschoß. Mehrere spätere Bauphasen. Weiteres in einem knappen Bericht der Planverfasser. Vorbereitung einer Instandsetzungsmaßnahme (erster Plansatz 1987) sowie begleitende Beobachtungen 1989 durch Mitarbeiter des Büros Sattler (Md).

Ingolstadt, Stadt, Obb., *Anatomiestraße 1*
89/385 Str Stadtmauer, Grundriß, Schnitt 1:50 K   Strehler

DL: Teilstück der mittelalterlichen Stadtmauer mit Halbturm, um 1400.

BF: Notaufnahme eines bereits gestörten Stadtmauerstücks anläßlich einer nicht genehmigten Baumaßnahme (Str).

Ingolstadt, Stadt, Obb., *Bei der Schleifmühle 9*
89/386 Tr Grundriß EG 1:50 K
89/387 Tr Grundriß OG 1:50 K
89/388 Tr Grundriß DG 1:50 K
89/389 Tr Querschnitt/Ansicht von Osten 1:50 K
89/390 Tr Längsschnitt 1:50 K

Treuner

DL: Wohnhaus, steiles Satteldach, Treppengiebel, im Kern 16./17. Jahrhundert; Fassade in der 2. Hälfte des 19. Jhs. vereinfacht erneuert.
BF: Durchgehender Längsflur im Erdgeschoß mit seitlich liegender Treppe, bisher verputzte Bohlenbalkendecke im Obergeschoß (alte Stube). Das liegende Dachwerk weist mit seinen Kopfbändern, die über Spannriegel und Kehlbalken geblattet sind, in das späte 15. oder frühe 16. Jh. Ausstattung überwiegend aus dem 19./20. Jh. Verformungsgetreue Bauaufnahme vor einem Umbau (Str).

Ingolstadt, Stadt, Obb., *Bei der Schleifmühle 13*
89/391 Tr Querschnitt A/Querschnitt B 1:50 LP

Treuner

BL: Ehem. Gerberhaus, zweigeschossig, giebelständig, Satteldach mit Lüftungsschlitzen, 18. Jh.; an der Giebelseite zwei verblaßte Fresken.
BF: Dachwerk mit liegendem Stuhl, 17. oder 18. Jh., Notdokumentation während der schon weit fortgeschrittenen Entkernung; Ausstattung größtenteils bereits entfernt (Str).

Ingolstadt, Stadt, Obb., *Goldknopfgasse 7, «Hohe Schule»*
89/392 Sh Grundriß KG 1:50 K
89/393 A.Hu Grundriß EG Blatt 1 1:50 K
89/394 A.Hu Grundriß EG Blatt 2 1:50 K
89/395 A.Hu Grundriß 1. OG Blatt 1 1:50 K
89/396 A.Hu Grundriß 1. OG Blatt 2 1:50 K
89/397 Sh Grundriß 2. OG Blatt 1 1:50 K
89/398 Sh Grundriß 2. OG Blatt 2 1:50 K
89/399 Sh/P Grundriß 2. OG Blatt 1 1:50 K
89/400 Sh/P Grundriß 2. OG Blatt 2 1:50 K
89/401 A.Hu Grundriß DG Blatt 1 1:50 K
89/402 A.Hu Grundriß DG Blatt 2 1:50 K
89/403 Sh Querschnitt A-A 1:50 K
89/404 A.Hu Längsschnitt L-L Blatt 1 1:50 K
89/405 A.Hu Längsschnitt L-L Blatt 2 1:50 K
89/406 Sh Ansicht von Norden 1:50 K
89/407 Sh Ansicht von Osten Blatt 1 1:50 K
89/408 Sh Ansicht von Osten Blatt 2 1:50 K
89/409 Sh Ansicht von Süden 1:50 K
89/410 Sh Ansicht von Westen Blatt 1 1:50 K
89/411 Sh Ansicht von Westen Blatt 2 1:50 K

A. Huber, Polaski, Schuster

DL: Hohe Schule, jetzt Techniker-, Berufsober-, Berufsfachschule und Fachakademie. Gestiftet 1429 als Pfründehaus, erbaut ab 1434 auf Veranlassung von Herzog Ludwig dem Bärtigen, von 1472–1800 bayer. Landesuniversität. Im Stadtbild beherrschender mehrgeschossiger Bau mit hohem Satteldach. Mitte 20. Jh. durch Umbau teilweise im Inneren verändert.
BF: Das bereits auf dem Sandtner-Modell von 1572 in dieser Form dargestellte Gebäude ist in seiner Grundstruktur nur gering verändert worden. Zahlreiche historische Baupläne des 17.–20. Jhs. (Stadtarchiv Ingolstadt) belegen die wichtigsten Umbauten. Das geblattete stehende gotische Dachwerk gehört seinen Details nach noch in die 1. Hälfte des 15. Jhs. und ist wohl im frühen 16. Jh. um ein Binderfeld (ca. 6 m) nach Süden verlängert worden. Diese Erweiterung ist auch im Grundriß nachvollziehbar. Da der bisherige Gebäudenutzer (Berufsschule) demnächst einen Neubau beziehen wird, wurde für eine Neunutzungsplanung durch die Stadt Ingolstadt eine exakte Bauaufnahme durchgeführt. Pläne kontrolliert und ergänzt (Str).

Bisherige dendrochronologische Proben für eine sichere Datierung des Dachwerks nicht ausreichend.

Ingolstadt, Stadt, Obb., *Hohe-Schul-Straße 5*
89/412 Tr Grundriß KG Blatt 1 1:50 K
89/413 Tr Grundriß KG Blatt 2 1:50 K
89/414 Kro Grundriß EG Blatt 1 1:50 K
89/415 Kro Grundriß EG Blatt 2 1:50 K
89/416 Lug Grundriß 1. OG Blatt 1 1:50 K
89/417 Lug Grundriß 1. OG Blatt 2 1:50 K
89/418 Lug Grundriß 2. OG Blatt 1 1:50 K
89/419 Lug Grundriß 2. OG Blatt 2 1:50 K
89/420 J.Hu Grundriß DG Blatt 1 1:50 K
89/421 J.Hu Grundriß DG Blatt 2 1:50 K
89/422 Tr Querschnitt I 1:50 K
89/423 Tr Querschnitt II 1:50 K
89/424 J.Hu Querschnitt III 1:50 K
89/425 Lug Längsschnitt 1:50 K
89/426 Lug Ansicht von Süden 1:50 K
89/427 Lug Ansicht von Westen 1:50 K
89/428 Str Wand- und Deckendetails 1:5 K
89/429 Str dito, aquarelliert 1:5 LP
89/430 Str Nordflügel, Details 1:10 K
      J. Huber, Kronenberg, Lugmair, Strehler, Treuner
DL: Profanierte kath. Kirche St. Peter und Paul, Ende 15. Jh., aufgelassen 1803 und ehem. Collegium Georgianum. Stattlicher dreigeschossiger Putzbau, traufständig, an der Westseite hoher Giebel, im Kern von 1494, Umbau 1718, Umwandlung in eine Brauerei 1833.
BF: Der zur Zeit geschäftlich genutzte Gebäudekomplex enthält noch umfangreichen spätmittelalterlichen und späteren Konstruktions- und Ausstattungsbestand, z. B. spätgotische Rankenmalereien in der ehem. Kirche. Bestandsdokumentation zur Erarbeitung eines Nutzungs- und Instandsetzungskonzepts, betreut von Strehler (Str).

Ingolstadt, Stadt, Obb., *Jahnstraße o. Nr.*
89/431 Sa Grundriß 1:50 K
89/432 A.Hu Längsschnitt L-L 1:50 K
89/433 A.Hu Ansicht von Norden und Süden 1:50 K
89/434 A.Hu Ansicht von Osten und Westen 1:50 K
      A. Huber, Sattler
DL: Fronte 79, fertiggestellt am 18. August 1842. Mit «Künettegraben» (= Abflußgraben).
BF: Bestandsaufnahme als Grundlage für Instandsetzung. Nutzungsänderung zum Cafe (Sattler).

Jachenhausen, Stadt Riedenburg, Lkr. Kehlheim, Ndb., *Haus Nr. 11*
89/435 We Grundriß EG, Blatt 1 1:25 K
89/436 We Grundriß EG, Blatt 2 1:25 K
89/437 We Querschnit nach Osten 1:25 K
89/438 We Längsschnitt nach Süden 1:25 K   Wende
DL: Bauernhof, Wohnstallhaus, in Jura-Bauweise, z. T. Blockbau und Fachwerk, mit Kalkplattendach, 19. Jh.; Stadel, Bruchstein, mit Kalkplattendach, 19.Jh.
BF: Der Kerngrundriß mit dem Querfletz ist wenig verändert. Das Haus ist im Stallbereich um ca. 2,5 m verlängert und hakenförmig verbreitert (preußische Kappendecken). Das bauzeitliche Pfettendachwerk enthielt noch eine fast vollständig erhaltene Kalkplattendeckung auf gespaltenen Rundhölzern. Notdokumentation vor Abbruch (Str).

Kallmünz, Lkr. Regensburg, Opf., *Vilsgasse 31*
89/439 Mei, K.Sch Grundriß EG 1:25 K
89/440 Mei, K.Sch Grundriß OG 1:25 K
89/441 Hr, K.Sch Grundriß DG 1:25 K
89/442 Hr, K.Sch Querschnitt 1:25 K
89/443 Mei, K.Sch Längsschnitt 1:25 K
89/444 Hr, K.Sch Nordwestansicht 1:25 K
89/445 Mei, K.Sch Südostansicht 1:25 K
      Haschberger, Meier, K. Schnieringer
DL: Wohnhaus, 17./18. Jh. Eckbau; 17./18. Jh. Halbwalmdach.
BF: Langgestreckte Einfirstanlage mit Satteldach; Dachwerk gezapfter liegender Stuhl mit K-Streben in der Längsaussteifung. Im Katasterplan der (größere) nordwestliche Hausteil als Wohngebäude, der südöstliche Hausteil als Wirtschaftsgebäude gekennzeichnet. Ursprünglich nur der Wohnteil (drei von insgesamt fünf Achsen des Dachwerks) zweigeschossig; EG und Giebelwände massiv, OG Ständerkonstruktion mit Kopfstreben und Fachwerkwänden, bezogen auf die Binderachsen des Dachwerks. Wirtschaftsteil nachträglich zur Herstellung der Einfirstanlage aufgestockt, in Dach- und OG-Konstruktion dem Bestand angeglichen. Zum Dach Blocktreppe, im OG Sesselofen um 1900.
Grundriß EG stark verändert, OG Außenwände der Längsseiten weitgehend ausgetauscht, südöstl. Hausteil zur Wohnung ausgebaut.
Aufmaß für Instandsetzung, Teilausbau Dach (K.Sch).

Kaufbeuren, Stadt, Schw., *Hafenmarkt 11*
89/446 Fg Grundriß EG 1:50 K
89/447 Fg Grundriß 1. OG, Türdetail, 1:50, 1:5 K
89/448 Fg Grundriß 2. OG, Fensterdetail 1:50, 1:10 K
89/449 Fg Grundriß 3. und 4. OG 1:50 K
89/450 Fg Querschnitt 1:50 K
      Feldengut
DL: Wohn- und Geschäftshaus, dreigeschossiger Eckbau mit Satteldach, wohl 16./17.Jh., historisierende Fassadengliederung Ende 19. Jh.
BF: Das Baudenkmal besteht aus einem rechteckigen Giebelhaus, welches eventuell noch ältere Bausubstanz bis einschließlich 1. OG aufweist und einem niedrigen Verbindungsbau zum Münzturm (einst Torturm des Friedhofberings), der zur barockzeitlichen Umbauphase des Anwesens gehören dürfte und die Richtung der Beringmauer aufnimmt. Die verformungsgetreue Bauaufnahme sollte zu einer schonenderen Maßnahme führen, wurde jedoch nicht von einem denkmalpflegerischen Konzept flankiert. Die begleitende baugeschichtliche Durcharbeitung während der zwischenzeitlich durchgeführten stark modernisierenden Umbaumaßnahme unterblieb; daher sind keine weiteren Schlußfolgerungen zur Baugeschichte mehr möglich. Aus den Plänen geht hervor, daß im ersten Obergeschoß eine barockzeitliche Enfilade mit einflügeligen Zweifeldertüren und schönen Hespen existiert haben muß, die den Verbindungsbau mit erschloß. Das zweite Obergeschoß zeigte einen im 19. Jh. stärker gestörten Grundriß. Nach der Sanierung ist die Denkmaleigenschaft nicht mehr nachvollziehbar (Md).

Kaufbeuren, Stadt, Schw., *Kaiser-Max-Straße 8*
89/451 Mü Grundriß KG 1:25 LP
89/452 Mü Grundriß EG 1:25 LP
89/453 Mü Grundriß 1. OG 1:25 LP
89/454 Mü Grundriß 2. OG 1:25 LP
89/455 Nü Grundriß 1. DG 1:25 LP
89/456 Nü Grundriß 2. DG 1:25 LP
89/457 Mü Querschnitt nach W 1:25 LP
Photodokumentation Müthe, März 1988, 142 Aufnahmen und eingehende Beschreibungen
      Müthe, Nützel
DL: Bürgerhaus, dreigeschossiger Traufseitbau, im Kern spätmittelalterlich, barocke Fassade.
BF: Schmaler, in die Tiefe entwickelter Bautyp mit straßenseitigem Hauptraum über gesamte Grundrißbreite, mit drei Fensterachsen (später 1:2 geteilt); nach hinten hälftig geteilter Grundriß in Diele mit Treppe und Küchenzone; rückwärts Durchgang zum Abtritt und Kammer. Treppe noch mit schönen, rechteckigen Vollbalustern des 18. Jhs., Ausstattungen an Türen z. T. noch 18. und 19. Jh., in der hinteren Kammer des 1. OG noch Leisten-Felderdecke des 16./17. Jhs. Heute spätgotisches, großes Dachwerk mit stehenden Stühlen, geblatteten Steig- und Kopfbändern. Deutliche Dachspur eines kleineren, aber auch ein Stockwerk niedriger ansetzenden Dachs auf beiden Brandgiebeln, Deckungsspuren in Form von Hohlziegelabdrucken. Altertümliche Mauertechnik; Kernsubstanz des Hauses daher mindestens noch 14. Jh. Verformungsgetreue Bauaufnahme als Unterlage für eine Umbaumaßnahme (Md).

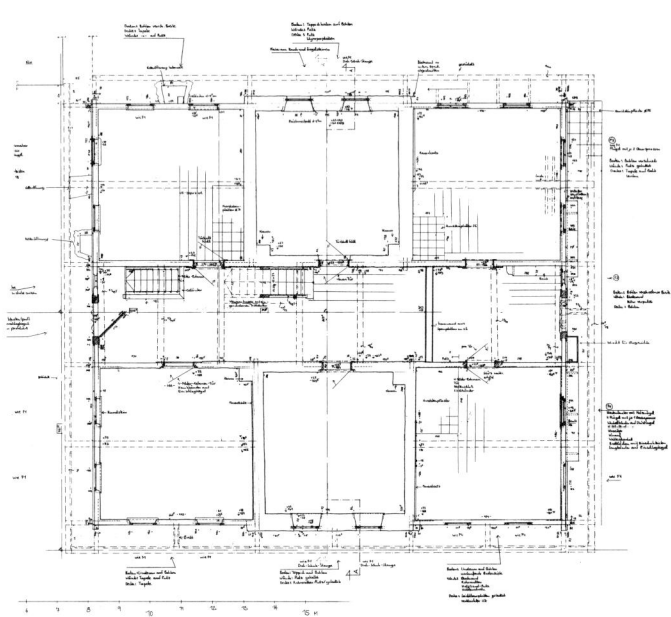

Kiefersfelden; Blahausstraße 12, Arbeiterwohnhaus, Nordostansicht 89/483 (B. Frisch) und Grundriß Erdgeschoß 89/480 (A. Huber)

Kaufbeuern, Stadt, Schw., *Kaiser-Max-Straße 13*
89/458 Mü Grundriß 2. OG 1 : 25 LP
89/459 Hh Grundriß DG 1 : 25 LP
89/460 Hh Querschnitt Haus 1 : 25 LP
89/461 Hh Querschnitt Dach 1 : 25 LP
Photodokumentation Müthe, Februar 1988, 22 Aufnahmen und Bericht

Hochholdinger, Müthe

DL: Apotheke, dreigeschossiger Traufseitbau, im Kern spätmittelalterlich, Ausbau 1729.
BF: Bauaufnahme des spätgotischen Dachwerks mit stehendem und liegendem Stuhl im 1. und 2. DG., mit überblatteten Holzverbindungen, sowie des Grundrisses darunter als Vorbereitung eines beabsichtigten Dachausbaus, der denkmalpflegerisch und technisch mit dem Altbestand wohl wenig verträglich sein dürfte (Md).

Kempten, Stadt, Schw., *Burgstraße 5*
89/462 Mü Übersichtsschema Grundriß 1 : 25 LP
89/463 Bm,Mü Grundriß Keller Hauptbau 1 : 25 LP
89/464 Bb,Mü Grundriß EG, Seitenbau 1 : 25 LP
89/465 Mü Gundriß EG Hauptbau 1 : 25 LP
89/466 Bg,Mü Grundriß 1. OG Seitenbau 1 : 25 LP
89/467 Bb,Mü Grundriß 1. OG Hauptbau 1 : 25 LP
89/468 Bb Grundriß Dach Hauptbau 1 : 25 LP
89/469 Bm Querschnitt f-f 1 : 25 LP
89/470 Bm,Mü Längsschnitt e-e 1 : 25 LP
89/471 Bg,Mü Schnitt durch Seitenbau mit Ansicht des Hauptbaues und Nr. 3 a von Norden 1 : 25 LP
89/472 Bm Ansicht von West 1 : 25 LP
89/473 Bg Ansicht von Süden 1 : 25 LP
Photodokumentation Müthe, Bergmoser, Bilger, Brambach
DL: Nicht aufgeführt, Nachtrag
BF: Der «Hauptbau» Burgstraße 5 ist früher Rückgebäude des Hauses Burgstraße 7 gewesen und war über dessen Zufahrt (heute zugebaut) erreichbar. Er sitzt mit seiner Südwand auf der Stadtmauer. Der spätmittelalterliche zweigeschossige Ständerbau ist dendrochronologisch im Anschluß an das Fällungsdatum mehrerer überprüfter Bauteile von 1420–22 zu datieren. Sein Gefüge ist weitgehend erhalten, im Dach etwas umgebaut. Dort ist eine Bohlenkammer nachweisbar. Die Bohlenstube im Obergeschoß ist nicht mehr erhalten. Die sehr engen Geschosse wurden neu ausgebaut und haben heute Merkmale und Ausstattungen des 18.–20. Jhs. Von außen gibt sich der turmähnliche Bau durch Details wie die charakteristischen Knaggen als Baudenkmal des 15. Jhs. zu erkennen. Er wurde von J. Müthe anläßlich eines Untersuchungsauftrages des Quartiers entdeckt und richtig eingeschätzt. Die ursprüngliche Absicht, auf diesem Quartier eine Flächensanierung mit Tiefgarage u. a. durchzuführen wurde zugunsten einzelner Instandsetzungen aufgegeben; nicht zuletzt ein Erfolg des freiberuflichen Bauforschungsbüros.
Das Seitengebäude ist wohl im 19. Jh. anstelle älterer Substanz als Gelenk zwischen den Häusern 7 und 5 entstanden. Es beherbergt im Erdgeschoß die üblichen Wirtschaftsräume, im Obergeschoß einzelne Dienstbotenzimmer hinter einer Veranda und wiederholt ältere Bautypen. Neben baufester Ausstattung des 19. Jhs. findet sich auch eine Türe des späten 18. Jhs., wiederverwendet. Der Seitenflügel ist wegen seiner sozialgeschichtlichen Aussage und seinem Milieuwert erhaltungswürdig (Md).

Kempten, Stadt, Schw., *Burgstraße 7*
89/474 Dk Grundriß KG 1 : 25 LP
89/475 Dk Grundriß EG 1 : 25 LP
89/476 Bm Grundriß 1. OG 1 : 25 LP
89/477 Dk,Mü Querschnitt c-c 1 : 25 LP
89/478 Bm,Mü Längsschnitt d-d 1 : 25 LP
Photodokumentation Mü

Bergmoser, Decke, Müthe

DL: nicht aufgeführt, Nachtag
BF: Im äußeren Erscheinungsbild veränderter, unscheinbarer und daher in der Denkmalliste nicht berücksichtigter Bau mit spätmittelalterlichem Kern (Bohlenstubenständer) des 15. oder 16. Jhs. im 1. Obergeschoß (dendrochronologisch noch nicht datierbar). Eingreifende Umformungen des Obergeschosses, zeitlich noch nicht präzisierbar, wohl schon im 18. Jh., mit Zimmerflucht an der Straße. Baufeste Ausstattung biedermeierlich. In der zweiten Hälfte des 19. Jhs. Verlängerung des Hauses nach Westen bis zum Nachbarn durch Überbauung der Einfahrt zum Hof, in dem der Bau Nr. 5 (vgl. oben) steht. Erneuerung des Daches, welches jetzt auch den Einfahrtsbereich überspannt. Nutzung der alten Einfahrt als Tenne. Als Baudenkmal von J. Müthe erkannt und untersucht. Aufgrund seiner Ergebnisse wurde eine Flächensanierung des Gebietes zugunsten einzelner Instandsetzungen aufgegeben (Md).

Kiefersfelden, Lkr. Rosenheim, Obb., *Blahausstraße 12*
89/479 A.Hu Grundriß KG 1 : 50 K
89/480 A.Hu Grundriß EG 1 : 50 K
89/481 Sh Grundriß 1. OG 1 : 50 K
89/482 Fs Querschnitt A-A 1 : 50 K
89/483 Fs Ansicht von Nordosten 1 : 50 K
89/484 Fs Ansicht von Südosten 1 : 50 K

89/485 Sh Ansicht von Südwesten 1 : 50 K
89/486 Sh Ansicht von Nordwesten 1 : 50 K
89/487 Fs Detailschnitt Balkon 1 : 10 K
Photodokumentation Sattler, Mai 1989, 35 Bilder
Frisch, A. Huber, Schuster
DL: Ehem. Blahaus, Wohnhaus für Arbeiter des Eisenwerks; zweigeschossiger Blockbau mit um alle Seiten laufender Laube und Flachsatteldach; 1696.
BF: Die Datierung findet sich unten in der Firstpfette beim Ostgiebel eingeschnitzt. Vor der Firstpfette großes Zifferblatt, seitlich Läutwerk. Blockbau mit durchgehendem Mittelflur und jeweils seitlich drei Räumen. Im Erdgeschoß, Obergeschoß und Dachgeschoß (Kniestock) identischer Grundriß, im Obergeschoß noch vier Türstürze als Eselsrücken vom Flur in die Zimmer, außerdem noch alle Türen an den beiden Kopfseiten der Flure original. Ursprüngliche, eingeschoben konstruierte Treppen. Malschrot an Nord- und Ostgiebel, beide Giebelseiten mit prächtigem Erscheinungsbild. Umlaufende Laube im Obergeschoß. Verformungsgetreue Bauaufnahme als Grundlage einer Instandsetzung (Sattler, Md).

Kohlstadt, Gde. Kiefersfelden, Lkr. Rosenheim, Obb., *Laiminger Weg 21*
89/488 Stud. Grundriß KG 1 : 25 K
89/489 Stud. Grundriß EG 1 : 25 K
89/490 Stud. Grundriß OG 1 : 25 K
89/491 Stud. Grundriß DG 1 : 25 K
89/492 Stud. Querschnitt 1 : 25 K
89/493 Stud. Längsschnitt 1 : 25 K
89/494 Stud. Teillängsschnitt 1 : 50 K
89/495 Stud. Südansicht 1 : 25 K
Bittendorf, Kotthoff
DL: Bauernhaus-Wohnteil, Obergeschoß Blockbau, 18. Jh.
BF: Weitgehend unveränderter Grundriß mit durchgehendem Längsfletz im Erd- und Obergeschoß. Gut erhaltene Stube; dort Datierung am Deckenbalken MDCCCLIII, wohl Umbaudatum. Bauaufnahme im Zuge des Denkmalpflege-Aufbaustudiums der Universität Bamberg (Str).

Krohstorf, Gde. Johanniskirchen, Lkr. Rottal-Inn, Ndb., *Haus Nr. 4*
89/496 Fs Grundriß EG 1 : 50 K
89/497 Sh Grundriß OG 1 : 50 K
89/498 Fs Querschnitt A-A 1 : 50 K
89/499 A.Hu Längsschnitt nach Nordosten 1 : 50 K
89/500 Fs Längsschnitt nach Südwesten 1 : 50 K
89/501 Sh Ansicht von Norden 1 : 50 K
89/502 Fs Ansicht von Osten 1 : 50 K
89/503 Fs Ansicht von Süden 1 : 50 K
89/504 A.Hu Ansicht von Westen 1 : 50 K
Photodokumentation A.Hu., Juli 1989, 63 Bilder
Frisch, A. Huber, Schuster
DL: Rottaler Wohnstallhaus eines Vierseithofes, mit Flachdach und Doppelschrot, teilverputzter Blockbau (Stall massiv), 2. Viertel 18. Jh.
BF: Blockwände im Erdgeschoß größtenteils durch Mauerwerk ersetzt bzw. vorgemauert. Grundriß im Obergeschoß teilweise verändert, Dach nachträglich erhöht. Scharschindelmantel an der Ost-, West- und Nordfassade entfernt. Auf der Südseite (Hauptsade) zwei große Lauben mit gedrechselten Balustern. Türen mit originalen Gewänden. Fenster im westlichen Teil des Hauses meist vergrößert, im östlichen überwiegend alt. Raum 1.1 und 1.8 zeigen nachträglich eingebaute Türfutter und Vierfeldertüren des späten 18. Jhs. mit reichem Spiralbeschlag bäuerlicher Qualität. Verformungsgetreues Aufmaß als Grundlage einer Transferierung. Abbau Herbst 1990 (Sattler).

Kronach, Stadt, Lkr. Kronach, Ofr., *Johann-Nikolaus-Zitterstraße 8*
89/505 Se Grundriß EG 1 : 50 K
89/506 Se Grundriß DG 1 : 50 K
89/507 Se Querschnitt 1 : 50 K
89/508 Se Längsschnitt 1 : 50 K
Sell

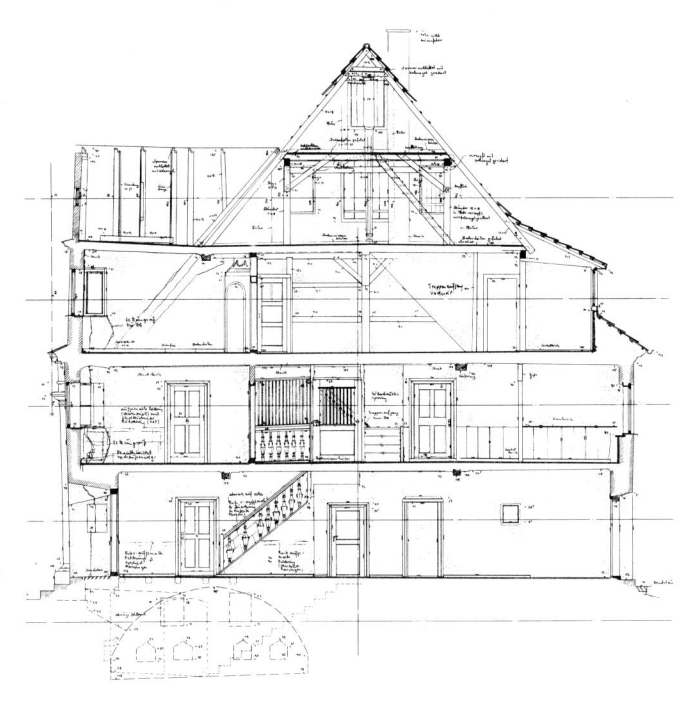

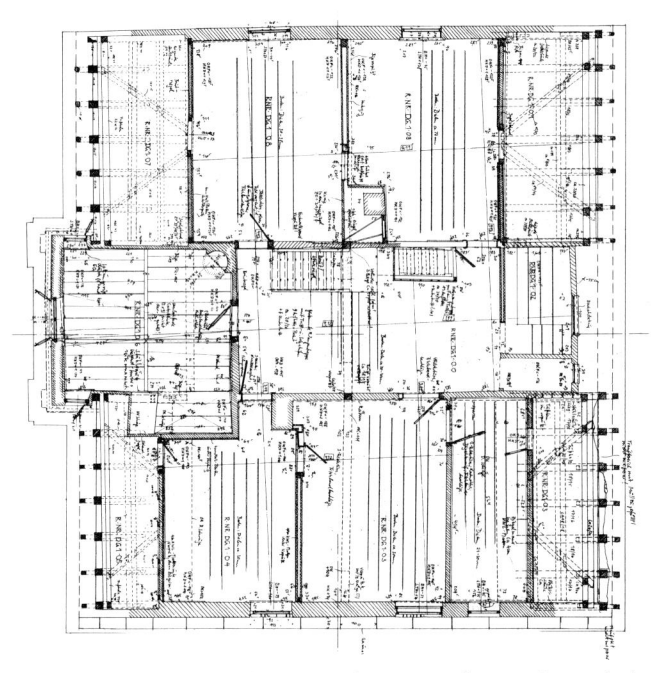

Krumbach, Stadt Günzburg; Hürbener Straße 15, Querschnitt 89/522 (Bergmoser, J. Müthe) und Grundriß Dachgeschoß 89/521 (B. Brambach, J. Müthe)

DL: Eingeschossiger abgewalmter Mansarddachbau mit Sandsteinquaderfassade, 1. Hälfte 19. Jh.
BF: Reizvoll war die Lage des Hauses, welches die Straße einschnürte und dadurch einen besonderen städtebaulichen Stellenwert erhielt. Gerade das besiegelte schließlich sein Schicksal. Außen wie innen schöne Details, z.B. Kammereinbau im Mansarddach mit Bohlen-Bohlen-Decke; die überlukten Bohlen gefast. Das in Ausstattung und Konstruktion einheitliche, weitgehend ungestörte Kleinhaus zeigte beginnende Verwahrlosungserscheinungen, da kein Interesse mehr am Bauunterhalt bestand (Md).

Kronach, Lkr. Kronach, Ofr., *Lukas-Cranach-Straße 25*
89/509 Kö Grundriß EG 1 : 25 LP
89/510 Kat Grundriß EG Rückgebäude 1 : 25 LP

89/511 Kö Grundriß 1. OG 1 : 25 LP
89/512 Kö Grundriß 1. OG Galerie 1 : 25 LP
89/513 Kö Grundriß 2. OG 1 : 25 LP
89/514 Kat Grundriß 2. OG Galerie 1 : 25 LP
89/515 Kö Grundriß DG 1 : 25 LP
89/516 Kö Querschnitt A-A nach Westen 1 : 25 LP
89/517 Kö Längsschnitt B-B nach Süden 1 : 25 LP

Katzer, Körner

DL: (Pabstmannsches Stipendienhaus), Walmdachbau, Sandsteinquadererdgeschoß, nach 1773, im Kern zwei Bauten von 1600 und 1670.
BF: Vgl. den längeren Artikel von T. Breuer in: Bayerische Kunstdenkmale («Kurzinventar») Bd. XIX, Lkr. Kronach, München 1964, S. 151. Die beiden Häuser zeichnen sich im Bauaufmaß nicht eindeutig ab. Die Zusammenfassung müßte mit größeren Eingriffen in die Konstruktion des nördlichen Bauwerks erwirkt worden sein, da die Decken heute gerade, ohne Niveausprünge, durchlaufen und nur eine normalstarke Fachwerkwand die beiden Teile trennt. Das Dachwerk überspannt beide Teile winkelförmig, ist einheitlich und würde zu dem Datum der Zusammenfassung um 1773 passen. Eine Bauuntersuchung, die solche Fragen beantworten würde, steht noch aus. Bei schonender Instandsetzung ohne Eingriffe ins konstruktive Gefüge wäre eine solche Untersuchung nur sehr eingeschränkt möglich, da Verletzungen unterbleiben müßten (Md).

Krumbach, Stadt, Lkr. Günzburg, Schw., *Hürbener Straße 15*
89/518 Mü,Bm Grundriß KG 1 : 50 K
89/519 Mü,Bb Grundriß EG 1 : 50 K
89/520 Mü,Bm Grundriß OG 1 : 50 K
89/521 Mü,Bb Grundriß DG 1 : 50 K
89/522 Mü,Bm Querschnitt 1 : 50 K
89/523 Mü,Bb Längsschnitt 1 : 50 K

Bergmoser, Brambach, Müthe

DL: Wohnhaus, Satteldachbau, um 1800.
BF: Das Bauwerk wurde zum Zeitpunkt des Aufmaßes immer noch mit der Ausstattung vorgefunden, die Heinrich Habel im Kurzinventarband XXIX, Landkreis Krumbach, 1969 auf S. 146 beschreibt. Das Treppenhaus und die Zimmer sind noch historisch aussagekräftig (vorwiegend Strukturen um 1800, darunter einige Rahmenstuckdecken). Die Grundrisse sind jedoch noch im 19. Jh. etwas verändert worden und weisen Unregelmäßigkeiten auf. Durch Eigentümerwechsel (Wohnungsbaufirma) könnte das wertvolle Baudenkmal gefährdet sein. Die Behörden der Denkmalpflege beabsichtigen, eine schonende Instandsetzung zu unterstützen. Dazu wurde die vorbereitende Bestandsaufnahme gefertigt (Md).

Lauf a. d. Pegnitz, Lkr. Nürnberger Land, Mfr., *Höllgasse 6/8*
89/524 P Grundriß KG 1 : 25 K
89/525 P Grundriß EG 1 : 25 K
89/526 P Grundriß OG 1 : 25 K
89/527 Scho Gundriß DG 1 : 25 K
89/528 P,Scho Querschnitt Haus Nr. 6 1 : 25 K
89/529 P,Scho Querschnitt Haus Nr. 8 1 : 25 K
89/530 Scho Längsschnitt 1 : 25 K

Polaski-Bühler, Schonlau

DL: Höllgasse 6: Satteldachhaus mit Fachwerkobergeschoß und vorkragender Traufe, 17. Jh., rückseitig Stadtmauer mit Wehrgang. Höllgasse 8: Zweigeschossiges Traufseithaus, im Kern 17. Jh., rückseitig Stadtmauer.
BF: Haus 6 dürfte nach konstruktiven Merkmalen des Dachs noch ins 16. Jh. zurückreichen (Steigbandsassen eines stehenden Stuhls, bereits mit gezapften Kopfbändern kombiniert). Im 1. OG große Stube, barockisiert, Rahmenstuck. Im Treppenbereich stärker umgebaut. Haus 8, trapezförmig im Grundriß, mit früher wohl etwas anderer Erschließung. Die Datierung in der Denkmalliste kann zutreffen. Verformungsgenaue Bauaufnahme zur Vorbereitung einer Instandsetzung, noch ohne baugeschichtliche Untersuchung. Baubegleitende Beobachtungen sind beabsichtigt (Md).

Laufen, Stadt, Lkr. Berchtesgadener Land, Obb., *Spannbrucker Platz 2, Kollegiats-Stiftskirche St. Mariä Himmelfahrt*
89/531 Schd Grundriß EG Blatt 1 1 : 50 K
89/532 Kz Grundriß EG Blatt 2 1 : 50 K
89/533 Kz Grundriß EG Blatt 3 1 : 50 K
89/534 Schd Grundriß EG Blatt 4 1 : 50 K
89/535 Kz Grundriß Empore und Turmgeschoß II 1 : 50 K
89/536 Kz Grundriß DG Blatt 1 1 : 50 K
89/537 Schd Grundriß DG Blatt 2 1 : 50 K
89/538 Kz Grundriß Turmgeschoß III 1 : 50 K
89/539 Schd Grundriß Turmgeschoß IV 1 : 50 K
89/540 Kz Grundriß Turmgeschoß V 1 : 50 K
89/541 Kz Grundriß Turmgeschoß VI 1 1 : 50 K
89/542 Schd Grundriß Turmgeschoß VII 1 : 50 K
89/543 Schd Querschnitt Blatt 1 1 : 50 K
89/544 Schd Querschnitt Blatt 2 1 : 50 K
89/545 Kz Längsschnitt Blatt 1 1 : 50 K
89/546 Kz Längsschnitt Blatt 2 1 : 50 K
89/547 Kz Längsschnitt Blatt 3 1 : 50 K

Kreutzarek, Schindler

DL: Kath. Pfarr-, seit 1621 auch Kollegiats-Stiftskirche St. Mariä Himmelfahrt, dreischiffige Hallenkirche mit geradem Ostschluß, errichtet seit 1322, der romanische Turm eines Vorgängerbaus in die Westseite des Schiffes einbezogen; ...
BF: Für den Einbau einer neuen Orgel 1961 war in die Ostwand des romanischen Westturms eine größere Öffnung eingeschnitten worden. Die schon aus älteren Abbildungen bekannte Neigung des Turms nach Osten hat sich dadurch möglicherweise verstärkt. Im Vorfeld einer statischen Dachsanierung wurde mit der Vermessung der Kirche begonnen; die Arbeit ist noch nicht abgeschlossen (Str)

Lechbruck, Lkr. Ostallgäu, Schw., *Flößergasse 34, Bauernhaus «zum Hirtehans»*
89/548 Ku Grundriß EG, OG, Details Stubendecke 1 : 50, 1 : 10 K
89/549 Ku Grundriß EG 1 : 25 K
89/550 Tsc Grundriß OG 1 : 25 K
89/551 Ku Querschnitt A-A und Detail Bundwerk 1 : 25, 1 : 10 K
89/552 Ku Querschnitt B-B 1 : 25 K
89/553 Ku Querschnitt C C 1 : 25 K
89/554 Ku Querschnitt D-D 1 : 25 K
89/555 Tsc Querschnitt E-E 1 : 25 K
89/556 Dy Längsschnitt F-F 1 : 25 K
89/557 Tsc Längsschnitt G-G 1 : 25 K
89/558 Ku Ansicht von Norden 1 : 25 K
89/559 Ku Ansicht von Osten 1 : 25 K
89/560 Dy, Ku Ansicht von Westen 1 : 25 K

Dybbert, Kuhn, Th. Schmidt

DL: Ehem. Bauernhaus, ursprünglich Mittertennbau mit reich profilierten Kopfbügen, Andreaskreuz, verschaltem Vordach, nordseitig verschalter Ständerbau mit geschnitztem Sturzbrett, Ende 17. Jh.
BF: Mittertennbau mit angebautem Schopf (ehem. Schmiede), verputzter bzw. verschalter Ständer-Bohlenbau mit reich profilierten Kopf- und Fußbändern; überwiegend originale, verrußte Dachrofen. Erstes Aufmaß 1988 als Abbruchdokumentation (vgl. Jahrbuch Bd. 42, 1988, S. 393). Zweites, ausführlicheres Aufmaß 1989 als Dokumentation für eine beabsichtigte Transferierung nach Bernbach, Gem. Bidingen, Lkr. Ostallgäu, Schwaben (Kuhn).

Leipheim, Lkr. Günzburg, Schw., *Hintere Gasse 5*
89/561 Bb,Mü Grundriß KG 1 : 25 K
89/562 Bm,Mü Grundriß EG 1 : 25 K
89/563 Bb,Dk,Mü Grundriß OG 1 : 25 K
89/564 Bb,Dk,Mü Grundriß DG 1 : 25 K
89/565 Bm,Mü Querschnitt 1 : 25 K
89/566 Bb,Mü Längsschnitt 1 : 25 K
89/567 Bb,Mü Ansicht von Norden 1 : 25 K
89/568 Bb,Mü Ansicht von Osten 1 : 25 K
89/569 Bb,Mü Ansicht von Süden 1 : 25 K
89/570 Bb,Mü Ansicht von Westen 1 : 25 K

Bergmoser, Brambach, Decke, Müthe

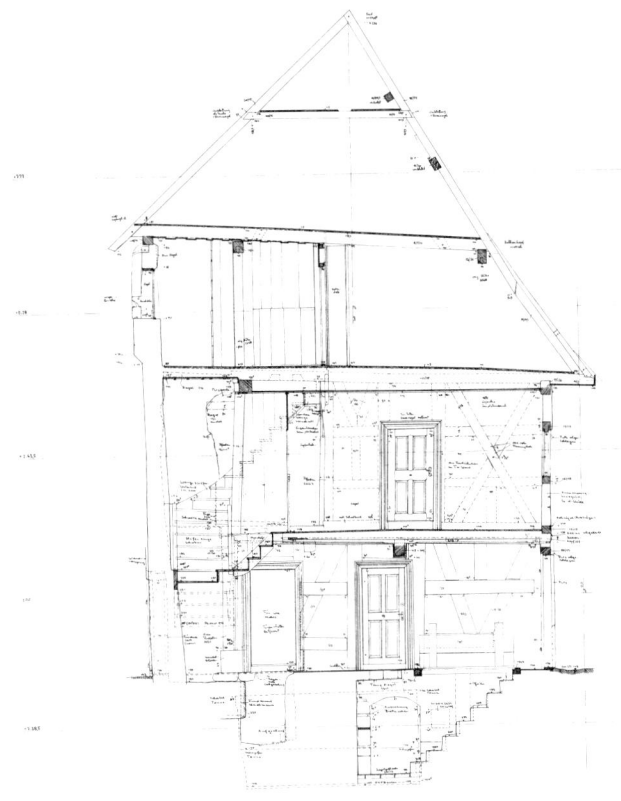

BAUFORSCHUNG

Heimatpfleger setzte sich für eine Wiederaufstellung des Dachwerks am alten Ort ein. Im Akt sind die fachlich-denkmalpflegerische Problematik und die Vorgänge und Aufschlüsse auf der Baustelle (offenbar 1989 die entscheidende Phase) kaum nachvollziehbar (Md).

Miesbach, Stadt, Lkr. Miesbach, Obb., *Schlierseestraße 16, Saal*
89/577 A.Hu Deckenspiegel 1 : 50 K
89/578 Fs Querschnitt A-A 1 : 50 K
89/579 A.Hu Längsschnitt L-L 1 : 50 K
89/580 Fs Details 1 : 10 K

Frisch, A. Huber

DL: Sog. Waitzingerkeller, gewölbte Bierkellerhallen, darüber Saalbau mit Bühne, Galerien an den Längsseiten und darunterliegenden Nebenräumen, erbaut 1877; Ausgestaltung des Saals (Stukkierung, farbige Jugendstilfenster) und der Fassaden um 1905 (Wandmalereien von Alois Dirnberger übertüncht).
BF: Bestandaufnahme der Deckenkonstruktion des Saals als Vorbereitung restauratorischer Maßnahmen (Sattler).

Lauf a.d. Pegnitz; Höllgasse 6/8, Grundriß 1. Obergeschoß 89/526
(Th. Polaski-Bühler)

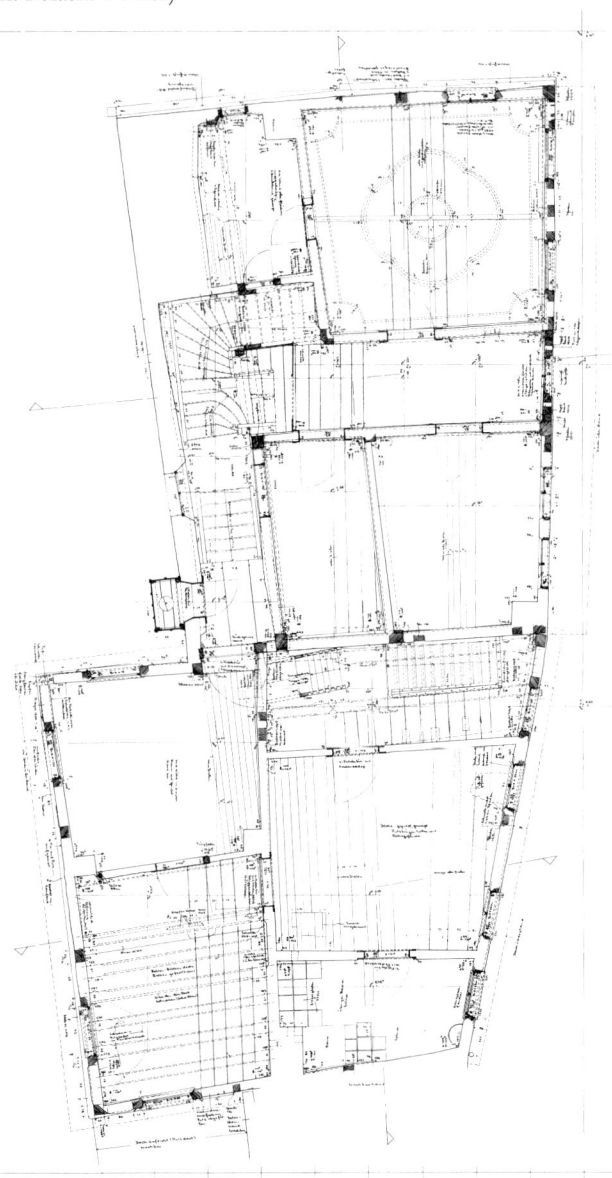

Lauf a.d. Pegnitz; Höllgasse 6/8, Querschnitt Haus Nr. 6 89/528
(Th. Polaski-Bühler, G. Schonlau)

DL: Wohnhaus, Obergeschoß vorkragend, Fachwerk verputzt, 17. Jh.
BF: Das neu aufgesetzte Dach entspricht dem Datum der Denkmalliste. Der Ständerbau darunter ist älter. Auffällig ist das Vorhandensein zweier getrennter gewölbter Keller, beide mit Spitznischen. Die Grundrisse der beiden Geschosse dürften verändert sein. In der Stube im Obergeschoß Wandschränkchen mit spätgotischem Zinnenfries und interessante Türe mit Renaissance-Hespen. Fassung mit Grotesken-Ornamenten. Tür und Futter wohl einheitlich. Am Außenbau noch zwei interessante historische Fenster. Instandsetzungsmaßnahme beabsichtigt (Md.)

Memmingen, Stadt, Schw., *Hallhof 4, ehem. Landgerichtsgebäude*
89/571 He,Kt Nordflügel, Grundriß Dach 1 : 25 K
89/572 He,Kt Nordflügel, Dachquerschnitt 1 : 25 K
89/573 He,Kt Nordflügel, Dachteillängsschnitt 1 : 25 K
89/574 He,Kt Westflügel, Grundriß Dach 1 : 25 K
89/575 He,Kt Westflügel, Dachquerschnitt 1 : 25 K
89/576 He,Kt Westflügel, Dachteillängsschnitt 1 : 25 K

Henkel, Korte

DL: Schule, ehem. Verwaltungsgebäude des Unterhospitals, um 1580, dreigeschossige Vierflügelanlage mit Arkadenhof; (dessen Obergeschoß mit kräftigem Fachwerk = Text 1978), Dach mit Schleppgauben, Äußeres 19. Jh.
Aktenauswertung: Seit 1973 Abbruchüberlegungen der staatlichen Bauverwaltung und der Justizbehörden aus Nutzungsgründen und Gründen des Bauzustands. Das Landesamt stimmt nach anfänglicher Ablehnung 1978 anläßlich einer Besprechung vor Ort einem Kompromiß (Abbruch Nord- und Westflügel) zu. Beurteilungsgrundlage ist der Augenschein, da eine denkmalpflegerische Voruntersuchung nicht zur Verfügung steht. 1986 Dokumentation ohne Beteiligung des Referats Bauforschung, leider unzureichend, z. B. Baualtersangaben ohne nachvollziehbare Beweisführungen. Die oben aufgeführte ergänzende Dokumentation zweier Renaissancedachwerke wurde leider nur als technisches Aufmaß ohne baugeschichtliche Durcharbeitung erstellt und ist daher beschränkt aussagekräftig. Der

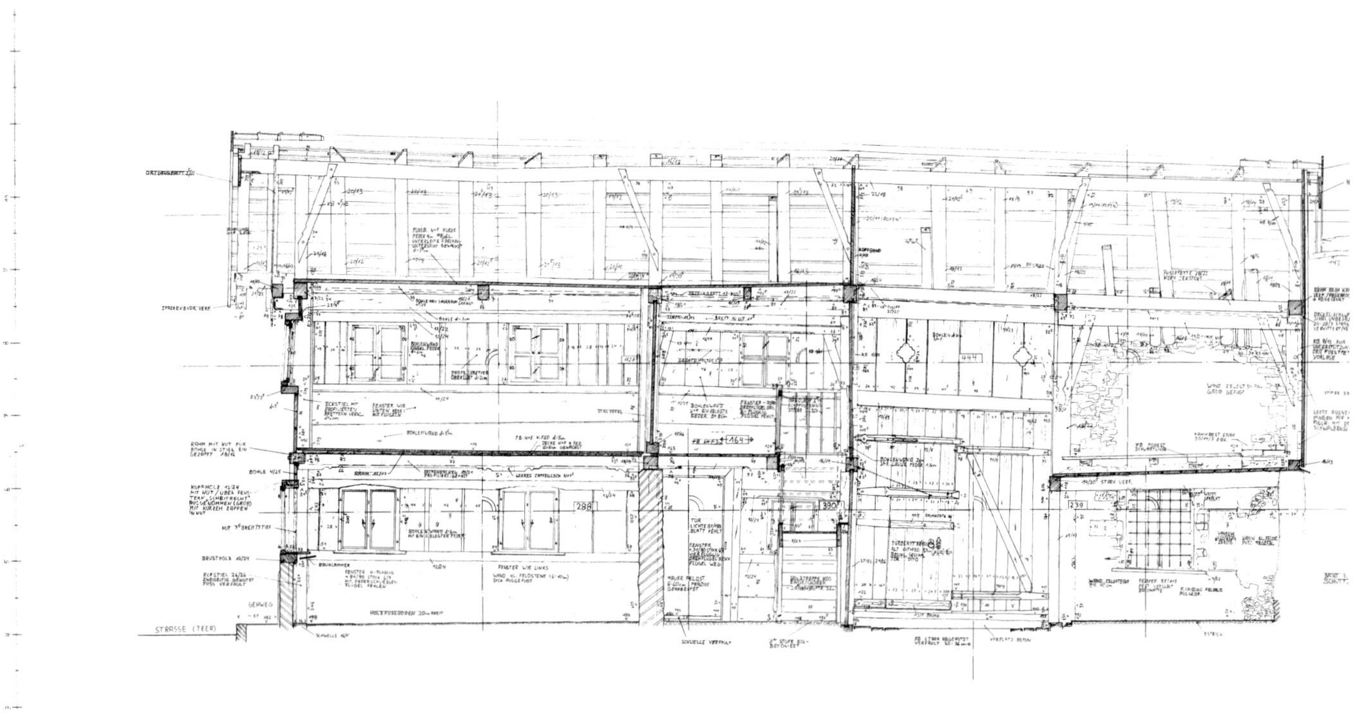

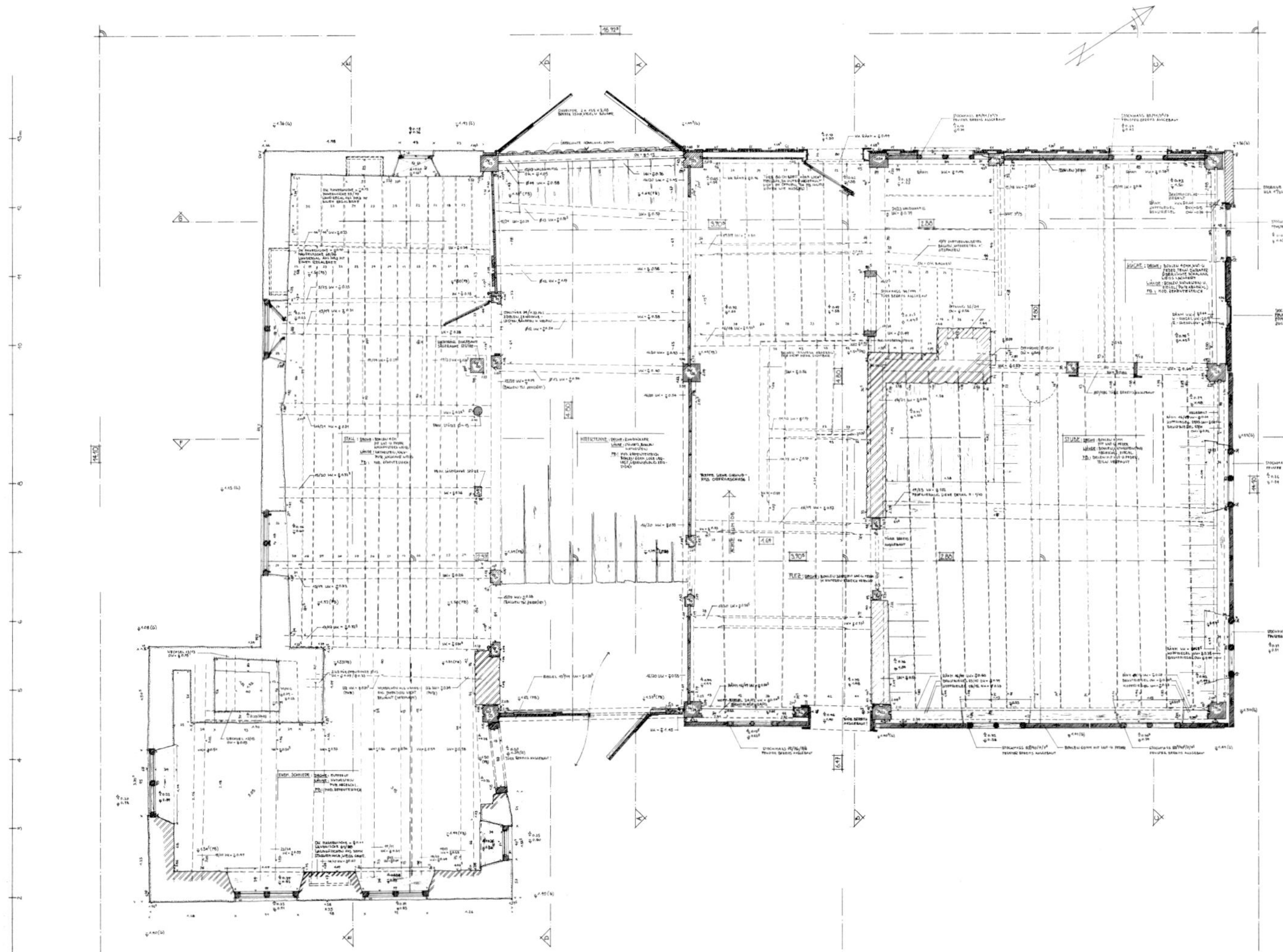

Lechbruck; Flößergasse 34, Bauernhaus, links: Längsschnitt F–F 89/556 (Dybbert) und Grundriß Erdgeschoß 89/549 (W. Kuhn); rechts: Querschnitt C–C 89/553 (W. Kuhn)

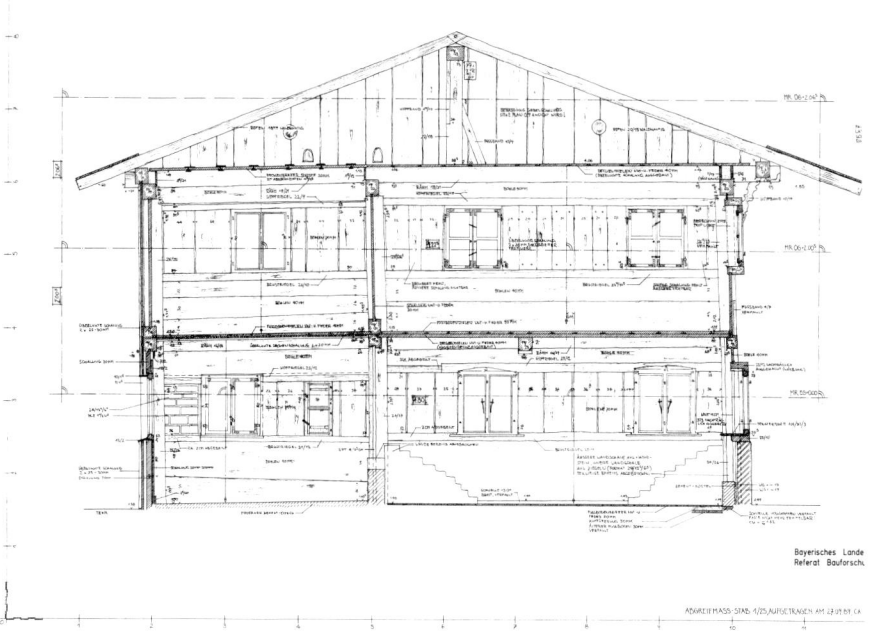

Mühldorf am Inn, Stadt, Lkr. Mühldorf am Inn, Obb., *Fragnergasse 3*
89/581 A.Hu Grundriß EG 1:50 K
89/582 Sh Deckenspiegel EG 1:50 K
89/583 Ma Grundriß 1. OG 1:50 K
89/584 Sh Deckenspiegel 1. OG 1:50 K
89/585 Ma Grundriß 2. OG 1:50 K
89/586 Sh Deckenspiegel 2. OG 1:50 K
89/587 A.Hu Grundriß DG 1:50 K
89/588 Ma Querschnitt A-A 1:50 K
89/589 Ma Längsschnitt B-B 1:50 K
89/590 Sh Ansicht von Nordosten 1:50 K
89/591 Sh Ansicht von Südosten 1:50 K
89/592 Fs Ansicht von Südwesten 1:50 K
            Frisch, A. Huber, Maier, Schuster

DL: Ehem. Haberkasten, stattlicher dreigeschossiger Bau mit Halbwalmdach, im Kern Mitte 16. Jh., sonst nach Umbau des 20. Jhs., rückwärts an die Stadtmauer angebaut.
BF: Speicherbau mit größtenteils original erhaltenem Stützensystem und Bohlenbalkendecken. Lediglich im Erdgeschoß wurden die spätgotischen Stützen durch gußeiserne ersetzt. Im Dach stehender Stuhl, über Steigbänder ausgesteift. Verformungsgetreue Bauaufnahme als Grundlage einer Instandsetzung (Sattler).

München, Stadt, Obb., *Am Mühlbach 4 a*
89/593 Kn Grundriß EG, Querschnitt, Längsschnitt, Ansicht von Norden 1:25 K
89/594 Kn Ansicht von Osten, Ansicht von Westen 1:25 K
            Kuhn
Heftung alter Photographien der Jahrhundertwende
DL: Niedriges Kleinhaus, erdgeschossig, wohl um 1800; an Nr. 4 b/4 c angebaut.
BF: Das jetzt wie ein Anbau wirkende Häuschen war in Wirklichkeit ein Blockhaus, welches verkürzt wurde, weil mit Nr. 4 b ein repräsentativeres Ziegelgebäude in der zweiten Hälfte des 19. Jhs. an den Blockhausrest angebaut wurde. Vom Blockhaus sind zwei gleich große Räume von 3,25/ca. 4,00 m Größe mit mittigem, gefastem Unterzug übriggeblieben. Die südliche Wand wurde durch eine Ziegelmauer ersetzt, ebenso die östliche Außenwand. Die Westwand wurde verbrettert und überputzt, die Nordwand, deren Giebel übersteht, nur verbrettert. Die Bohlen der Blockwände messen ca. 10/35 cm. Bestandsdokumentation vor Herrichtung (Md).

München, Stadt, Obb., *Franz-Prüller-Straße 12*
89/595 J.Fi Grundriß KG 1:25 K
89/596 P Grundriß EG 1:25 K
89/597 P Grundriß 1. OG 1:25 K
89/598 J.Fi Querschnitt 1:25 K
89/599 J.Fi Längsschnitt 1:25 K
89/600 J.Fi Ansicht Nord 1:25 K
89/601 J.Fi Ansicht Ost 1:25 K
89/602 J.Fi Ansicht Süd 1:25 K
89/603 J.Fi Ansicht West 1:25 K   J. Fischer, Polaski

DL: Ältestes erhaltenes Wohnhaus der Au, 18. Jh., im Norden und Westen drei-, im Osten zweigeschossig mit drei Erkern; zwei Hausfiguren.
BF: Der in der Denkmalliste beschriebene Zustand ist die Folge eines Bombenschadens im Zweiten Weltkrieg. Die Nordgiebelwand war im oberen Stockwerk blind und wurde abgetragen. Unter der Bezeichnung Kirchplatzstraße 28 ist der Zustand 1905 (bis zum Zweiten Weltkrieg) als dreistöckiges Haus mit Giebeldach, der Zustand 1970 und 1984 bei R. Bauer, E. Graf, Nachbarschaften, Altmünchner Herbergsviertel und ihre Bewohner, München 1984, S. 50 abgebildet. Weitere Abbildungen S. 93 (Fenster und Türdetail), S. 94 (Erker mit Ziegelsimsen und Spion), S. 95 (Gesamtansicht 1905 bei Morgensonne). Zur Datierung Erdmannsdorfer, Bürgerhaus München, Tafel 130, beiläufig und ohne Begründung «kaum vor der Mitte des 17. Jh.» Dendrochronologisch aus der Decke über Erdgeschoß, letzter Jahrring 1661, nur eine Probe (EG und 1. OG haben den Weltkrieg überdauert, mit historischer Ausstattung).
Eine Datierung in die zweite Hälfte des 17. Jh. wird durch die Simskonstruktion und die Erker des 1. OG gestützt. Das Haus scheint im 18. Jh. ein weiteres Stockwerk erhalten zu haben. Der im alten Giebel wohl zweistöckige Norderker wurde integriert, die Osterker verlängert (Arbeitshypothese aufgrund der Abbildungen). Im Inneren im EG und 1. OG noch schwarze Küchen, laut J. Fischer auch noch barockzeitliche Türen. Originelle Erschließung, versetzte Himmelsleiter. Bei der inzwischen durchgeführten Sanierung konnte man dem Wunsch einer Rekonstruktion nicht widerstehen. Dabei wurden die beiden originalen historischen Stockwerke runderneuert. Trotz der Einsprüche des Landesamtes gingen alle historischen Ausstattungen und Oberflächen verloren; sogar die historischen Küchen verloren ihre wesentlichen Indizien. Leider hat damit das ehemals älteste erhaltene Wohnhaus der Au viel von seiner Denkmaleigenschaft verloren. Angesichts dieser Panne ist die Bauaufnahme, auch wenn sie während der Maßnahme nicht baugeschichtlich ergänzt werden konnte, ein wichtiges, letztes Dokument (Md).

München, Stadt, Obb., *Pfisterstraße 7 (jetzt 10)*
89/604 Ve,Md Grundriß EG 1 : 25 K
89/605 P,Md Grundriß 1. OG 1 : 25 K
89/606 Mo Grundriß Boden 1. OG 1 : 25 K
89/607 Ve,Md Grundriß 2. OG 1 : 25 K
89/608 Mo,Md Grundriß Boden 2. OG 1 : 25 K
89/609 P,Md Grundriß 3. OG 1 : 25 K
89/610 Bau Grundriß Boden 3. OG 1 : 25 K
89/611 Ber Grundriß Decke 3. OG 1 : 25 K (unfertig)
89/612 P,Md Grundriß 4. OG 1 : 25 K
89/613 Md Grundriß Boden 4. OG 1 : 25 K
89/614 Ve,Md Grundriß DG 1 : 25 K
89/615 Md Teilgrundrisse Treppe 1 : 25 K
89/616 Md Wandabwicklungen Treppenhaus 1 : 25 K
89/617 Md Schnitt 1-1 Kommunwand Ost von außen 1 : 25 K
89/618 Ve,Md Schnitt 2-2 Kommunwand Ost von innen 1 : 25 K
89/619 Vss Schnitt 3-3 mittlere Wände von Osten 1 : 25 K
89/620 Bau Schnitt 4-4 mittlere Wände von Westen 1 : 25 K
89/621 Ve Schnitt 5-5 Treppenschnitt von Osten 1 : 25 K
89/622 Md Schnitt 6-6 Kommunwand West von innen 1 : 25 K
89/623 Md Schnitt 7-7 Kommunwand West im 1. und 2. OG nach Entfernung des Putzes 1 : 25 K
89/624 P,Md Schnitt 8-8 Kommunwand Süd von innen, Teilschnitt durch die schwarzen Küchen 1 : 25 K
(Kommunwand von außen siehe 84/408 Bri Schnitt B-B, überarbeitet Md 1988, Mittelgebäude Platzl 3)
89/625 Pst,Md Schnitt 9-9 Querwand und Teilansicht der Schwarzen Küchen von Süden 1 : 25 K
89/626 Pl Schnitt 10-10 Querwand von Norden 1 : 25 K
89/627 P Schnitt 11-11 Fassade von innen, nach Norden 1 : 25 K
89/628 P,Md Fassade, letzter Zustand 1 : 25 K
89/629 Hck Fassade, letzter Zustand, Schadensplan Putz 1 : 25 LP
89/630 Pil,Md Fassade, oberer Teil, Befundplan 1 : 10 K
89/631 Kri,Md Fassade, unterer Teil, Befundplan 1 : 10 K

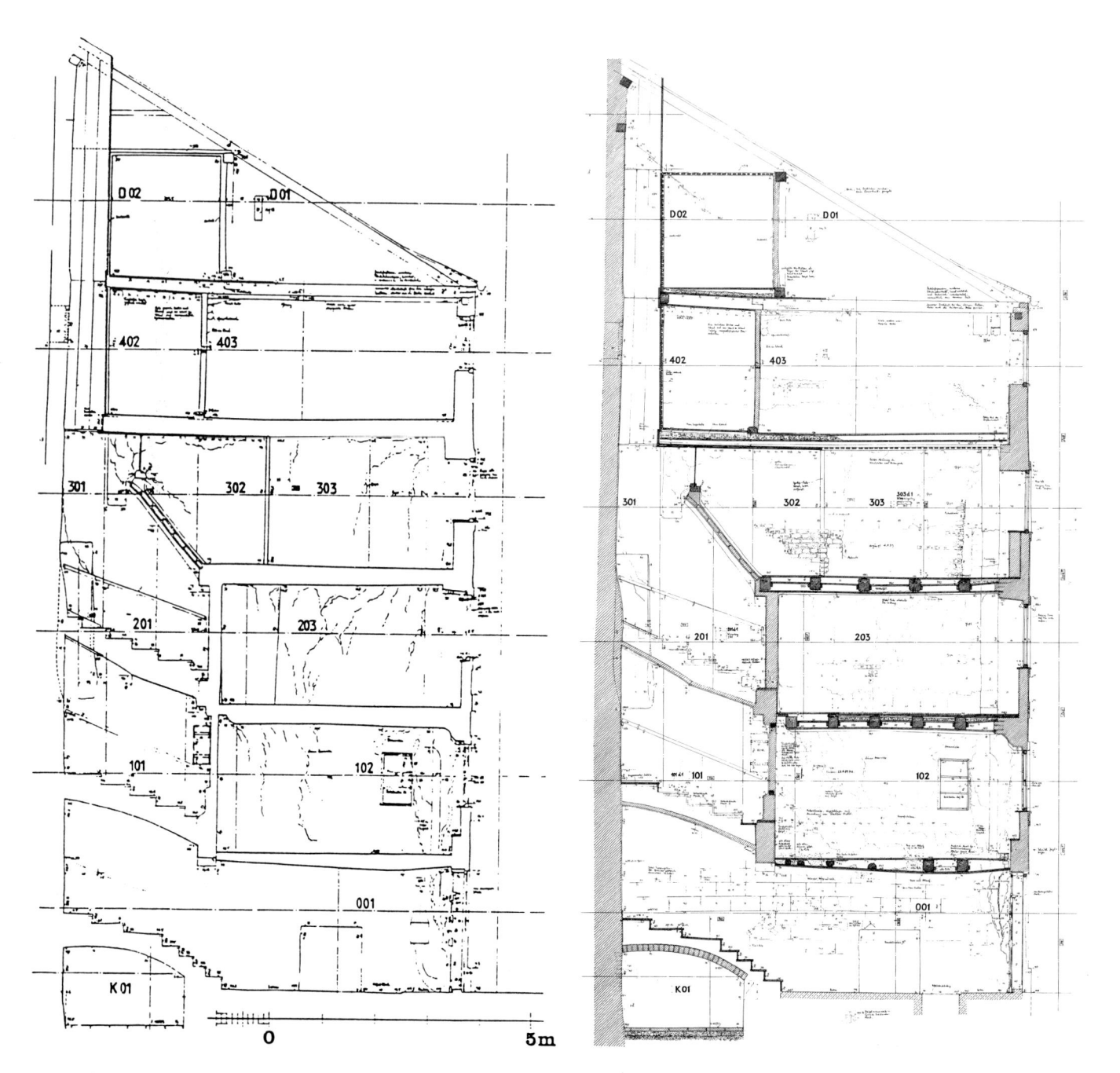

München; Pfisterstraße 7 (jetzt 10), Schnitt 5-5, Treppenschnitt von Osten 89/621 (P. Venturini), Zwischenzustand mit Beobachtungen, die ohne Eingriff in Oberflächen und Konstruktion gewonnen werden können; rechts Schnitt 6-6 Kommunwand West von innen 89/622 (G. Th. Mader), ausgearbeitete Bauaufnahme nach Befunduntersuchung einer Restauratorenfirma und eines Statikers

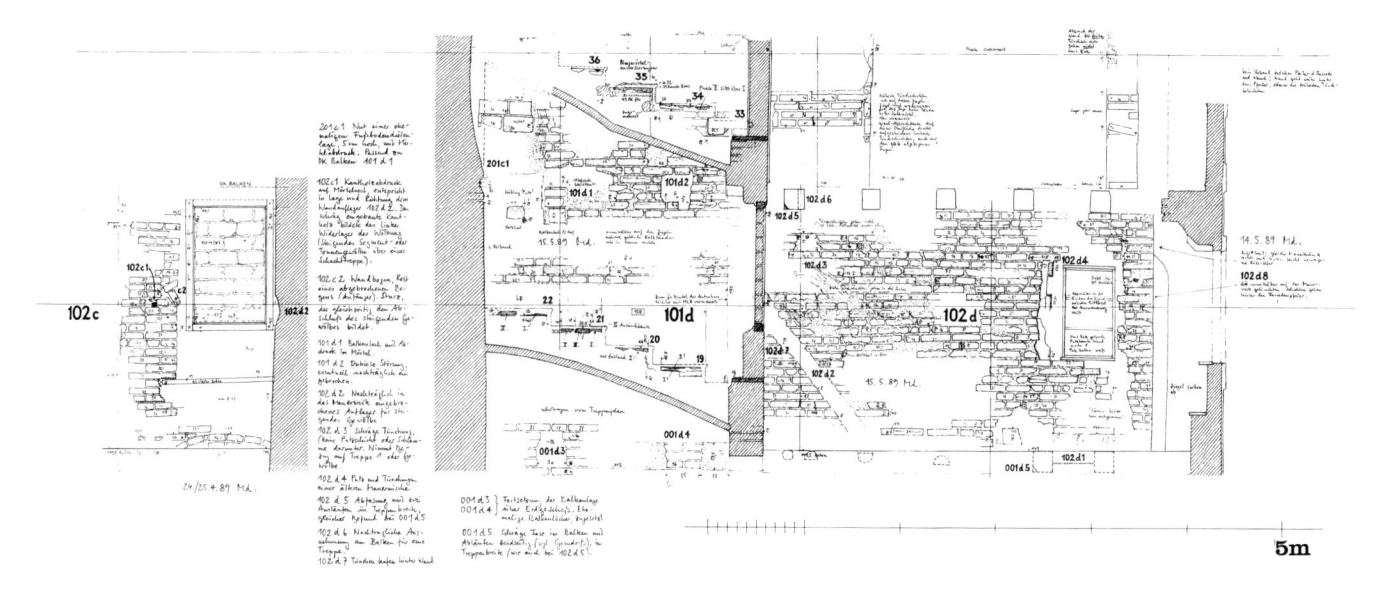

München; Pfisterstraße 7 (jetzt 10), Schnitt 7-7, Kommunwand West im 1. und 2. Obergeschoß 89/623 (G. Th. Mader); Ausschnitt aus dem Gesamtschnitt 89/622, neu gezeichnet nach (ungenehmigtem) Abschlagen der Putze; baubegleitende Notdokumentation mit Beobachtung aller erkennbaren Befunde der frühen Bauphasen; Beschreibung der Beobachtungen neben der Zeichnung

89/632 Md Befundpläne der ersten sieben Fassungen 1:20 LP
89/633 Bau Detail Fenster 102 1:1 K
89/634 Bau Detail Fenster 203 1:1 K
89/635 Bau Detail Türe T 102/103 1:1 K
89/636 Bau Detail Türe T 102/104 1:1 K
89/637 Bau Detail Türe (unfertig) 1:1 K
89/638 Md Detail Renaissancewand zwischen 1:1 K
89/639 Pil Farbabmischungen der Fassadenfassungen 1:1 K
89/640 v.S. Kopie des Löwen und der Wappen 1:1 Tr.
89/641 v.S. Zusammenfassung Löwen, Wappen, coloriert 1:2 LP
89/642 v.S. Schablonendekorationen in Innenräumen 1:1 Tr.
Schadensaufnahme aller historischen Fenster (Heftung) Saar
Umfassende Photodokumentation Vorzustand und alle Bauzwischenzustände Md; Fensterausbau Pl.
Bauer, Bernhard, Hacklsberg, Kriewitz, Mader, Paul, Pilar, Polaski,
  Poost, Saar, Venturini, v. Montgelas, v. Seckendorff, Voss.
DL: Bürgerhaus, im Kern wohl 16. Jh. (ursprünglich mit Giebel), Fassade im 18. Jh. verändert.
BF: Im Kern 13./14. Jh., Fragmente eines ersten Baus in der östlichen Komunwand in ältester Münchner Ziegelbauweise, Erd- und Obergeschoß, vermutlich traufständig. Neubau inschriftlich 1539 datiert auf der Brüstung des 2. OG des Kastenerkers, zusammen mit bayerischem Löwen und zwei Wappen (eines davon wittelsbachisch) auf der ersten Fassungsschicht. Im Inneren Himmelsleiter und Holzbohlentrennwände. Nach dem eindeutigen Baubefund nicht giebelständig, sondern mit Pultdach, abweichend von der offensichtlich irrtümlichen Darstellung dieses ersten Bauzustands im Sandtnerschen Stadtmodell von 1572. Im von Anfang an ausgebauten Dach originale Schwarzküche, bislang älteste nachgewiesene in München, die bei der Aufstockung erhalten und erst vom jetzigen Hausbesitzer ohne Erlaubnis abgebrochen wurde. Die Aufstockung findet bereits mit der zweiten Fassadenfassung statt und ist daher sehr früh anzusetzen: sicherlich noch zum Ende des 16. Jhs. Das neue Pultdach ist am First höher, in der Neigung flacher. Es folgen nach der siebten Fassung neue, etwas kleinere Fenster, die noch bis zur Sanierung erhalten waren, umrahmt von geputzten, geohrten Faschen, anschließend eine größere Zahl monochromer Tünchungen. Innen wird nach kleinen Umbauten die Himmelsleiter durch die Wendeltreppe ersetzt, die wiederum mehrere Umbauten erfahren hat. Anstelle der Holzwände treten – mit einer Ausnahme – Ziegelwände. Die meisten Türen im Haus stammen aus dem 19. Jh., Böden, vereinzelt noch aus der Bauzeit, überdeckt von barockzeitlichen oder neueren Dielen. Die statische Sicherung, betreut von Dipl.-Ing. Wagner, sehr erfreulich. Erhalt der einsturzgefährdeten Fassade und des Wendeltreppenhauses. Sonstige Rahmenbedingungen trotz bester Vorbereitung und ständiger Beratung durch das Landesamt schlecht, denkmalpflegerischer Erfolg gering: Erneuerung ähnlich der Platzlbebauung (vgl. Jahrbuch 1988, S. 395 f.), die der Bauherr als Bezugsfall ansah. Wegen der großen Bedeutung des Baudenkmals sehr ausführliche Dokumentation, beginnend 1986, mit laufenden Ergänzungen der Pläne bis 1989, gleichzeitig auch Ausbildungsprojekt (Md).

München, Stadt, Obb., *Tal 62/63*
89/643 Kri Deckblatt zum Grundriß 1. OG 1:50/1:10 F
89/644 Kri Details im 2. OG (Raum 219 und 225) 1:1 K
89/645 Kri Deckenuntersicht zum Grundriß 2. OG 1:50 F
  Kriewitz
BF: Fortsetzung und Ergänzungen der Bestandsaufnahme von 1987, vgl. Jahrbuch Bd. 41, 1987, S. 439 f. Nachträge von Befunden in allen Plänen, ergänzende Details (Kriewitz).

Neumarkt St. Veit, Lkr. Mühldorf, Obb., *Stadtplatz 8*
Vorderhaus
89/646 A.Hu Grundriß KG 1:50 K
89/647 Sh Grundriß EG 1:50 K
89/648 Sh Grundriß OG 1:50 K
89/649 Sh Querschnitt A-A 1:50 K
89/650 Fs Längsschnitt L-L 1:50 K
89/651 Fs Ansicht von Osten 1:50 K
89/652 Sh Ansicht von Westen 1:50 K
Rückgebäude
89/653 Sh Grundriß EG Blatt 1 1:50 K
89/654 Sh Grundriß EG Blatt 2 1:50 K
89/655 Sa Querschnitte A-A, B-B 1:50 K
89/656 Fs Ansicht von Norden Blatt 1 1:50 K
89/657 Fs Ansicht von Norden Blatt 2 1:50 K
89/658 Fs Ansichten von Osten und Westen 1:50 K
89/659 Sh Ansicht von Süden Blatt 1 1:50 K
89/660 Sh Ansicht von Süden Blatt 2 1:50 K
Photodokumentation Sa, 1989
  Frisch, A. Huber, Sattler, Schuster
DL: Ehem. Brauerei Frühmann, stattlicher zweigeschossiger Satteldachbau, 2. Viertel 19. Jh.; zugehörig Nebengebäude, im Erdgeschoß teilweise gewölbt, gleichzeitig.
BF: Zwei Gewölbekeller mit eigenen Treppenaufgängen und zwei gleichartige Grundrißeinheiten mit jeweils durch die ganze Gebäudetiefe durchlaufendem Gewölbeflur lassen auf zwei inzwischen zusammengefasste Häuser schließen. In beiden Kellern und im gewölbten mittleren Flur noch unvermauerte Spitznischen. Die dem 16. oder 17. Jh. angehörende Bausubstanz ist demnach im EG noch überwiegend erhalten. Zusammenfassendes Dachwerk im 19. Jh.,

baufeste Ausstattung überwiegend modernisiert. Rückgebäude mit böhmischen Gewölben des 19. Jhs. Bauaufnahme ohne baugeschichtliche Untersuchung (Md).

Neustadt a. d. Donau, Lkr. Kehlheim, Ndb., *Krebsturmgasse 8*
89/661 Ku Grundriß EG 1:25 K
89/662 Dy Grundriß 1./2. OG 1:25 K
89/663 Dy Schnitt 1:25 K
89/664 Dy Ansicht von Osten 1:25 K
89/665 Dy Ansicht von Westen 1:25 K
Photodokumentation Ku, Jan. 1988, 25 Bilder
Dybbert, Kuhn
DL: Krebsturm, Wehrturm der Stadtbefestigung an der Westseite, 14./15. Jh.
BF: Der vor wenigen Jahren auf Veranlassung der Stadt Neustadt außen neu verputzte Turm enthält im Erdgeschoß noch eine ältere Feuerstelle aus einer zweiten Bauphase. Obergeschoß für Vereinszwecke umgebaut. Bestandsdokumentation vor einem neuerlichen Umbau (Str).

Oberdarching, Gde. Valley, Lkr. Miesbach, Obb., *Bergstraße 48* «Beim Messerschmied»
89/666 A.Hu Grundriß EG 1:50 K
89/667 Sh Grundriß OG 1:50 K
89/668 Sh Querschnitt A-A (Wohnteil) 1:50 K
89/669 A.Hu Querschnitt B-B (Stadel) 1:50 K
89/670 A.Hu Ansicht von Norden u. Süden 1:50 K
89/671 Sh Ansicht von Osten 1:50 K
A. Huber, Schuster
DL: Bauernhaus, mit Blockbau-Obergeschoß, traufseitiger Laube und Giebellaube, Wirtschaftsteil mit Traufbundwerk, 2. Viertel 18. Jh.
BF: Aufmaß als Grundlage für geplante Instandsetzung (Sattler).

Passau, Stadt, Ndb., *Residenzplatz 8, Neue Bischöfliche Residenz*
89/672 v.B. Springrollo, Schnitte 1:1 K
van Beek
DL: Langgestreckter, dreigeschossiger Bau mit zwei Portalen, erbaut ca. 1707–1730.
BF: Im 2. Obergeschoß, Ostfassade, in situ aufgefundene Mechanik mit Stoffresten des Rollotuchs. Die Vorrichtung ist offensichtlich altersgleich mit den Fenstern des 18. Jhs. Verschiedene Indizien schließen nachträglichen Einbau aus (H. Gieß).

Passau, Stadt, Ndb., *Schmiedgasse 4*
89/673 Ht Grundriß E 1:25 K
89/674 Pu Grundriß 1. OG 1:25 K
Photodokumentation Md, Nov. 1988
Hertlein, Pufke
DL: Gasthaus zur blauen Traube, wohl 1. Hälfte 17. Jh.; Portal bez. 1631, Fassade 18. Jh.; teilweise Erneuerungen im 20. Jh.
BF: Außen- und Haupttragmauern zeitgleich mit dem Portal des 17. Jhs. Innenausbau vorwiegend aus dem frühen 19 Jh., wobei viele dieser Ausstattungsteile bereits vor der jetzigen Maßnahme fehlten. Notaufnahme unter Zeitknappheit während einer bereits laufenden Maßnahme, daher auf zwei Grundrisse beschränkt. Eine baugeschichtliche Feinuntersuchung der Befundsituation war nicht möglich (Md).

Pfaffenhofen am Inn, Gde. Schechen, Lkr. Rosenheim, Obb., *Kirchgasse 1*
89/675 A.Hu Grundriß EG 1:50 K
89/676 Pm Grundriß OG 1:50 K
89/677 A.Hu Grundriß DG 1:50 K
89/678 Pm Querschnitt A-A 1:50 K
89/679 Pm Ansicht von Norden 1:50 K
89/680 A.Hu/Pm Ansicht von Osten 1:50 K
89/681 Pm Ansicht von Süden 1:50 K

89/682 Pm Ansicht von Westen 1:50 K
A. Huber, Perzlmaier
DL: Pfarrhof, mit Mansarddach, 1790.
BF: Datierung 1790 am Stock der Eingangstür. Unterer Teil des Dachs ausgebaut und unzugänglich. Im Obergeschoß zwei Räume mit einfacheren Stuckdecken. Verformungsgetreues Aufmaß als Grundlage einer Instandsetzung (Sattler).

Pfaffenhofen, Gde. Velden, Lkr. Nürnberger Land, Mfr., *Haus Nr. 5*
89/683 A Grundriß EG 1:50 K
89/684 Rei Grundriß OG 1:50 K
89/685 A Querschnitt 1:50 K
Albert, Reinecke
DL: Wohnstallhaus, Obergeschoß und Giebel Fachwerk, Anfang 19. Jh.
BF: Die besondere Bedeutung des Hauses lag in der städtebaulichen Situierung in der Dorfmitte vor einer großen Linde. Notdokumentation vor dem Abbruch, der nicht verhindert werden konnte (Str).

Pfofeld, Gde. Pfofeld, Lkr. Weißenburg-Gunzenhausen, Mfr., *Haus Nr. 11*.
89/686 Ri Grundriß EG 1:50 K
89/687 Ri Grundriß OG 1:50 K
89/688 Ri Schnitte 1:50 K
89/689 Ri Ansichten, NO, SO 1:50 K
89/690 Ri Ansichten NW, SW 1:50 K
Riedel
DL: Bauernhof; erdgeschossiges Bauernhaus, Mitte 19. Jh.
BF: Rückwärtige Haustür datiert 17GA87, originaler Stock und Türblatt. Erdgeschoß in Massivbauweise, mit mittigem Flur quer zum First und seitlichen Stuben. Erstes Dachgeschoß ausgebaut, liegender Stuhl. Bauaufnahme für eine Instandsetzung des Wohnhauses (Md).

Rain, Gde. Warngau, Lkr. Miesbach, Obb., *Haus Nr. 1*
89/691 A.Hu Grundriß EG 1:25 K
89/692 H.Ma Grundriß OG 1:25 K
89/693 H.Ma Querschnitt A-A 1:25 K
89/694 H.Ma Längsschnitt B-B 1:25 K
89/695 H.Ma Ansicht von Norden 1:25 K
89/696 H.Ma Ansicht von Osten 1:25 K
89/697 H.Ma Ansicht von Süden 1:25 K
A. Huber, H. Maier
DL: nicht aufgeführt
BF: Blockhaus, im EG teilweise in Massivbauweise umgebaut, in diesem Bereich heute eine Eckflezerschließung. Dach angehoben und verändert. Bauausstattung überwiegend frühes 19. Jh., Blockbau älter. Denkmalqualitäten sind im Detail gegeben, gerade in diesem veränderten Zustand aber erst nach einer baugeschichtlichen Durcharbeitung im Zusammenhang zu beurteilen. Übernahme eines Bauaufmaßes, welches für eine Transferierung angefertigt wurde (Md).

Regensburg, Stadt, Opf., *Gesandtenstraße 3 und 5*, Zanthaus
89/698 Lü Querschnitt II n. Westen 1:50 K
89/699 Lü Querschnitt IIa n. Osten 1:50 K
89/700 P Querschnitt III n. Westen 1:50 K
89/701 P Querschnitt IV n. Westen 1:50 K
89/702 Lü Querschnitt V n. Osten 1:50 K
89/703 Sp Querschnitt VI n. Osten 1:50 K
89/704 Sp Querschnitt VII n. Westen 1:50 K
89/705 Sp Querschnitt VIII n. Osten 1:50 K
Lüpnitz, Polaski, Spitzenberger
DL: Gesandtenstraße 3. Sog. Zanthaus, seit 1812 Tabakfabrik Gebr. Bernard, umfangreicher, frühgotischer Hauskomplex mit zwei Türmen und Rippengewölben, Stuckdekor aus dem 18. Jh.; mit technischer Ausstattung aus dem frühen 19. Jh.
Gesandtenstraße 5. Sog. Neufferhaus, spätgotisch mit Neurenaissance-Fassade, Ecklage.
BF: Fortsetzung des 1982 begonnenen verformungsgerechten Bauaufmaßes mit bauhistorischer bzw. restauratorischer Befundunter-

BAUFORSCHUNG

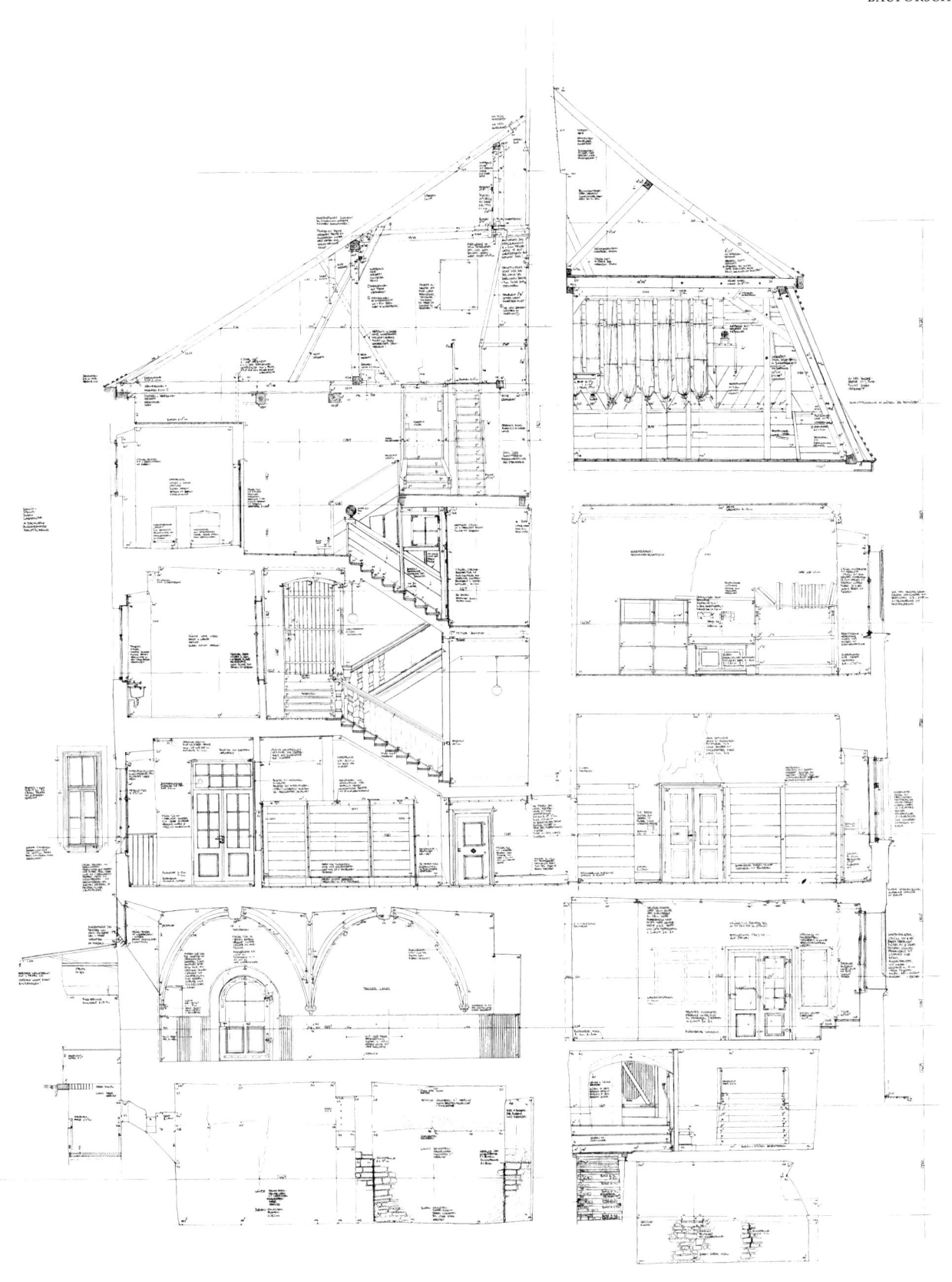

Regensburg; Gesandtenstraße 3/5, Querschnitt II nach Westen 89/698 (M. Lüpnitz)

Regensburg, Stadt, Opf., *Glockengasse 16, Alte Münze*
89/706 Fe Grundriß KG 1 : 50 K
89/707 J.Hu Grundriß EG 1 : 50 K
89/708 J.Hu Grundriß Zwischengeschoß 1 : 50 K
89/709 Va/Fe Grundriß 1. OG 1 : 50 K
89/710 J.Hu Grundriß 2. OG 1 : 50 K
89/711 Va/Fe Grundriß DG 1 : 50 K
89/712 J.Hu/Fe Querschnitt E-E 1 : 50 K
89/713 J.Hu Querschnitt C-C 1 : 50 K
89/714 J.Hu Längsschnitt F-F 1 : 50 K
89/715 J.Hu/Fe Längsschnitt G-G 1 : 50 K
89/716 J.Hu/Fe Längsschnitt B-B 1 : 50 K
89/717 J.Hu/Fe Ansicht von Osten 1 : 50 K
89/718 J.Hu/Fe Ansicht von Süden 1 : 50 K
89/719 J.Hu/Fe Ansicht von Westen 1 : 50 K
　　　　　　　　　　　Feldmeier, Henkel, J. Huber, Vaggers
DL: Eckhaus, spätes 13. Jh., Kastenerker und Fenstergliederung, Rippengewölbe in zwei Geschossen.
BF: Repräsentatives, dreigeschossiges gotisches Bürgerhaus über tonnengewölbten Kellern; vermutlich aus ehemals zwei eigenständigen Parzellen zusammengelegt, romanischer Steinkern in der Nordwestecke des Anwesens, mit KG und EG erhalten; zwei kreuzrippengewölbte Räume im Südwestwinkel des EG, ein weiterer im Bereich des romanischen Steinkerns im 1. OG, zugänglich von der Treppendiele über einen breiten, rundbogig überwölbten, offenen Durchgang; die großflächige Treppendiele mit Nebenräumen im nordöstlichen Eckbereich des Hauses, in späterer Zeit mehrfach verändert. Verformungsgerechtes Bauaufmaß als Planungsgrundlage einer Sanierung (Fa).

Regensburg, Stadt, Opf., *Ludwig-Thoma-Straße 14, Kartäuser-Klosterkirche St. Bartholomäus, Hochaltar*
89/720 Pu Horizontalschnitt, Ebene I 1 : 10 P
89/721 Pu Horizontalschnitt, Ebene II 1 : 10 P
89/722 Pu Horizontalschnitt, Ebene III 1 : 10 P
89/723 Pu Horizontalschnitt, Ebene IV u. V 1 : 10 P
89/724 Pu Horizontalschnitt, Ebene VII 1 : 10 P
89/725 Pu Vorderansicht, Teil 1 (unten) 1 : 10 P
89/726 Pu Vorderansicht, Teil 2 (Mitte) 1 : 10 P
89/727 Pu Vorderansicht, Teil 3 (oben links) 1 : 10 P
89/728 Pu Vorderansicht, Teil 4 (oben rechts) 1 : 10 P
　　　　　　　　　　　　　　　　　　　　Pufke
DL: Ehem. Benediktiner-, seit 1484 Kartäuser-Klosterkirche St. Bartholomäus, jetzt Anstaltskirche, dreischiffiger Hallenbau, 1110 geweiht, gotischer Chor und Westtürme ...
BF: Aufmaß des Hochaltars (dat. um 1720) als Planvorlage zur Eintragung restauratorischer Befunde; Restaurierung betreut von den Restaurierungswerkstätten des Landesamtes (Fa).

Regensburg, Stadt, Opf., *Ludwig-Thoma-Straße 19*
89/729 Va Wohnstallhaus, Grundriß KG 1 : 50 K
89/730 So Wohnstallhaus, Grundriß EG 1 : 50 K
89/731 Ml Wohnstallhaus, Grundriß OG 1 : 50 K
89/732 K.Hu Wohnstallhaus, Grundriß DG 1 : 50 K
89/733 K.Hu,Ml Wohnstallhaus, Querschnitt 1 : 50 K
89/734 So Wohnstallhaus, Längsschnitt 1 : 50 K
89/735 Ml Wohnstallhaus, Nordansicht 1 : 50 K
89/736 K.Hu Wohnstallhaus, Ost- und Westansicht 1 : 50 K
89/737 Ml Wohnstallhaus, Südansicht 1 : 50 K
89/738 Va Stall, Grundriß EG, Westansicht 1 : 50 K
89/739 So Stall, Grundriß OG, Längsschnitt 1 : 50 K
89/740 Va Stall Querschnitt 1 : 50 K
　　　　　K. Huber, M. Müller, Sommer, Vaggers (Büro Korte)
DL: Ökonomiegebäude, 17./18. Jh., mit gewölbten Stallungen und Fletz, ehem. zur Kartause gehörig.
BF: Zweigeschossiges Wohnstallhaus mit Teilunterkellerung und Satteldach, zwei Stuben am Ostende des Gebäudes in beiden Geschossen, tonnenüberwölbter Fletz mit Stichkappen im EG; Stall dreischiffig, vierjochig, kreuzgratgewölbt über Rundsäulen mit unterschiedlichen, zum Teil gußeisernen Kapitellen (Auswechslung); der darüberliegende Tennenbereich in jüngerer Zeit umgenutzt zu Wohnzwecken mit beidseits eines Mittelgangs liegenden kleineren Räumen einfachster Ausstattung. Sparrendach mit liegendem Stuhl und K-Streben.
Schmales, nordsüdgerichtetes, zweigeschossiges Stall-/Scheunengebäude mit Kehlbalkendach, Erdgeschoß mit böhmischen Gewölben von 3 zu 3 Jochen. Obergeschoß einräumig, später unterteilt, Dachstuhl mit einfachem Kehlbalkendach, zum Teil wohl wiederverwendet. Verformungsgerechtes Aufmaß vor einer Instandsetzung (Fa).

Regensburg, Stadt, Opf., *Neue Waaggasse 1*
89/741 Eb Grundriß KG 1 : 50 F*
89/742 Eb Grundriß EG 1 : 50 F*
89/743 Eb Grundriß 1. OG 1 : 50 F*
89/744 Eb Grundriß 2. OG 1 : 50 F*
89/745 Eb Grundriß 3. OG 1 : 50 F*
89/746 Eb Querschnitt 3 1 : 50 F*
89/747 Eb Querschnitt 4 1 : 50 F*
89/748 Eb Querschnitt 5, 6 1 : 50 F*
89/749 Eb Längsschnitt 2 1 : 50 F*
89/750 Bau Grundriß EG, mit Befund 1 : 50 K
89/751 Str Grundriß 1. OG 1 : 50 K*
89/752 Bau Grundriß 2. OG 1 : 50 K*
89/753 Bau Grundriß 3. OG 1 : 50 K*
89/754 Str Querschnitt 6 1 : 50 K*
89/755 Peu Querschnitt Fragment 1 : 50 K
89/756 Schw Längsschnitt n. S., Ostbereich, unvollst. 1 : 50 K
89/757 Bau Querschnitt mittl. Hausbereich, Bl. 1 1 : 25 K
89/758 Bau Querschnitt mittl. Hausbereich, Bl. 2 1 : 25 K
89/759 Bau Deckendetails R.B. 1.2, Gr. n. Schn. 1 : 5 K
89/760 Schw Schablonenmalerei 3. OG, R.A. 4.2, col. 1 : 1 TR
89/761 Schw Schablonenmalerei 3. OG, R.A. 4.3, col. 1 : 1 TR
89/762 Schw Schablonenmalerei 3. OG, R.A. 4.10, col. 1 : 1 TR
89/763 Schw Schablonenmalerei 3. OG, R.B. 4.2, col. 1 : 1 TR
Photodokumentation Md, Januar 1989, 103 Aufnahmen, anschließend Fa
* Auf der Grundlage geplotteter, mit Distanzmeßgerät aufgenommener schematischer Mauerumrißpläne der Firma Harbauer. Nachdem die gemessenen Punkte nicht ausgewiesen und ihre Koordinatenwerte nicht bekannt waren, entstanden bei der Übernahme der rein graphischen Unterlagen die bekannten Probleme, die angesichts der Eilbedürftigkeit der Notaufnahme in Kauf genommen wurden (Md).
　　　　　　　　　Bauer, Ebeling, Peuker, Schwan, Strehler
DL: Gumprechtsches Haus, Vierflügelanlage, Nordflügel, 1. Hälfte 14. Jh., mit spätgotischen und barocken Veränderungen.
BF: Großes dreigeschossiges Patrizierhaus an der Ecke zum Waaggäßchen, dem Rathaus schräg gegenüber gelegen; romanischer Vorläuferbau mit Steinkern an der Gassenecke und westlich anschließendem Wohnhaus, letzteres mit massiver nördlicher Außenwand im EG noch erhalten. Steinkern in gotischer Zeit nach Süden erweitert (aufgestockt) und unterkellert; Zusammenschluß von ehemals mindestens zwei eigenständigen Hausparzellen in spätgotischer Zeit, je zwei Rauchküchen in den ersten zwei Obergeschossen des mittleren Hausbereichs, davon nur noch eine erhalten; qualitätvolle Stuckdecken und Türen der Barockzeit in den Räumen entlang des Waggäßchen. Die letzte, alles überformende und denkmalpflegerisch verbindliche Bau- und Ausstattungsphase von 1803 (Datierung am Treppengeländer) mit Fachwerkinnenwänden, Wandmalereien und Türen wurde ohne Genehmigung 1988/89 weitgehend vernichtet. Photodokumentation dieser Situation von Mader, Januar 1989. Verformungsgerechtes Aufmaß, mit bauhistorischer Befunduntersuchung während des Sanierungsablaufs. Das Gebäude wird zusammen mit weiteren Objekten Regensburgs in einem der nächsten Arbeitshefte des Bayerischen Landesamts für Denkmalpflege ausführlicher vorgestellt (Fa).

Regensburg, Stadt, Opf., *Watmarkt 7*
89/764 Trn Grundriß KG 1 : 50 LP

89/765 Trn Grundriß EG, Eingang Goliathstraße 1:50 LP
89/766 Trn Grundriß EG, Eingang Watmarkt 1:50 LP
89/767 Trn Grundriß 1. OG 1:50 LP
89/768 Trn,Fa Grundriß 2. OG, mit Befundeintragung 1:50 LP
89/769 Trn Grundriß 3. OG 1:50 LP
89/770 Trn Grundriß 4. OG 1:50 LP
89/771 Trn Grundriß DG 1:50 LP
89/772 Trn Querschnitt 1:50 LP
89/773 Trn Längsschnitt 1:50 LP
89/774 Trn Nordansicht 1:50 LP
89/775 Trn Südansicht 1:50 LP
89/776 Lüp 2. OG, Bohlenstube, Grundriß, Schnitt A, Detail 1:25, 1:10 K
89/777 Sp,Fa dto. Schnitte B + C, Detail 1:25, 1:10 K
Photodokumentation Fa

Fa. Trautmann, Fastje, Lüpnitz, Spitzenberger

DL: Steuersches Haus, 1. Hälfte 13. Jh., barock umgebaut.
BF: Fünfgeschossiger, vom Watmarkt zur Goliathstraße durchgehender Bau, aufgrund des Geländeabfalls zur Donau mit unterschiedlichen Eingangsgeschossen; aus ehemals zwei Parzellen schon in gotischer Zeit zusammengewachsen, kurzfristig zum Großanwesen Goliathstraße 4 zugehörig; Versitzgrube im nicht unterkellerten, nordöstlichen Bereich an der Goliathstraße, ausgegraben von der Abteilung Bodendenkmalpflege des BLfD, Außenstelle Regensburg; s. dazu Vorbericht von T. Mittelstraß, Die Latrine einer mittelalterlichen Patrizierburg in Regensburg, Vorbericht zu den Ausgrabungen im Anwesen Watmarkt 7, in: Denkmalpflege in Regensburg, Berichte-Projekte-Aufgaben 1989 1990 1991, Regensburg 1991, S. 45 ff. Große Stuben mit zum Teil noch mittelalterlichen Estrichresten (inzwischen verloren) und barocken Stuckdecken; Bohlenstubeneinbau im nordöstlichen Eckraum des 2. OG aus der Zeit um 1300 (Dendro-Datierung). Verformungsgerechtes Aufmaß der Bohlenstube und Versuch einer Überarbeitung eines unzureichenden, fehlerhaften Maschinenaufmaßes. Mehrfache Bauzustandsbeschreibungen mit Beschreibung des historischen Baubestands einschließlich Photodokumentation während des Sanierungsablaufs. Das Gebäude wird zusammen mit weiteren Objekten Regensburgs in einem der nächsten Arbeitshefte des BLfD ausführlicher vorgestellt (Fa).

Roß, Gde. Kröning, Lkr. Landshut, Ndb., *Haus Nr. 2*
89/778 We Grundriß EG 1:25 K
89/779 We Grundriß OG 1:25 K
89/780 We Querschnitt 1:25 K
89/781 We Ansicht Osten 1:25 K

Wende

DL: Wohnstallhaus mit Obergeschoß in Ständerbohlenbauweise; 17. Jh.
BF: Der dreizonige Grundriß mit dem Stichflur von Osten, Wohnteil im Süden und Stall im Norden ist nahezu unverändert. Unter dem EG-Flez befindet sich ein der Lage der Treppe nach wohl nachträglich eingebauter Keller aus Ziegeln mit einem flachen Tonnengewölbe. Details der Fenster und der Kopfbänder im OG sprechen für eine Datierung nach 1800. Pläne ergänzt von Strehler. Abbruchdokumentation (Str).

Rothanschöring, Gde. Kirchanschöring, Lkr. Traunstein, Obb., *Weingartenstraße 25*
89/782 To Grundriß EG 1:25 K
89/783 To Grundriß OG 1:25 K
89/784 To Grundriß DG 1:25 K
89/785 To Querschnitt 1:25 K
89/786 To Ostansicht 1:25 K
89/787 To Südansicht 1:25 K
89/788 To Westansicht 1:25 K
89/789, 1–4 Kor Details 1:25, 1:5 LP
Photodokumentation: Kor, 1987, 28 Aufnahmen, geheftet. Weitere Photos P. Werner.

Korek, Thoma

DL: Wohnteil eines Hakenhofes, z. T. in offenem Blockbau, im Kern 2. Hälfte 17. Jh.
BF: Das Bauernhaus besaß einen noch fast unveränderten Grundriß mit durchgehendem Längsflez im EG und OG. In den Blockwänden noch mehrere wohl bauzeitliche Fenster mit Windeisen an den kleinen Flügeln und außen aufgenagelten Deckbrettern. Ausstattung sonst meist 19./20. Jh. Abbruchdokumentation (Str).

Rothenburg o. d. T., Stadt, Mfr., *Herrngasse 15, Dachwerke*
89/790 Ve Vorderhaus Dachgrundriß 1:25 K
89/791 Scho Vorderhaus Dachquerschnitt 1:25 K
89/792 Scho Vorderhaus Dachlängsschnitt 1:25 K
89/793 Scho Hinterhaus Dachgrundriß Blatt 1 1:25 K
89/794 Ve Hinterhaus Dachgrundriß Blatt 2 1:25 K
89/795 Ve Hinterhaus Dachquerschnitt 1 1:25 K
89/796 Scho Hinterhaus Dachquerschnitt 2 1:25 K
89/797 Scho Hinterhaus Dachlängsschnitt Blatt 1 1:25 K
89/798 Scho Hinterhaus Dachlängsschnitt Blatt 2 1:25 K
Photodokumentation Mandel, August 1988

Schonlau, Venturini

DL: Giebelhaus, abgetreppter Giebel, 14./15. Jh. und 18. Jh. Hof mit Fachwerklaubengängen und Wohntrakt des 16./17. Jh., Ziehbrunnen, massives Rückgebäude burgartigen Charakters, wohl 13. Jh.
BF: Die Dachwerke des Vorderhauses und des Seitenflügels sind vom konstruktiven System identisch und dem ersten Viertel des 15. Jh. zuzurechnen (dendrochronologische Daten im Vorderhaus 1415). Das Dach des Seitenflügels knickt hinten in Richtung des Rückgebäudes um und endet nach dem ersten Binder. Ein querschnittsgleiches barockzeitliches Dachwerk setzt sich fort. Ihm parallel ein kleines barockzeitliches Dach vorgelagert. Die durch die Dachverschneidungen gegebenen Schwachpunkte waren instandsetzungsbedürftig. Das verformungsgetreue Bauaufmaß und die baugeschichtliche Untersuchung sollen nach unten fortgesetzt werden, da in dem hochwertigen Denkmalbestand weitere Sicherungen angestrebt werden (Md).

Rothenburg o. d. T., Stadt, Mfr., *Judengasse 8*
89/799 Pu Grundriß KG 1:25 K
89/800 Ht Grundriß EG 1:25 K
89/801 Pu Grundriß OG 1:25 K
89/802 Ht Grundriß DG 1:25 K
89/803 Ht Querschnitt 1:25 K
89/804 Ht Längsschnitt 1:25 K
Photodokumentation Mandel

Hertlein, Pufke

DL: Traufseitiges Wohnhaus, im Kern 16. Jh.
BF: Dendrochronologische Proben ergaben Daten um 1412, die durch die Konstruktionsmerkmale bestätigt werden. Das Haus ist die Hälfte eines Doppelhauses (zusammen mit Nr. 6) und erhielt unter Verlust seiner Fachwerkfassade im 16. Jh. eine vorgeblendete Steinfassade. Im Inneren finden sich noch Befunde einer Bohlenstube, Reste von Lehmflechtwänden und barockzeitliche Wandmalereien auf der Wand zu Nr. 6, die eine rücksichtslose, zerstörerische Ausräumung des Hauses überlebt haben. Diese Maßnahme, die das Haus auch destabilisierte, blieb stecken. Seither steht das Haus leer. Verformungsgetreue Bauaufnahme als Voraussetzung weiterer Maßnahmen der Sicherung, veranlaßt von Mandel (Md).

Rothenburg o. d. T., Stadt, Mfr., *Judengasse 16/18*
89/805 Ve Grundriß EG 1:25 K
89/806 Scho,Ve Grundriß OG 1:25 K
89/807 Scho Grundriß DG 1:25 K
89/808 Ve,Scho Querschnitt 1:25 K
89/809 Scho,Ve Längsschnitt 1:25 K
Photodokumentation Knoll

Schonlau, Venturini

DL: Giebelseitiges Doppelhaus, 16. Jh.
BF: Ehemals Scheune, erbaut gegen 1555 über dem zugeschütteten Graben der ersten Befestigung, ab etwa 1720 (beide Daten dendrochronologisch ermittelt) zum Wohnhaus umgebaut, dabei mittig in zwei Einheiten aufgeteilt. Beträchtliche Bauschäden. Der Abbruch konnte aufgrund des Bauaufmaßes und einer guten Voruntersuchung (Knoll) einschließlich baugeschichtlicher Beobachtungen vermieden werden. Archivalien (Kamp), Grabung (Brehm), archäologischer Zusammenhang mit Fragmenten der ersten Stadtmauer (Md).

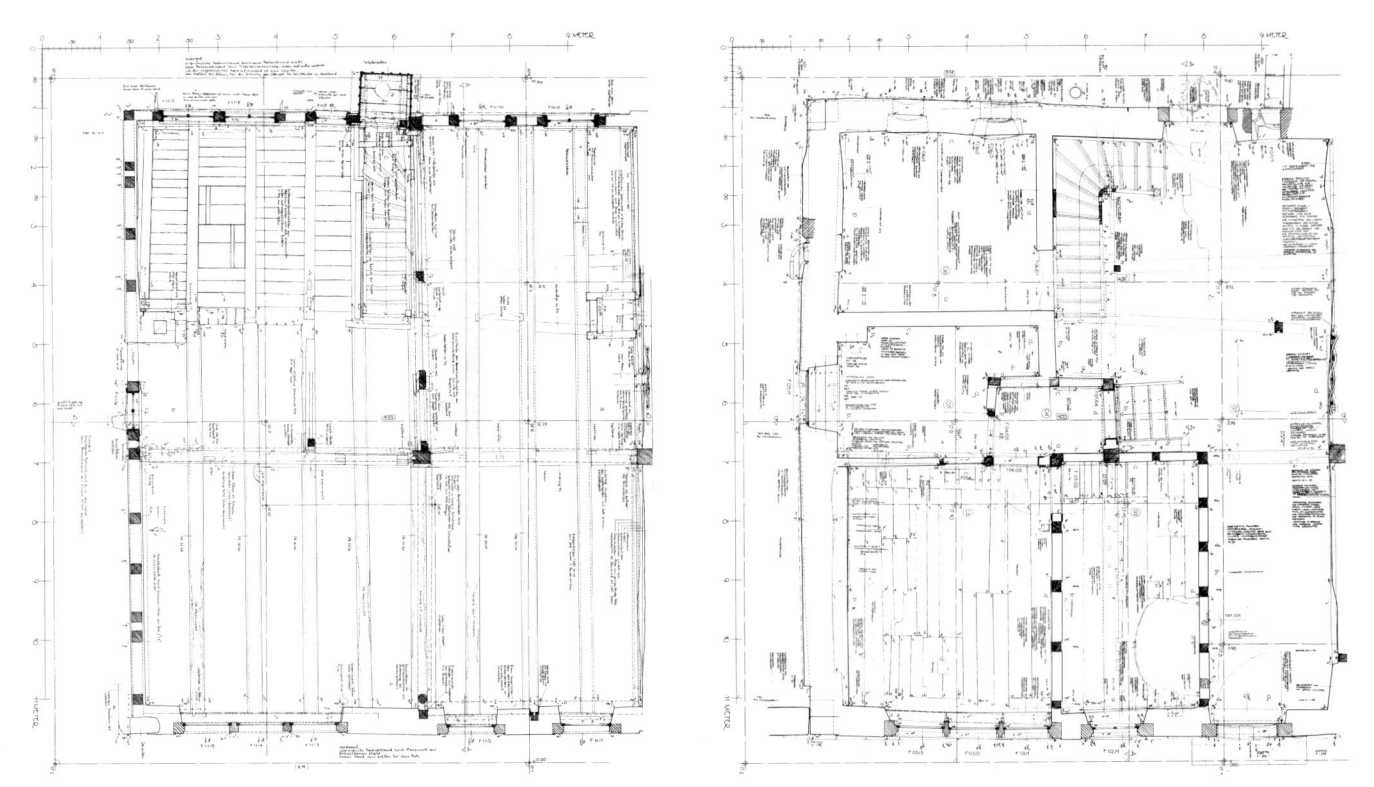

Rothenburg o. d. Tauber; Judengasse 8, oben: Grundriß Obergeschoß 89/801 (A. Pufke) und Grundriß Erdgeschoß 89/800 (B. Hertlein); unten: Längsschnitt B–B 89/804 (B. Hertlein)

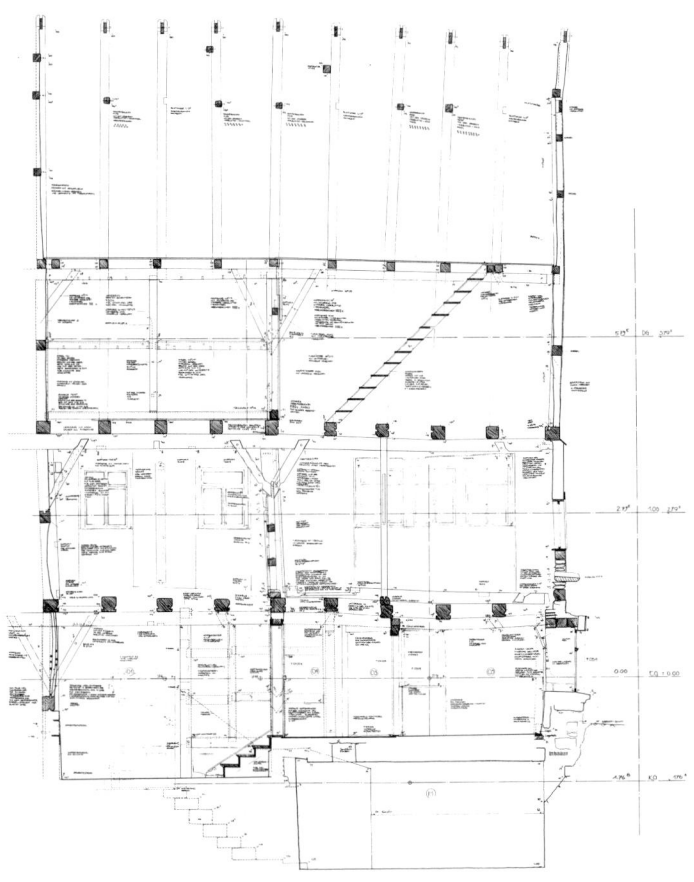

Rothenburg o. d. T., Stadt, Mfr., *Klostergasse 7*
89/810 Jö Grundriß EG 1 : 25 K
89/811 Jö Grundriß DG 1 : 25 K
89/812 Jö Querschnitt A-A 1 : 25 K
89/813 Jö Querschnitt B-B 1 : 25 K
89/814 Jö Längsschnitt 1 : 25 K
89/815 Neu Ansicht Nord 1 : 25 K
89/816 Neu Ansicht Süd 1 : 25 K
89/817 Neu Ansicht West 1 : 25 K

Jördens, Neumann

DL: Giebelseitige Scheune, Rundbogenportal, im Kern 1502 (dendrochronologisch datiert).
BF: Ehem. Scheune des Dominikanerinnenklosters, massive Bruchsteinaußenmauern und Holzgerüst von 1502 weitgehend original erhalten. Erster in Rothenburg vorkommender, rein gezapfter Bau (frühes Vorkommen ausschließlicher Zapfung). Fachwerkgiebel mit Halbwalm zur Klosterseite. Sehr eindrucksvolles Erscheinungsbild, hoher Zeugniswert des Wirtschaftens in der Stadt. Verformungsgetreues Bauaufmaß, ursprünglich zur Substanzsicherung gedacht. Durch eine unglückliche Entwicklung soll die Scheune entgegen der Stellungnahme des Landesamts zu Wohnzwecken umgebaut werden: in diesem besonderen Fall eine schwere Beeinträchtigung der Denkmalaussage und des Denkmalwerts (Md).

Rothenburg o. .d. T., Stadt, Mfr., *Plönlein 6*
89/818 Bm Grundriß KG 1 : 25 K
89/819 Mü Grundriß KG mit Zwischenkeller 1 : 25 K
89/820 Bm/Mü Grundriß EG 1 : 25 K
89/821 Mü/Nü Grundriß OG 1 : 25 K
89/822 Nü Grundriß DG 1 : 25 K
89/823 Mü Querschnitt A-A 1 : 25 K
89/824 Mü Querschnitt B-B 1 : 25 K
89/825 Bm/Mü Längsschnitt C-C 1 : 25 K

Bergmoser, Müthe, Nützel

DL: Giebelhaus, im Kern mittelalterlich, Fassade 19. Jh.

BF: Zweigeschossiges, giebelständiges Wohnhaus zwischen Plönlein und Koboldzeller Steige, nach Konstruktionsmerkmalen der älteren Bereiche des Dachs mit stehendem Stuhl und geblatteten Verbindungen, 16. Jh.; EG und OG im 18./19. Jh. durchgreifend umgebaut, Ostgiebel zum Plönlein 18. Jh.; 1950 Teilerneuerung des Westgiebels. Zweigeschossiger Keller zur Koboldzeller Steige. Detailliertes Aufmaß zur Dokumentation und als Entscheidungshilfe, da wegen des äußerst schlechten Bauzustandes nur wenige Bereiche erhalten werden konnten (Md).

Schätzl, Gde. Steinhöring, Lkr. Ebersberg, Obb., *Haus Nr. 1*
89/826 A.Hu Grundriß EG Blatt 1 1:25 K
89/827 A.Hu Grundriß EG Blatt 2 1:25 K
89/828 A.Hu Querschnitt A-A nach Osten 1:25 K
89/829 A.Hu Querschnitt B-B nach Osten 1:25 K
89/830 A.Hu Längsschnitt L-L Blatt 1 1:25 K
89/831 A.Hu Längsschnitt L-L Blatt 2 1:25 K
89/832 Kz Ansicht von Süden Blatt 1 1:25 K
89/833 Kz Ansicht von Süden Blatt 2 1:25 K
89/834 Kz Details 1:5 K
Photodokumentation

A. Huber, Kreutzarek

DL: Stattlicher Bauernhof; großes Bauernhaus mit Balkon und Traufbundwerk, 1865; Zuhaus, zweigeschossig, mit Bundwerk, Mitte 19. Jh.; langer altertümlicher verschalter Riegelstadel mit Blockbauteil, 18. Jh.
BF: Bestandsaufnahme des «altertümlichen, verschalten Riegelstadels», in Wirklichkeit ein origineller Mischbau, dessen Ostteil der Torso eines früheren Wirtschaftsteils eines Hofes ist. Der Wohnteil abgebrochen, aber mit interessanten Details noch gegenwärtig: Spuren einer Blockstufentreppe an der östlichen Wand, Schiebeladenfensterchen, alte Türen usw. Nach Westen Ergänzung dieses Torso zu einem neuen, größeren Stadel mit Kornkasten, z.T. unter Verwendung von Spolien. Dieser weniger wichtige aber besser erhaltene Teil soll erhalten werden. Der Ostteil erscheint zu baufällig und wird aufgegeben. Die Bauaufnahme ist daher teils als Abbruchdokumentation, teils als Planungsunterlage gedacht (Md, Sattler).

Schönau am Königssee, Lkr. Berchtesgadener Land, Obb., *Gotzentalalmen*
89/835 Ger Grundriß 1:25 K
89/836 Kz Querschnitt 1, Ansicht von Osten 1:25 K
89/837 Kz Querschnitt 2 und 3 1:25 K
89/838 Ger Querschnitt 4, Ansicht von Westen 1:25 K
89/839 Ger,Kz Längsschnitt 1 1:25 K
89/840 Kz Längsschnitt 2 1:25 K
89/841 Kz Längsschnitt 3 1:25 K
89/842 Kz Ansicht von Norden 1:25 K
89/843 Kz Ansicht von Süden 1:25 K
89/844 1-9 Maßnahmepläne 1:50 LP

Gerchow, Kreutzarek

DL: Gotzentalalmen, Wahlkaser, Rundumtyp, Blockbau, Schindeldach bez. 1733 oder 55, südlich vom Jenner, 1108 m Höhe.
BF: Der an der Firstpfette JP 1755 HS bez. Bau ist noch weitgehend ursprünglich erhalten, auch die Herdstelle mit dem Kesselbalken. In Zusammenarbeit mit der Nationalparkverwaltung wird versucht, ein Restaurierungskonzept für den Wahlkaser zu erstellen. Die Bauaufnahme dient der Vorbereitung. Es wurde außerdem eine Schadenskartierung erarbeitet (Str).

Schongau, Lkr. Weilheim-Schongau, Obb., *Christophstraße 6 «Wäsle-Haus»*
89/845 A.Hu Grundriß EG Bl. 1 1:25 LP
89/846 A.Hu Grundriß EG Bl. 2 1:25 LP
89/847 Pm Querschnitt Bl. 1 1:25 LP
89/848 Pm Querschnitt Bl. 2 1:25 LP
89/849 A.Hu Längsschnitt 1:25 LP
89/850 A.Hu Ansicht von Westen Bl. 1 1:25 LP
89/851 A.Hu Ansicht von Westen Bl. 2 1:25 LP
Photodokumentation Grundner, 1989

A. Huber, Perzlmaier

DL: Stattliches Wohnhaus, im Kern 17./18. Jh., mit neugotischem Treppengiebel.
BF: Gut erhaltenes, spätgotisches Dachwerk, dendrochronologisch bestimmtes Fälldatum des Bauholzes. Winter 1475/76 für das Dach und die originalen spätgotischen Giebel, davon der rückwärtige (nach Grundner) in besserem Erhaltungszustand mit originalen Bau- und Oberflächenbefunden. Straßenfassade des «Wäslehauses» etwas umgestaltet, jedoch nicht «stilwidrig» (Reg. v. Schwaben, 1977). Inneres des Hauses zum Zeitpunkt der Abbruchdokumentation leider bereits stark reduziert, da seit 10 Jahren leerstehend. Inzwischen abgebrochen: Ein großer Verlust für die Stadt Schongau (Md).

Schongau, Lkr. Weilheim-Schongau, Obb., *Marienplatz 9*
89/852 A.Hu Grundriß OG mit zwei Wandansichten 1:25 K
89/853 Sa Querschnitt B-B 1:25 K
Photodokumentation Restauratoren Pfister, Mayer-Cafaggi und Grundner

A. Huber, Sattler

DL: Gebäude nicht enthalten. Sofortiger Nachtrag nach Entdeckung:
Nebengebäude des ehem. Sternbräuanwesens, zweigeschossiger Satteldachbau 17./18. Jh., im Obergeschoß Wandmalereien, bez. 1617.
BF: Nach Abbruch des «Wäslehauses», in Fortsetzung der Abbrucharbeiten des dahinterliegenden historischen Nebengebäudes im Inneren ornamentale Wandmalereien recht guter Qualität von 1617 entdeckt (Grundner, Sattler), die als Ausstattung eines nicht mehr in vollem Umfang erhaltenen Saales gedeutet wurden. Erhalten drei Wandflächen, Fensterlaibungen. Schließlich Entscheidung für Abbruch des Nebengebäudes (wegen genehmigter Tiefgarage), Abnahme und Wiedereinbau der Malereien (Dissensentscheidung der Regierung von Oberbayern). Mit dem Bauaufnahmeauftrag waren noch Gedanken zu einer Erhaltungslösung in situ verknüpft gewesen (Md).

St. Florian, Gde. Frasdorf, Lkr. Rosenheim, Obb., *Brunnenkapelle*
89/854 Stud Grundriß 1:25 K
89/855 Stud Ost-/Westansicht, Querschnitt 1:25 K
89/856 Stud Nord-/Südansicht 1:25 K
89/857 Stud Wandabwicklung innen/außen 1:25 K

Jasch, Listl, E. Schmidt, P. Schmidt

DL: Brunnenkapelle, Zentralbau, 1659, mit Ausstattung.
BF: Die Kapelle wurde seit ihrer Erbauung praktisch nicht verändert, es ist noch der originale Außenputz erhalten. Im Rahmen einer Studienarbeit dokumentierte eine Studentengruppe der TUM die seit langem leerstehende barocke Kapelle vor einer Instandsetzung (Str).

Staffelstein, Stadt, Lkr. Lichtenfels, Ofr., *Kirchgasse 8/10*
89/858 Ber,Md Grundriß EG 1:50 K
89/859 Md Grundriß 1. OG 1:50 K

Bernhard, Mader

DL: Kaplanei, 1764/65 von Johann Thomas Nißler, Walmdachgebäude, fünf zu sechs Achsen.
BF: Zweigeschossiger Sandsteinbau, als Doppelhaus mit streng symmetrischem Grundriß konzipiert. Im Inneren Fachwerkwände, aber ummauerte, gewölbte historische Küchen im Erdgeschoß, in denen sich die deutschen Kamine – inzwischen ersetzt – noch abzeichnen. Wertvoller, auch in der baufesten Ausstattung noch weitgehend erhaltener Bestand. Anlaß der Bauaufnahme war eine Planung, mit der das Baudenkmal im Inneren weitgehend zerstört werden sollte (Md).

Straß, Gde. Taufkirchen, Lkr. Erding, Obb., *Haus Nr. 144*
89/860 Go Grundriß EG 1:25 K
89/861 Go Grundriß OG 1:25 K
89/862 Go Querschnitt B-B 1:25 K
89/863 Go Querschnitt C-C 1:25 K
89/864 Go Querschnitt D-D 1:25 K
89/865 Go/Vog Querschnitt E-E 1:25 K
89/866 Go/Vog Querschnitt F-F 1:25 K
89/867 Go/Vog Längsschnitt A-A 1:25 K

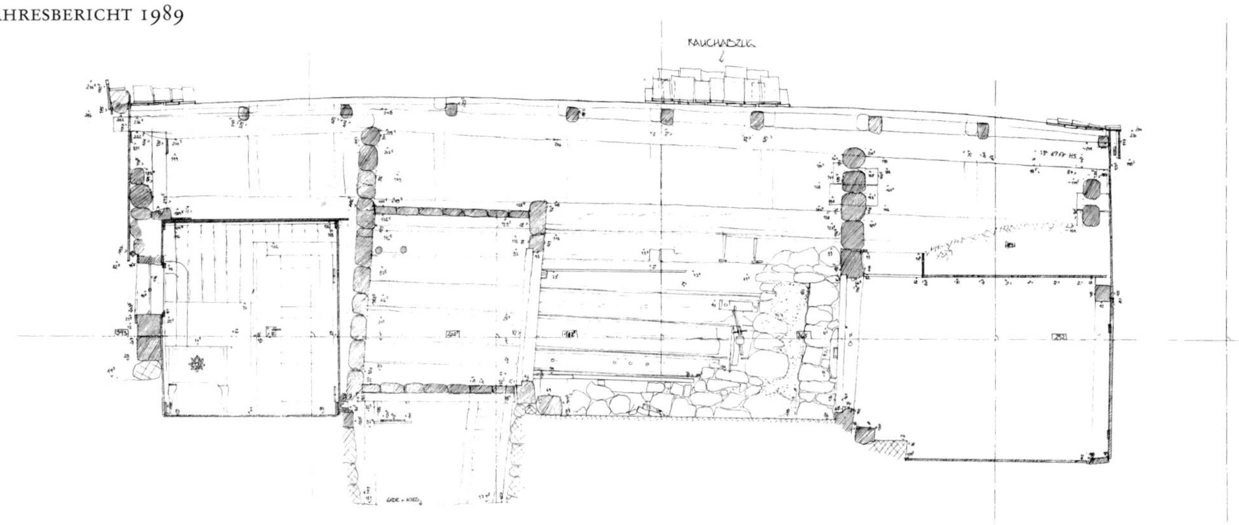

Schönau am Königssee; Gotzentalalm, Wahlkaser, Längsschnitt 2 89/840 (K. Kreutzarek) und Grundriß 89/835 (M. Gerchow)

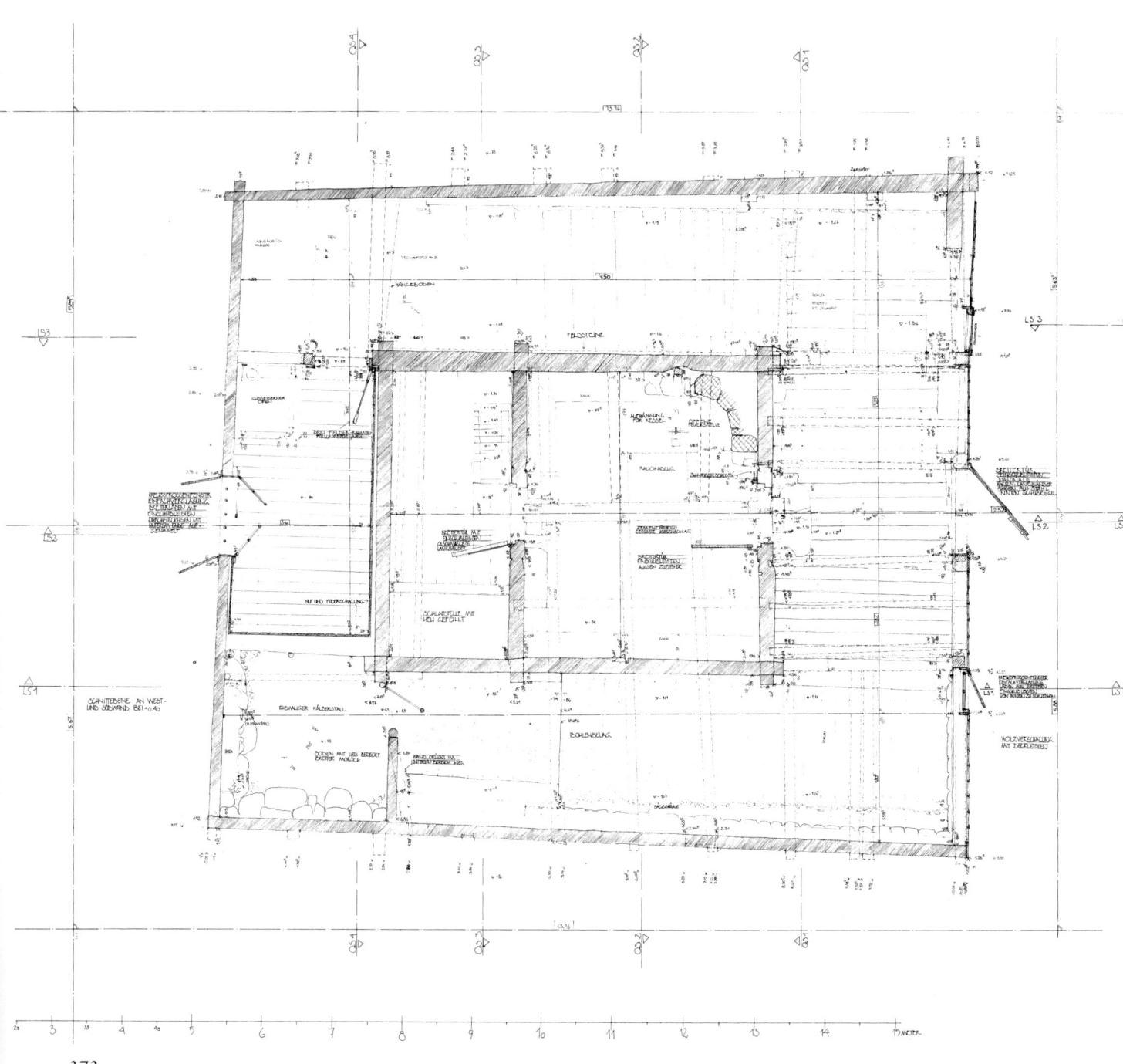

BAUFORSCHUNG

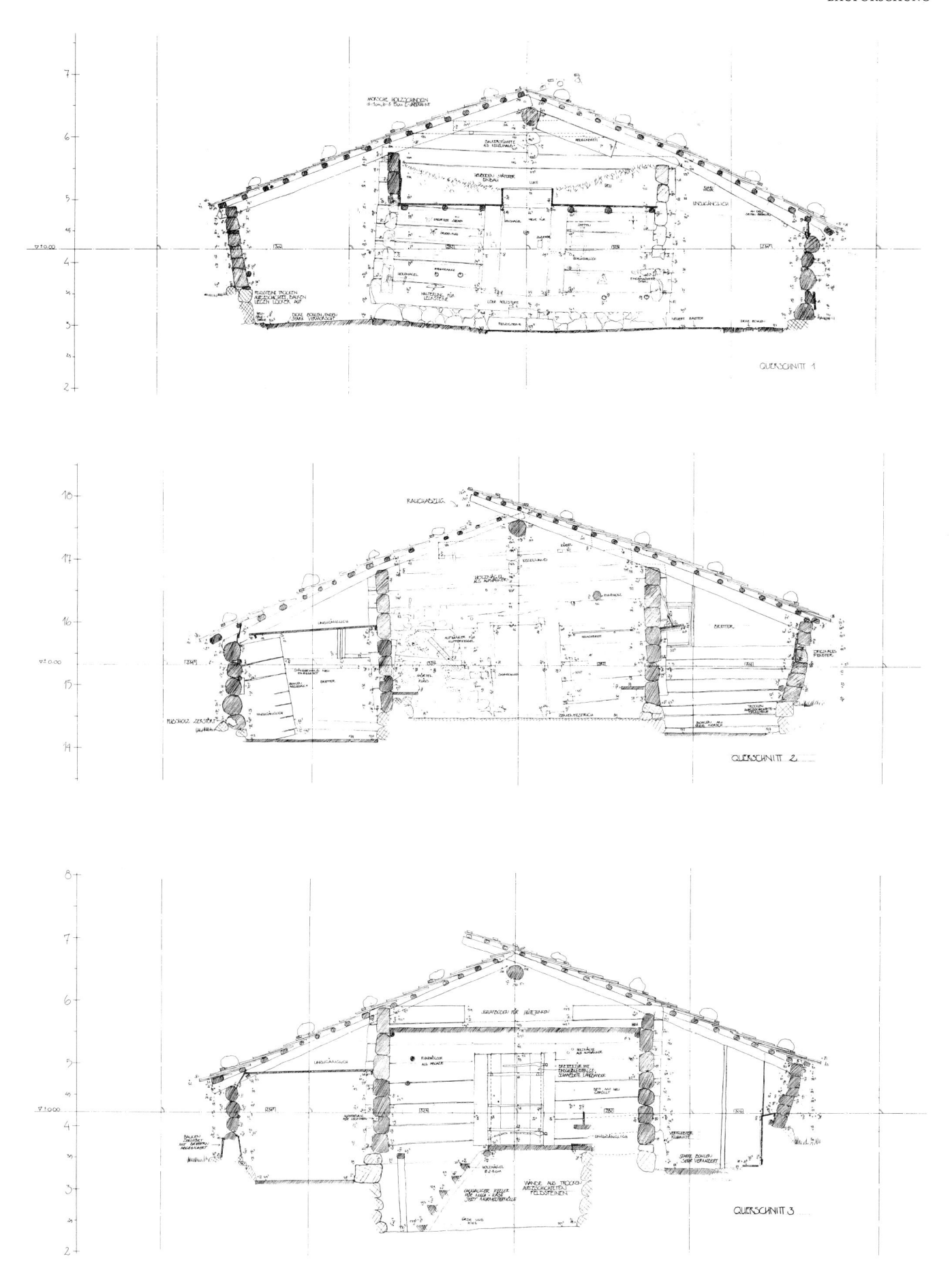

Schönau am Königssee; Gotzentalalm, Wahlkaser, Querschnitt 1 (Ansicht von Osten) sowie Querschnitt 2 und 3: 89/836 und 89/837 (alle K. Kreutzarek)

89/868 Go/Vog Ansicht von Norden 1 : 25 K
89/869 Go Ansicht von Süden 1 : 25 K
89/870 Go Ansicht von Westen 1 : 25 K
              Gottsmann, Vogel
DL: Bauernhaus; eingeschossiger Mitterstallbau mit übertünchten Blockwänden, Bundwerk-Kniestock, gemauertem Stüberlvorbau und geschnitzten Details, 2. Hälfte 17. Jh. und Anfang 19. Jh.
BF: Das seit Jahren nicht mehr bewohnte Bauernhaus ist in bedenklichem Bauzustand, möglicherweise soll das Haus transferiert werden. Die Bestandsdokumentation hat ergeben, daß nur noch das Blockbau-Erdgeschoß dem 17. Jh. angehört, das Dachwerk wurde im 19. Jh. erhöht. Parallel zur Vermessung lief eine Inventarisation der noch verbliebenen Ausstattung, durchgeführt vom Landkreis Erding (Str).

Tegernsee, Stadt, Lkr. Miesbach, Obb., *Bahnhofstraße 42*
89/871 Sh Grundriß EG 1 : 50 K
89/872 Sh Grundriß OG 1 : 50 K
89/873 Fs Querschnitt A-A 1 : 50 K
89/874 Sa Querschnitt B-B 1 : 50 K
89/875 Sh Ansicht von Norden 1 : 50 K
89/876 Sh Ansicht von Osten 1 : 50 K
89/877 Sh Ansicht von Süden 1 : 50 K
89/878 Fs Ansicht von Westen 1 : 50 K
Photodokumentation
             Frisch, Sattler, Schuster
DL: Ehem. Bauernhaus, mit Lauben und verbrettertem Blockbau-Obergeschoß, bez. 1778.
BF: Die Datierung des Einfirsthofs findet sich zweimal am Bau: an der Firstwange und in Rötel an der Stadel-Außenwand im Westen, wo der zweite Binder von Norden eingezapft ist. Umfangreichere Umbauten, die Anfang des 20. Jhs. stattgefunden haben, verunklären den Bautyp. Im Bereich der Holzkonstruktion dennoch viel ursprüngliche Substanz und interessante Details. Verformungsgetreues Aufmaß als Grundlage für eine Instandsetzung (Sattler).

Thierlstein, Stadt Cham, Lkr. Cham, Opf., *Haus Nr. 16, Schloß*
89/879 Mai Detail Fenster, Grundriß, Schnitt, Ansicht 1 : 5 K
                   Mai
DL: Schloß, mittelalterlicher Ostteil mit Rundturm, Westbau 18. Jh., mit Ausstattung; Wirtschaftshof, unregelmäßige Anlage, teilweise mit Gebäuden des 18. Jh.
BF: Dokumentation eines teilweise zugesetzten gotischen Fensters, mit Darstellung der Schalungsabdrucke in der Laibung. Einteiliger Steinstock mit spitzbogiger Öffnung, schräger Abfasung und Anschlag. Fensterverschluß nicht mehr vorhanden (Md).

Traunwalchen, Stadt Traunreut, Lkr. Traunstein, Obb., *Frauenbrunnstraße 5, Frauenbrunn-Kapelle*
89/880 A.Hu Grundriß EG 1 : 25 K
89/881 Sh Grundriß OG 1 : 25 K
89/882 Fs Querschnitt 1 : 25 K
89/883 A.Hu Ansicht Nord 1 : 25 K
89/884 Fs Ansicht Ost 1 : 25 K
89/885 Sh Ansicht Süd 1 : 25 K
Photodokumentation Sattler
            Frisch, A. Huber, Schuster
DL: Kleinhaus (ehemalige Einsiedelei) an der Kapelle, mit Blockbau-Giebel und Giebellaube, bez. 1770.
BF: Das Haus an der Kapelle ist noch mit zahlreichen Details und Ausstattungen der Bauzeit versehen. An die Bauaufnahme schließt eine Inventarisation aller verbleibenden Gegenstände an, die z.T. hohen volkskundlichen Wert besitzen.
Es wird versucht, eine möglichst schonende Instandsetzung des Gebäudes zu erreichen (Str).

Treuchtlingen, Stadt, Lkr. Weißenburg-Gunzenhausen, Mfr., *Hauptstraße 18*
89/886 Sg KG, Grundriß, Ansicht, Schnitt, Detail 1 : 50 1 : 10 1 : 2 K
89/887 Wta EG, Grundriß, Details 1 : 50 1 : 20 1 : 10 K
89/888 Ar OG Grundriß, Ansicht, Details 1 : 50 1 : 20 1 : 10 K
89/889 Sg DG Grundriß, Ansicht, Schnitt, Details 1 : 50 1 : 20 1 : 10 K
89/890 Wta Querschnitt Ansicht Nord 1 : 50 K
89/891 Ar Längsschnitte 1 : 50 K
89/892 Ar,Sg,Wta Längsschnitt Ansicht Ost, Ansicht West 1 : 50 K
Photodokumentation Marano Nov. 1988 43 Aufnahmen
             Aravidis, Schug, Wtas
DL: Wohnhaus in Jura-Bauweise, zweigeschossig, 18./frühes 19. Jh.
BF: Das äußerlich sehr unscheinbare Haus wurde von der Inventarisation nach den äußeren Bauformen zutreffend in das 18./19. Jh. datiert. Die Eigenschaften der inneren Konstruktion konnte man nicht erkennen. Eine Besichtigung des Dachwerks hätte zwar eine frühere Datierung nahegelegt; dieser sichtbare Teil der Baukonstruktion war aber bereits eine zweite Bauphase, später dendrochronologisch kurz nach 1682 zu datieren. Wir verdanken die Aufnahme des Bauwerks in die Denkmalliste sicherlich auch einem sechsten Sinn des erfahrenen Inventarisators. Die Eintragung erlaubte wenigstens eine Erforschung, nachdem die Stadt Treuchtlingen nicht auf die Durchführung des rechtskräftigen Bebauungsplans verzichten mochte und sich dadurch um eines ihrer bedeutendsten Baudenkmäler brachte. Im Bauwerk steckt über zwei Stockwerke ein Fachwerkgerüst, welches ein dendrochronologisches (allerdings nicht genügend abgesichertes) Ergebnis von 1420 erbrachte. Nach den Konstruktionsmerkmalen würde man den ursprünglich reinen Fachwerkbau (Stockwerksbauweise, längere, geblattete Kopfbänder, rein lehmausgefacht usw.) in die Mitte oder zweite Hälfte des 15. Jh. einordnen. Die Bauaufnahme wurde sehr bemüht, mit vielen Details ausgeführt, konnte aber, da kein professioneller Bauforscher beteiligt wurde, nicht gezielt genug die wissenschaftlichen Fragestellungen angehen. So wird bei einer Auswertung wohl manche Frage offen bleiben müssen, die am – inzwischen beseitigten – Bau noch klärbar war (Md).

Unterammergau, Lkr. Garmisch-Partenkirchen, Obb., *Kath. Pfarrkirche St. Nikolaus*
89/893 In Grundriß Blatt 1 1 : 25 K
89/894 In Grundriß Blatt 2 1 : 25 K
89/895 In Querschnitt im Bodenbereich 1 : 25 K
89/896 In Längsschnitt im Bodenbereich 1 : 25 K
              Inanger (Büro Hölzl)
DL: Kath. Pfarrkirche St. Nikolaus, erbaut 1709, Turm 1688/89; mit Ausstattung, ummauerter Friedhof.
BF: Nach Entfernung des Fußbodens im Kirchenraum (Bodenaustausch) wurden die Fundamente von Vorgängerbauten freigelegt. Es handelt sich um einen kleinen, geosteten Kirchenbau mit halbrunder Apsis, eine Erweiterung des Chors nach Osten und um einen Anbau im Süden. Die 1709 errichtete Kirche liegt quer zu diesen Vorgängerbauten (Turm im Norden, Chor im Süden). Begleitende Notdokumentation (Str).

Unterdornlach, Stadt Kulmbach, Ofr., *Hauptstraße 5*
89/897 Se Grundriß KG 1 : 25 K
89/898 Se Grundriß EG 1 : 25 K
89/899 Se Grundriß DG 1 : 25 K
89/900 Se Querschnitt A-A nach Süden 1 : 25 K
89/901 Se Längsschnitt B-B nach Westen 1 : 25 K
89/902 v.B Ansicht von Osten 1 : 25 K
89/903 v.B Ansicht von Süden 1 : 25 K
89/904 Se Ansicht von Westen 1 : 25 K
Baubeschreibung Sell, 7 Seiten
               Sell, van Beek
DL: Ehem. Weberhaus, bez. 1740
BF: Sehr genaue Bauaufnahme und Beobachtung eines von Hausbock und Feuchtigkeit in seinen Außenwänden weitgehend vollgeschädigten Blockhauses, dessen Erhaltung nicht mehr möglich war. Qualitätvoll gebautes Handwerkerhaus, im Süden erdgeschossig, mit teilweiser Unterkellerung (tonnengewölbter Keller), im Norden mit Untergeschoß. Verschiedentliche Umbauten, unter anderem auch Fenstervergrößerungen. Ansicht von Osten und Süden als photogrammetrische Kartierungen (Md).

Untersteinbühl, Gde. Woringen, Lkr. Unterallgäu, Schw., *Wälder 3*
89/905 J.Hu Grundriß 1 : 25 K
89/906 Lug Querschnitt 1 : 25 K
89/907 J.Hu Längsschnitt 1 : 25 K
89/908 Lug Ansicht von Norden 1 : 25 K
J. Huber, Lugmair
DL: Stadel, eingeschossiger Ständerbau, Kornkasten, Blockbau, bez. 1681, zur Einöde gehörig.
BF: Datierung 1681 auf dem Türsturz des Kornkastens. Der Getreidekasten und der ihn umgebende Stadel sind noch weitgehend bauzeitlich erhalten; lediglich ein Anbau an der Westtraufe ist jünger. Mit dem Bauaufmaß wurde zunächst ein Abbruch des wertvollen ländlichen Baudenkmals abgewendet. Inzwischen hat das Schwäbische Bauernhofmuseum Illerbeuren in Amtshilfe durch Zimmerer Klose eine Dokumentation mit Schadensbeschreibung, Maßnahmenkatalog und Kostenschätzung erstellt, so daß gehofft werden kann, daß eine Instandsetzung in situ gelingt (Str, Kratzsch).

Weikering, Gde. Vogtareuth, Lkr. Rosenheim, Obb., *Haus Nr. 7*
89/909 Fs Grundriß EG 1 : 50 K
89/910 Fs Grundriß OG 1 : 50 K
89/911 Fs Querschnitt A-A 1 : 50 K
89/912 Fs Ansicht von Osten 1 : 50 K
89/913 Fs Ansicht von Süden 1 : 50 K
89/914 Fs Ansicht von Westen 1 : 50 K
Frisch
DL: Bauernhaus mit Bundwerkgiebel, Anfang 19. Jh.
BF: Älteste Teile des Bauwerks sind Bundwerk und Dachkonstruktion, sowie Keller. Die Holzkonstruktion des Hauses wurde durch Mauerwerk ersetzt. Ausstattung 19./20. Jh. Der Wirtschaftsteil wurde im 19. Jh. amputiert und unorganisch mit neuem Stall (mit böhmischen Gewölben) und Scheunenbau ersetzt. Die Bauaufnahme soll der Instandsetzung des Wohnteils dienen. Während das Bauernhaus ein denkmalpflegerischer Grenzfall ist, scheint der Kornkasten, der sich im südlich gelegenen Stadel befindet, ein bedeutendes Baudenkmal zu sein. Er wurde leider noch nicht dokumentiert. Kratzsch hat seine Türsturzinschrift mit 1535 identifiziert; seine Beschreibung vgl. Akt (Md).

Weißenburg i. Bay., Lkr. Weißenburg-Gunzenhausen, Mfr., *Marktplatz 13*
89/915 A Lageplan 1 : 10 LP
Wohnhaus:
89/916 Rei Grundriß KG 1 : 50 K
89/917 Rei Grundriß EG 1 : 50 K
89/918 Rei Grundriß OG 1 : 50 K
89/919 A Grundriß 1 : 50 K
89/920 A,Rei Querschnitt A-B 1 : 50 K
89/921 A,Rei Querschnitt C-D 1 : 50 K
89/922 A,Rei Längsschnitt nach Westen 1 : 50 K
Scheune:
89/923 Rei Grundriß EG 1 : 50 K
89/924 Schk,Zel Balkenlage ü. EG m. Grundriß OG/Anbau 1 : 50 F
89/925 Zel Grundriß OG 1 : 50 K
89/926 Schk Grundriß DG 1 : 50 K
89/927 Rei Querschnitt nach Westen 1 : 50 K
89/928 Rei Längsschnitt nach Süden 1 : 50 K
Albert, Reinecke, Schlick, Zellenhöfer
DL: Gasthaus zum Schwarzen Bären, sehr stattlicher zweigeschossiger Fachwerkgiebelbau auf massivem Untergeschoß, im Kern wohl spätmittelalterlich, Ausbau im 17./18. Jh., 1926 und 1970 erneuert; mit Hinterhaus.
BF: Wohnhaus, zweigeschossiger, giebelständiger Bau über Kellern z. T. von Vorgängerbauten (am Markt); zusammengelegt aus zwei ehemals eigenständigen Gebäuden mit starker Veränderung des Grundrisses im rückwärtigen; heute durch beide Gebäude durchgehende Mittelgangerschließung in beiden Geschossen, EG Massivbau mit mehreren Werkstein-Türgewänden, OG Fachwerk im Vordergebäude, z. T. außen sichtbar, am Nordgiebel zum Markt teilweise ausgetauscht; Dachstühle mit zweifach stehendem Stuhl im Vorderhaus (dendro-datiert 1428) bzw. einfach stehendem Stuhl im rückwärtigen Haus, dort teilweise mit wiederverwendeten Hölzern.
Scheune, zweigeschossiger, nicht unterkellerter Bau mit Satteldach, EG-Außenwände in Massivbau, Hausecken und Öffnungsgewände in Werkstein, dreiteiliger Grundriß mit Holzstützen in Quer- und Längsrichtung; Decken im Stallbereich später eingezogen; OG Fachwerk mit gleicher Grundrißteilung wie EG; zweigeschossiges Dachwerk mit liegendem Stuhl. Kleiner nördlicher Fachwerkanbau über massivem EG mit Kreuzgratgewölben (zum Abbruch freigegeben).
Verformungsgerechte Bestandsaufnahme vor Instandsetzung und Umnutzung zu Zwecken der Stadtverwaltung (Fa).

Wiedendorf, Gde. Bernau am Chiemsee, Lkr. Rosenheim, Obb., *Haus Nr. 7*
89/929 Fs Grundriß EG 1 : 50 K
89/930 A.Hu Grundriß OG 1 : 50 K
89/931 Sh Querschnitt A-A 1 : 50 K
89/932 Fs Ansicht von Norden und Süden 1 : 50 K
89/933 Sh Ansicht von Osten 1 : 50 K
89/934 Fs Detailschnitt Laube 1 : 10 K
Photodokumentation
Frisch, A. Huber, Schuster
DL: Bauernhaus, mit Hochlaube und Bundwerkgiebel, um 1825/40.
BF: Inschrift am Firstbaum «1782 JP PPZ», Zierbundwerk, Giebellaube mit gedrechselten Balustern, hoher Speicherstock mit Rundbogenluken, gemauertem Wohnteil mit Mittelflur. Aufgemessen wurde nur der Wohnteil. Anlaß: Abbruchantrag (Kratzsch, Sattler).

STÄDTEBAULICHE FRAGEN

Mehr noch als im Vorjahr bestimmte das wiederum ausgeweitete Bayerische Dorferneuerungsprogramm die Arbeit im Stadtreferat. Die personelle Absicht der Bearbeitung dieses Programms, die methodische Weiterentwicklung der denkmalpflegerischen Erhebungsbögen zur Dorferneuerung und der Aufbau eines kooperativen Arbeitsmodells für die Betreuung der Dorferneuerungsplanung von Denkmalpflege und Flurbereinigung erforderten im Berichtsjahr den Hauptanteil der verfügbaren Arbeitszeit. Da mit steigender Zahl der abgeschlossenen und verfügbaren denkmalpflegerischen Erhebungsbögen in der Flurbereinigung auch zunehmend ein Bedarf nach weiteren Leistungen zur Erforschung der historischen Siedlungs- und Hauslandschaft und zur Beratung im Dorferneuerungsverfahren provoziert wurde, mußten andere Bearbeitungsfelder des Stadtreferats, insbesondere das der Stadtsanierung, weiter reduziert werden.

Denkmalpflegerischer Erhebungsbogen zur Dorferneuerungsplanung (DEB)

Die inzwischen große Zahl der bearbeiteten Dörfer machte es möglich, die Methode und die Darstellung so zu standardisieren, daß ein Leistungsverzeichnis für die Bearbeitung durch freie Planer entwickelt werden konnte. Gleichzeitig konnten an zwei Beispielen von Stadtsanierungsplanung für Ensemblestädte im ländlichen Raum die an den Dörfern gewonnenen methodischen Erfahrungen in geänderter Weise, d. h. auf urbane Strukturen ausgerichtet, angewandt werden.
Die Entwicklung von Leistungsverzeichnissen zielt natürlich auf eine vermehrte Vergabe von Erhebungsleistungen an freie Planer in der Dorferneuerungsplanung und im Rahmen der vorbereitenden Untersuchung zur Stadtsanierung. Schon die ersten Versuche zeigen

jedoch, daß auch bei sehr entwickelter planerischer Leistung im Sinn der denkmalpflegerischen Erhebungsbögen das Ergebnis nicht alle Teilbereiche der denkmalpflegerischen Fragestellung abdecken kann. Neben den hoheitlichen Aufgaben (z.B. Feststellung der Denkmaleigenschaft) bleiben solche der gleichzeitigen Fachberatung und die Abstimmung der Forschungstiefe bei der Auswertung der kulturgeschichtlichen Quellen zwangsläufig unberücksichtigt. Obwohl bei freier Vergabe der Arbeitsaufwand für den Planer vergleichsweise größer ist – die Bearbeitung eines Dorfes beansprucht bei der Quellensuche und bei der Sammlung der geschichtlichen Daten fast die gleiche Zeit wie für viele Dörfer, die durch ihre Nachbarschaftslage ähnliche historische Daten aufweisen und für die im Großen und Ganzen die gleichen Quellen heranzuziehen sind – bleibt eine Zu- und Ergänzungsarbeit, einschließlich einer Ortsbesichtigung durch den Sacharbeiter, in der Dorferneuerungsgruppe bestehen. Um hier für den Bearbeitungszeitaufwand und gleichzeitig auch für die (Kosten) eine Übersicht zu bekommen, ist beabsichtigt, modellhaft an unterschiedliche Bearbeiter außerhalb des Denkmalamts planerische Grundleistungen im Sinn des denkmalpflegerischen Erhebungsbogens zur Dorferneuerungsplanung zu vergeben.

Koordinierung der Arbeit der Dorferneuerungsgruppe im Referat Städtebau mit den Flurbereinigungsbehörden

Im Berichtszeitraum konnte die technische und fachliche Zusammenarbeit der Denkmalpflege mit der Flurbereinigung wesentlich verbessert werden. Das Städtebaureferat bekam die Gelegenheit, auf der jährlichen Arbeitstagung der Präsidenten der Flurbereinigungsdirektionen einen Bericht über die Arbeit der Dorferneuerungsgruppe abzugeben. Als Ergebnis wurden technische Vereinbarungen getroffen, die angesichts der personellen Situation im Landesamt für Denkmalpflege eine erhebliche Hilfe für die Arbeit der Dorferneuerungsgruppe bedeuten. Die Flurbereinigungsdirektionen stellen dem Landesamt für Denkmalpflege aktuelle Luftbilder, Lagepläne und möglichst auch die Pläne zu den Urkatastern zur Verfügung; außerdem übernehmen sie die technische und zeichnerische (farbige) Vervielfältigung der originalen Erhebungsbögen, so daß diese zeitaufwendigen Nebenaufgaben für die Mitarbeiter in der Dorferneuerungsgruppe zukünftig entfallen.
Um auch fachlich zu einer Verbesserung der Zusammenarbeit zu kommen, wurde für Januar und Februar 1990 an allen Flurbereinigungsdirektionen Seminarveranstaltungen für alle Mitarbeiter des höheren Dienstes in den Direktionen vereinbart, bei denen die Methode der Bearbeitung, der Inhalt und die Anwendung des denkmalpflegerischen Erhebungsbogens zur Dorferneuerungsplanung durch das Bayerische Landesamt für Denkmalpflege dargestellt wird.
Da alle diese Vereinbarungen der Arbeitstagung in Bamberg unter der Leitung des Staatsministeriums für Ernährung, Landwirtschaft und Forsten getroffen wurden, sind sie gleichzeitig zu verbindlichen Regelungen der Zusammenarbeit von Denkmalpflege und Flurbereinigung im Bayerischen Dorferneuerungsprogramm geworden.
Für die Arbeitsgruppe Dorferneuerung führten personelle Wechsel zu Verzögerungen in der Abwicklung des zeitlichen Konzepts der Aufarbeitung der Dorferneuerungsprogramme in Unterfranken und Mittelfranken. Frau Dr. Bock wechselte im Frühjahr aus der Arbeitsgruppe in das Gebietsreferat Unterfranken West und Herr Dr. Mette wechselte im Herbst dieses Jahres aus der Arbeitsgruppe in das Gebietsreferat Mittelfranken Ost. Im gleichen Jahr trat Herr Dipl.-Geogr. Ongyerth neu in einem befristeten Vertragsverhältnis in die Arbeitsgruppe Dorferneuerung ein. Die Übernahme von Frau Dr. Bock und Herrn Dr. Mette auf feste Stellen in der Praktischen Denkmalpflege ist neben der Bestätigung ihrer erwiesenen fachlichen Leistungen sicher auch ein Hinweis, daß die fachlichen Ansprüche der Arbeit für die Dorferneuerungsplanung eine hervorragende Schulung für weitere Aufgaben in der Denkmalpflege bilden. Andererseits entstehen für die Kontinuität der Arbeit in der Dorferneuerungsgruppe erhebliche Brüche durch solche Wechsel. Die Einarbeitung auch hochqualifizierter neuer Mitarbeiter bedarf mindestens eines halben Jahres. Eine effektive Fortsetzung der Programmbearbeitung ist keinesfalls vor einem Jahr zu erwarten. Eine flächendeckende und kontinuierliche Bearbeitung des Bayerischen Dorferneuerungsprogrammes ist mit weniger als vier Sachbearbeitern nicht

zu gewährleisten. Nur bei einem solchen Personalstand können auch übergangsweise Personalwechsel ausgeglichen und die dringend erforderliche, aber heute immer noch nicht mögliche Beratung der Kommunen und Planer in Flurbereinigungsverfahren gesichert werden.
Zu den weiteren Aufgaben des Stadtreferates gehörte die Festsetzung der Mitarbeit im Lenkungsausschuß für das Forschungsfeld «städtebauliche Dorferneuerung» beim Bundesminister für Raumordnung, Bauwesen und Städtebau, sowie in der Expertenrunde zur Beratung der Novelle der Baunutzungsverordnung im selben Ministerium. Für das Deutsche Nationalkomitee für Denkmalschutz wurde das Journalistengespräch 1989 in Nürnberg zum Thema «Umgang mit dem baulichen Erbe des Nationalsozialismus» am Beispiel der Bauten des Reichsparteitagsgeländes verbreitet und durchgeführt.
MANFRED MOSEL

BAUTECHNISCHES REFERAT

Am 1. Januar 1989 übernahm Dr.-Ing. Wolf Schmidt die Funktion des technischen Referenten. Die Tätigkeit im Berichtszeitraum wurde im wesentlichen bestimmt durch die Aufgaben, die sich aus der Übergabe des bis dahin betreuten Gebietsreferats Unterfranken-West und der Einrichtung des Technischen Referats in Schloß Seehof ableiteten.
Wegen der Vielzahl laufender Projekte nahm die Übergabe des alten Referats die ersten vier Monate des Jahres in Anspruch. Die Zahl der Dienstreisen und Sprechtage lag in diesem Zeitraum zwangsläufig über dem normalen Maß. Erheblichen Zeitaufwand erforderte nach wie vor auch die Beratung von Bauherrn, Architekten, Ingenieuren, Restauratoren und Firmen, die im Rahmen von Besprechungen im Amt erfolgte. Hinzu kam die Betreuung von zehn ausgewählten Sanierungsprojekten im westlichen Unterfranken, die entweder im Lauf des Jahres 1989 abgeschlossen wurden oder aufgrund anderer Umstände eine kontinuierliche denkmalpflegerische Projektleitung erforderten (Angaben zu diesen Objekten im Jahresbericht der Abteilung Bau- und Kunstdenkmalpflege, Bezirk Unterfranken).
Im Zusammenhang mit der Referatsübergabe erfolgte auch das seit langem geplante Ordnen und Registrieren des gesammelten Dokumentationsmaterials (Aufmaße, Befundberichte, Projektakten, Bildmaterial, Befundstücke u.a.). Mit Hilfe der Kolleginnen Dr. Sabine Bock und Dr. Annette Faber wurde das Dokumentationsarchiv eingerichtet, in Zusammenarbeit mit Frau Patellis die Archivierung des Bildmaterials grundsätzlich geregelt. Schließlich wurde eine Benutzungsordnung ausgearbeitet.
Bereits begonnene Arbeiten zur Methodik vorbereitender Untersuchungen wurden abgeschlossen oder fortgeführt. So konnte zum Jahresende eine kritische Beschreibung der «Raumbuch»-Inventarisation fertiggestellt werden und als Arbeitsheft erscheinen. Die Methode selbst wurde im Rahmen eines Vortrags am 8. Dezember 1989 amtsintern vorgestellt und diskutiert. Auch das seit langem geplante Merkblatt zum Thema «Befunduntersuchungen in profanen Baudenkmälern» wurde überarbeitet und zur Abstimmung an Restaurierungswerkstätten und Bauforschung weitergegeben.
Begonnen wurde ferner eine Studie, die sich mit dem Sanierungs- oder Instandsetzungsprojekt im weitesten Sinne, besonders aber mit folgenden Fragenkomplexen befaßt: Welche allgemeinen Gesetzmäßigkeiten kennzeichnen ein Sanierungsprojekt? Welches sind die Rahmenbedingungen erfolgreicher Erhaltungsmaßnahmen? Welche Verfahren der Entscheidungsfindung haben sich bewährt, vor allem bei der Suche nach optimalen technischen Lösungen im Sinn des Denkmalschutzes? Welche Möglichkeiten besitzt der praktische Denkmalpfleger, ein Sanierungsprojekt mit bestmöglichem Effekt zu steuern? In diesem Zusammenhang soll auch der Frage nachgegangen werden, welche Bedeutung einer systematischen Analyse ausgeführter Projekte von Seite der Denkmalpflege-Behörden beizumessen ist. Auch im Hinblick auf diese Themenstellung fand am 22. September 1989 in Unterfranken eine Exkursion mit Referenten der Abteilung Bau- und Kunstdenkmalpflege statt. Eine Publikation der Untersuchungsergebnisse als Arbeitsheft ist geplant.
Aus organisatorischen Gründen war es dem Technischen Referat erst gegen Jahresmitte möglich, einen eigenen Raum zu beziehen.

Außerdem legten es Anfragen aus dem Amt nahe, die mittel- und langfristigen Ziele wie die Arbeitsschwerpunkte des Technischen Referats neu zu definieren und, zunächst amtsintern, vorzustellen. Dies geschah in Form eines Vortrags mit Diskussion am 10. November 1989. Die Ausführungen wurden zudem vervielfältigt und allen Interessenten zugestellt.
Daneben erfolgten erste fachliche Stellungnahmen, unter anderem zu möglichen Sanierungskonzepten für das Schloß Kammer am Attersee, das auf Wunsch der österreichischen Denkmalpflege besichtigt wurde, und zu dem Problem von Gebäudeschäden durch Fluglärm, das Gegenstand einer Anfrage der Verwaltung des Herzogs von Ratibor, Corvey, war.
Im Zusammenhang mit dem Versuch, qualitative wie quantitative Leistungsstandards für die Durchführung vorbereitender Untersuchungen zu definieren und Anhaltswerte für den erforderlichen, d. h. angemessenen Zeit- und Kostenaufwand zu erhalten, übernahm das Technische Referat weiterhin die Betreuung eines repräsentativen Sanierungsvorhabens, das es erlaubt, die Brauchbarkeit bestimmter Modelle der Projektsteuerung und der Kooperation unter den Beteiligten zu testen. Über diese Untersuchung wird gesondert berichtet werden, sobald erste Ergebnisse vorliegen.
Als Vertrter des Bayerischen Landesamts für Denkmalpflege nahm der Technische Referent schließlich an folgenden Veranstaltungen teil: Informationsfahrt des Sonderforschungsbereichs 315 nach Nordrhein-Westfalen (18./19.5.), Internationale Herbsttagung des Sonderforschungsbereichs 315 in Karlsruhe (19./20.10.) und Treffen der Arbeitsgruppe Technik der Landesdenkmalpfleger in Bad Münstereifel (30.11.1989). WOLF SCHMIDT

BAYERISCHES BAUARCHIV THIERHAUPTEN

Die Beratung von Firmen war auch 1989 ein Schwerpunkt in der Arbeit des Leiters der Werkstätten für Holzrestaurierung, Martim Saar. Sie fand zum Teil in den Firmenwerkstätten, zum Teil auf den Baustellen statt. Im Lauf des Berichtsjahrs konnte die eigene Werkstätte im Ostflügel des ehem. Klosters Thierhaupten bezogen und so weit ausgestattet werden, daß bereits Restaurierungsarbeiten auch selbst ausgeführt werden konnten. Das beinhaltete nicht nur den Kauf der notwendigen Maschinen, deren Auswahl unter dem Gesichtspunkt der individuellen Instandsetzung historischer Bauteile sehr sorgfältig überlegt sein mußte, sondern auch die Ausstattung mehrerer Arbeitsplätze mit zum Teil auch selbst gebauten Vorrichtungen. Es gehört zu den Zielen des Bayerischen Bauarchivs, nicht nur verbal zu beraten oder Handgriffe vorzumachen, sondern Musterinstandsetzungen auszuführen, z. B. als Prototypen bei größeren Maßnahmen, die als Vorbild oder als Grundlage einer Ausschreibung dienen können. Damit konnte 1989 begonnen werden. Einen Schwerpunkt der Tätigkeit bildete hier die Betreuung der Baustelle des ehem. Klosters selbst: hier wurde nicht nur beraten, sondern in schwierigen Fällen, in denen sonst erneuert worden wäre, auch ausgeführt (vgl. Abb. 1). Schreiner Schopf und Zimmerer Wickenheiser standen dem Werkstattleiter bei solchen Arbeiten zur Seite.
Die Bergung von historischen Bauteilen ist ein wesentlicher Teil der Arbeit des Bayerischen Bauarchivs. In der Regel werden die Bauteile in ihrem Einbauzustand genau dokumentiert. Der denkmalpflegerische «Wert» eines Objekts wird durch die ergänzenden Informationen in Form von Skizzen und Aufmaßen, von schriftlichen und photographischen Aufzeichnungen (in seinem Aussagewert) wesentlich erhöht. Die Bergungsaktionen verlangen eine gute Organisation des Ausbaus, des Transports und der Zwischenlagerung im Bauarchiv. Nach der Reinigung und Konservierung der historischen Bauteile erfolgt die Inventarisierung und die Eingliederung der Objekte in den Sammlungsbestand. Zur Bergung von Bauteilen aus ganz Bayern wurden auch 1989 von Thierhaupten aus etliche Fahrten unternommen.
Dipl.-Ing. Mathias Paul war von Januar bis September 1989 mit Werkvertrag als Bauforscher und zur Vorbereitung der Einrichtung der Werkstätten für mineralische Baustoffe eingestellt. Er beteiligte sich an der wissenschaftlichen Vorbereitung und Durchführung von Bauteilbergungen, an den Putzinstandsetzungsarbeiten in Thier-

Substanzschonendes Reparieren einer historischen Treppe durch Einsetzen und Anpassen neuer Holzteile; größtmöglicher Erhalt der originalen Substanz (Werkphoto Saar)

haupten, führte praktische Arbeiten bei mehreren Baustellen (vgl. unten) aus und leitete dabei auch die dortigen Handwerker an. Er arbeitete unter anderem eine Zusammenstellung handelsüblicher Putzträgermaterialien aus. In Thierhaupten und in Wörnitzstein stand ihm Fr. Dipl.-Ing. Kerstin Zaschke als Bauforscherin zu Seite.

Maßnahmen, an denen das Bayerische Bauarchiv länger beteiligt war:

Bad Windsheim, Lkr. Neustadt/Aisch – Bad Windsheim, Mfr., *Dr. Martin Luther Platz 3*, Bauforschungsprojekt (87/Ar,P), Auswechslung der Fußschwellen (Abb. 2) von Fachwerkwänden im Erdgeschoß in Zusammenarbeit mit der Zimmererfirma, Beratung bei der Erhaltung der historischen Fenster, Vorschläge für eine Doppelverglasung; Fortsetzung der Betreuung 1990 (Saar).

Birkenfeld, Lkr. Neustadt/Aisch, Mfr., *ehem. Zisterzienserinnenkloster,* Südfassade der Kirche, Bauforschungsprojekt (87 K.Sch.,Wo, 89 Za), Ausarbeitung eines Leistungsverzeichnisses für die Fassadenkonservierung (Md), Beratung der Maßnahme zusammen mit dem Zentrallabor und dem Gebietsreferat (Snethlage, Vits), Mitwirkung an den Konservierungsarbeiten, insbesondere bei Fugenmörteln (Paul).

Burgpreppach, Lkr. Haßberge, Ufr., *Schloß*, Reparaturkonzept für den bedeutenden Fensterbestand des Saals aus dem 18. Jh. und örtliche Beratung der Instandsetzung (Saar).

Auswechseln einer schadhaften Fachwerkschwelle unter Erhaltung der Ausfachungen, die während des Prozesses sorgfältig bandagiert sind; die verfaulte Schwelle ist bereits entfernt, die neue wird eingepaßt (Werkphoto Saar)

Kempten, Schw., *Bäckergasse 12*, Rückgebäude, Bergung eines Mansarddachstuhls anläßlich einer größeren Abbruchmaßnahme der Stadt Kempten. Zeichnerische Notaufnahme, photographische Dokumentation, Abbau in Zusammenarbeit mit der Stadt, Reinigung, Konservierung und Einlagerung im Bauarchiv (Paul, Saar).

Kempten, Schw., *Rotschlößl*. Bauforschungsobjekt einer Arbeitsgruppe unter Anleitung Md, umfangreiche Schadensuntersuchungen an Dachwerk und anderen Holzkonstruktionen, Konzeptentwicklung und Beratung der holztechnischen Instandsetzungsarbeiten an diesen Konstruktionen sowie an den wertvollen Holzdecken und Türen, Untersuchung der Fehlböden und Fundmaterial, Untersuchung von Gewölben, Fußbodenzonen des Erdgeschosses, Fundamenten (Paul, Saar).

Öffentliche Veranstaltungen:

– Teilnahme an dem Kolloquium des Sonderforschungsbereichs 315 «Erhalten historisch bedeutsamer Bauwerke» der Universität Karlsruhe mit zwei Vorträgen:
«Zur Frage der denkmalpflegerischen Konzeption bei technischen Sanierungsmaßnahmen» (Mader),
«Zur Erhaltung historischer Fenster» (Saar),
inzwischen publiziert in Arbeitsheft 9/1989 des SFB.
– 1. Fachtagung für Schreiner, ausgerichtet vom Bayerischen Bauarchiv, September 1989, zusammen mit Innungsbaumeister Hartlieb, Mainbernheim.
– Vorbereitung eines weiteren Seminars mit dem Landesinnungsverband des Bayerischen Zimmererhandwerks für März 1990.

GERT TH. MADER, MARTIM SAAR

ABTEILUNG BODENDENKMALPFLEGE

SCHUTZ DER BODENDENKMÄLER

Mit 2410 Gutachten wurde zu Baumaßnahmen und landwirtschaftlichen Umlegungsverfahren zwecks Gewährleistung eines Schutzes von Bodendenkmälern Stellung genommen.
Vielfach ergab sich dabei die Notwendigkeit zu sofortigen und späteren Ausgrabungen (siehe unten). Die Tätigkeit verteilt sich auf: 143 Flurbereinigungsverfahren, 1662 Wirtschafts-, Bebauungs-, Flächennutzungs-, Nahbereichs-, Regional- und Raumordnungspläne, 128 Versorgungsvorhaben (Fernwasserversorgung, Fernsprechkabeltrassen, Überlandleitungen, Ferngas- und Ölleitungen), 122 Straßen-, Bundesbahn- und Kanalbauprojekte, 44 Kies- und Tontagebaue, Erdöl- und Gasbohrungen, Lehm- und Bentonitabbaue, 43 sonstige Bauvorhaben, 52 Gutachten zu Kirchenrenovierungen, 188 Unterschutzstellungen aufgrund von Voranfragen, Standortübungsplätze und sonstige Gutachten, 28 Ermittlungs- und Erlaubnisverfahren.

INVENTARISATION DER BODENDENKMÄLER

Fortsetzung der Arbeiten am Katalog für das Inventar der archäologischen Geländedenkmäler in Schwaben (H. Dietrich).
Weiterführung und Beginn von Denkmäleraufnahmen in den Landkreisen Berchtesgadener Land, Eichstätt, Fürstenfeldbruck, Neuburg-Schrobenhausen, Starnberg und Traunstein im Rahmen von Arbeitsbeschaffungsmaßnahmen. Ergänzend hierzu setzte das Landesamt in den von der Regionalinventarisation nicht erfaßten Gebieten mit eigenem Personal die Herstellung eines auf Stichworte verkürzten Denkmalverzeichnisses fort.
Topographische Vermessungen von 17 archäologischen Geländedenkmälern und des Geländereliefs über einer Untertagefundstelle (H. Kerscher und U. Wittki).

AUSGRABUNGEN

Im Berichtsjahr 1989 fanden 203 Ausgrabungen und Fundbergungen statt, die mit rund 3,5 Millionen DM von der Bundesanstalt für Arbeit im Rahmen von Arbeitsbeschaffungsmaßnahmen gefördert wurden. In Verbindung mit einem auf 8 Millionen erhöhten Etat sowie mit Zuschüssen von Gemeinden, Landkreisen und Bezirken reichten diese Mittel zur Durchführung der allerdringlichsten Aufgaben aus.

Abenberg (Lkr. Roth), *Burg Abenberg*. Im Rahmen der seit mehreren Jahren durchgeführten Bausanierung wurden die Ausgrabungen in der Hauptburg fortgesetzt. Leider hatten tiefreichende Störungen durch frühere Bauarbeiten an mehreren Stellen die archäologische Substanz des hohen Mittelalters beträchtlich vermindert (R. Koch, L. Lang).

Adelschlag-Möckenlohe (Lkr. Eichstätt). Die Ausgrabungen der römischen Villa rustica konnte in diesem Jahr mit der Untersuchung des südlichen Teils des Hauptgebäudes abgeschlossen werden. Hervorzuheben sind ein Keller mit Putzresten und eine Ofenstelle. Außerdem fanden sich hallstattzeitliche Siedlungsspuren (B. Bettwieser).

Aislingen (Lkr. Dillingen a. d. Donau). Die nicht genehmigte Anlage eines neuen Sportplatzes im römischen Vicus südlich des Kastells führte zur Zerstörung von Teilen der Zivilsiedlung. Eine sofort eingeleitete Rettungsgrabung erbrachte entlang der römischen Ausfallstraße Spuren hölzerner Langhäuser. Die Untersuchung wird 1990 fortgesetzt (W. Czysz, W. Schmidt).

Altdorf b. Nürnberg-Rasch (Lkr. Nürnberger Land), *Schäferkapelle*. Im Zuge der Bausanierung konnten dank der Unterstützung durch örtliche Helfer weitere Partien der planierten Bodenschichten abgetragen werden. Dabei kamen erneut mehrere Eisenvotive des späten Mittelalters zutage (Abb. 1). (R. Koch, F. Leja).

Amberg, Lederergasse. Im Hof einer 1629 bis in jüngste Zeit belegten Gerberwerkstatt konnten bei bauvorgreifenden archäologischen Untersuchungen einige Gerberfässer dokumentiert werden, deren ältestes frühneuzeitlich sein dürfte. In seinem Kern ist der Bau jedoch erheblich älter, wie der romanische Keller und der dort freigelegte spätromanische Fußboden zeigen (F. Schopper, K.-H. Heckel).

Amberg, Zeughaus. Beim Umbau des ehemaligen kurfürstlichen Zeughauses wurde im Vorgriff auf den Einbau eines Leitungsschachts der Untergrund des Ost- und Südflügels der Anlage des 16. bis frühen 17. Jhs. archäologisch untersucht. Dabei kam im Südflügel, der als Außenmauer die ehemalige Stadtmauer benutzt, ein parallel dazu verlaufender Mauerzug von über 2 m Stärke zum Vorschein. Es handelt sich hierbei um eine bisher unbekannte Wehrmauer des 14. Jhs., die wohl zu einer älteren Phase der Stadtbefestigung gehört. Daneben konnten in allen untersuchten Räumen des Zeughauses Spuren der einstigen Fußböden und Einbauten, so beispielsweise der Pferdeboxen, erfaßt werden (S. Codreanu-Windauer, K.-H. Heckel).

Amerang-Evenhausen (Lkr. Rosenheim). In mehreren Schnitten konnten Beschaffenheit und Zeitstellung eines spätbronze- bis urnenfelderzeitlichen Brandopferplatzes geklärt werden (D. Klonk, F. Steffan).

Arnstorf-Jägerdorf (Lkr. Rottal-Inn). Straßenbauarbeiten unmittelbar westlich des Ortes führten zu Zerstörungen innerhalb eines bekannten mittelneolithischen Siedlungsareals. Im Zug einer Notgrabung wurden zwei stichbandkeramische Gruben freigelegt und dokumentiert (W. Lauber, G. Niederleitner, G. Surner).

Aschaffenburg. Baumaßnahmen im Bereich des Bachsaals erforderten Notbergungen, die Siedlungsschichten der Frühlatènezeit und des frühen Mittelalters sowie einen Brunnen und Abfallgruben des 18. Jhs. erbrachten. In einer nur sehr kurzfristig genutzten Grube fanden sich am Boden die Abfälle wohl eines Festes. Neben Fisch-, Wild- und Haustierknochen, Krebsschalen und Muscheln sowie pflanzlichen Großresten liegen u. a. vor: chinesisches Porzellan, Hanauer und Frankfurter Fayencen, Westerwälder und Schönauer Steinzeug, geschliffene Trinkgläser, Ton- und Glasflaschen, bemalte Hafnerware, ein Damenfächer, zerbrochenes Fensterglas und ein ausgeschlagener menschlicher Schneidezahn. Des weiteren konnte ein Gewölbekeller mit reichem Fundmaterial des 18. Jhs. freigelegt werden, darunter zahlreiche Glas- und Keramikscherben sowie die Überreste von etwa 250 aus Gouda importierten, gestempelten Tonpfeifen (Museum Aschaffenburg, Bayerisches Landesamt für Denkmalpflege).

Aschheim (Lkr. München). In einem Baugebiet im Ortszentrum stieß man auf frühmittelalterliche Siedlungsreste (D. Klonk).

Aschheim-Dornach. Bei Anlage einer Versorgungsleitung am Rande einer bekannten Luftbildfundstelle kamen Spuren vorgeschichtlicher Besiedlung sowie hallstatt- bis latènezeitlicher Eisengewinnung zutage (D. Klonk).

Augsburg, Barfüsserkirche, Fischgraben. Bei Bauarbeiten außen am Chor der Barfüsserkirche und an angrenzenden spätmittelalterlichen Klosterresten kamen frühneuzeitliche Funde und ein sekundär verbauter römischer Sarkophagdeckel zutage (L. Bakker).

Augsburg, Beim Pfaffenkeller 10 a. Bauvorgreifende Ausgrabungen am Ortsrand der Römerstadt ergaben die Spuren römischer Holz- und Steingebäude des 1. bis 4. Jhs. Den wichtigsten Befund stellt ein Ost-West verlaufender Spitzgraben des 1. Jhs. dar (L. Bakker).

Augsburg, Frölichstraße 17, Diakonissenhaus. Beim Abbruch der «Paulinenpflegestation» und dem Baugrubenaushub für den Neubau

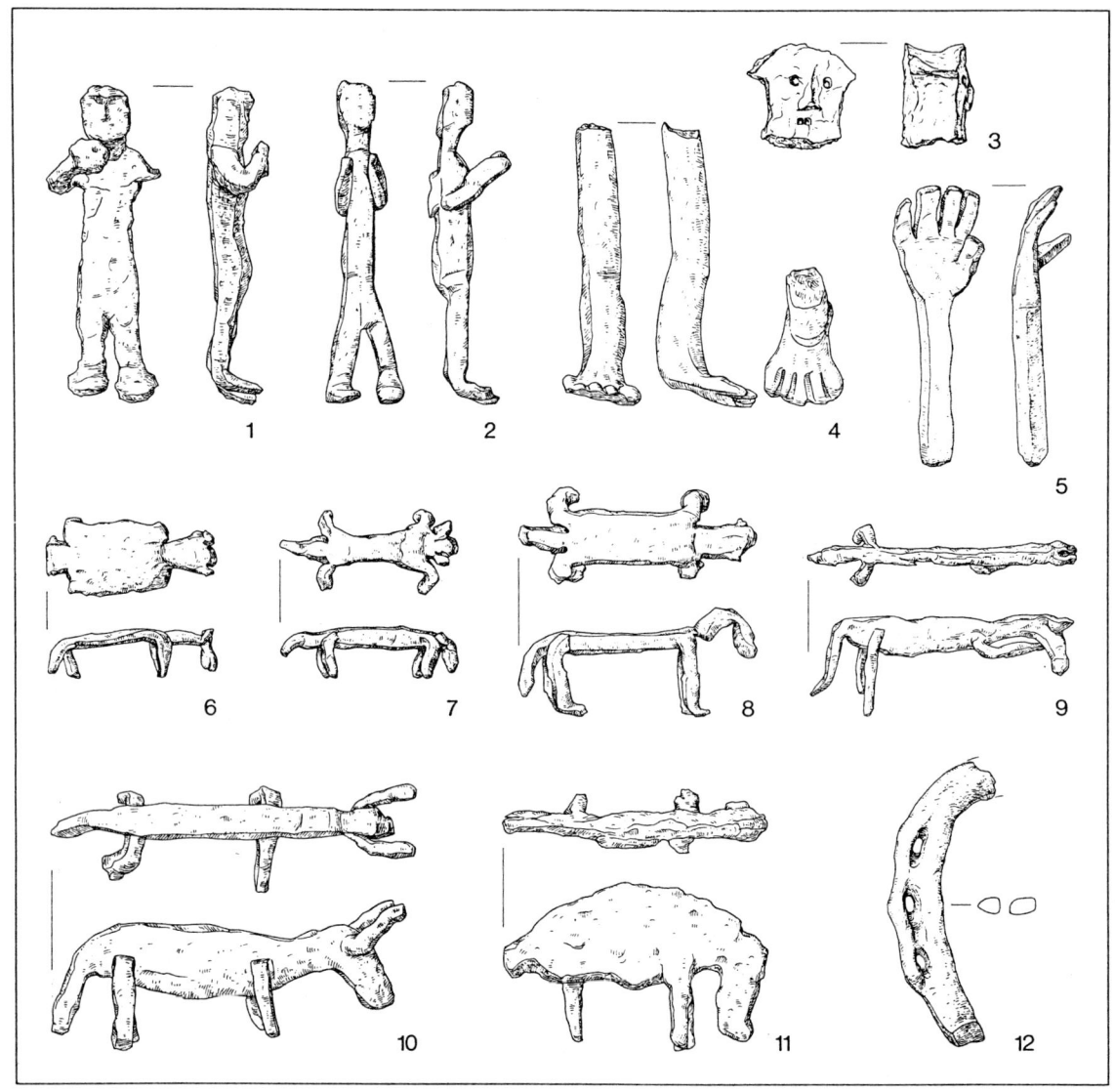

Rasch, Ortsteil von Altdorf b. Nürnberg; Schäferkapelle; spätmittelalterliche Eisenvotive und Hufeisenfragment; Maßstab 1:3

im Ostteil des Geländes kamen Reste von römischen Körpergräbern wohl des 3./4. Jhs. und einige spätmittelalterlich/frühneuzeitliche Siedlungsbefunde zutage (L. Bakker).

Augsburg, Heilig-Kreuz-Straße 24–26. Im Zuge der diesjährigen Rettungsgrabungen konnten die drei Wehrgräben der römischen Stadtmauer des 2. bis 4. Jhs. weiter untersucht werden. Außerdem gelang die Freilegung zahlreicher Gruben, Zisternen und Brunnen des 1./2. Jhs. sowie des Spätmittelalters und der frühen Neuzeit. Zu den wichtigsten Objekten der insgesamt rund 2000 geborgenen Fundkomplexe zählt eine Bacchus-Statuette (L. Bakker).

Augsburg, Herwartstraße 5. Bei Gartenbauarbeiten zutage gekommene massive römische Steinbaufundamente mit Resten von Hypokaustheizungen des 2. bis 4. Jhs. konnten dokumentiert werden (L. Bakker).

Augsburg, Jesuitengasse 14, St.-Georgs-Schule. Notgrabungen auf dem Areal einer geplanten Sportanlage führten wie bereits 1987/88 zur Aufdeckung von mehrperiodigen Holzbauten, Öfen und Brandschichten aus dem 1. Jh. sowie von geringen Spuren mittelkaiserzeitlicher Steinbauten. Darüber hinaus fanden sich neuzeitliche Siedlungsreste des 15./17. Jhs. Unter den rund 2500 Fundkomplexen verdienen die Fragmente zweier Marmorinschriften des 1. Jhs. besondere Beachtung (L. Bakker).

Augsburg, Kitzenmarkt 11. Beim Aushub einer Baugrube kamen zahlreiche geostete, beigabenlose, teilweise bereits stark gestörte Körpergräber zutage, die der ausgehenden römischen Kaiserzeit und dem frühen Mittelalter angehören dürften (L. Bakker).

Augsburg, Neues Kautzengäßchen, Maria-Ward-Institut. Rettungsgrabungen führten im Kern der Römerstadt zur Freilegung von geringen Siedlungsspuren des späten 1. Jhs. sowie von Überresten mittelkaiserzeitlicher Steinbauten. Die Grabungen müssen bis zum Frühjahr 1991 fortgesetzt werden (L. Bakker).

Augsburg, Ottmarsgäßchen 8. Bei bauvorgreifenden Untersuchungen weit außerhalb vor der römischen Stadtmauer konnten zahlreiche mittelkaiserzeitliche Gruben und das Fundament eines römischen Steingebäudes aufgedeckt werden (L. Bakker).

Augsburg-Inningen, Heumahdstraße, Oktavianstraße, Mariusstraße. Bei großflächigen Notgrabungen in einem Baugebiet kamen zahlreiche Gruben der Bronze- und Urnenfelderzeit sowie einzelne, vermutlich jungsteinzeitliche Befunde zutage. Die Untersuchungen müssen in den kommenden Jahren fortgesetzt werden (L. Bakker).

Augsburg-Inningen, Hornissenweg. Eine bauvorgreifende Untersuchung führte zur Freilegung zahlreicher vorgeschichtlicher Gruben und Pfostenstellungen; ein Ost-West verlaufender Spitzgraben enthielt Gefäßscherben der Hallstattzeit (L. Bakker).

Bad Kissingen-Kleinbrach (Lkr. Bad Kissingen). Im Bereich der durch die Flurbereinigung stark zerstörten und durch die landwirtschaftliche Nutzung zunehmend bedrohten Klosterwüstung «St. Dionysius» konnten bei Ausgrabungen im Kirchenbereich mehrere Bauphasen und zahlreiche Körpergräber festgestellt sowie zwei Nebengebäude lokalisiert werden. Das bisher vorliegende Fundmaterial datiert durchwegs in das späte Mittelalter und läßt den Nachweis einer aufgrund von Schriftquellen vermuteten karolingischen Anlage vorläufig offen (D. Neubauer, Bayerisches Landesamt für Denkmalpflege).

Bad Reichenhall (Lkr. Berchtesgadener Land). Im Zuge von Umbaumaßnahmen in der Kirche St. Nikolaus konnten verschiedene baugeschichtliche Details geklärt werden (W. Charlier).

Bad Reichenhall-Marzoll. Die Anlage eines neuen Friedhofs am Rande von Marzoll, des römischen Marciolae, erforderte eine kleinere Untersuchung, die zwar keine römischen Baureste erbrachte, dafür jedoch Hinweise auf die barocke Gartenanlage von Schloß Marzoll (W. Charlier).

Bamberg. Die diesjährigen Grabungen auf dem Domberg lieferten zahlreiche frühmittelalterliche bis frühneuzeitliche Siedlungsreste, darunter auch zwei Glockengußanlagen (J. Zeune).

Bayreuth. Umbaumaßnahmen im Bereich der ehemaligen Alten Lateinschule führten zu einer Grabung, die interessante Aufschlüsse über die ältere Besiedlung des Stadtkerns erbrachte. Die Untersuchung soll 1990 fortgesetzt werden (Stadt Bayreuth).

Beilngries (Lkr. Eichstätt). Die im letzten Jahr begonnene Nachuntersuchung des bekannten hallstattzeitlichen Gräberfeldes «Im Ried-Ost» ergab weitere aufschlußreiche Befunde. Neben bereits Anfang des Jahrhunderts angegrabenen Grabbauten konnten wiederum zahlreiche ungestörte Brandgrubengräber und einige intakte Kammergräber freigelegt werden. Weiterhin fand sich am Ostrand der Nekropole eine vorgeschichtliche Siedlung, deren Größe sich aufgrund der fortgeschrittenen Baumaßnahmen am Main-Donaukanal nicht mehr feststellen ließ. Aus einigen Gruben stammt urnenfelderzeitliche Keramik (H. Eibensteiner, F. Loré, K.-H. Röhrig).

Benediktbeuern (Lkr. Bad Tölz-Wolfratshausen). Die diesjährigen Ausgrabungen erbrachten neue Erkenntnisse zur Baugeschichte der ältesten Kirche, die in der ersten Hälfte des 8. Jhs. errichtet wurde, und des vor der Mitte des 10. Jhs. erbauten Kreuzgangs (D. Klonk).

Berching-Plankstetten. (Lkr. Neumarkt i. d. Opf.). Beim Humusabtrag anläßlich der Errichtung eines neuen Sportplatzes wurden ausgedehnte Siedlungsspuren der Urnenfelderzeit entdeckt. Von den zahlreichen Gebäudegrundrissen sind besonders einige Speicherbauten zu erwähnen, in denen noch in den Boden eingetiefte Vorratsgefäße standen. Ohne Zusammenhang fanden sich weiterhin Gefäßreste des Neolithikums. Einige am Rand der Grabungsfläche gelegene Gruben mit Keramik des Typs Friedenhain-Přešťovice belegen auch eine germanische Besiedlung des Ortes (F. Loré).

Berching-Sollngriesbach. Bauvorgreifende Untersuchungen auf der Trasse des künftigen Main-Donaukanals ergaben neben latènezeitlichen Siedlungsresten und bronzezeitlichen Funden auch Teile einer germanischen Ansiedlung. Aus einer Grubenhütte mit randlichen Pfostenstellungen konnte ein umfangreiches Keramikinventar des Typs Friedenhain-Přešťovice geborgen werden (Th. Tischer).

Bergheim-Attenfeld (Lkr. Neuburg-Schrobenhausen). Bei wiederholten Begehungen in einer Lößgrube wurden altsteinzeitliche Artefakte aufgelesen. Eine Sondierung sollte die geologische und stratigraphische Situation sowie die Einlagerungsverhältnisse des Artefaktmaterials klären (M. Müller-Beck).

Buch a. Erlbach-Niedererlbach (Lkr. Landshut). Die diesjährige Grabung konzentrierte sich auf die Außensiedlung des hallstattzeitlichen Herrensitzes, wo neben Gruben und Pfostenlöchern auch ein Grubenhaus zutage kam. Die Siedlung wurde während der Stufe Latène A angelegt und bestand bis an den Übergang zur Stufe Latène B. Zum besseren Verständnis der Gesamtsituation fand auch in dem unfern des Herrensitzes gelegenen, bereits stark erodierten Erdwerk II eine Sondage statt. Sie ergab nur wenige Funde, die das Erdwerk in die Urnenfelder- und Hallstattzeit datieren (H. Koch).

Burghausen (Lkr. Altötting). Im Zuge von Baumaßnahmen konnten auf Burg Burghausen, der größten Burg Europas, bisher unbekannte Mauerzüge festgestellt werden, die zu einer bislang kaum erforschten Befestigungsphase des 13. Jhs. gehören dürften (W. Charlier).

Buttenwiesen-Lauterbach (Lkr. Dillingen a. d. Donau). Im Wald «Oberholz» erforderte eine neuerliche Trassenverlegung der Ortsverbindung Wortelstetten-Lauterbach die Untersuchung zweier weiterer hallstattzeitlicher Grabhügel. Während Hügel 6 offensichtlich antik beraubt worden war, enthielt Hügel 7 eine Brandbestattung in einer kleinen Grabkammer, an deren Ostwand die Reste von mehreren Gefäßen lagen (G. Krahe, N. Nieszery).

Cham-Chameregg (Lkr. Cham). Die diesjährige Ausgrabung am «Ödenturm» diente zur Klärung des Verlaufs der Wehrmauer sowie ihrem Verhältnis zu Wall und Graben. Neben zwei Wallschnitten wurden auch weitere Teile der Innenfläche untersucht, wobei der Grundriß eines an die nördliche Wehrmauer angebauten Steingebäudes (Palas?) und ein annähernd quadratischer Bau, der sich einst auf einem Felssockel im Torbereich erhob, zutage kamen. Die Burg, deren Innenfläche im Verlauf von drei Jahren zu etwa einem Drittel ausgegraben worden ist, gehört zu den am besten untersuchten Kleinburgen im bayerischen Raum. Wegen der kurzen Nutzungsdauer bietet der «Ödenturm» ein gutes Beispiel einer Ministerialenburg des späten 12. bis 13. Jhs. Parallel zur Ausgrabumg wurde anhand der bisherigen Ergebnisse ein neuer Weg im Bereich des einstigen Zugangs zur Burg angelegt sowie durch moderne Eingriffe gestörte Wallbereiche wiederhergestellt (S. Codreanu-Windauer, L. Breinl).

Collenberg-Fechenbach (Lkr. Miltenberg). Bei Ausschachtungsarbeiten stieß man auf ein urnenfelderzeitliches Brandgrab. Die Urne mit innenliegendem Beigefäß konnte im Zuge einer Notgrabung en bloc geborgen werden (K. Schneider, Bayerisches Landesamt für Denkmalpflege).

Deggendorf (Lkr. Deggendorf). Der Bau eines Regenüberlaufbeckens im Garten des Katharinenspitals führte zu einer Ausgrabung, die zur Klärung der weitgehend unbekannten Entstehungsgeschichte des Spitals beitragen sollte. Zwei an den entgegengesetzten Enden des Gartens angelegte Schnitte zeigten, daß das Gelände zum Auebereich des ursprünglich weiter östlich in die Donau fließenden Bogenbachs gehörte und um ca. 2 m mit neuzeitlichem Schuttmaterial aufgefüllt worden war. Unmittelbar über dem gewachsenen Boden fand sich Keramik wohl der 1. Hälfte des 14. Jhs., also aus der Zeit der ersten Erwähnung des Spitals. Die in der Literatur wiederholt geäußerte Ansicht, der Bau reiche bis in die Zeit der Kreuzzüge zurück, läßt sich damit widerlegen. Als bedeutendster Fund kam die älteste bisher bekannte Wallfahrtsmedaille aus Altötting zutage. Sie stammt aus dem Jahr 1490, dem ersten Jahr der Altöttinger Wallfahrt (M. Mittermeier).

Deggendorf, Schachinger Kirche. Die Renovierung der Kirche wird wegen der ungeklärten Baugeschichte sowie der siedlungsgünstigen Lage über dem Bogenbach von archäologischen Ausgrabungen begleitet. Untersuchungen im Friedhofsbereich ergaben u. a. ein neuzeitliches Grab, in dem sich fünf Münzen (Schlußmünze von 1706), ein Kamm, Pfeifen, ein Besteck, eine Brille, Kleidungsbestandteile und Heiligenplaketten fanden. Unter dem barockzeitlichen Friedhof kamen dann noch Siedlungsreste des Hochmittelalters zutage (M. Mittermeier).

Denklingen-Epfach (Lkr. Landsberg a. Lech). Baubeobachtungen erbrachten Siedlungsreste im römischen Vicus Abodiacum (A. Huber, D. Klonk, W. Titze).

Dietfurt a. d. Altmühl (Lkr. Neumarkt i. d. Opf.). Im Verlauf der zweiten Grabungskampagne in der Siedlung der Chamer Gruppe gelang es, die Grenzen des bewohnten Areals an drei Seiten zu

381

erfassen. Die Freilegung des von Schwemmschichten überdeckten ehemaligen Begehungshorizonts erbrachte ein umfangreiches Fundmaterial und erste Anhaltspunkte für Gebäudegrundrisse einer mehrphasigen Bebauung. Es handelt sich dabei um rechteckige, zwischen 40 und 70 qm große Gebäude, deren Konstruktionsweise noch nicht vollständig geklärt ist. Regelmäßige Steinplattenlagen und das Fehlen von Pfostenlöchern deuten jedoch auf Schwellbalkenkonstruktionen oder Blockbauweise hin. Den Häusern sind gepflasterte Herd- oder Feuerstellen zuzuordnen, die sich meist an einer Giebelseite befanden. Spuren einer Einfriedung oder Befestigung kamen bislang nicht zutage (F. Fersch).

Dietfurt a. d. Altmühl-Griesstetten. Bei Straßenbauarbeiten im Zuge der Anlage des Main-Donaukanals wurde die Steinpackung eines isoliert im Talgrund gelegenen Grabhügels angeschnitten. Eine mehrwöchige Rettungsgrabung ergab Bestattungen der späten Hallstatt- und frühen Latènezeit. Unter dem Hügel fanden sich zudem endneolithische Siedlungsspuren (Th. Tischer).

Dietfurt a. d. Altmühl-Ottmaring. Bauarbeiten am Main-Donaukanal führten zur vorzeitigen Beendigung der Untersuchung des spätmittelalter- bis neuzeitlichen Wasserschlößchens. Unter den Fundamenten des Steingebäudes kamen Pfostenspuren einer älteren Holzanlage zutage, deren Grundriß sich jedoch nicht mehr vollständig erfassen ließ. Weiterhin konnten eine mehrmalige Erneuerung des holzbewehrten Wassergrabens sowie möglicherweise Überreste einer Holzbrücke festgestellt werden. Die dendrochronologische Bestimmung zahlreicher aus einem Brunnen im Innern des Schloßgebäudes und aus dem Wassergraben geborgener Bauhölzer dürfte genaue Aufschlüsse über die Errichtungszeit der Anlage erbringen (K. Eisele).

Dietfurt a. d. Altmühl-Ottmaring. Die Rettungsgrabungen im Bereich einer ausgedehnten späthallstatt- und frühlatènezeitlichen Siedlung im Ottmaringer Tal erbrachten bemerkenswerte Befunde zur Siedlungsstruktur, darunter zahlreiche, teilweise noch über 2,5 m tiefe Silogruben, mehrere Grubenhütten mit reichem Keramikinventar der Frühlatènezeit sowie eine kleine, rechteckige, umzäunte Anlage mit Innenbebauung (L. Howland).

Eichendorf-Pöcking (Lkr. Dingolfing-Landau). Der Weiterbau der neuen Kreisstraße DGF 31 zwischen Reichstorf und Pöcking führte zur Entdeckung einer bisher unbekannten hallstattzeitlichen Fundstelle. Aus zwei Gruben konnte datierendes Material geborgen werden (L. Kreiner).

Eichendorf-Prunn. Im Bereich der Kiesgrube Westenthanner wurden ein 25 m x 7 m großes Langhaus und ein großer Grubenkomplex der Linienbandkeramik freigelegt (L. Kreiner).

Eichendorf-Wannersdorf. Im Norden der Ortschaft kamen auf der Trasse für die kommunale Wasserversorgung zahlreiche Verfärbungen zutage. Im Zuge einer mehrtägigen Notgrabung konnten die Pfosten eines Hauses teilweise erfaßt und der Inhalt mehrerer hallstattzeitlicher Gruben geborgen werden. Etwa 350 m westlich davon gelang es, Siedlungsspuren der Münchshöfener Gruppe und der älteren Bronzezeit zu dokumentieren (L. Kreiner).

Eichstätt (Lkr. Eichstätt), *Domherrnhof Riedheim-Ostheim.* Baubegleitende Ausgrabungen im Hofbereich des ehemaligen Domherrnhofs ergaben Siedlungsbefunde der Latènezeit und des frühen Mittelalters (K. H. Rieder).

Eichstätt, Speth'scher Domherrnhof. Im rückwärtigen, bisher nicht unterkellerten Teil des Domherrnhofs konnten bei einer archäologischen Untersuchung Bau- und Siedlungsbefunde des frühen Mittelalters dokumentiert werden (K. H. Rieder, B. Bettwieser).

Emmering (Lkr. Fürstenfeldbruck). Am Ortsrand wurde mit der Untersuchung eines ausgedehnten Reihengräberfelds begonnen (W. Charlier, D. Klonk).

Erding-Altenerding (Lkr. Erding). Ein bei Anlage eines Neubaugebiets entdecktes, bislang unbekanntes Reihengräberfeld konnte in Ausschnitten untersucht werden (W. Charlier, W. Irlinger, D. Klonk).

Essenbach-Altheim (Lkr. Landshut). Der Bau eines Einfamilienhauses im Areal des altbekannten Reihengräberfelds unfern der St. Andreas-Kirche bedingte eine bauvorgreifende Untersuchung, bei der 22 alt beraubte Bestattungen freigelegt wurden. Zu den herausragenden Funden gehört ein Goldblattkreuz (W. Weber).

Feldkirchen (Lkr. Straubing-Bogen). Im Baugebiet «Bergacker» ergab eine bauvorgreifende Ausgrabung ein längeres Grabenstück, außerdem Siedlungsreste der jungneolithischen Altheimer Gruppe sowie der Bronze- und Urnenfelderzeit (K. Böhm).

Flintsbach (Lkr. Rosenheim), *Madron.* Gezielte und systematische Begehungen an den Hängen der Rachelburg erbrachten den Nachweis einer urnenfelderzeitlichen Höhensiedlung (M. Beilhack, T. Roppelt).

Flossenbürg (Lkr. Neustadt a. d. Waldnaab). Die Restaurierungsarbeiten im Bereich des Wohntrakts und der Toranlagen der mittelalterlichen Burg konnten in diesem Jahr abgeschlossen werden. Außerdem erfolgte die Fertigstellung des Pflasters im oberen Burghof, der Wiederaufbau des runden Brunnens und der ältesten Außenmauer. Die Torstraße sowie das Pflaster mit Fahrrinnen verschiedener Bauphasen im inneren Torbereich wurde freigelegt, dokumentiert und steingerecht neu verlegt (S. Codreanu-Windauer, R. Feger-Köhler).

Freystadt-Forchheim (Lkr. Neumarkt i. d. OPf.). In einer stark durch den Pflug gestörten 2 x 30 m großen Fläche wurden 15 germanische Brandgräber des 5. und 6. Jhs. freigelegt. Die Urnen hatten sich zumeist nur bis zum Umbruch erhalten (S. Codreanu-Windauer, E. Weinlich).

Friedberg (Lkr. Aichach-Friedberg). Die im Baugebiet «Am Bierweg» 1988 begonnene Ausgrabung erstreckte sich in diesem Jahr auf die Untersuchung weiterer urnenfelderzeitlicher Gräber. Insgesamt wurden bislang 135 zumeist urnenfelder- und hallstattzeitliche Bestattungen freigelegt, darunter befinden sich aber auch mindestens ein latène- und ein kaiserzeitliches Brandgrab (G. Krahe, A. Dransfeld).

Friedberg, Am Fladerlach. Im Zuge einer Rettungsgrabung konnte das Areal einer Reihenhauszeile im rückwärtigen Teil der 1972/73 freigelegten Villa suburbana untersucht werden. Neben römerzeitlichen Gebäuderesten, Erdkellern, Öfen und Gruben fanden sich zahlreiche Spuren frühmittelalterlicher Holzgebäude und Grubenhäuser (W. Czysz, A. Dransfeld, G. Sorge).

Friedberg-Ottmaring. Die Erweiterung einer Sandgrube in der Flur «Grießbachfeld» bei Hügelshart führte zur Untersuchung bronze- und latènezeitlicher Siedlungsbefunde (G. Krahe, A. Dransfeld).

Fürstenzell-Urlharting (Lkr. Passau). Bei Bauarbeiten im Einödhof Urlharting stieß der Besitzer auf einen kleinen verfüllten Erdkeller. Im Zuge einer archäologischen Untersuchung konnte der Befund dokumentiert und Keramik der frühen Neuzeit geborgen werden (R. Pleyer, W. Wandling).

Gablingen (Lkr. Augsburg). Die Ausgrabungen im Bereich des römischen und karolingischen Siedlungsareals mußten wegen des Kiesabbaus fortgesetzt werden, wobei auch ein antik beraubtes Frauengrab eines vermutlich weiteren Reihengräberfelds zutage kam (O. Schneider).

Geiselhöring-Sallach (Lkr. Straubing-Bogen). Bei Baubeobachtungen anläßlich der Außenrenovierung im unteren Bereich des Mauerwerks der Pfarrkirche konnte ein bereits lange vermuteter romanischer Vorgängerbau festgestellt werden (K. Böhm).

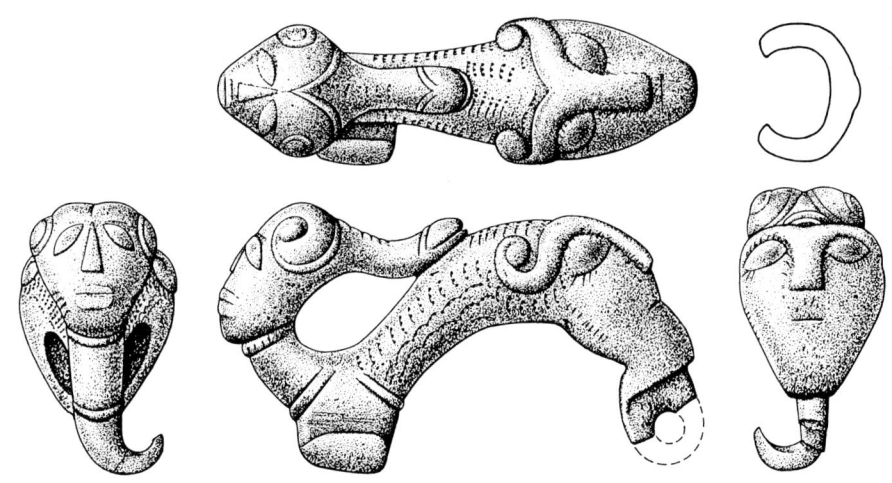

Höchberg, Lkr. Würzburg; frühlatènezeitliche Masken- und Vogelkopffibel aus Bronze; Maßstab 1:2

Geisenhausen-Eiselsdorf (Lkr. Landshut). Die Untersuchung einer Bodenverfärbung in einem Acker auf der Terrasse der Kleinen Vils ergab eine Silogrube der Münchshöfener Gruppe von etwa 2 m Durchmesser und noch rund 1,8 m Tiefe. Sie enthielt Webgewichte, Hüttenlehm, Tierknochen, Holzkohle und zahlreiche Scherben verschiedener Gefäße. Drei große flaschenförmige Vorratsgefäße, zwei pilzförmig profilierte Schüsseln und ein Tüllenschöpfer ließen sich wieder vollständig zusammensetzen (J. Hager).

Güntersleben (Lkr. Würzburg). Bei der Anlage eines Tennisplatzes im Bereich eines mehrperiodigen vorgeschichtlichen Siedlungsareals konnte das Fundmaterial aus zwei hallstattzeitlichen Gruben geborgen werden (LfD.).

Günzburg (Lkr. Günzburg), *Am Kappenzipfel 2*. Im Zuge der Bebauung eines der letzten zugänglichen Grundstücke im Areal des vermuteten Kastells des 1.Jhs. auf dem Mündungssporn zwischen Donau und Günz östlich der Martinskirche konnten Bauspuren eines zweiphasigen Holzkastells untersucht werden (W. Czysz, N. Nieszery).

Hausen-Dietenhofen (Lkr. Kehlheim). Bei einer Sondagegrabung anläßlich der Innenrenovierung der kleinen barocken Kirche stieß man auf das weitgehend ausgebrochene Fundament der Südwand des rund 1,5 m schmaleren Vorgängerbaus. Bei dieser Kirche stimmen wohl die Ost-, Nord- und Westseite mit den Fluchten der heutigen Langhauswände überein. 38 cm unter dem barockzeitlichen Niveau hatten sich noch Teile des Fußbodens dieses älteren Baus erhalten, der aus unregelmäßig in einem festen Kalkmörtelstrich verlegten rechteckigen und quadratischen Kalkplatten bestand (B. Engelhardt).

Heidenheim-Hohentrüdingen (Lkr. Weißenburg-Gunzenhausen). Ein Neubau innerhalb der Wallanlagen dicht westlich der Pfarrkirche erforderte eine Notgrabung, bei der eine große Siedlungsgrube mit mehreren Gefäßen der späten Urnenfelderzeit freigelegt wurde. Auf dem langgestreckten Bergrücken von Hohentrüdingen dürfte sich demnach eine vorgeschichtliche Höhensiedlung befunden haben. Ferner stieß man bei Anlage eines Wasserleitungsgrabens am Hang auf das Fundament der mittelalterlichen Burgmauern (L. Lang).

Hilpoltstein (Lkr. Roth). Die anfangs nur als kleine Sondagen beabsichtigten Ausgrabungen ermöglichten so umfangreiche Einblicke in die Baugeschichte der Burg, daß die frühere Nutzung der Ruine als Freilichttheater geändert wurde, um die weitere Freilegung innerhalb des Burggeländes fortsetzen zu können (R. Koch, Th. Platz).

Höchberg (Lkr. Würzburg). 1100 m nordwestlich der Kirche wurde eine latènezeitliche Siedlungsstelle entdeckt. Neben mehreren Eisenfibeln vom Mittellatèneschema und einer silbernen keltischen Münze ist besonders eine frühlatènezeitliche bronzene Maskenfibel mit zwei anthropomorphen Masken, einem Enten- und einem Widderkopf zu nennen (Abb. 2) (M. Brooks).

Hof. Im Klarissenkloster mußte eine Nachgrabung im Bereich eines Brunnens durchgeführt werden (M. Moser).

Hopferau (Lkr. Ostallgäu). In Flur «Scharrenmoos» wurden wegen des geplanten Baus der Autobahn A 7 an drei steinzeitlichen Fundplätzen Sondagen und Bohrungen mit Studenten des Instituts für Ur- und Frühgeschichte der Universität Köln vorgenommen. Die Untersuchung ergab drei verschiedene spätpaläolithische bis frühmesolithische Siedlungsstellen, eine ^{14}C-Datierung steht noch aus (B. Gehlen).

Ingolstadt, Dollstraße. In der Altstadt wurde im Bereich eines gotischen Hauses eine Befunddokumentation durchgeführt (B. Bettwieser).

Ingolstadt, Ludwigstraße. Eine umfangreiche Tiefbaumaßnahme im alten Stadtkern wurde von archäologischen Untersuchungen begleitet, bei denen mittelalterliche Baubefunde zutage kamen (B. Bettwieser).

Ingolstadt-Zuchering. Die mehrjährigen Untersuchungen einer frühmittelalterlichen Siedlung wurden vorläufig abgeschlossen (P. Zirngibl).

Ippesheim-Bullenheim (Lkr. Neustadt a. d. Aisch-Bad Windsheim), *Bullenheimer Berg*. Im Inneren der vorgeschichtlichen Höhenbefestigung führte das Institut für Vor- und Frühgeschichte der Universität Würzburg ein Grabungspraktikum durch. Dabei wurde der Grundriß eines urnenfelderzeitlichen Pfostenhauses freigelegt. Ferner stieß man auf einen kleinen Bronzedepotfund, der aus zwei Sicheln, einer Nadel und zwei Messerfragmenten besteht (A. Berger, R. Koch).

Irlbach (Lkr. Straubing-Bogen). Die 1987 begonnene Untersuchung eines durch den Pflug bereits teilweise zerstörten Friedhofs der Glockenbecherkultur fand 1989 ihren Abschluß. Insgesamt konnten 19 Gräber freigelegt und dokumentiert werden. Knochenreste und Scherben weisen auf mindestens fünf bis zehn weitere, bereits zerstörte Bestattungen hin. Auf der gleichen Erhebung im Tal des Irlbachs kamen auch Siedlungsgruben der Münchshöfener Gruppe und der Latènezeit zutage (K. Böhm).

Irlbach, Pfarrkirche Mariä Himmelfahrt. Die archäologische Begleituntersuchung beim Einbau von Kabelschächten im Altarraum der barocken Pfarrkirche deckte Spuren einer kleinen, halbrunden Apsis eines romanischen Vorgängerbaus auf (K. Böhm).

Jesenwang (Lkr. Fürstenfeldbruck). Eine bauvorgreifende Untersuchung im nördlichen Ortsbereich erbrachte eine frühmittelalterliche

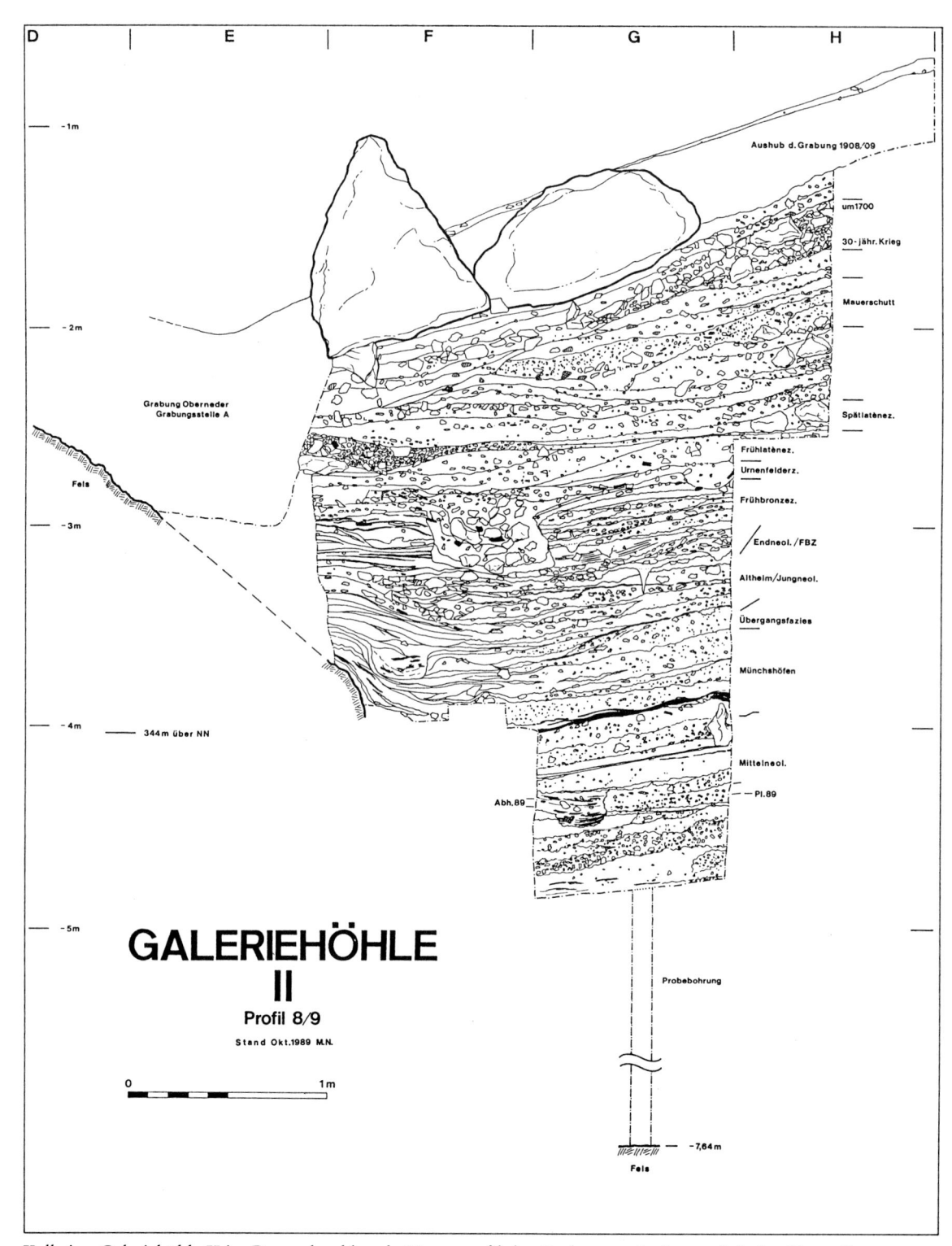

Kelheim; Galeriehöhle II im Donaudurchbruch; Hauptprofil der Grabung 1983-89; vereinfachte Darstellung nach dem derzeitigen Stand der Auswertung

Siedlung, die zu dem 1987 entdeckten Adelsfriedhof des 7. Jhs. gehören dürfte. Die Grabung wird 1990 fortgesetzt (D. Klonk).

Kahl a. Main (Lkr. Aschaffenburg), *Flur «Lange Hecke»*. Die 1988 begonnenen Grabungen im Bereich des völkerwanderungszeitlichen Gräberfelds und der gleichzeitigen Siedlung wurden fortgesetzt (F. Teichner, LfD.).

Karlstadt (Lkr. Main-Spessart). Von einer bereits durch Keramikfunde belegten Siedlungsstelle stammt der Lesefund einer jüngerlatènezeitlichen bronzenen Eberplastik (M. Möbius).

Karlstadt-Karlburg. Unmittelbar südlich des Ortes konnte durch zahlreiche Lesefunde von Keramik und Metallobjekten des frühen bis hohen Mittelalters das ausgedehnte Areal der 1236 niedergebrannten «villa karloburge» lokalisiert werden (Archäologische Arbeitsgemeinschaft Karlstadt).

Kelheim (Lkr. Kelheim), *Galeriehöhle II*. Beschädigungen am Grabungsprofil durch eingedrungenes Hochwasser erforderten Sicherungsmaßnahmen, um die in Bayern einmalige Abfolge nachmesolithischer Kulturschichten vor weiteren Zerstörungen zu bewahren. Dabei wurde der Schnitt bis zur Hochwasserlinie verschalt und von da ab mit Kies verfüllt. Diesen Arbeiten ging eine kurze Untersuchung im Bereich der mittelneolithischen Schichten voraus (Abb. 3) (M. Nadler).

Kelheim-Weltenburg. Die Ausweisung eines Baugebiets auf einem Plateau oberhalb von Weltenburg erforderte im Bereich eines aufgrund von Luftbildern vermuteten hallstattzeitlichen Herrensitzes eine Ausgrabung. Mit der Entdeckung einer Grube der späten Hallstattzeit und einer gestörten Bestattung der frühen Latènezeit schien sich diese Vermutung zu bestätigen. In der Verfüllung der drei parallelen, in den anstehenden Plattenkalk eingetieften Gräben des Erdwerks fanden sich dagegen kaum vorgeschichtliche Funde. Vielmehr kamen hier, ebenso wie im Innenraum, spärliche römische Reste zutage. Sie zwingen dazu, das Erdwerk als claudisches Kastell anzusprechen, dessen Wehrelemente aus Gräben, einer Rasensodenmauer sowie hölzernen Eck- und Tortürmen bestand. In welchem Verhältnis dieses Kastell zu dem auf dem benachbarten Frauenberg vermuteten, ebenfalls claudischen Militärposten steht, bleibt vorerst unklar (M. Rind).

Kellmünz a. d. Iller (Lkr. Neu-Ulm). Die Kommission zur archäologischen Erforschung des spätrömischen Raetien der Bayer. Akademie der Wissenschaften führte im Bereich der spätantiken Befestigung «Caelius mons» die vierte Ausgrabungskampagne durch. Die Errichtung des Steinkastells und der gleichzeitige Innenausbau (zweite Holzbauperiode) erfolgten in den Jahren 294/296 n. Chr. in Zusammenhang mit den literarisch und inschriftlich für das Jahr 294 n. Chr. am Oberrhein bezeugten Festungsbaumaßnahmen der Kaiser Diokletian und Maximian. Untersucht wurden der nordöstliche und der südöstliche Eckturm, die im Osten vorgelagerten Wehrgräben und weitere Ausschnitte der Innenbebauung im aufgelassenen Friedhofsbereich um die Kirche St. Martin; hier ergaben sich zwei Holzbauperioden und ein einschiffiger monumentaler Steinbau (M. Mackensen).

Kempten (Allgäu), *Burgstraße 18.* Die geplante Neubebauung des Geländes am Nordrand der Burghalde und am Südrand der umwehrten mittelalterlichen Stadt erforderte eine archäologische Untersuchung dieses im Mittelalter und der frühen Neuzeit genutzten Bereichs. Hervorzuheben sind zwei Öfen des metallverarbeitenden Handwerks. Die zuletzt 1988 unmittelbar westlich des Grabungsareals beobachtete Siedlungsschicht des spätrömischen Cambodunum setzte sich in den diesjährigen Grabungsflächen nicht fort (G. Weber).

Kempten (Allgäu), *Residenzplatz.* Bei der Anlage eines Arbeitsschachts zur Einbringung von Kanalrohren im Preßverfahren konnte die ursprüngliche Tiefe und Verfüllung des ehemaligen Stadtgrabens beobachtet werden. Dort stieß man auch auf zwei sich kreuzende Stränge von Kanälen aus Holz und Kalktuffsteinen. Sie gehören offensichtlich zum verzweigten Verteilernetz des «Schlangenbachs», der planvoll seit Ende des 17. Jhs. unter den Kemptener Fürstäbten als Be- und Entwässerungssystem im stifts- und reichsstädtischen Bereich von Kempten ausgebaut worden war (G. Weber).

Kempten (Allgäu), *Römerstadt Cambodunum rechts der Iller, Basilika des Forums.* Das aus claudischer und flavischer Zeit stammende Steingebäude der Basilika konnte in kleinen Abschnitten archäologisch nachuntersucht werden, ohne dabei die bislang ungestörte Stratigraphie zu beeinträchtigen und der älteren Holzbebauung nachzugehen. Neben der weiteren Markierung des Grundrisses auf dem Niveau des heutigen Parkgeländes begann man nach Empfehlungen des 2. Cambodunum-Symposiums mit der Aufmauerung einer der beiden Apsiden. In deren Innerem soll für Besucher von einer erhöhten Ebene aus der Grundriß der Anlage mit entsprechenden Hilfsmitteln, wie Schautafeln und Modellen, verdeutlicht werden (G. Weber).

Kempten (Allgäu) *Römerstadt Cambodunum rechts der Iller, Kleine Thermen.* Die archäologische Nachuntersuchung eines Nebenraums der Kleinen Thermen des Unterkunftshauses und daran anschließender Hofmauern erbrachte sowohl die Klärung verschiedener Steinbauphasen als auch der vorausgehenden, wohl dreiphasigen Holzbebauung aus tiberischer und claudischer Zeit. Außerdem zeichnete sich ein bislang unbekannter, zu den Holzbauten gehöriger Hof- oder Straßenzug ab. Die Holzhäuser reichen deutlich unter bzw. in den Straßenzug der späteren sogenannten «Thermenstraße» (G. Weber).

–, *Vogtstraße 8.* Nach der mit archäologischen Untersuchungen verbundenen Sanierung des Hauptgebäudes im Jahr 1986 fand in diesem Jahr im Hinterhof des Anwesens eine Rettungsgrabung statt. Unter den Grundmauern eines erst 1978 abgerissenen renaissancezeitlichen Rückgebäudes ließen sich Teile einer älteren, mittelalterlichen Bebauung beobachten. Neben umfangreichem Fundmaterial aus Planierschichten konnten aus mehreren mittelalterlichen und neuzeitlichen Latrinengruben zahlreiche Gefäßscherben geborgen werden (G. Weber).

Kipfenberg (Lkr. Eichstätt). Die Sanierungsarbeiten an den Mauerresten der mittelalterlichen Burg auf dem Michelsberg wurden fortgesetzt (K. H. Rieder).

Köfering (Lkr. Regensburg). Bei bauvorgreifenden Ausgrabungen in der Flur «Scharbreite» wurde auf dem höchsten Punkt des Geländes eine Chamer Siedlung entdeckt. Im Innenraum einer kreisrunden Befestigung von 100 m Druchmesser fanden sich einige Gruben mit reichlich Scherben- und Silexmaterial (U. Osterhaus, W. Froschauer).

Königsbrunn (Lkr. Augsburg), *Gartenstraße.* Eine beim Straßenbau angeschnittene Siedlungsgrube mit zahlreichen Keramikscherben der Urnenfelderkultur sowie im angrenzenden Kleingartenareal zutage gekommene bronze- und urnenfelderzeitliche Befunde wurden dokumentiert (O. Schneider, R. Linke).

Königsbrunn, Sperberstraße. In einem noch unerschlossenen Baugebiet wurde der auf einer Länge von ca. 60 m gut sichtbare Damm der römischen Fernstraße Via Claudia Augusta untersucht (R. Linke).

Kröning-Otzlberg (Lkr. Landshut). In der unmittelbaren Umgebung des Einödhofs Otzlberg wurde erneut eine Werkstattbruchgrube entdeckt. Das mehrere Zentner umfassende Keramikmaterial gehört in die Zeit um 1400 und stellt somit das früheste Zeugnis der Hafnerei in Kröning dar (H. Hagn).

Künzing (Lkr. Deggendorf). Das landwirtschaftlich genutzte Areal am östlichen Ortsrand birgt noch große Teile eines urnenfelder- bis hallstattzeitlichen Friedhofs, von dem bereits 140 Gräber bei der Anlage des Sportplatzes zutage gekommen waren. Die intensive mechanische Bearbeitung des Bodens und die damit verbundene Zerstörung der Befunde zwang zu einer Erweiterung der Ausgrabungsfläche um rund 2000 qm. Dabei wurden vorwiegend römische Befunde wie Keller und Brunnen aufgedeckt, die zum Ostvicus des mittelkaiserlichen Quintana gehören. Außerdem fanden sich 16 Gräber der späten Urnenfelderzeit. Zusammen mit einigen angepflügten Gräbern aus einem über 100 m weiter östlich gelegenen Acker erhöht sich die Gesamtzahl der Bestattungen auf 160. Völlig überraschend stieß man auch auf ein schnurkeramisches Grab. Die Doppelbestattung, wohl Mutter und Kind, enthielt neben einem Becher vom Typ Geiselgasteig und zwei Steinbeilen einen großen Spiralarmring aus Metall (Abb. 4). Wegen der akuten Gefährdung und der großen Bedeutung des Gräberfelds müssen die archäologischen Untersuchungen in den nächsten Jahren fortgesetzt werden (K. Schmotz).

Künzing-Bruck. Die Ausweisung eines größeren Baugebiets erfordert seit 1987 archäologische Untersuchungen, die auch im Berichtsjahr wieder Siedlungsspuren der älteren Bronzezeit erbrachten. Für 1990 ist eine Fortsetzung der Ausgrabungen geplant (K. Schmotz).

Kulmbach-Kirchleus (Lkr. Kulmbach). Im Zuge einer geplanten Baumaßnahme wurde auf dem Theiser Berg ein kleiner spätmittelalterlicher Komplex untersucht, bei dem es sich offensichtlich um eine herrschaftliche Jagdhütte gehandelt hat (M. Dapper).

Landau a. d. Isar (Lkr. Dingolfing-Landau). Der Neubau des Anwesens Straubinger am Marienplatz führte zu einer mehrtägigen Not-

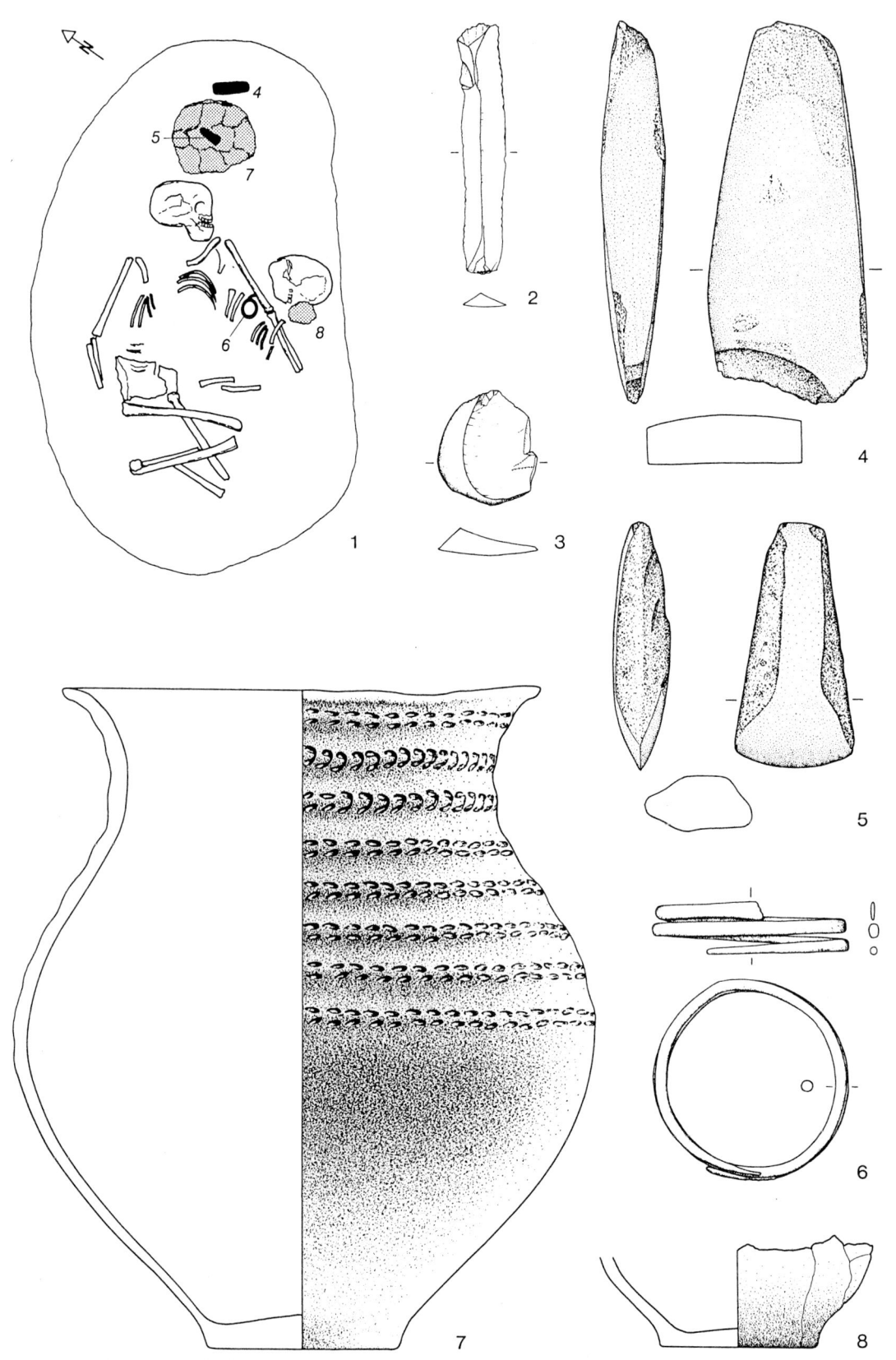

Künzing, Lkr. Deggendorf; schnurkeramische Doppelbestattung: 2.3 Silex; 4 großes Steinbeil; 5 kleines Steinbeil; 6 Armspirale aus Kupfer oder Bronze; 7 Becher Typ Geiselgasteig; 8 Becherunterteil; 2.3 aus der Grabschachtverfüllung; 4–8 von der Grabsohle. 1 Maßstab 1:20; 2–8 Maßstab 1:2

grabung. Aus mehreren Abort- und Kellergruben konnten unter einer Brandschicht aus der Zeit des ersten Stadtbrandes von 1504 zahlreiche, teilweise ganz erhaltene, reduzierend gebrannte Gefäße und Kacheln geborgen werden. Ferner fand sich in der Bruchgrube eines im 19. Jh. hier ansässigen Hafners ein großer Keramikkomplex Kröninger Art (L. Kreiner).

Landshut. Auf dem Gelände des ehemaligen, 1611 gegründeten und am Beginn des letzten Jahrhunderts großenteils wieder abgerissenen Kapuzinerklosters ist der Bau einer Tiefgarage geplant. Eine Teiluntersuchung des heute unter einem Parkplatz gelegenen Kirchenfundaments sollte die Möglichkeit seiner Erhaltung prüfen. Wie sich zeigte, war das noch 2 m hohe Fundament in eine ältere Schicht eingetieft, die mehrere Öfen einfachster Bauart sowie spätmittelalterliche Keramik enthielt (W. Weber).

Landshut, St. Martinskirche. Fundamentierungsarbeiten am Kirchturm boten die Gelegenheit, Ausgrabungsergebnisse von 1986 abzurunden. Damals entdeckte man Fundamentteile eines großen Hauses des 13. Jhs., das weit in den Straßenmarkt der Altstadt hineinragte. Die Funktion des Gebäudes war unklar, u. a. dachte man an eine Schranne oder Zehntkasten. Die neue Untersuchung bestätigte diese Vermutung, konnte doch geklärt werden, daß das Haus eine große Einfahrt besaß, wie sie bei Zehntscheuern üblich ist (W. Weber).

Lautertal-Unterlauter (Lkr. Coburg). Baumaßnahmen führten abermals zur Untersuchung des Umfassungsgrabens einer bandkeramischen Siedlung (R. Stark).

Lichtenfels (Lkr. Lichtenfels). Bauarbeiten im Bereich des Stadtschlosses erforderten eine Testgrabung entlang der Wehrmauer (Stadt Lichtenfels).

Litzendorf (Lkr. Bamberg). Nördlich des großen, gut erhaltenen hallstattzeitlichen Grabhügelfelds im Geisberger Forst fanden sich auf einer landwirtschaftlich genutzten Fläche zahlreiche Keramikkonzentrationen, die zu der diesjährigen Ausgrabung führten. Die hallstattzeitlichen Gräber waren bereits stark verpflügt, daher muß die Ausgrabung in den kommenden Jahren fortgesetzt werden. Die gesamte zu untersuchende Fläche beträgt etwa 20000 qm (R. Stark).

Manching-Oberstimm (Lkr. Pfaffenhofen a. d. Ilm). Bei einem Bauaushub im römischen Vicus kam eine Mars-Statuette aus Bronze zutage (R. Zwyrtek).

Manching-Westenhausen. Östlich des Ortes wurde mit Hilfe eines Metalldetektors eine Brandbestattung der mittleren Latènezeit entdeckt (E. Strigl).

Marktbreit (Lkr. Kitzingen). Von April bis November 1989 wurden die 1986 begonnenen Untersuchungen im frührömischen Legionslager auf dem Kapellenberg fortgesetzt. Durch die interdisziplinäre

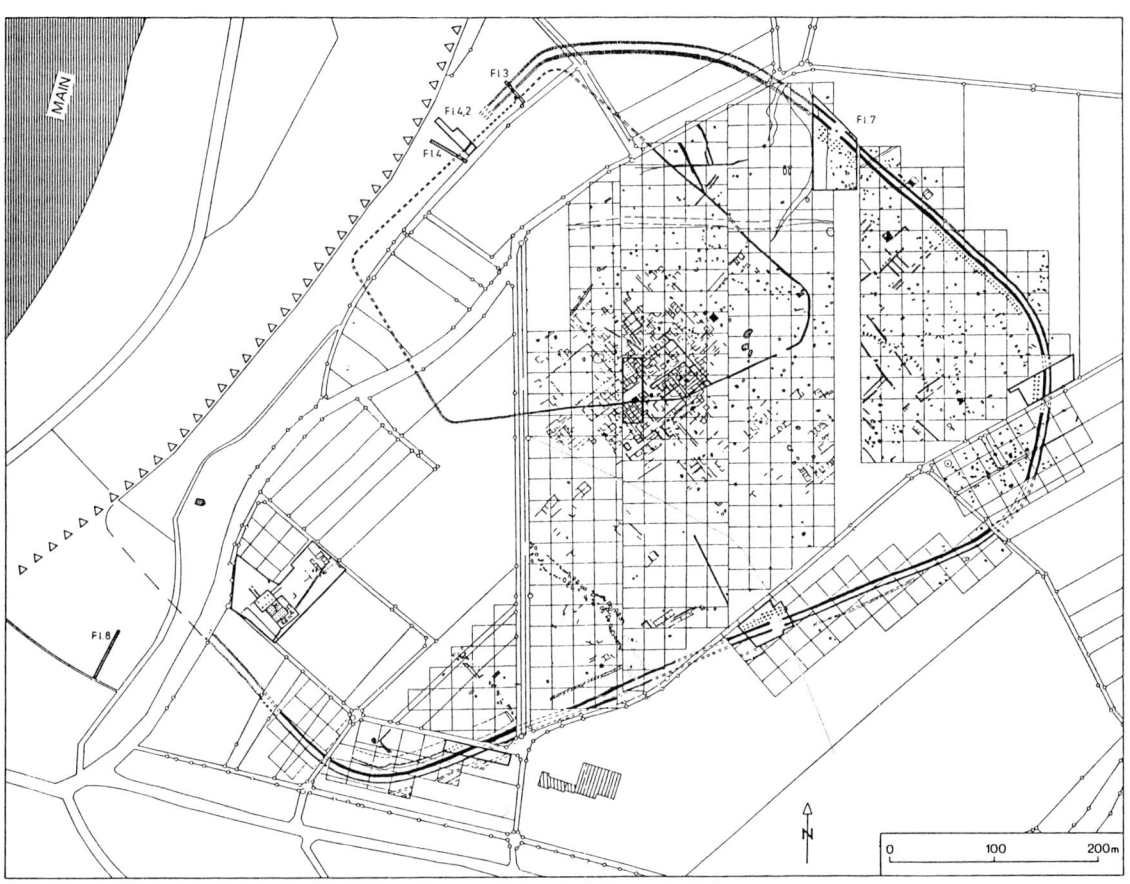

Marktbreit, Lkr. Kitzingen; Gesamtplan des frührömischen Legionslagers auf der Grundlage der kombinierten Auswertung von Luftbild (gestrichelte Linien), magnetischer Prospektion (Gitterflächen) und Ausgrabung (gerahmte Flächen)

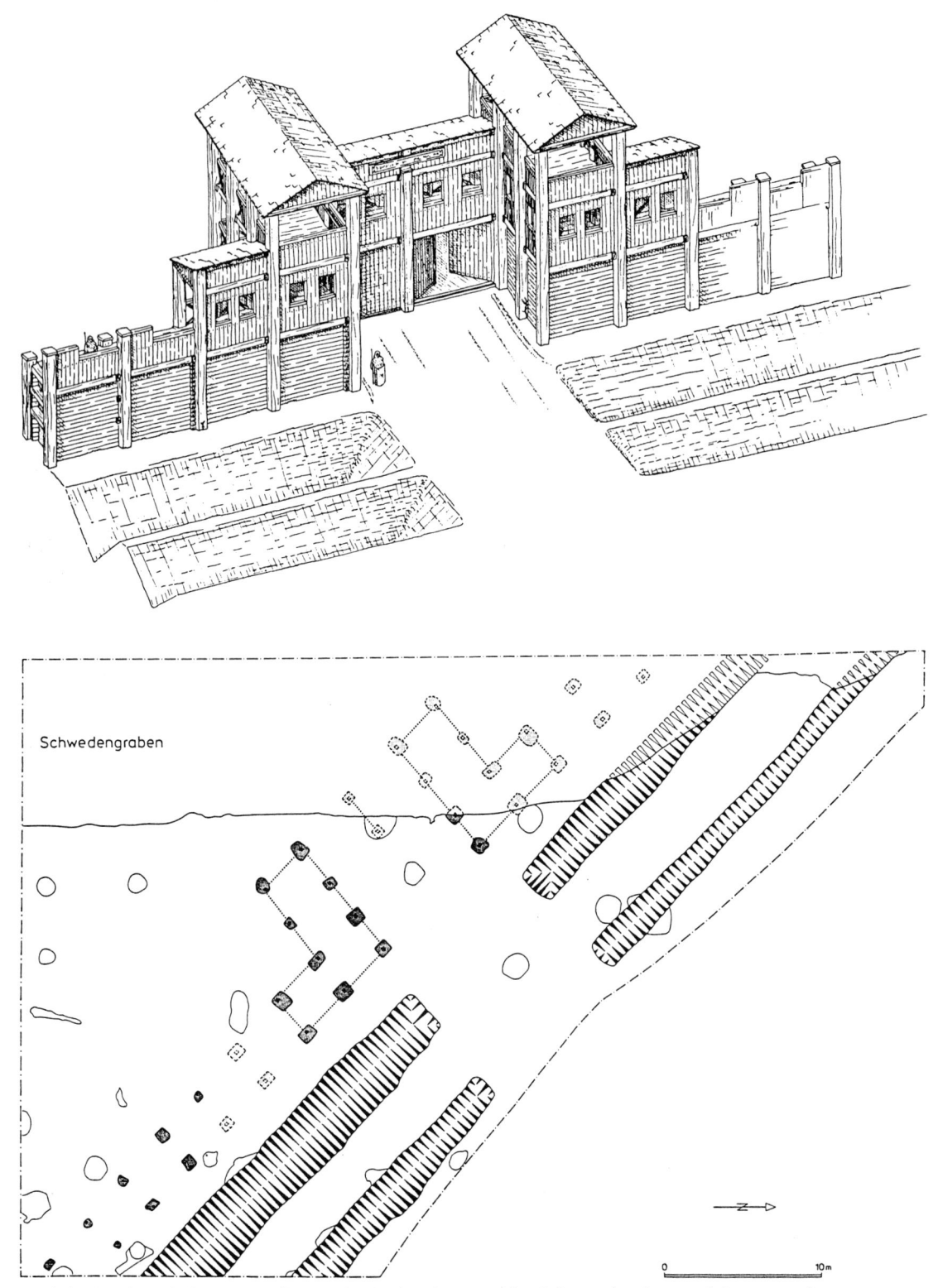

Marktbreit, Lkr. Kitzingen; Nordosttor des Legionslagers; Befundplan und Rekonstruktionsversuch

Zusammenarbeit von Luftbildarchäologie (O. Braasch, K. Leidorf), Magnetometerprospektion (H. Becker) und gezielten Grabungen ließen sich bereits weitreichende Ergebnisse zur Umwehrung und zu einigen Innenbauten erzielen (Abb. 5). Im Frühjahr konnte das auf Luftbildern entdeckte Nordosttor ausgegraben werden. Es zeigt den für frührömische Lager typischen Grundriß mit einziehenden Torwangen. Die ehemals hölzerne Toranlage unterscheidet sich durch ihre Größe (24 x 8,5 m) von dem im letzten Jahr freigelegten Südtor und findet ihre nächste Parallele im mutmaßlich gleichzeitigen Legionslager von Haltern. Obwohl der Befund zur Hälfte durch eine nachrömische Erosionsrinne gestört war, konnte der Grundriß ergänzt und eine zeichnerische Rekonstruktion angefertigt werden (Abb. 6). Auf der betreffenden mit 2680 qm recht groß angelegten Teilfläche blieben Spuren von randlicher Lagerbebauung, Abwasserkanälen und Abfallgruben aus römischer Zeit bisher aus, wohingegen hallstattzeitliche Siedlungsspuren in einiger Anzahl zutage kamen. Der Gesamtplan des Lagers schien die Lage der beiden anderen Tore zu verraten, stimmten doch die Fluchten der ausgegrabenen

Tore und einige Straßenfluchten aus dem Magnetometerplan überein. Eine 46 x 11 m große Fläche an der Stelle des vermuteten Nordwesttors erbrachte jedoch keinerlei Spuren einer Toranlage; selbst das Wall-Graben-System blieb aus. Einen Verlust durch Erosion ausschließend, müssen wir vorläufig davon ausgehen, daß die Umwehrung an diesem nach Norden abfallenden Hang aussetzt oder nach Norden versetzt weiterläuft. Die magnetographischen Messungen ergaben im Lagerzentrum auf einer Fläche von 1,5 ha eine faszinierende Dichte an Bauspuren, die aber noch keine typischen Grundrisse zentraler Kastellbauten erkennen ließen. Es galt daher, diesen Befund durch eine gezielte Ausgrabung abzuklären. Der klare und einphasige Grabungsbefund deckte sich nur im südlichen Teil mit dem Magnetogramm. Die Unterschiede im nördlichen Teil führte H. Becker auf eine Überfunktion von korrektiven Diagonalfiltern bei der Computerauswertung zurück. In dieser 67 x 17 m großen Grabungsfläche zeichneten sich das Wohnhaus eines Stabsoffiziers und bis zu fünf Raumfluchten eines Verwaltungs- oder Wohngebäudes ab. Dazwischen lag eine 9 m breite Lagerstraße. Das Offizierswohnhaus ist durch seinen typischen Peristylhof und seine Nähe zur Kommandozentrale gekennzeichnet. In einem kleinen abgeschlossenen Raum an der Umfassungsmauer konnte sogar die leider fundleere Toilettengrube des Offiziers nachgewiesen werden. Die Zuordnung der fünf neben- und übereinanderliegenden Raumfluchten ist noch unsicher, es gibt aber ähnlich angeordnete Gebäudeteile im Randbereich des Praetoriums des Legionslagers Oberaden. Dort findet sich auch jede der hier vorhandenen Raumgrößen wieder. Neben den römischen Befunden wurden im Lagerareal erneut hallstattzeitliche Siedlungsreste angetroffen. In einer dieser Siedlungsgruben lag ein vollständiges menschliches Skelett, eine in der Hallstatt- und Frühlatènezeit gelegentlich nachweisbare Sonderbestattungsform. Weiterhin fanden sich neolithische Siedlungsspuren und als Einzelfund ein mittelpaläolithischer Doppelschaber. Auch die diesjährige Grabungskampagne war durch einen extrem schwachen Fundanfall gekennzeichnet. Gut in die augusteische Zeit passen ein Münzmeisteras aus dem Jahr 23 v. Chr., zwei Amphorenränder der Form Rödgen 68 und 69, ein ganz erhaltener «Halterner Kochtopf» sowie wenige Ränder weiterer Töpfe. Mit einem Terra-sigillata-Doppelstempel des Crestus und Cn. Ateus sowei drei Aduatucer-Münzen konnten schließlich Stücke geborgen werden, die in den «Haltern-Horizont» gehören, da sie vor 9 v. Chr. nicht oder nur in wenigen Exemplaren vorkommen. Mit diesen Funden läßt sich Marktbreit, natürlich unter dem Vorbehalt des geringen Fundfalls, zum erstenmal den militärischen Unternehmungen der Zeit nach 9 v. Chr, d. h. einer gewissen Konsolidierungsphase, zuordnen (L. Wamser, M. Pietsch, B. Brackmann).

Marktl-Schützing (Lkr. Altötting). In einem Kiesgrubenareal konnte ein kleines frühmittelalterliches Gräberfeld mit 44 Bestattungen untersucht werden. Außerdem fanden sich urnenfelderzeitliche Siedlungsspuren (W. Charlier).

Miltenberg (Lkr. Miltenberg). Im Frühjahr 1988 erforderte eine Wohnhauserweiterung im Bereich der Ostecke des Römerkastells Miltenberg-Altstadt eine Sicherungsgrabung. Ihre Fortsetzung erbrachte im Berichtsjahr neben einigen ergänzenden Baubefunden zum Aussehen des römischen Steinkastells, dem eindeutigen Nachweis einer älteren Kastellumwehrung und wichtigen Details ihrer Konstruktion auch überraschende Ergebnisse zur nachrömischen Geschichte des Kastellareals. Die neuen Grabungsbefunde lassen nicht nur eine Besetzung des Miltenberger Raums durch römische Militär schon um die Mitte der ersten Hälfte des 2. Jhs. n. Chr. denkbar erscheinen, sondern lassen außer vereinzelten Spuren menschlicher Siedlungstätigkeit während der Völkerwanderungszeit auch ein spätere Nutzung der römischen Kastellruinen als Standort eines befestigten merowingisch-fränkischen Stützpunkts, einer salisch-staufischen Turmburg, eines pfalzgräflich-wittelsbachischen Oppidums sowie eines spätmittelalterlichen Herrensitzes erkennen (H. Stegerwald, Bayerisches Landesamt für Denkmalpflege).

Mistelgau (Lkr. Bayreuth). In dem bereits seit 200 Jahren bekannten, verpflügten Grabhügelfeld war abermals eine großflächige Ausgrabung erforderlich, da die Fläche durch den fortschreitenden Abbau von Ton gefährdet ist. Die Grabung soll wegen ihrer interessanten Befunde auch in den nächsten Jahren fortgesetzt werden (A. Gelbhaar).

Moosburg a. d. Isar (Lkr. Freising). In der Altstadt konnten im Zuge von Sanierungsmaßnahmen aus einigen Abfallgruben größere Mengen frühneuzeitlicher Keramik geborgen werden (H. Hagn, E. Neumair).

München. Die geplante Neubebauung des Marienhofs erforderte ganzjährige archäologische Untersuchungen. Die Arbeiten konzentrierten sich auf den Bereich der Stadtmauer des 12. Jhs. sowie auf das Gelände des ehemaligen Klosters der Englischen Fräulein, der späteren königlichen Polizeidirektion, wo im Hochmittelalter wahrscheinlich die erste Synagoge Münchens stand. Im nördlichen Teil des Marienhofs stieß man auf spätgotische bis neuzeitliche Keller von Bürgerhäusern (W. Charlier).

Neuburg a. d. Donau (Lkr. Neuburg-Schrobenhausen). Bauvorgreifende Untersuchungen im Innenhof der Maria-Ward-Schule ergaben Siedlungsbefunde der frühen Latènezeit und des Mittelalters (E. Mair).

Neukirchen b. Hl. Blut (Lkr. Cham). Die Ausgrabungen im Hof des ehemaligen Pflegschlosses führten zur Freilegung des bisher ältesten Kirchenbaus von Neukirchen b. Hl. Blut. Im Rahmen der Innenhofgestaltung des geplanten Wallfahrtsmuseums sollen der Kirchengrundriß sowie ebenfalls entdeckten Hofstrukturen in ihrem Aufgehenden gesichert und restauriert werden. Eine weitere Grabungskampagne ist für 1990 geplant (S. Codreanu-Windauer, B. Ernst).

Nördlingen-Baldingen (Lkr. Donau-Ries). In der Flur «Im kleinen Feldle» wurden bei der vierten Grabungskampagne weitere 13 500 qm freigelegt. Östlich des neolithischen Siedlungsareals fanden sich latènezeitliche Grubenhäuser, das Nebengebäude einer römischen Villa rustica und zwei alamannische Gräber (G. Krahe, K. H. Henning).

Nürnberg, Kreuzgasse. Die Bebauung einer ca. 9000 qm großen Fläche am südlichen Pegnitzufer erforderte eine Ausgrabung, bei der umfangreiches Fundmaterial, besonders des 15. und 16. Jhs., zutage kam, das dank der gesicherten Schichtenabfolge wichtige Aufschlüsse verspricht. Ein herausragendes Fundstück stellt eine beinahe vollständig erhaltene Knochenflöte dar, die sich zusammen mit Keramik aus der Zeit um 1500 in einem Abfallschacht fand. Das Areal liegt innerhalb der um 1450 vollendeten jüngeren Stadtmauer und wurde erst seit dem 15. Jh. nach einer systematischen Auffüllung um ca. 1 m als Bauland genutzt (R. Koch).

Nürnberg, Ledergasse. Im unmittelbar an der Innenseite der stauferzeitlichen Stadtbefestigung gelegenen alten Gerberviertel zerstörte der Bau einer viergeschossigen Tiefgarage eine ca. 4000 qm große Fläche. Bei einer Rettungsgrabung konnten lediglich 147 qm untersucht werden. Hier gelang zum ersten Mal im älteren Stadtkern die Dokumentation romanischer Siedlungsreste des 12. und 13. Jhs. Außerdem hatten sich mehrere Gerberbottiche aus Holz erhalten. Nach dem dendrochronologischen Gutachten durch das Büro Tisje stammen sie aus dem 17. und 18. Jh. Ein erheblicher Teil des Baugeländes war durch neuzeitliche Keller und Versorgungsleitungen bereits tiefgründig zerstört. Die Fundamente der stauferzeitlichen Stadtmauer wurden nicht mehr angetroffen (R. Koch).

Nürnberg-Gleißhammer. Bei Bauarbeiten der Bundesbahn wurde ein Brunnenschacht aus Sandsteinquadern angeschnitten. In einer der oberen Quaderreihen befand sich eine Bauinschrift von 1496. Eine zweite Inschrift bezieht sich auf Reinigungsarbeiten im Jahr 1770 (L. Lang, F. Leja).

Obergünzburg (Lkr. Ostallgäu), *Nikolausberg*. Bei der Erweiterung der staatlichen Haupt- und Realschule konnte in der Baugrube ein hochmittelalterlicher Holzkeller beobachtet werden, der wohl noch im Mittelalter einem Schadensbrand zum Opfer gefallen war. Eine von zwei Mauern aus Bruch- und Rollsteinen eingefaßte Holztreppe führte in den ca. 6,85 x 7,35 m großen Kellerraum. Als Türschwelle und -gewände dienten exakt zugerichtete und versetzte Werkstücke aus Kalktuff. Die Wände des Kellers bestanden aus senkrecht stehenden Kreisabschnitten von Rundhölzern. Etwa 9 m nordöstlich des Kellers konnte eine seit Anfang des 20. Jhs. an verschiedenen Stellen des Nikolausbergs immer wieder beobachtete Leitung aus Tonröhren auf 26 m Länge verfolgt werden. Nach einigen Begleitfunden und einer radiometrischen Untersuchung an einem der verkohlten Hölzer zu urteilen, gehört der Keller ins Hochmittelalter. Die bislang meist römerzeitliche Datierung der Tonröhrenleitung wird man entsprechend revidieren müssen. Eine kritische Durchsicht aller bisherigen Fundnachrichten und noch erhaltenen Funde erbrachten keinen eindeutigen Nachweis einer römerzeitlichen Besiedlung des Höhenrückens. Aufgrund der Neufunde dürfte der Nikolausberg Wohnsitz für ein Ministerialengeschlecht des 12. und 13. Jhs. gewesen sein. Aus verschiedenen schriftlichen Quellen sind für diese Zeit einige Mitglieder eines solchen Geschlechts erschließbar (G. Weber).

Oberndorf a. Lech (Lkr. Donau-Ries). Bei bauvorgreifenden Untersuchungen eines weiträumigen Gewerbegebiets am nördlichen Ortsrand konnte ein römischer Gutshof mit Wohnhaus, Bad, Brunnen und Wirtschaftsgebäuden in der zweiten Kampagne nunmehr vollständig ausgegraben werden. Der Steinbauphase des 2. Jhs. ging eine Holzanlage des späten 1. Jhs. n. Chr. voraus, die in ihrer Gestalt und Ausdehnung in Bayern ohne Vergleich ist (Abb. 7) (W. Czysz, W. Schmidt).

Oberpöring-Niederpöring (Lkr. Deggendorf). Im Baugebiet «Leitensiedlung» mußten wieder zwei Parzellen bauvorgreifend untersucht werden, wobei Verfärbungen und Funde des älteren und mittleren Neolithikums, der Bronze- und Latènezeit zutage kamen. Von besonderer Bedeutung ist die Entdeckung eines weiteren Spitzgrabens der Münchshöfener Gruppe. Damit sind in dem Baugebiet nunmehr zwei Erdwerke der Münchshöfener Gruppe und eines der Linienbandkeramik nachgewiesen, ohne daß jedoch Aussagen über deren Grundriß und Größe möglich wären (K. Schmotz).

Oberschneiding-Kleinpinning (Lkr. Straubing-Bogen). Auf der Neubautrasse der Bundesstraße 20 gelang die Bergung von Funden aus einer materialreichen Grube der jungsteinzeitlichen Münchshöfener Gruppe (K. Böhm).

Obertraubling (Lkr. Regensburg). Auf der neuen Trasse der B 15 südlich des BMW-Geländes wurden ein spätneolithisches Hockergrab sowie zahlreiche vorgeschichtliche Siedlungsspuren, vornehmlich der Urnenfelderzeit, aber wohl auch der Linienbandkeramik, aufgedeckt und dokumentiert (S. Codreanu-Windauer, L. Breinl).

Ochsenfurt-Hopferstadt (Lkr. Würzburg). Im Bereich der bekannten Siedlungsstelle in der Flur «Bieberlein» konnten zwei Siedlungsgruben mit jüngerlatènezeitlichem und kaiserzeitlichem Fundmaterial untersucht werden (D. Patterson, Bayerisches Landesamt für Denkmalpflege).

Osterhofen-Altenmarkt (Lkr. Deggendorf). Die Anlage eines Sportplatzes neben dem Kloster führte zu einer Ausgrabung, die neben einigen vorgeschichtlichen Gruben 11 teilweise reich ausgestattete Gräber der Glockenbecherkultur erbrachte (K. Schmotz).

Ostheim v. d. Röhn (Lkr. Rhön-Grabfeld). Bei Wegebaumaßnahmen in der Flur «Vor dem kleinen Lindenberge» wurden die Steinpackungen mehrerer verschliffener Grabhügel, z. T. mit Steinkränzen, angeschnitten. Eine Notgrabung ergab mehrere hallstattzeitliche Brand- und Körpergräber (Archäologische Arbeitsgruppe Rhön-Grabfeld, Bayerisches Landesamt für Denkmalpflege).

Palling (Lkr. Traunstein). Die bereits 1988 begonnene Untersuchung eines Reihengräberfelds des 7. Jhs. wurde in diesem Jahr abgeschlossen (W. Charlier).

Passau. Bei der Erweiterung des Altstadt-Hotels stieß man auf neuzeitliche Baubefunde und eine mittelalterliche Bruchsteinmauer (J.-P. Niemeier).

Passau, Bräugasse 17. Bei Bauarbeiten wurden unter einem barockzeitlichen Kellerboden drei West-Ost orientierte Körperbestattungen entdeckt. Ein Grab befand sich teilweise unter einer gotischen Stützsäule (J.-P. Niemeier).

Passau, Domberg. Der geplante Bau einer Tiefgarage im Seminargarten erforderte eine Sondage, die neben neuzeitlichen Siedlungsresten und einer noch nicht näher zu datierenden Bruchsteinmauer einige spätlatènezeitliche Keramikscherben erbrachte. Außerdem fand sich in tieferen Schichten ein möglicherweise spätkeltisches Gräbchen (J.-P. Niemeier).

Passau, Domhof. Bereits 1988 konnten im Domhof, dem ehemaligen Kreuzgangbereich an der Nordseite des St. Stephans-Doms, römische Besiedlungsspuren beobachtet werden. Bei der diesjährigen Grabungskampagne stieß man auf mittelkaiserzeitliche Befunde, darunter Pfostenlöcher, Schwellgräbchen und Gruben. Diesen Horizont des 2./3. Jhs. n. Chr. überlagert ein spätantikes, nur in Ausschnitten erfaßtes Gräberfeld mit meist beigabenlosen, West-Ost ausgerichteten Körpergräbern. Östlich eines 1987 untersuchten kellerartigen Gewölbes, kam ein rechteckiger Mauerzug zutage. Im Inneren dieses Grundrisses wurden zahlreiche Bestattungen freigelegt, die sich in ihrer räumlichen Verteilung an die Mauerfluchten hielten, womit sich ein zeitlicher Zusammenhang zwischen dem so als sakral erwiesenen Gebäude und den Gräbern ergibt. Die wenigen Beigaben datieren die Bestattungen an das Ende des 7. und den Beginn des 8. Jhs. n. Chr. Der tiefer gelegene Gewölbebau darf somit als Krypta einer karolingischen Kirche angesprochen werden, die im 12./13. Jh. an der Ostseite einen rechteckigen Choranbau erhielt. Diese Kirche bestand nur bis zur Errichtung des gotischen Kreuzgangs mit seinem inneren Kapellensaum, danach wurde nur noch die Krypta bis in die Neuzeit hinein als Karner genutzt. Ein weiterer, an der Südseite der Grabungsfläche aufgedeckter Ost-West orientierter Mauerzug gehört zum gotischen Kreuzgang. Mit ihm wurde die Nordseite der urkundlich erwähnten Anna-Kapelle erfaßt (I. Mittermeier).

Passau, Große Klingergasse. Bei Sanierungsarbeiten fanden sich neben einem Brunnen, der mit Material des 19. und 20. Jhs. verfüllt worden war, auch drei mittelalterliche oder frühneuzeitliche Öfen (J.-P. Niemeier).

Passau, Hängebrücke. Der Bau einer Tiefgarage führte zur Aufdeckung frühneuzeitlicher und mittelalterlicher Bruchsteinmauerreste. Außerdem konnte der bei der Grabung von 1985/86 entdeckte mittelkaiserzeitliche Kastellgraben weiter verfolgt und ein zweiter, parallel dazu verlaufender Graben freigelegt werden. Eine weitere Fläche nahe dem Donauufer erbrachte einige ungestörte römische Schichten des 1. bis 5. Jhs. n. Chr. Darunter befanden sich eine dendrochronologisch datierte urnenfelderzeitliche Hafenanlage und ein bearbeiteter Holzbalken, der nach der ^{14}C-Messung aus der frühen Bronzezeit stammt (J.-P. Niemeier).

Passau, Innstadt. Bei den diesjährigen Ausgrabungen auf dem Gelände der ehemaligen Firma Loher am Jesuitenschlößl im Bereich des römischen Vicus von Boiodurum stellte sich heraus, daß durch den Bau der Fabrikhalle außer einem Ofen und drei Gruben die meisten römischen Befunde bereits vernichtet worden waren. Die Fundamente eines Porzellanofens des 19. Jhs. hatten sich dagegen gut erhalten und wurden als industrielles Bodendenkmal dokumentiert (J.-P. Niemeier).

Passau, Innstadt. Zwei bauvorgreifend angelegte Schnitte unmittelbar südlich des mittelkaiserzeitlichen Kastells Boiodurum führten zur Aufdeckung mittelalterlicher und römischer Schichten. Im kommenden Jahr soll deshalb hier eine Ausgrabung durchgeführt werden (J.-P. Niemeier).

Peiting (Lkr. Weilheim-Schongau). Der Bau der Umgehungsstraße Schongau-Peiting erforderte auch in diesem Jahr eine Ausgrabung im Bereich der bekannten römischen Villa rustica. Bei den eher spärlichen Befunden dürfte es sich wohl um Reste von Grabbauten handeln (D. Klonk, W. Titze).

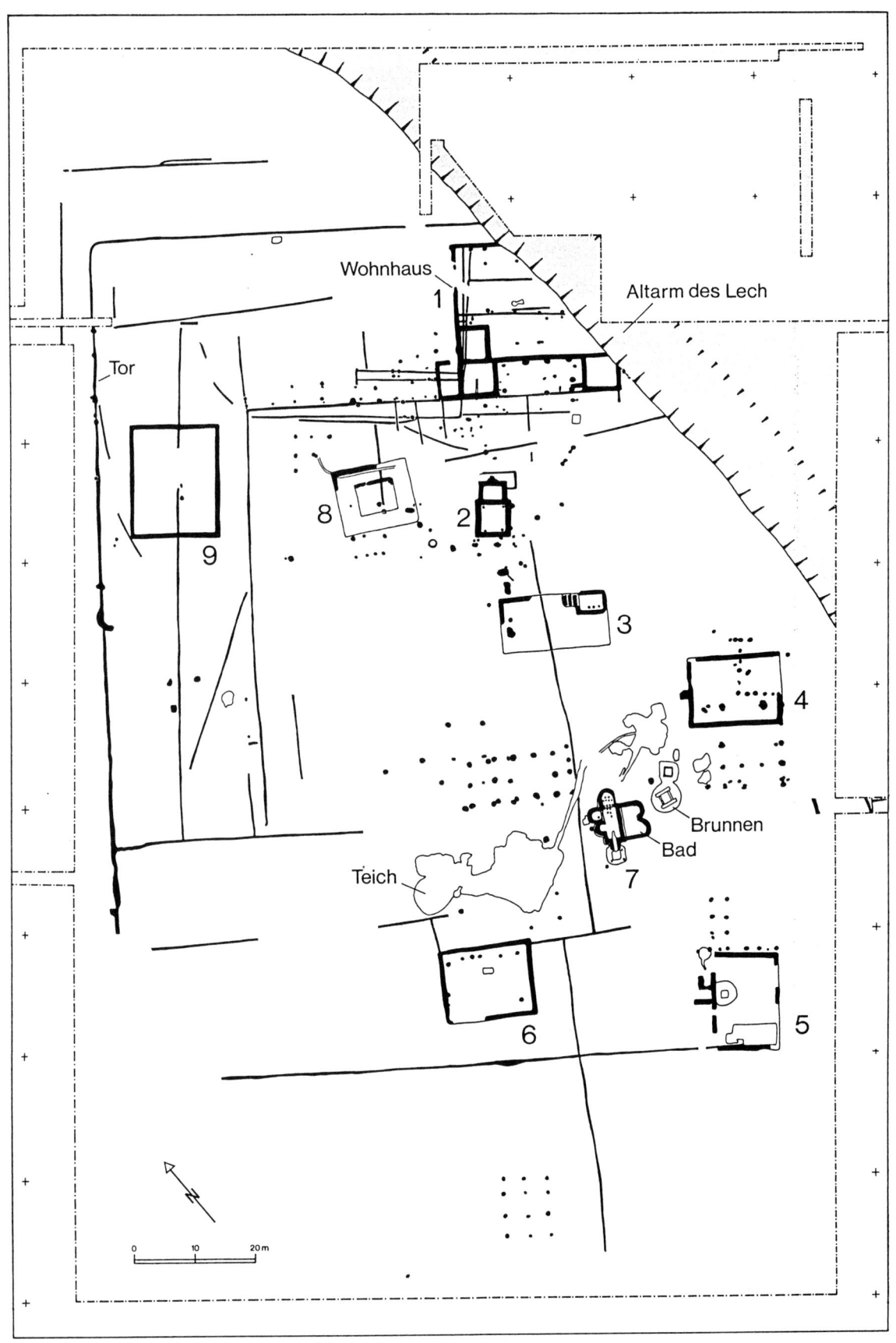

Oberndorf a. Lech, Lkr. Donau-Ries; Übersichtsplan einer römischen Villa aus der Mitte des 1. Jahrhunderts n. Chr.; Grabungszustand Ende 1989

Perkam (Lkr. Straubing-Bogen). Im Baugebiet «Bocksberg» am Nordrand des Ortes konnte der Grundriß eines linienbandkeramischen Hauses freigelegt werden, zu dessen doppelten umlaufenden Wandgräbchen es bislang keine Parallelen gibt. Daneben fanden sich auch Siedlungsspuren der Bronzezeit, darunter eine Grube mit Bronzeresten, Schlacketropfen und Scherben mit anhaftendem Zinn, die auf Bronzeverarbeitung hindeuten. Das ganze Gelände scheint ein vorerst noch nicht datierbarer Graben gesichert zu haben (K. Böhm).

Pfarrkirchen-Untergaiching (Lkr. Rottal-Inn). Die Untersuchung der durch die Landwirtschaft gefährdeten altneolithischen Fundstelle führte in diesem Jahr zur Aufdeckung weiterer, fast ebenerdiger Öfen und zweier Hausgrundrisse der Linienbandkeramik. Vereinzelt fanden sich auch Gruben der Stichbandkeramik und der Oberlauterbacher Gruppe (R. Pleyer).

Pfatter-Geisling (Lkr. Regensburg). Im Osten des Ortes wurde eine bauvorgreifende Untersuchung des teilweise schon 1986 ausgegrabenen Reihengräberfelds durchgeführt. Die ältesten Bestattungen stammen aus der zweiten Hälfte des 6. Jhs. Der Großteil der Gräber, vor allem des 7. Jhs., war stark durch die Bebauung gestört. Zu den Besonderheiten der diesjährigen Kampagne gehören die Sonderbestattungen zweier Erwachsener in Hockerstellung bzw. in Bauchlage (S. Codreanu-Windauer, L. Breinl).

Pfünz-Walting (Lkr. Eichstätt). Eine Straßenbaumaßnahme führte zu einer archäologischen Untersuchung, die außer bronzezeitlichen Siedlungsbefunden einen hallstattzeitlichen Grabhügel mit Zentralbestattung ergab. Innerhalb des Hügels fanden sich ferner zwei Gräber und Siedlungsspuren aus der Zeit um 700 n. Chr. (B. Bettwieser).

Pfünz-Walting, Kastell. Die Rekonstruktionsmaßnahmen am römischen Kastell konzentrierten sich in diesem Jahr auf die Fertigstellung des Nordtors sowie auf den nordwestlichen Eckturm (Historischer Verein Eichstätt).

Pilsting-Ganacker (Lkr. Dingolfing-Landau). Der Bau der neuen B 20 führte in der Gemeinde Pilsting zu umfangreichen archäologischen Untersuchungen. Am Rande der nördlichen Isarterrasse wurden zwei Grubenhäuser der Altheimer Gruppe und zahlreiche Verfärbungen einer ausgedehnten Siedlung der Urnenfelderzeit freigelegt. Etwas weiter südlich fand sich die beraubte Bestattung eines Mädchens aus der Frühbronzezeit (L. Kreiner).

Pilsting-Großköllnbach. Im Norden des Ortes, an der Straße nach Etzenhausen, kamen bei Erschließungsarbeiten für das Neubaugebiet «Steigäcker» zahlreiche vorgeschichtliche Verfärbungen zutage. Neben mehreren großen Gruben der Altheimer Gruppe und der Bronzezeit konnten auch Abschnitte eines Grabens der Urnenfelder- und Hallstattzeit freigelegt und teilweise untersucht werden (L. Kreiner).

Pilsting-Mögling. Südlich der Kreisstraße DGF 6 stieß man auf Siedlungsspuren der Urnenfelderzeit. Nördlich davon entdeckte man eine kleine Grabgruppe der Schnurkeramik. Diese Gruppe bestand aus der Bestattung eines erwachsenen Mannes und zwei beigabenlosen Kindergräbern. Darüber hinaus kamen Verfärbungen von mittel- und spätbronzezeitlichen Siedlungen zutage (L. Kreiner).

Pilsting-Trieching. Auf der Kuppe eines Hügelrückens im Westen des Ortes fanden sich wenige Verfärbungen der spätneolithischen Wallerfinger Fazies, darunter eine Grube mit den Resten zweier Säuglinge, umfangreiche Spuren einer Siedlung der älteren Bronzezeit sowie drei Gräber der Glockenbecherkultur. Diese Bestattungen, von denen besonders ein Grab mit kupfernem Griffzungendolch, Armschutzplatte und Bernsteinperlen erwähnenswert ist, gehören in die ältere Stufe dieser Kultur. Etwas unterhalb davon, auf einer Terrasse des Saubachs, konnten dann noch Teile eines rundlichen Altheimer Grabenwerks mit Eingängen im Norden und Süden freigelegt werden (L. Kreiner).

Poing (Lkr. Ebersberg). Bei bauvorgreifenden Ausgrabungen einer mehr als einen Quadratkilometer großen Fläche im Norden Poings fanden sich Besiedlungsspuren nahezu aller vor- und frühgeschichtlicher Perioden. Besonders hervorzuheben sind Adelsnekropolen der späten Bronzezeit und des frühen Mittelalters (W. Fischer).

Pommelsbrunn-Hunas (Lkr. Nürnberger Land). In der altsteinzeitlichen Resthöhle an der Kante eines modernen Steinbruchs wurde eine weitere Grabungskampagne durchgeführt (J. Groiß, B. Kaulich, L. Reisch).

Regensburg, Niedermünster. Die Ausgrabung im nördlichen Teil des Kreuzganggartens wurde in diesem Jahr abgeschlossen. Eine wichtige Entdeckung stellt ein 9 m tiefer römischer Brunnen dar, in den eine Weihinschrift und einen norischen Grabstein in sekundärer Verwendung eingemauert hatte. Für die karolingische Zeit ist ein nördlicher Flügelanbau von wenigstens 28 m Länge und 9,5 m Breite an der Nordseite der zweiten Niedermünsterkirche von Bedeutung. Außerdem kamen, z. T. in stratigraphischem Zusammenhang, zahlreiche römische und karolingische Keramikscherben zutage (U. Osterhaus, K. Schnieringer, E. Wintergerst).

Regensburg, Watmarkt 7. Umbaumaßnahmen unmittelbar östlich der Patrizierburg «Zum Goliath» führten zur Untersuchung einer Kloake von 2 x 2,6 m lichter Weite und mehr als 8 m Tiefe. Sie stammt, nach der Mauertechnik und den Funden zu urteilen, aus dem 12. bis frühen 13. Jh. Ob eine hölzerne Vergängeranlage bis in das 10./11. Jh. zurückreicht, muß die Auswertung der Detailpläne und Funde noch ergeben. Besonders eindrucksvoll erwies sich das Geschirr aus der frühen Barockzeit (U. Osterhaus, T. Mittelstraß).

Regensburg-Harting. Die seit 1987 durchgeführten Ausgrabungen südlich und westlich der Kirche (Haus Nr. 7) wurden 1989 abgeschlossen. Sie ergaben eine bis in das 13. bzw. 18. Jh. zurückreichende Bebauung. Zwischen der heutigen Friedhofsmauer und dem südlich gelegenen Haus Nr. 12 kamen fünf Gräber aus karolingischer Zeit zutage, die eine größere Ausdehnung des Friedhofs belegen, als bisher angenommen (U. Osterhaus, T. Mittelstraß).

Regensburg-Prüfening, Kornweg. In dem Vicus des Kleinkastells wurde im Anschluß an die Fläche der Grabungen von 1979/80 ein weiteres Grundstück überbaut. Eine unter großem Zeitdruck durchgeführte Notgrabung bestätigte die Erkenntnis der vorausgegangenen Untersuchungen. Wenigstens zwei Darren (Dörröfen) und ein Brunnen bezeugen den wirtschaftlich-handwerklichen Charakter dieses Siedlungsausschnitts (U. Osterhaus, H. Endres).

Regensburg-Weichs, Guttensteinweg. Westlich des Schlosses Weichs (wohl um 1200), nach Angaben des Bahrerplans noch in der Vorburg gelegen, wurden bei Baumaßnahmen Skelette entdeckt. Eine sofort eingeleitete Notgrabung führte zur Freilegung eines Friedhofs mit mindestens 52 zumeist ungestörten, beigabenlosen Gräbern. Spuren einer zeitgenössischen Beraubung zeigten sich bei einem Grab. Lediglich eine Männerbestattung des späten 7. bis frühen 8. Jhs. enthielt einen Langsax. Ein erstes Adelsgeschlecht, das mit Weichs in Zusammenhang gebracht wird, läßt sich für das Jahr 888 n. Chr. nachweisen (U. u. T. Osterhaus).

Riedenburg (Lkr. Kehlheim). Die durch den Bau einer Umgehungsstraße bedingte Rettungsgrabung im Bereich eines bronzezeitlichen Gräberfelds konnte abgeschlossen werden. Insgesamt kamen auf der künftigen Straßentrasse 18 mittelbronzezeitliche Grabhügel zutage, deren Bestattungen teilweise bereits antike Störungen aufwiesen. Aufgrund der Hanglage waren besonders die talseitig gelegenen Grabbauten von mächtigen Hangschuttschichten bedeckt und besaßen daher noch hervorragend erhaltene Steinkonstruktionen. In diesem Bereich des Friedhofs lagen drei hallstattzeitliche Grabhügel deutlich über den Steinpackungen der bronzezeitlichen Gräber. In den nachbronzezeitlichen Hangschuttschichten fanden sich zudem noch Siedlungsspuren der Urnenfelderzeit (E. Birngruber).

Riedenburg-Untereggersberg. Bei der diesjährigen Untersuchung des hallstattzeitlichen Gräberfelds in den Furthwiesen wurde vor allem der Ostteil der Nekropole mit durchwegs ungestörten Grabanlagen erfaßt. Hervorzuheben sind besonders zwei Wagengräber, von denen eines einen vierrädrigen Wagen enthielt. Im zweiten Grab fanden sich in gesicherter Fundlage die eisernen Beschlagteile eines zweirädrigen Wagens. Zu diesem Inventar gehören neben einem eisernen Trensensatz auch kleine Bronzezierscheiben des Riemenzeugs. Aus einer weiteren Bestattung stammen die Reste eines Pfeilköchers und ein Satz eiserner Pfeilspitzen. Erwähnenswert ist noch ein Paar gekröpfter Bronzenadeln mit trapezoider Kopfplatte, die im Bereich des unteren Altmühltals bisher keine Entsprechungen finden (F. Mahler).

Riedenheim (Lkr. Würzburg). Eine Notgrabung im Breich von herausgepflügten Steinen und Knochen erbrachte die stark gestörten Reste einer wohl endneolithischen Körperbestattung, vermutlich eines Hockers, mit einem Bronze- oder Kupferring am Handgelenk (LfD.).

Riekofen (Lkr. Regensburg). Beim Abschieben der Trasse für einen Flurbereinigungsweg im Westen des Ortes kam eine linearbandkeramische Siedlung zutage. Im Rahmen einer dreitägigen Notbergung konnten mehrere Gruben und die fast vollständig erhaltenen Grundrisse von drei Langhäusern archäologisch untersucht werden (S. Codreanu-Windauer, L. Breinl).

Saal a. d. Donau-Mitterfecking (Lkr. Kelheim). In dem Baugebiet am südlichen Ortsrand konnten bei der Beobachtung einiger Baugruben mehrere neolithische Gruben dokumentiert weden. Hervorzuheben ist eine Verfärbung, die außer Keramik einen kleinen Schuhleistenkeil und drei Flachhaken enthielt (M. Rind).

Salching (Lkr. Straubing-Bogen). Bei der Überwachung eines kleinen Baugebiets am Südrand des Ortes kamen einige wohl neuzeitliche Öfen unbekannter Funktion zutage (K. Böhm).

Salching-Piering. Eine auffallend dunkle Verfärbung im Acker und die Reste eines zerpflügten Skeletts führten zu einer Sondagegrabung, die ein bajuwarisches Reihengräberfeld ergab. Außerdem fanden sich einige älterneolithische Siedlungsgruben (K. Böhm).

Saldenburg (Lkr. Freyung-Grafenau). In der Saldenburg wurde eine kleine Sondagegrabung in einem Schuttkegel unterhalb des Kernwerks durchgeführt. Die zahlreich geborgene Keramik dürfte überwiegend aus der Zeit des Böckleraufstands und der damit zusammenhängenden Eroberung der Burg im Jahr 1468 stammen (N. Schrüfer).

Saldenburg-Spitzingerreuth. Trotz weiterer Schnitte, mit denen das im letzten Jahr im Staatsforst entdeckte, künstliche Wassergerinne sondiert wurde, bleiben Funktion und Bedeutung dieser frühindustriellen Anlage weiterhin unbekannt (N. Schrüfer).

Schernfeld (Lkr. Eichstätt). Die Untersuchung eines hallstattzeitlichen Grabhügels und eines darunterliegenden Silexbergwerks wurden abgeschlossen. Es zeigte sich, daß die Zentralbestattung durch frühere Baumaßnahmen bereits stark zerstört war (C. Schütz).

Schongau (Lkr. Weilheim-Schongau). In der Altstadt konnten mehrere kleine Untersuchungen durchgeführt werden, die Aufschlüsse über die mittelalter- und neuzeitliche Stadtentwicklung lieferten (W. Titze).

Schwabmünchen (Lkr. Augsburg). Die Rettungsgrabung im Gewerbegebiet Schwabmünchen-Nord unterhalb des Töpferdorfs wurden im Bereich des Grabungsschutzgebiets sowie an der Römerstraße nach Augsburg fortgesetzt (W. Czysz, A. Dransfeld).

Seeon-Seebruck-Stöffling (Lkr. Traunstein). Durch Oberflächenfunde wurde mit großer Wahrscheinlichkeit die keltische Vorgängersiedlung des römischen Bedaium nachgewiesen. Die räumliche Ausdehnung sowie mittlerweile fast 100 Münzen deuten darauf hin, daß es sich dabei um einen der Hauptorte des nordwestlichen Noricum gehandelt hat (W. Hirt).

Sinzing-Kleinprüfening (Lkr. Regensburg). Bei Kanalisationsarbeiten in einem Neubaugebiet im Süden des Ortes wurde ein bajuwarisches Saxgrab des 7. Jhs. angeschnitten. Die Ausgrabung der wenigen noch ungestörten Bereiche ergab drei weitere Bestattungen, darunter ein zweites Saxgrab (S. Codreanu-Windauer, R. Bloier).

Stadtbergen (Lkr. Augsburg). Die Anlage eines Sportplatzes in der Flur «Weidach» führte zur Ausgrabung eines hallstattzeitlichen Grabhügels. Innerhalb der 2,8 x 2,4 m großen Grabkammer von Hügel 40 lagen neben Leichenbrand ein massiver Bronzearmreif und die Scherben eines Gefäßsatzes (O. Schneider).

Staffelstein-Grundfeld (Lkr. Lichtenfels). Beim Anlegen einer Autobahnausfahrt wurde ein urnenfelderzeitlicher Friedhof angeschnitten (W. Auer).

Stephansposching (Lkr. Deggendorf). Die 1987 begonnenen Ausgrabungen im Baugebiet «Wittenzellener Feld» wurden in diesem Jahr abgeschlossen. Trotz schwieriger Bodenverhältnisse gelang es, mehrere Grundrisse, darunter Grubenhütten der Latènezeit und des frühen Mittelalters, zu dokumentieren. Darüber hinaus fanden sich im Nordteil der untersuchten Fläche mittelneolithische und bronzezeitliche Besiedlungsspuren (K. Schmotz).

Stephansposching. In den vergangenen Jahren führten präventive Grabungsmaßnahmen auf einer zusammenhängenden Fläche im Süden des Ortes zur Entdeckung mehrerer Hausgrundrisse der Linienbandkeramik. Zum Abschluß der Untersuchung sollte die Ausdehnung der Siedlung nach Süden geklärt werden. Vor der Anlage eines Gartens wurde daher der Oberboden mit einem Bagger abgezogen und von Hand nachgearbeitet. Im so entstandenen Planum ließen sich jedoch weder Verfärbungen noch Funde nachweisen. Damit steht die Südgrenze der linienbandkeramischen Siedlung jetzt fest (K. Schmotz).

Stephansposching-Steinkirchen. Im Bereich des mittelkaiserzeitlichen Vicus mußte eine bauvorgreifende Ausgrabung durchgeführt werden. Dabei entdeckte man zwei ursprünglich holzverschalte Keller mit reichem Fundmaterial (K. Schmotz).

Stockheim-Haßlach b. Kronach (Lkr. Kronach). Bei der Anlage eines Fuhrparks stieß man auf den Rest einer spätmittelalterlichen Burganlage. Ein Großteil der wohl ursprünglich viertürmigen Burg konnte ausgegraben werden (St. Vierboom).

Straßkirchen (Lkr. Straubing-Bogen). Die Untersuchung des mitten im Ort gelegenen Reihengräberfelds wurde fortgesetzt, wobei sich die Zahl der zumeist beraubten Gräber auf 35 erhöhte. Da die Bebauung des gesamten Areals vorgesehen ist, soll der Friedhof in den nächsten Jahren vollständig freigelegt werden (O. Karl).

Straubing. Im Bereich des südlichen römischen Lagerdorfs zwangen Baumaßnahmen zur Untersuchung zweier Grundstücke. Dabei konnten in einer Parzelle die Spuren römischer Holzbauten, fundreiche Abfallgruben sowie ein Erdkeller nachgewiesen werden. Besonders hervorzuheben ist die Entdeckung mehrerer Fragmente einer tönernen Theatermaske. Auch die andere Parzelle erbrachte römische Befunde und ein umfangreiches Keramikmaterial (J. Prammer).

Straubing, Asterweg. Bauvorgreifende Untersuchungen führten zur Aufdeckung einer frühlatènezeitlichen Siedlung. Auf dem Areal fanden sich zwei eingetiefte Hausgrundrisse, fünf Schlitzgruben sowie zahlreiche weitere Gruben und mehrere Pfostensetzungen, die sich aber nicht zu Gebäudegrundrissen ergänzen lassen. Zahl und Qualität der Funde waren bescheiden, umso mehr erstaunt daher die Entdeckung eines seltenen bronzenen Fingerrings mit einer Gesichtsmaske (J. Prammer).

Straubing, Schmidlgasse. Bei der abschließenden Grabung im mittelalterlichen Stadtkern stieß man auf mehrere Ofenanlagen unbekannter Funktion sowie auf Abfallgruben des 14./15. Jhs. In der Südost-Ecke der untersuchten Fläche kamen die Reste eines aus Bruchsteinen aufgeführten Kellers zutage. In seiner Verfüllung, die aus dem Schutt abgebrochener Öfen bestand, fanden sich zahlreiche Becherkacheln (J. Prammer).

Straubing-Alburg. Im Neubaugebiet «Kreuzbreite» mußten drei weitere Bauparzellen untersucht werden, in denen hauptsächlich urnenfelderzeitliche Siedlungsspuren zutage kamen. Ferner entdeckte man eine Bestattung der Glockenbecherkultur mit einer Henkeltasse und einem rot bemalten, unverzierten Glockenbecher als Gefäßbeigaben (J. Prammer).

Straubing-Öberau. Die großflächige Rettungsgrabung in der Trasse des Durchstichs der Öberauer Donauschleife konzentrierte sich in diesem Jahr auf eine Fläche südlich des alten Laaberkanals. Dort stieß man auf einen kleinen, 16 Bestattungen umfassenden Begräbnisplatz der Glockenbecherkultur. Leider hatten sich in dem kalkarmen Kiesboden nur wenige Skelettreste und keine Beigaben aus Knochen oder Dentalien erhalten. Aus der frühen Hügelgräberbronzezeit stammen mehrere gleich ausgerichtete, lang-rechteckige, zweischiffige Pfostenbauten. Zuletzt wurde der Platz während der Hallstattzeit besiedelt. Es entstand ein Herrensitz bisher unbekannten Typs, und zwar ein 40 m langes Haus mit angebautem Palisadengeviert und Torturm. Auch außerhalb dieses Palisadenhofs stieß man auf Hausgrundrisse der Hallstattzeit, die sich allerdings nicht genauer datieren lassen. Auf der ehemaligen Donauinsel nördlich des alten Laaberkanals, wo 1988 eine befestigte Siedlung der späten Hügelgräberkultur mit einem ungewöhnlich großen Haus entdeckt worden war, kam ein zweiter, leider nur noch in Resten erhaltener Langhausgrundriß zutage. Außerdem fanden sich endneolithische bis frühbronzezeitliche Gruben. Beim Humusabtrag westlich der untersuchten Fläche stieß man erstmals auch auf Funde der entwickelten Urnenfelderzeit. Hier soll 1990 die Ausgrabung fortgesetzt werden (Ch. Seliger).

Teisendorf-Hörafing (Lkr. Berchtesgadener Land). Durch Oberflächenfunde konnte die Siedlung zu einem bereits 1961/62 ausgegrabenen norischen Friedhof nachgewiesen werden (W. Hirt).

Teisendorf-Patting. Eine Fundmeldung führte zur planmäßigen Untersuchung und Bergung eines einzeln niedergelegten Schwerts der Urnenfelderzeit (D. Klonk, St. Winghart).

Thalmässing-Landersdorf (Lkr. Roth). An der Abschnittsbefestigung auf dem «Hinteren Berg» wurde ein Wallschnitt aus den vierziger Jahren erneut geöffnet und erweitert. Durch wenige Fundstücke ließ sich die ohne Mörtel aufgeschichtete Mauer in das frühere Mittelalter datieren. Überraschend kamen zahlreiche Funde, vor allem Keramik, der endneolithischen Chamer Gruppe zutage (R. Koch, J. Zeitler).

Thalmassing (Lkr. Regensburg). Im Baugebiet «Scherfeld» konnten die Ausgrabungen der 1986 und 1988 untersuchten bronze- und urnenfelderzeitlichen Siedlung beendet werden. Bisher sind vier Hausgrundrisse der Urnenfelderzeit nachgewiesen. Außerdem kamen zwei Gruben mit Keramik der neolithischen Münchshöfener Gruppe zutage (S. Codreanu-Windauer, L. Breinl, W. Froschauer).

Tiefenbach-Ast (Lkr. Landshut). Bei einer bauvorgreifenden Sondagegrabung im Bereich einer mittelneolithischen Fundstelle kamen nur drei flache Verfärbungen der Oberlauterbacher Gruppe, aber weder Pfostenlöcher noch andere Siedlungsspuren zutage. Da offenbar die Bodenerosion die archäologische Substanz bereits weitgehend zerstört hatte, wurde auf eine Erweiterung der Grabungsfläche verzichtet (R. Ganslmeier).

Treuchtlingen (Lkr. Weißenburg-Gunzenhausen). Am Westrand des Burggeländes wurden Mauerreste freigelegt, die älter sind als die obertägig sichtbare Umfassungsmauer der Burg. Zugehörige Keramikfunde lassen sich in das 11. und 12. Jh. datieren (R. Koch, W. Steeger).

Triefenstein-Trennfeld (Lkr. Main-Spessart). Im Bereich des Burgstalls «Neuenburg» wurde eine begrenzte Sicherungsgrabung erforderlich. Hierbei konnte eine hallstattzeitliche und frühmittelalterliche Vorgängeranlage nachgewiesen und Teile einer mehrperiodigen Burganlage des 12./13. Jhs. aufgedeckt werden (H. Stegerwald, Bayerisches Landesamt für Denkmalpflege).

Tröstau-Leupoldsdorf (Lkr. Wunsiedel i. Fichtelgebirge). Eine Testgrabung im Bereich einer Silexkonzentration erbrachte einen spätpaläolithischen Steinschlägerplatz. Die Einmaligkeit dieser Fundstelle, an der das in der Nähe geborgene Rohmaterial zum Weiterverhandeln grob zugerichtet wurde, erfordert 1990 eine weitere Grabung (W. Schönweiß).

Untermeitingen (Lkr. Augsburg). Am nördlichen Ortsrand fand eine bauvorgreifende Ausgrabung in einem durch Luftaufnahmen schon bekannten mittelbronzezeitlichen Gräberfeld statt. Besonders erwähnenswert ist ein von einem Kreisgraben umgebenes Schachtgrab mit Körperbestattung, Keramik-, Dolch- und Beilbeigabe (G. Krahe, A. Dransfeld).

Valley (Lkr. Miesbach). Im Zuge von Baumaßnahmen wurden im Bereich bekannter spätrömischer Gräberfelder einige Körperbestattungen dieser Zeitstellung untersucht (W. Charlier, D. Klonk).

Vilshofen-Pleinting (Lkr. Passau). Eine Sondagegrabung in dem durch Bodenerosion gefährdeten Reihengräberfeld westlich des Ortes sollte den Erhaltungszustand dieses vielleicht 1000 Gräber umfassenden Friedhofs überprüfen. Es zeigte sich, daß der Pflug nur die flachsten Bestattungen zerstört hatte. Die rund 20 tiefergelegenen und noch gut erhaltenen Gräber im Testschnitt waren jedoch alle alt beraubt, dennoch fand sich eine ganze Anzahl datierender Funde des 6. und 7. Jhs. Eine Ausnahme blieb eine eiserne Armbrustfibel des späten 5. Jhs., die, falls es sich dabei nicht um ein Altstück in einem jüngeren Beigabenensemble handelt, der Beleg für einen sehr frühen Beginn des Reihengräberfelds wäre. Die ersten Bestattungen müßten dann bereits unmittelbar nach der Räumung des nahegelegenen spätantiken Kastells Künzing angelegt worden sein (W. Wandling).

Vohburg a. d. Donau-Knodorf (Lkr. Pfaffenhofen a. d. Ilm). Die Erschließung eines Baugebiets führte zur Freilegung vor- und frühgeschichtlicher Siedlungsbefunde, die jedoch nicht dokumentiert werden konnten (K. H. Rieder).

Walting-Inching (Lkr. Eichstätt). Im Zuge einer Straßenbaumaßnahme wurden Teile eines Reihengräberfelds des 7. Jhs. untersucht (P. Zirngibl).

Wang (Lkr. Freising), *Ziegelberg.* Die Untersuchung des Instituts für Vor- und Frühgeschichte der Universität Frankfurt in der frühbandkeramischen Siedlung wurde 1989 fortgesetzt (J. Lüning, E. Neumair).

Weil-Pestenacker (Lkr. Landsberg a. Lech). Von der 1934 bei der Begradigung des Loosbachs zutage gekommenen jungneolithischen Feuchtbodensiedlung in Talrandlage wurde inzwischen eine 240 qm große Fläche freigelegt. Der rezente Bach, ein postsiedlungszeitliches Rinnensystem und die vom Holozän bis 1934 nur wenig verlagerte Rinne des Loosbachs haben die archäologischen Befunde jedoch bereits teilweise zerstört. Bislang kann man zwei teils auf Niedermoortorf, teils in Mulden auf Hochflutlehm gegründete Ansiedlungen nachweisen. Die ältere Siedlung wurde auf einem mächtigen Hochflutlehmpaket angelegt. Die aufgedeckten Baustrukturen lassen dort zwei Birkenrostfundamente erkennen, von denen sich Teile im Rinnenbereich befunden haben und deshalb nicht mehr erhalten sind. Ein dritter Bau deutet sich in Sondage S1 an. Im Bau 4 bilden kreuzweise angeordnete Birkenstämme das eigentliche Fundament, auf das eine nur grob geordnete Birkenzweiglage folgt. Eine in Pfostenzangen liegende Schwellbalkenkonstuktion verhinderte das seitliche Abrutschen des Birkenrosts unter dem Druck des aufsitzenden Hauses. Auf dem Birkenrost befindet sich der aus Eichenhalblingen, in einer Reparaturphase auch aus Stangenholz bestehende Unterboden. Darauf sind die charakteristischen blaugrauen, tonigen Lehmestriche aufgetragen, die als eigentliche Fußböden dienten. In einer quadratischen Aussparung des Unterbodens fand sich unmittelbar auf dem Birkenrost das aus Estrichlehm bestehende Fundament eines Herds oder Ofens. Vom Oberbau sind nur noch zwei verziegelte, von einer dünnen Ascheschicht getrennte Flecken erhalten, die auf wenigstens zwei Wohnphasen im renovierten Haus hinweisen. Über diesem Befund liegt eine Grobdetritusschicht (Hiatus), darüber eine mit anmoorigem Material vermischte Reisiglage und Bretter, die wahrscheinlich den stark zerstörten Unterbau eines Hauses der jüngeren Ansiedlung darstellen. Von diesem Haus sind noch Estrichreste, ein Steinpflaster und eine Abfolge von Herd- oder Ofenplatten vorhanden. Die Keramik weist auch den jüngeren Befund als Altheimer Siedlung aus (G. Schönfeld).

Weißenburg i. Bay. (Lkr. Weißenburg-Gunzenhausen). An der Westseite des Steinkastells erforderte der Bau eines Mehrfamilienhauses einen breiten Schnitt durch die römischen Kastellgräben (R. Koch, F. Leja).

Weißenburg i. Bay. Da das restliche Areal des römischen Holzkastells in der ehemaligen Flur «Breitung» für ein neues Wohngebiet erschlossen werden soll, begann man an der Nordseite des Kastells mit einer flächigen Aufdeckung der Holzbaubefunde. Die Grabung wird 1990 fortgesetzt (C.-M. Hüssen, R. Koch).

Wettstetten (Lkr. Eichstätt). Im Industriegebiet östlich des Ortes wurden auf einem Baugrundstück umfangreiche hallstattzeitliche Siedlungsbefunde freigelegt und dokumentiert (P. Zirngibl).

Wiesenthau-Schlaifhausen (Lkr. Forchheim). Bei der diesjährigen Ausgrabung im Innenbereich der Ehrenbürg kamen zahlreiche frühlatènezeitliche Siedlungsgruben zutage. Um ein vollständiges Bild von der Innenbesiedlung zu erhalten und um den Metallsuchern zuvorzukommen, soll die Untersuchung in den nächsten Jahren fortgesetzt werden (W. Auer).

Winzer-Hardt (Lkr. Deggendorf). Das Institut für Ur- und Frühgeschichte der Universität Erlangen beendete seine Testuntersuchung in dem neolithischen Silexabbaurevier zwischen Hardt und Flintsbach. Mit Hilfe eines Baggerschnitts ließen sich Geologie und Abbauvorgang klären. Beim Abbau der Hornsteinanreicherungen, die in einer Tiefe zwischen 1,5 und 2,5 m auftreten, wurden Lage und Tiefe der Vorkommen zunächst durch systematisch angelegte Suchlöcher erfaßt, um sie dann in großflächigem Tagebau zu fördern. Die dabei entstandene Halde von 1,5 bis 2,5 m Mächtigkeit prägt heute die Geländeoberfläche um Hardt. Eine Vorstellung von der Ausdehnung der Halde ließ sich durch oberflächliches Aufsammeln artifizieller Silices wie auch durch kleine Schurfe gewinnen, demnach umfaßte daß Abbaurevier ein Areal von 9 ha. Die Frage nach der Zeitstellung bleibt vorerst offen, da datierende Funde aus dem Revier selbst fehlen und eine ^{14}C-Probe noch nicht bearbeitet ist. Da aber Hornsteine der Hardt-Flintsbacher Art häufig in der mittelneolithischen Befestigung mit Rondell von Künzing-Unternberg vorkommen, liegt es nahe, den Hornsteinabbau von Hardt in diese Zeit zu datieren (W. Weißmüller).

Würzburg, Kirche St. Burkhard. Der Umbau von Heizungsschächten erforderte eine kurze Notgrabung im Kircheninnern, die einige mittelalterliche und neuzeitliche, zum Teil stark gestörte Körpergräber ergab (H. Stegerwald).

Würzburg, Kirche St. Michael. Die Ende 1988 begonnenen Notgrabungen wurden zum Abschluß gebracht. Bei den Untersuchungen stieß man auf mehrere Vorgängerbauten und Umbauphasen der hoch- bis spätmittelalterlichen Kloster- und Kirchenanlagen sowie auf zahlreiche Körpergräber (Bayerisches Landesamt für Denkmalpflege).

Würzburg, Pleicher Schule. Im Rahmen von Baumaßnahmen wurden Mauerreste der frühneuzeitlichen Bebauung angeschnitten und vor ihrer Zerstörung dokumentiert (J. Lusin, P. Hofmann, P. Vychitil).

Zellingen (Lkr. Main-Spessart). Am Südhang des Kirchbergs fanden sich im Bereich von Erdverfärbungen zahlreiche Scherben vor allem des frühen Mittelalters, teilweise auch noch der Merowingerzeit, was auf eine bisher unbekannte Wüstung hinweist (Archäologische Arbeitsgemeinschaft Karlstadt).

Zusmarshausen (Lkr. Augsburg), *Antoniberg.* Die Planung eines Holzabfuhrwegs an der Südseite des noch undatierten Ringwalls bedingte eine Untersuchung des Befestigungsgrabens (J. Schmid, M. Dumler).

Zusmarshausen-Steinekirch, Schlößlesberg. Die diesjährige Rettungsgrabung am Turmhügel ergab einen umlaufenden Palisadengürtel sowie das Fundament aus Rollkieseln und Bachsteinen einer ehemaligen Innenbebauung. Unter der Keramik des 12. bis 14. Jhs. befinden sich auffallend viele Scherben von Becherkacheln (O. Schneider).

KONSERVIERUNG VON BODENFUNDEN

Arbeiten an Bodenfunden in der Konservierungsanstalt München

Amerang-Evenhausen (Lkr. Rosenheim). Urnenfelderzeitliche Keramik von einem Brandopferplatz (für Museum Wasserbrug a. Inn).

Amerang-Kirchensur. Urnenfelderzeitliche Bronzenadel (für Museum Wasserburg a. Inn).

Andechs (Lkr. Starnberg). Nachbildung einer römischen Fibel (für Privatbesitz).

Aschheim (Lkr. München). Terra-sigillata-Teller aus römischer Siedlung (für Museum Aschheim).

Beilngries (Lkr. Eichstätt). Hallstattzeitliche Grabfunde (für Prähistorische Staatssammlung München).

Bergen-Schlipfing (Lkr. Traunstein). Bronzeschmuck und Keramik aus einem mittelbronzezeitlichen Grab oder Hort (für Privatbesitz).

Chieming-Ising (Lkr. Traunstein). Römisches Fibelbruchstück aus Bronze (für Privatbesitz).

Chieming-Oberhochstätt Bronzegegenstände aus einem frühbronzezeitlichen Hortfund (für Prähistorische Staatssammlung München).

Eching (Lkr. Freising). Grabfunde der Urnenfelderzeit; Siedlungsfunde der Bronze-, Urnenfelder- und Latènezeit sowie der römischen Kaiserzeit (für Städtisches Museum Freising und Prähistorische Staatssammlung München).

Edling (Lkr. Rosenheim). Hallstattzeitliche Grabkeramik (für Museum Wasserburg a. Inn).

Endorf-Hemhof (Lkr. Rosenheim). Eiserner römischer Hufschuh (für Privatbesitz).

Endorf-Stephanskirchen. Eiserner römischer Hufschuh (für Privatbesitz).

Gauting (Lkr. Starnberg). Spätbronzezeitliche Siedlungskeramik (für Prähistorische Staatssammlung München).

Manching-Oberstimm (Lkr. Pfaffenhofen a. d. Ilm). Römische Bronzestatuette (für Privatbesitz).

München-Obermenzing. Keramik aus urnenfelderzeitlichem Gräberfeld (für Prähistorische Staatssammlung München).

Oberndorf a. Lech (Lkr. Donau-Ries). Eisen-, Bronze- und Glasfunde sowie Fragmente von Wandputz aus römischem Gutshof (für Museum Donauwörth).

Poing (Lkr. Ebersberg). Keramik, Bronze- und Knochenschmuck aus bronzezeitlichen Gräbern sowie frühmittelalterliches Eisenmesser (für Prähistorische Staatssammlung München).

Puch (Lkr. Fürstenfeldbruck). Spätbronzezeitliche Keramik (für Museum Fürstenfeldbruck).

Riedenburg (Lkr. Kelheim). Bronze- und hallstattzeitliche Grabfunde (für Museum Kelheim).

Riedenburg-Untereggersberg. Hallstattzeitliche Grabfunde (für Museum Kelheim).

Schongau (Lkr. Schongau). Eisengegenstände von frührömischem Brandopferplatz (für Museum Schongau).

Schwabmünchen-Schwabegg (Lkr. Augsburg). Formschüssel für Terra sigillata (für Prähistorische Staatssammlung München).

Straubing-Alburg (Lkr. Straubing-Bogen). Weiterarbeit an den Fundbeständen aus dem merowingerzeitlichen Reihengräberfeld (für Museum Straubing).

Teisendorf-Patting (Lkr. Berchtesgadener Land). Urnenfelderzeitliches Vollgriffschwert (für Prähistorische Staatssammlung München).

Tittmoning (Lkr. Traunstein). Spätlatènezeitliche Eisenfibel (für Privatbesitz).

Untermeitingen (Lkr. Augsburg). Bronzezeitliche Grabbeigaben (für Prähistorische Staatssammlung München).

Vachendorf-Lug (Lkr. Traunstein). Römischer Hakenschlüssel (für Privatbesitz).

Waging a. See (Lkr. Traunstein). Beigaben aus urnenfelderzeitlichen Brandgräbern und dem frühmittelalterlichen Reihengräberfeld (für Prähistorische Staatssammlung München).

Werkstatt der Außenstelle Landshut

Abensberg (Lkr. Kelheim), *Pfingstweide.* Bronzezeitliche Sichel und römische Fibeln (für Privatbesitz).

Abensberg-Sandharlanden. Römische Fibel (für Privatbesitz).

Abensberg-Schwaighausen. Keramik und Bronzegegenstände aus Grabhügeln der mittleren Bronzezeit (für Privatbesitz).

Altdorf (Lkr. Landshut), *Römerfeld IV.* Keramik aus einer Siedlung der Urnenfelderzeit (für Prähistorische Staatssammlung München).

Beilngries (Lkr. Eichstätt), *Im Ried Ost.* Bronzeschmuck aus Gräbern der Hallstattzeit (für Prähistorische Staatssammlung München).

Berching (Lkr. Neumarkt i. d. Opf.). Mittelalterliches Eisenmesser (für Museum Regensburg).

Bruckberg (Lkr. Landshut), *Mooswiesen.* Keramik und Bronzeschmuck aus Gräbern der Hallstattzeit (für Museum Landshut).

Buch a. Erlbach-Niedererlbach (Lkr. Landshut). Keramik aus einer Siedlung der frühen Latènezeit; Bronze-, Lignit- und Bernsteinschmuck aus einem Grab der Hallstattzeit (für Prähistorische Staatssammlung München).

Dietfurt a. d. Altmühl (Lkr. Neumarkt i. d. Opf.). Bronzegegenstände aus vorgeschichtlichen Siedlungen (für Museum Regensburg).

Ergolding (Lkr. Landshut). Metallgegenstände aus einer Siedlung des Mittelalters (für Prähistorische Staatssammlung München).

Ergolding, Fischergasse. Keramik der Altheimer Gruppe (für Prähistorische Staatssammlung München).

Ergolding, Galgenberg. Keramik der Altheimer Gruppe (für Prähistorische Staatssammlung München).

Essenbach-Altheim (Lkr. Landshut). Metallbeigaben aus bajuwarischen Reihengräbern (für Prähistorische Staatssammlung München).

Feldkirchen (Lkr. Straubing-Bogen). Keramik aus einer Siedlung der Bronzezeit (für Kreisarchäologie Straubing-Bogen).

Fürstenzell-Bad Höhenstadt (Lkr. Passau). Keramik aus einer Siedlung der späten Latènezeit (für Prähistorische Staatssammlung München).

Geisenhausen (Lkr. Landshut). Keramik der Linienbandkeramik; Webgewichte der Bronzezeit (für Historischen Verein Geisenhausen).

Irlbach (Lkr. Straubing-Bogen). Keramik aus Gräbern der Glockenbecherkultur (für Kreisarchäologie Straubing-Bogen).

Kelheim (Lkr. Kelheim) *Knabenschule.* Neuzeitliche Keramik (für Museum Kelheim).

Kelheim, Mitterfeld. Eisen- und Bronzegegenstände aus dem keltischen Oppidum (für Museum Kelheim).

Kelheim-Weltenburg. Keramik aus einer Grube der Hallstattzeit (für Museum Kelheim)

Kröning (Lkr. Landshut). Neuzeitliche Keramik (für Museum Vilsbiburg).

Kröning-Otzlberg. Spätmittelalterliche Keramik (für Museum Vilsbiburg).

Künzing (Lkr. Deggendorf). Keramik und Metallschmuck aus einem Grab der Schnurkeramik; Bronzeschmuck aus urnenfelderzeitlichen Gräbern (für Kreisarchäologie Deggendorf).

Landau a. d. Isar (Lkr. Dingolfing-Landau). Mittelalterliches Schwert (für Museum Landau a. d. Isar).

Landshut, Hascherkeller. Keramik aus einer mittelneolithischen Siedlung (für Museum Landshut).

Mamming-Bubach (Lkr. Dingolfing-Landau). Vorgeschichtliche Webgewichte (für Prähistorische Staatssammlung München).

Mariaposching-Fahrndorf (Lkr. Straubing-Bogen). Keramik aus Gräbern der Hallstattzeit (für Kreisarchäologie Straubing-Bogen).

Neustadt a. d. Donau-Wöhr (Lkr. Kelheim). Hochmittelalterliche Bronzebeschläge (für Museum Kelheim).

Pfarrkirchen-Untergaiching (Lkr. Rottal-Inn). Keramik der älteren Jungsteinzeit (für Prähistorische Staatssammlung München).

Reisbach (Lkr. Dingolfing-Landau) *St. Salvator.* Spätmittelalterliche und neuzeitliche Tonvotive (für Gemeinde Reisbach).

Riedenburg-Deising (Lkr. Kelheim). Zaumzeug und Wagenteile aus einem Grab der Hallstattzeit (für Museum Kelheim).

Riedenburg-Untereggersberg. Bronzeschmuck und -pfeilspitzen aus Gräbern der Hallstattzeit (für Museum Kehlheim).

Vilshofen-Pleinting (Lkr. Passau). Metallbeigaben aus bajuwarischen Reihengräbern (für Kreisarchäologie Passau).

Werkstatt der Außenstelle Bamberg-Schloß Seehof

Hollfeld-Drosendorf a. d. Aufseß (Lkr. Bayreuth). Metallfunde und mehrere Keramiksätze aus dem hallstatt-/frühlatènezeitlichen Gräberfeld (für Museum Bamberg).

Igensdorf-Dachstadt (Lkr. Forchheim). Hallstattzeitliche Keramik aus dem Gräberfeld (für Germanisches Nationalmuseum Nürnberg).

Mistelgau (Lkr. Bayreuth). Hallstattzeitliche Grabkeramik (für Museum Bayreuth).

Wiesenthau-Schlaifhausen (Lkr. Forchheim). Urnenfelder- und latènezeitliche Funde (für Museum Bamberg).

Zahlreiche kleinere Restaurierungsarbeiten von Oberflächenfunden sowie Nachrestaurierungen von Funden aus den Sammlungen der Städte Bayreuth und Staffelstein.

Werkstatt der Außenstelle Nürnberg

Altdorf b. Nürnberg-Rasch (Lkr. Nürnberger Land). Eisenvotive des späten Mittelalters aus der Schäferkapelle (Fundverbleib noch nicht geklärt).

Burgthann (Lkr. Nürnberger Land). Mittelalterliche Metallfunde aus der Burg (für Museum Burgthann).

Gnotzheim (Lkr. Weißenburg-Gunzenhausen). Römische Lesefunde von Kastell und Vicus (für Museum Weißenburg i. Bay. und Privatbesitz).

Langenzenn (Lkr. Fürth). Metallfunde der frühen Neuzeit (für Museum Langenzenn).

Nennslingen (Lkr. Weißenburg-Gunzenhausen). Münzfunde aus der Pfarrkirche (Fundverbleib noch nicht geklärt).

Nürnberg, Altstadt. Holz- und Keramikfunde aus Abfallschichten und Latrinen des Mittelalters und der frühen Neuzeit (für Germanisches Nationalmuseum Nürnberg).

Treuchtlingen-Wettelsheim (Lkr. Weißenburg-Gunzenhausen). Beigaben aus frühbronzezeitlichen Gräbern (für Museum Treuchtlingen).

Weiltingen-Ruffenhofen (Lkr. Ansbach). Römische Lesefunde von Kastell und Vicus (für Privatbesitz).

Weißenburg i. Bay. (Lkr. Weißenburg-Gunzenhausen). Römische Metallfunde vom Kastell und aus der Villa rustica in den «Siechhauswiesen» (für Museum Weißenburg i. Bay.).

Werkstatt der Außenstelle Würzburg

Alzenau i.UFr.-Hörstein (Lkr. Aschaffenburg). Grabkeramik und Metallbeigaben der jüngeren Latènezeit (für Museum Aschaffenburg).

Aschaffenburg (Lkr. Aschaffenburg). Gläser, Fayencen und Irdenware des 18. Jhs. (für Museum Aschaffenburg).

Collenberg-Fechenbach (Lkr. Miltenberg). Grabkeramik der Urnenfelderzeit (für Museum Miltenberg).

Dittigheim (Main-Tauber-Kreis). Metall- und Glasbeigaben der Merowingerzeit (für Sonderausstellung St. Kilian in Würzburg).

Höchberg (Lkr. Würzburg). Latènezeitliche Metallfunde (für Bayerisches Landesamt für Denkmalpflege).

Ippesheim-Bullenheim (Lkr. Neustadt a. d. Aisch-Bad Windsheim)/ *Seinsheim* (Lkr. Kitzingen). Urnenfelderzeitlicher Bronzehort (für Institut für Vor- und Frühgeschichte der Universität Würzburg).

Kahl a. Main (Lkr. Aschaffenburg). Völkerwanderungszeitliche Grab- und Siedlungsfunde (für Gemeinde Kahl a. Main und Museum Aschaffenburg).

Karlstadt-Karlburg (Lkr. Main-Spessart). Frühmittelalterliches Trachtzubehör (für Museum Karlstadt).

Marktbreit (Lkr. Kitzingen). Frührömische Keramik- und Metallfunde (für Bayerisches Landesamt für Denkmalpflege).

Saal a. d. Saale-Waltershausen (Lkr. Rhön-Grabfeld). Latènezeitliche Schmuckbeigaben (Eisen, Bronze, Koralle) (für Museum Bad Königshofen i. Grabfeld).

Werneck-Zeuzleben (Lkr. Schweinfurt). Latènezeitliche Siedlungs- und Grabfunde (für Bayerisches Landesamt für Denkmalpflege).

Werkstatt der Außenstelle Augsburg

Aislingen (Lkr. Dillingen a. d. Donau). Römische Kleinfunde und Keramik (für Museum Dillingen a. d. Donau).

Buttenwiesen-Lauterbach (Lkr. Dillingen a. d. Donau). Hallstattzeitliche Keramik und Kleinfunde (für Prähistorische Staatssammlung München).

Friedberg (Lkr. Aichach-Friedberg). Urnenfelderzeitliche Keramik und Kleinfunde (für Museum Friedberg).

Günzburg (Lkr. Günzburg). Römische Kleinfunde und Keramik (für Museum Günzburg).

Harburg (Schwaben)-Großsorheim (Lkr. Donau-Ries). Römische Kleinfunde und Keramik (für Museum Donauwörth).

Kellmünz a. d. Iller (Lkr. Neu-Ulm). Römische Kleinfunde (für Kommission zur archäologischen Erforschung des spätrömischen Raetien).

Oberndorf a. Lech (Lkr. Donau-Ries). Römische Kleinfunde und Keramik (für Museum Donauwörth).

Schwangau (Lkr. Ostallgäu), *«Forggensee»*. Römische Kleinfunde (für Privatbesitz).

Untermeitingen (Lkr. Augsburg). Bronzezeitliche Keramik und Kleinfunde (für Prähistorische Staatssammlung München).

Für folgende Museen und Sammlungen wurde konserviert und restauriert:

Aschaffenburg
Aschheim
Bad Königshofen i. Grabfeld
Bamberg
Bayreuth
Burgthann
Deggendorf, Kreisarchäologie
Dillingen a. d. Donau
Donauwörth

Freising
Friedberg
Fürstenfeldbruck
Geisenhausen, Historischer Verein
Günzburg
Kahl a. Main, Gemeinde
Karlstadt
Kelheim
Kommission zur archäologischen Erforschung des spätrömischen Raetien
Landau a. d. Isar
Landshut
Langenzenn
Miltenberg
München, Prähistorische Staatssammlung
Nürnberg, Germanisches Nationalmuseum
Passau, Kreisarchäologie
Regensburg
Reisbach, Gemeinde
Schongau
Staffelstein
Straubing
Straubing-Bogen, Kreisarchäologie
Treuchtlingen
Vilsbiburg
Wasserburg a. Inn
Weißenburg i. Bay.
Würzburg, Institut für Vor- und Frühgeschichte der Universität Würzburg, Sonderausstellung St. Kilian

PHOTOARBEITEN

Angefertigt wurden 654 Schwarzweißaufnahmen, 5000 Schwarzweißabzüge, 1000 Schwarzweißvergrößerungen, 10 Farbektachrome als Druckvorlagen sowie 300 Farbdias zu Vortragszwecken. Die Arbeiten zur Archivierung der Negativ- und Positivkartei gingen weiter.   FRANZ RUPPANER

VERÖFFENTLICHUNGEN

Erschienen:
Das archäologische Jahr in Bayern 1988 (1989).
K. Schmotz, Die vorgeschichtliche Besiedlung im Isarmündungsgebiet. Materialhefte zur Bayerischen Vorgeschichte A 58 (1989).
K. Schwarz, Archäologisch-topographische Studien zur Geschichte frühmittelalterlicher Fernwege und Ackerfluren im Alpenvorland zwischen Isar, Inn und Chiemsee. Materialhefte zur Bayerischen Vorgeschichte A 45 (1989).
Bericht der Bayerischen Bodendenkmalpflege 26/27, 1985/86 (1989).
Bericht der Bayerischen Bodendenkmalpflege 28/29, 1987/88 (1989).

Förderung von Manuskripten:
Die vorgeschichtliche Besiedlung im südlichen Maindreieck (W. Schier): Fortführung des Satzes.
Die latènezeitliche Besiedlung des Kelheimer Beckens (J. Pauli): Redaktionelle Bearbeitung.
Der Eiersberg (St. Gerlach): Redaktionelle Bearbeitung.
Urnenfelder aus dem Regensburger Raum (H. Hennig): Redaktionelle Bearbeitung.
Kanalgrabung II. Die vorgeschichtliche Besiedlung bei Essing, Lkr. Kelheim (M. M. Rind): Redaktionelle Bearbeitung.
Prunn I. Die vorgeschichtliche Siedlung bei Prunn, Lkr. Kelheim (M. M. Rind): Redaktionelle Bearbeitung.
Fundchronik für das Jahr 1987. Bayerische Vorgeschichtsblätter, Beih. 3 (1990): Redaktionelle Bearbeitung, kartographische Arbeiten.
Bericht der Bayerischen Bodendenkmalpflege 30/31, 1989/90: Redaktionelle Bearbeitung.
Bericht der Bayerischen Bodendenkmalpflege 32/33, 1991/92: Redaktionelle Bearbeitung.   DORIT REIMANN

VORTRÄGE, VERÖFFENTLICHUNGEN, FÜHRUNGEN

BJÖRN-UWE ABELS

Lehrauftrag an der Universität Bamberg:
Sommersemester 1989: Vor- und frühgeschichtliche Geländedenkmäler in Oberfranken.
Wintersemester 1989/90: Das Arbeiten mit dem Archiv der Archäologischen Außenstelle für Oberfranken.

Vorträge
18. 5. Die Jungsteinzeit in Oberfranken. Staffelstein, Colloquium Historicum Wirsbergense.
10. 6. Die Frühlatènezeit in Oberfranken. Schloß Seehof, Seminar Colloquium Historicum Wirsbergense.
27. 7. Das 1. Jahrtausend v. Chr. in Oberfranken. Kulmbach, Colloquium Historicum Wirsbergense.
21. 10. Die Heunischenburg. Amberg, Vorgeschichtskurs 1989 und 5. Jahrestagung der Bayerischen Denkmalpflege.
8. 11. Die späte Bronzezeit in Oberfranken. Bayreuth, Historischer Verein Oberfranken.

Veröffentlichungen
Neue Ausgrabungen im Befestigungsbereich des Staffelberges, Stadt Staffelstein, Oberfranken. Ber. Bayer. Bodendenkmalpflege 28/29, 1987/88, 143 ff.
Die Abschnittsbefestigung auf der Warte in Friesen. Geschichte am Obermain. Jahrb. Colloquium Historicum Wirsbergense 17, 1989/90, 15 ff.
Ausgrabungen und Funde in Oberfranken 6, 1987–1988. Geschichte am Obermain. Jahrb. Colloquium Historicum Wirsbergense 17, 1989/90, Sonderteil 1 ff.
Zwei frühkeltische Friedhöfe in Wichsenstein. Die Fränkische Schweiz 3, 1989, 15 ff.
Eine mediterrane Glasscherbe vor der Ehrenbürg bei Forchheim, Landkreis Forchheim, Oberfranken. Das arch. Jahr in Bayern 1988 (1989) 81 ff.
Ein frühlatènezeitlicher Depotfund vom Heidelberg bei Schweinthal, Gemeinde Egloffstein, Landkreis Forchheim, Oberfranken. Das arch. Jahr in Bayern 1988 (1989) 83 ff.

Führungen
22. 6. Führung in der Außenstelle. Universitäts-Bauamt Würzburg.
8. 11. Führung in der Außenstelle. Realschule Kronach.

Medienarbeit
In diesem Jahr wurden wieder zahlreiche Stellungnahmen zu den Ausgrabungen in der oberfränkischen Presse abgegeben. Hinzu kommen zwei Großinformationen in den beiden wichtigsten oberfränkischen Zeitungen über die Jahresarbeit der Archäologischen Außenstelle.

WILFRIED AUER

Vorträge
10. 6. Ausgrabungstechnik. Schloß Seehof, Seminar Colloquium Historicum Wirsbergense.

Führungen
Mehrere Führungen während der Ausgrabung auf der Ehrenbürg.

SIBYLLE BAUER-KUHNEN

Vorträge
4. 5. Das Labor für Dendroarchäologie des Bayerischen Landesamts für Denkmalpflege. Lourmarin/Frankreich, Dendrochronologen-Tagung.
13. 10. Organisation, Ergebnisse, Perspektiven des Projekts Pestenacker. Pestenacker, Gutachter der Deutschen Forschungsgemeinschaft.
20. 10. Das Labor für Dendroarchäologie des Bayerischen Landesamts für Denkmalpflege am Beispiel des Projekts Pestenacker. Amberg, Vorgeschichtskurs 1989 und 5. Jahrestagung der Bayerischen Denkmalpflege.

Veröffentlichungen
Das Labor für Dendroarchäologie des Bayerischen Landesamts für Denkmalpflege. Das arch. Jahr in Bayern 1988 (1989) 175f.

HELMUT BECKER

Vorträge
20. 6. Kombination von Bodenmagnetik und Luftbildauswertung zur Erforschung archäologischer Stätten in Bayern. Aschaffenburg, Volkshochschule.
20. 10. Versuch einer Deutung mittelneolithischer Grabenrondelle auf der Grundlage von magnetischer Prospektion und astronomischer Berechnung. Amberg, Vorgeschichtskurs 1989 und 5. Jahrestagung der Bayerischen Denkmalpflege.
14. 11. Digitale Bildverarbeitung von Luftbildschrägaufnahmen und geophysikalischen Meßverfahren zur archäologischen Prospektion. Vaterstetten, Volkshochschule.

Veröffentlichungen
Die Untersuchungen 1988 im frührömischen Legionslager bei Marktbreit, Landkreis Kitzingen, Unterfranken. Magnetische Prospektion und Luftbildauswertung. Das arch. Jahr in Bayern 1988 (1989) 96ff.

SILVIA CODREANU-WINDAUER

Vorträge
23. 2. Archäologische Funde von der Schwarzenburg bei Rötz. Rötz, Burgverein Schwarzwihrberg.
14. 3. Die Ausgrabungen im Regensburger Dom. Straubing, Historischer Verein für Straubing und Umgebung.
1. 6. Archäologische Forschungen im Regensburger Dom. Kirchdorf/Tirol, 1. Bayerisch-tirolerisches Symposium zur Mittelalterlichen und Neuzeitlichen Archäologie.
13. 6. Die Ausgrabungen im Regensburger Dom. München, Tagung «Denkmalpflege und Kirche».
7. 9. Die Ausgrabungen im Regensburger Dom. Regensburg, Kath. Bildungswerk.

Veröffentlichungen
Das Bronzekreuz aus Großprüfening, ein frühmittelalterlicher Kreuzanhänger? Stadt Regensburg, Oberpfalz. Das arch. Jahr in Bayern 1988 (1989) 136f.
Ausgrabungen in der St. Peters-Kirche zu Niedertraubling, Gemeinde Obertraubling, Landkreis Regensburg, Oberpfalz. Das arch. Jahr in Bayern 1988 (1989) 149f.
Zwei Beiträge in: Ratisbona Sacra. Das Bistum Regensburg im Mittelalter. Diözesanmus. Regensburg. Kat. u. Schr. Kunstslg. Bistum Regensburg 6 (1989) 25; 32.
Die frühe Kirche in der Diözese Regensburg. Betrachtungen zu den archäologischen und schriftlichen Quellen bis zum Ende des 8. Jahrhunderts. In: 1250 Jahre Kunst und Kultur im Bistum Regensburg. Diözesanmus. Regensburg. Kat. u. Schr. Kunstslg. Bistum Regensburg 7 (1989) 9ff. (zusammen mit H. Wanderwitz).
Die Ausgrabungen im Regensburger Dom. In: Der Dom zu Regensburg. Ausgrabung, Restaurierung, Forschung. Diözesanmus. Regensburg. Kat. u. Schr. Kunstslg. Bistum Regensburg 8 (1989) 81ff. (zusammen mit K. Schnieringer).

Medienarbeit
4. 2. Mitwirkung an der Radiosendung des Bayerischen Rundfunks «Die frühe Kirche in der Diözese Regensburg» (zusammen mit H. Wanderwitz).

WOLFGANG CZYSZ

Lehrauftrag an der Universität Augsburg:
Sommersemester 1989: Proseminar über Theorie und Praxis archäologischer Ausgrabungen.

Vorträge
10. 2. Die Via Claudia Augusta und die Römerstraßen im Alpenvorland. Landsberg a. Lech, Historischer Verein Landsberg a. Lech.
26. 4. Raetia Romana. Überblick, Konfliktfelder mit archäologischen Denkmälern der römischen Kaiserzeit. Freising, 11. Fortbildungslehrgang der Obersten Baubehörde im Bayerischen Staatsministerium des Innern.
12. 5. Via Claudia Augusta. Erpfting, Stadt Landsberg a. Lech.
2. 6. Ausgrabungen in der Steinzeugmanufaktur Louisensruh bei Augsburg. Kirchdorf/Tirol, 1. Bayerisch-tirolerisches Symposium zur Mittelalterlichen und Neuzeitlichen Archäologie.
21. 10. Ausgrabungen in der Villa rustica von Oberndorf a. Lech, Lkr. Donau-Ries. Amberg, Vorgeschichtskurs 1989 und 5. Jahrestagung der Bayerischen Denkmalpflege.
9. 11. Rechtliche und praktische Probleme der Bodendenkmalpflege. Irsee, Wissenschaftliche Tagung der Heimatpflege des Bezirks Schwaben im Rahmen der Schwabenakademie.
15. 11. Neue Ausgrabungen in römischen Gutshöfen Schwabens. München, Institut für Vor- und Frühgeschichte, Provinzialrömische und Vorderasiatische Archäologie der Universität.
23. 11. Töpfer, Ziegler und Geschirrhändler in Raetien. Ausgrabungen in römischen Töpfereien Bayerns. Wien, Institut für Alte Geschichte, Altertumskunde und Epigraphik der Universität und Österreichische Gesellschaft für Archäologie.
11. 12. Ausgrabungen in römischen Gutshöfen Nordwestraetiens. Innsbruck, Institut für Klassische Archäologie der Universität.

Veröffentlichungen
Die Römer in Heldenbergen. In: Chronik Heldenbergen. Nidderauer Hefte 5 (1989) 22ff.
Frühe Römerstraßen durch die raetischen Alpen. Historische Beziehungen zwischen Schwaben und Tirol von der Römerzeit bis zur Gegenwart. In: Schwaben/Tirol, Beiträge (1989) 168ff.
Ausgrabungen in einem römischen Gutshof bei Großsorheim am Südrand des Rieses, Stadt Harburg (Schwaben), Landkreis Donau-Ries, Schwaben. Das arch. Jahr in Bayern 1988 (1989) 105ff.
Eine Rituallanze aus dem römischen Friedhof von Günzburg, Landkreis Günzburg, Schwaben. Das arch. Jahr in Bayern 1988 (1989) 113ff.
Siedlungsstrukturen der römischen Kaiserzeit im Ries. In: Rieser Kulturtage VII/1 (1989) 97ff.
Die römische Ziegelei von Westheim. In: W. Pötzl (Hrsg.), Der Landkreis Augsburg. Natur, Geschichte, Kunst und Kultur (1989) 48f.
Das römische Töpferdorf von Schwabmünchen. In: W. Pötzl (Hrsg.), Der Landkreis Augsburg. Natur, Geschichte, Kunst und Kultur (1989) 52f.
Hanau-Kesselstadt. In: D. Baatz u. F.-R. Herrmann (Hrsg.), Die Römer in Hessen [2](1989) 334ff.
Nidderau-Heldenbergen. In: D. Baatz u. F.-R. Herrmann (Hrsg.), Die Römer in Hessen [2](1989) 450ff.
Die Eroberung des bayerischen Alpenvorlandes durch die Römer 15 v. Chr. und die Provinz Raetien bis zum Ende des 1. Jahrhunderts. In: Historischer Atlas von Bayerisch-Schwaben, Karte III, 6 A, 3. Lfg. (1989).
Die spätrömische Kaiserzeit, 3. bis 5. Jahrhundert. In: Historischer Atlas von Bayerisch-Schwaben, Karte III, 6 C, 3. Lfg. (1989).

Provinzialrömische Gräberstraße im Heimatmuseum Günzburg. In: Jahreskalender 1990 des Bayer. Landesamts für Denkmalpflege und des Bayer. Landesvereins für Heimatpflege.

Führungen
5. 8. Museum der Stadt Friedberg. Kinderferienprogramm: Wir bauen ein Steinzeithaus.

BERND ENGELHARDT

Vorträge
15. 2. Die frühneolithischen Grabenwerke Altbayerns. Erlangen, Institut für Ur- und Frühgeschichte der Universität Erlagen-Nürnberg.
8. 3. Rekonstruierte Bodendenkmäler in Bayern. Regensburg, Tagung der deutschen Gesellschaft für Ur- und Frühgeschichte.
2. 6. Zum Forschungsstand der mittelalterlichen Keramik in Niederbayern. Kirchdorf/Tirol, 1. Bayerisch-tirolerisches Symposium zur Mittelalterlichen und Neuzeitlichen Archäologie.
6. 7. Die Feuchtbodensiedlung der Altheimer Gruppe von Ergolding, Fischergasse, Lkr. Landshut. Nürnberg, Naturhistorische Gesellschaft.
11. 7. Archäologische Denkmalpflege und Straßenbau. Feldkirchen, Fortbildungslehrgang der Obersten Baubehörde im Bayerischen Staatsministerium des Innern.
25. 9. Zeugnisse religiösen Brauchtums in der Vorgeschichte Niederbayerns. Landshut, Freundeskreis der Tutzinger Akademie.
20. 10. Die Schnurkeramik im südlichen Bayern. Amberg, Vorgeschichtskurs 1989 und 5. Jahrestagung der Bayerischen Denkmalpflege.
26. 10. Die Archäologie des Landkreises Landshut. Landshut, Kath. Lehrerverein.

Veröffentlichungen
Jungsteinzeitlicher Schmuck aus dem Gäuboden. In: 7000 Jahre Schmuck. Kat. Gäubodenmus. 14 (1989) 7 ff.
Der Rhein-Main-Donaukanal, ein Fenster in die heimische Vorgeschichte. In: Das Altmühltal und die Rhein-Main-Donau-Wasserstraße. Natur und Technik, Bd. 8 (1989) 60 ff.
Ein frühurnenfelderzeitlicher (?) Großbau von Straubing-Öberau, Stadt Straubing, Niederbayern. Das arch. Jahr in Bayern 1988 (1989) 56 f. (zusammen mit Ch. Seliger).
Die Vorgeschichte des Landkreises Kelheim. In: Der Landkreis Kelheim (1989) 50 ff.

Führungen
29. 6. Ausgrabung in Pfarrkirchen-Untergaiching.
5. 9. Sonderausstellung «Das jungsteinzeitliche Dorf von Untergaiching» in der Stadtsparkasse Pfarrkirchen.
23. 9. Archäologische Ausgrabungen und Denkmäler des unteren Altmühltals. Kreisverband Stadt Landshut der FDP.
30. 11. Ausgewählte Bodendenkmäler des Landkreises Kelheim. Institut für Vor- und Frühgeschichte der Universität Würzburg.

Medienarbeit
Es erschienen 49 Artikel über Ausgrabungen, Funde und Probleme der Bodendenkmalpflege in Niederbayern in verschiedenen regionalen und überregionalen Blättern. Der Bayerische Rundfunk sowie die lokalen Sender in Landshut, Deggendorf, Passau und Straubing brachten 13 Berichte über die Landesarchäologie des Bezirks. Das Fernsehen berichtete über Künzing-Unternberg.

Grußworte
5. 9. Eröffnung der Sonderausstellung «Das jungsteinzeitliche Dorf von Untergaiching». Pfarrkirchen.

MICHAEL HOPPE

Vorträge
26. 1. Die Vor- und Frühgeschichte im Raum Dietfurt. Neumarkt i. d. Opf., Volkshochschule.

Veröffentlichungen
Ein bronzezeitliches Gräberfeld bei Riedenburg, Lkr. Kelheim. In: K. Schmotz (Hrsg.), Vorträge des 7. Niederbayerischen Archäologentages Deggendorf (1989) 37 ff.
Ein bronzezeitliches Gräberfeld im Altmühltal bei Riedenburg, Lkr. Kelheim, Niederbayern. Arch. Korrbl. 19, 1989, 247 ff.
Hallstattzeitlicher Fingerringschmuck aus dem unteren Altmühltal. Arch. Korrbl. 19, 1989, 343 ff. (zusammen mit F. Mahler).
Zoomorphe Tonfiguren aus der bronze- und eisenzeitlichen Siedlung von Dietfurt a. d. Altmühl, Lkr. Neumarkt i. d. Opf. Ber. Bayer. Bodendenkmalpflege 26/27, 1985/86 (1989) 161 ff.

Führungen
15. 4. Ausgrabungen im Ottmaringer Tal. Hugo-Obermaier-Gesellschaft.
10. 6. Archäologische Ausgrabungen am Main-Donaukanal. Bund Deutscher Architekten.

ERWIN KELLER

Vorträge
14. 3. Schutz der Bodendenkmäler. München, Verwaltungsschule.
12. 4. Schutz der Bodendenkmäler. Holzhausen, Verwaltungsschule.
17. 4. Schutz der Bodendenkmäler. Holzhausen, Verwaltungsschule.
26. 4. Bayern in spätrömischer Zeit. Freising, Unterrichtsveranstaltung der Obersten Baubehörde.
3. 5. Schutz der Bodendenkmäler. Holzhausen, Verwaltungsschule.
20. 10. Aktuelle Probleme der archäologischen Denkmalpflege in Bayern. Amberg, Vorgeschichtskurs 1989 und 5. Jahrestagung der Bayerischen Denkmalpflege.
20. 10. «Archäologische Reservate» in den Landwirtschaftsflächen. Amberg, Vorgeschichtskurs 1989 und 5. Jahrestagung der Bayerischen Denkmalpflege.
23. 11. «Archäologische Reservate» in den Landwirtschaftsflächen. Landshut, Bauzunfthaus.

Veröffentlichungen
Vorwort zu: Das archäologische Jahr in Bayern 1988 (1989) 11 ff.
Aktuelle Probleme der archäologischen Denkmalpflege in Bayern. Denkmalpflege Informationen A Nr. 71 vom 20. Dezember 1989, 5 ff.
Die Germanenpolitik Roms im bayerischen Anteil der Raetia secunda während des 4. und 5. Jahrhunderts. In: Die Römer in den Alpen. Historikertagung in Salzburg 13.–15. 11. 1986 (1989) 205 ff.
Das spätrömische Gräberfeld von Kirchheim b. München, Lkr. München. Ber. Bayer. Bodendenkmalpflege 28/29, 1987/88, 216 ff.
Geleitwort zu: Stadt Ingolstadt (Hrsg.), Steinzeitliche Kulturen an Donau und Altmühl. Begleith. Ausstellung Stadtmus. Ingolstadt (1989) 7.
Inventarisation vor- und frühgeschichtlicher Denkmale. In: Denkmalinventarisation. Denkmalerfassung als Grundlage des Denkmalschutzes, Arbeitshefte des Bayerischen Landesamtes für Denkmalpflege 38 (1989) 70–77.

Grußworte
11. 4. 31. Tagung der Hugo-Obermaier-Gesellschaft. Ingolstadt.
30. 6. Übergabe des rekonstruierten Nordtors des Kastells Pfünz. Pfünz.
29. 9. Unterwasserarchäologische Ausgrabungen bei der Roseninsel im Starnberger See. Feldafing.
30. 9. Besichtigung der Ausgrabungen in Pestenacker durch den Arbeitskreis Wirtschaft, Politik, Wissenschaft e. V. Pestenacker.

23.11. Leitgruppensitzung zum Projekt «Bausubstanzerhaltung, insbesondere von historischen Bauten». München, Neue Pinakothek.

Margarete Klein-Pfeuffer

Veröffentlichungen
Die Bevölkerungsverhältnisse in Mainfranken zur Zeit Kilians. In: Kilian, Mönch aus Irland – aller Franken Patron. Aufsätze. Hrsg. J. Erichsen unter Mitarbeit von E. Brockhoff. Veröffentl. z. Bayer. Gesch. u. Kultur 19 (1989) 133 ff.
Archäologische Zeugnisse des frühen Christentums in Mainfranken. In: Kilian, Mönch aus Irland – aller Franken Patron. Aufsätze. Hrsg. J. Erichsen unter Mitarbeit von E. Brockhoff. Veröffentl. z. Bayer. Gesch. u. Kultur 19 (1989) 227 ff.

Robert Koch

Vorträge
24. 2. Archäologische Burgenforschung in Bayern. Rothenburg ob der Tauber, Verein Alt-Rothenburg.
13. 4. Neufunde aus Mittelfranken. Roßtal, Heimatverein.
28. 9. Archäologie im Umfeld der Fossa Carolina. Nürnberg, Naturhistorische Gesellschaft.
21.10. Stadtkerngrabungen in Nürnberg. Amberg, Vorgeschichtskurs 1989 und 5. Jahrestagung der Bayerischen Denkmalpflege.

Veröffentlichungen
Ein Grabfund der Glockenbecherkultur aus Hartmannshof, Gemeinde Pommelsbrunn, Landkreis Nürnberger Land, Mittelfranken. Das arch. Jahr in Bayern 1988 (1989) 44 f.
Neue Grabfunde der frühen Bronzezeit aus Treuchtlingen-Wettelsheim, Landkreis Weißenburg-Gunzenhausen, Mittelfranken. Das arch. Jahr in Bayern 1988 (1989) 45 ff. (zusammen mit F. Leja).
Archäologische Untersuchungen im Rathaus. In: Das Rathaus der Stadt Amberg (1989) 51 ff.

Günther Krahe

Veröffentlichungen
Bestattungssitten der späten Bronzezeit in Schwabmünchen. In: W. Pötzl (Hrsg.), Der Landkreis Augsburg. Natur, Geschichte, Kunst und Kultur (1989) 34 f.
Keltischer Adel im Wertachtal. In: W. Pötzl (Hrsg.), Der Landkreis Augsburg. Natur, Geschichte, Kunst und Kultur (1989) 36 f.
Römische Grabmale bei Wehringen. In: W. Pötzl (Hrsg.), Der Landkreis Augsburg. Natur, Geschichte, Kunst und Kultur (1989) 50 f.
Via Claudia Augusta. In: W. Pötzl (Hrsg.), Der Landkreis Augsburg. Natur, Geschichte, Kunst und Kultur (1989) 54 f.
Vor- und frühgeschichtliche Denkmäler im Südries. In: Rieser Kulturtage VII/I (1989) 50 ff.
Alt- und mittelneolithische Siedlungen bei Nördlingen-Baldingen, Landkreis Donau-Ries, Schwaben. Das arch. Jahr in Bayern 1988 (1989) 29 ff.

Ferdinand Leja

Veröffentlichungen
Neue Grabfunde der frühen Bronzezeit aus Treuchtlingen-Wettelsheim, Landkreis Weißenburg-Gunzenhausen, Mittelfranken. Das arch. Jahr in Bayern 1988 (1989) 45 ff. (zusammen mit R. Koch).
Der Moritzberg – eine neue vorgeschichtliche Höhensiedlung, Stadt Röthenbach a. d. Pegnitz, Landkreis Nürnberger Land, Mittelfranken. Das arch. Jahr in Bayern 1988 (1989) 65 f.
Burgstudien – Der Burgstall «Altes Schloß» bei Stöppach. Altnürnberger Landschaft 38, 1989, 161 ff.

Rudolf Albert Maier

Veröffentlichungen
Steinäxte der frühmetallzeitlichen Schnurkeramikkultur an Alz und Traun, Landkreise Altötting und Traunstein, Oberbayern. Das arch. Jahr in Bayern 1988 (1989) 40 ff.
Nochmals zum nichtchristlichen Totenbrauchtum auf einem neuzeitlichen Bestattungsplatz bei der Stadt Erding, Landkreis Erding, Oberbayern. Das arch. Jahr in Bayern 1988 (1989) 168 ff.
Zu den früh- und mittelkaiserzeitlichen Funden von der «Garchinger Heide» bei Eching im Isartal (Obb.). Germania 67, 1989, 188 ff.
Ein Fundverband jungneolithischer Michelsberg- und Polling-Keramik von Aislingen bei Dillingen a. d. Donau (Bayer. Schwaben). Germania 67, 1989, 560 ff.

Martin Nadler

Vorträge
13. 1. Die Ausgrabung der Galeriehöhle II bei Kelheim. Universität Köln.
10. 6. Altsteinzeit in Oberfranken. Schloß Seehof, Seminar Colloquium Historicum Wirsbergense.

Veröffentlichungen
Die Ausgrabungen 1986 im Burgamtmannsgebäude der Nürnberger Burg. Mitt. Ver. Gesch. Stadt Nürnberg 75, 1988, 227 ff.
Urnenfelderzeitliche Deponierungen auf der Ehrenbürg, Gemeinde Wiesenthau-Schlaifhausen, Landkreis Forchheim, Oberfranken. Das arch. Jahr in Bayern 1988 (1989) 60 ff.

Führungen
23. 6. Museum Bamberg. Lehrerkollegium Lichtenfels.
24.11. Geisberger Forst. Lehrerkollegium Litzendorf.

Udo Osterhaus

Vorträge
21.10. Zur Ausgrabung im Kreuzganggarten der Niedermünsterkirche zu Regensburg. Amberg, Vorgeschichtskurs 1989 und 5. Jahrestagung der Bayerischen Denkmalpflege.
26.10. Die Ausgrabungen im Kreuzganggarten der Niedermünsterkirche und die Geschichte des Nordostens des ehemaligen Legionslagers. Regensburg, Diözesanmuseum.

Karl Heinz Rieder

Lehrauftrag an der Kath. Universität Eichstätt:
Sommersemester 1989: Exkursionen zu den archäologischen Denkmälern in Bayern.

Vorträge
9. 1. Archäologische Denkmalpflege in der Region Ingolstadt. Ingolstadt, Berufsbildungszentrum.
3. 3. Kulturgeschichtliche Entwicklung des Donaumooses. Karlshuld, Kulturhistorischer Verein Donaumoos.
13. 4. Einführung in die Urgeschichte der Region Ingolstadt. Ingolstadt, Hugo-Obermaier-Gesellschaft.
13. 6. Vor- und frühgeschichtliche Besiedlungsgeschichte auf dem Neuburger Stadtberg. Neuburg a. d. Donau, Stadtrat.
11. 7. Vorstellung der Ergebnisse der Inventarisation im Landkreis Pfaffenhofen a. d. Ilm. Pfaffenhofen a. d. Ilm, Landratsamt.
15. 7. Einführung in die archäologische Denkmalpflege in der Region 10. Ingolstadt, Direktoren der Ingolstädter Gymnasien.
12.10. Aus der Praxis der Landesarchäologie der Region Ingolstadt. Ingolstadt, Rektoren der Ingolstädter Schulen.
14.10. Altsteinzeitliche Fundstelle bei Attenfeld. Abensberg, Aventinus-Tagung.
20.10. Die altpaläolithische Artefaktfundstelle von Attenfeld, Lkr. Neuburg-Schrobenhausen. Amberg, Vorgeschichtskurs

1989 und 5. Jahrestagung der Bayerischen Denkmalpflege.
23.11. Archäologische Denkmalpflege in der Region Ingolstadt. Ingolstadt, Vorstandsmitglieder der Firma AUDI.
7.12 Vorstellung der Ergebnisse der Inventarisation im Landkreis Neuburg-Schrobenhausen. Neuburg a. d. Donau, Landratsamt.

Veröffentlichungen
21 Beiträge in: Stadt Ingolstadt (Hrsg.), Steinzeitliche Kulturen an Donau und Altmühl. Begleith. Ausstellung Stadtmus. Ingolstadt (1989).
Paläolithische Neufunde von Irgertsheim, Stadt Ingolstadt, Oberbayern. Das arch. Jahr in Bayern 1988 (1989) 26f.

Führungen
16. 2. Archäologische Denkmäler in Eichstätt. Berufsbildungszentrum Ingolstadt.
14./15.4 Paläolithische Fundstellen der Region Ingolstadt. Hugo-Obermaier-Gesellschaft.
19. 5. Ausstellung im Stadtmuseum Ingolstadt. «Steinzeitliche Kulturen an Donau und Altmühl». Historischer Verein Ingolstadt.
7. 5. Exkursionsbegleitung nach Weißenburg i. Bay. und Ellingen. Verein Römervilla Möckenlohe.
15. 6. Ausstellung im Stadtmuseum Ingolstadt «Steinzeitliche Kulturen an Donau und Altmühl». Gesellschaft Niederlandt.
19. 7. Ausstellung im Stadtmuseum Ingolstadt «Steinzeitliche Kulturen an Donau und Altmühl». Kath. Bildungswerk Eichstätt.
27. 7. Ausgrabung Zuchering. Frauenunion Ingolstadt.
9. 9. Archäologische Denkmäler im Schuttertal. Bund Naturschutz München.
16. 9. Ausstellung im Stadtmuseum Ingolstadt. «Steinzeitliche Kulturen an Donau und Altmühl». Historischer Verein Eichstätt.
7.10. Archäologische Ausgrabungsstätten in der Region Ingolstadt. Kath. Bildungswerk Eichstätt.
23.10. Wunderlkasematte. Lehrerkollegium des Katharinen-Gymnasiums Ingolstadt.
22.11. Archäologische Denkmäler in der Gemeinde Adelschlag. Verein Römervilla Möckenlohe.

Medienarbeit
Laufende Informationen zu den diversen Ausgrabungen durch Presse, Funk und Fernsehen.

GUNTRAM SCHÖNFELD

Vorträge
18. 9. Pestenacker und sein Bezug zum süddeutschen Neolithikum. Landsberg a. Lech, Lions Club.
20.10. Zum Stand der Ausgrabung in Pestenacker. Amberg, Vorgeschichtskurs 1989 und 5. Jahrestagung der Bayerischen Denkmalpflege.

Veröffentlichungen
Ausgrabungsbeginn in der Feuchtbodensiedlung von Pestenacker, Gemeinde Weil, Landkreis Landsberg a. Lech, Oberbayern. Das arch. Jahr in Bayern 1988 (1989) 34ff.

Führungen
28. 6. Die Ausgrabung Pestenacker. Seminar für klassische Archäologie in Augsburg.
5. 7. Die Ausgrabung Pestenacker. Professoren der Fachhochschule Augsburg.
13. 7. Die Ausgrabung Pestenacker. Institut für Vor- und Frühgeschichte der Universität Erlangen-Nürnberg.
23. 7. Die Ausgrabung Pestenacker. Bürger des Landkreises Landsberg a. Lech.
19. 8. Die Ausgrabung Pestenacker. Staatssekretär Dr. Th. Goppel und Begleitung.
22. 9. Die Ausgrabung Pestenacker. Lehrer des Gymnasiums in St. Ottilien.
30. 9. Die Ausgrabung Pestenacker. Staatssekretär Dr. Th. Goppel und Arbeitskreis Wirtschaft, Politik, Wissenschaft e. V.
21.10. Die Ausgrabung Pestenacker. Freunde der Bayerischen Vor- und Frühgeschichte e. V.
22.10. Die Ausgrabung Pestenacker. Öffentliche Führung.

Medienarbeit
Über die Ausgrabung Pestenacker erschienen acht Artikel in regionalen und überregionalen Zeitungen. Ferner brachten der Bayerische Rundfunk und das Fernsehen ein Interview und einen Bericht zu diesem Thema.

EBERHARD VOSS

Vorträge
9. 3. Praktische Restaurierungsübung. Bamberg, Gehörlosenschule.
10. 6. Keramikherstellung und Restaurierung. Schloß Seehof, Seminar Colloquium Historicum Wirsbergense.

Führungen
23. 2. Führung in der Außenstelle. Gehörlosenschule Bamberg.
1. 3. Führung in der Außenstelle. Denkmalpflegerdelegation aus der ČSSR.
15. 3. Führung in der Außenstelle. Volksschule Lichtenfels.

LUDWIG WAMSER

Vorträge
23. 2. Marktbreit – ein frührömisches Legionslager am Maindreieck. Bonn, Landesmuseum und Landschaftsverband Rheinland.
25. 2. Kelten, Römer und Germanen zwischen Main und Steigerwald. Bad Neustadt a. d. Saale, Volkshochschule und Frankenbund.
7. 4. Das augusteische Zweilegionenlager auf dem «Kapellenberg» über Marktbreit. Haßfurt, Volkshochschule.
28. 4. Archäologie und Zeitgeschichte: Die neuen Genisafunde aus den ehemaligen Synagogen zu Memmelsdorf i. UFr. und Veitshöchheim. Würzburg, Jüdisches Dokumentationszentrum.
8. 6. Kollektivgräber der Walternienburg-Bernburger Kultur südlich des Thüringer Waldes. Halle a. d. Saale, Landesmuseum für Vor- und Frühgeschichte.
22. 9. Das frührömische Truppenlager bei Marktbreit. Würzburg/Marktbreit, Landesamt für Denkmalpflege Hessen (mit Exkursion).
23. 9. Das neue Vorgeschichtsmuseum im Grabfeld. Bad Königshofen i. Grabfeld, Union Bayern-Bretagne e. V. (mit Exkursion).
29. 9. Marktbreit – ein frührömisches Legionslager am Mittelmain. Marktbreit, Volkshochschule.
30. 9. Eine wohlgefüllte Abortgrube aus Aschaffenburg. Alzenau i. UFr., Heimat- und Geschichtsverein.
6.10. Marktbreit – ein frührömisches Zweilegionenlager der Okkupationszeit im Vorland des Steigerwaldes. Bergkamen, Internationales Kolloquium «Die römische Okkupation nördlich der Alpen zur Zeit des Augustus».
21.10 Erinnerungen an ein Fest. Archäologische Reflexionen über ein stilles Örtchen in der Curie «Zum großen Christoffel» des Aschaffenburger Stiftskanonikers Christian Welle. Amberg, Vorgeschichtskurs 1989 und 5. Jahrestagung der Bayerischen Denkmalpflege.
31.10. Marktbreit – ein augusteisches Zweilegionenlager im östlichen Mainfranken. Weimar, Museum für Ur- und Frühgeschichte Thüringens.
5.11. Zur archäologischen Prospektion des augusteischen Legionslagers bei Marktbreit: Zusammenspiel von Luftbild, Magnetik und Ausgrabung. Würzburg, Verband Kath. Theologen des Bistums Würzburg.

21.11. Legionen des Augustus am Maindreieck. Das frührömische Truppenlager bei Marktbreit: Wiederentdeckung eines vergessenen Kapitels römisch-germanischer Geschichte. Tauberbischofsheim, Verein Tauberfränkische Heimatfreunde e. V.

Veröffentlichungen
Castellum, quod nominatur Wirciburc. In: Kilian, Mönch aus Irland – aller Franken Patron. Aufsätze. Hrsg. J. Erichsen unter Mitarbeit von E. Brockhoff. Veröffentl. z. Bayer. Gesch. u. Kultur 19 (1989) 173 ff.
Mainfranken – Land und Leute im Spiegel der Archäologie. In: 689–1989 Kilian, Mönch aus Irland – aller Franken Patron. Kat. der Sonder-Ausstellung zur 1300-Jahr-Feier des Kiliansmartyriums (1989) 43 ff.
Die Besiedlung Mainfrankens in der Merowingerzeit. In: 689–1989 Kilian, Mönch aus Irland – aller Franken Patron. Kat. der Sonder-Ausstellung zur 1300-Jahr-Feier des Kiliansmartyriums (1989) 45 ff.
Kommentar zum Modell eines merowingerzeitlichen Grabhauses (Zeuzleben, Grab 25). In: 689–1989 Kilian, Mönch aus Irland – aller Franken Patron. Kat. der Sonder-Ausstellung zur 1300-Jahr-Feier des Kiliansmartyriums (1989) 51 ff.
Merowingerzeitliche Grabbauten als Spiegelbild der Sozialstruktur. In: 689–1989 Kilian, Mönch aus Irland – aller Franken Patron. Kat. der Sonder-Ausstellung zur 1300-Jahr-Feier des Kiliansmartyriums (1989) 53 ff.
Würzburgs Topographie im 7. und 8. Jahrhundert. In: 689–1989 Kilian, Mönch aus Irland – aller Franken Patron. Kat. der Sonder-Ausstellung zur 1300-Jahr-Feier des Kiliansmartyriums (1989) 230 ff.
Von der germanischen Landnahme bis zur Eingliederung in das merowingische Großreich. In: P. Kolb u. E.-G. Krenig (Hrsg.), Unterfränkische Geschichte, Bd. 1 (1989) 15 ff. (zusammen mit D. Rosenstock).
Abschluß der archäologischen Untersuchungen am Ringwall auf dem Bürgstadter Berg, Gemeinde Bürgstadt, Landkreis Miltenberg, Unterfranken. Das arch. Jahr in Bayern 1988 (1989) 66 ff.
Die Untersuchungen 1988 im frühmischen Legionslager bei Marktbreit, Landkreis Kitzingen, Unterfranken. Das arch. Jahr in Bayern 1988 (1989) 91 ff. (zusammen mit H. Becker, O. Braasch u. M. Pietsch).

STEFAN WINGHART

Vorträge
17. 2. Bodendenkmalpflege und Straßenbau. Fischbachau, Seminar der Obersten Baubehörde.
27. 2. Die Römerzeit im Rupertiwinkel. Waging a. See, Volkshochschule.
14. 4. Ausgrabung im römischen Bedaium. Seebruck, Römermuseum.
20. 4. Archäologie im Landkreis Fürstenfeldbruck. Fürstenfeldbruck, Landratsamt.
12.10. Vor- und frühgeschichtliche Archäologie auf der Münchener Schotterebene, Taufkirchen, Volkshochschule.
21.10. Ausgrabungen im Kloster Benediktbeuern – zu frühen Klosterbauten in Südbayern. Amberg, Vorgeschichtskurs 1989 und 5. Jahrestagung der Bayerischen Denkmalpflege.
8.11. Archäologie und Bauwesen. München, Regierung von Oberbayern, Verband der Höheren Verwaltungsbeamten Bayerns.
9.11. Die spätbronzezeitliche Adelsnekropole von Poing. Regensburg, Institut für Vor- und Frühgeschichte der Universität.

Veröffentlichungen
Eine Steinaxt der frühmetallzeitlichen Schnurkeramikkultur von der Einöde Heidenpoint, Gemeinde Ainring, Landkreis Berchtesgadener Land, Oberbayern. Das arch. Jahr in Bayern 1988 (1989) 42 ff.
Spätglockenbecherzeitliche Keramikdeponierungen von Allershausen-Unterkienberg, Lkr. Freising. Ber. Bayer. Bodendenkmalpflege 26/27, 1985/86 (1989) 81 ff.
Bestattungen des Endneolithikums und der frühen Bronzezeit aus der Münchener Schotterebene. Endneolithische Bestattung und Gräberfeld der Frühbronzezeit von München-Englschalking. Ber. Bayer. Bodendenkmalpflege 26/27, 1985/86 (1989) 92 ff.

Führungen
28. 6. Ausgrabungen auf dem Marienhof. Seminar für bayerische Geschichte der Universität München (Prof. Störmer).
14.10. Kelten und Römer an Inn und Salzach. Bund Naturschutz, Kreisverband München.
28.11. Ausgrabungen auf dem Marienhof. Baureferendare der Technischen Universität München.

Medienarbeit
Neben der Veranlassung von zahlreichen Zeitungsartikeln Mitarbeit an folgenden Radio- und Fernsehsendungen:
28. 3. Bayerischer Rundfunk, Mittagsmagazin. Die Römer in Oberbayern.
9.10. Tele 5. Denkmalpflege und Sondengängerei.
13.10. Bayerisches Fernsehen, Münchener Abendschau. Denkmalpflege und Sondengängerei.
29.11. Radio Charivari. Ausgrabungen auf dem Marienhof.
30.11. Bayerischer Rundfunk, Mittagsmagazin. Neue Entdeckungen in Poing.
4.12. Bayerisches Fernsehen, Münchener Abendschau. Ausgrabungen auf dem Marienhof.

Die Öffentlichkeitsarbeit der Referenten und ihrer Mitarbeiter umfaßte 88 Vorträge, 38 Führungen und 6 Grußworte. Nicht abzuschätzen ist die Resonanz zahlreicher Presseinformationen, Rundfunk- und Fernsehinterviews. Zur bayerischen Archäologie verfaßten die Referenten und ihre Mitarbeiter 93 Beiträge.

ARCHÄOLOGISCHE PROSPEKTION UND LUFTBILDARCHÄOLOGIE

LUFTBILDARCHÄOLOGIE

Das Flugjahr 1989 begann erst Mitte Februar, bedingt durch einen Wechsel des bisherigen Lufbildarchäologen in das Nachbarland Baden-Württemberg. In den verbleibenden 10 1/2 Monaten konnten noch über 100 Flüge mit einer durchschnittlichen Dauer von etwa fünf Stunden durchgeführt werden.
Von den vielen tausend angeflogenen archäologischen Objekten wurden 2140 photographisch auf 21 228 Bildern festgehalten. Mit fast 650 erstmals dokumentierten Luftbildbefunden liegt die Rate der Neuentdeckungen in Bayern auch weiterhin bei über 30%. Erfahrungen in England zeigen seit über 40 Jahren, daß dort alljährlich eine ähnlich hohe Anzahl von Neufundstellen zu verbuchen ist. Bei entsprechend günstigen Wetterlagen können sich sogar noch höhere Entdeckungsraten einstellen. Die Witterungsverhältnisse waren in Bayern allerdings weniger gut als in den vergangenen Jahren. Das Frühjahr und der Sommer brachten mehr Regen und Feuchtigkeit, so daß sich im Bewuchs keine überdurchschnittlichen Bedingungen für luftbildarchäologische Prospektionen ergeben konnten.
Eine weitere Aufgabe bestand in der Anfertigung von Übersichtsaufnahmen zur besseren Lokalisierung einer großen Anzahl von Fundstellen der vergangenen Flugjahre. Die mittlerweile begonnene systematische Inventarisierung aller Luftbildbefunde benötigte 119 Anflüge auf bisher nicht eindeutig lokalisierbare Objekte.
Im Sommer fand der Umzug des Luftbildarchivs mit inzwischen

mehr als 400000 Aufnahmen von Landshut nach München statt, was die Archivarbeit allerdings nur gering behinderte. Leider wurde dabei keine entscheidende Verbesserung der räumlich beengten Verhältnisse erreicht. Wenn auch der Luftbildarchäologe jetzt eine weitere Anreise zum Luftbildarchiv hat, so ist doch für die computergestützte Entzerrung von Luftbildern zur Herstellung archäologischer Lagepläne den entsprechenden Sachbearbeitern in München nunmehr ein direkter Zugriff auf den Bildbestand möglich.

KLAUS LEIDORF

Magnetometerprospektion und digitale Bildverarbeitung

Da im Berichtsjahr eine Beschäftigung zeitlich befristeter Angestellter nicht mehr möglich war, konnten digitale Luftbildverarbeitung, Magnetometerprospektion und die Erstellung der Pläne zur Ausweisung archäologischer Reservate nur noch vom Referatsleiter im Einmannbetrieb durchgeführt werden.
Der im Juli erfolgte Umzug des Luftbildarchivs von Landshut nach München schuf nun auch räumlich die Voraussetzungen für eine Intensivierung der Luftbildauswertung. Es liegt jedoch auf der Hand, daß sich Projekte wie beispielsweise «Archäologische Reservate» oder «Archäologischer Atlas» der ARGE Alpen-Adria nur durch eine Steigerung der Produktivität von Prospektion und Auswertung bewältigen lassen. Da dies wegen des personellen Engpasses unmöglich erschien, wurden große Anstrengungen bei der Verfeinerung und Einführung neuer Auswertungstechniken unternommen: Die Planerstellung zum Projekt «Archäologische Reservate» aus geophysikalischer Prospektion und digitaler Luftbildverarbeitung läuft nun über eine Computeranlage, die digitale Bild- und graphische Datenverarbeitung kombiniert. Der Bildcomputer dient wie bisher sowohl der Entzerrung und Transformation der Luftbildschrägaufnahmen auf die Karte als auch der Darstellung der geophysikalischen Prospektionsmessungen. Die Umstellung der Bildverarbeitung von der sog. Video-Norm auf die hochauflösende Norm (HR) mit einer HR-CCD-Digitalisierung direkt vom Negativ oder Diapositiv und der Darstellung auf einen hochauflösenden Bildschirm erbrachte optimale Voraussetzungen zur Interpretation der archäologischen Information im digitalen Bild. Die Schnittstelle zur graphischen Datenverarbeitung (PROCART), die auf einem Personalcomputer installiert ist, erfolgt über eine Datenkopplung der beiden Maschinen (Kermit). Die Interpretation der archäologischen Strukturen geschieht weiterhin manuell in einer über dem digitalen Bild definierten mehrfarbigen graphischen Ebene. Bei dieser Nachzeichnung der archäologischen Strukturen mit Hilfe von Mousegesteuerten Cursor-Funktionen wird im Bildrechner ein Protokoll der Vektor-Koordinaten in einem Datenformat erstellt, das über die serielle Datenleitung direkt die Übertragung nach PROCART ermöglicht. Im Graphik-Computer, der die digitalisierten topographischen Daten im Gauß-Krüger-System enthält, läßt sich nun in mehreren Ebenen die Interpretationszeichnung transformieren und graphisch weiter aufbereiten. Die Planausgabe erfolgt schließlich über ein automatisches Zeichengerät in beliebigen Maßstäben und Farben (Trommelplotter DIN A 1).
Mit der Zusammenlegung von Luftbildarchiv und Auswertungslabor im Referat B 10 in München sowie der Entwicklung neuer Auswertungstechniken für Luftbild und Geophysik wurde ein wesentlicher Schritt in Richtung einer effektiveren Arbeit bei der archäologischen Prospektion unternommen. Allerdings können diese Anstrengungen erst mit dem dringend geforderten personellen Ausbau Früchte tragen, der sich hoffentlich 1990 wenigstens mit einer Minimalbesetzung realisieren läßt.

HELMUT BECKER

Luftbildarchiv

Am 1. Juli erfolgte der Umzug des Luftbildarchivs von Landshut nach München. Damit sollte vor allem im Bereich der Luftbildentzerrung und Planerstellung durch unmittelbaren Zugriff auf den Bildbestand Organisation und Arbeitsweise des Referats B 10 «Archäologische Prospektion und Luftbildarchäologie» verbessert werden. Neben den organisatorischen Vorteilen dieser Maßnahme ist der durch die räumliche Trennung erschwerte Informationsaustausch mit dem Luftbildarchäologen als Nachteil anzusehen. Leider erwiesen sich die neuen Räumlichkeiten bereits beim Einzug als zu klein, außerdem war das Fotolabor nicht gleich bezugsfertig. Dennoch konnten die Verarbeitung der anfallenden Luftbildfilme sowie Anfertigung und Versand von Luftbildvergrößerungen bewältigt und 283 Schwarzweißfilme sowie 280 Diafilme archiviert werden. Die Entwicklung der Schwarzweißfilme und das Anfertigen von Kontaktbögen erfolgte im eigenen Fotolabor. Dies gilt auch für die Herstellung von etwa 6000 Schwarzweißvergrößerungen und von 1269 Diaduplikaten. 3913 Farbvergrößerungen vom Dia wurden bei Fremdlabors in Auftrag gegeben. Die Gesamtzahl von 9866 verarbeiteten Vergrößerungen erreicht damit knapp den Umfang des Vorjahrs. Wie 1988 waren ca. 75 % der Luftbilder als Unterlagen für die Inventarisation von Bodendenkmälern bestimmt. Da aus personellen Gründen die Archivierung der Altfilmbestände in der zweiten Jahreshälfte nicht fortgesetzt werden konnte, stehen 368 Schwarzweißfilme und 701 Diafilme aus den für die Luftbildarchäologie besonders ergiebigen Jahren 1982 bis 1984 für die Inventarisation bis auf weiteres nicht zur Verfügung.

WINFRIED GERSTNER

TOPOGRAPHISCHE DENKMÄLERVERMESSUNG

Im Berichtszeitraum wurden neben einer Reihe von Absteckungen, Grabungs- und Magnetometermeßnetzeinmessungen wieder 17 archäologisch-topographische Pläne erstellt. Bei der Mehrzahl der aufgenommenen obertägigen Bodendenkmäler handelt es sich um in ihrer Substanz gefährdete Anlagen, die in landwirtschaftlich intensiv genutzten Flächen liegen.
Diverse Baumaßnahmen im Bereich der vor- und frühgeschichtlichen Wallanlagen auf dem Bogenberg machten eine erneute Überarbeitung des 1962 letztmals nachgeführten archäologisch-topographischen Plans dieses überregional bedeutenden Bodendenkmals notwendig. Wieder einmal zeigte sich dabei, welch schwieriges Unterfangen es ist, in den nicht an das Landeskoordinatensystem angeschlossenen älteren Plänen kartensichere, identische Punkte zu identifizieren, die benötigt werden, um neuere Vermessungen einzupassen.
Die detaillierte Aufnahme des Geländes über der Feuchtbodensiedlung bei Pestenacker lieferte Kartengrundlagen zur Dokumentation der dort seit 1988 durchgeführten Forschungsgrabung.

HERMANN KERSCHER

Topographische Vermessungen

Obertägige Bodendenkmäler

Aislingen (Lkr. Dillingen a. d. Donau). Einzelgrabhügel ca. 2 300 m nw Kirche Aislingen. H. Kerscher/M. Wandinger/U. Wittki, M. 1 : 1000.

Blindheim (Lkr. Dillingen a. d. Donau). Grabhügelgruppe ca. 2 500 m s Kirche Blindheim. H. Kerscher/U. Wittki, M. 1 : 1000.

Bogen (Lkr. Straubing-Bogen). Vorgeschichtliche und frühmittelalterliche Wallanlage auf dem Bogenberg. H. Kerscher/U. Wittki, M. 1 : 1000 und 1 : 100 (Ergänzungsmessung).

Dillingen a. d. Donau (Lkr. Dillingen a. d. Donau). Stark verflachte Viereckanlage unbekannter Zeitstellung ca. 1 100 m wsw Kirche Kicklingen. H. Kerscher/U. Wittki, M. 1 : 1000.

Egloffstein/Gräfenberg (Lkr. Forchheim). Frühmittelalterliche (?) Befestigung auf dem Burggraf ca. 700 m wsw Kirche Untertrubach. H. Kerscher/U. Wittki, M. 1 : 500.

Friedberg (Lkr. Aichach-Friedberg). Grabhügelgruppe ca. 1200 m sw Pfarrkirche Friedberg. H. Kerscher/U. Wittki, M. 1:1000.

Friedberg. Grabhügelgruppe ca. 1000 m wsw Pfarrkirche Friedberg. H. Kerscher/U. Wittki, M. 1:500.

Friedberg. Burgstall am s Ortsrand von Bachern. H. Kerscher/U. Wittki, M. 1:500 (Vermessung noch nicht abgeschlossen).

Happurg (Lkr. Nürnberger Land). Burgstall «Hacburg» ca. 375 m w Kirche Happurg am Westabhang der «Houbirg». H. Kerscher/U. Wittki, M. 1:500.

Höchstädt a. d. Donau (Lkr. Dillingen a. d. Donau). Grabhügelgruppe ca. 2200 m sö Kirche Sonderheim. H. Kerscher/U. Wittki, M. 1:1000.

Höchstädt a. d. Donau. Grabhügelgruppe ca. 2100 m ssö Kirche Sonderheim. H. Kerscher/U. Wittki, M. 1:1000.

Lauingen (Donau) (Lkr. Dillingen a. d. Donau). Grabhügelgruppe ca. 2300 m ssö Pfarrkirche Lauingen (Donau). H. Kerscher/U. Wittki, M. 1:1000.

Mörnsheim (Lkr. Eichstätt). Großes Grabhügelfeld (über 100 Hügel) ca. 500 m s Wildbad. H. Kerscher/U. Wittki, M. 1:1000.

Saldenburg (Lkr. Freyung-Grafenau). Burgstall Sumpering ca. 2500 m nw Kirche Saldenburg. H. Kerscher/U. Wittki, M. 1:500.

Sophienthaler Forst (Gemeindefreies Gebiet; Lkr. Bayreuth). Burgstall (Turmhügel?) Schloßhügel ca. 1300 m nö Ortsmitte Sophienthal. H. Kerscher/U. Wittki, M. 1:500.

Triefenstein (Lkr. Main-Spessart). Burgstall Neuenburg ca. 1000 m wnw Schloß Triefenstein. H. Kerscher/U. Wittki, M. 1:500.

Untertägige Bodendenkmäler

Weil (Lkr. Landsberg a. Lech). Topographische Aufnahme des Geländes über der neolithischen Feuchtbodensiedlung am s Ortsrand von Pestenacker. H. Kerscher/U. Wittki, M. 1:500.

Weitere Vermessungen

Bergheim. (Lkr. Neuburg-Schrobenhausen). Absteckung und Einmessung der Grabungshauptlinie am altsteinzeitlichen Fundplatz ca. 700 m sö Attenfeld.

Buch a. Erlbach (Lkr. Landshut). Absteckung und Einmessung einer Grabungslinie über einem Erdwerk ca. 350 m s Niedererlbach.

Geiselhöring (Lkr. Straubing-Bogen). Absteckung und Einmessung eines Magnetometermeßnetzes in der frühmittelalterlichen Wallanlage ca. 200 m nw Weingarten.

Künzing (Lkr. Deggendorf). Absteckung und Einmessung eines Grabungsnetzes am ö Ortsende von Künzing.

Marktbreit (Lkr. Kitzingen). Einmessung des Magnetometermeßnetzes über dem römischen Lager auf dem Kapellenberg.

Starnberger See (Gemeindefreies Gebiet; Lkr. Starnberg). Bestimmung von Höhen ü. NN im Grabungsnetz vor dem Westufer der Roseninsel.

Weißenburg i. Bay. (Lkr. Weißenburg-Gunzenhausen). Absteckung und Einmessung eines Grabungsnetzes über dem römischen Lager am ö Stadtrand von Weißenburg.

LABOR FÜR DENDROARCHÄOLOGIE

Das Labor für Dendroarchäologie besteht aus zwei Betriebseinheiten, dem Feldlabor auf der Ausgrabung Weil-Pestenacker (Lkr. Landsberg a. Lech) und dem Dendrolabor in Heidelberg. Das mit einem Holztechniker und Hilfskräften besetzte Feldlabor dient der Holzartenbestimmung, der techno-morphologischen Aufnahme der Bauhölzer, der Entnahme und Präparation von Dendroproben, dem Zeichnen der Holzpläne sowie dem Sortieren und Magazinieren der bearbeiteten Holzproben. Seine Ausstattung erweiterte sich im Berichtszeitraum um ein Mikroskop, ein Mikrotom und einen Zeichenrollwagen. Im Dendrolabor wird die dendrochronologische Altersbestimmung sowie die Vernetzung und Auswertung der Einzeluntersuchungen durchgeführt.

Die Mitarbeiter des Feldlabors bestimmten die Holzarten von rund 1500 Proben, fertigten etwa 20 techno-morphologische Zeichnungen an, entnahmen und präparierten ungefähr 100 Dendroproben und zeichneten Holzpläne.

Das Dendrolabor untersuchte hauptsächlich Proben aus der jungneolithischen Siedlung Weil-Pestenacker, daneben aber auch kleinere Serien aus der jungneolithischen Siedlung Geltendorf-Unfriedshausen, einer spätmittelalterlichen Pfahlstellung von Landsberg a. Lech, Spöttinger Straße, sowie aus dem römischen Hafen von Seeon-Seebruck und Passau.

SIBYLLE BAUER-KUHNEN

VERANSTALTUNGEN UND TAGUNGEN
mit Beteiligung der Abteilung Bodendenkmalpflege

2.– 3. 3.	Graz. Sitzung der Projektgruppe «Archäologischer Atlas» in der ARGE Alpen-Adria.
11.–15. 4.	Ingolstadt. 31. Tagung der Hugo-Obermaier-Gesellschaft.
20.–21. 4.	Frankfurt a. Main. Jahressitzung der Römisch-Germanischen Kommission des Deutschen Archäologischen Instituts.
28.–30. 4.	Deggendorf. 8. Niederbayerischer Archäologentag.
28. 4.	Kempten (Allgäu). 2. Cambodunum-Symposium.
4.– 5. 5.	Lourmarin/Frankreich. Dendrochronologen-Tagung.
16.–21. 5.	Frankfurt a. Main. Tagung des West- und Süddeutschen Verbands für Altertumsforschung.
1.– 2. 6.	Kirchdorf/Tirol. 1. Bayerisch-tirolerisches Symposium zur Mittelalterlichen und Neuzeitlichen Archäologie.
10. 6.	Schloß Seehof. Archäologisches Seminar mit dem Colloquium Historicum Wirsbergense.
12.–13. 6.	München. Tagung des Bayerischen Landesamts für Denkmalpflege «Denkmalpflege und Kirche».
16. 6.	Wolfsegg. Wiedereröffnung der Burg Wolfsegg.
30. 6.	Pfünz. Offizielle Übergabe des rekonstruierten Nordtors, des Rundwanderwegs und des archäologischen Reservats am Römerkastell Pfünz.
7. 7.	Kaisheim. Eröffnung der Ausstellung «Hinter Gittern – Strafvollzug im 19. und 20. Jahrhundert».
14. 7.	Passau. Jahresveranstaltung des Bayerischen Landesdenkmalrats.
21. 7.	München. Veranstaltung des Bayerischen Gemeindetags.
21. 7.	Regensburg. 40 Jahre Bundesrepublik Deutschland.
3.–10. 9.	Canterbury. 15. International Congress of Roman Frontier Studies.
4.– 7. 10.	Bergkamen. Kolloquium «Die römische Okkupation nördlich der Alpen zur Zeit des Augustus».
11.–13. 10.	Linz. Sitzung der Projektgruppe «Archäologischer Atlas» in der ARGE Alpen-Adria.
20.–22. 10.	Amberg. Vorgeschichtskurs 1989 und 5. Jahrestagung der Bayerischen Denkmalpflege.
25.–28. 10.	Passau. Symposium der Universität Passau «Das Christentum im bayerischen Raum im 1. Jahrtausend».

30. 10.– 1. 11.		Münster. Jahrestagung des Verbands der Landesarchäologen in der Bundesrepublik Deutschland.
17. 11.		Ingolstadt. Ingolstädter Archäologische Vorträge.
23. 11.		München, Neue Pinakothek. Leitgruppensitzung «Bausubstanzerhaltung, insbesondere von historischen Bauten».

AUSSTELLUNGEN UND BERATUNG DER NICHTSTAATLICHEN MUSEEN

Oberbayern

11. 4.–30. 9.	Ingolstadt, Stadtmuseum. «Steinzeitliche Kulturen an Donau und Altmühl».
20. 4.	Fürstenfeldbruck, Landratsamt. «Luftbildarchäologie im Landkreis Fürstenfeldbruck».

Niederbayern

5. 9.–30. 9.	Pfarrkirchen, Stadtsparkasse. «Das jungsteinzeitliche Dorf von Untergaiching».

Oberpfalz

14. 7.–29. 10.	Regensburg, Domkreuzgang. «Der Dom zu Regensburg. Ausgrabung, Restaurierung, Forschung».
20. 10.–31. 12.	Amberg, Stadtmuseum. «Archäologische Ausgrabungen in Amberg 1983–1989».
	Regensburg, Diözesanmuseum. Mitarbeit an der Ausstellung «Ratisbona Sacra» (2. 6.–1. 10.).
	Walderbach, Kreismuseum. Mitarbeit an den Ausstellungen «Burgen und Schlösser im Landkreis Cham» und «Archäologische Funde im Schloß Thierlstein» (26. 7.–29. 10.).
	Nittenau. Mitarbeit an der Ausstellung «Burg Stokkenfels» (Juni–Oktober).

Oberfranken

Bayreuth. Organisation der Ausstellung von Funden der Ausgrabung in Drosendorf a. d. Aufseß.
Kronach. Organisation der Ausstellung über die Ausgrabung auf der Heunischenburg.
Staffelstein. Organisation der Ausstellung über die Ausgrabung auf dem Staffelberg.

Unterfranken

Würzburg. Mitwirkung bei den Vorbereitungsarbeiten (Konzeption, Organisation, Katalog- und Ausstellungstexte) für die vom Bayerischen Landesamt für Denkmalpflege mitveranstaltete große Gedächtnisausstellung des Hauses der Bayerischen Geschichte und des Mainfränkischen Museums Würzburg «689–1989 Kilian, Mönch aus Irland – aller Franken Patron» (1. 7.–1. 11.).
Alzenau i. UFr. Mitwirkung bei der Sonderausstellung «Die kulturgeschichtliche Entwicklung des Alzenauer Raumes» (September/Oktober).

Schwaben

28. 7.– 1. 10.	Kempten (Allgäu), Museum im Zumsteinhaus. «Archäologie und Geschichte der Keramik in Schwaben».

ABTEILUNG INVENTARISATION

Auch im Berichtsjahr 1989 blieb die Baudenkmalkunde entschieden der Mittelpunkt der Arbeit. Trotzdem bleibt festzustellen, daß nicht alle Aufgaben von der Abteilung erfüllt werden können. Glücklicherweise konnte aber im Berichtsjahr für die Bearbeitung der Denkmallisten Frau Dr. Christina Melk-Haen und Herr Dr. Rembrant Fiedler gewonnen werden; ihre zeitlich befristeten Verträge bringen zwar eine gewisse Entspannung der laufenden Anforderungen, machen aber zugleich deutlich, daß für die Erfüllung der Aufgaben der Abteilung eine Lösung gefunden werden muß.

Parallel zur aktuellen Arbeit der Baudenkmalkunde wurde auf verschiedenster Ebene die Theorie und Praxis dieser Disziplin diskutiert. So wurde im Landesdenkmalrat die Neufassung der Grundsätze der Inventarisation behandelt, so konnte das Arbeitsheft: Denkmalinventarisation, Denkmalerfassung als Grundlage des Denkmalschutzes, erscheinen, das als Tagungsdokumentation verschiedene Methoden, Prinzipien und Inhalte darstellen und bekannt machen soll. Wie nötig Aufklärung ist, zeigte, daß trotz Publikation, trotz Resolution der Vereinigung der Landesdenkmalpfleger und vieler anderer Initiativen es nicht verhindert werden konnte, daß das Landesversorgungsamt der Gebrüder Luckhardt in München an der Heßstraße abgerissen worden ist. Das bedeutet aber auch, daß eigentlich über die aktuellen Dienstgeschäfte hinaus von uns Forschung zur Architektur und Kunst der Nachkriegszeit geleistet werden muß. Sehr zu begrüßen war, daß gerade die Inventarisation als Thema eines Kolloquiums im Rahmen des Kulturabkommens zwischen der Bundesrepublik Deutschland und der DDR gewählt worden war, das Anfang des Jahres in Hannover stattgefunden hat. Der fruchtbare Meinungsaustausch, an dem die Abteilungsleitung teilgenommen hat, zeigte, wie trotz unterschiedlichster Behinderungen überall versucht wird, an dieser Aufgabenstellung weiterzuarbeiten – in Ergänzung zur Aktualität der Denkmallisten.

Zur Fortsetzung der bayerischen Inventarisation gehörten aber nicht nur die laufenden Programme, über die einzeln berichtet wird, sondern auch die Grundlagendiskussionen von Problemen und Fragen, die bei der Herstellung gedruckter Inventare entstehen. So begleiten Arbeitssitzungen die Drucklegung der ersten Bände Innere Inselstadt Bamberg und Stadt Günzburg und es wurde versucht, für die andauernden Arbeiten einheitliche Richtlinien zu entwickeln. Diese Diskussion mußte auch vor Ort stattfinden, wenn z. B. in einer Vorstadt von Landsberg a. Lech und dem eingemeindeten Ellighofen die neu gestellten Fragen zur Denkmalkunde einer Vorstadt oder eines Dorfes beantwortet werden müssen. Ein ganz anderer Beitrag zur Fortsetzung der Inventarisation in Landsberg a. Lech sind die Forschungsaufträge als Dissertationen und Magisterarbeiten, die nicht allein Ergebnisse für das Inventar bringen, sondern auch die notwendige Zusammenarbeit mit der Universität aus der Erkenntnis in Gang setzen, daß die staatliche Fachbehörde übergreifende Zusammenarbeit fördern sollte.

Die denkmalkundliche Forschung kann auch direkt an die Grenzen ihres eigentlichen Auftrags stoßen, wenn bei der Bearbeitung der Stadtbefestigung von Rothenburg ob der Tauber die Erfahrung zu machen ist, daß die denkmalkundliche Erforschung und Beschreibung der Gegenstände nicht ausreicht, sondern zugleich die Geschichte der Denkmalpflege selber reflektiert werden muß, da der historische Gegenstand nur in Kenntnis des kulturgeschichtlichen Phänomens der denkmalpflegerischen Überlieferungsformen gewürdigt werden kann. Das populäre Denkmal Stadtbefestigung z. B. muß durch die Denkmalkunde als Geschichtsdokument erst wiedergewonnen werden.

Nicht nur im Buch kann unsere Arbeit in Offenlegung unseres Tuns bekannt gemacht werden. Es wird daher, gewonnen aus den Erfahrungen der letztjährigen Informationsausstellung in Landsberg, auch

Landsberg a. Lech; Hauptplatz 9–13/Hubert-von-Herkomer-Straße; Bürgerhäuser im inneren Altstadtbereich

Landsberg a. Lech; Hauptplatz 8; Treppenaufgang

für Bamberg eine solche vorbereitet. Schließlich hatte bei der Jahrestagung der Vereinigung der Landesdenkmalpfleger in der Bundesrepublik Deutschland Herr Dr. Denis-A. Chevalley Gelegenheit mit seinem Referat „Anmerkungen zur Inventarisation des Augsburger Domes" grundsätzliches zu den Fragestellungen einer solchen nicht monographisch angelegten denkmalkundlichen Beschreibung darzustellen. Mit dem Abschluß der Arbeit an dem Baualtersplan Regensburg, dessen Band Stadtamhof in Druck gegangen ist, wird auch diese Arbeit wieder in die Denkmalkunde eingebunden.

Auch im Berichtsjahr 1989 wurden zwei Volontäre eingestellt. Allerdings konnte Dr. Klaus Könner bereits nach wenigen Monaten zu einer Referentenstelle nach Baden-Württemberg überwechseln, während Dr. Gottfried Kerschers Erarbeitung der Denkmäler der Elektrizitätsversorgung im Ansatz vorläufig abgebrochen wurde, da auch er in die praktische Bau- und Kunstdenkmalpflege abgezogen wurde. Das beleuchtet, wie schnell Aktualitäten die Notwendigkeit der denkmalkundlichen Basisarbeit zu verdrängen vermögen.

HANS-WOLFRAM LÜBBEKE

REFERATE BAUDENKMALKUNDE

Referat Oberbayern-West

Die aus Mitteln der Städtebauförderung finanzierte denkmalkundliche Erfassung der Stadt Landsberg am Lech wurde in der in früheren Jahresberichten vorgestellten Form fortgeführt. Bearbeitungsschwerpunkt war in diesem Jahre die Erfassung vor allem der rund 180 zumeist noch spätmittelalterlichen Bürgerhäuser im inneren Altstadtbereich, der von der ersten Stadtummauerung umschlossen wird. Hinzu kam die Untersuchung der noch bestehenden Reste dieses ersten Stadtmauerberings, des Rathauses sowie eine Beschreibung der Plätze und Straßen. Mit Jahresende konnte damit die für einen ersten Inventarband vorgesehenen Manuskripte der Profanbauten weitgehend abgeschlossen werden. Dabei erwies sich die denkmalkundliche Erforschung des alten Landsberger Rathauses als ebenso umfangreich wie im Detail ergiebig. Bei der nochmaligen Durchsicht sämtlicher Archivalien und intensiver Bauuntersuchung während der laufenden Sanierung konnte die Bau- und Ausstattungsgeschichte des Hauses vertieft und bisherige Annahmen in mehreren wichtigen Punkten korrigiert werden.

Da sich die Inventarisationsarbeit als vorbereitende Untersuchung für geplante Baumaßnahmen versteht, wurde in Änderung der ursprünglichen Planungen neben zahlreichen Wohnhäusern in anderen Stadtquartieren auch das ehemalige Jesuitenkolleg in der Oberstadt bearbeitet, da hier für die kommenden Jahre größere Umbaumaßnahmen vorgesehen sind.

Im letzten Jahresdrittel fingen zudem zwei über Werkverträge beteiligte Kunsthistorikerinnen damit an, Teile der ausgedehnten Vorstadtbereiche westlich des Lechs und den Ortsteil Ellighofen, ein 1972 eingemeindetes Dorf, modellhaft zu bearbeiten. Zu erproben war, inwieweit hier topographisch-historische Strukturanalysen zur denkmalkundlichen Behandlung eines Vorstadtbereiches bzw. eines Dorfgefüges der Erfassung von Einzelobjekten voranzustellen waren. Die vorläufigen Untersuchungsergebnisse wurden im Dezember 1989 bei einer amtsinternen Arbeitssitzung vor Ort diskutiert.

Wie in den beiden Jahren zuvor übernahm ein von der Stadt Landsberg über Arbeitsbeschaffungsmittel finanzierter Architekt Baumaßnahmen am ehem. Jesuitenkloster und an Bürgerhäusern. Der Mitarbeiter arbeitete – soweit erforderlich – unter der Anleitung eines aufmaßerfahrenen freiberuflich tätigen Architekten. Dazu kamen einige in Zusammenarbeit mit der Technischen Universität München und der Fachhochschule Augsburg von Studenten im Rahmen von Semesterarbeiten erstellte Aufmaße von kleineren Stadttürmen; auch hier leistete der vermessungserfahrene Architekt Hilfestellungen und Überprüfungen.

Trotz Beanspruchung durch zahlreiche andere Aufgaben war es dem Amtsphotographen möglich, zumindest akut gefährdete Baukomplexe wie das Ursulinenkloster, die Stadtmauer und einige der zum Umbau bzw. zur Entkernung anstehenden Bürgerhäuser photographisch zu dokumentieren.

Die in den Vorjahren eingeleitete Zusammenarbeit mit verschiedenen Universitäten trug inzwischen Früchte: Vorgelegt wurden vier Magisterarbeiten, deren Thema im Zusammenhang mit der denkmalkundlichen Erfassung Landsbergs gestellt, unterstützt und teilweise auch betreut wurden. Im Sommer 1989 absolvierten zudem Studenten des „Aufbaustudiums Denkmalpflege" an der Universität Bamberg ein mehrmonatiges Praktikum in Landsberg. Im Rahmen ihrer ebenfalls vom Landsberger Team vielfältig unterstützten Abschlußarbeiten leisteten auch sie wichtige Grundlagenarbeit.

Im Laufe des Jahres waren (z. T. allerdings nur kurzfristig) folgende Mitarbeiter zumeist im Rahmen von Werkverträgen tätig:
Archiv: Landeskonservator i. R. Wilhelm Neu (Recherchen in den Staatsarchiven München), Oberstudiendirektor i. R. Klaus Münzer (Recherchen im Stadt- und Pfarrarchiv Landsberg); Kunsthistoriker: Dr. Heide Weißhaar-Kiem (Bearbeitung des Rathauses Landsberg, Betreuung der in Landsberg eingerichteten Handbibliothek, Zuarbeit bei ikonographischen Fragen und Problemen der übrigen Bearbeiter), Dr. Matthias Klein (Bearbeitung der Gold- und Silberarbeiten in kirchlichem und städtischem Besitz), Dr. Astrid Debold-Kritter (Dorfinventarisation, Beispiel: Ellighofen), Waltraud Kunstmann M. A. (2. Jahreshälfte: Bearbeitung der Katharinenvorstadt, Teil I), Brigitte Bruns M. A. (Beschaffung und Verwaltung von Plan- und Bildmaterial, Führung von Personen- und Künstlerkartei, Bibliotheksdienste).

Im Rahmen von Arbeitsbeschaffungsmaßnahmen waren bis Jahresmitte tätig: Kunsthistorikerinnen: Christine Gress M. A. (Mitarbeit bei der Erfassung der stadtgeschichtlich bedeutenden Grabdenkmale in der Stadtpfarrkirche Mariä Himmelfahrt; Betreuung und Ordnung der Plansammlung, diverse Zuarbeiten), Waltraud Kunstmann M. A. (Bearbeitung der Staatl. Verwaltungseinrichtungen und ihrer Vorgänger wie Amtsgericht, Finanzamt, Vermessungsamt, Landratsamt).

Die Architekten Farhang Atlassi und Erst Tontsch erstellten (unter Anleitung von Dipl.-Ing. (FH) Johannes Fischer) zur Publikation benötigte Aufmaßpläne.
Frau Gabriele Klinger-Freier übernahm im Rahmen eines Arbeitsvertrages die Manuskripterfassung über EDV.

Abschluß folgender Magister-, Diplom- und Zulassungsarbeiten:
CORINNA ARNOLD, *Das Ursulinenkloster in Landsberg* (Magisterarbeit Universität München)
INGRID BÖMER, *Die Stadttore von Landsberg* (Magisterarbeit Universität München).
HELMUT BRAUN, *Die Glasmalereien des späten 19. und frühen 20. Jahrhunderts in der Stadtpfarrkirche Mariä Himmelfahrt zu Landsberg am Lech* (Aufbaustudium Denkmalpflege der Universität Bamberg).
ULRICH HÖFER, *Die Altäre der Stadtpfarrkirche Mariä Himmelfahrt in Landsberg a. L.* (Magisterarbeit Universität Berlin).
STEFAN TIMPE, *Die Stadtmauer von Landsberg am Lech. Ein Beitrag zur Inventarisation der Stadt Landsberg am Lech* (Abschlußarbeit für das Aufbaustudium Denkmalpflege der Universität Bamberg).
STEPHAN VETTERS, *Der Mühlbach in Landsberg am Lech als Energieträger in Geschichte und Gegenwart* (Dokumentation des Instituts für Technikgeschichte der FHS Augsburg, Fachbereich Maschinenbau).

DAGMAR DIETRICH

Referat Oberpfalz

Im Berichtsjahr konnte das Manuskript zum Baualtersplan Regensburg IX – Stadtamhof – von Frau Dr. Uta Hengelhaupt, die von der Stadt Regensburg hierzu im zeitlich begrenzten Dienstvertrag angestellt war, abgeschlossen werden, wozu auch Dr. Helmut-Eberhard Paulus und Christoph Obermeier M. A. wesentliche Beiträge lieferten. Die beizugebenden Pläne wurden von Ing. Wilhelm Kappel, die photographischen Abbildungsvorlagen wurden von Amtsphotograph Dieter Komma soweit für den Druck vorbereitet, daß die Herstellung im Frühjahr 1990 beginnen kann.

I.V. TILMANN BREUER

Ellighofen, Stadt Landsberg a. Lech; Fuchstalstraße 12; Bauernhaus, Außenansicht und Gang im 1. Obergeschoß

Referat Mittelfranken

Die Arbeit am Inventar Rothenburg II ist so weit gediehen, daß das erarbeitete Material eine notwendige Einteilung des zweiten Bandes »Die Kunstdenkmäler der Stadt Rothenburg« begründen läßt: Der erste Teilband wird die Bauten für Verkehr, Verteidigung und Wasserversorgung behandeln. Zu den Verkehrsbauten gehören die Brücken – in erster Linie die das Rothenburgbild prägende Doppelbrücke – und einige wichtige Verbindungsstraßen, die das innerstädtische Straßennetz mit der Landhege und dann mit ferneren Orten verbinden. Die Bauten für die Verteidigung werden den Hauptteil bilden, während bei der Wasserversorgung nicht nur die zahlreichen Brunnen, sondern auch die historischen Wasserleitungen zu behandeln sind. Ein kaum bekannter Höhepunkt der Rothenburger Technikgeschichte ist der Wasserkessel (im Obergeschoß des Klingenturms) von 1736, von dem aus das aus dem Tal heraufgepumpte Wasser auf die städtischen Brunnen verteilt wurde.
Der zweite Teilband wird dann die öffentlichen und privaten Profanbauten zum Inhalt haben. Ergebnis dieser Einteilung ist die Konzentration auf die drei oben genannten Themenkomplexe im Verlauf des Jahres 1989.
Während im allgemeinen die Wehranlagen wenig Schwierigkeiten in Bezug auf Untersuchung, Analyse und Darstellung machen, wenn man von dem Problem, daß »perfekte Instandsetzung« genaue Datierung verhindert, absieht, hat sich bei der Burg und beim Essigkrug die Notwendigkeit von archäologischen Grabungen doch deutlich gezeigt. Obwohl Archivforschungen in München (Hauptstaatsarchiv-Kriegsarchiv), Nürnberg (Staatsarchiv), Ansbach (Archiv des Historischen Vereins von Mittelfranken) und Rothenburg (Stadtarchiv, Archiv des Bauamtes, Archiv des Historischen Vereins) aufschlußreiche Details zutage gebracht haben, kann eine umfassende Gesamtdarstellung der beiden Burgen jedoch mit dem vorliegenden Material noch nicht erbracht werden.

Zur Verbesserung der Kenntnis des europäischen Wehrbaues und zur Klärung der vielen offenen terminologischen Fragen wurde außerdem die einschlägige Literatur durchgearbeitet. Zudem müßte ein Überblick zur historischen Denkmalpflege an Wehranlagen in Europa erarbeitet werden. Gerade die Wiederherstellung von kampfbedingten Zerstörungen von Türmen, Toren und Mauern – unter den Gesichtspunkten einer weiter entwickelten Angriffs- und Verteidigungstechnik –, läßt wichtige historische Erkenntnisse für die Denkmalpflege gewinnen, wenn auch berücksichtigt wird, daß seit dem 19. Jahrhundert die Wiederherstellungsbestrebungen von ganz anderen Voraussetzungen ausgegangen sind (z. B. Viollet-le-Ducs Überlegungen zur Vervollkommnung der Denkmäler in Frankreich).
Wenn auch Denkmalpflege nicht in erster Linie Gegenstand der Inventarisation zu sein hat, bietet gerade Rothenburg ein Kapitel europäischer Denkmalpflege der letzten hundert Jahre, dessen Ergebnisse zur heutigen Erscheinungsweise erheblich beigetragen haben.
Weit mehr als bei anderen Inventarisationsvorhaben, die sich mit Sakralbauten oder Profanbauten beschäftigen, vermag die Gesamtheit der Rothenburger Wehranlagen ein Bild von mittelalterlicher und spätmittelalterlicher Verteidigungsbereitschaft nachvollziehbar machen.

VINCENT MAYR

Referat Oberfranken

Die Fertigstellung des Manuskriptes zum Band Stadt Bamberg – Innere Inselstadt der Reihe »Die Kunstdenkmäler« von Bayern und die Herstellung dieses Bandes war die Hauptaufgabe des Berichtsjahres. Das Manuskript war Mitte Juli, der Satz Anfang September abgeschlossen; daneben war der Umbruch schon begonnen, so daß

Regensburg; Stadtamhof 11,13,15,17 (Baualtersplan Regensburg IX Stadtamhof)

Regensburg; Stadtamhof 11; Haustür (Baualtersplan Regensburg IX Stadtamhof)

zum Jahreswechsel der Filmumbruch schon vollständig vorlag. Hierzu war zunächst die Vervollständigung der Abbildungsvorlagen, vor allem durch den Amtsphotographen Dieter Komma, die Voraussetzung; einige Aufnahmen stellte auch der Bamberger Photograph Uwe Gaasch her. Der Umbruch wurde durch weitgehende Bildredaktion vorbereitet, welche zum größten Teil von Oberkonservatorin Dipl.-Ing. Sigrid Patellis geleistet wurde. Als besonders schwierig erwies sich die Erstellung des Registers, für die der R. Oldenbourg seine Textverarbeitung zur Verfügung stellte; es zeigte sich jedoch, daß solche Hilfen eine intensive Bearbeitung durch den Verfasser nicht erübrigen, wenn eine geeignete Hilfskraft im Amt nicht zur Verfügung steht, mit der ein wesentlicher Zeitgewinn zu erzielen gewesen wäre. – Die guten Erfahrungen, welche in Landsberg am Lech mit einer Ausstellung als Öffentlichkeitsarbeit zur Unterstützung der denkmalkundlichen Arbeit gemacht worden sind, ließen für das Erscheinen des Bandes Stadt Bamberg – Innere Inselstadt eine entsprechende Ausstellung in Aussicht nehmen. Dankenswerterweise machte sich das Historische Museum Bamberg – Herr Museumsdirektor Dipl.-Ing. Lothar Hennig – die Sache zu eigen, so daß, nach einer Konzeption des Amtes, die Ausstellung „Denkmalkunde in Bamberg" vorbereitet werden konnte. Bei der Beschaffung der Exponate und der Organisation half Frau Dr. Nicola Damrich, wissenschaftliche Volontärin; vor allem verfaßte Frau Dr. Damrich den Katalog zur Ausstellung.

Daneben wurden die Arbeiten zur Herausgabe des zweiten Bandes Stadt Bamberg – Bürgerliche Bergstadt, intensiviert. Maßnahmen bzw. Umzeichnungen von Plänen wurden eingeleitet, bzw. bereits geliefert, wofür Verträge mit Frau Dipl.-Ing. (FH) Sabine Lindenberger geschlossen wurden, und eine enge Zusammenarbeit mit dem Architekturbüro Michael Korte die Anwendung neuer, effektiver Methoden verspricht. Parallel hierzu wurden mit der Erstellung bzw. Vervollständigung der Abbildungsvorlagen, besonders in der Stadtpfarrkirche Zu Unserer Lieben Frau (Oberer Pfarre) begonnen. Mit der Aufbereitung des archivalischen Materials zur Geschichte dieser Kirche im 19. Jahrhundert konnte Frau Christine Kippes M.A., Bamberg, beauftragt werden.

TILMAN BREUER

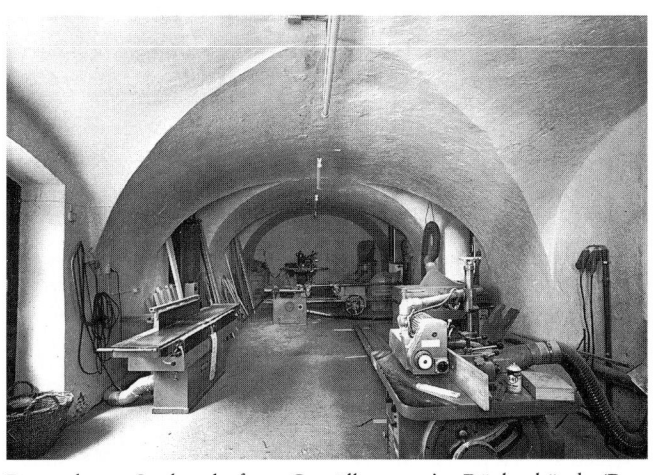

Regensburg; Stadtamhof 11; Gewölberaum im Rückgebäude (Baualtersplan Regensburg IX Stadtamhof)

Referate Schwaben

Die Arbeit am Inventar Dom zu Augsburg wurde fortgeführt. Der Schwerpunkt lag auf den Annexbauten: Gebäude des ehem. Domklosters mit dem Kreuzgang und dessen zahlreichen Epitaphien: Katharinenkapelle, Marienkapelle, Andreas-/ Hilariakapelle, Blasiuskapelle, Dompfarrsakristei.

Für den Inventarband »Stadt Günzburg« liegt der ganze Text in Druckfahnen vor; es wurde auch mit dem Umbruch begonnen. Schwergewicht der Arbeit lag in der Bereitstellung bestmöglicher Abbildungsvorlagen. Da ein erheblicher Teil des vorliegenden Photomaterials veraltet, oder nach ersten Erfahrungen zur Reproduktion nicht geeignet war, da z.T. für andere Zwecke angefertigt, mußten viele Neuaufnahmen gemacht werden. (Amtsphotograph Dieter Komma).

Rothenburg o. d. Tauber; Klingentorturm; Beispiel der Inventarisierung für den Band Befestigungen

Probleme gab es auch mit den vorhandenen Plänen, da diese teilweise nicht nach den nunmehr erarbeiteten Schemata angefertigt sind (z. B. bei der Angabe von Baualter), oder in denen im Text erwähnte Details fehlten. – Da in der Abteilung Inventarisation für diese Arbeiten kein Architekt zur Verfügung steht, der in engem Kontakt mit dem Autor solche Korrekturen in die Pläne einzeichnen kann, müssen diese Arbeiten nach auswärts vergeben werden (Architektin Gaismeier-Müthe in Ulm).
Wie schon bei der Erarbeitung des Manuskripts erhielt der Autor gute Unterstützung durch das Stadtarchiv und das Heimatmuseum auch bei der Bereitstellung von Abbildungsvorlagen (Stadtarchivar W. Grabert). Das gilt auch für den Kreisheimatpfleger, Herrn J. Weizenegger, dem viele wertvolle Korrekturhinweise zu verdanken sind.

DENIS A. CHEVALLEY / KLAUS KRAFT

REFERATE DENKMALLISTEN

Schon aus der Definition des Denkmalbegriffs selbst ergibt sich, daß ein listenmäßiges Verzeichnis der Baudenkmäler keinen abschließenden Charakter haben kann, sondern auf Aktualisierung und Fortschreibung hin angelegt sein muß. Diese umfaßt einmal die ständige inhaltliche Überprüfung der Denkmalliste auf ihre Stichhaltigkeit hin und die Einarbeitung neu gewonnener Kenntnisse über den Denkmälerbestand, zum anderen alle formellen Arbeitsschritte, die mit dem Verfahren der Eintragung zusammenhängen. Obwohl eine solche Fortschreibung der Denkmalliste nicht nur dem gesetzlichen Auftrag entspricht, sondern in zunehmendem Maße auch aus der Öffentlichkeit als Forderung gestellt wird, waren auch im Berichtsjahr 1989 die anstehenden Aufgaben kaum in befriedigender Weise zu erfüllen. Ursache dafür war wieder der angesichts der Quan-

München; Heßstraße 89; ehem. Bayerisches Versorgungsamt; Verlust eines Baudenkmals der Nachkriegszeit

titäten viel zu kleine Bearbeiterstab, der im Bereich der Denkmallisten-Referate Nordbayern/Südbayern eingesetzt werden konnte.
Die schon im Vorjahr beklagte personelle Situation hat 1989 in den Regierungsbezirken Oberfranken und Unterfranken insofern eine Entspannung erfahren, als hier ab März 1989 Dr. Rembrant Fiedler auf Zeitvertragsbasis den mit Inventarisationsaufgaben befaßten Kollegen Dr. Reinhard Gutbier und Dr. Vincent Mayr die weitere Bearbeitung der Denkmallisten abnehmen konnte. Das Ausscheiden von Frau Dr. Jutta Urban, deren Dienstvertrag für die Betreuung einiger oberbayerischer Denkmallisten nicht über den 31.8.1989 hinaus verlängert wurde, ließ sich bis zu einem gewissen Grade durch Frau Dr. Christina Melk-Haen ausgleichen, die ab 1. Juli per Zeitvertrag angestellt werden und nach kurzer Einarbeitungszeit vor allem im Regierungsbezirk Oberpfalz tätig sein konnte.
Im übrigen blieb es bei den im Vorjahr festgelegten Zuständigkeiten: Mit der Bearbeitung von Denkmallisten als ausschließlicher Dienstaufgabe waren betraut: Für den Regierungsbezirk Oberbayern einschließlich der Landeshauptstadt München Frau Helga Himen M. A. und Dr. Bernd-P. Schaul; für Niederbayern Frau Dipl.-Ing. Barbara Kluska-Slamal; für die Oberpfalz Dr. Bernd-P. Schaul (ab der zweiten Jahreshälfte unterstützt von Frau Dr. Melk-Haen). Im Regierungsbezirk Schwaben und für einige oberbayerische Landkreise und Städte mußte die Notlösung aufrecht erhalten werden, wonach Dr. Denis A. Chevalley, Dr. Klaus Kraft und Dr. Dagmar Dietrich neben ihren eigentlichen Inventarisationsaufgaben jeweils die Denkmallisten in Nord- und Südschwaben bzw. in den Landkreisen und Städten Dachau, Fürstenfeldbruck, Landsberg a. Lech und Neuburg-Schrobenhausen bzw. Stadt Neuburg zu übernehmen hatten. Am meisten erschwerte die arbeitsintensive Tätigkeit am Inventar Stadt Landsberg diese Doppelfunktion; Dr. Lübbeke, der die Denkmallisten im Regierungsbezirk Mittelfranken zu betreuen hatte, sprang u. a. bei zusammenhängenden Denkmal-Überprüfungen im Landkreis Fürstenfeldbruck für Frau Dr. Dietrich ein.
Generell ist bei der Überprüfung von denkmalkundlich relevanten Nachtrags- oder Streichungsfällen die Mithilfe der jeweils zuständigen Gebietsreferenten der Abteilung Bau- und Kunstdenkmalpflege, die Kooperationsbereitschaft der Unteren Denkmalschutzbehörden und das große Engagement der Kreisheimatpfleger hervorzuheben.

Die erwähnte personelle Kapazität macht bereits deutlich, daß auf den – auch verstärkt von außen kommenden – Fortschreibungsdruck nicht in allen Landkreisen und Städten gleichermaßen reagiert werden konnte. Systematische Überprüfungen –regional oder typologisch – sowie Listenrevisionen im Zuge von Würdigungs- oder Dissensverfahren mit Gemeinden und Landratsämtern mußten daher die Ausnahme bleiben. Eine intensive Durcharbeitung größerer Gebiete oder Komplexe war nur möglich, wo eine besondere Dringlichkeit vorlag oder wo von den Kreisverwaltungsbehörden oder Städten spezielle Unterstützung angeboten wurde. So konnte z. B. die Würdigung bereits vorliegender, aber aktualisierter Einreden der Gemeinden im Landkreis Fürstenfeldbruck weitergeführt und im Landkreis Cham (Reg.-Bez. Oberpfalz) eingeleitet werden; im letzteren Fall auf Wunsch und mit aktiver Unterstützung des Landratsamts. Auf ganze Gemeindegebiete bezogene Listenüberprüfungen und -fortschreibungen waren u. a. in der Oberpfalz mehrfach im Zusammenhang mit Dorferneuerungsmaßnahmen oder den vorbereitenden Untersuchungen hierzu veranlaßt. Von den Großstadtkomplexen, in welchen die Notwendigkeit einer zusammenhängenden, d. h. über Einzelfälle hinausgehenden Listenbearbeitung besteht, ist beispielsweise die Stadt Regensburg zu nennen, wo in engem Zusammenwirken mit der dortigen Unteren Denkmalschutzbehörde damit begonnen wurde, die in den letzten Jahren zurückgestellten Nachträge und Streichungen aufzuarbeiten und die Ergebnisse der mittlerweile weit fortgeschrittenen Baualterspläne auch für die Denkmalliste fruchtbar zu machen.

In der Hauptsache bestand aber im Berichtsjahr 1989 die weitere Bearbeitung der Denkmallisten aus den landesweit in großer Zahl erforderlichen Einzelfallüberprüfungen, d. h. aus der kritischen Auswertung der laufend aus dem Amt selbst oder von dritter Seite kommenden Anregungen für Ergänzungen, Präzisierungen und Korrekturen der Denkmalliste. In allen Regionen überwogen dabei die Problemfälle, d. h. die Zahl der Nachtragswünsche und -vorschläge, die zu keiner Eintragung geführt haben, lag weitaus höher als die Zahl derjenigen Fälle, in denen tatsächlich Denkmaleigenschaft festgestellt werden konnte. Die ausgeführten Nachträge betrafen die unterschiedlichsten Denkmalgattungen: Von Bauernhäusern, vor allem des frühen und mittleren 19. Jahrhunderts über städtische Wohnbauten, Villen oder Landhäuser der Jahrhundertwende und der zwanziger Jahre bis hin zu einem Kirchenbau in spätexpressionistischen Formen (Kempten/Allgäu, Neuapostolische Kirche von 1927). Neben bauliche Anlagen, die die frühe bayerische Eisenbahngeschichte dokumentieren (in Lindau i. Bodensee, dem ehem. Endpunkt der Ludwig-Nord-Süd-Bahn), waren Zeugnisse des Militärbauwesens (z. B. Kasernenanlagen in Amberg oder in Neuburg a. d. D.) ebenso zu untersuchen wie technische Anlagen und ganze Industriekomplexe.

Schon im vergangenen Jahr hatte die Bearbeitung der Denkmallisten das verstärkte öffentliche Interesse an technischen Denkmälern (Mühlen, Wehranlagen, Hammerwerken, Pumpanlagen, Lagerhäusern, Brauereianlagen etc.) erkennen lassen – und damit zugleich die Schwierigkeiten ihrer Beurteilung, die eines speziellen Fachwissens und Überblicks bedarf. Dies gilt erst recht für die Denkmäler der jüngeren Technik- und Industriegeschichte. Innerhalb dieser bislang noch zu wenig berücksichtigten Denkmalgattung war insofern ein Ansatz zu einer breiteren Untersuchung möglich, als Dr. Gottfried Kerscher ab August 1989 im Rahmen seines Volontariats mit einer Bestandsaufnahme der bayerischen Wasserkraftwerke als Denkmäler der Energiegewinnung und -versorgung beginnen konnte.

Andere Desiderate, wie etwa die Aufarbeitung bislang unzureichend gewürdigter Denkmalepochen –z. B. die Architektur der dreißiger Jahre oder der Nachkriegszeit– konnten dagegen von den einzelnen Bearbeitern nur neben den Anforderungen des alltäglichen 'Listengeschäfts' weiterverfolgt werden.

Natürlich gilt die Notwendigkeit der Listen-Fortschreibung auch für die bereits eingetragenen Baudenkmäler in gleicher Weise. Einerseits sind viele sachliche Korrekturhinweise einzuarbeiten, die sich infolge laufender Restaurierungsmaßnahmen an den Objekten selbst oder durch Auswertung spezieller inventarisierender Untersuchungen oder denkmalpflegerischer Gutachten ergeben. Der Informationsgehalt der Denkmallisten erfordert andererseits aber auch, daß die negativen Veränderungen an Baudenkmälern und die Verlu-

Döding, Gde. Rimbach, Lkr. Rottal-Inn; niederbayerischer Weiler, welcher vom Landesdenkmalrat als Ensemble anerkannt wurde

ste am Denkmälerbestand registriert werden. In Kooperation mit den zuständigen Gebietsreferenten ist es daher immer wieder nötig, nach Durchführung von Maßnahmen vor Ort zu klären, wie weit die Denkmaleigenschaft eines Gebäudes nach Veränderungen gemindert oder gänzlich verlorengegangen ist. Als exemplarischer Fall für die Schwierigkeiten einer solchen abschließenden Würdigung, die nicht zuletzt auch in steuerlicher Hinsicht relevant ist, kann die Häusergruppe am Platzl, Ecke Pfisterstraße in München genannt werden. Aus dem gleichen Grunde muß auch bei transferierten Objekten durch eine Art Schlußabnahme mit den Gebietsreferenten der Abteilung Baudenkmalpflege die verbliebene Denkmaleigenschaft bzw. die Möglichkeit zu einer Wiedereintragung in die Denkmalliste unter dem neuen Standort geprüft werden.

Die Notwendigkeit, daß Objekte im Abbruchfall aus der Denkmalliste bzw. dem Entwurf zu streichen sind, erscheint trotz der an sich bedauerlichen Tatsache unproblematisch. Dennoch sind auch in diesem Zusammenhang immer wieder Rückfragen und Kontrollen vor Ort notwendig. Da unter Umständen Baudenkmäler trotz früher erteilter Abbruchgenehmigungen erhalten werden können, ist für eine Listen-Streichung nicht die Abbruchgenehmigung selbst, sondern erst der tatsächliche Abbruch-Vollzug maßgebend, der dem Landesamt allerdings von kaum einer der Unteren Denkmalschutzbehörden regelmäßig mitgeteilt wird.

Neben den bisher genannten Aufgaben, deren Bearbeitung natürlich oft ineinandergreift, bestehen im Rahmen der geschäftsmäßigen Betreuung der Denkmallisten als generelle Anforderungen: die Führung der Original-Listen und der zugehörigen Akten sowie der gesamten Korrespondenz; die besonders zeitintensive Beantwortung zahlloser schriftlicher und telefonischer Anfragen nach der Denkmaleigenschaft von Einzelobjekten, nach steuerlichen Vorteilen, Finanzierungs- und Abschreibungsmöglichkeiten. Dazu kommen Anträge auf Ausstellung von Steuerbestätigungen zur Vorlage bei den Finanzbehörden, aber ebensooft Anträge auf Streichung aus der Denkmalliste.

Vielfach gehen solche Anfragen oder Anträge ein als Reaktion auf die im Namen des Landesamtes erfolgte schriftliche Benachrichtigung von Denkmaleigentümern. Auch dies gehört zu mit der geschäftsmäßigen Führung der Denkmallisten zusammenhängenden Aufgaben und erfolgt entweder fallweise (z. B. bei denjenigen nachgetragenen Baudenkmälern, für die das Einvernehmen mit der Gemeinde hergestellt werden konnte) oder in einer konzentrierten Aktion auf kommunaler oder Landkreis-Ebene. So wurden im Juli 1989 die Eigentümer von eingetragenen und auch von noch im Verfahren stehenden Baudenkmälern im Landkreis Starnberg schriftlich verständigt, wobei dem Landratsamt für umfängliche Amtshilfe (v.a. Erhebung der Adressen und Versendung der Schreiben) zu danken ist.

Als ein eigener Komplex, der sowohl das formelle Eintragungsverfahren als auch die inhaltliche Fortschreibung der Denkmalliste betrifft, ist noch auf die Ensembles einzugehen. Im Vordergrund stand auch 1989 die Weiterführung bzw. der beschleunigte Abschluß der nach Art. 14 DSchG geforderten Beteiligung des Landesdenkmalrates an der Eintragung derjenigen Ensembles, die bislang erst im Entwurf der Denkmalliste aufgeführt sind. Dabei war immer eine mehrstufige Vorgehensweise erforderlich, wobei die nochmalige Überprüfung des Bestands vor Ort, das Einholen aktualisierter Stellungnahmen der Gemeinden und die Diskussion mit den jeweils zuständigen Regionalausschüssen des Landesdenkmalrats oft zu Modifikationen der Ensembledefinition und -umgrenzung geführt haben, in selteneren Fällen aber auch aufgrund von schwerwiegenden Störungen oder Substanz-Einbußen eine Streichung aus der Denkmalliste erforderlich machte. Einen nicht geringeren Zeitaufwand beanspruchte andererseits die Prüfung einiger von dritter Seite – etwa im Rahmen von Dorferneuerungsmaßnahmen – eingebrachter Vorschläge zur Neuaufnahme von Ensembles, auch wenn deren Bedeutung für einen förmlichen Listen-Nachtrag dann doch nicht ausreichte.

In den einzelnen Regierungsbezirken konnten folgende Ensembles nach Behandlung in den jeweiligen Regionalausschüssen dem Plenum des Landesdenkmalrats vorgetragen und mit dessen Zustimmung abschließend in die Denkmalliste eingetragen werden:

In Oberbayern handelte es sich um drei verschiedene ländliche Siedlungstypen in jeweils charakteristischer Ausprägung: Das Ensemble *Ascholding* (Gemeinde Dietramszell/Lkr. Bad Tölz – Wolfratshausen) als eine auch durch die Vielzahl von Einfirsthöfen mit Blockbauwohnteilen bemerkenswerte Straßendorfanlage beiderseits eines Bachlaufs; das Ensemble *Kleinhelfendorf* (Gemeinde Aying, Lkr. München) als oberbayerischer Kirchweiler und Wallfahrtsdorf des 18. Jhs., und in der gleichen Gemeinde das völlig gegensätzliche Ensemble *Kleinkarolinenfeld*, das die regelmäßige Siedlungsform eines im frühen 19. Jh. entstandenen Kolonistendorfs dokumentiert.

Eine noch größere Spannweite von siedlungsgeschichtlich oder städtebaulich bemerkenswerten Typen zeigten die für Niederbayern erfolgten Ensemblefestlegungen. Das kleine Ensemble *Adldorf* (Markt Eichendorf, Lkr. Dingolfing-Landau) veranschaulicht noch die barocke Verbindung von Herrschaftssitz und Ort, d.h. von Schloß und Kirchenbereich. Für den Markt *Frontenhausen* (Lkr. Dingolfing-Landau) sind zwei Ensembles ausgewiesen: im Ortsmitte das Ensemble *Marienplatz*, dessen teilweise noch auf das 18. Jh. zurückgehende Platzumbauung von der spätgotischen Pfarrkirche überragt wird, sowie außerhalb des ehemals befestigten Marktorts das Ensemble *Eggergasse*, ein architektur- und sozialgeschichtlich höchst bemerkenswertes Kleinhandwerker- und Tagelöhnerviertel mit mehrfach geteilten Wohnhäusern des Herbergentyps in unregelmäßiger Gruppierung. Während das Ensemble *Döding* (Gemeinde Rimbach, Lkr. Rottal-Inn) die charakteristische Zusammengruppierung dreier Höfe zu einem kleinen Weiler anschaulich macht, sind mit den Ensembles *Marktplatz* in *Reisbach* (Lkr. Dingolfing-Landau) und *Tann* (Lkr. Rottal-Inn) jeweils die Zentren des historischen Marktorte bezeichnet. Ist es in Reisbach primär das Straßenbild des langgestreckten Marktplatzes, dessen Stirnseiten von der höher gelegenen gotischen Pfarrkirche bzw. von der kleineren Salvatorkirche gebildet werden, dessen beidseitige Bebauung aber auf den Wiederaufbau nach einem Brand von 1835 zurückgeht, so ist das Ensemble Tann mit seinem auf spätgotischem Grundriß angelegten Straßenmarkt und der zu der Pfarr- und Wallfahrtskirche emporführenden Kirchgasse noch um die dem Marktplatz parallel anliegende Bachstraße mit den ehem. Handwerkerniederlassungen zu einem Ortsensemble erweitert worden. Für die Stadt *Pfarrkirchen* (Lkr. Rottal-Inn), die als Ortsensemble bereits seit längerem eingetragen ist, ist mit den nunmehr vom Landesdenkmalrat befürworteten Ensembles *Mahlgassinger Weg* und *Eggenfeldener Straße* auch eine historische Vorstadtbebauung östlich des befestigten Marktes bzw. eine platzähnliche Straßenerweiterung vor dem ehem. westlichen Stadtor bezeichnet.

Bei den aus dem Regierungsbezirk Oberpfalz im Landesdenkmalrat vorgelegten Ensembles standen zwei bedeutende Stadtkomplexe im Vordergrund: An erster Stelle ist zu nennen das Ensemble *Altstadt Sulzbach* (Stadt Sulzbach-Rosenberg, Lkr. Amberg-Sulzbach), das die auf einem Höhenrücken gelegene, von einer Burganlage ausgehende ältere Marktsiedlung und die unter Kaiser Karl IV. angelegten Stadterweiterungen umfaßt. Die ehemalige Bedeutung der Stadt Sulzbach, die schon seit der 2. Hälfte des 18. Jhs. Stadtrecht besaß und durch Jahrhunderte Verwaltungsmittelpunkt und für längere Zeit auch Residenzstadt war, wird noch heute in der zum Renaissance-Schloß ausgebauten Burganlage und der relativ ungestörten Stadtgestalt samt ihrer Befestigung eindrucksvoll deutlich. Der Altstadt Sulzbach gegenüber liegt der auch die Fernansicht mitbestimmende *Annaberg*, wobei der von einer Allee gesäumte Aufstieg des Kreuzwegs und die Baugruppe um die weithin sichtbare Wallfahrtskirche St. Anna auf der Höhe als Ensemble von eigener Bedeutungsqualität festgestellt werden konnte.

Das zweite der 1989 im Landesdenkmalrat verabschiedeten Stadtensembles der Oberpfalz ist die *Altstadt Nabburg* (Lkr. Schwandorf), die, gleichfalls als 'Stadt auf dem Berge' gegründet, zwar seit dem Spätmittelalter in ihrer Bedeutung von Städten wie Amberg oder Sulzbach überrundet wurde, die aber ihre Stadtgestalt mit dem zur Pfarrkirche hin aufsteigenden Straßenzug von Unter- und Obermarkt sowie dem Befestigungsring durch die Jahrhunderte relativ unversehrt bewahrt hat. Weiterhin fanden die beiden innerhalb des Marktes *Breitbrunn* (Lkr. Neumarkt i.d. OPf.) gelegenen Platzensembles die Zustimmung des Landesdenkmalrates: Das Ensemble *Marktplatz* bildet mit Kirche, Friedhof und unregelmäßiger Umbauung durch Jura-Häuser das Zentrum des Marktortes; ihm schließt sich der längsrechteckige und regelmäßiger bebaute *Untere Markt* an, der aufgrund seines Gegensatzes zum Marktplatz als ein eigenständiger Ensemblebereich definiert ist.

Abenberg, Lkr. Roth; mittelfränkisches Stadtensemble, das vom Landesdenkmalrat anerkannt wurde

In Franken konnten insgesamt neun Ensembles Zustimmung des Landesdenkmalrats finden, wobei es sich fast ausschließlich um mittelfränkische handelt, da nur ein unterfränkisches und kein oberfränkisches Ensemble darunter ist. Im engen Benehmen mit der Stadt Erlangen konnte ein Ensemble *Burgberg* neu definiert und anerkannt werden, in dem nicht nur eine ältere Ensemblefeststellung *An den Kellern* aufgeht, sondern das nahezu den ganzen Berg mit den Kellern, mit Gärten, Wohn- und Villengebäuden umfaßt. Außerdem fanden zwei Schloßdörfer Zustimmung, einmal die in Nürnberg eingemeindete *ehem. Landgemeinde Fischbach* mit ihren nürnbergischen Patrizierschlössern wie auch der Marktort *Weiltingen* (Lkr. Ansbach), der durch sein abgegangenes Schloß der württembergischen Herzogsfamilie zu definieren ist. An rein dörflichen Ensembles wurde das regelmäßig angelegte *Dorf Windsfeld* (Gde. Dittenheim, Lkr. Weißenburg-Gunzenhausen) und der *Dorfanger Roth* (Stadt Herrieden, Lkr. Ansbach) anerkannt, wie auch als einziges unterfränkisches Ensemble das typisch städtische »*Dorf« Markt Remlingen*. Schließlich konnten auch zwei weitere charakteristische ummauerte Städte Mittelfrankens eingetragen werden: *Herrieden* im Landkreis Ansbach und *Abenberg* im Landkreis Roth. Auch der *Marktplatz von Aufkirchen* (Gde. Gerolfingen, Lkr. Ansbach) als städtebauliche Manifestation der sonst folgenlos gebliebenen Stadtgründung von 1170 durch Kaiser Friedrich Barbarossa konnte jetzt förmlich eingetragen werden.

BERND-P. SCHAUL

REFERAT LANDESDENKMALARCHIV

Die Bestände waren 1989 magaziniert, da die zukünftigen Räume des Archivs noch durch Umbaumaßnahmen blockiert waren. Im übrigen fehlt weiterhin Personal zur Ordnung des Schriftgutes.
Die Umsiedlung des Planarchivs an seinen endgültigen Standort konnte aufgrund der andauernden Baumaßnahmen noch nicht erfolgen. Die Bestände blieben für den Benützerverkehr gesperrt. Es war jedoch rege Nachfrage zu bemerken. Mit der Neuordnung des Planarchivs wurde begonnen. Frau Dr. Heide Werner wurde als Halbtagskraft vom 1.4.1989 bis zum 31.12.1990 mit dieser Aufgabe betraut. Die Neuordnung des Planarchivs sieht eine Inventarisierung und Ablage der ca. 10.000 – 12.000 Pläne im Numerus Currens vor. Innerhalb dieses neuen Systems bleibt die Ordnung des alten Planbestands nach topographischen Gesichtspunkten erhalten. Ziel ist die größtmögliche Schonung der durch viele Umsiedlungen mitgenommenen Bestände, sowie ein rascher Zugriff für den – nicht nur amtsinternen – Besucher. Die hierfür im Berichtsjahr entwickelte und gedruckte Karteikarte ist zugleich auch Erfassungsbogen und wird mit allen für den Plan wichtigen Informationen ausgefüllt. Platz für eine Photoabzug ist vorhanden, sollten, wie angestrebt, die Pläne zu deren größeren Schonung, mikroverfilmt werden.
Im Berichtsjahr wurden ca. 700 Pläne des Regierungsbezirks Oberbayern, das sind die ehem. Landkreise Aichach, Altötting, Bad Aibling, Berchtesgaden und Dachau bearbeitet. Sie wurden nach dem Numerus-Currens-System auf den neuentwickelten Karteikarten inventarisiert und in Umschlägen aus säurearmem Packpapier in Planschränken gelagert. Die Neuinventarisierung erfolgte mittels Schreibmaschine. Um überflüssige Doppelarbeit zu vermeiden, sollte baldmöglichst eine Einspeicherung und Ausdruck der Karteikarten mittels EDV erfolgen.
Das Bildarchiv – nun im dritten Jahr von einer Baustelle umgeben – mußte im Februar 1989 seine Räume zum Umbau freigeben. Die Bestände und die Arbeitsplätze wurden vorübergehend in den später für die Plansammlung vorgesehenen Räume untergebracht. Eine weitgehende Funktionsfähigkeit des Bildarchivs wurde erreicht, obwohl Teile der Sammlung aus Platzgründen magaziniert blieben. Die Erfahrung der letzten Jahre hat gezeigt, daß es unmöglich ist, ein Photoarchiv innerhalb einer Baustelle zu führen, ohne es ganz erheblich zu gefährden und zu schädigen. Keine Vorsorge konnte vor überraschenden, staubintensiven Maßnahmen der Baustelle schützen. Zum Jahresende führten die Aktivitäten der Baustelle dann doch noch zur partiellen Schließung des Bildarchivs. Die Arbeitsplätze fanden eine Notunterkunft in den Photolabors. Es ist das Verdienst der Archivdamen, daß trotz der schwierigen Arbeitsbedingungen die Aufnahmen der Photographen und Referenten, soweit sie beim Bildarchiv abgeliefert wurden, vollständig archiviert werden konnten. Dasselbe gilt für die Diathek. Zur Aufarbeitung der

Rückstände vergangener Jahre besteht weiterhin Bedarf an zusätzlicher Arbeitskraft.

Die Restaurierung der Glasnegative wurde auch 1989 durch Photomeister Gerd Singer weitergeführt. Insgesamt wurden 2.130 Platten der Größe 13 x 18 cm, 10 Platten der Größe 18 x 24 cm und 29 Platten der Größe 24 x 30 cm behandelt. Alle Glasnegative ohne zusätzliche Schäden erhielten nach der Entfernung des kolloidalen Silberbelags eine abschließende Schutzbehandlung mit Sistan. Bei den übrigen Platten wurde Art und Grad der Schäden eingetragen und eine weitere Behandlung zu einem späteren Zeitpunkt offen gelassen. Da die Umbaumaßnahmen im Bereich des Bildarchivs noch andauern, bleiben auch in diesem Jahr die restaurierten Platten bei Herrn Singer. Die notwendigen Ordnungsmaßnahmen der Katalogisierung und Beschriftung mußten aus diesem Grunde und wegen fehlender Hilfskräfte zurückgestellt werden.

Zum Thema „Rettet die Photographie – ein Appell" fand im September / Oktober 1989 eine Ausstellung im Rahmen einer Veranstaltungsreihe zum einhundertundfünfzigsten Jahrestag der Photographie im Münchner Stadtmuseum statt, in der das Bayerische Landesamt für Denkmalpflege seine Bemühungen zur Erhaltung und Konservierung von historischen Photographien darstellte. Ziel der Ausstellung war vor allem, die Öffentlichkeit auf das Ausmaß der Gefährdung von historischem Photomaterial aufmerksam zu machen und Wege zu seinem Schutz und seiner besseren Erhaltung zu zeigen. Bis heute ist es in der Bundesrepublik nicht gelungen, ein öffentliches Bewußtsein für die kulturelle und historische Bedeutung der Photographie zu wecken, und das trotz der großen Kriegsverluste in diesem Land. Das Bayerische Landesamt für Denkmalpflege ist eines der wenigen Institute der öffentlichen Hand, die sich um die Erhaltung ihrer historischen Bildbestände bemühen.

SIGRID PATELLIS

REFERAT PHOTOGRAPHIE

In der Photoabteilung normalisierten sich die Arbeitsbedingungen. Die Photographen arbeiteten vorwiegend für den Baualtersplan Regensburg IX (Stadtamhof) sowie die Inventare Stadt Bamberg, Stadt Landsberg a. Lech, Stadt Rothenburg ob der Tauber und Augsburger Dom. Die Photoarbeiten für das Inventar Stadt Günzburg wurden weitgehend abgeschlossen. Ein weiterer Schwerpunkt der Arbeit war die Denkmaltopographie.

Für folgende Denkmaltopographien wurden Aufnahmen angefertigt: Lkr. Bad Tölz-Wolfratshausen, Lkr. Dachau, Lkr. Ebersberg, Lkr. Fürstenfeldbruck, Stadt Fürth, Lkr. München, Stadt Passau, Lkr. Rosenheim.

Für die Abteilungen Bau- und Kunstdenkmalpflege sowie Restaurierungswerkstätten wurden folgende Photokampagnen durchgeführt:

Oberbayern

München, Geisenhausenerstraße 24, Kath. Notkirche St. Joachim, Heßstraße 89, Paul-Heyse-Straße 30, Prinzregentenstraße 60, Stuck-Villa.
Amerang (Lkr. Rosenheim), Wasserburger Straße 8, Kath. Pfarrkirche St. Rupertus.
Aschau i. Chiemgau (Lkr. Rosenheim), Zellerhornstraße 78, Villa.
Gauting (Lkr. Starnberg), Am Schloßberg, Schloß Fußberg.
Haar (Lkr. München), Nervenkrankenhaus des Bezirks Oberbayern. Kath. Kirche Sieben Schmerzen Mariae, Vockestraße 49–67, 72, Liebsstraße 29/31.
Kirchkagen, Gde. Obertaufkirchen (Lkr. Mühldorf a. Inn), Kath. Kirche St. Petrus.
Langengeisling, Gde. Erding (Lkr. Erding), Kath. Pfarrkirche St. Martin.
Nonnberg, Gde. Pleiskirchen (Lkr. Altötting), Kath. Kirche St. Mariä Himmelfahrt.
Oberdorfen, Gde. Dorfen (Lkr. Erding), Kath. Filialkirche St. Georg.
Planegg (Lkr. München), Karlstraße 29, Villa.
Raitenhaslach, Gde. Burghausen (Lkr. Altötting), Kath. Pfarrkirche St. Georg.
Steinsdorf, Gde. Altmannstein (Lkr. Eichstätt), Kath. Filialkirche St. Martin.
Wetterstetten (Lkr. Eichstätt), Kath. Pfarrkirche St. Martin.

Niederbayern

Hausen (Lkr. Kelheim), Kath. Kirche Unsere Liebe Frau.
Landshut (krfr. Stadt), Kath. Pfarrkirche St. Nikola.
Metten (Lkr. Deggendorf), Kath. Kloster- und Pfarrkirche St. Michael.
Straubing (krfr. Stadt), Theresienplatz 21, Stadtturm.
Tiefenbach (Lkr. Landshut), Kath. Kirche St. Ulrich.

Mittelfranken

Burgsalach (Lkr. Weißenburg-Gunzenhausen), Mühlweg 2.
Burgthann (Lkr. Nürnberger Land), Burgstraße 1, Burgruine.
Engelthal (Lkr. Nürnberger Land), Verlauf der ehem. Klostermauer.
Hilpoltstein (Lkr. Roth), Maria Dorothea-Straße 5, Burg.
Lauf a. d. Pegnitz (Lkr. Nürnberger Land), Mauergasse, historische Felsenkelleranlage.
Nürnberg (krfr. Stadt), Hauptmarkt 14, Kath. Pfarrkirche Unsere Liebe Frau.
Rothenburg ob der Tauber (Lkr. Ansbach), Evang.-Luth. Kirche, ehem. Franziskanerkirche.
Wildbad, Gde. Rothenburg ob der Tauber (Lkr. Ansbach), Taubertalweg 42, ehem. Kurhotel Wildbad.
Weißenburg i. Bay. (Lkr. Weißenburg-Gunzenhausen), Auf der Wied 2, Auf der Wied 4, Marktplatz 13.

Unterfranken

Fahr, Gd. Volkach (Lkr. Kitzingen), Blütenstraße 11.

Schwaben

Buchenberg (Lkr. Oberallgäu), Römerstraße.
Haldenwang (Lkr. Günzburg), Kath. Pfarrkirche St. Maria Immaculata.
Handzell, Gde. Pöttmes (Lkrs. Aichach-Friedberg), Kath. Pfarrkirche St. Maria Magdalena.
Kempten (krfr. Stadt), Eisenbahnbrücken über die Iller.
Lindau (Bodensee), Hafen.
Mühlhausen, Gde. Affing (Lkr. Aichach-Friedberg), Kath. Kirche St. Johannes Baptist und Maria Magdalena.
Neuburg a. d. Kammel (Lkr. Günzburg), Kath. Pfarrkirche St. Mariae Himmelfahrt.
Thierhaupten (Lkr. Augsburg), Kath. Pfarrkirche St. Peter und Paul.
Untereinöden, Gde. Weitenau (Lkr. Oberallgäu), Meilenstein a. d. Römerstraße.
Winterrieden (Lkr. Unterallgäu), Kath. Pfarrkirche St. Martin.

Weiterhin wurden zahlreiche Aufnahmen, Repros und Dias für Vorträge und Publikationen angefertigt. Dazu kamen Photoarbeiten und eine Dokumentation zur Jahrestagung der Vereinigung der Landesdenkmalpfleger, die in Bayern stattfand. Weiterhin wurden die Aufnahmen für den Amtskalender angefertigt, sowie Arbeiten für Ausstellungen und Presseveranstaltungen ausgeführt.

SIGRID PATELLIS

AMTSBIBLIOTHEK

Für die Amtsbibliotheken in München und Schloß Seehof wurden 1989 die Mittel erfreulicherweise aufgestockt, so daß insgesamt Anschaffungen für 20.682,28 DM getätigt werden konnten. Der Buchbestand der Bibliotheken konnte außerdem durch regen Tauschverkehr und zahlreiche Geschenke, für die herzlich gedankt wird, beträchtlich erweitert werden; er ist insgesamt um 3000 Einheiten angewachsen.

Für die Betreuung konnten im Berichtsjahr sowohl in Schloß Seehof als in München die Arbeitsbeschaffungsmaßnahmen fortgesetzt werden, zugleich war eine studentische Hilfskraft eine notwendige und große Hilfe der ständigen Ordnungsarbeiten. Auf Grund der räumlichen Bedrängnis wird der Umzug in neue größere Bibliotheksräume immer dringlicher.

HANS-WOLFRAM LÜBBEKE

RESTAURIERUNGSWERKSTÄTTEN

Im August 1989 wurde die Leitung der Restaurierungswerkstätten durch den Unterzeichneten übernommen. Nach dem Weggang von Dr. Karl-Ludwig Dasser hatte Erwin Emmerling, ltd. Restaurator des Fachbereichs Gemälde-Skulpturen-Möbel, ein Jahr lang die Aufgaben der Abteilungsleitung zusätzlich zu seiner ohnehin sehr umfangreichen Tätigkeit wahrgenommen. Dies bedeutete eine außergewöhnlich hohe Belastung, da in dieser Zeit noch dazu mit Vierzehnheiligen und der Wies zwei Großbaustellen betreut werden mußten, die eine intensive Beratung erforderlich machten. Für seinen hohen Einsatz und die damit verbundene außergewöhnliche Arbeitsleistung sei Herrn Emmerling, meinem jetzigen Stellvertreter, besonderer Dank und Anerkennung ausgesprochen.

MICHAEL KÜHLENTHAL

FACHBEREICH WANDMALEREI UND ARCHITEKTURFASSUNG

Im Gegensatz zum Arbeitsablauf vorangegangener Jahre wurden im Berichtsjahr die Restaurierungsarbeiten von Decken- bzw. Wandmalereien an einer Reihe von Objekten kontinuierlicher und damit wesentlich zeitaufwendiger betreut und beraten, darunter die Wieskirche, die Stuckvilla in München und die Stiftskirche in Lindau. Darüber hinaus machte die Mitarbeit am Forschungsprojekt des Bundesministeriums für Forschung und Technologie »Schäden an Wandmalereien und ihre Ursachen« einen intensiven Einsatz erforderlich.

Im Zusammenhang mit der Abwicklung und Organisation dieses Projekts wurde 1989 vor allem die restauratorische Voruntersuchung der romanischen Wandmalereien in der Alten Kirche in Wunstorf-Idensen (Lkr. Hannover) durchgeführt. Die Arbeiten wurden von einem Restauratorenteam geleistet, das sich aus Gerhard Drescher/Paderborn, Prof. Oskar Emmenegger/ETH Zürich, Prof. Roland Möller/Akademie Dresden, und Jürgen Pursche/Bayerisches Landesamt für Denkmalpflege zusammensetzte. Das Forschungsvorhaben bietet eine Chance, »Schäden an Wandmalereien in einem breit ausgefächerten Wissenschaftsverbund sowie mit z.T. neuen Verfahren und Geräten in ihrer Vielfalt gezielt zu ermitteln«. Neben der Definition herkömmlicher denkmalpflegerischer Probleme, sieht das Forschungsprojekt Schwerpunkte in klimatologisch-bauphysikalischen Untersuchungen, Mineralogie und anorganischer Chemie sowie Mikrobiologie und organischer Chemie. Für die Erfassung der komplexen Schadensprobleme und Zusammenhänge bei Werken der Wandmalerei ist eine interdisziplinäre Zusammenarbeit von Restauratoren, Naturwissenschaftlern und Kunsthistorikern unabdingbar. Ergebnis der konstruktiven Mitarbeit an dem Projekt sind eine Reihe gewinnbringender Erfahrungen und Impulse für die eigene Arbeit, die vor allem in den Erkenntnisprozeß von Schadensmechanismen bei Wand- und Deckenmalereien auf wissenschaftlicher Grundlage Eingang gefunden haben.

Im folgenden werden wieder die wichtigsten Objekte und Projekte aufgelistet, an deren restauratorischer Beratung die Mitarbeiter des Fachbereichs Wandmalerei der Restaurierungswerkstätten beteiligt waren.

Abenberg (Lkr. Roth), Burg. Der Befund der gesamten Innenräume und Umbauphasen wurde überprüft und begutachtet, ausgewertet und interpretiert.

Alteglofsheim (Lkr. Regensburg), Schloß, Ovalsaal im Querflügel. Die Wandstuckierung des Raums (Charles Dubut) weist eine Fassung auf, die im wesentlichen aus Polierweiß und Polimentvergoldung besteht. Fast im gesamten Fassungsbereich löst sich die Grundierungsschicht von der Stuckoberfläche, reißt z.T. die Stuckhaut mit ab, und bildet innerhalb eines ausgeprägten Kraquelées spannungsreiche schüsselförmige Partikel und Teilchen aus. Neben dieser Schadensform gibt es bereits Fehlstellen und abgängige Fassungen. Für die Konservierungsmaßnahme an dieser Stuckfassung wurde eine Musterachse konzipiert, innerhalb derer die Arbeitsmethoden erarbeitet sowie der finanzielle Rahmen für die Gesamtmaßnahme eruiert werden sollten. Beratung und Betreuung der Konservierungs- und Restaurierungsarbeiten.

Altomünster (Lkr. Dachau), Kath. Pfarr- und Brigittinnen-Klosterkirche St. Alto, Vorbereitung der Innenrestaurierung, restauratorische Befundununtersuchung, abschließende Beratung bei der Auswertung und Interpretation der Befunderkenntnisse.

Amendingen, Stadt Memmingen, *Kath. Pfarrkirche*, Konzept für Außenputzsanierung und -ergänzung.

Apfeltrach (Lkr. Unterallgäu), St. Leonhard, Restaurierungskonzept für die von Salzschäden stark in Mitleidenschaft gezogenen gotischen Malereien im Chor (Streusalz/Straßennähe).

Arnstorf (Lkr. Rottal/Inn), »Oberes Schloß«, Restaurierung der freskierten Decke des südöstlichen Raums im zweiten Obergeschoß (Melchior Steidl 1710), Wertung der Kompressen-Reinigungsmuster.

Augsburg, Kath. Dominikaner- und Wallfahrtskirche Heiligkreuz. Romanischer Turm, 1514 und noch einmal 1677 erneuert bzw. erhöht, die spätgotische Hallenkirche im Inneren 1716-19 barock überformt. Im Zusammenhang mit einer Erneuerung des Außenanstrichs am Turm wurden restauratorische Voruntersuchungen eingeleitet, die an den romanischen Bauteilen des Turms bauzeitliche Farbfassungen und dekorative Malereien nachweisen konnten. Für Dokumentationszwecke wurde ein Teil der Farbfassungen und Bemalung freigelegt, und der romanischen Architektur ein verformungsgerechtes Bauaufmaß angefertigt, in dem die Farbbefunde eingetragen wurden. Die Mal- und Farbschichten waren im wesentlichen fest und widerstandsfähig mit dem Ziegelmauerwerk verbunden, sodaß ein erneutes Überputzen als die geeignetste Konservierung durchgeführt wurde.

–, *Kath. Pfarrkirche, St. Sebastian*. Emulsionsmalerei im Chor, Konzept für die Restaurierung mit dem Vorschlag anschließender Überprüfungsintervalle.

–, *Evangs.-Luth. Pfarrkirche St. Ulrich*, Putzsanierungskonzept für den Turm außen.

Augsburg-Göggingen, Kurhaustheater, teilfreigelegte Malereien an der rückwärtigen Bühnenöffnung, Konzepterstellung für die als Teilrestaurierung ausgelegte Musterachse.

Bad Berneck i. Fichtelgebirge (Lkr. Bayreuth), »Neue Kolonnade« (1899), Befunduntersuchung und Schadensdokumentation, Restaurierungskonzept und Leistungsbeschrieb.

Bad Windsheim (Lkr. Neustadt/Aisch-Bad Windsheim), *Kegtstraße 4*, Befunduntersuchung und Zustandsbeschreibung.

Bachhagel (Lkr. Dillingen a. d. Donau), *Kath. Pfarrkirche Maria Himmelfahrt*, Wertung der Befunduntersuchung, Konzept für eine Rekonstruktion der Fassung des 19. Jhs.

Bamberg, Kath. Kirche St. Gangolf, Vierungsgewölbe, Gemälde von Johann Joseph Scheubel 1732, Konzept für Konservierung, Sicherung, Überputzung und Kopie des Bildes.

Benediktbeuern (Lkr. Bad Tölz-Wolfratshausen), *ehem. Benediktinerkloster*, Betreuung und Beratung der laufenden Restaurierungsarbeiten bzw. Neufassungen oder Rekonstruktionen in einzelnen Räumen des Klosters oder an Fassaden, Beratung der restauratorischen Befunduntersuchungen am Mayerhof.

Alteglofsheim, Lkr. Regensburg; Schloß; Wandpartie im Festsaal; Vorzustand

Berchtesgaden, Hirschenhaus, Musterachse für die Restaurierung der Renaissancefassade mit Malereien von 1610.

Buxheim (Lkr. Unterallgäu), *ehem. Kartäuserkloster, Klosterkirche.* Stukkierung und Fresken von Johann Baptist Zimmermann, um 1711. Beratung und Betreuung der Befunduntersuchungen und der Neufassung nach Befund im Bereich einer Musterachse.

Deiningen (Lkr. Donau-Ries), *Kath. Pfarrkirche,* Putzkonservierung am gotischen Oktogenturm (vgl. Jahresbericht 1988), Endanstrich.

Dettelbach (Lkr. Kitzingen), *Rathaus (um 1500),* Restaurierungskonzepte für die Malereifragmente im ersten Obergeschoß.

Dillingen, Studienkirche. Gewölbemalerei von Christoph Thomas Schäffler, 1752, Konservierung der gefährdeten Malschichtpartien. Durch Vorversuche zur Fixierung der losen Farbschichten (mangelnde Kohäsion sowie Adhäsion) durch den ausführenden Restaurator (C. Serentschy, Wien) wurde eine Reihe möglicher Fixiermaterialien getestet. Zur Anwendung kam dann eine 1:1-Mischung einer Acrylharzdispersion mit einer Zellulose, aufgesprüht durch Japanpapier. Damit war eine effiziente Sicherung und Festigung gefährdeter Malschichten möglich. Beratung der Konservierungsarbeiten.

Ebrach (Lkr. Bamberg), *ehem. Zisterzienserkloster,* Kreuzganghof und südöstliche Klosterhöfe (Johann Leonhard Dientzenhofer, 1687 ff.): Beratung der Befunduntersuchungen sowie der Putzkonservierung und Rekonstruktion der Fassadenputze.

Eichstätt, Rebdorferstraße 18, Pavillon (um 1770) mit Malerei unter Putz, Restaurierungskonzept.

Esting (Lkr. Fürstenfeldbruck), *Schloßkapelle,* Wandmalerei an der Südfassade von Karl Sonner, Leistungsbeschrieb.

Ettal, (Lkr. Garmisch-Partenkirchen), *Benediktinerkloster, Klosterkirche St. Marien (1752),* Beratung der Befunduntersuchungen sowie der Umsetzung der Befunde in eine Neufassung an den verschiedenen Fassadenbereichen.

Ettringen (Lkr. Unterallgäu), *Kath. Pfarrkirche St. Martin und Nikolaus,* Restaurierung der Fresken von Christian Wink 1786/87.

Fellheim (Lkr. Unterallgäu), *Schloß,* 2. Hälfte 18. Jhs., Befunduntersuchung und Zustandsbeschreibung von Schloß und Wirtschaftsgebäuden, Innenräume.

Friesen (Lkr. Kronach), *Kath. Pfarrkirche.* Spätgotische Wandmalereien im mittelalterlichen Chorturm, Beratung für die Konzipierung von Konservierungsmaßnahmen.

Gauting (Lkr. Starnberg), *Schloß Fußberg,* ehem. Hofmarkschloß, im Kern 17./18. Jhr., Anfang des 19. Jhs., ausgebaut als dreigeschossiger klassizistischer Walmdachbau, u. a. im Besitz der Familie Schwanthaler. In Zusammenarbeit mit der beauftragten Kirchenmalerfirma führten die Restaurierungswerkstätten an der Fassade und im Treppenhaus eine Befunduntersuchung durch, die der Klärung noch offener Fragen dienen sollte.

Geroldshausen (Lkr. Würzburg), *Evang.-Luth. Filialkirche* (um 1590), Befunduntersuchung, Restaurierung der Malereien in den

Fensterleibungen und an der Südwand, Farbfassung der Raumschale.

Hainhofen (Lkr. Augsburg), *Schloß* (um 1730), Außenputzkonservierung.

Hirnsberg (Lkr. Rosenheim), *Kath. Filialkirche Mariae Himmelfahrt*, Musterachse für die Farbfassung der Raumschale.

Hirschberg (Lkr. Eichstätt), *Schloß*, Umgestaltung 1729 durch Gabriel Gabrieli sowie 1760–64 durch Maurizio Pedetti. Konzipierung und Beratung eines Arbeitsprogrammes für restauratorische Voruntersuchungen in den historischen Räumen zur Dokumentation von Farbfassungen und technischen Zuständen, Beratung und Betreuung von Einzelmaßnahmen an der Fassade des Innenhofes.

Hirschbrunn (Lkr. Donau-Ries), *Jagdschloß* (1626), Putzsanierung an der Westfassade.

Hohenburg (Lkr. Amberg), *Rathaus*, Beratung der Putzkonservierung der mittelalterlichen und barocken Fassadenputze.

Holzgünz (Lkr. Unterallgäu), *Schloßkirche St. Simon und Judas Thaddäus*, Konzept für die Behandlung der durchfeuchteten Sockelzone.

Ingolstadt, »Hohe Schule«, Befunduntersuchung und Bauzeitenplan.

–, *Canisius-Konvikt*, Fresko im Egg-Saal, Restaurierung.

–, *Camerariat*, Befunduntersuchung innen.

Iphofen (Lkr. Kitzingen), *Rathaus* (1716–18), Putzsanierung der 1974 überarbeiteten Außenfassade.

Ismaning (Lkr. München), *Schloß* (Gemeindeamt). Umbau durch Leo von Klenze 1816/17, in der Folge Ausmalung zweier Räume durch E. N. Neureuther und Karl Rottmann (Wilhelm von Kaulbach?) 1836 und 1845. Beratung von Konservierungsmaßnahmen an den Deckenmalereien des »Roten Saals«.

Kaisheim (Lkr. Donau-Ries), *ehem. Zisterzienserkloster, Kaisersaal*, Beratung und Betreuung der laufenden Konservierungs- und Restaurierungsarbeiten.

Karlstadt (Lkr. Main-Spessart), *Fischergasse 4*, Fachwerkhaus, Wertung des Anstrichs auf Balkon und Gefachefeldern in historischen Techniken.

Kelheim, sog. »Klösterl«, Beratung der laufenden Konservierungsarbeiten an den abgenommenen und übertragenen Wandmalereien der Felsenkapelle.

Kempten (Lkr. Oberallgäu), *Rotschlößle* (2. Hälfte 16. Jhr.), Wertung der Befunduntersuchung und Vorschläge für deren Erweiterung (Raumbuch).

Kirchheim (Lkr. Unterallgäu), *Fugger-Schloß* (1578/85), Frundsbergsalon, Restaurierungskonzept für die durch Salzschäden stark in Mitleidenschaft gezogenen Malereien.

Kleinheubach (Lkr. Miltenberg), *Fürstlich-Löwensteinsches Schloß* (1723–32), Befunduntersuchung und Raumbuch.

Landsberg am Lech, Sandauer Tor. Beratung der Konservierung des fragmentarisch erhaltenen bauzeitlichen Originalverputzes.

Lauingen (Lkr. Dillingen), *ehem. Augustinerkirche*, Ausmalung von Johann Baptist Enderle 1791, Beratung und Betreuung der laufenden Konservierungs- und Restaurierungsarbeiten am Deckenfresko sowie an der dekorativen Malerei der Wände.

Lautrach (Lkr. Unterallgäu), *Schloß Deybach* (1781), Konzept für die Befunduntersuchung, Beratung für Tapetenrestaurierung.

Lindau, Haus zum Cavazzen, Stadtmuseum (1729/30), Brandschaden im südlichen Drittel der Ostfassade, Konzept für die Schadensuntersuchung.

–, *Stiftskirche*, Einsturz der Langhausdecke im Oktober 1987 (vgl. Jahresbericht 1988), Beginn der Rekonstruktion des Stucks auf den erneuerten Hohlkehlen der Decke in folgenden Arbeitsschritten: Berechnung der Raum- und Deckenproportionen, Anfertigung von Kartons, Vorzeichnungen und Antragen des Stucks. Parallel dazu entsteht die Rekonstruktion des gemalten Deckenbildrahmens (zunächst als Vorzeichnung) und die rasterförmige Gliederung des Deckenspiegels. Teile der geborgenen Deckenbildfragmente werden für den Wiedereinbau konservatorisch vorbereitet. Das Ergebnis einer Nachbefundung der Raumschale findet in einer zweiten Musterachse seinen Niederschlag.

Lohr (Lkr. Main-Spessart), *Schloß*, Konservierungskonzept für ein gotisches Wandbildfragment.

Maria Steinbach (Lkr. Unterallgäu), *Kreuz- und Marienwallfahrtskirche*, Fertigstellung der Raumfassung im Chor (vgl. Jahresbericht 1988).

Marktheidenfeld (Lkr. Main-Spessart), *Haus Flasch* (1745), Befunduntersuchung.

Memmelsdorf (Lkr. Bamberg), *Schloß Seehof, Weißer Saal*, Fertigstellung der Musterachsen Wand und Supraportenrelief. Zeichnerische Dokumentation des Vorzustands. Zeichnerische Rekonstruktion der ursprünglichen Malerei, teilweise unter Zuhilfenahme von ultraviolettem Licht (UV-Fluoreszenz des in den Stuckuntergrund eingedrungenen Bindemittels der Malerei), Reinigung der Bemalung und der Stuckflächen, Festigung der originalen Malschichten, Ergänzung der Malerei im Bereich der Wasserschäden mit Strichretusche analog zu den Ergänzungen im Deckengemälde, Ausbesserung des Gemälderahmens durch einen Stukkateur (X. Mahler), Ergänzung fehlender Teile wie z.B. Stuckblumen, Rekonstruktion der Polimentvergoldungen am Stuckrahmen.

Memmingen (Lkr. Unterallgäu), *Antonierhaus* (ehem. Kloster), Befunduntersuchung.

Mindelheim (Lkr. Unterallgäu), *Mindelburg*. Außenbefunduntersuchung und Umsetzung.

Miltenberg, »Toskanische Villa«, Erstellung eines Rahmengutachtens über die Ausführung der Kirchenmalerarbeiten.

Mittenwald (Lkr. Garmisch-Partenkirchen), *Kath. Pfarrkirche St. Peter und Paul* (1738–40), Deckengemälde im Kirchenschiff von Matthäus Günther, 1740. Beratung der Konservierung und Restaurierung der Freskomalerei.

–, *Pfarrkirche Heiliggeist*, ehem. Spitalkirche (1723–30), Beratung der Befunduntersuchung und Interpretation der Befunde sowie der Neufassung nach Befund.

–, *Alte Münze, Hofgraben 4*. 1987 wurde eine Verbindungsmauer zwischen den Münzgebäuden Hofgraben 4 und Pfisterstraße 1 abgebrochen. Hinter der Vermauerung fanden sich für die Fassadenrekonstruktion wertvolle Putz- und Fassungsreste. Von den Restaurierungswerkstätten wurden folgende Arbeiten durchgeführt: Freilegung, Festigung und Abnahme der Putzfragmente an den Fassaden Hofgraben 4 und Pfisterstraße 1, Untersuchung der einzelnen Fassungsabfolgen, zeichnerische und photographische Dokumentation der Befunde, Zeichnen und Anlegen von farbigen Fassadenplänen, Beratung der beauftragten Firma bei der Mustererstellung des »Schmatzputzes« und dessen farblicher Abfassung (Ze).

–, *Neues Rathaus, Alter Teil, Marienplatz 8*, Fresken in der Eingangshalle der Prunkstiege. Die von Rudolf Seitz in den siebziger

Jahren des 19. Jhs., in der Eingangshalle des neu erbauten Rathauses geschaffenen Wandmalereien wurden zu unbekannter Zeit mit mehreren Anstrichen überdeckt. 1988 entdeckte man im Zuge der Gesamtrestaurierung des Gebäudekomplexes die vier Wandbilder mit den Darstellungen der Stände. Durch ungenügende Freilegungstechnik verblieben auf der Oberfläche der Wandmalerei Reste der Überfassung, die das optische Erscheinungsbild stark verunklärten. Die durchgeführte Beratung diente der Erstellung des Restaurierungskonzepts.

–, *Finanzdirektion München, Meiserstraße 4*, Fassadeninstandsetzung. Bedeutendes Gebäude aus der Klenzezeit, 1829 als »Zins-Palast« durch Maurermeister Josef Höchl errichtet. Nach Kriegsschäden wurde eine Reihe von Veränderungen im Bereich der Gliederungen durchgeführt. Dennoch hat der Bau viel von seinem ursprünglichen Charakter und in weiten Teilen viel von seinen originalen Baudetails bewahrt. Begutachtung der bereits durchgeführten Freilegungen und Beratung des weiteren Ablaufs der Fassadeninstandsetzung.

–, *Villa Stuck, Prinzregentenstraße 60*, erbaut 1897–98. Die intensive Nutzung der Villa läßt nach 90 Jahren Schäden sichtbar werden, die ursächlich mit Abnutzung und Verschleiß, der Überalterung von Installationen, aber auch mit unsachgemäß durchgeführten Renovierungen zusammenhängt. Der Planung der Umbaumaßnahmen wird eine restauratorische Voruntersuchung der einzelnen Räume vorangestellt, die die Ursachen von Schäden klären, besonders aber die Entstehungsgeschichte des derzeitigen Zustands sowie das Erscheinungsbild der Bauzeit analysieren und im Ergebnis auch das Ausmaß der ursprünglichen Dekorationsprogramms Franz von Stucks darstellen soll. Photographische und zeichnerische Dokumentationsunterlagen dienen der Eintragung des originalen Farbbefunds, der Schäden sowie der baulichen Veränderungen. Die Untersuchungsarbeiten wurden in Zusammenarbeit mit einem freien Restaurator in den Prunkräumen der Villa fortgesetzt.

München, Roßmarkt 15, ehem. Gebäude der Landstände, Innenrestaurierung: Beratung der Befunduntersuchung und Kirchenmalerarbeiten.

–, *Sebastiansplatz 7*, Inneninstandsetzung: Beratung der Befunduntersuchung sowie der Konservierung von Putz und Fassungsschichten bzw. der Fragmente einer Scagliola-Arbeit.

–, *Isartor, Tal Nr. 43*, Wandmalereien. Befestigungsanlage, 1833–35 durch Friedrich von Gärtner restauriert, mit Fresko von Bernhard Neher d. J. Begutachtung auf seinen Erhaltungszustand.

Neuburg/Donau (Lkr. Neuburg-Schrobenhausen), *Seminar der Englischen Fräulein*, Beratung der Voruntersuchungen und Befunduntersuchung in den historischen Räumen sowie an der Fassade.

Neunkirchen (Lkr. Bayreuth), *Evang.-Luth. Pfarrkirche*, Wertung der Befunduntersuchung sowie der in den dreißiger Jahren erfolgten Teilrestaurierung der gotischen Wandbilder.

Niederhatzhofen, Stadt Rottenburg an der Laaber (Lkr. Landshut), *Festsaal*, Beratung der Restaurierungsarbeiten an der dekorativen Ausmalung des 18. Jhs.

Nürnberg, Frauenkirche, Beratung der Konservierungs- und Restaurierungsarbeiten an der Wandmalerei der Nordwand des Kirchenschiffs (15. Jh.) sowie in der Vorhalle.

Ottobeuren (Lkr. Unterallgäu), *Benediktinerkloster*, Beratung bei der Konzipierung von restauratorischen Voruntersuchungen sowie laufenden Restaurierungsarbeiten an Deckenmalereien.

Passau, Neue Bischöfliche Residenz (1765–71), Repräsentationsräume im zweiten Obergeschoß, Südseite. Beratung und Betreuung der Freilegung zweier repräsentativer Stuckdecken mit Stuck von Johann Baptist Modler. Beratung bei der Ergänzung von Details der Stuckdekoration.

–, *Scheiblingsturm*, Ortstermin zur Begutachtung und Beurteilung mittelalterlicher Fassadenmalereien.

Perschen (Lkr. Schwandorf), *Michaelskapelle und Karner*. Der Karner, ein um 1150 entstandener Rundbau, diente der Aufnahme von Totengebeinen. Das eigentliche Beinhaus liegt unter der Erde. Im Obergeschoß, der Michaelskapelle, wurden die Totenmessen abgehalten. Als die Zweitbestattung in Beinhäusern verboten wurde, verlor der Karner an Bedeutung und wurde als Schuppen benutzt. 1986 konnte festgestellt werden, daß der Trennungsprozeß zwischen den zwei Kalktünchen, auf denen die Malschicht liegt, weiter fortschreitet. Die Wandmalerei im Karner von Perschen gilt als eines der besten Beispiele romanischer großflächiger Wandmalerei in Bayern. Die Besonderheit liegt nicht nur in der monumentalen Ausmalung eines Karners begründet, sondern auch in der geringen Stückzahl frühmittelalterlicher Wandmalereien im bayerischen Raum. Diese Kriterien und die Tatsache, daß die jetzt unvollständige Kuppelausmalung des Rundbaus nie übermalt war, machen den Karner in Perschen zu einem bedeutenden Kunstdenkmal.

1965 wurden Restaurierungs- und Konservierungsarbeiten an den Malereien durchgeführt sowie umfangreiches Photomaterial erstellt, das auch vergleichende optische Analysen ermöglicht. 1989 wurden Sicherungs- und Konservierungsmaßnahmen eingeleitet. Der fortlaufende Verfallsprozeß äußerte sich bereits wieder durch Blasenbildung zwischen den beiden Kalkschichten und zweifellos auch durch Ablösungen des Malschichtträgers. Äußerst gefährdete Stellen in Inkarnatsbereichen konnten lokalisiert werden. In einigen Fällen wurden Malereipartikel nur noch durch die Verspannung mit Spinnweben gehalten. Die Sicherungen und Hinterspritzungen der Restaurierungsmaßnahme von 1965, vor allem an den Rändern von Ausbrüchen und Fehlstellen, markieren sich durch Glanz und Fluoreszenz im UV-Licht. Die Fluoreszenz macht auch Spritz- und Rinnspuren unkontrolliert ausgeführter Verklebungen mit Kunstharzen sichtbar. Den gesamten Kuppel- und Wandbereich durchziehende Risse, deren Alter, Ursache und Gefährdungsgrad nicht definiert werden konnte, sind weitere beachtenswerte Schäden. Die gefährdeten Partikel der Malschicht sowie ihrer Grundierung wurden durch die Restaurierungswerkstätten gesichert.

Es ist aber davon auszugehen, daß verschiedene Schadensprozesse thermodynamischer, mikrobieller oder bauphysikalischer Art z. B. an einem langsamen aber kontinuierlichen Verfall der Ausmalung des Karners beteiligt sind. Deshalb muß das Interesse an einer komplexen Lösung der Erhaltungsprobleme des Karners groß sein. Eine langfristige Bestandserhaltung kann aber nur auf der Grundlage der umfassenden Kenntnisse der unterschiedlichen Bedingungen und Prozesse stattfinden, denen die Malereien ausgesetzt sind. So gehört z. B. die Kenntnisnahme und Auswertung des örtlich bedingten Außenklimas sowie der damit verbundenen Emissionswerte, eine geologische Untersuchung des Standorts im Zusammenhang einer Bewertung von Funktion und Beschaffenheit des Fundamentes bzw. des im Erdreich befindlichen Baukörpers, eine Chronologie von Bau- und Entwicklungsgeschichte sowie Erfassung und Auswertung aller am Bau durchgeführter Veränderungen und Eingriffe (Anamnese), sowie eine orthogonale Photodokumentation von Innenraum und Außenbau, ggf. Photogrammetrie, zu den Voraussetzungen einer detaillierten Untersuchung und Schadensanalyse, deren Auswertung zu einem objektbezogenen Konservierungskonzept führen muß.

Pfaffenhofen (Lkr. Amberg-Sulzbach), *ehem. Karner*, Beratung bei der Projektvorbereitung für Sicherungsarbeiten am Außenverputz sowie Beratung für die Durchführung von bauphysikalischen Voruntersuchungen am Außen- und Innenbau bzw. zur Erfassung klimatischer Prozesse, die den Zustand von Wandmalereien des Innenraums nachhaltig beeinflußt haben. Durchgeführt wird eine Bestandsaufnahme und Befunddokumentation der Fassungen des Innenraums und der Wandmalereien sowie die Aufstellung eines Leistungs- und Arbeitsprogramms für konservatorische und restauratorische Arbeiten am Außenputz bzw. an den Putzen und Bemalungen der Innenwände und Gewölbe.

Pommersfelden (Lkr. Bamberg), *Schloß Weißenstein, Marstall*, Konservierungs- und Restaurierungsprobleme an der Ausmalung des

Marstalls (1718) mit Fresken von Giovanni Francesco Marchini sowie von J. R. Byß.

Prien (Lkr. Rosenheim), *Kath. Pfarrkirche Mariae Himmelfahrt,* Beratung und Betreuung der laufenden Restaurierungsarbeiten am Deckenfresko des Landhauses von Johann Baptist Zimmermann (1738).

Ramsau (Lkr. Berchtesgadener Land), *St. Sebastian,* Wertung der Befunduntersuchung, Konzept für die Putzkonservierung am Turm.

Randersacker (Lkr. Würzburg), *Gartenpavillon* von Balthasar Neumann (Mitte 18. Jh.), Befunduntersuchung.

Regensburg, Dom, Beratung bei der Auswertung und Präsentation der Befunduntersuchung sowie der Präsentation im Zusammenhang der Ausstellung über den Regensburger Dom.

–, Dom, Ausgrabung 1984, Fragmente romanischer Wandmalereien: Zusammenstellung ablesbarer Fragmentteile für die Ausstellung. Querschliffuntersuchungen zur Technologie der Malereien.

Roggenburg (Lkr. Neu-Ulm), *Prämonstratenserkloster,* Stuckausbesserungen in den Räumen 69–72 und 162–164.

Rott am Inn (Lkr. Rosenheim), *ehem. Benediktiner-Klosterkirche,* Neubau von Johann Michael Fischer 1759–63, Befunduntersuchung der Raumschale.

Sandizell (Lkr. Neuburg-Schrobenhausen), *Kath. Pfarrkirche St. Peter,* Innenrestaurierung: Beratung bei der Durchführung von restauratorischen Voruntersuchungen an der Raumschale und den Deckenmalereien.

Schambach (Lkr. Straubing-Bogen), *Friedhofskapelle St. Vitus* (Mitte 18. Jh.), Totentanz-Zyklus, Restaurierung.

Seefeld, (Lkr. Starnberg), *Graf Toerringsches Schloß,* östlicher Vorbau, Maßnahmenvorschlag für die mehrlagigen Fassungen an Süd-, Ost- und Nordfassade.

Scheuring (Lkr. Landsberg/Lech), *Kath. Pfarrkirche St. Martin,* Sicherungsarbeiten an der Raumschale und an den Deckenbildern (Stuck von Franz Xaver Feichtmayr, Fresken von Martin Kuen, 1753), Beratung für eine Konzipierung von Sicherungsarbeiten an den Fresken.

Schmiechen (Lkr. Aichach-Friedberg), *Kath. Wallfahrtskirche Maria Kappel,* Innenrestaurierung: Beratung der Befunduntersuchung an der Raumschale, Beratung und Konzipierung von Konservierungs- und Restaurierungsarbeiten an den Deckenfresken von Martin Kuen im Langhaus sowie im Chor der Kirche.

Siegsdorf (Lkr. Traunstein), *Wallfahrtskirche Maria Eck,* Beratung für eine Konzeption der Untersuchungen der Raumfassungen sowie deren Bezug zur Gewölbeausmalung. Eine letzte Überformung der dekorativen Bereiche der Gewölbebemalung erfolgte 1929–32. Beratung für eine Konzipierung von Restaurierungsmaßnahmen an der Gewölbeausmalung.

Simmelsdorf (Lkr. Nürnberger Land), *Tucherschloß,* Ortstermin zur Begutachtung und Beurteilung des Außenputzes am Schloß: mögliche Erhaltungsmaßnahmen bei größtmöglicher Eingrenzung der Zerstörung instabiler Putzflächen.

Simmershofen (Lkr. Neustadt a. d. Aisch-Bad Windsheim), *Evang.-Luth, Heilig-Kreuz-Kapelle,* Restaurierung der Raumschale, Endarbeiten zur Konservierung der Malereien.

Todtenweis (Lkr. Aichach-Friedberg), *Pfarrhaus,* Begutachtung und Beratung des originalen Außenputzes, Erstellung eines Restaurierungskonzepts sowie eines Musters zur Dokumentation des Bestands und der Schäden.

Urschalling, Markt Prien a. Chiemsee; Kath. Filialkirche St. Jakob; Wandgemäldeausschnitt; nach Freilegung und Teilauskittung

Ullstadt (Lkr. Neustadt a. d. Aisch-Bad Windsheim), *Gartenpavillon,* (erste Hälfte des 18. Jhs.), Restaurierungskonzept für die Innen- und Außeninstandsetzung.

Ungerhausen (Lkr. Unterallgäu), *Kath. Pfarrkirche St. Johann Baptista.* Deckengemälde in Öl-Emulsionstechnik von Anton Erler (1734), Konzept und Wertung des Restaurierungsmusters.

Untermeitingen (Lkr. Augsburg), *Von-Imhof-Straße 5, ehem. Spitalgebäude,* Konzepterstellung zur Behebung der Schäden an den 1985 restaurierten und rekonstruierten Fassadenmalereien.

Urschalling (Lkr. Rosenheim), *Kath. Filialkirche St. Jakobus d. Ä.,* Fortführung der Maßnahmen an den mittelalterlichen Freskenzyklen im Innenraum: zeichnerische und schriftliche Dokumentation der durchgeführten Arbeiten sowie Aufzeichnung der klimatischen Verhältnisse im Inneren der Kirche; mechanische Entfernung sämtlicher Algen, soweit dies ohne Beeinträchtigung der Originalsubstanz möglich ist, im Anschluß Behandlung der befallenen Zonen mit einem Biozid; Verkittung der kleinteiligen Fehlstellen zur Trattegio-Retusche bis auf die Sockelzone. Retusche der Verkittungen in Trattegio-Technik mit Aquarellfarben (dabei wird der Bereich der oberen Gerüstetage vollständig, der mittleren Etage weitestgehend fertiggestellt); Verputzung der großflächigen Fehlstellen, auch im Bereich der Mauerrekonstruktionen, mit einem farblich passenden Mörtel, der unretuschiert bleibt (dabei werden die Sockelzonen in den beiden Jochen noch ausgespart, ca. 50 cm über dem jetzigen Fußbodenniveau).

Walkershofen (Lkr. Neustadt a. d. Aisch-Bad Windsheim), *Schloß* (Anfang 17. Jh.), Konzept und Ausführung der Integration von Altputzflächen in Putzrekonstruktionen.

Wasserburg (Lkr. Rosenheim), *Kath. Friedhofskirche, Im Hag 5/7,* Kirche von 1850 mit Ausmalung und Ausstattung im Stil der Neugotik. Die intensive Nutzung der Kirche läßt Schäden sichtbar werden, die ursächlich mit Abnutzung und Verschleiß (Abbrennen von Kerzen, Anbringen von Votivinschriften usw.), aber auch mit der noch vor wenigen Jahren vorhandenen Mauerfeuchtigkeit zusammenhängt. In Zusammenarbeit mit den Restaurierungswerkstätten wurde ein Konzept für die Rekonstruktion der größtenteils bis auf die Putzoberfläche reduzierte farbige Sockelgestaltung erarbeitet. Die Beratung und Betreuung des Objekts wird bis zum Abschluß der Restaurierungsarbeiten fortgesetzt.

Weilheim (Lkr. Weilheim-Schongau), *Friedhofskirche St. Salvator und St. Sebastian* (15./16. Jh.), Restaurierungskonzept und Musterachse.

Wessobrunn (Lkr. Weilheim-Schongau), *Kloster, Südflügel/Nordfassade,* Weiterführung der Maßnahme (vgl. Jahresbericht 1988), Konzepterstellung für die Behandlung der Ostfassade des Nordflügels.

Wies bei Steingaden (Lkr. Weilheim-Schongau), *Kath. Wallfahrtskirche,* Chordeckengemälde, Untersuchung/Dokumentation, Konservierung und Restaurierung; Seligkeitskartusche, Untersuchung/Dokumentation und Konservierung bzw. Restaurierung. Ausführlicher Bericht s. Denkmalpflege-Informationen, Ausgabe D/Nr. 6 vom 12.6.1989.

Wörnitzstein (Lkr. Donau-Ries), *Kath. Pfarrstadel,* Restaurierungskonzept und Befunduntersuchung mit dem Ziel, das augenblickliche Gesamterscheinungsbild zu erhalten.

Wohnrod (Lkr. Main-Spessart), *Kath. Filialkirche,* Wandmalereien an der nord-östlichen Ecke des Langhauses, Freilegemuster, Restaurierungskonzept und Kostenvoranschlag.

Wolfhaming, Gde. Oberbergkirchen (Lkr. Mühldorf), *Vierseithof* (gebaut 1849–70), reiche Gliederung der Stukkaturen, ornamentale Malerei und strukturierte Putzoberfläche an allen Gebäudeteilen. Fassadeninstandsetzung: an den restaurierten bzw. rekonstruierten Fassaden zeigten sich wenige Monate nach Abschluß der Arbeiten erneut Schäden. Im Zuge eines Ortstermins versuchte man die Ursachen zu klären und eine Verbesserung des Zustands herbeizuführen.

Wolfram-Eschenbach (Lkr. Ansbach), *Hauptstraße 17/19.* Restaurierung des Sgraffito-Giebels: Beratung für die Konzipierung von Restaurierungsmaßnahmen am originalen Sgraffitoputz sowie für eine Rekonstruktion des Sgraffitos.

Wolfsau (Lkr. Ansbach), *ehem. Jagdschloß,* Konzept und Musterachse für die Restaurierung eines Raums mit Ausmalung in der Art holländischer Kachelmalerei, sowie eines Raums mit floraler Rankenmalerei (17./18. Jh.).

Wolfstein (Lkr. Freyung-Grafenau), *Schloß,* Freilegung der barocken Ausmalung eines Raums, Beratung der Befundinterpretation und Restaurierung.

Zankenhausen (Lkr. Fürstenfeldbruck), *Kath. Pfarrkirche St. Johann Baptist,* Wertung von Freilegemustern der großflächig übermalten Fresken von Franz Kirzinger (1757).

Zeil (Lkr. Haßberge), *Kath. Stadtpfarrkirche St. Michael* (ab 1713), Konzept für die Konservierung der Malereien in der gotischen Taufkapelle, Befunduntersuchung der Raumschale, Wertung und Musterachsen. JÜRGEN PURSCHE

FACHBEREICH SKULPTUREN, GEMÄLDE, MÖBEL

Skulpturen

Im Berichtsjahr konnten die Restaurierungsmaßnahmen an etlichen Bildwerken abgeschlossen werden. Neben der praktischen Restaurierungstätigkeit war das Berichtsjahr geprägt durch die Erstellung von Untersuchungsberichten sowie die Ausarbeitung von Restaurierungskonzepten und Dokumentationen. Daneben wurden Beratungen in ganz Bayern und die Betreuung von Einzelmaßnahmen außerhalb der Amtswerkstätten durchgeführt.
Wegen der intensiven Betreuung oder wegen der Qualität der Kunstwerke verdienen besonders hervorgehoben zu werden:

– Bamberg, St. Getreu,
– Bamberg, St. Gangolf,
– Buxheim, ehem. Klosterkirche,
– Heilsbronn, Münsterkirche,
– Kempten, St. Lorenz,
– Maria Steinbach, Wallfahrtskirche,
– Ottobeuren, Kloster (Gemäldesammlungen),
– Passau, Neue und Alte Residenz,
– Regensburg, Dom,
– Regensburg, Alte Kapelle,
– Regensburg, Schottenportal,
– Regensburg-Prüfening, Klosterkirche,
– Regensburg-Prühl, ehem. Kartausenkirche,
– Roggenburg, Klosterkirche,
– Schmiechen, Wallfahrtskirche,
– Vierzehnheiligen, Wallfahrtskirche,
– Wies, Wallfahrtskirche.

Zu allen genannten Objekten sind ausführliche Bericht in Vorbereitung.

Skulpturen in den Restaurierungswerkstätten des Landesamtes für Denkmalpflege.

Aub (Lkr. Würzburg), *Kath. Stadtpfarrkirche Mariae Himmelfahrt,* Kreuzigungsgruppe, Lindenholz, Tilman Riemenschneider zugeschrieben, um 1500. Nachdem Anfang 1989 aktiver Anobienbefall – vor allem in Teilbereichen der Kruzifixus – festgestellt wurde, waren detaillierte Untersuchungen der Bildwerke und entsprechende Konservierungs- und Restaurierungsmaßnahmen notwendig, um die höchst qualitätvolle Gruppe vor größeren Schäden zu bewahren. Neben aktivem Anobienbefall waren weißliche bis graue Ablagerungen und »Ausblühungen« auf der Holzoberfläche der Figuren, besonders deutlich in Teilbereichen der Marienfigur, nachzuweisen. Auch diese stellten eine akute Gefährdung der Holzsubstanz dar. Seit Juni 1989 sind die Figuren in den Restaurierungswerkstätten, folgende Arbeiten wurden bislang durchgeführt:
– Auswertung der Literatur und der publizierten Archivalien, technologische Untersuchung mit ausführlicher Photodokumentation.
– Um Aufschlüsse über die Zusammensetzung und Ursache der Ablagerungen (»Ausblühungen«) zu erhalten, wurden an verschiedenen Stellen Proben entnommen und in Zusammenarbeit mit spezialisierten Naturwissenschaftlern untersucht (Zusammenarbeit u. a. mit dem Zentrallabor).
– Daneben Probenentnahme für die Bestimmung der Holzart und Überprüfung der Festigkeit des Holzes. Die Behandlung des aktiven Schädlingsbefalls erfolgte bereits vor Ort (Begasung). Abnahme der Ausblühungen mit Kompressen (die Maßnahme erfolgt in Zusammenarbeit mit Naturwissenschaftlern).
– Reinigung der Figuren (noch nicht abgeschlossen).
Die Restaurierungs-/Konservierungsmaßnahmen werden bis Frühjahr 1990 abgeschlossen.

Brendlorenzen (Lkr. Rhön-Grabfeld), *Kath. Pfarrkirche St. Johannes d. T.,* Pietà, Holz gefaßt, 14. Jh.: Abschluß der Konservierungs- und Restaurierungsmaßnahmen am überkommenen Zustand. Rücklieferung der Figur im Februar.

Füssen, ehem. St. Anna-Kapelle (heute Heimatmuseum), Hl. Anna Selbdritt, Holz, gefaßt, 1. Viertel 16. Jh. Bei der Skulptur wurden Fassungen freigelegt, nachdem bereits bei einer früheren, nicht fachgerecht durchgeführten Restaurierungsmaßnahme größere Partien der ältesten Fassung »freigelegt« worden sind.

Geiging, Gde. Rohrdorf (Lkr. Rosenheim), *Muttergottes* (Kopie des Altöttinger Gnadenbilds), Holz gefaßt und bekleidet, 18. Jh. Bereits 1987 wurden in den Amtswerkstätten Restaurierungsmuster erstellt und dann die Figur bis auf weiteres am ursprünglichen Aufstellungsort in der Kapelle aufgestellt. Im Berichtsjahr wurden die abschließenden Konservierungs- und Restaurierungsmaßnahmen durchgeführt, die restaurierten Kleider wurden dem Bildwerk wieder angeheftet. Rücklieferung der Figur im Juni.

Haßfurt, Kath. Stadtpfarrkirche St. Kilian, Kolonat, Totnan, fünf Bildwerke, um 1490–92 entstanden, Maria und Johannes d. T., Lindenholz mit Fassung um 1900, Riemenschneider (?), Werk-

SKULPTUREN, GEMÄLDE, MÖBEL

Haßfurt, Lkr. Haßberge; Kath. Stadtpfarrkirche St. Kilian, Kolonat und Totnat; Schnitzfigur des hl. Johannes Evang., 1490–92; Tilmann Riemenschneider zugeschrieben

stattarbeit. Die fünf Skulpturen sind seit Ende Juli in den Amtswerkstätten. Bisher erfolgten: photographische Vorzustandsdokumentation sowie vorbereitende Maßnahmen für die Erstellung eines Restaurierungskonzepts wie Probenentnahmen für die Bestimmung der Holzart, Probenentnahme im Bereich von Ausblühungen an der Marienfigur, Auswerten von Archivmaterial und Literatur.

–, *Heiliggeist-Spitalkapelle*, spätgotischer Flügelaltar, um 1480. Der Altar ist seit Ende Juli in den Amtswerkstätten. Bisher erfolgten Auswerten der Literatur und von Archivmaterial, technologische Untersuchungen sowie umfangreiche Konservierungsmaßnahmen.

Höselhurst (Lkr. Günzburg), *Kath. Filialkirche St. Nikolaus*, Relief „Beweinung Christi", um 1520, Holz mit Fassung von 1912, Nicolaus Weckmann (?). Bislang erfolgte Maßnahmen: Untersuchung einschließlich schriftlicher, zeichnerischer und photographischer Dokumentation, Holzkonservierungsmaßnahmen, Konservierung der Fassung von 1912, Reinigung der qualitätvollen Fassung von 1912 und Retuschierarbeiten. Die Konservierungs- und Restaurierungsmaßnahmen wurden im November abgeschlossen, das Bildwerk im November nach Höselhurst zurückgeliefert.

Neuburg an der Kammel (Lkr. Günzburg), *Pfarrkirche Mariae Himmelfahrt*, Kreuzabnahmegruppe von Christoph Rodt, Holz gefaßt, 1. Drittel 17. Jh. Die umfangreichen Konservierungs- und Restaurierungsmaßnahmen an der Gruppe wurden im Herbst abgeschlossen. Rücklieferung des Kunstwerks im November. Die Aufstellung in der Pfarrkirche erfolgte im November bis Dezember. Am 17. Dezember im Rahmen eines Festgottesdienstes feierliche Weihe der Gruppen.

Oberfecking, Gde. Saal a. d. Donau (Lkr. Kelheim), *Ortskapelle*, Muttergottes, romanische Holzfigur, Fortführung der Konservierungs- und Restaurierungsmaßnahmen.

423

Polling, Lkr. Weilheim-Schongau; Kath. Pfarrkirche Hl. Kreuz; thronende Muttergottes, 1527 von Hans Leinberger

Obermedlingen (Lkr. Dillingen/Donau), *Kloster,* »Christkind«, Holz gefaßt, Anfang 16. Jh., Daniel Mauch oder Umkreis (?). Das Bildwerk, in großen Teilbereichen mit Originalfassung, ist seit Februar in den Restaurierungswerkstätten des Landesamtes. Bisher erfolgte die photographische Vorzustandsdokumentation.

Passau, Kloster Niedernburg, Kruzifixus, Holz gefaßt, 1508. Fortführung der Holzkonservierungsmaßnahmen sowie Rekonstruktion und bildhauerische Ergänzungen in Teilbereichen, Konservierungs- und Restaurierungsmaßnahmen an der derzeit sichtbaren Fassung (20. Jh.) Die Maßnahmen wurden im Dezember abgeschlossen. Der Rücktransport und die Montage des Bildwerks fanden im Dezember statt.

Polling (Lkr. Weilheim), *Kath. Pfarrkirche,* thronende Muttergottes, Holz gefaßt, von Hans Leinberger. Die Figur ist seit August in den Amtswerkstätten und wird zusammen mit einem freiberuflichen Restaurator restauriert.

Regensburg, Priesterseminar St. Wolfgang, Kruzifix, Holz gefaßt, um 1220. Die Herkunft des romanischen Kruzifixus ist nicht bekannt. Es dürfte zusammen mit anderen Kunstgegenständen in der 2. Hälfte des 19. Jh. in das ehem. Schottenkloster St. Jakob (heute Priesterseminar) verbracht worden sein. Der Korpus des außerordentlich vollständig und gut erhaltenen Kruzifixus ist aus einem Stück herausgeschnitten. Die Arme sind gesondert gefertigt; sie wurden in die Schulter eingesteckt und mit Dübeln fixiert. In der Schädeldecke der Darstellung zeichnet sich der Umriß eines Dübels ab, mit dem das Loch der vermutlichen Werkbankeinspannung verschlossen wurde. Das Bildwerk ist auf der Rückseite ausgehöhlt. Die Aushöhlung beginnt im unteren Bereich des Lendenschurzes und endet in Höhe der Achseln. Ein einst vorhandenes Verschlußbrett ist schon vor der Neufassung im 19. Jh. verlorengegangen. Mehrere abgebrochene Dübelreste, mit denen das Verschlußbrett befestigt war, sind noch zu erkennen. Auf der Rückseite fällt vor allem im Hinterkopfbereich und im Bereich des Suppedaneum ein Radialriß auf. Spätere bildhauerische Überarbeitung bzw. eventuelle Ergänzungen in Teilbereichen sind nicht auszuschließen, können allerdings wegen der sehr intakten Fassung des 19. Jhs. nicht eindeutig belegt werden. Auf Grund der nachzuweisenden Fassungsschichten ist es sicher, daß die Dornenkrone nicht original ist. Aus jüngerer Zeit stammt auch das maserierte Kreuz. Nicht mehr vorhanden ist der Kreuznagel in der rechten Hand. Der derzeitige Erhaltungszustand des Holzes ist insgesamt zufriedenstellend. Fassung: Die sichtbare Fassung stammt mit großer Wahrscheinlichkeit aus dem letzten Viertel des 19. Jhs. Partielle Ausbesserungen sind in das 20. Jh. einzuordnen. Untersuchungen mit dem O.P.M.I.-Mikroskop an Fassungsausbrüchen und Querschnittuntersuchungen ergaben, daß noch mindestens fünf weitere Fassungen – z.T. aus dem Mittelalter – vorhanden sind. Der Erhaltungszustand dieser fünf Fassungen ist unterschiedlich. Insbesondere vor Beginn der dritten Überfassung wurden offensichtlich an vielen Stellen des Bildwerks die älteren Fassungsschichten entfernt oder zumindest bei den vorbereitenden Maßnahmen beschädigt.
Restaurierung: Um die Bedeutung und den Charakter des Andachtsbilds zu wahren, wurde darauf verzichtet, ältere Fassungen freizulegen. Hauptaufgabe war vor allem die partielle Konservierung des Holzes und die Sicherung und Konservierung der sehr stark blätternden Fassungsschichten. Die Reinigung der stark verschmutzten Fassung des 19. Jhs. erfolgte mit Spezialradierern und sehr milden, speziell zusammengestellten Reinigungsmitteln. Die partiell vorhandenen Farbretuschen aus dem 20. Jh. mußten – da optisch störend – abgenommen werden. Um einen optisch einheitlichen Gesamteindruck zu erreichen, wurden Fassungsausbrüche mit einem Kreide-Leim-Kitt geschlossen und ebenso die Fehlstellen in der Fassung retuschiert. Sowohl für die Konservierung (Sicherung) der Fassungsschichten als auch für die Retuschen wurden reversible Materialien verwendet. Die Rücklieferung des Bildwerks erfolgte im Mai. Vom 2. Juni bis 1. Oktober wurde der Kruzifixus in der Ausstellung »Ratisbona Sacra, Das Bistum Regensburg im Mittelalter« im Diözesanmuseum Regensburg erstmals in einer Ausstellung gezeigt. Anschließend wieder Aufstellung im Meditationsraum des Priesterseminars als Andachtsbild.

Schmiechen (Lkr. Aichach-Friedberg), *Kath. Wallfahrtskapelle Maria Kappel,* Pietà des 15. Jhs., mit geschitztem Podest, Holz mit Fassung aus den sechziger Jahren des 20. Jhs., Eingang in die Amtswerkstätten im April. Im Berichtsjahr wurden folgende Maßnahmen durchgeführt: Auswerten der Literatur und von Archiva-

SKULPTUREN, GEMÄLDE, MÖBEL

Ingolstadt; Franziskanerkirche; Chorgestühl von 1613; Ausschnitt der Ostwand

lien, Untersuchung, Holz- und Fassungskonservierung, Reinigung der derzeitigen Fassung und Retuschierarbeiten.

Schwangau, St. Coloman (Lkr. Ostallgäu), *Wallfahrtskirche St. Coloman,* Holzreliefs Mariä Verkündigung und Geburt Christi, Holz gefaßt, um 1510. Im Berichtsjahr erfolgten Untersuchung, Dokumentation sowie Erstellen eines Konservierungs- und Restaurierungskonzepts.

Windkreut, Gde. Peißenberg (Lkr. Weilheim-Schongau), *Kapelle St. Michael,* »Häringer Altar« (Hausaltar), Holz gefaßt, 1762 datiert. Im Berichtsjahr Fortführung der Konservierungs- und Restaurierungsmaßnahmen. Die Arbeiten waren im April abgeschlossen, anschließend Transport des Altars in das neu eingerichtete Stadtmuseum Schongau.

Beratungen im Fachbereich Skulpturenrestaurierung

Außerhalb der Amtswerkstätten wurden mehrere Objekte untersucht, dokumentiert und Restaurierungskonzepte erstellt. Bei vielen Ortsterminen wurden zahlreiche Befunduntersuchungen, Restaurierungskonzepte sowie von freiberuflich tätigen Restauratoren angelegte Konservierungs- und Restaurierungsmuster begutachtet und beraten, u. a.:

Altenstadt (Lkr. Weilheim-Schongau), *Kapelle,* Begutachtung des Inventars in der Kapelle und in der Werkstätte des beauftragten Restaurators, Beratung von Restaurierungsmustern, Stellungnahme zur weiteren Vorgehensweise.

Draxl (Lkr. Ebersberg), *Kath. Stadtpfarrkirche,* Hauptaltar und Seitenaltar: Begutachtung, Stellungnahme zur weiteren Vorgehensweise, Beratung von Restaurierungsmustern, Beratungen während der Restaurierungsmaßnahmen.

Gerzen (Lkr. Landshut), *Kath. Pfarrkirche,* Skulptur des hl. Urban, lebensgroß, Wachs bekleidet, mit Metallsarkophag von 1891: Transportvorbereitungen und Rücktransport des restaurierten Bildwerks. Die Figur wurde im Rahmen von Amtshilfe im Münchner Stadtmuseum restauriert.

Güntersleben (Lkr. Würzburg), *Kath. Pfarrkirche St. Maternus*, Begutachtung des Inventars, Stellungnahme zur Untersuchung und Dokumentation, Beratung von Restaurierungsmustern, Stellungnahme zur weiteren Vorgehensweise.

Ingolstadt, Franziskanerkirche, Hochchor, Begutachtung des 1613 von B. Stoll gefertigten Chorgestühls, Beratungen zur Untersuchung, Dokumentation und Erstellung eines Restaurierungskonzepts.

München, Residenzstraße 2, Hauptpost, Ermittlung und regelmäßige monatliche Überwachung der Klimawerte im Vestibül mit den zwei Holzfiguren von Johann Baptist Straub.

Schönau-Unterstein (Lkr. Berchtesgadener Land), *Kath. Pfarrkirche Unterstein*, Begutachtung des Inventars, Stellungnahme zur weiteren Vorgehensweise.

Urfarn, Gde. Oberaudorf (Lkr. Rosenheim), *Schloß Urfarn*, Begutachtung des Hochaltars, Stellungnahme zur weiteren Vorgehensweise.

Würzburg, St. Burkard, Marienaltar, Photodokumentation des Endzustands des restaurierten Altars.

Weitere Photodokumentationen von Bildwerken in *Altötting, Bühl, Edling, Kempten* und *München*.

Bildwerke aus Metall

Neben der Erstellung von Restaurierungsmustern und der Probenentnahme für naturwissenschaftliche Untersuchungen bestand die Tätigkeit im Berichtsjahr in der Begutachtung (Untersuchung), Beratung und Betreuung von Konservierungs- und Restaurierungsmaßnahmen durch freiberufliche (Metall-)Restauratoren, u. a.:

Altdorf (Lkr. Nürnberg-Land), Wichernhaus, Labenwolf-Brunnen, um 1576: Begutachtung, Probenentnahme für Metallanalyse, Stellungnahme zur weiteren Vorgehensweise.

Dinkelsbühl (Lkr. Ansbach), *Marktplatz*, Christoph v. Schmid-Denkmal vor der St. Georgskirche. Im Sockelbereich der Figur folgende Inschrift: »Erfunden und modelirt v. M. Widnmann – Gegossen v. F. v. Miller, München 1859«. Begutachtung, Probenahmen für Metallanalysen und Analyse von Salzausblühungen, Stellungnahme zur weiteren Vorgehensweise.

Grünwald (Lkr. München), *Marktplatz*. Kriegerdenkmal. Die Kriegerfigur, von Anton Kaindl geschaffen, 1904 von WMF in Galvanotechnik ausgeführt, wurde begutachtet, eine Stellungnahme zur weiteren Vorgehensweise erarbeitet, die Restaurierung beraten.

Mitwitz (Lkr. Kronach), *Friedhof*, Bleikruzifixus des 19. Jhs. Der Kopf des Kruzifixus wurde im Februar in die Amtswerkstätten übernommen: Erstellung eines größeren Restaurierungsmusters. Rücklieferung in die Restaurierungswerkstätten einer Würzburger Firma im Mai und Fachberatung.

München, Maximiliansbrücken, Bronzekandelaber des frühen 20. Jhs., Fachberatungen vor und während der Konservierungs- und Restaurierungsmaßnahmen. Während der Restaurierung wurde an einigen Kandelabern die Inschrift »Erzgießerei Renaissance« entdeckt. Die Geschichte dieser Firma ließ sich mit Hilfe des Stadtarchivs (Herr Dr. Bauer) rekonstruieren: Am 24. August 1896 meldete der Bildhauer und Kunstgießer Jean Lampel beim Gewerbeamt eine Metall- und Kunstgießerei an, die er gemeinsam mit dem Kunstmaler Ernst Seckel bis 1906 als Erzgießerei »Renaissance« GmbH betrieb. Nachdem Seckel eine Approbation als Arzt erhalten hatte und damit offenbar aus der Firma ausschied, führte Lampel sie seit dem 30. Juni 1906 als Erzgießerei »Renaissance« Jean Lampel weiter. Am 16. Februar 1909 wurde sie aus dem Gewerberegister gelöscht. Da die Auftragsvergabe für die künstlerische Ausschmückung der Maximiliansbrücke auf Beschluß des Gemeindebevollmächtigtenkollegiums vom 17. Dezember 1903 ausdrücklich an Firmen erfolgen sollte, die bisher noch keinen öffentlichen Auftrag erhalten hatten, war der Guß der 10 Bronzekandelaber offenbar der erste Großauftrag der Erzgießerei »Renaissance«. Nachweise über weitere Großaufträge ließen sich im Stadtarchiv nicht ermitteln.

–, *Rosenheimer Straße 1, Müllersches Volksbad*, Universumdarstellung auf dem Dach der Damenschwimmhalle: Stellungnahme und Beratungen vor und während der Oberflächenbehandlung. Das Bildwerk wurde nach Befund neu vergoldet.

Außerdem Beratungen einer Vielzahl von Vasa sacra.

ERWIN MAYER

Gemälderestaurierung

Durch das Ausscheiden der langjährigen Mitarbeiter Marianne von Besserer und Wolf Zech war im Atelier für Gemälderestaurierung in der Zeit vom 1. Januar 1989 bis 31. August 1989 lediglich eine Praktikantenstelle besetzt. Zum 1. September 1989 trat Frau Cornelia Ringer den Dienst an.

Für das neue Großraumatelier in der Münze wurden Einrichtung und Umzug geplant. Eine öffentliche Stellungnahme von Generalkonservator Prof. Dr. Petzet zur Verwendung von Bleiweiß führte dazu, daß Fernsehsender (Bayerischer Rundfunk und Tele 5) in den Werkstätten zu diesem Thema einen Filmbericht drehten.

Arbeiten in den Amtswerkstätten

Aschaffenburg, Stiftsmuseum, Fortführung der Konservierungs- und Restaurierungsarbeiten an der bedeutenden Tafel.

Ering (Lkr. Rottal/Inn), *Kath. Nebenkirche Piltenau*. Das Triptychon-Altärchen aus der 2. Hälfte des 15. Jhs., seit zwei Jahren bei einer Kirchenmalerfirma verwahrt, wurde in die Amtswerkstätten verbracht und dort restauriert. Die weitgehend originale Substanz erforderte eine aufwendige Konservierung.

Piding (Lkr. Berchtesgadener Land), *Filialkirche St. Johannes am Johanneshögl*. Der spätgotische Flügelaltar wurde in die Amtswerkstätten verbracht. Da die Fassung des Altars in einem äußerst bedenklichen Zustand ist, waren vor dem Transport Notsicherungen erforderlich. Umfangreiche Restaurierungs- und Konservierungsarbeiten sind notwendig.

Beratungen außerhalb der Amtswerkstätten:

Gunzenheim (Lkr. Donau-Ries), *Kath. Filialkirche St. Thomas*, Begutachtung der Seitenaltäre und deren Gemälde von J. B. Enderle, 1734. Beratung zur neuerlichen Restaurierung, da die vor ca. sechs Jahren durchgeführte Bearbeitung schon heute durch den Auftrag eines extrem dicken Überzugs ästhetisch stark beeinträchtigt ist.

München, Stuckvilla, Begutachtung des gesamten Gebäudebestands, Konzepterstellung für die anfallenden Konservierungs- bzw. Restaurierungsmaßnahmen. Verglichen mit dem sonstigen Bestand in der Stuckvilla ist auffallend, daß sich die Gemälde aus konservatorischer Sicht in einem besseren Zustand befinden.

Tegernsee (Lkr. Miesbach), Begutachtung und Beratung zur Umlagerung, Restaurierung und Neuaufstellung einer Krippe (verwahrt bisher im »Hause des Gastes«) in Zusammenarbeit mit dem Verein der Krippenfreunde Tegernseer Tal. Der Ursprung der Krippe liegt im 18. Jh.; sie wurde im Laufe der Jahre aber häufig ergänzt. Mit der beauftragten Restauratorin wurde die Konservierung und Restaurierung festgelegt.

Walting (Lkr. Weißenburg-Gunzenhausen), *Kath. Pfarrkirche Maria Himmelfahrt*, Beratung der Neumontage der fünf an der Orgelempore befestigten Leinwandgemälde.

Wirsberg (Lkr. Kulmbach), *Ev.-Luth. Pfarrkirche St. Johannes d. T.*, Begutachtung und Beratung der Restaurierung des Tafelgemäldes »Kruzifix mit den zehn Geboten«, datiert 1539, wohl aus dem Umkreis Lukas Cranachs.

ERWIN EMMERLING

Möbelrestaurierung

Neben der Fachberatung bei nachfolgend aufgeführten Objekten wurde im Berichtsjahr die Musterrestaurierung eines Details der Altarausstattung aus der Bad Wörishofer Dominikanerinnenklosterkirche ausgeführt. Es handelte sich dabei um eine Säule des Hochaltartabernakels, deren Schaft mit Zinn, Messing, Horn und Holz furniert ist. Das Hauptaugenmerk lag dabei auf der Untersuchung der technologischen Fragen, deren Quellenstudien, der fachgerechten Restaurierung einschließlich Dokumentation und der kunstgeschichtlichen Einordnung dieser für den süddeutschen Raum sehr bedeutenden Ausstattung.

Adelshofen (Lkr. Fürstenfeldbruck), Kath. Kirche St. Michael, abschließende Begutachtung des gotischen hölzernen Taufstocks, der 1988 restauriert wurde (vgl. Beitrag im Jahrbuch 1988).

Aich (Lkr. Landshut), Kath. Pfarrkirche St. Blasius. Das aufwendig furnierte Orgelgehäuse stammt aus dem Zisterzienserinnenkloster Seligenthal und wurde während der Säkularisation nach Aich verbracht. Es stellt auf Grund seiner außergewöhnlichen Verarbeitung eine Seltenheit im Orgelbau dar. Die Amtswerkstätte bemühte sich besonders um die fachgerechte Ausführung der anstehenden Restaurierung. Im Vorfeld wurden Fragen des Oberflächenaufbaus und dessen Bearbeitung zwischen dem anbietenden Kunst- und Antiquitäten-Schreinerbetriebs und den Amtswerkstätten diskutiert. Die angelegten großflächigen Muster für die Oberflächenbehandlung mußten hingenommen werden, obgleich diese sachlich in dieser Form unakzeptabel waren. Die Abwicklung der seit langem geplanten Maßnahmen wurde durch diese Diskussionen erheblich verzögert, eine erneute Ausschreibung wurde erforderlich.

Altomünster (Lkr. Dachau), Pfarr- und Klosterkirche St. Alto, Besprechungen aller Restauratoren, die in den verschiedenen Fachrichtungen 1988 Voruntersuchungen durchführten, zusammen mit den Gebietsreferenten zur Konzeptfindung der anstehenden Gesamtinnenrestaurierung.

Augsburg, Ehem. Benediktiner-Stiftskirche, jetzt Kath. Stadtpfarrkirche St. Ulrich und Afra. Bei mehrfachen Ortsterminen, z.T. bereits 1988, wurde die Restaurierung des reich und aufwendig ausgestatteten Laiengestühls von 1712 beraten. Das Gestühl zieren Akanthusschnitzereien, die Vorder- und Rückseiten der einzelnen Blöcke sind zudem in furnierter Rahmen-Füllung-Konstruktion ausgeführt. Zwischen der Kirche und dem Landesamt strittig war vor allem die Bearbeitung der Holzpodeste. Der Abbau des gesamten Gestühls erfolgte entgegen der Auffassung des Landesamtes. Die ausführenden Firmen versuchten, die zum Teil ausgetretenen Bohlen zu belassen und Fehlstellen, bedingt durch Trocknungsschwund, wunschgemäß zu ergänzen. Die Kirchenverwaltung forderte dagegen, die Podeste weitgehend zu erneuern. Bei den nördlichen Gestühlsblöcken wurde die Erneuerung durch den beauftragten Schreinerbetrieb ausgeführt, im südlichen Seitenschiff dagegen konnten ca. 50 % der Bohlen erhalten und die übrigen Flächen in den originalen Breitenmaßen ergänzt werden. Gleichzeitig wurden hier auch die originalen umlaufenden Podestprofilleisten und die übrige Podestkonstruktion erhalten und gesichert.

Bad Wörishofen (Lkr. Unterallgäu), Dominikanerinnenklosterkirche. Anläßlich regelmäßig stattfindender Ortstermine wurde das sich ständig verschlechternde Schadensbild der in Bouilletechnik gefertigten Ausstattungsdetails der Altäre beobachtet. Es fanden Notsicherungen und gründliche Voruntersuchungen und Dokumentationen statt; in den Amtswerkstätten wurde eine Musterrestaurierung ausgeführt. Eine Schautafel, von den Amtswerkstätten angefertigt und im Eingangsbereich der Kirche aufgestellt, dient der Information der Besucher und verdeutlicht das extreme Schadensbild an der Kanzel und den drei Altären.

Bernried (Lkr. Starnberg), Erstellung eines Restaurierungskonzepts für die vier Beichtstühle und das Eingangsportal und dessen nachfolgende Restaurierung.

Ettal (Lkr. Garmisch-Partenkirchen), Klosterkirche, Ortstermin anläßlich der anstehenden Restaurierung der Sakristei.

Maihingen; ehem. Klosterkirche; Schnitzdekor vom Prospekt der Baumeister-Orgel mit hl. Cäcilia, aus der Werkstatt des Melchior Hochstein, um 1734/37

Ingolstadt, ehem. Minoritenkirche, heute Franziskanerkirche. Das Chorgestühl in der Franziskanerkirche wurde 1613 von dem Schreinermeister Andreas Winckler aus München gefertigt. Geschnitzte holzsichtige Engelsköpfe zieren die Dorsalfelder; die originale Position der figürlichen Architektur-Schnitzaufsätze mit Ordensheiligen ist bislang noch nicht gesichert. Die Bildhauerarbeiten wurden von Balthasar Stoll geschaffen. Heute weist das Gestühl 38 Sitze auf, welche möglicherweise 1754 um 5 Sitze erweitert wurden. Zu den ursprünglich wohl zwölf originalen Engelsköpfen wurden 1910 dreizehn weitere hinzugefügt. Hauptproblem der Restaurierungsarbeiten wird die Behandlung weißlicher Ausblühungen, die durch eine 1965 ausgeführte Anobien- und Schimmelbekämpfung entstanden sind.

Katzwang (Stadt Nürnberg), Evang.-Luth. Pfarrkirche St. Maria, Entwicklung eines Restaurierungskonzepts für das gotische viersitzige Chorgestühl, das bisher in den Amtswerkstätten eingelagert ist.

Kempten, Residenz, Restaurierung eines der drei um 1730 entstandenen Eckaufsatzschränke. Die Qualität der künstlerischen und technologischen Ausführung der Schränke ist bemerkenswert. Es wurden verschiedenartige einheimische und exotische Furniere verwendet; einige Partien sind polimentvergoldet. Innen sind die Schränke mit Goldbrokatpapier ausgekleidet, das mit »Augsburg bey Michael Schwibecher« signiert ist. Es ist anzunehmen, daß die Möbel aus dem Memminger Raum stammen. Die Bearbeitung erfolgte hauptsächlich nach konservatorischen Gesichtspunkten. Die Restaurierung und ausführliche Dokumentation wurde von Herrn Restaurator Dobler in Absprache mit den Amtswerkstätten ausgeführt.

Landshut, ehem. Dominikanerklosterkirche, Konzepterstellung zur Restaurierung des Sakristeischranks, der nach der Restaurierung wieder im Chorraum rückseitig zum Altar aufgestellt werden soll.

Lauingen (Lkr. Dillingen), ehem. Klosterkirche der Augustinereremiten St. Thomas von Villanova, Beratung zur Erstellung eines Restaurierungskonzepts für das Chorgestühl, das Laiengestühl, sechs Beichtstühle, das Kommuniongitter, das Klosterportal und die gesamte Sakristeiausstattung.

Maihingen (Lkr. Donau-Ries), ehem. Minoritenklosterkirche. Die zwischen 1734–37 von Johann Martin Baumeister geschaffene Orgel bezieht u. a. ihre besondere Bedeutung aus ihrem heutigen Erhal-

Obermedlingen, Gde. Medlingen, Lkr. Dillingen; ehem. Dominikanerklosterkirche; Sakristeiausstattung; nach der Restaurierung

tungszustand. Aus diesem Grund wurde sie vor Beginn der Restaurierung ausführlich akustisch, zeichnerisch und photographisch dokumentiert und untersucht. Die ersten Arbeitsschritte bestanden in der Restaurierung des Balghauses und der sechs Bälge, des Windkanals, des Rückpositivs und des gesamten holzsichtigen Orgelgehäuses, welches wohl für eine Fassung vorgesehen war, die aber nicht mehr zur Ausführung kam. Zinnfolienreste auf den hölzernen Prospektpfeifen wurden bezüglich ihrer quantitativen Beschaffenheit und ihrer technologischen Verarbeitung untersucht und im Anschluß gefestigt. Die Amtswerkstätten unterstützten die genannten Maßnahmen durch regelmäßige Ortstermine und zusätzlich durch längere Arbeitsaufenthalte.

München, Stuckvilla, Entwicklung verschiedener Möglichkeiten zur Restaurierung der Ausstattung der Stuckvilla.

Obermedlingen (Lkr. Dillingen), *ehem. Dominikanerklosterkirche,* Beratung bei der Restaurierung der Sakristeiausstattung einschließlich der beiden boullemarketierten Kartuschenaufsätze. Besonders aufwendig war die Ergänzung der Zinn-, Messing- und Hornfurniere.

Ottobeuren (Lkr. Unterallgäu), *Benediktinerklosterkirche,* mehrere Ortstermine und Beratung zur Kirchenausstattung und besonders zu den Sakristeimöbeln aus der Mitte des 16. Jhs. Es wurden Muster zur weiteren Restaurierung der Sakristeischränke erarbeitet. Die berühmte Sakristeiausstattung beeindruckt sowohl durch plastische Schnitzapplikationen, als auch durch qualitätvolle Furnierarbeit. Die geschnitzten architektonischen und figürlichen Darstellungen werden in den Marketerien wieder aufgegriffen und aufwendigst durch die Vielzahl unterschiedlichster Furniere, die z. T. auch gefärbt und schattiert sind, komplettiert.

Pappenheim (Lkr. Weißenburg-Gunzenhausen), *ehem. Augustinereremitenkirche,* Beratung zur Erstellung eines Restaurierungskonzepts für das Chorgestühl (Ulrich Auer, 1498 und 1487), die Herrschaftsloge von 1650, die Kanzel von 1674.

Peterskirchen (Lkr. Rottal/Inn), *Schloß,* Fassungsuntersuchung an einer Holzdecke im Obergeschoß.

Passau, ehem. Residenz, Beratung und Untersuchung der Paneele, wandfesten Möbel, der Türen, Parkettböden und Fenster. Beginn der Restaurierung.

Windberg, Lkr. Straubing-Bogen; ehem. Prämonstratenserkloster; Portal zur ehem. Klosterbibliothek; Vorzustand (Zeichnung Fa. S. Mühlbauer, Regensburg)

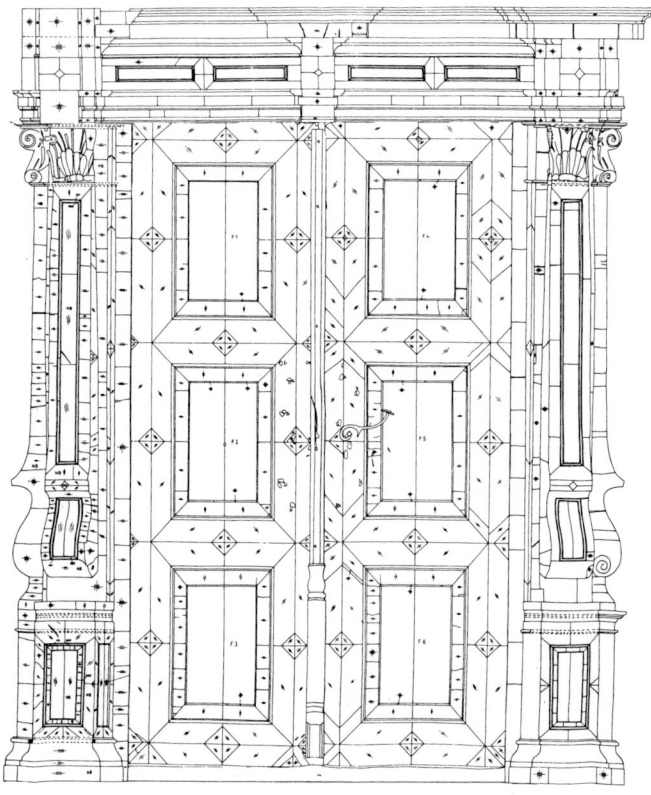

Rohr (Lkr. Kelheim), *Kath. Pfarr- und Abteikirche*, Fertigstellung der Restaurierungsarbeiten am Chorgestühl von Egid Quirin Asam (vgl. Jahrbuch 1988) durch die Firma Krininger. Mehrfache Ortstermine.

Schmiechen (Lkr. Aichach-Friedberg), *Kath. Wallfahrtskirche Maria Kappl*, Untersuchung, Photodokumentation und Erstellung eines Restaurierungskonzepts für das von Maximilian Grueber 1770 vollendete Chorgestühl, die wohl im selben Jahr gefertigte Kommunionbank und das Laiengestühl.

Wies (Lkr. Weilheim), *Kath. Wallfahrtskirche*, Untersuchung des Laiengestühls, der Beichtstühle und der Kommunionbank, Erarbeitung von Vorgaben zum Ausschreibungstext.

Windberg (Lkr. Straubing-Bogen), *Prämonstratenserkloster*, Beratung zur Restaurierung des ehem. Bibliotheksportals. Die Türblätter sind rückseitig gefaßt und vorderseitig furniert, ebenso der Türrahmen, bei dem zusätzlich die Kapitelle durch eine Polimentvergoldung hervorgehoben sind. Geschaffen wurde das Portal wohl durch den Laienbruder Fortunat Simon (1680–1747), der eine Vielzahl von Kirchen- und Klosterausstattungsteilen schuf, beauftragt durch den Abt Augustin Schmidbauer (1717–1732). Eine Urkunde im Inneren des Türrahmens belegt die Beendigung der Arbeiten im Jahre 1753.

KATHARINA WALCH

FACHBEREICH STEINRESTAURIERUNG

Auch im Berichtsjahr wurden wieder Architekten, Bildhauer, Steinmetzen, Restauratoren und Denkmaleigentümer von Angestellten unseres Referats beraten und betreut. Weiterhin wurde eine große Anzahl von Steindenkmälern (vor allem Bildstöcke und Epitaphe) begutachtet. Größere Betreuungen erfuhren sämtliche Fassaden von Schloß Seehof (Hauptgebäude) sowie die Fassade des Marstalls von Schloß Weißenstein in Pommersfelden, wo auch Forschergruppen des Bundesministeriums für Forschung und Technologie (BMFT) eingesetzt wurden.

Zu Beginn des Berichtsjahrs wurde auf Anregung der Werkstattleitung eine Kontrolle acrylharzvollgetränkter Steindenkmäler durchgeführt. Anlaß dazu gaben immer wieder vorgetragene Reklamationen über Schäden an Objekten, die nach diesem Verfahren behandelt worden waren. Eine statistische Erfassung sowie eine schriftliche und photographische Dokumentation erschien deshalb notwendig. Sie sollte in einem Gebiet stattfinden, in dem relativ viele Steine nach diesem Verfahren behandelt worden waren, und sie sollte Aufschluß darüber geben, wie hoch die Schadensrate wirklich ist. Als Testgebiet wurde ein Teil des Landkreises Würzburg ausgewählt. Im Laufe dieser Aktion, die sich mit Unterbrechungen über fünf Monate hinzog, wurden 82 Objekte, bestehend aus insgesamt 183 Einzelobjekten, untersucht. An diesen Einzelobjekten wurden vier Schäden unter 10 cm Länge und sieben Schäden über 10 cm Länge festgestellt, also insgesamt elf Schäden, das entspricht 6 %.

Bis auf eine Ausnahme stammten alle Schäden aus den Jahren 1979 bis 1983, also aus einer Zeit, in der bekannterweise bei der Ausführung des relativ schwierigen Volltränkungsprozesses immer noch aus Unkenntnis physikalischer und chemischer Vorgänge (zum Teil auch aus Gründen menschlichen Versagens) zahlreiche Fehler gemacht wurden, in deren Folge Schäden entstanden. Diese zeigten sich stets in Form mehr oder weniger langer und mehr oder weniger tief in den Stein reichender Risse, die meist nur einzeln auftraten, in seltenen Fällen den Stein wie ein Spinnennetz überzogen. Ende 1983 erfolgten nach Erkennen der meisten Fehler wesentliche Verbesserungen des Verfahrens, so daß nach diesem Zeitpunkt nur ganz selten – und nur noch an ganz bestimmten Gesteinstypen Schäden auftraten.

An denselben Objekten waren aus Kostenersparnisgründen gleichzeitig mit der Acrylharzvolltränkung 148 Teile mit Kieselsäureester gefestigt worden. Davon zeigten 17 bereits wieder neue Schäden, was einem Prozentsatz von 11,5 entspricht. Die Schäden an kieselsäureestergefestigten Teilen sind danach doppelt so zahlreich wie jene an acrylharzvollgetränkten Objekten.

Betrachtet man die Schadensformen, so muß festgestellt werden, daß sich bei der Arcrylharzvolltränkung (wie oben bereits erwähnt) die Schäden in Form von mehr oder weniger langen und tiefen Rissen zeigen und stets auf unvollkommene Durchtränkung oder unvollkommene Trocknung zurückzuführen waren. Die Schäden an kieselsäureestergefestigten Steinen zeigen sich durch Absandungen oder Abschuppungen. Während bei acrylharzvollgetränkten Steinen die originale Oberfläche trotz Rißbildung also noch erhalten bleibt, ist diese beim Auftreten der Kieselsäureesterschäden meistens bereits verloren. Dies muß bei der Beurteilung der Schäden beachtet werden. Außerdem ist festzuhalten, daß wegen mangelnder Eindringtiefe auf feinporösen Steinen (wie z. B. beim grünen Schilfsandstein) eine Nachtränkung mit Kieselsäureester, wie so oft empfohlen, ohne Provokation neuer Schäden mit gutem Gewissen meistens nicht mehr durchgeführt werden kann und darf. Dies ist nur bei mittel- bis grobporösen Steinen möglich und tatsächlich empfehlenswert. Bei diesen Steinen waren allerdings in den meisten Fällen auch keine Kieselsäureesterschäden zu konstatieren.

Wie bereits im Jahresbericht 1988 mitgeteilt, kann die Acrylharzvolltränkung nunmehr als sicher funktionierend bezeichnet werden. (Die Schadensquote von 6 % aus den Jahren 1979–83 dürfte in den Folgejahren auf 1–2 % gefallen sein). Rißbildungen treten jetzt allenfalls noch dort auf, wo vor der Tränkung bereits Risse vorhanden, jedoch kaum sichtbar waren, wo es sich um Klebungen mit falschem Klebeharz, wo es sich um falsche, ungeeignete Ergänzungsmassen oder aber um die falsche Anwendung grundsätzlich geeigneter Ergänzungsmassen handelt. Risse können auch auftreten, wenn trotz der gewonnenen physikalisch-chemisch-technischen Erkenntnisse dennoch Verfahrensfehler gemacht werden. Mit menschlicher Unvollkommenheit wird gelegentlich weiterhin zu rechnen sein, weshalb auch die Forderung des Referats Steinkonservierung, wertvolle Skulpturen nicht der Volltränkung zu überantworten, aufrecht erhalten bleiben muß. Für sehr viele Objekte jedoch stellt das Acrylharzvolltränkungsverfahren auch dann noch eine sichere Konservierungsmöglichkeit dar, wenn alle anderen Verfahren versagen. Bei der Volltränkung von Objekten aus Kalkstein und Marmor hat sich das Verfahren von Anfang an – bei einer Schadensquote von 0 % – bestens bewährt.

Der technische Ausbau der Steinkonservierungswerkstätte im nördlichen Wachshaus hatte im Sommer des Jahres 1987 begonnen, und es war damit zu rechnen, daß er bis Ende des Jahres 1989 abgeschlossen sein würde. Leider war dies nicht der Fall, doch gingen die Werkstattarbeiten trotzdem weiter.

Werkstattarbeiten

Euerfeld (Lkr. Würzburg), *Marienkrönungsgruppe*, Mitte 18. Jh. Diese Gruppe aus der Werkstatt Wolfgang von der Auveras, die in mehrjähriger Arbeit konserviert, restauriert und zum Teil ergänzt worden war, wurde von einem Steinmetz auf einen Sandsteinsockel wieder versetzt, welcher vom Referat Steinkonservierung entworfen worden war und der im wesentlichen dem gemauerten, nicht mehr originalen Vorgängersockel entspricht.

Schloß Seehof in Memmelsdorf (Lkr. Bamberg), *Wappen des Memmelsdorfer Tors*, erste Hälfte 18. Jh. Das mehrteilige Wappen aus gelbgrauem, violettgeflecktem Mainsandstein, dessen Hauptteil 200 x 180 cm mißt, hatte durch die 1977/78 ohne vorherige Sicherung erfolgte Abnahme stark gelitten. Die zehnjährige Lagerung in einem der Gewächshäuser von Schloß Seehof brachte zusätzliche Schäden. Das Wappen wurde zunächst an Ort und Stelle von Staub und Schmutz befreit, sodann mit Kieselsäureester vorgefestigt und in das nördliche Wachshaus transportiert. Nach einer Farbuntersuchung und -dokumentation, bei der nur weiße Farbe festgestellt werden konnte, erfolgte eine Reinigung mit Skalpell, Pinsel und Mikroheißdampfstrahlgerät. In aufwendiger Arbeit wurden dann die vielen Risse mit Epoxidharz geschlossen, welches mit Einwegspritzen aus Polyäthylen, Injektionsnadeln ab 0,8 mm Ø und Kunststoffschläuchen unterschiedlicher Dicke injiziert wurde. Wenn abstehende Schollen punktuell zu fixieren oder breite Risse zu füllen waren (wenn also ein Laufen des Harzes nicht erwünscht war), wurde das Harz mit Aerosil entsprechend eingedickt. In solchen Fällen mußte beim Einbringen in den Riß mit größerem Druck gearbeitet werden, wofür gegebenenfalls spezielle, mechanisch von Hand zu bedienende Druckspritzen eingesetzt wurden, wie z. B. Kartuschenspritzen für die Verarbeitung einkomponentigen Siliconkautschuks. Um ein

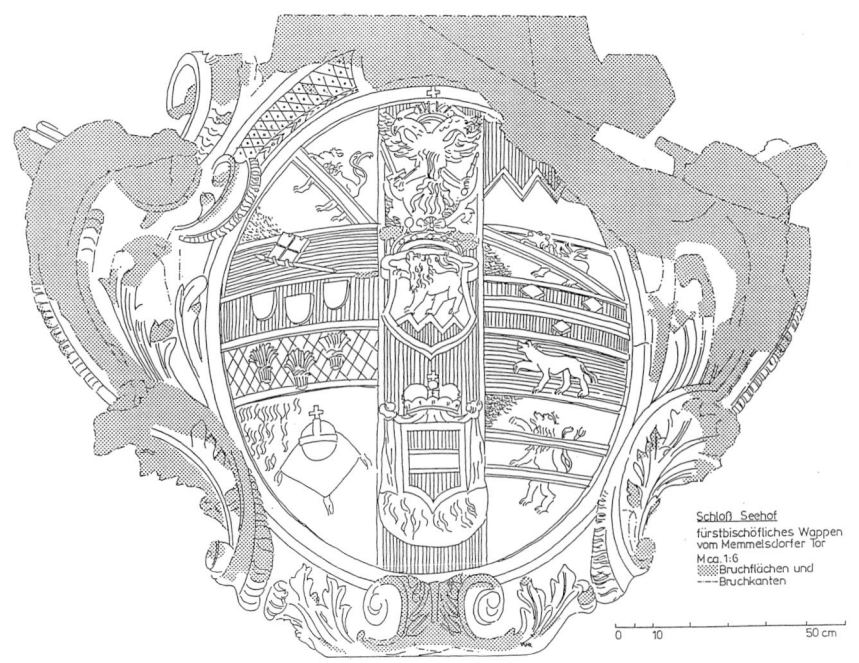

Memmelsdorf, Lkr. Bamberg; Schloß Seehof; Wappen des Memmelsdorfer Tors, 1. Hälfte 18. Jahrhundert; Schadenskartierung

eventuelles Verschmieren der Oberfläche mit Harz absolut zu vermeiden, mußte vorher die Umgebung des zu füllenden Risses isoliert werden, und zwar mit tierischem Leim oder Polyvinylacetat, wodurch die Beseitigung übergelaufenen Harzes auf der Oberfläche wesentlich erleichtert wurde. Enge Risse oder Haarrisse, die nur mit dünnflüssigem, also nicht verdicktem Harz gefüllt werden konnten, mußten in ganzer Länge – zusätzlich zur Isolierung ihrer Oberfläche (wie oben beschrieben) – noch eine Abdichtung mit Silikonkautschuk, Naturlatex oder sog. Heißkleber (Polyäthylen) erfahren, damit das eingebrachte Harz nicht unkontrolliert wieder herauslaufen konnte, damit sie also wirklich gefüllt waren. Das Füllen selbst erfolgte durch kleine Schläuche, die in die Abdichtungsmasse mit eingebunden worden waren und so als Einfüllstutzen (gegebenenfalls auch als Luftaustrittsöffnungen) dienten. Da das Wappen in das komplettierte Memmelsdorfer Tor eingefügt und auch wieder farbig gefaßt werden soll, wurden in großem Umfang Ergänzungen mit mineralischer Steinersatzmasse durchgeführt. Zum Teil konnte man sich dabei auf ältere Photographien berufen, zum Teil mußten die Arbeiten in freier Nachempfindung durchgeführt werden.
Die Arbeitsgruppe der Kaskade von Schloß Seehof schloß sich inzwischen zu einer Firma mit dem Namen »Monolith GmbH« zusammen. Sie stellte im Lauf des Jahres die Treppenstufen mit Podesten fertig, fundamentierte das obere Becken um die Herkulesgruppe, belegte es mit Platten und bereitete steinmetzmäßig dessen Gewände sowie die Wassertreppe vor.

Wagenhausen (Lkr. Haßberge), *Bildstock mit Darstellung der Heiligen Familie und einer Pietà*, frühes 18. Jh.. Von diesem restlos zerstörten Bildstock waren nur noch die zahlreichen Einzelteile des Aufsatzes erhalten. Diese sollten eigentlich nur noch als Vorbilder zur Anfertigung einer Kopie dienen. Sie wurden jedoch in die Werkstätte des Landesamtes für Denkmalpflege verbracht und dort gesichtet. Nach einer Vorfestigung mit Kieselsäureester begann eine mühevolle Such- und Klebearbeit. Als Material für die Klebung wurde Epoxidharz verwendet; größere Teile erhielten zusätzlich Edelstahldübel. Die Ergänzung erfolgte mit Steinersatzmasse Minéros. Dabei wurden jedoch keine figürlichen, sondern nur architektonische Teile ergänzt, die gegenüber dem Original leicht zurückgesetzt wurden, und es erfolgte ein Schließen der Risse. Der Bildstockaufsatz wurde anschließend einer Acrylharzvolltränkung unterzogen, da er anders nicht mehr zu erhalten gewesen wäre. Bildstockschaft und Sockel werden von einer Steinmetzfirma nach dem Vorbild noch geringer vorhandener Reste sowie einem alten Zustandsphoto neu angefertigt.

Würzburg, Rosengasse 4, Immaculatafigur, Mitte 18. Jh.. Der Entwurf der Skulptur wird A. G. Bossi (1705 – 1765) zugeschrieben, dagegen die Ausführung in Stein der Auvera-Werkstatt. Die Immaculata hatte die Würzburger Feuersbrunst während des Bombenangriffs am 16. März 1945 relativ gut überstanden und war im Mainfränkischen Museum sichergestellt worden. Schaden hatte jedoch die Farbfassung genommen, welche teils schwarzkrustig verbrannte, teils auch verlorenging. Farbuntersuchungen ergaben eine ehemals einheitlich weiße Fassung der Figur auf polychromer Weltkugel und Schlange. Die verbrannten Farbschollen konnten weder niedergelegt noch auf ihren ursprünglichen Farbton zurückgeführt werden, weshalb sie partiell mit Abbeizpaste oder mit dem Mikrosandstrahlgerät abgenommen wurden. Eine Festigung erfolgte nicht, da sich der gelbgrüne Mainsandstein in vorzüglichem Zustand befindet und die Skulptur künftighin von ihren Besitzern im Innenraum aufbewahrt wird.

Das Forschungsvorhaben der Volkswagen-Stiftung »Die Entsalzung von Natursteindenkmälern im Freien« wurde in zwei Teilbereichen abgeschlossen. Im ersten Teilbereich erfolgte die Entsalzung der Natursteine durch Lagerung in entionisiertem Wasser. Variiert wurden dabei die Temperatur des Wasserbads und der Zeitpunkt des Badwechsels. Bei ausreichend großem Badvolumen haben hierbei die Badtemperatur ebenso wie die Häufigkeit des Badwechsels nur geringen Einfluß auf die Dauer der Entsalzung. Im Bad gelöste Anteile der Bindephasen und der teilweise hohe Substanzverlust bei tonig gebundenen Sandsteinen zeigten, daß diese Möglichkeit der Entsalzung nur in Ausnahmefällen bei wenigen, zumeist silikatisch gebundenen Sandsteinen zur Anwendung kommen kann. In einem weiteren Teilbereich wurden verschiedene Möglichkeiten einer Kompressenentsalzung miteinander verglichen. Zu untersuchen waren unterschiedliche Kompressenmaterialien sowie der Einfluß der Kompressendicke und die Abhängigkeiten von Temperatur und Zeit. Ein Gemisch von Zellstoffflocken mit Ton und reine Zellstoffflocken erweisen sich dabei als die wirkungsvollsten Kompressenmaterialien. Mit zunehmender Dicke der Kompresse und ansteigender Temperatur kann die Dauer der Entsalzung verkürzt werden. Schon ein geringes Hinzufügen von Tonen erleichtert das Aufbringen der Kompresse, erschwert aber unter Umständen deren Wiederentfernen. Die Haftfähigkeit der Kompresse auf der Oberfläche des Objektes ist also über den Tonanteil einstellbar.
Zur Zeit wird die praktische Anwendung des Kompressenverfahrens am Kreuztor in Ingolstadt und am Schaumberg'schen Epitaph in der Evang.-Luth. Pfarrkirche in *Schney* (Lkr. Lichtenfels) erprobt.

ROLF WIHR

FACHBEREICH TEXTILRESTAURIERUNG

Im Berichtsjahr wurden Textilien in den Restaurierungswerkstätten u. a. für vier verschiedene Ausstellungen Gewänder und Gewebe restauriert, zur Präsentation auf geeignete Ständer und Stützen gebracht sowie Kurierdienste für den Transport und die konservatorische Betreuung in den Ausstellungen durchgeführt.

Aschaffenburg. Die Stola des hl. Martin aus dem 12. Jh. wurde nach der Restaurierung in die kath. *Stiftskirche St. Peter und Alexander* zurückgebracht; dort wird sie in der Sakristei aufbewahrt.

Aus dem *Diözesanmuseum Bamberg* wurde die Restaurierung von zwei Kaseln des 18. Jhs., mit reicher Goldstickerei und kostbaren Seidenbrokaten durchgeführt. Auch an zwei Kaseln aus dem 15. Jh. mit gestickten Kaselstäben wurde die Restaurierung begonnen.

Für die Jubiläumsausstellung »800 Jahre Heiliger Bischof Otto von Bamberg« in der *St. Michaelskirche in Bamberg* wurden die Kasel und die Mitra, die dem hl. Otto zugeordnet werden und in einem Schrein des 18. Jhs. an der Rückwand des Hauptaltars aufbewahrt waren, konservatorisch betreut. Eine umfassende Restaurierung war wegen der kurzfristig geplanten Ausstellung nicht möglich. An der Kasel aus dem 16. Jh. und der Mitra aus dem 12. Jh. wurden nur die Fehlstellen gesichert; für das Informationsblatt der Ausstellung wurden die Gewebe untersucht und bestimmt. Auch für diese Ausstellung mußten geeignete stützende Ständer und Platten angefertigt werden.

Erlangen, Kath. Pfarrkirche Herz-Jesu. Für die Kirche wurden vier Kaseln des 19. Jhs. restauriert.

Geiging (Lkr. Rosenheim), *Wallfahrtskirche.* Die Bekleidung einer Madonnenfigur wurde restauriert und dann in die Kirche zurückgebracht.

Kaufbeuren, Wallfahrtskirche St. Blasius Ein Bildteppich der Zeit um 1500, eine Darstellung des hl. Blasius mit Tieren, wurde konserviert und restauriert. Der Teppich hat sehr starke Lichtschäden: Die Farben sind fast gänzlich verblaßt. Er konnte in einer Vitrine mit UV-absorbierendem Glas nach der Restaurierung wieder in die Kirche zurückgeführt werden.

Niederaltaich, Klosterkirche. Die Restaurierungsarbeiten an der Kasel des hl. Godehard aus dem 10. Jh. wurden weitergeführt.

Passau. Für das neu eingerichtete *Diözesanmuseum* wurden zwei Gewänder (Dalmatik und Tunika) aus dem Grab des um 1500 verstorbenen Bischofs Christoph Schachner restauriert. Die Gewänder, Seidengewebe aus dem Anfang des 13. Jhs., waren schon 1909, nach Bergung aus dem Grab, gewaschen und sehr grob auf neue Baumwollgewebe genäht worden. Da diese Restaurierung aus ästhetischen und konservatorischen Gründen nicht mehr genügte, wurden die Seidengewebe auf neue farblich angepaßte Seiden aufgenäht. Für die Ausstellung wurden sie auf stützende, formgerecht angefertigte Ständer aufgebracht. Leider konnte bisher nur die Tunika ausgestellt werden, obwohl es eine große Seltenheit ist, daß Tunika und Dalmatik des gleichen Gewebes von einem Ornat aus dieser frühen Zeit noch erhalten sind.

Regensburg. Für die Ausstellung »Ratisbona Sacra« im *Diözesanmuseum* wurden restauriert: die Reliquienhüllen des 7.–9. Jhs. aus St. Emmeram; die Kasel vom Ornat I, der sog. Heinrichsgewändern aus der Alten Kapelle, und die Dalmatik vom Ornat II. Neben der Betreuung beim Transport war auch die Beratung für konservatorisch bestmögliche Bedingungen in der Ausstellung durchzuführen. Hier sind vor allem die richtigen Vitrinen, das Klima und die Beleuchtung für diese besonders wertvollen Objekte auch bei kurzen Ausstellungszeiten von großer Wichtigkeit, da irreversible Schäden entstehen können.

Im *Stadtarchiv Regensburg* neu aufgefundene Reliquienstoffe, die aus den Gräbern der Kirche von *St. Emmeram* stammten, wurden untersucht, konserviert und zeitlich bestimmt. Ein Gewebe konnte mit großer Wahrscheinlichkeit einem Reliquiengewebe zugeordnet werden, welches aus dem Emmeramsschrein stammt. Die Gewebefragmente wurden am 14. Juli in Anwesenheit vom S. E. Bischof Manfred Müller vom Archiv an die Kirche zurückgegeben.

Kaufbeuren; Wallfahrtskirche St. Blasius; Bildteppich mit hl. Blasius und Tieren; um 1500; nach der Restaurierung

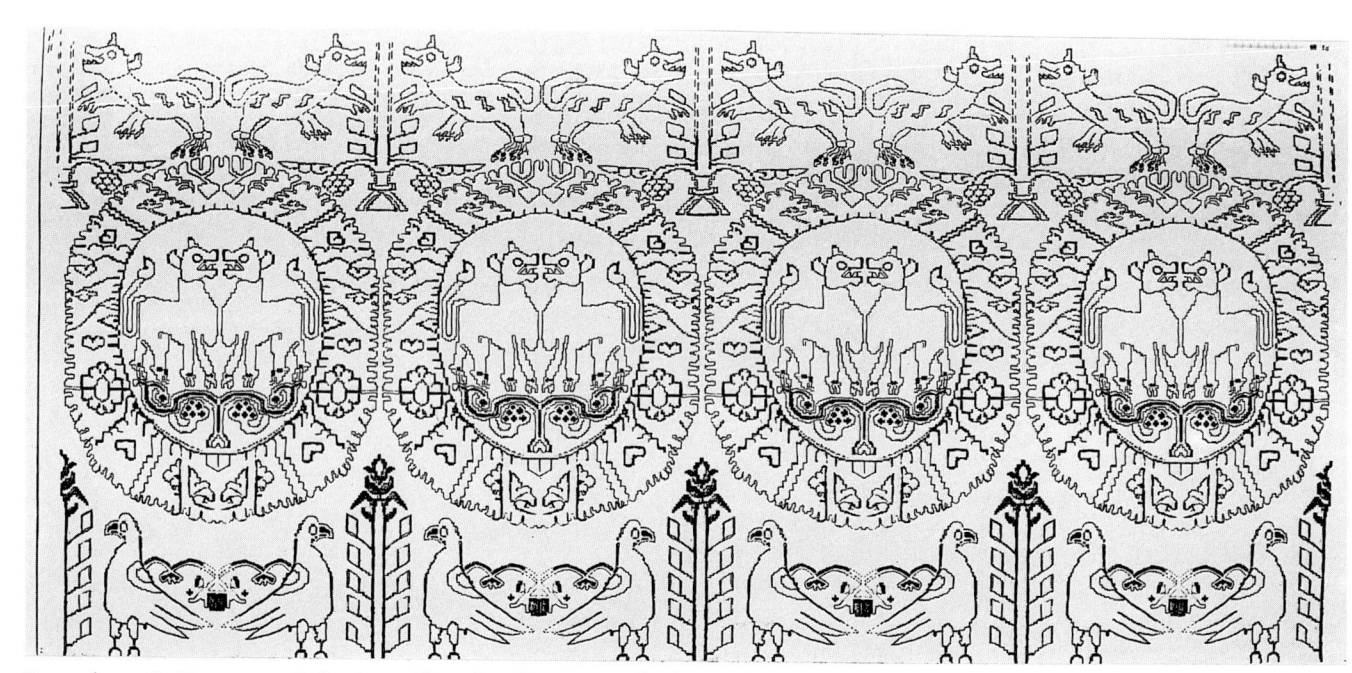

Regensburg; St. Emmeram; Reliquienstoff aus dem Emmeramsschrein, 8. Jahrhundert; erhaltene Reste und Rekonstruktionszeichnung

Für eine Ausstellung in Berlin (»Europa und der Orient«) wurde die Kasel vom Ornat II der sog. Heinrichsgewänder aus der *Alten Kapelle, Regensburg,* restauriert und auf einen stützenden, neuen Ständer aufgebracht. Auch hier wurden die Kurierdienste von der ltd. Restauratorin und einer Praktikantin des Amtes durchgeführt. Hin- und Rücktransport wurde begleitet und das Gewand am Ort auf den Ständer aufgebracht und in die Vitrinen gestellt.

Regensburg, St. Emmeram. Auch die sehr langwierigen Restaurierungsarbeiten an der sog. Wolfgangskasel um 1200 konnten wieder aufgenommen werden. Für den Ausstellungskatalog der Ausstellung »Ratisbona Sacra« wurden Materialuntersuchungen sowie Untersuchungen und Zeichnungen zur Technik und Musterdarstellung ausgeführt.

TEXTILRESTAURIERUNG

Beratungen

Augsburg, Kath. Stadtpfarrkirche St. Ulrich und Afra. Während der Restaurierungsarbeiten in der Kirche waren die in einer Seitenkapelle in Vitrinen aufbewahrten Grabgewänder des hl. Ulrich – Tunika und Kasel, Stola und Manipel, die ins 10. Jh. datiert sind – zunächst in einen Sakristeischrank gehängt worden. Es gelang, die Kirchenstiftung zu überzeugen, die Gewänder vor Staub und Zugriff zu schützen. Sie wurden in maßgerecht angefertigte, säurefreie Kartons, mit leichten Seidentüchern abgedeckt, verpackt. Da an den Gewändern erhebliche Schäden durch Verstaubung und Lichteinfall festgestellt werden mußten, wurden Pläne für eine Vitrine erstellt: Sie müssen unbedingt staubdicht, mit Lüftungsfiltern und mit UV-Schutzglas versehen werden. Es handelt sich bei diesen Gewändern um die authentischen Grabgewänder des hl. Ulrich; zudem ist die Tunika, bisher die weltweit einzig erhaltene aus dieser frühen Zeit.

Bamberg, Diözesanmuseum. Für die Neueinrichtung des Diözesanmuseums wurden mehrfach Beratungen zur Ausstellung der Kaisermäntel, des Gunthertuches, der Clemensgewänder und weiterer textiler Ausstellungsstücke durchgeführt. Zu den sehr schwierigen chemisch–physikalischen Problemen der Direktverglasung des Gunthertuchs, an welcher starker Belag festgestellt wurde, fanden auch Beratungen mit Frau Prof. Dr. Jägers statt.

München, Stuckvilla. Zu Konservierung und Restaurierung von vier Tapisserien des 17. Jhs. waren Zustandsaufnahmen zu erstellen sowie mit freiberuflichen Restauratoren Konzepte und Kalkulationen zu beraten.

Marktheidenfeld. Hier waren Zustandsaufnahmen, Materialbestimmung und Restaurierungskonzepte an Wandbespannungen eines Bürgerhauses durchzuführen.

Obermedlingen. Das Kurzinventar des Paramentenbestandes wurde ausgearbeitet. Stark mit Schimmel befallene Objekte wurden in der Textilrestaurierungswerkstatt behandelt.

Würzburg, Kath. Pfarrkirche St. Burkhard. Hier wurde ein Kurzinventar der Paramente erstellt, der Zustand der Gewänder aufgenommen und eine Beratung für die Neueinrichtung der Sakristeischränke durchgeführt.

Regensburg; Alte Kapelle; Dalmatik von Ornat II der sog. Heinrichsgewänder; nach der Restaurierung

Im *Martin-von-Wagner Museum* wurde die Konservierung der mittelalterlichen Bildweberei mit der Darstellung der Kreuzigung beraten, ein Konzept und die Kostenermittlung aufgestellt.

Beratungen außerhalb Bayerns

Arolsen, Schloß, Begutachtung der Tapisserien, Erstellung von Restaurierungskonzepten und Kostenschätzungen.

Baden-Baden. Im Spielkasino wurde ein großen Bodenteppich in Wirktechnik aus dem 19. Jh. begutachtet und Zustandsaufnahmen sowie eine Beratung zur Deponierung und Erhaltung durchgeführt.

HANNELORE HERRMANN

ZENTRALLABOR

Forschungsbereich Steinkonservierung

Arbeiten im Rahmen des BMFT-Projekts »Steinzerfall/Steinkonservierung«

Organisation, Veranstaltungen und Datensammlung. Die im Vorjahr geschaffene Organisationsstruktur des Verbundprojekts hat sich insgesamt sehr bewährt. Die Lenkungsausschüsse und Operationsgruppen treffen sich regelmäßig. In fachlicher Hinsicht wird in den Operationsgruppen intensiv gearbeitet; für interdisziplinäre Untersuchungen und Interpretationen gehen von hier wertvolle Impulse und Anregungen aus. Es ist auch gelungen, die Anzahl der Teilnehmer nach anfänglichen Problemen auf ein arbeitsfähiges Maß herunterzuschrauben.

Probleme gibt es allerdings noch bei den Objektkonferenzen der Operationsgruppe 1.1. Hier sind bisweilen bei größeren Objekten 50 bis 60 Personen versammelt. Verursacht wird diese große Zahl aber weniger durch die aktiven Mitglieder der Operationsgruppe als vielmehr durch die Vielzahl der Personen, die von Seiten der Bauherrenschaft bzw. anderer Zuständigkeiten zu den Besprechungen geladen werden müssen. Es stellt sich jedoch heraus, daß auf den Folgekonferenzen bzw. den internen Besprechungen nur mehr eine handlungsfähige Zahl von 15 bis 20 Personen beteiligt ist.

Unter Leitung des Referenten haben im Berichtjahr drei Sitzungen des Lenkungsausschusses 1 »Objekt – und Materialuntersuchungen« stattgefunden. Neben den üblichen organisatorischen Fragen sind ausführlich neueste Ergebnisse aus den Operationsgruppen »Objekterfassung/Objektuntersuchungen«, »Chemie«, »Biologie« und »Materialuntersuchungen« besprochen worden. Die Veranstaltungen haben einen regen Besuch durch Restauratoren und Denkmalpfleger erfahren.

In ausführlicher Diskussionen über die vorgelegten Ergebnisse sind zahlreiche neue Aspekte über die Zusammenhänge von Steinverwitterung und -konservierung herausgearbeitet worden. Ohne die Fachbeiträge im einzelnen abhandeln zu wollen, sei doch auf drei wesentliche Resultate kurz eingegangen.

Von Prof. Dannecker, Institut für Anorganische Chemie der Universität Hamburg, sind umfangreiche Luftschadstoff-Messungen an den Prüffeldern in Oberhausen und Holzkirchen vorgestellt worden. Bei der SO_2 – Belastung zeigen sich wie erwartet ganz deutlich die unterschiedlichen Belastungsniveaus der Standorte. Von außerordentlichem Interesse ist jedoch die NO_x – Belastung. Das Verhältnis NO/NO_2 unterliegt bekanntlich wegen seiner Abhängigkeit von der Sonneneinstrahlung einem intensiven Tagesgang. Am Standort Holzkirchen ist eindeutig ablesbar, daß mit den Uhrzeiten der einsetzenden Verkehrsbelastung z. B. an schönen Wochenenden die NO_x – Werte sprunghaft in die Höhe gehen. Weiterhin findet sich ein hohes Belastungspotential an Kohlenwasserstoffen von annähernd 100 µg/m³ Luft. In diesem Pauschalwert sind neben dem wohl wichtigsten Stoff Methan noch eine Vielzahl weiterer Kohlenwasserstoffe enthalten. Es wird in Zukunft erforderlich sein, dieses Zahlenmaterial aufzuschlüsseln und in Relation mit den verwitterungsbedingten Veränderungen der Steinexponate auszuwerten.

Die Forschungsgruppe Mikrobiologie unter Prof. Bock, Institut für Allgemeine Biologie, Universität Hamburg, hat die Analyse der Besiedlungsdichten von Ammoniak- und Nitrit-Oxydanten an allen bisher beprobten Objekten ausgewertet und auf der Grundlage dieses Zahlenmaterials eine Belastungs- und Gefährdungsbeurteilung abgeleitet. Diese Ergebnisse scheinen ein erster wichtiger Anfang, um im Verlauf der Langzeitbeobachtung der Objekte die Bedeutung der Mikrobiologie bei der Gesteinsverwitterung zu erfassen. Neben der Aufstellung der Gefährdungsklassen ist von außerordentlicher Bedeutung, daß vor allem unter Einfluß des pH-Werts die Nitrifikanten ihre Stoffwechselaktivitäten verändern können. So produzieren sie bei pH-Werten 6.5–9 Nitrit und in einer zweiten Reaktionsstufe Nitrat. Dieses kann aber bei pH-Werten 4.5–6.5 abgebaut und zu NO_x reduziert werden. Dieser Mechanismus hat zur Folge, daß Nitrate nur als Reaktions-Zwischenprodukte auftreten. Er könnte die Ursache dafür sein, daß trotz der vorhandenen NO_x-Belastung in Gesteinen verhältnismäßig wenig Nitrat nachgewiesen werden kann.

Für die Tätigkeit der Operationsgruppe 1.1. unter Leitung von Prof. Mirwald und Dr. Leisen sind zu elf Objekten umfangreiche Arbeitsmappen erstellt worden. Diese Arbeitsmappen fassen sämtliche objektbezogenen Berichte des gesamten BMFT-Verbundprojekts zusammen. Sie sind damit ein wichtiges Diskussionsmaterial für die Fortsetzung der Objektuntersuchungen und die erste wichtige Grundlage für die abschließende Berichterstattung im Bild- und Informationsatlas.

Als Ergebnis aus der Objekterfassung hat die Leitung der Operationsgruppe mehrmals dargelegt, daß die Interpretation der am Projekt gewonnenen Ergebnisse nur auf der Basis der detaillierten Kenntnis der Vorgeschichte, speziell der Restaurierungsgeschichte des Denkmals möglich ist. Im Bereich der »Anamnese« ist deshalb ein intensiver Beitrag der Denkmalpflege erwünscht.

In diesem Sinn wurde 1989 die Untersuchung der Steinbearbeitungsspuren in die Objektuntersuchungen aufgenommen. Diese können direkte Hinweise auf zeitlich unterschiedliche Renovierungsphasen geben und sind deshalb als hilfreicher Teil der Anamnese zu werten.

Untersuchungen zur Steinfestigung und Hydrophobierung an der Alten Pinakothek in München.

Nach einer intensiven Vorbereitungsphase, die sich im Anlegen von Musterflächen in den Jahren 1975 und 1978 manifestiert, ist die Alte Pinakothek in mehreren Bauabschnitten von 1984 bis 1988 restauriert worden. Die durchgeführten Maßnahmen beruhen auf einem Konzept, welches die Fa. BAYPLAN, München, erarbeitet hat. Dieses Konzept sieht die folgenden Arbeitsschritte vor:

– Reinigung mit Dampfstrahl (z. T. mit Schlackenzusatz),
– Festigung der Sandsteinpartien mit Kieselsäureester Wacker OH,
– Hydrophobierung der Ziegelflächen- und Sandsteinteile mit Kieselsäureester Wacker H.

Im Bereich der Ziegelflächen sind schadhafte Ziegel durch Neuziegel ersetzt worden. Der Austausch beim Naturstein ist nur in äußerst begrenztem Umfang an Konsolen und Gesimsen vorgenommen worden. Das Austauschmaterial ist Saaler-Grünsandstein. Hauptziel der Restaurierung war in jedem Fall die bestmögliche Erhaltung der Originalsubstanz. Als prophylaktische Schutzmaßnahme sind Gesimse und Fensterbänke mit Bleiblechabdeckungen versehen worden.

Das Landbauamt München hat dankenswerter Weise die Erlaubnis zur Entnahme einer begrenzten Anzahl von Bohrkernen gegeben, so daß die folgenden Untersuchungen zum Nachweis des Behandlungserfolgs gemacht werden konnten.

Eine wichtige Voraussetzung zur Beurteilung der Konservierungsmaßnahmen ist die Kenntnis der Charakteristika der einzelnen Gesteinsvarietäten. Obwohl das Natursteinmaterial der Alten Pinakothek einheitlich »Regensburger Grünsandstein« ist, lassen sich, wie auf Abbildung 1 gezeigt, vier verschiedenen Grundtypen voneinander separieren. Diese Typen zeigen hinsichtlich ihrer Verwitte-

Abb. 1

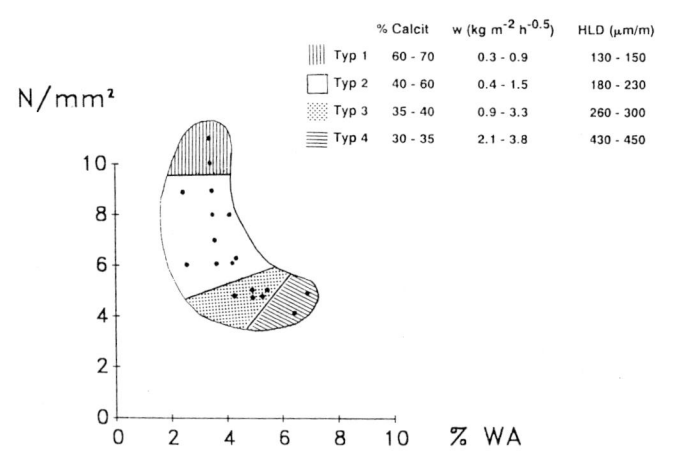

	% Calcit	w (kg m^{-2} h$^{-0.5}$)	HLD (µm/m)
Typ 1	60 - 70	0.3 - 0.9	130 - 150
Typ 2	40 - 60	0.4 - 1.5	180 - 230
Typ 3	35 - 40	0.9 - 3.3	260 - 300
Typ 4	30 - 35	2.1 - 3.8	430 - 450

Wasseraufnahme

Biegezugfestigkeit

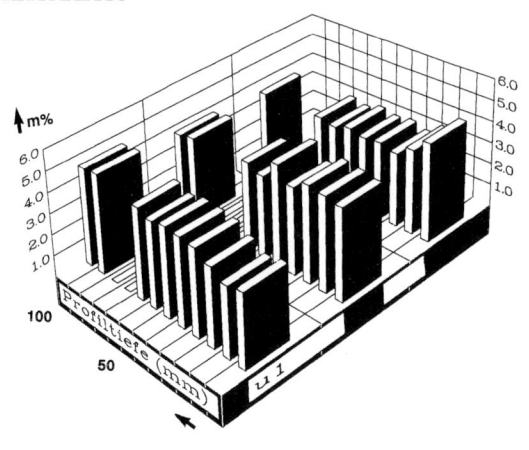

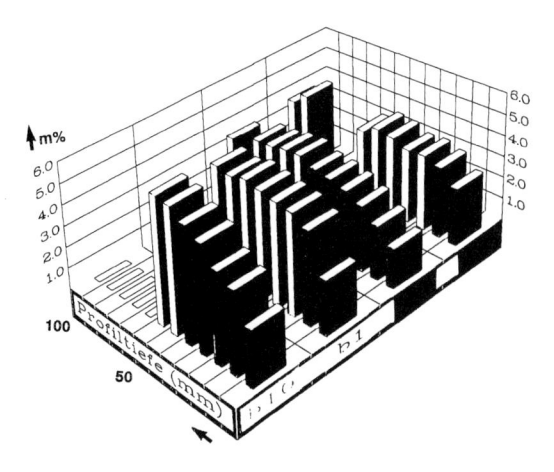

Abb. 2

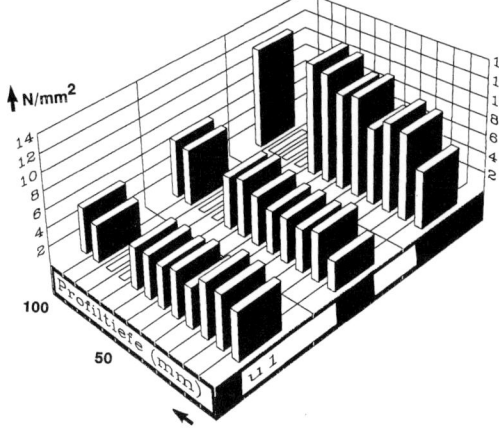

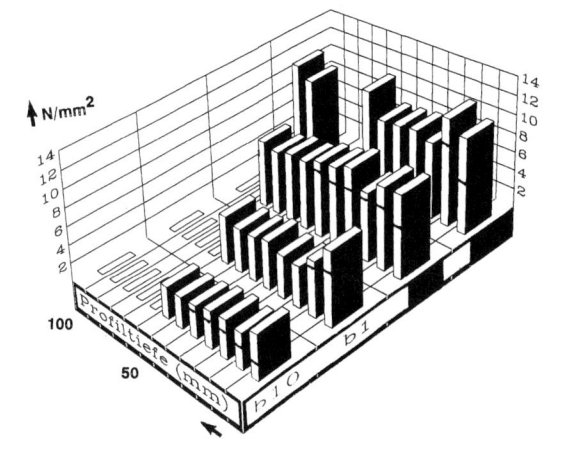

Abb. 3

rungs- und Festigkeitseigenschaften ein unterschiedliches Verhalten und müssen deshalb jeweils einzeln betrachtet werden.
Abbildung 1 zeigt die Bereichsfelder der vier Varietäten in einer Darstellung biaxiale Biegezugfestigkeit gegen Wasseraufnahme. In dieser Darstellung erscheint die Grenzziehung der Zustandsbereiche etwas willkürlich. Sie ergibt sich aber zwingend, wenn man die weiteren Eigenschaftsparameter Calcitgehalt, Wasseraufnahmekoeffizient W und Feuchtedehnung (HLD) hinzunimmt.
Abbildung 2 zeigt die Wasseraufnahmeprofile der Gesteinsvarietäten vor und nach der Behandlung. Man erkennt, daß vor der Behandlung kein einheitliches Verhalten vorliegt. Im Fall der Varietät u7 ist zur Oberfläche hin eine Zunahme, im Fall der Varietät u1 jedoch eine Abnahme der Wasseraufnahme zu beobachten. Bei der dritten Varietät u2 ist dagegen die Wasseraufnahme in Richtung Oberfläche gar nicht verändert.
Nach der Behandlung – hier war es möglich, auch die vierte Varietät b10 zu beproben – ist die Wasseraufnahme bei allen Varietäten an der Oberfläche deutlich erniedrigt. Es fällt jedoch auf, daß die Eindringtiefen der Hydrophobierung recht unterschiedlich sind.
In Analogie zur Wasseraufnahme verhält sich auch die Biegezugfestigkeit vor der Behandlung (s. Abbildung 3). Beim Gesteinstyp u7, bei dem die Wasseraufnahme zur Oberfläche hin zunimmt, beobachtet man deutlich eine Abnahme der Festigkeit nach außen. Dagegen ist klar zu erkennen, daß beim Typ u1, bei dem die Wasseraufnahme zur Oberfläche hin reduziert ist, ein leichter Anstieg der Biegezugfestigkeit zu verzeichnen ist. Bei der dritten Varietät u2 bleibt die Festigkeit bis auf die Oberflächenscheibe nahezu konstant, was in Übereinstimmung mit dem gleichmäßigen Wasseraufnahmeprofil steht.
Nach der Steinfestigung mit Wacker OH ist bei allen Varietäten die Festigkeit merklich erhöht. Beim Typ b2 liegt ein mehr oder weniger homogenes Festigkeitsprofil vor. Dieses Gestein hatte auch vor der Behandlung lediglich an der Oberfläche eine leicht reduzierte Festigkeit. Der erzielte Festigkeitszuwachs ist als sehr beträchtlich einzu-

stufen. Beim Typ b3, welcher bereits vor der Behandlung (u7) eine relativ hohe Festigkeit hatte, tritt eine weitere Erhöhung der Festigkeit auf, jedoch prozentual weniger als beim Typ b2. Den geringsten Festigkeitszuwachs hat Gesteinstyp b1. Jedoch sind die Oberflächenbereiche verhältnismäßig stark gefestigt. Es resultiert ein inverses Festigkeitsprofil. Bei keiner Gesteinsvarietät ist aber der Festigkeitsabfall im inversen Festigkeitsprofil so kritisch, daß man die künftige Bildung von Schalen befürchten müßte.
Die Ergebnisse zeigen vor allem, daß es für die Untersuchung an Gebäuden wichtig ist, über die vorhandenen Gesteinsvarietäten einen präzisen Überblick zu haben. Hierzu sind unbedingt entsprechende Probenahmen erforderlich. Erst dann ist es sinnvoll, die Qualität von Konservierungsmaßnahmen durch Untersuchungen vor und nach der Behandlung zu beurteilen. Liegen Gesteinskennwerte vor der Behandlung nicht vor, so ist eine Interpretation der Meßwerte nur in beschränktem Umfange möglich, da eine ganz besonders wichtige Voraussetzung, nämlich die Kenntnis des Wasseraufnahmeverhaltens und des Festigkeitsverlaufs vor der Behandlung, fehlt.

Untersuchungen zur Schalenbildung bei tonigen Sandsteinen

Schalenbildung ist bei tonreichen Sandsteinen ein häufig anzutreffendes Schadensphänomen. Die Schalen erreichen im allgemeinen eine Dicke von 10 – 30 mm. Es bildet sich ein charakteristisches Profil, Schale – Mürbzone – unverändertes Kerngestein, aus, das in vielen Beispielen bekannt ist.
An Gebäuden ist das Auftreten von Schalen gebunden an Orte mit starker klimatischer Exposition, d. h. mit schnellen Feucht- Trockenwechseln. Allein makroskopisch fällt auf, daß die Mürbzone zwischen der Schale und dem Kern des Gesteins das Schadensbild hat, welches bei tonigen Sandsteinen für hohe Dauerfeuchte kennzeichnend ist.

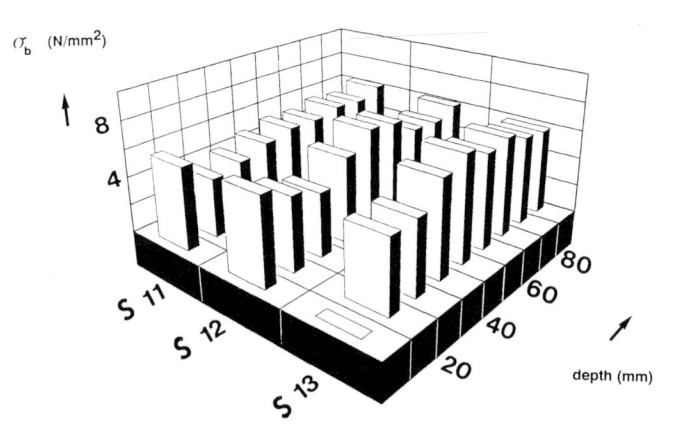

◁ Abb. 4   Abb. 5

verständlich, daß unterhalb der Oberfläche eine verminderte Festigkeit anzutreffen ist. Es zeichnet sich hier deutlich die Mürbzone ab, entlang der sich später die Schale fortsetzen wird. Die verminderte Festigkeit ist aber auch bereits in Profil 13 zu erkennen, welches aus dem Mittelbereich des Gesteins stammt, bei dem optisch noch nicht der Ansatz einer Schalenbildung zu erkennen ist. In geeigneten Fällen können also Festigkeitsmessungen dazu beitragen, den Beginn einer Schalenbildung zu identifizieren.

In Übereinstimmung mit den Festigkeitsprofilen sind auch die nachfolgenden Salzprofile, die in Abbildung 6 zu sehen sind. Die beiden Profile stammen von einem Quader des gleichen Objekts und stellen ein Salzprofil einmal mit Schale und Mürbzone, zum anderen ohne jegliche sichtbare Schalenbildung dar.

Im Fall der bereits makroskopisch ausgeprägten Schale und Mürbzone ist deutlich zu erkennen, daß die Schale an löslichen Salzen verarmt ist. Diese sind deutlich in der Mürbzone angereichert. Das Vorherrschen von Calcium- und Sulfat-Ionen zeigt, daß es sich vornehmlich um Gips handelt. Die Gipsgehalte sind fast ausschließlich auf die Mürbzone konzentriert, denn zum Gesteinsinneren hin fällt der Gehalt an Gips sehr schnell ab.

Ein erhöhter Gipsgehalt unter der Oberfläche ist aber auch im zweiten Profil zu erkennen. Genau an der Stelle der sich ausbildenen Mürbzone, die hier jedoch noch nicht zu erkennen ist, tritt eine deutliche Zunahme der Gipskonzentration auf. Das Salzverteilungsprofil zeigt damit bereits alle Charakteristika wie bei der vollendeten Schalenbildung. Salzverteilungsprofile können somit in geeigneten Fällen herangezogen werden, um eine künftige Schalenbildung zu prognostizieren.

Abbildung 7 zeigt nun die auf der Basis des Computer-Simulationsprogramms berechnete Feuchteverteilung. Nach der Beregnungsdauer von etwa zwei Stunden hat die Feuchtefront eine Tiefe von etwa 30 mm erreicht. Das Gestein ist in der durchfeuchteten Zone annähernd wassergesättigt. Nach der abschließenden Trocknungsphase von 22 Stunden ist das Gestein oberflächlich bereits nahezu ausgetrocknet. Die Feuchtigkeitsfront ist jedoch noch weiter in das Gestein eingedrungen, da zum trockenen Gesteinsinneren ebenfalls ein Feuchtepotenialgefälle vorhanden ist.

Von größerer Bedeutung als diese beiden Momentaufnahmen der Feuchteverteilung nach zwei und 24 Stunden ist die Verteilung der mittleren Feuchte über den gesamten Zeitraum von 24 Stunden. Diese mittlere Feuchte hat ein deutliches Maximum in einer Tiefe von etwa 20 mm, was genau der Position der Mürbzone entspricht. Die mittlere Feuchte ist ein Integral, das sich als Feuchtewirkung (Feuchtigkeit x Zeit) charakterisieren läßt.

Das wichtige Ergebnis dieses einfachen Berechnungsmodells ist also, daß die höchste mittlere Feuchte in einem Gestein an einem Gebäude nicht unmittelbar in der Oberflächenzone, sondern etwas darunter plaziert ist. Die Oberflächenzone durchfeuchtet einerseits zwar sehr schnell und intensiv, sie trocknet aber andererseits auch sehr rasch und vollkommen aus.

Das Verständnis der Feuchtewirkung läßt sich noch durch das Isohygren Diagramm auf Abbildung 8 vertiefen. Hier sind die Linien gleicher Feuchte in kg/m³ eingezeichnet. Aufgrund der Feuchteverteilung lassen sich deutlich drei Zonen voneinander trennen.

Unter Verwendung eines Computer-Simulationsprogramms ist nun für einen tonigen Sandstein mit definierten physikalischen Parametern die Feuchteverteilung für einen Beregnungs- und Trocknungszyklus berechnet worden. Die sich daraus ergebenden Schlußfolgerungen werden im folgenden diskutiert.

Im Simulationsprogramm werden finite Elemente von 1 mm Stärke betrachtet. Die für die Berechnung erforderlichen Feuchteleitkoeffizienten sowie die Grundzüge des Computerprogramms sind freundlicherweise vom Fraunhofer Institut für Bauphysik Stuttgart/Holzkirchen zur Verfügung gestellt worden. Als Modellgestein ist ein toniger Schilfsandstein mit einem Wasseraufnahmekoeffizienten $W = 2,5$ kg/m²h$^{1/2}$ betrachtet worden. Der einfache Beregnungs- und Trocknungszyklus umfaßt zwei Stunden Beregnung und anschließend 22 Stunden Trocknung. Für die Trocknungsbedingungen gilt eine konstante Temperatur und eine relative Feuchte, in welcher die Ausgleichsfeuchte (Adsorptionsfeuchte) des Gesteins 25 kg H$_2$O/m³ Gestein beträgt.

Die Berechnungen der Feuchteverteilung sind kombiniert worden mit Untersuchungen zum Festigkeitsprofil und zur Salzverteilung. Das in Abbildung 4 gezeigte Schadensbild zeigt einen Quader, bei dem sich randlich die Schale bereits abgelöst hat, während im Mittelteil des Quaders noch keine Ablösung der Schale stattgefunden hat. Die in Abbildung 5 gezeigten Festigkeitsprofile sind an drei Kernen gemessen worden, welche an drei verschiedenen Stellen des in Abbildung 4 gezeigten Quaders entnommen worden sind. Profil 13 zeigt das Festigkeitsprofil an der Stelle des Quaders, an dem sich die Schale bereits gelöst hat. Sie ist in diesem Fall zu dünn, so daß sie nicht in die Messung einbezogen werden konnte. Die äußerste Scheibe im Profil ist deshalb als nicht gemessen eingetragen. Nach Innen nimmt die Festigkeit rasch auf den Wert des unverwitterten Gesteins zu.

Von großer Bedeutung auch für die Prognose von Schäden sind die Profile 11 und 12. Profil 12 stammt aus der Übergangszone zwischen abgelöster Schale und Mittelbereich des Blocks, der noch nicht von der Schalenbildung erfaßt ist. Für diese Übergangszone ist es

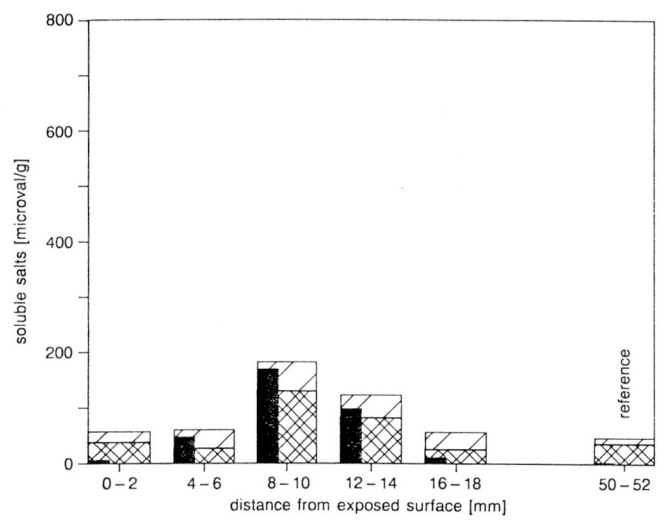

Abb. 6

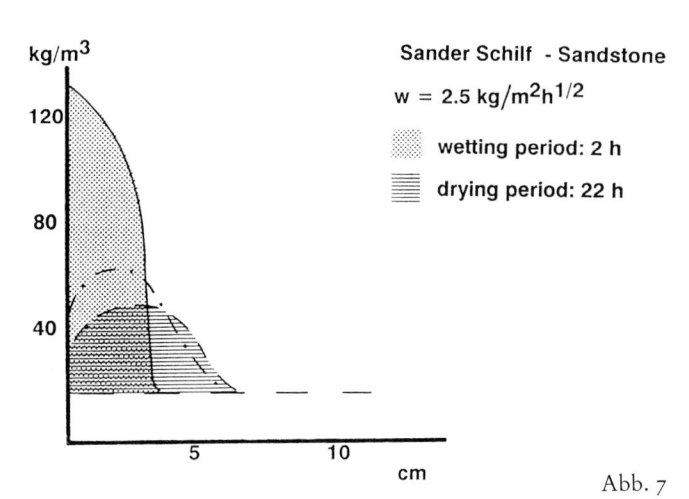

Abb. 7

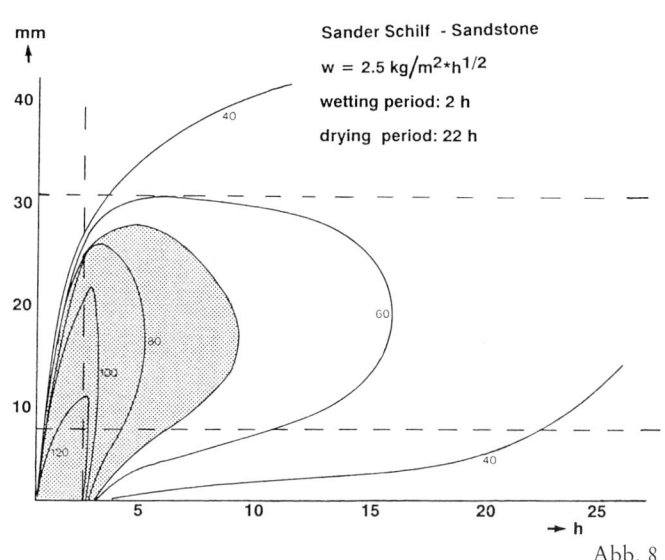

Abb. 8

Außenzone: Hier liegen die Isohygren sehr dicht beieinander. Diese Zone durchfeuchtet sehr schnell und trocknet auch sehr rasch aus. Aufgrund der schnellen Feucht- Trockenwechsel treten hier intensive Quell- und Schrumpfvorgänge auf. Diese Zone, die am Gebäude mit der Schale identisch ist, hat in dem vorliegenden Modell eine Dicke von etwa 8 mm.

Innenzone: Der Verlauf der Isohygren zeigt, daß diese Zone vom Feucht- Trockenwechsel sehr wenig erfaßt wird. In dieser Zone herrschen konstante Bedingungen. Sie beginnt mit einer Tiefe von etwa 30 mm.

Zwischenzone: Der Verlauf der Isohygren macht deutlich, daß diese Zone beim Beregnungsvorgang zwar nicht so schnell wie die Außenzone, aber ebenfalls sehr rasch durchfeuchtet wird. Die Trocknung erfolgt jedoch wesentlich langsamer als bei der Außenzone, was an dem Ausbeulen der Isohygren klar zu erkennen ist.

Von besonderem Interesse ist der punktierte Bereich, der die Feuchtebedingungen für das Auftreten von kapillarem Feuchtigkeitstransport angibt. Dieser Bereich endet, wie auf der Abbildung zu sehen ist, wenn die Gesteinsfeuchtigkeit 70 kg/m³ unterschreitet. Dies bedeutet, daß beim Trocknungsvorgang die letzte kapillare Flüssigkeit nach neun Stunden in einer Tiefe von etwa 25 mm verdunstet. Das rasche Austrocknen der Außenzone und das Ausbeulen der Isohygren in der Zwischenzone lassen im Gesteinsinneren beim Trocknungsvorgang eine zweiten, innenliegenden Verdunstungshorizont entstehen. Der Lösungsinhalt des Kapillarwassers wird damit in der Zwischenzone konzentriert und fortlaufend angereichert. Die erhöhte Salinität der Porenlösungen bedeutet für den Tonmineralverband in der Zwischenzone eine Kontraktion der Hydrathüllen und damit eine Kontraktion der Tonmineralpakete. Durch osmotische Effekte wird dagegen bei einer erneuten Beregnung besonders viel Feuchtigkeit aufgenommen, da die salzhaltige Porenlösung bestrebt ist, sich größtmöglich zu verdünnen. Hiermit sind wieder beträchtliche Quellvorgänge und Kationenaustauschprozesse verbunden, welche eine Destabilisierung des Tonmineralgefüges bewirken.

Zum Verständnis muß noch betont werden, daß das hier vorgestellte Modell der Feuchteverteilung, das computermäßig berechnet worden ist, keinerlei Salzgehalte berücksichtigt und nur auf den physikalischen Werten für den Feuchtetransport des Gesteins beruht.

Die durch physikalische Gegebenheiten eintretende verzögerte Verdunstung im Bereich der Zwischenzone bewirkt also, daß die maximale mittlere Feuchte nicht an der Oberfläche, sondern in der Zwischenzone liegt. Der nach innen verlagerte Verdunstungshorizont läßt die Salzkonzentration von Beregnungszyklus zu Beregnungszyklus weiter ansteigen. Damit vergrößert sich beim Austrocknungsvorgang die Kompaktion der Tonmineralaggregate und beim Wiederberegnungsvorgang das Ausmaß der osmotischen Effekte und der Kationenaustauschprozesse, welche eine Destabilisierung der Tonmineralpakete nach sich ziehen. Die mechanischen Spannungen aufgrund von Quell- und Schrumpfvorgängen und die Veränderungen in der Ladungsverteilung im Kornverband bewirken letztendlich eine völlige Zermürbung der Zwischenzone, die beim Prozeß der Schalenbildung an Gebäuden beobachtet wird.

Die Untersuchungen haben damit ergeben, daß sich aus Festigkeitsmessungen, aus Messungen des Salzprofils und aus Feuchteverteilungs-Messungen ein konsistentes Bild und eine einheitliche Erklärung für die Bildung von Schalen bei tonigen Sandsteinen ableiten lassen. Die Schalenbildung ist ein durch Feuchte induzierter Prozeß. Festigkeits- und Salzprofile lassen sich heranziehen, um künftige Schalenbildung vorherzusagen. Das Computer-Simulationsprogramm kann auch für andere Gesteine und andere Expositionsbedingungen eingesetzt werden.

Routinearbeiten des Zentrallabors. Die schon im letzten Jahresbericht beklagte räumliche Enge hat es nicht zugelassen, daß neben den Forschungsarbeiten des Zentrallabors eigeninitiierte Grundlagenuntersuchungen zur Steinkonservierung durchgeführt werden konnten. Der zunächst für September 1989 avisierte Umzug in die Laborräume der Münze mußte bedauerlicherweise verschoben werden. Als neuer Termin ist Beginn 1990 vorgesehen.

Objektberatungen

Birkenfeld (Landkreis Neustadt an der Aisch), *Kloster*. Am Kloster Birkenfeld ist in Zusammenarbeit mit dem Gebietsreferenten des Landesamtes das endgültige Konzept für die Konservierungsmaßnahmen auf der Südseite des sog. Nonnenchors ausgearbeitet worden. Das Kloster ist ebenfalls eines der Integralobjekte im FuE-Verbundprojekt des BMFT. Von den dort beteiligten Instituten sind ein photogrammetrischer Fassadenplan, eine lithologische Kartierung, eine Schadenskartierung und die wesentlichen Gesteinskenndaten erarbeitet worden.

Zusammen mit dem Bauforschungsplan ist somit dieser Teil des Klosters ein hervorragend dokumentiertes Denkmal. Diese eingehende Vorbereitung hat es ermöglicht, daß sich das ursprüngliche Konzept des Bauherrn, diesen Fassadenabschnitt in der gleichen Weise wie den Gebäudeteil der Gemeindekirche umfangreich zu sanieren, nicht durchgesetzt hat.

Das jetzt gültige Konzept sieht in allen Punkten eine reine Konservierung vor. Der grüne Schilfsandstein des Gebäudes zeigt an den exponierten Bauteilen intensive Schalenbildung. Diese Schalen werden mit flexiblen Dübeln aus Polyurethan fixiert. Sodann werden die offenen Risse mit Steinersatzmasse geschlossen. In die Hohlräume hinter den Schalen wird ein hydraulischer Kalkmörtel (Handelsprodukt Ledan) injiziert. Auf diese Weise können alle Schalen gehalten werden. Die besonders gefährdeten Pfeilerköpfe werden mit Bleiblech abgedeckt, welches mit Kupferblech zur Versteifung unterlegt ist. Größere Ausbrüche an den Quaderecken sowie die vorhandenen Ausmauerungen der Originalfenster werden mit kleinteiligem Bruchsteinmauerwerk ausgefüllt. Zur Anwendung kommt hier ebenfalls ein hydraulischer Kalk als Mörtelbinder. Offene Fugen werden mit einem dem Originalmörtel angepaßten Fugenmörtel verschlossen. Das genannte Konzept wird auch in der stark versalzten Basiszone angewendet. Diese Maßnahme ist vertretbar, solange die eigentliche Nutzung des Gebäudes noch nicht feststeht.

Dieses Konservierungskonzept ist als ein Testfall zu betrachten, so daß die Fassade nach einhelliger Meinung in regelmäßigen Abständen alle fünf Jahre gewartet werden sollte. Es ist vorgesehen, dieses Maßnahmenkonzept auch auf der Nordseite des Gebäudes zu übertragen.

Frauenchiemsee, Münster, Romanische Wandmalereien im Obergaden. Vom Restaurator sind Ausblühungen an der Wandmalerei mit der Frage überstellt worden, ob eine Festigung mit Wasserglas durchgeführt worden ist. Bei den Ausblühungen handelt es sich um Magnesiumkarbonat und Magnesiumsulfat. Die Herkunft dieser Magenesiumverbindungen ist auf Verwendung von Dolomit-Kalk-Mörtel zurückzuführen. Eine Festigung mit Wasserglas bestätigt sich nicht, da die Gehalte an Silizium und insbesondere an Kalium zu gering sind. Die Ausblühungen bzw. Versinterungen dürfen unter keinen Umständen mit chemischen Mitteln entfernt werden.

Freising, Dom, Epitaphien im Kreuzgang. Bei der Ausarbeitung des Restaurierungskonzepts für die Epitaphien im Kreuzgang geht es um die Frage, ob die Verfugungen und Ausbesserungen an den Epitaphien noch original aus der Versetzungszeit im 18. Jh. stammen. Zu diesem Zweck sind vom Restaurator sechs Proben entnommen und dem Zentrallabor überstellt worden.

Die Analyse ergibt, daß alle Fugen aus rot eingefärbtem Gips bestehen. Eine zeitliche Untergliederung läßt sich deshalb nicht vornehmen. Nur eine Probe besteht aus Kalkmörtel. Sie ist jedoch aus einer tiefer liegenden Stelle zwischen den Epitaphien entnommen.

Der Befund vor Ort ergibt, daß die Gipsmörtel nur als oberflächlicher, etwa 2 cm dicker Abschluß der Fugen verarbeitet sind. Es ist aus diesem Grunde mehr als unwahrscheinlich, daß es sich hier um originales Fugenmaterial aus der Versetzungszeit handelt.

Für neu auszuführende Verfugungen ist eine zweistufige Ausführung mit dem Restaurator besprochen worden. Als Füllmörtel ist ein grober Stopfmörtel mit Korngröße bis 5 mm einzubringen. Das Verhältnis Bindemittel/Zuschlag soll im Bereich 3 : 1 liegen. Als Bindemittel wird eine Mischung Kalk/Weißzement im Verhältnis 3 : 1 vorgeschlagen. Der Fugen-Abschlußmörtel soll ein Feinputz mit Größtkorn bis 1 mm sein. Das Verhältnis Bindemittel zu Zuschlag soll ebenfalls 3 : 1 betragen. Als Bindemittel wird eine Mischung Kalk/Weißzement im Verhältnis 5 : 1 vorgeschlagen. Um die Haftfähigkeit zu verbessern, kann eine Acryl-Dispersion mit einer Obergrenze von 5 % bezogen auf den Bindemittelgehalt zugesetzt werden.

München, Nymphenburger Straße 45, Standesamt IV. An dem in rotem Bundsandstein ausgeführten Gebäude treten besonders im Bereich des Eingangs starke Salzschäden auf. Es handelt sich hier um die Folgeschäden von Salzstreuungen, die in der Zwischenzeit jedoch eingestellt wurden. Es liegt das Konzept einer Privatfirma vor, welches umfangreiche Restaurierungsmaßnahmen vorsieht. Bei der Beurteilung der Salzschäden stellte sich jedoch heraus, daß nur an sehr wenigen Quadern tatsächlich Schäden im stärkeren Umfange auftreten. Ansonsten sind unbedeutende Kantenrundungen festzustellen. Dieser Gesamtbefund läßt es zu, zum gegenwärtigen Zeitpunkt auf jegliche Maßnahmen zu verzichten.

Pommersfelden, Schloß Weißenstein, Sala Terrena. Der Grottenraum der Sala Terrena ist ein einzigartiges Beispiel dieser Gattung von Gartensälen. Sie ist auf äußerst reichhaltige und reizvolle Weise mit verschiedensten Naturalien und Artefakten ausgestattet. Die Vielfalt der Materialien machen die Sala Terrena bei der außergewöhnlichen klimatischen Beanspruchung des Raums zu einem vielschichtigen Problem. Von besonderer Bedeutung sind die Klebematerialien der Glimmerverzierungen und die Sicherung des Glimmerputzes.

Die dem Labor vorliegenden Proben sollen die Bestandsaufnahme der vorhandenen Putze und Klebemittel ergänzen. Es liegt bereits eine Untersuchung des Labors Dr. Kühn vor, in welcher auf Farbpigmente, Putzart und Bindemittel eingegangen ist. Die Analysen zum Putzaufbau ergeben, daß als Unterputze Kalk- bzw. Gips/Kalkputze Verwendung gefunden haben. Die Oberputze und die marmorierten Pilaster sind aus reinem Gipsputz gefertigt. Im Feinglimmerputz findet sich als Glimmermineral Muscovit. Zur Einfärbung sind Bleiweiß- und Bleikarbonat verwendet worden. Die an manchen Stellen auftretende Dunkelfärbung dieses Putzes ist auf Bleioxid zurückzuführen, welches sich durch Umwandlung aus Bleiweiß gebildet hat.

Die mit Rauten-Glimmer ausgelegten Flächen sind mit einer roten Grundierung unterlegt. Diese enthält Mennige (Pb_3O_4) und Bleiweiß. Aus der Analyse des Labors Dr. Kühn geht hervor, daß das originale Klebemittel ein Pflanzengummi gewesen sein müßte. Die Analyse im Zentrallabor ergibt im IR-Spektrum Polyvinylacetat, weil bei der Untersuchung leider eine in jüngerer Zeit restaurierte Fläche »getroffen« wurde. Da die Umwandlung von Bleiweiß in Bleioxyd nur an vereinzelten Stellen auftritt, wäre es interessant, die Ursachen hierfür genauer zu untersuchen.

Die genaue Kenntnis über die Eigenschaften der verwendeten Materialien, insbesondere jedoch der Kleber, ist von ganz entscheidender Bedeutung für eine Festlegung der klimatischen Bedingungen, die für eine dauerhafte Sicherung der Sala Terrena gewährleistet sein müssen.

Seeshaupt, Schloß Seeseiten. An der Westseite des Schlosses soll eine Mauertrockenlegung mit Injektage ausgeführt werden. An vorhandenen Probebohrungen wird Luft in das Mauerwerk eingeblasen, welche zur Trocknung führen soll. Es ist geplant, anschließend ein Injektagemittel auf der Basis von Wasserglas zu injizieren. Es ergibt sich, daß der Aufbau des Fundaments nicht hinreichend durch Befunde belegt ist. Da das Gebäude nur teilweise unterkellert ist, ist anzunehmen, daß es auf einem Raster von Kalktuffquadern errichtet wurde. Diese sind zwar sichtbar durchfeuchtet, da sie im Erdreich eingebettet sind, es besteht jedoch bei der groben Porenstruktur keine Gefahr einer aufsteigenden Feuchtigkeit. Der Zustand der Wohnräume im Inneren läßt ebenfalls keine Rückschlüsse auf aufsteigende Mauerfeuchtigkeit zu. Es wurde vereinbart, daß eine Drainage angelegt wird, welche mögliches Hangwasser in Richtung See ableiten kann. Die Maßnahmen zur Mauertrocknung und Injektage können dagegen unterbleiben. Von den Naturstein-Verblendplatten des Gebäudesockels müssen einige wegen starker Schädigungen neu angefertigt werden. Da es sich um einen Molassesandstein handelt, wird Grünten-Sandstein empfohlen.

Wieskirche. Vom Restaurator sind an der Kartusche über einem Fenster in der Südwand (Entnahmestelle KK 11 / II) Entsalzungsproben mit hochreiner Zellulose (Arbocel) ausgeführt worden. Die Fragestellung lautet, welches Salz und welche Salzmengen durch die Kompressen ausgelaugt worden sind.

Im wässrigen Auszug von drei Kompressen sind bei sehr geringen Gehalten von Kalium-Ionen vor allen Dingen Magnesium, Kalzium und Sulfat-Ionen gefunden worden. Mit dem Röntgendiffraktometer bestätigt sich die Gegenwart von Gips und Magnesiumsulfat

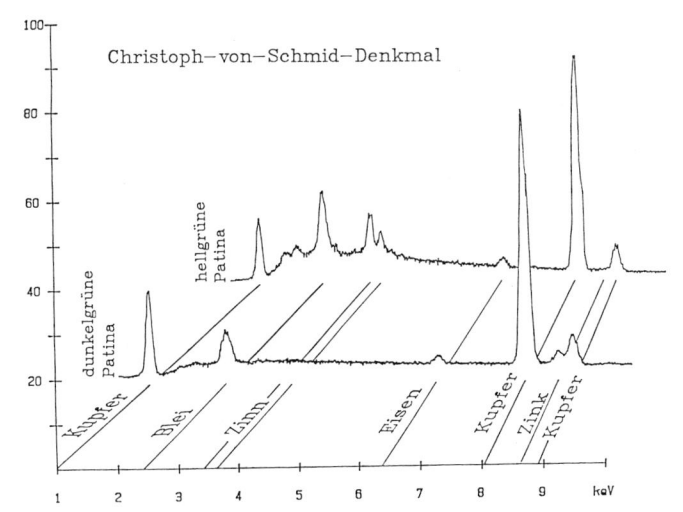

Abb. 9a. Christoph-von-Schmid-Denkmal; EDX-Analyse

(Hexahydrit bzw. Epsomit). Durch die Kompressen sind zwischen 0,05 g und 0,31 g Salz ausgelaugt worden. Bezogen auf das Ausgangsgewicht der Kompressen bedeutet dies einen Salzgehalt von 0,83 % bis 2,16 %. Grundsätzlich muß darauf hingewiesen werden, daß sich Gips wegen seiner geringen Löslichkeit nicht für eine Kompressenentsalzung eignet. Einzeln genommene Proben von ausblühenden Salzen ergeben ebenfalls Gips, Magnesiumsulfat und Calciumkarbonat.

Würzburg, Residenz. An der Residenz sind Arbeiten im Ehrenhof im Gang: Anhand von Schadensbegutachtungen und Mustern soll das Restaurierungskonzept für den gesamten Ehrenhof festgelegt werden.
Für die Reinigung liegt ein Muster mit Feinstaub-Technik vor. Das Muster ist sowohl auf Kalkstein als auch auf Sandstein angelegt. Der Befund zeigt, daß die Reinigung überzeugend gelungen ist. Sie ist schonend, entfernt nur die schwarzen Ablagerungen und läßt selbst aufstehende Schalen und kleine Schuppen stehen. Es wird vereinbart, durch die Firma ein Großmuster an einem Fassadenabschnitt ausführen zu lassen. Eine spätere Ortsbesichtigung zeigt, daß auch dieses Großmuster am nördlichen Säulengang und dem dahinter liegenden Fassadenabschnitt sehr gelungen ist. Das Landbauamt wird aufgefordert, durch eine gründliche Kostenkalkulation die Durchführbarkeit dieser Reinigungsmethode zu prüfen. Die Feinstaub-Reinigungstechnik ist einer Dampfstrahlreinigung bei weitem überlegen, da durch diese an einigen Stellen feinere Schuppen und Schalen weggerissen werden.
Beim Steinersatz wird bei größeren Fehlstellen die Steinersatzmasse Mineros verwendet. Man ist sich dessen bewußt, daß nach einer bestimmten Expositionsdauer farbliche Abweichungen auftreten. Bedauerlicherweise stehen für diese Art von Steinersatz keine besser geeigneten Alternativen zur Verfügung. Feine Risse im Gestein, die häufig auf Graten und Rundungen auftreten, werden mit einer Mischung aus Gesteinsmehl und Kieselsäureester eingeschlemmt.
Bei der Hydrophobierung wird diskutiert, ob bestimmte Partien der Fassade, die durch Schlagregen getroffen werden, hydrophobiert werden könnten. Es ginge hier um die Konsolvoluten unter den Fensterbänken und die Ohrungen an den Fensterrahmen. Man kommt aber überein, daß eine partielle Hydrophobierung der Fassade in jedem Fall ein großes Risiko ist, da die angrenzenden, nicht hydrophobierten Bereiche zusätzlich mit Ablaufwasser belastet würden.
Die farbliche Retouchierung der bisher restaurierten Fassadenabschnitte ist durchweg mit Silikatfarbe ausgeführt worden. Das Landbauamt vertritt die Meinung, wegen der Einheitlichkeit des Erscheinungsbildes müsse auch der Ehrenhof mit Silikatfarbe retouchiert werden. Von anderen Farbsystemen, die in Art einer Tempera aufgebaut sein könnten, wird abgeraten, da die Auswirkungen auf die Wasserdampfdiffusion unbekannt sind. Vor einer farblichen Retouchierung muß jedoch zunächst das Gesamterscheinungsbild betrachtet werden, da möglicherweise nach einer erfolgreichen Trockenreinigung eine farbliche Retouchierung gänzlich unterbleiben kann.

ROLF SNETHLAGE

Forschungsbereich Metallkonservierung

Die Metallforschungsprojekte sind derzeit im Deutschen Museum untergebracht: Der Vertrag mit dem Deutschen Museum ermöglicht eine Nutzung der Räume bis März 1992. Die von Stiftung Volkswagenwerk und Umweltbundesamt geförderten Forschungsprojekte waren zum Jahresende 1988 ausgelaufen. Dank eingesparter Mittel konnte das Programm der Volkswagenstiftung rechtzeitig um ein halbes Jahr bis Juni 1989 verlängert werden. Leider gelang es bei den vom Umweltbundesamt finanzierten Arbeiten nicht, eine nahtlose Verlängerung zu erreichen. Ein Abschluß neuer Arbeitsverträge kam zunächst nicht zustande; drei gut eingearbeitete Kollegen konnten nicht gehalten werden. Erst im September 1989 konnten die Wissenschaftler-Arbeitsplätze neu besetzt werden.

»Die Einwirkungen von Luftverunreinigungen auf Metallobjekte von kulturhistorischer Bedeutung« (Förderung durch das Umweltbundesamt)

Die Untersuchung von Material und Oberfläche der *Mannheimer Grupello-Pyramide* wurde in Zusammenarbeit mit dem Forschungsinstitut für Edelmetalle und Metallchemie, Schwäbisch Gmünd, in Amtshilfe für das Baden-Württembergische Landesamt für Denkmalpflege durchgeführt. Ein Schwerpunkt der Untersuchung lag im Nachweis von heute nicht mehr sichtbaren Vergoldungen. Derartige Vergoldungen an Bronzen im Freien sind selten. Es ergab sich, daß ein Teil der Vergoldungen um die Jahrhundertwende als goldfarbige, chrompigmenthaltige Fassung restauriert wurde.
Es konnte gezeigt werden, daß die Pyramide – abweichend von früheren Annahmen – nicht aus Zinnbronze, sondern zum größten Teil aus Messing, d. h. einer Kupfer-Zink-Legierung, besteht. Diese Legierung ist in ihrer Zusammensetzung sehr gut auf die Anforderungen von Zieselierung, Guß und Quecksilber-Vergoldung hin optimiert, darf somit als Leistungsbeweis der Gußtechnik des frühen 18. Jhs. gewertet werden. Einige, vermutlich später angebrachte, Ergänzungen bestehen jedoch aus Zinnbronze.
An einer Bronzefigur in *Dinkelsbühl*, die den Märchenerzähler Christoph von Schmid darstellt, konnte gezeigt werden, wie sehr die Farbe der Bronzepatina von der unterliegenden Legierung abhängt: Die Zinnbronze-Teile bildeten eine hellgrüne Patina aus, während die unmittelbar benachbarten, eher als Messing anzusprechenden Teile dunkle Patina zeigen (Abb. 9a, b).
Für das europäische Forschungsprojekt »COPAL« wurden Metall- und Patinaproben vom *Max-II-Denkmal* in München ausgewertet. Es liegen Ergebnisse zu chemischer Zusammensetzung und Gefüge der Legierung vor. Die Patinaproben wurden mittels Infrarotspektroskopie und Ionenchromatographie untersucht.
Weitere Untersuchungen behandelten den *Ludwigsbrunnen in Ingolstadt* und den *Minervabrunnen in Altdorf bei Nürnberg*. Am Minervabrunnen wurde versucht, statt der üblichen Span-Bohrproben die Legierung mit Hilfe von erheblich kleineren Spänen von einem Sägestrich zu charakterisieren. Die Ergebnisse zeigen ausrei-

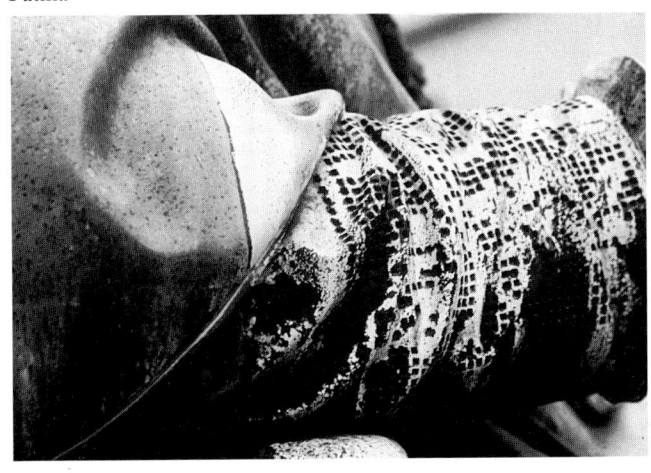

Abb. 9b. Christoph-von-Schmid-Denkmal; unterschiedliche Patina

chend gute Übereinstimmung mit früheren Analysen, die durch Span-Bohrungen erhalten wurden.

Ein ebenfalls wichtiges Thema war die Untersuchung der in Bayern weit verbreiteten *Galvanoplastiken* aus der Zeit um die Jahrhundertwende. Galvanoplastiken bestehen aus einem durch Eisen armierten und mit Graphit leitfähig gemachten Kern, der oberflächlich, in einer Dicke von ca. 0,7 mm, mit galvanisch abgeschiedenem Kupfer bedeckt ist.

Zunehmend auffällige Schäden an derartigen Galvanoplastiken, erforderten eine Einarbeitung in die einschlägige Arbeitstechnik: Es wurden Proben des Kernmaterials einer Figur untersucht. Der erste untersuchte Kern besteht erwartungsgemäß zu über 90 % aus Gips. Als Imprägnierungsmittel für den Gipskern konnte infrarotspektroskopisch das Naturharz Kollophonium identifiziert werden. Der Haltedorn, mit dem die untersuchte Figur im Stein verankert war, besteht aus 80/20-Messing.

Die galvanisch aufgebrachten Schichten wurden mit REM und Spektralanalyse analysiert. Die Masse des Metalls besteht, da elektrolytisch gereinigt, aus besonders reinem Kupfer.

Es ist aus der Literatur bekannt, daß in einigen Fällen bei Galvanoplastiken zur Oberflächenverfeinerung Bronzen und andere Substanzen zusätzlich zum Kupfer galvanisch abgeschieden wurden. Bisher konnten allerdings Spuren einer Originalpatinierung nicht nachgewiesen werden.

Es wurde die historische Literatur zum Thema Galvanoplastik gesichtet und eine Bibliographie erstellt.

In Einzelfällen wurden Routine-Untersuchungen an Putz, Holzfiguren und Ausgrabungsobjekten ausgeführt.

»Internationales Materialexpositionsprogramm« (Förderung durch das Umweltbundesamt)

Der seit September 1987 laufende Langzeitversuch im Rahmen der ECE (Economic Commission for Europe) wurde dem Zeitplan entsprechend fortgeführt. Das vom Umweltbundesamt finanzierte Expositionsprogramm dient der Erforschung des Korrosionsverhaltens verschiedener Materialien (Metalle, Anstriche, elektronische Bauteile, Naturstein) in Abhängigkeit von den jeweiligen Umweltbedingungen (Temperatur, Niederschläge, Luftfeuchtigkeit, Schadgaskonzentration, Regeninhaltsstoffe). Im Idealfall erwartet man sich mathematisch formulierbare Dosis-Wirkungs-Beziehungen bzw. Schadensfunktionen. Von den insgesamt 39 Expositionsstellen, die in Europa, Kanada und den USA verteilt sind, liegen sechs in der Bundesrepublik. Diese werden vom Zentrallabor betreut.

Vom 7. bis 9. Juni 1989 fand in München das 5. ECE-Meeting statt. Die Unterbringung der ausländischen Gäste, die Tagung und ein kulturelles Rahmenprogramm waren zu organisieren.

Die Klimadaten der bundesdeutschen Expositionsorte erhalten das Zentrallabor vom Umweltbundesamt, der Landesanstalt für Immissionsschutz Nordrhein-Westfalen (LIS) und dem Bayerischen Landesamt für Umweltschutz (BLfU). Es handelt sich um eine Fülle von Rohdaten, die geordnet, umgerechnet, zu Durchschnittswerten verarbeitet und in Formblätter eingetragen werden müssen.

Die Erfassung der Regeninhaltsstoffe wurde 1988 nachträglich in das Programm aufgenommen. Da die LIS in Nordrhein-Westfalen und das BLfU in Garmisch keine Regenanalytik betreiben, mußten für die betreffenden Expositionsorte andere Lösungen gefunden werden: Für die nordrhein-westfälischen Stationen konnte das Zollern-Institut des Deutschen Bergbaumuseums mit den Regenanalysen

Abb. 10. Unterschiedliche Korrosion von Bronzeproben in Abhängigkeit von den jeweiligen Umweltbedingungen

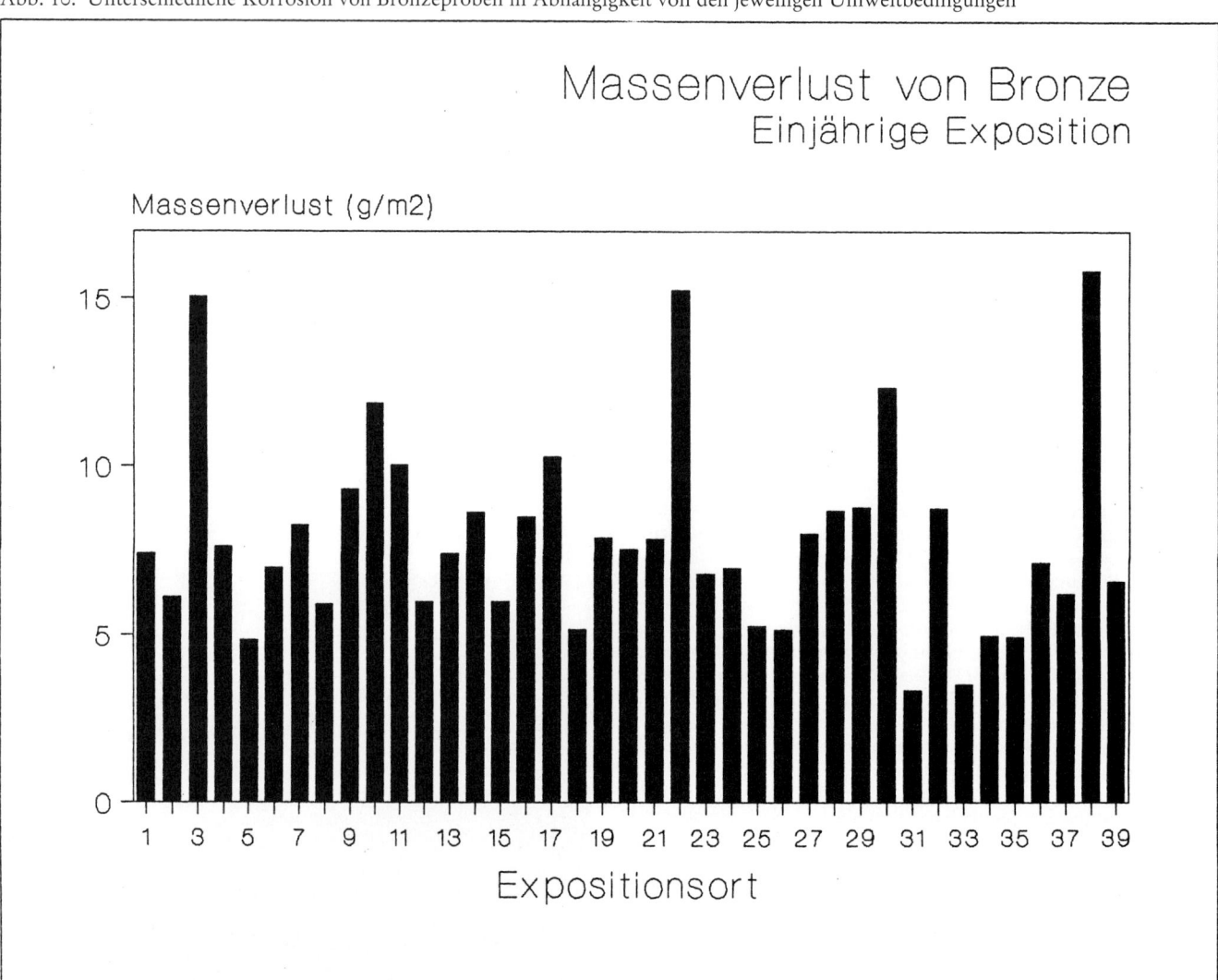

BEWITTERUNGSVERSUCH 3
Unbehandelt, BZ, ABT, MTZ

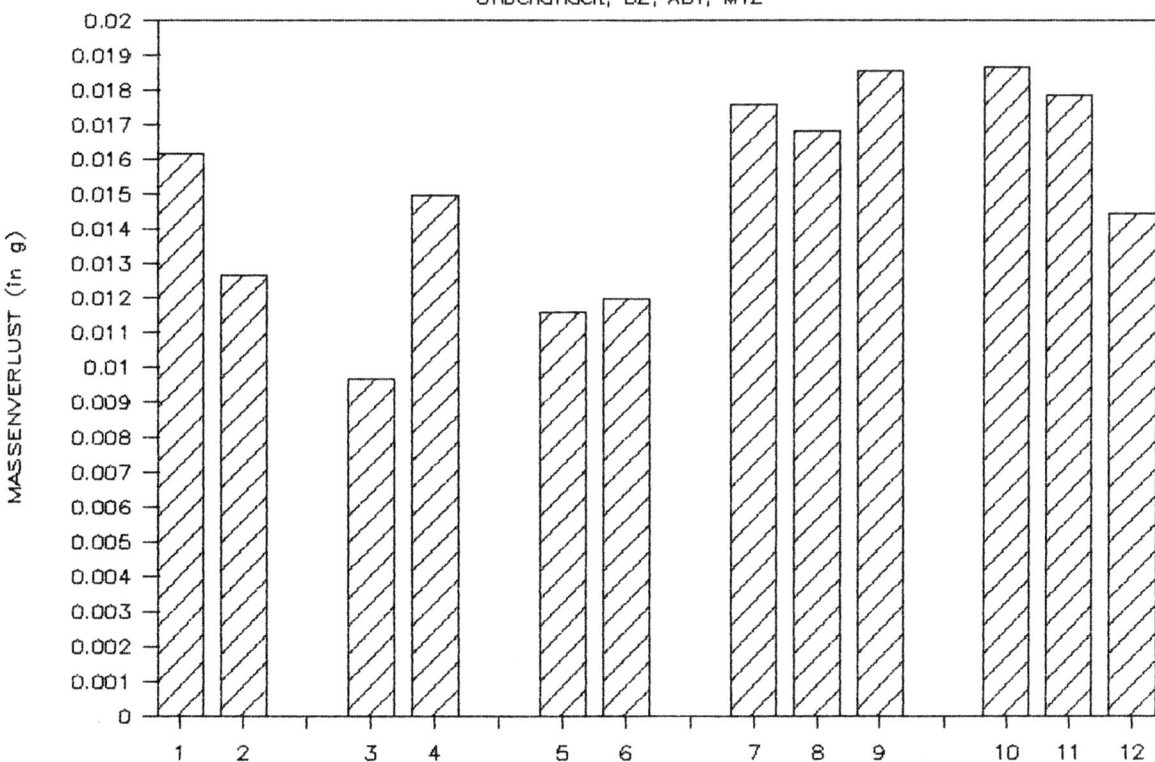

Abb. 11. Massenverlust von RG 5-Bronzeproben nach Bewitterung mit 10 ppm SO_2 (Probe/Behandlung: 1,2/unbehandelt; 3,4/Benzotriazol in Toluol; 5,6/Benzotriazol in Ethanol; 7–9/2-Aminobenzothiazol in Ethanol; 10–12/3-Mercapto-1,2,4-triazol in Ethanol)

beauftragt werden. Für Garmisch wurden Verhandlungen mit dem Fraunhofer-Institut für atmosphärische Umweltforschung geführt. Im Rahmen einer einwöchigen Dienstreise waren im September alle sechs Expositionsorte zu besuchen, um die Zweijahresproben zurückzuholen. Die Kupfer- und Bronzeplatten blieben zur analytischen Bearbeitung im Zentrallabor; die weiteren Materialien wurden an andere, am Ringversuch beteiligte Labors versandt.
Die Analyse der exponierten Kupfer- und Bronzeproben umfaßt die chemische Bestimmung der Korrosionsprodukte durch Röntgenbeugung, die photographische Dokumentation, Farbmessungen nach dem Dreibereichsverfahren sowie die Bestimmung der Massenveränderung bzw. des Massenverlusts nach dem Abätzen der Korrosionsschicht. Abbildung 10 zeigt am Beispiel der ungeschützt bewitterten Bronzeplatten, in welchem Ausmaß der Substanzverlust vom Expositionsort abhängt.

01 Prag-Letnany, CSSR
02 Kasperske Hory, CSSR
03 Kopisty, CSSR
04 Espoo, Finnland
05 Äthäri, Finnland
06 Helsinki-Vallila, Finnland
07 Waldhof-Langenbrügge, BRD
08 Aschaffenburg, BRD
09 Langenfeld-Reusrath, BRD
10 Bottrop, BRD
11 Essen-Leithe, BRD
12 Garmisch-Partenkirchen, BRD
13 Rom, Italien
14 Cassaccia, Italien
15 Mailand, Italien
16 Venedig, Italien
17 Vlaardingen, Niederlande
18 Eibergen, Niederlande
19 Vredepeel, Niederlande
20 Wijnandsrade, Niederlande
21 Oslo, Norwegen
22 Borregaard, Norwegen
23 Birkenes, Norwegen
24 Stockholm-Süd, Schweden
25 Stockholm-Zentrum, Schweden
26 Aspvreten, Schweden
27 Lincoln Cathedral, GB
28 Wells Cathedral, GB
29 Clatteringshaws Loch, GB
30 Stoke Orchard, GB
31 Madrid, Spanien
32 Bilbao, Spanien
33 Toledo, Spanien
34 Moskau, UdSSR
35 Lahemaa, UdSSR
36 Lissabon, Portugal
37 Dorset, Kanada
38 Research Triangle Park, North Carolina USA
39 Steubenville, Ohio USA

Für das Abätzen wurde ein Verfahren entwickelt, das bei minimalem Angriff des Metalls eine vollständige Entfernung der Korrosionsschichten ermöglicht. Nach einer langen Reihe von Versuchen entschieden wir uns für folgendes Verfahren: dreiminütiges Ätzen der Proben in 10 proz. Phosphorsäure und anschließendes Abbürsten von lose haftenden Partikeln in einer Tensidlösung.
Neu aufgenommen in das Untersuchungsprogramm wurde die Schichtdickenmessung mit Hilfe eines Wirbelstrom-Handmeßgeräts (Fischer-Isoscope). Es mußte zunächst geklärt werden, ob das Verfahren, das in der Industrie normalerweise für die Messung von Lackschichten und dergleichen eingesetzt wird, für die Messung von Korrosionsschichten überhaupt geeignet ist. Weiterhin war es nötig, die gemessenen Schichtdicken anhand von geschliffenen Querschnitten mikroskopisch zu überprüfen. Es zeigte sich, daß die zerstörungsfrei gemessene Schichtdicke ein gutes Maß für das Fortschreiten der Korrosion darstellt und daß die Methode auch an Bronzeobjekten von denkmalpflegerischem Interesse wertvolle Informationen liefert.

»Die Konservierung von Bronzen im Freien« (Förderung durch die Stiftung Volkswagenwerk)

Im Rahmen des Arbeitsschwerpunkts »Entwicklung und Erprobung von Schutzmethoden« wurden 1989 – finanziert von der Stiftung Volkswagenwerk – in der Schadgaskammer weitere Bewitterungsversuche an Bronzen durchgeführt. Durch erhöhte Schadgaskonzentration, verbunden mit einer zyklischen Betauung und Trocknung der Proben, ist es möglich, Korrosionsvorgänge zu simulieren und zu steuern. Unter reproduzierbaren Bedingungen kann so zeitgerafft die Wirkung von potentiellen Korrosionsinhibitoren und Schutzmitteln auf festgelegten Metallgeometrien studiert werden.

Es zeigte sich, daß bei einer Schwefeldioxidkonzentration von 10 ppm und einer relativ langen Versuchslaufzeit von ca. 700 Stunden auf der Oberfläche der Bronzeproben eine gleichmäßige grüne Antlerit-Patina erzeugt werden kann. Mit Hilfe von zerstörungsfreien Schichtdickenmessungen (Fischer-Isoscope) lassen sich Rückschlüsse auf den Materialabtrag ziehen, sodaß von nun an definierte, patinierte Metallproben für weitere Untersuchungen zu Verfügung stehen.

Benzotriazol erweist sich immer noch als der beste Korrosionsinhibitor für Kupfer und Bronze. Der Wunsch, stärker korrosionshemmende Substanzen zu finden, führte dazu, drei strukturell dem Benzotriazol ähnliche Verbindungen (2-Aminobenzimidazol, 2-Aminobenzothiazol und 3-Mercapto-1, 2, 4-triazol) auf ihre Wirkung zu prüfen. Keine dieser Substanzen zeigte allerdings die erwünschten Inhibitoreigenschaften, vielmehr begünstigten sie sogar die Korrosion von Bronze (vgl. Abbildung 11).

Überraschend war auch das Ergebnis einer Behandlung von Antlerit-Patina mit Benzotriazol und nachfolgender Bewitterung – statt einer Korrosionshemmung konnte eine Verstärkung der Korrosion festgestellt werden. Diesem Effekt wird verstärkt Aufmerksamkeit gewidmet werden, da hier eine Notwendigkeit zu umfangreichen Untersuchungen zur Anwendung von Benzotriazol (höher konzentrierte Lösungen, längere Einwirkzeiten) gesehen wird. Zudem soll zukünftig auch der – angeblich gefährliche – Einfluß von Metallseifen auf die Bronzekorrosion am Beispiel von Kupferstearat überprüft werden.
MARTIN MACH

Forschungsbereich Glaskonservierung

Wie in den Vorjahren verteilten sich die Arbeiten im Forschungsbereich Glaskonservierung auf zwei Schwerpunkte:

1. Angewandte Forschung zur Fensterglasverwitterung und -konservierung,
2. Vorbereitung und Betreuung von Glasfensterrestaurierungen.

Zu 1. Die Laborarbeiten der Vorjahre konnten nur in begrenztem Umfang fortgeführt werden. Die beengte Situation in den übergangsweise genutzten Räumen des Zentrallabors gestatteten keine geräteintensiven Versuche im Bereich Glas mehr. Spezielle Untersuchungen wurden an Geräten der werkstoffwissenschaftlichen Institute der Universität Erlangen durchgeführt. Über die Arbeiten wurde auf Fachtagungen berichtet.

Aufgrund der bisherigen Grundlagenuntersuchungen zur Glasverwitterung und -konservierung konnte ein Forschungsantrag zu diesem Themenbereich beim Bundesministerium für Forschung und Technologie (BMFT) vorbereitet werden, der im Juli 1989 bewilligt wurde. Er ist Teil der Verbundförderprojekts »Erhaltung historischer Glasfenster« unter der Koordination der Dombauverwaltung Köln. Am Bayerischen Landesamt für Denkmalpflege werden die Teilbereiche

– Prüfung von festigenden und hydrophobierenden Materialien zur Verbesserung von Konservierungsverfahren für angewitterte historische Fenstergläser und
– Untersuchungen zum Verwitterungstyp der »Verbräunung« an mittelalterlichen Glasfenstern mit Simulation des Verwitterungsprozesses der »Verbräunung« an Modellgläsern zur Ermittlung der schadensauslösenden Einflüsse bearbeitet.

Am letztgenannten Teilbereich ist die Universität Erlangen beteiligt. Mit den Arbeiten wird erst nach Umzug des Zentrallabors in die neuen Räume im Landesamt begonnen.

Zu 2. Für folgende Restaurierungen historischer Glasfenster wurden Restaurierungspläne aufgestellt oder die Restaurierungen materialkundlich in den Werkstätten beraten, z. T. begleitet von speziellen Laborversuchen und Materialanalysen:

Freising, Benediktuskirche, Restaurierungskonzept für das überwiegend mittelalterliche Hornpeckfenster.

Gunzenhausen (Lkr. Weißenburg-Gunzenhausen), *Stadtpfarrkirche.* Schutzkonzept für die von Prof. G. von Stockhausen neugestalteten Chorfenster.

Iphofen (Lkr. Kitzingen), *Kirche St. Veit,* Restaurierung des Südfensters (SVII) aus dem frühen 16. Jh.

München, Dom zu Unserer Lieben Frau, Ausbau und Zustandsüberprüfung mit Behebung geringer Schäden des Chormittelfensters von 1493 aus der Peter Hemmel-Werkstatt, sowie der mittelalterlichen Scheiben der Südturmkapelle infolge der Erneuerung der Außenschutzverglasung.

Nürnberg, St. Lorenz, Restaurierung des Tucherfensters der Nordseite (NV) von 1590. Analysen der flächigen schmutzbindenden Überzugsschichten, die größtenteils auf Konservierungsversuche in Form von »Überglasungen« von etwa 1930 zurückzuführen sind. Ein weiteres Konservierungsproblem ist durch die Krakelierung der gelben Gläser gegeben.

Nürnberg, St. Rochus, Abschluß der Gesamtrestaurierung des Scheibenbestands aus der Dürer-Zeit, der bereits 1946 eine Außenschutzverglasung erhielt.

Nürnberg, St. Sebald, Fortführung der 1983 begonnenen zweiten Nachkriegsrestaurierung der mittelalterlichen und nachmittelalterlichen Glasgemälde, verbunden mit dem Einbau einer verbesserten (innenseitig hinterlüfteten) Außenschutzverglasung.

Oppenheim/Rheinland-Pfalz, Katharinenkirche, Restaurierungsberatung in Amtshilfe für die mittelalterlichen Ornamentfenster des nördlichen Obergadens.

Pollenfeld (Lkr. Eichstätt), *Kath. Pfarrkirche St. Sixtus,* Restaurierung der mittelalterlichen Chorseitenfenster, die durch oxidierende Zersetzung der Glasoberflächen an den Außenseiten stark gedunkelt sind (Schadenstyp der »Verbräunung«).

Roth (Lkr. Roth), *Schloß Ratibor,* Instandsetzungskonzept für das Bildfenster vom Ende des 19. Jhs. im Treppenhaus.

Wiesentheid (Lkr. Kitzingen), *Schloß,* zerstörungsfreie Analysen von Glasteilen und ihrer Verspiegelungsschichten aus dem Spiegelkabinett.

Materialberatungen zu *Restaurierungen an Steinbauten* wurden an folgenden Objekten durchgeführt:

Nürnberg, Heiliggeistspital, Steinverwitterungserscheinungen an den mittelalterlichen Tischgräbern.

Schwabach, Schöner Brunnen, Untersuchungen zu Oberflächenveränderungen am Stein nach Änderung der Wasserbeschickung und Konservierungskonzept.

Didyma/Türkei, Untersuchung der Steinschäden im Bereich des Tempels (Amtshilfe für das Deutsche Archäologische Institut/Berlin).

HANNELORE MARSCHNER

FACHTAGUNGEN, FÜHRUNGEN, VORTRÄGE, VERÖFFENTLICHUNGEN

Erwin Emmerling

Fachtagungen

19.–21. 2.	Arbeitssitzung der Arbeitsgruppe Restaurierungswerkstätten der Vereinigung der Landesdenkmalpfleger, Büren.
10.–14. 4.	Jahrestagung des Deutschen Restauratorenverbandes, Trier.
1.–2. 6.	Jahrestagung der Bayerischen Kirchenmaler, Oberbayern.
12.–16. 6.	Jahrestagung der Vereinigung der Landesdenkmalpfleger, München.
15.–17. 10.	Kolloquium in Berlin, Staatliche Museen Preußischer Kulturbesitz zum Thema: »Die Dangolsheimer Muttergottes nach ihrer Restaurierung – Technologische Erkenntnisse, Restaurierungskonzept und Restaurierung, die kunstgeschichtliche Fragestellung«.
29.–31. 10.	Arbeitssitzung der Arbeitsgruppe Restaurierungswerkstätten der Vereinigung der Landesdenkmalpfleger, Würzburg.

Führungen

3.–6. 3.	Führung und Betreuung einer Expertengruppe chinesischer Denkmalpfleger, Restauratoren und Naturwissenschaftler im Rahmen des WTZ-Abkommens der Volksrepublik China mit der Bundesrepublik Deutschland; Werkstättenführung, Museumsführungen und Exkursion nach Oberbayern (Wies, Ettal, Neuschwanstein).
15./16. 6.	Führung in der Wies und in Bamberg im Rahmen der Exkursionen der Jahrestagung der Vereinigung der Landesdenkmalpfleger.
19. 6.	Werkstättenführung in Gauting für Restauratoren der Restaurierungswerkstätten der Staatlichen Verwaltung der Schlösser und Gärten, Berlin-Charlottenburg.

Vorträge

17. 10.	»Zur Restaurierung der Christoph Rodt'schen Kreuzabnahme Christi«, Vortrag anläßlich der Rückführung der restaurierten Gruppe in Neuburg an der Kammel.
30. 10.	»Zur Rekonstruktion der Raumfassung der Neubaukirche (Universitätskirche) in Würzburg«, Führung und Vortrag anläßlich der Arbeitssitzung der Arbeitsgruppe der Restaurierungswerkstätten der Vereinigung der Landesdenkmalpfleger in Würzburg.

Veröffentlichungen

Redaktionsarbeiten zu den *Denkmalpflege-Informationen*: Der »Häringer Altar« aus Windkreut. Geschichte und Restaurierung eines Rokoko-Hausaltares aus dem Pfaffenwinkel (Ausg. D. Nr. 5); Die Kreuzabnahmegruppe von Christoph Rodt aus Neuburg an der Kammel (Ausg. D. Nr. 7, fälschlich mit 6 bezeichnet); Die Wies. Geschichte und Restaurierung der Wallfahrtskirche zum Gegeißelten Heiland (Ausg. D. Nr. 6) sowie umfangreiche Redaktionsarbeiten bei Arbeitsheft Nr. 40: Fritz Buchenrieder, *Gefaßte Bildwerke. Untersuchung und Beschreibung von Skulpturenfassungen mit Beispielen aus der praktischen Arbeit der Restaurierungswerkstätten des Bayerischen Landesamtes für Denkmalpflege 1958 – 1986.*

Hannelore Herrmann

Tagungen

10.4.–14. 4.	DRV-Jahrestagung Trier.
12.6.–16. 6.	Jahrestagung der Vereinigung der Landesdenkmalpfleger in der Bundesrepublik Deutschland, München.
20.10.–22. 10.	5. Jahrestagung der Bayer. Denkmalpflege und Vorgeschichtskurs 1989, Amberg.

Führungen

2. 3.	Generalkonservator mit einer chinesischen Delegation.
29. 4.	Evang.-Luth. Kirchengemeinde Ansbach, Kirchenvorstand.
10. 5.	Frau Zips mit Lehrerinnen aus Bamberger Schulen.
10. 5.	Prof. Dr. Mörsch mit Studenten der Denkmalpflege aus Zürich.
26. 5.	Prof. Dr. Dasser mit Studenten der FH Köln.
20. 6.	Dr. Sarolta Zzatmári, Zentralinstitut für Museumsreisen, Ungarn.
25. 8.	Dr. Scherg mit Ministerialdirigent von Andreni.

Vorträge

12. 4.	Die Konservierung und Restaurierung von Paramenten, DRV-Tagung in Trier.
13. 6.	Die Konservierung und Restaurierung von Parameten, Jahrestagung der Vereinigung der Landesdenkmalpfleger.

In der Außenstelle Schloß Seehof fand vom 18.8. – 20.8.1989 in der Werkstatt für Textilrestaurierung ein Wochenend-Chemie-Seminar für berufstätige Textilrestauratoren(innen) statt, das von Frau Prof. Dr. Jägers gehalten wurde.

Stefan Hundbiß

Untersuchungen

Untersuchungen der Maltechnik an Putzproben mit Malschichtresten aus:
– Parasurampura, Indien, Rajasthan, Grabdenkmal, Innenraum/Kuppel.
– Udaipurvati, Indien, Rajasthan, Grabdenkmal, Innenraum/Kuppel.

Rupert Karbacher
Christiane Keller

Veröffentlichungen

Der »Häringer Altar« aus Windkreut, in: *Denkmalpflege-Informationen*, Ausg. D, Nr. 5 vom 14. April 1989.

Martin Mach

Fachtagungen

4.–12. 3.	Beteiligung an der Handwerksmesse in München 1989 mit Schautafeln und Exponanten.
10.–13. 7.	Baltimore, Teilnahme an einer Vortragsreihe über Konservierung von Bronzen im Freien.
27. 10.	Schwäbisch Gmünd, Teilnahme an einem Vortrag über Galvanoplastik.

Vorträge

3. 3.	Kurzvortrag über Metall-Forschungsarbeiten für eine Wissenschaftler-Delegation aus der Volksrepublik China.

Publikationen

(zusammen mit E. Mayer), «Entnahme von Kleinstbohrkernen für naturwissenschaftliche Untersuchungen an Metallobjekten», in: *Wiener Berichte über Naturwissenschaft in der Kunst*, 4/5 (1987/88), S. 222–224.

(zusammen mit U. Reinhardt) «Reifenabrieb in der Patina auf Bronzen im Freien», in: *Wiener Berichte über Naturwissenschaft in der Kunst*, 4/5 (1987/88), S. 220–221.

(zusammen mit U. Reinhardt, R. Snethlage) «Elementverteilungsbilder von Querschnitten durch Bronze- und Kupferpatina von Objekten im Freien», in: *Wiener Berichte über Naturwissenschaft in der Kunst*, 4/5 (1987/88), S. 214–219.

(zusammen mit R. Snethlage) «Die Analyse der Patina von Bronzen im Freien», in: *Zeitschrift für Kunsttechnologie und Konservierung*, 3 (1989), S. 231–235.

Hannelore Marschner

Vorträge

14. 1. »Probleme in der Denkmalpflege aus der Sicht der Naturwissenschaft«, Seminar der Europäischen Akademie Bayern in Verbindung mit der Hanns-Seidel-Stiftung, Schliersee.

14. 3. »Zur Schutzwirkung von Außenverglasungen für mittelalterliche Glasgemälde anhand praktischer Beispiele«, Kolloquium zur Glaskonservierung, Institut für Denkmalpflege der DDR, Berlin-Friedrichsfelde.

13. 6. »Konservierung und Restaurierung von Glasgemälden«, Jahrestagung der Vereinigung der Landesdenkmalpfleger in der Bundesrepublik Deutschland, München.

16. 9. »Forschungsvorhaben Glasfenstererhaltung«, Kurzbeitrag, Jahressitzung der Deutschen Glastechnischen Gesellschaft, Fachausschuß Glasgeschichte und -gestaltung, Coburg.

5. 10. »Steinhydrophobierung in der Denkmalpflege – Laborprüfung und praktische Anwendung«, Kolloquium »Steinkonservierung« im Rahmen des Kulturabkommens zwischen den zwei deutschen Staaten, Dresden.

10. 10. »Die Schutzwirkung von Außenverglasungen für Glasmalerei – Überprüfung nach 30 Jahren«, Internationales Kolloquium CVMA, Technisches Komitee, Chartres/Frankreich.

Wintersemester 88/89 und 89/90 Universität Bamberg, Seminar »Naturwissenschaftliche Materialkunde für Denkmalpfleger«.

März 89 Darstellung des Gebiets Glasverwitterung und Glasrestaurierung auf der Sonderschau »Exempla« der Handwerksmesse München (Schautafeltexte und Vitrinen).

Veröffentlichungen

»Verwitterung und Konservierung von historischen Glasfenstern«, in: *Dokumentation der Dombau- und Hüttenmeistertagung in Passau September 1988*, S. 76–81 (1989).

Erwin Mayer

Führungen in den Werkstätten

13. 2. Studenten der Akademie der Bildenden Künste, München.

1. 3. Frau Margaret Homann, Restauratorin, Berlin.

4. 4. Mrs. V. Dorge, Restauratorin, Detroit Institute of Arts, USA.

1. 9. Frau Helena David Castello-Blanco, Restauratorin, Bello Horizonte, Brasilien.

1. 9. Herr Sommer, Chefrestaurator am Denkmalamt Ost-Berlin, DDR.

30.10.–3. 11. Frau Bialucha, Praktikantin, Oberschleißheim.

29. 11. Referendare des höheren bautechnischen Verwaltungsdienstes.

Interviews

4. 7. Interview über Restaurierung und Konservierung aus Holz mit und ohne Fassung für den »Daily Globe«, Manila.

11. 89 Filmbericht mit Interview im Bayerischen Rundfunk über Bleiweiß.

Vorträge

15.5.–3. 6. Durchführung eines Seminars »Konservierung und Restaurierung von Kunstwerken aus Holz«, Manila, Philippinen, in Zusammenarbeit mit dem Goethe-Institut, München.

Veröffentlichungen

Katalogbeitrag über das romanische Kruzifix aus dem Priesterseminar St. Wolfgang, in: «*Ratisbona Sacra*», *Das Bistum Regensburg im Mittelalter*, Ausstellungskatalog, München/Zürich, 1989.

Jürgen Pursche

Fachtagungen

24.–26. 4. »Methoden zur Erhaltung von Kulturgütern«, Präsentation der Forschungsresultate aus dem Nationalen Forschungsprogramm 16 des Schweizerischen Nationalfonds zur Förderung der wissenschaftlichen Forschung in Lausanne.

3. 7. Fachtagung »Forschungsstand und Fortbildung« am Institut für Bauphysik in Holzkirchen bei München.

24.–26. 11. »Dokumentation und Restaurierung«, Internationale Restauratorentagung der Restauratorenverbände der Bundesrepublik Deutschland, Österreichs und der Schweiz in Bregenz.

Kolloquien

21. 3. »Maltechnik mittelalterlicher Wandmalereien in Südtirol«, Marienberg, Mals, Taufers. Denkmalpflege Bozen, ETH Zürich, Institut für Denkmalpflege Hannover, im Rahmen des BMFT-Projekts »Wandmalereischäden«.

4.–5. 8. »Restauratorische Voruntersuchung und Befundsicherung«, Sterzing, veranstaltet von der Denkmalpflege Bozen und der Akademie für Bildenden Künste Dresden/Wandmalereirestaurierung.

10. 8. Restauratorische Voruntersuchung und Restaurierungskonzept an den Wandmalereien der Burgkapelle in Rodeneck. Denkmalpflege Bozen, ETH Zürich.

Vorträge

12.–15. 6. Voruntersuchung und Restaurierungskonzept am Beispiel der Deckenmalereien in Vierzehnheiligen, Schloß Seehof sowie Wieskirche, Jahrestagung der Vereinigung der Deutschen Denkmalpfleger (»Kirche und Denkmalpflege«) in München.

2.–6. 10. Steinschäden – Steinkonservierung, Kolloquium über historische Putze und ihre Technologie in Dresden im Rahmen des Kulturabkommens zwischen der Bundesrepublik Deutschland und der Deutschen Demokratischen Republik.

Führungen

4.–6. 3. Führung und Mitbetreuung einer Gruppe von Denkmalpflegern aus der Volksrepublik China.

10.–22. 7. Führung und Betreuung von Herrn G. Georgievski, leitender Restaurator am Amt für Denkmalpflege in Skopje, Makedonien, Jugoslawien.

Veröffentlichungen

(zusammen mit Gabriele Fahr-Becker und Christiane Schmückle-Mollard) «Couleurs et décors peints en Allemagne du sud aux XVIIe et XVIIIe siècles, in: *Monuments Historiques*, No. 166, Nov.-Dez. 1989, S. 58ff.

(zusammen mit Christian Baur und Horst Marschall) «Die Restaurierung der ehem. Klosterkirche Notre Dame», in: *Dokumentation zur Erneuerung der ehemaligen Klosterkirche Notre Dame in Eichstätt*, Sammelblatt Historischer Verein Eichstätt, 81./82. Jg. 1988/89, Eichstätt 1989.

(zusammen mit Barbara Wünsch-Löblein) «Die romanischen Wandmalereifragmente aus dem Atrium/Dom Regensburg, in: *Der Dom zu Regensburg, Ausgrabung/Restaurierung/Forschung*, Katalog anläßlicher der Ausstellung zur Beendigung der Innenrestaurierung des Regensburger Domes 1984–1988, München-Zürich 1989.

Cornelia Ringer

Fachtagungen
22.–25. 11. Internationale Tagung zum Thema »Dokumentation in der Restaurierung« in Bregenz, veranstaltet von den österreichischen, schweizerischen und bundesdeutschen Restauratorenverbänden.

Rolf Snethlage

Vorträge
12. 7. »Natursteinbauwerke: Möglichkeit der Erhaltung und Instandsetzung«, Universität Stuttgart, Institut für Werkstoff im Bauwesen.
14. 4. »Die Umsetzung von Laborforschung in die Praxis der Steinkonservierung«, Restaurierungsseminar des Landesinnungsverbands des Bayerischen Steinmetz- und Steinbildhauer-Handwerks, Wunsiedel.
23.–27. 5. »The durability of stone conservation treatments. – Fourth World Congress Conservation and Industrial Development«, Toronto.
13. 6. »Reinigung und Konservierung von Natursteinfassaden«, Jahrestagung der Vereinigung der Landesdenkmalpfleger, München.
13.–16. 6. «The application of laboratory processes and studies to real structures«, Symposium Science Technology and European Cultural Heritage, Bologna.
2.–6. 10. »Zum Stand der Forschung in der Steinkonservierung«, Kolloquium im Rahmen des Kulturabkommens DDR-Bundesrepublik, Dresden.

Vorlesungen
Im Rahmen der Lehrbefugnis wurden an der Universität München folgende Vorlesungen gehalten:
Angewandte Mineralogie III – Anorganische, nichtmetallische Rohstoffe, ihre Verarbeitung und Verwendung. Wintersemester 1989/1990, zweistündig.
Naturwerksteine, ihre Verwitterung und Konservierung. Sommersemester 1989, dreistündig (gemeinsam mit Prof. Grimm).
Neueste Arbeiten aus dem Bautenschutz, einstündiges Seminar, Wintersemester 1989/1990.

Vom Zentrallabor veranstaltete Expertentreffen

WTZ-Abkommen DDR-Bundesrepublik, Teilprojekt 25: Bausubstanzerhaltung, besonders von historischen Bauten. Erstes Expertentreffen der Arbeitsgruppe »Bausteinkorrosion und Steinkonservierung« München, 21.–23.6.1989 (33 Teilnehmer).

WTZ-Abkommen DDR-Bundesrepublik, Teilprojekt 25: Bausubstanzerhaltung, insbesondere historischer Bauten. Leitgruppensitzung 23.–25.11.1989 (11 Teilnehmer).

Drittes Expertentreffen im Rahmen des internationalen UN/ECE Materialexpositionsprogramms. Beteiligung des Zentrallabors durch das vom Umweltbundesamt geförderte Forschungsprojekt »Die Einwirkung von Luftverunreinigungen auf Metallobjekte von kulturhistorischer Bedeutung«. 7.–9.6.1989 (18 Teilnehmer).

Erstes Expertentreffen im Rahmen von EUROCARE zur Einrichtung eines neuen Gemeinschaftsprojekts »EUROMARBLE«. 12.12.1989 (Acht Teilnehmer).

Weiterhin wurden folgende Fachkontakte wahrgenommen:
WTZ-Abkommen Brasilien-Bundesrepublik, Workshop zum Projekt IDEAS, Aachen 18.–20.9.1989.
EG-Förderprogramm STEP, Gespräche zur Ausarbeitung eines Gemeinschaftsprojekts beim Building Research Establishment in Watford und beim Clerk of the Cathedral Work in Lincoln, England, 6. und 7.9.1989.
BMFT-Projekt »Entwicklung und Erprobung von Konservierungstechnologien für antike Kalksteine« des DAI-Abteilung Kairo (Prof. Dr. W. Kaiser). Begutachtung der Konservierungs- und Rekonstruktionsarbeiten auf der Grabung in Assuan/Elephantine, 20.–31.1.1989.

Ausstellungen
Informationsstand über die Forschungsaktivitäten des Zentrallabors auf der Handwerksmesse in München (6.–10.3.1989).

Einmonatige Betreuung einer Restauratorin aus Belo Horizonte im Rahmen des WTZ-Abkommens Brasilien-Bundesrepublik Deutschland (IDEAS)

Publikationen
(zusammen mit M. Mach) «Die Analyse der Patina von Bronzen im Freien», in: *Zeitschrift für Kunsttechnologie und Konservierung*, Heft 1, Jg. 3/1989, S. 231–235.

(zusammen mit E. Wendler und L. Sattler) «The application of laboratory processes and studies to real structures», in: *Colloq. Science, Technology and European Cultural Heritage*, 13.–16. 6. 1989, Bologna.

(zusammen mit L. Sattler und E. Wendler) «The durability of stone conservation treatment», in: *Symp. Conservation and Industrial Development*, 23.–27.5.1989, Toronto (im Druck).

(zusammen mit E. Wendler) «Der Wassereindringprüfer nach Karsten – Anwendung und Interpretation der Meßwerte», in: *Bautenschutz & Bausanierung* 12/1989, S. 110–115.

(zusammen mit E. Wendler) «Durability of Hydrophobing Treatments of Natural Stone Buildings» in: *Proc. Intern. Symp. Geol. Soc.*, 19.–23. Sep. 1988, Athens, S. 953–956.

«Anamnese, Diagnose – Befunde – Perspektiven für Therapiemaßnahmen» in: *Bautenschutz & Bausanierung, Sonderausgabe 1989*, Bausubstanzerhaltung in der Denkmalpflege, 2. Statusseminar des BMFT, 14./15. Dez. 1988, Wuppertal, S. 62–64.

Bernhard Symank

Führungen
21.2. Führung von Frau Dr. Ossavalde, Buenos Aires, Argentinien (Gast der Bayerischen Staatskanzlei).
29. 11. Werkstättenführung in Gauting für Referendare des höheren bautechnischen Verwaltungsdienstes.

Vorträge
12.–15. 6. »Untersuchung und Behandlung von historischen Raumfassungen am Beispiel Wies und Maria Steinbach«, Vortrag anläßlich der Jahrestagung der Landesdankmalpfleger in München.

Rolf Wihr

Teilnahme an Tagungen und Veranstaltungen
24. 5. Informationsseminar bei Firma Ibach, Steinkonservierung, Schloß Seehof.
21.–23. 6. WZT-Expertentreffen mit Kollegen aus der DDR, Thema: Bausteinkorrosion und Steinkonservierung, München und Bamberg.
3. 7. Bauphysikalisches Kolloquium »Gesteinsverwitterung – Denkmalschutz«, Holzkirchen.
2.–6. 10. 19. Arbeitstagung der AdR, Bochum.
2.–5. 10. WTZ-Tagung mit Kollegen der DDR, Thema: Steinkonservierung, Dresden.
12. 10. Arbeitstagung der Operationsgruppe »Mörtel und Ersatzstoffe«, Pommersfelden.
8. 11. Lenkungsausschuß 1 des BMFT, Bochum, Deutsches Bergbau-Museum,

Vorträge, Werkstattführungen
26. 1. Vortrag »Bildstöcke und Grenzsteine – Schäden und Möglichkeiten zur Erhaltung«, Eichstätt, Volkshochschule.

3. 2.	Referenteninformation (zusammen mit dem Zentrallabor) Thema: Steinrestaurierung allgemein, München, Alte Münze.
16. 2.	Vortrag »Restaurierung von Bildstöcken und Grabplatten«, Landshut, Bauzunfthaus.
20. 2.	Werkstattführung für eine Steinmetzklasse aus dem überbetrieblichen Ausbildungszentrum in Ingolstadt (Denkmalpflegeseminar).
22. 2.	Informationsvortrag »Der Beruf des Restaurators«, Informationsveranstaltung des Arbeitsamts Bamberg für Abiturienten.
24. 2.	Referenteninformation (zusammen mit dem Zentrallabor), Thema: Steinersatz, Schloß Seehof.
1. 3.	Werkstattführung und ganztägige Betreuung einer Delegation der chinesischen Denkmalpflege.
2. 3.	Begleitung und Führung einer chinesischen Delegation in München zu verschiedenen Baudenkmälern, Erläuterungen der dort durchgeführten Maßnahmen (zusammen mit dem Zentrallabor).
14. 3.	Werkstattführung für eine Gruppe schwedischer Denkmalpfleger aus Stockholm.
14. 4.	Vortrag »Kritische Anmerkungen zur Restaurierung von Steindenkmälern«, Seminar des Landesinnungsverbands des Bayerischen Steinmetz- und Steinbildhauerhandwerks, Wunsiedel.
21. 4.	Werkstattführung einer Gruppe von Mitarbeitern des Landesdenkmalamts Rheinland-Pfalz sowie Führung bei Firma Ibach (Steinkonservierung), Schloß Seehof.
21. 4.	Referenteninformation (zusammen mit dem Zentrallabor) zum Thema: Steinfestigung, Schloß Seehof.
24. 5.	Diskussionsleitung eines Informationsseminars über Acrylharzvolltränkung und flankierende Maßnahmen, veranstaltet von Firma Ibach Steinkonservierung für ca. 80 Bildhauer aus dem Bundesgebiet, überwiegend aus Bayern, Schloß Seehof.
29. 5.	Vortrag »Möglichkeiten und Probleme bei der Erhaltung von Steindenkmälern«, Miltenberg, Volksbildungswerk.
30. 5.	Werkstattführung Prof. Mörsch und einer Gruppe Züricher Studenten.
5.–9. 6.	Unterricht im Europäischen Ausbildungszentrum für Handwerker im Denkmalschutz, Venedig, Isola di San Servolo.
14.–16. 6.	Unterricht beim Unesco (ICCROM)-Kurs über Steinrestaurierung, Venedig, Abbazia Misericordia.
6. 9.	Werkstattführung der Steinmetzklasse, Berufsfachschule Gelsenkirchen.
2.–6. 10.	Vorträge: »Schäden an gefestigten Steindenkmälern«; »Die Steinskulptur – ein Stiefkind in der Restaurierung«; »Klebe-Injektionen an mürben Steindenkmälern« (Hartleitner), Bochum, 19. Arbeitstagung der AdR.
12. 10.	Arbeitssitzung der Operationsgruppe »Mörtel und Ersatzstoffe« des BMFT, einführendes Kurzreferat über Schloß Weißenstein und die dort bisher durchgeführten Steinrestaurierungsmaßnahmen, Pommersfelden.
23.–27. 10.	Unterricht im Europäischen Ausbildungszentrum für Handwerker im Denkmalschutz, Venedig, Isola di San Servolo.
3. 11.	Werkstattführung und Interview über den Beruf des Steinrestaurators für DAG-Journal.
2.–16. 12.	Leitung eines Workshops des Goethe-Instituts »Restaurierung und Bewahren« (Schlotmann), Indien, Neu-Delhi.

Publikationen

Herausgabe des 22. Jahrgangs 1988 (zwei Hefte) der »Arbeitsblätter für Restauratoren«, Verlag des Römisch-Germanischen Zentralmuseums, Mainz (zusammen mit Dipl.-Chem. D. ANKNER).

»Restaurierung von Bildstöcken und Grabplatten«, in: *Bauzunfthaus Landshut*, Heft 3, S. 1–9.

»Forschungsprojekt: Die Entsalzung von Steindenkmälern im Freien«, in: *Steinmetz und Bildhauer*, Heft 2/1989, S. 31–32 (Wihr).

BARBARA WÜNSCH-LÖBLEIN

Führung

29. 11.	Werkstättenführung in Gauting für Referendare des höheren bautechnischen Verwaltungsdienstes

Veröffentlichung

Barbara Wünsch-Löblein, Jürgen Pursche: »Die romanischen Wandmalereifragmente aus dem Atrium/Dom Regensburg«, in: Der Dom zu Regensburg, Ausgrabung/Restaurierung/Forschung; Katalog anläßlich der Ausstellung zur Beendigung der Innenrestaurierung des Regensburger Domes 1984–1988, München-Zürich 1989.

WOLF ZECH

Veröffentlichung

«Bericht über die Untersuchung und Konservierung der Auszugsgemälde in den Seitenaltären aus der Heilig-Kreuz-Kirche in Landsberg am Lech», in: *Jahrbuch der Bayerischen Denkmalpflege*, Bd. 40 (1986), München/Berlin 1989, S. 292–304.

LANDESSTELLE FÜR DIE NICHTSTAATLICHEN MUSEEN BEIM BAYERISCHEN LANDESAMT FÜR DENKMALPFLEGE

Seit dem 1. Juli 1989 ist die Abteilung Nichtstaatliche Museen des Bayerischen Nationalmuseums als Landesstelle für die Nichtstaatlichen Museen beim Bayerischen Landesamt für Denkmalpflege angesiedelt.

Zum selben Zeitpunkt hat mir das damalige Bayerische Staatsministerium für Wissenschaft und Kunst die Leitung der Landesstelle übertragen. Es ist mir eine Verpflichtung, das Werk meiner um die bayerische Museumslandschaft hochverdienten Vorgängerin, Frau Dr. Isolde Rieger, fortzuführen und weiter auszugestalten.

Die neunziger Jahre stellen die bayerischen Museen vor neue, oft in ihrer Gewichtung veränderte Aufgaben: Aktuelle Themen, wie die vermehrte Umwandlung technischer und industriegeschichtlicher Anlagen in Museen, sind eine Herausforderung dieses Jahrzehnts. Die elektronische Datenverarbeitung wird ihren Einzug in die Museen zur Inventarisierung in steigendem Maße fortsetzen. Vor allem werden wir aber unsere Anstrengungen verstärken müssen, die Zeugnisse der Vergangenheit, welche sich in den reichen Beständen der nichtstaatlichen Museen Bayerns befinden, durch geeignete konservatorische und restauratorische Maßnahmen zu sichern und so späteren Generationen zu erhalten.

Ein sehr wichtiger Punkt in der Arbeit des vergangenen Jahres war der Meinungsaustausch mit unseren Kollegen in den neuen Bundesländern, vor allem im Freistaat Sachsen. Wir hoffen, daß sich die intensiven Kontakte, die daraus binnen weniger Monate entstanden, zu einer dauerhaften, für beide Seiten fruchtbaren Zusammenarbeit ausweiten. Außerdem ist die Landesstelle bestrebt, die gutnachbarlichen Beziehungen, die sich zwischen bayerischen Museen und Sammlungen der CSFR angebahnt haben, nach Kräften zu unterstützen.

In allen Bereichen der staatlichen Finanzen werden die Mittel knapper, so auch auf dem Felde der Museumsförderung. Andererseits sind die Preissteigerungen, vor allem bei Innenausbau und Grafik, deutlich sichtbar. Die Landesstelle wird daher gezwungen sein, in Zukunft vermehrt Schwerpunkte zu bilden, sowohl bei den einzelnen Museen, wie auch bei den zu fördernden Bereichen.

Neue Museumsvorhaben werden wir nicht mehr im gewohnten Maße unterstützen können. Wir werden uns vielmehr darum kümmern müssen, begonnene Projekte in einem zeitlich vertretbaren Rahmen zu Ende zu führen. Beim Innenausbau wird man sich nach möglichst preisgünstigen Lösungen umsehen müssen, wobei die neue Bescheidenheit nicht auf Kosten der Sicherheit, der konservatorischen Bedingungen oder des wirksamen Vermittelns gehen darf. Zum anderen werden die zukünftigen Schwerpunkte nicht mehr so sehr beim Einrichten der Schausammlungen liegen, als bei der wissenschaftlichen Erfassung, beim Erhalten und bei dem Ausbau zweckmäßiger Depots.

Als »Dienstleistungsbetrieb des Freistaats« werden wir uns jedoch auch künftig bemühen, den Museen im Land Rat und Hilfe im notwendigen Umfang zu bieten.

EGON JOHANNES GREIPL

BETREUTE MUSEEN UND PROJEKTE

Die Landesstelle für die Nichtstaatlichen Museen ist ein Dienstleistungsangebot für die bayerischen Museen, die sich nicht in staatlicher Trägerschaft befinden. Wissenschaftler, Innenarchitekten und Restauratoren der Landesstelle beraten und betreuen laufende Projekte an bayerischen Museen sowie Neuplanungen, wobei die Betreuung vom beratenden Gespräch über eingehende Planungshilfe bei Konzeption, Inventarisierung, Bausanierung, Klimastabilisierung und Restaurierung bis hin zur innenarchitektonischen Gesamtplanung reichen kann.

(TEIL-) ERÖFFNUNGEN IM BERICHTSZEITRAUM

Amberg, Stadtmuseum
Im historischen Baustadel in Amberg wurde am 7.7.1989 das neugestaltete Stadtmuseum mit der Abteilung »Stadtgeschichte« eröffnet. Sie spricht bei reduzierter, aber gerade darum umso aussagekräftiger Exponatauswahl nicht nur die Geschichte der Stadt, sondern vor allem auch Aspekte an, die das tägliche Leben in Amberg prägten. Die industrielle Entwicklung im 19. und 20. Jahrhundert spielt dabei eine besondere Rolle.

Erding, Freilichtmuseum des Landkreises
Das Freilichtmuseum am Entenweiher nimmt immer mehr Gestalt an. Am 14.10.1989 konnte die provisorische Öffnung einiger weiterer Bauten gefeiert werden. Es handelt sich dabei um ein Wohnstallhaus aus Rindbach, einen kleinen zugehörigen Getreidekasten und ein Schmiedegebäude aus Dorfen.

Freyung, Jagd- und Fischereimuseum Schloß Wolfstein
Seit dem 9.9.1989 ist das Jagd- und Fischereimuseum in Schloß Wolfstein geöffnet. Es vermittelt einen Überblick über das Leben, aber auch die Gefährdung der Wildtiere unseres Raumes und widmet sich darüber hinaus der wechselvollen Geschichte der Jagd.

Landsberg a. Lech, Stadtmuseum
Am 21.12.1989 eröffnete die Stadt Landsberg ihr Museum im ehemaligen Jesuitengymnasium. Bereits 1987 hatte eine erste Teileröffnung stattgefunden. Das vom Landsberger Museumsarbeitskreis erarbeitete Konzept beinhaltet die Abteilungen Gemälde des 19. und 20. Jahrhunderts, Jesuiten, Wohnkultur, Trachten, Vereinswesen, Apotheke, Handwerk und Zunft, Stadtgeschichte sowie Vor- und Frühgeschichte.

Marktoberdorf, Galerie der Stadt
Seit dem 5.10.1989 besitzt Marktoberdorf eine eigene Galerie. Das Gebäude, in dem sie sich befindet, wurde der Stadt als Stiftung übereignet.

Massing, Niederbayerisches Freilichtmuseum
Im Niederbayerischen Freilichtmuseum Massing konnte am 15.10.1989 das »Freilinger Häusl« eingeweiht werden, das nun als Austragshaus die bereits 1982 erstellte Rottaler Vierseitanlage des »Koch-Hofes« vervollständigt. Transferierung und Wiederaufbau im Museum beließen das Gebäude, das neben seinem hohen Alter und seiner bemerkenswerten Baugeschichte auch ein eindrucksvolles Beispiel verdinglichter Sozialgeschichte darstellt.

Mindelheim, Krippenmuseum
Ein Krippenmuseum bereichert seit dem 27.11.1989 die Museumslandschaft im schwäbischen Mindelheim. Zentrales Thema der Präsentation im ehemaligen Jesuitenkolleg ist das Leben Jesu in privater und öffentlicher Andacht. Neben Andachtsgraphik, Hinterglasbildern, Klosterarbeiten und Wachsstöcken ist eine Sammlung von Krippen aus Mindelheim und Umgebung aus dem 19. und 20. Jahrhundert zu sehen.

Neumarkt i. d. Opf., Stadtmuseum
Nach wechselvollem Schicksal und langjährigen Vorarbeiten für die Neuaufstellung sind die Bestände des Stadtmuseums Neumarkt jetzt wieder der Öffentlichkeit zugänglich. Ihr neues, am 27.10.1989 eröffnetes Domizil, das ehemalige Kolping-Haus, wurde von der Stadt erworben und den Erfordernissen der Sammlung angepaßt.

Auf drei Etagen sind die verschiedensten Aspekte städtischen Lebens dokumentiert, wobei man der Industrialisierung der Stadt besondere Beachtung schenkte.

Ottobrunn, König-Otto-von-Griechenland-Museum
Dem bayerischen Prinzen Otto, der in den 1830er Jahren zum König Griechenlands avancierte, ist dieses kleine Museum gewidmet, das am 3.12.1989 eröffnet werden konnte. In zwei Räumen des neuen Rathauses befaßt es sich mit den Beziehungen Bayerns und Griechenlands in der ersten Hälfte des 19. Jahrhunderts sowie dem griechischen Freiheitskampf und dem Philhellenismus.

Schwandorf, Heimatmuseum
Das Heimatmuseum Schwandorf ist seit dem 11.11.1989 wieder geöffnet. Es präsentiert im denkmalgeschützten alten Rathaus die Stadtgeschichte von der Stadterhebung (1450) bis zur Gegenwart.

Weidenberg, Museum Scherzenmühle
Am 21.10.1989 wurde der Abschluß der Bauarbeiten und die damit mögliche Teileröffnung des Museums Scherzenmühle in Weidenberg gefeiert. Die bauliche Anlage der ehemaligen Mühle setzt sich aus dem Wohn- und Mühlengebäude, angeschlossenen Stallungen und Remise sowie einer abseits stehenden Scheune zusammen. Zur langfristigen Sicherung der Bausubstanz und der zugehörigen historischen Ausstattung wurde das Gebäude mit einer Temperieranlage ausgestattet. Raumschale und Ausstattung sollen wieder das Erscheinungsbild der Jahre um 1925 erhalten.

KONSERVIERUNGSAKTIONEN

Bei einem fortgeschrittenen Schadensbild an Museumsbeständen führt die Landesstelle vor Ort in Zusammenarbeit mit freiberuflich tätigen Restauratoren Konservierungsaktionen durch, die darauf abzielen, die Objekte vor einem weiteren Verfall zu bewahren. Erst dann ist in diesen Fällen eine Handhabung zwecks Inventarisation, Umlagerung oder Transport zur Restaurierung möglich.

An folgenden bayerischen Museen fanden mit hohem finanziellen Anteil der Landesstelle Konservierungsaktionen statt (Berichtszeitraum 1.7.1989–31.12.1990):

Ort:	Schwerpunkt:
Amberg:	Metall
Arzberg-Bergnersreuth:	Holzschädlingsbekämpfung
Deggendorf:	Skulpturen, landwirtschaftliches und technisches Gerät
Dinkelsbühl:	Skulpturen, Gemälde
Forchheim:	Gemälde, Skulpturen, Textilien Graphik,
Helmbrechts:	Textilien
Herzogenaurach:	Gemälde, Metall, Gerät
Illertissen:	Skulpturen
Marktoberdorf:	Skulpturen, Leinwand, Textil
Obergünzburg:	Schädlingsbekämpfung, konservatorische Notmaßnahmen, Umlagerung
Öttingen:	Gemälderestaurierung, Skulptur, Metall, Notsicherung und Umlagerung
Tittmoning:	Graphik, Textilien, Begasung
Traunstein:	Skulpturen, Schützenscheiben
Weißenhorn:	Begasung

EDV-GESTÜTZTE INVENTARISATION

Zur Zeit inventarisieren 25 nichtstaatliche Museen in Bayern mit dem Datenbankprogramm HIDA. Diese Datenbank wurde an der Landesstelle für die Nichtstaatlichen Museen getestet und folgendermaßen für die Bedürfnisse kunst- und kulturgeschichtlicher Sammlungen umgeschrieben:

– Die Eingabemaske entspricht weitgehend dem standardisierten Inventarblatt.
– Zu den einzelnen Kategorienfelder wurden Schreibanweisungen erstellt.
– Eine sich im Aufbau befindende Oberbegriffsdatei für Recherchezwecke ist obligatorisch.
– Eine Menüsteuerung erhöht den Bedienungskomfort. Per Menü können die wichtigsten Funktionen – wie Erfassung von Dokumenten, Recherche und Ex- und Import von Daten – auf einfache Weise durchgeführt werden.
– Der Ausdruck der Inventarblätter kann auf zweifache Art erfolgen: Man kann die Inventare ausdrucken, wie sie auf dem Bildschirm erscheinen, oder mittels eines speziellen Reportgenerators auf die von der Landesstelle empfohlenen Inventarblattvordrucke bringen.
– Zur Erzeugung von tabellarischen Listen wurden an der Landesstelle fünf exemplarische Listengeneratoren entwickelt, die auf die jeweiligen Bedürfnisse umgestellt werden können. Es besteht die Möglichkeit, Raumlisten für Inventuren, Zustandslisten zur Überprüfung des Erhaltungszustandes des einzelnen Objekts, Objektlisten zur Überprüfung von Inventarnummernkonkordanzen bzw. zur Sichtbarmachung von Hersteller und Herstellungsort zu erstellen.

Neben der Erfassung von Museumsobjekten wurden mit Hilfe einer Spezialmaske zwei Grabmaldokumentationen – in Schrobenhausen und Miltenberg – durchgeführt.

Die Landesstelle erarbeitete in enger Absprache mit den jeweiligen Spezialisten Spezialerfassungsmasken zum Standardinventarblatt für die Objektgruppen Münzen, Textilien, Porzellan und Puppen.

An folgenden Museen wird EDV-gestützt inventarisiert (Berichtszeitraum 1.7.1989–31.12.1990):

– Bad Windsheim, Evangelisch-Lutherisches Dekanat
– Bad Windsheim, Fränkisches Freilandmuseum
– Burghausen, Stadtmuseum
– Deggendorf, Stadtmuseum
– Erlangen, Stadtmuseum
– Finsterau, Freilichtmuseum
– Friedberg, Städtisches Heimatmuseum
– Grafing, Heimatmuseum
– Großostheim, Heimatmuseum
– Hanau-Wilhelmsbad, Hessisches Puppenmuseum
– Hersbruck, Deutsches Hirtenmuseum
– Hohenberg, Museum der Deutschen Porzellanindustrie
– Jexhof, Bauernhofmuseum
– Kempten, Stadtmuseum
– Mainburg, Hallertauer Heimatmuseum
– Markt Erlbach, Heimatmuseum
– Marktoberdorf, Stadtmuseum
– Murnau, Schloßmuseum
– Neu-Ulm-Pfuhl, Söldenhaus
– Schrobenhausen, Heimatmuseum
– Starnberg, Heimatmuseum
– Stoffenried, Kreisheimatstube
– Tittmoning, Heimathaus
– Treuchtlingen, Volkskunde-Museum
– Trostberg, Städtisches Heimatmuseum
– Weißenhorn, Städtisches Heimatmuseum

ZUSCHÜSSE

Neben den Dienstleistungen der Beratung und Betreuung gehört die finanzielle Förderung der nichtstaatlichen Museen zu den Aufgaben der Landesstelle. Vom 1.7.1989 bis 31.12.1989 konnten folgende projektgebundenen Zuschüsse vergeben werden:

Auszahlungen 1.7.1989 bis 31.12.1989

Oberbayern	611 000,-- DM
Niederbayern	567 500,-- DM
Oberpfalz	795 050,-- DM
Oberfranken	571 550,-- DM
Mittelfranken	820 000,-- DM
Unterfranken	178 660,-- DM
Schwaben	671 890,-- DM
	4 215 650,-- DM

TAGUNGEN, VERÖFFENTLICHUNGEN, KONTAKTE

Von der Landesstelle organisierte Tagungen

»Musealisierung des Sakralen«. Jahrestagung 1989 der Landesstelle, Andechs 7.12.1989.

Veröffentlichungen der Landesstelle

Information 12 (September 1989)
Reihe »Bayerische Museen«:

ALFONS HANNES mit Beiträgen von WOLFGANG KERMER und ERWIN EISCH,
Band 9: *Glasmuseum Frauenau. Die Sammlung Kermer: Glas des 20. Jahrhunderts – 50er bis 70er Jahre*, München–Zürich 1989.

JOHANNES PRAMMER
Band 11: *Das römische Straubing. Ausgrabungen – Schatzfund – Gäubodenmuseum*, München–Zürich 1989.

GERTRAUD ZULL mit einem Beitrag von ALBERT SCHWAB
Band 13: *Heimatmuseum Treuchtlingen. Musik – Automaten – Grammophone – Instrumente*, München–Zürich 1989.

Mit einem Druckkostenzuschuß förderte die Landesstelle das Erscheinen zweier museumsspezifischer Publikationen:
THOMAS FINKENSTAEDT, *Beiträge zu einem Katalog der Zunftaltertümer in Bayern*, Veröff. z. Volkskunde und Kulturgeschichte 46, Würzburg 1991.

MARION WILDENAUER, *Museumsentwicklung und -planung in Oberfranken. Eine angebotsorientierte Bestandsaufnahme und empirische Problemanalyse*, Kommunal- und Regionalstudien 8, Kronach-München-Bonn 1990.

Filme über nichtstaatliche Museen

Die Landesstelle sieht es als eine wichtige Aufgabe an, Projekte anzuregen und zu fördern, die der Öffentlichkeitsarbeit der Museen zugute kommen.
In Zusammenarbeit mit dem Bayerischen Fernsehen werden in den kommenden Jahren 12 bis 15minütige Filme über nichtstaatliche Museen entstehen und im 3. Programm einen festen Sendeplatz ausgestrahlt. Das jeweilige Museum erhält 200 Video-Kopien des Films für den Verkauf. Die Landesstelle berät die Produktionen und entlastet die Museumsträger bei der erforderlichen finanziellen Eigenbeteiligung.

Vorträge und Veröffentlichungen der Mitarbeiter der Landesstelle

FRANK D. DAVIS

Übersetzung ins Englische von
NINA GOCKERELL, *The Neapolitan Nativity Figurines of the 18th Century as a Source for Historical Costumes* (1989).

J. G. PRINZ V. HOHENZOLLERN, *The Exhibition Projekt – 80 Bronze Masterpieces from the Bavarian Nation Museum* (1989).

DERS., *The Portrait Bust of the Nuremberger Apothecary Hans Perckmeister from 1496* (1989).

DERS., *The Statue of Saint John the Baptist from the Sterzinger Alter carved by Hans Multscher* (1989).

WALTER FUGER

«Stadtmuseum Amberg – ein neuer Weg», in: *Festschrift zur Wiedereröffnung des Stadtmuseums Amberg*, Amberg 1989, S. 37–41.

EGON JOHANNES GREIPL

Vorträge und Grußworte
»Die Zukunft der regionalen Museen«
(Anläßlich des Jubiläums des Museums Starnberg 1.7.1989).
«Das Museum in der kleinen Stadt»
(Eröffnung des Stadtmuseums Neumarkt i. d. Opf. 27.10.1989).
Grußwort anläßlich der Eröffnung des Stadtmuseums in Schwandorf (21.10.1989).

Veröffentlichungen
«Liberalitas Bavarica. Gedanken zu einem Schlagwort», in: *Zeitschrift für Bayerische Landesgeschichte*, 52 (1989), S. 145–151.
«Die Geschichte des Staatssekretariats nach dem Ende des Kirchenstaates als Aufgabe der Forschung», in: *Römische Quartalsschrift*, 84 (1989), S. 92–103.
«Drei biographische Skizzen zu den Reichsprälaten C. Vogl, J. B. Kraus und F. Forster, Lebensbilder aus der Geschichte des Bistums Regensburg», hrsg. von G. SCHWAIGER, *Beiträge zur Geschichte des Bistums Regensburg*, 23/24, 1989, Bd. 2, S. 293–299, 377–384, 385–391.

ALBRECHT A. GRIBL

Vortrag
«Ein kleines, aber feines Spezialmuseum: Das König-Otto-Museum Ottobrunn»
(Eröffnung des König-Otto-Museums Ottobrunn 3.12.1989).

Veröffentlichungen
«Das neue Museum der Stadt Füssen. Teilrealisierung und Gesamtkonzeption», in: *Information*, 12 (1989), S. 12–16.

VIKTOR PRÖSTLER

Vortrag
»EDV-gestützte Inventarisation am Beispiel von Midas«
(EDV-Kolloquium Theuern 21.9.1989).

Veröffentlichungen
«Die Seechronometer der Familie Mudge – Aufbau, Entwicklung und Werdegang», in: *Alte Uhren und moderne Zeitmessungen*, 1 (1989), S. 41–56.
«EDV und Museum», in: *Inforamtion*, 12 (1989), S. 3–6.
«Erstellung und Weiterentwicklung von Thesauri», in: *Information*, 12 (1989). S. 7–10.

GEORG WALDEMER

«Der Zehentmaierhof aus Sauerlach» (zusammen mit HELMUT KEIM), *Freilichtmuseum des Bezirks Oberbayern*, Dokumentation 3, Schriften des Freilichtmuseums, 15, Glentleiten 1989.

«Bauen auf dem Land zwischen Tradition und Innovation im alten Bayern. Ein Beitrag zur Faktorenanalyse historischer Bauweisen», in: *Forschungen zur historischen Volkskultur. Festschrift für Torsten Gebhard zum 80. Geburtstag, Beiträge zur Volkstumsforschung XXVI*, München 1989, S. 45–62.

«Bericht zur Veröffentlichung von Band 1 der »Quellen und Materialien zur Hausforschung«, in: *Information*, 12 (1989), S. 23–30. Zugleich: Freundeskreis-Blätter, 28 (1989), S. 43–49.

Teilnahme an Tagungen

Bayerischer Heimattag, Nördlingen 1.7.1989 (Dr. Greipl).
Unterfränkischer Museumstag, Münnerstadt 6.9.1989 (Dr. Greipl).
EDV-Inventarisierung kulturgeschichtlicher Realien, Kolloquium Theuern 21.–22.9.1989 (Dr. Greipl, Dr. Pröstler).
Oberfränkischer Museumstag, Thurnau 8.10.1989 (Dr. Greipl).
Jahrestagung der Arbeitsgemeinschaft für Hausforschung in Bayern, Glentleiten 19.10.1989 (Großeschmidt, Dr. Kreilinger, Waldemer).
Jahresversammlung des Deutschen Icom-Komitees in München 3./4.11.1989 (Dr. Davis).
Schwäbischer Museumstag, Irsee 11.11.1989 (Dr. Greipl).
Kulturpolitische Tagung der Friedrich-Ebert-Stiftung, Regensburg 17.11.1989 (Dr. Greipl).
Tagung der Museumsämter, Koblenz 22.–24.11.1989 (Dr. Greipl).
Treffen der Leiter bzw. Mitarbeiter der Bayerischen Freilicht- und Bauernmuseen, Neusath-Perschen 16.1.1990 (Großeschmidt, Dr. Kreilinger, Waldemer)
»Deutsche in Italien«, Tagung der Görresgesellschaft, Rom 18.–24.2.1990 (Dr. Greipl).
Arbeitstagung der Vorarlberger Museen, Viktorsberg b. Bregenz 4.5.1990 (Dr. Gribl).
Tagung des Deutschen Museumsbundes, Kempten 7./8.5.1990 (Dr. Davis, Dr. Fuger, Dr. Greipl, Großeschmidt, Heusmann, Simon-Schuster).
Arbeitstagung »Fachwerksanierung«, Fulda 15./16.5.1990 (Großeschmidt).
Museumstreffen Schloß Moritzburg b. Dresden 18./19.5.1990 (Dr. Greipl).
Symposion »Dendrochronologische Datierung von Nadelhölzern in der Hausforschung – Süddeutscher Raum und angrenzende Gebiete«, Glentleiten 18.5.1990 (Dr. Davis, Großeschmidt, Dr. Kreilinger, Waldemer).
Tagung des Niederösterreichischen Instituts für Landeskunde, Horn/NÖ 2.–5.6.1990 (Dr. Greipl).
Treffen des Arbeitskreises für Hausforschung in Bayern, Jengen 28.6.1990 (Dr. Davis, Dr. Greipl, Großeschmidt, Dr. Kreilinger, Waldemer).

Tagung »Besucherforschung«, München 12.7.1990 (Dr. Benz-Zauner, Dr. Fuger, Dr. Lohr).
Museumsfahrt des Sudetendeutschen Archivs nach Nordböhmen 22.–24.8.1990 (Dr. Fuger).
Unterfränkischer Museumstag, Karlstadt 4.9.1990 (Dr. Greipl).
Informationsfahrt nach Sachsen 5.–8.9.1990 (Dr. Benz-Zauner, Dr. Davis, Dr. Fuger, Dr. Greipl, Dr. Gribl, Großeschmidt, Heusmann, Köhnlein, Michael, Dr. Pröstler, Simon-Schuster, Dr. Stäbler, Waldemer, Werner).
14. Tagung des Verbandes der Europäischen Freilichtmuseen in der CSFR 1.–7.9.1990 (Dr. Kreilinger).
EDV-Tagung Theuern 20./21.9.1990 (Dr. Greipl, Dr. Pröstler).
Tagung der Arbeitsgruppe Kulturhistorische Museen in der DGV, Hildesheim 5.10.1990 (Dr. Gribl, Dr. Kreilinger).
Arbeitstagung «Siedlungsgeographie», 11.10.1990 Neusath-Perschen (Dr. Greipl, Dr. Kreilinger, Waldemer).
Tagung »Biographieforschung«, Bad Windsheim 12./13.10.1990 (Dr. Stäbler).
Treffen der Freilichtmuseumsleiter der ehem. DDR am Westfälischen Freilichtmuseum Detmold 22.10.1990 (Dr. Kreilinger).
Tagung »Regionale Kulturforschung und Kulturpflege in den neuen Bundesländern Sachsen und Thüringen und die Möglichkeit bayerischer Hilfestellung«, Banz 2.–4.11.1990 (Dr. Greipl).
Tagung der Arbeitsgemeinschaft für kulturelle Heimatsammlungen beim Sudetendeutschen Archiv, Bad Sooden-Allendorf 9.–11.11.1990 (Dr. Fuger).
Glassymposion, Theuern 10.11.1990 (Dr. Benz-Zauner).
CECA-Tagung, Frankfurt 14.–18.11.1990 (Heusmann).
Jahreskonferenz 1990 der Museumsämter und Museumsberater, Hannover 22./23.11.1990 (Dr. Pröstler, Dr. Stäbler).
Kulturpolitische Tagung der Friedrich-Ebert-Stiftung, Erlangen 24./25.11.1990 (Dr. Greipl).
Treffen mit sächsischen Museumsbetreuern und -leitern in Oberfranken 28.–30.11.1990 (Dr. Fuger, Dr. Greipl, Großeschmidt, Heusmann, Dr. Pröstler, Simon-Schuster, Dr. Stäbler, Waldemer, Werner).

Gäste

Vom 30.8.–3.9.1989 besuchte Chefrestaurator Heiner Sommer / Berlin-Ost die Landesstelle.

Persönliches

Personalveränderungen 1989
(ausschließlich Planstellen)

I. DIREKTION UND VERWALTUNG

Zugänge

1. 1.1989	Elke Fuchs Verw. Angestellte
1. 2.1989	Michael Pichotta Kraftfahrer
1. 2.1989	Ursula Schunk Verw. Angestellte
1. 6.1989	Peter Sacher Reg. Oberinspektor
1. 6.1989	Dr. Martin Weis wiss. Angestellter
1. 7.1989	Robert Melber Hausmeister (Bamberg)
1. 8.1989	Dr. Stefan Scherg Oberregierungsrat
15. 8.1989	Kirsten Ulber Verw. Angestellte
1. 9.1989	Christina Schmidt Verw. Angestellte
1.10.1989	Susanne Mayer-Mertel Verw. Angestellte
16.10.1989	Christine Schmidt Verw. Angestellte

Ernennungen

1.10.1989	Peter Sacher zum Reg. Amtmann

Abgänge

28. 2.1989	Erwin Mayer Amtsinspektor
7. 4.1989	Peter Pfister Hausmeister (Bamberg)
31. 7.1989	Dr. Jutta Zitzmann Oberregierungsrätin
30.11.1989	Werner Meier Reg. arbeiter
31.12.1989	Lieselotte Hetzel Verw. Angestellte

II. BAU- UND KUNSTDENKMALPFLEGE

Zugänge

1. 1.1989	Dr. Sabine Bock wiss. Angestellte
1. 1.1989	Dr. Harald Gieß wiss. Angestellter
1. 1.1989	Ruth Hackmann Verw. Angestellte
1. 5.1989	Dr. Florian Zimmermann wiss. Angestellter
1. 6.1989	Dr. Martin Mannewitz wiss. Angestellter
1. 9.1989	Michael Mette wiss. Angestellter

Ernennungen

20. 1.1989	Dr. Martin Stankowski zum Oberkonservator
22. 1.1989	Dr. Annette Faber zur Konservatorin (Bamberg)
1. 2.1989	Dr. Alfred Schelter zum Oberkonservator (Bamberg)
1. 5.1989	Dr. Peter Pause zum Hauptkonservator (Bamberg)
27.10.1989	Dr. Karl-Heinz Betz zum Oberkonservator (Bamberg)
3.11.1989	Dr. Christian Baur zum Hauptkonservator

Abgänge

28. 2.1989	Dr. Wolf Koenigs Oberkonservator
30. 4.1989	Dipl.-Ing. Reg.-Bm. Hubert Bauch, Baudirektor
30. 9.1989	Dipl.-Ing. Ulrich Hartmann, Bauoberrat
30.12.1989	Herbert Schelnin techn. Amtsrat

III. BAUFORSCHUNG, BAUTECHNIK

Zugänge

keine

Ernennungen

21. 7.1989	Dipl.-Ing. Karl-Heinz Strehler zum Oberkonservator
27.10.1989	Dr. Hans-Wolfgang Schmidt zum Oberkonservator

Abgänge

keine

IV. BODENDENKMALPFLEGE

Zugänge

1. 1.1989	Christa Menzel-Korte Verw. Angestellte
1. 6.1989	Anne Marie Largetau-Kühl Restauratorin
17. 7.1989	Tatjana Smirnow Verw. Angestellte

Ernennungen

1.11.1989	Dr. Björn-Uwe Abels zum Hauptkonservator (Bamberg)

Abgänge

30. 6.1989	Udo Westermayer Zeichner (Augsburg)
30. 9.1989	Ursula Spengler Verw. Angestellte
31.12.1989	Dr. Rudolf Albert Maier Landeskonservator

V. INVENTARISATION

Zugänge

1. 5.1989	Klaus Könner wiss. Volontär

1. 8.1989	Dr. Gottfried Kerscher wiss. Volontär		1. 9.1989	Anja Lienemann Restaurierungspraktikantin (Bamberg)
1.10.1989	Nicola Damrich wiss. Volontär			

ERNENNUNGEN (links) / ERNENNUNGEN (rechts: keine)

3.11.1989 Dr. Bernd-Peter Schaul
zum Oberkonservator

ABGÄNGE

31. 1.1989 Rembrant Fiedler
wiss. Volontär
31. 5.1989 Martin Mannewitz
wiss. Volontär
31. 8.1989 Klaus Könner
wiss. Volontär

ABGÄNGE (rechts)

15. 3.1989 Klaus Häfner
Rest.praktikant
31. 7.1989 Anneliese Antons
Rest.praktikantin (Bamberg)
31. 7.1989 Martina Wiedemann
Rest.praktikantin (Bamberg)
31. 8.1989 Heike Pfund
Rest.praktikantin
30. 9.1989 Stefan Hundbiß
Restaurator

VI. RESTAURIERUNGSWERKSTÄTTEN

ZUGÄNGE

1. 2.1989 Martin Zunhammer
Restaurierungspraktikant
1. 2.1989 Sigrid Schälicke
Restauratorin (Bamberg)
20. 2.1989 Heike Pfund
Restaurierungspraktikantin
1. 7.1989 Martin Mach
wiss. Angestellter
1. 8.1989 Beate Kraenzle
Restaurierungspraktikantin (Bamberg)
1. 9.1989 Cornelia Ringer
Restauratorin

VII. LANDESSTELLE FÜR DIE NICHTSTAATLICHEN MUSEEN

Seit 1.7.1989 ist die Landesstelle für die Nichtstaatlichen Museen dem Bayerischen Landesamt für Denkmalpflege zugeordnet.

ERNENNUNGEN

keine

ABGÄNGE

30.11.1989 Werner Götz
Verw. Angestellter

Personalstand zum 31.12.1989
(Planstellen ohne zeitlich befristetes Personal)
in Klammer: Datum des Eintritts beim Bayerischen Landesamt für Denkmalpflege

DIREKTION

Prof. Dr. Michael Petzet
Generalkonservator (1. 7.1974)
Dr. Dieter Martin
Ltd. Regierungsdirektor (1. 6.1979)

DER DIREKTION ZUGEORDNET

Dr. Stefan Scherg
Oberregierungsrat (1. 8.1989)
Dieter Eschbaumer
Regierungsamtsrat (1.10.1985)
Dr. Markus Weis
wiss. Angestellter (1. 6.1989)

VERWALTUNG

Ursula Beck
Verwaltungsangestellte (1.10.1977)
Max Bosch
Kraftfahrer (1.11.1976)
Walter Dittrich
Kraftfahrer (1. 1.1974)
Georg Dötzkirchner
Verwaltungsangestellter (12. 4.1966)
Rolf Dose
Verwaltungsangestellter (15. 9.1966)
Erna Forster
Verwaltungsangestellte (16. 6.1951)

Elke Fuchs
Verwaltungsangestellte (1. 2.1987)
Emilie Gerhardinger
Verwaltungsangestellte (1. 1.1978)
Anna Maria Gruber
Verwaltungsangestellte (1. 6.1978)
Heinz Gürtler
Verw.betr.assistent (15.10.1976)
Brigitte Häusler
Verwaltungsangestellte (1. 5.1976)
Monika Heumann
Oberamtsgehilfin (1. 4.1981)
Isolde Hofmann
Verwaltungsangestellte (16. 8.1976)
Karl-Heinz Hofmann
Kraftfahrer (1. 5.1980)
Marianne Kronpaß
Reinigungsfrau (1. 7.1983)
Karl-Heinz Künzler
Kraftfahrer (14. 2.1987)
Elisabeth Lutz
Verwaltungsangestellte (1. 1.1982)
Susanne Mayer-Mertel
Verwaltungsangestellte (15. 4.1988)
Michael Piechotta
Kraftfahrer (1. 2.1989)
Wolfgang Ramminger
Verwaltungsangestellter (1. 7.1977)
Rosmari Rehner
Verwaltungsangestellte (1. 4.1974)
Dipl.-Ing. Christian Reiner
techn. Angestellter (16. 4.1985)

Annemarie Renner
Verwaltungsangestellte (16.12.1985)
Peter Sacher
Reg. Oberinspektor (1. 6.1989)
Georg Schmid
Kraftfahrer (21. 4.1980)
Christina Schmidt
Verwaltungsangestellte (15. 9.1987)
Christine Schmidt
Verwaltungsangestellte (1.12.1988)
Bernhard Schott
Verwaltungsangestellter (1. 7.1964)

Maria Schott
Verwaltungsangestellte (1.12.1973)
Elfriede Seckler
Verwaltungsangestellte (1. 1.1976)
Karl Sorg
Kraftfahrer (1. 1.1968)
Kirsten Ulber
Verwaltungsangestellte (15. 2.1989)
Frieda Zeller
Verwaltungsangestellte (1. 7.1979)
Lorenz Zeller
Kraftfahrer (15. 1.1973)

A. ABTEILUNG BAU- UND KUNSTDENKMALPFLEGE

München

Dipl.-Ing. Guilio Marano
Hauptkonservator und Leiter
der Abteilung A I (1. 1.1975)
Dipl.-Ing. Gert Mader
Hauptkonservator und Leiter
der Abteilung A II u. D (1. 8.1976)
Dr. Christian Baur
Hauptkonservator (1.11.1975)
Dipl.-Ing. Reg.-Bm.
Gunter Becker, Bauoberrat (6. 2.1975)
Dr. Peter Böttger
Oberkonservator (1. 1.1973)
Dr. Harald Gieß
wiss. Angestellter (1. 2.1984)
Ruth Hackmann
Verwaltungsangestellte (17. 3.1987)
Inge Hengstmann
Verwaltungsangestellte (1.10.1981)
Karin Beckler
Verwaltungsangestellte (22. 7.1985)
Dr. Klaus Kratzsch
Oberkonservator (1. 9.1973)
Dipl.-Ing. Reg.-Bm.
Friedrich Krösser, Baudirektor (1. 7.1976)
Dagmar Kunz
Verwaltungsangestellte (1. 5.1976)
Dr. Sixtus Lampl
Oberkonservator (1. 7.1977)
Dr. York Langenstein
Konservator (1. 8.1984)
Dr. Karl-Ludwig Lippert
Oberkonservator (1. 1.1965)
Dipl.-Ing. Reg.-Bm.
Ursula Mandel, Bauoberrätin (17. 1.1975)
Dr. Martin Mannewitz
wiss. Angestellter (1. 9.1987)
Dr.-Ing. Horst Marschall
Hauptkonservator (1. 1.1974)
Michael Mette
wiss. Angestellter (1. 4.1988)
Gertraud Nündel
Verwaltungsangestellte (1.10.1976)
Dr. Ursula Schädler-Saub
Konservatorin (1. 5.1981)
Dr. Rainer Schmid
Oberkonservator (1. 7.1977)
Renate Schuhmacher
Verwaltungsangestellte (1. 7.1980)
Dr. Martin Stankowski
Oberkonservator (1. 4.1980)
Dr.-Ing. Mathias Ueblacker
Hauptkonservator (1.11.1974)
Dipl.-Ing. Paul Unterkircher
Oberkonservator (1. 7.1977)
Dr. Gisela Vits
Oberkonservatorin (1.10.1973)
Dr. Bernd Vollmar
Konservator (1. 8.1983)
Dipl.-Ing. Reg.-Bm.
Paul Werner, Baudirektor (1. 7.1974)
Dr. Florian Zimmermann
wiss. Angestellter (1. 5.1989)

Seehof

Dr. Alfred Schelter
Oberkonservator und
Leiter der Außenstelle Seehof (1.11.1981)
Dr. Karl-Heinz Betz
Oberkonservator (1. 8.1979)
Dr. Sabine Bock
wiss. Angestellte (1.11.1987)
Dr. Annette Faber
Konservatorin (1. 4.1985)
Anita Götz
Verwaltungsangestellte (26.11.1979)
Dr. Ulrich Kahle
Konservator (1. 6.1984)
Harald Krause
Amtsinspektor (1. 1.1982)
Michael Kummer
Gärtnermeister (1.10.1987)
Dipl.-Ing. Rüdiger Kutz
Bauoberrat (1. 1.1978)
Maria Leuchner
Reinigungsfrau (1. 7.1983)
Robert Melber
Hausmeister (1. 7.1989)
Margit Magyarossy
Verwaltungsangestellte (1.11.1978)
Dr. Peter Pause
Hauptkonservator (1. 1.1980)
Gerhard Petschner
Kraftfahrer (1. 7.1976)
Lydia Pfister
Verwaltungsangestellte (1. 7.1976)
Karin Pitschmann
Verwaltungsangestellte (1. 1.1981)
Dieter Reiser
Kraftfahrer (1. 6.1982)
Hildegard Scheiderer
Verwaltungsangestellte (1. 7.1976)

B. ABTEILUNG BODENDENKMALPFLEGE

München

Dr. Erwin Keller
Landeskonservator und
Leiter der Abteilung B (1. 2.1968)
Dr. Helmut Becker
wiss. Angestellter (1. 2.1982)
Wilhelm Charlier
techn. Oberinspektor (1. 2.1967)
Wieland Froschauer
Grabungstechniker (1. 7.1979)

453

Winfried Gerstner
wiss. Angestellter (15. 6.1984)
Sieglinde Huber
Verwaltungsangestellte (1. 4.1988)
Dipl.-Ing. Herrmann Kerscher
Topograph (1. 2.1983)
Dieter Klonk
Grabungstechniker (1. 8.1974)
Anne-Marie Largetau-Kühl
Restauratorin (1. 3.1988)
Erich Lindenberg
techn. Zeichner (1. 7.1976)
Florian Lutze
Präparator (1. 7.1977)
Anton Mayer
Präparator (1. 7.1973)
Christa Menzel-Korte
Verwaltungsangestellte (1. 1.1989)
Hermann Neff
techn. Amtsinspektor (16. 3.1961)
Irma Rademacher
Restauratorin (1. 3.1984)
Dorit Reimann
wiss. Angestellte (1. 1.1984)
Franz Ruppaner
Photograph (1.11.1963)
Tatjana Smirnow
Verwaltungsangestellte (17. 7.1989)
Hans-Dieter Stölzl
techn. Zeichner (1. 1.1981)
Marlies Vaeßen
techn. Zeichnerin (1. 1.1972)
Dr. Timm Weski
wiss. Angestellter (1. 5.1987)
Dr. Stefan Winghart
Konservator (1. 1.1981)

Seehof (Außenstelle Bamberg)

Dr.Björn-Uwe Abels
Hauptkonservator und Leiter
der Außenstelle B, Bamberg (1. 4.1973)
Wilfried Auer
Grabungstechniker (1. 2.1973)
Rosemarie Baumgärtner
Verwaltungsangestellte (1. 7.1977)
Eberhard Voß
Präparator (1. 1.1978)
Helmut Voß
Zeichner (9.11.1987)

Außenstelle Augsburg

Dr. Günther Krahe
Landeskonservator und Leiter
der Außenstelle B, Augsburg (1.10.1960)
Gisela Ball-Riedel
Präparatorin (1. 1.1974)
Dr. Wolfgang Czysz
Oberkonservator (1.11.1977)
Adolf Dransfeld
Grabungstechniker (1. 1.1980)
Gerlinde Fischer
Verwaltungsangestellte (1.10.1987)
Karl-Heinz Henning
Grabungstechniker (4. 5.1961)
Erich Högg
techn. Zeichner (1. 8.1976)
Anneliese Krippner
Verwaltungsangestellte (1. 1.1974)
Ulrike Wittki
techn. Zeichnerin (1. 1.1973)

Grabungsbüro Ingolstadt

Karl Heinz Rieder
Konservator und
Grabungsbüroleiter (1. 1.1981)
Ingrid Röhrig
Verwaltungsangestellte (1.10.1987)
Petra Zirngibl
Grabungstechnikerin (1. 6.1980)

Außenstelle Landshut

Dr. Bernd Engelhardt
Oberkonservator und Leiter
der Außenstelle B, Landshut (18.10.1976)
Ingrid Koschorrek
techn. Zeichnerin (25. 5.1976)
Robert Pleyer
Grabungstechniker (15. 3.1974)
Johann Rödl
Restaurator (1. 7.1985)
Anne Schäßburger
Verwaltungsangestellte (1.12.1988)
Sieglinde Schenk
Verwaltungsangestellte (1. 1.1981)
Werner Weber
Grabungstechniker (1. 7.1981)

Außenstelle Nürnberg

Dr. Robert Koch
wiss. Angestellter und Leiter
der Außenstelle B, Nürnberg (1. 9.1984)
Marilena Catrici
techn. Zeichnerin (1. 4.1975)
Werner Huber
Präparator (1. 7.1976)
Ferdinand Leja
Grabungstechniker (1. 7.1976)
Ludwig Lang
Grabungstechniker (1.10.1987)
Bärbl Meine
Verwaltungsangestellte (1. 7.1986)

Außenstelle Regensburg

Dr. Udo Osterhaus
Oberkonservator und Leiter
der Außenstelle B, Regensburg (1. 7.1967)
Margot Bohl
Verwaltungsangestellte (1. 9.1977)
Lothar Breinl
Grabungstechniker (1. 7.1976)
Silvia Codreanu-Windauer
wiss. Angestellte (1.10.1987)
Klaus Eisele
Grabungstechniker (1.10.1976)
Rudolf Röhrl
Zeichner (1. 7.1985)

Außenstelle Würzburg

Dr. Karl-Ludwig Wamser
Hauptkonservator und Leiter
der Außenstelle B, Würzburg (1. 4.1974)
Bernd Brackmann
Grabungstechniker (1. 7.1976)
Frank Helmerich
Praktikant (1.12.1980)
Louis Holzner
techn. Zeichner (1. 1.1983)
Elisabeth Pohl
Verwaltungsangestellte (1.10.1973)
Karl Schneider
techn. Oberinspektor (1. 2.1967)
Sonja Seubert
Verwaltungsangestellte (1. 5.1988)
Johann Stegerwald
Grabungstechniker (1. 3.1981)

C. ABTEILUNG INVENTARISATION

München

Prof. Dr. Tilmann Breuer Landeskonservator und Leiter der Abteilung C	(1. 2.1962)
Ingrid Bauer Verwaltungsangestellte	(6. 6.1988)
Dr. Denis André Chevalley Oberkonservator	(1. 2.1974)
Nicola Damrich wiss. Volontärin	(1.10.1989)
Dr. Dagmar Dietrich Oberkonservatorin	(1. 3.1973)
Ingetrud Gartmann Verwaltungsangestellte	(1. 7.1976)
Dr. Heinrich Habel Hauptkonservator	(1. 1.1967)
Helga Himen M. A. wiss. Angestellte	(1. 7.1976)
Dr. Gottfried Kerscher wiss. Volontär	(1. 8.1989)
Dipl.-Ing. Barbara Kluska-Slamal wiss. Angestellte	(1. 7.1984)
Dr. Klaus Kraft Oberkonservator	(1. 9.1972)
Dieter Komma Photograph	(1. 1.1977)
Eberhard Lantz Photograph	(15. 7.1977)
Dr. Michaela Liebhardt wiss. Volontärin	(1.11.1988)
Dr. Volker Liedke Oberkonservator	(1. 1.1972)
Dr. Hans-Wolfram Lübbeke Hauptkonservator	(1.10.1973)
Dr. Vincent Mayr Oberkonservator	(1. 4.1972)
Dipl.-Ing. Sigrid Patellis Oberkonservatorin	(1. 7.1974)
Dr. Georg Paula wiss. Volontär	(1. 3.1986)
Dr. Bernd-Peter Schaul Oberkonservator	(1. 8.1978)
Ingrid Schmid Archivangestellte	(1. 7.1976)
Joachim Sowieja Photograph	(1.10.1958)
Sieglinde Stieglmaier Verwaltungsangestellte	(1. 6.1975)

Außenstelle Bamberg

Dr. Reinhard Gutbier Oberkonservator	(1. 3.1973)

D. ABTEILUNG BAUFORSCHUNG, BAUTECHNIK

München

Dipl.-Ing. Herbert van Beek techn. Angestellter	(1. 6.1986)
Dipl.-Ing. Heike Fastje Oberkonservatorin	(17. 9.1979)
Dr. Manfred Mosel Hauptkonservator	(1. 4.1972)
Dr. Hans-Wolfgang Schmidt Oberkonservator	(1.10.1980)
Dipl.-Ing. Karl-Heinz Strehler Oberkonservator	(15.11.1977)

M. LANDESSTELLE FÜR DIE NICHTSTAATLICHEN MUSEEN

Dr. Egon Greipl Oberkonservator und Leiter der Abteilung	(1. 7.1989)
Johann Althammer Kraftfahrer	(1.10.1973)
Dr. Frank Davis wiss. Angestellter	(1. 7.1989)
Dr. Walter Fuger Oberkonservator	(1. 7.1978)
Dr. Albrecht Gribl Oberkonservator	(1. 7.1989)
Werner Götz Verwaltungsangestellter	(1. 7.1989)
Henning Großeschmidt Restaurator	(1. 7.1989)
Nanna Kirmse Verwaltungsangestellte	(1. 7.1989)
Rainer Köhnlein Techn. Zeichner	(1. 7.1989)
Dr. Kilian Kreilinger Oberkonservator	(1. 6.1976)
Dr. Ebba Krull wiss. Angestellte	(1. 7.1989)
Dr. Hannelore Kunz-Ott Konservatorin	(1. 7.1989)
Otto Lohr wiss. Angestellter	(1. 7.1989)
Dr. Klaus Merx Restaurator	(1. 7.1989)
Adelheid Ponholzer Verwaltungsangestellte	(1.10.1989)
Gabriele Schmalhofer Restauratorin	(1. 7.1989)
Georg Waldemer wiss. Angestellter	(1. 7.1989)
Rodolf Werner Oberkonservator	(1. 7.1989)

R. RESTAURIERUNGSWERKSTÄTTEN

München

Dr. Michael Kühlenthal Hauptkonservator und Leiter der Abteilung R	(1. 1.1975)
Erwin Emmerling Ltd. Restaurator	(2.11.1984)
Rupert Karbacher Restaurierungspraktikant	(1. 1.1986)
Christiane Keller Restaurierungspraktikantin	(1. 3.1987)
Ilse Kolter Arbeiterin	(1. 5.1971)
Barbara Krischer Chem.-techn. Assistentin (Labor)	(15. 3.1986)
Josef Lackermeier Restaurator	(1. 8.1976)
Martin Mach wiss. Angestellter	(1.11.1985)
Dr. Hannelore Marschner Oberkonservatorin (Labor)	(16. 5.1979)
Erwin Mayer Restaurator	(1. 4.1981)
Edmund Melzl Restaurator	(1. 5.1974)
Helga Prettner Verwaltungsangestellte	(1. 6.1988)

Christina Pursche
Restaurierungspraktikantin (1. 8.1987)
Jürgen Pursche
Ltd. Restaurator (8. 1.1979)
Renate Saar
Verwaltungsangestellte (15.10.1985)
Dr. Rolf Snethlage
Oberkonservator (Labor) (1.10.1977)
Bernhard Symank
Restaurator (1. 7.1986)
Vojislaw Tucic
Chemotechniker (Labor) (1. 1.1979)
Katharina Walch
Restauratorin (1. 2.1988)
Barbara Wünsch-Löblein
Restauratorin (1. 9.1980)
Reinhard Zehentner
Restaurator (1. 7.1977)
Martin Zunhammer
Restaurierungspraktikant (1. 2.1989)

Außenstelle Seehof

Walter Hartleitner
Restaurierungspraktikant (1. 4.1987)
Hannelore Herrmann
Restauratorin (1. 7.1977)
Beate Kraenzle
Restaurierungspraktikantin (1. 8.1989)
Anja Lienemann
Restaurierungspraktikantin (1. 9.1989)

Veröffentlichungen, Lehrveranstaltungen, Vorträge

(siehe auch Berichte der Abteilung Bodendenkmalpflege S. 398 ff., der Restaurierungswerkstätten S. 443 ff., und der Landesstelle für die Nichtstaatlichen Museen S. 449 f.)

Dr. Christian Baur
Veröffentlichung
Der «Bund Heimatschutz» und die Denkmalpflege, in: *Jahrbuch der Bayerischen Denkmalpflege*, Bd. 40 (1986), München/Berlin 1989, S. 381–386.

Dr. Tilmann Breuer
Veröffentlichungen
«Die theoretische und wissenschaftliche Frage des ›Historischen Denkmals‹ heute», in: *Jahrbuch der Bayerischen Denkmalpflege*, Bd. 40 (1986), München/Berlin 1989, S. 346–349.
«Denkmäler und Denkmallandschaften als Erscheinungsform des Geschichtlichen», in: *Jahrbuch der Bayerischen Denkmalpflege*, Bd. 40 (1986), München/Berlin 1989, S. 350–370.
«Ensemble – ein Begriff gegenwärtiger Denkmalkunde und die Hypotheken seines Ursprungs», in: *Die Denkmalpflege als Plage und Frage. Festgabe für August Gebeßler*, München 1989, S. 38–52.
«Die Photographie im Dienste der Inventarisation von Bau- und Kunstdenkmalen», in: *Denkmalinventarisation. Denkmalerfassung als Grundlage des Denkmalschutzes*, Arbeitshefte des Bayerischen Landesamtes für Denkmalpflege, Bd. 38, München 1989, S. 16–30.

Dr. Dagmar Dietrich
Vorträge
»Zur Inventarisation der Stadt Landsberg«, Vortrag im Historischen Verein Landsberg, Frühjahr 1989.
Hauskundliche Führungen, Veranstaltung der VHS Landsberg, April 1989.

Veröffentlichungen
«Hinter einer schmucklosen Fassade verbirgt sich das Landsberger Stadttheater», in: *Heimatfreund*, 88. Jg., Nr. 1 (1989), Beilage zum Landsberger Tagblatt.
«Inventarisation und Vollzug des Denkmalschutzgesetzes: Was kann die Inventarisation in Bezug auf die Praxis leisten?» (Vortrag zur 4. Jahrestagung der Bayerischen Denkmalpflege) in: *Denkmalinventarisation. Denkmalerfassung als Grundlage des Denkmalschutzes*, Arbeitshefte des Bayerischen Landesamtes für Denkmalpflege, Bd. 38, München 1989, S. 39–51.
«Zur Gesamtinstandsetzung der ehem. Jesuitenkirche Heilig Kreuz in Landsberg am Lech», in: *Jahrbuch der Bayerischen Denkmalpflege*, Bd. 40 (1986), München/Berlin, 1989, S. 266–291.
«Auf den Spuren der Baugeschichte», in: *Jahresrückblick 1989*, Beilage zum Landsberger Tagblatt am 31.12.1989.

Dr. Annette Faber
Veröffentlichung
«Die evang. Kirche von Gollmuthhausen. Zur Restaurierung eines klassizistischen Sakralraumes», in: *Jahrbuch der Bayerischen Denkmalpflege*, Bd. 40 (1986), München/Berlin 1989, S. 310–316.

Dr. Heinrich Habel
Veröffentlichung
«Gottfried Sempers städtebauliche Entwürfe für den Bereich um Hofgarten und Marstallplatz in München», in: *Jahrbuch der Bayerischen Denkmalpflege*, Bd. 40 (1986), München/Berlin 1989, S. 317–330.

Dr. Karlheinz Hemmeter
Veröffentlichung
«Wesen und Denkmalcharakter von Friedhöfen. Probleme der Inventarisierung und Erhaltung am Beispiel der Münchner Friedhöfe», in: *Jahrbuch der Bayerischen Denkmalpflege*, Bd. 40 (1986), München/Berlin 1989, S. 331–345.

Dr. Ulrich Kahle
Lehrveranstaltung
Sommersemester 1989: Übung am Kunsthistorischen Seminar der Universität Würzburg zur Architektur der fünfziger Jahre in Würzburg.

Vortrag
10. 2. Gastvorlesung zum Denkmalwert der Architektur der fünfziger Jahre, Kunstakademie Nürnberg.

Veröffentlichung
«Denkmalpflege und Holzbau in Mainfranken», in: *Bayerischer Zimmerer- und Holzbaugewerbetag 1989 in Würzburg*, München 1989, S. 65–68.

Dr. Klaus Kratzsch
Veröffentlichungen
«Reichsautobahn und Denkmalpflege. Das Rasthaus am Chiemsee – ein aktueller Fall», in: *Deutsche Kunst und Denkmalpflege*, 47. Jg. (1989), S. 23–26.
«Die Evangelisch-lutherische Kirche Traunstein, ihr Denkmalwert und der Umgang mit dem Denkmal», in: *Der Sender. Gemeindebrief für die evang.-lutherische Kirchengemeinde*, Oktober/November 1989.

Vorträge
24. 1. und 10. 2. Ausstellungseröffnung »Der Hofbräu, ein Stück Rosenheimer Bau- und Stadtgeschichte«, Rathaus Rosenheim, Teilnahme an Podiumsdiskussion über den »Hofbräu«.
11. 2. Versammlung der Pfarrei beim Mesnerwirt: Darlegung der Problematik der Restaurierung der spätgotischen Wandmalereien in der Urschallinger Kirche.
1./ 2. 6. Fachliche Leitung der Bayerischen Kirchenmalertagung in den Landkreisen Traunstein und Berchtesgadener Land: »Sakralräume im Chiemgau und Berchtesgadener Land vom 15.–19. Jahrhundert. Wandlungen ihrer Raumbilder und denkmalpflegerisches Vorgehen in Vergangenheit und Gegenwart« (Exkursionen, Diskussionen)
24. 9.1989 Langengeisling, Lkr. Erding, kath. Pfarrkirche St. Martin. Festakt zum Abschluß der Innenrestaurierung. Darstellung der Geschichte der Kirche und ihrer Restaurierungen.

Lehrveranstaltungen
München und Oberbayern 1.–3.8.1989: Führung zu Baudenkmälern für Mitglieder der University of Pennsylvania, Philadelphia, The Lauder Institute.
Sommersemester 1989: Lehrveranstaltung (Übung) an der Ludwig-Maximilians-Universität München: »Denkmalpflegerische Praxis bei der Instandsetzung von Baudenkmälern, VII« (ganztägige Exkursionen).
Wintersemester 1989/90: Handwerkskammer Oberbayern, Akademie für Gestaltung und Restaurierung, München: Fachseminar Denkmalpflege (6 Referate und Exkursionen).

Dr. Michael Kühlenthal

Veröffentlichungen

«Die Innenrestaurierung des Regensburger Doms», in: *Regensburger Almanach 1989*.
«Die Innenrestaurierung des Regensburger Doms: Historische Farbigkeit und Restaurierungskonzept», in: *Kunstchronik*, Bd. 42, 1989, (7).
«Die Innenrestaurierung des Regensburger Doms», in: *Der Dom zu Regensburg. Ausgrabung-Restaurierung-Forschung*. Katalog zur Ausstellung anläßlich der Beendigung der Innenrestaurierung des Regensburger Doms 1984–1988, München-Zürich 1989.

Lehrveranstaltungen

Fortbildungsveranstaltungen im Rahmen der Seminare der Bayerischen Verwaltungsschule für Dienstkräfte der Bauaufsichtsbehörden und kreisangehörigen Gemeinden.

8. 2.–10. 2.	Fachbegriffe der Kunstgeschichte und Denkmalpflege, Stilkunde, Kulturgeschichte. Neustadt an der Aisch.
19. 7./18.10.	Probleme des Denkmalschutzes, Holzhausen.

Vorlesung »Denkmalpflege in Theorie und Praxis«, zweistündig, Akademie der Bildenden Künste München, Wintersemester 1989/90.

Vorträge

13. 6.	Kirchenerweiterungen, Jahrestagung der Vereinigung der Landesdenkmalpfleger, München.
14. 6.	Die Restaurierung des Regensburger Doms. Jahrestagung der Vereinigung der Landesdenkmalpfleger, München.

Tagungen

1./ 2. 6.	Bayerische Kirchenmalertagung.
18.–22. 9.	Österreichische Konservatorentagung in Tirol.
27.–29. 9.	Jahrestagung der Dehio-Vereinigung in Wien.
29.10.–31.10.	Sitzung der Arbeitsgruppe Restaurierungswerkstätten der Vereinigung der Landesdenkmalpfleger in Würzburg.
22.–25.11.	Dokumentation in der Restaurierung, Internationale Fachtagung des Deutschen, Österreichischen und Schweizerischen Restauratorenverbandes in Bregenz, Teilnahme an der Podiumsdiskussion.

Dr. Volker Liedke

Veröffentlichungen

Herausgabe der Zeitschrift *ARS BAVARICA*, gesammelte Beiträge zur Kunst, Geschichte, Volkskunde und Denkmalpflege in Bayern und in den angrenzenden Bundesländern, München 1989, Doppelbände 55/56, 57/58 und 59/60.
Mit eigenen Beiträgen in: Bd. 55/56: «Die spätgotischen Hochaltäre der Stadtpfarrkirche zu Burghausen und der Pfarrkirche zu Hohenwart.» – «Der Tegernseer Klostermaler Georg Baumgartner sowie der Brucker Maler und Bildhauer Melchior Seidl, zwei Freunde Georg Asams.»
Bd. 57/58: «Die Baugeschichte der Burg zu Rottenburg an der Laaber und des Schlosses zu Ratzenhofen im 15. und 16. Jahrhundert.» – «Bernhard Zwitzel, der Meister des ›Deutschen Baus‹ der Landshuter Stadtresidenz.» – «Hans Donauer, Herzog Albrechts Hofmaler, tätig in Landshut und München von 1567 bis 1596.»
Bd. 59/60: «Der Maler Wilhelm Pätzsold und der Bildschnitzer Matthäus Krinis, zwei bedeutende Mühldorfer Meister vom Anfang des 16. Jahrhunderts.» – «Der spätgotische Verkündigungsaltar in der ehemaligen Karthäuserklosterkirche Christgarten bei Nördlingen.»

Dr. Wolfram Lübbeke

Veröffentlichungen

«Denkmalerfassung», in: *Denkmalinventarisation. Denkmalerfassung als Grundlage des Denkmalschutzes*, Arbeitshefte des Bayerischen Landesamtes für Denkmalpflege, Bd. 38, München 1989, S. 7–10.

«Bauten der Nachkriegszeit als Baudenkmale?», in: *Denkmalinventarisation. Denkmalerfassung als Grundlage des Denkmalschutzes*, Arbeitshefte des Bayerischen Landesamtes für Denkmalpflege, Bd. 38, München 1989, S. 55–69.
«Denkmäler des Übertreffens – Das Reichsparteitagsgelände in Nürnberg als Denkmal und Gedenkstätte, Vorveröffentlichung», in: *Denkmalschutz-Informationen* 3/89, S. 56–74.
«Der Städtische Friedhof in Fürth, Betrachtungen zu seiner Inventarisation», in: *I monumenti funebri nelle regioni alpine-Die Grabdenkmäler in den Alpengegenden*, Schriftenreihe der Arbeitsgemeinschaft Alpenländer, hrsg. von der Kommission III (Kultur), Bozen 1989, S. 173–187.

Vorträge

31. 1.	«Denkmalverzeichnis», Kolloquium «Inventarisation» im Rahmen des Kulturabkommens zwischen der Deutschen Demokratischen Republik und der Bundesrepublik Deutschland in Hannover.
25. 9.	«Großtechnische Bauwerke – einst und jetzt – aus der Sicht der Denkmalpflege», 10. Fachtagung «Denkmalschutz und Stadterhaltung: Chancen und Grenzen eines Planungsprinzips» des Instituts für Städtebau und Wohnungswesen, München
9.11.	«Inventarisation als Problematik der Denkmalpflege» wissenschaftliche Tagung der Heimatpflege des Bezirks Schwaben in Irsee.
9.11.	«Gegenstände der Industrie- und Technikgeschichte als Denkmäler», wissenschaftliche Tagung der Heimatpflege des Bezirks Schwaben in Irsse.

Dipl.-Ing. Gert Th. Mader

Lehrveranstaltungen

Grundlagen der Projektierung und Durchführung denkmalpflegerischer Maßnahmen, zweistündig, Universität Bamberg, Wintersemester 1988/89 und 1989/90.

Vorträge

13.1.	Situation der historischen Bauforschung in der Denkmalpflege der Bundesrepublik Deutschland, Kolloquium «Le role de la recherche scientifique dans la conservation du patrimoine architectural», European University Institute, Florence.
1.4.	Metodi di misurazione e proiezione grafica dei monumenti. Indagine stratigrafica. Quarto Convegno Internazionale: «Restauro Architettonico: Teoria e Prassi», Centro Internazionale di Studi di Architettura «Andrea Palladio», Vicenza.
20.10.	Methoden und Verfahren zur Erhaltung historischer Holzbaukonstruktionen. Internationale Tagung des SFB 315, vom 18.–21. Okt. an der Universität Karlsruhe.

Veröffentlichungen

«Zur Frage der denkmalpflegerischen Konzeption bei technischen Sicherungsmaßnahmen», in: *Konzeptionen; Möglichkeiten und Grenzen denkmalpflegerischer Maßnahmen*, 20. Kolloquium des SFB 315, Heft 9/1989, S. 23–52.
«Bauforschung und Denkmalpflege», in: A. Hubel (Hrsg.), *Arbeitskreis Theorie und Lehre der Denkmalpflege e.V.; Dokumentation der Jahrestagung 1987 in Bamberg (Thema: Bauforschung und Denkmalpflege)*, Bamberg 1989, S. 11–31.

Dr. Martin Mannewitz

Veröffentlichung

Stift Admont – Untersuchungen zur Entwicklungsgeschichte. Ausstattung und Ikonographie der Klosteranlage, München 1989.

Dipl.-Ing. Giulio Marano
Veröffentlichung
«Inventarisation und Vollzug des Denkmalschutzgesetzes: Was erwartet der Praktiker?» in: *Denkmalinventarisation. Denkmalerfassung als Grundlage des Denkmalschutzes*, Arbeitshefte des Bayerischen Landesamtes für Denkmalpflege, Bd. 38, München 1989, S. 35–38.

Dr. Dieter Martin
Veröffentlichung
«Denkmalpflege als Kulturpolitik», in: *Jahrbuch der Bayerischen Denkmalpflege*, Bd. 40 (1986), München/Berlin 1989, S. 371–376.

Dr. Manfred Mosel
Vorträge und Fortbildungsveranstaltungen

12. 1.	Landshut, Bauzunfthaus: »Das Fenster im Baudenkmal; Konstruktion – Material – Erscheinungsbild«.
1. 2.	München, Flurbereinigungsdirektion, Referendarausbildung: »Denkmalpflege und Dorferneuerung«.
21. 2.	Coburg, erste gemeinsame Bayerische und Tschechoslowakische Wirtschaftstage: »Der Beitrag der Denkmalpflege zur ländlichen Neuordnung«.
12. 4.	München, Technische Universität, Lehrstuhl für ländliche Neuordnung und Flurbereinigung: »Methoden der Erfassung siedlungs- und baugeschichtlicher Überlieferungen im ländlichen Raum«.
17. 4.	München, Technische Universität, Deutsche Akademie für Städtebau und Landesplanung: »Stadtsanierung in Klein- und Mittelstädten«.
5. 6.	Bamberg, jährliche Dienstbesprechung der Präsidenten und Abteilungsdirektoren der Flurbereinigungsdirektionen: »Der Denkmalpflegerische Erhebungsbogen zur Dorferneuerungsplanung, Vorstellung der Arbeit der Dorferneuerungsgruppe im Bayerischen Landesamt für Denkmalpflege«.
7. 7.	Bamberg, Universität, Vereinigung der Stadt-, Regional- und Landesplaner: »Stadtzentren im Spannungsfeld zwischen historischer Identität und wirtschaftlichen Ansprüchen«.
25. 8.	München, Technische Universität, Deutsche Akademie für Städtebau und Landesplanung: »Denkmalschutz und Stadterhaltung, Chancen und Grenzen eines Planungsprinzips«.
5.10.	Prag, zweite gemeinsame Bayerische und Tschechoslowakische Wirtschaftstage: »Denkmalpflege für das Dorf, Schutz des kulturellen Erbes als Erneuerungsansatz in den ländlichen Siedlungen«.
11.10.	Gauting, Bürgerforum: »Schloß Fußberg, baugeschichtliche Untersuchungen, Sanierungsplanung und Nutzungskonzept«.
7.11.	München, Bayerischer Arbeitskreis Städtebauförderung in der Obersten Baubehörde: »Denkmalpflegerische Probleme bei der Erfassung des Baubestandes in Ensembles und in verdichteten Denkmalbereichen im Rahmen der vorbereitenden Untersuchungen zur Stadtsanierung, Fragen zur Planungskonzeption und zur Finanzierung«.
27.11.	München, Ausbildung der Referandare für den Hoch- und Städtebau: »Städtebauliche Denkmalpflege, Methoden der Bestandsanalyse mit Anwendungsbeispielen«.
30.11.	Landsberg am Lech, Tagung der Regierung von Oberbayern: »Städtebauförderung, Bodenbeläge im Städtebau, Darstellung aus der Sicht der Denkmalpflege«.

Prof. Dr. Michael Petzet
Vorträge, Grußworte

12. 1.	Vorstellung Handbuch der deutschen Kunstdenkmäler von Georg Dehio, Band Niederbayern, Rathaus Landshut.
17. 1.	Grußwort zum 60. Geburtstag von Ordinariatsrat Dipl.-Ing. Carl Theodor Horn, Schloß Suresnes, München.
18. 1.	Stellungnahme zum Senatsantrag »Schutz von Bodendenkmälern«, Bayerischer Senat, Maximilianeum.
20. 1.	Ansprache zum Neujahrsempfang des Bayerischen Landesamts für Denkmalpflege in München.
9. 2.	Vorstellung des Arbeitsheftes »Denkmäler am Münchner Hofgarten«, Pressekonferenz im Bayerischen Landesamt für Denkmalpflege.
12. 2.	Diskussion »Die Zukunft der Altstadt«, Münchner Forum.
15. 2.	Vortrag »Denkmalpflege im Jemen«, Universität Bamberg.
17. 2.	Verabschiedung von Oberkonservator Dr. Wolf Koenigs im Bayerischen Landesamt für Denkmalpflege.
18. 2.	Führung für den Präsidenten der Tschechischen Sozialistischen Republik, Dipl.-Ing. František Pitra, in Schloß Seehof.
6. 4.	Einführung zur Eröffnung der Ausstellung Christof Drexel (1886–1979), Karl & Faber München.
11. 4.	Pressefahrt im Landkreis Berchtesgadener Land.
27. 4.	Pressekonferenz im Kloster Benediktbeuern: Vorstellung der Ergebnisse der jüngsten archäologischen Grabungen sowie der Restaurierungsmaßnahmen in den Klostergebäuden.
28. 4.	Diskussionsbeiträge zum 2. Cambodunum-Symposion in Kempten.
8.–10. 5.	Eröffnung und Diskussionsleitung der Tagung »Bauen und Bewahren im Rheinland«, Zur Situation der Klein- und Mittelstädte, veranstaltet von der Deutschen UNESCO-Kommission, dem Institut für Auslandsbeziehungen und dem Deutschen Nationalkomitee von ICOMOS in Wesseling / Pulheim / Bedburg.
17. 5.	Vortrag »The Restoration of the Wieskirche«, Seminar »Conservation Today« der Royal Fine Art Commission, London.
19. 5.	Vorträge »Organisation of the Bayerische Landesamt für Denkmalpflege in the field of Conservation« und »Restoration of the Wieskirche«, Katholieke Universiteit Leuven/Belgien.
1. 6.	Grußwort zur Eröffnung der Kirchenmalertagung, Egerndach (Lkr. Traunstein).
1. 6.	Einführungsvortrag zur Eröffnung der Ausstellung »Walter Gaudnek – Raum, Zeit, Umwelt«, Adalbert Stifter Verein München.
7. 6.	Grußwort zur Eröffnung der ECE-Konferenz (internationales Expositionsprogramm des Zentrallabors für Denkmalpflege), Deutsches Museum München.
8. 6.	Pressekonferenz in der Wieskirche.
12. 6.	Vortrag »Denkmalpflege und Kirche«, Jahrestagung der Vereinigung der Landesdenkmalpfleger in der Bundesrepublik Deutschland, Residenz München.
14. 6.	Führungen und Empfang für die Jahrestagung der Vereinigung der Landesdenkmalpfleger, Wieskirche und Schloß Neuschwanstein.
21.–23. 6.	Pilotprojekte der EG, Jury in Brüssel.
28. 6.	Pressefahrt im Landkreis Weißenburg-Gunzenhausen.
6.– 7. 7.	Leitung der Mitgliederversammlung von ICOMOS, Bergbau- und Industriemuseum Bochum.

11. 7.	Pressefahrt im Landkreis Regensburg.
19. 7.	Vorstellung Band »Landkreis Starnberg« der Reihe »Denkmäler in Bayern«, Evangelische Akademie Tutzing.
11. 9.	Eröffnung »Herrenhäuser im Ostseeraum«, internationale Tagung des Deutschen Nationalkomitees von ICOMOS, des Kunsthistorischen Instituts der Universität Kiel, des Landesamtes für Denkmalpflege Schleswig-Holstein und der Akademie Sankelmark.
27.–29. 9.	Leitung der Dehio-Tagung in Wien.
6.10.	Vorstellung Handbuch der deutschen Kunstdenkmäler von Georg Dehio, Band Schwaben, Augsburg, Regierung von Schwaben.
9.10.	Grußwort zur Übergabe des wiederhergestellten Burgamtmannsgebäudes auf der Kaiserburg in Nürnberg an das Bayerische Landesamt für Denkmalpflege.
20.10.	Vortrag »Grundsätze der archäologischen Denkmalpflege«, Vorgeschichtskurs und 5. Jahrestagung der Bayerischen Denkmalpflege in Amberg / Opf.
25.10.	»Seehof Castle and park and their restoration«, Vortrag zur Eröffnung der »German Galleries« im Metropolitan Museum of Art, New York.
15.11.	Eröffnung der Ausstellung »Pro Romania« (Rettet Rumäniens Denkmäler) im Landesamt für Denkmalpflege.
16.–17.11.	Leitung der Mitgliederversammlung des Deutschen Nationalkomitees von ICOMOS in Kassel, Schloß Wilhelmshöhe.
24.11.	Vortrag »Aspekte der Denkmalpflege in Bayern«, 3. Leitgruppensitzung (Projekt »Bausubstanzerhaltung, insbesondere von historischen Bauten«) im Rahmen des WTZ-Abkommens, München.
27.11.	Einführung in die Organisation des Landesamtes für Baureferendare, Landesamt für Denkmalpflege.
13.12.	Eröffnung der Ausstellung »Jugendstil in der DDR« im Landesamt für Denkmalpflege.
18.12.	Vorstellung Band »Stadt Eichstätt« der Reihe »Denkmäler in Bayern«, Rathaus Eichstätt.
20.12.	Vorstellung Band »Stadt Forchheim« der Reihe »Denkmäler in Bayern«, Rathaus Forchheim.
21.12.	Ansprache zum 70. Geburtstag von Landeskonservator i.R. Dipl.-Ing. Wilhelm Neu, Feier mit dem Bayerischen Landesverein für Heimatpflege und Bezirk Oberbayern im Landesamt für Denkmalpflege.

Veröffentlichungen
Vorwort zum *Jahrbuch der Bayerischen Denkmalpflege*, Bd. 40, (1986), München/Berlin 1989, S. 7–8.
«Ansprache anläßlich der Übergabe der ›Alten Münze‹ an das Bayerische Landesamt für Denkmalpflege am 31. Juli 1986», in: *Jahrbuch der Bayerischen Denkmalpflege*, Bd. 40, (1986) München/Berlin 1989, S. 13–14.
«Das ehemalige Marstall- und Kunstkammergebäude in München und sein Ausbau zur königlichen Münze», in: *Jahrbuch der Bayerischen Denkmalpflege*, Bd. 40, (1986), München/Berlin, S. 15–100.
«Denkmalpflege und Fremdenverkehr in Bayern», in: *Jahrbuch der Bayerischen Denkmalpflege*, Bd. 40, (1986) München/Berlin 1989, S. 377–380.
Herausgabe der Reihe Arbeitshefte des Bayerischen Landesamtes für Denkmalpflege, Bände 38 (*Denkmalinventarisation, Denkmalerfassung als Grundlage des Denkmalschutzes*) und 44 (WOLF SCHMIDT, *Das Raumbuch als Instrument denkmalpflegerischer Bestandsaufnahme und Sanierungsplanung*) mit Vorworten.
Herausgabe der Reihe Denkmäler in Bayern, Band I. 9/1 (*Stadt Eichstätt*) und Band IV. 53/1 (*Stadt Forchheim*) mit Vorworten.
Vorwort zu GEORG DEHIO, *Handbuch der Deutschen Kunstdenkmäler, Bayern III: Schwaben*, München 1989, S. V–VII.
Vorwort zu *Das archäologische Jahr in Bayern 1988*, München 1989.

«Theater», Vorwort zum *Kalender 1989 des Bayerischen Landesamtes für Denkmalpflege*.
Herausgabe von ICOMOS, Hefte des Deutschen Nationalkomitees, Bd. I, *ICOMOS PRO ROMANIA*, Ausstellung 1989/90, München 1989.
«La réstauration de la Cascade du Château de Seehof», in: *Actes des colloques de la Direction du Patrimoine, L'ornementation architecturale en pierre dans les monuments historiques*, Château de Fontainebleau Octobre 1988, Paris 1989, p. 196–199.
«Denkmalpflege und Kulturpolitik», in: WOLFGANG LIPP (Hrsg.), *Kulturpolitik, Standorte, Innenansichten, Entwürfe*, Schriften zur Kultursoziologie, Bd. 11, Berlin 1989, S. 215–235.
«Überlegungen zur Nutzung von Denkmälern», in: *Forschungen zur historischen Volkskultur. Festschrift für Torsten Gebhard zum 80. Geburtstag*, München 1989, S. 115–122.
«Stadtsanierung und Denkmalpflege», in: *Geschichte der Stadt Kempten*, Kempten 1989, S. 486–492.
Grußwort in: *Dokumentation zur Erneuerung der ehemaligen Klosterkirche Notre Dame in Eichstätt und zur Errichtung des Informationszentrums Naturpark Altmühlthal*, Sammelblatt Historischer Verein Eichstätt, 81./82. Jg. 1988/89, Eichstätt 1989, S. 8.
Der «Häringer-Altar» aus Windkreut, Geleitwort, in: *Denkmalpflege Informationen*, Ausg. D Nr. 5, 14. April 1989.
«Denkmalpflege und Kirche» (Vortrag vom 12. Juni 1989 in München), in: *Denkmalpflege Informationen*, Ausg. A Nr. 68, 12. Juni 1989.
«Die Wies, Voruntersuchungen und Restaurierungskonzept», in: *Denkmalpflege Informationen*, Ausg. D Nr. 6, 12. Juni 1989, S. 9–14.
«Grundsätze der archäologischen Denkmalpflege» (Vortrag vom 30. Oktober 1989 in Amberg), in: *Denkmalpflege Informationen*, Ausg. A Nr. 70 / 20. Dezember 1989.
«Eine neue Umweltethik, Interview über Denkmalpflege als kulturpolitische Aufgabe», in: *Magazin / Themen der Zeit* 1/89, S. 10–11.
«Denkmalpflege als Kulturpolitik», in: *Bayerische Staatszeitung* vom 24. Februar 1989, Nr. 8, S. 1 und 9.

Vorlesungen und Übungen
Staatliche Organisation der Denkmalpflege, einstündig, Technische Universität München, Wintersemester 1988/89 und 1989/90.
Denkmalpflege in Theorie und Praxis, einstündig, Universität Bamberg, Wintersemester 1988/89, Sommersemester 1989 (mit Exkursionen), Wintersemester 1989/90.

DR. URSULA SCHÄDLER-SAUB

Vortrag
«Putztechniken und Farbigkeit an den Fassaden Andrea Palladios am Beispiel des Palazzo Thiene in Vicenza» im Convegno Internazionale sul Restauro Architettonico, Vicenza.
«Baugeschichtliche und technologische Untersuchungen am Palazzo Thiene in Vicenza», in Zusammenarbeit mit der Restauratorin Elke Thiessen und dem Centro Internazionale di Studi di Architettura Andrea Palladio di Vicenza.

DR. ALFRED SCHELTER

Vorträge
An der Steinfachschule in Wunsiedel, Steinkonservierung aus der Sicht der Denkmalpflege.
In Weismain, Bürgerversammlung: Straßenführung in ländlichen Orten, am Beispiel Giechkröttendorf.
Landesdenkmalpflegertagung in München: Führung in Vierzehnheiligen und Banz, die Restaurierung von Vierzehnheiligen.
Dientzenhofersymposium an der Universität Bamberg: Führung und Vorstellung der Restaurierungen der Valentinskapelle Unterleiterbach, der ehem. Klosterkirche Banz und der Wallfahrtskirche Vierzehnheiligen.

Lehrauftrag
an der Fachhochschule Coburg für das Fach Denkmalpflege.

Verschiedene *Führungen* mit Erläuterungen der Restaurierungskonzepte in Seehof, u. a. für den tschechischen Ministerpräsidenten, Geschichtsverein Nürnberg, Herrn Staatssekretär Mayer, Goppel und MdL Vollkommer.

DR. H. REINER SCHMID
Veröffentlichung
Die Wieskirche und ihre Ausstattung, in: Die Wies. Geschichte und Restaurierung der Wallfahrtskirche zum gegeißelten Heiland, Denkmalpflege Informationen, Ausgabe D Nr. 6, 12. Juni 1989, S. 2–8.

DR. WOLF SCHMIDT
Vorträge, Führungen, Grußworte
1. 3. Führung einer Gruppe von Seminarteilnehmern des Fortbildungszentrums Johannesberg, Fulda, durch das Templerhaus in Amorbach.
9. 9. Festvortrag zur Einweihung des Rathauses in Riedenheim (Lkr. Würzburg).
6.10. Ansprache zur Einweihung der Strötzbacher Mühle in Strötzbach, Markt Mömbris (Lkr. Aschaffenburg).
1.12. Vortrag »Denkmalpflege für den Hausgebrauch« vor der Bürgeraktion Stadtbild- und Heimatpflege, Hof.

Veröffentlichungen
«Die Erhaltung historischer Bauten und ihre Rahmenbedingungen», in: *Erhalten historisch bedeutsamer Bauwerke*, Arbeitshefte des Sonderforschungsbereiches 315 der Universität Karlsruhe, Heft 9/1989.
«Die Sicherung und Erhaltung historischer Festungsanlagen in Bayern, dargestellt am Beispiel der Festungen Marienberg in Würzburg, Wülzburg bei Weißenburg und Rosenberg in Kronach», in: *Zitadelle Jülich*, Veröffentlichung des Landesinstituts für Bauwesen und angewandte Bauschadensforschung (LBB), Aachen 1989, S. 31–45.
Das Raumbuch als Instrument denkmalpflegerischer Bestandsaufnahme und Sanierungsplanung, Arbeitshefte des Bayerischen Landesamtes für Denkmalpflege, Bd. 44, München 1989.

DR. MARTIN STANKOWSKI
Veröffentlichung
«Die ehemalige Synagoge in Ichenhausen. Zur Autorschaft Joseph Dossenbergers», in: *Jahrbuch der Bayerischen Denkmalpflege*, Bd. 40 (1986), München/Berlin 1989, S. 305–309.
Burgau, Stadtpfarrkirche Mariae Himmelfahrt, Kleiner Kirchenführer, München (Schnell & Steiner)

Veranstaltungen, Vorträge
Expertentätigkeit für den Europarat in Antigua, Guatemala
Teilnahme an einem Seminar »Erfahrungen der Altstadterneuerung in Lateinamerika« in Berlin (Dt. Stiftung für Internationale Entwicklung)
Zur Restaurierung der Wallfahrtskirche Maria Steinbach, Referat zu der Tagung der Landesdenkmalpfleger, München

DIPL.-ING. HEINZ STREHLER
Veröffentlichung
«Der ›vergessene Karner‹ in der Pfarrkirche in Schnaitsee, Lkr. Traunstein», in: *Jahrbuch der Bayerischen Denkmalpflege*, Bd. 40 (1986), München/Berlin 1989, S. 184–187.

DIPL.-ING. PAUL WERNER
«Jerusalem im Abendland. Kalvarienberge und Kreuzwege in Oberbayern», in: *Charivari*, Heft 4, S. 8 ff. (zusammen mit RICHILDE WERNER und GEORG HENSCHLING)
«Ein Zaun dazwischen mag die Lieb' erfrischen. Alte Holzzäune als volkskundliche Dokumente», in: *Charivari*, Heft 6, S. 47 f.
«Sühnekreuz – Rechtsmale aus mittelalterlicher Zeit», in: *Charivari*, Heft 10, S. 30 ff. (zusammen mit Richilde Werner)
»So grauslig wie auf da Alm...«. Die letzten offenen Feuerstätten in Oberbayern, in: *Unser Bayern. Heimatbeilage der Bayerischen Staatszeitung*, Jahrgang 38, Nr. 1 (Januar).
«Steinerner Liebesbrief ans Alpenland. Die Villa Pintsch in Berchtesgaden – ein skurriles Baudenkmal», in: *Unser Bayern. Heimatbeilage der Bayerischen Staatszeitung*, Jahrgang 38, Nr. 3 (März), S. 23 f.
Spuren des romantischen Gipfelsturms. Vom kulturhistorischen «Wert alpiner Denkmale», in: *Unser Bayern. Heimatbeilage der Bayerischen Staatszeitung*, Jahrgang 38, Nr. 9 vom 22.9.1989, S. 65 ff.
«Mauern um den geweihten Bezirk. Von der ortsbildprägenden Bedeutung der Friedhofsmauer», in: *Unser Bayern. Heimatbeilage der Bayerischen Staatszeitung*, Jahrgang 38, Nr. 11 vom 23.11.1989, S. 85 ff.
«Bildnis der Heimat: Franz Schned», in: *Schönere Heimat*, Heft 1, S. 44 f.
«Garten Gethsemane als Wundermaschine. Ölbergandachten der bayerischen Barockzeit», in: *Bayerisches Sonntagsblatt für die katholische Familie*, Heft Nr. 11 vom 19.3.1989, S. 3 f.
«Zeitlose Bilder des mütterlichen Schmerzes. Das Vesperbild im Spiegel österlicher Frömmigkeit», in: *Bayerisches Sonntagsblatt für die katholische Familie*, Heft Nr. 11, vom 19.3.1989, S. 12 f.
Gekreuzigte Jungfrau mit langem Bart. Warum ein Mannweib als «Heilige verehrt wird», in: *Bayerisches Sonntagsblatt für die katholische Familie*, Heft Nr. 28 vom 16.7.1989, S. 7 f.
«Der Friedhof der unschuldigen Kinder. Von der einstigen Not der ungetauft verstorbenen Kinder», in: *Bayerisches Sonntagsblatt für die katholische Familie*, Heft Nr. 43 vom 29.10.1989, S. 3 f.
«Der Naturstein im bäuerlichen Hausbau. Beispiele aus Oberbayern», in: *Volkskunst*, Heft 2, S. 19 ff.
«Zum historischen Dokumentcharakter ländlicher Einfriedungen. Beispiele aus dem deutschsprachigen Alpen- und Voralpenraum», in: *Volkskunst*, Heft 3, S. 7 ff.
«Das Grabdenkmal: Kontinuität des Totenkults in der Kulturgeschichte der Menschheit. Das Ritual der Ruhe», in: *Themen der Zeit*, Heft 1, S. 28 ff.
«Zur kulturgeschichtlichen Rolle des Baumes im sakralen Ambiente», in: *Ars Bavarica*, Band 55/56, München 1989. S. 115 ff.
«Zur Geschichte dörflicher Einfriedungen – Friedhofsmauern in Oberbayern», in: *Dorfökologie. Wege und Einfriedungen*, Laufener Seminarbeiträge 2/88 der Akademie für Naturschutz und Landschaftspflege, Laufen 1989, S. 19 ff.

Vorträge
»Almen im Berchtesgadener Land und im übrigen Alpenraum«.
Im Freilichtmuseum des Bezirks Oberbayern An der Glentleiten in Großweil am 21.7.1989
»Bundwerk«. Im Gasthof Reitmeier in Tacherting vor dem Gartenverein am 29.9.1989

Steuerbescheinigungen

gemäß §§ 82 i und k der Einkommensteuer-Durchführungsverordnung (EStDV)

Bei einem Gebäude, das nach den jeweiligen landesrechtlichen Vorschriften ein Baudenkmal ist, kann der Steuerpflichtige von den Herstellungskosten für Baumaßnahmen, die nach Art und Umfang zur Erhaltung des Gebäudes als Baudenkmal und zu seiner sinnvollen Nutzung erforderlich sind und die nach Abstimmung mit dem Bayerischen Landesamt für Denkmalpflege durchgeführt worden sind im Jahr der Herstellung und in den neun folgenden Jahren jeweils bis zu 10 vom Hundert absetzen.

Diese Regelung, die zeitlich begrenzt war, wird nunmehr ab 1.1.1990 über die §§ 7 i, 11 b und 10 f Einkommensteuergesetz (EStG) im wesentlichen fortgeführt. Nachwievor wird das Bayerische Landesamt für Denkmalpflege dazu die für die Vorlage beim Finanzamt notwendige Bescheinigungen erteilen. Dabei ist jedoch strenger als bisher darauf zu achten, daß vor Beginn der Maßnahmen das Bayerische Landesamt für Denkmalpflege beteiligt wird und denkmalpflegerische Belange zum tragen kommen. Diese oft mangelhaft durchgeführte Abstimmung der Bauherren führte auch in diesem Jahr wieder zu zahlreichen Ablehnungen. Eine nachträgliche Anerkennung, die bisher bei bestimmten Fällen möglich war, ist jedoch leider durch die neue Regelung nicht mehr gegeben. Die Gesamthöhe der im Jahre 1989 anerkannten Aufwendungen belief sich auf DM 248.855.877,63, eine Zunahme gegenüber dem Vorjahr um ca. 10%.

Die folgende Tabelle gliedert die bescheinigte Gesamtsumme nach Regierungsbezirken auf.

ZUSAMMENFASSUNG Regierungsbezirk	Anzahl	1989 DM	durchschnittlicher Aufwand
Oberbayern	313	133.065.503,90	425.129,41
Niederbayern	99	18.871.405,84	190.620,26
Oberpfalz	46	21.322.651,40	463.535,90
Mittelfranken	187	39.377.826,50	210.576,61
Schwaben	72	15.504.353,54	215.338,24
Zwischensumme:	717	228.141.741,18	318.189,32
Oberfranken	73	12.587.188,71	172.427,24
Unterfranken	67	8.126.947,74	121.297,73
Insgesamt	857	248.855.877,63	290.380,25

CHRISTIAN REINER

Publikationen des Bayerischen Landesamtes für Denkmalpflege

Stand: Mai 1994

Titel	Themenbereich

Die Kunstdenkmäler von Bayern
R. Oldenbourg Verlag München; seit 1895, bisher insgesamt 107 Bände, zuletzt erschienen: Tilmann Breuer und Reinhard Gutbier, Stadt Bamberg, Innere Inselstadt, zwei Halbbände, München 1990 sowie Klaus Kraft, Landkreis Günzburg 1: Stadt Günzburg, München 1993. Im Nachdruck sind 83 Bände der Regierungsbezirke Oberbayern, Niederbayern, Oberpfalz und Unterfranken erschienen; die 21 Bände der Regierungsbezirke Mittelfranken, Oberfranken und Schwaben sind größtenteils lieferbar.

Inventarisation des Gesamtbestandes an Kunstdenkmälern Bayerns, gegliedert nach Regierungsbezirken

Bayerische Kunstdenkmale
Deutscher Kunstverlag München; seit 1958, bisher 36 Bände, zuletzt erschienen: Die Stadt Nürnberg, 2. Auflage 1977, unveränderter Nachdruck 1982. Zum Teil vergriffen.

Kurzinventare

Denkmäler in Bayern – Denkmallisten der Regierungsbezirke
R. Oldenbourg Verlag München; I.1 Landeshauptstadt München (1991 in 3. Auflage), I.2 Oberbayern, II Niederbayern, III Oberpfalz, IV Oberfranken, V Mittelfranken, VI Unterfranken, VII Schwaben, München 1985/86.

Ensembles, Baudenkmäler und archäologische Geländedenkmäler, Veröffentlichung der Denkmallisten auf Regierungsbezirksebene

Denkmäler in Bayern – Bände über einzelne Städte und Landkreise im Rahmen der Denkmaltopographie Bundesrepublik Deutschland.
Verlag Schnell & Steiner München/Zürich, ab 1992 (Bd. I. 19) Karl M. Lipp Verlag München; erschienen bisher: Bd. I.9/1 Stadt Eichstätt (1989), Bd. I.12 Lkr. Fürstenfeldbruck (1978), Bd. I.19 Lkr. Pfaffenhofen a.d.Ilm (1992), Bd. I.21 Lkr. Starnberg (1989, 2. Auflage 1991), Bd. I.15 Lkr. Miesbach (2. verbesserte Auflage 1987), Bd. II.24 Stadt Landshut (1988), Bd. II.30 Lkr. Kelheim (1992), Bd. IV.53/1 Stadt Forchheim (1989), Bd. V.63 Stadt Schwabach (1978), Bd. VII.83 Stadt Augsburg (1994), Bd. VII.85 Stadt Kempten (1990).

Bebilderte Denkmallisten auf Landkreisebene mit kunsthistorischem Vorspann

Baualterspläne zur Stadtsanierung
Amberg, bearb. von Vincent Mayr, München 1972. – Burghausen, bearb. von Volker Lidke, München 1978. – Regensburg, 1973ff., 10 Bde., zuletzt erschienen: Uta Hengelhaupt, Christoph Obermeier, Helmut-Eberhard Paulus, Baualtersplan zur Stadtsanierung Regensburg, Bd. IX, Stadtamhof, München 1990 und Christine Kippes, Christoph Obermeier, Baualtersplan zur Stadtsanierung, Bd. X, Register und Nachträge, München 1993. Auslieferung über die Stadt Regensburg, Hochbauamt.

Untersuchungen zur Stadtsanierung: Stadtgeschichte, Stadtbaukunst, Bauanalyse

Jahrbuch der Bayerischen Denkmalpflege
Deutscher Kunstverlag München; Bd. 44, Jahrbuch 1990, in Vorbereitung

Forschungen und Berichte zur Arbeit der Bayerischen Denkmalpflege

Arbeitshefte des Bayerischen Landesamtes für Denkmalpflege
Karl M. Lipp Verlag München; zu beziehen beim Bayerischen Landesamt für Denkmalpflege, die Ausgaben ab 1990 im Buchhandel.
1. Inventarisation, Dokumentation und Pflege von Museumsgut, 1978 (vergriffen).
2. Die Lindenhardter Tafelbilder von Matthias Grünewald 1978 (vergriffen).
3. Vom Glaspalast zum Gaskessel – Münchens Weg ins technische Zeitalter, 1978.
4. Steinkonservierung, 1979 (vergriffen).
5. Torsten Gebhard, Denkmalpflege und Museum, 10 Vorträge, 1979 (vergriffen).
6. Konservierung, Restaurierung, Renovierung – Grundsätze, Durchführung, Dokumentation, 1979 (vergriffen).
7. Bauen in München, 1890–1950, 1980 (Bayerische Akademie der Schönen Künste, München) (vergriffen).
8. Dieter Klein, Martin Dülfer-Wegbereiter der deutschen Jugendstilarchitektur, 1981, 2. erweiterte Aufl. 1993.
9. Denkmalinventarisation in Bayern, Anfänge und Perspektiven, 1981 (vergriffen).
10. Heinrich Habel, Das Bayerische Armeemuseum in München, 1982.
11. Der Schwabacher Hochaltar, 1982.
12. Der Passauer Dom und die Deckengemälde Carpoforo Tencallas, 1982 (Verlag Schnell & Steiner, München und Zürich) (vergriffen).
13. Der Kirchenbau und seine Ausstattung, Hinweise für Pfarrer, Kirchenvorsteher, Kirchenpfleger und Mesner, 1982.
14. Das Kurhaustheater in Augsburg-Göggingen, 1983.
15. Paul Werner, Der Zwiehof des Berchtesgadener Landes, 1983.
16. Der Englische Gruß des Veit Stoß zu St. Lorenz in Nürnberg, 1983.
17. Schätze aus Bayerns Erde, 1983.
18. Denkmalpflege in Bayern – 75 Jahre Bayerisches Landesamt für Denkmalpflege 1983.
19. Hans Maier, Denkmalpflege in Bayern – eine Bilanz 1972–1982/Vierter Mehrjahresplan 1983–1985, 1983 (vergriffen).

20. Michael Kühlenthal, Irsee, Geschichte und Instandsetzung des ehem. Benediktiner-Reichsstifts, 1984.
21. Farbige Architektur/Regensburger Häuser – Bauforschung und Dokumentation, 1984.
22. Rolf Snethlage – Steinkonservierung, Forschungsprogramm des Zentrallabors für Denkmalpflege 1979–1983, Bericht für die Stiftung Volkswagenwerk, 1984.
23. Das Südportal des Augsburger Domes, Geschichte und Konservierung, 1984.
24. Handwerk und Denkmalpflege, Artisanat et Conservation/Craftsmanship and Conservation, 1984 (vergriffen)
25. Rolf Snetlage, Wolf-Dieter Grimm, Adneter Rotmarmor, Vorkommen und Konservierung, 1984.
26. Archäologische Denkmalpflege in Niederbayern – 10 Jahre Außenstelle des Bayerischen Landesamtes für Denkmalpflege in Landshut 1973–1983, 1985.
27. Die Römer in Schwaben I, Katalog der Jubiläumsausstellung 2000 Jahre Augsburg, 1985 (vergriffen).
28. Die Römer in Schwaben II, Ausstellungsdokumentation der Jubiläumsausstellung 2000 Jahre Augsburg, 1986 (vergriffen).
29. Manfred Schuller, Die Kaskade von Seehof – Bauforschung und Dokumentation, 1986 (vergriffen).
30. Lusus Campanularum, Beiträge zur Glockenkunde, Sigrid Thurm zum 80. Geburtstag, 1986.
31. Natursteinkonservierung, Internationales Kolloquium in München am 21./22. Mai 1984, 1985.
32. Glaskonservierung, Historische Glasfenster und ihre Erhaltung. Internationales Kolloquium in München und Nürnberg am 29./30. Oktober 1984, 1985 (vergriffen).
33. Textile Grabfunde aus der Sepultur des Bamberger Domes, 1987 (vergriffen).
34. Umweltbedingte Gebäudeschäden. Eine Bestandsaufnahme der Forschungstätigkeit in der Bundesrepublik, 1986.
35. Hans Graßl, Monumente bayerischer Geschichte. Sieben Denkmäler von europäischem Rang, 1987.
36. Silvia Codreanu-Windauer, Der romanische Schmuckfußboden in der Klosterkirche Benediktbeuern, 1988 (vergriffen).
37. Bernd-Peter Schaul, Das Prinzregententheater und die Reform des Theaterbaus um 1900. Max Littmann als Theaterarchitekt, 1987.
38. Denkmalinventarisation. Denkmalerfassung als Grundlage des Denkmalschutzes, 1988.
39. Harald Gieß, Fensterarchitektur und Fensterkonstruktion in Bayern vom ausgehenden 18. Jahrhundert bis zum Ersten Weltkrieg, 1990.
40. Fritz Buchenrieder, Gefaßte Bildwerke. Untersuchung und Beschreibung von Fassungen mit Beispielen aus der praktischen Arbeit der Restaurierungswerkstätten des Bayerischen Landesamtes für Denkmalpflege 1959–1986, 1989.
41. Denkmäler am Münchner Hofgarten. Forschungen und Berichte zu Planungsgeschichte und historischem Baubestand, 1988.
42. Die Bamberger «Himmelfahrt Mariae» von Jacopo Tintoretto. Internationales Kolloquium in München, 27. und 28. Januar 1986, und Restaurierungsbericht, 1988 (vergriffen).
43. Denkmäler jüdischer Kultur in Bayern (in Vorbereitung).
44. Wolf Schmidt, Das Raumbuch als Instrument denkmalpflegerischer Bestandsaufnahme und Sanierungsplanung, 1989, 2. Aufl. 1993.
45. Konservierung und Restaurierung von verputzten Mauerflächen. Vorträge eines Symposiums mit Denkmalpflegern aus der Republik Ungarn und der Bundesrepublik Deutschland, 1990.
46. Denkmalpflege und Kirche. Jahrestagung 1989 der Vereinigung der Landesdenkmalpfleger in der Bundesrepublik Deutschland, 1991.
47. Paul Werner, Der Hof des Salzburger Flachgaus, Bayerische Hauslandschaften II, 1992.
48. Das Panorama in Altötting, Beiträge zur Geschichte und Restaurierung, 1990.
49. Die Restaurierung der Wallfahrtskirche Vierzehnheiligen, 1990.
50. Wolf-Dieter Grimm, Bildatlas wichtiger Denkmalgesteine der Bundesrepublik Deutschland, 1990 (vergriffen).
51. Detta und Michael Petzet, Die Hundinghütte König Ludwigs II., Das Bühnenbild zu Richard Wagners «Walküre» und die Rekonstruktion der Hundinghütte im Schloßpark von Linderhof, 1990.
52. Die Barockorgel der Maihinger Klosterkirche, 1990.
53. Wolf Schmidt, Das Templerhaus in Amorbach, 1991.
54. Beiträge zur Heimatforschung. Wilhelm Neu zum 70. Geburtstag, 1991.
55. Die Wies. Geschichte und Restaurierung. History and Restoration, 1992.
56. Beiträge zur Denkmalkunde. Tilmann Breuer zum 60. Geburtstag, 1991.
57. Industrie Museum Lauf. Spuren der Industriekultur im Landkreis Nürnberger Land. Eine Festschrift zur Eröffnung des Museums in Lauf a. d. Pegnitz, 1992.
58. Forschung zur Geschichte der Keramik in Schwaben, 1993.
59. Prospektion in der Archäologie. Einsatz von Luftbild, Geophysik und Computer in der bayerischen Denkmalpflege
60. Michael Petzet, Denkmalpflege heute. Zwanzig Vorträge zu grundsätzlichen Fragen der Denkmalpflege 1974–1992, 1993.

61. Hans Zehetmair, Denkmalpflege in Bayern. Zur Verleihung der Bayerischen Denkmalschutzmedaille 1991, 1993.
62. Die Deckengemälde der Lindauer Stiftskirche. Rekonstruktion und Restaurierung, 1993.
63. Heinrich Habel, Der Marstallplatz in München, 1993
64. Leonie von Wilckens, Der Paramentenschatz der Landsberger Jesuitenkirche Heiligkreuz, 1994
65. Kloster Langheim, 1994
66. Das Buxheimer Chorgestühl, München 1994
67. Der heilige Alexius im Augsburger Maximilianmuseum, 1994
68. Jagdschlösser Balthasar Neumanns in den Schönbornlanden, 1994

Denkmalpflege Informationen, Ausgaben A, B, C und D
erscheinen unregelmäßig, mehrmals im Jahr

Pressedienst, aktuelle Fragen der Denkmalpflege

PUBLIKATIONEN ZUR BODENDENKMALPFLEGE

Materialhefte zur bayerischen Vorgeschichte, Reihe A
zuletzt erschienen: Wolfram Schier, Die vorgeschichtliche Besiedlung im südlichen Maindreieck, 1990.

Materialpublikationen verschiedener Art wie Museumsinventare, Berichte und Auswertungen zu größeren Ausgrabungen, monographische Bearbeitung bestimmter Fundgruppen u. a. m.

Materialhefte zur bayerischen Vorgeschichte, Reihe B
Verlag Michael Laßleben, Kallmünz/OPf.; zuletzt erschienen: B 2, Johannes Pätzold, Die vor- und frühgeschichtlichen Geländedenkmäler Niederbayerns, 1983.

Inventarisation von Geländedenkmälern.

Bericht der bayerischen Bodendenkmalpflege
Selbstverlag des Bayerischen Landesamtes für Denkmalpflege, Vertrieb Rudolf Habelt Verlag GmbH, Bonn; zuletzt erschienen: Band 30/31, 1989/90 (1993).

Beschreibungen von Funden und Ausgrabungen

Das Archäologische Jahr in Bayern
Konrad Theiss Verlag Stuttgart; Reihenneubeginn 1981; jährlich, etwa 200 Seiten, reich bebildert, zugleich Jahresgabe für die Mitglieder der «Gesellschaft für Archäologie in Bayern e. V.» (Mitherausgeber), zuletzt erschienen: Das Archäologische Jahr in Bayern 1991, Stuttgart 1992.

Die wichtigsten archäologischen Ergebnisse des Jahres

Bayerische Vorgeschichtsblätter, Beiheft
Hrsg. v. d. Kommission für bayerische Landesgeschichte bei der Bayerischen Akademie der Wissenschaften in Verbindung mit dem Bayerischen Landesamt für Denkmalpflege.

Zuletzt erschienen: 5, Fundchronik für das Jahr 1989, München 1992.

VERÖFFENTLICHUNGEN DER LANDESSTELLE FÜR DIE NICHTSTAATLICHEN MUSEEN
Zuletzt erschienene Publikationen siehe dort, S. 449 f.

Autoren

Regina Becker, Restauratorin, Schulstraße 17, 80634 München

Dr. Emanuel Braun, Bischöfliches Ordinariat Eichstätt, Diözesanbauamt, Leonrodplatz 4, 85072 Eichstätt

Dr. Annette Faber, Bayerisches Landesamt für Denkmalpflege, Außenstelle Schloß Seehof b. Bamberg, 96117 Memmelsdorf, Abt. Bau- und Kunstdenkmalpflege, Referate Ober- und Unterfranken

Dipl.-Ing. Heike Fastje, Bayerisches Landesamt für Denkmalpflege, Abt. Bauforschung, Bautechnik und städtebauliche Fragen, Referat Bauforschung, Hofgraben 4, 80539 München

Dr. Walter Fuger, Landesstelle für die nichtstaatlichen Museen beim Bayerischen Landesamt für Denkmalpflege, Referat Kunst- und kulturhistorische Museen und Sammlungen in Oberbayern und Oberfranken, Vertriebenenmuseen, Prinzregentenstraße 3, 80538 München

Ludwig Gabriel, Landratsamt Weilheim-Schongau, Postfach, 82362 Weilheim

Dr. Egon Johannes Greipl, Leiter der Landesstelle für die nichtstaatlichen Museen beim Bayerischen Landesamt für Denkmalpflege, Prinzregentenstraße 3, 80538 München; ab Juni 1993 Kulturreferent der Stadt Regensburg, Kulturreferat der Stadt Regensburg, Haidplatz 8, 93047 Regensburg

Prof. Dr. Herbert Hagn, Institut für Paläontologie und historische Geologie, Abt. für Mikropaläontologie, Richard-Wagner-Straße 10, 80333 München

Angela Hückel, Dipl.-Restauratorin, Landeshauptstadt München, Münchner Stadtmuseum, Leiterin der Restaurierungswerkstätten, Jakobsplatz 1, 80331 München

Rupert Karbacher, Restaurator, Bayerisches Landesamt für Denkmalpflege, Restaurierungswerkstätten, Referat Skulpturen, Hofgraben 4, 80539 München

Dr. Erwin Keller, Bayerisches Landesamt für Denkmalpflege, Leiter der Abteilung Bodendenkmalpflege, Hofgraben 4, 80539 München

Christiane Keller, Restauratorin, Thierschstraße 38, bei Prebitsch, 80538 München

Dr. Gottfried Kerscher, Samlandstraße 16, 81825 München

Dr. Klaus Kratzsch, Bayerisches Landesamt für Denkmalpflege, Abt. Bau- und Kunstdenkmalpflege, Referat Schwaben, Hofgraben 4, 80539 München

Doris Kutschbach M. A., Hubertusstraße 18, 80639 München

Dr.-Ing. Horst-Karl Marschall, Bayerisches Landesamt für Denkmalpflege, Abt. Bau- und Kunstdenkmalpflege, Referat Oberbayern-Nord, Hofgraben 4, 80539 München

Prof. Dr. Michael Petzet, Generalkonservator, Bayerisches Landesamt für Denkmalpflege, Hofgraben 4, 80539 München

Hans Portsteffen, Dipl.-Restaurator, ab Oktober 1994 Fachhochschule Köln, Fachbereich Restaurierung und Konservierung von Kunst- und Kulturgut, Claudiusstraße 1, 50678 Köln

Dr. Viktor Pröstler, Landesstelle für die nichtstaatlichen Museen beim Bayerischen Landesamt für Denkmalpflege, Referat EDV-Inventarisierung, Prinzregentenstraße 3, 80538 München

Dr. Ursula Schädler-Saub, Bayerisches Landesamt für Denkmalpflege, Abt. Bau- und Kunstdenkmalpflege, Referat Mittelfranken, Hofgraben 4, 80539 München; ab Juli 1993 Fachhochschule Hildesheim-Holzminden, Studiengang Restaurierung, Hohnsen 1, 31134 Hildesheim

Irmgard Schnell-Stöger, Dipl.-Restauratorin, Eugen-Papst-Straße 1, 82487 Oberammergau

Dipl.-Ing. Heinz Strehler, Bayerisches Landesamt für Denkmalpflege, Abt. Bauforschung, Bautechnik und städtebauliche Fragen, Referat Bauforschung, Hofgraben 4, 80539 München

Dr. Peter Volk, Bayerisches Nationalmuseum, Prinzregentenstraße 3, 80538 München

Dr. Bernd Vollmar, Bayerisches Landesamt für Denkmalpflege, Abt. Bau- und Kunstdenkmalpflege, Referat Schwaben, Hofgraben 4, 80539 München

Abbildungsnachweis

Alle nachfolgend nicht aufgeführten Abbildungen stammen aus dem Archiv des Bayerischen Landesamtes für Denkmalpflege. An dieser Stelle ist auch den Referenten, Restauratoren und sonstigen Mitarbeitern des Landesamtes zu danken, die eigene Aufnahmen für das Jahrbuch zur Verfügung gestellt haben.

Abbildungen in den wissenschaftlichen Beiträgen

Keller, Archäologische Reservate: Otto Braasch, Bayerisches Landesamt für Denkmalpflege, Abt. B, Archiv Nr. 7136/002, freigegeben durch die Regierung von Oberbayern unter Nr. GS 300/9785-84 *Abb. 1*; Archiv Nr. 7138/197a, freigegeben unter Nr. 300/9266-82 *Abb. 2*; Archiv Nr. 7538/090, freigegeben unter Nr. 300/8624-81 *Abb. 3*, alle bisherigen 1987; Archiv Nr. 8142/014, freigegeben unter Nr. 300/0039-85 *Abb. 6*, 1983; Archiv Nr. 7538/070 *Abb. 4*; Klaus Leidorf, Abt. Bodendenkmalpflege, Archiv Nr. 7132/051, freigegeben unter Nr. 300/8882-81 *Abb. 5*, 1989

Karbacher, Verkündigung und Christi Geburt aus St. Coloman: Rupert Karbacher, Bayerisches Landesamt für Denkmalpflege *Abb. 1–7, 9, 10*; Th. Müller (Photoarchiv des Bayerischen Landesamtes für Denkmalpflege) *Abb. 8*

Becker/Portsteffen, Die Kreuzabnahmegruppe von Christoph Rodt: Rupert Karbacher, Bayerisches Landesamt für Denkmalpflege *Abb. 1*; Hans Portsteffen, München *Abb. 4, 7, 8, 12–14, 16, 17, 21, 22*; Edmund Melzel, Bayerisches Landesamt für Denkmalpflege *Abb. 5, 10, 11*; Verlag A. H. Konrad, Weißenhorn *Abb. 9*; Regina Becker, München *Abb. 15*; Heimatmuseum Günzburg (Dr. Albrecht Müller) *Abb. 18*

Karbacher/Keller, Die Restaurierung des »Häringer-Altars« aus Windkreut: Max Biller, Polling *Abb. 1*; *alle anderen Aufnahmen von den Verfassern*

Volk, Der Altar aus der Michaelskapelle in Windkreut: Rupert Karbacher, Christiane Keller, Bayerisches Landesamt für Denkmalpflege *Abb. 1–6*; Joachim Sowieja, Bayerisches Landesamt für Denkmalpflege *Abb. 7, 8*, 1977 und 1978

Hückel/Schnell-Stöger, Kunstleib: *alle Aufnahmen von den Verfasserinnen*

Faber, Eine barocke Kirche in neubarockem Gewand: Fa. Johannes Wald, Fladungen *Abb. 1–6*

Schädler-Saub/Braun, Kath. Pfarrkirche Mariä Himmelfahrt in Pappenheim: Photoarchiv des Bayerischen Landesamtes für Denkmalpflege *Abb. 1–3*; Dieter Komma, Bayerisches Landesamt für Denkmalpflege *Abb. 4–10*

Strehler, Die frühere Loretokapelle in Bad Reichenhall: Archiv des Erzbistums München und Freising *Abb. 1, 2*; J. Sattler *Abb. 3–5, 10*; Stadtbauamt Bad Reichenhall *Abb. 6–8*; Photo Karsten, München, Postkarte um 1980 *Abb. 9*

Kutschbach, Schloß Schwindegg: Eberhard Lantz, Bayerisches Landesamt für Denkmalpflege *Abb. 2, 3, 5*; Reproduktion nach Michael Wening, „Beschreibung des Kurfürsten- und Herzogtums Ober- und Niederbayern, Teil I Rentamt München", 1701 *Abb. 7*, „Teil II Rentamt Burghausen", 1721 *Abb. 6*, „Teil III Rentamt Landshut", 1723 *Abb. 1*; „Die Kunstdenkmäler von Bayern. Oberbayern. VII. Theil. Stadt und Bezirksamt Mühldorf", bearb. von Gustav von Bezold, Berthold Riehl und Gerog Hager, München 1902, S. 2279 *Abb. 4*

Kratzsch, Die Instandsetzung von Schloß Schwindegg: *alle Aufnahmen vom Verfasser*

Marschall, Die Instandsetzung der Häuser Marktplatz 9 und Brodhausgasse 1: *alle Aufnahmen Stadtbauamt Eichstätt*

Vollmar, Spurensicherung: Die älteren Bauernhäuser des Landkreises Aichach-Friedberg: Staatliche Graphische Sammlung München *Abb. 1, 4*; Reproduktion nach Michael Wening, „Beschreibung des Kurfürsten- und Herzogtums Ober- und Niederbayern, Teil I Rentamt München", 1701 *Abb. 2, 3, 5*; Städtische Kunstsammlungen Augsburg, Inventar Nr. G 366 *Abb. 6*; Bayerisches Landesamt für Denkmalpflege, Abt. Bauforschung, Bautechnik und städtebauliche Fragen, Archiv *Abb. 7–9*; Photo Hölzel *Abb. 10*; Photo Hillar *Abb. 11*; Baugenehmigung, Privatbesitz *Abb. 12*

Kerscher, 100.000 weiss schäumende Isarhengste: Reproduktion nach „Ein Kraftwerk mit Geschichte. Walchensee-Kraftwerk", hrsg. von Bayernwerk AG, Bayerische Elektrizitätsversorgung *Abb. 12, 21*; Reproduktion nach Koehn, „Der internationale Walchensee-Wettbewerb", in: Zeitschrift des Vereins Deutscher Ingenieure, Bd. 54, Nr. 29, 1910, S. 1148 *Abb. 13, 14*, S. 1198 *Abb. 15, 17*, S. 1199 *Abb. 16*, S. 1200 *Abb. 18*, S. 1153 *Abb. 19, 20*; Reproduktion nach „Das Kraftwerk Finsing am Isarkanal", hrsg. von Bayernwerk AG, Bayerische Landeselektrizitätsversorgung *Abb. 25*; Eberhard Lantz, Bayerisches Landesamt für Denkmalpflege 1983 *Abb. 26*; *alle anderen Aufnahmen vom Verfasser*

Fuger, Stadtmuseum Amberg: *alle Aufnahmen Stadtmuseum Amberg*

Farbtafeln

I: Rupert Karbacher, Bayerisches Landesamt für Denkmalpflege, Restaurierungswerkstätten

II–V: Hans Portsteffen, München

VI, VII: Rupert Karbacher und Christiane Keller, Bayerisches Landesamt für Denkmalpflege, Restaurierungswerkstätten

VIII, IX: Fa. Johannes Wald, Fladungen

X, XI: Fa. H. Wiedl, Nürnberg

XII: Angela Hückel, Münchner Stadtmuseum

Abteilung Bau- und Kunstdenkmalpflege

Oberbayern: Abbildung von Osternach von Dr. Klaus Kratzsch, Bayerisches Landesamt für Denkmalpflege; alle anderen Abbildungen von Dipl.-Ing. Friedrich Krösser, Bayerisches Landesamt für Denkmalpflege

Niederbayern: alle Aufnahmen von Herbert Schelnin, Bayerisches Landesamt für Denkmalpflege

Mittelfranken: Aufnahmen von Erlangen-Bruck und Feucht von Eike Oellermann, 90562 Heroldsberg; Georgensgmünd von Peter Wolf, Nürnberg; Hechlingen a. See von H. Wiedel, Nürnberg; Heidenheim von Zink; Nürnberg, israelitischer Friedhof von Uwe Gaasch, Bamberg; alle anderen Aufnahmen von Dr. Ursula Schädler-Saub, Bayerisches Landesamt für Denkmalpflege oder aus der Photosammlung des Amtes

Unterfranken: die Aufnahmen von Ebensfeld von der Fa. Muth, Ebensfeld; die Aufnahmen von Dettelbach, Fahr, Hüttenheim, Riedenheim, Rieneck, Sulzfeld von Dr. Wolf Schmidt, Bayerisches Landesamt für Denkmalpflege; die Aufnahmen von Frickenhausen, Homburg, Karlstadt, Lindlbach, Miltenberg, Remlingen, Strötzbach von Eberhard Lantz, Bayerisches Landesamt für Denkmalpflege; alle anderen Aufnahmen aus der Photosammlung des Amtes

Schwaben: Aufnahme von Amberg von Peter Rau, 89195 Staig/Ulm; Aufnahme von Kirchheim von Dr. Klaus Kratzsch, Bayerisches Landesamt für Denkmalpflege

Abteilung Bodendenkmalpflege

Bayerisches Landesamt für Denkmalpflege, Abt. Bodendenkmalpflege *Abb. 1–4, 6, 7*; Magnetometerplan Dr. H. Becker, Bayerisches Landesamt für Denkmalpflege *Abb. 5*

Abteilung Inventarisation

Aufnahmen von Landsberg a. Lech, Ellighofen, Rothenburg o.d.T., München von Eberhard Lantz, Bayerisches Landesamt für Denkmalpflege; Aufnahmen von Regensburg von Dieter Komma, Bayerisches Landesamt für Denkmalpflege; Aufnahmen von Abenberg und Döding von Otto Braasch, Luftbildarchäologie, Bayerisches Landesamt für Denkmalpflege, freigegeben durch die Regierung von Oberbayern, Freigabe Nr.: GS 300-9378-83 und GS 300-9573-83

Abteilung Restaurierungswerkstätten

Aufnahme von Ingolstadt von Ingrid Stümmer, München; von Maihingen von Horst Huber, Stuttgart; von Obermedlingen von Katharina Walch, Bayerisches Landesamt für Denkmalpflege; alle anderen Aufnahmen aus den entsprechenden Werkstätten des Bayerischen Landesamtes für Denkmalpflege

Abteilung Bauforschung, Bautechnik und städtebauliche Fragen

Martin Saar, Bayerisches Landesamt für Denkmalpflege Abb. S. 377, 378; alle anderen Aufnahmen nach Vorlagen des Abteilungsarchivs